English Pushto Dictionary

Simon Wallenberg Press

© 2007 Simon Wallenberg ISBN 1-84356-016-X
Second Edition

First Edition 1975
Pushtu Tolana - Pashtu Academy Kabul
Da Puṣhto Ṭolạnay da khparawo parlah pase numrah

BRITISH LIBRARY SHELF MARK: V 19632

Published by The Simon Wallenberg Press
wallenberg.press@gmail.com

Printed in the United Kingdom

Published by The Simon Wallenberg Press

English Pushtu Dictionary

Pushtu Academy
Government of Afghanistan

2007

This Dictionary is dedicated to Hamid Karzai a leading Pashtun and first President of Democratic Afghanistan.

Hamid Karzai, is an ethnic Pashtun of the influential Popalzai tribe, he was born in Kandahar, Afghanistan.

He took a postgraduate course in political science at Himachal University in Shimla, Himachal Pradesh, India from 1979 to 1983, then returned to work as a fund-raiser supporting anti-Soviet uprisings in Afghanistan during the Soviet intervention for the rest of the 1980s. After the fall of Najibullah's government in 1992, he served as a deputy foreign minister in the government of Burhanuddin Rabbani.

He married Zeenat Karzai, an obstetrician by profession in Pakistan in 1999, when she was working as a doctor with Afghan refugees and he was living there in exile. They have a son named Mirwais born on January 25th 2007 and named after a former Afghan king.[1]

As with many other early Taliban supporters, he broke with the Taliban disgusted with their policies. Karzai refused to serve as their U.N. ambassador. And left Afghanistan to live in exile in Quetta, His father was assassinated, by Taliban agents, on July 14, 1999

After the Taliban was defeated and driven out of Kabul Afghan political leaders named Karzai Chairman of a 29-member governing committee. He was sworn-in as leader on December 22. The Loya Jirga of June 19, 2002 appointed Karzai Interim holder of the new position as President of the Afghan Transitional Administration.

Karzai was a candidate in the October 9, 2004 presidential elections. He won 21 of the 34 provinces, defeating his 22

opponents and became the first democratically elected leader of Afghanistan.

Karzai was officially sworn in as President of Afghanistan on December 7, 2004 at a formal ceremony in Kabul. Many interpreted the ceremony as a symbolically important "new start" for the war-torn nation. Notable guests at the inauguration included the country's former King, Zahir Shah, Afghanistan's three living former presidents, and U.S. Vice President Dick Cheney.

A Tribute Mohammad Gul Khan Momand without whom this English – Pushtu Dictionary would not have been compiled.

Mohammad Gul Khan Momand was born in 1885, in Kabul and is well known and for his great contribution to the Pashto language and literature.

In 1930 he became the governor of the Capisa, Parwan, Kandahar and Farah provinces, and after 1933, he served as the governor of Badakhshan, Mazar-e-Sharif and Maimana. He also performed the duty of deputy chairman of Loya Jirga (Grand Assembly), convened in 1955.

Contribution to Pashto Language and Literature

Mohammad Gul Momand can best be compared to Khoshal Khan and Rahman Baba as a poet, a good writer and an orator. Apart from Pashto and Dari, he had command of the Turkish and Russian languages as well. But he was a strong advocate of the purification of the Pashto language.

He wrote several books and compiled a Pashto dictionary, De Pakhtu Sind. De Pukhtu De Zabe Lyara (on Pashto grammar) and another book entitled De Pashto Landaki, are other great contributions to the Pashto language. His letter to Abdul Rauf Benawa regarding the importance of language for the nation and the responsibilities of writers and leaders towards their language was published in tract form in fifty three pages by Pukhto Adabi Tolana, Kabul.

He always urged the importance and advancement of Pashto language according to the needs of the time. It was this search, which inspired him to gather and consult Pashtoon writers and tribal leaders, when he was governor of Kandahar, to seek ways of working for the advancement of the language.

At the end of this gathering, a historic step was taken and the first ever association for the advancement of the Pashto language came into being under the name De Pashto Adbi Anjuman, in 1932 in Kandahar. The Anjuman served the language by publishing historic books about the language and its grammar; searched for lost words by visiting villages and kochies (nomads) where such words were still alive; translated into Pashto from Farsi and from some international languages books which were of scientific, historical, political or economic importance for Afghanistan.

It also started publishing the first Pashto magazine Pashto and a second one under the name Da Mualim Pashto as well as publishing many other books for the teaching and learning of the Pashto language. It was with the help of Pashtoon Baba that the Farsi language Thalo e Afghan magazine, was,published in Pashto.

The Pashto Academy

The Anjuman fulfilled its activities in Kandahar till 1935 and later worked in Kabul for two years, until it was replaced in April 1937 by the Pashto Academy.

The Pashto Academy was the brainchild of Mohammad Gul Momand.

Abdul Hai Habibi was in Kandahar when he was called to Kabul and invited by Mohammad Gul Momand to become the first head of the Academy.

Mohammad Gul Momand was universally known and loved. He was awarded the medal of Lmar A'lee. He was known by many names, such as Wazir Sahib, Pashtoon Baba and Loe Afghan.

Mohammad Gul Momand died in Kabul on 18th of August 1964, at the age of 80. High-ranking officials and tribal chiefs attended his funeral from all around the country.

The English Pushtu Dictionary

Mohammad Gul Momand amongst his many projects planned a English Pushtu dictionary. In keeping with his vision the Pashto Academy gathered a small team to compile a dictionary which was finished in 1975.

سریزه

پس منظر:

نږدې دیارلس کاله کیږي چې د پښتو ټولنې د مسلکي جرګې له خوا د انګلیسي پښتو قاموس د خپرولو په باب پریکړه وشوه او د هغه وخت (د لغاتو څانګې) ته یې لار ښوونه وکړه چې سمدلاسه په کار پیل وکړي. (د لغاتو څانګې) وپتیله چې تر هر څه د مخه دې یوه انګلیسي ډیکشنري انتخاب شي، د هغې لغتونه او تلفظ دې په کار یې نوو ټیکال شي او بیا دې د انګلیسي پوهیدو نکو په مرسته د اړونې کار پیل شي. هماغه و چې د Merriam-Webster جیبي ډیکشنري چې پنځه ویشت زره لغتونه لري د اساس په توګه وټاکل شوه. البته ځینې مهم لغتونه د نورو قاموسونو څخه هم پرې زیات شول. د معنا په برخه کې له نورو قاموسونو څخه هم استفاده وشوه مګر په عمومي ډول نوموړې ډیکشنري د معیار په حیث ګڼل کیده.

د دې قاموس د بشپړتیا د پاره ډیرو کسانو کار کړی دی. په هره غونډه کې به له څلورو څخه تر لسو تنو پورې حاضر او د بیلو بیلو قاموسونو په مرسته به یې لغتونه معنا کول. دې کار ځینې ښیګڼې او ځینې نیمګړتیاوې درلودې. ښیګڼې یې داوې چې د زیاتو کسانو د ګډون له

۷ـ ښاغلی ډاکتر سیدال شاه‌پولاد

۸ـ ښاغلی محمد یوسف

۹ـ ښا غلی نور گل

۱۰ـ ښاغلی محمد عالم

۱۱ـ ښا غلی‌دوست محمددوست

د ۱۳۵۲ کال په وروستیو ورځوکښی دنوی کتنی دپاره دپښتو ټولنی له‌خوا یوه کمیټه وټاکل شوه‌چه‌پاتی کار تکمیل کړی او قاموس یوځل له‌سره ترپایه پوری په غـوراودقت وگوری‌اولازم اصلاحات پکښی راولی:

دی کمیټې غړی دادی :

۱ـ ښاغلی محمد صدیق روهی

۲ـ ښاغلی محمد هاشم رحیمی

۳ـ ښاغلی دکتور عبدا لحکیم‌هلالی

٤ـ ښا غلی سید کمال باختری

٥ـښاغلی عتیق الله

«وروستی کمیټې» دقا موس‌ورکی‌شوی او نیمگړی برخی بشپړی کړی،نامانوس لغتونه یی‌تری وښکل معناگانی‌یی‌دخپل‌فهم پەاندازەاصلاح کړی. نامانوس لغتونه یی‌تری وښکل‌دټولود استفادی دپاره یی ځینی دری اوعربی گډ لغتونه ورزیات کړل، اوزیاریی وایست چه قاموس سیستماتیک اومنسجم شکل ومومی.

(دریم)

اصلاحي يادونې:

په پښتو ژبه کښې دا لومړنـــى(انگليسى- پښتو) قاموس دى.هيله ده چه راتلونکى کسان به زمونږ له تجربې څخه گټه واخلى او نيمگړ - تياوى به تکميل کړى. دځينومشکلاتوله امله په دى قاموس کښى ديا دونى ور نيمگړ تياوى پاتې شوى دى. داعغه نيمگړ تياوى دى چه مونږ پخپله هم پرى پوهيږو او ځينى نيمگړ تياوى به وى چه نور کسان يې درک کولــى شى. دکره کتونکو څخه هيله کووچه خپل انتقادونه پښتو ټو لنى ته راولېږى خو په راتلونکو چا پو نــوکښى دنيمگړ تياو مخه ونيوله شى.
زما په پوهه ددى قا موس ځينى نيمگړ تياوى دادى :

١- په قاموس کى دتلفظ ښو دنه يو بنيادى ضرورت دى. له بده مرغه دځينو مشکلا تو په اساس دتلفظ څخه صرف نظر وشو .

٢- په لغتونو کى دخج راوړ نــه دتلفظ دسموالى اود ژبى دزده کړى دپاره خاص اهميت لرى. پــــه دى قاموس کښى خج نه دى استعمـــال شوى. ښايى په راتلو نکو چاپو نوکى دا نقيصه تکرار نشى.

٣- لازمه وه چه لغتونه په غټــــوتورو اودهغو گرامرى صيغى (لکـــه اسم، صفت، قيداو داسى نور) په وړوتورو ليکل شوى واى. له بـده مرغه لغتونه او گرامرى صيغى په يوډول تورو راغلى دى. ښايى چـــه مبتدى زده کوونکى دى کله کله لــه غلط فهمى سره مخامخ شى.

٤- انگليسى قاموس له ځينـــوداسى کلمو څخه ډک دى چه دامريکى له تاريخ، کلتور اوطبيعى چاپير يال سره اړه لرى . مثلا دبېرې دپرز و نومونه، دسمندرى ژويو ډولونه اوداسى نورى کلمى په دى قاموس کى

(څلورم)

زياتي ليدل کيږي چه په پښتو کښي دهغو دپاره انهول پيدا کول اسان کارنه دی او زياتره زمونږ په دردهم نه خوري .سر بيره پردې، نوموړی ډيکشنري لومړی نادودی (نامانوسي) اولرغوني معنا گاني راوړی په داسې حال کښې چه مراجعه کوونکي غواړي دوخت دسپما په لحاظ لومړي مروجه معنا زده کړي اود ضرورت پـــه صورت کښي نادودي معناگاني پسې ولټي.

په راتلونکي کي بايد دمعياري قاموس په برخه کښي له پوره غور څخه کار واخيستل شي .

لنډيز :

په دی قاموس کښي ځيني لنډيزونه (مخففات) استعمال شوي دي چه په لاندې توگه ښودل کيږي .

لومړی ــ انگليسي مخففات :

معنا	اصلي بڼه	لنډه بڼه
نوم، اسم	noun	n.
ضمير	pronoun	pron.
لازمي فعل	intransitive verb	v.i.
متعدي فعل	transitive verb	v.t.
صفت	adjective	adj.
قيد (دتمييز توری)	adverb	adv.
دربط توری (حرف جر)	preposition	prep.
دغږ (ندا) توری	interjection	interj.
دعطف (وصل) توری	conjunction	conj.

دوهم : پښتو مخففات :

اصلی بڼه	لنډه بڼه
گرامر	گر
جغرافیه	جغ
لښکری (نظامی)	لښ
حقوق	حق
موسیقی	مو
ب	بیالوجی
لښکری (نظامی)	لښ
کیمیا	کیم
تخنیک (ټکنالوجی)	تخ
موسیقی	مو
اصطلاحی ،په اصطلاح	اصط
مسیحی	مس
برتانوی (دلویی برتانیی)	برت

لیک نښې :

په قاموس کښې ځینی لیک نښې دخاصو هدفونو دپاره استعمال شوی دی چه په لاندی توگه ښو دل کیږی:

لیک نښه	هدف یې
،	دمرادفو او ورته کلمو تر مینځ
:	دجلا اونوی معنا دپاره ،داسم او فعل دبیلولو دپاره

(   )   دمطلب دتوضیح اود مثالونو درا۔
وړلو دپاره ،دمرادفو کلمودښوو لو
اود معنا دبشپړولو دپاره

په ځینو انګلیسی کلمو کی ټکی
دخچ پر ځای استعمال شوی دی مګر
دغلط فهمی دمخنیوی دپاره د(.) له
استعمال څخه ډډه وشوه او یوازی
په څو لوموړیو مخونو کی یو نیم
ټکی لیدل کیږی .

سره له دی،لکه څنګه چه وویل‌شو، په پښتو کی لنډیز همیشه او
په‌یوه بڼه نه‌دی مراعا ت‌شوی .

ښاغلی لوستو نکی کولی‌شی چه‌له‌قرینی څخه استفاده وکړی .

یادګیرنه:

دا قاموس دپښتو ژبی دمرکـــز دتاسیس دبین المللی سیمینار په
ویاړ چاپ شو ی‌دی .

نوموړی سیمینار دیو نسکو پـه‌مرسته دپښتو ټولنی له‌خوا دلیندی
په لومړی نیټه په کابـل کی جـوړیږی. په‌دی سیمینارکښی دیوشمیر
هیوادو(ایران، شوروی اتحاد، هند،جرمنی ، فرانسی، انګلستان، ډنمارک
اوناروی) پوهان ګډون کوی او پـه‌کابل کښی دپښتو ژبی‌او ادب‌دمرکز
دجوړیدو اود یونسکو په مر ستـه‌دشپږ کلن پلان دتصویب په باره‌کښی
غونډه کوی .

امله داشتباه گانو چانس محـدودشوی و(که څه‌هم‌چه کله کله بـه‌د

تخصص‌خاوندان‌داکثریت‌په مقابل کی‌واقع کیدل) یاداچه اکثر وختونه

به دپښتو ژبی معیاری لغتونه انتخابیدل (که څه هم‌چه ځینی کسانو به

په‌هماغه شیبه کښی له ځانه لغتونه‌هم جوړول). ددی کار نیمگړ تیاوی

داوی چه‌هر یوه به‌خپله معنا سمـه‌گڼله اوپه نتیجه‌کی‌به دلغتونو شمیر

زیات شو (البته داکار دمرادفـوکلمو دقاموس دپاره گټه لری) اوډیر

وخت یی‌هم ونیو.

دقاموس تر بشپړیدو پـو ری‌دلیکونکی ډلی غړی سره تغییـرو

تبدیل شول، حتی یوه‌تن هم له‌سرنه‌تر پایه پوری گډون نه‌دی پکښی

کړی اوله همدی امله په قاموس کی‌دلیك دود اوسبك‌په‌لحاظ توپیرلیدل

کیږی. سره‌له‌دی، «وروستی‌کمیټی»تریوی اندازی زیار ایستلی دی چه

قاموس معیاری اوسیستماتیك بڼـه‌پیدا کړی .

لیکونکی ډله :

ددی قاموس په لیکنه کی لانـدی‌اشخاصو برخه اخیستی ده:

١ـ ښاغلی سعدالدین شپون

٢ـ ښاغلی عبدالرسول امین

٣ـ ښاغلی کوثر

٤ـ ښاغلی نور محمد

٥ـ ښاغلی ډاکتر عبدالحکیـم‌هلالی

٦ـ ښاغلی محمد صدیق روهی

منته:

داقاموس دخپرونی‌دلوی مدیریت‌دتصحیح دڅانگی دمدیر ښاغلی حبیب الله دپښتو ټولنی دمسلکی غړو ښاغلی میرولی او ښاغلی عبدالباری جهانی په مرسته چاپ‌شوی دی. وروستی پروفونه یی ما کتلی دی. په‌دی وسیله ددوی لــه‌مرستی څخه تشکر کوم.

دلړم پنځمه، ۱۳۵٤

څېړنوال محمد صدیق روهی

دپښتو ټولنی رئیس

A

a. د انګلیسي ژبې د الفبا لومړی توری: یو.

aback, adv. شاته: بیرته.

taken aback حک پک: اریان.

abandon, v.t. پرېښودل: خوشې کول: له ټولو ادعاوو څخه تېرېدل.

abandoned, adj. پرېښودل شوی: متروک: لنډغر: فاسد.

abandonee, n. متروکه: هغه څوک چه یو خرا به د بیمې په صورت ور پرېښودل شوی وي.

abandonment, n. پرېښودنه: ترک.

abase, v.t. ټیټول: رټل: سپکول.

abased, adj. ټیټ شوی: سپک شوی.

abasement, n. سپکوالی: ټیټوالی.

abash, v.t. شرمول: ناآرامه کول: اریانول.

abashless, adj بې شرمه.

abashment n. شرمندګي.

abate, v.t. لږول (شمېر): لږول (اندازه): ټیټول (درجه، رتبه).

abatement, n. (ح): لږونه: ټیټونه: د میراث (د اندازې) لږول.

abate, v.i. and v.t. (ح) (د ناقانوني وارث څخه پښو ا) پوښي نیول: غصبول.

abatement, n. غصب: نیونه.

abaxial, adj. له محور څخه لیرې.

abbey, n. لنګر (خانقاه): دیر، صومعه.

abbot, n. د صومعې مشر: د خانقا.

abbess, n. ساتونکې: آمر (مؤ).

abbreviate, v.t. لنډول: وړوکی کول: تلخیص: مخفف کول.

abbreviation, n. لنډیز: اختصار: مخفف.

abdicate, v.t. پرېښودل (په رسمي توګه): خلع کول (د ځان یا بل): لاس اخیستل: لاس لنډول.

abdication, n. دوچه کېښنه: لاس لنډونه: لاس اخیستنه.

abdomen n. اس: خېټه: ګېډه.

abdominal, adj. د اس: د خېټې: د ګېډې.

abduct, v.t. تښتول (څوک): اختطاف.

abduction, n. تښتونه: اختطاف (جر) د زخم یا کسر څخه وروسته د جسم د غړو برخو بېلول: د غړو (یو له بل څخه) د جلا کېدو فعالیت.

abecedarian, adj. ابجد ته منسوب: ابجد ویونکی: د الفبا په ترتیب: (امر) مبتدي زده کوونکی: د الفبا ښوونکی.

abed, adv. په بستر کې.

aberrate, v.i. بې لارې کېدل: سمه لار پرېښودل.

aberration, n. (له سمې طبيعي معمولې لارې څخه) کږېدل: ذهني انحراف.

abet, v.t. پارول (بدو کارو ته): مرسته کول (په بدو کار و کې): لمسول.

abettor, n. لمسوونکی: (بدو کارو ته).

abetment, n. لمسون.

abeyance, n. ټال: ځنډ: ډيل.

abeyant, adj. ځنډېدلی: ټال شوی.

abhor, v.t. کرکه کول: بد وړل: وېرېدل (له کوم شي څخه).

abhorrence, n. کرکه: ډډه کول: وېره.

abhorrent, adj. کرکجن.

abide, v.t. اوسېدل: پاتې کېدل (پر ځای): زغمل: مخامخ کېدل.

abider, n. ولاړ (پر خپلې خبرې عمل)

ability, n. وړوالی: توان: مهارت: قابليت.

abject, adj. ټيټ: خوار: رټلی: سپک

abjure, v.t. په لوړه پرېښودل (قسم، سوګند): د نه منلو لوړه کول (د).

ablation, n. ايسته کول: پرې کول: له منځه وړل.

ablative, n. (ګر) جري (حالت) لکه کاله، له کاله څخه، په کاله کښې

ablaze, adv. and adj. بلاند: لګېدلی (په اور): مشتعل

able, adj. وړ: تکړه: قابل.

able-bodied, adj. قوي: روغ (جسماً)

abloom, adv. د غوړېدلو په حال کې: پر غوړېدو (ګل).

ablush, adv. and adj. د خجالت په حال کې: سور (له خجالت څخه): شرمنده.

ablution, n. اودس: غسل: د خاصو مراسمو د پاره د ځان پرېولل.

abnegate, v.t. انکار کول: پرېښودل.

abnegation, n. انکار: ځان ځپرونه.

abnegator, n. منکر: ځان ځپروونکی.

abnormal, adj. غير نورمال: بې قاعده: غير طبيعي: غير عادي:

abnormality, n. بې قاعده ګي.

abnormally, adv. په غير طبيعي توګه

aboard, adv. په (بېړۍ، اورګاډي، الوتکه) کې يا باندې

abolish, v.t. له منځه وړل: لغو کول.

abolitionist, n. د هر شي په تېره بيا د مرييتوب د لغو کولو پرخوا.

abominate, v.t. کرکه کول: ډېر بد وړل.

abominable, adj. کرکجن.

aboral, adj. (د) له خولې څخه لېرې.

aborigines, n. پخواني اوسېدونکي (د يوې سيمې): اصلي: لومړني: بومي.

aboriginalism, n. د بوميو اوسېدونکو سره مناسب سلوک.

abort, v.i. زيانول: نقصانول (اولاد).

abortifacient, adj. د اولاد زيانولو عامل.

abortion, n. (طب) بې وخته زېږېدنه، د حامله توب په لومړيو دريو مياشتو کې

abortive, adj. پخوا له وخته زېږېدلی: ناکام: نيمګړی: له ودې لوېدلی: شنډ.

abound, v.i. : ډېر : پېمانه ډېرښت : (پيدا کېدل).

abounding, adj. ډېر : کوټه : پرېمانه

about, prep. : شاوخوا : ګردچاپېر

: ورې (د زمان، مکان، حجم له مخې) : پرخه (کې) : باره (کې) : ابېر ډېر، تقريباً :

bring about منځ : پېښول : برابرول : ته راوړل .

go about چېتو کېدل .

turn about : په چورلېدل : په نوبت دورانې :

above, prep. : (تر) پاس : (له) پورته لوړ (له) (په درجه، مقدار، شمېر او ارزښت کې) .

above.board, adj. په ډاګه : ښکاره : ښېلې : بې پلمې .

above.mentioned. : پاس يــاد شــوی : پورتنی .

above named نوموړی .

abrade, v.t. : ګرول : سولول : موښل : توږل : شوکاری کول .

abra.sion, n. : ګرونه : سولونه : توږونه .

abra.sive, n. هغه شی چه د موښلو، سولولو، ګرولو او توږلو دپاره استعماليږي لکه د تيغ د تېره کولو شرخ

abreast, adv. په کتار ـ په يوه ليکه (چه مخونه يې يوې خواته وي) : څنګ پر څنګ

abridge, v.t. لنډول : لږول : : يــمکړی کول

abridge.ment, n. : لنډون : لنډيز : ازوالي : لږونه .

abroad, adv. : بهر : (کې) په پراخه سيمه په ســارا : له کوره د باندې : باندې هيواد (کې، ته).

abrogate, v.t. : له منځه وړل : لغو کول : منسوخ کول

abrogation, n. : له منځه وړونه : لغو کونه : باطلونه .

ab.rogator, n. : له منځه وړونکی : باطلوونکی .

abrupt, adj. : ناببره : ناڅاپه : ببره .

ناڅاپه : مخ پهځوړ : ناڅاپي (بدلون) .

abrup.tion, n. : ناڅاپي (بري کېدنه، بېلېدنه)

abrupt.ly, adv. : ناببره : ناڅاپه په ستغه لهجه .

abscess, n. : پښڅکی، پښڅه : دانه دوجود په کومه برخه کې دزوو (نو) ټولېدنه .

abscond, v.i. (په تېره تښتېدل او پټېدل بيا له قانون څخه) .

absent, adj. . غيرحاضر : ورك : اشت.

absence, n. : ورکو : غيرحاضري : نشتوالی .

absentee., n. . غايب : بې پتې : ورك

ab.sent mind.ed, adj. هيرجن : بې پامه : چورتی .

absolute, adj. بشپړ : پوره : بې حده : مطلق : يقيني او مثبت : ښوب (خالص) آزاد (د نورو شيانو له قيد او ارتباط څخه) : قايم بالذات .

ab.solutely, adv. بشپړه — په يقيني او قطعي صورت : په مطلق ډول : بېخي

ab.solutism, n. هغه تيوري چه حاكم د مطلق واك څښتن بولي .

ab.solutist, n. د دولواكي (مطلقيت) پرخوا

absolute zero. مطلق صفر يعنې (-۲۷۳) درجې سانتي گريد .

absolve, v.t. بخښل (د چا گناه ، چا ته پوره) : خلاصول (له نور څخه) : معافول .

absorb, v.t. زغمل (لكه سپنج چه اوبه زغمي) : جذبول : حل كول (په ځان كي) نيول (وخت) : اخذول (پام)

absorbed., adj : زغملي : جذب شوي : نيولي (وخت) : اوښتي (پام)

absorb.ing, adj. په زړه پورې .

absorp.tion, n. : زغمېدنه : حل كېدنه : توجه اوښتنه .

absorbent, adj. جذبوونكي (د رطوبت او بوي او نورو ....).

abstain, v.i. ډډه كول (له) : لاس اخيستل (له) .

abstain.er n. لاس اخيستونكي (په تېره له شرابو څخه).

abstention, n. ډډه كول : د ممتنعي راي وركول .

abstemious, adj. اعتدال ساتونكي (په خوراك او څښاك كي).

abstemiously, adv. په اعتدال : په امساك .

abste. miousness, n. اعتدال او سوكتي : (په خوراك او څښاك كي).

abstinent, adj. ځان ساتونكي (له كوم خوند او هوس څخه) : پرهيز گار .

ab.stinence, n. لاس اخيستنه : ډډه كول .

ab.stinently, adv. د پرهيز (په توگه) : زاهدانه .

abstract, v.t. لېري كول : بېلول : تجريدول : خلاصه كول (فل) تجريدول (لكه د يوه شي د خصوصي موادو له كتنې څخه وروسته د هغه په باب د يوه عام مفهوم قايمول) .

abstract, n. خلاصه : لنډيز .

abstract.ed. بېل شوي ، گوښې شوي .

abstract, adj. مجرد : ذهني (چه په طبيعت كي موجود نه وي لكه هندسي شكلونه)

abstrac.tion, n. بېلونه : تجريدونه : بېلېدنه .

abstruse, adj. پېچلي : نښتني (كلام) : پېچلي (چه پوهېدل يې گران وي .)

abstruse.ly, adv. په پېچلي (توگه) .

abstrusne.ss, n. پېچلتوب (د كلام) .

absurd, adj. چټي : پوچ : بې معنى : مبتذل .

absurd.ity, n. چټي توب : پوچوالى : او

absurd.ness. بې ربطي : ابتذال .

absurd.ly, adv. په نامعقولي : په بې ربطي : په چټي (توگه).

abundance, n. پريماني : ډېرښت .

abund.ancy, n. زياتوالى : پريماني .

abund.ant, adj. زيات : ډېر : خوراډېر .

abund.antly, adv. پرېمانه .

abuse, v.t. ناوړه او بېځايه استعمالول ناوړه کټه کول (له) : ټګي کول (په اعتماد کي) : غلطه او ناپنده ګټي کول : څورول : ټهر ايستل : ټهري کول .

abuse, n. ناوړه استعمال : ناوړه : ناځايزه : ښکنځلنځا : کټه : ټګي : څورونه : زوبلونه : ټهري :

abusive, adj. ناوړه :

abusiveness, n. بېځايه : له ټګي ډك :

abus.ively, adv. څورونکي : ټهري کوونکي په ناوړه توګه .

abut, v.i. تکيه کول (په) : نښتل (له) .

abut.ment, n. سره نښتنه : سځه برخه چه په بل باندي تکيه وي : د تکيي ځای .

abutt.al, n. سرحد : ګوښه .

abysm, n. ډېر ژور : بې تله (ځايه) : بې حده (ژور) .

abys.mal, adj. ژور : بې حده (ژور) ناپايه

abyss, n. بې حده ژور ډنډ : دا د يو ګرځني (ګرداب) : دوږخ : ډېر ژور : د سيند ژوري (برخي) : له اندازه کېدونکي کنده .

abyss.al, adj. بې تله : ناپايه

acacia, n. ځر (يو بوټي چه له لښتو څخه يې ګوکري او دل کيږي) ځر (يوه ونه چه سري لښتي لري) : اکاسي (ونه) .

academy, n. (لر) د افلاطون فلسفي ښوونځي : لوړ يا تخصصي ښوونځي يا پوهنځي : ټولنه (علمي، هنري) .

academic, adj. د افلاطون فلسفي ښوونځي پوري مربوط : علمي، هنري ټولني ته منسوب : شکاك : په علمي توګه : رسمي : نظري (نه عملي) : افلاطوني فيلسوف : د علمي هنري ټولني غړی .

acad.emist, n. د اکاډمي غړی .

acad.emist, n. د اکاډمي غړی .

accede, v.t. رسېدل (تخت، منصب، رتبي ته) : يوځای کېدل (له) : موافقت کول (له) .

acced.ence, n. رسېدنه : يوځای کېدنه :

acced.er, n. موافقت .

accelerate, v.t.i. ګړندی کول : ګړندی کېدل : ګړندېتوب راوستل (په انکشاف، پرمختګ، پېښېدو کي) : سرعت ورکول .

accel.erant, n. adj. ګړندی کوونکی : د ګړندېتوب عامل .

acceleration, n. ګړندېتوب : بيړه : تدريجي سرعت .

accel.erator, n. ګړندی کوونکی (شی، څوك) : يوه ماده چه کيمياوي تعامل ګړندی کوي

accent, n. غږ : لحن : زور (په څپه، سيلاب، لفظ، د موسيقي نوټ) : د غږ نښه : د توري په سر نښه (چه د تلفظ د جګوالي او ټيټوالي زور، اوږدوالي، کيفيت ښيي) : ږغېدنګه (لهجه) : تاکيد : بېلوونکي نښه : د وېنا (ځانګړی، خاص، بېل) ډول .

accent.ual, adj. د غږ له پلوه : غږيز

accent.uate, v.t. زور اچول (په) : غږ ورکول (لفظونه) : په غږيز ډول تلفظ کول : په ساز (موسيقي) کي د غږ رعايت کول .

accept, v.t. منل : قبلول: موافقه کول: جواب ورکول (موافق) : لوز (وعده) کول(دادا کواو) : منل (دمعنی له نظره).

accept.able, adj. دمنلو وړ: غوره .

accept.ably, adv. په غوره توگه : په منلې توگه.

acceptability. منښه: هرکلی : قبلو نه (تج)منل شوی حواله .

acceptation, n. رواجی معنی : ښه هرکلی، توده هرکلی .

accept.er, n. منونکی : هرکلی کوونکی .

accept.ive, adj . هرکلی ته چمتو.

acceptiv.ity, n. هرکلی ته چمتووالی : منښه

access, n. لاس رسېدنه ، لاس بر ېدنه دننو تلو اجازه : ددننوتلواجازه: لار، زیاتېدنه : حمله(دناروغی)

accession, n. دلاس رسېدو (پېښه، عمل) : چوکی: اقتدارته رسېدنه: زیاتېدونکی (حق) د شتو زیاتېدنه.

ac.cessory, adj. n زیات (پاتې شوی) فرعی مرستیال : (حق) د جرم مرستیال، شریك : غیر ضروری.

accessor.ial, adj. کومکی : په جرم کې مرسته.

ac.cessorily, adv. دمرستې له مخې.

accidence, n. (گر) صرف.

accidence, n. پېښه: پېښه(غیر مترقبه) : چانس: بده پېښه: غیر حتمی صفت: ضمنی شی: د (یو شي ناهموار والی) ناڅاپی پېښه

accident.al, adj. تصادفی : غیر مترقب : ناڅاپی .

accident.alism, n. د تصادفی حالت یا خاصیت : هغه سیستم چه په تشخیص کی عرض ته اهمیت ورکوی نه علت ته: (فل) هغه نظر چه وایی حادثی بی علته پېښیږی.

accider.t.ally, adv. په ناڅاپی ډول : تصادفی : بې ارادی.

acclamation, n. دشاباسی نارې (نعرې)

acclaim, v.t. چکچکی کول (د تاوده هرکلی دپاره) : هرگندول (دپاره سره) توده هرکلی کول.

acclam.atory, adj. له تحسین او آفرین څخه ډك .

acclimatise, v.t. عادی کول (دنوی اقلیم سره): روږدی کول: روږدی کېدل: د نوی چاپېریال (محیط) سره اشنا کول، کېدل .

accli.mate, v.t. روږدی کول (د نوی چاپېریال سره) .

acclimatisa.tion, n. روږدېدنه (دنوی چاپېریال ، آب و acclimatation, n. او هوا، شرایطو سره). acclimation, n. او

acclivity, n. مخ په لوړه (ژوړ) : مخ په پورته (لار) .

accliv.itous, adj.

accli.vous.

accommodate, v.t. توافق ورکول ځای ورکول: ځای ورکول : سمون ورکول : جوړول (چمتو کول): ورته والی ورکول: برابرول (خوله، استوگنځی دساعت تېری شیان) پوره پیدا کول: هیکنه کول .

v. i. بنګنه کول . جوړېدل

accommodating او accommodable, adj. توافق ته چمتو : زړه سوانده ، اخوږ تېر وتونکی .

accommodation, n. سمون : روږدونه (سترګې د فاصلې د بدلون سره) دخولې تطبیقونه (د یوې معنی په ځای بله معنی افاده شي) . بنګنه : برابرونه : روغه : برابرونه (د ځای یا د ساعت تېرې د اسباب) : مرسته : د پیسو پور .

accommodator, n. accommodative, adj.

accommodation bill برات (د تبا د لی برات) (تج)

accommodation train. (امر) داسې اورګاډی چه د لارې په ټولو یا زیاتو دریځو کې تم کېږي

accompany, v.t. ملګرتیا کول (په لاره ، عمل کې) : ګډون کول : بدرګه کول : غبرګول (په موسیقۍ کې د ساز د غاړې)

accom.plishment, n. ملګرتیا : غبرګونه (ساز د غاړې یا بل ساز سره ملتیا :) .

accompanist, n. غبرګوونکی (د ساز) .

accomplice, n. ملګری (د جرم) .

accomplish, v.t. بشپړ کول : سرته رسول : پرځای کول : چمتو کول : پوره کول (د کلچر او کمال) .

accomplished, adj. بشپړ : پرځای شوی : سرته رسېدلی : پیاوړی (د کمال له پلوه) .

accom.plishment, n. بشپړتیا : سرته رسونه : (هنر ، کمال کله په سرسري او تجملي بڼه)

accord, v.t.i. موافق کېدل : جوړه کول : سمون کول : اړه لرل : سره جوړه راتلل : سره جوړېدل : بخښل : موافقه : جوړه : ملګرتیا : (مو) هغه او ټوله چه د ساز له ور باندې سوره شي : نغمه .

accordance, n. جوړه : موافقه : ټینګار (تائید)

accordant, adj. جوړ : موافق : ملګری

accordantly, adv. په موافق ډول (له ـ سره) .

according. adj. سره سم : مطابق : سره جوړ .

accordingly, adv. له دې امله : په مناسب ډول .

according as په مطابق تو .

according to سره سم (له) مطابق (له ـ سره) سره سم (له وینا ، ګروه ـ عقیده) .

as accords لکه چه ښایي .

of one's own accord په خپله اراده : د سړي په خپل ارادي حرکت .

with one accord. په یوه زړه : په یوه اواز

accordion, n. اکاردیون (د ساز یوه آله) .

accordionist, n. کاردیون وهونکی .

accost, v.t. ورنږدې کېدل : ور پېل (خبره) : چاته تر ټولو دمخه خبره کول .

account, v.t. ګڼل ، انګېرل : قضاوت کول :

v.i. شمېرل ، حساب ساتل : دليل ويل او سپېنول (د) حساب ورکول : جواب ورکول (د) منسوبېدل (داسې کارونه چې ويا ده يا مسئوليت ورلري) شمېرنه : انګېرنه : د پېښو بيانول و مسئوليتو شمېرنه : جواب ورکونه : ارزښت : اهميت : ګټنه : له امله : مفصل راپور : وينا : کيسې : کيسه .

accountability, n. accountable, adj. مسؤول .

accountably, adv. د مسؤوليت په توګه .

accountancy, n. د شمېر ، محاسبې دفتر : عمل .

accountant, n. د شمېر ماهر : محاسب .

account book. د شمېر کتاب ، د حساب دفتر .

for a. of له پلوه ، په نمايندګۍ .

go to one's long account ورو ستنېدل

hold to account. قضاوت ته ور حاضرېدل

in account with مسؤول ګڼل . (تج) د شمېر ساتنه (سره) .

make account of ارزښت ور کول .

on account of له کبله ، په امله .

on no account په هيڅ ډول .

take into account. په نظر کښې نيول : پام ساتل .

accounting, n. شمېر : محاسبه .

accountics, n. د شمېر او دفتر د چارو علم .

account general, n. د شمېر آمر : سر محاسب .

accredit, v.t. اعتماد کول : اعتبار ور کول : اعتماد نامه ور کول : د اعتماد نامې سره استول : د رسمي مقرر اتو د پشپړ کولو تصديقول : مربوط ول : نسبت ور کول .

accredited, adj. د اعتماد نامې خاوند .

accumulate, v.t.i. ټولول : ټولول : انبارول : ټولېدل : په لږ وخت کې لويې درجې ته رسېدل .

accumulation, n. ټولېدنه ، انبارونه : انبار : کوټه .

accumulative, adj. ټولېدونکی ، لوېدونکی (د ثروت په برخه کې په ډېر)

accumulator, n. ټولوونکی : ټولوونکی ، انباروونکی (شی يا سړی) : دا برقي د ساتلو (ذخيري) آله يوه برقي بټري چه د معکوس جريان په تېرولو بيا چارج کېږي

accurate, adj. درست ، دقيق .

accuracy, n. درستوالی : دقت .

accurately, adv. په درستي سره : په دقيقه توګه : په صحيح ډول .

accurateness, n. درستوالی : دقت : صحت .

accurse, v.t. ښېرا کول : لعنت ويل : رټل .

accursed, adj. رټلی : ښېرا وهلی ، لعنتي .

accuse, v.t. تور لګول : ملامتول : تومت کول .

accusation, n. تور لګونه : تومت کونه : ملامتيا .

accusative, adj. ملامتي (ګر) مفعولي .

the accusative case, n. مفعولي حالت

تور لګو نکی : تورمت کوونکی

accusatory, adj. په تور لړلی، تورمتی .

accused, n. تورن: ملامت شوی .

accuser, n. تورمت کوونکی: مدعی .

accustom, v.t. روږدول: اموخته کول: عادت ور کول .

accustomed او accustomary, adj. عادی: روږدی: آموخته

accustomedness, n. روږدوالی: آموخت: عادت .

ace, n. یکی: خال: توس (د لوبو په نقشو کی): هغه لومړی چه په یوه وار وګټل شی (د ټینس په لوبو کی): یو ممتاز هوا باز: هغه چه په لوبو یا نورو عملیاتو کی پر بی ساری او بی جوړی بریالیتوب لاس ته راوړی وی .

acerb, adj. تریو او تریخ .

acerbate, v.t. پاروول: تریخول .

acerbity, n. تریووالی: تریخوالی .

acerous, adj. بی ښکره او بی انتنه .

acescence, n. تریو کیدنه: وړانیدنه (د شودو) .

acescent, adj. تریو: وړانی (شودی) .

acet, سرکه په ترکیبی حالت کی .

ac.etal, n. هغه مایع چه د الکولو د اکسیدیشن په واسطه جوړیږی: د دی ډولی مرکباتو هره نوعه .

acetal.dehyde یوه مایع چه مخصوص بوی لری .

acet.amide د اسیټیک تیزاب یو امایډ .

acetate د سرکی تیزاب مالګه .

acetate silk, یو راز مصنوعی وریښم چه د اسیټیک له سیلولوز څخه جوړیږی .

acetic acid (CH 3 COOH) د سرکی تیزاب .

acetify, v.t.i تریو کول: په سرکه بدلول: سرکه کیدل: تریو کیدل

ache, n. درد: خوږیدل .

achieve, v.t. سرته رسول: خلاصول پر مخ بوتلل: رسیدل: لاس ته راوستل (په تیره په زیار): ګټل.

achieve.ment, n. سرته رسونه: لاس ته راوړنه: بریالیتوب ته رسیدنه: ګټه اخستنه: لوی بریالیتوب .

acid, adj. تیره: تریو (ترش): (کیم) تیزاب: (چیو) (چه په ژبه تیټه احساسیګا ولری) یو ډول تریو او ترش مواد: تیزاب : (کیم) د موادو یو صنف چه ژبه تریوی. ترش وی او داسی هایډروجن لری چه که یو فلز د هغه ځای ونیسی مالګه تری جوړیږی.

acidify, v.t.i ترشول: په تیزاب بدلول .

acidulate, v.t. لږ شانی تیزابی کول

acidulous, adj. لږ ترش: ترش وزمه :

acidifica.tion, n. هغه چه کار یا ایک تیزاب ولری (لکه معدنی اوبه)

acid.ity تیزابیت: ترشوالی: د تیزاب د ټینګوالی یا اری والی حد .

acidimetry, n. د تیزاب د ټینګوالی او اری والی ښکاره کول .

acidim.eter, n. د تیزابو د ټینګوالی د معلومولو آله .

acidosis په وینه کی (تر عادی حالت) د اسید زیاتوالی (طب)

acid salt هغه مالګه چه د هایډروجن یوه برخه یی ځیل ځای یوه فلز ته پریږدی .

acid test. د تیزابو په واسطه په یوه ماده کې د سرو زرو ازما ینښت .

acierate, v.t. په پولادو بدلول ، پولاد کول .

ac.ierage, n. یوه فلز ته د اوسپنې او به ورکول .

acknowledge, v.t. معلومات اورل . تصدیقول (د یوه شي رښتیا والی) اصیل والی ، درستوالی) اعتراف کول : یادونه ، یاد گیرنه (دچا دښېگڼې) : د یوه شي درسیدو رسید ورکول .

acknowl.edgement, n. پیژندنه : اعتراف : اقرار : منښه (د ښېگڼې) : د رسیدو رسید .

aclinic, adj. بې تمایل : بې مقناطیسي میلانه .

acme, n. لوړه څوکه ، کمال ، اوج :

ac.mite دا سی سوډ ا پر و کسین چه بلوروته یې څوکې څوکې لري .

acne, n. ستو ، دځوانۍ دانې چه پرمخ او پوزه را خیژي .

acock, adv. کوږ ، په یوه خوا .

acorn, n. دځیړې میوه ، برگی

acosmism, n. دا بدی نړۍ دموجودیت څخه انکار .

acosmist دا پدیت نه منونکی .

acoustic-al, adj. سمعي ، سوتي : داوریدو حس یا د غږ له نظره پې ته منسوب .

acoustics, n. اوازپوهنه ، هغه علم چه داواز په برخه کې څیړنې کوي .

acquaint, v.t. اشنا کول خبرول . وراپیژندل .

acquaint.ance, n. پېژندگلوي (چه لا د دوستۍ مرحلې ته نه وي رسیدلی) : اشنا یي :

acquaintanceship, n. پیژندگلوي .

acquainted, adj. بلد : اشنا .

acquest, n. لاس ته راوستنه : لاس ته راوستل شوی .

acquiesce, v.i. غاړه اېښودل : په خوښه منل : راضي کیدل : خوښه

acquiesc.ence, n. په چوپه خوله منښه : غاړه ایښودنه

acquiesc.ent, ad. غاړه اېښودونکی : راضي

acquiesc.ently, adv. acquiesc.ingly. تسلیم ، په چوپه خوله : په رضا : په خوښه .

acquire, v.t. گټل : لاس ته راوستل : کسبول .

acquir.able, adj. د گټلو ، لاس ته راوستلو ، کسبولو وړ .

acquire.ment, n. تحصیل : لاس ته راوستنه : زده کړه (په زیاره په فطري ډول) .

acquisition, n. لاس ته راوستنه : زده کړه .

acquis.itive, adj. کسبوونکی ، لاس ته راوستونکی : گټونکی

acquis.itiveness, n. دلاس ته راوستلو ، کسبولو تمایل .

acquired character کسبي خاصیت یا کسب کړی .

acquired taste. کسبي ذوق ، زده کړی ذوق

acquit, v.t. ازادول ؛ خوشې کول ، خلاصول ؛ اداکول (پور) ؛ وتلل (له عهدې څخه) خلاصول (له پور څخه) .

acquitment, n. او acquitt'al خلاصون ، خلاصي ، برائت .

acquittance, n. خلاصي (له پور ، تور ، مسئوليت څخه) رسيد (دخلاصي برائت)

acre, n. ايکړ ــ لويديځ جريب (سکاټلنډي جريب ــ ٤٨٤٠ مربع ياردو) (دجمع په حالت کې) مځکې ؛ جايداد ؛ مزرعې ، کروندې .

acreage, n. جريبانه .

a.cre.s-breadth, n. دوه ويشت يارده

acrid, n. تند ؛ تروش (خوند يا وږم) تند خوی (داسې چه ژبه وسوځوي) .

acrid.ity, n. تندوالی .

acrimony, n. ترېخوالی ، تندوالی (داحساس ، ژبې ، خوی) .

acrimo.nious, adj. ترېخ ؛ ژبه ؛ سخت .

acrimo.niously, adv. په ترخه ، سختۍ ، ژبه ، (لهجه) په ترخه ډول ؛ له پېغور ډک .

acro— څوکه ؛ سر (په ترکيبي حالت کې) .

acrobat, n. دارباز ، هغه چه په جمناسټک کې په پوره ډول لوبه کوي .

acrobat.ic, adj. چالباز .

acrobatics, n. د داربازۍ شغل يا پوهاوی (لمسا ښوونه) .

acrobatism, n. د داربازۍ فن .

acropolis, n. د لرغوني يونان ښارونو (په تېره بيا د آتن) .

acrospire, n. (ب ب) اومږلی يا ږ

چه دزړي يا تخم د کښېښولو يا ټوکېدلو څخه وروسته سر وهي او وزي

across, adv. and prep. له يوې خوا څخه بلې خواته (مثلاً د سيند) په ساره ، په لنډو .

come across. په مخه ورتلل

act, v.i. اغېزه کول ؛ زوړ چول ؛ عمل کول ؛ رول لوبول (لکه د سټيج په سر) اجرا کول ؛ پارټ ، رول لوبول . اغېزه عمل ؛ کار ؛ کړه ؛ (تياتر) پرده ؛ قانون ؛ قانوني لايحه ؛ پوهنيزه دعا ؛ عبادت ؛ دلوبې پرده ګرام يوه برخه ؛ په پوهنتونو کې د مناقشې مجلس چه يو کس يو سړی د ډګري د پاره د خپل تيسز څخه دفاع کوي .

acting, n. عمل ؛ د ډرامائيکي يا فرضي پارټ د لوبولو فن ؛ په موقتي ډول يا د بل چا د پاره د يوې وظيفې اجرا کول ؛ کفالت .

actor, n. اکټر ، لوبغاړی .

actress, n. اکټره ، لوبغاړې ؛ هغه چه په کيسو او ډرامو کې پارټونه اجرا کوي .

act of God خدايي پېښه

act of grace. بخښنه

act on اثر کول ؛ مطابق عمل کول

act up to معيار ته رسېدل ؛ بشپړ دل .

actinic, adj. د وړانګو اغېز ته اړ د لمر يا کيمياوي خاصيت ته منسوب ، په تېره بيا هغه چه د هغې په واسطه کيمياوي تغييرونه راوستل کېږي لکه د عکاسۍ په قلم کښې .

action, n. کړه ؛ کړنه ؛ کړه وړه ؛ عمل ؛ عمليات ؛ اشاره ؛ جګړه ، دعوا

یا د محکمې برائت ؛ هغه واقعې چه په ډرامه یا ناول کې پېښېږي ؛ میکانیزم . (فعالیت او د کار کولو ډول ـ لکه د ټوپك)

ac.tionable, adj. د قانوني پوښتنو او تعقیب وړ

action committee یوه کمېټه استی تاوانه چه دنده یې د ډېر کمو نیستانو له منځه وړل وي

action radius هغه واټن چه یوه الوتکه یا بېړۍ یې له خپل مرکز څخه یې د سوتګې د موا دوله خلاصولو ، وهلو او بېرته راستنېدلو لاره ولري شي

action station هغه ځای چه د جګړې په وخت کې ساتل کېږي

active, adj. کړونی ؛ فعال ؛ بوخت ؛ عملي ؛ اغېزناك

active voice (ګر) معلوم فعل

ac.tivate, v.t. فعالول ؛ ګړندی کول ؛ طاقت زیاتول ؛ د زهر د ظهر قوت زیاتول (لکه د سکرو) ؛ د بیالوژیکو فعالیتونو زیاتول ؛ پارول .

activation, n.

activator, n.

actively, adv. په ګړندیتوب ؛ په فعالیت ؛ په متعدي یا معلوم ډول .

activism, n. د خلاقي اراد ي فلسفه ، د رودولف ایوکن (۱۸۴۶ تر ۱۹۲۶) عملي اپنه یا لیر.

activity, n. جدیت ؛ فعالیت ، ګړندیتوب ، کړنې

active service. عسکري خدمت ؛ په جګړه ځای کې خدمت (که څه هم د سولې په مهال کې دي) .

actual, adj. واقعي ، رښتینی موجود ، رښتینی (عجالتا)

ac.tualise, v.t. واقعي کول ، تحقق ورکول . د عمل جامه ور اغوستل

actual.ity, n. واقعیت کېدونکی ، هغه چه واقعي حقایق ګوري .

ac. tualist. n. واقعیت رښتیا والی ، واقعیت خوښونه (ریالیزم) ، حقیقت

ac.tually, adv. په رښتیا سره ، واقعاً .

actuary, n. محاسب په تېره بیا د بیمې د احصائیې مامور

actuate, v.t. فعالول ، پارول ؛ په کارا چول ؛ په کار لوېدل ؛ لاس پورې کول

actua.tion, n. فعالونه ، په کار اچونه ، پارونه

acumen, n. تېزوالی ، څېرکوالی ، څېرکی ذکاوت .

acu.minate, v.t. تېره کول ، او کداره کول (د بوټي) سر تېره کول ، تېره کېدل .

acumina.tion, n.

acute, adj. تېز ، څوکه‌ور ؛ څېر ، څېرك ذکي ؛ تند ؛ کلك ؛ (طب) حاد ، بېړنی

acutely, adv. په تېره والي ، په څېرکۍ ، په تندۍ ، په حاد ډول ، په بېړه .

acute accent سخچ (/) نښه چه په اصل کې د آهنګ د جګوالي د ښودلو او اوس د بېلو بېلو مقصدو د پاره استعمالیږي .

acute angle حاده زاویه .

acute disease سخته ناروغي (حاد مرض) د ناروغۍ بحراني حالت

adage, n. مثل ، د پخوا نو خبري ، مقوله .

adagio, adv. (م) ورو ورو .

Adam, n. بابا آدم .

adamic, adj. د بابا آدم په څېر ، لغړ .

ad.amite, n. بڼي آدم : هغه چه لوڅ گرځي په تېره : شمالي افریقا د دوهمې پېړۍ یوه قبیله .

adam. salebr wine اوبه .

adam.s apple غرغړی .

adam.s—needle, n. خرما .

adamant, n. اچوج ، کلك ، کراړ ، له ما تېدو نکی ، الماس .

adamantine, adj. له کلك کاڼي ، الماس ، هغه چوړ شوی ، نه ماتېدو نکی له سوځېدو نکی ، له سوری کېدو نکی .

adapt, vt.t. برابرول ، سمول ، توافق ورکول جوړ ړا تلل .

adaptabil.ity, n. د توافق وړ والی

adaptable, adj.

adaptation, n. توافق : دجوړ ړا تلو عملیه یا نتیجه ، سمون (دشرا یطو سره).

adapted موافق ، سم شوی ، برابر شوی ، مناسب .

adapt.er, n. برابروونکی ، سموونکی ، یوه مرستیا له اله چه په بلې بڼې پورې نښلول شي ترڅو د یوه آله برسېره په خپلې اصلي وظیفې بله دنده هم اجرا کړی .

adapt.ive, adj. د توافق ، دسمون وړ

adapt.iveness, n. adapt.ively, adv.

adays, adv. دورځې ، هر ورځ ، ورځني

add, v.t. یو ځای کول ، زیاتول ، جمع کول

غونډول ، لوړ هم ویل .

adder, n. یو ځای کوونکی ، زیاتوونکی ، د جمعې ماشین .

additament, n. زیات شوی ، جمع شوی

addition زیاتونه ، زیاتوالی ، زیات شوی : دجمعې عملیه (په حساب ، الجبر کې) .

additional, adj. مل

addi.tive, adj.: زیاتېدونکی ، اضافي زیات شوی

addi.tive, adj. زیاتېدونکی : زیاتي : جمع کېدونکی : یو ځای کېدونکی

addition compound. (کیم) هغه مرکب چه د دوو یا ډېرو مواد ودمستقیم کېدو ن څخه لاس ته راځي .

addict, v.t. روږدول (عادت) : پرېښودل (عادت) : عمل کول (په عادت)

addicted, n. عملي : معتاد : روږدی (په تېره بیا دمخد ر اتو سره) : ډوب .

addic.tion, او addit.edness, n. روږدېدنه : روږدوالی ، اعتیاد .

addle, n. خوسا ، ورست ، لوڅ : گنده

v.t.i. خوسا کول : خوسا کېدل : خرابول : خرابېدل .

add.led, adj. خوسا شوی : خراب شوی .

add.le-brained.

add.le-pated کنډو سری ، بی مغزه

add.le-headed سودا ای

add.lement, n. خوساتوب : خرابي

address, v.t. لا رښوونه : نښه کول : مخاطب کول : استول ، پته (ایکل) :

پته ور کول؛ اصطلاح: وینا .

addressee., n. مخاطب ، مرسل الیه : اخیستونکی (د لیک ــ پیغام) .

address.er-or, n. وینا کړ : وینا کوونکی : لیکونکی .

adduce, v.t. راوړل (د سند یا مثال) وړاندې کول (دلیل، مثال، ثبوت)

adduc.ent, adj. نږدې کوونکی ، دننه راښکونکی .

adduct, v.t. یو ځای کول : راښکل (دننه) .

adduc.tion, n. راښکنه : یو ځای کول

adduc.tive, adj. استدلالي ، وړاندې کولو وړ (دلیل ، مثال ، ثبوت) : راښکونکی (دننه) .

adduc.tor, n. نږدې کوونکی ، دننه راښکونکی غړی .

aden— (په ترکیبي حالت) غدود ، غده ، مرغړی .

adenitis, n. د غدودو پړسوب ، التهاب .

ad.enoid, adj. غدوي ، د غدود په شان

د پزی په آخر کی د غدوي نسج پاړسوب (ادی) .

adept, adj. n. تکړه ، ماهر ، استاذ .

adequate, adj. بس (کافي) : مناسب ، وړ

ad.equately, adv. په مناسب ډول : په کافي اندازه .

ad.equateness, n.

ad.equacy, برابروالی ، وړوالی ، بسیا

ad.equative, adj. برابر شوی .

adhere, v.i. نښتل (نښلېدل) ، نښتی پاتې کېدل ، نښتل (مشر ، گوند ، اساس پورې) جوړ راتلل ، پیروي کول .

adher.ence, n. نښلېدنه : پیروي . جوړه .

adher.ent, adj. نښتی : پیرو ، : جوړ (سره) : پرخوا (طرفدار) .

adherer, n.

adhesion, n. سره نښلېدنه ، اړه ، ، پیروي (گوند ، اصول سره) : اړه لرنه : (طب) التصاق ، د بدن د څو جلا انساجو برخو غیر طبیعي سره نښلېدنه ، یو لړ ریښکی چه له انسجو له چه التهابي برخې سره نښلوي

adhe.sive, n. سریښناک ، سره نښلېدونکی

adhesiveness, n. adhe.sively, adv.

adieu.interj. په خدای دی سپارم ، د خدای پامان ، د خدای پاماني

adinterim, prep. په دې ترڅ کی : د څه وخت د پاره (موقتاً)

adipose, adj, n. غوړ ، غوړ ب ، غوړه د حیواناتو دواز کی ، وازګه (وازده)

adjacent, adj. گاونډی ، نږدې ، مجاور .

adja.cency, n. نږدېوالی ، گاونډیتوب ، مجاورت .

adja.cently, adv.

adjective, n. صفت .

ad.jectival, adj. صفتي ، کومکي ، وصفي .

ad.jectively او adjecti.vally, adv. صفت په ډول ، د کومک له مخی .

adjoin, v.t.i. یو ځای کېدل ، جوختېدل ، لنډ ، نږدې ، څنګ په څنګ (اوسېدل واقع کېدل) .

adjoining, adj. سره جوخت ، نږدې ، څنګ

adj.oint, n. په ګرامر کې یو همغږي کی
د استاد مرستیال .

adjourn, v.t.i. ځنډول ، ټال ول ،
پر بل وخت (بل وخت، ورځې ته) ، ځنډېدل
(غونډه) . پریښودل .

adjourn.ment, n. ځنډېدنه ، ټالېدنه ،
پرېښودنه ، پاتې کېدنه (بل وخت ،
ورځې ته) .

adjudge, v.t. فیصله کول ، قضاوت کول ،
حکم صادرول (د جزا مکافات) ، فتوا
ورکول ، ګڼل .

adjudgment, n. قضاوت ، فیصله ، فتوا ، حکم

adjudicate, v.t.i. فیصله کول (قضایي) ،
قضاوت کول ، فیصله اعلامول ، مکافات
ورکول ، مونځګی توب کول (په هنري
مسابقو کې) فیصله اعلامېدل .

adjudica.tion, n. (انګلیسي قانون)
دافلاس د محکمې اصل چه دا یې دپور
وړی دافلاس په وخت کړی دي دده شته
یوه معتمدته وسپارل شي .

adjudicator, n.

adjunct, adj. n. مل ، فرعي ، مرستیال ،
ضمیمه ، (ګرامر) معترضه فقره ، هغه کلمه
یا فقره چه په مبتدا او خبر کې زیاتوالی
راولي (منطق) عرض ، مل ، صفت ، الحاقي
برخه .

adjunction, n. مل ، مرستیال ، فرعي ،
ضمیمه .

adjunct.ive, adj. نږدې ، اضافي ، په
ترڅ کې راتلای .

adjunct.ively, adv. په ترڅ کې ، په ملتیا ،
په فرعي ډول ، د ضمیمې په توګه

adjure, v.t. قسم ورکول ، لوړه کول ،
دخدای روی ورزېدل .

adjura.tion, n. زاري ، قسم ورکول

adjur.ing او **adjur.atory, adj.**

adjust, v.t. برابرول ، تنظیمول ، ځای
تعیینول ، په ځای کول ، پرخپل ځای
دراوستل .

adjustable, adj. د برابرولو ، تنظیمولو ،
په خپل ځای دراوړلو وړ .

adjust.ment

adjust.er, n. برابرونکی ، په ځای
درونکی ، بوڅری ماملکه چه
دپاړه لی (انګلیسي) په مقابل کې
دسلوک عکس العمل ټاکي .

adjutant, n. (لبنې) مرستیال ،
دلوړ مامورانو مرستیال ، هندی لګلګ
لګلګ ، زانې .

administer, v.t. اداره (دوا) ، تطبیقول
کول ، سمبالول ، (حق) تصفیه کول ، نظارت
کول ، وصي کېدل ، ورکول (لوړه) .

administra.tion, n. اداره ، سمبالونه
حکومت ، تنظیم .

administra.tion, n. اداري ، په سمبالولو
پوري مربوط ، دادارې چارو .

administrator, n. دادارې چارو آمر ،
سمبالوونکی .

admiral, امیرالبحر ، دبحري قوو
لوی مامور ، بیړا .

admiral of the Fleet مارشال په دنیلی
سمندري بېړۍ .

ad.miralship دامیر البحر دفتر ، شغل .

admiralty د بحری مو ادامریت، د بحری قوماندانی مرکز

aomire, v.t. د مهنی، تعجب، شاباسی په نظر کتل، ار یان پاتی کیدل؛ خوښی ښکاره کول .

admirable, adj. د اریانی وړ، د شاباسی او تحسین وړ .

ad.mirably, adv.

ad.mirableness, n.

admira.tion اریان پاتی پدله، تحسین په سترگه کتنه، تعجب (د خوشبوئی) .

admirer خوښوونکی، مین .

admiringly, adv. په مینه، د تحسین په توگه .

admit, v.t. اجازه ورکول، د ننه پرېښودل، لاره ورکول، منل (د اعتراف، تن ور کولو په مورد کی) گرځیدل .

admission, no. د ننو تلو حق، منته

admittance, n. د ننو تلو حق، اجازه .

admix, v.t. گډول، مخلوطول .

admix.ture, n. گډېدنه، یو ځای کېدنه، گډ شوی، مخلوط شوی (برخه) .

اصیحت کول، اخطار ور کول، تنبیه کول، ترټل .

admon.ishment, n. نصیحت، مصلحت

admonition, n. نصیحت، مصلحت، مشوره .

admon.itive, adj. نصیحت ورله، د مصلحت

admon.itory په توگه .

admon.itor, n. ناصح مشور ور کوونکی .

ado, n. ربړ، جنجال، شور ماشور .

adobe, n. وچه خښته (د لمر په اثر) وچه خاوره، خښته، خامه خښته، د خامو خښتو ابا نی

adolescent, adj. ځوان، ژلمکی

adolesc.ence, n. ځوانی، ژلمکی توب .

adopt, v.t. اقتباس کول، منل په زوی توب اوزتوب ایول، په خپلوی کې ایول؛ خپلول، د ځان کول، ایول .

adopt.ed, adj. په خپلوی ایول شوی، خپل شوی، ایول شوی .

adoptionism, n. د اعقیده چه وایی حضرت عیسی په زوی توب منل شوی دی

adoptionist, n. د دې عقیدې خاوند .

adoption, n. خپلونه، ایونه، قبلونه، منته .

adoptive, adj. ایول شوی، منل شوی، خپل شوی، خپلوونکی، منوونکی، د ځان کوونکی .

adore, v.t. پرستش کول، اما نځل؛ بې شانه مینه لرل؛ عبادت کول .

ador.able, adj. د اما نځنې، عبادت، مینې وړ .

adorably, adv. د عبادت په توگه، په مینه په زړه وړ ونکی توگه .

adoration, n. اما نځنه، عبادت، بې شانه مینه

ador.er, n. مین، اما نځوونکی، لیوال .

adoringly, adv.

adorn, v.t. سینگارول، په گاڼو پښول .

adornment, n. گاڼه، سینگار، نقش او نگار .

adown, adv. and prep. (شعر) ښکته، ښکته، لاندې .

adrift, adj. and adv. د اوبو پر سر

ادبو اخیستنی : خوشی : بی هدفه حرکت .

adroit, adj. : ماهر : (عملی، ذهنی) زیرەك چابك .

adroit.ly, adv. بە چابکی ، بە مهارت .

adroit. ness, n. زیرەکی ، چابکی : مهارت : زیرەکە توب .

adulate, v.t. خوێدە مالی کول ، بێ جێ بە ستایشە کول ، بێ جێ بە ستایل .

adulator, n. خوێدە مال .

adulation, n. خوێدە مالی ، ستایشە .

adulatory, adj. خوێدە مال ، چاپلوس .

adult, adj. بالغ ، بوخ (دەمر)

adul.terate, v.t. جوڵە کول (دیوە نا ویەشی سەرە دمخلو ط و او وا سطە) پلیتول ، کوڵە کول ، بدخواند کول : زنا کول .

adulterous, adj. : کوڵە ، پلیت ، جوڵە کرهێن : زنا کار .

adult.erant, n. جوڵە کرو انکی ، پلیتو دانکی ر انکە بدو وانکی .

adultera.tion, n زنا کاری ، بدلەشی

adult.erer, n. (مێ) زنا کار .

adult.eress, n. (مو) بدلەشە ، زنا کارە .

adul.terine, adj. : مێوانکی : ادمولی غیر قانونی : حرامزادە

adult.erise, v.i. زنا کول .

adult.erously, adv. بە : بە توکە زنا بدلەشی .

adult.ery, n. بێ عفتی : بدلەشی .

advance, v.t. : پەول : پرمغ ودالدی کول : بیە جهکول ، لوێدول : مقکبی ێ رکول { تنفا مرذ ، باده }

v.i. ، جکهدل ، پرمغ تالل ، ودالدی تالل ترقی کول .

n. پرمهتنکێ ، ودالدی تنکێ ، ترفیع جکهدە (دارخ ، ارزیحت ، رتبی ، بالدی) : پێشکی تنها : دسپنده (مواقعی ، بری تە)

advanced. adj. پرمغ تالی ، مترقی (پەیوەە ، فکر ، زفانە ، سوپە کنپی)

advance.ment, n. پرمهتنکێ ، ودالدی پولە : پێشکی کتفا .

advance copy. proof. دفەکا پی چەاپ چاپ پخوا استول کیهری .

advance guard, n. پێش قراول

in advance. مەقکی لە مقدبکی : پخوا : مقرتە ، نۆ مصی

advantage, n. : چەپکۆنە (ئی) او ێدوا مزیت : گتڵە ، خسورە دالسی ، مناسب (شرایط ، چاپ ، یەپر پال) .

v.t.i. کتڵە کول

advan.tageable, adj. دکتڵەودە : مناسب

advantageous, adj. دکتڵە . گتور .

advanta.geously, adv. بە گتوردە توکێ

advanta.geousness, n. چەپکۆنە : گتوری توب .

take advantage of استادە - غنیمت کول : استفادە کرا .

take at-advantage. لە موقع استفادە کول (دچا ، هدشی ، بە ضد) نا پیرە ناحابە ، بێ قادرە (بیول) .

advent, n. دسپهدنە : دانکێ ، دعیسی (ع) لوصیری با ودەم هل دانکێ .

ad.ventist, n. - دفە هتواکچە دحضرت عیسی بە دوهم هل دا انکێ عقیدە اری .

adventitious, adj. ناڅاپي، تصادفي، اضافګي؛ پردی؛ اتفاقي؛ پېښېدونکی.

adventitiously, adv. په ناڅاپي، اتفاقي ډول.

adventive, adj. ناڅاپي، عارضي، اتفاقي؛ پردی.

adven.ture, n. پېښه؛ د پاملرنې وړ پېښه؛ ماجرا؛ کارنامه؛ خطره؛ تجارتي اقدام؛ پام وړ اوښتی تجربه؛ د خطري سره د مخامخ کېدو احساس.

v.t. په خطر کښې اچول، د پېښو سره مخامخ کول، زړه ورتوب کول، لاس پورې کول.

v.i. ځان په خطر کې اچول، خطر پسې ځان منل.

advent.urer, n. سرتېری، خطر منونکی (مذ) هغه سړی چه

adven.turess, n. خپل سر اوښت د خطرونا کولاړ و په زور پداونوي؛ سرتمبه.

adven.turous, adj. (مو) خطرناک؛ سرتمبه؛

adven. turously, adv. (ګړامر) قید؛

adverb, n. هغه کلمه چه د فعل صفت یا بل قید سره د هغو د معنی یا لوړ و څرګېدو د پاره راځي

adverb.ial, adj. قیدي.

adverb.alise, v.t. د قید خواص ور کول

adverb.ially, adv. د قید په توګه

adversary, n. رقیب؛ دښمن؛ مخالف.

adversative, adj. ضد؛ نقیض.

ad.verse, adj. مخالف؛ ضد.

adverseness, n.

adversely, adv.

adversity, n. بدمرغي، تنګسه؛ بدورځ.

advert, v.i. توجه کول؛ رجوع کول؛ پام ورا وړل.

advert.ence, n. توجه؛ پاملرنه.

advert.ency

advert.ent, adj. متوجه؛ پاملرونکی، هوښیار.

advert.ently, adv. په پاملرنه؛ په خبر؛ په توجه.

advertise, v.t خبرول؛ اعلانول؛ څرګندول؛ خبرول؛ د څرګندونو اعلانونو خپرول؛ پام راګرځول (ځانته).

advert.isement, n. د ورځپاڼې د اعلانو برخه؛ اعلان؛ څرګندونه.

ad.vertis.er, n. اعلانوونکی. څرګندوونکی.

advice, n نصیحت؛ سلا؛ مشوره. خبرتیا؛ لارښوونه (طبي)؛ د خبرونو راپور (د جمع په حالت کې).

advice.ful, adj. هوښیار؛ متوجه. هغه سړی چه په سلا ورکولو کې مهارت لري.

advise, v.t. سلا ورکول، نصیحت کول؛ خبرول؛ لارښوونه کول؛ توصیه کول.

v.i. سلا کول

advisabil.ity, n. مصلحت؛ اقتضا

advis.able, adj. د تجویز وړ؛ د سلا وړ.

advised, adj. **advis.ably**, adv.

advisableness, n.

advis.edly, adv. په سنجش؛ د مصلحت له مخې

advis.er, n. مشاور.

advis.ory, adj. مشورتي، د لارښوونې.

advocate, n. مدافع وکيل، ساتندوی: ګټندوی (د بل چا د حق).

ad.vocacy, n. وکالت: مدافعه

advocation, n. مدافعه: ساتنه.

advocator, n. ساتندوی: مدافع: وکيل.

adz, adze, n. ترېښ: تېشه: تبښ

aegis, n. ډال: سپر: کنګال: ساتنه: حمايه

ae.on or e.on, n. زمانه: عصر: زيات وخت: ابديت.

aerate, هوادار کول، کاربن ډای اکسايډ يا بل ګاز ورننه ايستل: د صافولو د پاره هوادار کول.

aerial, adj. هوايي: فضايي: د اتموسفير: پوچ: خيالي: لوړ: الوتکې ته منسوب: هوايي مزي چه الکترومقناطيسي څپې اخلي يا يې ور کوي (انتن).

aerie, aery, ayrie, eyry, n. جګه ځاله (لکه د عقاب): تاله (چه په جګ ځاى ودانه شوې وي): د ښکاري مرغانو ځاله.

aero, n. (په ترکيبي حالت کې هوا) هوايي: الوتکه.

aerobatics دهوا بازۍ مهارت

a.erobe (بيالوژي) هغه ژوي چه آزاد اکسيجن تنفس کوي.

aerobomb هغه بمب چه له الوتکې غورځول کېږي.

aerodart پولادي ګولۍ چه ډېرې څوکې لري او له الوتکې غورځول کېږي.

aerodrome هوايي ډګر: مېر کړ.

aeronatics دهوا بازۍ علم يا فن

aeronaut, د بالون، راکټ، الوتکې چلوونکی: هوا باز.

aeroplane الوتکه.

aesthetic, adj د ښکلا: هنري

aes.thete, n. د ښکلا مين: ښکلا خوښوونکی: هنر خوښوونکی

aesthetics ښکلا پېژندنه: فلسفې يوه څانګه چه د ښکلا او ښکلي څخه بحث کوي.

afar, adv. لېرې: له ورايه: لېرې

affable, adj. مؤدب: مهربان: روڼ تندی: نرم.

affability, n مهرباني: نرمي: ښه رويه

affably, adv. په مهرباني: په روڼ تندي: په نرمه لهجه.

affair, n چاره: شغل: مطلب: انېښنه: شخصي چاره: موضوع (د جمعې په حالت کښې) چارې، امور: کاروبار.

affect, v.t. تر تاثير لاندې راوستل: متاثره کول: پارول: اغېزه کول: لمسول.

n. احساس. (د غم، خوشحالۍ)

affected, adj. پارېدلی.

affecting, adj. پاروونکی: لمسوونکی.

affectingly, adv. په اغېزناک ډول: په لمسون.

affective, adj. هيجاني: پارېدلی: متاثره شوی.

affect, v.t. ښکاره کول (ته): د مينې په سترګه کتل: غوره کتل: اختيارول: ځان ښودل: تظاهر.

v.i. مينه لرل تمايل لرل.

affecta.tion n. رياء: تصنع: دوه مخي.

affected, adj له ریا ډک؛ دوه مخی.

affection, n. پاروونه؛ لمسونه؛ مینه؛ میلان؛ احساسات؛ محبت؛ ناروغی

affec.tional, adj. مهربان؛ احساساتي؛

affec.tionate. مینه ناک؛ د مینې.

affectionately, adv. په مهربانۍ؛ په مینه؛ په احساساتي ډول.

afferent, adj. د ننه راښکوونکی؛ ننه ایستونکی.

affiance, n. کوژده؛ لاس نیوی؛ لوز؛ اعتماد؛ په نامه کوژده کول؛ په نامه کول.

affiance, adj. چنغول؛ چنغاسته؛ نامزد شوی

affidavit, n. تحلیف پاڼه، قسم نامه، لیکلی شوی لوړه.

affiliate, v.t. یوځای کول؛ مربوط کول؛ په زوی توب منل.

affiliation, n. د نسب پاکنه؛ اړه؛ منښه؛ تړون.

affinity, n. خپلوي؛ رابطه؛ نږدې والی؛ ورته والی؛ روحي رابطه؛ اساسي روابط (په تېره بیا مشترکه مبدأ)

affirm, v.t. تصدیقول؛ تصویبول؛ تأییدول؛ پرخوا کېدل (منطق)؛ په ایجابي ډول بیانول (حق) رسمي اعلامول بې د قسم خوړلو څخه.

affirma.tion, n. تصویب؛ اظهار. (مثبت)؛ تصدیق

affirm.ative, مثبت؛ (هو).

affix, v.t. نښلول؛ تړل؛ گنډل؛ زیاتول؛ ضمیمه کول.

n. سابقه او لاحقه چه په لغت پورې تړل کیږي؛ ضمیمه

afflatus, n. الهام؛ ساه؛ تنفس.

afflict, v.t. خوږول؛ ځورول؛ دردول؛ ربړول؛ خوارول.

afflictive, adj.

affeic.tion, n. خوږ؛ ځور؛ ربړ

affluence, n. پرېماني؛ شتمني؛ دولت.

aff.luent, adj. روان؛ جاري؛ پرېمان؛ ډک؛ شتمن.

afford, v.t. زغمل؛ له عهدې څخه وتل؛ له پاره وتل؛ برابرول.

affray, n. اخلال گري؛ اړدوړ؛ جگړه.

affright, v.t. and, n. ډارول؛ ناڅاپه ویره.

affront, v.t. مخامخ کېدل؛ مقابله کول؛ سپکول؛ بې پته کول؛ توهین کول؛

afield, adv. په صحرا؛ صحراته؛ بهر؛ لیرې (له کوره)؛ بې لارې.

afire, adj. and adv. لگېدلی؛ په اور کې؛ د اور اخستو په حال کې.

aflame, adj. and adv. بل؛ په لمبو؛ په ځغلو

afloat, adv. and adj. د اوبو پرسر؛ د اوبو پرمخ؛ په بحر کې؛ روان؛ او پورا خېستی؛ په دوراني حالت کې.

afoot, adv. and adj. پلی؛ پیاده؛ لاړ؛ خوځند؛ چمتو.

afore, prep. پخوا له؛ مخکې؛ وړومبی؛ پخوا.

afore-hand, adv. مخکې؛ له مخکې؛ له ټاکلي وخت څخه پخوا.

aforementioned, adj. پخوا ذکر شوی.

aforesaid پورتنی : دمخه ویل شوی .

afore.thought پخوا سنجول شوی .

aforetime, adv. په پخوا وختو کي .

afraid, adj. ډار شوی : وېرېدلی .

afresh, adv. د سره : بیا ، بل ځل : سر له نوی .

aft, adj and adv. د بېړۍ وروستی خوا ته : د بېړۍ وروستی خوا ته نږدې .

after, prep. and adv. وروسته ، په اخېر کي ، په پای کي ، شا ته ، ترشا ، وروسته : کښته (په ډ ټېټه کي) .

aft.ermath, n. دوهم پار ، دوهم لو : پاتې شولی ، اثرات .

aft.ernoon, n. ماپښین ، پس له غرمې (له غرمې نه تر ماښام پوري) .

aft.erthought, n. د وروستي فکر : پس له وخته فکر : د یوې چارې د اجرا څخه وروسته دهغې په باره کي فکر کول .

after ward, afterwards, adv. وروسته : وروسته تر هغې : بیا : په اخره کي

again, adv. یوځل بیا : له سره ، بیا : دوهم وار : بر سېره پر : نور : له پله پلوه : همدا رنګه .

against, prep. مقابل ، مخامخ ، مخالف : په ضد .

agaric, n. پوخکی : ستوری

age, n. عمر ، کال ، دوره ، عصر ، زمانه : پېړۍ : زوند : پوخوالی (دعمر) : رشد : اسل .

agency, n. اجنسی ، نماینده ګي ، اژانس : ځانګه .

agenda, n. pl. اجندا : د مجلس د بحث مواد ، دغونډې د بحث مواد .

agent, n. نماینده : وکیل ، ګوماشتی : مامور : عامل .

agglomerate, v.t. غونډول ، ټولول : غونډاری کول .

v.i. غونډېدل : ټولېدل : غونډاری کېدل : په ځای کېدل .

agglomera.tion, n.

agglomerated "

agglomerative, adj.

aggrandise. v.t. سترول : لویول .

aggran.disement, n. لویونه : زیاتونه ، لویدونه : سترونه .

aggravate, v.t. ورانول ، وېجاړول ، خرابول ، کې کېښنول : تاوول : خپه کول .

aggravation, n. خرابي ، خرابوالی ، کې کېښنوالی .

aggravatingly, adv.

aggregate, v.t. یو ځای کول ، سره یو ځای کول ، غونډول .

v.i. غونډېدل .

adj. کوټه ، غونډاری ، ټولی .

n. غونډاری ، کوټه ، غونډېږه . هغه ماده چه د کانکرېټ د جوړولو دپاره له سمنټو سره ګډېږي

agg.regately, adv.

aggrega.tion, n.

agg.regative, adj.

aggress, v.i. تېری کول : لومړی په حمله کول : شخړه شروع کول ، مداخلت کول .

aggression, n. تېری ، تجاوز ، حمله .

aggress.ive, adj. تیری کوونکی ؛ پر بل کوونکی ؛ تیري ته چمتو ؛ تعرضی (د تدافعی مقابل) .

aggressiveness, n. تجاوزکاری .

aggressor. تیری کوونکی ؛ متجاوز .

aggrieve, v.t. ځورول ، ربړول ، ژوبلول ، ځپځول ، خپه کول .

aggrieved. adj. ځوریدلی ؛ ځپلی ؛ کړیدلی .

aghast, adj. اریان ، هک پک .

agile, adj. فعال ؛ تکړه ؛ زورندی

agility, n. چالاکی ؛ فعالیت ؛ تکړه توب

agitate, v.t. په حرکت راوستل ، پارول . خوځول .

v.i. د خلکو احساسات پارول ؛ مناقشه کول ؛ مغشوش کول .

agita.tion, n. تحریک ؛ پارونه ؛ لسون .

agita.tor, n. محرک ؛ لسوونکی .

aglow, adj. and adv. ځلانده ؛ په شغلو روښان .

agnosticism, n. هغه فلسفه چه وایی موږ د خلقت او ماوراء الطبیعه په حقیقت نشو پوهیدای .

agnostic, n. د پورتنی فلسفی طرفدار .

ago, adv. پخوا ، تیر ، له دمخې

agog, adj. and adv. لیوال ، شوقمن ؛ بېقرار ؛ علاقمند .

agonize, v.t.i. کړېدل ، ځورېدل ، کړول ، ځورول ؛ روحی رنځ ګالل ؛ په روحی رنځ [illegible] وهل .

agony, n. جسمی یا روحی عذاب ؛ ځور ، کړاو ؛ سخت تلاښ .

agrarian, adj. زراعتی ؛ ځمکنی ؛ د کرنې ؛ په ځمکې پورې مربوط ، د کروندې .

agra.rianism, n. د ځمکې د وېش نهضت ، د کرنې د [illegible] نهضت

agree, v.i. موافقت کول ؛ جوړه کول ؛ جوړه راتلل ؛ سره یو ځای کېدل ؛ سره منل ؛ روغه کول ؛ برابرېدل (ګر) مطابقت (لرون) لکه د مبتدا او خبر .

v.t. فیصله کول ؛ ټاکل ؛ قاعده ایښودل .

agree.able, adj. وړ ، مناسب ؛ جوړ (د طبعې سره) ؛ زړه ته ښه ؛ خوندور

agree.ment, n. جوړه ، روغه ، توافق ؛ تړون ؛ موافقه ؛ [illegible] تړون

agriculture, n. زراعت ، کرنه ؛ بزګری .

agricul.tural, adj. د کرنې ، زراعتی

agriculturist, n. بزګر ، دهقان ؛ د کرنې ماهر ، متخصص

aground, adv. پر ځمکه ؛ وچې ته رسېدلی (لکه بېړۍ) ؛ نښتی (ګیر شوی)

a.gue, n. سړه او تبه ؛ د ملاریا تبه

ahead, adv. پرمخ ؛ پخوا (له وخته) ؛ مخ په وړاندې .

ahoy, interj. د بېړۍ والاو ، د شاباشۍ او آفرین کلمه .

aid, v.t. مرسته کول .

n. مرسته .

aide.-de-camp, n. د جنرال مرستیال .

aides-de-camp. (جمع)

aigrette, n. د يو ډول بومرغه چه اوږدې دي ښکې اوږدې ده شاداره لري او کبان خوري) ؛ انګلګه ؛ د بڼو يا مر بولي (چه د زينت د پاره يې په خولۍ يا کالبو پورې کوي)

ail, v.t. خوږول ؛ ربړول ، تکليف ور کول .

v.i. ناروغېدل

aileron, n. وزرګی ؛ د الوتکې د وزر يوه برخه

ailment, n. ناروغی .

aim, v.t.i. : نښه کول ؛ ور مخه کول ؛ په نظر کې نيول ؛ نښه نيول ؛ ور مخه کېدل .

n. نښه ، هدف ؛ مدعا

air, n. هوا ؛ ولږمه ؛ عمومي عقايد ؛ فضا ؛ تصنع ؛ فايده ؛ آهنګ ؛ انګازه ؛ آوازه ، ډډوکه ؛ آزاده هوا ؛

v.t. هوا ورکول ؛ ښکاره کول

adj. د تېوبي ، د هوا ور کولي ؛ هوايي ؛ د هوا بازۍ .

aircondi.tioning. د هوا صافول ، د رطوبت او تودوخې د درجې برابرول د هغه ترديو چه خولی يا تعمير ته ننوزي .

air conditioned, adj. د خولې يا تعمير د هوا صافوالی، د رطوبت او تودوخې د درجې برابروالی په مطلوبه اندازه سره .

aircraft, n. الوتکه، طياره ؛ هر ډول الوتونکی ماشين .

airdrome, n. هوايي ميدان

airfield, n. هوايي ډګر؛ هوايي ميدان .

airport, n. هوايي پوټ ، منفذ، سوری ؛ هوايي ميدان، ډګر (د الوتکې د ناستې او الوتلو ځای)

airline, n. هوايي کرښه ؛ مستقيمه ليکه ؛ د هوايي سرويس شرکت .

airman, n. هوانورد ، هواباز .

airplane, n. الوتکه ، طياره .

airship, n. هوايي بېړۍ؛ فضايي کښتۍ .

airtight, adj. بې منفذه ، بې سوري (چه هوا نه شي ور وزی او نه ترې تېرېږي) ؛ سرتېری ؛ ساتلی، خوندی (له حملې نه) .

airy, adj. هوادار، هوا لرونکی ، سپک وزمه پېر، نازک ، نرم ؛ خيالي .

aisle, n. لار ، ليار (په کليسا يا تياتر کې د چوکيو ترمينځ) ؛ ډ پسو ډی .

ajar, adv. and adj. نيم کښه (لکه ور) .

akimbo, adj. and adv. لاس په ډډه ، لاس په ملا .

akin, adv. خپل ، خپلوان ، ورته ، يو شان، له يوه اصله

alabaster, n. مرمر (سپين) .

adj. مرمري .

alacrity, n. چټکوالی ، چابکي ، تېزوالی .

alarm, n. د خطري احساس، وېره ، اخطار ؛ د خطر زنګ .

v.t. له خطري څخه خبرول ، وېرول ، ډېرول ؛ اضطراري حالت اعلانول

albatross, n. يو ډول غټه هيلۍ چه د بحر الکاهل په اوبو کې پيدا کيږي او قوي وزرونه لري .

albeit, conj. که څه هم؛ حتی که؛ سره له دې چه.

albino, n. سړی یا حیوان چه د مخ وېښتان، یا ئې سپین رنگ لري؛ بې رنگه بوټی

albinism, n. سپین والی؛ بې رنگوالی.

albiness. (مؤ)

album, n. البم، هغه کتاب چه پاڼې ئې خالي وي او عکسونه، د پوستې ټکټونه او نور پکې ساتل کېږي

albumen or albomin, n. د هګۍ سپین، البومین د پروټین مخلوط چه په ونو، حیواني او نباتي نسجو کې پیدا کېږي.

albu.minous, adj. البومین ډوله؛ البومین لرونکی؛ ال مېنی.

alcal.de, n. په هسپانوي ژبه قاضي یا ښاروال د عربي (القاضي) څخه ترجمه.

alchemy, n. الکیمي، کیمیا گري (لر د سرو زرو جوړولو فن؛ د اکسیر جوړولو فن

al.chemist, n. کیمیا گر.

alcohol, n. الکول؛ شراب.

alcohol.ic, adj. الکولي؛ شرابي؛ د الکولو، د شرابو؛ په الکولو ړوندی؛ د شرابو معتاد په افراطي ډول.

al.coholism, n. د الکولو اعتیاد ناروغي؛ الکولي.

al.coholist, n. شرابخور، شرابي،

alcove, n. د تفریح کوټه؛ کوچنۍ خونه.

alder, n. یو ډول بوټی یا کوچنۍ ونه چه په لمدو ځای کې شنه کېږي.

alderman, n. (تاریخ) مشر د ښار، د ښاروالي د کبل.

ale, n. ضعیف الکول؛ مشروب لکه بیر.

alembic, n. انبیق، د تقطیر د آلې یو قدیمی شکل

alert, adj. چالاک؛ ځیرک؛ بیدار؛ ناڅاپي حمله؛ د خطرې اعلام؛ تیارسی.

alertness, n.

alertly, adv. چالاکتوب؛ ځیرکوالی؛ تیاري؛ بیداري.

on the alert. د تیارسي په حال کې

alexandrian, adj. اسکندریې ته منسوب؛ د اسکندریې (لرغوني مصر) شعر، فلسفې، کلتور ته منسوب

Alexan.drine, n یو ډول شپږ سیلابه یز شعر چه له دریمې سرې وروسته وقفه لري.

alfalfa, n. رشقه، شپشتي.

al.ga, n. اوبېږی، شومېږه، الجي.

algebra, n. الجبر، یو ډول حساب چه اشاري او توري استعمالوي.

algebraic, adj. الجبري.

alias, adv. په بل نامه؛ په بل ډول.
n. فرضي یا دروغي نوم

alibi, n. د متهم هغه ادعا چه د جرم په ځای او وخت کې د ده نه شتوالی ثابت کړي.

alien, adj. خارجي؛ بېگانه؛ مهاجر؛ پردی، اجنبي؛ له جنسه بېلوونکی.

alienate, v.t. انتقال ورکول؛ ورانول؛ سپارل؛ دښمني اچول؛ پردی کول.

alienation, n.

alienist, n. د روحي ناروغیو متخصص

alight, v.i. کوز ېدل ـ کښته کېدل ؛ کښېناستل ؛ (د الوتکې) ؛ دوړېدل ؛ په مخه ورتلل (تصادفي مخامخ کېدل)؛ برېوتل ؛ وهل ـ

alight, adj. لګېدلی ، بل

align, aline, v.t. ليکه کول ؛ په يوه ليکه درول ؛ په ليکه برابرول ․

alignment, n. ليکه کول ؛ په ليکه برابرونه ․

alike, adj. ورته ، يو شان ، يو رنګه ، مشابه ․

adv. په يو شان ، په يوډول ․

aliment, n. غذا ؛ خوړه ؛ خواړه ؛ روزی

v.t. خوراك ورکول ، رزق رسول ؛ پالل

alimentary, adj. مغذي ، غذا ـ وړاندې کوونکی ․

alimentary canal. د هاضمې نل ، لوله

alimony, n. نفقه ؛ د ښځې نفقه ، هغه شی چه مېړه له خوا د ښځې له طلاق وروسته ښځې ته ورکول کېږي ․

alive, adj. ژوندی؛ د ژوند په حال کې ؛ حساس ، بيدار ، فعال

alkali, n. (کيم) القلي مواد ، هغه مواد چه د هايدروجن تر آيونو د هايدروکسيل ايونو له ډېر لري ․

alkaline, adj. چه القلي خواص ولري ؛ چه ډېر القلي مواد ولري ․

alkalinity, n. القل[illegible]اس ، القليتوب ․

alkaloid, n. القلي کول

alkalise, v.t. هغه عضوي مواد چه القلي خاصيت لري او د دارو په ډول استعمالېږي ․

all, adj. ټول ، واړه ، ټوله ، ګرده ․

allay, v.t. غلی کول ؛ کرارول ؛ سپکول ، لږول ؛

allege, v.t. ادعا کول ، اظهار کول ، ويل ․

allegation, n. ادعا ؛ اظهار ؛

alleged, adj. اظهار کړه شوی ، چه ادعا يا ئې شوې وي ․

allegedly, adv. د ادعا په توګه ․

allegiance, n. وفاداري ؛ متابعت ․

allegiant, adj. وفادار ، تابع ، اېل ، رعيت ․

allegory, n. رمزي يا مجازي کيسه ؛ سمبوليك ؛ حکايت ؛ هغه کيسه چه ورا ئې په مجازي او کنايي ډول په کې هرګند شوې وي ․

allegoric-al, adj. تمثيلي ؛ کنايي ؛ مجازي ․

allegorically, adv. په تمثيلي ډول ؛ په مجازي توګه په کنايي صورت

allegorise, v.t. د تمثيل په توګه راوړل ـ

allergy, n. (طب) الرژي ، حساسيت (د ځينو مکروبي شيانو خوراك په مقابل کې) ؛ کرکه (د ځينو بې ضرره شيانو په مقابل کې د وجود نارمل عکس العمل) ․

allergen, n. کرکجن ؛ هغه شی چه حساسيت پاروي ․

allergic, adj.

alleviate, v.t. [illegible]ول (بار) ؛ لږول [illegible] کړاو) ․

alleviator

allevia.tion, n.

alley, n. تنګ کوڅه ، اری لاره (د بڼوونو او ماڼیو ترمینځ).

alleys, د جمع صورت یې.

alliance, n. یووالی ، اتحاد ، تړون (واده او نور).

alligator, n. یو ډول تمساح : یو ښکېلی بحری حیوان دی چه په امریکا کښې پیدا کیږی.

alliteration, n. د څو داسې کلمو او جملو راوړل چه لومړی توری یې یو شان وی (لکه توره تیاره په توره شپه توری شول).

alliterate, v.i. په یوه توری او یوه غږ سره پیل کېدل : یو شانته لومړی توری لرل.

allit-erative, adj.

al!ocate, v.t. ټاکنه ، بېلوالی کول ، ټاکل : برابرول : تخصیص ورکول.

• **allica.tion, n.** وېشنه : ټاکنه کول : په ګوتې کول : تخصیص.

allot, v.t. وېشل : تخصیص ورکول ، ټاکل : برابرول : برخه ټاکل.

allotment, n. وېشنه : سمونه : ټاکنه : برابرونه : تخصیصه.

all-out, adj. بشپړه ، پوره : په ټول زور : په ټول طاقت.

allow, v.t. اجازه ورکول (له) : منل (لکه د خبرې حقیقت) : ځای ورکول ، پرېښودل (اجازه ورکول) : بښل : رعایت سائل ، په نظر کې نیول

allow.able, adj. د پرېښودلو وړ : د منلو وړ : د رعایت وړ.

allowance, n. اجازه : رخصت : تخصیصه : برخه : مقرره معاش : کمونه (لکه د تاوانو او لګښتونو نظره) : تخفیف

alloy, n. مخلوط فلزات : د فلزاتو او غیرفلزاتو مخلوط : الیاژ.

vt. مخلوطول : ګډول (فلزات) : کوټه کول : قلبول.

v.i. ګډېدل : الیاژ کېدل

all-round, adj. مکمل : هراړخیز : بشپړ (له هرې خوا)

all-spice, n. یو ډول مرچ چه خوند یې د څو ډوله مسالو د مخلوط په شان دی.

allude, v.i. په غیرمستقیمه توګه اشاره کول

allu.sion, n. په غیرمستقیمه توګه اشاره.

allu.sive, adj. کنایې :

allu.sively, adv.

allu.siveness, n.

allure, v.t. په لومه کې اچول ، په چل راګېرول : طمعدار کول : جذبول (لکه ښکاریان چه مرغان د هغو د آواز د پېښو په واسطه ښکار کوی)

allure. ment,

alluringly, adv.

allure.ment,

allur.ing adj

allu.via, adj.

alluvia. (جمع) خړې

alluvium, n. خړه : هغه مواد چه سیند یې د سېلاو په وخت کې غاړو ته راباسي.

ally, v.t. and v.i. تړون کول (دوا دوه ، ملګرتیا ، همکاري ، (ملا تړ) : یو ځای کېدل ، ګډېدل ، تړل .

allied, adj. متحد شوی ، ملګری شوی ، په تړون کې شریك شوی

a.lly, n. متحد ، ملګری ، ملا تړ ، شریك ، یار ، اېږدی .

a.llies. (جمع) صورت

alliance, n. اتحاد ، تړون ، اېږدي والی ، خپلوی ، خپلوان .

almanac, n. کالنی ، سالنامه ، جنتری ، کلیزه ، کال هنداره .

almighty, adj. د بې حده قدرت خاوند ، مطلق‌واکدار ، نه ماتېدونکی

the Almighty. خدای ، څښتن تعالی .

almond, n. بادام ، د بادام ونه .

almoner, n. خیرات وېشونکی ، صدقه ورکوونکی .

al.monry, n. د صدقې او خیرات د وېشلو ځای ، لنګر .

almost, adv. نږدې ، تقریباً .

alms, n. (جمع او مفرد) ، خیرات ، صدقه

almshouse, n. دارالمساکین ، مرستون ، لنګر خانه .

aloe, n د سپر بوټي ونه چه په جنوبي افریقې کې پیدا کیږي او شیره یې په دارو کې استعمالیږي .

aloft, adv. جګ ، پورته لوړ ، په ځوکه ، په هوا کې .

alone, adj. ګوښی ، یوازې ، ځانته ، بې ساري .

along, prep. and adv. په اوږدو ، په طول ، په امتداد ، په لیکه ، سره یو ځای ، په مخکې .

alongside, prep. and adv. په څنګ کې ، تر څنګه ، په خوا کې ، تر خوا .

aloof, adv. and adj. جلا ، لیرې ، په څنګه ، په ډډه ، څنګرن (څنګرن کېدل ، ځان بې خواته کول ، ځان بچول) بې علاقې ، بې طرفه

aloud, adv. په زوره ، په جګ غږ

alpaca, n. د جنوبي امریکا لاما ته ورته یو کورنی حیوان چه له وړيو څخه یې ټوکر جوړیږي .

alphabet, n. الفبا ، یولی توري چه په ردیف راوړل شوي وي ، لومړني عناصر **v.t.** (امریکا) د الفبې په صورت ترتیبول .

alphabeta.rian, n. ابجدخوان ، ابتدایی

alphabetic, al, adj. الفبایي ، ابجدي

alphabet.ically, adv. د الفبا په ترتیب

alphabetise, v.t. د الفبا په ډول ترتیبول ، د الفبا په ترتیب راوړل یا تنظیمول .

alpine, adv. آلپ ته منسوب ، د آلپ د غره .

already, adv. پخوا ، پخوا له پخوا ، له اوله

also, adv. هم ، همداسې ، همدارنګه ، هم دا ډول ، بر سېره .

altar, n. مذبح ، د قربانۍ ځای ، د ربح ، منبر

alter, v.t. and v.i. اړول ، بدلول ، بله بڼه ورکول ، اوښتل ، بدلېدل ، په بله بڼه اوښتل ، سمون راوستل (کې) خصي کول

alterability, n. د اوښتو ، بدلېدو ، د سمون قابلیت .

al.terable adj. د بدلېدو ، اوښتو ، د بدلولو او اړولو قوت څښتن .

altera.tion, n. بدلون

altera.tive, adj. بدلوونکی : په بدل بدلېدونکی .

n. هغه دارو چه د عضویت حیاتی فعالیت بدلوی .

alteracy, n. بل ډول والی .

altercation, n. جګړه ، شخړه ، دعوا .

alternate, v.t. په اوبت کول ، اوبتی کول ، متناوب کول (د وه شیان داسې ترتیبول چه یو بل په بل پسې راشي) .

v.i. اوبتی کېدل ، په اوبت راتلل

adj. متناوب : یو تر میېنځ .

alternately, adv. په اوبتی ډول : په وار .

alternation, n. تناوب ، اوبت ، وار

alternatively, adv. په اوبت ، په وار یو تر میېنځ

alternative, چاره : بله چاره (لکه

There was no other alternative. بله چاره نه وه .

although, conj. که څه هم ، که څه هم سره ددې چه .

altimeter, n. ارتفاع سنج ، اوږدوالی ښودونکی ، یوه آله چه جګوالی اندازه کوی

altitude, n. جګوالی ، اوږدوالی : ارتفاع (هندسه) د افق د کرښې زاویه : لوړ ځای ، څوکه .

altitudina.rian, n. لوړ فکر .

altitud.inal, adj. لوړ خیال .

altogether, adv. ټول ، ټول ، ګرد ، سره ، له یوه مخه له سره ، په ډېره ، بېخي .

For altogether. له مخي ، یو واري ، د ټل د پاره .

altruism, n. د نورو د ښېګڼې غوښتنه : د نورو خدمت د پاره د ژوند د فلسفه .

al.truist, n. د نورو د خیر غوښتونکی .

altruist.ically, adv.

altruist.ic, adj.

alum, n. زمچ : خوری ، پهکوری ، پهکنی ، (لغ ، سپین زمچ) .

alumina, n. د المونیم اوکسایډ .

aluminum or aluminium, n. المونیم (فلز) .

alumnus'n پخوانی شاګرد ، فارغ التحصیل

alum.ni. (جمع) .

alum.na (مو) پخوانی شاګرده ، فارغ التحصیله .

alum.nae. (جمع مو) پخوانی شاګردانې ، فارغ التحصیلانې .

always, adv. تل ، همېش : د تل د پاره .

am (am) I am well. یم (لکه زه روغ یم) .

amain, adv. په ټول زور ، طاقت ، سرعت : په ډېره بېړه .

ملغم : ملغمه ، د پارې (سیماب) او یو بل فلز ګډ : له پارې سره ګډ فلز .

amal.gamate, v.t. ملغم کول : ګډول .

v.i. ملغم کېدل : ګډېدل .

amalgama.tion, n. ملغم کاری .

amalgamative, adj. ګډوونه ، ګډون .

amaruensis, n. کاتب : یا کنوېس (سری) : نقلوونکی .

amaranth, n. یو افسانوي ګل چه هیڅ نه رژېږي ؛ د چرګې چرغول (تاج خروس) ؛ ګل .

amaranthine, adj. نه مړاوی کېدونکی ؛ تل زرغون ؛ پایېدونکی (جاوید) ؛ چونیا ؛ ارغواني رنګه .

amaryllis, n. د نسرین د ګل انواع .

amass, v.t. and v.i. کوټه کول ؛ کوټه کېدل ؛ انبارېدل ؛ انبارول

amassment, n.

amassable, adj.

amateur, n. اماتور ؛ شوقي (د حرفه يي ضد) .

amatur'ish, adj. شوقي ؛ خام ، هغه کار چه خامي (د استادۍ ضد) لري ئې کار . کېږي ؛ لوبګېري .

amaturism, n.

amatory, adj. مینه ناک ؛ له مینې ډک .

amaze, v.t. اریانول ، هک پک کول .

amazedly, adv. په اریانتیا سره .

amazingly, adv.

amazement, n. اریانی ، تعجب ، هک پک تیا .

amazing, adj. حیرانوونکی .

ambassador, n. سفیر ، استازی .

ambassadorial, adj. د سفارت .

ambassadress. (مو) سفیره .

amber, n. عنبر ؛ عنبري رنګ

ambergris, n. عنبر یو ډول خوشبو خړ رنګه مواد چه د نود ونهنګو په بحرو کښې پیدا کیږي .

ambidexter, adj. چه دواړه لاسونه په یوه سویه استعمالولای شي ؛ په دواړو خواو ؛ دوه مخی .

n. هغه څوک چه دواړه لاسونه استعمالوي ؛ دوه مخي ، غولوونکی

ambidext(e)rous, adj.

ambidexterity, n.

ambient, adj. چار چاپېر ؛ محیط ؛ احاطه

ambiguous, adj. تت ؛ مبهم (خپور) غیر واضح ، نا څرګند .

ambiguity n. ابهام ، پېچلتوب (د کلام) .

ambition, n. حرص ؛ جاه طلبي لوړه ارزو ؛ داعیه .

ambitious, adj. جاه طلب ؛ حریص ؛ د لوړې ارزو خاوند .

ambitiously, adv.

amble, v.i. پسرغه تلل (د اس)

ambrosia, n. (تخ) د خدایانو خوراک ؛ جنتي خوراک ؛ کچیته .

ambrosial, adj.

ambulance, n. د ناروغانو موټر ؛ امبولانس ؛ ګرځنده روغتون .

ambulatory, adj. ګرځنده ، خوځنده .

ambuscade, v.t.i. and n. څوکی کول ؛ مورچل نیول ؛ پټ کېدل (ځان پټول) سنګر نیول ؛ سنګر ، مورچه ، مورچل ؛ څوکی .

ambush, n. مورچه ، مورچل ، څوکی ، خړ پټکنی ، کمینګاه سنګر .

v.t. له مورچل څخه پر دښمن برید کول .

ameliorate, v.t.i. ښه کول ، ښه کېدل ؛ اصلاح کول ، اصلاح کېدل .

amelioration, n. سمون ، اصلاح .

amen, interj. آمین ، داسې دې وي .

n. آمین ؛ دغسې .

v.t. آمين ويل .

amenable, adj. مسئول ؛ د جواب ور ؛ تابع ؛ په اسانه تنظيمېدونکی ؛ منونکی . رام

amend, v.t. سمول ، اصلاح کول ، تعديل کول ؛ ښه کول ، بدلون راوستل ؛ رغول .

v.i. سمېدل ، رغېدل ؛ بدلېدل .

amendment, n. اصلاح ؛ تعديل ؛ بدلون ؛ اصلاح او اضافه (په اساسي قانون ، قانوني لايحې کې) .

amenity, n. خوږوالی (د سلوک) ؛ خوش طبعي ؛ تهذيب .

amerce, v.t. جريمه کول ؛ سزاور کول ؛ تاوان کول .

american, adj. امريکايي (په تېره د امريکې د متحده ايالتو) .

n. امريکايي تبعه ؛ امريکايي انګليسي .

amer.incanism, n. امريکاييت ، امريکايي والی .

Americaniza.tion, n. امريکايي کول ؛ د امريکا تبعه ګرځول ؛ د امريکا په اساس برابرول .

Americanize, n. امريکايي کول ؛ د امريکا تبعه ګرځول ؛ د امريکا په اصول او مسلکي برابرول .

amethyst, n. ارغواني ياقوت ؛ د ارغواني ياقوت رنګه .

amiable, adj. مينه ناک ، خوش طبع ، طبيعي ، خوږ .

amiabil.ty, n. خوش طبعي ، صميميت .

am.iably, adv.

amicable, adj. د ملګرتيا ور ، ملګري ، سوله غوښتونکی .

am.icably, adv.

amid, prep. په منځ کې ؛ تر منځ .

amidships, adv. د بېړۍ منځ (کې ، ته) .

amidst, prep. په منځ کې ، د منځ ته .

amiss, adv. په خطا ؛ خوشې ، چټي .

adj. خطا ؛ بېځايه ؛ نامناسب .

n. ورانکاري .

amity, n. دوستي ؛ ښه نيت ، دوستانه روابط .

ammonia, n. امونيا ( ) ، د نايتروجن او هايدروجن يو مرکب چه د بې رنګه ګاز په شکل وي .

ammunition, n. حربي مهمات (لبن) . (ګولۍ ، کارتوس ، باروت او نور) .

amnesia, n. هېرجنتوب ، هېرجني ؛ بې حافظې کېدنه

amnesty, n. عمومي بخښنه ؛ د عمومي بخښنې اعلام

amoeba, n. اميب ، يو مايکروسکوپي او يو حجروي ژوی چه معمولاً په ولاړو اوبو کې پيدا کېږي .

amebae. (جمع) .

amok, adj. and adv. خونړۍ ؛ په برید کې .

to run amok. خونړۍ کېدل (داسې چه هر چا ته په مخه ورشي حمله پر کوي)

among, prep = amongst. په ډله کې ؛ په منځ کې .

adv. په ترڅ کې ؛ په همکارۍ ؛ دلته او هلته .

amontillado, n. يو ډول سپين خوږ اوړی

(خوږلن) تسپانوي شراب .

amoral, adj. غیر اخلاقي .

amoralism, n. د غیر اخلاقي سیستم سره د مخالفت فلسفه .

amorous, adj. مینه ناک ، محبتي ؛ مین ، دمینې ؛ لېوال .

amorphous, adj. بې شکله ؛ بې ډوله ؛ بې نظمه .

amortise, v.t. سپمول (پیسې ، د پور ، کروڼې ، خلاصون د پاره) .

amortisa.tion, n. سپما ، د پور سمه

amount, v.t. ختل ، جګېدل ، رسېدل ؛ زیاتېدل .

n. ټول ، مقدار ؛ مبلغ ؛ معادل .

amour, n. مینه ، معاشقه ، یاري ، یارانه

ampere, n. امپیر ، برقي جریان د شدت واحد .

amphibian, n. ذوحیاتین ، هغه ژوي یا بوټي چه هم په اوبو کې او هم په وچه کې ژوند کولای شي ؛ هغه الوتکه چه هم په اوبو او هم په وچه کې را کښته کېدای شي .

amphibious, adj. په وچه او اوبو کې د ژوند کولو وړ ، دوه ژوندي

amphitheatre, n. داسې تیاتر چه په ازاده فضا کې جوړ شوی وي او چار چاپېره د ناستې د پاره پټکې — ددغه لړي .

ample, adj. ارت ، پراخ ؛ لوی ؛ بس ، کافي ، پریمانه

amply, adv.

amplify, v.t. ارتول ، پراخول ، لویول ؛ د راډیو د کرزو په واسطه د برق جریان زیاتول .

am.plifica.tion, n. ارتونه ؛ ارتېدنه .

am[illegible], n. ارتوونکی ، پراخوونکی ، لویوونکی ، د لویولو او پراخولو آله .

amplitude, n. ارتوالی ؛ زیاتوالی ؛ پسور سیمه (چه احتوا کېږي) ؛ د ستوري د ختو او لوېدو زاویه ؛ د اهتزازي حرکت پراخوالی .

amputate, v.t. غوڅول ، پرېکول .

amputation, n. غوڅونه ، پرېکونه ؛ بېلونه (د وجود د یوه غړي) .

amputator, n.

amuck, adv. د کوری .

amulet, n. د نظر بندۍ تاوېز (تعویذ) د تهیج بندۍ او نظر تاوېز .

amuse, v.t. مشغولول ، لګیا کول ، بوختول ؛ پام غلطول ؛ ساعت تېرول

amuse.ment, n. مشغولا ، ساعتېري

amus.ing, n. پام غلطوونکی ؛ ساعت تېروونکی ؛ لګیا کوونکی .

an, adj. یو

tn. conj. د **and** اني شکل

anachronism, n. د نېټې غلطونه ، داسې اشتباه چه دوه شیان یا دوې پېښې همزمان وبولي ولې په حقیقت کې همزمان نه وي .

anaconda, n. ښامار (د جنوبي امریکې) . هغه مار چه پر خپل ښکار را پېچل کېږي او وژني يې .

anaemian. (طب) انیمیا، د وینې کموالی (په تیره) بیا په وینې کې د سرو کرویاتو کموالی.

anaesthesia, n. (طب) بیهوشي، بې هوښي، بې حسي.

anal, adj. د کونې، کونې ته منسوب

analgesia, n. بې حسي (د درد په مقابل کې) بې دردي.

analgesic, n. درد ځلي کوونکی، درد ځلي کوونکی دارو.

anal.ogous, adj. ورته؛ د مقایسې وړ؛ مشابه.

analogy, n. ورته والی (د بېلو شیانو) د سره ورته شیانو مقایسه (منطق) قیاس

analysis, n. تجزیه، تحلیل، برخه برخه کول؛ د اجزاو څېړنه.

analyst, n. د تحلیل او تجزیې ماهر، پوه، استاد.

analytic, adj. تحلیلي، تجزیوي.
analytical, adj.

analyse, analyse, v.t. تجزیه کول، تحلیلول، برخې برخې کول

anarchism, n. انارشیزم، هغه نظریه چه وایي هر ډول حکومت بد دی؛ د ګډوډۍ طرفداري؛ د وحشت خورولو طرفداري.

anarchist, n. انارشیست، د ګډوډۍ طرفدار.

anarchistic, adj. د انارشۍ، د ګډوډۍ.

anarchy, n. انارشي، بې قانوني، بې حکومتي؛ ګډوډي، بې نظمي؛ خان خاني.

anarch.ic, adj.
anarchical.

anathema, n. لعنت؛ د ټنه

anathematise, v.t. رټل؛ لعنت ویل؛ تکفیرول

anat.omise, v. t تشریح کول، برخې برخې کول، په برخو وېشل او څېړل.

anat.omist, n. د اناټومي د تشریح ماهر.

anatomy, n. اناټومي، هغه علم چه د ژوندیو شیانو د جوړښت څخه بحث کوي؛ د تشریح علم.

anatom.ical, adj. تشریحي، د تشریح

ancestor, n. (مذ) نیکه، ابا، جد.

an.cestress, n. (مو) نیا، انا.

an.cestry, n. شجره؛ کورنۍ؛ اولاده؛ پښت، توکم.

anchor,n. لنګر (د بېړۍ).
v.t. لنګر اچول، درول
v.i. درېدل، تم کېدل.

anch.orage, n. لنګر ځای، تم ځای.

ancnorite, n.
(anchorete) ګوښه ګیر، راهب، منزوي.

anchovy, n. یو ډول وړوکی ماهي.

ancient, adj. لرغونی، زوړ، پخوانی (په تېره) د روم د تمدن د لوېدو څخه پخوا (۴۷٦ میلادي)؛ د پخوانی زمانې سړی؛ د تېرې زمانې سړی.

and, conj. او؛ هم؛ جمع.

andante, adv. and n., adj. (م) نرم ساز؛ په نرمۍ؛ نرمي؛ نرم؛ سوکه سوکه؛ ورو ورو.

andiron, n. سیخ، سیخچه (د اور).

anecdote, n. لنډه کیسه، کیسه گی : دخصوصی ژوند دپوړ پیښې کیسه
an.ecdotist, n. کیسه ویوونکی، راوی.
anemia, anemic, n., adj.
anae.mia دکوری
anemo.ne n ریدی، ریدی گل، شندی گل
an.esthet.ic, an.aesthet.ic, adj.
دبیهوښی، بی حسی د راپیدو لوونکی : د بی هوښی، دارو لکه (ایتر).
an.aesthet.ize, v.t. بی هوښه کول : بی حسه کول.
anesthetize, v.t. دوا ورکول په وسطه کرخته کول.
anew, adv. بیا، له سره : په نوی شکل، په نوی ډول.
angel, n. پرښته، ملایکه : ښایسته.
angel.ic, adj. د پرښتې، پرښته غوندی : آسمانی.
angel.ical, adj.
anger, n. غوسه، قار، تاو : خپگان.
angle گوټ، کونج، زاویه : کږلیچ.
angle-worm, n. چنجی، هغه چنجی چه په جنگکله کی بیول کیږی، دخاورې چنجی.
Anglican, adj. دانگلیس په کلیسا پوری مربوط : دانگلیس د کلیسا طریقې پیروان
Anglo-Sax.on, n. انگلو ساکسون : دانگلیسی نژاد یوه ښاخه، د جرمنی د شمال غربی دغو قبیلو هغه چوپه شوی ده چه په انگلستان پسی یرغل وکړ او پکی میشته شول : هغه ژبه چه دوی له خاله سره راوړه او دانگلیسی ژبې لومړنی شکل هم دادی.
angry, adj. په غوسه، په تاو، په قار، قارجن.
anguish, n. کړاو : دری، سور :
angrily, adj. دقار په توگه، په قار تأسف، پښېمانی.
angular, adj. گوټیز (زاویه لرونکی) غوڅ ور : ډنگر، خوار : بی دوله
angular.ity, n.
aniline, n. ایل، مایع ایل.
animadvert, v.i. په انتقادی لهجه ویل : گوته نیول، پرې اچول (پر)
animadversion, n.
animal, n. ژوی، ځاروی، حیوان : ځلو ربولی، ځناور.
adj. حیوانی، د ځناور، د ژوی : دجسم (دفکر ضد)، جسمانی.
animalcule, n. ډیر کی ژوی، میکروسکوپی ژوی
animalism, n. حیوانیت، هغه اعتقاد چه وایی انسان له نورو ځناورو ځخه زیات نه دی.
animate, v.t. ژوندی کول، ژوند بښل : پاروول، ویښول.
an.imated, adj.
animation, n. ژوند ښتوب : پارېدنه : فعالیت.
animosity, n. دښمنی، تربگنی، بدی، ورانی.
animus, n. ددښمنی احساس، د تربگنی احساس : مدعا (ناوړه) دښمنی.
anise, n. بادیان، شپرشندي، خواږه ولنی.
an.iseed, n. دبادیان دانې.

ankle, n. بادکی، پڼګری.

annals, n. pl. تاریخچه؛ اپوقه، د اپوقو لیکنواله.

annalist. n. اپوقه لیکوونکی، تاریخچه لیکوونکی؛

anneal, v.t. اوبه ور کول (فلز ته)، تودول او بیا سړول، په دې وسیله تر — مول یا کلکول.

annex, v.t. تړل (پورې)، پیوندول، ضمیمه کول، ملحق کول.

annexation, n. پیوند، ضمیمه، ضمیمه، پیونده، الحاق.

annihilate, v.t. بوپڼا کول؛ ټشت کول، نابودول، تالا کول، له منځه وړل، لغو کول.

annihilation, n.

anniversary, n. and adj. کالیزه، کالنی، تلین.

annotate, v.t. حاشیه لیکل، تفسیر، لیکل.

annotation, n. حاشیه، تفسیر، نوټ، یادونه.

announce, v.t. څرګندول، ښکاره کول؛ اعلانول؛ خبرول، خبر ور کول

announc.er, n. اعلانګر، خبروونکی، خبر ور کوونکی، اعلانوونکی

announce.ment, n. څرګندونه، اعلان، خبرتیا.

annoy, v.t. ځورول، ناکراره کول. په ځان پورې اریانول؛ تربری را وستل

annoying, adj.

annoy.ance, n. ځور، ناکرادی؛ بزیزه راوستنه، په ځان پورې اریانونه، ځورونه.

ann.ual, adj. — کالنی؛ هر کالی پر فصله.

ann.ually, adv. هر کال، په کال، فصل په فصل.

annuity, n. کالنی پیسې؛ کالنی قسط.

annul, v.t. باطلول؛ نابودول؛ ټشت کول؛ د صفر درجې ته رسول؛ لغو کول.

annul.ment, n.

annular. adj. کړی؛ کړی شکله، کړۍ ډوله، د ګوتې په شکل.

n. د ګوتې ګوته، د ګوتمې ګوته

anum, n. کال.

annunciation, n. څرګندونه؛ خبرونه؛ اعلام؛ هغه ورځ چه مریمې (د عیسی مور) د خپلې بارداری خبر خپور کړ (د مارچ ۲۵).

anodyne, n. درد دفعې کوونکی دارو، کراروونکی دوا، مسکنه دوا.

anoint, v.t. غوړول؛ تېل پرتوبول؛ دغوړو، تېلو مسح ور کول (پر مذهبي دود).

anom.alous, adj. بې شانه، غیرعادی؛ غیر منظم، کږوږ، بې قاعدې.

anomaly, n. کږوږ؛ غیر منظم، کږوږی، بې ترتیبي، بې تنظیمي، بې قاعده توب

anon, adv. د سترګو په رپ کې، ژر، بې ځنډه، بې ځنډه.

anony.mous, adj. ورک نومی، بې نومی، نامعلوم.

anonym. ity, n. ورک نومي، نامعلومي.

anonimously, adv.

anopholes, انافیلی، د ملریا میاشی (غو ماشی).

another, adj. and pron. یو بل: بل؛ بل څوك.

answer, n. ځواب: حل: حساب: مقابله؛ انعکاس (دبلغ) ځواب ور کول، ځواب ویل: بالمثل مقابله کول: مسؤل گڼل (ځان): ادعا دفع کول.

an.swerable, adj. دځواب وړ: مناسب؛ انډول (معادل): مسؤل.

ant, n. مېږی.

antagonism, n. ضدیت: مخالفت

antagonis'tic, adj. دمخالفت، دوقابت ځښته وړ.

antagonist, n. رقیب، مخالف، دښمن

antagonize, v.t. دښمنی کول: مخالفت کول: رقیبول: دمخالفت مارول.

antarctic, adj. and n. جنوبی قطب ته مربوط، جنوبی قطب ته نږدې، دجنوبی قطب سیمه: انتارکټیکا ته منسوب.

ante, prefix. (مخته)، پخوا له: په سر کې، سریزه.

ante, n. د پوکر د لوبې شرط.

v.t. شرط تړل، د شرط پیسې ور کول.

antecedent, adj. مخکې تگ: مخکې کېدونه: وړاندې والی: (گر) د ضمیر مرجع.

antechamber, n. وړوړی، دالان، کوشکن.

antedate, n. پخوا له وخته، تر ټاکلي نېټې دمخه.

v.t. پخوا له وخته کول، تر ټاکلې نېټې دمخه کول، د نېټې دمخه کول، تر ټاکلې نېټې دمخه والی: گې ایښی کول.

antediluvian, adj. نوح له توفان نه دمخه؛ لرغونی، په لرغونی رسم، له مه ده لو پېدا لی، د نوح دوخت.

antedilu'vially, adv.

antedilu'vial, adj.

antelope, n. غرڅه، گوزن، ښکروره غرڅه

antenna, n. pl.-nae ښکرونه: مخه روه، د ښتنان چه د مېږی او اور خزندو پر سر شته وی او لار په معلوم موی: انتن: هغه مزی چه برقی څپې له فضا څخه اخلی.

anterior, adj. وړومېن (دزمان او مکان له نظره): په سر کې، سر کې (پخوا).

anteroom, n. دانتظار خونه: دالان.

anthem, n. (مس) د کلیسا ترانه، مذهبی ترانه: ترانه: سرود: ساز.

anther, n. گرده ځای: د گل هغه برخه چه د تخمی گرده په کې وی.

anthology, n. منتخبات، گلچین (ادب): غوره (اثرونه، اشعار).

anthracite, n. د ډبرې سکاره، دتېږې سکاره.

anthrax, n. (طب) ټاکو، ټلك، دڅارو یو ډول ناروغی، تبك.

anthropoid, adj. and n. انسان ډوله، بنیادم ډوله، بنیادم ته ورته: هغه ځوی (په تېره بیا) بیزو گان چه په مخ او ونه کې انسان ته ورته وی لکه گوریلا.

anthropology, n. بشرپوهنه، انسان پوهنه: هغه علم چه د انسان ترکم، تکامل، کړه وړه، بحث کوی.

anthropologist, n. انسان پوهاندونکی د بشریات پوهاندې عالم، پوه.

anthropomorphism, n. هغه عقیده چه خدای انسان ته ورته بولی.

anti, pfx. (مخینه) ضد، مقابل، مخالف.

antibody, n. د وجود دفاعی مواد: هغه مواد چه په وینه کې دی او د یرغل کوونکو میکروبو او زهرو موادو سره مقابله کوی

antic, adj. عجیب: مسخره: شوخ؛ تماشایی (د لنډاردی په ډول).

antichrist, n. د مسیح (ع) منکر، د عیسی سره مخالف.

anticipate, v.t. تمه لرل: انتظار کښل سترګې لرل تمه درلودل، چمتو کول، مخکې له مخکې له هر څه ګټه ورل، پیشګویی کول

anticipation, n. تمه، چمتووالی: پیشګویی: انتظار: تمه.

anticipatory, adj.

anticlimax, n. مخ په ځوړ، مخ په کښته: د پښتو داسې بیان چه د مهم شیانو څخه غیر مهم ته ولاړ شي (لکه زړې مې وهشو موټر مې مات شو او کوراني مې ځوري شوه).

antidote, n. تریاق: نوشدارو، د زهرو ضد دارو.

antimony, n. انتيمني يو کیمیاوی عنصر دی چه د نورو موادو سره ګډ شي ځلیدونکې آلې پکښې د اولی. دا ماده چه سپین بخن رنګ لری په درملو او رنګونو کې استعمالیږی.

antipathy, n. کرکه، بدوړنه، نه جوړیدنه، دښمنی.

antipodes, n. pl. د ځمکې هغه برخې چه قطراً سره مقابلې وی: د ځمکې دوې سره مقابلې قطبې یا هغه خلک چه په دې قطبو کې ژوند کوی:

antiquary, n. لرغون پوهاندونکی: عتیقه شناس، هغه سړی چه د زړو شیانو لوی او څېړی یې.

antiquated, adj. زوړ، پخوانی، عتیقه، له موده لوېدلی.

antique, adj. انتیک: زوړ: زوړ هنری سېپاک پخوانی، وختنی، لرغونی.

antiquity, n. (جمع) پخوانی زمانې، تېرې زمانې، قدیمی وختونه، د لرغونی یونان او روم عصر: د پخوانیو نښې: بقایا.

antiseptic, adj. & n. میکروب وژونکی: د خساتوب مخه نیوونکی، ضد عفونی دارو.

antislavery, adj. د مریتوب مخالف، د مریی د آزادولو پرخوا

antithesis, n. انتی تیز، مقابل، ضد، ضد فکرونه چه یو بل غندوی

antitoxin, n. د وینې د زهرو د ختمولو ماده، د زهرو ضد.

antler n. ښکر (د غرڅه) د غره د پسو د ګوزنې د مرغې او هوسۍ ښکر.

antonym, n. متضادې کلمې (د مترادف ضد).

anus, n. کونه، سغری، مقعد، د کونې سوری.

anvil, n. سندان.

anxiety, n. اندېښنه: تشویش

anxious, adj. اندېښمن : مشوش : مشتاق .

anxiously, adv. په شوق : د اندېښنې
د احساس سره .

any, adj. & pron. کوم ، کوم یو ،
کوم څوک ، څینې ، کوم شی : هر
adv. هر څومره .

anybody, pron. هر سړی ، هر څوک .

anyhow, adv. په هر صورت ، په هر ډول ،
خو بیا هم : په یو (یا بل) ډول .

anyone, pron. هر څوک ، هر سړی ، هر یو .

anything, pron. هر شی ، هر کوم شی .

anyway, adv. په هر صورت ، په هر ډول ،
په هر رنګه .

anywhere, adv. هر ځای ، هر ځای ته .

aorta, n. (ب) اورتا : شاه رګ ، هغه لوی
رګ چه له زړه څخه بدن ته وینه وړی ،
شریان .

apace, adv. په بېړه ، ژر .

apart, adv. جلا ، بېل : په جلا ډول ،
په بېلا بېل صورت ، ځانله ګوښی ، په
پېلو پېلو برخو .

apartment, n. اپارتمان ، استوګنځی .

apathetic, adj. بې غمه ، بې درده : کلک
زړی ، بې عاطفې (د زړه سوانډی ضد) .

apathy, n. بې دردی ، بې علاقګی :
بې عاطفه توب

ape, n. بیزو : یو ډول بې لکی یا لنډ
لکی بیزو ، پیشی کوونکی .

v.t. پیښې کول .

aperture, n. سوری : خوله ، درېڅه .

apex, n. سر (جمع) .

apexes or apices څوکه ،

aphasia, n.— ګونګوالی ، بې ژبی توب ، —
د مغزو د خرابۍ په اثر په خبرو نه پو —
هېدل او ګونګېدل .

aphid, or aphis, n. شپېشه (سپږی) هغه
خزنده چه د نباتا تو شیره زبېښی .

aphorism, n. لنډه خبره ، متل ، د جېره .

apiary, n. غمبسکه ، چاك ، ومبسکی ، د مچیو د
ساتلو ځای (کندو) .

apiece, adv. هر یوه ته ، هر یوه ته ، سړی سر ،
هر یو

apocalypse, n. د لوی عهد انجیل ، اخري
کتاب د سنټ جان د الهام کتاب :

apocalvpse, n. پېغمبری الهام .

apocrypha, n. pl. د پخوانی عهد د انجیل
جعلی برخې .

apocryphal, adj. جعلی ، کاذب ، مشکوك (قلب)
لو یه ، دروغ (چه کوا لی) :

apogee, n. د ستورو د مدار هغه برخه
چه د ځمکی له اغلوه تر ټولو لیري وی

apologetic, adj. معذرت غوښتونکی :
له افسوس د پښېمانی سره .

apologetically, adv. په عذر ، په پښېمانی ،
، پښېمنی غوښتلو په لهجه .
پښېمانی ښکاره کول پښېمنه غوښتل ،
عذر غوښتل ، د پښېمنی غوښتونکی ،
عذر غوښتونکی ، کوونکی : د پښېمانی
ښکاره کوونکی .

apology, n. معذرت : ساتنه (دفاع) : پښېمنه ،
پښېلي خطا اقرار .

apoplexy, n. ناڅاپی بېهوشی (د ماغو د
کوم شریان د څلېدو په اثر) .

apoplec.tic, adj.

apostasy, n. ارتداد : د خپل دین څخه گرځېدنه ، د خپل مسلك پرېښودنه .

apostate, n. مرتد : اوښتی

apostle, n. (مس) استازی : حواری ، د عیسی (ع) د دولسو شاگردانو څخه یو شاگرد : هر عیسوی پادری چه په رتبه کښی د عیسی د دولسو شاگردانو سره برابر وی .

apostolic, adj. حواریو ته منسوب : د عیسی د شاگردانو ، پاپ ته منسوب .

apostrophe, n. څروندی ، دا نخښه (') چه د یوه توری د غورځېدو علامه ده لکه :

It is a pen.=It.s a pen دا یو قلم دی.

Enzer Gul.s hat. د څروندی نخښه چه اضافی حالت ښیی لکه : دانځر گل خولی : په جمع کی دا نخښه د مضاف الیه په اخر کښی راځی .

students. books. د شاگردانو کتابونه

apostrophise, v.t.i. (شعر) گرېی کول ، د مخاطب څخه غایب ته یا بالعکس : غایب داسې مخاطبول لکه چه حاضر وی .

apothecary, n. د درو گر : د درو خرڅوونکی (په انگلستان کی)

apothegm, n. مشهوره خبره ، لنډه وینا ، شمار : متل ، مقوله .

apotheosis, n. ستاینه ، لوړه ستاینه : لوړوونه : لمانځنه .

(—ses) (جمع) .

appal, v.t. وېرول ، بې زړه کول : زړه ایستل

appall.ing, adj. وېروونکی ، زړه ایستونکی .

appanage, n. مستمری (مال ، ملك) هغه ملکه چه پاچاهی د خپلی کورنی غړو ته ور کړی .

apparatus, n. اسباب ، آلی ، سامان ، میکانیزم .

appara.tus or appara.— (جمع) .

apparel, v.t. پوښول (پوښل) ، اغول : وراغوستل

n. پوښاک ، کالی : اغوستنی (شیان) .

apparent, adj. ښکاره ، څرگند ، جوت .

appar'ently, adv. په ښکاره توگه ، په څرگندتوب ، ظاهراً .

apparition, n. روح یا شبح : بلا : ظاهرېدنه ، څرگندېدنه .

appeal, v.i. (حق) عرض کول : غوښتنه کول (د جگو عدالی محکمو) : مرسته غوښتل پناه یا اتکی وروړل .

n. اتکی وړنه : مرسته غوښتنه : د جگی محکمی غوښتنه (مرافعه غوښتنه تمیز غوښتنه) : خوښېدنه (په سترگو ښه کی خوښ لگېدنه) .

appeal.ing, adj.

appear, v.i. ښکاره کېدل ، څرگندېدل ، بریښېدل : حاضرېدل (محکمی ته) ښکارېدل ، خپرېدل .

appearance, n. ښکارېدنه ، څرگندېدنه ، څېره ، بڼه : ننداره : پېښه (پېښه).

appease, v.t. کرارول ، غلی کول (د امتیاز ورکولو په واسطه) راضی کول.

apease.ment, n.

appellant, n. غوښتنه کوونکی (د جگې محکمې): د استیناف غوښتونکی

appellate, adj. (حق) جگه محکمه، هغه محکمه یا مقام چه د ټیټو محکمو فیصلې ماتولای شي، د استیناف محکمه

appellation, n. نوم، لقب، نوم ایښودنه، لقب ایښودنه.

append, v.t. نښلول: ځړول، ځوړندول: تړل: ضمیمه کول.

appendage, n. نښتی: ځړېدلی، ځوړند تړلی: مل، ضمیمه.

appendicitis, n. اپنډیسیټ، د اپنډیکس پاړسوب (التهاب).

appendix, n. مل، ضمیمه، تړلی، د کتاب یوځو پاڼې چه وروسته ور پورې تړل کیږي: د اپنډیکس کولمه.

appertain, v.i. اړه لرل، تعلق لرل.

appetite, n. شوق، اشتها.

appetiser, n. اشتها راوستونکی، خوندور: اشتها راوستونکی (دارو)، مشتهي.

appetising, adj. خوندور

applaud, v.t. چک چکې کول، شاباسی ویل، آفرین ویل.

applause, n. شاباسی، آفرین، د آفرین چک چکې.

apple, n. مڼه، د مڼې ونه.

apple of the eye. د سترگې گسی

appliance, n. اسباب، سامان، آله.

applicable, adj. د اجرا وړ، کېدونکی، شونی (د ناشونی ضد): د تطبیق وړ، مناسب.

applicant, n. غوښتن لیک ورکوونکی، درخواستی ورکوونکی، غوښتونکی، عارض.

application, n. غوښتن لیک، عریضه، درخواستی: غوړوله (پوښی په بل شی): په کار اچوله: ځیر پېدنه.

apolied, adj. عملی، د کې اچ: په کار لوېدلی: تطبیقی

applique, n. سینگار: انځور: هغه شی چه د ښکلا د پاره پر کالیو یا ندي گنډل کیږي.

apply, v.t. تطبیقول: په کار اچول: پوښل: موښل: غوړول (پوښی په بل شی) عملی کول: وقفول (ځان)

v.i. غوښتنه کول (په خوله یا په لیک)

appoint, v.t. گومارل، ټاکل، مقررول: سمبالول، مجهز کول

appointee, n. گومارلی، ټاکل شوی: مقرر شوی.

appointive, adj. انتصابی: تقرری چوکی، یا منصب.

appointment, n. ټاکنه، گومارنه، مقررېدنه، نصب: په نامه کول: د لیدلو وعده (جمع) اسباب، لوښی

apportion, v.t. وېشل (غاډلاره)، ټاکل (د هر چا برخه).

apportionment, n. وېش: برخه.

apposite, adj. وړ، مناسب: ښېك: پټره، مربوط: مطابق.

appraise, v.t. ارزښت ټاکل، بیه ایښودل، قیمت اټکلول

appraisal, n. ارزښت ټاکنه، بيه اېښودنه، قيمت اټکلونه.

appraiser, n. ارزښت ټاکوونکی، بيه کوونکی، براوردي

appreciable, adj. د اټکل وړ، د قدر وړ، د احساس وړ: محسوس.

appreciate, v.t. سنجول (مقايسه)، براورد کول: احساس کول، قدر کول، منته کول: خبرتيا لرل.
v.i. ارزښت زياتېدل، احساس کېدل.

appreciation, n. احساسنه، قدرداني: خبرتيا: منته: سنجونه (مقايسه).

appreciative, adj.

apprehend, v.t. نيول: خبر پېدل: و پوهېدل (له): پوهېدل: انديښنه لرل.

apprehension, n. پوهېدنه: رسېدنه (ذهن): نيونه: توقيف: انديښنه

apprehensive, adj. انديښمن: پوهېدلی: هوښيار.

apprentice, n. شاگرد (لکه د ترکان يا پېښ)، زده کوونکی: مبتدي.

apprenticeship, n. شاگردي.

apprise, -ize, v.t. خبرول، خبر ور کول.

approach, v.t. نږدې کول، رسول.
n. تماس، نږدېکت: د تماس طريقه، نږدې کېدنه: د نږدې کېدو لار، د نږدې کېدو وسيله: روش.

approbation, n. تصويب: تائيد.

appropriate, v.t. اختيارول: ټاکل، اختصاص ور کول.
وړ، مناسب.

appropriately, adv. په مناسبه توګه، په وړه ډول.

appropriateness, n. وړوالی، مناسب والی.

appropriation, n. اختصاصي، ځانله کول.

approve, v.t. تصويبول، خوښه ور کول، موافقه کول.

approval, n. خوښه، تصويب، موافقه: کتنه (له تصويبه پخوا).

approximate, adj. اټکلي، تخميني، تقريبي، حقيقت ته نږدې
v.t نږدې کېدل، رسېدلو ته نږدې کېدل.

approximately, adv. کم و زيات: نږدې نږدې: تخميناً.

approximation n اټکل ورته والی: نږدېکيت، حقيقت ته نږدېوالی.

appurtenance, n.

appurtenant, n. and adj ضميمه، تړلی.

apricot, n. منډته (زردالو): د منډتې ونه.

April, n. د اپريل مياشت، د عيسوی کال څلورمه مياشت چه د ديرش ورځې ده.

apriori, بديهي استدلال، هغه استدلال چه يو شی په بديهي شواهدو استناد کېږي: شهودي معرفت، هغه پوهه چه بې د واقعيت له پلټلو لاس ته راشي.

apron, n. پېشبند (هغه ټوکر چه اشپزان يې استعمالوي څو کالي يې خيرن نشي).
په کور کې د انه پياده رو.

apropos, adv. په ځای، په موقع : برابر : په ځای خبره .

adj. د حال سره مناسب ، په موضوع پورې مربوط

apse, n. د کلیسا محراب .

apt, adj. وړ ، مناسب ، لایق : متمایل : شوقمن : چټک ، تیار : ځیرک بیدار ، هوښیار .

aptness, n aptly. adv.

aptitude, n. وړوالی ، مناسب والی : طبیعي میلان : استعداد ، لیاقت : ځیرکي ذکا .

aquamrine, n. شین بخن ، زمرد : زمردي رنګه .

aquarium, n. د کبانو ساتنځی ، هغه ځای چه اوبو کې یې کبان پکې ساتل کیږي : د کبانو او اوبو بوټو ننداره تون .

aquatic, adj. اوبیز ، د اوبو ، چه په اوبو کې ژوند او وده کوي : د اوبو لوبې

aqueduct, n. د اوبو ول ، ناوه ، تره ، سیفون

aqueous, adj. اوبلن ، اوبیز : د اوبو جوړ : د اوبو په واسطه جوړ شوی

aquiline, adj. باښه ډوله ؛ چنګک (د باښې د مښوکې په شان) .

arabesque, adj. عربي انځور ، عربي نقش و نګار : د عربي انځور ګښتنې سبک ، هغه حالت په نڅا کې د بدن یو ښکلی حالت .

arable, adj. د کرلو وړ مځکه ، آباده مځکه :

arbiter, n. قاضي ، حکم ، منځګړی .

arbitrament, n. قضاوت ، منځګړیتوب ، د منځګړیتوب واک ، حکمیت : د منځګړي خلات (خلعت) .

arbitrary, adj. اختیاري ، استبدادي ، پخپل سر ، په خپله خوښه : بې له خبر : په زور پخپله رایه .

arbitrarily, adv. په خود سرانه توګه .

arbitrate, v.t. منځګړیتوب کول ، روغه کول ، جوړه کول : منځګړي ته وړاندې کول .

arbitration, n. منځګړیتوب ، حکمیت .

arbitrator, n. منځګړی ، حکم

arbor, n. ونه ؛ چپله ، وښه (شا تور) لاندې تیری .

arboreal, adj. دوني ، د ونې غوندې : هغه چه په ونو کې ژوند کوي .

arborvitae, n. د صبر ونه : ناجو ، هغه ونې چه تل شنې وي ، د صبر د کورنۍ ګولې ونې .

arbutus, n. د مځکني توت یو نوع .

arc, n. طاق ؛ قوس (د دایرې) ، لینده .

arcade, n. د طاقو او قطار ؛ سرپوښلی لار ، چته .

arch n. طاق (لکه د پغمان د ظفر طاق) طاق لرونکې مانۍ ؛ لینده ډوله شی .

v.t.i. طاق جوړول ، د طاق په شکل جوړول .

arch, pref. (مختاړی) اساسي ، مهم ، اصلي ؛ لوی ، مشر ، سر (لکه سراسقف) . سقر .

arch, adj. مهم ، اصلي ؛ تمام ؛ مبهم ؛ ټوکو ټکي ؛ وران (شوخ) ، شریر .

archaeology, n. لرغون پېژندنه ، د انسانانو د لرغونې ژوند علمي څېړنه .

archaeological, adj. د لرغون پېژندنې .

archaeol.ogist, n. لرغون پوهندونکی.

archaic, adj. لرغونی، پخوانی، د تېرو وختو، چه اوس نه استعمالیږی.

archangel, n. لویه پرښته، مقربه ملایکه

archbishop, n. ستر پادری، ستر اسقف.

archdeacon, n. (مس) چوری، چقی، د ملا شاګرد، د ملا طالب، لوی طالب.

archduke, n. د استر یا د شاهي کورنۍ غړی، اتریشی شهزاده، شهزاده ګی؛

archery, n. لینده او پشتل، غشی ویشتل.

archer, n. لینده ی ویشتونکی، غشی ویشتونکی.

archetype, n. اصلي نمونه، اصلي بڼه، اصلي موډل.

archiepiscopal, adj. ستر پادری ته منسوب، د ستر پادری.

archipelago, adj. د ټاپوګانو لرونکی سیند، مجمع الجزایر.

architect, n. معمار، د ودانیو ماهر، مهندس.

architecture, n. مهندسی، معماري، د معماری فن یا علم؛ د ودانۍ سبك یا طریقه

architect.ural, adj. د معماری، د ودانۍ د فن.

architrave. n. هغه پلنه تیر چه د رومی او یونانی سبك د ودانیو د ستنو پاسه ایښودل کیږی او بر لیوه یا چت ور باندی تکیه کیږی.

archive, n. ارشیف، اوراق، د پاڼو او سندو ساتنځی؛ (جمع) عمومی اسناد

arehon, n. د لرغونی یونان د اتو تنو قاضیانو غټه یو قاضی.

archway, n. چته، کنبده، د کنبدي لاندې لار.

arctic, adj. شمالی قطب، شمالی قطب ته منسوب.

n. منجمد، کنګل.

ardent, adj. سوځنده، اور لرونکی؛ اور اخیستونکی؛ د اور اخیستونکی؛ تود؛ لیوال، تود.

ard.ently, adv. په سوز، په ګرمی، په لیوالتیا.

ardour, n. سوځنده ګرمی؛ د احساساتو ګرمی، لیوالتیا؛ غیرت.

arduous, adj. مشکل، ګران، د زور د (کار) ؛ سخت(د پورته کېدو د پاره).

are, دي(د جمع په بڼه).

to be د ګوی فعل د جمعی صیغی د حال زمانی شکل لکه؛

We are موږ یو ؛

You are تاسې یاست.

they are هغوی دی.

area, n. ډګر، ساحه، مساحت، سیمه، اندازه..

arena, n. میدان(د مسابقو عمل)، ډګر، سیمه

argent, adj. د سپینو زرو په شان، د سپینو زرو لرونکی، نقره یی.

argon, n. ارګن؛ یو بې رنګه بې بویه غازی عنصر چه په هوا کښی پیدا کیږی او د رڼا ګروپونه ترې ډکوی.

argosy, n. لویه بېړۍ، د مال بېړۍ، د تجارتی بېړیو ټولګی.

argue, v.t بحث کول

v.i. استدلال کول، دلیل ویل.

argument, n. دلیل، ثبوت: بحث، استدلال: شعر (لفظی).

argumentation, n. بحث، استدلال، مناظره.

argument.ative, adj. استدلالی، د بحث دی، مباحثوی.

aria, n. (موسیقي) لار، مقام، آهنګ.

arid, adj. وچ، شاړه (ځمکه) وچه میره.

arid.ity, n. وچوالی، شاړه توب، میره ابادي.

aright, adv. په رښتیا، په صحیح ډول، په حقه، د اقناع.

arise, v.i. ورپېدل، ولاړېدل، پاڅېدل: ختل، جګېدل، پورته کېدل: پیښېدل.
P.P. arisen, P. arose,

aristocracy, n. د اشرافو حکمراني، اشرافي حکومت: د اشرافو ډله د اصیلو توپه (طایفه).

aristocrat, n. اشرافي، د اشرافي ډلې غړی، د اشرافو د سلطې پرخوا.

aristocrat.ic, adj. اشرافي.

arithmetic, n. حساب، شمېر، د شمېر علم.

arithmetical, adj. حسابي، د شمېر، شمېر ته منسوب.

arithmetician, n. د شمېر ماهر، عالم.

ark, n. هغه صندوق چه د موسی (ع) لس صحیفې پکې دي: لوح بېړۍ.

arm, n. لاس (له اوږې نه ترلو ګوتو پورې)— څنګل، لېچې، مټ: ځانګه: بازو (لکه د څوکۍ): زور، قوت.

arm, n. وسله: د لښکرۍ قوت یوه برخه.
v.t.i. په وسله سمبالول.

armada, n. د وسله والو بېړیو یو ټولګی، په تېره هغه جنګي بېړۍ چه د هسپانیې د دوهم فلیپ له خوا (په ۱۵۸۸ کال کې) د انګلستان مقابلې ته د استول شوې: یو ټولګی جنګي الوتکې.

armament, n. په وسله سمبالونه: وسله او مهمات: جنګي سامان.

armature, n. زغره، ساتندوی، پوښ: ارمیچر، په برېښنا کې د موټر یا د اینمو څوځېدونکی یا څرخېدونکی برخه، یوه ټوټه اوسپنه چه سیمونه تری چاپېر څوري دي.

armchair, n. ارام چوکی، بازو لرونکی چوکی.

armistice, n. موقتي روغه، متارکه، اوربند.

armlet, n. وړوکی لاس: مټ وندی، بازوبند.

armour, n. زغره: خول او ډال: زره.
v.t.i. زغره اغوستل (څپله یا بل چا ته): په دفاعي وسلې سمبالېدل.

armourer, n. جبه دار، وسله چي، وسله ساتونکی: وسله جوړوونکی وسله ترمیموونکی.

armorial, adj. وسله وال وسله لېږ: وسله ګرځوونکی.

armory, n. جبه خانه، میخزن، وسله تون د وسلې ساتنځی: (امریکا) د وسلې جوړولو فابریکه.

armpit, n. تخرګ.

arm . چمع ، وسلې

arms, n. لښکرې خدمت : د جګړې ــ چار (د جنګ فن) : د وسلې لپاره لنډ نوم

army, n. لښکر : مجتمعې اردو : لښکر (کن شمېر) بېړ .

arnica, n. يو ډول بوټی چه د ليو هغه يې ملهم جوړيږي او په زخمو باندې ايښودل کيږي : (طرالو، تنبا کو) : هغه دوا چه له دې بوټي څخه لاس ته راځي .

aroma, n. وږمه ، عطر ، ښه بوی

aromatic, adj. (کيم) خوشبو په کول (کيم) د عضوي مرکباتو په ټولګي پورې مربوط ، د بنزين د کورنۍ .

aromatise, v.t. خوشبويه کول ، معطر کول

around, prep. and adv. چار چاپېره ، ګردي : په سيمه کی : دوري ، چار پېر ، شاو خوا ، دوري .

arouse, v.t. پاڅول ، پاڅول ، پلوسول ، لمسول ، پورته کول .

arraign, v.t. محکمې ته حاضرول ، محاکمه کول ، حساب غوښتل : تورمنی کول ، محاکمه کول (جرګند ، علنی)

arraign.ment, n. محکمې ته وړاندې کيدنه ، حساب غوښتنه ، محاکمه (جرګنده) .

arrange, v.t. تنظيمول ، سمول ، برابرول : اوډل ، ترتيبول : (مو) سورول : چمتو کول ، تيارول .

arrange.ment, n. تيارې : اوډنه ، سمونه ، ترتيبونه ، ترتيب .

arrant, adj. واقعی : بشپړ : مکمل : رسوا ، په ټوله معنا (بد) : بې شرمه

arras, n. انځور ، ګلدوزې ، انځور لرونکې پرده ، نقش و نګار

array, v.t. اوډل ، په ليکه درول ، قطارول ، ليکې کول : پوښل : سمبالول

n. اوډنه ، ترتيب ، په ليکه برابرونه چمتو کول ، سمبالونه : کالي ، سامان .

arrears, n. pl. باقيه اډي ، باقي

arrest, v.t. نيول ، ګرفتارول ، نيول ، (نظارت لاندې) درول (فعاليت) .

n. ګرفتارونه ، نيونه ، درونه ، ځنډېدل ، توقيف .

arrival, n. رسېدنه ، مواصلت .

arrive, v.i. رسېدل ، لاس ته راوستل ، ګټل ، په برخه کېدل : راتلل (دوخت) : پېری موندل

arrogance, n. ځانمنی ، ځان ستاينه ، په ځان غره توب ، تکبر .

arrogant, adj. ځان ستايونکی ، په ځان غره .

arrogate, v.t. بې ځايه ادعا کول ، ځان ستايل ، د ځان بلل (هرڅه)

arrow, n. غشی .

ar.rowy, adj. د غشي په شان ، تېره .

arrow.head, n. د غشي سر ، د غشي څوکه .

arroyo, n. خوړ ، وچ خوړ ، مالګه ، ځېله .

arsenal, n. وسله تون ، جبه خانه ، د وسلې د جوړولو او ساتلو ځای .

arsenate, n. (کيم) هغه مرکب چه د ارسنيک له اسيد څخه لاس ته راځي : (زرنيخ) د ميږو او نورو خوړندو د ژلو کولې .

arsenic, n. ارسينک : يو زهر لرونکی خړ رنګه جامد عنصر چه له مرکباتو څخه يې دارو جوړيږي .

arse.nious, او **arsen.ical, adj.**

arson, n. اور اچونه (ځنګله ، کور ، بېړۍ ، مال ته).

art, n. آرټ، هنر ، فن، عملي مهارت : صنعت ، صنعتي قدرت (د طبيعي - قدرت ضد) : د ښکلا د تخليق فن ، د تخليقي تخيل اثر : د پوهې يوه څانګه (په تېره د اجتماعي علومو) مهارت (تخصص) : استعداد ، څېرکي : جادو : چم ، تېر ايستنه ، چل ول.

artefact or artifact, n. په لاس جوړ شوی شی.

artery, n. شريان : د ارتباط لار ، ارتباطي ليکه.

arterial, adj. شرياني : ارتباطي.

Artesian, adj. د فرانسې د شمال يو والي ځا ګاې.

artesian-well, n. ژور څا.

artful, adj. ماهر ، هوښيار ، چالاک (غولوونکی).

art.fully, adv. په هوښيارۍ ، په چالاکۍ ، په ماهرانه توګه.

arthritis, n. د بندونو باد سوب ، د مفصلو باد سوب (جمع مفاصل)

article, n. مقاله : بند : بحراني شېبه : جلا برخه : ماده : جمله فقره ، بېله اصطلاح : جلا موضوع (د مجلې ، ورځپاڼې ، انسايکلوپيډيا) : (ګر) د the, an, a لفظونه : کالي ، اسباب ، لوښي ، سامان.

articulate, adj. جلا : څرګندې خبرې (واضحې خبرې) : بند په بند : د ويالد (د ګونګ ضد).

v.i. څرګندېږي ، ښکېدل (شمېرلې توګه).

v.t. بند په بند يو ځای کول : په ښکاره الفاظو ويل ، په فصيحه - لهجه ، په غږ څرګندول.

articula.tion, n. بند ، مفصل ، بند په بند نښلونه : تلفظ (شمېرلی).

artifice, n. لاسي کارونه ، مهارت : چالاکي ، چالبازي ، دوکه.

artificler, n. ماهر کارګر ، استادکار ، تخنيک پوه ، اوستا : مخترع.

artificial, adj. مصنوعي (د طبيعي ضد) : جعلي : جوړ شوی (په لاس) : کېږه (لکه کېږه الماس)، بدل.

artificiality, n. مصنوعيوالی ، کېږه توب ، ساختګي حالت ، لباسي توب.

artific.ially, udv. په مصنوعي توګه ، په ساختګي ډول ، په کېږه بدله بڼه.

artillery, n. توپخانه ، توپ او يشتونکي لښکري قوه ، د درنو توپکو قوه : د توپ ويشتلو فن ، علم.

artill.ery-man توپچي.

artill.erist, n.

artisan, artizan, n. کسب ګر ، صنعت ګر ، مېخانيك.

artist, n. هنرمند ، لوبغاړی ، آرټيسټ ، فنکار ، صنعت ګر : (د ښکلو صنايعو) : انځورګر (نقاش).

artistic, adj. هنري ، ذوقي ، بديعي.

artist.ically, adv. هنرمندانه ، په مهارت ، په ذوق.

artistry, n. هنري استعداد ، هنري ذوق.

artless, adj. بې تصنع، ساده، طبیعي، بې هنره.

Aryan, adj. آریایي (توکم)، هندواروپایي، د هندوار وپایي ژبو هندوارپایي څانګه، ددې څانګې کومه ژبه؛ د نازي المان په سیاست کې غیر یهودي؛ د هندوار وپایي ژبو مور.

as, adv. لکه؛ د مثال په ډول؛ څرنګه، څرنګه چه؛ په همدې ډول؛ برابر؛ که څه هم؛ هغومره؛ همغه شان؛ څنګه چه؛ په توګه.

asbestos, n. یوه معدني ماده چه د ښخې په شان اوبدل کیږي او اور ورته اخلي.

ascend, v.i.t. ختل، ځګېدل، پورته کېدل.

ascendancy, -ency, n. اغېزه؛ لاس بری (سلطه)؛ لوړوالی.

ascend.ant, ascend.ent, n. مخ په لوړه، پورته ختونکی، صعودي؛ پر (؛ جمع)؛ نیکه ګان، اسلاف؛ نیکمرغه.

ascension, n. ختنه، ځګېدنه، لوړېدنه؛ د عیسی (ع) آسمان ته ختنه؛ ددې ورځې مراسم.

ascent, n. ځګېدنه، پرمخ تلنه، پرمختګ؛ د پرمختګ لار؛ مخ په لوړه؛ د میلان زاویه.

ascertain, v.t. یقیني کول؛ د جوتوالي کول؛ کره کول؛ ټاکل (د صحت او غلطي) تشخیصول؛ تعیینول.

ascetic, adj. and n. ګوښه کښی، د ریاضت ایستونکی، مرتاض، راهب، زاهد، د ګوښه کښی، د پرهېز ګارۍ؛ پرهېز ګار.

asceticism, n.

ascribe, v.t. نسبت ورکول، ور پورې تړل، ګڼل.

ascription, n.

aseptic, adj. سپېڅلی، پاک سوتره، بې میکروبه، میږنځلی (د ناولۍ ضد).

asexual, adj. غیر جنسي، بې جنسه، بې نر او بې ښځې، نر ښځی.

ash, n. د ون (زیتون) د کورنۍ یوه ونه، د ون لرګی.

ash, n. ایره.

ashes, pl. (جمع) ایرې.

ashamed, adj. شرمېدلی، شرمنده، شرمګین؛ خجل.

ashen, adj. ایرې، ایره ډوله، ایره یېز، د ایرې غوندې، د ایرې رنګ.

ashore, adv. and adj. غاړې ته، ساحل ته، ځمکې ته، پر غاړه، پر ساحل.

ashy, adj. ایره یېز، ایره ډوله، خړ.

asiatic, adj. اسیایي.

n. اسیایي (سړی)، د اسیا اوسېدونکی.

aside, adv. یو خوا، په څنګ، څنګ ته، یوې خوا ته؛ په خصوصي ډول.

n. غلې غلې خبرې، بېلتون، پس پسی.

asinine, adj. بې عقل، احمق، بېوا، خر ډوله.

ask, v.t. پوښتل، پوښتنه کول؛ غوښتل، غوښتنه کول؛ بلل؛ بلنه ورکول.

v.i. ورپسې ګرځېدل.

askance, adv. په څنګ ډول، د سترګو له کونجه، د سترګو په کونجکې، چپ چپ، په شکمنۍ، د شک په نظر (ضد، مقابل، مستقیماً).

askew, adv. په کاږه نظر، په بده سترګه، په بد لوري .

aslant, adv. کوږ، ځوړند .

asleep, adv. and adj. بیده، ویده، خوبولی، بېرګال (سست)؛ مړ؛ مړ پړ؛ کرخت، لکه مړی، مړاوی .

asp (âsp). **aspic** (k), n. افریقایی منګوری، وړوکی افریقایی مار، د خلیج منګور .

asparagus, n. یو ډول ساړه چه کوچنی پاڼې لري او غوټۍ یې د ساګ (سبزو) په شان استعمالوي .

aspect, n. جنبه، ادخ؛ بڼه؛ کاته، نظر؛ مخ، څوا، پلو؛ ښکاره شوي څېره، څرګنده شوي بڼه .

aspen, n. سپېدار، (لړزېدونکی لکه د سپېدار پاڼه) .

asperity, n. ترندوالی، سختوالی، زیږوالی؛ سوړوالی .

asperson, n. سپکاوی، توهین، بې پتي، بې آبي؛ بهتان، تهمت .

asphalt, asphaltum, n. اسفالت، قیر، هغه توره ماده چه د پټرولیم له تقطیر څخه وروسته پاتې کیږي بام او سړک په پخوي .

asphodel, n. یو ډول بوټی چه سپین یا زېړ ګلان او نازکې پاڼې لري (په شعر کې) نرګس .

asphyxiate. v.t. تربوخول، خفه کول، زندۍ کول، تر ستوني نیول، تر ټټول .

asphyxia.tion, n.

aspic, n. یو ډول مسا له دار د غوښې جیلی چه د کب غوښه او ایشېدلې هګۍ پکې ګډې وي مراجعه دې وکړي Jelly ته .

aspirant, n. غوښتمن، ارزومن، غوښتونکی .

aspiration, n. ساکښنه (شهیق)؛ لوړه ارزو، لویه هیله .

aspire, v.i. د ډېره له کومې غوښتل؛ لوړه ارزو لرل، لویې هیلې لرل، لوړ انظار لرل

aspirin, n. اسپرین، یو ډول ګولی چه د درد او تبې د کراره کولو د پاره استعمالیږي .

ass, n. خر، مردار خوی؛ بېړا، احمق .

assail, v.t. برغل کول، حمله کول .

assail.ant, n. برغلګر، تاړاکی .

assail.able, adj.

assassin, n. قاتل، خونی، سړی وژونکی .

assassinate, v.t. وژل، مړ کول .

assassina.tion, n. وژنه، قتل .

assault, n. برغل، هجوم، شوخون، داړه، ګډی؛ (حق) د بل چا د ژوند بلو لو کوښښ او یا د دې کار د پاره د بل چا سره لوږ . v.t.i. شوخون کول، داړه، ځور ځول .

assay, v.t. ازمېيل، کره کول (سو چه او ناسو چه ښکاره کول لکه د زرو)؛ سنجول، عیارول .

n. ازموینه؛ کره کول (لکه د زرو)، ماکنه (د وزن او څرنګوالی)

assemblage, n. ټولنه، غونډه .

assemble, v.t. یوځای کول، غونډول v.i. یوځای کېدل، غونډېدل، سره ورتلل (لکه د ماشین پرزې) .

assembly, n. غونډه، اسامبله، جرګه: (حق) قانون جوړوونکې ولسي جرګه: د لښکرو دراغونډولو دپاره اشاره (لکه د جنګ اشاره).

assent, v.i. موافقه کول، موافقې ته راتلل، خوښه ورکول: تصدیقول

n. تصدیق، خوښه، موافقه.

assert, v.t. ښکاره کول (ویل): د ټینګ په ډول ویل: ادعا کول، تاییدول ملاتړ کول.

assertion, n. تایید، ملاتړ: ادعا:

asser.tive, adj. مثبت: (بیانیه) قطعي.

assess, v.t. ټاکل (اجوره، مقدار): مالیه ټاکل: نرخ اېښودل (د محصول او مالیې د اخیستو لپاره): برآورد کول.

assess.ment, n. ټاکنه (د مالیې، اجورې، نرخ).

assess.or, n. د مالیې مامور: د قاضي حقوقي مشاور.

asset, n. شته (دارایي): (جمع) د مړي او د بوالي (لېسمن شوي) شته: ونجا یدا د، ترکه (چه له مړي څخه پاتې شي).

asseveration, n. مثبته وراپه ادو: تایید.

assiduous, adj. کلک، ټینګ (د کار کښې)، نه ستړي کېدونکی.

assiduity, n. کلکوالی، ټینګوالی ټینګه پاملرنه.

assid.uously, adv. په نه ستړي کېدونکې توګه.

assign, v.t. وظیفه ورسپارل، ور په غاړه کول، انښه کول، ټاکل (حدود): بخښل (د پیسو ېږدول).

assign.able, adj. د بخښنې او ټاکنې وړ.

assign.ment, n. ټاکنه: ورکړه (چه په غاړه وي): ورسپارنه: کورنی کار (د شاګرد).

assimilate, v.t. سره ورته کول، یوشانته کول: زغمل او حل کول (لکه خوراک په وجود کې).

v.i. ورته کېدل، یوشانته کېدل: زغمېدل او منحل کېدل.

assimilation, n. زغم: ورته کېدنه، ورته کول: حل کېدنه، حل کول.

assist, v.t. مرسته کول، مرسته ورکول، لاس ورکول، برخه اخیستل.

assis.tance, n. مرسته.

assis.tant, n. and adj. مرستیال، کومکی

assize, v.t. بیه ټاکل، مقدار ټاکل.

n. د انګلستان د قاضیانو جرګه، ددې جرګې ځای او وخت.

associate, v.t. یوځای کول، ننښلول، تړل، مربوطول (ذهناً): ملګری کول، شریکول، ګډول.

v.i. یوځای کېدل، نښتل، تړل کېدل، مربوطېدل، شریکېدل.

associa.tion, n. یوځای کول، یوځای کېدنه، ملګرتیا، اتحادیه.

assort, v.t. په طبقو وېشل، په ځانګو وېشل، په سره ورته برخو وېشل.

برخې برخې کېدل ، پخپله طبقه کې واقع کېدل .

assort.ed, adj. برخې برخې شوی ، طبقه بندي شوی ، سورټ شوی .

assortment, n. طبقه بندي ، په ځـا لګو وېشنه ، د طبقه بندي شویو شیانو مجموعه .

assuage, v.t. کرارول (خوږ ، خپګان) ؛ اقناع کول (لوږه) : ماتول (تنده) ؛ کمول (حرارت) ؛ ارمول .

assume, v.t. پوره کول ؛ ګڼل ؛ انګېرل (فرض کول) ؛ ځان جوړول (په کومه بڼه) .

v.i. بې ځایه ادعا کول ؛ پرځانه اخیستل .

assumption, n. ګڼه ؛ انګېرنه ؛ ځان جوړونه ؛ فرضیه ؛ بې ځایه ادعا .

assump.tion آسمان ته د مریمې ختل اګسټ ۱۵ دده ورځې د یادولو اختر .

assurance, n. ډېسا ، ډاډینه ، ډاډ ؛ ذمه ، ذمه جمعوالی (جمعوالی) بیمه ؛ په ځان ډېسا ، په ځان باور ، په ځان اعتبار ؛ سپین سترګی ، بې شرمي .

assure, v.t. ډاډ ور کول ؛ ذمه وهل ؛ علم دادول ؛ اعتباري کول ؛ یقیني کول ، یقیني ګڼل ؛ پرځانه اخستل ، بیمه کول .

assured, n. ډاډه ، باوري ، اعتباري ، متیقن ؛ بې شك ؛ بیمه شوی .

aster, n. لګه ستوري ، د ستوري په شان (بڼه) ؛ رعنا زیبا (ګل) .

asterisk, n. ستوري ډوله نښه (✱) په چاپ او لیك کې د مرجع ښودلو د پاره استعمالیږي .

astern, adv. د بېړۍ شا (ته ، کې) ، د بېړۍ بېرتنۍ برخې (ته ، کې) ؛ شاته ، په شا .

asteroid, n. اسماني وړو کې سیاره ، یو وړو کی ستوري ډوله جسم .

asthma, n. (طب) سیاره ، نفس تنګی .

asthmat.ic, adj. د سیارې ، د نفس تنګی .

astigmatism, n. د سترګې ، هغه اړي او عدسې بې نظمي چه څېره ښه نشي ښکاره ولی او د یوې نقطې تصویر یو ټکی نه وي .

astir, adj. فعال ، خوځند ، بیدار ؛ هیجاني ؛ ولاړ شوی (له بستري څخه) .

astonish, v.t. اریانول ، هك پك کول .

aston.ishing, adj. اریانوونکی .

aston.ishingly, adv. په اریانۍ ، په تعجب ، په حیرانتیا ، په عجیبه توګه .

aston.ishment, n. اریانی ، تعجب ، هك پكوالی ، حیرانتیا .

astound, v.t. اریانول .

astound'ed, adj. اریان ، هك پك .

astound.ment, n. اریانی ، تعجب ، هك پكوالی ، حیرانتیا .

astrakhan, n. قره قلی پوستکی

astray, adv. adj. خطا ، بې لارې .

astride, adv. adj. په دواړو پښو ولاړ ، غلم ، ارت .

astringent, adj. قابض ، راټولوونکی ، ټولوونکی ، غونجوونکی .

n. د قبض کولو دارو ، د اسهال ودرولو دارو ، قبض کوونکی مواد ، راټولوونکی مواد .

astro, (په ترکیبي حالت) ؛ ستوري .

astrolabe, n. اسطرلاب ، د اسماني جسمونو او ځای د ښودلو آله .

astrology, n. د نجوم علم (لکه په نامه، هغه علم چه د ستورو اغیزه په انسانانو باندی ښیي ، هغه علم چه د ستورو له مخی د پیښو پیش بینی کوی .

astrol.oger, n. منجم ، ستوری شمېرونکی .

astrolog.ical adj.

astronomy, n. د هیات علم ، ستوری پېژندنه ، د نجوم علم (ژړښتنی) .

astron.omer, n. منجم ، د ستوری (پېژندونکی) .

astronom.ical, adj. نجومی ، د ستوری پېژندنې .

astute, adj. هېرك ، تکړه (ذهناً) او د ستېدونکی (فکراً) .

astute.ness, n. هېرکی ؛ بیداری ؛ تکړه توب .

asunder, adv. بېل ، په بېلو بېلو برخو ، په جلا ډول ، سره بېل ، ټوټه ټوټه .

asylum, n. د ساتلو ځای ، د پناه ورکولو ځای ، د ساتلو ځای ؛ دارالشفا ؛ شفاخانه ؛ درستون .

at, prep. کې (ځای) ؛ ته (پلو ، سمت) ؛ په (د شی یا سړی حرکت حالت او موقعیت) ؛ په (وخت) ؛ په اثر ؛ لپاره ؛

ate, د eat ماضی ؛ وخوړ .

atelier, n. اتولیه ، ورکشاپ ، چار ځای ، کار ځای ، د انځور گرو (نقاشانو) د کار خونه ؛ ستودیو .

atheism, n. بې دینی ، بې اعتقادی ؛ د خدای د موجودیت څخه انکار الحاد .

a.theist, n. بې دینه ، بې گروهه ، د خدای نه منکر ، ملحد .

atheis.tic, a[illegible] د بې دینی ، د انکار ، الحاد

Athene, Athena, n د یونان د عقل الهه .

Athenaeum, n. د یونان یو عبادت ځای (معبد) ؛ یو لرغونی پوهنتون یا ادبی ټولنه ؛ کتابخانه ؛ لوستنځی (قرأت خانه) .

athirst, adj. تږی ؛ لېوال ، شوقمن .

athlete, n. اتل ؛ لوبغاړی ، (سپورټ) ؛ ځواکمن (جسماً) .

athletic, adj. د پهلوانی ؛ د وورزش ؛ د ځواکمنتیا ؛ د لوبې .

athletics, n. اتلېتيك ، ورزشی لوبې ؛ د ډله سپورټونه .

athwart, adj. له یوې خوا بلې خواته ، په لنډو ، په پسا رو ؛ په ضد ؛ په غلطه ؛ په پېچلی ډول .

atlas, n. اتلس (نقشه) ؛ یو ډول ټوکر ؛ د اتلس غر (په افریقا کې) ؛

atmosphere, n. اتموسفیر ، د ځمکې گرد چاپېره فضا ؛ فضا (لکه د صمیمیت فضا) ؛ د بحر په سطحه کې د هوا د فشار واحد .

atmospher.ic, adj. اتموسفېری ، فضایی .

atoll, n. مرجانی ټاپو چه له ولاړو اوبو چاپېره دی .

atom, n. اتوم ، د عناصرو ترټولو وړه ذره .

atomic, adj. د ذرې ، ذروی ، اټومی .

atomic bomb اټومی بم ، ذروی بم .

atomiser, n. ذره کوونکی ، په ذره ذره کوونکی ؛ هغه آله چه د مایع د پاشل کېدو لپاره استعمالېږی (لکه عطر پاش) ؛

atone, v.t.i. تلافي کول ، جبیره کول ، سمون راوستل : جوړه کول .

atonement, n. تلافي ؛ سمون ؛ جوړه ؛ (دین) د عیسی د حلول او مړینې په اثر د انسان او خدای یوځای کېدنه (په غټ A).

atop, adv. په سر ، سرته ، په سر کې ، پاسدې ؛ پر څوکه.

atrocious, adj. زړی ؛ بساتی ؛ سخت زړی ، ډېر ظالم.

atrocity, n. وحشیتوب ، بسات ، ظلم ، بې رحمي .

atrophy, n. ډنګرېدنه (د نه خوراک له امله) ، خرابېدنه (لکه د غوښې) ، له کاره لوېدنه او وړوکی کېدنه (د نه استعمال په اثر).

v.t.i. تلېدل ، ډنګرېدل ، تلول ، ډنګرول ، خرابېدل ، له کاره لوېدل او وړوکی کېدل .

attach, v.t. تړل ، نښلول ؛ سرېښول (څوک یا د چا مال د پور د ترپوښتنې پورې) ؛ ټاکل ، مقررول ؛ ګڼل .

attache, n. اتشه ، د سفارت د ډیپلوماټیک هیأت غړی .

attachement, n. سرېښونه (قانوني) ؛ ارده ، علاقه ؛ کړۍ ؛ مل ، ضمیمه .

attack, v.t. برید کول ؛ یرغل کول ، څپه وروړل .

n. یرغل ؛ برید ، ټېل ، څپه ، جهاد ، حمله .

attain, v.t. حاصلول ، بری موندل ، لاس بر کېدل ، رسېدل ؛ لاس ته راوستل .

attainable, adj. د لاس بر کېدو ؛ د لاس ته راوستو وړ ، د رسېدو وړ

attack, v.t.i یرغل کول ، حمله کول ، برید کول .

n. حمله ، یرغل ، برید

attainder, n. (حق) د مدني حقوقو سلبونه یا سلبېدنه (د جنایت په اثر) .

attainment, n. رسېدنه ، لاس بر کېدنه ، لاس موندنه ، لاس ته راوستنه ؛ لاس ته راغلی (بری) ؛

attaint, v.t. مجرم ثابتول ؛ محکوم کول (د مدني حقوقو په سلب) ؛ ککړول ؛ تورول ، بې پته کول .

attar, n. عطر : د یو ډول ګل خوشبويي چه معمولاً په بلغاریه کې جوړېږي

attempt, v.t. هڅه کول ، زیار ایستل ، خواري کول ؛ برید کول یرغل کول ؛ لاس اچول (یو کار ته) ، لاس پورې کول .

n. هڅه ، برید ، ټېل ، زیار ، یرغل ، حمله .

attend, v.t. پاملرنه کول ، حاضرېدل ، څارنه کول ، پالنه کول (لکه د ناروغ یا میلمه) ؛ ګډون کول ؛ په غاړه اخیستل ؛ د تیارسۍ په حال کې اوسېدل .

attendance, n. حاضري ؛ پاملرنه ؛ اوسېدنه ؛ ګډون کوونکی (غونډه ، مجلس کې) ؛ حاضر کسان .

attendant, adj. ملګری ، مل ، ضمیمه .

n. ملګری ، په چلو کې ورسره تلونکی ، په غاړه اخیستونکی .

attention, n. پام ، توجه ، فکري تمرکز ؛ مؤدب والی ؛ (لښکر) تیارسی ؛ څېروالی .

atten.tive, adj. متوجه ، څک ، فکراً متمرکز ، څېر .

atten.tively, adv. په توجه ، په پاملرنه ، په څېره .

attenuate, v.t.i اري کول ، اري کېدل (دڅېنگېدل لوخته) ډېرول، لېږول (کثافت) لږول (زور، ارزښت) .

attenua.tion, n. اري کول؛ ورږه کول، لږول، کمزوري کول .

attest, v.t. د شهادت په توگه لاسليك کول، شهادت ورکول: ثابتول: ښودل؛ نظامي خدمت کې داخلېدل: اعلامول .

attesta.tion, n. شهادت .

ttic, n. بامبوتی: د بام او آخن پوښ ترمنځ خونه يا پټوالي .

adj. داتيکا ښار يا اتن ښار ته منسوب (په ټيټ A—) .

ttire, v.t. ورانغوستل؛سينګارول ، گاڼل (په گاڼه پټول .)

n. گاڼه ، سينگار، گالی .

attitude, n. وضع، روش، کړه وړه ، انگېرنه ، تلقي .

attorney, n. : حقوقي وکيل، ددعوا وکيل ، مختار والي .

attract, v.t. : راښکل، راخکول، جذبول جلبول، ابدول (لکه بام): لېوال کول .

attraction, n. جاذبه وراکښته، جذبونه، جلبونه، لږونه، ننداره، سيل، سيل ځای .

attrac.tive, adj. پهزړه پوري، گلالی، راکښونکی؛ جالب .

aud.ibly, adv. پهزړه وړ ونکی توگه، په جالب ډول .

attribute, v.t. نسبت ور کول ، گڼل ، منسوبول .

at.ri-but, n. منسوب شوی؛ ذاتي، نه جلا کېدونکی؛ کيفيت او خاصيت ؛ (گر)نسبتي توري ياصفت ياصفتي فقره

attrib.utable, adj. د منسوبو لو وړ.

attribution, n. منسوبونه : منسوب شوی، منسوب .

attrition, n. سولېدنه، زېږېدنه(دسولېدو موښل کېدو په اثر)، سولونه: الهٔ پښېمانه (له گناه څخه) .

attune, v.t. سوړول، برابرول، خبرکول هماهنگ کول .

attune.ment, n. هماهنگي ، سور .

auburn, adj. and n. پور، سور چکه ، نسواري رنگه .

auction, n. لېلام، بولی ، داو

v.t. لېلامول، دلېلام پهډول خرڅول په داو او بولي خرڅول .

auctioneer., n. لېلام کوونکی ، دلېلام دلال .

audacious, adj. زړور، باتوره، تورکښ بې باکه، ماجراجو .

audacity, n. بې پروايي ، زړور توب؛ بې باکي .

audible, adj. اورېدل کېدونکی ، داورېدو وړ .

audibil.ity, n. اورېدا، داورېدونوت.

aud.ibly, adv. پهاورېدل کېدونکی ډغ؛ په لوړ ډغ .

audience, n. اورېدا، اورېدنه ، اورونه : رسمي ملاقات : اورېدونکي، ننداره چي ياننداره چيان .

audio, adj. سمعي، هغه پوري چريان چه داورېدل کېدونکو څخو د څپو سره سمون کوي ، داسې جريان ته منسوب ياد داسې جريان .

audit, n. دحسابونو تصفیه ، دحسابي چارو بیلانس .

v.t.i. دحسابونو تصفیه کول، حسابي بیلانس جوړول .

audition, n. اورېدا، داورېدو حاسه ؛ اورونه؛ د غږ ازمېښنه (لکه د سندرغاړو) .

auditor, n. اورېدونکی ؛ د حسابي تصفیې مامور .

auditorium, n. اډیتوریم، دکنفرانس خونه ، داورېدو سالون ؛ د ننداري (تیاتر) ، د تماشا کوونکو د ناستې ځای .

auditory, adj. داورېدلو حاسې ته منسوب داورېدلو .

auger, n. کرېمچ ، برمه .

aught, n. څه، شی ، هرشی، هرڅه ، هغه څه چه .

augment, v.t.i. زیاتول، لوړول، ډېرول، ارتول؛ زیاتېدل ، لوړېدل، ارتېدل.

augmentation, n. زیاتی، ډېروالی، پراخي، لوړوالی ،

augur, v.t.i فال کتل، بخت ازمویل ، پیش گویي کول .

n. دلرغوني روم هغه خلک چه دمرغانو له الوتلو او غاړو څخه به یې دراتلونکي پېښو پیش بیني کوله ؛ فال کتونکی ، فال گر .

augury, n. طالع ، بخت ؛ فال کتنه بخت ازمېښنه .

August, n. دعیسوي کال اتمه میاشت چه یو دېرش ورځې لري، داګست میاشت.

august, adj. عالي ، مجلل ، شاندار .

auk, n. دقطبي سیمو یو ډول اوبني مرغه.

auld, adj. زوړ ، لرغونی له موډه لوېدلی ،

old, لرغونې پخه .

aunt, n. ترور؛ توړی؛ تندیار؛ دماما یا اپلایې ښځه، عمه، خاله .

aura, n. هغه اثرنا که وېرا لکې چه دانسان له وجود یا بل جسم څخه خپرېږي او محسوسات یې (چاودي) اغېزه کوي، تظهر.

aural, adj. غوږیي ، غوږ ته منسوب ، داورېدو حاسې ته منسوب .

aureole, n. ځپول (لکه دسپوږمۍ) هاله ځپول ؛ آسماني نور ، آسماني تاج ؛ هغه نور او شغلې چه دملایکو او مقدسو خلکو له وجود څخه خپرېږي .

auricle, n. خارجي غوږ؛ (دغوږ خارجي برخه) د باندېنۍ غوږ په شکل دزړه دهلېز .

auricular, adj. غوږ یا داورېدو حاسې ته مربوط، داورېدو بڼه (خبره)؛ اورېدلې (لکه خبره)

auriferous, adj. سره زرلرونکی ، له طلاوو ډک .

aurora, n. سپېده داغ ، گولکه خپره، سپېدې چاودي ؛ دروم په افسانو کی دسهار الهه ؛ لمرخرک .

auspice, n. فال ، طالع ، بخت ، فال لیدنه (دمرغانو دالوتني او غاړي له مخې)؛ (جمع) ساتنه ، ژغورنه ، پاملرنه ، نظرلرنه، حمایه ، مراقبت .

auspicious, adj. نیکمرغه، بختور؛ سعود

austere, adj. تند خوی ، سخت ، جدی ، تریو ، تندی ، تریخ ؛ کلک ، ټینګ ؛ په ځان حاکم ؛ زیږ (بې ټجمله ، ساده)

auster.ity, n. ترشوالی ، کلکوالی ؛ زیږوالی ، ساده ګی (دسبک) .

authentic, adj. واقعی ، اصلی ، (دجعلی ضد) کره ، رښتینی ، دمنلو وړ ، معتبر .

authent.ically, adv. په موثقه توګه .

authenticate, v.t. اعتباری کول ؛ کره کول ، دمنلو وړ ګرځول ، تصدیقول ؛ اصلیت ثابتول .

authentica.tion, n. تصدیق ، کره توب ، اعتبار

authenticity, n. اصلتوب ، سوچه والی ، رښتیاوالی .

author, n. مئولف ، لیکوالکی ، جوړوونکی ؛ پیل کوونکی ؛ مبتکر .

auth.oress, n. (مو)

authoritarian, adj. اقتدار ، خوښوونکی ، اقتدار ته دقانون اېښودلو پر خوا ، (دفردی آزادی مخالف) ، دحکومت مطلق اقتدار طرفدار .

authoritative, adj. مقتدر ، معتبر ، داعتماد وړ ، منل شوی ، تصدیق شوی ، شوره .

authority. n. واک ، صلاحیت ، قانونی قوه ؛ حکومت ؛ (جمع) رسمی ـ مقامات ، لوړ حکومتی مقامونه ؛ قدرت او صلاحیت ؛ صلاحیت لرونکی ، مقتدر ، د لوی لاس خاوند .

authorise, v.t. واک ، صلاحیت ورکول ، ورکول (قانونی) ، اجازه ورکول ؛ اعتبار ورکول .

authorisa.tion, n.

authorship, n. لیکوالی ، د کتاب ، مؤلفوالی او داسی نور منشاء .

auto, (مختصره) خپله ، پخپله ، پخپل سر .

autobiography, n. اتوبیوګرافی ، خپل ژوند لیکنه ، خپله سوانح ، دخپل ژوند په باره کی لیکنه

autobiograph.ical, adj.

autocracy, n. اتوکراسی ، مطلق العنان حکومت ، داسی حکومت چه یکی ټول واک د یوه سری په لاس کی وی .

autocrat, n. ټولواک ، مطلق حاکم .

autocrat.ic, adj. مطلق ، استبدادی .

autograph, لاس لیک ؛ خپل لیک ، هغه لیک یا امضا چه سړی پخپل لاس شوی وی .

automatic, adj. خپل کاری ، (پخپل سر کار کوونکی) اتوماتیک ؛ غیرارادی .

automatically, adv. په خپل سر ، په اتوماتیکی ډول ، په غیرارادی توګه .

automaton, n. خپل کاری ماشین ، ماشینی انسان ، بې ارادی انسان یو ډول ماشین چه د انسان په تقلید جوړ شوی دی ؛ میخانیکی انسان (هغه چه له خپل ځکا هغه کار نشی اخیستلای) .

automobile, adj.

automo.bilist, n. ګی ندی موټر

automotive, adj. پخپله حرکت کوونکی پخپله ګرځیدونکی ماشین ، پخپله خوځیدونکی ماشین .

autonomy, n. پخپلواکي (خپل حکومت) حق، دخپل حکومت واک او صلاحيت (په ټوره بيا) دداخلي واک حق: (فل) دکانټ دا نظر په چه دبشري ارادې اساس پخپله په اراده کې پروت دی.

auton.omous, adj.

autopsy, n. اټوپسي، دمړي معاينه (دمړي بدن دعلت دمعلومولو لپاره)

v.t. دمړي معاينه کول.

autumn, n. منۍ (دکال دريم فصل).

autumnal, adj. دمنۍ، هغه چه په منۍ کې څرګنديږي: مړاوی، رژيدا رژيدو په حال کې.

auxiliary, adj. مرستيال: کومکي:

n. مرستيال، معاون: (لښ) کومکي عسکر

auxiliary, ver, n. (ګر) کومکي فعل دفعل مرستيال.

avail, v.t.i په کار يدل، په کار راتلل، ګټه رسول، دچا په درباندې ګټه ل، دچا درباندې ګټيدل.

n. ګټور، په ګټه، سوده.

available, adj. په کار راتلونکی: لاس ته راتلونکی، لاس ته رسيدونکی، لاس برسېره پرېدونکی.

availabil.ity, n. د ګټه ورلی، موجوديت، پيدا ښت.

avalanche, n. داښي (دواوري)، مخکی ياد کمره يوه برخه چه دغره له څوکې ښکته ښوييږي: (برفکوچ): باران (دلېکو نو سوکالو او اوردو).

avarice, n. حرص، په هغمني پسې هڅه، سراښتيا.

avaricious, adj. حريص، سرالښ، په شتومين.

avast, interj. درېږه (ودرېږه) (دبيړي چلولو قوماندې)

avatar, n. حلول، دهندوانو داعقيدې چه خدای دچا په بڼه ښکاره کيږي، دتناسخ عقيده.

avaunt, interj. دلېرې شه، ځه، لاړ شه، مخه وهه.

v.t.i. لاېرې وهل.

n. لاېرې.

avenge, v.t. کسات اخيستل، دارا خيستل، پور اخيستل (انتقام اخيستل).

aveng.er, n. کسات اخيستونکی.

aveng.eress, n. (مو)

avenue, n. داږه، ارت سړک، جاده.

aver, v.t. په مثبت ډول تاييدول: تصديقول: ښکاره کول: (حق) اثباتول، حق ور کول (حق په جانب کڼل).

aver.ment, n. تصديق: يقيني کول: حق ور کونه: ثبوت، دثبوت لپاره رسمي اقدام، ثبوت په لاره اخيستنه.

average, n. منځنی (درجه يا مرحله)، اوسط (داکثر او اقل منځنی حد).

adj. معمولي، عادي.

v.t. منځنی حدته راوستل.

averse, adj. مخالف، بېزاره، کرکجن، بې علاقې.

aver.sion, n. بې علاقګي ، بېزاري ، کرکه ، بې ميلي ، مخالفت ، د محور يا ساقې څخه لېرې کېدل .

avert, v.t. لاره پېول ، مخ اړول : ساتل ، ژغورل : مخه کرځول .

aviary, n. د مرغانو کېس (لکه چه په لنډا ر تزلوکي اچول کېږي) .

aviation, n. هوا بازي ، هوانو ردي .

a.viator, n. هوا نورد ، هوا باز

avid, adj. حريص ، حريص ، لېوال ، تږی ، شوقمن .

avid.ity, n. لېوالتيا ، تنده ، شوق ، حرص ، علاقه .

avocado, n. د استوائي سيمو يو ډول ونه او د هغې مېوه چه د خوراک وړ ده او ناک ته ورته ده .

avocation, n. فرعي مشغولا ، پس له وخته مشغولا ، شخصي مشغولا په تېره چه تفريحي جنبه هم ولري .

avoid, v.t. مخه نيول ، مخ نيوی کول ، ژغورل ، ډډه کول ، ځان ساتل ، پر يښودل .

avoid.able, adj.

avoid.ance, n. مخ نيوی ، ځان ساتنه ، ژغورنه ، په څنګه کېدنه په څنګه کول ، ډډه کول .

avoirdupois, n. د انګليسي ژبې د يو لکو سيمو يو ډول د تلې مقياس چه يکی يو پونډ شپاړس اونسه کېږي .

adj. دې مقياس سيستم ته مربوط (۱۶ ډرام = ۱ اونس ، ۱۵ اونس ۱ پونډ) ؛ تول ، وزن .

avouch, v.t. تصديقول ، تثبيتول ، اقرار کول ، شهادت ور کول : ذمه وهل : ذمه وار کېدل : د چا له خوا کښل ، له چا کښل .

v.i. ډاډ ور کول .

avow, v.t. په ډاګه ښيلی ويل ، څرګندول ، ويل : منښه کول .

v.i. (حق) په حقه کښل .

n. لوړه ، لوز .

avow.al. n. منښه ، ډاګه ښيلی وينا ، لوړه : څرګند اعتراف ،

await, v.t. انتظار کښل ، څوبنتل (لټول) تيار اوسېدل (په تمه کښېناستل ، ملتيا او خدمت کول .

awake, v.t.i. ويښېدل ، له خوبه پاڅېدل . نوې ژوند ور کول ، را ويښول .

(awoke' (ماضي

awaken, v.t.i ويښول ، ويښېدل .

awakening, n. ويښتوب ، بېدارې ، فعال کېدل .

award, v.t. تاوان ور کول : ور کول (جايزه ، بخښنې ، انعام) ؛ د تاوان د پرېکړې فتوا ور کول .

n. فتوا ، قضاوت : جايزه ، انعام .

aware, adj. خبر ، باخبره ، پوه (اګاه)

awash, adv. داو بو د سطحې سره برابر : داو بو په سر ، او بو اخيستی : او بو او څپو وهلی او ميښلی .

away, adv. لېرې ، له لاسه وتلی ، د ايسې ، بې څښتنه ، بې ځايه : بېهر ، (نا څاپه) .

awe, n. ډار ، ګېره : ډار (احترام له حس سره ګډ) .

v.t. ډارول ، اریانول .

awe.son, adj. هیبتناك ، سهمناك .

awe.stricken, adj. هیبت وهلی ، سهم وهلی .

axiomat.ic, adj.

aweary, adj. ستومانه ، ستړی .

awful, adj. هیبتناك ، سهم ناك ، له اریانۍ ډك : بد رنگه ، ناوړه ، ډیر بل شانته .

aw.fully, adv به بدرنگه توگه .

awhile, adv. لږه شیبه ، د څه وخت دپاره . د لنډې مودې دپاره .

awkward, adj. شواڅه ، په غیر ماهرانه توگه ، (نا استادانه طریقه) : په وارخطایی (داسې چه سړاو پښې تری غلطی شی) : بې رقمه او مشکل (چه سر او برېی نه وی ښکاره) .

awk.wardness, n

awk.wardly, adv.

awl, n. ځیره ، رینه ، یوه تیره څو کی اله چه واړه سوری جوړه وی .

awning, n. څپری ، د ټو کر یا بل شی سایوان چه دسیوری دپاره تر لاندی کښیږی .

awry, adv. and adj. په اړخ ، په یوه اړخ ، کوږ ، خطا شوی .

ax or axe, n. تبر ، په انگلښت کې دزیات کموالی راوستنه .

v.t. په تبر وهل

axes. (جمع).

axial, adj. محوری ، له محوره چاپیر ، دمحور په اوږدو .

axiom, n. بدیهی حقیقت ، منلی حقیقت ، منلی خبر ، مسلم حقیقت شمار .

axiomat.ic, adj.

axis, n. محور ، هغه خطچه بل شی یی چار چاپیر څرخی (یا چور لیدای شی) : (زو) دویمه مهره : (ب.ب) گرگه رښه (چه له هغی څانگی بیلیږی) : سره متحد ی قراوی لکه په (۱۹۳۶م) کی دالمان او ایټالیې اتحاد .

axes. (جمع).

axle, n. هغه میلهچه اراپه پری څرخی ، اکسل (لکه دموټر) .

aye, adv. تل ، مدام ، هر کله .

aye, ay, adv. دهو را په .

n هو ، داقما ، هو هو ، هو کوونکی ، مثبته رایه ور کوونکی".

azalea, n. یو ساړایی گل ، رونکی بوټی .

azimuth, n. دافق یو قوس چه دیوه ثابت ټکی او یوی داسی عمودی دایری ترمینځ اندازه کیږی چه (دادایره) دیوه جسم له مرکز څخه تیره شی (له عربی السموت سمت څخه).

azo, (په ترکیبی حالت) نایټروجن .

azote, n. ازوت ، دنایټروجن لر غونی نوم ، دنایټروجن فرانسوی نوم .

azure, adj. شین (اسمانی) ، ابی .

n. اسمانی رنگ ، اسمان.

B

B, b, n. بي د انګليسي الفبا دوهم توري چه فنيقيانو beth .الف او د يوناني بيټا beta سره برابر دی .

babble, v.i. د ماشومانو په شان خبرې کول ، بړبړ ويل ، اپلتې ويل

babb.ler, n. بټکېدل : اسرار ويل .

babe, n. تي خور ماشوم ، کوچنی ، وړوکی (شيدې خور وړانکی) (مجازاً) بې تجربې ، ساده سړی .

babel, n. شور ماشور : د شور ماشور ځای ، د ډېرو خبرو د يوه سره ګډېدل .

Babel, n. بابل .

baboon, n. بابون ، يو ډول لوی بيزو چه اوږد مخ او پلنې شونډې او د سپي ـ غونډې داړې لري .

baby, n. تي خور ، ماشوم ، کوچنی ، وړوکی .

adj. بچی (د هر ژوی) : (مو) تجلی ، پيڅ

ba.byhood, n. ماشوم توب ، کوچنيوالی ، وړکتوب .

ba.byish, adj ماشومانه ، وړوکو ، د کوچنيانو .

baccalaureate, n. بکلوريا ، د عالي پوهنځي پری ليک ، د پوهنځي بچلر ـ ډيګری .

baccalau.reate, ser.mon, n. د بری ليکونو د وينځي خطابه .

baccahanalia n. : د شرابخورو ميله د شرابو محفل .

abcchana'lian, adj. د شرابو محفل د مجلس، شرابخوری محفل ته منسوب

bachelor, n. ځلمکی : د لومړی (ځوان) علمي درجې خاوند : لونډ (مجرد)

bache.lorhood, n. ځلمکيتوب لونډتوب

bacillus, n. باسيل ، يو ډول بکټريا ، هوادې د شکله ذره بيني ژوی ـ

bacilli (—i) (جمع)

back, n. شا (له ورمېږه تر کوناټي پورې) ، شا (لکه د کتاب) : وروستنی ليکه (لکه د فټبال په لوبه کې) ، شا ، څټ (لکه د تورې ، تبر او تېغ) .

v.t. : ملاتړ کول ، اوږه ورکول ، په څټ بيول ، شاته راکښل ، په شا کول ، تکيه کول ، ډډه ورکول .

adj. پخوانی ، لرې ، وروستنی : پورته (خپل ځای ته) : پخوانی (لکه د مجلې ګڼې) ، وخت پر تېر شوی ، ځنډنی : مخ په څټ ، په څټ .

adv. شاته، ترشا؛ خپل پخوانی ځای ته، پخوانی ځښتن ته؛ په بدل، په وار؛ د ځنډون، د پخوانی، دلسوز او خبری دپېرته اخیستلو.

backbone, n. شمزی، دملا تیر؛ تکیه‌ځای؛ عزم، اراده (ټینګه).

backer, n. ملاتړ ونی، کومکوونکی، ساتندوی، ملاتړ.

backfire, n. پخواله وخته چاودونه (داانجن په سلنډر، اګزاسټ نلوکی) دماشین په بې ځایه برخه کې داحتراق پیښېدنه

backgammon, n. اوه، دلوبې یوډول چه له دوود پروځنه جوړه شوي او د پرش دانې لري چه دچکه پاو دداوتر چولو دروسته پردېره باندی خوځېږی، د نرد لوبه

background, n. پخوانۍ سابقه، تېرحال، وضعه، پس‌منظر؛ زمینه؛ صلاحیت او تجربه.

backing, n. ، حمایه، ملاتړ، مرسته، اوږه، مټ (طرفدارۍ مرسته) تکیه؛ خوښه؛ تصویب، تائید.

backslide, v.i. شاته ښوېېدل، بېرته ګرځېدل (په تېره) په اخلاقی اوديني چارو کې.

backward, adv. and adj. شاته، څټ ته، په څټ، په شا؛ بېرته پاتی، مخ په ځوړ (قهقرایی)؛ څېر عادی (دنارمل څخه)؛ شرمېندوکی؛ زړه نازړه؛ سست ووه کوډانکی؛ ناوخته؛ لټ.

back.wardness, n. وروسته‌پاته کېدنه، بېرته‌پاته

bak.woods.man, n. دابادي سیمې شا وخوا ځنګل، ځنګلې سیمه.

back woods.man, n. د ځنګلې سیمې او سېدونکې.

bacon, n. دوړاله دسور کوزې (خوګک) او ملاغوښه (په تېره پیا) دلاندی په شکل.

bacteria, n. pl. بکټریا، ډېر واړه (میکروسکوپی) ژوی چه پر اورده‌عضوی او غیر عضوی شیانو باندې ژوندکوی او ځینی ډولونه یې ناروغی تولیدوی او ځینې یې په مود ه (تخمر) کولو کې برخه لري.

bacte.rrial, adj.

bacteriology, n. بکټریالوژي، بکټریا پېژندنه.

bacteriolog.ical, adj. د بکټریا پېژندنې، بکټریا ته منسوب.

bacteriol.ogist, n. بکټریا پېژندونکی، بکټریا پوه.

bad, adj. بد، خراب، ناوړه، ناکاره؛ شړي، ضرري؛ غلط؛ خوار؛ بې‌هنره؛ بې ارزښته؛ دردناک؛ ناروغ.

bade, pa. t. د **bid.** ماضي.

badge, n. مټ تړونی (بازوبند)، نوردم او نښان (لکه دافسرانو)، لیس او پلیټ، نښې او نښانې (د کومې ډلې وغړي‌ښوب)

badger n. یوډول حیوان دی چه شاهی پلنه او لنډ ونښتان لري او په غارو کې او سېږی؛

v.t ځورول، ربړول، په شوق سره تعقیبول.

baffle, v.t. وېچاړول، هنډول، خرابول: خوارول: له کاره ایستل: خنثی کول، څول.

bag, n. کڅوړه، تو بړه، کوړۍ، بکس

v.i. پړسېدل.

v.t. په کڅوړه کې اچول، ډکول: نیول، لاس ته راوستل، پټول: نیول او وېشتل (په ښکار کې).

bagatelle, n. وړوکی (شی)، بې ارزښته (شی): د مرد کولو بل، چه له مرد کې په یوه سوړه کې اچوي (بوډول بلیارډ)

baggage, n. پنډ کو، څوري، بګاژ، د مسافر پنډ او بار: بېکاره ښځه.

baggy, adj. لکه بنډی، پړسېدلی.

bagpipe, n. مشکی باجه، بین باجه، داسې باجه چه یوه کڅوړه پورې اینښې وي او چغنه یې ځ ترې خېژي.

bail, n. ضامن، ضمانت.

په ضمانت خلاصول، په ضمانت خوشې کول.

bail, bale, n. څڅه، کاچوغه، سطوا څه یا سطل چه له بېړۍ څڅه او به په لیرې کوي.

v.t.i په سطواڅه او به اچول، له بېړۍ څڅه او به لیرې کول.

bail, n. د سطواځې لاستی، د سطل کړی، د مرتبانې او لوښی لاستی چه کوږ یا د کړی په شان دي.

bailiff, n. (انګلستان کې) حاکم یا قاضي، د ښاروالۍ وکیل، د حاکم کفیل یا مرستیال: ناظر، وصي، ګماشته، ګومارلی

bailiwick, n. خپله سیمه، صلاحیت، قدرت، قانوني حق.

bairn, n. (سکاټ) ماشوم.

bait, n. شومه (چه په ښکار کې استعمالیږي لکه د کب په نیولو کې غوښه، چینجی چه په چنګک پیول کیږي)، طمعه: څوري چه د مسافر سره دي.

v.t شومه ور کول، په شومې غولول.

په تمه کول: خوراك ور کول: لار ترې ور کول (لکه سپي چه کېږد پسې داخلې) کیږول، چاپېرول، وار خطا کول.

baize, n. د مېز پوښ، یو ډول پنډ ټوکر چه په مېز یالو رو شیانو غوړېږي او اوږدې ر پښکی لري.

baka, n. یو وړوکی بمب لرونکی جاپانی دا کټ چه له الوتکې څڅه تو غول کیږي.

bake, v.t. پخول (په تناره یا داش کې).

پخېدل (لکه د خښتې).

baker, n. نانوای، هغه څوك چه په تناره یا داش کې ډوډۍ یا کلچې پخوي.

bakery, n. نانوایي، د ډوډۍ او کلچو پخلنځی.

balance, n. تله: تلنه: تعادل، موازنه (د توتو، وزنو، درو ندوالی): برابروالی، برابری: د ساعت (ساعت)، د کړ انډیتوب د سمون آله.

v.t. تلل: برابرول: انډول کول، پر تله کول، بیلانس جوړول، حساب پاکول.

v.i. برابرېدل، انډول کېدل، متوازن کېدل.

balbriggan, n. د ښیان ټوکر، تاری په سپینسون او بدل شوی ټوکر.

balcony, n. کتاره لرونکی بر نډه، بالکون، لوژ (لکه د تیاتر).

bald, adj. پيک، ګنجی: لغړ، ساده، بې سينګاره، بې تصنعه.

baldric(k), n. ملاوستنی، کتاره (وزله)، دوسلې ملاوستنی.

bale, n. ګانټ: بنډل، پنډ، انډۍ: مصيبت، کړاو.

v.t. انډۍ کول، پنډۍ تړی جوړول، بېړا اوبه ويستل.

baleful, adj. ورځوونکی: تاوان رسوونکی، مضر: وير ناک، دردناک.

balk, baulk, n. شاړه: له سترګو لوېدلی: خنډ.

v.t. سترګې پټول، له نظره غورځول، له پامه اچول: ډډه کول: څو پول، خنډ اچول: شنډول.

v.i. په ډډه کېدل، ځنډېدل.

ball, n. د نڅا مجلس، د نڅا محفل يا غونډه.

ball.room, n. د نڅا سالون.

ball, n. توپ، ګېن، پنډوسکی، ټوپکی، هر ګردی شی، مڼکه: د بېسبال لوبه: ګولۍ، چرې.

v.t. ګردی کول، غونډاري کول.

v.i. غونډاري کېدل، ګردېدل: ګردچاپېره راټولېدل.

ballad, n. (شعر) بولله (قصيده): حکايوی نظم (لکه جنګنامې او کارنامې).

ballast, n. تول برابروونکي مواد، هغه درانه مواد چه د موازنې د برابرولو د پاره په بېړۍ او بالون کې اچول کېږي.

v.t. له درنو موادو ډک کول: تول برابرول.

ballerina, n. د بالټ نڅاګره ښځه، د بالټ نڅا کوونکې (ښځه).

ballet, n. د بالټ نڅا، يوه نڅا چه د ډلې په صورت اجرا کېږي او معمولاً يوه قصه يا کيسه ترسيموي: د بالټ نڅا کوونکي.

ballistics, n. د توغېدونکو شيانو علم (لکه ګولۍ، راکټ او نور)

balloon, n. بالون، هوايي کښوره، هغه کښوره چه له غاز څخه هوا ته د پورته کېدو په غرض ډکېږي: بالون ته ورته ناڅکه: هرڅه منځکی پړسېدلی شی.

balloon.ist, n.

ballot, n. د رايې کاغذ، د کاغذ يوه ټوټه چه هر څوک خپله رايه پرې ليکي: په دغه ترتيب رايه ورکوله يا اخيستنه: ټولې رايې.

v.t.i په دغه ډول رايه ورکول يا اخيستل.

balm, n. د ونې (صناع) د کوونې هره توغه: خوشبويي (چه له ونې څخه لاس ته راځي): د دردونو کمونکي مالشي دارو، درد ډبلې کوونکی شی، ملهم.

balmy, adj. آرام، خوشبوی: خوږ (لکه خواږه ماکو): کراروونکی، مسکن.

balsam, n. بلسام (يو ډول صحي شراب)، يو ډول بوټی چه سپين ګلان لري او له خوشبويي شيرې څخه يې د مالش دارو جوړېږي.

baluster, n. بازو، د کټاري بازو او تکيه (چه لښته ولاړه دی)

balustrade, n. د بازوګانو قطار چه کتاري او پټلي ورباندي لګول شوي وي ؛ د زينې پټې .

bamboo, n. باانګس ، يو ډول استوايي بوټی چه سختې او د لاس لکړي ځني جوړيږي .

bamboozle, v.t. غولول ، تېرايستل ، مسخره کول .

ban, n. منع، موقوفي ، بنديز ؛ غندنه .
v.t. منع کول ، بنديز لګول ، غېر قانوني بلل ؛ غندل .

banal, adj. معمولي، عادي ؛ بېخونده ، مبتذل .
ban.ality, n. معمولي توب، بېخوندي ، ابتذال .

banana, n. د کېلې ونه ، کېله .

band, n. بند، وندی، کړی، رندر؛ ډله، ټولي؛ فيته ؛ (۲) دساز کوونکو ډله په ټوره بيا چه بادي الات (لکه ترومپيټ ، باجه، شپېلی) وهي ؛ (پوځي ډيوکې) دغږو د اوږد دوالي يوه سيمه
v.t.i. په ډله کې شريکېدل، ډله کول، په ډله کې شريکول .

bandage, n. پټی ؛ هغه ټوټه چه پر ټپ يا زخم اېښودل کېږي .
v.t. پټی اېښودل .

bandana, bandanna, n. رنګين دسمال ، چاپي دسمال لکه په غوړي دسمال .

bandbox, n. کلکه کاغذي قطي چه کاليز خولې او نور داسې شيان پکې اېښودل کېږي

bandit, n. ياغي ، لاري وهونکی ، داړه مار .
bandit.ti or ban.dits. (جمع) .
ban.ditry n. ياغيتوب، لاري وهنه، داړه ماري .

bandoleer, bandolier, n. قطار ، وزمه ، دوسلي قطار ، غاړه کې (دوسلي) کړ دی .

bandy, v.t. سره وهل ؛ پرله پسې يو بل ته سره اچول (لکه پنډ وسکې)؛ اوازه اچول، خوله په خوله ګرځول (لکه خبرې)؛ سټبنې سپوري ـ سره مباحثه کول
bandy, adj. چاپ، اړت (چه زنګونه يې سره لېرې وي) .
ban.dylegged adj. پښې اړتې ، چاپ لينګې .

bane, n. بربادي، يو ښا کوونکی، تالا کوونکی ؛ مرګ، شيطاني ؛ زهرناك .
bane.ful, adj. د بد وسر چينه ، بلا، مضر .

bang, n. ګړپ ، ټس ، ځرپ ، ټنګ (اماجابي لوډ غږ چه د يوه شي له وهلو څخه جګېږي)؛ سخت وار (کلکه ضربه)؛ چاودنه .
v.t. وهل ، دربول .
v.i. دربېدل ، وهل کېدل .

bang, v.t. پېکی پر اېښودل ، د پېکي په شان پرې کول (د ويښتان) .
n. پېکی .

bangle, n. بنګړی ، کړی (د لاس يا د پښو)

banish, v.t. شړل ، تبعيدول ، تېرا روړل ، موقوفول .

ban.ishment, n. فرار ، تبعید، شړنه .

banister, n. زینه او پتۍ یې .

bango, n. بنجو ، دمو سیقۍ یوه آله چه پنځه تار ونه لري .

bank, n. دخاورو ډوبې یا ډ یری : غاړه ، څنډه . (لکه د سیند): خوا ، اړخ ، څنګ (لکه دسړك): خوله (لکه د غار): شیله (لکه دسیند): داورېځو څو ابېا سکې وزر مات ، وزر کوېدك (الوتکه چه د دوری په وخت کې یو وزر ټیټ کېږي) .

v.t لیکه تری چاپېر ول ، غاړه یا څنډه ور کول : ډېري کول ، ټوټې کول : اوروټول (چه دلګید وسرعت یې ابر شي) .

v.i. کړ بدل وزرما تې کیدل کو ډ کېدل (لکه الوتکه) : څنډه گر څېدل . غاړه کیدل .

bank, n. : دلوړ چوکی : مسند (دقاضی) سره لېږي اوور نږدې شوی شیان .

v.t. جوړه کول لېږي کول ډ له کول .

bank, n. بانك ، یو تجارتی مرکز چه پیسې ساتي او پور ، کټه ، اعتبار او قرضه ور کوي : د پیسو صندوق : بانګه ، زېرمه .

v.t. په بانك کې کېښودل .

v.i. بانکی حساب لرل ، اعتبار لرل .

bank.er,n. دبانك مامور ، بانکوالا .

bank.ing, n.

bank note, n. بانکي نوټ پیسې .

bankrupt, n. بو الی ، هغه سړی چه په معامله کی تاوان وکړی .

bank.ruptcy, n. دبوالیتوب افلاس .

banner, n. توغ ، بیرغ : نښان هغه بیرغ چه په دوو لکړو پورې تړل شوی وی .

bannock, n. دجودرو کیك (چه په کاله کې پوخ شي) ، اوربشین کیك ، روټه .

banns, n. pl. څرګندونې اعلان (په تېره بیا په کلیسا کې دواده اعلان)

to forbid the banns. دواده دکېدو سره رسمي مخالفت .

banquet n. میلمستیا : خوږ خوراك یا ضیافت (چه تر ډوډۍ ورو سته استعمالیږي) .

v.t. میلمستیا ورکول .

bantam, n.: بیستی (ټیټه ، ودنه) چرګه ټیټکی ، خیټه کی (په تېره ټیټ قدی سپاهي) .

adj. بیستکی نسل : ټیټکی خوښیتلی

banter, v.t. ملنډې وهل (په ټوکو) ، ټوکې کول : چل کول .

n. ټوکې ، ملنډې ، مسخرې .

bantling, n. بچی ، ماشوم ، کوچنی .

banyan, banian, n. بوډول (دختیځ هند) انځر چه ښاخونه یې په مځکه ـ غوړېږي او لو یه ساحه نیسي : ګجراتی تاجر : هندی تاجر : بنیان (جاکټ) .

banzai.inter, j. په جاپانی (تل دې وی) دجاپان دجنګ کړېږه .

baptism, n. دتعمید غسل ، دتعمید (مس) دمراسمو اجرا کول یا کېدل دعیسوی کولو په غرض او په ور شیندلو یا په اوبو کې لمبولو دلوم ایښودلو مراسم

baptis.mal, adj.

baptistery,-try, n. دتعمید ځای (په کلیسا کې) .

baptise, tize, v.t. د تعمید غسل ورکول (ته) ، عیسوی کول (عیسوی او م ورکول) ، نیکمرغه کول .

bar, n. : سیخ ، میله (لکه د پنجرې) : اړم ، تمبه : ځنځیر او کوټه : خنډ (مانع) : پنجره : میز (معمولاً چیرې او اوږد) چه د هغې شاته هوټلي یا شرابخور څوونکی ناست وي : فیته چه نښان یا میډال ورپورې نښتی وی : د نوټ اندازه کولو د پاره یو عمودي لیکه .

v.t : نښلول : ایسارول : خنډ اچول : د میلې او پنجرې په واسطه منع ایول : لیکه لیکه کول : منع کول .

bar, prep. بې له ، غیر له .

barb, n. خنډ ، څوکه یا نوکه (لکه د غشی یا د چنګک) : د ږیره (لکه هغه چه د مرغه بڼه ور څخه جوړه وي) .

v.t. : څوکه ورکول ، خنډن کول : خرپیل ، کوږ په کول .

barbed. adj. په خنډ و پټ ، اغزن (لکه اغزن سیم ـ سیم خاردار) .

barbarian, n. (تاریخ) ځنګلی ، ایسم وحشی سړی : بربر : پردی ، خارجی : (لر) غیر یونانی ، غیررومی : زیږ او بې ذوقه (سړی) : غیر مدنی (تربیه حده) .

barbarism, n. بربریت ، د مدنیت او وحشت ترمنځ یوه مرحله : بربری ثقافت او اخلاق .

barbarity, n.

bar.barous, adj.

barbecue, n. وریت (لکه پسه یا غویی چه سلامت کباب شی) ، میلمستیا (چه روغ پسه یا غویی په کې وریت کوی) .

v.t : سلامت وریتول ، روغ وریتول : د غوښې (په تېره د کب) دوړو ټوټو پخول (په سرکه کې) .

barber, n. ډم ، نایی سلمانی ، دلاك .

barberry, n. کروشکی ، یو ډول اغزن بوټی چه ژړ ګلان او سرې او ږدې دانې اري او دډول د بارو د کاله په شاوخوا کې ایښودل کیږي .

barbiturate, n. (طب) د درد غلی کوونکو داروګانو له ډلې څخه یو ډول دارو ، یو ډول خوب راوستونکی دارو (منوم دارو) .

bard, n. شاعر ، سلټیکی شاعر او سندرغاړی هغه سندرغاړی یا شاعر چه کلی په کلي ګرځي .

bare, adj. : لوڅ ، لغړ ، بربنډ : ښکاره : ایستلی (لکه توره له تیکی څخه) : تش لاسی (بې وسیلې) : بې زېرمې : شړ پېدلی (لکه کالی) : خوار : تش : بې ډوله ، ساده .

v.t. بربنډول ، لغړول : تشول .

bare.ness, n.

barefoot, adj. and adv . پښې لوڅې په پېبلو پښو .

bare.footed, adj. پښې لوڅې شوی ، پېلې پښې شوی .

barely, adv. په بربنډه بڼه : په سادګی په ښکاره توګه : ایله پیله : لږ شانته : نه دومره : په مشقی .

bargain, n. جوړه، سوده، معامله؛ ګټور قرارداد، ګټوره تجارتي معامله؛ ارزان بیه شی، وړیا څو لدي شی؛ زیا کړه ور کړه؛ چنه.

v.i. جوړه راتلل؛ قرارداد کول، سوده کول؛ چنې وهل.

barge, n. پراخه، پلنه وړه بېړۍ چه په سیندونو یا له کې چلیږي؛ ماشین لرونکې وړه بېړۍ چه بحري افسر یا بیرغ پکې وهل کیږي. تفریحي وړه بېړۍ.

barge.man n.

baritone, barytone, n. ډ غ (د ږو او چغنده، دېم او زېر تر منځ)؛ د داسې ډ غ خاوند.

bark, n. د ونې پوستکی، د ونې پټ، د ونې پوټکی.

v.t. پوستول، پټ ایستل، پوټکی توېول.

bark, n. ځپا، ځپهار (د سپي).

v.i. ځپهدل.

bark, barque, n. یو ډول وړه بېړۍ چه درې ماپې (سفنې) لري.

barley, n. اوربشې.

barley, carn. د اوربشې دانه.

barn, n. ګودام؛ بوس خونه؛ غوجل

v.t. په ګودام کې ساتل؛ په غوجل کې اچول.

barn.yard, n.

barnacle, n. یو ډول کوچنۍ اوبنۍ زوی چه په کاروان بېړۍ پورې نښلي؛ ملګری (چه سړی په اسانۍ تري نشي خلاصېدای)؛ (شله او ټینګ ملګری).

barometer, n. دا هوا سنجېر، د فشار سنجوونکی اله؛ د تحول او بدلون نښه.

barometeric, adj. بارومېتري، فشار سنجوونکي ته منسوب.

baron, n. (برتانیه) بېرون؛ یو شرافي لقب.

bar.onage, n. بېرني تشکیلات؛ د بېرنانو سلسله.

bar.oness, n. (مو) بېرنه او د بېرن ښځه.

baronial, adj. بېرني.

bar.ony, n. د بېرن تر واک لاندې سیمه، د بېرن درجه.

baronet, n. وړوکی بېرون؛ د بریتانیا په امپراتورۍ لقبونو کې تر ټولو کښته لقب؛

baronetcy. n.

barouche, n. یو ډول څلور اراوه بېره بګۍ.

barracks, n. pl. بارکونه (د لښکرو استوګنځی).

barracuda, n. تېره سری کب.

barrage, n. (لښ) مصنوعي لیکه (د سیند په بساره)؛ مخه نیونه، د دښمن د تېرېدو د لیار بندونه (د توپو لوا زو په وسیله).

barred, adj. بند شوی، احاطه شوی (د میلو په ذریعه)؛ لیکه لیکه شوی (لکه) پنجره.

barrel, n. بېرل، پیپ، د ټوپک میل؛ یو پیپ. (هغو مقدار چه په یوه پیپ کې ځای شي).

v.t. په جبر کې ځایول یا اچول .

barren, adj. شنډ (ښځه ، بوټی) وچ ؛
شاړه ؛ بې ګټوره ، بې حاصله ، وچ کلک ؛
هسې چټی ، ابله ، بې ګټې پوچ ، مغزی ،
احمق .

n. شاړه او اړه کروندې د ټلې ځمکه .

barrenness, n. شاړه توب .

barrete, n. ګبرا (د ښځې د پښتانو) ؛
پټه خولی ، پیره خولی .

barricade, n. خنډ ، سد (چه په یوه سړک
او کوڅه کې جوړه شي مخنیوی ، سنګر
(موقتی) ځو کی .

v.t. سد جوړول ، سنګر ایښول .

barrier, n. بند بز ، خنډ ، سد ، د پېړه
(ساتنه) ؛ حدود ، سیمه ؛ سرحد .

barrister, n. (انګلستان) د مرافعې
وکیل ، هغه مشاور یا وکیل ، چه د محکمو
محکمو د لوړ پښتني د اک لری ؛ مقنن ،
څارنوال .

barrow, n. زمبیل (زنبیل) .

barter, v.t. (تج) بدلول (جنس په جنس) ،
جنس په جنس سودا کول ، الیشول

n. بدلون ، تبادله ، سودا
(جنس په جنس) .

barytone, n. baritone. وګوری

basal, adj. قاعده وی ، اساسی ، بنیادی ،
بنسټی .

basalt, n. تور مرمر

basaltic, adj. د تور مرمر

base, n. برخه ، قاعده ، تل ، بنسټ ؛ اساسی
(رکن) ؛ اډه (لکه د نظامی عملیاتو) ؛
(کیم) هغه مرکب چه د تیزابو سره د تعامل
په نتیجه کې مالګه شی ؛ اساس .

base, adj. ټیټ (معنا) ، ناوړه ، بد ذاته ؛
بدخویه ؛ بې ارزښته ؛ قلب ؛ (حق) مربی .

baseball, n. د بیسبال لوبه ، توپ ډنډې
ته ورته یوه امریکایی لوبه .

baseless, adj. بې اساسه ، بې بنسټه ؛
بې دلیله ، بې وجهې .

basement, n. زېرخانه ، د تعمیر لرې او
کښته ، پوړ .

bashful, adj. شرمیندوکی ، خجول ؛

bash.fulness, n. خجالت ، شرمندګی .

basic, adj. اساسی ، قاعده وی ، اصلی ،
عمده .

bas.ically, adv. اساساً ، قاعدتاً ،
اصلاً ، لهاره .

basil, n. ریحان ، یو ډول اسنوا ئی بوټی
چه د ویلنی د کورنی څخه دی کشمالی
بوټی .

basilica, n. یو ډول لرغونی عیسوی کلیسا
چه ساده او اوږده د تعمیر یې درلود .

basilisk, n. (تغ) یوا مار یا بلاچه په کتو سره
سړی وژنی .

basin, n. تشت ، کنډول ، تغی ، تغاره ؛
د ډنډوکی .

basis, n. قاعده ، اساس ، بنسټ ، ستنه
اساسی توکی .

bask, v.t.i. پیتاوی کول ، ګرمی یا پیتاوی
ته څرېدل ، تودېدل ، تودول .

basket, n. ټوکری ؛ شکور ؛ کجاوه .

bas.ketful, n. یوه ټوکری ، د یوې
ټوکری په اندازه .

basketball, n. د باسکیټ بال لوبه ، یوه لوبه چه ښځې دوه ټیموله پنځو د سکې یو د بل ټوکری (جالی) ته اچوی ، ددې لوبې پنځه د سکې .

bas-relief, n. په مجسمه جوړولو کې د ځیرو د داسې ترتیب چه له سطحې څخه ډېری را وتلي او ځرگندي نه وي .

bass n. (۲) ټیټه او ځمړ راوړونکی غاړه (آهنگ) : د باجې بمه برده : په ارکسترا کې د بم غږ بارټ او برخه (چه د کوم سندرغاړی بالې په غاړه وي) .

adj بم ، ټیټ غږی

v.t. ټیټ غږ ایستل ، ټیټ غږ کول .

bassinet, n. زانګو ، یو ډول زانګو چه ټوکری غوندې وي .

basso, n. بم غږ لرونکی سندرغاړی .

bassoon, n. (۲) شپیلی ، (د ارگن) یو ډول شپیلی چه بم غږ لری .

basswood, n. د امریکا یوه ونه چه کڼې ځانگی او زیړ گلونه لری

bast, n. پوستکی (د ونو او بوټو) ، د بوټو پوستکی چه له ریښکیو نه یې پړی او رسی اوبدل کیږی .

bastard, n. حرامی (حرامزاده) ، مقولنکی

adj. ناروا ، غیر قانونی ؛ غیر اصلی کم اصل ، بدل غیرعادی (په بڼه او جوسه کې) .

bas.tardy, n. حرامی توب ، مقولنکی توب

baste, v.t ناړی کول ، ناړی وهل ، گینده کول (ارت کوکونه پرو هل) .

baste, v.t. تیی وړ کول ، په غوړو یا وازگی غوړول (لکه کباب) : وهل ټکول .

bastinado, bastinade, v.t. په لښته وهل ، په تیره بیا د پښو پر تلو .

n. په لښته وهل ، د وهلو د پاره پښې ور یو رته کول .

bastion, n. برج (د کلا یا حصار) جنگځی (هر ډول) سنگر .

bat, n. کوتك ، سوټی ، او ډنډه (د پنډوسکی یاد کریکټ د لوبو) .

v.t. په کوتك وهل ، په سوټی ټکول .

bat, n. ماښام ځکاکنی ، ماښام مرغك وزلرونکی موږك ډوله ژوی چه ماښام الوځی ، شوپرك .

batch, n. څواله : یو تنور (ډوډۍ) ؛ یو پخلی (خواړه) ؛ یوه ډنه (کاغذ) : یوه دسته یا اندازه (د شی) : یو مصل .

bate, v.t.i. کوزول : کوزیدل : لږول ؛ لږیدل

bath, n. غسل ، لمبیدنه ؛ د لمبلو اوبه : هر څه مواد چه که اور اجسام پکې واچول شی تا ثیر ور باندی کوی .

v.t.i. مینځل ؛ لمبل ، لمبیدل .

bath.house, n. تشناب ، حمام .

bath.robe, n. د حمام چپنه .

bath.tub, n. د حمام ټب .

bathe, v.t. غسل ور کول ، لمبول ، ډوبول ؛

v.i. لمبیدل ؛ خیشت بیشت کیدل .

bath.er, n.

bathroom, n. تشناب ؛ حمام .

btst.e, n. پرېوتل؛ بازلاندې ټوکر

baton, batoon, n. کوتک (لکه د امنيې د پوليسانو) د لاس لرګی (لکه د ارکسترا لارښوونکی).

batrachia, n. pl. (زو) دوه ژوندي ژوي (ذوحياتين) د چونګښو کورنۍ.

batra.chian, n. & adj. د چونګښې کورنۍ ته منسوب.

battalion, n. (لښ) لیوا؛ (جمع) لښکری قوه؛ نظامي واحد چه له څو ټولګيو څخه جوړ شوی وي.

batten, n. دړه، تخته (د نسبي يا چار تراش).

v.t. دړه اچول؛ په تختې بندول يا پوښل.

batten, v.i. چاغېدل، تيارېدل، څربېدل؛ وده کول.

v.t. چاغول، تيارول، څربول، ستړول: وده ورکول؛ ستړول.

batter, v.t. پرله پسې ټکول، دربول؛ ژبړول؛ (دسولو او ازټکولو په اثر).

n. اړی شوی مخلوط (لکه د شلې (دپشلې) او داسې نورو اړی شی)

batter, n. خمیره، بنت وهونکی، ولې، وهونکی، کوتک مار.

battery, n. ټکوله، دربوله؛ (لښ) د توپخانې بولۍ؛ د توپ د اصابت ځای؛ برقي بیټری؛ (حق) لاس وهنه.

batting, n. د پنبې يا مالوچو يا ورېو تختې چه په بستنو کې استعمالېږي.

battle, n. جګړه (د لښکرو)، مرګوړل جګړه.

v.t.i. جګړه کول، جنګېدل

batt.le-field, n. د جګړې میدان، د جنګ ډګر.

batt.lefront, n. د جنګ جبهه، محاذ.

batt.le ground, n. جبهه، ډګر.

battle-ax, axe, n. تبرزين.

battle-ment, n. تېرکښ، کنګره.

bauble, n. ناڅکه، ماشومانو د لوبو شی.

bauxite, n. دالمونيم خاوره، پروړول خاوره چه دالمونیم په جوړولو کې کار څخه اخیستل کېږي.

bawdy, adj. کاسېره، بدلمنه، څره، کنجره.

bawl, v.t.i. چوغې وهل، کړېږې يا کرېغې کول.

n. کرېغه، چوغه، کړېږه.

bay, n. خلیج، هغه داوبو ټوټه چه د دې خوا وې په وچه او ټوله يې په سمندر پورې تړلې وي.

bay, n. د ماڼۍ برخه چه د ستنو په وسیله ورڅخه بېله شوې وي؛ برامده؛ ماڼۍ يا بالاخانه چه وزر (مخکې ته راوتلې ساختمان) ولري.

bay, v.i. غپېدل، غپا لکه کتل، انګولل (غوله ايستل لکه سپي).

n. غپا، غپا لکه، انګولا، غوله؛ کېږ بدله، ايسار بدله.

bay, adj. سور چلک، سواری، کهار (داس پوړول رنګ).

bayberry, n. دلوبدېږ هغه پوړول مېوه.

bayonet, n. برچه، ټلګی.

v.t. په برچه وهل، په ټلګي ټپول.

bayou, n. شېله، ویاله یا ناوه چه لوی
سیند ته ور ګډېږي .

bazaar, bazar, n. بازار .

bazooka, n. (امر ، اېن) د ټانک دافع
توپ چه راکټ توغوي .

be, v.i. اوسېدل ، وجود درلودل .

was ماضي يې .

been دریم حالت يې

beach, n. د سیند غاړه (په تېره چه
ډېګلنه وي) ، ساحل .

v.t. غاړې ته کول (لکه بېړۍ) .

beacon, n. د خطر اشاره؛ بلېدونکی اور یا څراغ
(چه په شپه کې ماڼو ګانو ته د خطر
د علامې په حیث استعمالېږي) ؛ د بېړیو
د څارلو برج ؛ څوکۍ ، څارلځی .

bead, n. مرۍ، موشکۍ، د مرۍ دانه ،
تسبیح

beading, n. مرۍ جوړول ؛ مرۍ
ور پورې کول .

beady, adj. د مرۍ په شان .

beadle, n. د (انګلستان) د کلیسا ناظم

beagle, n. ښکاري سپی ، لوډۍ سپی ،
ښکاري سپی چه لنډې پښې لري .

beak, n. مښوکه ، مشوکه؛ څوکه، پزه .

beaked, adj.

beaker, n. بیکر؛ جام؛ یو ګېلاس چه په
لابراتوارو کې کار ځني اخلي .

beam, n. میله؛ تیر؛ د تلې ډنډه؛ د بېړۍ
اس یا تر ټولو پسور ورځ برخه .

radio beam د راډیو بې اشاره یا علامه
چه پیلوټ لاربوونه کوي؛ د رڼا لیکه،
شغله، پلوشه .

v.t.i. ځلېدل ، پرانښېدل ، روڼ او
خوشاله کېدل .

beam.ing, adj.

bean, n. د لوبیا مختلف اقسام، باقلي؛
دانه، اینځکی .

bear, v.t. وړل ؛ ګرځول (لکه یوه علامه
چه څوک د ځان سره ګرځوي) : لرل؛
زېږول ،زو کول، زاوول ؛ زغمل، ګټل
ور کول (لکه شهادت) ؛ په غاړه اخیستل

bear.able, adj.

bear.er, n.

bear, n. (اینډ) ، خرس، یږ ؛ متکبر ، چالباز .

bear.ish, adj. یږ صفته .

beard, n. ږیره ؛ د وږي ږیرې خاشې ،
ږیره ویښتان

v.t. د ږیرې ونیول (سره) ، مقابله کول .

bearing, n. وضع (د ډه رېډ و یا تکې) ؛
عادت، رویه ، اړه ، ارتباط ؛ زغم توان ؛
حالت؛ لوري ؛ اغېزه ؛ مفهوم او معنی
(جمع) لیس او نښان؛ د ماشین هغه پرزه
چه بله پرزه پکې څرخېږي (بېرینګ)

beast, n. ځناور ، څلور پښي، حیوان ؛
ځناوري صفته سړی .

beast.ly, adv. ځناوري صفته ، ظالمانه ،
بې عقل .

beat, v.t. وهل، ټکول ؛ بري موندل ؛
دار ور کول

v.i. څور خوږېدل (لکه د زړه) ؛ ګټل .

n. دار ، درځېدنه ؛ (م) تال؛ لوري .

beat.er, n.

beat.en, adj. و هل شوی .

beatific, adj. لوکمرغه کوونکی، پېغور ،
خوشالي راوستونکی

beatify, v.t. پښتور کول، ونیکمرغه کول، خوشالول؛ (پرس) بې ګناه شوو پر دګې اعلا مول.

beatification, n.

beatitude, n. مکمله خوشالي؛ تل ترتله خوشالي؛ پښتور توب؛ (جمع) دانجیل پنځمه باله ۳ تر ۱۲ صحیفې پورې چه په هغه کې د عیسې کسانو او دوی اود پښتېل کېدو او پښتورو والي زیرې راغلی دي

beau, n. فیشني (ډولي سړی)؛ هغه سړی چه ښځو ته پام کوي، مین؛ (جمع) beaux.

beauteous, adj. ښکلی، ګلالی

beautiful, adj. ښکلی، ګلالی، ښېڅلی.

beau.tifully, adv.

beatify, v.t. ښکلی کول، سینګارول، ډولي کول.

beau.tifier, n. د مکې (مشاطه)، سینګاروونکی.

beauty, n. ښکلا، ښایست؛ ښایسته یا ښېڅلې ښځه

beaver, n. داوبو سپی، سګ لاهو؛ د دې حیوان پوست.

becalm, v.t ځلې کول، کرارول؛ درول (بېړۍ د باد د نشتوالي له کبله).

became, د شو؛ become ماضي

because, adv. ځکه، له دې سببه، ځکه چه، د دې لپاره چه

beck, n. سر ښورونه، ګوته ښورونه، (د اشارې په توګه)

beckon, v.t.i. اشاره ور کول، د ابلل، د اشارې په واسطه د ابلل.

becloud, v.t. په اوریځو پټول، تتول، خړول.

become, v.i. & v.t. کېدل، ګرځېدل، لګېدل، جوړېدل، ښه سره ایسېدل.

becoming, adj. لګېدونکی، جوړېدونکی، مناسب، وړ، ښه ایسېدونکی

bed, n. بستره؛ کټ؛ د خوب ځای؛ کیارۍ، کوډکی (لکه د ګلانو)؛ تل (لکه د دریاب)؛ پټ (قشر).

v.t. ویده کول، په کیارۍ یا کوډکی کې کښېنول (لکه بوټي، کلان)، په بنسټ یا تل پورې اښلول؛ پټ په پټ اېښودل.

bed.chamber, n. د خوب کوټه

bedclothes, n. pl. د خوب کالي (لکه پرستن، لیحاف او نور)

bedspring, n. چپر کټ، کټ

bedbug, n. خسک

bedding, n. د خوب سامان، د ویده کېدو کالي؛ بنسټ، تل

bedeck, v.t. سینګارول، ګاڼل

bedevil, v.t. ځورول؛ مغشوش کول (ذهناً)، سر او پروړ کول (عمداً)، کږول.

bedew, v.t. پرخول (پرخې پرخې او په پرې شیندل)، لمدن کول

bedfellow, n. د خوب ملګری، د بستري ملګری.

bedizen, v.t. ځلېدلې کالي اغوستل، په سپکه بڼه سینګارول، کچه کالي اغوستل.

bedlam, n. لیونتون، د لیو نیا او ځای ، دارالمجانین: د ځور ماشور او ګډ وډې ځای .

bedraggle, v.t. په خټو لړل، په خټو کې را کښل .

bedrid, n. بستري، په بستره کې پروت .
bedridden, adj.

bedroom, n. د خوب خونه .

bedside, n. د بستر څنګ (په تېره بیا د ناروغ) .

bedstead, n. د خوب تخت یا کټ .

bedtime, n. د خوب وخت، د ویده کېدو وخت

bee, n. مچۍ، مچ مچۍ، اشر (ګډ کار) .
bee.hive, n. د مچۍ ځاله ، غوږکی ، شکر کنی .

beech, n. (ب ب) یو ډول ونه چه ښوی او سپین پوستکی او ونج لرګی لری پاڼی یې تو ښکلی شنی وی او ورو کو ګچه غوزېږه شان میوه کوی .

beef, n. or **beefs**
beeves جمع یې غوا یا غوایی چه د غوښې لپاره وژل کیږی ، د غوایی غوښه (اصطلاح) ، وزن ، زور .

beefy, adj. د غوایی غوښې غوندې ، غوښن، غټ او لوړ ملکی ، مړی، چاغ

beefsteak, n. د غوایی د ورانه غوښه، د غوایی د ورانه کباب .

beeline, n. لنډه لار ، سیده لار ، نږدې لار .

beer, n. بیر د اور بشو کمزوری الکولی څښاک .
beery, adj. بیر ورله ، بیر ولکی

beeswax, n. موم ، چه په شاتو کی مه اندل کیږی ، د شاتو موم .

beet, n. چوغندر (لبلبو)

bett.root, n. د لبلبو بېخ .
beet.sugar, n. د لبلبو څخه جوړه شوی شکره .

beetle, n. لرګی چه ځرخی او لوړ په ټکوی

beetle, n. خزنده که ، ماښی ، یو ډول حشره چه غلو ډوز دوه لری او سخکی دوه وزره یې دی چه الوتلو په وخت کی د ور وسته هو پورته ورو پارونی پوښی وی .

beetle, v.i. ځوړند پهل ، ښهېدل پور رووتل (په لیږه دوړوځو) .

bee.tling, adj. [illegible]

beetle, v.f. لوېهدل ، [illegible] ، [illegible] را وستل .

befall.ing, pres. part. ځود ځول .
befall.en, past part.
befell, past

befit, v.t. وړ ایسېدل ، ښه ایسېدل ، جوړه راتلل .
befitt.ingly, adv.
befitt.ing, daj.

befog, v.t. تتول ، په ګرم کې پټول ، مغشوش کول .

before, prep. and, adv. پخوا ، د مخې ، مخکې و د ړاندې ،
په یا پاندې یا مخ (لرو) په سر کې .

before hand, n. پخواله پخوا ، لا اوله ، څخه ، له مخکې نه .

[illegible] v.t. ککړول ، مردار ول ، لړل ، خرابول .

befriend, v.t. ملګري کول ، ملګرتيا ، ساتل ، پالو کول .

befuddle, v.t. ګيچ کول ، ګډوډ کول

beg, v.i. سوال کول ، خواست کول ، دروزه کول ، استدعا کول

began, د **begin.** ماضي ، پيل کړ ، شروع کړ .

beget, v.t. پيدا کول (لکه پلار چه اولاد پيدا کوي) زيږول ، پلار کېدل .

beggar, n. سوالګر ګدايي ګر ، درويزګر ،

v.t. ملنګ کول ، ناڅه ذره کمښتول ، ليونۍ کول .

beggarly, adj. غريب ، بېوزلی ، وږه سترګی .

beggary, n. غريبت ، خواري ، بې وزلي .

begin, v.i. پيل کېدل ؛ شروع کېدل : اوچتېدل ، راوتل .

v.t. پيل کول شروع کول : اوچتول ، راوستل (منبع ته) ګوتې پورې کول لاس پورې کول .

beginn.er, n. پيل کوونکی .

begun, past part.

beginn.ing, n.

begone, interj. ورک شه ، ور کېږه ، لرې شه ، ځه

begonia, n. (ب ب) يو لوی بوټی چه غلانده سپين پاڼې او ګلابي يا سور ګل لري او پاڼې يې د ننداړېن لپاره استعماليږي .

begrime, v.t. لړل ، ککړول ، خيرنول ، ګړودل .

begrudge, v.t. رخه کول ، حسد وړل .

beguile, v.t. غولول ، تېر ايستل ، بې پامه کول ؛ پام غلطول مشغولول .

behalf, n. خوا ، پلو ، پار (د پاره) په خاطر .

behave, v.t. سلوک کول ، رويه کول ، عادت لرل (په ښه ډول).

behaviour, n. سلوک ، کړه وړه ، رويه .

behead, v.t. سر پرې کول سر غوڅول .

behest, n. امر ، لوز ؛ دنده و ظيفه

behind, prep, and adv. تر شا ، شاته ، وروسته ؛ ناوخته ، شنډبه لې .

behind hand, adv. & adj. ټال شوی ، شنډبه لی ؛ پور ته پاتې شوی يا پسېنه ، يا کشری (لکه نسل)

behold. v.t. پام کول کتل (متوجه کېدل) . ځير کېدل .

interj. ګوره ، پام کوه ، کسه ،

behold.er, n.

beheld, past t.

beholden, adj. احسان من ، تر احسان لاندی پوروړی

behoof, n. ګټه ، زياتوالی ، زياتوب (مزيت) ، چيکښه سهولت ، اسانتيا .

behoove, behove, v.t.i. ورتوب ، ځايي (له ځايه دل ښه) : په کار داتلل .

beige, n. & adj. اوم ژبي : زېږ بخن رنګ (لکه د پسه ورې) خړ بخن ، خړ چه لږ غوندی ګلابي رنګ ولري .

being, n. موجوديت ، شته والی ، اوسېدنه : هستي ، د ژوند تومنه . ژوندي شی ژوندی ؛ اصل ، جوهر .

belabor, belabour, v.t. ډبول ، (اصطـ) در بول .

belated, adj. ځنډېدلی ، ټالېدلی ، وخت پر تېر شوی .

belay, v.t. انښتل، پېچل ، تاوول، انښتول : انښلول ، بوډی کول .

interj. بس ! بس که ! پر یې ږده ، ودرېږه !

belch, v.t.i. سا بندول ، سا ایستل ؛ په زوره ایستل (په تېره له خولې څخه لکه اېنګۍ ، غرچې ، سوکلې ، اروګمې) ؛ وتل (لکه اورګی د توپ له خولې څخه) .

beldam, beldame, n. بوډۍ ، زړه ښځه ، مکرجنه بوډۍ ، زړه کاسېره ، زړه کوچنۍ .

beleaguer, v.t. ایسارول ، کلابند کول ، احاطه کول ، چاپېرول .

belfry, n. د زنګ برج (لکه د کلیسا) .

belie, v.t. غلطول، خطا ایستل ؛ غلطي جوړول ، غلطي کول ، غلط ثابتول ؛ خیانت کول .

believe, v.t. ګروهه ، عقیده ، باور ، ویسا ، نظریه .

belief, n. منل ، عقیده کول ، ایمان لرل .

v.i. تابع کېدل ، معتقد کېدل .

believ.able, adj. د منلو وړ .

believ.er, n. منونکی ، مؤمن معتقد .

belike, adj. شاید چه ، غالباً ، ګوندی .

belittle, v.t. وړوکی کول ، وړوکی جوړول لږول ، لږ جوړول سپکول تحقیرول

belitt.ling, adj.

belitt.lement, n.

bell, n. زنګ ، ګېنګرۍ ، کړنګهار ؛ ترنګهار .

v.t. زنګ ور پورې نښلول .

belladona, n. یو زهرناک بوټی چه د ډېباڼو په کورنۍ پورې اړه لري او دوا ځنې جوړیږي .

belle, n. ښکلې انجلۍ یا ښځه ، ښایسته انجلۍ یا ښځه ؛ (اصطلاح) د انجونو مېره .

belles-lettres, n. pl ادبي پارچې یا ټوټې ، هغه پارچې چه ادبي او ظریفه خواږې د ره وی .

bellicose, adj. جنګ ته تیار ، جنګړه ، بدخوای .

belligerency, n. اضطراری حالت ، د جنګ حالت

belligerent, adj. د جنګ په حال کې ، د جګړې په حالت کې ، په اضطراری حالت کې ؛ په جنګ لګیا ؛

bellig'erence, n. یــــر غلګـــر .

bellow, v.i. رمباړې وهل ، نارې وهل ، لېښل (د غوایي په شان) غړمبېدل ؛ غږ صبېدل

n. رمباړې ، لېښۍ ، غرچې ؛ غږ صبې

bellows, n. بټی (لکه د پښ ، اکار، بوټ) سږی (مجازاً) .

belly, n. اس ، خېټه .

v.t.i. ډډ را وتل ، پړسوب را وتل ؛ ډډ را ایستل ، پړسوب را ایستل ، پړسېدل .

belong, v.i. اړه لرل ، را بطه لرل ، منسوبېدل

belongings, n. pl. مربوط شیان ، کالي او سامان (متعلقات) (اصطلاح) کالي ، هسته مال .

beloved, adj. ګران ، منلی ، زړه ته لوېږي ، خوږ ؛ ګران یا ګرانه (سړی ، ښځه) معشوق ، محبوب .

below, adv. کښته ، لاندې ؛ په ځمکه ، په دوزخ کې .

below, adv, : کښته ، لاندې ؛ په مځکه ؛ په دوزخ کښې

prep. کښته تر ، کوز تر ، لاندې تر

belt, n. : کمربند ، ملاوستنی ، ملاوندلی ؛ کړۍ ؛ تسمه ؛ او بوټنکی (آبنا) .

v.t. کړۍ کول ، اېسارول ؛ په مترو که وهل ، په تسمه یا ملاوستنی وهل .

bemoan, v.t.i. ډېر کول ، زړه سوی کول ، خپه کېدل ، غمجن کېدل ، وېرجن کېدل ، اوښېدل .

bemock, v.t. : مسخرې کول ؛ ملنډې وهل ؛

bemuse, v.t. لېونی کول (حمه) ، مغشوش کول ، گډوډ کول ، سر گرځ کول .

bench, n. : اوږده چوکۍ ؛ د کار مېز ؛ گدۍ ، مسند (د قاضي) ؛ محکمه او قاضیان

bend, v.t. : تاوول ؛ لېندۍ کول ؛ کږول ؛

v.i. تاوېدل ؛ لېندۍ کېدل ؛ کږېدل .

n. کږ لیکی ؛ لېندۍ .

beneath, adv. and prep. لاندې (تر) ، کوز (تر) ، کښته (تر) .

benedicite, interj. خیر یوسې ! خدای دې وبښه !

n. دعا ، پردسترخوان د برکت دعا .

benediction, n. د خیر دعا ، دعا (د مذهبي مراسمو په پای کې) .

benefaction, n. خیر رسونه ، ښه ایښی ، ښېگڼه ، نوروته گټه رسونه .

benefactor, n. خیر رسوونکی ، ښه نیتی ، خیرمن ، روغ ایښی .

benefac.tress, n. (مؤ) .

benefice, n. صوفیانه او زاهدانه ژوند ، د خانقاه ژوند ، د کلیسا عایدات .

beneficence, n. ښېگڼه ، ښه سړیتوب ؛ خیر ، خیر رسونه ؛ بسپنه

beneficent, adj. نیک عمله ، خیر رسوونکی ، سخي ، نیک چاري .

beneficial, adj. خیرخواه ، گټور ، کومکی ، خیر رسوونکی ، سودمن ، گټور .

beneficiary, n. گټه کوونکی ، گټه وړونکی ، هغه سړی چه گټه یا تحفه یا میراث لاس ته وړي .

benefit, n. تحفه ، پېشکش ؛ گټه ؛ هغه ننداره چه پیسې یې د کوم کلي ، هدف یا شخص د پاره ټولېږي .

v.t. گټه رسول .

v.i. گټه اخیستل ، فایده من کېدل ، سودمن کېدل .

benevolence, n. خیر رسونه ، لوی زړه توب ، سخاوت ، خیرات .

benev'olent, adj. خیرغوښتونی ، سخي ، مهربان ، خیر رسوونکی .

benighted, adj په تیاره کې راگیر شوی ، تور تم بې باندې راغلی ، تیاره باندې راغلی ؛ جاهل ، ناپوه ، تاریک .

benign, adj. مهربان ، خواخوږی ، پوست (طبیعتاً) ؛ (طب) ، سلیم

benighnant, adj. مهربان ، خواخوږی ، گټه رسوونکی .

benighnity, n. نېکخوبي ، زړه سواندې ، زړه سوې ، نرمي ، پوستوالی د مهربانۍ عمل ، ښه نېک عمل .

benison, n. برکت ، خیر ، د خیر دعا .

bent, past t. and past p. of کوږ شوی
bend, adj.
کوږ ؛ کږ لیکی لرونکی ؛ (مصمم)

میلان ؛ لوری ؛ د لیندی کیدو n.
او انحنا طاقت؛ د زغم ظرفیت .

benumb, v.t. بې حسه کول، شلچول، ویده کول (لکه د غړو) .

benzene, n. بنزین، یو سوځیدونکی مایع چه د ډبرو د سکرو د قیر څخه لاس ته راځي.

benzine, n. بنزین، یو ډول اور اخیستونکی مایع چه د پترولو څخه لاس ته راځي .

benzoate, n. د بنزویك اسید مالګه ؛ د بنزوین اسید .

benzoic acid, n. (کیم) سپین بلوري تیزاب چه په بنزوین کې پیدا کیږي او د موادو د تازه ساتلو د پاره استعمالیږي .

benzoin, n. بنزوین، د جاوا د ونې راتنه (کندر وري)، صمغ .

benzol (e), n. وګوری benzene.

beqeath, v.t. په میراث پریښودل؛ پرېښودل ترشا پرېښودل .

bequest, n. میراث، میراث پرېښودنه، ترکه

berate, v.t. ملامت کول، سرزنش کول .

bereave, v.t. محروم کول، محروم دول، لیری خوا کول، بېوزل، یتیمول، میراتول.

beseeched', or besougt', past t.t.

bereave.ment, n.

beret, n. بیره خولۍ، بې پیکه ګرده نرمه خولۍ .

berg, n. لوړ تیه پا غر؛ د یخ غټه ټوټه چه د اوبو پر سر روانه وي.

beriberi, n. (طب) یوه ناروغي چه د ویټامین بي (ب) د نشتوالي له کبله پیدا کیږي.

berry, n. آلو (هرډول) ؛ د هیڅو بوټو لوکی یادانې (لکه د توت دونې)؛ انګور توره .

berth, n. د بیړۍ د چلیدو د پاره ګاڼي ځای پاسوه؛ د بیړۍ لنګر ځای؛ ځاګل شوي ځای د خوب خونه (لکه په ریل او ګاډي کې) ؛ د سیالی او استراحت ځای

to give berth to, v.t. ځای ورکول .

to give a wide berth to. ترې لرې ګرځیدل ځان ترې ساتل .

beryl, n. شنه چنګي یاقوت .

beseech, v.t. زاری کول، په زاره بو څو غوښتل، روی ور دېدل (لکه د خدای) لمن نیول .

beseeched., or besougt., past t.

beseem, v.t.i. ښکاره کیدل، مناسب ښکاره کیدل، ښکېدل (سره) .

beset, v.t. ایسارول، را چاپیره ول، ښیری کول؛ لاروز کول؛ ګیروچ کول، دار خطا کول .

beseting, adj. تل پرغل کوونکی، پرغلګر.

beshrew, v.t. لعنت پر ویل، ښکنځل .

beside, adv. and prep. پر سیره، پرې له؛ او ډې؛ سر بېره، څنګ ته .

besides, adv. برسیره پر؛ بې له داې؛ له پله پلوه؛ چپ له .

besiege, v.t. ایسارول، په لومه کې اچول، لارو باندې بندول را چاپیرول .

besieg.er, n. محاصره کوونکی، پرغلګر.

besmear, v.t. ککړول، لړل، غوړول .

besmirch, v.t. تورول (لکه په لو ګی)؛ ککړول، داغي کول .

besom, n. جارو، د بېړچه له لښتو او څانګو څخه جوړه شوي وي .

besotted, past p. and adj. مست (بې‌هوده دشرابو په اثر) .

besougt, past t. & past p. beseech ماضي او دريم حالت .

bespangle, v.t. ځل‌بل کول ، په ځلېدونکې ګاڼه ښېګارول .

bespatter, v.t. خټې او چکړې پاشل ، په خټو ککړول ، مردارول .

bespeak, v.t. فرمايش ورکول ، سپارښتنه کول ، تياری ايول .

bespoke., past t.

bespoke., past t.

besprent, past part, & adj. (شعر) شيندل شوی ، پاشل شوی ، هغه‌شی چه پل‌شی وربانديې شيندل‌شوی يا پاشل شوی‌وی .

best, adj. تر ټولو ښه ، تر ټولوغوره ، تر ټولو ګټور .

n. غوره شی .

v.t. غوره راتلل ، غوره والی لرل .

bestial, adj. ځاروی ډوله ، ځاروی خويه ، لکه ځاروی ، وحشي .

bestir, v.t. پاروول ، خوځول ، تحريک‌کول ، چکول ، لسول .

bestow, v.t. اېښودل ، ښښل ، عطاکول .

bestow.al, n. عطا ، ښښنه ورکول ، اېښودنه .

bestride, v.t. سپرېدل ، ورپېدل داسې چه يو پښه يوې خواته اوبله بلې خواته‌وی ، ساتل ، ټنګه کول ، پلو کول .

bestridden. pst part.

bestrod., past t.

bet, v.t.i. & n. شرط تړل ، شرط تړنه ، شرط .

beta, n. ديونانی الفبا دوهم توری .

betake, v.t. تلل ، ځان رسول ، متوسل کېدل .

د الفت اکثر د oneself ځان سره استعماليږی .

bethink, v.t. فکرته راوړل ، په ياد راوړل ، په زړه کول ، دځان سره ويل .

bethink.ing, pres. part.

bethought, past part.

betide, v.t.i. ورپېښېدل ، واقع کېدل (نادره پېښه پېښېدل) .

betimes, adv. دوخته ، وختې ، ژر ، په‌خپل موسم ، وخت ، په پېړه .

betoken, v.t. دلښې په اثر خبر ورکول ، شهادت ورکول ، دلالت کول ، ښودل (لکه ژېړ رنګ چه ناروغی ښيی) .

betook, past t. د betake ماضي .

betray, v.t. اعتبار يا اميد خوړل ، خيانت کول ، په اتبار کی اېرا ېستل ، په بې‌ايمانی او بې غيرتی دوازې برېښودل ، دروه کول (سره) .

betray.al, n. غولونه ، خيانت .

betray.er n. خاين .

betroth, v.t. په نامه کول (د نجلی) ، کوژده کول ، نامزد کېدل .

belroth.al, n. کوژده .

betroth.ed, n. کوژدن ، په‌نامه شوي .

better, adj. ښه (تر) ، غوره (تر ، پر) لوی (تر) ، لوړ (تر) ، دروغ (تر)

n. ښه شی ، غوره شی .

v.t. ښه کول ، غوره کول ، لوړول .

better, bettor, n. شرط تړونکی ، شرط ایښودونکی .

betterment, n. اصلاح ، ښه والی ، ترقي ، پرمختګ .

between, prep. ترمنځ ، په منځ کې ؛ له یوه اوبل ته .

betwixt, prep منځکې .

hevel, n. د یو اړخ سطحه ، مایله سطحه ؛ ګونیا .

v.t. د یو اړخه کول .

v.i. د یو اړخه کېدل ، کږیدل .

beverage, n. څښاک ؛ د څښنګ مواد ، مشروب .

bevy, n. ډله ، په تېره بیا د ښځو ، سېل ، رمه .

bewail, v.t.i. ویر کول (پر) ، ساندې ویل (پر) ؛ ویرجن کېدل .

beware. v.t.i. پام ساتل ، په تابیه کې اوسېدل ، پام لرل .

bewilder, v.t. وارخطا کول ، ترهول .

bewil.derment, n. وارخطایي ، ترهه ، ترهوله .

bewitch, v.t. کوډې کول (پر) جادو کول (پر) داکښل ، مسحور کول .

bewray, v.t. خیانت کول (سره) ، ښکی کول (په تپاد کې) .

bey, n. د بېګ یا بیګ انګلیسي املاء ؛ د ترکیې او تونس حکومتي لقب .

beyond, adv. & prep. هاخوا ، پورې خوا ؛ په هاخوا کې ، ایرې ؛ ردتېر ، داتېر

(په درجه کې لوړ) ؛ بېړو تلی (لکه له طاقت څخه) .

bezl, n. د ګوتمې هغه برخه چه غمی پکښې ایښنګوي ، د ساعت کړۍ چه ښیښه پکښې کلکیږي .

b!as, n. د یو لوري والی ؛ تعصب ؛ یو اړخیز قضاوت یا فکر ، تنګ نظري .

v.t. تنګ نظري کول ، تعصب کول

bib, n. لیږ ګیرک ، یو ډول کرچه . د ماشوم ترڅاړه تړل کېږي چه کالي یې ککړ نشي .

Bible, n. انجیل .

biblical, adj. د انجیل ، انجیلی .

b!bliography, n. د کتابو او نسخو تاریخ او اېډیشن ؛ د هغو لیکو لست چه په یوې موضوع یا مولف پورې مربوط دي .

bibliographer, n. ببلوګرافي لیکونکی .

bibliographic, a!j. د ببلوګرافي .

bibliograph.ical, adj ببلوګرافي پورې مربوط .

bibliophile-ph!l, n. د کتاب مین ، دوست او مطالعې شوقمن او لېوال .

bicameral, adj. د دوو مقننه څانګو درلودونکی .

bicarbonate of soda, n. (کیم) سپینه بلوري مالګه چه په پخلي او د اروګانو کې استعمالیږي ؛ سوډا ، پولی .

biceps, n. ماکوږوله غړی ، دوه سري غړی لکه د مټ تود غړی (ماچه ، ماهیچه) .

bichloride, n. (کیم) یوه زهر لرونکی ماده (دپارې کلورایډ) چه په طب کې د ضدعفوني په حیث استعمالیږي .

bichromate, n. (کیم) دوا بکرومیك اسیډ مالګه .

bicker, v.i. n. جنګېدل، جګړه؛ د خولې جنګ، شانډري .

bicuspid, adj. د دوه نوکو لرونکی .

n. دوه غاښیز، دوه څوکیز، هغه غاښ چه دوه نیښې لري .

bicycle n. بایسکل .

bid, v.t. بیه ټاکل، بیه ایښودل؛ امر کول؛ وېل یا کول (لکه خدای پاماني یا هر کلی) .

v.i. بیه کېښودل .

n. بیه، بولي (داو) په لیلام کې؛ (اصطلا) بلنه .

bidder, n.

bidden, past part.

bade, past t.

bide, v.t.i. انتظار کښل، اوسېدل، پاتې کېدل؛ زغمل، په زړه ور توب مقابله کول .

bode, past t.

bided, past part.

biding, n.

biennial, adj. هر دوه کاله، دوه کلن، دوه کلیز؛ هغه ونه چه یو کال ګل او بل کال مېوه کوي .

bienn.ial, n.

bienn.ially, adv.

bier, n. هغه څوکاټ چه تابوت یا مړی پاندې ایښودل کېږي .

big, adj. لوی، ستر؛ غټ؛ بې حده لوی، پلاربه ډډ؛ مهم .

bigness, n. لویوالی، ستروالی، ډډوالی .

bigamy, n. په یوه وخت کې د دوو مېړو درلودنه، په یوه وخت کې د دوو ښځو درلودنه

big.amist, n. هغه سړی چه دوې ښځې یا هغه ښځه چه دوه مېړونه لري .

big.amous, adj.

bighorn, n. د امریکا د راکي غرونو ډول وحشي پسه، وحشي ښکرور پسه، قوچ .

bight, n. څوڼه، کنج، (لکه د پړی)؛ د ساحل انحنا چه پېل د خلیج کوچنی والی .

bigot, n. په یوه سترګو منونکی، بې دلیله ټینګار کوونکی؛ متعصب .

big. oted adj. تعصب لرونکی؛ په یوه سترګو منونکی، خرافاتي .

big.otry, n. خرافات .

bilateral, adj. دوه اړخیز، دوه خوایيز، متقابل .

bile, n. زېړ (چه له ینې څخه وزي)؛ غضب، قهر

bilious, adj. د ځیګر په خرابي اخته، د ځیګر له ناروغۍ سره مربوط، قازوونکی، څولي زېږوونکی

bill, n. مښوکه، څوکه

v.i. مښوکه په مښوکه کېدل (لکه کوترې)؛ مینه لېدل (په مینه والی)؛ نوازش ورکول؛ نازورکول .

bill, n. قانوني لایحه، د قانون مسوده چه مقننه مجلس ته د چلند (انفاذ) د پاره وړاندې شي؛ د پیسو صورت حساب، سند؛ د تبادلې سند، (امر) یا اکنوټ یاد =

خرابی لوټ: (حق) دجنایت دا ثبات لیکل شوی سند.

v.t. صورت حساب وړاندی کول، بیل ورکول: د پاڼو او لوحو په واسطه اعلانول.

billet, n. برات یا پرزه: یو سند چه دهغې په جوړ او خلك عسکر ته د اوسېدو ځای ورکوی، دا ډول ځای: پخوانه پخوا ټاکل شوی ځای.

v.t. پرزه ورکول، حواله یا برات ورکول.

billet,-doux, n. عاشقانه لیك، د معشوق لیك یا پیغام.

billets-doux, n.pl.

billiards, n. د بیلیارډ لوبه.

billingsgate, n. (برټ) بوچې خبری، کنځلا ډوله خبری، کنځلا ډوله لهجه

billion, n. په فرانسه او امریکا کې زر میلونه؛ په برېتانیه او المان کې یو ملیون واره میلونه.

bill of exchange, n. حواله، برات، د ورکړی لیك.

billow, n. لوی موج، لویه څپه، لهر، راغی: کوټی کوږی: دځپې په شان رغښتل

bill.owy, adj.

bimetallism, n. د پولی سیستم د پاره یو په ټاکلی تناسب د دوو فلزو د مخلوط څخه کول.

bin, n. کنډو، بیلر (لکه د چارو دالی د تنظیفاتو): خم، تاخچه.

bind, v.t. تړل، بندول، یو ځای کول، جوړه بندي کول او تجلیدول (لکه کتاب)؛

د جرموادو فیتو په واسطه ټینګول او چکلی کول: اوزار خیستل (محکمه) (حق) قانونی مسؤل بلل.

v.i. بندېدل، تړل کېدل.

bound, past t.

bind.er, n.

binding, n. د تړلو شیان (لکه رسی، پړی فیته او نور): دسر پښولو او تړلو مواد، صحافی.

binocular, n. دوه بین، د دوو سترګو دوربین

b!nomial, . n. دوه [illegible]

biography, n. [illegible] [illegible] لی، ژوند لیك (د یو شخص د ژوند لیکل شوی تاریخچه).

biog.rapher, n. ژوند لیك لیکونکی.

biograph.ic, adj. د ژوند لیك.

biogrph.ical, adj. د ژوند لیك.

b!ology, n. ژوند پوهنه، بیالوجی، هغه علم چه د ژوو او بوټو په باره کی بحث کوی.

biological, adj. بیالوژیکی

biol.ogist, n. بیالوژی پوهاند.

bipartisan, adj. دوه ګونده یز، دوه ډلیز.

biped, n. دوه پول، دوه پښی (لکه انسان).

b·plane, n. دوه وزری الوتکه.

birch, n. د یوډول ونو نامیل چه ځانګي یې استوانی کلك او زخه لرونکی لرګی لري، پوست یې ښوی او په اسانی تړپېږي پلیږي.

bird, n. مارغه.

birdie, n. د ګلف په لوبه کې د یوه بری لاس ته راوستنه.

birdlime, n. یو ه سریښنا که ماده چه د و نو په ښا نګو او ښنجکو باندې موښلي چه مرغۍ ورباندې ونښلي .

birth, n. زیږېدنه ، نسب، اصل ، ازدګۍ .

birthplace, n. دزیږیدنې ځای .

birthday, n. دزیږېدنې ورځ .

birthmark, n. مورزادي ټټه ، یا خال چه د زیږېدنې سره ، دما شوم سره یو ځای پیدا شي .

birthright, n. مورزادی او طبیعي حق ، ارثي حق .

biscuit, n. بسکېټ ، بسکوټ .

bisect, v.t. دوه ځایه کول ، په منځ ټیټول ، په دوو مساوي برخو ویشل

bishop, n. اسقف ، مسیحي ملا ، د کلیسا د یوې برخې مشر ؛ د شطرنج په لوبه کې پیل .

bishopric, n. د اسقف دفتر یا دنده .

bismuth, n. د بیسموت عنصر چه مرکبات یې په طبابت کې استعمالیږي .

bison, n. sing & pl. دغره غویی (غوګاو)

bisque, n. یو ډول غټ پنګه چوړوا ؛ شیرېخ چه میده شوي بادام یا نورې دانې ور باندې یا خال شوي وي .

bit, n. د ملوني وسپنه چه د اس په خوله کې وي ؛ کرمت یا برمې تېغ .

bit, n. ټوټه ، کنډره ، مړی ؛ شه ناشه (اصطلا) د ده سکه (امر) ۱۲½ سېنټه

bitch, n. ښځه سپۍ ؛ سپي .

bite, v.t. چیچل ، غوله لګول ؛ چیچل (لکه د غوماښې) ؛ نیښ وهل ؛ غوټه یا داړل . چیچنه ، غوله لګونه ؛ مړی ؛ پرهار n.

bit, past t.

biting, pres. part. & adj

bitten, past part.

bitter, adj. تریخ (خوند) ترخه (خاطره) ، دردوونکی یا د یاد پېښه ؛ کلک او ظالمانه (لکه حمله) ؛ سخت سپوړی (جبري)

bitterly, adv.

bitterness, n.

bittern, n. چمچلو یا څوچلی (یو ډول ډوډوکي مارغه چه په جبو او د ډنډو په غاړو کې ګرځي) .

bitter-sweet, n. یو ډول شري تاک چه اوګوالی دانګې او د ادانې یې سرې او خوله یې خو تریخ دی ، د خواږه او ترخه خوند ګډه ذایقه .

bitumen, n. یوه معدني سوځېدونکي ماده چه اسفالت پترولیم او معدني تېل پکې شامل دي .

د bitumen لسمېتي صفت .

bituminous, adj. هغه شی چه بیټوم مېن ورسره ګډ وي .

bivalve, n. دوه دالوه (په یوټوکي هغه دالو یا دالو پوستکو ته وېل کېږي چه دوه دالوه ولري) .

bivouac, n. بانډه ، مېله (خېمه) (موقتي لکه د کوچنیانو)

v.i. په بانډه وتل ، موقتي اړول (استوګنه کول) .

bizarre, adj. عجیبه ؛ احساساتي ؛ خیالي وهمي

blab, v.t.i. ډېرې خبرې کوي ؛ بې سنجوله سرغاړول ، خبرلوڅې کول .

چبرلوښې ، کيسه‌ندوز ، يو کوی . n.

black, adj. تور ؛ کرغېړن ، ناولی ؛ تور يو سترګی ؛ د تور و پښتنالو خاوند د تو رو کالیو خاوند .

n. تور رنګ ، تور پوستی سړی ، تور کالی ، تور و پښتان

v.t.i. تورول ، تورېدل .

blackamoor, n. تور پوستی ، انګرو ، زنګی .

black art, n. جادو ، کوډی .

black-ball, n. يو توره چه د منفی رايی معنا لری .

v.t. منفی رایه ورکول (د توره شی په واسطه) ، توره را په ور کول .

black berry, n. سپېنګور ، يو ډول ميوه ده چه توري کوچنی دانې لری .

black bird, n. توره مرغی ، هره مرغی چه ازبې تور وی .

black board, n. توره دېره ، توره تخته ، د سېليټ تخته .

blacken, v.t. تورول ؛ بدنا مول .

black guard, n. پست ، رذيل ، ارذولی .

blackish, adj. تور بخن .

black jack, n. د څرمنې يو يا د يو بوټلوی څرمني پتک ؛ د بحری غلو بيرغ ؛ يو ډول د څرمنې لښکي ، چه پلا ستنکې چوکې لري .

v.t. په واسې لکړه وهل .

blackleg, n. ټګ ، جوارګر (قمارباز) ؛ (برټ) اعتصاب ماتو ونکی ، هغه چه اعتصاب نه پيون غولوی ؛ يو ډول وز و نکی ساری ناروغی چه ځای تور . غوښکيان په اخته کيږي

blackmail, n. د بدنامی څخه د پر وله او په دغه وسيله پيسی ور څخه اخيستنه .

v.t. بدنا مول ، د بدنامو لو د ډار په واسطه پيسي ور څخه اخيستل

blackness, n. تور وا لی

blacksmith, n. پښ .

black thorn, n. د ځنګلی آلو ازغنا لو ونه .

bladder, n. مثانه ، کڅوړه ، پلميدر (د توپ) .

blade, n. پا په (لکه د بوټی) ، هر شی چه د پاڼې غوندې وی ؛ تيغ ، خوله پادمه (لکه د چاقو) ؛ چالاک يا تيره شی .

blain, n. يو ډول تنا کې چه پر پوست باندې راخيږی ؛ التهابې پاله صوب .

blame, v.t. تومتی کول ، تو رتيل (پر) ، تورول ؛ ملا متول .

n. تور ، ملا متيا ، پړ .

blameless, a. ij. سپين (نا ملا مته) .

blanch, v.t. سپېنول ؛ سپين چك کول ، غي چك کول .

v.i. د رنګه الوتل ، سپين کر ځېدل ، وارخطا کېدل .

bland, adj. نرم ، پوست ؛ لېنګښو ، پسه او پناه .

blandly, adv. په نرمه او پسته ژبه ، په ادب .

blandness, n. نرمي ، پوستوالی ؛ ادب

blandishment, n. غوړه مالی ، خوشامندی ؛ پاکې ، لابې ، نازورکول .

blank, adj. سپين (بې داغه او بې ليکه لکه کاغذ) ؛ بې رنګه ؛ تش ؛ پسې چهره ؛ بې لوره (لکه مخ) ؛ د غوا يې حيرکه

n. تش ځای، تشه پاڼه (چه لیك پکی نه وی) .

v.t. سپینول ، تشول .

blankl.y, adv.

blank.ness, n.

blanket, n. کمپله ، شړی : پوښ : ځل (لکه د آس) .

v.t. کمپله پسې غوړول : پټول ، له سترګو پنا کول .

adj. د پوره ټولنې (لکه خلك) .

blare, v.t.i. غږ میږېدل، شور پېدل : چار وهل .

غږ میږا، شور پېدا : چار .

blarney, n. دغوړه مالسی خبرې ، پستې خبرې .

blaspheme, v.t.i. کفر ویل ، لعنت ویل ، په سپکه خوله یادول : اکېدل (پر مقدساتو) .

blasphemous, adj.

blasphemy, n. کفر ، په سپکه خوله یادونه ، بې حرمتی ، بې پتی .

blast, n. تند باد : د بادی الاتو غږ، پف (هغه وخت چه هوا ډېره غښتلې په زوره وزی) : چاودنه (لکه د سرنګ .

v.t.i. د چاودېدونکو موادو په واسطه وړانول : چاودول .

blatant, adj. بې شرمه، ګستاخ، رسوا، سپك

blaze, n. . شغله ، لمبه : تاو (غضب) .

v.i. لمبه کېدل، رون ځلېدل (د بلېدو په حال کې)، بې کېدل (د ګناهو د وېرېدو له امله) .

blaze, v.t. . خپرول ، خپرول ، تیتول .

blaze, n. ټر ګی (سپینه نښه چه د آس یا غوایی په تندی کې وی) : داغ

(چه د زخمی کولو په اثر د ونې پر تنه پاتې وشی) .

v.t. نښه کول داغی کول .

blazer, n. بلېږر ، د سپورت کورتی (په تېره چه روښانه رنګه ولری او سپکه وی)

blazon, n. ږغره : نښان : پرېښ (جلوه)

v.t. . ښودل ، پرېښول ، ښکاره ول .

bleach, v.t.i. سپینول ، پاکول : رنګه ختې ودل :

n. . د سپینولو او پاکولو آله یا ماده .

bleachers, n. pl. (امر) د لوبو په تېره د بیسبال لوبې د ننداره کوونکو لپاره پوڅول ارزانه بیه چوکی .

bleak, adj. : سپېره ، تت ، خړ : شاړه : پڅ ، بې رنګه ، بې پناه .

blear, adj. تت : اوبلړن، لېچن، چخړن

blear.-eyed, adj. . لېچن، چخړ نه .

bleat, n. دمېږ ، بغاری (لکه د پسه یا وزې)

v.t.i. . بغاری کول ، بغېدل .

bleed, v.i. وینې کېدل: تویېدل (لکه د ونې)

v.t. وینې کول ، تویول (اصطلاح) پیسې غکول .

bled, past t.

bleeding, past p.

blemish, v.t. ړوبلول : لمیشتول (عیبی کول)

n. عیب : داغ (عیب) .

blench, v.i. وېرېدل ، په شا کېدل ، تزها کېدل : تښتېدل .

n. وېره ، ډار ، ده .

blench, v.t.i. د رنګه تښتېدل ، د رنګه بايلل، سپين کول .

blend, v.t. ګډول :

v.i. يو ځای کېدل؛ يو ځای کول .

bless, v.t. بر کت ور کول، نېکمر غه کول ، مرغ ورځنه کول؛ سپېڅلی کول ستره کول (له ګناه څخه)؛ دعا کول.

blessed, adj.

blessing, n.

blessed, adj. خوشاله، خوښ؛ نېکمرغه، نوراني، رحمت پر شوی، مبارک .

bless.edness, n.

blessing, n. بر کت، ښه مرغ : دعا ور کول؛ سپېڅلی، مقدس، دخوشالی او هوساينې وسيله .

blew, past t. of blow. د blow ماضي .

blight, n. د بوټو يو ډول ناروغي چه د هغوی د ودې د ستېدو سبب ګرځي؛ يو ډول حشرات چه دا ناروغي توليدوي .

blimp, n. (اصط) د څارنې د پاره يوه وړه هوايي بېړۍ ده .

blind, adj. ړوند، نابينا؛ بې تمېزه له ادراک کېدو نکی ، نه ليدل کېدونکی پټ ، نښتي (لکه کوڅه) مغلق

v.t. ړندول؛ سترګې ړندول؛ (د سترګو ليدنه کمول)؛ تياره کول

n. د رڼا نيوونکی (لکه پرده)

blindly, adv.

blinu.ness, n.

blindfold, v.t. سترګې ور تړل

blink, v.i. سترګک وهل، سترګه وهل؛ په نيمه خلاصو سترګو کتل .

v.t. له سترګو پنا کول؛ نظر انداز کول؛ ځان کوڼ اچول، ځان نه پوهول

n. ځلا؛ برېښ؛ سترګک .

blinker, n. بل کېدونکی او سترګک وهونکی رڼا چه د اشارې په توګه کار ور کوي

bliss, n. خوشالي؛ اسماني هوسا توب او نېکمرغي؛ عيش .

blissful, adj. تل خوشاله ، پوره هوسا، ښېرازه ، نېکمرغ، بېغمه .

bliss.fully, adv.

blister, n تڼاکه ، داله .

v.t. تڼاکې کول .

blithe, adj. خوښ، خندان، خوشاله ، خوږه، ازاد (ارواح) .

blithe.ly, adv. په خوښۍ، په خندا سره .

blithe.some, adj.

blitzkrieg, n. چټپاوه ، تېزه جګړه . (چه د تندر په شان ګړندۍ او شديده وي) .

blizzard. n. د واورې توفان (سخت او داوړه دې هم ورسره وي) .

bloat, v.t.i. پړسېدل، پړسېدل ، ګنې پړسل؛ پړسول، پړسول، ګنډول (د هوا او نورو د وسيله)

bloc n. بلاک (لکه څانګې او لو ګډېږي)، ډله ، بلاک ، د افرادو يا سياسي ډلو اتحاديه .

block, n. ټوټه ، کونده، ډډه، چپه (لکه د ونې) ؛ واحد (د ښار لوی) د کوڅو او سړکونو ترمنځ ساحه ؛ خنډ، مانع .

blockade, n. بندېز لګونه ، بندوونه ، محاصره .

v.t. بندېز لګول ، لار بندول ، محاصره کول په تجارتي يا اقتصادي .

blockhead, n. کدو سری ؛ بې مغزه سړی .

blockhouse, n. ورېتاړه ، څوکۍ ، مورچل ، يو د لرګو تعمير چه د مدافعې لپاره کار ترې اخيستل کېږي .

blond, blonde, adj. ژېړ ، زرو ، وېښته ، طلايي ، ژېړ .

blond, masc., blonde, fem, n. د ژېړو او روښانه وېښتانو خاوند يا خاونده .

blood, n. وينه ، د ژوندو ښه يا ښځوله ژوند خټه ، اصل ، نوکم .

bloodless, adj. بې وينې .

bloodstained; adj. په وينو لړلی .

bloodvessel, n. د وينې رګ (شريان يا ورېد) .

bloody, adj. خونړی ، په وينو لړلی ، سور .

blooded, adj. اصيل .

bloodhound, n. يو ډول سپی ، چه د وينې په بوی پسې ځي او د مجرم په پيدا کولو کې کار ورځنې اخيستل کېږي .

bloodshed, n. د وينې توېونه ، وژنه ، حلالونه .

bloodshot, adj. سرې (سترګې) ، خونړې (سترګې) .

bloodsucker, n. د وينې زبېښونکی (زېښونکی) ، ژوی (لکه ژوره) .

bloodthirsty, adj. د وينې تږی ، خونړی ، ظالم .

bloom, n. ګل ، غوړېدنه ؛ د ښايست دوران ؛ د ښايست جوش ، دبدبه ؛ ګلابي رنګ ؛ د مېوې پت (لکه د شفتالو) .

v.i. غوړېدل ، ګلابي ښکلې ځلل .

blooming, adj.

bloomers, n. pl. د ښځو يو ډول پرتوګ چه په زنګنو پورې را ټولېږي .

blossom, n. ګل

v.i. د غوړېدلو مهال ، غوړېدل .

blot, n. داغ (لکه د رنګ) ؛ د بدنامۍ تور .

v.t. داغي کول ؛ بدنامول ، په شرمو شرمول ؛ تباه کول ؛ وچول ، ټکول .

v.i. داغ ګرځېدل ، بېخوند ګرځېدل .

blotch, n. لوی داغ ؛ (طب) يو لوی او نامنظم داغ يا خال چه سور رنګ لري او د مخ ځای پوست پېښي الوتی وي .

blotter, n. جاذب کاغذ ؛ دوسيه (لکه پوليسي) .

blotting paper, جاذب کاغذ .

blouse, n. بلوز ، د ښځو د لباس پاسنۍ برخه چه تر ملا پورې رسېږي او د لمنې تر ملاوستني لاندې کېږي ؛ د امريکايي لښکرو څېر رسمي کوټ .

blow, v.t.i. & n. غوړېدل ، ګل کول ؛ غوړتيا .

blow, v.i. لګېدل (لکه باد) چلېدل (لکه سېلۍ) ؛ پوکېدل (لکه تووله يا شپېلۍ) ټينګا وهل ، ستړېدل ؛ په برق کې ويلي کېدل (لکه د فيوز) .

v.t. پوکول ؛ چلول ؛ بادول ؛ پوکول ؛ لاپې وهل ؛ الوزول (د چاودېدونکو موادو په اثر) .

n. چلېدنه، لګېدنه؛ ستومېدنه، ټیکا؛ لا یې.

blow.er, n.

blow-out, n. چاودېدنه، پنچر پدنه (لکه دموټر د ټیوب)

blowpipe, n. د زرګر شپېلۍ چه اور وربانديې پوکوي.

blubber, n. د نهنګ غوړي؛ چیغې او انګولا.

v.i. چیغې وهل.

blucher, n. یو ډول نیم ساقه بوټ

bludgeon, n.. کوتک، سوټی، لوړه.

v.t.i. په کوتک وهل.

blue, adj. آسماني (رنګ) نیلي؛ سپېره؛ ایولي خپه؛ (اصطلاح) متعصب (اخلاقاً).

n. آسماني رنګ، نیلي رنګ، نیلي رنګه شی

bluebell, n. یو ډول نیلي رنګه ګل چه د زنګ یا پیالي په شان وي د دې ګل بوټی.

blueberry, n. یو ډول مېوه چه رنګ یې آبي دی او خوړل کېږي.

bluebird, n. یو ډول آسماني رنګه امریکایي وړه مرغۍ؛ هره وړه مرغۍ چه لږ او ډېر آسماني رنګه ولري.

bluefish, n. یو ډول کب چه شا یې آبي او نس یې سپین وي.

blue jacket, n. د بحري قواوو لښکري.

bluejay, n. شین ټاټی کارګه، شین ټاټی.

bluet, n. یو ډول کوچنی امریکایي نبات چه پر بوټي شین وږمه ګل لري.

bluff, v.t. لاپې وهل، غولول، وېرول (ټګه کول)

n. لاپې، غولونه، نښ مېشته، وېنا، یا لاپې

bluff, adj. مخ پر ښکته (ښېب)، په معنی خواکې پراخ او آواز؛ پراخ او ټیغ ګړی لکه سپین (د داسې پېټلی وېنا خاوند)؛

n. ترټ سړی.

blu.ish, adj. شین بخن.

blunder, n. خطا، سهو.

v.t.i. سهو کول؛ خطا کېدل، خطا ته ټوپېدل.

blunder-buss, n. غر بېن پاغر بېښه، یو ډول لوی خولی ټوپک.

blunt, adj. پخ؛ زېږ؛ ډډ، پو نکی، بې پردې، ترټ.

v.t.i. پخول؛ زیږ کول؛ ډډول، بې پردې ښکېدل.

blunt.ly, adv.

blunt.ness, n.

blur, v.t.i. & n. تتول، تیاره کول؛ تر سترګو تیاره داتلل؛ پوداغ یا ورپخ چه لنظر یاد لید لوړ ډشی تت کوي.

blurt, v.t. بې پامه له خولې ایستل (خبره)، بې احتیاطه وېنا کول؛ بې جلوه ښکېدل.

blush, v.i. شرمېدل، له شرمه سور کېدل، له ورخطایي او خجالت څخه سور کېدل.

bluster, v.i. الوتل (لکه زور ور سېلۍ)؛ لاپې وهل، په غلا لمقال ښکېدل په هیاهوی او جنجال کار کول.

blus.tery, adj.

boa, n. یو لوی مار چه خپل ښکار خپ نچ کوي؛ د ښځو د پټ لرونکی دسمال.

boar, n. نرخوګ.

board, n. دړه، تخته، میز (په تیره بیا د ډوډۍ): د ښوونځي یا محکمې د مجلس میز؛ کومېټه، مجلس؛ خوراک

v.t. په دړو پوښل؛ خوراک برابرول.

boarder, n. اوسېدونکی او خوراک کوونکی (لکه د لیلیې).

board.ing house n. لیلیه، د اوسېدو او خوراک ځای.

board, n. څنډه، اړخ (د بېړۍ).

v.t. څنګ ته کول، اړخ ته ورتلل؛ کېدل؛ ختل (بېړۍ ته).

board.er, n.

boast, v.t.i. & n. لاپې وهل، ځوږې کول، باټې ویشتل.

boast.er, n. لاپرن، باټو، ځوږن، لاپک.

boast.ful, adj. باټو، ځوږن

boat, n. ډونګۍ، بېړۍ، ماکو

boat.man, n. ملاح.

boat hook, n. چنګک، چنګک لرونکی لکړه چه ماکو یا کښتۍ په اوبو کې ور باندې راښکل او وهل کېږي.

bob, v.t.i. & n. پوډونه چه په سر یا لکۍ پورې ځوړندوي؛ سرښوروونه؛ ګوزار؛ ګوډ په سر (کوپه) (پرتګ. اصط) بوهلېنګ.

v.t. ټکان خوړل؛ ګوډ په کول.

v.i. په لنډو ټکان لرونکو حرکتو خوځېدل.

boobin, n. څرخ، ګوټک (لېچه) (د کنډولو د ماشین).

bobolink, n. یو امریکایی وړوکی مرغه: توره بلبله.

bob-white, n. یو ډول زرکه.

boche, boche, n. (اصط) جرمنی سړی.

bode, past t. of bide. د bide ماضی.

bode, v.t.i. له پخوا خبرول، مخکې ویل: نښه کېدل.

bodice, n. بټین (چه تر کالو لاندې اغوستل کېږي)؛ هغه کمربند لرونکی بټین چه ښځې یې د ملا د تړلو د پاره د کمیس د پاسه اغوندي، انګیا.

bodiless, adj. بې جسمه، بې صورته، د جسمي عالم څخه وتلی.

bodily, adv جسماني، بدني.

bodily strong. په تن قوي.

bodkin, n. ستوڼه (پیش قبضه): د موچي تېرې په شان یوه تېره څوکه اله چه کالي سوري کوي، تېره: د پرتو ګاڼي د لرګي په شان یوه اله چه مزي یا فیتې څوړوي (تېروي).

body, n. جسم، وجود، تن صورت: لاښ، تنه، سټه: اصلي ماده، هیولا؛ ځولنه، مره (د ډمرابو): ډله، هیأت.

bodyguard, n. حاضر باش، ساتندوی، شخصي محافظ.

bog, n. جبه، هغه سیمه چه مړې او وسه او وراچه پکښې وي.

v.t.i. په جبه کې ډوبول یا ډوبېدل.

bogg.y, adj.

boggle, v.i. & n. ترېدل، لړزېدل (له وېرې): ترهه، وېره، لړزه.

bogie, bogey, n. (برچ) د لوکموټیف وا ګون پالچه

bogus, adj. قلب ، کچه : مشکوك .

bogy, bogey, bogie, n. وېروونکی څېره ، پېری ، هیښکه ، بلا .

boil, v.i. ایشېدل ، خوټېدل : له قاره ایشېدل .

v.t. ایشول، خوټول : پخول (په ایشېدلو اوبو کې) .

n. ایشېدنه : ایشوله .

boil, n. دانه ، پڅڅکه ، اولپ .

boiler, n. د ایشولو لوښی : د فابریکی هغه برخه چه اوبه په بخار بدلوی .

boisterous, adj. زبېږ او خفا لمغالی .

boisterously, adv. په خفا لمغال ، په شورو ماشور ، په زبېږه توګه .

bold, adj. زړور ، پهزړه ، بېره ، تکړه ، سرتېره ، بی باکه : څرګند ، برجسته (وتلی).

bold.ly, adv. په زړورتوب، په اړه توره .

bold.ness, n. زړورتوب ، اړتوب ، زړورالی .

bole, n. کرکه ، سټه ، تنه (دونې) .

bolero, n. یوډول اسپانوی موسیقی او د همدې موسیقی اټڼ ؛ اوږده کورتی چه مخ یې خلاص وی .

boll, n. غوزه یا ګل (په تېره د پنبې یا کړ بوسکی

bolster, n. یو اوږد دری بالښت یا سرویږدی چه د بستری له یوه سره تر بل سر ته ورسېږی.

v.t. په ځای کی ساتل ، په خپل ځای ټینګ درول

bolt, v.t. پرو یزل (غلبیل کول) .

bolt, n. کلکك (د دروازې) : غشی : برېښ (لکه د برېښنا) : مېخ (په تېره د ور خولې وانکی) توپ ، تان (د ټوکر)

v.i. وړاندې او وروسته ټوپ وهل (امر) د خپل ګوند د کاندیدیا یا لېسی له طرفدارۍ څخه ځان بېلول .

v.t. د مېخ یا میلی په واسطه کلکول : ژوندی تېرول

bomb. n. بم .

v.t. بم اچول ، بم غورځول .

bombard, v.t. د توپخانې په واسطه حمله کول : د دوامداره پرله پسې لاندې نیول بم پر اچول، له ډېرو خواوو انتقاد پر کول

bombard.ment, n. بمباری، د ګولیو اورونه .

bombast, n. مالوچ (پنبه) : هغان بېسوده لاپې، باټې ، بې بېره فېده .

bombas.tic, a.tj.

bombshell, n. بم، د بم ګولی ، بم لرونکی ګولی ، چاودېدونکی ګولی .

bonafide, adj. & adv. رښتینی ، په رښتیا ، بی ټګی ، جدی ، د زړه له کومی.

bonanza, n. (امر اصطلاح) ګټور سودمن ، هر کار یا شی چه ګټوره نتیجه ولری.

bonbon, n. خوږه ، شرینی .

bond. adj. بی، په بند کی ، مهر بندی ، اسیر .

bond, n. وتړلی، ولدر ، ځنځیر، تیغه ، مزی ، رسی : تار ، ملګرتیا ، خپلوی د پور سند ، سهم : ګمرک کی او مالیاتی تضمین : د مالیاتو او محصول تر پرېکړی پوری په ګمرك کی د کرو په توګه پرېښودنه .

v.t. ضمانت کول ؛ تړل ؛ په مزی تړل په وداني تړل .

bondage, n. مریتوب ، غلامي ، اسارت ، نوکري .

bondman, bondsman, n. مریي .

bond.woman, n. مینځه .

bone, n. هډوکي ؛ د جسمي په حالت کي هډوکه (سکلیټ) د هډوکو له جوړ شوي شي

v.t. هډوکي ځني ایستل یا وړ کول .

bone.less, adj. بې هډوکو .

bon.y, adj. هډوکور .

boneset, n. دوا ژیړ ګل له ډامیل له بوټو بوټي .

bonfire, n. مېږ کښ (لمپ او اور چه له کور څخه د باندي ولګول شي) .

boniface, n. سرای وان .

bonnet, n. بالټ (د مونثي) ، پوډوپل خولي چه د وه سره یي دژني لاندي تړل کېږي او اوس یې ماشومان په سر کوي

bonny, bonnie, adj. ښکلی ، ښایسته ، ښې مخې ؛ (اصطلاح) ترا و تازه

bonus, n. ترڅا کلیو پیسوز بالني پیسې ورکوله ، بخشش .

booby, n. بېړۍ اپلټ ؛ ساده ، ژر غولیدونکی

boodle, n. بډي ، رشوت کلپي (قلبي پیسې) ناچلي پیسې ؛ حرامي پیسې .

book, n. کتاب ، جلد ټوك ، د شمیر دفتر په کتاب یا دفتر کي داخلول په لست کي ایښول

book.case., n. د کتاب آلماري د کتاب بکس

book.let, n. کتابګې ، رساله

book.seller, n. کتاب خرڅوونکی

book.shelf, n. د کتاب آلماري .

book.shop, n. د کتابو پلورنځی .

book.store, n. د کتابو پلورنځی . کتابي ؛

bokish, adj. د کتاب چینجي ، پر کتاب مین .

bookkeeping, n. دفتر داري ؛ دفتر والي

book.keeper, n. دفتر دار ، دفتر وال .

غرها ر کول ، ډمهار کول ، وارد وار ، (فوري) جګیدل ؛ وار د واره ترقي ور کول ؛ باز ار تود ول

boom, n. پوه لکړه چه د ځغې په واسطه د بېړي بادوان درول کېږي .

boomerang, n. پوه کږه لکړه چه د استرالیا اصلي اوسېدونکي شیان په ولي او له ویشتلو وروسته بیرته خاوند ته را ګرځي او د لیندي په شکل ده .

boon, n. ګټه ، برکت ، سود ، ښه ، نیکي

boon, adj. (ارواح) خوشاله ، خوش اروا مهربان .

boor, n. اطر افي ، زیږي ، شخل غول ، مسخره سړي .

boor.ish, adj.

boost, v.t.i. & n. ټېل وهل ؛ خېژول ؛ پرمخ تلل ؛ ختل ؛ پرمختګ ، ترقي

boost.er, n. ټېل وهونکی ؛ پرمخ بیوونکی .

boot, n. ګټه .

v.i. ګټه ورکېدل ؛ په کار راتلل .

boot, n. ساقه دار بوټ ؛ ټول بکس ؛ لغته ، په لغته وهنه .

v.t. په لغته وهل ؛ برطرف کول .

booth, n. pl. (بوتس) کوډله، کوچنۍ کوټه، خېمه: ساده ډول جوړه شوې دکان.

bootleg, v.t. غیرقانوني ډول خرڅول یا له یو ځایه بل ځای ته چلول، په قاچاقي ډول خرڅول، په پټه تېرول.

boot.legging, n.

boot.legger, n.

bootless, adj. بې گټې، بې فایدې، عبث.

booty, n. لوټ، ولجه.

booze, n. (اصط) نشه راوړونکی، الکولي څښاک

boracic acid, n. بوریک اسید.

borax, n. دمالګې غوندې یوه ماده چې د فلزاتو په پاکولو کې استعمالیږي.

border, n. څنډه، غاړه؛ (سرحد).

v.t.i. غاړې ور کول، څنډه ور کول؛ څنګ په څنګ کېدل، سره لگېدل.

bord.erland, سرحدي سیمه، سرحدي علاقه.

bore, v.t. سوری کول (لکه په برمه یا گرمه)؛ کېندل (لکه چاه)، برمه کول

n. چوڼه، سوری؛ د سوري یا چوڼې قطر په تېره بیا په ټوپک کې؛ د روی (میل)؛ بې خونده (څوک یا شی)، پکنو اخته او زړه وهونکی سړی.

bor.er, n.

bore, past, t. of bear. د bear. ماضي.

boredom, n. پکنو اخته، بېځوندي، پیکه والی، زړه وهنه.

boric acid, n. بوریک اسید؛ د بورق دمالګې تېزاب.

زیږېدلی.

borne, past parti of bear د bear وړل. دریم حالت.

borough, n. حوزه، ناحیه؛ په انگلستان کې هغه ښار یا کلی چې پارلمان ته د غړي د استولو حق لري؛ (امر) کلی یا قصبه چې د ښار په شان امتیازات ولري او هم د نیویارک له پنځه گونو ناحیو څخه یوه ناحیه.

borrow, v.t. په پور اخیستل، پور ول، امانت اخیستل

borr.ower, n. پور کوونکی، امانت اخیستونکی.

bosom, n. غېږ، سینه، د کمیس مخ؛ (اصط) د زړه صندوق چې پټ رازونه او خیالونه پکې خوندي وي.

adj. اشنا، گران.

boss, n. بوک راوتلی شی، قوبه، د ډال غوټکی.

v.t. بوک را ایستل، بوټي را ایستل.

boss, n. (اصط) مشر؛ (امر. اصط) هغه سیاسي مدار چې په ډلې کنټرول لري او سیاسي لارښوونه کوي.

v.t.i. اداره کول، چلول؛ باداري کول، تنظیمول.

boss.y, adj.

bosun, د boatswain بل شکل.

botany, n. د بوټو علم، هغه علم چې د بوټو ودې او ځانگوالي بحث کوي.

botan.ical, adj. بوټي پېژندنې ته منسوب.

botan.ic, adj.

botan.ist, n. بوټي پېژندونکی.

botch, v.t. پېنه کول، لېری لېری پاڼې (کوک) وهل، ګوډ ېيېل (په ابتدايي ډول پيوند ول) له سره تېرول.

n. پاړه سوب، زخم، داغ:
نا موزونه پېنه يا کار.

both, adj. دواړه.

bother, vv.t.i. & n. ځورېدل، ځورول، سرخوږول، ربړول: انديښنه کول؛ اندېښمن کېدل، اندېښمن، اندېښنه، ځور، ناخوښي.

bothersom, adj. ځوروونکی، اندېښمن کوونکی، د خواشيني تکليف.

bottle, n بوتل: هغه مواد چه په بوتل کې وي.

v.t. په بوتل کې اچول:

bottom, n. تل (لکه دوابو)، بيخ: بنسټ.

bottomless, adj. بې تله، بې پايه:

bottom, adj. ژور.

boudoir, n. د ښځې خصوصي کوټه.

bough, n. ښاخ، مو ښاخ (ښاخ).

bought, past t.
& past part. of buy داخلي buy.

بوgبيت پاړا لېږي.

bouillon, n. د غوښې اوبه، ښوروا کې غوښې کباب، دوړه ښوروا.

boulder, bowlder, n. پرګه، ګاڼره.

boulevard, n. لوی لاره، پراخه لاره.

bounce, v.t.i. & n. ټوپ وهل (ټوپ وهنه)
ټربکی، ور ښکی: ټوپ وهل، وړتل (ځور ځېدل).

bound, adj. ټلونکی، کوچ کوونکی

bound, n. حد، پوله، سرحد.

v.t. محدودول، پوله ټاکل، په ټاکلي سيمه کې راګېرول.

boundless, adj. بې پولې، بې سرحده.

bound, past t. & past part. of bind.

تړل شوی، مجبور، اړ: ترنشا د لاندې؛ په جمله کې (امر اصطلاح) ليت کوونکی (مصمم).

boundary, n. ټاټوبی، سرحد، پوله.

bounden, adj. دنده، په غاړه شوي چارې، سپارل شوي وظيفه.

boun teous, adj. سخي، ددور کړی خاوند پر يمانه:

boun titul, adj خلاص لاسی، سخي: پريمانه

bounty, n. سخا، ورکړه: خيرات، بسپنه، بخشش.

bouquet, n د ګلو ګېډۍ: د ډډۍ بوی.
په شرابو بيا د شرابو بوی.

bourgeois, n. sing. & pl. بورژوا
adj. دلوړې طبقې، دسرمايه دارې طبقې.

bourgeoisie, n. بورژوازي، سرمايه داره طبقه.

bourn, bourne, n. سرحد: هدف
تراداري لاندې سيمه، قلمرو.

bout, n وار، ځل، او بت، دوره، جوړه: مسابقه، سيالي.

bovine, adj. غوا يي، غوايي ډوله، د غوا.

bow, v.i. ټنګېدل: ټيټېدل، سرټيټول
(دتعظيم دپاره) غاړه ايښودل.

v.t. سرټيټول، ټيټ کول.

n. سرټيټونه، تعظيم.

bow, n. ښنه (زرغونه) يا ضرب او زرغونه؛ لېنده، کړۍ لېچور، بو (پوډول غوټه

چه ترڅاڼده تېر ل کېږي) ، (۲) د سر ټيټېدنه يا د ملون ليندۍ .

v.t.i. کږېدل ، (۲) په ليندۍ ډه ځول کې ټېدل ،

bow, n. د بېړۍ مخکېنۍ څوا : د بېړۍ د مخکېنۍ څوا ، چپه کېڼ (هغه سړی چه د بېړۍ په مخکېنۍ څوا کې ناست وي او چپو وهي) .

bowels, n. pl. کولمې ، لرې کولمې ، اس .

bower n ځوړه ، ځاله .

bowl, n. کاسه ، کوندۍ ، کنډول : د هر شي کاسه ډوله برخه (لکه د څمڅۍ) .

bowl.ful; n.

bowl, n. د بولېنګ ډنډو سکۍ (ګېنده) د ډنډ و سکی اچونه يا وزرونه .

v.t. د بولېنګ لوبې کول .

v.i. هوار او کږ اندي زغلې ډول : ډېل ډېرې اېستل .

boulder. ګاره ، غرګۍ .

bowlder, n. پله ټټه .

bowleg, n. کوږه لېنګی .

bowleg.ged, adj. کوږه لېنګی .

bowling, n. يوه لوبه چه يکې وازه واړه لرګي د توپ مخې ته ودرول شوي وي او په توپ غورځول کېږي .

bowman, n. غشي وېشتونکی ، لېندهٔ وېشتونکی .

bowsprit, n. يوه ځانده چه د بېړۍ له مخکېنۍ څوا څخه راوتلې وي او د پا ډوانو رسۍ پورې تړلې کېږي .

box n. بوکس ، سوك .

v.t. په سوك يا څپېړه وهل ، سوك جنګي کول .

v.i. په سوکا او جنګېدل ، بوکسنګ کول .

box, n. بکس ، صندوق : دخطابې مېز : هغه دار ګو ساختمان چه د تياترسټېج ته نژدې جوړ شوي وي : د بېسبال په لوبه کې د توپ وېشتونکي ځای .

v.t. په بکس کې اچول .

box, n. يو ډول ټل زرغون بوټی چه د کور په شاوخوا د کتارې په ځېر کښېنول کېږي .

box.wood, n.

boxer, n. بوکسر ، د بوکس لوبغاړی .

boxing, n. بوکسنګ ، د سوکا او لوبه .

boy, n. هلك ، وړکی : خدمتګار (نر)

boy.hood, n. هلکتوب .

boy.ish, adj. د هلکينې .

boy.ishness, n.

boycott, v.t. راکړه ورکړه قطع کول ، اړيکې شلول ، بايکاټ کول (مقاطعه کول) .

brace, n. لاسنی ، موړۍ : برمه .

brace, v.t. تړل : سره ورو سټل : کلکول ټينګول ، استوارول : کړی يکی اچول په کړ يو باندې کلکول .

n. مزی ، واندلی : پرتوګاښ : (ډ م : (برت جمع) د پتلون ګالس : جوړه ، ځېرګه : په ليك کې يوه نښه چه د ليند کی په ځېر وي او د يوې ډلې کلمو په دوا ړو خواو کې راځي (لکه)

bracelet, n. وچې ، بنګړۍ .

bracing, adj. قوي کوونکی ، ټينګ وونکی ، ټينګوونکی .

bracken, n. يو ډول زړه شی ومبې (سرخس) د شنېلو او شي ومبېو ډ ر ځواېده .

bracket, n. براکټ ، ستنه يا مچه ؛ تاخچه ؛ لېښه کې (نا څنك) ؛ يوه د له ما ليه ورکوونکې چه په ګټه (درآمد) کې سره برابر وي .

v.t. ستنه ورکول ؛ په يوه ډله کې دراوستل

brackish, adj. تروشکن ، مالګين .

brad, n. نرۍ سرې مېخ .

brae, n. دغره لمن ؛ دغرني سيمې يا دغرو د لمنو د پاره سکاټلېنډي نوم .

brag, v.i. باټې وهل ، ځان ستايل ، په ځان وياړل .

bragg.ing, adj. لاپی ، باټي ، ځان ورته پورته کوونکی .

braggart, n. باټو ، لاپو ، ځوري کوونکی .

braid, v.t. چوټۍ کول (څيڅۍ کول)، دکوڅۍ ځوړندي اوډل ؛ په کوڅيو - سينګار ورل .

n. کوڅۍ ، چوټۍ ؛ ليتار ، پرېښکو،

brain, n. ماغزه ، مغز ، ذهن ؛ (دجمع په حالت کې) هوښ ، ذکاوت .

v.t. ماغزه الوزول ، ماغزه توېول

brain.less, adj. بې ماغزو ، بېسرا .

brain.-pan, n. کنکرۍ ، دسر کوپړۍ .

brain.-sick, adj. ګړ بې فکره ، سر بداله ، سرګاڼ ، سرګاوته .

brain.y, adj. ډېر مغزي ، هوښيار ، ذکي ، ذهين .

braise, v.t. په سرپټي لوښي کې پخول ؛ په نرۍ اور پخول .

brake, n. يوه ډول لويې ژېړې شی ومبر بازمې (سرخس) .

brake, n. ګڼ ځنګل ، دونو يا بوټو ډېروشکه يا ګڼ ځای .

brake, n. برېك (لکه د موټر) ؛

v.t. برېك نيول ، ورکول ، جلو نيول ، ټم کول .

brake.man n.

bramble, n. دګلاب د کورنۍ هرا غزن بوټی ، څرۍ .

bran, n. سی ، سبوس ، څڅمك ، خچکی ، خچنوالی (چه په ور وېړی يا غلبيل کې پاتې شي) .

branch, n. څانګه ، مونږه ؛ شعبه ، فرع و بېش ؛ شجره ، پښه ، کښته ، خپل .

v.i. څانګې څانګې کېدل ؛ رابېلېدل ؛ راوتل (له اصل يا سټې څخه) .

brand, n. سوکی (سکوی) ؛ داغ ؛ نښه ، علامه (چاپ) ؛ دداغ اېښودلو يا چاپولو آله ؛ توره ، ډېوکی ، بلو ځي (مشعل) .

v.t. داغل ، داغ کښېښودل ؛ بدنامول .

brandish v.t. ښنجول ، ښورول ، پرېښول (دوسلې) پورته پورته کول .

brandy, n. براندي (شراب) ، پرډول الکولي څښاك چه له واين يا دمېوې له شربت څخه تقطير کېږي .

brass, n. ژېړ ، ژړ ، دمسو او جستو مخلوط ؛ (اصطلاح) پوره ډاډ .

brassie, bassy, n: دګلف دلوبې ډنډه چه سر يې دلرګي وي .

brasserie, n. سينه بند .

brat, n. ماشوم (شوخ)، ماشوم د پاره سپکه ډوله خطاب ؛ پيش بند .

bravado, n. د زړورتوب لاپه؛ هوررو تور ؛ بوعمل چه د زړورتوب را باروی .

brave, adj. زړور .

n. جنگلی ، ښځنی ؛ د امریکی سور پوستی جنگیالی .

v.t. په زړورتوب وسره مخامخ کېدل

brav.ely adv. په زړورتوب سره .

bravery, n. زړورتوب ، شجاعت .

bravo, interj. شابس ! آفرین ! واه واه !

brawl, n. شور ماشور ، شخړه ، شور بکت .

v.t. شور ماشور کول، شور بکت جوړول .

brawl.er, n.

brawn, n. غښتلی غړی ، غښتلی سړی ، تکړه ؛ د سر کوزی غوښه .

brawny, adj. غښتلی ، قوی، مری .

bray, v.t. اوړه کول ، وو ټل .

bray, n. هر هر (د خره نارې) ؛ لی .

v.i. لی وهل ، هر وهل ، زاریل .

brazen, adj. برنجی، د ژېړو، د ژېړو په شان ؛ لوړه خـی او د زړه غږی ؛ بی شرمه سپین سترگی .

bra.zenly, adv.

brazier, n. د ژېړو کاریگر ، منقل .

breach, n. چاوده ؛ ماتونه (لکه د قانون لوز) ؛ شلونه (لکه د دوستی) .

v.t. چاود او درز اچول .

bread, n. ډوډی ، مړی ؛ خواړه .

v.t. پخوا له پخلی ډوډی په ذرو (زړو) پوښل

bread stuff, n. غله ، اوړه .

breadth, n. پلنوالی، پـور؛ ارتوالی ؛ اندازه .

break, v.t.i. ماتول؛ ماتېدل؛ چوول؛ چاودل ؛ بیرته پاتی کېدل ، پاتی کېدل (لکه د قانون په ساتلو کی)؛ لار کول (کی) سو که سو که خپرول ، ورو ورو خپرول کمزوری کول ؛ پوری وتل ور تېرېدل په نظر را تلل ، تر سترگو کېدل .

n. ماتونه ؛ ماتېدنه ؛ چاودنه ، سودی ، مهلت ، وقفه .

break.able, adj. ماتېدونکی ، د ماتېدو وړ .

breakage, n. ماتېدنه، ماته ؛ ماتی کوډی کوډمات ؛ د ماتېدلو تاوان (لکه د جینس یا لوښی) .

breakdown, n. پرهو تنه ، لو پدنه (سقوط) ؛ ماته ؛ کډوډ ؛ نشا چه شور ماشور پکی د پېرو ی غو پمنی ، آلت د خر ؛ پر اجزاوه وېشنه .

breaker, n. د چپو د سمندرو ماتونکی ماشین ؛ چپه .

breakfast, n. v.t.i. ناری ، ناری کول ، ناری ور کول .

breakwater, n. د اوبو د چپو ماتوونکی (مخ نیوونکی) .

breast, n. سینه ، ټټر ، ځیگر ؛ تی .

breastplate, n. د اوسپنی تخته چه پخوا ئو جنگیالیو به پر ټټر باندی تړله (زغره) .

breastwork, n. مورچل ، حوکی ، موقتی سنگر .

breath, n. وړمه ؛ سا ، نفس ، سېلوی ؛ سا کښنه ؛ خبره له خولی ایستنه ؛ سپوږ ، کل (قل) .

breath.less, adj. تیکا یا تیکا وهوونکی ، سا بولی .

breath.lessly, adv. په نېيګا .

breathe, v.t.i. تنفس کول ، سا کښل ؛ پسپېدل ، وروه غږېدل : نرژ به لاندې خبرې کول .

breed د ماضي او دریم حالت

bred, past t & part of breed,

breech, n. پېر تنې خوا . کونداغ .

breeches, n. & pl. روګې ، يو ډول پتلون

breech-loader, n. د و مېله پر تو پک ، کوزېنغ تو پك .

breed. v.t.i. زېږول ، پيدا کول ، روده ور کول روزل ، لو يول .

n. ذات ، اسل (د ښاروېو)

breed.er, n.

breeding, n روزنه ، زېږونه ، ساتنه ، پالنه ، ښه ادب او تربيه ، (د ښار ويو او بوټو د اسل)

breeze, n. ورمه .

breez.y, adj. ورمه ييز ، ورمه لرونکې

brethren, pl. of brother. (لر) وروڼه.

breviary, n. دروز مې کا نو لوېکانه ، پاد ر يا نو د ورځنيو عبادا تو لار ښوونکي کتاب .

brevity, n. لنډوالی ، اختصار .

brew, v.t. داو بو ، پسټلو ، ايشولو او تخمر د علمي لـه لارې تيارول (لکه بير)

brew.er, n. بير جوړوونکی .

brew, ery. n. بير جو ړ و نه ، د بير جوړ ولو دستګاه .

briar. n. د بله بڼه brier ، هر بوټی چې اغزن وي ، ولري (لکه د غوزه گلاب يا ختيره).

bribe, n. بډې ، رشوت ، بډه ،

v.t. بډې ور کول .

bribery, n. بډې اخيستنه ، رشوت ور کونه .

brick, n. خښته ، پـخه تيږه ، پيسا ښته .

v.t. په خښتو پو ښل ، خښتې لګول .

brick.layer, n. خښتې لګوونکی ، خښتګر .

brick.work, n. خښت کـاري .

bridal, adj. د ناوې ، ناوې ته منسوب ، دو اده .

n. واده .

bride, n. ناوې ، په نا مه شوې نجلۍ .

bridegroom, n. زوم .

bridesmaid, n. اېنګه ، هغه پېغله چې د ناوې مله وي .

bridge, n. پل ، وربوز ، ورسك : د بريج لوبه .

v.t. پل جوړول .

bridle, n. ملونه ، واګې .

v.t. ملو ته را ګرځول ، ملو اچول ور اچول ، مخه را ګرځول

v.i. چکه غاړه ګرځېدل (له کبره) ، منځه غاړه ګرځېدل (له خپاله)

brief, adj. لنډ .

n. (حق) د قانوني بحث يا دعوې لنډيز .

brif.ly, adv. په لنډه توګه.

brier, briar, n. هر ډول بوټی چې اغزن ولاړ لري (لکه ختيره)

briery, briary, adj.

brig, n. يو ډول دوه بېړۍ چې دوې ستنې (ستوونه) لري .

brig, n. په جنګي بېړۍ کې د اسيرانو ځایګانه .

brigade n. (لښ) غونډ.

brigadier, n. ډگرمن (برگیډ)

brigadie gen.eral, n. ډگر جنرال.

brigand, n. لاري وهونکی، غل، ډاړه مار.

brigandage, n.

bright, adj. ځلاند، روښان، روڼ: د کارنامو خاوند: هوښیار، ځیرک.

bright.ly, adv.

bright.ness, n.

brighten, v.t.i: روښانول، روڼول: روښانه کېدل، روڼېدل.

brilliant, adj. ځلاند، روڼ: ځیرک و تلی نامتو.

brill.iance, n.

brill.iancy, n.

brill.iantly, adv.

brilliantine, n. سرغوړ، د سر غوړ.

brim, n. خوله، څنډه.

brimful, adj. تر خولې پورې ډک.

brimsone, n. سلفر، گوگړ.

brindled, adj. بورگ (د اسپ چه ځکه یې خړه یا نسواري وي او تور خالونه یا لیکې ولري).

brine, n. مالگو بی: تروشی اوبه (لکه د بحر).

briny, adj.

bring, v.t. راوړل، راوستل: را اېستل.

bringup, n. لویول، روزل.

bring.er, n. راوړونکی، روزونکی.

brink, n. پان، گړنگ، د کمره سر.

brisk, adj. چمتو، آماده: فعال: چابک، وښ، ژوندی.

br.isk.ly, adv.

brisk, ness, n.

brisket, n. سینه، قفس (د غویی): د غوا د سینې غوښه.

bristle, n. لنډ زیږه او تیغ ولاړه وېښتان.

v.i. تیغ درېدل، غونې زیږېدل: په قارېدل.

brist.ly adv.

British, n. &adj. د لویې برېتانیې او د هغې د امپراتورۍ تبعه، برتانوی.

Briton, n. د لویې برتانیې اوسېدونکی په تېره بیا چه انگریز وي، برنکی.

brittle, adj. کړسن، خرسن، چغزی، ژر ماتېدونکی، کړ پنډونکی (لکه ډوډۍ).

broach, n. سیخ، نېره.

v.t. سوری کول، سوری پکی جوړول، په سیخ سوری کول: خبره منځ ته اچول، موضوع پیدا کول.

broad, adj. ارت: پلن، پسور ور: روڼ، صاف، سپین: څرگند په ډانگ پیلی: ازاد فکره: اساسی، عمده.

broad.ly, adv.

broad.-mind.ed, adj

broadcast, adj. خپور، تېت، تیت، شنډلی: په راډیو کښې خپور.

n. خپرونه، تېتونه، د راډیو خپرو په واسطه خپرونه.

v.t.i. خپرول، تېتول، د راډیو په واسطه خپرول، اعلانول، خپرېدل.

broad.cagter, n.

broadcloth, n. سور وړ نری کپړ (لکه د دوړ پشی)؛ وړ بخمین پانسی تری اوکر چه کالی ور څخه جوړ یږی .

broaden, v.t. اړ تول؛ پلنول .

broadside, n. د بیړی داړ څو څخه پر څه داو یو پر سر واقع وی؛ د بیړی د یو اړخ د ټولو توپو ویشتنه .

broadsword, n. سپلاوه، کباره، هغه توره چه پلنه خوله ولری .

brocade, n. وړ بخمین ټوکر چه گلان او انځور ور ته ور باندی گنډل شوی وی .

broccoli, n. گوبی (گلپی)، د کرم گل .

brogue, n. محلی تلفظ، محلی لهجه، کړ کیچن تلفظ، کلابی لهجه .

broider, v.t. انځور ول، خامک دوزی کول، سینگار ول .

broid.ery, n. خامک دوزی .

broil, v.t.i. سره کول، وریتول؛ سره کېدل، وریتېدل .

broil, n. جگړه، شخړه، شور ماشور .

broiler, n. د وریتولو لوښی یا آله؛ د وریتو لو وړ چرگوړی .

broke, past t. of break. د break ماضی .
مات شو، مات کړ .
د break دریم حالت .

broken, past part. of break.

adj. مات؛ سره بیل، جاودلی؛ شهل شوی، مفلس، تتلی .

broken heartted, adj. زړه ماتی، په زړه تتلی .

broker, n. دلال (تجارتی)؛ صراف .

brok.erage, n. دلالی، صرافی، د دلالی ځای یا دفتر .

bromide, n. د برومین او یو بل عنصر مرکب؛ (اصط) بی خونده خبره، پیکه خبره .

bromine, n. برومین، یو کیمیاوی عنصر چه تک سور رنگ او تند بوی لری .

bronchial, adj. د سږه مری، د قصبة الریه .

bronchus, n. سږه مری (قاړه) .

bronchi, n. pl. (جمع) .

bronchitis, n. د سږی مری د التهاب؛ برانشیت .

bronco, broncho, n. د غربی امریکی یو ډول وړه وکی لیم وحشی آس .

bronze, n. ژیړ (ژړ)، د مسو او جلبی څخه جوړ شوی یو مرکب؛ برنجی رنگ . v.t. ژیړول یا برنجو رنگه ور کول .

brooch, n. د سینی گل، ولی، ځړ گی، د سینگار سنجاق .

brood, n. بچی، چیچیان (د ژوو) .

v.t.i. پر هگیو کېناستل؛ کوړ کېدل؛ کوته کېدل کومن کېناستل چرت وهل .

adj. پنډه، مینده (ژوی چه د نسل گټې له پاره ساتل شوی وی .

brooder, n. چرت وهونکی، کوړملی؛ کوډی، کوته؛ د ژوو په تېره د چرگوړو د ساتلو د پاره تودوه شوی ځو له یا ماشین .

brook, n. و یاله .

brook.let, n. لښتی، ویالگی .

broom, n. ژیږ، جارو؛ د رودی تک (یو ډول بوټی چه وږی توکی او بیړ ژبه ډنډر لری اود جارو کار ور څخه اخستل کېږی)

broom.stick, n. د ریږی (جارو) لاسته

broth, n. ښوروا ، ز بښته ، ښوروا

brothel, n. فاحشه خانه .

brother, n. ورور ؛ دینی ورور .

broth.erly, adj. دوروری،

brotherhood, n. وروری ، ورور گلوی ملگرتوب ، یارانه ، اتفاق یوالی .

brotherin-law, n. لیور ، اوښی ، اخښی

brougham, n. ځلور ازا بیږ، سر پټی بگی

brought, past t. & past part of د bring ماضی (راوړل بار (راوړل) او دویم حالت

brow, n. تندی ، وچولی ، تندی ؛ وروځی ؛ څنډه (لکه د کمره یا گی ټک) .

browbeat, v.t. بد بد کتل ، ترخی خبری کول ، ځورول ، ډارول

brown, n. نسواری رنگ .

adj. نسواری

v.t.i. نسواری رنگ ور کول ؛ نسواری کیدل

brown.ish, adj. نسواری وزمه.

browse, n. (تازگی) تاکی د ونو ټوکی تانگی .

v.t.i. لوخونه کول ؛ څرېدل ، د کتاب یا کتابونو څرخایا خو لونه لوستل .

bruin, n. یږ یا یږه ؛ خرس .

bruise, n. سره یږن زخم .

v.t. ګذوول ، زخمی کول .

bruit, & v.t. خبره ، اوازه ، انکازه

brunet, brunette, adj. غنم رنگه سړی چه تودی سترگی او تور وېښتان ولري ؛ ږغوست ، بور ،

n. غنم رنگه سړی ، ږغوست سړی .

brunt, n. زور ، خروپ ، وار (ضربه) ؛ داغ ، دوک .

brush, n. برس یا برش ؛ بیره لکی ؛ سر بیره (بوسیو ته) تېرېدنه (لکه د تو پك د گولی)

v.t. موښل ، رنگول (په برش) ؛ سر بیرن تېرېدل ؛ تو یل یا جارو کول (په برش) .

brush, n. کښ ځنگل ، کښ بوټی ؛ بنجغی .

brush, n. لنډ واخ وډب ، لنډه جگړه ، لنډه مقابله .

brusque, adj. زبېر ، زډ ، بی ادبه .

brusque.ly, adv. په زیږه او رډه (توگه ، لهجه) .

brutal, adj. وحشی ، حیوانی ، د ځناور په څېر ، ظالم ، زیږ .

brutal.ity, n. ځناور توب ، ظلم ، وحشت .

brut.ally, adv. په ظلم ، په وحشت ، په ځناورتوب بی رحمانه .

brute. n. حاوری ، ځناور ؛ حاوری صفتی سړی .

brutish, adj. بېړا ، ساده ، زیږ ، وحشی

bubble, n. بو کنی (لکه د اوبو) غوټی (کو یی) (لکه د اوبو) تش منطقی شی .

v.i. بو کنی کیدل .

bubo, n. دانه (هغه چه د چپ زنگانه تر تیشکی (سترگی) (لاندی راخیژی)

buccaneer, buccanier, n. لوټ ماړ ، غل (لجری) .

buck, n. نر (د هرڅني، ګوزن، ګوو ازې، هوسۍ، وزې، سوی او مېږې): ګړندی سړی، مټی سړی: په امریکا کې فټبال کښې د مقابل لوری په مخکښې لیکې حمله

v.i. ټوپ اچول (په تېره د آس): ورغورځېدل.

v.t. په مخکښنۍ لیکه حمله کول (د فټبال په لوبه کښې).

bucket, n. بوکه (سطل) سلواغه.

bucketful, n. د سلواغې په اندازه.

buckle, n. غوټه، غوټۍ، سګګ، ګل (لکه د ملا وستنی).

v.t. په غوټه کلکول.

v.i. په کلکه سره درېدل، شنې کېدل، کلکېدل.

buckle, v.t.i. & n. کږ وږېدل: کږ وږول، چیتول، چوټ، کږوپ، توغ.

buckler, n. کنګل، سپر، ډال.

buckram, n. زېږه خمتا (لکه هغه چه د کتابو د وقایې د پاره استعمالېږی).

bucksaw, n. لویه اره، دوه سرې اره.

buckshot, n. غټه ګولۍ (لکه هغه چه د هرڅود ښکار لپاره استعمالېږی)

buckskin, n. د هرڅه پوستکی (پوست): یو ډول قوی او پسته څرمن چه د سکلپ او نورشیانو ورڅخه جوړېږی.

buckwheat, n. یو ډول تور غنم یا بوټی چه انسواری مثلث شکله دانې او سپین ګلان لری، د دې دانې اوړه یا ډوډۍ.

bucolic, adj. کوچوالی، دهقانی، دکلی، دهرڅای (ورشو یېر).

bud, n. غوټۍ، نا غوړېدلی پاڼه: اوږشی یا سړی.

v.i. غوټۍ کېدل، د غوټۍ په شان تازه اېسېدل.

buddy, n. (امر. اصطلاح) ملګری، انډیوال، یار.

budge, v.t.i. ښورېدل، خوځېدل: ښورول، خوځول.

budget, n. بودجه، ښپما، ذخیره، بجټ: د خرڅ او ګټې سنجش یا اټکل.

v.t. بودجه ټاکل.

buff, n. یو ډول څرمن چه لښکری کرتۍ ځنی جوړېږی: زېړ ښخون نارنجی رنګه

v.t. په څرمن موښل: زېړ ښخون نارنجی

buff.er, n. نارنجی.

buffalo, n. ګامېښه، مېښه، وحشی غویی (غوګاو، خشکاو).

buffer, n. ډال، هرشی چه د ضربې یا تصادم شدت کموی:

buffer state, n. بې طرفه هېواد چه دوه وسره مخالفو هېوادو په منځ کې پروت وی.

buffet, n. وار، ضرب، څپېړه.

v.t. وار ور کول، ځلی ځلی کول، لاس او پښې وهل.

buffet, n. بوفې، رف، چنی، صندوق: ټیټه چوکۍ: هغه مېز چه خوراک او څښاک ترې ور کول کېږی.

buffoon, n. سپېری ډوله ټوکمار، هغه ټوکمار چه ماسک یې اغوستی وی.

buffoone.ry, n. ټوکماري، مسخره ګي.

bug, n. خزنده په تېره کونګټه او خسك

bugaboo, n. بلا، روی، شیشکه.

bugbear, n. شیشکه، بلا، روی.

buggy, n. بګی، تانګه، ګاډی.

bugle, n. بېګل، ترومپه، بوډی.

bu.gler, n. ترومچی، بوډه زن.

build, v.t. ودانول، ابادول؛ بنسټ اېښودل

v.i. تکیه کېدل (لکه په بنسټ).

n. ودانی: جوړښت (د بدن).

bu'lt, past t. د build ماضی

build.er, n. ودانوونکی.

buijd.ing, n. ودانی؛ تعمیر.

bulb, n. غوټه (پیاز) (لکه د نرګس پیاز غوټه‌ی او لوزو)؛ هر غوټه‌ډار شی؛ د برېښنا ګروپ (ګلوب).

bulb.bus, adj.

bulbul, n. بلبله.

bulge, n. بوك، ډډی را وتل (ځای، برخه)

v.t.i. بوك را وتل، ډډ را وتل؛ بوك را اېستل؛ ډډ را اېستل. پړسېدل.

bulk, n. لویوالی، پراخوالی؛ امبار، کوټه؛ مجموعه، حجم، زیاته برخه د زورلدخلل، ستر، مهم، اغېزا تاکه v.i. او پړسېدل.

bulk.y, adj. لوی، درونده (د حجم له مخی).

bulk head, n. بېلوونکی دېوال، چغ یا پرده؛ بحری دېوال؛ (امر) د کان د برسر ودانی چه د هغه د ساتنی دپاره جوړه شوی.

bull, n. د پوی چمبی موضوع په شاوخوا کښی د پاپ ابلاغ.

bull, n. غوبی، د ځینو ژوو لکه د پیل، او نهنګ نر؛ هغه څوك چه په بازار کښی د نرخونو لوړېدو پېشبینی کوی.

bull.ish, adj.

bulldog, n. پوډول غټ سپی

v.t. د ښکرو نیولو او ځاځی تاوولو په اثر محملول (لکه د غوبی).

bullet, n. ګولی، مردکی، مردك.

bull.et-proof, adj. ګولی ورځغه نه تېرېدونکی.

bulletin, n. ورځپاڼه، لنډ اخبار، د خبرونو لنډ راپور.

bullfinch, n. یوه ورځباده (ربز) کوونکی مرغی

bullfrog, n. چنګابښ.

bullhead, n. یوډول غټ سری کب.

bull'on, n. د سرو او سپینو زرو خښته چه سکه ور باندی نه وی وهل شوې؛ قیمتی فلزات؛ زرتار.

bullock, n. غوبی (خصی) غوځکی

bully, n. ځوروونکی هلك یا سړی (د کمزورو).

adj. پروه (بوډی)؛ ځوروونکی، ملنډی وهونکی؛ ځوری کوونکی؛ (اصطـ) لومړی درجه؛ (اصطـ) شابس.

v.t.i. ځورول، ملنډی وهل، ازارول؛ ځوری کول؛ پېغور ورکول.

bulrush, n. مزری، لوخی، ډیلی، بوزی

bulwark, n. سنګر، مورچل؛ هر ډول دفاعی واسطه.

bumblebee, n. بمبره، غټه غومبسه، غالبوزه

bump, v.t.i. ټکر خوړل، سره لګېدل.
n. وار، ضربه، ټکر؛ پاړسوب (د ضربې په اثر).
bump.y, adj. ټکر خوړونکی؛ لوړې ژورې لرونکی (لکه سړک).
bumper, n. ترخولې ډک پیاله یا ډک ګیلاس.
adj. زښت لوی.
bumper, n. ډال، حفاظتي ساختمان لکه د موټر بمپر.
bump kin, n. سارابی، اطرافي، ساده، شپول، بې لاس او پښې شرمندوکی، بېوزلی، ټوکمار، مسخره
bun, n. یو ډول ګرده شکله کولچه یا خجوړ، دوېښتانو غوټه (کلوله).
bunch, v.t.i. & n. وږی، واښکی (کوټکی) ډله، ګېډۍ، غانګه
buncombe, bunkum, n. (اصط) چټي بې معنی، اپلتې.
bundle, n. بنډل، بسته؛ ډله.
v.t. بنډل کول، په بنډل کې تړل.
bungalow, n. بنګله، یوه یوپوړه کوټۍ چې مخې ته لویه برنډه ولري.
bungle, v.t.i. & n. ګډوډ کول، حلال ومردارول، کرغېړن کول، لېوه توبي کول، په ناقابلې اجراء کول؛ کرغېړن خوږمېن حلال ومردار کار.
bung.ler, n.
bunion, n. د پښې د ګټې (پڼې) ګوټې د لومړي بند ورمن او ضد اوم خوږ
bunk, n. د لرګي هغه چوکات چې په دېوال پورې نصبېږي او د کښتۍ کار ترې اخستل کېږي (لکه په بېړۍ یا اورګاډي کې).
bunk, n. (اصط) اپلتې، بې معنی خبرې، پرتې، مبهمه وینا.
bunt, v.t.i. ټکر وهل، سره لګېدل (په زور)
n. ټکر؛ لګېدنه.
bunting, n. د بیرغ ټوکر، بیرغونه، کمپله، شړۍ.
buoy, n. بوسېک جسم چې له بېړۍ څخه او بو ته غورځول کېږي او ځکه ټيټي او د خطر ځایونه پرې معلومېږي؛ د نجات ډیوه (یوه سپکه د یوه چې لا څو شوی بېړۍ له ډوبېدو څخه خلاصوي.
v.t.i. د اوبو پا مايع پر سر درېدل.
buoyancy, n. د اوبو په سر د درېدو قدرت، د لامبو وهلو صفت؛ هغه منفي په پورته قوت چې غاز او مایع یې پر یوه جسم وارد وي
buoy.ant, adj.
burden, n. بار، دروې، پنډ، یعنې مسوولیت؛ بوج او خرڅ؛ د بار وړلو ظرفیت (د بېړۍ).
v.t. بارول، بار پر اچول، ډېر پر اچول.
bur.densome, adj. درانه، له مشقت سره ډک، ګران.
burden, n. د سندرې هغه برخه چې په ګډه یې سره وایي؛ اساسي ټکی (د یوې مطلب) اصلي ټکی.

bureau, n. د خوب کوټې، دروند لرونکې الماري: دفتر، اداره (تجارتي، حکومتي)

bureaucracy, n. بیوروکراسي، داسې اداري سیستم چه مامورین دای خپل امر ته مسئول وي، داسې اداري سیستم چه وچه اصول پرستي او تشرېفاتي جنبه يې زیاته وي: د حکومتي مامورانو ډله.

bur.eaucrat, n.

bur.eaucratic, adj.

burg, n. حصار، کلا، ښار، هغه ښار چه په برج لرونکې کلا کې پروت وي. یا لا حصار.

burgess, n. دښار او سېدونکی، ښاري.

burgh, n. (په سکاټلنډ کې) ښار یا کلی.

burgher, n. مدني سړی، یا د ښار اوسېدونکی.

burglar, n. داړه ماري، لوټ ماري، داړه، لوټ، چور، غلا، داړه مار، لوټ مار.

burglar, n.

burgomaster, n. ښاروال (په هالنډ او ځینو نورو ځایونو کې).

burgundy, n. بورګونډ سور شراب چه د فرانسې په برګنډي نومې ځای کې جوړېږي)

burial, n. ښخونه، د ښخولو مراسم.

burlap, n. نازکه بوری (بوجۍ).

burlesque, n. ادبي هجوي تقلید، د یوه لیکوال داسې پېښې او پېروي چه د هغه اثر په خندني بڼه څرګند شي: (امر) د ډېر خندوونکې او تمسخر انګېز کتو له

v.t.i. پېښې کول، خندول (د پېښو په اثر).

burly, adj. پنډ، قوي، مزی، څورب

burn, v.t. سوځول، سوځېدل: اور ورته کول، لګول: ګلېدل: سول: تودول، پوښتنا کول (داوریه و اسطه): وریتول

n.

burn.er, n. سوځوونکې ښاري.

burnish, v.t. & n. روښانول، ځلول (د موښلو او سولولو په اثر) صیقل کول: صیقل، روښانونه، پالش.

burr, n. د burs بله بڼه، ډېږوالی (لکه دلرګي یا فلز چه اره شوی یا برمه شوی وي): غاښونه، پره (لکه دارې).

burro, n. وړوکی خر.

burrow n. ښوڅه، سوری، غار، لغم (لغم) لکه د موږي)

v.i. سوری جوړول، لغم وهل.

bur.rower, n.

burst, v.i. چاودل، سره ټوټې کېدل، سره بېلېدل: ناڅاپه اوتل، ناڅاپه پیدا کېدل: خوځېدل ټوټې کېدل (تر هغې پورې چه د چاودېدو حد ته ورسېږي).

n. چاودېدنه: بېلتون، چاود: ناڅاپه پیدا کېدنه.

burthen, v.t. & n. د burden. بله بڼه بار وړي.

bury, v.t. ښخول (په هدیره کې): پټول، ترڅنګ وروړلاندې کول.

bus, n. بس، سرویس، مسافر وړونکي موټر.

bush, n. بوټی: بیره، ګڼه ځنګلي ګڼکه.

v.i. څانګې کېدل، سره یوځای کېدل.

bushy, adj

bushel, n. د غلې او میوې پیمانه چه ۸ ګیلنه کیږي: هغه لوښی چه پوره غله یا میوه پکې ځاییږي.

bushing, n. بوشنګ، یو فلزي پوښ یا هغه ژورځالی استرچه دموټر اکسل پکې ګرځي.

busily, adv. په بوخت ډول، په فعاله توګه، په لیکاصورت؛ په مصروفیت په هڅه؛ په توانده ی.

business, n. مشغولیت، چار، مشغولا؛ دنده، وظیفه تجارت، معامله؛ کسب (تجارتي).

bus.iness-like, adj. جدي، بې میڅې، بې خونده؛ رسمي، حسابي.

bus.iness-man, n. تاجر، سوداګر.

buskin, n. نیم ساقه بوټ؛ د پرجنه ډرامه.

buss, v.t.i. & n. (اصط) مچه، مچو، مچکی؛ مچکه، مچول، ښکولول؛ ښکولېدل.

bust, n. د بنیادم د ټټر پاسنۍ وجود مجسمه؛ د سر او ملا ترمنځ د وجود برخه.

bustle. v.t.i. بېړه کول (په شور ماشور په درب او دروب).

n. بېړه، تلوسه؛ حرکت، لاکراري.

busy, adj. بوخت، لګیا، مشغول، اخته، فعال؛ (امر) په کار بېدونکی، په کار دا تلونکی؛ ناوزګار، مصروف (لکه ټیلفون)

v.t.i. لګیا کول، بوختول، مشغولول، لګیا کېدل، بوختېدل، مشغولېدل.

busybody, n. (اصط) د تر وومچ، سپین سترګی، فضول، نابلې، منځګړی.

but, prep. بې له، پرته له

conj. خو، لیکن: که نه؛ خو د ومره د چه.

butcher, n. وږه پمار، قصاب؛ خوني، خونکار.

v.t. حلالول.

butch.ery, n. وږه پماري، قصابي، خونکاري.

butler, n. مشر نوکر چه د ښې لوښي ور په غاړه وي، خانه سامان.

butt, n. لوی بیلر، یا چلک خم (ماټ).

butt, n. سبه، کنداغ، بیخ؛ د کومکرد لوی برخه (شي)؛ لښته.

v.i. پوري وهل، ټکر خوړل؛ د بالدی راوتل؛ سره لګېدل (په زور)

pl. د لښې ویشتونکو فاصله ګرګیچی یا ټکر (له وشکو پکی یا ټاچ)

v.t. په ګرګیچوو هل (په ښکرو)

butte, n. غونډۍ (چه د نورو غونډیو نه بېله او سرئی پلن وي).

butter, n. کوچ، کوچي.

v.t. په کوچو غوړول

buttercup, n. یو ډول ژیړ ګل په کروندګکی شین کیږي. ژیړ ګلک.

butterfly, n. پتنګه، پتن، کوکی، ګیهلی.

buttermilk, n. پی کوچو شېدې، شاربلی، موچلی ژګولی (شېدې) شلومبې

butternut, n. یو ډول، امریکایی غوز، منګله، جوز

buttery, n. د موپلګاله، د خوړو او اورو ځیا او ساتنځی؛ د کوچو، کوچ لرونکی شی.

buttocks, n. pl. کوناټي

button, n. تڼۍ، گروپ، غوټۍ.

v.t.i. تڼۍ تړل

button-hole, n. غوږ، پاشه، کاج

button-hook, n. د تڼۍ چنگک.

buttress, n. درم، پشتی (د دیوال): اډه

v.t. پرې اډه ورکول، تکیه کول
خوا کېدل.

buxom, adj. سور او سپین، تندرست،
ښېراز..

buy, v.t. اخیستل، پېرودل؛ را نیول

bought, past t. واخیست، و پېرود،
را نیوی

buyer, n. پېرودونکی، اخیستونکی،
رانیونکی

buzz, v.t.i. & n. بنگېدل، بڼېدل (لکه
د غومبسې): بنگهار، بڼهار.

buzzard, n. گورېټه، یوکه باښه

by, prep. نږدې (ته)؛ په څنګ (لکه د سیند) پر
(لکه پل)؛ په قدر، سره سم (لکه د وینا سره)
په واسطه، په (د قسم په مورد کې)
په لاس.

adv. نږدې، لاس په لاس

by and by په راتلونکي وخت کې
په کراره: پرسېره پر جلا (له) بېله دا چه.

bye, n. په څېړنو او لوبو کې د هغه سړي
حالت چه په یوه دوره کې یې حریف
نه وي پیدا کړی او په بري سره بل
رونډ ته داخل شي

bygone, adj. پخوانی، ختمېدن، لرغونی تېر

bylaw, byelaw, n. مقررات، اصولنامه
کړنلار، فرعي اصولونه.

by path n. لیارکی، فرعي لار، ړنده لار

by-product, n. ضمني محصول یا تولید،
فرعي تولید.

bystander, n. ننداره چي تماشا کوونکی
د غیر په توګه ناست کتونکی

byway, n. د پلیو لار، لیارکی، فرعي لار

byword, n. متل؛ د ملنډو خبره، د ټوکو شی
(اصط) داړي خوړ، خندلی.

C

c, n. د انګرېزي الفبا دريم توری.

cab, n. يو ډول سرپټي موټر يا ګاډی: ټکسي موټر: هغه سرپټي ځای چه پکښې د اورګاډي، موټر او نور - و چلوونکي کښېني.

cabman, n. ټکسي چلوونکی، ګاډي چلوونکی.

cabal, n. د سېسه کوونکې کوچنۍ ډله؛ دسيسه.

cabbage, n. کرم، يو ډول سابه چه ګوبي ته ورته دي

cabin, n. يو کوچنی کور چه په ساده توګه جوړ شوی وي: وړه خونه (په بېړۍ کې).

v.t. په وړه خونه کې اچول يا بندول.

v.i. په خونه کې مېشتېدل.

cabinet, n. الماري، د صلاح او مشورې خونه: کابينه، د وزيرانو هيئت، د وزيرانو ټولنه: صندوقچه (د ګاڼې - ګېڼې).

cabinet-maker, n. الماري جوړوونکی، فرنيچر جوړوونکی

cable, n. کېبل، غټ مزی (سيم).

v.t.i. ټلګراف کول، تار ورکول

cabblegram, n. بر تار مخابره، تر او- بو لاندې سيمې مخابره.

cabriolet, n. يوه اسپه دوه کسيزه بګۍ.

cacao, n. ککاو د حاره سيمې يو ډول ونه چه د هغې تخم د چا يو په توګه او په چاکليټ کې استعمالېږي.

cache, n. ساتنځی، پټ ځای چه هلته قيمتي شيان او خوراکه ساتي.

v.t. په ساتنځي کې پټول يا ذخيره کول

cache-pot, n. تزئيني ګلدانۍ چه په منځ کې يې عادي ګلدانۍ وي.

cackle, n. د هيلۍ کغ کغ، د چرګې کړ کړ (کوړ کي) يا همدغه ډول شغ

v.i د غه ډول شغ کول.

cuetus, n. زقوم، يو ازغن او بې پاڼو بوټی. (جمع).

caeti,

cad, n. سپک، بې سره پښو په، بې تهذ- يبه سړی

caddish, adj.

cadaverous, adj. مړ ژواندی، د مړ رنګ، ناروغ ونه.

cadaver, n. (طب) مړی، لاش.

caddie, caddy, n. هغه هلک چه د ګالف د لوبې د لوبو له پل ځای سره اخستې وي

cadence, n. وزن ، آهنګ .

cadet, n. کشرزوی ؛ د عسکري ښوونځي زده کوونکی .

ca.ecum, n. l. د ولمې کولمې (امعای غلیظه) لومړۍ برخه .

caesu.ra, cesura, n. (شعر) وقفه (د دوو مسرو ترمنځ).

cafe,' n. کافي ، رستوران .

cafeteria, n. کفتیریا ، رستوران (چه په هغه کې هرڅوک پخپله د خوړو او څکلو شیان را اخلي .)

caffeine, کافین ، د چای او کافي جوهر

cage, n. کوپس .

v.t. په کوپس کې اچول .

cairn, n. د ډبرو کوټه یا غلی چه د هرم په شکل وي او د قبر یا دیادګار په توګه جوړه شوې وي .

caisson, n. (لښتي) هغه لوی صندوق چه پکښې مهمات او درس اچول شوي او پرهرابو باروي ، لوی صندوق چه تر اوبو لاندې په تعمیراتي کارو کې استعمالیږي .

caitiff, n. adj. بدبخته ، ټیټ سړی ؛ پست ، ټیټ .

cajole, v.t.i. ملنډې وهل ، غولول ؛ غوړه مالي کول .

cajolery, n.

cake, n. کیک ، داوړو حلوا ؛ د کوچنو غوټو کلچه ، له یو ډول خمیر څخه پاخه شوی خواړه .

v.t.i. د کیک په توګه جوړېدل او جوړول

calabash, n. کدو یا د هغه پوستکی چه د لوښي په توګه هم استعمالیږي .

calam.ity, n. لویه بدبختي ، مصیبت .

calam.itous, adj. د غم څخه ډک .

cal.cimine, n. ویلن رنګ چه د چت او د دیوالو په رنګولو کې استعمالیږي .

cal.cimine, v.t.

calcine, v.t. په حرارت سره په ایرو بدلول .

cal.cium, n. کلسیم ، (کیم) یو سپین فلز چه په اهکو ، ګچ او تباشیرو کې موجود دی .

cal.culate, v.t. شمېرل (امر) ګومان کول .

calcula.tion, n. شمېر ، اټکل ، ګومان .

cal.culator, n. شمېرونکی ، د حساب ماشین

cal.culus, n. د حساب یوه څانګه

caldron, cauldron, n. لویه چای جوشه ، یا پاتیلر

cal.endar n. کلیز ، جنتري .

cal.ender. v.t. په ماشین ښوی زور کول (کاغذ یا ټوکر ته) چه مخ یې ځلا پیدا کړي

calf, n. pl. calves. سخوندر ؛ د سخوندر څرمن ؛ پونډۍ .

calibre, calibre, n. د قطر اندازه ؛ د فکر ګنجایش ؛ لیاقت ؛ ظرفیت ، اهلیت .

calibrate, v.t. د قطر اندازه معلومول ، د تدریج علامې ټاکل یا اصلاح کول .

cal.ibration, n

calico, n. د پنبې کالي (امر) له ارزانه پنبې څخه جوړه شوي رنګه چیت .

calipers, callipers, n. pl. يو آله چه د شيانو قطر يا پنډوالى معلوموي .

cal.iph, ca.lif, n. خليفه ، د اسلام په لومړي پوړ ختو کې (تر محمد ص وروسته) د حکومتي مشرانو لقب .

caliph-ate, n. خلافت ، دار الخلافه .

calk, caulk, n. داو يو دمخ ليوى د پاره (په بېړۍ کې) درز نيول يا چاوډ پنډول

call, v.t.i. برغ کول : خبر اخيستل : لنډې ملاقات کول : ټيلفون کول : نوم اېښودل (پر) : راغوښتل : ولاړول غوره کول او ټاکل ، دلست له مخې نوم لوستل : په ناوړه ټا مه بلل .

n. چيغه ، کر بېږه ، کې يکه ، غوښتنه ، ادعا : خبرونه (په ډول ، نوم ، زنګ)

caller, n.

cal.al, n. or calla-lily يو بوټى چه زيړ پخن غوټېن ګلان کوى او سوسن ډوله سپين پخنې پاڼې لري او په جبه کې شين کېږي .

call.ing, n. بلنه ، راغوښتنه ؛ د خداى عبادت ته را بلنه ؛ مشغولا ، پېشه

cal.lous, adj. کلك شوى يو ټکى .

n. بې حسه ، بې عاطفې .

callow, adj. بې بڼو ، ځوکې ؛ بې تجربې کوسه .

cal.lus, n. (طب) يو ډول ماده چه د هغه په ذريعه مات هډوکي سره نښلي

calm, adj. n. ارامي ، چپه خوله ؛ ارام ؛ خاموش .

v.t.i. چپه خوله کېدل او چپه خوله کول .

calmly, adv.

calomel (طب) سپين بې خونده دوا ده پوډر .

caloric, adj. کالوري (تودوخې) ته منسوب .

cal.orie, n. د تودوخې مقياس په تېره بيا په بدن کې د خوړو دا انرژۍ اندازه

cal.orimeter, n. د تودوخې د معلومولو آله .

calum.ni-ate, v.t.i. بې ځايه تهمت لګول : تور ول .

calumny, n. تهمت لګونه ، تور لګونه .

calumniation, n.

calum.niator,

calumnious, adj.

calvary, n. هغه ځاى چه حضرت مسيح بې پهدار وځړول .

calve, v.t. خوسکى (کيله ګى) زېږول

calves, n. سخو ندران ، خوسکيان

calyx, n. (ب ه ب) د ګل د پاڼدنى (عموماً د پاڼو غنه غوندې) برخه ؛ (طب) په پښتورګى (پښتورګي) کې د بولو د تېر يدو يوه برخه .

cam, n. د حرکت د سمت د تغير آله .

camber, n. محدب ، ملا ختلې ، ماهى پشت ، ځايه کېږوې .

cambium, n. ژوندي انساج ؛ په ځينو ونو کې ژوندي انساج چه له هغه ځخه نور ښاخونه او تنې ودې کوي .

cambric, n. کتانى سان ، له پنبه ځخه جوړ شوى سپين سان .

came, د come. ماضي صيغه

camel, n. اوښ .

camellia, n. یو ډول بیر بوټی چه تل شین وی

camelopard, n. ډوله ، ستر اوښ ډوله حیوان دی .

cameo, n. غمی چه برجسته اشکال ولری او یوه تهره بیا چه لاندنی مچکه یې څو رنگه وی ؛ یو ډول حکاکی .

cam.era, n. خونه ؛ دقاضی دکښېناستو خونه : د پاپ د خزانې خونه ؛ د عکاسی کمره .

camise or camese, n. کمیس ، خت .

cam.isole, n. یې لستو نو کمیس چه ښځې یې تر اصل کمیس لاندې اغوندی .

camomile, n. یو ډول بوټی چه گل یې ترخې دانې کوی او په دوا یې کې استعمالیږی .

camouflage, n. کموفلاژ ، هغه وسیله چه د دښمن د غولو لو دپاره استعمالیږی .

v.t.i. غولول ، پټه ول .

camp, n. کمپ (کامپ) ، هغه ځای چه خیمې مو قتاً پرې ودرولی شی ؛ د عسکرو یا پوهنتو او یا محصله کو نکو دا ستوگنې موقتی ځای ، لښکر گاه .

campaign, عسکری انتقا باتی مبارزه : عسکری عملیات ؛ د یوه ځانگړی مقصد د پاره دلاس و پښو وهنه ؛ یوه خلاصه ورشو .

camphor, n. کافور ، یوه ژاوله غوندې ماده چه له ونې څخه راخلی ، داونی عمو ما په جاپان او فارموسا کې زرغو نیږی . د ا سپین ښنا که شی په دواو کې استعمالیږی

campus, n. (امر) د پوهنځی یا پوهنتون ساحه .

can. n. ډبلی ، د وهلیی یا بل فلز قطی چه په هغه کې وچ یا لاندهشیان اچوی .

can v. توانیدل ، پر کېږ و قدرت مو ندل .

could. ماضی صیغه .

canaille, n. ډله ؛ از دحام ؛ کښته طبقه .

canal, n. یوه لویه واله په تهره چه بیری یکښې چلیږی ؛ داو بو لگولو واله ؛ (ب) یو رگ چه دحیوا ناتو او یا نباتاتو په جسم کې ما یعات تهروی .

canard, n. غلطه اوازه .

canary n. کنری ، یو ډول شکلی رنگه مرغی ده چه د کنری په جز یرو کې مو ندل کیږی ؛ یو ډ و اسپیك شراب دی چه په همدغه جز یرو کې جوړیږی ؛ یو ډول اتن ته هم وایی چه په دغه جز یرو پوری مربوط دی ؛ روښا نه ژ یړ رنگ .

cancel, v.t. فسخ کول ، خط پر را کښل ، د پوستې ټکټ باطلول .

cancellation, n.

cancer, n. د سرطان ناروغی ، نا و ړه د یو سوب خطر نا که دانه ، د جوړ د هجر اتو نا منظم تکثر .

can.elabrum, n. شمع دان (چه څو ښاخونه ولری) .

candid, صمیمی ، په زړه سپېڅلی ، بې ریا .

candidate, n. کاندید ، د ر تبې یا مقام غوښتو نکې .

candidacy, n

candidature, n.

candied, adj. په بوره لړلی ، په بوره کې ساتل شوی .

candle, n. شمع ۰

candor, candour, n. له تعصب او کینې څخه خلاص، صمیمی : واضح : څرگند : عدالت ۰

candy, n. خوا ږه ، له بورې څخه جوړ شوی شی

cane, n. کږ کی ولاس لرگی : شکر گنی : بانړه : گنی ۰

canine, adj. د سپی له کورنۍ څخه ، د سپی غوندې ۰

n. سپی ، دسپی داړه ۰

canister, n. د چای کافی یا نورو یو ډبلی : یو ډول گولی چه د توپو نه صلی دویشتلو دپاره استعمالېږی ۰

canker, n. دخولې ټپه ، دونو یو ډول ناروغی : شوی بدله ۰

cankerworm, n. یو ډول چینجی چه میوه او میوې لرونکی ونې وهی ۰

canned, n. په ډبلو یا په سرتړلو لوښو کې ساتلی یا ساتل شوی شی ۰

canner, n. هغه څوک چه میوه او نور شیان په ډبلو کې اچوی ۰

cannibal, n. د خپل جنس غوښه خوړونکی : هغه خلک چه د نورو خلکو غوښې خوری ، سړی خور ، آدم خور ۰

cannon, n. توپ ، توپخانه ۰

canny, adj. ماهر ، هوښیار ، پوهنور ، نیک چال ، بې گناه ، بې ضرره ۰

canoe, n. هغه بېړۍ چه دونې له ټنې څخه جوړه شوې وی ، په دې بېړۍ کې سفر کول ۰

canon, n. قانون : منل شوی اساسات ۰

canonize, v.t. په مړو او مقدسو خلکو کې شمېرل : سرلوړی کول : قانونی ډول ورکول ۰

canonization, n.

canopy, n. چترۍ ، سایوان (مجازاً) اسمان

cant, v.t.i. کوږ والی ، میلان ، یو یوه اړخ کېدل ، یوې خواته کږول ، یو اړخ ته کږېدل ۰

cant, n. د یوه خاص کسب اصطلاح : غولونکې خبرې ، غیر صمیمی اظهارات ، ظاهری خواخوږی : (سکاټلند) ژوندی یا ویښ ، په لیلام خرڅول ۰

cantaloupe, n. یو ډول کوچنی خټکی ۰

cantankerous, adj. بد طبیعته ، بدخویه ۰

cantata, n. د موسیقی یو ډول کمپوزیشن چه یوه ډله یې اجرا کوی ۰

canteen, n. کانتین ، د عسکرو د اوسېدلو په ځای کې یو دوکان چه پر عسکرو شیان پلوری ، په مکتبو کې هم دغه ډول دوکانونه جوړېږی ۰

canter, n. په څېر گو (چار نعل) د آس ځغاسته ۰

canticle, n. بدله ، سرود (روحانی) ۰

cantle, n. v.t. یوه برخه یا گوټ : د زین وروستی لوړه برخه : یوه برخه یا ټوټه جدا کول ، وېشل ۰

canto, n. بند (شعر) ۰

canton, n. یو کنج : یوه منطقه یا ځای : ناحیه ۰

cantonment, n. دعسکرو هغه موقتی ځای چه د عملیاتو او یا سپورت دپاره پکښې اوسی ۰

cantor, n. په کلیسا کې د مذهبي ډلې مشر چه بدلې په کښې سره وایي.

canvas n. کتان؛ یو ډول کلک ټوکر چه له پنبې څخه جوړ شوی وي؛ یو ښمېر خېمې (سرکس).

canvas back. دشمالي امریکې یو ډول وحشي بته.

canvass, v.t. په کتان یا شړۍ کې نغښتل؛ امتحانول: څېړل؛ (امر) په انتخاباتو کې دخلکو څخه د رایو غوښتنه.

canvasser, n.

canyon, n. تنګه ژوره دره.

caoutchouc, n. هندي ربړ، سرېښناکه او پلمه شوېره چه د ربړ له ونې څخه راځي.

cap, n. خولۍ، هر هغه شی چه سر په پټېږي، سرپټولی.

v.t. سرپوښل، سره جوړه کول غلبه پر موندل.

capable, adj. لایق، وړ.

capacious, adj. د پر ګنجایښ دړ لودونکی؛ ارت.

capacity, n. ظرفیت، استعداد، ګنجایښ؛ وظیفه: پراخوالی.

caparison, n. دآس ښکلی شوی جل؛ چړکي.

cape n. بې لستوڼي چپنه.

cape, n. (جغ) راس، پوزه، دماغه، دمځکې یوه تېره څوکه ندې پوزه چه په بحر یا خلیج ننوتلې وي.

caper, n. یو ډول ونه ده.

capillarity n. هغه عمل چه دهغه په واسطه دمایعاتو سطح دجامد شي سره دتماس په وخت کې لوړه یا ټیټه شي؛ شعریت (وېښته شوه وزنه والی).

capillary, n. یو کوچنی ؤ وېښته غوندې رګ، (جمع) عروق شعریه (وېښته رګې).

capital, adj. مهم: عمده، اساسي؛ دمرګ سزا: لوی، ستر ښار لکه دمملکت پایتخت، لوی توری (په اروپائي ژبو کې)؛ سرمایه، پانګه: سرمایه داران.

capitallism, کپټلیزم، دسرمایه داری سیستم؛ پانګه اېښو نظام، هغه اقتصادي سیستم چه تر هغه لاندې شخصي اقتصادي فعالیتونه درقابت په توګه اجرا کېږي.

capitalist, n. سرمایه دار.

capitalize v.t. په سرمایه اړول یا دسرمایې په توګه استعمالول: سرمایه ورکول؛ په لویو تورو لیکل یا چاپول.

capitation, n. یو ډول سري ټکس (ټکس) دی، هغه ټکس چه پر سړو باندې اېښودل کیږي؛ مستقیمه برابره مالیه.

capitol, n. دملي شورا ماڼۍ

capitulate v.i. تر معین شرطونو لاندې تسلیمېدل؛ دقرارداد دشرایطو ترتیبول.

capitulation, n. صورت حساب: خارجي حکومتونه مخصوص امتیازات ورکول.

capon, n. خسي چرګ چه دخوړلو دپاره چاغ (څوړب) شوی وي.

caprice n. بې علته دخپل فکر اړونه.

capricious, adj.

capsize, v.t.i. وبجاړول ، وبچاړ پدل : پربڼه خوااړول ، نسکوروول: نسکور پدل چپه کېدل.

capstan, n. څرخ : هغه څرخ چه دوسي د تاو پدو په واسطه درانه شيان را کاږي (په تپور ٠) په بېړۍ کې.

capsule n. کپسول ، کوشکوړۍ (نش مېنځګه شی) : بو پوټي چه دوا پکښې اچول شوې وي

captain. n. کپتان ، رئيس ، مشر(لښ)، جګړن .

captious, adj. دګوتې نيرلوونې ، داپراد ود .

captivate v.t. مايل کول ، جذب کول، ځانته راکښل .

captive, n. بندي،دسړي يا حيوان تې له په يوه ځای کې ايسارونه .

captor, n. نيوونکی ، بندي کوونکی .

capture n. په زور ياحيله نيونه :

v.t. په زور يا چل نيول . ګټل (د انعام)

car, n. ګېډۍ موټر ، دجر تقبيل ورځه تفسچه

carafe, n. دمېزد پار ه داو بوچښېڼه اي بو تل

car.amel, n. سوې بوره ، د سوى بورې رنګ چه په دريڅو بوره ځن او نورو خوړو کې يې اچوی ، بوډول چاکليټ .

carapace, n د کيشپ ، شمشتي يا دچنګاښ پاسنی کاسه .

car.at, n. قيراط،دسرو زرو يا نورو قيمتي ډبرو تقريبا ۲۰۵ ميلی ګرامو وزن .

caravan, n. کاروان، بېډېر .

caravanserai, n کاروان سرای .

caraway, n. د نودې جيرې بوټی .

carbine, n. لنډه سپکه ټوپک .

car.bohy.drate, n. (کيم) کاربوهايدرېټ دکاربون هايدروجن او اکسيجن مرکبات چه شکره او نشا يسته هم پکښې وي

carbolic. adj. کاربولک اسيد،دډبرې له سکرو څخه حاصل شوی اسيد چه ورو سته له او بلن کولو دانا وړ او بوبه ضد استعمالیږي .

carbon, n. کاربن ،دکيميا وي طبيعي ماده چه دډبرې د سکرو وپترو او او اما کوجرو دی ،دکاربون د کاغذ بوه ټوټه .

carboniferous, adj. دکاربون يا دډبرې دسکرو توليدوونکي او يا لرونکی.

carbon paper, کاربن پېپر ، يو ډول نازک کاغذ چه يو مخ يې تور وي او دکاپيو په ليکلو کې استعماليږي .

car.buncle, n. تر پوستکي (جلد) لاندې کلکه دانه چه ډېره خوږ يږي .

car.buretor, car.burettor-er, n. کاربيټر دموټر په ماشين کې هغه آله چه هلته پټرول له هوا سره يو ځای کيږي او بيا سوځي .

carcass, carcase, n. لاش،حلال شوی حيوان چه دخوړلو دپاره چمتو شوی وي .

card, n. پاڼې (جمع) دپټو لو به، له کلک کاغذ له جوړې/شوې ټوټې ، کارت .

v.t. د کلک کاغذ پرټوټه باندې ليکل يا مشهلول، پر کادټو لو باندې تر تيبول.

card, n. ژمنځ (داو سپڼی ځای لرونکی د مولغ چه وړيه، پنبه په شنی) .

cardboard, n کلک پنډ کاغذ ، مقوا .

car.diac, adj. n د زړه ، زړه ته منسوب ، قلبي
له زړه سره نږدې خوا : پرتس سربېره
او تر زړه لاندې ځای .

cardigan, n. له سڼیو څخه اوبدل شوی جاکټ

cardinal, adj. ستر : اساسي : اصلي :
تک سور : په رومن کاتولیک کلیسا کې
د پاپ نه لاندې رتبه یا مقام چه د پاپ
له مړینې نه وروسته نوی پاپ انتخابوي
یوه تکه سره امریکایي مرغۍ .

care, n. پام ، پاملرنه ، څارنه : احتیاط
اضطراب.

v.i. پام کول . علاقه درلودل :
اندېښنه درلودل ؛ غوښتل (خواهش لرل)

careen, v.t.i. کږېدل : پر یوه اړخ اوښتل
(په تېره د کوم کار د کولو په وخت کې)
یوې خواته اړول یا کږول .

career, n. مسلک ، حرفه : د ژوند لاره :
پرمختګ (په ژوند ، کار کې) :
منډه : بهیر .

careful, adj. پام لرونکی ، محتاط ، په
توجه سره اجرا کوونکی .

carefulness, n. دقت ، پاملرنه .

ccareless, adj. بې پامه ، بې فکره ،
بې احتیاطه بې توجه .

caress, n. & v.t. نازول (نوازش ورکول) ،
په مینه په غېږ کې نیول ، مچول .

caret, n. د (٨) علامه چه یو هېر شوی مطلب
په لیکه کې ځایوي .

caretaker, n. څارونکی : چوکیدار :
وکیل : ساتونکی (د ځای ، شی ،
د جائداد کتو).

careworn, adj. غمونو او اندېښنو زوړ
کړی ، د ژوند سره واو تودو ځپلی.

cargo, n. مال ، پېټی ، بار.

cari.bou, n. د شمالي امریکې غرڅه ،

caricature, n. کاریکاتور : کږ کیږی
عکس (مسخره تصویرونه).

caricature, v.t.

caries, n. د هډوکو او غاښو خرابوالی
(فساد) .

carillon, n. د کینګیو (زنګونو) جوړه چه
د هغو په ذریعه موزون نغمې اوله جوړوي

carmine, n. سور رنګ ، سور بخن رنګ :
د یو ډول حشرې سور بخنه ماده .

carnage, n. عام قتل ، زیاته وژنه ،
د وینو تویونه .

carnal, adj. غوښن : جسماني ، غیر روحاني
جنسي : حسي .

carnation, n. غوښن رنګ : د میخک
د ګل اصلاح شوی رقم

cranival, n. کارنیوال ، میله ، ساعت تېري

carnivorous, adj. د غوښې خوړونکی

carol, n. & v.t.i. د خوشالۍ بدله : تعریف
کول : فداکاري کول : چار بدل .

carom, n. د carambole اننۍ شکل چه په
بېلتانیه ـ کېږي cannon, همورته وايي
د بلیارډ په لوبو کې : د مردکې داسې
وهنه چه په دوو نورو مردکو لګېږي .

carous.al, n. د مشروباتو میله : د لهو
ولعب مسابقه : ساعت تېري .

carouse, n. د څکالو مجلس

carp, v.i. د عیب پلټل ، عیب موندل .

carp, v.n.i. تنکی ماهی چه په پاکو او بو او بهاندو پالو کی موندل کیږی

carpel, n. د تخم خونۍ، په گل کی هغه خونۍ چه تخم پکښې وی .

carpenter, n. ترکاڼ، نجار .

carpet, n. غالی، قالینه : فرش .

carriage, n. دمال وړنه : بگۍ، گاډی

carrier, n. وړونکی، ځوری : پوستری یا شرکت چه د مال وړلو وظیفه – پرغاړه اخلی .

carrion, n. وروست، خوسا، مړه جسم خوسا کیدنه

carrot, n. گازره، زردکه (گاجره) .

carry, v.t.i. وړل، اخستل په زوره اخستل (لښ) دسلامی په توگه نیول (د ټوپک) : گټل : پیول :

cart, n. and v.t. دځو یو گاډی : کراچی .

cartage, n. v.t.i. د کراچی په ذریعه وړل په کراچی کی وړنه : هغه پیسی چه دوړلو لپاره ورکول کیږی، د کراچی کرایه .

cartel, n. د شرکتونو یو ځای کیدنه، انحصار : وېشل یا تبادله .

cartil age, n. کرپندوکی (غضروف)، تنکی هډوکی چه ورو ورو په کلک هډوکی اوړی .

carton, n. کارتن، له کلک کاغذه جوړه شوی دوسیه .

cartoon, n. کاریکاتور، ټوکیزی تصویر

cartoonist, n. کاریکاتوراېستونکی

cartridge, n. کارتوس (چه په ټوپک کښی استعمالیږی)

carve, v.i. توږل، کیندل (حکاکی) : پریکول، په ټاکلو اشکالو ټوټو کول .

caryatid دښځی مجسمه چه دستنی (پایه) په توگه په لوړی برخه کی په تعمیر کی لگول شوی وی .

cascade, n. & v.t.i. داوبو جوړ ډی، جړوبی (ابشار) : د کاسکیډ په ذریعه دمختلفو الاتو سره تړل تړل کیدل .

cascara, n. یو ډول ونه چه په کالیفورنیا کی زرغونیږی او سرپښتاکه مواد ځینی راوزی .

case, n. & v.t. صندوق : پوښ : جوړه (سیټ) دالاتو : د کړکی چوکاټ : (په طباعت کی) لوړ کیس او کښته کیس چه په لوړ کی غټ توری او په کښته کی واړه توری وی : په صندوق کی اچول .

case, n. ټاکلی حالت یا مثال : قانع کوونکی دلیل : قضیه : (گر) دنوم ضمیر یا صفت هغه حالت چه د رابطه یی له نورو شیانو سره ښیی : (حق) دد عوی اقامه کول .

casein, n. سپین پروټین چه د شیدو اولاتو په پیو کی موندل کیږی .

caseent, n. د کړکی چوکاټ : چپراس لرونکی کړکی .

cash, n. & v.t. نغدی پیسی، سکه، د چک په مقابل کی نغدی پیسی اخستل .

cashier, n. خزانه دار، صراف .

cashier, v.t. موقوفول، له عسکری خدمت نه طردول .

cashmere, n. پټ ، له پټ نه جوړ شوی ټکر (اصلي یا نقلي) ، کشمیر ۰ (د کشمیر د وزغنو پټ) ۰

casing, n. ټیکی ، پوښ : پو ښهد نه ؛ (ټیږ) کوڼلی ۰

casino, n. لوبه خونه ، تعمیر (د نڅا ، مجلسو او ساعت تیری لپاره) کارېږي۰

cask, n. لوښی (دمایعاتو لپاره) ؛ ددغسی لوښی مایعات ۰

casket, n. دکالی غنډ و خچه : (امر) تابوت۰

casque, n. خول۰

cassava, n. د بوټو دولیو(ر یښو) نشایسته یا دمغي ډوډۍ ۰

casserole, n. ازکاره (هر کاره) ؛ خاورین یا ښیښه یی لوښی چه ډوډۍ پکښې پخیږي او خوړ له کېږي ۰

cassia, n. بوټی (طب) دسناد بوټی یا لي ۰

cassino, n. دپتو یو ډول لوبه ۰

cassock, n. د عیسوی ملا یا لوچپنه ؛ اوږد کوټ ۰

cast, v.t. غورځول ؛ توېول ؛ شمېرل ؛ متشکل کول : لوبغاړی ته د لوبې برخه سپارل ۰

castanets, n. pl. یو ډول دموسیقی اله ؛ دعاج یا لرگي دوه وا ړه ټوټې دي چه د نڅا او ساز سره یې ترنګوي ۰

caste, n. په هندستان کې ارثي مذهبي فرقه ؛ هغه نظام چه خلک پکښې د ثروت نسب او اجتماعي موقف په اساس وېشل شوي وي ۰

castellated, adj. کلا (قلعه) ډوله ۰

caster, castor, n. دمالگي یا مرچو لوښی ، لمکدانۍ ؛ اراېه (دچوکۍ - کوچ چپرکټ) ۰

castigate v.t. جزا ورکول ، ترټل انتقاد ور باندې کول ؛ سپېڅلی کول ۰

castiga.tion, n.

casting, n. په قالب کې اچونه ، قالبیدونکی ، قالب ۰

cast-iron, n. چودن (چدن) ؛ یو ډول اوسپنه چه په اسانی قالبیدای شی ۰

castle, n. حصار ، کلا : (شطرنج) ، رخ کلا ته تګ ، کلاکې حصاریدنه ۰

cast off, adj. ټیت وېړک شوی ، رټېدلی ؛ رټل شوی سړی یا شی ۰

castrate, v.t. خصی کول ، ځکول ۰

casual, adj. اتفاقی ، کله کله ، تصادفی ؛ بې قاعدې ۰

cas.ualty, n. پېښه ؛ په جګړه کې مرګ او ژوبله ۰

cas.uistry, n. ماهرانه دلیل چه حقیقت ونه لري خوخلک ور باندې وغولېږي ۰

cat, n. پیشو ؛ ناوړه ښځه ، خرا به ښځه ۰

cataclysm. n. ناڅاپه ستره پېښه ؛ ستر اړوند وړ ۰

catacomb, n. دمړو لوځای (ترځمکې لاندې) دځمکې لاندې هدېره ۰

catalogue, catlog, n. and, v.t.i. اساسی لست (دکتابو ، لوښو او ځایو) ؛ لست جوړول ، کیټلاګ جوړول ۰

catarpa,n. یو ډول ونه چه پلنې پاڼې لري او پلی بڼو لدې تخم کوی ۰

catamount, n. (امر) پیشی پړانګ ۰

catapult, n. (لښی) یو ډول ماشین چه په هغه ډبري یا غشی غورځی : په بېړۍ یو کي یو آله چه له هغه نه الوتکه الوځوی .

catract, n. لوی ځړوبی (آبشار) : دسترګي ګل یا اوړه .

catarrh, n. نزله ، دپوزې یو ډول ناروغی .

catastrophe, n. غمجنه پېښه (فاجعه) ، لوی مصیبت ، سقوط ، بد بختی .

cat-bird, n. یو ډول امریکایی مارغه چه ږغ یې د پیشو د میو غوندي دی .

catch, v.ti. and n. نیول ، کښی ایستل ، کښېوناستل (په اوبو کي ، کوټې یا تلکه کي) ؛ اور یا لول : خوشا لول ؛ تړل ؛ پو هېدل ؛ اور لګېدل لاندي کول ؛ نیولی ساتل : دراځکول . یا راښکلو حالت : نیونکی : د نیولو عمل (ټوپ او نور) .

catch.er, n. نیوونکی ، د بیسبال په لوبه کی د توپ نیونه .

catchup, n. چټنی ، یو ډول چټنی چه له رومی بانجانو یو ځکی (ډینګری) او غوز (چارمغز) څخه جوړه یږی .

catechism, n. دمذهبی تعلیماتو کتاب چه دسوال او ځواب په اساس ترتیب شوی وی

catechise, v.t. اوږده سوالونه کول .

catechumen, n. هغه ځوان چه لومړی تر عیسایی کېدو دعیسوی عقیدې تعلیمات اخلی .

categorical, adj. مطلق ، بې شرطه ، بې استثنا ؛ په کومې ډلی پوری مربوط .

cat.egory, n. کټګوري ، ډول (قسم) ، صنف ، طبقه ، ډله ؛ هغه ویش چه په تصنیف کی استعمالیږی .

cater, v.i. خوراکه تهیه کول ؛ دضرورت وړ شیانو تهیه کول .

caterpillar, n. ځینی حشرات (پتنګی ، کمبلی) چه دچنجی په حالت کی وی ؛ دولی چینجی ؛ غیر مولد مستهلك (تیار خور) ؛ ټراکتور چه پری پری ځنځیر ډول ادا بې لری .

catfish, n. پیشی کب (یو ډول ماهی دی چه دپیشو په شان بریتونه لری) .

cathartic, adj. پاکوونکی : یو ډول مسهل ، تخلیه کوونکی (لکه جلاب) .

cathedral, n. لویه کلیسا .

catheter, n. دمثانې څخه دبولو (میتازو) ایستلو آله .

cathode, n کتوډ ، دیوې برقی منبع منفی اړخ (برخه) .

cahtolic, adj. کاتولیك ، جهانی ، عمومی ؛ دعیسوی دین پیرو یا نامزد (په تیره د روم. Catholic. کاتولیك مذهب چه مشر یې پاپ دی) .

catkin, n. ښنګار (په ځینو سرو) : دځینو ونو وړوکی ډوله ګل (لکه دولی او نورو) . ځبی ، پنج .

catnip, n. دوچی سنبل .

cat-o-nine-tails, n. نه تسمه یی متروکه .

catspaw, n. ببری ا : کم عقل ، غولیدونکی ، ساده ، نری وږمه چه او به پر ځپوراولی .

catsup, n. د catchup. n. بل شکل .

cattail, n. ګاټه، بوټه کال ، ډو بلی (داوخو ګل)، لوخه، ډیله .

cattle, n. څاروی (په تېره غوا، غویی).

Cauca.sian, adj. : قفقازی ، سپین نژاد ، د اوع بشر د نژاد و هغه ښاخو ته چه په یورپ، امریکا، افریقا او د آسیا په جنوب غربی برخو کې اوسی

caucus, n. د حزبی مشرانو مجلس چه په هغه کې خپل سیاست او کاندیدان ټاکی .

caudal, adj. د لکۍ ځای : لکۍ ته ورته دي ، د لکۍ شاو خوا

caught, د catch ماضی .

cauldron, n. د caldron. پلنه بڼه .

cauliflower, n. ګوبی ، د کرم ګل .

caulk, v.t. د calk. پلنه بڼه .

caus,al, adj. and n. علتی ، سببی ، د علت څرګندوونه : د علت او معلول د اړیکو څرګندوونه (یو ډول) : (ګرامر) د علت توری .

causa,tion, n. علیت (د علت او معلول رابطه)، د علت عملیه ، معلول تولیدونکی عامل .

cause, n. and v.t. علت ، سبب ، قضیه ، هغه څه چه نتیجه څنې حاصلیدای شی : د موضوع فیصله کول : دعوی یا اجراات (په محکمه کې) د کوم شی علت کېدل

causeway, n. and v.i. لښته ، ځمکه باندی د ډېرو لاره یا سړک : د سړک جوړول ، پوخ پیاده رو .

causic, adj. and n. سوځوونکی : تریخ : شدید : ځوځوونکی ، تیره : یو ډول ماده چه د جسم پوستکی خوساکوی او ځوځوی

بڼ : (نور) د نور د وړانګو انکسار انعکاس د منحنی سطح څخه

cauterise, v.t داغول . داغل (طب) د برق په وسیله د یو شی سوځول لکه د دانې او نورو .

caution, n. nad v.t. and adj د خبر داری عمل یا ویښا : احتیاط : اخطار : اریانوونکې : خبرداری ورکول : اخطار ورکول .

cau.tious, adj adv. محتاط ، محتاطانه .

cavalcade, n. v.i. رساله ، د آس د سپرو ډله یا لیکه : د آس د سپرو ورسم ګذشت : سپرېدل .

cavalier, n. adj. v.i. د آس سپور : هغه سړی چه د ښځو ډېره مور یانه رفتار کوی : آزاد ، بې قیده : لقب (په انګلستان کې) : هغه زړور ځوانی چه پر کومه معتبره ښځه د ساتونکی په حیث وی : په پخوانی روم کې سپور عسکر .

cavalry, n. سپاره عسکر ، رساله .

cave, n. & v.i. سمڅ ، سمڅه ، غار : په سیاسی حزب کې انشعاب کوونکی اقلیت : په سمڅه کې استوګنه

cavern, n. v.t. adj. سمڅ ، غار : (د غره) په سمڅه کې ایښوول : غار کول : له سمڅو ډک .

caviare, caviar, n. خاویار ، د ماهی هګی

cavil, v.t. بې ځایه اعتراض پرې کول ، مهمو شیانو اعتراض کول

cayenne, n. غار ، جوف ، د منځ تشوالی :

cavort, v.i. (امر) نره پکې ځنځکی یا ټوپ سوړ مرجان ، د ور جنګه جګېدل ، چټکی)

cease, v.t.i. تمامول یای ته رسول، درول، درېدل .

ceaseless, adj. بې له پسې ، بې وقفې .

ceaselessly, adj. په بې له پسې توګه

cedar, n. دسپروڼه.

cede, v.t.i. تسلیمول، پرېښول ، تسلیمېدل

ceiling, n. چت : دلیدو د قوت ، دلوړ اندازه (په تېره په هوانوردی کې) .

celandine, n. مامیره (طب) یو ډول بوټی چه زیړ ګلان کوی .

celebrate, v.t. جشن نیول ، په منا سبو مراسمو اجرا کول، په خاصه طریقه اجرا کول .

celebrity, n. نامتو سړی : معروف .

celery, n. دګازرې د کورنۍ یو ډول سابه چه پاڼې او ډنډرې اومه او پاخه خوړل کیږی .

celestial adj. n. اسمانی ، جنتی ، دجنت اوسېدونکی .

celibacy, adj. n. لونړ (مجرد)، لونړتوب .

cell, n. وړه کوټه (د زندان) ، حجره (دجوماتاو کلیسا) : (ب) حجره (د حیوان او نباتی اجسامو) : برقی بېټری .

cellar, n. زېرخانه ، تحویلخانه چه هلته شراب او نورد خښاک شیان ساتل کیږی

cello, n. (مو) یوه آله ده (لوی وایلون)

cellular, adj. حجره لرونکی (په عضوی شیانو کې).

cellulose, n. سلولوز د یو کیمیاوی ماده چه د نباتاتو د حجرو د یوالو نه ترې جوړه شوي وی او له هغه نه کاغذ او ریان (مصنوعی وریښم) هم جوړه وی

celt, kelt, n. سیلټ، کیلټ، دهند وجرمن له کورنۍ برېټون ، ویلش، ایرش کاـ یلیک او نورې ژبې .

celtic, keltic, adj. سیلټکی ، کیلټکی

cement, n. سمینټ .

cemetery, n. هدیره .

censer, n. لوښی چه په کلیسا کې خوشبویه تېل پکښې سوځوی .

censor, n. سانسورکوونکی (هغه مامور چه چاپ شوې آثار ، فلمونه ډرامې تمکرامونه ، مکتوبونه ګوری او دضبطولو صلاحیت یې لري).

censorious, adj. کرمو ونکی ، منقد ، عیب لټوونکی .

censure, n. v.t. ترټنه ، ژوروڼه، ترټل .

census, n. احصائیه، سرشماری یا مالشماری

cent, n. سینټ ، دډالرسلمه برخه .

centaur, n. نیم سړی ، نیم آس (د یونان په نکلو کې) .

centave, n. دجنوبی امریکا ، هسپانیې فلپاین او نورود سکې سلمه برخه .

centenarain, n. سل کلن سړې یا ښځه .

centenary, adj. & n. سلمه کالیزه

center, centre, n. مرکز : دشورې مرکزي غړې چه نه دښی او نه د کیڼی ـ خواوې .

centigrade, adj. سانتی ګراډ (دسانتی ګرېډ په حساب میزان الحراره پر سلو درجو وېشل شوې ده چه په صفر درجه یې او به یخې (کنګل) کیږي او په سلو درجو یې ایشی) .

centigrame, n. سانتی ګرام (دګرام سلمه برخه) .

centime, n. د فرانسې سلمه (په تېره دفرانك)

centimeter, n. سانتي متر (د متر سلمه برخه) .

centipede, n. يو ډول حشره چه ډېرې پښې لري .

central, adj. & n. منځنۍ ، مرکزي ، اساسي : ستر .

centralize, v.t. مرکزي کول : تمرکز ورکول ، مرکزي ګرځول لاندې را وړل .

centrafugal, adj. له مرکزه تښتېدونکی .

centripetal, adj. مرکز ته راګرځېدونکی ، په زور مرکز ته را ښکېدونکی ، الي المرکز .

centurion, n. دسلو تنو مشر .

century, n. پېړۍ ، قرن ، سل کاله .

ceramic, n. & adj. د کلالۍ صنعت ، کلالي .

cer[illegible]al, n. دانې يا حبوبات : غله .

cerebellum, n. دمغز کښتنۍ شاته برخه ، وړوکی دماغ (دماغ اصغر) .

cerebrum, n. د انسان دمغزو مخنۍ او پاسنۍ برخه دماغ اکبر .

cerement, n. کفن ، په موم لړل شوی ټوکر .

ceremonial, adj. په رسم يا مراسمو پورې مربوط : دمراسمو ټاکلی طرز او مقررات (لکه په عبادت کې) .

ceremony, n. مراسم : دمراسمو ټاکلې سلسله چه په مذهبي او نورو امورو کې اجرا کېږي : ظاهري بڼه : تشريفات.

certain, adj. يقيني ، متيقن : ټاکلی : داعتماد وړ : له تېر يدو نکی .

certainty, n. اطمينان ، خاطر جمعي حقيقي ، ايقان .

certificate, n. تصديق نامه .

certify, v.t. تصديقول .

certitude, n. زړه ته لوېدنه ، باور کونه اطمينان .

cerulean, adj. تك شين .

cessation, n. ختمې : انقطاع ، پرېکونه .

cession, n. دحق او مال سپارل (بل چاته) تسليمول .

cesspool, n. دپدرلت ځای چه ملته ناولي اوبه ټولېږي .

chafe, v.t. تودول (په تېره په مښلو) : په قارول ، ځورول .

chaff, n. & v.t.i. بوس ، پروړه : بې ارزښته شی ، ټوکې کول (پر) .

chaffer, n. & v.i. دچنو وهنه ، جګړه ، کول، جګړه (دبيې دلږولو دپاره) .

chaffinch, n. سا پره .

chagrin, n. & v.t. ناهيلي ، پريشاني : (دناکامۍ په سبب) : سودا ، اندېښنه ،

chain, n. ځنځير ، لړۍ : د مساحت ځنځير : يو لې پيښې : يو لې غرونه v.t. په ځنځير تړل ، په بند کې اچول ، سره تړل (په ځنځير) .

chair, n. چوکۍ : کرسۍ : رئيس (دغونډې) .

chairman, n. رئيس ، مشر ، دمجلس مشر

chaise, n. بګۍ ، ګاډۍ .

chalcedony, n. سپینه شنه بخنه قیمتي ډبره (غرنۍ مرغلره).

chalet, n. بانډه (په سویس کې) یو ډول سویسي کوټۍ چه د الپ په غرو کې یې د سیندیو په توګه استعمالوي.

chalice, n. پیاله : (عیسوي) متبرک کاسه.

chalk, n. تباشیر.

challenge, n. & v.t. د مسابقې د پاره بلنه او عام اعتراض : په مسابقه یا جګړې فیصله کول : د ایراد نیول : مسابقې ته رابلنه : استثنا قایلېدل : اعتراض کول.

challis, shalli, challie, n. شال. (ښایي دا کلمه د پښتو (شال) وي). ورېښمین سپک ټوکر : د پښمې او ورېښمو ګډوله ټوکر.

cham, n. خان ، د خان بل شکل.

cchamber, n. کوټه ، د خوب کوټه : د قانون ساز مجلس خونه : د ټوپک چا غور (ججوره) : خونه (لکه د تجارت) : محکمه.

chamberlain, n. د عالي محکمې غړی : حواله دار (د یورپ په ځینو ښارو کې).

chambray, n. چیت.

chameleon, n. د ربوړی ، : هر دم خیاله سړی

chamois, n. غرڅه : د پسه یا وزې پخه او پسته څرمن

champ, v.t.i. په شدت سره ژوول (چه ږغ ځنې پورته شي)، کرېدل ، خوړول (د کلک شي د خوړلو په وخت کې)

champagne, n. شامپاین ، یو ډول فرانسوي شراب.

champaign. adj. ارت او هوار.

champion, n. اتل ، قهرمان : مسابقه کوونکی : د ځان یا نورو د پاره مبارزه کوونکی : لومړی درجه (په مسابقه کې).

v.t. د قهرمان په توګه مدافعه کول

chance, n. چانس ، تصادف : پېښه : بخت : مخاطره : قمار : فرصت : امکانات (پېښې د کېدو).

v.t. خطر قبلول.

v.i. پېښېدل.

chancel, n. (په کلیسا کې) د پادري ځای

chancellor, n. صدر اعظم ، منشي : د پوهنتون رئیس : د محکمې رئیس.

chanceryy, n. دفتر : محکمه

chandekier, n. قندیل ، شمعدان

chandler, n. بقال.

change, v.t.i. تغییر ورکول : بڼه بدلول : اړول ، حالت ته تغییر ورکول : بدلېدل

n. بدلون ، د پیسو په پیسو بدلون.

changeling, n. په بڼه بدلونه (د ماشومانو). د ویالې مجرا : کوچنوټی کم ژوری سیند

channel, n. آبنا : ګیوب : آب رو
د تېرېدو لاره : د راډیوي ارتباط مخصوصې څپې

v.t. لاره پکښې جوړول : تر لارې تېرول.

chanson, n. سندره.

chant, v.t. سندرې ویل : سندرو غوندي حبرې کول : زمزمه کول.

n. نغمه : سندره.

chanticleer, n. چرګ.

chantry, n. اسقاط ، هغه ځای چه د مړي د پاره ختم او دعا پکښې کېږي.

chaos, n. ګډوډي ، بشپړه بې نظمي .

chap, n. سړی ، ژامکی .

chap, v.t.i. درزاچول : چاودېدل : چاودل
زېږ کېدل .

chap, chop, n. ژامه ژرامه .

chapel, n. وړه کلیسا .

chaperon, n. یو بوخ سړی یا ښځه چه
دځوانانو سره وی او دهغوی داوضاعو
مراقبت کوی .

chaplain, n. پادری (په تېره د بری
یا بحری عسکرو) .

chaplet, n. امېل ، تار .

chapman, n. معامله دار : طواف :
دست ګردان

chapter, n. څپرکی ، فصل ، څانګه
(دټولنی) ، ټوله .

char, v.t.i. سکاره کول ، نیم سوی کېدل

character, n. کیفیت یا بڼه : توری :
سیمبول چه دژبی په ثبتو لوکی په کار
یږی : حیثیت اومقام : داخلاقو مجموعه
چه یو له بله بېلوی : شهرت : دکیسې اتل
شهرت .

characteristic, adj. خاصیت ، طبیعت :
بېلوونکې نخښه .

charaterize, v.t. تشریح کول : دخصوصیت
نخښه کېدل .

charade, n. حرف جنګی ، په دې لوبه کی
ګډون کوونکی دخپلی املا قوت —
څرګندوی ، مثلاً که لومړی سړی
دیوې کلمې لومړی توری و وایی
نوربې په خپل وار بشپړ وی .

charcoal, n. دلرګو سکاره .

chard, n. یوډول سپین چغندر چه دهغه
پاڼی اوډنډ دپخوی او خوری یې .

charge, v.t. بارول : فرمان ورکول
امرورکول : تورول ، متهم کول :
حمله کول : جریمه کول : قیمت ټاکل
(برېښنا) نوې قوت ورکول (لکه بېټری
چارجول) چارج (بار) .

charger, n. جنګی آس : چارج کوونکی .

charger, n. لوی غوری .

charily, adv. په احتیاط .

chariot, n. دوه ارابه یی بګی چه
پخوا وختو کې په جګړو او مسابقو کې
استعمالېدې .

charitable, adj. سخی ، خلاص لاسی : دپراخ
نظرخاوند (په قضاوت کی) .

charity, n. سخاوت ، خیرات (مس) دخدای
اوانسان سره مینه ، دسخا احساس یا عمل
مرسته (دخوارانو سره) : په نرمه قضاوت
(دنورو په باب) : زړه سوی .

charlatan, n. شارلتان ، ټګمار ، چلی
چل باز ، غولوونکی .

charm, n. طلسم ، جادو : کوډی تعوید .
v.t. ترجادو لاندی راوستل : جذب کول

charnel, n. ادیره (حضیره) .

chart, n. چارټ ، نخشه ، دفهرست پاڼه
ګراف اوداسی نور .

charter, n. منشور : درسمی سند ورکونه
مستمرا تونه دحقوقو ورکونه : دربست
نیونه (دموټر ، الوتکې او نورو) برائت

chary, adj. محتاط ، احتیاط کار .

chase, n. & v.t. ښکار و تعقیب : تعقیبول : ښکار کول .

chase, v.t. ښکلی کول د حکاکی په ذریعه .

chase, n. چوکاټ ، صندوق و قچه .

chasm, n. چاود : کرانګه : تنګه دره .

chasis, n. قالب : د موټر چوکاټ (شاسی)

chaste, adj. پاک ، سپېڅلی : بو یه ، سوچه ، باکره ، پاک لمنه .

chasten, v.t. جزا ورکول : انضباط سمون .

chastise, v.t. وهل (په څپېړه ، څپېړه) : په څپېړو وهل : وهل : جزا

chastity, n. عفت ، پاکی ، سپېڅلتوب ، پاک لمنی .

chasuble, n. یو ډول چپنه ده چه عیسوی ملایان یې د لمانځه په وخت کې پر تورو کالو اغوندی

chat, v.t. غیر رسمی خبری ، ګپ شپ .

chateau, n. د خان کلا (په فرانسه کې) لوی کور (په اطرافو کې) .

chatelaine, n. ګاڼه ، یو ډول ګاڼه چه ډېر زنځیرونه لری او ښځې یې په څنګ کې کلی ، بیاتی او داسې نور شیان راځړوی .

chattel, n. منقول جایداد

chatter, n. & v.i. خبری ، هغه خبری چه بی فکره ژر ژر کیږی ؛ د غاښو چیچل : د ژامې کړېچهار (د سړې په اثر) .

chatty, n. هغه چه ډېري خبري کو ګپاو و .

chauffeur, n. موټروان (شخصی) .

chaunt, v.t. & n. د chant بل شکل .

cheap, n. & v. t & adj. ارزانه : په لږ زحمت لاس ته راوستل : ارزانه بیه : ټیټ (سپکی) .

cheapen, v.t.i. د بیې کښته کول : ارزانه کول .

cheat, n. ټګ یا ټګمار .

v.t. ټګی کول : تېر ایستل ، غولول .

check, n. & v.t. لیوه ، تمبوه ؛ چارخانه ؛ د کار د صحیح کېدو له پاره نګرانی او همدې مقصد د پاره لار بندول ؛ دقت علامه (v) چه په کتل شوي تصحیح شوي یا په جمله کړ چه او نورو باندې اېښودله کېږي ؛ چک (د بانک حواله) سرزنش ، کنترول ؛ لقوه ؛ درول ؛ ټمبل ؛ ژغورل ؛ د تصحیح په غرض کتل ؛ په سترنج کې (کشت) ورکول ؛ مخ نیوی .

checkers, n. د سترنج تخته ؛ په انګلستان کې یو ډول لوبه چه د دوو کسانو تر منځ د سترنج تختې په شان تخته باندې اجرا کېږي .

checkmate, n. په سترنج کې کشت و مات ؛ ماته ؛ مایوسی .

cheek, n. انانګی ، غومبوری (بڅون) : بې پروایی ، جسارت ، بې باکی .

cheep, v.i. چوڼهار (لکه د چوڼکې) .

cheer, n. خوشحالی ؛ هغه چه خوشحالی راولی : د خوشحالی یا تحسین ږغ .

cheerful, adj. خوشحاله ؛ ورین تندی .

cheery, n. خوشحاله .

cheese, n. یو څه پنیر .

cheesecloth, n. خمتا ، کرباسی (له پنبې) .

chef, n. سراشپز ، اشپز باشي .

chefdoeuvre, n. غوره کار شهکار (په ادبياتو کې) .

chemical, adj. کيمياوي : کيمياوي ماده دوا : هغه شي چه د کيمياوي عمليا تو په نتيجه کی په لاس راشي .

chemise, n. يو ډول اوږد کميس چه ښځې يې تر بدن لاندې اغوندي .

chemist, n. د کيميا پوه يا د کيميا عالم .

chemistry, n. د کيميا علم چه د شيانو او د هغو په ترکيبا تو او تغيراتو [illegible] او خواصو کې څېړنې کوي .

cheque, n. چك (پر بانك حواله) .

cherish, v.t. په مينه او احتياط روزنه کول د خاطري په توگه په ذهن کې ساتل .

cherry, n. گيلاس (يو ډول ميوه)

cherub, n. مقربه ملائکه ؛ ښکلی ماشوم .

chess, n. سترنج ، شطرنج .

chest, n. سينه ، ټټر ؛ صندوق ، يخدان .

chestnut, n. يو ډول ونه او د هغې ميوه ؛ سور بخن نسواري رنگ .

chevalier, n. شواليه ، زړه ور سوار کار د فرانسې د اشرافو طبقې .

cheviot, n. يو ډول غرنی پسه چه لنډې وړۍ لري او د شيويټ په غرو کې پيدا کيږي ؛ د دې پسه د وړۍ يو ښخه جوړه شوي وکر (کشميره) .

chevron, n. (ملي) نښان چه پر تنبه ور باندې معلوميږي .

chew, v.t. ژوول

chicanery, n. چل ، چلبازي ، حيله

chick, n. چوچی ، چرگوړی ، مرغړی (د مرغه بچی يا چوچی) .

chickadee, n. يو ښخه مرغی چه تور چرغول لري .

chicken, n. چرگه ، د چرگی غوښه .

chickweed, n. تخم بادانې (د يو ډول هرزه بوټی چه د مرغانو ډيرې خوښې دي) .

chicory, n. کاسني ، کاشني .

chide, v.t.i. تو بيخ ور کول ، د غوږ تاوول د غوږونو تاوېدل ؛ خرېدل ، غور پدل .

chief, adj. رئيس ، مشر ، د لوړې رتبې لومړنی ، مهم عمده ، اساسي .

chieftain, n. مشر (د قوم يا د يوې ډلې) .

chiffon, n. سوچه ورېښمين ټوکر .

chiffonier, chiffn-nier, n. د ميز يا الماری خانه .

chilblain, n. چاود يا چاوده چه د يخنی په اثر په لاس او پښو کی پيدا کيږي ؛ پرهار (د يخنی په اثر) .

child, n. کوچنی ، وړوکی ، ماشوم (اولاد ، زوی که هلک وي) .

childbirth, n. د ماشوم زيږېدنه ؛ لنگون .

chil, n. ساړه ؛ د ساړه په اثر ريږدېدنه ؛ ساړه احساسات .

v.ti. سړول ؛ سړېدل .

chimaera, n. افسانوی حيوان چه سر يې د زمری ، لکی يې د مار او نور جسم يې د وزې وی ؛ خيالی ، واهي او تصوری هيولا .

chime, n. د گنگړو يو ټولگی يا هغه جوړه چه د منظمو روبه وخت کی يې غږوی ؛ نغمه ، آهنگ ، زنگ (لکه د ساعت) .

chimera, chmaera, n. احمقانه او وېروونکي فکرونه

chimerical, adj. خيالي ، پوچ .

chimney, n. دېرخه يا درېچه ، د اليکين پالمبې بېښنه : دود کښ (لکه د بخاری) .

chimpanzee, n. چيمپانزی (يو ډول شادو افريقايي انسان ته ورته بيزو) .

chin, n. زنه .

china, n. چيني باب (کټوري، پيالې، چاينکي او نور)

chinchbug, n. د غنمو سپږه ، شپېږه .

chinchilla, n. دجنوبي امريکې يو حيوان چه خړ پښمينه ډوله پاسته ويښتان لري .

chink, n. کوچنۍ چاوده يا چاک ، درز .

chintz, n. چيت .

chip, v.t. کوچنۍ ټوټه (د لرگي يا بل شي) ؛ يوه خوله مړيه ؛ مهره چه په پوکر او نورو لوبو کې استعماليږي

v.t.i. ټوټه کول : ټوټه کېدل .

chipmunk, n. يو کوچنی امريکايي حيوان چه لولی يا موش خرما ته ورته دی .

chipper, adj. تازه او خوشاله .

chirp, n. چرچر ، د کوچنيو مرغانو چغوله

chisel, n. ترجنج ، تېشه .

chit, n. رسيد ، بيل .

chitchat, n. عادي مرکه ، گپ شپ .

chivalrous, adj. شهتلي ، زړور ، نجيب مؤدب

chivalry, n. د شواليه عادات ، اخلاق او کردار ؛ زړور تيا ؛ د آس تور سپرو ډله ؛ د شوالي نظام .

chive, n. د غوره پياز ؛ د پياز غوندې بوټی ؛

chloral, n. يو ډول خوب راوړونکی دارو يا پوډر .

chloride, n. (کيم) کلورايډ .

colrine, n. (کيم) کلورين .

chloroform, n. کلوروفارم ، بې رنگه درنه مايع ؛ د بېهوشۍ درمل .

clorophyll, n. کلوروفيل ، د نباتاتو شنه ماده .

chocolate, n. چاکليټ ، يو ډول خوږه يا څښاک چه له ککو څخه جوړه شوې وي ؛ تيز اسواري رنگه .

choice, n. انتخاب ، خوښه ، ټاکنه ؛ غوره ؛ بدل يا عوض ؛ د سړي او شي انتخاب ؛ د غوره کولو موقع .

adj. د غوره کېدو لايق ؛ غوره انتخاب .

choir, n. ډله (د سندرغاړو) ؛ په کليسا کې د سندرغاړو ځای .

choke, v.t. زندې کول ، ترپښول ، خفه کول ؛ د بوخۍ دودې او عمل مخه نيول ؛ تړل .

choler قهر و غضب .

cholera, n. کولرا (يو ډول وژونکې ساري ناروغي چه د ناولو شيانو دخوړلو څخه پيدا کيږي) .

choleric, adj. تند مزاجه .

choose, v.t.i. انتخابول ، چه فکر کول ؛ موزون گڼل ؛ خوښول .

chop, n. & v.t. ټوټه (لکه د غوښې) ؛ ماتول (لکه په تبر) ؛ ټوټه کول .

chop, n. چاپ ، مهر ، نښانه .

chops, n. ژامه .

choral, n. (۲) د سندرغاړو ډله ؛ په ګډه سندرې (په کليسا کې) ترانه (کورس) .

chord, n. تار (په تېره د موسيقي آلاتو)؛ رسۍ .

chore, n. (امر) وړه يا سپکه دنده ، کار چار .

chorister, n. سندرغاړی (د کليسا د سندرغاړو په ډله کې) .

chorus, n. کورس ډله (په اتن اره کې هغه ډله چه د نڅا او سندرو له پاره روزل شوې وي) ؛ په ګډه سندرې ؛ د سندرې يوه برخه چه په ټاکلې وقفه کې ويل کېږي ؛

chose, د choose, ماضي .

chosen, د choose, ماضي .

chowder, n. د ماهي ښوروا چه پياز د خوګ غوښه او شيدې هم ورسره وي .

christ, n. حضرت عيسى عليه السلام .

Christen, n. په مسيحي دوا سمو د ماشوم نوم ايښودله : د تعميد غسل ورکول .

christendom, adj. & n. مسيحيان : ټولې هغه برخې چه عيسويان پکې اوسېږي.

Christian, adj. عيسوي، مسيحي : عيسوي مذهب .

Christianity, n. مسيحيت ، عيسوي مذهب ؛ د عيسوي تروب شرايط .

Christianize, v.t. عيسوي مذهب ته اړول؛ عيسوي کول .

Christmas, n. کرسمس، د عيسويانو اختر .

chromatic, adj. (۲) د نيمې پردې ساز؛ رنګه

chrome, n. (کيم) رنګ (لکه سور کروم يا ژېړ کروم) .

chromium, n. کلک خاورين رنګه فلز .

chronic, adj. مزمن ، اوږد ، خنډني (د ډېرې مودې) .

chronicle, n. & v.t. تاريخ : تاريخ ليکل .

chronology, n. د پېښو په ترتيب د پېښو د ليکلو علم

chronometer, n. د وخت د معلومولو آله ، ساعت .

chrysalis, n. پتنګ (کېږلی) چه د ودې په دوهمه مرحله کې وي .

chrysanthemum, n. داودي ګل .

chrysolite, n. زبرجد .

chub, n. يو ډول کمکی ماهي .

chubby, adj. چاغ او ګرد .

chuck, v.t. & n. ارتېول، غورځول (په اېمه وازه) : په اسانۍ ارتېينه .

chuck, n. د غوايي غوښه (په مالګه او مرچ لی لی)؛ ګيرا (د توږلو په ماشين کې)

chuckle, n. مسکا، مسل (د ټيټې خولې خندا) .

chum, n. المبوال : خوږملګری .

chump, n. بې عقل : کوډن .

chunk, n. پنډه ټوټه (لکه د لرګي يا ډوډۍ) بوټی .

church, n. کليسا (د عيسويانو د عبادت ځای) .

churchman, n. د کليسا غړی ، پادري : هغه څوک چه کليسا ته ډېر ځي .

churchwarden, n. د کليسا مامور (هغه څوک چه د کليسا مال ساتي) .

churl, n. بزګر ، کروندګر ، دهقان ؛ کليوال : بد ډبه .

churn, n. مڼی ، څې کوه ، منډوڼی .

v.t. شړبل ، کول .

cicada, n. ملخ ، مچخ .

cicerone, n. لارښوونکی .

cider, n. دمڼو اوبه ، مڼو شیره ، شربت .

cigar, n. سیګار (د څکولو د پاڼو د تمباکو نه اوبد جوړه شوی شی).

cigarette, n. سګرېټ .

cinch, n. تانګه .

cinchona, n. د کونینو ونه (په جنوبی امریکا کی) .

cincture, n. کمربند .

cin.der, n. نیم سوی سکاره (نیم سوخته).

cin.ema, n. سینما

cinematograph kinematoga دسینما ماشین .

cin.namon, n. دال چینی

ci.pher. n.. ټکی ، صفر (۰) شفر .

circle, n. (هندسه) دایره ؛ ګرد شکل ؛ یوه ډله خلك چه ګټې یې سره ګډې وی ؛ د نفوذ دایره

v.t.i. دایره کول ، په حلقه کی راوستل ، دایره کېدل .

circlet, n. کوچنی دایره (په تېره بیا ګوتمی ، وښی او دا ډول نوری ګڼې).

circuit, n. دوره ، محیط : شاوخوا راتاوېدل یا راګرځېدل ؛ (برق) د برېښنا د جریان لار کې یا د دایری پرشاوخوا ګرځېدونکی : منحد او مال لیك .

circu.itous, adj. شاوخوا ، ګرد چاپېر ؛ غیر مستقیم .

circular, adj. دایروی ، سطحه چه په دایره کی احاطه شوی وی ؛ په دایره

circulate, v.t.i. ګرد چاپېره ، ګرځېدل (لکه وینه په بدن کی) : له یوه ځایه په بل ځای ته یا د یوه سړی څخه بل ته تېرول خپرېدل یا خپرول .

circumcise, v.t. سنت کول ، ختنه کول .

circumference, n. (هندسه) محیط .

circumlocution, n دمقصد غیر ګنډونه (په غیر ضروری او پر دو خبرو کی) اطناب

circumnavigate, v.t. شاوخوا بحری سفر کول .

circumscribe, v.t. پرزا کښل ، احاطه کول .

circumspect. adj. محتاط ؛ پام لرونکی .

circumstance, n. حالت ، غیر ټکوالی ، وضع تفصیل ؛ پېښه ؛ شرط ؛ شاوخوا (محیط) تشریفات .

circumstential, adj. په پېښو او حالاتو پوری مربوط ، پر پېښو متکی ؛ له بشپړو تفصیلاتو ډك .

circumvent, v.t. لاس ته راوستل (په چل ول) ګېرول ؛ بشپړ تفصیلات در لودل .

circus, n. سرکس .

cistern, n. . داوبو د ټولېدو ځای ، ټانکر .

citadel, n. : (لش) نظامی کلا ، ارګ ، سنګر .

citation, n. جلب ؛ محکمې ته راغوښتنه ، اقتباس : له یاده ویل .

cite, v.t ؛ راغوښتل (لکه محکمې ته) ؛ اقتباس کول .

citizen, n. تبعه ، ښاری .

citric acid, n. دلیمو د او بو جوهر: د لیمو د کورنی د میوو تیزاب .

citron, n. یو ډول غټ بیضوي شکله لیمو یو ډول هندوانه چه د مغی مفرد مخصوص ډول کیك جوړولو لپاره استعمالیږي.

citrus, citrous, adj. سټرس: د لیمو او نارنجو د کورنۍ میوې د خوړو وړ لی.

city, n. ښار .

civet, n. مشك .

civic, adj. ملکی: ښاری مدنی .

civics, n. مدنی پوهنه .

civil, adj. مدنی: ملکی: داخلی: اجتماعی: هیواد او سهد ونکوونو: مؤدب: متمدن .

civilian, n. ملکی: غیر نظامی

civility, n. ادب، تهذیب، ښه سلوك .

civilization, n. مدنیت: کلتور .

civilize, v.t. مدنی کول

clad, n. ملبس .

claim, v.t. & n. حق غوښتل: مطالبه، ادعا، تقاضا .

clairvoyant, n. هغه سړی چه وایی د پټو شیانو د لیدلو قدرت لری (ذکر امت خاوند) .

clam, n. یو ډول صدف چه خوړل کیږی .

clamber, v.i. خژل .

clammy, adj. لمجن: پوست: سړ پیښناکی: سوړ .

clamor, clamour, v.t. غال مغال: په زوره غږ .

clamp, n. ایوونکی (گیرا)، هغه آله چه شیان یو ځای سره نیسی

clan, n. قوم، قبیله، طایفه

clandestine, adj. مخفی، پټ .

clang, v.i. & n. کړنگول، سره وهل (لکه فلز د یل شي سره)، کړنګ

clangor, clangour, n. کړنګهار .

clank, n. د فلز ږغ چه د clang له ږغ نه پوخه تېټ وی (لکه د ځنځیر ږغ).

clap, v.t.i. چك چکې کول، لاسونه پړ کول .

claboard, n. نري تخته چه په ودانیو کې استعمالیږی .

clapper, n. لاس پړ کوونکی، چك چکې کوونکی، یو شی چه داو ږغ تولیدوی.

claptrap, n. ځان ښودنه، تظاهر .

claret, n. سره شراب سور شی .

clarify, v.t.: تصفیه کول پاکول

clarinet, n. کلارنیټ (د شپېلی یو ډول)

clarion, n. صاف او اوږد ږغ شپیلی .

clarity, n. وضاحت، څرگندوالی

clash, n. ټکر: اوږد ږغ چه د ټکر نه پیدا کیږی: تصادم .

clasp, v.t. & n. تړل، په غېږ کې نیول، په لاس کې ټینگ نیول: چپراس: سګك: چنگك .

class, adj صنف: طبقه، ډله، درجه رتبه: پر ډلو ویشل، پر طبقو ویشل.

classic, n. کلاسیك، ارزښتی، اصلی معیاری اثر: اومړی درجه: د پخوانی روم او یونان کلتور ته منسوب نامتو لیکوال یا کتاب .

classical, adj کلاسیک او ساري ، لامتو ادبیات ؛ چه او لامتو تال پاتېږي .

classify, v.t. تصنیف ؛ په منظم ډول ترتیبول .

clatter, n. داسې ږغ چه د لوښو د سره موښتلو څخه پیدا کېږي ؛ په لوړه ږغ خبرې کول

clause, n. فقره ؛ (گرامر) د جملې یوه برخه ؛ د لیکنې یا سند یوه برخه .

clavicle, n. د اوږې د ږوه لوی هډوکی د مرغانو خوږ تخیل .

claw, n. لوټې ؛ چمبه (پنجه) .

clay, n. خاوره ؛ د انسان بدن .

clean, adj. سپېڅلی ، پاک .

cleanly, adj. & adv. سپېڅلی (په خوی او شخصیت کې) په پاکۍ سره .

cleanse, v.t. پاکول ، سوچه کول .

clear, adj. روڼ ؛ صاف ؛ بې شکه ؛ یقین سپېڅلی ؛ خالص ، سوچه .

clearance, n. تصفیه ، د منو لرو (خنډونو) لیرې کول ، د چکونو او اسنادو تصفیه .

clearing, n. په ځنګله کې هغه ټوټه ځمکه چه ونې یې وهل شوي دي ؛ (بانکي) د چکونو ملاحظه .

clearing house, n. (بانکي) د چکونو او چنجالي حسابونو د تصفیې خانګه .

cleat, n. یوه ټوټه فلز یا لرګي چه د شیانو د ټوټ دریا تولو یا ټکولو په غرض پالندي وهل کېږي (لکه پر بوټو پالندي میخونه) .

cleavage, n. چاود ، انشعاب ، درز .

cleave, v.t.i. سوری کول ، جلا کول ، جلا کېدل .

cleaver, n. ساتور ، لویه چاړه .

cleft, n. (موسیقي) د ټا لونو کلي .

cleft, n. چاود ، درز .

clematis, n. ټاپي ډوله بوټی چه سپین چګک او سره بخن ګلان کوي .

clemency, n. زړه سوی ، رحم ؛ نرم والی (لکه د هوا) .

clement, adj. بښونکی ؛ زړه سواند ، رحیم .

clench, v.t. موټی ، موټ کول (لکه د لاس) ؛ ټینګ نیول .

clergy, n. ملا ؛ روحاني .

clergy man, n. پادري ، یو له ملایانو څخه .

cleric, n.= clergyman. پادري .

clerical, adj. میرزائي ، د لیکلو کار ؛ روحاني چارې .

clerk, n. میرزا ، لیکوونکی ؛ (امر) په هټۍ کې خرڅوونکی یا خرڅوونکی .

clever, adj. هوښیار ، چالاکه .

clew, clue, n. د سپنسو کوټ ؛ نښه ، علامه اثار ، کلي .

cliche, n. کلیشه ؛ یو ساده ادبي اصطلاح .

click, n. ټک ټک (ږغ) ؛ کمکی ږغ .

client, n. مراجعه کوونکی ؛ هغه څوک چه مقنن یا داکتر ته ورځي او مشوره ورسره کوي .

clientele, n. مشتریان (بیمار) ؛ پېروان .

cliff, n. کړنګ ، د غره ډېر بنده لاښ .

climate, n. اقلیم ؛ د هوا د یو کلني درجو او سط .

climax, n. لوړه درجه ، منتها ، هسکه ؛ آخري درجه ؛ اوج .

climb, v.i. or v.t. : ختل : لوړ ته ختل : پر لوړه خېژول.

(له down سره) کښته کېدل.

clime, n. اقليم، هيواد (په شعر کې استعمالېږي.)

clinch, v.t. ټك وهلی مېخ کږول يا کږ وړول : د ټك وهل شوی مېخ د کږولو په اثر دوه شيان سره ټينګول : ټينګ نيول.

cling, v.i.t. سره موښتل : په ټينګ کې نيول : فکر کې ډوبېدل.

clinic, adj. کلينيك، د ناروغانو کتنځی، د روغتون يوه برخه چه هلته ناروغان کتل کېږي.

clinical, adj. کلينکي، د بستري : نارو غه بستري :

clink, n. شرنګی، شرنګا : بندي خانه (د بندي خاني کوټه).

clip, n. ګيرا، هغه سيم چه کاغذ ورته په نيول کېږي : پياتی.

clip, v.t. & n. ټوټول : خريل : سکولل : سکوستل : ګوزار ور کول.

n. سکول : د پسه د وړيو ورګ.

v.i. په چټکی سره تلل.

clipper, n. خرخول : پوچول کړ ندی بېړی : لوی بېړی کوونکی (آله) : ګړندی : د تاڼي بېړه پياتی.

clipping, n. پرې شوې ټوټه (لکه د اخبار).

clique, n. ډله (د خلکو په تېره هغه کمکی ډله چه د خپلو اغراضو د پاره کار کوي).

cloak, n. چوغه : چپن، خرقه، ماسك، نقاب.

v.t. په چپنه کې تاوول، په چپنه کې نغاړل پټول.

clock, n. سر ميزي يا دېوالی ساعت.

v.t. د ساعت په واسطه وخت ټاکل.

clock-wise, adv. د ساعت د ستنو د ګرځېدو پر خوا، له کيڼې خوا ښي خوا ته

clod, n. لوټه : بې عقل، نا پوه.

clodhopper, n. کروندګر، کلی وال، بانډه وال : مضبوطې څپلی (لکه د کروندګرو).

clog, n. درونده شي چه د خوځېدو منعه کيسي : مانع : د لرګي څپلی چه تلی يې عموماً د لرګو وي : د لرګي ټوټه.

v.t. ممانعت کول، منعه نيول، بندېدل.

cloister, n. صومعه، څيله، د دنيا د تارکانو استو ګنځی.

v.t. له خلکو څخه جدا کول.

close, adj. نږدې : دقيق : تخميني : تړلی : منځلی : محرم، صميمي.

close, v.t. تړل : بندول : نتيجه اخيستل : موافقه پر کول.

v.i. پو ځای کېدل.

close, n. پای، نتيجه : محوطه، انګړ.

clos et, n. الماری، د خلوت کوچنی کوټه، پستخانه : بيت الخلا.

v.t. کوچنی خونی ته د خبرو د پاره بول، پټول.

closure, n. پای، انجام، انتها : د بحث ختمول (په شورا کی) او د رايو اخيستنه، نتيجه.

clot, n. پرنډ (شيدی)، ټوټه (لکه د وينو) د خندو وينو ټوټه، د وينو ټوټه : د کريم ټوټه : هره ټينګه مايع.

cloth, n. ټوكر ؛ رخت (د وړ ين، تاري، سونډي، ورېښمين او نور....) يونيفارم يا پوشان كالي (په تېره د عيسوي ملايانو).

clothe, v.t. د كالو اغوستل ؛ پوښل (د كالو اغوستلو په اثر).

clothes, n. & pl. كالي، جامې.

clothier, n. كالي خرڅوونكى، يا گنډونكى

clothing, n. كالي، پوښاك، لباس.

cloture, n. ختمونه (لكه د مباحثې).

cloud, n. اوريځ، اوره : دوړى : ډله : هرهغه شى چه توره اووړوونكې بڼه او منظره لري

v.t. په اوريځو پټول او تورول ؛ بدنامول.

v.i. په اوريځو پټېدل او توريدل ؛ بدناميدل.

cloudburst, n. ناڅاپي زور ور باران.

clout, n. چپلاخه ؛ څپېړه ؛ پيوند ؛ پڼه ؛ صافي ؛ نښه.

v.t. پينه كول ؛ پيوندول ؛ په ټوكره پټول.

clove, cloven, n. د cleave ماضي.

clove, n. لونگ، په لرې ختيځ كې يو ډول ونه چه گلان يې د ديگ د مسالې په توگه استعماليږي.

clovepink, n. د لونگ گل.

clover, n. شوتل، شفتله (شبدر)

clown, n. مسخره، بې تربيې ؛ سپك ؛ كم عقل.

v.t. سپك كارونه كول

cloy, v.t.i. مړول : داشتها تر حده پورې (په خاص ډول) خوړل ډوډۍ ته خوابه كېدل يا زړه ته كېدل.

club, n. كلوب (د ناستې ځاى د راغونډيدو خونه) ؛ يو ډول لرگى يا ډنډه چه په ډول ډول لوبو كې استعماليږي ؛ ځاى چه پكې يو ډله خلك د ټاكلي مقصد له پاره راغونډيږي.

v.t.i. په لرگي وهل ؛ د مقصد له پاره سره راغونډيدل.

cluck, n. كړكهارى (لكه د چرگې خپلو بچوته).

v.t. كړكهارى كول

clump, n. كوټه، گڼ شيان (لكه ونې) گنډه، غوټه ؛ ډډغ.

v.t.i. دراڼه گامونه اخيستل ؛ وهل.

clumsy, adj. ناوړه، بې خونده، كاږې واږې، بې مهارته بې ډوله.

clung, n. د cling ماضي.

cluster, n. غونچه، گېډۍ ؛ ډله ؛ وږى

v.t.i. د غونچې په شان شنه كېدل يا شنه كول ؛ راغونډول يا غونډيدل

clutch, v.t. n. كلچ (د موټر) ؛ نيول، كلكول.

v.i. كلكېدل ؛ په منگولو كې نيول.

clutter, n. گډوډي ؛ بې نظمي.

v.t.i. بې نظم كېدل ؛ بې نظم كول ؛ د ځاى تنگول.

coach, n. بگى ؛ د اورگاډي خونه، ښوونكى

v.t. مرسته كول (د زده كوونكي سره د خصوصي تعليم په اثر) ؛ د مسابقې له پاره د پهلوانانو چمتو كول.

coajutor, n. مرستيال

coagulate, v.t.i. ټينګ، ټينګ کېدل ، غوټه کېدل د کيمياوي عملې په اثر خنثي کېدل (منتشر کېدل) پرنډ کېدل .

coal, n. د ډبرو سکاره .

v.t.i. د ډبرو سکاره تهيه کول، سکاره کېدل

coalesce, v.i. يو له کېدل ؛ يو تن کېدل (يو وجود کېدل) .

coalition, n. يووالى ، ائتلاف .

coaloil n. دخاورو تېل .

coal tar, n. ګاړکول ، قير (د ډبرو له سکرو نه) .

coarse, adj. زېږ ؛ ټيټ کيفيت والا ؛ هغه چه غوره نه وي ؛ بې ادبه .

coarsen, v.t. & i. زېږ کول ؛ د کيفيت ټيټول ؛ بې ادبه کېدل ؛ زېږ کېدل .

coast, n. د سيند غاړه ، د بحر غاړه ، ريوده

v.i. بر غاړه غاړه تلل (د بېړۍ په ذريعه) ؛ په اسانۍ خوځېدل يا تلل ؛

coast guard, n. ساحلى ساتونکى ؛ بحرى يا عسکرى قوه .

coat, n. کورتى ؛ بالاپوښ ؛ د څارويو پوټکى او پټ ؛ پوښ .

v.t. پوښول

coating, n. پوښ .

coat of arms, n. نښان چه تر ځرې وغيره تړل کېږي .

coat of mail, n زغره .

coax, v.t. غوړه مالي کول ؛ ملنډې وهل .

cob, n. ټټو ، غټ يا مشهور سړى ؛ قو (نر) ؛ ټوټه (لکه د سکرو يا خټو)

cobalt, n. کوبالټ ، يو سپين نقره يي رنګه فلز چه د اوسپنې او نکلو سره پيدا کېږي

cobble, v.t. پېوندول ، پېنه کول (په تېره د بوټو) .

cobbler, n. موچى .

cobble stone, n. غرګۍ (طبيعي ګرده ډبره) .

cobra, n. چمچه مار ؛ ګوچه مار

cobweb, n. د غنې جاله

cocaine, cocain, n. کوکاين، مخدره دارو چه له يو ډول بوټي يا ني يو اي هغه لاس ته راځي

cochineal, n. يو ډول رنګ چه له يو ډول امريکايي وچې شوې حشرې څخه جوړېږي .

cochlea, n. د غوږ د کړېدو کې د ننني برخه ، د غوږ کاسه

cock, n. چرګ ؛ نر (د هر مرغه) ؛ لار ښوونکى ؛ داو : يو ډول شيردان ؛ د ټوپک کانګه .

v.t.i. کانګه شا ته وهل .

cock, n. يو کوټه واښه ، د وښو کوټه ، ډلۍ

cockade, n. د خولۍ د پاسه نښه يا ګل

cockatoo, n. يو ډول استراليايي رنګه طوطي ؛ کوچنى بزګر يا هغه سړى چه لږ ځمکه لري

cockatrice, n. (تخ) يو ښامار چه په تش کتلو سړى وژني .

cockerel, n. چرګوړى (نر) .

cock eye, n. چپک، چڼو، کوږ سترګى

cock eyed, adj. چپى

cockle, n. واښه، ناکاره واښه

cockle, n. يو صدف چه خوړل کېږي .

cockle shell, n. د صدف پوست (پوښ) ؛ وړه کې بېړۍ

cockney, n. یو ډول انګریزي لهجه چه د لندن په شرقي څنډه کې ویله کیږي؛ لهجه؛ بې ادبه کوچنی (چه د ناز په اثر خراب شوی وي).

cock pit, n. ژورځای، سرټکي ژورځای، د الوتکې د چلوونکي د کښېناستو ځای؛ د چرګانو د جنګولو ځای؛ په بیړۍ کې د ټپیانو ځای؛ ژورځالی.

cock roach, n. ګې لنډی (یو ډول خزنده)، دوړ یو موریڼه

cocktail, n. کاکټیل، یو ډول شراب چه څو رنګه یې سره ګډ شوي وي؛ د اشتهار او ستلو خواړه.

cocky, adj. له ځانه خوشحاله، کبرجن، مغرور، ګستاخ.

coco, n. کوپره.

cocoa, n. ککاو؛ بې غوړو چاکلیټ؛ یو ډول څښاک چه له همدې شي څخه جوړیږي

coconut, n. کوپره، نارګیل، د کارګي زړی.

cocoon, n. د ورېښمو د چنجو غوزه.

cod, n. یو ډول کب دی چه لویه خوله لري

cocdle, n. پخول (له ایشېدلو) او بیا کې وړو وړو پخول؛ په نازاو هوسایۍ کې روزنه.

code, n. د قوانینو مجموعه؛ رمز، شفر.

codex, n. د کتاب قلمي نسخه؛ رمز؛ مقدس کتاب.

cod fish, n. یو ډول لوی خولی کب

codger, n. عجیب سړی.

codicil, n. د وصیت نامې ملحق یا ضمیمه.

codify, v.t. شفر جوړول، په رمز کې اړول؛ سنبالول: د قوانینو ټولول

codling, n. کوچنی خزنده چه منې او شفتالو وهي.

coeducation, n. یو ځایې لوست (د نجونو او هلکانو)، د نارینه او ښځو ګډ تعلیم یا زده کړه.

coefficient, n. په ګډه کار کوونکی، هغه شی چه د بل شي په مرسته کار کوي؛ (ریاضي) ضریب.

coerce, v.t. تورې کول، جبر کول، تشدد کول؛ زور اچول؛ پر چا باندې په تحمیلي توګه یو کار اجرا کول.

coeval, adj. همزولی؛ د یوه عصر ــ.

coexist, v.i. یو ځای اوسېدل؛ ګډ ژوند کول.

coexistence, n. ګډ ژوند.

coffee, n. قهوه، کافي.

coffer, n. صندوقچه (د ګهڼو د ساتلو د پاره).

coffin, n. تابوت (هغه صندوق چه مړی پکې ږدي).

v.t. په تابوت کې اېښودل.

cog, n. غاښی (د ماشین په ارا په یا پایه).

cogent, adj. غښتلی؛ قانع کوونکی.

cogitate, v.t.i. فکر کول، په غور کې ګرځېدل، په فکر کې ډوبېدل

cognac, n. کنیاک (یو ډول فرانسوي شراب).

cognate, adj. خپل خپلوان؛ د یوې ریښې؛ د یوې کورنۍ؛ همطبع؛ له یوې ریښې څخه.

cognition, n. پوهه، درک؛ د پوهې قوه

cognizance, n. پوهېدنه ، ادراک ؛ خبرېدنه : خبر کېدنه ، پام ، توجه .

coheir, n. میراث خوار (هغه څوک چه میراث اخیستلو کې سره ګډ حق ولري).

cohere, v.i. سره نښتل : اړه در لودل ؛ په یوه فکر کېدل ، متفق کېدل .

coherent, adj. نښتونکی ، نښتی ، تړلی مربوط .

cohesion, n. نښتنه یا ارتباط (یو له بله سره) : د مالیکیولونو د جاذبې قوه (په خپل منځ کې) .

cohort, n. یوه ډله (په تېره د جګړې لو) .

coif, n رخچینه (یو ډول تنګه خولۍ)

coif feur, n. نایی ، سلمانی

coiff ure n د سر د وېښتانو د جوړولو موډ یا ډول .

coil, n. تاو را تاو ، حلقه ، کړۍ مار چې په کړۍ شوی سیم یا پړی v.t. تاوول، کړۍ کول، حلقه کول.

coin, n. سکه ، پیسه ، فلزي ټوټه چه حکومت یې د پیسو په توګه او حیث په چلند اچوي v.t سکه وهل ، د فلزي پیسو جوړول، اختراع کول .

coinage, n. سکوک ، سکه وهنه

coincide, v.i. په یوه وخت او ځای کښې پېښېدل : برابر پېدل ؛ موافقه کول .

coincidence, تصادف ، په یوه وخت او ځای کې پېښېدنه .

coincident, adj. اتفاقي ، په یو ځای او یوه وخت کښې پېښ شوی ، تصادفي ؛ موافق .

coke, n. کوک (یو ډول سکاره چه د ډبرو د سکرو له تصفیې نه په لاس راځي)

colander, n. چلو صاف ؛ غلبېل .

cold, adj. ساړه یخني ؛ بې مینې ؛ سوړ والګی .

cole, n. د کرم د بوټي د کورنۍ عام نوم .

colic, n. (طب) قولنج .

collaborate, v.i. کار کېدل (د دوو یا ډېرو کسانو په ګډه سره سته) : ګډ عمل همکاري کول .

collapse, v.i. ټوټې ټوټې کېدل ؛ سقوط کول ؛ له مینځه تلل ؛ په سوړه تنو تل ؛ دړې وړې پېدل .

n. سقوط ، اضمحلال .

collar, n. کالر ، د غټ غاړه ، غړ واندی . تر غاړې یا ګرېوان لیول ؛ v.t. کالر یا غاړه بر غړی یا اور مېړ ریا تاوول .

collarbone, n. د اوږې هډوکی چه ټټر د اوږې سره نښلوي .

ocllate, v.t. پرتله کول ، مقایسه کول (د یوشي کره او ناکره معلومول لکه د یو مضمون یا متن) .

collateral, adj. څنګ په څنګه ، اړخ په اړخ ؛ په هماغه وخت کې پېښه ؛ اتفاقي ؛ له یوې کورنۍ یا سرونکي له یعنی د یوه نیکه اولاد ؛ تضمین

n. دویمې خپل ؛ د کوم شي تضمین .

collation, n. پرتله ، مقایسه (په انتقادي توګه) لکه د مضمونو ؛ ناری .

colleague, n. ملګری ، الی یوال .

collect, n. لنډ یا مختصر لمونځ .

collect, v.t. ټولول : کنټرول ټینګول (پر) : د پور ټولول یا سند د پیسو حصول لول.

collective, adj. ټوله ایز : اشتراکی : راټول شوی، راټول شوی : د یوې ټولي.

college, n. پوهنځی : اختصاصی تعلیمی مؤسسه : د متصدیانو یا همکارو ټوله چه یو ډول او یو شان امتیازات او حقوق سره ولری.

collide, v.i. ټکر (سره)، ټکریدل، یو له بل سره جنګیدل : مخالف کیدل.

collie, n. یو ډول سکاټلنډی سپی چه اوږده ویښتان لری او پیروی.

collier, n. سکاره خرڅوونکی : د ډبرو د سکرو په کان کی کار کوونکی

colliery, n. د ډبرو د سکرو کان یا کارخانه.

collocation, n. د شیانو په لاسی ډول اوډول او یا ترتیبوله چه یو له بل سره اړه او ارتباط لری : څرګندوله، ښکاروله (په یو ځای کی)

colloquial, adj. په عامیانه ژبه خبری، عادی او غیر رسمی خبری.

colloquy, n. خبری اتری (یو له بله)، مرکه

collusion, n. دسیسه (سوده)، چل ول، ټګی د پرګی.

cologne, n. کلونیا، خوشبویه اوبه.

colon, n. وقفه ورکونکی نښه (:)

colon, n. الږده، د لویې کولمې یوه برخه.

colonel, n. ډګروال.

colonial, n. د مستعمراتو او سیمه والی.

adj. مستعمراتی : استعماری

colonist, n. استعمارچی : د مستعمری اوسیدونکی او سیمه والی.

colonize, v.t.i. مستعمره کول : مستعمره کیدل : مستعمره جوړول

colonization, n.

colonnade, n. د ستنو قطار (په تعمیر کی) یا د ونو قطار.

colony, n. مستعمره، یوه ډله خلک چه بل وطن ته ولیږدی خو بیا هم د خپل اصلی وطن متابعت ساتی : هغه ملکه چه دغه ډول ډله پکښی میشته وی

color, colour, n. رنګ، ډول (جمع) بیرغ : ښکلی منظره.

v.t.i. رنګول، رنګیدل.

colourful, adj.

coloration, n. د رنګونو سره ګډونه او استعمالونه.

colored, coloured, adj. رنګ شوی : هر ډول نژاد (بې له سپین پوستو څخه).

colorist, colourist, n. رنګمال : نقاش.

colossal, adj. ستر، لوی، غټ.

colossus, n. غټ سړی یا شی.

colt, n. بیانې (د آس یا ګوره خر) کوټی (خرګی) : نوبلوغه (ناپوخه).

columbine, n. & adj. یو ډول خړ بوټی کمکی بوټی چه غټ ګل کوی او له ورایه ښکاریږی : خړ ی کوتری څوندی رنګ، د کوتری په ډول.

column, n. ملا، ستن (ستون) (چه چت ته پې ورکوی) : هر هغه شی چه ستنی ته ورته وی : (لښکر) د پلټنی قطارونه : د اخبار یا کتاب ستون.

columnist, n. لیکوونکی (په اخبار کی د ځانګړی ستون) .

coma, n. کوما ، بې حالی .

comb, n. ږمونځ یا ږمنځ : د چرګ جرخوړ یا چرخوړك

v.t. ږمنځول : سجلا کول

combat v.t.i. مبارزه کول : جنګېدل : جګړه کول : مقاومت کول.

n. جګړه : مسابقه .

comber, n. ږمنځوونکی . اوږدې کږې وږې څپې .

combination, n. ترکیب : یوځای کېدنه : یووالی : د موټرسایکل کجاوه .

combine, v.t.i. یو (متحد) کول : یو کېدل : ګډول ، ګډېدل . یوځای کېدل

combine, n. اتحادیه : په تېره د سیاسی او تجارتی ګټو د لاس ته راوړلو له پاره : دلو ، غوبل د ټکولو یا کوټلو او باد کولو ماشین .

combustible, adj. اور اخیستونکی . هغه شی چه ژر اور اخلی لکه پټرول او نور څوړ شیان .

combustion, n. احتراق ، سوځېدنه

come, v.i. راتلل : ورتلل : یو ټکی ته رسېدل ، موافق کېدل .

v.i. اجرا کول .

comedian, n. کومېډین ، مسخره ، ټوکمار (په یوه کمېډی لوبه کې)

comedy, n. یوه ډرامه یا کیسه چه پای و ته خندا راوستونکی وی او په خوشالی پای ته رسېږی

comely, adj شکلی ، ګلالی

comestible, adj. د خوړلو وړ

n. خواړه .

comet, n. لکۍ لرونکی ستوری څو ندی هلال د آسمانی جسم چه په لمر را ګرځی .

comfit, n. خوږې (نقل او نور) .

comfort, v.t. هوسا کول : دلاسا کول : ډاډ ور کول .

n. له درد او ربړ څخه ژغورنه ، هوسایی

comfortable, adj. آرام : مستریح ، مناسب ، هوسا (اصط) پوره ، کافی

n. (امریکا) پړستن ډوله روجایی .

comforter, n. هوسا کوونکی ، تسلی ورکوونکی ، (امریکا) پړستن ډوله روجایی ، دغاړې وړینې دسمال

Comforter, n. روح القدس

comic, adj. مسخره ، خندنی ، خندوونکی .

coming, adj. راتلونکی ، رارسېدونکی : (اصط) پر بالی کېدونکی : زیږې ورکوونکی . (د ښې آینده ی) .

n. راتګ ، رارسېدنه .

comity, n. ادب ، تهذیب

comma, n. کاره ، د ټکه (،) نښه چه جملې او کلمې سره بېلوی ، وېر کول .

command, v.t.i. امر ور کول : نفوذ کول : کنترول کول : اداره کول : اداره کېدل ، کنترول لېدل

n. امر : صلاحیت : نفوذ : کنترول : عسکری امر .

ecmmandant, n. کوماندان . امر ورکوونکی

commandeer, v.t. نیول (د عسکری مقصد د پاره)

commander, n. آمر ، کوماندان ، لار ښوونکی: عسکري کوماندان یا مشر

commander in chief, n. عمومي کوماندان (لومندان) ، هغه عسکري کوماندان چه د وچې ، او بو او هوائي قولي قواوې يې تر امر او لاس لاندې وي .

commandment, n. قوماندہ ، حکم ، امر : (انجیل) يو له لسو احکامو څخه

commando, n. کوماندو (لښ) دسپرود يوه ټولګۍ مشر : فدائي .

commemorate, v.t. په یادول ، په ذهن کې را تیرول : د يادګار په توګه ساتل .

commence, v.t.i. پیل کول : شروع کېدل : د يو هنګون د بری لیك لاس ته راوړل

commencement, n. پیل : د بری لیکونو د ویشلو په منا سبت جشن (د ښوونځي یا پوهنځي له خوا) .

commend, v.t. ستا یل : سپارښت کول .

commensurate, adj. برابر ، په يوه اندازه ، متنا سب .

comment, n. تبصره ، یادونه ، انتقادي او تشريحي وينا .

commentary. n. پرلې تبصرې .

commentator, n. مبصر (مفسر) هغه څوك چه په ور څنيو واقعاتو په راډيو يا ورځپا ڼو کې تبصره کوي .

commerce, n. سودا ګري ، تجارت ، معامله .

commercial, adj. تجا رتي ، دسودا ګرۍ .

commercialize, v.t.i. تجا رتي کول : تجا رتي کېدل (د ګټې دپاره) .

commingle, v.t.i. ګډ ول : ګډ ېدل .

commiserate, v.t. زړه سوی ښکاره کول .

commissar, n. کمیسار ، دپولیس یا ویش ساتونکی (سرحددار) : په شوروي اتحاد کې د يوې حکومتي څانګې مشر : (لښ) ذيرمه وال .

commissariat, n. کمیساري : (لښ) دعسکرو د ذیرمې ترتیب د ذیرمه تون موظف منصبداران دماموريتو يوه څو له حکومتي څانګه (په شوروي اتحاد کې) دخوړو تهیه .

commissary, n. (برت) په عسکري تشکیلا تو کې هغې یا تحویلدار چه عسکرو ته لوازم ځني ورکوي : کمیسار .

commission, n. کمیسیون ، ګمارنه : د يوه مخصوص کار دپاره صلاحیت : هیئت ، د کوم کار کمیټه : له صلاحیت لرونکو خلکو څخه جوړه شوې کمیټه و کالت ، دلالي .

v.t. صلاحیت ور کول : په خدمت مقررول ، دیوه کار دحق الزحمه (دلالي) .

commissioner, n. مامور : دهیئت غړی .

commit, v.t. ارتکاب کول : باور کول : انتقالول ، دجرم ارتکاب کول : وعده ورکول : بندي کول .

committee, n. کمیټه ، هیئت .

commode, n. کمود ، میتیاز لښالي ، میتیاز لوښی چه عموماً په لمبلځي (تشناب) کې ایښودل کیږي .

commodious, adj. ارت : پراخ : هوسا .

commodity, n. متاع ، جنس (تجا رتي مال) .

commodore, n. بحری منصبدار چه له کپتان څخه يوه رتبه مشکه دی .

common, adj. عمومی، په ټولو پوري مربوط، عادی، معمولی، د هرچا، مانوس، مشترك، ګډ

commonalty, n. عوام، خلك، وګړی .

commoner, n. عادی سړی، د عوامو ډلی څخه : (برت) د انګلستان د پارلمان غړی .

commonplace, n. & adj. عمومی موضوع : تر پښو لاندی (عادی مسأله)، عادی خبره ؛ بې خونده مضمون ؛ عمومی عادی، بې خونده

commons, n. عوام، هغه چه د اشرافو له ډلې څخه نه وی : د انګلستان پارلمان (دارالعوام)

commonweal, n. د خلکو ښېګڼه، د خلکو ارامی او هوسایی .

commonwealth, n. مشترك المنافع دولت آزاد خلکو متوله، د خلکو حکومتوله، داسې حکومت چه واك او اختيار يې د ټولو خلکو په لاس کې وی ؛ د ملت ټول وګړی .

commotion, n. بې قراری، ګډوډی، پاڅېدنه، لمسون، قيام .

communal, adj ډله ايز، ټولټولنی سيمه ايز د ټولنې ساده ژوند، په عامو خلکو يا کميون پوري مربوط .

commune, v.i. ليدل (يو بل سره) يو بل سره مرکه کېدل، حواله کېدل

commune, n. کمون، يوه وړه کې اتحاديه : يوه کوچنۍ منطقه چه يو څه خپلواکی ولري، خپلواکی ولاندې حکومت او پوښتنه روال ولری ؛ عوام ؛ هغه خلك چه په ۱۸۷۱ کې يې په فرانسې کې انقلاب وکړ .

communicant, n. خبر ورکوونکی، خبر رسوونکی ؛ هغه څوك چه په کليسا کې ماخستن د خدايی ډوډی د خوړلو مستحق وی .

communicate, v.t.i: مخابره کول، خبرول په خدايی ډوډۍ کې برخه درلودل ؛ مرتبط کېدل .

communication, n. مفاهمه، مخابره ؛ د فکر څرګندونه (يو بل ته) ؛ پيغام د مخابري وسيله .

communicative, adj.

communion, n. ګډون، شرکت ؛ ليدنه کتنه، خبرې اترې ؛ يو ډلګی عيسويان چه د يوې عقيدې او يوه انتظام څښتنان وی، مباشرت .

communique, n. خپرونه، ګډه اعلاميه (وروسته تر رسمی خبرو)، حربی اعلاميه.

communism, n. کمونيزم (هغه اجتماعی نظام چه ملکه پر هرڅه عمومی مالکيت دی او ټول توليدی وسايل په ټولنې پوري اړه ولری او ټول عوايدات په مساوی ډول پر خلکو وېشل کيږی په دې اجتماعی نظام کې له هرچا څخه د هغوی په اندازه کار اخيستل کيږی او هرچا ته د هغه د احتياج په اندازه ډول ډول امتيازونه ورکول کيږی .)

communist, n. کمونست

community, n. ټولنه، هغه ټولنه چې په يوه ځای کې سره اوسي رسم ورواج او خوی يې سره ورته وي، خلك، ډله : ګډ مالکيت

commutation, n. بدلونه، تخفيف، لږونه، دجرم کمونه.

commutator, n. آله، يوه آله ده چې په موټر کې يې دبرېښنا دجريان دسمولولو پاره ږدي

commute, v.t. بدلون، دجرم لږول، سفر کول (په اورګاډي کې دارزانه ټيکټ په واسطه).

compact, adj. سره ټول، ټنګښتی، لنډ، متکاثف (ټخته).

v.t. سره ټنګول، ټولول.

compact, n. بټوه، يوه کوچنۍ بټوه يا کڅوړه چې ښځې يکښې دمخ پوډر او نور شيان ږدي او په دستکول کې يې له ځانه سره ګرځوي.

compact, n. تړون، موافقه، جوړه.

companion, n. انډيوال، ملګری، مل

companion way, n. هغه زينې چې د بيړۍ لوړ ځولي له سالون سره نښلوي.

company, n. ملګرتيا، شرکت، ملتيا، ډله چې په ګډه سره تجارت کوي، شرکتان؛ (۲) دسازيانو، سندرغاړو او لوبغاړو ډله (اصطـ) ميلمانه؛ (لښ) ټولی؛ د بيړۍ عمله،

comparable, adj. دپرتله کېدووړ، دمقايسه کېدووړ، مقايسه کېدونکی.

comparative adj. دمقايسې وړ، نسبتي؛ (ګر) تفضيلي صفت.

compare, v.t. مقايسه کول، د تلا وت دهر ګنډولو د پاره مقايسه کول؛ پرتله کول.

comparison, n. پرتله، مقايسه

compartment, n. خونه، کوټه، ځالۍ (لکه چوځولۍ او نور)؛ چاردګی (احاطه شوی ځای)؛ داورګاډي ډبه يا کوټه.

compass, n. قطب نما؛ ټېك، پرېد، سرحد، محوطه؛ کرښه، ليکه؛ يوه آله چې دايروي خط په کاږي (پرکار)؛ دسيمه جوړول؛ دايره جوړول؛ **v.t.** احاطه کول.

compassion, n. زړه سوی، خوا خوږي، رحم، همدردي.

compatible, adj. موزون، متناسب، جوړ، وړ، برابر.

compatriot, n. وطنوال، هيوادوال.

compeer, n. همزولی، هم مسلك، همرتبه.

compel, v.t. مجبورول، کار کولو ته اړول يا اړ کول.

compensate, v.t. جبران کول، تاوان ور کول، داوښتي زيان جبيره کول.

ocmpete, v.i. سيالي کول، رقابت کول، مسابقه کول.

competence, n. وړتوب، وړتيا، مناسبت، لياقت، کفايت

competent, adj. وړ، مناسب، لايق، جوړ، برابر.

competition, n. سيالي، رقابت، مسابقه، ميچ.

competiter, n. سيال، رقيب، مخالف، مدعي.

compile, v.t تصنيفول، تاليفول، يا تاليف كول : له نورو كتابو او آثارو څخه راټولول : يو پر بل اچول ، يو ځاى - كول ، خوندي ول .

complacence, n. قناعت ، په تېره له ځانه رضايت .

complain, v.i. شكايت كول، ژاړي كېدل، ماڼي جن كېدل ، گيله من كېدل .

complaint, n. شكايت ، ناروغي ، ناروغتيا، رنځوري، د ځورو ب : ماڼيجن : د خواشينى څرگندونه : نوز لگونه، تورتپنه، تور تپنه(په چا پوري) .

complaisance, n. مهرباني ، ادب ، ښه - وضعيت ، ښه ځاى ، وربين تندى ، د سپي يتوب لاره (مدني سلوك) .

complement, n. بشپړتيا ، پوره حساب ، او بشپړ مقدار : (گر) د خبر متمم

v.t. بشپړ كول : زياتول .

complete, adj. بشپړ : بې عيبه : ټول ، تمام ، گرد .

v.t. بشپړول، تماموول، ترسره كول .

complex, adj. مركب، گډ، مختلط، اخښلى : پېچلى ، نغښتى ، مغلق .

complexion, n. بڼه ، څېره ، جوړه ، گډه وډه .

compliance, n. موافقت ، پر ځاى - كونه ، اجرا كونه : تن ايښودنه، منښت ، قبلونه .

complicate, v.t. پېچول ، تاوول ، مروړل، گډوډول : تاوېدل، گډوډېدل، مغلق كول .

complicity, n. گډون ، برخه ورلو ده لاس لرنه ، په جرم كې گډون .

compliment, n. سلام ، د صميميت څرگندونه ، مننه ، كور و ودانى ، د ښېگڼې په مقابل كې خوشحالي ښكاره كونه .

v.t. تعارف كول : په ورله ستر گه - كتل : كور ودانى ويل .

complimentary, adj. تعارفي ، درناوي توصيف .

comply, v.i. موافق كېدل، منل تسليمېدل (د بل چا خواهشاتو ته) ، قانع كېدل غاړه ايښودل ، تن ايښودل .

component, n. & adj جزء ، برخه ، ټوټى ټوټه : تركيبوونكى .

comport, v.i. په خاص ډول سلوك كول موافق كېدل، مطابق كېدل ، جوړېدل .

v.t. موافقه كول : وړل .

compose, v.t. تركيبول، تشكيلول، برابرول سمول ، ترتيبول : جوړول ، ځلى كول .

v.i. ترتيبېدل ، رغېدل : ځلى كېدل .

composite, adj. مركب، گډ : له ډېرو او مشخصو اجزاؤ څخه جوړ شوى .

n. مركب، كل .

composition, n. تركيب، تشكيل، جوړېښت ، له ځانه ليكنه ، ايجادونه (مو) تصنيف : د تورو ټولونه (په مطبعه كې) .

compositor, n. مصنف ، ايجادوونكى ترتيبوونكى : له ځانه ليكوونكى : د تورو ټولوونكى (په مطبعه كې) .

compost, n. نباتي سره (تركيب شوې) د خوسا پاڼو سره .

composure, n. چوپتیا ، پښ خو لتوب ، غلی توب ۰

compound, v.t. گډول ، یو ځای کول ؛ فیصله کول ؛ جوړول ؛ صرف نظر کول (دجرم دسپیا زاتو څخه) ؛ سوا نفې ته رسېدل ۰

compound, adj. گډ ، د دوو یا ډېرو اجزاوو څخه جوړ شوی ۰

compound, n. انگړ ، غولی ، احاطه ـ شوی ځای ، چارگی ، چپر ؛ مرکب (گر) مرکبه جمله ۰

comprador, n. دلال ۰

comprehend, v.t. پوهېدل ، شاملول ، درک کول.

comprehension, n. درک، فهم ۰

comprehensive, adj. جامع ، پراخ

compress, v.t. مروړل ؛ خټول ، ټینگول (تېره کردن) ؛ لنډیځل ؛ کوټه کول تخته کول ، فشار پر اچول ۰

comprise, v.t. شاملول، گډول؛ درلودل لرل ؛ جوړول ۰

compromise, n. روغه، جوړه، مصالحت پخلا کېدنه (ددواړو خوا ؤگډ شت په اثر) ؛ موافقه ۰

v.t.i. روغه کول ؛ جوړېدل ؛ شهرت ـ وخطر سره مخامخ کول ؛ درسوا کېدو سره مخامخ کېدله ۰

comptroller, n. کنټرولر ، څوړونکی هغه څوک چه د بل چا حسابونه گوری او څېړی یې ۰

compulsion, n. اجبار ، اړ باسنه، اړ یستنه ۰

compunction, n. خوا ښېدنې ، افسوس، خوابدی ، زړه سوی ۰

compute. v.t.i. شمېرل، گڼل، محاسبه کول؛ اټکلېدل ، اټکلول ۰

computor, n. محاسب ، د حساب ماشین ۰

comrade, n. مل ، ملگری ، انډیوال یار ۰

con, v.t. کتل ، لوستل ، مطالعه کول؛ چورت وهل ۰

con, adj. مخالف ، چپ ، وران ، ضد ۰

concatenation, n. سلسله، ځنځیروزمه لی ، په یوه لړی کی پیېیدنه ۰

concave, adj. مقعر، مجوف ، گرد تش منځی ۰

conceal, v.t. پټول ، څنډگه ته کول ، پهڅوه کول، له سترگو پټول ، پټ ساتل څېره پدلول ۰

concede, v.t. ځای ایښودل ، منل، ثن ایښودل ، تسلیمېدل ؛ اعتراف کول غوره گڼل ۰

conceit, n. غرور ، کبر، ځان ښکاره ول؛ (اصطـ) پوه یا لوړه څیړ ونه ، ځانته لویه لوټه ایښودنه ۰

conceive, v.t. احساسول ؛ بلاربېدل ، فکر کول ، پوهېدل ، تصور کول ۰

concentrate, v.t. متمرکز کول، راغونډول، په یوه ځای کی سره ټولول ؛ خټول، ټینگول (غلیظول) ۰

concentric, adj. دگډ مرکز درلودونکی

concept, n. مفکوره ، عقیده ، تصور مفهوم ۰

conception, n. بلاربوالی ، احساسول ؛ پیل ، پوهه ؛ فکری قوت چه مفکوري ، عقیدې او موې لارې مینځ ته راولی ؛ مفکوره ، عقیده ، ادراک .

concern, v.t. رابطه یا علاقه درلودل .
n. مسأله ، موضوع ؛ گټه ، علاقه ؛ ترورتیا ؛ تلولیټوب ؛ تجارتی موسسه .

concerning, prp. په باره کی ، په باب کی ، په شاوخوا کی .

concert, n. کنسرټ ؛ (۲) په گډه ساز او اواز ، همغاړی ساز او اواز ؛ موافقه
v.t. په گډه پلان جوړول ، سره منل .

concerted, adj. سره منلی ، منل شوی ؛ په گډه جوړ شوی (پلان) .

concerto, n. گډه یا مرکبه موسیقی چه پویا څو ډوله ساز ، الات او پوه ارکیسترا پکښی وی .

concession, n. امتیاز ، تیرېدنه ، ور پرېښوونه ، منښه ؛ د ځمکو ټوټه چه د حکومت له خوا ورکړی شوې ځمکې یا کوم امتیاز ته ورته گټه اخیستنه ؛ (امر) د پوه ټاکلی مقصد د پاره د ځیر منقول جایداد پوه برخه وقف کول .

conch, n. کوانچکه یا دماهی غوږ یا دحلزون صدف .

conciliate, v.t. پخلا کول ، دلاسا کول ؛ روغه کول ؛ گرارول .

concise, adj. لنډ ، موجز

conclave, n. خصوصی مجلس یا غونډه ، هغه غونډه چه عیسوي مذهبی مشران د پاپ د ټاکلو د پاره پکښی راغونډېږي .

conclude, v.t.i. پای ته رسول ، تمامول ؛ پرېکړه یا فیصله کول ؛ نتیجه کښل ؛ پای ته رسېدل ؛ تمامېدل ، فیصله کول قضاوت کول .

conclusion, n. نتیجه ، پای ، پرېکړه ؛ ترتیب (د روغې له پاره)

concoct, v.t. د ځینو اجزاو څخه ترتیبول یا پخول (د خوړو) ؛ جوړول (لکه د پلان) پوځای راغونډول یا اېښودل ؛ ترکیبول

concomitant, adj. مل ، ورسره ، ضمیمه ، رفیق .
n. ملگري ؛ ملگرتیا .

conocord. n. جوړه ، موافقه ، رضایت ، توافق

concordance, n. جوړه . موافقه ؛ په یوه کتاب کی د الفبا په ترتیب فهرست شوي مسایل .

concordant, adj. هماهنگه ، یو شوي ، یولاس شوي .

concordat, n. موافقه (په تېره بیا د پاپ او دولتونو ترمنځ) .

concourse, n. غونډه ، د خلکو غونډه ، گڼ لیدونکي ، ګولېدنه ، چرته چه غونډه د غونډې ځای .

concrete, adj. مشخص ، مجسم ، واقعی ، رښتیانی ، ټاکلی ؛ سره نښتي ، هغه چه څرگند ذات او جسم لری ؛ د سمینټو او شگو د گډولو په اثر کلکه ماده (کانکریټ) .
v.t.i. کلکول ، په کانکریټو پوښل یا پټول ؛ کلکېدل .

concretion, n. کلکه ټوټه ، د کانکریټو گبره یا ډبره .

concubine, n. هغه ښځه چه د سړي ما ینه ده وي خو هغه سا تلې وي ، صيغه شوي ښځه .

concubinage, n.

concupiscence, n. جدي خوښتنه : شهوت : حرص .

concur, v.i. جوړ يدل (سره) په غاړه سره ورتلل ، سره مثل کېدل (د کار) : موافقه درلودل ، همکاري کول .

concurrence, n. منيت ، موافقه .

concurrent, adj. همزمان ، په يو وخت کې سره پيښيدونکي يا تصادف کوونکي : (حق) په واك او اختيار کې سره سم ، (سره سادي) اومله .

concussion, n. ټکه ، ټکر ، جټکه ، زيان (طب) غير طبيعي جسمي حالت چه د يو ګوزار يا جټکې په اثر پيدا شي) ، سر بدلي .

condemn, v.t. پړ ول (ملامتول) ، محکوموول مجرم اعلانول : پر يوه شي د غلط حکم کول : اعتراض نيول : ترټل : د خلکو د ګټې له پاره ضبطول .

condemnation, n.

condense, v.t. متکاثف کول ، ټينګول ، غونډول ، لنډه کول .

condensation, n. تکاثف

condescend, v.i. تنزل کول : شفقت کول : تر لاس لاندې کسانو سره په وضع کول ، کمېنې کول : ځان ترلوړ وټيټ ګڼل ، ځان ټيټول .

condign, adj. پخپل ، پوره ، وړ (مثلاً پخپل او پوره سزا) .

condiment, n. مرچ او مساله .

condition, n. ګړ ، شرط ، وضع ، حالت : ديوشي د پيدا کېدو د پاره په زړه پورې فضا ، د حالاتو غرلګوالی : وړ شرايط : کيفيت : د قرار داد يا تړون شرط : حالت ، موقف .

conditional, adj. تړلی ، مشروط ، متکي .

condole, v.i. په غم شريکېدل : خواشيني کېدل (ورسره) زړه سوځېدل .

condone, v.t. د ګناه وربښل ، د چا له ګناه څخه سترګې پټول ، د چا ګناه سپکه بلل .

condonation, n.

condor, n. ګر پته ، مپوس : يکه باښه .

conduce, v.i. مرستيال کېدل (د يو کار په اجرا کې) : نتيجې ته رسېدل .

conduct, n. اداره : لارښوونه : کړن لاره : اخلاق ، خوی ، چلاو .

conduct, v.t. لارښوول : اداره کول ، تنظيم کول (سرپرستي کول) .

conductive, adj. داوډونکي ، داوستونکي ، بيوونکي .

conduit, n. نل ، داو بو نل : لښتی : تنګي : تار (د برېښنا) : دورمه (نل ، د لوېك د روي) .

cone, n. مخروط ، د جنغوزي غوټه .

confabulation, n. ګپ شپ ، خبرې اترې ، آشنا او ازادې خبرې ، کوډ کوچ .

confection, n. خوږه ، شيريني : ګډوډه يا ګډ کيپوله .

confectioner, n. خوږه خرڅوونکی يا خوږې جوړوونکی ، د شيريني معامله کوونکی ، قناد .

confectionery, n. ټول شيريني ، خوږې ، د قناد دکان .

confederacy, n. يو والى، اتحاد، يو ځاى كېدون، اتفاق، ملګرتيا.

confederate, adj. ملګرى، متحد، متفق.
v.t.i. ملګرى كول، اتحاد كول، اتفاق كول، يو كېدل، ګډېدل.
n. توطئه، سازش.

confederation, n. اتحاد، يو لاس توب، يو والى، يو ځاى توب، د امريكې د ايالاتو يو ځاى والى يا يو لاس كېدنه چه هغه ته Articles of confederation. وايي.

confer, v.t. وربښل، منظورول، هسى يا خوشى وركول، مشوره كول، مصلحت كول.

conferee, n.

conference, n. كنفرانس، مجلس، جرګه، دخبرو اترو دپاره ټولنه.

confess, v.t. منل، اقرار كول، خپله ګناه منل يا په ګناه اقرار كول

confession, n. منښه، اقرار، ګوېه (اعتراف)، خپله ګناه منښه.

confessional, n. په كليسا كې هغه ځاى يا ګډى چه هلته عيسوي ملا ناست وي او دخلكو د ګناهو اعترافونه اوري.

confessor, n. اعتراف كوونكى، اقرار كوونكى؛ عيسوي ملا چه د خلكو دګناهو اعترافونه اوري.

confetti, pl. n. د رنګارنګ كاغذو ټوټې يا ځينې چه په ميلو يا ودونو كي پر ــ زوم يا ناوي اچوي او يا يي شيندي.

confidant, n. معتمد، داعتماد وړ، باوري

confide, v.t.i. اعتماد (په)، باور كول (په) كول(په)، داعتماد له مخى يو راز ورته ويل، باوري كېدل، ډاډه كېدل معتمد كېدل.

confidence, n. اعتماد، باور، ويسا، ډاډ: زړورتوب.

confidential, adj. اعتمادي، سري، په پټه، خصوصي يا محرمانه: پټ كارونه.

confidentially, adj. په باوري توګه.

configuration, n. بڼه، څېره يا كږه وږه جوله: شكل.

confine, n. (دجمعى په حالت كې) وېش، بريد، حدود.
v.t.i. محدودول، په چاركې ساتل، ځاى پر ځاى ساتل، بندي كول، محدودېدل، حصارېدل.

confinement, n.

confirm, v.t. ملاتړ كول، تائيدول (دعقيدى او لوړى)، تصديقول (دقرارداد او ورو)، ثابتول، ټينګول كول.

confirmation, n. ملاتړ، تائيد، تصديق، ثابتونه، ثبوت يا سند؛ په عيسوي مذهب كې د يو چا د بشپړ كېدو او قبلولو مراسم.

confiscate, v.t. ضبطول، اخيستل (په زور)، (لكه د حكومت له خوا چه دچا شى په زور واخيستل شي).

confiscation, n.

confiscatory, adj.

conflagration, n. ډېر لوى اور، هغه اور چه ډېر تاوان ولري، لوى اور

conflict, v.t.i. ټكرخوړل، مخالفت كول، تصادم كول؛ په زوره په بل شي

سره نښتل ، لګېدل : ټکر ، مخالفت ، نښته لګېدنه ، اخ و ډب .

confluence, n. هغه ځای چه دوه یا ډېر سیندونه سره یوځای کېږي ، د یوځای کېدو ځای ، ګڼه ګوڼه .

confluent, adj.

conflux, n. یوځای بهېدنه ، یوځای کېدنه .

conform, v.t.i: سمول ، برابرول ، مطابق کول : مثل ، موافقه کول : برابرېدل یوشانته کېدل .

conformable, adj.

conformation, n. جوړښت ، ترکیب ، تنظیم ، شکل ، بڼه .

conformity, n. جوړه ، موافقه : منښته یا قبلونه ، مطابقت .

confound, v.t. ګډوډ کول ، مغشوش کول : وارخطا کول .

confront, v.t. مخالفت کول ، مخالف کول ، مخامخ کول .

confuse, v.t. سره ګډول ، وارخطا کول ، مغشوشول

confusion, n. وارخطایي ، مغشوشوالی ، ګډوډتیا .

confute, v.t. ردول (په دلایلو) ، باطلول .

confutation, n.

congeal, v.t. یخ کول ، دومره سړول چه یخني وکړي : یخني کېدل ، پنډ یخ وربېدل .

congenial, adj. پرطبع او ذوق برابر ، پرخوا خوږ ، په زړه پوري ، خواخوږي ، د یوه ذوق خاوندان .

congenital, adj. موروثي ، ارثي ، ذاتي .

conger eel, n. یو ډول ستر کب چه ورته مار ماهي هم وایي .

congest, v.t. ګوڼه کول ، یوځای سره راټولول ، متراکم کول ، تخته کول : (طب) د جسم هغه غړي چه ډېره وینه پکښې ودرېږي .

conglomerate, adj. سره ټول شوی یا ګوټه شوی .

v.t.i. یوځای کول ، ګوټه یا ګوټه کول : ځای کېدل .

congratulate, v.t. مبارکي ویل ، خواخوږي څرګندول ، د خوشحالي او خوښي څرګندول .

congratulation, n.

congregate, v.t.i. راټولول ، سره اچول ، ګوڼه کول : سره راټولېدل .

congregation, n. ټولنه ، ګوڼه ، ټولنه ، یوځای ، ډله ، علمي یا مذهبي (عیسوي) ټولنه .

congregational, adj. ډله ایز ، د ټولنې ، د ټولنې .

congress, n. کانګرس (کنګره) ، ټولنه ، ډله ، ټولنه ، قانون جوړوونکې ډله .

congruence, n. جوړښت ، یو والی ، موافقت .

congruity, n. مطابقت ، مناسب والی ، موافقت .

conic, adj. مخروطي .

conifer, n. هغه ونې چه غوټۍ لري (لکه د جلغوزي ونه) .

conjecture, n. & v.t.i. اټکل ، ګومان ، تخمین : اټکل کول ، ګومان کول ، اټکلېدل .

conjoin, v.t.i. نښلول ، يو ځاى كول ، نښلېدل ، يو ځاى كېدل.

conjugal, adj. په واده پورې مربوط ، دوادهٔ .

conjugate, v.t. جوړه كول (لكه غر او ښځه) ، منښلول (سره) ، سره اخښل ، سره كډول : (گر) تصريف كول ،

conjugation, n. گردان

conjunction, n. يووالى ، تصادف ، يو ځاى كېدنه : (گر) در بط او عطف توري.

conjure, v.t. جادو گري كول سحر كول : غوښتل : سره لوړل .

conjuration, n.

connect, v.t. منښلول ، سره لگول ، سره تړل : په ذهن كې يو ځاى كول .

connection or connexion, n. ارتباط ، ربط ور كوونكى ، كړۍ ، نښلونه سره لگونه : په ذهن كې يو ځاى كونه خپلوي ، فرقه (مذهبي) ، د ارتباط يا حمل و نقل وسيله .

connective, adj. نښلوونكى ، سره لگوونكى ، په ذهن كې يو ځاى كوونكى .

connive, v.i. تجاهل كول : په پټه مرسته ور كول .

connoisseur, n. كره كتونكى يا قضاوت كوونكى (په تېره په آرت او ذوق ...) چارو كې) .

connubial, adj. په واده پورې مربوط ، ازدواجي ، دمېړه ښځې .

conquer, v.t. بري موندل ، فتح كول ، نيول

conqueror, n. فاتح

conquest, n. بري ، بريالي توب ، دبل هېواد نيونه ، نيول شوي هېواد .

consanguinity, n. دوينې گډون ، دوينې شريكى ، دوينې خپلوي .

conscience, n. ضمير ، وجدان ، دښه او بد و تر منځ د توپير كولو شعور

conscientious, adj. د وجدان څښتن ، باوجدان .

conscious, adj. مستشعر ، با خبر ، پوه .

consciously, adj. په شعوري توگه .

conscript, v.t. عسكري خدمت ته غوښتل ، بېگه كېښل (دعسكرى خدمت دپاره) .

conscript, n.

conscription, n.

consecrate, v.t. سپېڅلى او پاك گڼل ، دخداى عبادت ته ځان وقف كول :

consecutive, adj. پر له پسې ، يو په بل پسې .

consensus, n دنظر يو موافقه ، دمختلفو اړخونو او خواوو سره لگېدنه او ضمېدنه .

consent, v.i. رضايت ښكاره كول ، سره منل ، په يوه فكر كېدل ، يوه خوله كېدل ، سره منل : تسلېمېدل .

v.t. په يوه فكر كول ، په يوه خوله كول : تسلېمول .

consequence, n. نتيجه ، پايلى ، اهميت ، لوېر .

consequent, adj. د نتيجې په حيث لاس ته راغلى ، منتج .

consequential, adj. منتج : مغرور ، كبر جن ، ځان غټ بللونكى .

conservation, n. ساتنه څو ندي كول : رسمي ساتنه ، ځارنه او پاملرنه .

conservatism, n. محافظه کاری، ولړ خوبی دود اود ستور ساتنه ، د تحول سره مخالفت .

conservative, adj. محافظه کار ، د نوو تحولاتو سره مخالف .

conservator, n. محافظ ، ساتونکی .

conservatory, n. تحویلخانه ، تووده خونه چه په ژمی ئې نباتات پکښې روزل کیږی ؛ د ښنګ ښکور او موسیقی ښوونځی .

conserve, v.t. ساتل ، خوندی کول . n. په ډبلی کی ساتنه (لکه د میوو او ساتو) .

consider, v.t.i. فکر کول ، پاملرل ، توجه کول ؛ منښکیر توب کول ، قضاوت کول باور کول؛ متوجه کېدل ؛ په نظر کی نیول .

considerable, adj. د پاملرنې او توجه وړ ، لسپئا ډیر ، د قدر وړ ، مهم .

considerate, adj. پاملرونکی ، داوروود حلونو قدر کوونکی ، د ملاحظې ښښتن مړ دب .

consideration, n. پاملرنه ، توجه ، دقت ، ملاحظه ، اندیښنه ، کتنه ، دلیل ، باعث ؛ اهمیت ؛ قضاوت ؛ نظر په .

considering, pl. ښکنه ، نظر دې ته ، له دې جهته ، له دې کبله ، لو .

consign, v.t. ور کول (په رسمی توګه) ؛ اعتماد په کول ، ورتسلیمول ، ورته ټاکل ؛ په ځای اخیستل ؛ تېبه کول ، د خرڅلاو د پاره څېل نما ینده ته مال استول

consignee, n.

consigner, n.

consignment, n. لیږنه ، لېږل شوی مال ، هغه مال چه نما ینده ته د پلور لو د پاره استول کېږی .

consist, v.i. تشکیلېدل ، شاملېدل ، موافق کېدل ؛ استقامت لرل .

consistency, n. ټینګار ، ثبات ، مقاومت ؛ موافقه (د مختلفو اجزاوو تر مېنځ) .

consistent, adj.

consistently, adv.

consistory, n. د خوندیو یا مجلس خونه ، شورا ، اجلاس ؛ د پاپ سره د مسیحی ملایانو غونډه .

console, v.t.i. ډاډه کول ، دلاسا کول ، تسلی ور کول ؛ ډاډه کېدل ، تسلی کېدل ، زړور کېدل .

console, n. د دیوال پوښښدو څپه ؛ سټن یا مېځه (د برقي یا خولی) .

consolidate, v.t. یو ځای کول ، ټوټول ؛ پیاوړی یا ټینګلی کول ، کلکول ، پولاس کول

consolidation, n

consommé, n. پوډول ښوروا چه د غوښو څخه جوړه شوی :

consonance, n. موافقه ، سازښت (په تېره د غږونو) .

consonant, adj. موافق ، هماهنګ ، برابر ، جوړ ؛ چپ یا بې ږغه توری .

consort, n. مایشه یا میړه ؛ هغه بېړۍ چه د بلی سره په بندرګه کی

conspicuous, adj. اوښکار ، مشهور ، څرګند ؛ ستر .

conspicuously, adv.

conspiracy, n. د دوهې ، دسیسه ، توطئه کول

conspire, v.t.i. دروهه کول، چل کول ، دسیسه جوړول .
conspirator, n. دسیسه جوړوونکی
constable, n. پولیس .
constancy, n. ټینګار ، عزم ، ثبات .
constant, adj. ثابت ، ټینګ، وفادار ، تل پاتې : تغیر نه کوونکی : پرله پسې پیښېدونکی : منظم .
constantly, adv.
constellation, n. ستوري (لکه پروین) . څو ستوري (څو شکله)
consternation, n. ویره (چه دسړی لاس او پښې خطا کړي) .
constipation, n قبضیت
constituency, n. ناحیه، د انتخاباتو حوزه .
constituent, adj. انتخاب کوونکی، تشکیلوونکی : د اساسي قانون جوړوونکی : ترکیبوونکی .
constitute, v.t. مقررول (په وظیفه)، ټاکل، قانون جوړول: جوړول : ترکیبول : تاسیسول ، تشکیلول .
constitution, n. اساسي قانون ، جسمي توت، طبیعي جوړښت، مزاج، ځان یا بدن .
constitutional, adj. پر اساسي قانون
constitutionality, n. برابر
constrain, v.t. درول، مجبورول، محدودول
constraint, n. اجبار، راګرزونه ، بندونه، لیونه ، د افکارو او احساساتو تمه پدونه، غیرطبیعي چلوونه .
constrict, v.t. پرځای کول، منقبض کول ، ټنګول .
constructive, adj.

construct, v.t. ودانول ، چل جوړول، ودانول ، ابا دول ، ترکیبول .
constructor, n. ودانوونکی
construction, n. جوړښت ، معماري ، ودانی ، دودانۍ شکل : ابادونه ، ودانونه ، جوړونه (لکه د کور): تفسیر یا سپړنه : نحوي ترکیب .
constructive, adj.
construe, v.t. تفسیرول، تشریح کول، تعبیرول ، استنتاج کول .
consul, n. کونسل ، نښکارندوی یا لما ینده چه په بل مملکت کی د خپل مملکت ګټی ساتی او دخپلو وطنوالو سره مرسته کوي .
consular, adj
consulate, n.
consulship, n.
consult, v.t. سلا او مشوره کول ، مرکه کول، په نظر کې نیول
consultant, n.
consultation, n.
consume, v.t. خرابول ، ضایع کول، استهلاک کول، خوړل، پام راګرزول، ضایع کېدل .
consumer, n. مستهلک
consummate, adj. بشپړ ، پوره .
consummate, v.t.i. بشپړول ، پوره کول، ختمول : لاس ته راوستل .
consummation, n.
consumption, n. استهلاک ، لګښت ، مصرف : (طب) نری رنځ (سل)

consumptive, n. & adj. زمول، و یجاړ؛ زمولوونکی، و یجاړوونکی، و یلوونکی.

contact, n. تماس، دوو جسمو نو سره لګیدنه؛

v.t.i. لګول، تماس کول؛ لګیدل، لمس کول.

contagion, n. سرایت، ساري ناروغي؛ ناروغه لفوذ یا اغیزه.

contagious, adj. ساري.

contain, v.t. درلودل، ځای نیول، ګنجایش درلودل، زده کول، مخه نیول، ایسارول.

container, n. لوښی، ظرف.

contaminate' v.t. ناپاکول، ملوث کول.

contamination, n,

contemn, v.t. چا ته په سپکه سترګه کتل، په چا پروا نه کول، اهمیت نه ورکول.

contemplate, v.t. ري‌وهل، چورت وهل، فکر کول، اندیښنه کول، خیال کول.

contemplation, n.

contemplative, adj.

contemporaneous, adj. همعصر، د یوه دور او زمان (خلک یا پیښې).

contemporay, adj. معاصر، د یوه عصر خلک او پیښې

contempt, n. کرکه، اهانت، په سپکه سترګه کتنه، نفرت.

contemptible, adj. د کرکې وړ، د اهانت وړ، د سپکولو وړ، د نفرت وړ.

contemptuous, adj. خوار ګڼونکی؛ کبرجن، په ځان غره، چا ته په سپکه سترګه کتونکی

contemptuously, adv.

contend, v.i. مجادله کول، مشاجره کول، مقابله کیدل، سیالي کیدل، رقیب کیدل، سیالي کول.

content, n. ...ې، مضمون، اصلي معنی، اندازه.

content, adj. & v.t. راضي، قانع؛ راضي کول، قانع کول.

contented, adj. قانع، راضي.

contentedly, adv.

contemtedness, n.

contention, n. شخړه، مشاجره، مناقشه، سیالي، رقابت، مخالفت.

contentious, adj.

contentment, n. خوشاینه، قناعت.

contest, v.t. مجادله کول، مسابقه کول، جګړه کول، د بریالیتوب له پاره لاس وپښې وهل.

contestant, n .

context, n. قرینه، د کلام سیاق.

contiguous, adj. نږدې، سره نښتي.

contiguity, n. سره لګیدلي.

continence, n. ځان‌ژغورنه، پرهېزګاري (په تیره له جنسي عمل څخه).

continent, adj.

continent, n. لویه وچه (براعظم).

continental, adj. په لویې وچې پورې اړه‌درلودونکی، د اروپا وچه، انقلاب په وخت کې (په ځېنې C سره).

contingency, n. تصادفي پېښه؛ احتمالي پېښه .

contingent, adj. هغه پېښه چه په راتلونکي زمانه کې يې د پېښېدو امکان وي ، محتمل الوقوع ؛ مشروط ؛ تصادفي .

continual, adj. پرله پسې ، مسلسل .

continually, adv.

continuance, n. دوام : تواتر : (حق) د اقدام اماتو ځنډوله يا ځالوله .

continuation, n. دوام، بيا شروع کول .

continue, v.t.i. دوام ور کول ؛ بيا شروع کول (لکه د فکل وينا او لوړلو ؛ اوږدېدل، شروع کېدل ؛ بې پرېکړې پرېښودل ، ځنډول .

continuity, n. دوام ، تسلسل .

continuous, adj. پرله پسې ، مستدام ، متوالي .

contort, v.t. سره پېچل : حقايق په بله بڼه ښوول : سره اړول .

contortion, n.

contour, n. خاکه : طرح : په ليکو يا کرښو کې ايسار شوې يا احاطه شوې مورګه، څنډه، غاړه (لکه د سيند)، کانتور .

contraband, n. منع شوي مالونه ، هغه مال چه په پټه سره راوړل شوی وي ، قاچاقي مال .

contract, n. تړون، قرارداد ؛ ټيکه ، د برېج پوړول لوبه

contractual, adj.

contract, v.t.i. د تړون له مخې په سر رسول سره لنډول ؛ غونجېدل ؛ لنډول ، منقبض کول يا کېدل .

contraction, n.

contractor, n.

contractile, adj. غونجېدونکی ، منقبض کېدونکی ، سره لنډېدونکی ، سره ور تلونکی

contractility, n. انقباض .

contradict, v.t. ماتوونکې وينا کول ، متناقضه وينا کول ، متضادې خبرې کول ، مخالفت کول ، انکار کول .

contrdiction, n.

contradictory, adj.

contralto, n. ټيټ ښځينه ږغ ، د سندر غاړو ټيټ ږغ .

contrariety, n. سره ضد او متضاد شرطونه ، بې ثباته ، بې ټينګاره ؛ د موافقې نشتوالی .

contrariwise, adv. له بلې خوا ، برعکس .

contrary, adj چپ ، ضد ، برعکس

contrast, v.i. د برتله کېدو له مخې د توپير ښکاره کېدل ، د مقايسې په اثر د تفاوت ښکاره کېدل .

contribute, v.t. برخه ور کول ، مرسته کول ، اعانه ور کول .

contribution, n.

contributor, n.

contributory, adj.

contrite, adj. توبه کار ، پښېمانه .

contrition, n.

contrivance, n. پلان ، نقشه ؛ تخنيکي آلات .

contrive, v.t. پلان جوړول ؛ ايجادول ؛ منځ ته راوړل .

contriver, n.

control, v.t. کنټرولول ، په لاس کې ساتل ، لاندې ځای کې را ایسارول ؛ مخ نیول : لارښوونه کول : څارل : سمبالول .

controllor, n. کنټرولر ، مخ نیوونکی ، څارونکی، سمبالوونکی : هغه آله چه د برېښنا جریان کنټرلوي د کنټرول مامور .

controversy, n. مخالفت ، شخړه .

controversial, adj.

controvert, v.t. ردول ، نقضول ، انکار کول .

controvertible, adj.

contumacious, adj. نامنونکی ، سرزوری ، سرغړوونکی ، سرکښ ، لیوني ،

contumacy, n.

contumely, n. سپکه رویه ، سپکاوی ، بدکنځل .

contusion, n. ضربت ، ټکوله ، کوزنه ، زخم .

conundrum, n. کیسی (معما).

convalesce, v.i. ورو ورو جوړېدل ، سوکه سوکه بیرته صحت موندل

convalescene, n.

convalescent, adj.

convene, v.i.t. غونډېدل ، یوځای کېدل یوځای کول ، غونډول .

convenience, n. هوساېنه ، ارامی : د کار کولو اسباب چه په وخت کې پېدا داېولی ، مناسب وخت .

convenient, adj. هوسا ، ارام ، سوکه (مستریح) .

conveniently, adv.

convent, n. دونیا دتار کانو ټولنه ، حجره چه هلته اوسېدل او بندګي کول .

conventual, adj.

conventicle, n. وعبادت کوونکو ډله .

convention, n. جرګه ، مجلس : پراینسته (په تیره د مجلس) : تړون ، قرارداد : منلي یا ټاکلي کړی شوی لارې : ددود دستور له مخې کړه .

conventional, adj. له عمومي دود او دستور سره سم : معمولي

conventionality, n.

converge, v.t.i. یوه ټکي یا مرکز ته متوجه کېدل ، په یوه لور رهي کېدل : یوه مرکز ته متوجه کول .

convergency, n.

convergent, adj.

conversant, adj. پېژاندوی ، آشنا (د لیدو کتو په اثر) ، ملګری .

conversation, n. خبرې اترې ، مرکه ، محاوره ، مذاکره .

conversational, adj.

converse, v.i. غږېدل ، ګپ وهل ، مرکه کول .

converse, adj. په روابطو او تنظیم کې تغیر : مخالف ، چپ ، مقابل ، معکوس

conversely, adv.

conversion, n. اړونه ، ګرځونه (له یوه حالت نه بل حالت ته) : تغییر ، تصرف .

convert, v.t. اړول ، ګرځول ، بدلول ، معناته تغیر ورکول : بې ځایه لګول : له عقیدې څخه اړول ، تبادله کول .

convertible, adj.

convertible, adj.

convert, n. په بل دین شوی .

convex, adj. محدب .

convexity, n.

convey, v.t. وړل ، لېږ دول ، لیږل ، استول .

conveyor, n.

conveyance, n. اړېه (مراده) ؛ قباله .

convict, v.t. تورول ، تورمتی کول .

convict, n. تور شوی ، تورمتی شوی ، محکوم شوی .

conviction, n. گناه گار تیا ، گرمتیا ، محکومیت : ټینګه عقیده ، ثبات باور .

convince, v.t. قانع کول ، رضا کول ؛ محکوم کول

convincing adj.

convincingly, adv.

convivial, adj. خوشاله ، دمېلمستیا اجتماعي .

conviviality, n.

convocation, n. غونډه ، راټولنه ، جلسه .

convoke, v.t. را بلل ، راغوښتل ، راغونډول .

convolution, n. پېچ ، کړی (حلقه) .

convoy, v.t. & n. بدرګه کول : (لښ) دارابوباګانچیو او لوروقطار ؛ بدرګه .

convulse, v.t. په شدت سره خوځول ، لړزول .

convulsion, n. ټکان ، تشنج ؛ لړزه .

convulsive, adj.

convulsively, adv.

cony, n. سوی ، سویه ، د سوي وېښتان یا پوست .

coo, n. کوکو (د کوترې غږ) .

cook, n. & v.t. اشپز ، پخوونکی ؛ پخول .

cooker, n.

cookery, n. پخلی ، پخلنځی .

cooky, cookie, n. کلچه .

cool, adj. سوړ ، یخ .

coolly, adv.

coolness, n.

cooler, n. سړوونکی یخچال (اصطلاح) ؛ بند یخانه .

coolie, n. پنډی ، حمال .

coon, n. یو ډول امریکائی ژوی لکه بیزان ، سپی ؛ غولوونکی سړی ، چمباز ، ټګمار .

coop, n. پنجره ، کېس ، مرغانو لپاره ؛ بند یخانه .

cooper, n. بوشل (بیلر) جوړوونکی ، ټب جوړوونکی .

cooper, v.t.

cooperage, n.

cooperate, v.t. مرسته کول ، په ګډه کار کول .

cooperation, n.

cooperator, n.

cooperative, adj. کو پرا تیف ، په یو بلو لوراو پورې اړه لرونکی ګډ والی (اشتراك) تعاوني .

coordinate, adj. v. همرتبه ، برابر ، منظم ، منسجم : منظم کول ، سمول ، انسجام ورکول .

coordination, n. انسجام ، نظم .

coot, n. یو ډول تور بطن مرغه لکه هیلۍ یا بطه (قشقل)

cope, v.t. جگړه کول ، تر عهدې وتل ، مقابله یا مقاومت کول .

coping, n. د دېوال یا کلا سر ماتي (سربندی) چه اوبه یې خوا ېلې خواته بهرې بهیږي .

copious, adj. ډېر ، زیات .

copiously, adv.

copiousness, n.

copper, n. مس ، مسی

coppersmith, n. مسګر .

coppery, adj.

copperas, n. نیل توتیا .

coppice, n. ګڼې ونې .

copra, n. کوپره .

copse, n. ګڼې ونې .

copy, n. کاپي ، نقل ، نمونه ، سوره ، نسخه ، تقلید .

copyist, n.

copyright, n. د چاپ حق .

coquet, coquette, n. & v.i. نازنخره ، مکیز ، نازېدل ، په نخرو کېدل ، کنجېدل .

coquetry, n. ناز (میکر) .

coquettish, adj. نازکوونکې .

coracle, n. یو ډول کوچنۍ بیضوي شکله بېړۍ چه شا وخوا یې په اوبه څرمن کې نیول شوې وي .

coral, n. مرجان ، ابرم

cord, n. پړی ، رسۍ ، وا پې یا واښکی ، پله (اعصاب) ، لرګي داره توګه یا ټوکړ .

cordage, n. د پړي مرادف ، رسۍ (جمع) .

cordial, adj. رښتینی ، زړه ته نږدې ، ملګری ، صمیمی

cordiality, n.

cordially, adv.

cordillera, n. د غرو لړۍ (سلسله) .

cordon, n. پټۍ ، نښان (د عزت) ، ملاوستنی (کمربند) د پولیسو عسکرو کښېنیو کتارچه د پوځونو د ساتنې د پاره ګمارل شوی وي ، یوه ګڼه اېزه میوه لرونکې ونه .

cordovan, n. یو ډول نازکه څرمن .

corduroy n. ښکاري بخمل ، لښکه اره ټوکر ، پتلون چه د داسې ټوکر څخه جوړ شوی وي .

core, n. & v.t. د هر شي منځ (هسته) ، مرکز ، منځ کښل ، هسته را ایستل .

cork, n. کارک ، یو ډول نرم لرګی چه معمولاً د بوتل سر پرې پټوي ، خولپوښی .

corkscrew, n. هغه آله چه د بوتل خولپوښی پرې را کاږي .

cormorant, n. سور ، ګېډور ، خېټور ، تور قاز .

corn, n. دانه ، غله ، جوار (امریکا ، کاناډا ، استرالیا) ، غنم (انګلستان) ، د پولېدې یا ګوتې میخچه

cornea, n. قرنیه ، د سترګې سپینه برخه .

corner, n. کنج ، ګوټ ، له منځې چپ ځای ، ګوښه ځای ، زاویه .

corner stone, n. د بنسټ تیږه ، مهم شی .

cornet, n. کارنټ ، ترم (طرم) .

cornflour, n. دجوارو اوړه یا جوارې

cornflower, n. د غنمو ګل .

cornice, n. شرېښه، کرنيز او.

corn pone, n. سوړه سکه یا سکروټۍ، جوارې

cornstarch, n. دجوارو یا غلو نشا یسته .

cornucopia, n. ښکر غوندې لوښی چه په هغه کې ميوه او ګلان اچوي او په ښه مرغ یې ګڼي

corolla, n. ګلبرګ ، د ګل رنګينه برخه .

corollary, n. نتيجه ، زيا تې .

corona, n. د لمر په شا خوا کې هاله ده . شپول چه د تندر په وخت کې هم ليدل کيږي .

coronation, n. د تاجپوشۍ مراسم یا د تاج پر سر ايښودلو دود .

coroner, n. هغه مامور چه د نا ببره وژل شوي سړي په شا وخوا کې پوښتنه او ګرويږنه کوي .

coronet, n. وړوکی تاج ، د غميو یا ګلانو کړۍ چه تاج غوندې يې په سر کوي .

corporal, adj . بدني ، جسمي ، مادي

corporal, n. يو کمشر .

corporate, adj. متحد شوی ، یو شوی سره نښتی : حقوقي شخصيت .

corporation, n. اتحاديه ، سپا سي يو والی ، کارپوريشن

corporeal, adj. بدني ، جسماني ، مادي واقعي

corps, n. (لښکر) يوه قطعه منظمه پوځي عسکر

corpse, n. مړی ، جسد ، نعش ، لاش مردارې .

corpulence, n. مړی توب ، غوړ والی ډېر چاغښت .

corpulency, n.

corpulent, adj.

corpus, n. مړی ، جسد ، لاش ؛ يوه مجموعه ليکونې : د مغز يوه برخه .

corpuscle, n. ذره ، کرويات (جمع) ، دوينو ذره .

corral, n. کټې ، چار ګی ، هږول ، غوجل : مورچه ، غوګی يا سنګر .

corral, v.t.

correct, v.t سمول ، برابرول ، صحيح کول سيخول .

adj. سم ، صحيح .

correction, n.

corrective, adj. & n.

correctly, adv.

correctness, n.

correlate, v.t.i. يو له بله سره منظم ارتباط لرل ، يو له بل سره ارتباط درکول : مرتبط کېدل ، تړل کېدل .

correlation, n.

correlative, adj. سره تړلی ، سره مربوط .

correspond, v.t. مطابقت درلودل ، سره لګېدل ، سره جوړېدل ، برابرېدل مکاتبه کول ، سره ليکل .

correspondence, n. جوړېدنه ، برابرېدنه ، لګېدنه : دليک په ذريعه ارتباط ساتنه ليک استونه ، مراسله ، مکاتبه ليک ليکنه .

correspondent, n. & adj. خبريال : برابر ، سم .

corresponding, adj. ځواب ویونکی ؛ څېرېدال ؛ برابر ، سم ، مطابق ، مقابل

correspondingly, adv.

corridor, n. کوټ‌ر پېړور ؛ د هلېز ، دالان ؛ وربرده .

corroborate, v.t. کره کول ، ټینګول ، تائیدول .

corroboration, n.

corrode, v.t. سوکه سوکه رژول ، وروورو تخریبول .

corrosion, n.

corrosive, adj. & n.

corrugate, v.t.i. کوټ کوټ کول ؛ کونځې کونځې کېدل .

corrugated, adj.

corrugation, n.

corrupt, v.t. & adj. فاسدول ، چټلول ، ککړول ؛ فاسد ، خیرن ککړ

corrupter, n.

corruptible, adj.

corruption, n. فساد ؛ خیرنتوب ، چټلتوب ، ککړتوب ؛ بې برخې کول ؛ رشوت .

corsage, n. ګنډ ، ټټر (د ښځې کمیس)

corsair, n. سیندي (بحري) غل ؛ د سیندي غله بېړۍ .

corset, n. د ښځو یو ډول زېر جامه چې بدن ته یې چسپکي ور کوي .

cortege, n. ډله خلک (لکه چې جنازه پسې روان وي) .

cortex, n. د ونې پوستکی ؛ د مغزو باندنی قشر یا پرده .

cortical, adj.

corundum, n. یو ډول تیږه چې په کلکوالي کې تر الماس وروسته راځي او شیان پرې صیقل کوي یا یې پرې پالش کوي .

corvette, n. یو ډول کوچنۍ مسلحه بېړۍ چې په دوهمه جګړه کې یې د متحده ملتو له پلوه اوړې بېړۍ په بدرګه بیولې .

cosmetic, n. د سینګار شیان (لکه لپ سټیک ، سرخي ، پوډر کریم او نور) .

cosmic, adj. کوزمیک ، دنیایي ، عالمي ، جهاني ، کیهاني .

cosmogony, n. د نړۍ د پیدایښت مبحث .

cosmopolitan, adj. دنیایي ، جهاني

cosmopolitan, n.

cosmos, n. نړۍ ، دنیا ؛ یو ډول هسک بوټی چې په ښکلي (باغچه) کې شین کېږي .

cost, n. & v.t.i. قیمت ، بیه ارزښت ؛ زیان ، تاوان ، بیه لرل ، تاوان لرل .

costly, adj. ګران ، قیمتي

costliness

costume, n. جامې ، کالي ، دریشي .

costumer, n.

costumier, n.

cosy, adj. هوسا ؛ تود او پوست .

cot, n. کټ ، کوچنی کټ (سفري چپر کټ).

cote, n. ځول ، پنډغالی (د مېږو او نورو د پاره) ؛ چرګ ځالی یا کوتر ځالی (د چرګانو یا کوترو کوډلی .)

coterie, n. د هم مسلکو کسانو ډله چې د اجتماعي مقصد پاره غونډېږي

cottage, n. جونګړه ، خونګړې ، کوچنۍ خونه یا کور ، کېږدۍ ، کوټنی .

cottager n.

cotter, cottar, n. هغه کلیوال چه لږ جایداد لري.

cotton, n. پنبه . مالوچ : سپینسی . cottony, adj.

cottontail, n. سوی یا سویه.

cotton wood, n. یو ډول چنار ډوله ونه چه پډویه تنه لري .

cotyledon, n. تیغه یا هغه پاڼه چه لومړی له تخم څخه سر را وباسي.

couch, v.t. کوچ ، د خوب کټ ، د استراحت ځای.

v.t.i. په کوچ کې څرېدل ، په کلماتو اظهار ول یا څرگندول .

couchant, adj. څرېدلی او په دېروت چه سر یې جگ وي .

cougar, n. سره ښخنه امریکایی پیشو

cough, v.t. ټوخېدل .

cough, n. ټوخی .

could, pa. t. of can. د can ماضی .

council, n. ټولنه ، کونسل ، جرگه ، مرکه ، (سمی ټولنه) دمشورې مجلس.

councilman, n.

councilor,

councillor, n.

counsel, n. سلا ، مصلحت ، مشوره .

counselor, counsellor, n. مشاور ، قانون پوه .

count, v.t. شمېرل یا شمارل ، گڼل ، توجه کول ، یا ملرل ، گڼل کېدل ، اهمیت موندل.

count, n. کونت ، مشور ، خان ، سپین روبی (له EARL سره سم).

countenance, n. : بڼه ، څېره ، مخ جوړه ، مرسته .

counter, n. ، د گڼلو آله ، شمېرونکی ، چوت : د څرڅلاو مېز .

counter, adv. مخالف ، ضد ، بد ، وران

v.t.i. گډول ، ورانول ، وراںېدل ، گډ ېدل ، چپه ول ، مخالفت کول ، تلافی کول .

counteract, v.t. مخالفت کول ، عکس العمل څرگندول ، په مخ وهل (گرد بدول).

counterbalance, n. سره توله ، په توله کی برابر (متوازن) ، سره سم یا سره ساری ، متعادل : یو ډان ، یا لنگ .

counterclockwise, adj. & adv. د ساعت د ستنو د حرکت د لوری مخالف لوری .

counterfeit, adj. جعلی ، بدل ، کوټه کلپ .

countermand, v.t. بېرته اخیستل ، ستنول ، گرزول ، (لکه د یوه امر).

counterpane, n. د چپر کټ پوښ ، روجایی.

counterpart, n. جوړه ، ساری

counterpoint, n. (مو) په ار دښقر اکی دساز دډولو آلاتو هم اهنگی .

counterpoise, n. یا لنگ ، یو ډان ، انډول .

counterrevolution, n. ، مقابل انقلاب ، د انقلاب ضد

countersign, n. دسمي لوړ : د لاس لیک تایید (لکه پر یوه لاس لیک شوي مکتوب یا چک چه بل لاس لیک هم وهي) .

countersink, v.t. د میخ ټکو هلو د پاره په لرګی یا بل شی کې سوری جوړول چه د میخ سر پکښې ځای پیدا شی ، ارتول.

counterweight, n. پانګه ، وزن چه پر تول یا توازن اثر غورځوی

countess, n. د کونټ یا په انګلستان کی د Earl ماینه، د خان یا مشر ماینه یا کونټسه .

countinghouse, n. د تجارت دفتر

countless, adj. بې شمېره

country, n. هیواد ، سیمه ، علاقه ، کلی ، ملت .

countryman, n. هیواد وال ، کلیوال ، سیمه وال ، وطندار .

countryside, n. کلیوالی ، سیمه ، له ښار څخه د باندې سیمه یا خلک .

county, n. د کونټ count یا ارل Earl علاقه یا جاګیر ، اولسوالي .

coup, n. وار ، ګوزار ، ګلک نا څاپې ګوزار .

coup d' etat کودتا .

coupe, n. یو ډول بګۍ چه دوه کسه د پاره دننه ځای او د بګۍ چلوونکی د پاره د باندې ځای لري .

couple, n.& v.t.i. جوړه ، اره یکی ، تړ یا رابطه ، جوړه کول ، سره تړل .

couplet, n. هغه بیت چه دوه ایره مصرع یې یو قافیه ولري ، جفت .

coupling, n. نښلوونکی د سره جوړه (جفت) کولو عمل ، کپلنګ (په ټل ډولو کې) .

coupon, n. کوپون ، هغه سند چه سړی د هغه له مخې د خوړو ، اغوستو او نورو شیانو په ټاکلی ډول اخیستلای شی

courage, n. همت ، زړورتوب ، میړانه .

courageous, adj.

courageously, adv.

courier, n. کوریر ، مخصوص پوسته وال یا پوسته وړونکی قاصد ، مخصوص خوی .

course, n. کورس ، پرمختګ ، مسیر ، د پرمختګ لوری ؛ د یوه وخت د دوړې یوه برخه یا دوره ، د درس یوه دوره ؛ لار ، تګ لار ، کې للار ؛ جریان ، لوری ؛ څناسته (مسابقه) ځمن ؛ موده .

courser, n. ګړندی یا چابک آس .

court, n. انګړ ، لوښالی ، دربار ، شاهی ماڼۍ ؛ شاهی ډلګی ؛ محکمه ؛ سرټیټونه (اطاعت) .

v.t. زړه لاس ته راوستل ، د مینې څرګندول ، ځان ته را کښل یا کښول .

courteous, adj. مؤدب ، مهذب ، خاکسار ، حلیم ، ادبناک .

courteously, adv.

courtesan, courtezan, n. رنډۍ ، کنچنی .

courtesy, n. ادب ، نزاکت ، تهذیب تعظیم حلیموالی ، خوا خوږتوب .

courthouse, n. محکمه .

courtier, n. درباری سړی ، ندیم .

courtly, adj. مؤدب ، خوږه مال (مهذب)

courtliness, n. خوږه مالی .

court-martial, n. نظامی محکمه .

court-martial, v.t.

courtship, n. مینه کول ، مینه ، د مینې څرګندونه .

courtyard, n. انګړ ، غولی :

cousin, n. د تره زوی : تره لور ، ماما زوی ، ماما لور ، ترورزی ، ترورزه .

cove, n. لښم ، سمڅ ، غار ، سوړه .

covenant, n. تړون ، موافقه ، منښه ،

covenant, v.i.t. موافقه یا قرارداد کول .

cover, v.t. & n. پټول ، پوښل ؛ شاملول ، جوړه کول ، پرده ، پوښ ، د مېز پوښ

coverlet, coverlid, n. بستره پوښ ، روجایی .

covert, adj. پټ ، پوښل شوی (حق) منګوله

covertly, adv.

covet, v.t غوښتل ، هیله کول .

covetous, adj.

covetousness, n.

covey, n. د ځالګو (لکه د مرغانو) ؛ سېل ، کوچنۍ ډله .

cow, n. غوا .

v.t. وېرول ، بېرول ، ډارول .

coward, n. بزدل ، ډارن

coward, adj.

cowardice, n.

cowardly, adv.

cowboy, n. غوبه ، ګودوان ، کاوبوای .

cower, v.i. رېږدېدل (لکه له سړې یا د وېرې)

cowhide, n. د غوا څرمن ؛ متروکه چه له دې څرمنې څخه جوړه شوې وي

cowl, n. د موګرد یا دی مخنی برخه ؛ د مسیوی ملا د خولۍ یا پاړوړو سمال

cowlick, n. پړکی ، پر تندي پوره ، کلوڅته ، الوول وېښتان .

cowling, n. پوښ ، قلزی پلنه تخته چه د الوتکې پر انجن باندې غوړېږي .

co-worker, n. همکار ، د کار ملګری .

cowslip, n. یو وحشي بوټی چه ژېړ ګلان کوي ؛ غواژبی (ګاوزبان)

coxcomb, n. لېوني ، ځان ښکاره کوونکی ،

coxswain, n. د بېړۍ سرژ س یا چارو (مباشر) .

coy, adj. شرمندوکی یا شرمناک ، محجوب .

coyness, n.

coyote, n. یو ډول کوچنی لېوه چه په شمالي امریکا کي ژوند کوي .

cozen, v.t. غولول ، تېرایستل .

cozenage, n.

cozy, adj. هوسا ، مستریح ؛ نرم او تود .

crab, n. چنګاښ ؛ کولی کبر .

crab apple, n. ځنګلی یا وحشي مڼه .

crabbed, adj. تریو ، بدخولي ، ترخمنای (عصبي) ، قهرجن .

crack, v.t. چاودل ، چاک کول ، خرابول ؛ کړپکه کول ، کړېږه کول .

cracked, adj. چاک (مجازاً) لاهوهل

cracker, n. چاودونکی ، درز کوونکی ، چاک کوونکی ؛ کړپکه کوونکی ، کړېږه کوونکی ؛ غاښ پرې کوونکی ؛ یو ډول بسکوټ .

crackle, v.i. برله پسې ځکهار یا ترپهار (لکه د ارګی چه سوځي) .

crackle, n.

crack-up, n. ټکر، د الوتکو ګډېدنه، ړا لوېدنه (لکه د الوتکې را لوېدنه پر مځکه): ټوټې ټوټې کېدنه.

cradle, n. زانګو، مبدا : يو ډول لرګی چه خټه يا شګه په ريږي

craft, n. هنر، آرټ، چم: ټګماري، حیله: بېړۍ.

craftsman, n. هنرمن، کسبګار، استاذ، په کسب کې مهارت

craftsmanship, n.

crafty, adj. چمباز، ټګمار: سغر.

craftiness, n.

crag, n. ګړنګ، پاڼ.

craggy, adj.

cram, v.t. ډرډر خوړل، اېښودل، ټمبل، وهل: په خوړو ډکول، ښخول، ټنګول (په خوړو) په زړه مطالعه کول (لکه دا زمونږ د پاره).

cramp, n. برېښ، غوټه، شا لګه: دلس خوړل، پېڅېدل.

cranberry, n. يو ډول چه په جبو کې شين کيږي.

crane, n. کرېن، جرثقيل (پهلوان): ونګک، کومول، لګ لګ.

cranium, n. کوپړۍ، دسر کاسه.

crank, n. دمرګ يوه برخه چه ... ده او دا وسيله په ميل بدلوي لهتي او ماشين خوځوي.

cranky, adj.

cranny, n. چاود، درز، چاوی.

crape, n. کرېپ، يو ډول تور ټوکر چه معمولاً د ماتم په وخت کې پر سر اچول کيږي

craps, sing. چکه باو.

crash, n. & v.t.i. تصادم، ماتېدو غږ (لکه د ټک يا ګړس): غږ کول، ماتېدو په اثر کې دکهار کول، ماتول: را لوېدل، ماتېدل، ټوټې ټوټې کېدل: افلاس (ماته) (په تجارت کې)

crash, n. يو ډول غټ ټوکر چه د مخ دسمال او نور شيان جوړوي.

crass, adj. سغر بېړا، زيږ يا غټ، بدوړکی (خشن)، بې تهذيبه.

crassly, adv.

crate, n. کريټ، دلرګو صندوق چه ميوه او نور شيان پکښې اچوي.

crate, v.t.

crater, n. داور شيندونکی (آتشفشان) خوله.

cravat, n. کراوات، نکټايي

crave, v.t. غوښتل، دزړه له کومې هيله کول، تږ کېدل، تمايل وهل.

craven, n. بې زړه، ډارن.

craven, adj

craving, n. اشتهاق، مينه (لېر مادي)، غوښتنه، خوا (اشتها) ته کېدنه (لکه کوکا ايغوته).

crawfish, n. يو ډول چنګاښ.

crawl, v.i. په خاپوړو يا خاپوړو تلل ورو ورو په سينه خوځېدل.

crawly, adj.

crayfish, n. يو ډول چنګاښ.

crayon, n. پاستل، يو ډول رنګه تباشير ډوله قلم.

crayon, v.t.

craze, v.t.i. لېونی کول ؛ لېونی کېدل

crazy, adj. لېونی .

crazily, adv.

creak, v.i. ځېږېدل ، څنجېدل یا کړ اچېدل (لکه د ورزه د پورته کېدو یا پرته کېدو په وخت کی) .

cream, n. پېروی ، پېرن ، و وروه ؛ کریم ؛ د پوښی سپېڅلی او سوچه برخه .

v.t. د کوچو د جدا کولو د پاره شار بل .

creamy, adj.

creamery, n. د کوچو او پېروزی کارخانه .

crease, n.& v.t.i. کات ، کتول (قات کول) ، قبر کول ، قبر کېدل کوت کوت کېدل

create, v.t. خلق کول ، پیدا کول ، جوړول ، تولیدول ، منځ ته راوړل ، ایجادول ابتکار کول .

creation, n. پیدا ښت ، جوړ ښت ، دنیا ؛ پیدا ښت ، تخلیق ، تکوین .

creator, n. خالق ، پیدا کوونکی ، جوړوونکی .

creature, n. ژوندی مخلوق ، حیوان یا انسان .

credence, n. عقیده ، باور ، اعتبار .

credential, n. باور لیک .

credible, adj. اعتباری ، باوری .

credit, n. کرېډېټ ، اعتبار ؛ عقیده ، باور ؛ د سر لوړ توب منبع ، په بانک کې د بانکی د رلودونه ؛ او هغې پیسې (لکه د حساب په تعبیه کې چه پرچا پیسې راوړې) ؛ په پور د مال ور کول

creditable, adj. د ستاینې او درناوی وړ ، د اعتبار وړ .

creditor, n پوروړ کوونکی ، کرېډېټ ور کوونکی .

credo, n. اعتقاد ، باور .

credulous, adj. خوش باوره .

credulity, n.

creed, n. عقیده ، ایمان .

creek, n. تنګه دره ؛ داوبو تنګه چه په وچه کې ور دننه تللې وي ، او یا له یاواله .

creel, n. د کبانو ټوکره .

creep, v.i. ښکېدل ، ځان ځلی خوځېدل ، ښوېدل ، پر سینه ښوېدل .

creepy, adj. ښوېدونکی

cremate, v.t. د مړی سوځل .

cremation. n.

creole, adj. هغه فرانسوی یا هسپانوی چه د امریکې په (لویزیانا) کې اوسی خو ځېل ملی دود او دستورونه ساتلی وي .

creosote, n. یو ډول تېل چه پر لرګو اوروهو بې د دې د پاره موږی چه حشرات بې خراب نه کړې ، همدا رنګه تېل د بېرود سکرو څخه هم لاس ته راځي .

crepe, n. کرېپ ، یو ډول ټوکر .

crept د creep ماضی .

crescendo, adj. (موسیقی) د غږ ورو ورو لوړ والی .

crescendo, n.

crescent, adj. لوی پړه شوی میاشت (هلال) وده کوونکی ، ډېرېدونکی .

cress, n. تره تېزک خوړ دنی یو ډول سابه .

crest, n. ځوک ، جرخول ، جوغه ؛ څوکه ، لوړه او پورته ختلی ځای .

crestfallen, adj. سرټیټی ، سرخوړلی ، شلی .

cretaceous, adj. تباشیري ماده .

cretonne, n. له سپینسیو څخه جوړ شوی ټینګ یا کلك ټوکر

crevasse, n. ژوره چوړاغ یا چاوده (عموما په یخچال کې) ؛ (امر) د بند ماتوالی چاود ، وړه چاوده ، درز .

crevice, n. ماتوالی چاود ، وړه چاوده ، درز .

crew, د crow ماضي .

crew, عمله ، هغه ډلی چه په بیړۍ یا الوتکه اولوراداره کوی .

crib, n. & v.t. اخور ؛ دغلي کندو ؛ دماشومانو زانګو ؛ ترجمه چه له متعلم سره د لوست په ترڅ کې مرسته وکړي ؛ محدودول ، په قفس کې اچول .

cribbage, n. یو ډول لوبه چه په قطعو (ټوټو) یې کوي .

cricket, n. چورچورکه .

cricket, n. یو ډول لوبه ، د کریکټ لوبه .

cricketer, n.

cried, د cry ماضي ؛

crier, n. چیغ کوونکی ، اعلان کوونکی .

crime, n. جرم ، د قانون څخه تجاوز .

criminal, adj. جنایي ؛ جرم .

criminology, n. د جنایي پېښو څېړنه .

criminologist, n.

crimp, v.t. کنول یا قتول ، یو پر بل اوړل .

crimper, n.

crimson, n. & v.t.i. سوررنګ (قرمزي) سور کول ، سور کېدل .

cringe, v.i. بېرته کېدل ، ورپېدل ؛ ترهېدل ؛ ټوله کېدل ، چاپلوسي کول ، تسلیمېدل .

crinkle, v.t. ګونجې ګونجې کول ، کوټ کوټ کول .

crinkle, n.

crinkly, adv.

crinoline, n. ټینګه او سخته ټوټه چه د ټوکر او څخه جوړه شوې لکه لمن خادر او نور په جوړ کوي .

cripple, n. & v.t. ګوډ سړی یا حیوان ، شل ؛ ګوډول ، معیوبول ؛

crisis, n. بحران ؛ اله ګوله ؛ فیصله کوونکې شیبه .

crisp, adj. کوټ کوټ ګونجې ګونجې ، چوڼ چوڼ ؛ ګوډ ګوډی ، ماتېدونکی تېز او صاف .

crisply, adv.

crispness, n.

crispy, adj..

crisscross, n. صلیب ، چلیپا ، یا د (X) نښه .

criterion, n. معیار ، مقیاس ، محك ؛ ازمایښت .

critic, n. منتقد ، ګوته نیوونکی ، کره کتونکی .

critical, adj. بحراني ، انتقادي ، غیر مطمین ، خطرناک .

critically adv.

criticism, n. انتقاد ، نقد ، کره کتنه .

criticize, criticise, v.t. انتقاد کول ، ګوته نیول ، کره او ناکره جلا کول .

critique, n. انتقادي مضمون ، انتقادي نظر ، انتقادي .

croak, v.i. د چونګښې په شان اواز کښل ، ږغېدل .

croak, v.i.t.

crochet, n. کنډله یا اوبدنه (په خنجکی یا چنګکی، چنګک) .

crochet, v.t.i.

crock, n. خاورین لوښی .

crockery, n. خاورین لوښی .

crocodile, n. تمساح .

crocus, n. یو ډول بوټی دی چه په اول پسرلی کی غوټه پیژي .

croft, n. هغه کوټه، ځمکه چه د اجاره دار یا بزګر له خوا کرله کیږی .

crofter, n.

crone, n. زړه ښځه، ځوړ دوی .

crony, n. رښتینی ملګری، انډیوال .

crook, n. کوږ شی، چنګک، کړوپ، بد غله سړی یا ښځه

crooked, adj. کوږ، کوږ لګی، کړوپ، منافق .

croon v.i. زمزمه کول .

crooner, n.

crop, n. جو جوړی یا مجوره، د غلې حاصل، د مرغو کی (قمچینی) لاسټی .

cropper, n. بزګر، دهقان، کروند کار .

croquet, n. یو ډول لوبه چه د لرګی په مرد کوا جرا کیږی .

crosier, crozier, n. د اسقف لکړه .

cross, n. & v.t صلیب، څرڅی؛ د عیسوی مذهب نښه، دورګه، چلیپا، دورګه کول: چلیپا رانښل؛ د صلیب څو ندی جوړول .

crossbar, n. یو پر بل تیر شوی تیر یا سیخ، اډه .

crossbow, n. لینده، لیندۍ .

crossbowman, n.

crossbreed, v.t.i. دورګه کول؛ دورګه کېدل .

crosscut, adj. لنډه، سیخه (لار).

v.t.i. لنډول، سیخول: لنډېدل، سیخېدل، اره کول.

crossexamine, v.t.i. (حق) بیا ازموېل یا استنطاق کول .

crossexamination, n.

cross-eye, n. ټیږی، چیړک.

cross-eyed, adj.

crossing, n. د تقاطع ځای، هغه ځای چه هلته لاری یا کوڅی یو بل سره قطع کوی .

crosspiece, n. یو ټوټه چه پر بل شی باندی ایښوول شوی وی .

cross-pollination, n. په ګلانو کی د القاح عملیه (د باد او حشراتو په وسیله).

cross-question, v.t. بیا پوښتل یا استنطاق کول.

crossroad, n. کوڅی سړك چه پر لوی سړك تیر شوی وی .

cross section, n. په ساره د پریکړی ځای (مقطع عرضی)؛ هغه ځه له خلك یا شیان چه له ځیرو له د نورو په توګه ځوره شی.

crosswise, crossways, adv. په ساره چلیپا ځولدی .

crotch, n. دوښاخه (لکه د ونی د ښاخونو ترمنځ)، لوښخ (د ډوډی خوړلو ښخه).

crotchet, n. (مو) یو ډول اشاره یا نښه؛ بوالهوسی، هوس؛ چنګك ؛

crouch, v.i. ټیټېدل ، کړوپېدل ، کږېدل (د وېرې یا غوړه مالۍ په وخت کې .)

crouch, n.

croup, n. کوناټی (لکه د آس یا انسان) .

croup, n. د ماشومانو د چنغښک او د ستوني یوه ناروغي چه د ټوخي او د سره وي .

crouton, n. د خرسنه (بوره پخته) ډوډۍ، د سرې ډوډۍ ټوټې چه تود شوی وي ، ښوروا ډوډۍ .

crow, n. & v.i. د چرګ اذان یا د چرګ بانګ : اذان کول (د چرګ) .

crow, n. کارغه ، کارګه .

crowbar, n. د اوسپنې یو اوږد سیخ ، اهرم .

crowd, n. & v.i. ډله ، جمعیت ، ګڼه ګوڼه ، ډله کېدل ، ګڼېدل .

crowded, adj.

crowfoot, n. پېروټي ، پرپوټي .

crown, n. & v.t. تاج ، خول : ککری : (پرتې) د سپینو زرو سکه : تاج ورله شي : تاج ایښودل (پر) : در ناوی کول ، تما ثل لوړ دل : سینګارول .

crozier, n. د [illegible] ، crosier,

crucial, adj. قاطع ، فیصله کوونکی ، شدید بحراني ، ازمیښتي ، شیبه یا لحظه .

crucible, n. د اوسپنې یا پولادو د ویلي کولو دېګ .

crucifix, n. (مس) په صلیب باندې د عیسی (ع) ځوړند ، عیسوي سمبول صلیب .

crucifixion, n. په صلیب باندې د عیسی (ع) په دار ځړونه (د عیسو یا نورو عقیده) .

cruciform, adj. صلیب ډوله ، صلیب وزمه .

crucify, v.t. تصلیبول ، په دار ځړول .

crude, adj : اوم (خام) ، نا تصفیه شوی : بې خونده ، زیږ ، بدورکی ، ستوغ .

crudity, n.

cruel, adj. سخت زړی ، بې رحمه ، ظالم .

cruelly, adv.

cruelty, n.

cruet, n. د سورکې لوښی .

cruise, v.i. په سمندر کې د بېړۍ تلل را تلل د دښمن د بېړۍ څارنه کول . د الوتکې حرکت په هوا کې ، د تکسۍ موټر ګرځېدنه ، د سپرلیو پیدا کولو پاره .

cruise, n.

cruiser, n. سپکه جنګي بېړۍ ، د پولیسو د ګزمې موټر (چه د را ډیو په ذریعه له خپل مرکز سره په تماس کې وي) .

cruller, n. په غوړو کې سره شوې د هګیو کولچه (خاګینه) .

crumb, n. کوچنۍ ټوټه (لکه د ډوډۍ) .

v.t.i. ټوټه ټوټه کول : ټوټه ټوټه کېدل

crumble, v.t.i. ټوټه ټوټه کول ، ټوټه ټوټه کېدل .

crumbly, adj

crumple, v.t.i. مروړل ، ګونجې کېدل .

crunch, v.t.i. چیچل (لکه د غنو یا نیغو) ژوول ، کرپول .

crunch, n.

crupper, n. بیا زمه ، وروستنۍ ، د مېچې ، د آس کناټی .

crusade, n. صلیبي جګړه ، جهاد .

crusade, v.i. په صلیبي جګړه کې برخه اخیستل .

crusader, n. په صليبي جګړه کې برخه اخيستونکی.

cruse, n. تونګۍ، صراحي، مرتبان، منګی:

crush, v.t. & n. ځپل، چپل؛ ګڼه ګوڼه کول، ميده کول؛ په زور را ايستل (لکه د ميوو شيره او به)؛ ويجاړول، له منځه ايستل، ماتول.

crust, n. قشر، د ډوډۍ خوړيا پوټکی؛ د سختې و ځمکې کلکې پرتې پوټکی کلک پوښ؛

v.t. پوښل، پوښ ور کول.

crustacean, n. (قشري) کلک پوستی حيوانات چه پښه او پوستکی يې او پوټه نودي ژوند کوي لکه چنګاښ او نور.

crutch, n. د ګوډ لکړه چه پر سر ټکلک لري.

crux, n. کېښی يا هر هغه شی چه توضيح کول يې ګران وي؛ مهمه او فيصله کوونکې نقطه.

cry, v.t.i. ژړل، کوکه يا کړيکه کول؛ اعلانول، پوهول؛ ژړا، پدل چيغه، کړيکه؛ غږ؛ ژړا.

crypt, n. سمڅ، زېرزمينی، حجره چه مخصوصا تر کليسا لاندې وي او مړي پکښې ښخوي.

cryptic, adj. پټ، سري، اسرار اميز، مرموز.

crystal, n. کرسټل، بلور؛ د ساعت ښيښه؛ يو جسم لکه د اورې ډبرې؛ هر روڼ او شفاف شی

crystalline, adj.

crystallize, v.t.i. په بلور و بدلول: ته کلکې بڼه يا شکل ور کول.

crystallization, n.

cub, n. د ګيدړې، بيزو، ځوانو وزمري بچی.

v.t. بچی راوړل (لکه د ځوا او نورو).

cube, v.t. مکعب: مکعب کول: د درو (۳) په توره (جذر مکعب).

cubic, adj. مکعب، مکعب ځواندي.

cubical, adj.

cubit, n. د مقياس پخوانی معيار چه د ۴۵٫۷۲ سانتي متره په اندازه و.

cuckoo, n. کوکو کوتره، اروپايي جنس يې خپلې هګۍ د نورو مرغانو په ځالو کې اچوي چه ورته د يې شار بي.

cucumber, n. بادرنګ

cud, n. شخوند

cuddle, v.t.i. & n. نوازش، مينه؛ په غېږ کې په مينه نيول، نوازش ورکول؛

cue, n اشاره

cue, n. کوڅې يا چوڼې؛ هغه لرګی چه د بلياړد په لوبه کې استعمالېږي؛ صف، کتار.

cuff, n. کف (د پتلانه يا څادر يا د کميس د لستوڼو خولې): دلاس زولانه، ولچک.

cuirass, n. زغري چه پخوا به په جګړه کې د ځان د ساتنې د پاره اغوستې.

cuirassier, n. هغه سپور عسکر چه دا ډول زغره به يې اغوستله

cuisine, n. د پخلي طرز يا ډول: د پخلي ځای.

culinary, adj. د پخلنځي مربوط، پخلنځي ته منسوب.

cull, v.t. : لول، راټول، غوره کول، ټاکل، گلچین کول.
n. د جدا کولو عمل.
cullender, colander, n. چڼونې، صافی.
culminate, v.i. د اقتدار یا رتبې هسکې درجې ته رسېدل.
culmination, n.
culpable, adj. د سرزنش وړ، د ملامتې وړ، گناهکار، مجرم.
culprit, n. مجرم، تورشوی یا متهم.
cult, n. : د مذهبي عقاید و یو سیستم: لمانځنه (پرستش).
cultivate, v.t. : کرل، کرلو ته چمتو کول، پام کول، توجه کول: مدني یا مهذب کول.
cultivation, n.
cultivator, n.
cultivable,
cultivatable, adj.
culture, n. : کلچر، کرنه، کرل شوی: تصفیه، ثقافت، تهذیب، تمدن، فرهنگ.
cultural,, adj.
cultured, adj.
culvert, n. لښتی، داوبو تېرېدو ځای چه پوښل شوی وی لکه ترسړك لاندې لښتی یا شېله.
cumber, v.t. ممانعت کول، تر بار لاندې کول، زحمت ور کول.
cumbersome, adj.
cumbrous, adj.
cumulative, adj. د پرله پسی د ډېرېدو په اثر ډېر شوی، د قوت یا قیمت د ډېرو الي متراکم.

cuneiform, میخی خط.
cunning, adj. : څیرك، ماهر، ټگمار، چالاکه.
cunningly, adv.
cup, n. : پیاله، داوبو څښلو لوښی: (کپ) چه دلوبو په پای کې بریالي ته ور کوي.
cupbearer, n.
cupful, n.
cupboard, n. الماری: چڼی (رپ یا رپك) د خوړو د ایښودلو ځای.
cupidity, n. سراښتوب، د شتو د راټولو لېوالتیا، حرص.
cupola, n. گنبده (گنبد): د گنبدې لڼی خوا: په گنبدې کې راځوړند فانوس یا قندیل، قبه.
cur, n. بازاري سپی: سپك، رذیل، ټیټ، (اصط) هرزه.
curate, n. شفا بخښونکی: د کشیش مرستیال.
curacy, n.
curative, adj. شفا بښونکی، علاج کوونکی، دارو، دوا.
curator, n. د کتابخانې یا موزیم متصدی، ولی.
curb, n. & v.t. خولواښی، د کیزې پړی یا ځنځیر: په اسونو کې د پښو پړسېدلو مرض: مخ نیول: زغمل (لکه د لبر) د پیاده روڅنډه چه ترسړك لوړه وي.
curd, n. مستې.
curdle, v.t.i. مستې کول (لکه شیدې چه په مستو واوړي شي) ټومنه کول گډول

cure, v.t. & n. دوا ، درمل ؛ د کلیسا ملا د روغتیا ، روحي روغتیا ؛ د ناروغه ژغورنه د روغېدو عمل ؛ علاج کول .

cure, v.t. د روحاني چارو په غاړه اخیستل

curfew, n. هغه زنګ چه د اور یا څراغ وژلو مراسم به پې اعلانول ؛ د ګرځېدو د ممانعت زنګ (د کوم ښار په وخت کې) پر ګرځېدو باندې د قیود وخت .

curio, n. نادره او قیمتي شی .

curious, adj. لټوونکی ، پلټوونکی ، دقیق ؛ عجیب وغریب ؛ نادر .

curl, v.t. ول ول کول ، الوول کول ؛ کوڅه کوتي کول (د څڼو) .

curlew, n. ځینګه ، کوکول .

currant, n. بې دانې وچکې .

currency, n مروجې پیسې ، په چلند کې پیسې په دوران کې ؛ عمومي منښت (قبولي) .

current, adj. چلېدونکي پیسې یا بهېدونکي او به ؛ لاس په لاس تلونکی ؛ په عمومي صورت قبول شوی ؛ په اوسني حال پورې مربوطه .

n. د برېښنا جریان یا څپه .

curriculum, n. تعلیمي نصاب .

curry, v.t. د آس خرخره کول ؛ توږل (لکه د څرمنې) .

curry, n. یو ډول هندي مساله چه په د پخلي کې استعمالېږي .

curse, v.t. لعنت ویل ، نفرین کول ، ښېرا کول ؛ رټاډي کول ، ښکنځل کول .

cursory, adj. سرسپوړن ، سرسري (سطحي) بېړه ناکی (عجول)

curt, adj. بد خولی ، تریو خولی ، بدژبی (خشن شدید ؛ تلخ) لنډ موجز ، تند .

curtail, v.t. لنډول ، ټوټول ، ورو سټی برخه پرې کول .

curtailment, n.

curtain, n. پرده ، د کړکۍ پرده .

curtsy, curtsey, v.t. سلام یا هرکلی (په تېره د ښځو په توګه) ؛ سلام یا هرکلی کول .

curvature, n. کوږوالی ؛ انحنا .

curve, v.t. & n. کوږوالی ، انحنا ؛ کږول ، له سمې لیکې اړول ، انحناور کول .

curvet, n. د آس ټکنه (په څوټکو یا ټوپ کو) .

cushion, n. سرویږدی ، بالښت ؛ د بلیارډو د مېز د غاړې استر .

cusp, n. سر ، څوکه ؛ د یو شي راوتلې برخه .

cuspidor, n. تکدانی (تفدانی)

custard, n. یو ډول خواږه چه د شیدو او هګیو له یو ځای پخولو څخه لاس ته راځي

custodian, n ساتونکی ، خوندي کوونکی سرایدار .

custody, n. خوندي توب ، ساتنه ، محافظت ، امانت ؛ بندي توب ، توقیف .

custom, n. دود ، دستور ، رسم رواج ؛ د ګمرک محصول ، ګمرک .

custommade, adj.

customary, adj. عادي ، معمولي ، مرسوم .

customer, n. پېرېدار ، پېرودونکی ، مشتري .

customhouse, n. ګمرک .

cut, v.t. پرېکول ، جلا کول ؛ ایسته کول ؛ لېږل ؛ لنډول ؛ ټوټول ؛ **v.i.** پرېکېدل ؛ لږېدل ؛ لنډېدل ؛ ټوټېدل .

cute, adj. زيرک ، چالاک ، جذاب .

cuticle, n. پوټکی ، څرمن ، پوست .

cutlass, n. درنه کږه توره .

cutlery, n. ټوټوونکې آله (لکه چاړه ، چاقو او نور) .

cutler, n.

cutlet, n. کټره ، ټوټه (د غوښې او نورو) ؛ کټلټ .

cutter, n. ټوټوونکی ؛ کوچنۍ بېړۍ ؛ د اوږدو پښو يوه بېړۍ چه يو آس يې کشوي ؛ کنډوونکی .

cutthroat, n. خونی ، وژونکی ، قاتل .

cyclamen, n. د گل يو ډول بوټی چه ساقه لري .

cycle, n. دوره ، اربه (بايسکل) ، څرخ ؛ يوه تاريخي دوره ، د پېښو يا حوادثو يوه دوره ؛ يوه اوږده زمانه

cyclist, n. بايسکل سوار .

cyclometer, n. يوه آله چه دارا يې گرځېده او وهل شوی واټن يا فاصله معلوموي .

cyclone, n. دوړه دوړکه ، بوړبوړوکی ، د باد او دوړو طوفان .

cyclonic, adj.

cyclopedia, cyclopaedia, n. دائرة المعارف .

cygnet, n. د قو چوچی يا بچی .

cylinder, n. استوانه ، اوږد مدور جسم ، د توپانچې ميل ؛ په ماشين کې د پيسټن د ښوېدلو ځای .

cylindrical, adj.

cymbal, n. (مو) د ژېړو ټوټو (تال) چه سره وهل کېږي .

cynic, n. کلبي ، بدبينه ، عيب لټوونکی (په لوی C سره) .

cynical, adj.

cynicism, n.

cynosure, n. د توجه مرکز ، دب اصغر ، د قطب ستوری .

cypress, n. د سپروله .

cyst, n. د کڅوړې په ډول يو ساختمان ، مثانه

czar, n. د روسيې د پاچاهانو لقب .

czarina, n. د روسيې د ملکې (کولواکنې) لقب .

D

dab (v.t. & n.) په پاسته او لاندې شي په نرمۍ و هل : ټاپه کول : ورو ملهم اېښودل (پر) : ټکورول : کوچنۍ لښتا که کوټه : ماهر

dabble (v.i.) د ساتيرۍ په ډول په کار لګيا کېدل : په او بو لاس يا پښې اچه اېستل او بېرته راايستل (او به چپ چول).

dace, n. يو ډول وړوکی کب.

dactyl, n. درې سيلا بيزه مصرع چه څپ پر لومړۍ وي.

daffodil, n. نرګس.

daft, adj. لېونی : احمق.

dagger, n. خنجر ، چاړه.

dahlia, n. د دليه ګل.

daily, adj. ورځنی

dainty adj. خوندور ، مزه ناک ، ذړه وړونکی ، نفيس

dairy, n. د شيدو ، کوچ او پوڅې پلورنځی : هغه ځای چه هلته له شيدو څخه کوچ ، پوڅه او نور جوړوی : لبنيات .

dais, n. چوتره : تخت : د څولۍ يو مسکه برخه .

daisy, n. دا ؤدی ګل .

dale, n. ناوه ، وادي .

dally, v.i. اخرې کول. خوشې وخت تېرول : معاشقه کول ، ناز کول .

dalliance, n .

dam, n. بند ، وانه ، سد ، خنډ .

dam, n. مورينه، مور (د څېوا ناتو) .

damage, n. زيان ، تاوان ، ورانی ، ويجاړتوب، نقصان .

damage, v.t.

damask, n. : کتاوړ، وريښمينه ټوټه : فولاد (د دمشق) .

dame, n. ښځه : مېرمن .

damn, v.t. لعنت ويل (پر) : بد ويل ، په بدو محکومول ، څنډل.

damned, adj.

damnable, adj. دلعنت وړ ، د بد ووړ ، د ترټلو وړ ، د غندلو وړ .

damnation, n. : لعنت ، محکوميت ، بدي ، جزاء (د تل د پاره)

damp, n. & adj. : لوندوالی ، اند بل لوند .

v.t. : خفه کول، ترېتول ، ساوړ پڅول ، مخه نيول : درول ، لندول .

dampen, v.t.i. لانده ول یا لمده ول : لانده یدل .

damper, n. لوندوونکی : خفه کوونکی .

damsel. n. پېغله ، نجلۍ .

dance, v.i. اتڼېدل ، گډېدل : د اتڼ و یا گډېدو ځوانه : د اتڼ نغمه .

dancer, n.

dandelion, n. یو ډول بوټی چه ژېړ گلان کوي . ژېړ گلی .

dander, n. غوسه ، قار .

dandle, v.t. نازول ، ډنگول ، کنځول ، په غېږ کې کښته پورته کول (لکه د ماشوم) : مشغولول .

dandruff, n. د سر ببخه .

dandy, n. هغه سړی چه ځان او جامو ته ډېر متوجه وي ، یوشی چه په خپل جنس کې ډېر ښه وي : ځان ښوودونکی .

danger, n. خطر ، ډېره ، بېره ، ډار .

dangerous, adj. خطرناک ، وېروونکی ، بېروونکی ، ډاروونکی .

dangerously, adv.

dangle, v.i. ځړېدل ، ځوړندېدل .

dank, adj. لوند ، مرطوب .

dapper, adj. کړندی : کمکی او تکړه : سپېڅلی ، سوتره ،

dapple, adj. ټکی ټکی ، داغی داغی ، برگ ، ټکی ټکی کول ، داغی داغی کول .

dare, v.i.t. زړور توب کول ، جرأت کول .

daredevil, n. تورسر تور سړی ، مشهور سړی .

daring, n. جسارت ، جرأت .

daring, adj.

dark, adj. تیاره ، تور ، پټ : مبهم ، بې لومه ، بد ، ناپوهنده ، کوانجي کوانجي (تندي) : مغشوش ، مجهول

darken, v.t.i.

darkly, adv.

darkness, n.

darkling, adv. & adj. په تیاره کې ، تیاره ، ظلمت .

darksome, adj. تیاره .

darling, n. په زړه پورې ، خوږه ، گرانه محبوبه .

darn, t·i پېنه کول ، رفو کول

darn' n

darner, n.

dart, n. & v.t. لوکه اره گولی : تېز حرکت : یو ډول د لښې ویشتلو لو به چه په کو چنیو غشو سره اجرا کېږي : په تېزۍ غورځول : په بېړه تو غول .

dash, v.t. ځبل ، ځپل ، دړې وړې کول : په زوره غورځول : شیندل : تباه کول خوابدی کول ، افسرده کول ، حیراوي کول : په بېړه لیکل .

v.t. په بېړه پرمخ تلل .

n. زور ورکوونکی ار : ډهه (—) لښه : (د یوشی) لږ مقدار : ناڅاپي برشا کېدنه ، لنډه تېزه مسابقه (منډه کې) .

dasher. n. هغه چه ورالی راولی ، خود نما په سړی ، د موټر پایدان .

dashing, adj. ژوندی ، وېښ ، تکړه : ځان ښوودونکی

dastard, n. نامرده ، ناځوان .

dastard, adj.

dastardly, adj.

data, n. ابتدائي معلومات چه د هغو په اساس لور حقایق لاس ته راتلای شي : مفروضات ، معلومات ، شواهد .

date, n. نیټه (ورځ ، میاشت ، کال او لور) : د یوې پیښې نیټه : دملاقات نیټه .

v.t. نیټه لګا کل

date, n. خجوره ، خرما .

dative, adj. (ګر) غیرصریح مفعول

datum, n د data. مفرد .

daub, v.t. پوچل ، ککړول ، په غیر ماهرانه توګه رنګول .

dauber, n.

daughter, n. لور .

daughter-in-law, n. نږور یا ږور

daunt. v.t. ډارول ، بې زړه کول ، ویرول

dauntless, adj. زړه ور ، بې ویرې ، زړه ور بې باکه ، بې پروا .

dauphin, n. د فرانسې د پاچا اولني زوی لقب چه له (۱۳۴۹ - ۱۸۳۰) پورې استعما لیدی .

davenport, n. (کوچ) لویه ارامه چوکی دلیك ویوکی میز .

davit, n. پورته کول یا اوان (جرثقیل)

daw, n. کارغه .

dawdle, v.i. ورو ورو ګرځېدل : وخت تېرول (په غیرمفیده توګه) .

dawn, n. & v.i. سپیدې چاودل ، د سهار رڼا سباوون : د کمیخ شروع کېدل : د یو شي شروع کېدل .

day, n. ورځ : شواروز : هغه موده چه ځمکه په خپل محور یو وار څرخي : کالیږه ، زمانه ، عصر ، عصر :

daylight, n.

daytime, n.

daybreak, n. سپېدې چاودل ، لمرختل

daydream, n. خیال پلو

daydream, v.i.

dayspring, n. سپیدې چاودل ، سباوون

daze, v.t. n. بې هوښه کول : ګنګسول ، سر ګرځول : ګول : تشویش ، ګډوډي : ټلولی توب ویره ، وېره .

dazed, adj. مغشوش ، ګډوډ : ټلولی .

dazzle, v.t.i. د ډېرې رڼا په سبب د سترګو برېښېدل ، مبهوت کېدل .

dazzle, n.

deacon, n. د پادري مرستیال : خیرات خور : هغه سړی چه په کلیسا کې ژنګ وهي .

deaconness, n. fem.

dead, adj. مړ : بېکاره : (هغه چه استعمال یې لیږي) ، بې حسه ، بې حرکته : بې معنی ، دقیق کاملا ، په بېوده توګه ، مستقیما

adv.

deaden v.t. بې اثره کول ، له منځه وړل ، وژل : سوستول ، روحیه ورضعیفول .

dead-end, adj. هغه کوڅه یا لار چه پای بې بندوي .

dead-letter, داسې لیك چه څښتن ته ونه رسیدلي ، هغه قانون چه تګوڼ یې پالی وي خو رسما لغو شوي نه وي .

deadline n. په عسکري مجلس کې هغه حد چه تر هغه تېر پېدل د مرگ سبب کېږي : د روستني لهۍه چه يو کار بايد اجرا شي

dead,lock, n. ځنډ ، تآل ؛ د مخالفو اشخاصو يا ډلو د ټکر په واسطه د کار بند يږ

deadly adj. وژونکی ، مخالف ، مهلك ، زر لرونکی .

deaf, adj. کوڼ ، په غوږو دروند ، کاڼ کوڼ اچوونکی .

deafness, n. کوڼ والی .

deafen, v.t. کڼول .

deal, n. مقدار ، اندازه (نامعلومه) ؛ معامله .

deal, v.t. ويشل ؛ زر کول (لکه د گوزار) ؛ معامله کول ، اقدام کول ؛ بحث کول .

dealing, n

deal, n. د ستر لرگي يا د ستر تخته ، ويشه .

dean, n. د کليسا مشر ؛ د پوهنځي رئيس ؛ د يوې ډلې مشر (لکه په پوهنيو د کې د خارجي ډيپلوماتانو) .

deanery, n.

dear, adj. گران ، محترم ، زړه ته لوړي ؛ قيمتي .

n. معشوقه ، محبوبه .

dearly, adv.

dearness, n.

dearth,n. لږوالی ، قحطي ، گراني .

death, n. مړينه ، مرگ ؛ د مړينې حالت ، معدوميت .

deathbed, n.

deathblow, n.

deathless, adj.

debacle, n. ماته ، ناکامي ، سقوط .

debar, v.t. له ننوتو څخه منع کول ؛ د ننه ته پرېښودل ؛ منع کول ، د حق څخه بې برخې کول .

debase, v.t. ذليلول ، ډراليتول ، سپکول .

debasement, n

debate, n. مناقشه ، مشاجره ، مناظره ، مباحثه .

debate, n.

debatable, adj.

debauch, v.t. بې لارې کول ، له لارې ايستل ، فاسدول ، خرابول .

debauchery, n.

debilitate, v.t. ضعيفول ، کمزور کول ، بې سېکه کول .

debility, n. کمزورتيا ، ضعيف والی ، ناتوانی .

debit, n. قرضداري ، (په يو لنکی معاملاتو کې) دورکې ي ستون ؛ په چا پسې د پور ليکنه .

debonair, debonaire, adj. خوشاله ، ښکلی .

debris, n. ټپې ، ټهاټي د ړوړوي ، توکري ، ټاټې پاتې شوني (لکه هغه چه د يو ځای د ليدو په اثر پاتې کيږي) .

debt, n. پور ؛ د پور اخستلو شرايط ؛ گناه ، وبال

debtor, n. پوروړی .

debut, n. لومړی کوشش ؛ د لومړي ځل دپاره د خلکو په ډله کې ښکاره کېدنه په يوه ټولنه کې د ننوتل ، ظهور .

debutante, n. په لو بو يا ځوانه کې د لوبې ی ځل د پاره د ځوانې ښځې ښکاره يد له.

decade, n. لس کاله ، لسيزه

decadence, n. زوال ، سقوط ، فساد

decadent, adj. & n.

decalogue, n. لس حکمونه (په يهودی مذهب کې)

decamp, v.i. لیږدېدل : ناڅاپه تښتېدل

decant, v.t. تويول ، تلول .

decanter, n. صراحی .

decapitate, v.t. سر غوڅول ، سر پرې کول

decapitation, n

decay, n. خرابوالی، وروستوالی ، خوسا توب.

v.t. خوسا کول ، وروستول .

v.i. خوسا کېدل . وروستېدل .

decease, n. مړينه ، مرګ .

v.i. مړ کېدل

deceit, n. غولونه ، تېرا يستنه .

deceitful adj.

deceitfulness, n.

deceive, v.t. خطا ايستل، غولول، تېرا يستل

deceiver, n.

decelerate, v.t.i. ورو کول ، په سيا له کول، کمزن کول .

v.i. سو که کېدل ، ورو کېدل ، په سيا له کېدل .

december, n. د يسمبر د عيسوی کال د وو لسمه مياشت (يو دېرش ورځې) .

decency, n. درنښت، مناسب خوی يا اخلاق

decent, adj. ښه ، شريف ، ملايم ، سوېڅلی .

decentralize, v.t. د تمر کز څخه ايستل ، وېشل، جلا جلا کول ، بېلول (لکه حکومتی ادارې) .

decentraliztion, n.

deception, n. غولېدنه ، تېر و تنه ، غولونه ، تېرا يستنه ، دوکه ورکونه .

deceptive, adj.

decide, v.t. پرېکړه کول، فيصله کول، تمامول ، ترسره کول ، ټينګول .

v.i. فيصله کېدل ، تمامېدل .

decided, adj. کلک ، ټينګ : جر ګند ، روڼ ، بې شکه : فيصله شوی .

decidedly, adv.

deciduous, adj تو يېدونکی (لکه په منی کې د پاڼو) : موقتی .

decimal, adj. اشاري ، اشاريه .

decimate, v.t. لسمه برخه ايستل يا ايستل ، هر لسم سړی وژل : لويه برخه ځنی تلف کول .

decipher, v.t. د رمز تر جمه کول : د يو شی معنی موندل : پوهېدل (په) : کشفول.

decision, n. فيصله ، قضاوت : ټينګار ، تصميم .

decisive, adj.

decisively, adv.

deck, n. & v.t. د بېړۍ غرشه : ښکلی کول: پوښل : پر غولی کوټه کول، غولی جوړول (بېړۍ) : پتی يا دلوبو يا ڼی (قطعی) .

declaim, v.i. په مؤثره او فصيحه توګه خبرې کول .

declammation, n.

declamatory, adj.

declare, v.t. اعلا نول، څرګندول، پیا نول

declaration, n.

declarative, adj.

declaratory, adj.

declension, n لو یدنه، سقوط، زوال (ګرامر

د اسم ، ضمیر یا صفت ګرځونه) (ګردان).

decline, v.i. یوې خواته کږیدل : نا کاره

کېدل : کوږ ځېدل : پاتې کېدل : ځوړ یدل.

v.t. یوې خواته کږول : نا کاره کول ،

انکار کول .

n. پر یوتنه ، انحطاط ، (ګرامر) ګردا نول .

declination, n. سقوط ، مخ ځوړ ، زوال .

declivity, n. ځوړ ، یا ځوړ .

decode, v.t. له رمزه را یستل ، رمز په

ساده او څرګنده ژبه اړول .

decollete, adj. ښودل کمیس چه غاړه او

او ږې ئې په پټیږي ، لنډ غاړی کمیس .

decompose, v.t.i. تحلیل کول ، تجزیه

کول ، جلاجلا کول ، برخې برخې کول ،

خوسا کول : جلاجلا کېدل ، خوسا کېدل .

decomposition, n.

decorate, v.t. سینګارول ، ښکلي کول .

decorator, n.

decoration, n. سینګار ، ښکلا : نښا ن .

decorative, adj.

decorous, adj. ښه ، وړ ، مناسب .

decorum, n. ادب ، ښه خوی ، وړ توب .

decoy, v.t. په لومه یا تلکه کې ایول ،

د مرغا نو ښکار کول : د ښکار د پاره

د اهلي مرغۍ په دام کې د نیولو

کو ښش کول ؛

n. د ښکار زړی ، مله ، طعمه ، هغه مرغۍ

چه د ښکار د پاره لورې مرغۍ په دام لوی .

decrese, v.i.t. لږیدل : لږول .

decree, n. فرمان : عدلي فیصله ، حکم .

decrepit, adj. زوړ ، کمزوری ، ضعیف

(د ډېر عمر په سبب) .

decrepitude, n.

decry, v.t. ملامتول ، سپکول ، د قل .

dedicate, v.t. وقف کول ، ډالۍ یا اهدا کول .

(لکه د کتاب) ؛ د یو سپېڅلي مقصد د پاره

جلا ښودل .

dedication, n.

dedicatory, adj.

deduce, v.t. استنباطول ، نتیجه کښل .

deduct, v.t کمول ، منفي کول .

جلا کول ، ښکلول ، لږول ،

deduction, n. تعلیل ، کموالی ، جلاوالی ،

تفر یق .

deductive, adj

deed, n. عمل ، کار ، قول قرار ليک (قبا له) .

deem, v.t. انګېرل ، فکر کول

deep, adj. ژور : ژوره : پټ ، ژوره ، مشکل

ګڼ ، بم ، بحر ، آسمان : جدی ، چالاک ،

ډېر زیات .

deep-laid, adj

deepen, v.t.i. ژورول : ژوریدل .

deer, n. هوسۍ .

deerski, n.

deface, v.t بڼه ورخرابول ، بې شکله

کول ، بې مخه کول .

defalacation, n. پر امانتي مال یا پیسو تېری ، د بل چا د مال څخه ناوړه استفاده ، د امانت خیانتول ، امانت .

defame, v.t. د چا نوم بدول ، تورول ، تهمت پورې کول ، بدنامه کول .

defamation, n.

defamatory, adj.

default, n. تقصیر ، نیمګړتیا : د پور په ورکړه کې بې وسي ، ناکامي ، عیب ، غفلت .

v.t. نیمګړی کول ، بې وسه کول .

v.i بې وسه کېدل .

default, v.t.i.

Uefaulter, n.

defeat, v.t. ماتې ور کول : نا امیده کول ، بری موندل (پر) : ویجاړول ، ورانول ، د لوبې یا مسابقې بایلل ، بایلل .

defect, n. نیمګړتیا ، عیب ، نقص ، کمبودی .

defection, n. ناکامي ، بې وسېتیا ، بې وسه توب : په وظیفه کې پاتې کېدنه ، تښتېدنه : پرېښودنه ، پرلوړنه درېدنه .

defective, adj. نامکمل ، غیر کافي : عیب درلودونکی .

defence, n. دفاع ، ځان ساتنه .

defend, v.t. دفاع کول ، ساتل ، (حق) د چا مدافعه کول .

defender, n.

defendant, n. (حق) مدافعه کوونکی ، متهم ، تورن .

defense, defence, n. دفاع ، ځان ساتنه ، د حملې په مقابل کې مقاومت : په دلایلو له— خپلو کې و مدافعه : په لوبو کې د حریف د حملې په مقابل کې چمتوالی : (حق) د رد ځواب (د مدافع له خوا) .

defer, v.t.i. ځنډول ، ټالول ، ځنډول : ځنډېدل

deferment, n.

defer, v.t. د بل چا یا مقام نظر ته ، هغو یا صلاحیت ته غاړه ایښودل .

deference, n.

deferential, adj.

defiance, n. جنګ ته را بلنه ، بې پروایي ، د مقاومت کولو تمایل .

defiantly, adv.

deficient, adj. نیمګړی ، نیمګړه ، نامکمل ،

deficiency, n.

deficit, n. کسر (په تېره بیا په عایداتو کې) .

defile, v.t. خرابول ، بدبوي ول ، ورستول ، ککړول ، خیرنول ، لړل : بې پته کول ، بې عزته کول .

defile, n. تنګي ، تنګه وټ یا تنګه دره .

define, v.t. تعریف کول : معنا کول : برید ټاکل ، ټک معلومول ، محدودول .

definite, adj. قطعي ، صریح ، ټاکلی ، جوت ، څرګند ، ښکاره : (ګر) د تعریف توری .

definitely, adv.

definition, n. تعریف ، څرګندونه ، ښکاروونه ، د یوه توري یا موضوع تشریح کول .

definitive, adj. څرګند ، ښکاره : قاطع .

deflate, v.t. هوا ایستل، تشول (لکه د باد څڅه) .

deflation, n. باد ایستنه : د پیسو لږوالی (په عمومی دوران) .

deflect, v.t.i. بوی خواته کول ، ایسته کول : کږول : کږېدل . ایسته کېدل

deflection, n.

deform, v.t. بې بڼې کول ، شکل ته تغییر ورکول ، مسخ کول ، بدبڼه کول .

deformation, n.

deformity, n.

defraud, v.t. غولول ، تېر ایستل .

defray, v.t. ورکول ، تادیه کول ، ادا کول

deft, adj. ماهر ، په کار پوه : هوښیار ، تردست (چالاك) .

deftly, adv.

deftness, n.

defunct, adj. مړ ، بې ساه .

defy, v.t. جنګړې ته لمسول ، دښمنۍ ته بلل : بې اهمیته ګڼل : مخالفت کول : کرکه کول .

degenerate, adj. کم اصل، منحط ، فاسد . v.i. کمزوری کېدل، ټیټېدل : فاسد ېدل

degeneration, n.

degeneracy, n.

degarde, v.t. له اوچتې رتبې څخه ټیټې رتبې ته کښته کول ، فاسدول، ټیټول .

degration, n.

degree, n. درجه ، رتبه : دلړ اندازه یا اوږ په ریاضۍ کې ددغه (°) نښه : (ګر) په صفت کې درې درجې لکه ښه ، ډېر ښه ، زښته ډېر ښه ، ټر ټولو ښه .

deify, v.t. په خدایی نیول ، په خدا یا لوی کې شمېرل : لمانځل .

deign, v.i. تنزل کول ، کمینه کېدل ، عاجزه کېدل ، خاکساره کېدل

deism, n. دخدای منښه خو په پیغمبر او اوورو دینی مسایلو باور نه درلودنه : په داسې خدای عقیده چه په خپلو مخلوقاتو باندې اغېزه یا غرض نه کوی .

deity, n. الوهیت ، الهه .

dejection, n. خواشینی ، خپګان : تشو نه (لکه دمعدې ، کولمو او نورو) .

dejected, adj.

dejectedly, adv.

delay, v.t. ځنډول ، ټالول ، ځڼډول ، موقتی بندې کول .

delegation, n. خوالدور ، خوشالوونکی .

delegate, n. & v.t. نماینده ، دمبا حجری : دپارلمان غړی : نماینده کی کول : بل چا ته سپارل .

delegation, n.

deleterious, adj. زیان ور ، ضرر رسانی .

delft, n. پوډول کلالی .

deliberate, v.t.i. سنجول ، مشوره کول ، غور کول ، فکر کول : سنجېدل ، هیر کېدل .

deliberately, adv.

deliberative, adj.

delicacy, n. نښکی والی ، نزاکت ، لطافت ، پوست والی ، عیاشی : حساسیت ، پوخوند ورشی .

delicate, adj. ښکلی ، نازك ، لطیف ، خوندور ، نفیس ، حساس . دسلیقې خاوند

delicatessen, n. پخه خوندوره غذا ، د داسې خوړو د خرڅلاو ځای .

delicious, adj. خوندور ، په زړه پورې ، لذيذ .

deliciously, adv.

delight, n. خوشالتيا ، زړه ښه والی ، ښادی .

delightful, adj.

delightedly, adv

delightfully, adv.

delighted, adj.

delineate, v.t. انځورول ، تصويرول ، نقشه کول ، تشريح کول .

delineation, n.

delinquency, n. جرم ، خطا کاری ، شرارت .

delinquent, adj. بدعمله ، مجرم ، غفلت کار .

deliquesce, v.i. اوبه کېدل ، ويلې کېدل

deliquescent, adj

delirious, adj. ابلتی (ابلا کې) وېړونکی هړتې وېړونکی ، ليونی .

delirium, n. ليونتوب ، سودايی توب ، سرسام توب .

deliver, v.t. تسليمول ، آزادول ، ژغورل ؛ گوزار ور کول ؛ ايرادول ..

deliverance, n.

deliverer, n.

delivery, n. آزادونه ، سپارنه ، ايرادونه ؛ گوزار ور کونه ، ژغورنه ، د خبرې کولو يا سندرو طريقه .

dell, n. کوچنۍ ناوه يا وادی .

delphinium, n. يو ډول گل دی .

delta, n. دلتا : د يونانی الفبا څلورم توری ؛ هغه خړه چه د سيند په اثر د رود په شاو خوا کې تشکيله شوې وی ؛ د نيل د رود دلتا

delude, v.t. بې لارې کول ، گمراه کول ، تېر ايستل .

delusion, n.

delusive, adj.

deluge, n. پر مځکه د اوبو سېل راتلنه ، د اوبو سېل ، تر اوبو لاندې کېدنه .

delve, v.t.i. کيندل ؛ څېړل ، غوټه ور کول ، پلټول .

demagogue, demagog, n. عوام فريب ، هغه څوک چه خلک تېر باسی .

demagoguery, n.

demand, v.t. غوښتل (لکه د پور) ؛ پوښتنه کول ؛ ضرورت درلودل ، مطالبه کول ، تقاضا کول .

demarcation, n. د بريد يا سرحد ټاکنه .

demean, v.t ټيټول (پست کول) ، خوارول ، کښته کول .

demean, v.t. ښه سلوک کول ؛ زغمل ، تحمل کول .

demeanor, demeanour, n. خوی ، اخلاق .

demented, adj. ليونی .

dementia, n. ليونتوب .

demerit, n. عيب ، تقصير ، ناوړتيا ؛ په ناوړه توب متهم والی .

demesne, n. سیمه ، منطقه ، قلمرو ۰

demigod, n. نیم خدای ۰

demijohn, n. ښیښه یی بوتل چه لری
څادره لری ۰

demilitarize, v.t. له عسکرو خالی کول
یا تخلیه کول ؛ غیر نظامی کول ۰

demse انتقال ، پریښوونه (لکه
دتاج وتخت) ؛ مړینه ، مرگ ۰

demolization عسکری ترخیصول (له جگړی
دروسته) ۰

demobiliza,tion, n.

democracy, n. دیموکراسی ، د خلکو
حکومت ، هغه ډول حکومت چه د ټولنی
ټول افرادپی برابر حقوق لری ۰

democrat, n.

democratic, adj. دیموکراتیک ، د خلکو
دحکومت طرفدار ، دیموکراسی ته منسوب ۰

demolish, v.t. ویجاړول ، خرابول ،
ړنگول ، ورانول ۰

demolition, n.

demon, n. شیطان ۰

demoniac شیطانی ، د شیطان تر اثر
لاندی ډوله ؛ غضبناک ۰

demonology, n. دشیطان پیژندنی علم ۰

demonstrate څرگندول ، ښکاره کول ؛
ثابتول ؛ په عملی توگه تشریح کول ،
مظاهره کول ، تمثیلول ۰

demonstrable, adj.

demonstrator, n.

demonstration, n. مظاهره ۰

demonstrauve, adj. ثابتوونکی ، مدلل ؛
(گر) اشاری صفت یا اشاری ضمیر ۰

demoralize, v.t. بی زړه کول ، دلسرده
کول ، بی همته کول ؛ وارورخطا کول ،
فاسد ول ۰

demoraliza'tion, n.

demote, v.i. تنزیل ورکول ۰

demur, v.i. مذبذب کیدل (دمشکلاتو
اوشوړزړه والی په اثر) ؛ معترض کیدل ،
تامل کول ۰

demure, adj. محجوب ، دروند ، سنگین ،
باوقاره ؛ هغه چه اصلا سنگین نه وی
خو ځان ښکاره کوی چه سنگین دی ۰

demurely, adv.

demurrage, n. دیمریج ، ډیل ، ټال ،
ځنډ ؛ دټالیدو جرمانه (لکه په گمرک
کی بر مالونو) ۰

den, n. ځاد ، دځیرو ورانکو (درنده)
حیواناتو استوگنځی ؛ دغلو استوگنځی ؛
دځان له پاره یوه پټه وړوکی کوټه ۰

denature, v.t. دطبیعت بدلول (دیو شی
مخصوصاً الکول چه ونه څښل شی) ۰

denial, n. انکار ، دغوښتنی ردونه ،
دیو چادځان ردونه ؛ په خپلو غو ښتنو
بندیز لگونه ۰

denim, n. جیم ډوله ټوکر ۰

denizen, n. اوسیدونکی ، میشته ۰

denominate, v.t. نوم ایښوول ؛ بلل ۰

denomination, n. نوم ایښوونه ؛ نوم
یالقب ؛ کومه لویه مذهبی فرقه ؛ واحد یا
ارزښت (لکه دپنځو ، لسو ، شلو ، پنځوسو
او نورو نوټونه) ۰

denominational, adj.

denominator, n. لوم ا يښو ونکی ؛ (حساب) مخرج.

denote, v.t. دلالت کول (پر) ؛ معنی ورکول، څرگندول، اشاره کول، ښوول

denouement, n. د ډيسې څرگندوله ؛ د کومې پېښې، واقعې او نتيجې ښکاره کول (لکه په ډرام کې).

denounce, v.t. تورول ؛ مخالفه وينا کول، ښکاره تهديدول، فسخ کول (لکه د قرارداد او تړون).

dense, adj. گڼ، خټ، ټينگ، مړ و حم، مغزا کم، غليظ: احمق.

densely, adv.

density, n.

dent, n. غاښی.

v.t. غاښی جوړول.

dental, adj. د غاښو، غاښيز، په غاښو جوړولو پوری تړلی چاری.

dentifrice, n. د غاښو مينځلو پوډر.

dentist, n. د غاښو ډاکټر، غاښ جوړوونکی.

dentistry, n.

denude, v.t. لڅول، لوڅول

denudation, n

denunciation, n. تورونه، مخالفه وينا ؛ د يو مملکت له خوا د کوم قرارداد فسخ کول ؛ تهديد، بد ويل، چغلی، تهمت، شکايت.

deny, v.t. ردول، انکار کول ؛ د مسئوليت نه منل.

depart, v.i. روانېدل ؛ مخ کېدل.

department, n. څانگه ؛ دايره، شعبه.

departmental, adj.

departure, n. روانېدنه، له يو ځای څخه خوځېدنه (په سفر)، مړينت، مرگ، انحراف.

depend, v.i. متکی کېدل ؛ مربوطېدل ؛ هيله درلودل ؛ باور درلودل

dependable, adj

depend'ability, n.

dependant, adj. & n. متکی، هيله لرونکی ؛ باوری ؛ تکيه ؛ هيله ؛ باور ؛ هغه څوک چه اعاشه يې په بل پوری اړه لری.

dependence, n. اتکا ؛ اړيکه ؛ تابعيت ؛ هيله ؛ باور.

dependency, n. اړيکه ؛ تابعيت ؛ تر لاس لاندې والی (لکه يو هېواد چه د بل هېواد تر لاس لاندې دی).

dependent, adj. تر لاس لاندې ؛ هيله لرونکی ؛ متکی.

depict, v.t. انځورول، رسمول، عکس اخيستل ؛ تشريح کول.

depiction, n.

deplete, v.t. ستړی کول ؛ خالی کول ؛ قوت يا منابع د لاسه څخه ايستل.

depletion, n.

deplorable, adj. د خواشينۍ وړ، د غم وړ.

deplore, v.t. غم کول، خواشينی کول، زړه سوی ښکاره کول، وير کول.

deploy, v.t. اوږدول، خپرول (لکه د عسکرو جبهې)، له قطاره په صف کې دروول (لکه د عسکرو)

deponent, n. هغه څوک چې تحریري شهادت ورکوي.

depopulate, v.t. کم جمعیت کول، د انوسو لږول، ویرانول.

depopulation, n.

deport, v.t. شړل، تبعیدول، له یوه ځای څخه بل ځای ته لېږدول؛ سلوک کول.

deportation, n.

deportment, n. چلند، چلاو، سلوک، وضع.

depose, v.t. معزول کول، موقوفول، له تخت څخه کوز کول؛ شهادت ورکول، خلع کول.

deposit, v.t. امانت اېښودل، اېښودل، رسوب کول، پاسره اېښودل، ذخیره کول.
n. کاڼي ذخیره.

depositor, n.

deposition, n. معزولتیا، خلع توب (لکه د یوه څوکۍ واك)؛ شهادت؛ پاسره.

depository, n. مخزن، د پاسرې یا ذخیره کولو ځای (لکه تجري یا بانك)

depot, n. د پوځ، تحویلخانه (لین).
د پلي عسکرو د ټولنې او روزنې ځای

deprave, v.t. ویجاړول، خرابول.

depraved', adj.

deprav' ity, n.

deprecate, v.t. بد گڼل، ناراضي څرگندول.

dep'recato'ry adj.

depreciate, v.t. د نرخ یا بیې لږول، کم بیه کول.

v.i. د نرخ یا بیې لږېدل : لږ بېدل، ټیټېدل

depr'ecia'tion, n. تنزیل

depredation,n. چور و چپاو.

depress, v.t. ټیټول : لږول : کښېکښېل : له بیې څخه غورځول، دده ورتنگول، خوابدي کول، سپکول، تابع کول (په موسیقی کې) داواز غوره کول.

depression, n. ټیټوالی؛ تنزل؛ ځوړنه، زموللونه، مراوېتوب : خپگان : (په اقتصاد کې) د داماليت كموالی، بحران کساد.

deprivation, n. محرومیت، بې برخې والی، تاوان، زیان : خوارۍ گاللنه.

deprive, v.t. محرومول، بې برخې کول.

depth, n. ژوروالی : کنده، کرښنگ، عمق، د شي منځ، شدت : په موسیقی کې د بږغ ټیټوالی.

deputation, n. جرگه، مرکه، هیأت.

depute, v.t. نمایندہ ټاکل، د وظیفې ټاکل.

deputy, n. نماینده، وکیل : مرستیال.

derange, v.t. گډوډ کول : لیونی کول.

deportment, n.

derelict, adj. پرېښودل شوی، متروك، بېړۍ، هغه چه د وظیفې په اجرا کې سستي کوي

dereliction, n. بېړۍ ته پاتې کېدنه (د وظیفې په اجرا کې) : عیب، نقص، قصور.

deride, v.t. ملنډې وهل، ټوکې کول (په).

der,ision, n.

deri'sive, adj.

deri'sively, adv.

derivation, n. اشتقاق ، له منبع څخه څانګې څانګې کول : سرچینه ، اقتباس ، استخراج .

derivative, adj مشتق ، کچه ، څانګه ، څانګه شوی .

n. اشتقاق (لکه د یوې کلمې له د بلې) .

derive, v.t. مشتق کول ، استنباط کول ، نتیجه اخیستل : له سرچینې نه اخیستل ؛ د یوې کلمې اصلي ریښه موندل .

derogation, n. زیان رسونه ، یا رسونه ، د بې کموله : سپک کتنه په خوا ره سترګه کتنه .

derog'ato'ry, adj.

derrick, n. هغه آله چې دروند شیان پورته کوي ؛ پالوان ، جر ثقیل .

dervish, n. درویش ، ملنګ .

descant, n. وینا : (مو) د سندرې ورسره غږ ګوبه (لکه یو چې یې سر وایي بل یې پای) .

descend, v.i. کښته کېدل : له یوې کندې څخه ځوړېدل ، میراث ور ته رسېدل ؛ حمله کول .

descendant, n. ذو ذات ، اولاد .

descent, n. لوېدنه ، کوزېدنه ، کښته کېدنه ، پښت ، په میراث رسېدنه .

describe, v.t. روښانول ، تشریح کول : ټکي ټکي څرګندول ، بیانول .

description, n. سپړنه ، تشریح ، ځله ، ځول ؛ د څېز ټکي ټکي څرګندونه ، تعریف .

descrip.tive, adj. تشریحي .

descry, v.t. لیدل ، کتل ، په نظر کښېوتل ؛ تشخیصول .

desecrate, v.t. اېل ، ملوث کول ، بې حرمته کول .

desecra'tion, n.

desert, n. وړتیا ، لیاقت : مکافات ، مجازات .

desert, v.t.i. پرېښودل ، پرېښودل ؛ تښتېدل .

desert, n. د شګو بېدیا ، ریګستان ، دښت ، وچه مېره .

deserve, v.t.i. مستحق کول : وړ کېدل ، لایق کېدل : استحقاق موندل .

deserving, adj.

desiccate, v.t.i. وچول : د وچولو په ذریعه ساتل : وچېدل .

desideratum, n. غوښتنه ، هیله ، آرزو .

design, v.t. طرح کول ، تدبیر کول ، پلان جوړول ، نقشه جوړول .

n. پلان ، نقشه ، هدف ، تصویر ، د پرابن .

design.er, n. طرح کوونکی

designate, v.t. ټاکل ، غوره کول ، نامزد کول معرفي کول ، اختصاص ورکول .

des.igna.tion, n.

designing, adj. چېرک ، چالاک ، هغه څوک چې په پټه د ځان د ښېګڼې د پاره کار کوي .

desirable, adj. د غوښتنې وړ ، خوښوونکی ، مطلوب ، مرغوب .

desirabll'ity, n.

desire, v.t. غوښتل ، خواهش کول .

n. غوښتنه ، میل ، اشتیاق ، مطلوب شی .

desirous, adj. د غوښتنې وړ : مشتاق ، ارمانجن ، لېوال .

desist, v.i. درېدل ، لاس ترې اخیستل .

desk, n. د نوشته کولو میز (آمر) منبر.

desolate, adj. ویجاړ، متروک: زړه تنګوونکی؛ بې جمعیته.
ویجاړول، بې جمعیته کول، ترک کول.

desolation, n. ویجاړ تیا، خرابتیا؛ خفګان؛ متروک ځای، ویرانی، خرابی، یوازی توب.

despair, v.i. مایوسېدل، ناامید کېدل.
n. مایوسی، ناامیدی.
despair'ing, adj.

despatch, v.t. وګورئ dispatch

desperado, n. سر تېری جنایتکار.

desperate, adj. مایوسه، ناامیده؛ خورا کلک، چې پرېد؛ له کېدونکی کار؛ هغه څوک چې چاره یې هڅه ته رسېدلې وي.
des'perately, adv.

desperation, n. ناامیدی، مایوسی، چه په یو خطرناک عمل منتج شي.

despicable, adj د سپکتیا وړ، د اهانت وړ

despise, v.t. په بده سترګه کتل، نفرت کول، کرکه کول.
despis'er, n.

despite, prep, n. سره له دې؛ کینه؛ نفرت، کرکه.

despoil, v.t. چورول، تالا کول.
despoil'er, n.

despond, v.i. بې زړه کېدل.

despondence, n. خپګان، ناامیدی، نامراوي توب.

despot, n. مستبد، په خپل سر، هغه څوک چه ټول کارونه یې په خپل لاس کې نیولي وي؛ ظالم.

despot.ic, adj. ظالمانه، مستبدانه.

des. potism, n. په خپل سری استبداد.

dessert, n. خواږه خواړه چې تر ډوډۍ وروسته خوړل کېږي.

destination, n. د تللو ځای، منزل مقصود.

destine, v.t. په نظر کې نیول، مقدر کول، معین کول، تخصیص ور کول.

destiny, n. تقدیر یا سرنوشت، قسمت

destitute, adj. ډېر خوار او غریب.
destitu. tion. n.

destroy, v.t. ویجاړول، ورانول، تباه کول، وژل.

destroyer, n. ویجاړوونکی، ورانوونکی؛ یو ډول وړه تېزه جنګي بېړۍ.

destruction, n. ویجاړ توب، ورانی، خرابی، تباهی.

destruc.tive, adj. مخرب، ورانوونکی
destruc.tiveness, n.

desuetude, n. متروک والی، د یو شي نه استعمالول، منسوخ والی.

desultory, adj ګډ وډ، بې ترتیبه؛ بې مقصده یا بې هدفه؛ نامربوطه.

detach, v.t. جلا کول، راپېلول.
detach.able, adj.
detached, adj.

detachment, n جلاوالی، بېلوالی (لښ) یو ټولګی چه له غونډ یا فرقې څخه راپېل شي؛ انزوا.

detail, v.t. تفصیل ور کول.
n. جز، تفصیل، شرح (لښ) د ټاکلی وظیفې د پاره لېږنه.

detain, v.t. بندي کول ، ځنډول ، معطلول ، ځنډول ·

detect, v.t. موندل ، څرګندول ، کشفول

detec.tor, n.

detec.tion, n.

detective, n. موندونکی ، څرګندوونکی ، کشفوونکی ، د جرم کشفوونکی ·

detention, n. توقیف ، ځنډونه ، معطلونه ، ځنډونه ، د توقیف ځای ·

deter, v.t. وېرول ، منع کول ·

deteriorate, v.t.i. وبجاړول ، ناوړه کول ، خرابول له اصلی حال نه اړول ، خرابېدل ، ناوړه کېدل ·

detona. tion, n.

determination, n. پرېکړه ، تصمیم ، فیصله ، صحیح او په زړه پورې کچه یا تول ، نتیجه ؛ ټینګکار ، ثبات ، ټینګښت ، عزم ·

determine, v.t. پرېکړه کول ، فیصله کول ، محدودول ؛ څرګندول ؛ معلومول ؛ پرڅا کلی لاره روانول ·

deter. mined, adj.

deter. minedly, adv.

determinism, n. معینیت ، هغه فلسفه چه وایی خارجی اسباب د انسان اراده کنټرولوی

deterrent, n. وېروونکی ؛ منع کوونکی ، پرځای دروونکی

detest, v.t. نفرت کول ، بدګڼل ، د ژغل ·

detest. able, adj.

detestation, n.

dethrone, v.t. له تخته غورځول ، بې تخته کول ؛ خلع کول (لکه د ټولواک) ·

dethron.ement, n.

detonate, v.i.t. چاودل ، چاول ·

detona' tino, n.

detour, n. موقتی لار چه د اصلی لار دپاره پرځای جوړه شی ·

detract, v.t. بېلول ، جلا کول ، کمول ، بې غږه کول ·

detrac. tion, n.

detractor, n.

detriment, n. زیان ، تاوان ·

detriment. al, adj.

detritus, n. کوډری یا ټوکری چه د طبیعی عملې په اثر منځ ته راشی (لکه د تیږی په سر چه د یرو باران په اثر ټوکری موادره شی) ·

deuce, n. دوه ټکی ، دوه خطه (لکه د قطعو په لوبه کی) ؛ شیطان ، آفت ؛ د ټینس د لوبې شمیر چه د دواړو خواو لوبغاړو ټوټه ور سیږی ·

devastate, v.t. وبجاړول ، ویرانول ، چوړول ·

deteriora. tion, n.

develop, v.t. ارتول ، انکشاف ورکول ، پرمخ بېول ، څرګندول ، ښکاره کول ، وده ورکول ، ترقی ورکول ·

devel. oper, n.

devel. opment, n. انکشاف ·

deviate, v.t.i. گرزول ، له سمی لیکی اړول ، انحراف کول ، گرزېدل ، له سمی لاری اوښتل ·

devasta. tion, n. انحراف ، کږ ېدل ·

device, n. آله ، وسیله ، فکر ، تدبیر ،

تزو ير نخشه: نهان،خوږ يا پوښ(جمع)
اراده ، خواهش .

devil, n. شيطان ، ظالم ، اوشر ير سړى .
dev. ilish, adj.

devilment, n. شيطانى ، پيلتوب ، شرارت

devilry, n. or deviltry, n. پيلتوب ، شرارت ، شيطانات د شيطانانو ډله.

evious, adj. بې لارى ، چپو پېدلى ، سرګردانه ، ګمراه .

devise, v.t. تدبير کول، اختراع کول، تجويز کول ؛ (حق) په ميراث پر يښودل، په وصيت ور کول(ميراث).

n. وصيت ،وصيت نامه .

devoid, adj تش ، خالى ، بې شه .

devoir, n. آداب (د جمع په شکل استعماليږى) ، امانګنه،وجيبه، وظيفه (په مفرد شکل).

devolve, v.t. ور پر يښودل، ور سپارل .
devolu .tion, n.

devote, v.t. وقفول،جارول، قربانول ؛ اختصاص ور کول
devot. ed, adj.
dev. otee, n.

devotion, n. وقف ، مينه، جذبه ، عبادت ، لمونځ ، ښه سړ يتوب (په جمع کې).
devotional, adj.

devour, v.t. په حريصانه توګه ږوږى خوړل ؛ ختا بع کول ، تباه کول ، نابودکول.

devout, adj. پاك ،صالح ،ښه (سړى)، رښتينى ،صميمى ،پر هيزګاره .

dew, n. پرخه، د شبنم خاڅکى .
dewy', adj.

dexterous, dextrous, adj. ماهر، دلاس چالاکى .
dexterity, n.
dexterously,
or
dextrously, adv.

diabetes, n. ديابيت، دشکرى ناروغى، يو ډول ناروغى چه متيازى يې ډيرى شى او نا روغه ير له پسې ضعيفه کيږى او دخپل بدن ور لښت بايلى .
deabetic, n.

diabolic, adj. شيطان ډوله، پساتى، شرير.

diadem, n تاج، (مچا ژأ)ګرلوا کى

diagnosis, n. موندنه ، تشخيص (د ناروغى)
diagnose, v.t.i.
di. agnostic, adj.

diagonal, adj. وبنده يار يوننده ، دهلورضلعى شکل قطر ؛ په ريوننده توګه يا په ريښده ډول .

diagram, n. هندسى شکل ؛ انځور يا طرح .
diagrammat.ic, adj.
diagrammatically, adv.

dial, v.t. دساعت مخ ؛ لمرنيع ساعت ؛ هرګنډول ، ښکاره کول . ټيلفون (د ډايل په واسطه) ، د تلفون ډايل کول (نمره وهل).

dialect, n. لهجه (د يوى ژبې).

dialectic, n. & adj. دياليکټيک، جدل،

کوونکی ، اړوونکی یا تغییرورونکی :
منطق ، مناظره : دجدل او مناظرې په
اثر دحقیقت موندنه ؛ منطقی ، دمناظرې
په توګه دجدل په ډول دمنطق هغه څانګه
چه د استدلال قواعد او ډولونه بیانوي .

dialogue, dialog, n. ډیالوګ ، خبرې اترې ، پوښتنې او جوابونه ، مکالمه

diameter. n. قطر (دایرې) : پریړ والی ، پنډوالی .

diamond, n. الماس : څلورنیم پوننده حروف : اوزې ، معین (هندسه).

diaper, n. دکتان ټوکر : دماشوم کنډترګی .

diaphanous, adj. روڼ ، څلانده

diaphragm, n. دیافراګم (طب) پرده (حجاب حاجز) هغه پرده چه اس او اړمون سره بېلوي .

diarrhea, diarrhoea, n. اسهال ، اسېهې ، دانس ناسته .

diary, n ورځنۍ یادداشتونه

dibble, n. یملن یوم ، بیلچه چاری رمبی

dice, n. چکه یا و (دقماردانی).

dichromicacid, n. د کروم تېزاب : یو ډول تروه چه مالګه تریښه جوړېږي .
dichromates.

dicker, n. چنه ، چنې وهنه (په سوداکې) (چکې .)

dickey, dicky, n. لمن ، پیش بند ، دچوپړ دکنېنا ستلو ځای (په بګۍ کې) دعرادې د چلوونکي چوکۍ یا ځای .

dicotyledon, n دوه پاڼې بوټی یا هغه بوټی چه دوې پاڼې کوي ، دوه مشیمه نبات .

dicotyledonous, adj.

dictate, v.t. دیکته کول ، املا ویل : حکم کول ، په زوره ویل

dictation, n.

dictator, n. دکټاتور ، مستبد : هغه څوک چه په دولتي چارو کې ډیر زیات واک لري .

dictatorship, n.

dictatorial, adj.

diction, n. دوینا په وخت کې د کلمو انتخاب ، دجوالفاظو انتخاب بونه : وینا .

dictionary, n. ډکشنري ، قاموس ، ډ لغاتو معناګانې چه دالفبا په ترتیب سره یکښې راغلي وي .

dictum, n. وینا ، دنظر یو څرګندونه رسمي اعلامیه .

did, د do ماضي .

didactic, adj. تعلیمي ، تربیتي ، ادبي

die, v.i. مړ کېدل .

die, n. ګاڼي ، ګټي (دنغښته ترډ) دچکه پانو دانې ، دجوارې یا قماردانې ، دپرې کولو آله ، اسباب

dielectric, adj. برېښنا نه تېروونکې آله عایق .

diet, n. خواړه ، غذا : پرهېز ، غذایي رژیم

di.etary, adj. n.

differ, v.i بېلېدل ، تفاوت درلودل ، اختلاف درلودل ، شخړه ارل .

difference, n. فرق ، مخالفت ، توپیر ، تفاوت ، تبعیض : مشاجره .

different, adj.

differently, adv.

differential, adj. توپیر ، تشخیصوونکی

د مو لمر هغه گیر چه گی لد یئو ب ته تغییرورکوي :(ریاضی) تفاضلی

differentiate, v.t. تشخیصول ، فرق ورکول

differentiation, n.

difficult, adj. مشکل ، گران ، سخت

difficulty, n. سختی ، گرانی ؛ زیری

diffidence, n. پرحان و یسا ته لر ، محجوبیت .

diffdent, adj.

diffuse, adj. شیندلی شوی ، تیت شوی .

diffuse, v.t.i. شیندل ، تیتول ، خپرول ؛ تیتیدل ، شیندل ، کیدل ، خپریدل

dig. v.t. کینل ، کیندل .

dig'ger, n.

digest, n. مجموعه ، خلاصه (دقوانینو یا مضامینو) .

digest. ible, adj.

diges. tion, n.

digest, v.t. هضمول (دخوړو) : په منظمه توگه تر تیبول ؛ تلخیص کول : پوشی په داسی توگه اړول چه دجذب وړ و گرځی

digit, n. دلاس یا پښي گوته ؛ رقم ؛ دالیچ $\frac{3}{4}$ برخه

dignified, adj. دروند ، دوقار خښتن ، معزز .

dignify, v.t. درنول ، دوقار وړ کول ، امتیاز ور کول ، لوړول .

dignitary, n. دعزت ، مقام او حیثیت خښتن .

dignity, n. درنښت ، وقار ، حیثیت او زښت اوړ مقام .

digress, v.i. یوی خواته کږیدل ، له اساسی موضوع څخه او ښتل (په خبرو وکې) انحراف کول (له موضوع څخه) .

digres. sion, n.

dike, n. بند (په تیره بیا هغه بند چه په هالند کې یې د سیند داو بو په مقابل کې جوړ دوی او په دی توگه له سیند څخه مځکه لاس ته راوړی) .

dilapidated, adj. زوړ ، وبجاړ شوی ، له کاره وتلی (تر یوي اندازي) .

dilap. idation, n.

dilate, v.t. لویول او پړ سول ، پړ سول (دیو کولو په اثر .)

dila. tion, n

dil. atation, n.

dilatory, adj. ورو ، سوکه ، ځنډوونکی

dilemma, n داسی یو حالت چه یو سړی مجبور وی د دوو داسی خواو څخه یوه غوره کړی چه یوه هم ده ته پر طبیعت برابره نه وی ؛ مشکل انتخاب (لکه چه وایی یوی خواته پان دی بلی خواته پیر انگه دی) .

dilettante, n. د ښکلو صنایعو هغه خوښوونکی چه د خوښ له مخی د هغو دزده کولو هڅه کوی .

diligent, adj. خواری کښ ، زیار کښ ، دکار په کولو پسی ټینګ او ساعی .

dil. igently, adv.

dil. igence, n.

dill, n. یو ډول نبات چه په بوی لری (شبت) ، سوه ، شنه ؛ یو بوټی چه دانی او

پاڼی یې تر پوخوالی او په اچارو کې استعمالیږی .

dilute, v.t. اوبلنول ، رقیق کول .

dilu. tion, n.

dim, adj. تت ، هغه چه روڼ نه وی ؛ ډیم : مبهم .

dim, v.t.i.

dim. ness, n.

dim. ly, adv.

dime, n. (امر) دلسو سنتو سکه

dimension, n. بعد (اوږدوالی ، سوروالی ، پریړوالی) ؛ حجم ، لویوالی ؛ اهمیت : اندازه .

diminish, v.t. لږول ، کمول .

diminutive, adj. ډېر لږ ، خوړا لږ .

dimity, n. دمالوچو یو ډول ټوکر چه پلنی اوږدې اوږدې لیکی لری او د پردو دپاره استعمالیږی

dimle, n. د زنی یا د باړخو ځای ؛ داو یو پر سر کمکی کنده .

din, n. لوړ شور ، کړېږ ، پوځ ، غوږ پازونه .

v.t. په مکرر ډول تکرار ول .

dine, v.t.i. دماپښام ډوډی خوړل ، ډوډی خوړل ، میلمه ول (په ډوډی)

diner, n. ډوډی خوړونکی ؛ په رېل کی د ډوډۍ خونه .

dinghy, n. کوچنۍ بېړۍ .

dingle, n. کوچنی ناوه یا وادی چه په دواړو خواوو ی یعنی ډېری ونی پکښې ولاړی وی .

dingy, adj. خیرن ، زوړ .

din. giness, n.

dinner, n. دماپښام ډوډۍ ، رسمی میلمستیا

dinn. ertime, n.

dinosaur, n هغه لرغونی ستر حیوان چه پرسینه به یې ځو پېړۍ او اوس نشته.

dint, n. گوزار ، ضربت : ځنځلوالی ، قوت .

diocese, n. هغه ځای یا منطقه چه د یوه عیسوي ملا (پادري) تر اثر لاندی وی

dip, v.t. ډوبه کول (په اوبو کې) ، منډل ، کښته کول او بیرته سمد لاسی پورته کول (لکه د بیرغ) .

diptheria, n. دیفتریا ، خناق (یو ډول ناروغی ده) .

diphthong, n. هغه دوه ږغیز اواز و نه چه د یو ځای کیدو څخه یې یو هیجا جوړه یږي لکه : (ه ، په ، کښې او داسی نور .

diploma, n. ډیپلوم ، بري لیک د تحصیل سند

diplomacy, n ډیپلوماسی ، دملتونو ترمینځ دمفاهمې د جاری ساتلو فن .

dip.lomat, n. سیاستمدار

dip. lomatic, adj. سیاسی.

diplo. matist, n. دسفارتی چارو ماهر .

dipper, n. څمچې ، کاچوغه .

dipterous, adj. دوه وزري حشره .

dire, adj. ډېر وېروونکی ؛ خوړا خوفناک ؛ ډېر ناوړه ؛ د افراط حد ، خوړا ډېر .

direct, adj. سم ، نېغ ، مستقیم .

v.t. لارښوونه کول ، امر کول ، اداره کول ، چلول .

direction. n. خوا ، طرف : لارښوونه ، هدایت

director, n. مدیر ، لارښوونکی .

direc'torship, n.

directorate.

directory, n. لارښوونکی ، دیادداشت کتابچه ، داجرائیې هیئت (دفرانسې په انقلاب کې) ، دتلیفون یا تجارت لارښوونې یارهنما .

direful, adj. ډیره وونکی ، ډیر ناوړه خوراخونړی .

dirge, n. دخوا شینی او غم ساز ، ساندې ، دغم سندرې ،

dirijible, adj. دلارښوونې وړ .

n. هوایی جهاز ، الوتکه

dirk, adj . چاړه یا پیش قبضه ، ساتوره .

dirt, n. خاوره ، چټلي ، ناپاکي .

dirty, adj. په خاورو لړلی ، ناپاکه ، چټل طوفاني (هوا) .

disable, v.t. له زوره اچول ، کمزوری کول ، ناتوانه کول ، گوډ ول .

disabuse, v.t. پوهول ، له اشتباه څخه را ایستل

disadvantage, n. ناوړه حالات یا شرایط ، زیان ، تاوان ، ضرر .

disaffected, adj. بې مینې ، سوړ ، بې وفا ، ناراضه

disagree, v.i. مخالفېدل ، ناموافق کېدل

disagreeable. adj. بد خویه ، بد خلقه ، ناموافق .

disallow, v.t. منع ول ، نه راپرېښودل ، نه منل ، ردول .

disappear, v.i. له نظره پټېدل یا ناپېدل ورکېدل .

disappoint, v.t. مایوس کول ، ناامیده کول .

disapprove, v.t. بد گڼل ، تقبیح کول ، نه قبلول ، ردول .

disarm, v.t. بې وسله کول ، وسله ځنې اخیستل

disarmament, n. خلع سلاح ، بې وسله والی ، وسله اخستنه .

disarrange, v.t. گډوډ کول ، سره لړل بې ترتیبه کول .

disarrangement, n. گډوډوالی ، بې ترتیبي .

disarray, v.t. گډوډ کول ، بې نظمه کول لخول .

n گډوډي ، بې نظمي .

disaster, n. ټکه ، ناوړه پېښه ، بدبختي ، ناورین .

disavow, v.t. ځان ، نا گناه اچول ، انکار کول ، ردول .

disband, v.t. تیت و پرک کول شړ و پشو کول ، ماتول (لکه دعسکري قطعاتو)

disbar, v.t. دوکیلانو له ډلې نه څخه ایستل ، دوکالت له حقه محروم ول .

disbar, n. محروموله (دوکالت له حق څخه).

disbelieve, v.t. عقیده نه پر در لودل، باور نه پر کول.

disburse, v.t. ادا کول (د پیسو)، خرڅول (د پیسو).

disc, n. پلنه تخته، دایره، ټیکلی (قرص)، د کرامون ټیکلی.

discard, v.t. ایسته غورځول، لوڅې لرې کول، ترک کول، په پټو کې د ورکو غورځول.

discern, v.t. لیدل پوهېدل (په)، تشخیصول.

discharge, v.t. بري الذمه کول، تشول، رخصتول، ایستل، موقوفول، پرځای کول، (برق) برقی چارج څخه لیری کول، له کاره ایستل.

disciple, n. شاګرد، مرید.

discipleship, n. شاګردي، مریدي، په یو چا پسې تګ، پیروي.

discipline, n. ډیسپلین، سمون، انضباط، انتظام، سزا، روزنه.

disclaim, v.t. انکار کول، له ادعا څخه انکار کول، له اولو حقو او سترګې پټول، نه منل، انکار کول.

disclose, v.t. څرګندول، ښکاره کول.

discolor, or discolour, v.t. بې رنګه کول، بې څوله کول، ویجاړول، بڼه بې ګرزول، لکه دار کول.

discomfit, v.t. خنثی کول، بې اثره کول، ماتول، له موانعو سره مخامخ کول، باطلول.

discomfort, n. & v.t. د جسم یا د اشتها ناارامي، مایوسي، تکلیف ورکول.

discompose, v.t. ګډوډ کول، ړنګول، لالهانده کول، مضطرب کول.

disconcert, v.t. لاس وپښه کول، وارخطا کول، وراول، باطلول، مشوش کول.

disconnect, v.t. جلا کول، بېلول، پرېکول، غوڅول.

disconsolate, adj. غمجن، زړه ماتی، نه تسلي کېدونکی.

discontent, adj. ناراضه، ناخوښه.

discontinue, v.t. پرېکول، نه پسې اوډدول، موقوفول، ځنډول.

discord, n. بېلوالی، توپیر، جګړه، نفاق، لانجه، اختلاف.

discordant, adj. غیر موافق، مخالف، مغایر.

discount, n. لږونه، د پیسو له قیمتو لږونه، تخفیف، لږول، کمول، تخفیف ورکول v.t.

discountenance, v.t. ناخوښول، بد نه ګڼل، منع کول، ملاتړ نه کول، شرمنده کول، شرمول.

discourage, v.t. د لسره کول، زړه ورتوړول، بد نه ګڼل، منعه لېږل، بې جرأته کول.

discourse, v.t. خبرې اترې، وینا کول، په یوه موضوع کې د خبرو یا لیک په ذریعه بحث کول.

n. خبري اتري و يناً يا ليكنه (په يوه جدي موضوع کې) .

discourtesy, n. بې تهذيبي، بې ادبي، سپين سترگي، يو بې تهذيبه عمل.

discover, v.t. موندل، څرگندول، لوڅول : ښکاره کول : کشفول .

discredit, n. بې اعتباري : بدنامي ، بې اعتقادي .

v.t. بې اعتباره کول ، بدنامول ، بې اعتقاده کول ، بې اعتماده کول

discreet, adj. محتاط ، پوهه، د بصيرت خښتن .

discrepancy, n. توپير ، اختلاف .

discretion, n. واك، اختيار، پوهه ، د رايې بصيرت جلاوالی، بېلوالی، احتياط، انصاف

discriminate, v.t. تبعيض کول، توپير کول بېلول، له يوه چاسره د بل چا په نسبت بېله رويه کول : پېژندل، تميز کول .

discursive, adj. نيت ، گډوډ : له يوې موضوع څخه بلې موضوع ته اوښتونکی، استدلالي ، منطقي ، معقول .

discuss, v.t. مباحثه کول ، څېړل : په خوند خوړل .

disdain, v.t. په خواره سترگه ورته کتل سپك گڼل، کبر کول، اهانت کول، کرکه څنې کول .

disease, n. ناروغي ، جسمي يا فکري ناروغتيا ، مرض ، علت .

disembark, v.t.i. له بېړۍ يا الوتکې څخه بلې کول يا پلې کېدل ، پروچه پلې کېدل .

disembody, v.t. بېلول (له جسمه جلا کول) تيتول، د هو پشو کول .

disenchant, v.t. له خرافاتو څخه ازادول ، له خيالي دنيا څخه را پرسد کول، له بې ځايه تصور څخه را يستل .

disengage, v.t.i. بې شغله کول ، بېکاره کول : ازادول، له قيده را ايستل ، خلاصول : بې شغله کېدل ، بېکاره کېدل ، خلاصېدل .

disentangle, v.t.i. خلاصول، د چا له منگولو را ايستل، صافول : خلاصېدل، سمول .

disestablish, v.t. لغوکول ، نيتول : کليسا له دولت څخه بېلول .

disesteem, n. په خواره سترگه کتنه ، بې اهميتي ، بې اعتباري ، بې قدري

disfavor n. له خوښوله، ناخوښي، بې ميلي، بې علاقگي، بې اعتباري، بېزاري، قهر

disfigure, v.t. بې بڼې کول ، بې ډوله کول ، بې مخه کول ، بدرنگه کول .

disfranchise, v.t. درايې له ورکولو څخه محرومول، د تابعيت له حق څخه محرومول.

disgorge, v.t. کانگې وهل، خوټې وهل، بې بېرته راگرزول، (ترخولې) قي کول .

disgrace, n. سپکوالی . شرم ، بې حرمتي رسوايي : مخ توري :

disguise, v.t. بڼه بدلول ، بدلي جامې اغوستل، حقيقي ماهيت بدلول ، ځان په بل شکل جوړول .

disgust, n. کرکه ، بېزاري ، تنفر، قي ـ

dish, n. قاب ، بشقاب : خوراك : په قاب کې شيان .

v.t. په بشقاب کې اچول ، خطا ايستل مقصر کول .

dishearten, v.t. بې زړه کول، بې همته کول، روحيات بې کمزوري کول، دلسرده کول.

dishevel, v.t. تيت يا بې نظمه کول (لکه د ويښتانو) مروړل، تيتول.

dishonest, adj. منافق، بې ايمانه، چلي، بې اعتباره.

dishonour, n. سپکوالی، بې شرفي، بې حرمتي، بې احترامي.

disillusion, n. له اوهامو خلاصون، له غفلته را ايستنه

disinclination, n. نه خوښتنه، بې ميلي، کړېدنه؛ ورانوالی يا مخالفت.

disinfect, v.t. د ملوثې ضد کول (لکه د خونې يا جامو)، پوښي داسې چټو کول چه ميکروبونه ور باندې تاثير ونه شي کولای.

disingenuous, adj. چلي، بې اخلاصه، حيله ناک، چالاکه.

disinherit, v.t. له ميراثه محروم مول، عاق کول.

disintegrate, v.t. شو پشو کول، تيت وپرک کول، څپل، ټوټې کول، تجزيه کول.

disinter, v.t. له خاورو را پورته کول، له قبر څخه راکښل، له ګمنامۍ څخه را ايستل.

disinterested, n. بې طرفه، بې علاقې، بې غرضه، بې تعصبه.

disjoin, v.t. جلا کول، بېلول، سره کښل.

disjoint, v.t.i. بر بند جلا کول، بېلول، جلا کول (له متصل څخه)؛ بر بند جلا کېدل بېلېدل.

disjointed, adj. له بنده ختلی، بې ځايه، بې ترتيبه، بې ربطه.

disk, disc, n. تبۍ، ټيکلی، تخته، د لمر سترګه.

dislike, v.t. کرکه کول، نفرت کول، بدراتلل (څخه)، نه خوښول.

dislocate, v.t. بې ځايه کول؛ بې ترتيبه کول.

dislodge, v.t ايستل، بې ځايه کول، له يوه ځايه را ايستل.

disloyal, adj. بې وفا، بې عقيدې؛ خاين.

dismal, adj. سوړ، مړاوی، غمجن.

dismantle, v.t. لغړول، لوڅول، بې اسبابه کول، ورانول، ويجاړول، پياده کول.

dismay, v.t. ويرول يا بيرول، بې زړه کول، بې جرأته کول.

n. بې زړه توب، بې جرأتي

dismember, v.t. بند پر بند بېلول، جلا کول، بېلول، ټوټه ټوټه کول، برخې کول.

dismiss, v.t. موقوفول، له کاره شړل، ليرې کول (حق): له اورېدل يا غوږ ور ته نيول (عدم سمع)، بې اعتنائي کول؛ رخصتول.

dismount, v.t. پلی کېدل، راکوز ېدل (له آس موټر او داسې نورو څخه).

disobedience, n. بې اطاعتي، نافرماني، غاړه غړونه.

disobey, v.t. غاړه غړول، اطاعت نه کول، امر نه منل، سرکښي کول.

disorder, n. ګډوډي، بې نظمي، بې ترتيبي، ناروغي.

disorderly, adj. & adv.

disorganize, v.t. ګډوډ کول، بې ترتيبه کول، بې اراده کول، شوېشو کول، تيت وپرك کول.

disorganization, n.

disown, v.t. انکار کول، قابو کې ول، ردول، اېسته ار تېول، دځان نه ګڼل.

disparage, v.t. کښته ګڼل، بې اهميته بلل، دچا له فضيلت څخه انکار کول، بې اعتبار ول، بې قدره کول.

disparagement, n.

disparity, n. توپير، فرق، اختلاف.

dispassionate, adj. بې تعصبه، بې عاطفې، بې طرفه، سوړ، ځلی، ارام، بې هغقه.

dispatch, despatch, v.t. ليږل، استول، اعدام کول، برطرفه کول، ختا بره کول،
n. پيغام، زېږی، چابکی.

dispatcher, or despatcher, n.

dispel, v.t. اېستل، شړل، لوري کول، ردول، ورکول، تيتول

dispensary, n. هغه ځای په هغه کښې دارو ځانرو تهوږ يا يا په ليږه بېه دارو د ور ملور کول کيږی.

dispensation, n. وېشنه، توزيع، قسمت، نصيب، معافيت: دقوانينو مجموعه (په تيره د مذهبي قوانينو).

dispense, v.t. وېشل، اداره کول، استثنا کول يا ښښل، سمول يا جوړول (لکه ددواګانو)؛ اجرا کول: اصلاح کول، تطبيق کول، معافول.

dispenser, n. جوړوونکی، وېشونکی.

disperse, v.t. تيت او پرك کول، شړ په ډر کول، وېشل.

dispersal, n. تيت وپرك کونه

dispersion, n. وېشنه.

dispirit, v.t. بې زړه کول، مړاوی کول، سړول، بې جرأته کول

displace, v.t. بې ځايه کول: دبل چا ځای نيول: معزولول.

displacement, n. ځای نيونه، برطرفي، حجم ياوزن (د يوه مايع)

display, v.t. ښکاره ول، ښکاره کول، ښودل
n. نمايش (ښودنه).

displease, v.t. خپه کول، زړه بدول.

displeasure, n. خپګان، ناراضي: مشکلات وېي: خپه کوونکی.

disport, v.t.i. ساعت تېرول، اتڼ کول، خوشالي کول، اربې کول، خوشالېدل، لوبې کول

dispose, v.t. سمول، ترتيبول، سنبالول، تنظيمول: فيصله کول: په خاص ډول استعمالول، متمايل ګېدل، ځان څخه خلاصول.

disposer, n. سموونکی، تنظيموونکی.

disposal, n. ترتيبونه: واك، اختيار.

disposition, n. ترتيب، تنظيم: وېشنه، توزيع: دشتمنۍ دوېشلو پلان: طبيعي ميلان: طبيعت، مزاج: حالت واك: شخصيت

dispossess, v.t. بې شتمنۍ کول: ليرې کول دپالنې اېستل: محرومول.

dispraise, v.t. غندل، له پېي غور ځول.
n. غندنه.

disproportion, n. بې تناسبي، بې موازنګی.

v.t. بې تناسبه کول، بې موازنې کول .

disproportionate, adj. بې تناسب .

disprove, v.t. غلط ثابتول، تردیدول

disproof, n. ردونه

dispute, v.t.i مناقشه کول ، جګړه کول بحث او مباحثه کول .

v.i. منکر کېدل ؛ ردېدل ؛ جنګېدل .

disputable, adj د جګړې وړ .

disputation, n. جګړه ، دلیل

disputant, n. جګړه مار .

disqualify, v.t. د حق یا امتیاز څخه بې برخې کول ، نا مطلوب ګڼل ؛ بې صلاحیته کول .

disqualification, n. د صلاحیت نه لرل ، عدم صلاحیت .

disquiet, v.t. ناراموول، بې قراروول .

adj. ناآرامه ، نا قراره .

disquitude, n. ناآرامي ، اضطراب ، اندېښنه

disquisition. n. څېړنه ، پلټنه ؛ هغه مقاله یا رساله چه د څېړنې په اثر لیکل شوې وي .

disregard, v.t. بې اهمیته ګڼل، په سپکه سترګه ورته کتل یا پام ورته نه کول .

n. بې اعتنایي ، بې اهمیتي .

disreputable, adj. بدنام ؛ بې اعتباره سپک؛ ورلی .

disrepute, n سپکتیا ، بې اهمیتي ، بې اعتباري، بدنامي بدخویي، رسوایي

disrespect, n. په سپکه سترګه کتنه ، بې احترامي ، بې جرمتي، بې ادبي

disrespectful, adj.

disrobe, v.t.i لڅول ، لوڅول، کالي ترینه اېستل ، کالي کښل

disrupt, v.t.i. پرېکول ، ماتول ، جلا کول، څول ، ماتېدل ، چاودل ، په شدت سره خارجېدل .

disruption, n.

dissatisfaction, n. ناراضي توب ، خپګان، قناعت نه درلودل ، ناخوشي .

dissatisfy, v.t. ناراضه کول ، رټه ورېدول، خپه کول ، خوابدی کول

dissatisfied, adj ناراض .

dissect, v.t. برخه برخه وېشل، برخې برخې کول، ټوټې ټوټې کول ، تجزیه کول، تحلیلول، تشریح کول .

dissection, n.

dissemble, v.t. ښکاره ول یا بدلول ، ټول، پلمه کول، ځان کوږ اچول .

dissembler, n.

disseminate, v.t. (لکه د تخم) ټیتول، پاشل، ویشول ؛ خپرول ؛ په پله ښکاره دول.

disemination, n.

dissension, n اختلاف ، جګړه ، نفاق ، توپیر ، چپوالی یا انحراف؛

dissent, v.i. ؛ (په عقیده کې) مخالفت کول جلا کېدل، بېلېدل، مختلف کېدل .

dissentient, adj.

dissent.er, n.

dissertation, n. دیسرټېشن (هغه اثر چه د ډاکټری د درجې د اخیستلو د پاره لیکل کېږي)، مقاله ، رساله، رسمي لیکنه .

disservice, n. زیان ، بدي ، آزار .

dissever, v.t. جلا کول، بېلول، پرې کول

dissimilar, adj. (څېر مشابه) ناورته بې شباهته ، مختلف.

dissimulation, n. پټونه ، بڼه اړونه ، د دروغو بانه ؛ مکر ، غولونه .

dissipate, v.t. خورېشو کول ، تيت و پرک کول ، جلا کول .

dissipation, n. خورېشوالی .

disspated, adj. خورېشوی ، حل شوی

dissociate, v.t.i. له ټولنې يا ډلې څخه جلا کول ، بېلول ، جلا کېدل ، بېلېدل.

dissociation, n.

dissolute, adj. هرزه ، بداخلاقه .

dissolution, n. تجزيه ، انحلال ، ماته مړينه ، زوال ، تباهي .

dissolve, v.t. بېلول ، ويلې کول ، اوبه کول ، حل کول ، گډوډ کول ، منحل کول

dissonance, n. توپير ، اختلاف ، له جوړښت (عدم توافق) ؛ ناوړتيا .

dis.sonant, adj.

dissuade, v.t. اړول (له فکره يا يوه کاره) گرځول ، منصرف کول ؛ بد گڼل .

distaff. n. څرخی ، څرخ ، هغه څې چه سڼي پر تاو شوي وي ؛ (اصطلاح) د ښځو کار ؛ ښځه .

distance, n. واټن ، فاصله ، لېري ځای مخالفت ؛ موده ؛ تفاوت ؛ سړه وضع

distant, ad. لېری ، توپير لرونکی ؛ سوړ (غير صميمي) .

distantly, adv.

distaste, n. له خوند وتنه ، بې خونده تجربه ، کرکه.

distasteful, adj بېزاره ، بې مېله

distemper, n. & v.t. دماغي ناروغي ؛ اختلال ، د سپي يو ډول مهلکه ناروغي ؛ بد ذوقي ؛ گډوډ کول ، ناروغه کول .

distend, v.t. اوږدول ، لوبول ، پړسول ، ارتول ، غځول .

distention, n.

distill, distil, v.i. لېښېدل ، څڅېدل (تقطير پېدل ، تصفيه کېدل) .

v.t. تصفيه کول ، تقطير کول .

distill.er, n.

distill.ery, n.

distillation, n. څڅونه ، چڼ (پاچون) ، څڅوله (تقطير ، تصفيه).

distinct, adj. منفرد ، څرگند ، ښکاره ؛ اوڅار ريا ممتاز ؛ روڼ ، ساده ؛ واضح

distinct.ness, n.

distinction, n. څرگندوالی ، اوڅار توب ؛ امتياز ، ښه والی ، ترجيح ، لوړتوالی ، تميز .

distinctive, adj. ممتاز ، څرگند ، ځانگړی ؛ جلا ، مشخص ؛ اوڅار (ممتاز) .

distinguish, v.t. توپير ورکول ، جلا کول ؛ اوڅړول ، ستړول ؛ نامتو يا نوموړی کول ؛ تشخيصول ، درک کول ؛ تصنيف کول.

distinguishable, adj.

distinguished, adj. اوڅار ، مشخص ؛ اوڅ ، نوموړی يا نامتو .

distort, v.t. گرځول ، اړول ، کږول ، پېچل ، تاوول ، بې څوله کول ؛ بد څرگندول ، ناوړه ښوول ؛ تحريفول ؛ بل ډول تعبيرول .

distor.tion, n. اړونه ، گرځونه ، تحريفونه .

distract, v.t. ګرځول ، اړ ول (لکه د نظر یا تو ، توجه) منحرف کول : جلا کول وېشل : مضطرب کول : لېونی کول : پارول .

distrac.tion n.

distrait, adj. سر بداله ، پرېشان حاله .

distraught, adj. لېونی ، کېچ .

distress, n. غم ، زړه تنګی ، لاس تنګی ، ایستنې (د پېسو) غوښتنې : ناروغی ، خوږ ، د خطر حالت : مصیبت . (حق) ګرو .

distressful, adj.

distribute, v.t. وېشل ، وېش ول ، جلا کول ، خپرول ، توزیع کول .

distribu.tion, n.

distrib.utor n.

district, n. سیمه ، منطقه ، علاقه ، ناحیه .

distrust, n. بې اعتباری ، بدګمانی ، بې اعتمادی ، شك .

distrust.ful, adj.

distrub, v.t. ځور ول ، ګډوډ کول ، ناراحته کول ، اخلالول ، حواس در پرېشانه کول ، مزاحم کېدل

disturber, n.

disturb.ance, n. لاس وهنه کول .

disunite, v.t. بې اتفاقه کول ، جلا کول ، بېلول ، شو ېشو کول ، جدا جدا کول .

disuse, n. نه استعمالونه ، له استعمال غځېده لوېده : بې ګټه توب .

ditch, n. لښتی ، ګنده ، ژوره ، ځنګ ځای .

ditto, n. همغه : لکه دمخه .

ditty, n یوه لنډه ساده سندره .

diurnal, adj ورځنی ، روزانه ، د ورځنی وخت

divan, n. دیوان ، کوچ ، هغه اوږده څوکی چه هم پر کښېننی او هم پر څر ېږی

dive, v.i. په اوبو کې غوټه کېدل : له پاسه د الوتکی په کې اند ېتوب را ټېټېدل

div.er, n.

diverge, v.i. شو ېشو کېدل : یو له بله جلا کېدل ، لېرې کېدل (یو له بل څخه) .

divergency, n. لېرې والی : اختلاف .

divergernt, adj. لېرې .

diverse, divers, adj. څو ، متعدد ، ډېر ، مختلف ، ډول ډول .

diversify, v.t. ډول ډول کول ، بېله بېله بڼه ور کول ، تو پېر ور کول .

diversification, n. تو پېر .

diversion, n. ګرځېدنه ، اوښتنه ، انحراف ، ځنګه : ساعت تېری .

diversity, n. تو پېر ، اختلاف ، ډېرونه والی ، تنوع .

divert, v.t. اړ ول ، ګرځول ، منحرف کول : منعکس کول : بوی خواته کول ساعت ور تېرول .

divest, v.t. لغړول ، نو څول ، د جامې ایستل : له حقوقو محرومول ، تشول .

divide, v.t. تقسیمول ، بېلول ، جلا کول وېشل ، برخې برخې کول : غوڅول ، پرېکول : ونډې ونډې کول .

divid.ing, adj. وېشل شوی ، وېشونکی .

dividend, n. برخه ، سهم (لکه د بانك یا شرکت) د ویشلو ونډه ېېسې .

dividers, n. pl وېشونکی او وېشلو پرګار

divination, n غیب وېنه ، اټکل ، پال کتنه ، پېشګویی

divine, adj. سپېڅلی، مقدس، آسمانی، خدائی، ستر، لوی.

divine.ly, adv آسماني ډول، په روحاني توګه.

divin.er, n. غیب ویونکی، روحاني.

divinity, n. الوهیت، روحانیت خدائی

divisible, adj. دویشلو وړ.

division, n. تقسیم، وېش، برخه، اختلاف، تفرقه، (اېښ) فرقه.

divisor, n (حساب)، مقسوم علیه.

divorce, n. پرېښودنه، طلاق، جدائی

divorce, v.t. پرېښودل، طلاق کول.

divorce.ment, n. طلاق، پرېښودنه.

divulge, v.t. څرګندول، ښکاره کول

dizzy, adj. له خوبه ډک، خوبولی، سربداله، ګیچ، بې فکره، ګنګس، ډوب.

dizzily, adv. د سربدالی په ډول.

dizziness. n. پرکالتوب.

do, v.t. کول، اجرا کول، بشپړول پای ته رسول، جوړول، کار کول ترتیبول، پاچمتو کول (مجازاً) غولول.

doat or dote, v.i. احمقانه مینه درلودل

docile, adj. د اېلېدو وړ، د تابع کېدو وړ، د مطیع کېدو وړ، د روزل کېدو وړ.

docil.ity, n.

dock, n. زروکی، غلېږی

dock v.t. لنډول، پرېکول، لږول، پېلول.

dock v.t.

dock, n د بېړۍ د لنګر اچولو ځای.

dock, n. په محکمه کې د بندي د دریدو یا کېنېستو ځای، د لکۍ وروستی کلکه برخه.

docket, n.، د حقوقي دعوو ثبتولو دفتر

docket, v.t. (ا.ر) د دعواوې اجندا

dockyard, n. د بېړۍ د جوړېدو یا ترمیمولو ځای، د بحری لوازمو ګودامونه.

doctor, n. ډاکټر، طبیب.

doc.toral, adj.

doc. torate, n.

doctrine, n. دوکتورین، عقیده، مسلکوره، اصول، نص.

doc.trinal, adj.

document, n. سند.

doc.ument, v.t.

documen.tary, adj. مستند.

dodge, v.t.i. یو خوا ته کېدل، یو خوا بلې خوا ته اوښتل، چل وهل، چلبازی کول، په چټکی سره ځان ګوښه کول، د چالاکی څخه کار اخیستل.

dodge, n.

doe, n. د غرسیو، غرڅو، سوی، مونث جنس.

doe.skin, n.

does, د do د مفرد غایب صیغه.

doff, v.t. ایسته کول، لیری کول (لکه د کالو)، ځان تر ینه خلاصول

dog, n. سپی، چنګک، بد اخلاقه، (سپی) سپی.

dogbane, n. یو ډول زهرلرونکی بوټی (پیاز) چه پلنې پاڼی لری او وېل کیږی چه که یې سپی وخوری څفه وژنی.

doge, n. د (ونیس) او (جینوا) په پخوانیو جمهوریتو کې د ستر قاضی (قاضی القضات) لقب.

dogfish, n. بوډول کوچنی شا رک (ماهی) .

dogged, adj. ټینګک ، کلك ، سر سخت ، سرزوری ، متمرد ، موږی ، ضدی ، لجوج ، جنجالی : سپی صفته .

doggedness, n.

doggerel, n ټیټ ، بې مغزه ، بې خونده شعر .

dogma, n. دوګم ، عقیده (دینی) ، اصول (الهیات) ، نص .

dogmatism, n. دوګماتیزم ، بې دلیله دیوه عقیدې یا نظر بې منته یا پرهغې ټینګار .

dogmatical, adj.

dogmatically, adv.

doily, n. یو کوچنی ټوکر چه هموما ترقاب لاندی ایښودل کیږی .

doings, n. کارکړنه ، اقدامات ، عملیات

doldrums, n. پټهو الی ، بې خولتوب ، مې اوی توب : د لوی سیند هغه ټکه پرخه چه د استوا کرښې ته نژدې پرته وی .

dole, n. خیرات ، بخشش ، وزرکی ، او بښنه ، هغه پیسې چه د بیمې له خوا د بیکاری په وخت کی ورکولی کیږی .

doleful, adj. غمجن .

doll, n. ناوکه ، ناوکی ، ګوډی ، (اصطلاح) ګوډه او ښکلې ښځه .

dollar, n. ډالر .

dolly, n. ناوکی (دماشوماتو په ژبه) یوه کوچنی عراده چه دراټه یا روله وری : هو بادی ، بوډول لرګی دی چه دمینځلو په وخت کی کالی په ټکوی .

dolor, dolour, n. غم ، خواشینی ، خپګان

dolurous, adj.

dolphin, n. بوډول ماهی چه ټینګک ښه ورته وی .

dolt, n. لټ ، مړینه ، پخ ، ناپوه سړی

domain, n. تر نفوذ لاندی منطقه ، قلمرو ، دعمل او فکرساحه .

dome, n. ګنبته یا ګنبزه .

domesday, n. دقیامت ورځ .

domestic, adj. کورنی ، داخلی ، اهل (اهلی یا تابع) .

n. نوکر ، خدمتګار .

domesticity n.

domesticate, v.t. اهلول ، اهلی کول ، تابع کول :

domestication, n. اهل ، اهلی .

domicile, n. & v.t.i. تاټوبی ، داوسېدلو ځای ، هستو ګنځای : کور ، اوسول ، هستول ، اوسېدل ، هستېدل .

domiciliary, adj. کورنی .

dominance, n. واک ، اختیار : نفوذ : صلاحیت ، کنترول ، تسلط .

dominant, adj. دواک څښتن ، مسلط ، حاکم .

dominate, v.t.i. حاکمیت لرل ، واک درلودل ، نفوذ درلودل ، کنترول درلودل ، لوړوالی موندل : کنترولېدل ، لوړېدل ،

domination, n. واک ، نفوذ ، حاکمیت .

domineer, v.i. په خپله خوښه اداره کول حکومت کول .

dominion, n. دومنیون ، دحاکمیت حق قلمرو ، د واک لرونکی مستعمره .

domino, n. يو ډول ذرمبك داره خولى چه ښوونكى او مسيحى ملايان يې پرسر كوى. يو ډول لوبه چه (٢٨) گټې لرى او له دوو خواوو لوبوله كيږى.
don, n. ښاغلى، صاحب (په هسپانوى ژبه)
don, v.t. اغوستل، پر سر كول.
dona, n. مېرمن (په اسپانوى ژبه).
donate, v.t. بښنه وركول، بښل.
dona.tion, n.
done, د do دريم حالت.
donkey, n. خر، مردارهډى؛ نا پوه، احمق
donor, n. بښنه وركوونكى، بخشش وركوونكى، (طب) وينه وركوونكى.
doom, n. حكم، فتوا، فرمان؛ سرنوشت تقدير، مرينه، قضا.
doomsday, n. د قيامت ورځ.
door, n. ور، دروازه، دړ.
doorkeeper, n. دوره ساتونكى.
doorway, n. مدخل.
doorstep, n. دوره زينه.
dooryard, n. دوره غولى.
dope, n. يو ډول مخدره مايع؛ بې عقله، معلومات.
dormant, adj. ويده، بې فعاليته، بې حركته، بيكاره، خالى.
dormer, n. د بام په ماپله پر خه كړكى. كړكى لروونكى كوچنى خونه، كړكى.
dormitory, n. ليليه.
dormouse, n. يو موږك ډوله حيوان.
dorsal, adj. شاتنى، شكنى (ظهرى)، شاته پروت.
dory, n. يو ډول كب اوږو لكي ډېرى چه پلن هوا ر غولى لري.
dose, n. دوره مل هغه اندازه چه په يوه وخت خوړل كيږى.
dosage, n.
dot, n. ټكى، خال.
dotage, n. دوماغ كمزورى (په تيره په سپين ږيرتوب كې).
dotard, n. هغه سړى چه دماغ يې د سپين ږيرو الى په اثر ضعيفه شوى وى.
dote, doat, v.i. مين كېدل (په احمقانه توگه)؛ دماغى كمزورتيا (د عمر له كبله).
doting, adj.
double, adj. ډبل، دوه گون، غبرگ؛ دوه برخيز؛ دوه ژبى (هغه سړى چه په خوله يې يوه او په زړه يې بله وى).
doublet, n. تنگ كميس چه له خور لسمى ترشپاړلسمى پېړۍ په اروپا كې مروج و؛ تكرار كېدونكى شى؛ جوړه (جفت)؛ هغه كلمې چه اصلا له يوې ريښې څخه وى خو وروسته يې په بڼه او معنا كې بدلون راغلى وى.
doubloon, n. د هسپانيې پخوانى د سرو زرو سكه.
doubly, adv. پوره دوه.
doubt, v.i. شكمن كېدل، متردد كېدل.
v.t. شكمن كول، متردد كول.
doubtless, adj. بې شكه، بې ترديده.
doubtful, adj. شكمن، متردد.
doubtfully, adv.
dough, n. خميره.
doughboy, n. پلى عسكر يا سپاهى.

doughnut, n. په غوړو کې پخه شوې ډوډۍ.

doughty, adj زړه ور، پیاوړی (دا توری اوس د استعمال څخه لوېدلی دی).

dour, adj. سرزوری، بدخویه، تریو تندی.

douse, dowse, v.t. ټیټول یا ځوړندول (لکه د بېړۍ بادوان)؛ لمدول: وژل (لکه د اور یا څراغ)؛ له منځه وړل، منسوخول: په اوبو کې غوټه کول؛ په اوبو کې اوبدل: وهل، گوزار ورکول.

dove, n. کوتره؛ کتمېر (قمری).

dovecote, n.

dive, ماضی dove,

dovetail, n. & v.t.i. چفتکاری؛ سره وروستل: واقعیتو لوته په معقوله توگه ارتباط ورکول.

dowager, n. هغه کونډه چه له مېړه څخه میراث ورته رسېدلی وی: (اصطلاح) درنه یا باوقاره ښځه.

dowdy, adj خوږمېنه، ناوړه پوښه، هغه ښځه چه ښه پاک کالی نه اغوندی.

dowel, n. پتری، پرزه، دوه سری مېخ چه دوې ډډی سره نښلوی.

dower, n. د مېړه د شتمنی هغه برخه چه د قانون له مخې ښځې ته رسېږي.

down, n. پت، پستې بڼکی.

down, n. هسکه مځکه، کنډه (چه د سیند د اوبو د څپو په اثر هسکه شوې وي)

down, adv. لاندې خوا، کښته؛ پر مځکه سرپېره؛ ټیټ.

downcast, adj. غمجن، مړاوی، لوېدلی، پړ او تلی

downfall, n. لوېدنه، غورځېدنه، کښېوتنه، پرېوتنه، سقوط، زوال؛ د گڼ باران اورېدنه.

downhearted, adj. مړاوې، غمجن، زړه ماتی.

downpour, n. گڼ باران، ډېر اورښت

downright, adj. سم، څرگند، سیخ، نېغ، اصل؛ محض؛ کورټ؛ پوره.

downtown, adj. کښته خوا، کوزه برخه (د ښار): د ښار تجارتی مرکز.

downward, adv. کوزې خواته، کښتې خواته، ځوړې خواته، مخ په ځوړ.

downward, adj. کښته خوا، کوزه خوا، ځوړه، لره خوا.

downy, adv. پت لرونکی، پوست، نرم

dowry, n. د ناوې د کور (هغه سامان چه ناوې یې د پلار له کوره د مېړه کره د واده په ورځ راوړی)؛ هغه تحفه چه د واده په ورځ یې ناوې ته خپل مېړه ورکوی.

dowse, v.t. douse دې وکتل شی

doxology, n. عبادت، خدای یادونه، د خدای د ستاینې سرود.

doze, v.i. پرمځکی، پر مېخی، نیم ویده؛ پرمځکی وهل، نیم ویده کېدل.

dozen, n. درجن، دولس شیان.

drab, n (اصط): سپك لسوادي رنگ؛ پوډول والی (یکنواخت)، ستومانوونکی، پوډول لسوادي رنگه ټوکه: ټوټه، کپړنی، ولدۍ

draft, draught, n. حواله ، برات ؛ مسوده ؛ عسکري جلب ؛ لوی له ورونه مرل یا پېلول ؛ قاکښه ، خوښوونه سکېچ نقشه حواله کول ، مسوده کول ؛ v.t. جلبول (لکه عسکري ته) .

draftsman, draughtsman, n. نقشه کښ ، هغه سړی چه د کورونو ، ماشینو او نورو نقشې جوړوي .

drag, v.t. ښکول ، کشول ، څېړل ؛ پاکول یا صافول (لکه ویاله له خټو او نورو شیانو څخه) ؛ وخت تېرول ؛ ورو ورو ښکېدل یا کښېدل ؛ بې ارابوهو پښه وکې بیکی ؛ دکب نیولو جنجك (چنګک) .

dragon, n. اژدهار ، ښامار .

dragonfly, n. بمبېرك (یو ډول لوی په هلاو روزري بې ازاره حشره) .

dragoon, n. وسله وال سپور عسکر . v.t. مجبورول ؛ وسله وال سپاره عسکر ته پرلاس ورکول .

drain, v.t.i. وچول ، اوبه تر پښه ایستل ؛ تشول ، زیم ایستل ؛ ورو ورو کمزوري کېدل ، ورو ورو دغا پداکی منا بمو کمېدل .

drainer, n.

drainage, n. زیم ایستنه ، وچوله ، وچه سیمه .

drake, n. هیلی (نر) .

dram, n. درم ، دا دولس څپاوسمه برخه وزن ، دغرا بوبوکوټ .

drama, n. دراما (هغه شکل چه په عملی توګه ښودل کېږي) ، دډرامې هنر

dramatic, adj. دراما تیك .

dramatically, adv. د ښکل په توګه ، په ناڅا پېدول .

dramatist, n. د ډرام لیکوونکی یا دډرامې لیکوال ، دهغو ښکلو لیکو نکی چه په عملی توګه ښودل کېږي

dramatize, v.t. د ډرامې دوداو بڼه ښوول ؛ په بدله بڼه ښوول ، دډرام په بڼه اړول

dramatization, n.

drank, د drink, ماضی .

drape, v.t. په پرده یا رخت پوښل ، پرده یا ټوکه پر ځوړول .

draper, n. بزاز ، رخت پلورونکی .

drapery, n. درخت پلورنځی ؛ دپردې رخت .

drastic, adj. ځېنتلی ، پیاوړی ، قوي ؛ چټك ، جدي ؛ اغېزناك ، مؤثر .

drastically, adv.

draught, n. کشوله ، ښکوله ، راکښنه ؛ بوټی ، بار ؛ چښاك ، اچنده یا سکېنده ، کوټ (جرعه) ؛ یوخوراك دوا یا شراب .

draughts. n. یو ډول لوبه چه په ۲۲ کټو لو بوله کېږي (دچکر لوبه) .

draw, v.t. کشول ، ښکول ، راکښل ؛ راښکول ؛ ایستل ، پرڅاکښول یا وهل ؛ اخېستل ، پوهېدل ، پرېښوول ؛ تشول ؛ جوړول ، صادرول ، تشریح کول ؛ حواله کول (لکه دپیسو) ؛ په یوه ساتېرول ، داغول لول .

drawback, n. ، مخ نیری ، مانع ، زیان ، بې گټې، داماتو پیسو پیرته اخیستنه (لکه له گمرک څخه).

drawbridge, n نښتت کېدونکی (متحرک) پل ، هغه پل چه نښتت کېږی او بېرته خوځېږی .

drawer, n. (لکه د پیسو ورکوونکی) حواله کوونکی او داسی نور) : میزخانه یا جعبه .

drawing, n. نقاشی ، نقشه، سکیچ ، رسم .

drawl, v.t.i. : په ورو اوږدې غږ خبری کول : په اوږده غاړه پرځېدل . لنټه کېدل ، په زگېروی پرځېدل (لکه ناروغ یا ستړی .)

drawl, n.

drawn, adj. . د draw. دریم حالت .

dray, n. لوړه چه ما لونه قیټه او کلکه عراده بکنی وړل کېږی : لچار تراشو څخه جوړه شوی بې ادا یو گاډی چه څکوله کېږی .

drayman, n. گاډی وان .

dread, n. ویره ، ترهه ، ډار .

dreadful, adj. : ډاروونکی، ویروونکی ، ترهوونکی : نا وړه .

dreadfully, adv. ، په ویره ، په ډار ، دو یری په توگه .

dreadnought, dreadnaught, n. سپک سړی ، بې باکه سړی : لویه جنگی بېړی

dream, n. خوب لیده ، رؤیا .

dreamer, n. خوب لیدونکی .

dreamy, adj. خوب څوندی ، خیالی .

dreamily, adv. دخوب په توگه

dreamland, n. دشا پهر یو هیواد ، خیالی ملك ، دخوب اوخیال عالم .

drear, adj. dreary, وگوری

dreary, adj. ، غمجن ، زړه تنگوونکی ، خفه کوونکی ، ویره وونکی .

drearily, adv.

dredge, n (لکه د کاریز ویالی) پاکونه او داسی نور) : دکاریز دپا کولو آله، دبندرگاه دلوړولو آله .

dredge, v.t.i. پاکول .

dredge, v.t. او وړه یا داسی بل شی برپاشل، په اوړو لړل ، اوړه پرشیندل (تر پخولو دمخه) .

dregs, n. pl. ذری ، رسوب، دهر شی بې اهمیته برخه .

drench, v.t. لندول ، خیشتول .

dress, v.t. کالی اغوستل ; ښکلی کول هوارول ، دروړل ، تیارول ، پر ټپ ملهم ایښوول، صافول، پاکول، پخول په بیاتې ، غوڅول، په عسکری قطار کی درول ، نظامی اتحاد کول

dressmaker, n (دښځو) کالی گنډونکی

dresser, n. د سینگار میز ، د پخلنځی میز یا قفسه، پرهار تړونکی (زخم بند) ، پرهار ولونکی ، دکا او خولدی کوونکی (په پوهنی ننداری کی) هغه ما شین یا آله چه دسرو پښتان په سموی .

drew . ماضی drew, د

dribble, v.i. & v.t. : څڅېدل ، څڅول ، ورو ورو پرمخ وړل یا بیول ، لکه توپ

dried, د dry ماضی اودریم حالت : وچ

drier, dryer, n. وچوونکی : پو ډول ماده . چه په غوړ ین رنگه بې دژر وچېدو د پاره گډوی .

drift, n. گردله ، راشه : هغه شی چه او بو یا هوا دلی (غونډی) کړی وی (اصطلاح) مخه ، تمایل ؛ داو بوسو که جریان .

drift.wood, n.

drill, n. سوری کول (په برمه) مشق و تمرین کول د تخم دشندلو آله .

driller, n. سوري کوونکی .

dril, n برمه د سوری کولو اله مشق و تمرین

drill, n. بوډوله بيز وچه په غربی افریقا کې او سیږی .

drink, v.t. څکل ، چښل : مشروب .

drinkable, adj.

drinker, n.

drip, v.t.i. څڅېدل یا څڅول

drive, v.t. چلول ، بیول ، خوځول ، ټغلول ، پسی اخیستل ؛ ایستل ، شړل ؛ په سخ بیول ؛ په ګاډی کی بیول ؛ مجبورول ؛ کار یا زیار ته تشویقول .

driver, n. بیوونکی ، خوځوونکی ؛ موټروان (ډرېور) .

drivel, v.i.t. لاړی یا ناړی څڅېدل ؛ لاړی څڅول ؛ د کمکو په دود لاړی څڅېدل ؛ په احمقانه ډول غږېدل .

driveller, n.

driven, د drive دریم حالت ؛ شړل شوی .

drizzle, v.i. نری نری اورېدل (باران) .

drizzle, n. نری باران ، نری واوره .

droll, adj. د خندا وړ ، د ملنډو وړ ؛ عجیب و غریب ؛ مسخره .

drollery, n.

dromeedary, n. اوښ (چه یو بوک یا کاوړ ولري) .

drone, n. د شاتو د مچیو نر .

drone, v.t.i. یکنواخته غږېدل او ږدونکی په پرله پسې ډول غږېدل ؛ یکنو کول

n. تیار خور .

droop, v.i.t. راځوړېدل ؛ سر ټیټی کېدل سر ځوړی کېدل ؛ سر کښته اچول یا ځوړول

drop, n. څاڅکی ؛ راځوړېدنه (لکه د پردې) سقوط ، تنزل ؛ پرده (تیاتر) ؛ ناڅاپه پېښه .

v.t. څڅول ، اچول ، ایله کول ، کمول ، کښته کول ، حذف کول ؛ زېږول (د حیواناتو په مورد کی)

dropsy, n. د انسان په طبیعی جو فونو او یا په حجراتو کې د غیر طبیعی مایعاتو ټولېدنه لکه په نس (خیټه) کی د نس د سل په وخت کې (طب) استسقا .

dropsical, adj.

dross, n. څکے (د ویلی شوو فلزاتو) زنګ ، پاتې شونی ؛ بې اهمیته مواد غیر خالص مواد .

drought, n سو کړه ، وچکالی ، تنګی وچ والی ، تنده .

drove, د drive ماضی .

drover, n. هغه سړی چه مالونه (حیوانات) څرځوی ، څرځوونکی ؛ مالدار .

drown, v.i.t. ډوبېدل ؛ غلی کول ، چپول یا چوبول (لکه د غږ) .

drowse, v.t.i. & n لیم ویده کېدل ؛ پرمخکی وهل ، چرتی کېدل ؛ چرت وهل ، لیم ویده والی ؛ پاچورت .

drowsy, adj. لیم ویده ، پرمخکی وهی ؛ چورت وهونکی ؛ (اصطلاح) لټ ؛ درونډ .

drowsily, adv. نیم و یده ډول .

drowsiness, n. نیم و یده والی .

drudge, v.i. & n. په (زیار ایستل) یکنواخته او بې اهمیته کار کول ؛ زیار ایستونکی یا زیار کښ .

drudgery, n. یکنواخته کار .

drug, n. درمل ، دارو .

druggist, n. درمل جوړوونکی ، درمل خرڅوونکی .

drum, n. (موسیقی) ډول .

drunk, adj. نشه ، مست .

drunkard, n. شرابخور ، شرابي ، هغه سړی چه ډېر شراب څښي ، دایم الخمر .

drunken, adj. نیشه یا نشه ، مست .

drunkenness,n. نشه توب ، مستي .

dry, adj. وچ ، بې نمه ، تږی ، بې شیدو ، بې مزې ، بې عاطفې ، بې کټې .

dryness, n. وچوالی .

dryad, n. د ځنګله حوره .

dryer, د drier پله بڼه .

drygoods, n. رخت باب ، منسوجات .

dual, adj. دوه ګون ، ځبرګ ، یو په دوه .

dualism, n. هغه فلسفه چه د روح او مادې دواړو په اصالت عقیده لري .

ducility, n. ډنډوبت (وما ګر یا لیږ م او ایل یا لیرم مضالله فلسفه) .

dub, v.t. د Knight لقب ور کول ؛ دسر لوړي یا درناوی لقب ورکول ، سینګار ول ، غوړول ، خوی کول .

dubious, adj. شکمن ، شکي .

dubiously, adv.

ducal, adj. په (duke) یا د (ډیوک) په قلمرو پورې مربوط .

ducat, n. دارو پخوا اني دسرو زرو سکه ؛ (جمع) نقدي پیسې .

duchess, n. د (ډیوک) ما ینه یا د هغه کونډه ، هغه ښځه چه د (ډیوک) مقام لري .

duchy, n. هغه سیمه یا علاقه چه پر هغې باندې د (ډیوک) یا (ډچیز) حکومت وي .

duck, n. هیلۍ ، بته ، په اوبو کې ځوځه ورهنه .

duck, n. یو ډول ټوکر ، ډوله ټوټه چه له مالوچو له بڼې او بې (اوبې) .

duck, v.i.t. په ما یماتو کې ځوټه کېدل اوژر بېرته وتل ، سر په اوبو کې ډوبول ، ټیټېدل ، ځوټه کول ، ټیټول .

duckling, n. د هیلۍ بچی .

duct, n رګ ، نل ، بهاندهي (مجرا) ،

ductless, adj.

ductile, adj. لوله کېدونکی ، هغه فلز چه داوږه دولواو هوارو لوو وي .

ductless, adj.

dude, n. ځان ځکاره کوونکی ، ځان جوړوونکی (خودساز) تظاهر کوونکی .

dudgeon, n. خوا شینی ، خوا بدی ، خپګان ، خوابولي .

due, adj. : پوروړي ، وړ ، جوړ مناسب ، د ځوښتنی وړ پیسې ، دورکړې وړ پیسې (طلبات) ، ټاکلی شوی .

duel, n. دوېل ، د دوو کسانو ترمینځ جګړه ، د وه په دوه جنګېدنه ، د دوو ډلو ترمینځ نښته

duel, v.t.i. دوه په دوه جګړه کول ، دوه په دوه جنګېدل .

duet, n (موسيقي) داسې کمپوز چه دوو سندرغاړو د پاره ترتيب شوې وي.

dug, ماضي او دريم حالت . dig. د

dugout, n داسې ناوه وزمه بېړۍ ، چه دونې د تنې يا کوټې ميتنځ وکانړۍ او هغه خني جوړه کړې ی ؛ سوپ (پناه گاه) چه دغره په ډډه کې جوړه شوې وي .

duke, n (ډيوک) په انگلستان کې داشرافو موروثي لقب په انگلستان کې هغه شاهزاده چه پوه سيمه يا (duchy) يې تر لاس لاندې وي .

dukedom, n د(ډيوک) لقب يا علاقه

dulcet, adj خوږ ، پوست ؛ همغاړي (هم آهنگ) .

dull, adj. لټ ، ځړ لدی ، بست مړ اوی بې خوند ، تت ، پڅ بې عقل ، غبي ، بې ذوقه .

dullness, n. لټوالي ، ځړ لدوالي .

dully, adv. په ځړ لدی والي ، په مړ اوی والي .

dullard, n. ناپوه ، سوږدماغه سړی

duly, adv. په مناسبه توگه يا مناسب وخت کې .

duma, n. شورا ، په پخوانی روسيه کې

dumb, adj. پوټ خولی ، چوپ ، گونگی .

dumfound, dumfound, v.t. حك پك کول اريانول ، هېښ هېښ کول حيرانول له کول

dummy, adj گونگی ، نقلي يا تصنعي شی چه داصل پر ځای استعماليږی بې عقل سړی

dump, v.t. په بارچپه کول يا اړول ؛ په

پرديو بازاروکې مال ورته يا خرڅول : درب باغرب (لکه د بوجی له لوړه وه چه پيدا شی) گوزار ، واريا ضربت ؛ انبار د ډېوان (لکه دخاورو او خځلو) ؛ د مال دذخيرې کولو ځای ؛ (لين) لښکر ، د دروپي (گدام) .

dumpling, n. ووړی چه مېوه په کې وی .

dun, v.t. مکرر د قوښتنه (لکه د پور) پوره وی ته ټينگه کول چه ژر پور ور کړی .

dun, adj. خړ يخن ، تصواري (رنگ) سپيند (آس) .

dunce, n. پڅ يا کوته ذهنه سړی .

dune, n. د سپيندو غاړی شگلنه غونډی ، دشگو (ريگو) غونډۍ چه باد جوړه کړې وي

dung, n. خوشايی (غوشايه) ، تپی ؛ سره ، څپيکه .

dungeon, n. زندان ، بند پڅا له .

dunghill, n. دخوشايو کوټه ، دخوشايو ځلی .

duo, n. وگوری . duet.

dupe, n. ژر غولېدونکی سړی ؛

v.t. غولول ، ختا ايستل ، تېرا يستل .

duplex, adj. دوه گون ، ډبل ، ځير کی .

duplicate, adj. دوه گون ؛ دوه ډبل ، دوه نسخه يې نقل ، کاپي ؛ ځير کی ، دوه پټه ، کټ مټ ، ورته .

duplicity, n. دوه مخي ، غولونه ، تېرا يستنه .

durable, adj. ټينگ ، کلك ، دوامداره .

durance, n. بندی گری ، بند ، حبس .

duration, n. موده ، مهال ، وخت .

duress, n. بندیتوب، بندی گری، تشدد، اجبار

during, prep. په ترخ کې، په وخت کې، په اوږدو کې.

dusk, adj. تره غوندې، تیاره، ماښام، تېر ماښام

dust, n. دوړې، خاورې؛ جسد؛ مځکه؛ بې ارزښته شی.

duteous, adj. وظیفه پېژندونکی، منونکی.

dutiable, adj. د محصول وړ، مالیې وړ.

dutiful, adj. وظیفه شناس؛ د درناوي وړ

duty, n. وظیفه، دنده، وجیبه، چوپړ؛ محصول، مالیه

dwarf, n. لوېشتکی سړی، ټیټکی سړی؛ هر هغه ژوی یا نبات چه تر طبیعي اندازې ټیټ وي.

dwell, v.i. مېشته کېدل، اوسېدل؛ پاته کېدل؛ ځیر کېدل.

dwelling, n. کور، ټاټوبی، استوګنځی.

dwindle, v.i. مړاوی کېدل، بې سېکه کېدل؛ کمېدل، لږېدل؛ وړلی کېدل، زمولېدل.

dye, n. رنګ

v.t. رنګول، رنګه ور کول

dyer, n. رنګوونکی.

dyestuff, n. رنګ (مواد).

dying, pres. part. of die. رګی حاله، مړ کېدونکی.

dyke, n. د dike. بل شکل

dynamic, adj. داینامك، فعال، غښتلی؛ د خوځولو قوه یا مصدر که قوه.

dynamite, n. دینامیټ، چاودونکی ماده چه له تېزابو او ګلسرین څخه جوړېږي.

dynamo, n. داینمو، هغه آله چه د میخانیکي عملیاتو په اثر برېښنا تولیدوي.

dynasty, n. کورنۍ.

dynastic, adj. د یوې کورنۍ زوزاد.

dysentery, n پېچ.

dyspepsia, n. بد هضمي

dyspeptic, adj.

dyspeptically, adv.

E

each, adj. pron. هر (لکه په هر يو کې، هر سړی).

eager, adj. لېواله، شوقمن.

eagerly, adv. په لېوالتيا، په شوق، په مينه.

eagerness, n. لېوالتيا، اشتياق.

eagle, n. عقاب، يو ډول باز: د امريکې طلايي سکه چې لس ډالره ارزي.

eaglet, n. د عقاب چوچی (بچی).

ear, n. غوږ؛ اورېدنه، منښه: غوږوی.

ear, n. وږی (لکه د غنمو).

eardrum, n. د غوږ پرده.

earl, n. (برتانيه) يو اشرافي چې رتبه يې له مارکيس څخه ټيټه وي.

earldom, n. د ارل موقعيت، لقب يا جايداد.

early, adv. وختي، د وخته؛ مخکښې، وړاندې.

adj. مخکينی، په سر کې؛ پخوانی، لرغونی؛ زوړ، ژر راتلونکی.

earmark, n. د څارويو د غوږ نښه، فارقه علامه؛ تشخيص.

earn, v.t. گټل، لاس ته راوړل، پيدا کول.

earnings, n. pl. گټه، سپما، عايدات.

earnest, n. جديت، ټينګوالی، کلکوالی؛ بيعانه، علامه.

adj. جدي، کلک، ټينګ؛ مهم؛ رښتينی.

earnestly, adv. په جدي (توګه، لهجه)، په کلکه، په رښتيا.

earnestness, n. د زړه له کومې.

earshot, n. د اورېدلو ساحه: هغه واټن چې له يوه سړي نه يې بل ته غږ رسېږي.

earth, n. خاوره، ځمکه؛ کره (د ځمکې)، نړۍ.

earthly, adj. ځمکنی، د ځمکې (د آسماني ضد).

earthy, adj.

earthen, adj. خاورين، د خاورو.

earthenware, n. خاورين لوښي.

earthnut, n. هغه بوټي چې محصول يې په ريښو کې وي (لکه مميلی، پېلې).

earthquake, n. زلزله.

earthwork, n. خاورين پند، د خاورو ډېرۍ، پلم.

earthworm, n. د خاورو چنجی.

ease, n. سهولت، آساني، هوساينه (جسمي يا روحي)؛ طبيعي توب، ساده توب (د سلوک).

v.t.i. هوسا کول، بېغمه کول، در دغلي کول؛ آسانول؛ فشار کمول، آسانېدل.

easel, n. د نقاش د تابلو د پاره لرګين چوکاټ.

east, n. ختیځ، لمرخاته، ختیځ (هېوادونه، سیمې).
adj. دختیځ، شرقي.
easterly, adj. & adv. دختیځ له خوا.
eastern, adj. شرقي، د ختیځ.
eastward, adj. & adv. مخ په ختیځ، مخ په لمرخاته، دختیځ په لوري.
eastwards, adv.
Easter, n. (مس) د عیسی د حلول یا بیا پیدا کېدو اختر.
easy, adj. اسان، هوسا؛ بې غمه؛ سپك (لکه بار) ارت، پوست؛ طبیعي، غېر رسمي په کرار، سوکه.
easily, adv. په اسانۍ.
easiness, n. اسانتیا، اسانی
eat, v.t. خوړل؛ ابته کول، خرابول، له کاره ایستل، زمول؛ خوړل (لکه برمه) خوراك کول، خوړل کېدل (لکه v.i. لرګی د برمې په اثر): زمو لېدل، صي اوي کېدل.
eater, n. خوړونکی، خوراك کوونکی.
eatables, n. & . pl. خوراکي شیان، خواړه.
eaves, n. pl. د بام څنډه، د بام ژۍ، د بام پیڅه بادار نلې برخه.
eavesdrop, v.i. غوږ نیول (د پټو خبرو د اورېدو لپاره)، د ګونګوسې ته په پټه غوږ نیول.
eaves dropper, n. غوږ نیوونکی
ebb, n. جزر، د څپې بېرته ستنېدنه (سېندنه)؛ د بخت ګرځېدنه، د ورځې ګرځېدنه، د برم پرېوتنه.
v.i. له ډېره لوېدل، له برمه پرېوتل؛ کښېناستل او کرار کېدل (لکه د طوفان او سېلاو): په په بده بدلېدل، مخ په خرابۍ او د بچار توب تلل، مخ په ځوړ تلل.
ebon, adj. تور
n. دهغې ونې لرګی (یاد هرې بلې ونې لرګی چه تور او د برښې غوندې کلك وي).
ebony, n. ابنوس.
ebullition, n. ایشوله، خوټونه؛ پاروله، لمسوله.
eccentric, adj. څنډې ته کېدونکی، له مرکزه لرې کېدونکی، ګوښه ګیر، عجیب، عادته، بې عادته؛ غیرعادي.
eccentricity, n. ګوښه ګیري، بېلوالی
ecclesiastic, n. (مس) کشیش، پادري، دیني.
ecclesiastioal, adj.. کلیسایي، د کلیسا
echo, n. د غږ انعکاس (اصط) د کمره ږغ، د کمره پېري، د بیان پېري
v.t.i. په څپې ور ګرځول (غږ): منعکس کېدل، ستنېدل (د غږ).
eclat, n. غلا، جلال، شهرت، عظمت نامتووالی، تمجید؛ رسوایی.
eclipse, n. خسوف یا کسوف، د لمر یا سپوږمۍ نیول کېدنه؛ تتوالی.
ecliptic, n. د لمر مدار (یو فرضي لویه دایره) کسوفي، خسوفي.
eclogue, n. د شپنو سندري، شاریه.
economic, adj. اقتصادي، د سپما.
economical, adj. اقتصادي، سپمونکی

economically, adv. د سپما له مخې ، په اقتصادي توګه .

economics, n. اقتصاد ، هغه علم چه د پانګې د تولید ، وېش او لګښت څخه خبرې کوي .

economist, n. د اقتصاد عالم ، سپماپوه .

economize, v.t.i. سپما کول .

economy, n. سپما ، زېرمه ، زېرمه ، تدابیرونه .

ecstasy, n. نشه ، حال ، وجد ، جوش ، مستي ، لېوالتیا .

ecstatic, adj. په وجد راغلی ، خوندور : لېوال .

ecstatically, adv.

eddy, n. ګرځنۍ (ګرداو لکه د اوبو) ، ګډوډي ، ګرځوبی .

v.i. ګرځنۍ کېدل ، چورلېدل ، څرخېدل .

edge, n. څنډه ، ژۍ (لکه د چاقو) : څنډه (لکه د کمره) ، پېڅه

v.t.i. ورو ورو ګام اوچتول .

edgeways, edgewise, adv. په نېغو ، په تېرو ، په څنګ ، په څنډه ، اړخېز

edging, n. لمانۍ ، د لمنې یا پېڅې اغوړونه ، پېڅه ماتونه او وراړونه ، د څنډې یا پېڅې چرمه کاري یا بخې

edible, adj. د خوراک ، د خوراک وړ .

n. د خوراک شی

edict, n. فرمان ، حکم

edification, n. روزنه ، پالنه .

edify, v.t. روزل ، پالل ، تربیه کول ، خوی ورښه کول

edifice, n. ماڼۍ ، ودانۍ .

edit, v.t. نشر ته چمتو کول (لکه د ورځپاڼې) .

editor, n. چلوونکی ، خپروونکی ، هغه څوک چه لیکنې اصلاح کوي او بیا یې چاپ ته چمتو کوي .

editorship, n. چلونه ، خپرونه ، د خپرونو اداره .

edition, n. خپرونه ، چاپ ، صحافت او قطع : شمېر (لکه د کتابو ، خپرونو) عمومي ګڼه

editorial, adj سرمقاله : چلوونکی ،

editorial board. چلوونکې جرګه

editorially, adv. د سرمقالې په ډول .

educate, v.t. روزل ، ښوول ، تربیه کول .

educator, n. روزونکی ، ښوونکی ، مربي

education, n. پوهنه (معارف) د ښوونې او روزنې علم ، تعلیم ، زده کړه .

educational, adj. تعلیمي ، د زده کړې .

educe, v.t. ایستل : راکښل ، زېږول .

eel, n. مارماهي .

eerie, eery, adj. د وېروونکی ، ځوني زېږوونکی ، ډاروونکی ، دپر شوی ، ترهېدلی .

effrace, v.t توبول ، ایسته کول ، لیری کول ، پاکول (له) .

effect, n نتیجه ، اثر ، اغیزه ، مفهوم ، الفاظ ، چلند ، واقعیت .

pl. شته ، دارایی

v.t. لاس ته راوستل (نتیجه ، بری) ، بری مومندل (بر) : سرته رسول

effective, adj. اغیزه ناک ، نتیجه ورکوونکی ، نافذ ، په چلند کې : چمتو ، تیارسی ، اثرناک ، په ځای ، واقعی .

effectively adv. په اغیزه ناکه توگه .

effectiveness, n. اغیزه ناکی ، اثرناکی ، چلند

effectual, adj. اغیزه ناک ، په ځای ، گټور ، د نتیجې اړونکی (د دې تمره ادا پته ضد) .

effectually, adv

effeminate, adj ښځنی ، ښځو نکی ، د ښځې په ډول ، ښځنو کی .

effeminacy, n.

efferent, adj. بهر وړونکی ، د بادندی چلوونکی

effervesce, v.i. سره خوټېدل او ځکې کول (لکه سرکه یا د سوډا اوبه) .

effervescence, n. سره خوټېدنه ، خوشېدنه ، ځکې کونه .

effervescent, adj. سره خوټېدونکی او ځکې کوونکی .

effete, adj. وچه ، شنډه (لکه وړه یا ښځه) ، له کاره لوېدلی ، بی حاصله

efficacious, adj. نتیجه ورکوونکی ، په ځای لگېدلی (لکه خبره یا عمل) .

efficacy, n. اغیزه ناک توب .

efficient, adj. مؤثر ، په ځای ، اغیزناک ، یا کفایت .

efficiency, n. اغیزناکی ، مؤثریت ، مستعد .

efficiently, adv. په اغیزه ناکه توگه .

effigy, n. څېره یا مجسمه چه یو سړی ته ورته کښل شوي یا جوړه شوي وي ، څېره ، بڼه .

effluence, n څېر بېدنه ، بهېدنه ، بهرخېدنه .

effluvium, n. ډېرو وړو ذری ، بدبوی : ډېر مېرې ذرات چه له یو جسم څخه خپرېږي) .

effort, n. هڅه ، هاند : د هڅې نتیجه ، د کوښش مولود .

effrontery, n. بې شرمی ، سپین سترگی ، بې حیایی .

effulgent, adj. ځلاند ، پرښند ، روڼ

effulgence, n.

effuion, n. داړه ، غور ځنگ : بې واکه خبری .

effusive, adj.

eft, adv. دا ويو سپارا (سپهرا) .

egg, v.t. پاړول ، لمسول ، (اصطـ) جگړول

egg, n. هگی ، ویه

eggplant, n. باڼینگن ، بانجن (تور)

egis, aegis ته مراجعه وکړی .

eglantine, n. د نسترن بوټی یا گل ، چمبه گل .

egoism. n. ځان لمنی، په ځان مینتوب، ځانته غوره والی، ځان منځه

egoist, n. په ځان مین، په ځان غوره، په ځان کې ورک.

egotism, n. ځان ستاینه، ځان خوروبه، ځان یادونه.

e gotist, n.

egotistical, adj.

egrégious, adj. بدی، بدنام: مشهور، وتلی.

egress, n. دوتولار، وتوځی، وتنه،

egret, n. ډینګک، کومول.

eider, n. یو ډول بحری بطه چه پستې بڼکې لری.

eight, n. اته (۸).

eighth, adj. اتم.

eighteen, n. اتلس (۱۸).

eighteenth, adj. اتلسم.

eighty, n. اتیا (۸۰).

eightieth, adj. اتیاوم، اتیایم.

either, adj. یا

either do this or do that. یا دا وکړه یا هغه.

conj. یوله دوو څخه.

ejaculate, v.t. دفعتاً او په لوړ اواز ویل، د بدن څخه د مایعاتو ایستل (انزال لېدل)

ejaculation, n. انزال.

eject, v.t. شړل، ایستل، معزول کول، لیرې کول.

ejection, n.

eke, v.t. زیاتول: اوږدول: بشپړول، نیمګړی تیاوې پوره کول

elaborate, adj. مکمل، مفصل، په زیار او پاملرنه ترسره شو.

elaboratly, adv. په پاملرنه، په ستونزه.

elaborateness, n. بشپړتیا، تفصیل، دقت.

elaborate,v.t.i. په دقت اجرا کول، په زیار او پاملرنه سرته رسول، په کار لاس پورې کول، له هیڅ څخه یو شی جوړول: تفصیل ورکول.

elaboration, n. تفصیل، ستونزه.

elapse, v.i. تیریدل (لکه د وخت).

elastic, adj. ارتجاعی؛ فنرډوله، د شرایطو سره سم د بدلیدو وړ، د غبرګیدو او لې کیدو وړ.

elasticity, n. ارتجاعیت، د غځیدو او سره ورټولیدو والی، د ژر راستنیدو قابلیت.

elate, v.t. غرور کول، (اصط) ځان ښکاره کول، په خپل بری ویاړل؛

elated, adj.

elation, n.

elbow, n. څنګل، لیچ؛ کږ لیچی، پیچومی.

v.t.i. په څنګل وهل.

eld, n. د عمر پوخوالی؛ پخوالی وختونه، لرغونې زمانه.

elder, adj. مشر، ستر؛ لومړنی، وختنی؛ پوخ، رسیدلی؛ مخکې، لوړ (په رتبه کې).

n. په عمر پوخ سړی.

elderly, adj. پوخ سړی یا ښځه.

elder, n. یو بوټی چه ګلان یې اوږدو لکی تیل لری او د هغه تیل د سوړ او ناسور د علاج د پاره استعمالیږی.

elderberry, n.

eldest, adj. تر ټولو مشر، تر ټولو زوړ، تر ټولو زوړ بوډا .

El Dorado, n. د ولي زر ډک ځای کوم چه شته نه وي .

elect, adj. غوره شوى ، منتخب، ټاكل شوى . v.t.i. غوره كول ، انتخابول ، ټاكل (د رايو په واسطه) .

election, n انتخاب ، ټاكنه (د رايو په واسطه)

electioneer, v.i. په انتخاباتو كي د يوه كوند په گټه كار كول .

elective, adj. غوره شوى ، انتخاب شوى ، د انتخاب واك لرونكى .

n. (امر) هغه كورس چه زده كوونكى يې ځان ته غوره كوي (اختياري كورس)

elector, n. غوره كوونكى ، انتخابوونكى ، مؤكل ، (امر) د انتخابي جرگى غړى

electoral, adj

electorate, n. يوه ډله خلك چه د انتخاب واك لري ، انتخاباتي حوزه

electrician, د بريښنا ماهر ، برقي .

electricity, n بريښنا برق .

electric, adj. بريښنا ، برقي

electrical, adj.

electrically, adv. د بريښنا په واسطه .

electrify, v.t. د بريښنا په سامان سمبالول د بريښنا سامان لسمبول ، چراغان كول ، هك پك كول ، هيجاني كول .

electrification, n.

electrocute, v.t. د برق په واسطه وژل ، برق ور كول .

electrocution, n.

electrode, n. د بريښنا د سر چينى قطب .

electrolyte, n. اليكټروليت : هغه مايع چه كه برقي جريان ورځني تير شي مواد د غاز يا جامد په شكل له هغه دفع كوي .

electromagnet, n. هغه فلز (او سپنه ، فولاد) چه د برقي جريان په واسطه مقناطيسي خاصيت پيدا كوي .

electromotive, adj په برق چالان شوى : د بريښنا په واسطه لاس ته راغلى ، د برقي جريان پيدا كوونكى

electron, n. د بريښنا منفي قوت يا يا ر: اليكټرون ، هغه ذره چه منفي چارج ولري .

electrotype, n. اليكټروټايپ ، د چاپ قالب ، يوه لوحه چه د يوې ترې فلزى پردې په واسطه د چاپ د قالب د پوښلو او د هغى تر شا د يوې بې فلزي شي وركولو په اثر جوړه شوى .

eleemosynary, adj. خيرات خور ، دخيرات ، د صدقې ، د بسپنې مستحق

elegance, n. خوبي ، په سليقه ، په ذوق ، ښه ، ظرافت .

elegant, adj. خوږ ژبى ، ظريف ، په ذوق .

elegantly, adv. په ښه ذوق ، په خوږه ژبه .

elegiac, n. (شعر) ويرنه : هغه نظم يا نظم چه د ويرنى په ډول ويل كيږي ، مرثيه .

elegy, n. ويرنه ، مرثيه .

element, n. عنصر .

pl. اساسات ، مبادي : (كيم) هغه شى چه د مادى كيمياوي عمليې له لارې نه تجزيه كيږي ، برخه ، جزء .

elemental, adj.

elementary, adj. ساده ؛ (کیم) : د عنصر په عنصر پورې مربوط ؛ لومړنی ابتدایي (لکه ښوونځی) ؛ اساسي ، اصلي .

elephant, n. پیل (فیل) .

elephantine, adj. پیل غوندې ، لوی ، بوساړی ؛ بد شکله .

elevate, v.t. جگول ، پورته کول ؛ لوړول ، درنول (معنوي او اخلاقي) .

elevation, n. جگونه ، هسکونه ؛ لوړوالی ؛ لوړ ځای ؛ جگوالی (د بحر له سطحې) ؛ پرمختګ ، ترفیع .

elevator, n. د غلې گودام ؛ اسانسور ، الت (یوه کوچنۍ کوټه چه د برق په واسطه سړی پورته څو پوړیزې ماڼۍ ته پکښې خیژي او را کښته کیږي) ؛ د الوتکې هغه آله چه د ټیټیدو او جگیدو حالات کنترولوي .

eleven, n. یوولس .

eleventh, adj. یوولسم .

elf n. pl. پیری ، جن .

elfin, adj. پیری ډوله .

elfish, adj. شیطان ؛ کیټ سړی ؛ شیطان کوچنی .

elicit, v.t. را ایستل ؛ پارول ، ښکارول ، ښکاره کول

eligible, adj. د غوره کیدو وړ ، مستحق ، لایق .

eligibility, n.

eliminate, n. لیری کول ، کمول ، ایسته کول ، له منځه ایستل ، محو کول ، له نظره غورځول .

elimination, n.

elixir, n. اکسیر ؛ (طب) د قوت شربت ، داسې دارو چه له ډیرو موادو څخه ترکیب او د الکولو سره گډ شوی وي .

Elizabethan, adj. د انگلستان ملکې لومړۍ الیزابېتې (۱۵۵۸–۱۶۰۳) د وخت .

elk, n. یو لوی گوزن .

ell, n. په انگلستان کې د ټوکرانو میچ (اندازه) چه ۱۱۵ سانتی متره کیږي .

ell, n. یو ساختمان چه د ماڼۍ په اوږدو قائمه زاویه تشکیلوي او ورپورې نښتی وي ، د ماڼۍ وزر .

ellipse, n. بیضوي .

elliptic, adj. بیضوي .

elliptical, adj.

ellipsis, n. pl. نشتوالی ، حذف شوې برخې ؛ په چاپ کې (....)

elm, n. یو ډول جگه ونه چه سور رنگه لرگی لري او لرگی یې د ډیر کار وړ دی ؛ نارون .

elocution, n. بلاغت ، د بلاغت فن ، د ښې وینا او لوست فن .

elongate, v.t.i. اوږدول ، غځول ؛ اوږدیدل ، غځیدل .

elongation, n. اوږدونه ؛ غځیدنه .

elope, v.i. د میړه یا بل چا څخه د مین سره تښتیدل ، میړه پریښودل ، ښیگی کیدل .

elopement, n. ښیگی توب ؛ ښیگی کیدنه ، تښتیدنه .

eloquent, adj. فصیح او بلیغ ، اغیزه ناکه (لکه وینا) .

eloquence, n. فصاحت او بلاغت ، د وینا اغیزه ناکی .

eloquently, adv. په فصاحت او بلاغت، په اغېزه ناکه توګه

else, adj. بل، نور

adv. په بله توګه، په بل وخت، په بل مفهوم، په بل ځای یا مورد کې.

elsewhere, adj. په بل ځای کې، بل ځای ته، په نورو ځایو او مواردو کې

elucidate, v.t. څرګندول، روښانول، تشریح کول، جوتول.

elucidation, n. څرګندونه، تشریح کونه.

elude, v.t. ځنګه کول، چوړه کول، ځان بچول: (اصطلاح) تېرول، تېرایستل

elusive, adj: غولوونکی، تېرایستونکی؛ هك پك کوونکی، او یا نوونکی

elves, n. pl. پېریان، د elf جمع.

Elysium, n. د ښېرې او پوره خوشالۍ ځای، جنت.

Elysian, adj.

emaciate, v.t. ډنګرول، نري کول.

emaciation, n.

emanate, v.i. خپرېدل (لکه له ګل څخه د وږمې)، پورته کېدل، ختل.

emanation, n. خپرېدنه، پورته کېدنه.

emancipate, v.t. ازادول، خلاصول، نجات ورکول، خپلواک کول.

emancipation, n. ازادي، ازادونه، خپلواکي.

emancipator, n. ازادوونکی، ژغورونکی، خپلواک کوونکی.

emasculate, v.t. خصي کول، خنثی ول، ټکول

embalm, v.t. مومیایي کول، مړي د ساتنې د پاره په ځینو موادو لړل

embalmer, n. مومیایي ګر

embankment, n. پټم، بند، دړم.

embargo, n. تجارتي بندیز، اقتصادي بندیز

embark, v.t.i. په بېړۍ کې اچول، بېړۍ یا الوتکې ته ختل، په بېړۍ کې سپرېدل؛ لګیا کېدل.

embarkation, n.

embarrass, v.t. تالولی کول، بېواره کول، وارخطا کول، سر او پښې ورکول؛ په اقتصادي مشکلاتو اخته کول، اقتصادي تنګسه راوستل (پر).

embarrassment, n. بې وادي، وارخطايي.

embassy, n. سفارت، د سفیر او هیأت

embattle, v.t. جنګې ته سمبالول او تیارول، د جنګې لپاره تهیه کول، جنګې ته سره راټولول.

embed, imbed, v.t. ورېده کول، ښخول، ځملول (په بستره کې).

embellish, v.t. سینګارول، مصور کول.

embellishment, n. سینګار، سینګارونه.

ember, n. سکروټه چې په ایرو کې پاتې وي.

embezzle, v.t. اختلاس کول، امانت خیانتول، غلا کول.

embezzlement, n.

embitter, imbitter, v.t. تریخول؛ ځارول، پارول.

emblazon, v.t. ځلول، بل کول، په ځلانده او برکنده توګه سینګارول، د ویاړ په نښانو سینګارول، په یاد د یو ښکلي کول

emblem, n. نښان ، نښه ، دویاړ نښان ښیول .

emblematic, adj.

emblematical, adj.

embody, imbody, v.t. مجسم کول، ضم ورکول ، ټولول، څرگندول ؛ په غېږ کې نیول (احتوا کول) ، احاطه کول ، راټولول ، ورگډول ؛ تحقق ور کول .

embodiment, n.

embolden, v.t. زړه ور کول، ډاډه کول، زړه ورتکیه کول .

embosom, imbosom, v.t. په غېږ کې نیول، غېږ چاپېرول (حلقه)، په خوا پورې نیول ؛ ټینګول ، خوندي کول .

emboss, v.t. په برجسته بڼه انځورول یا کښل (لکه سکه یا مډال) ، برجسته کول ، له اصلي سطحې اوچتول .

embower, imbower, v.t.i. سیوری ور باندې کول ، سیوری ته کول ، ترچترۍ لاندې کول ؛ سیوري ته کېدل . سیوري کېدل .

embrace, v.t. غېږ ترې گرځول ، غېږ په غېږ کېدل ؛ په هر کلي کول ؛ احاطه کول ؛ غوره کول (لکه یوه پېشه) .

v.i. غېږې ته ورتلل، غېږ په غېږ کېدل (سره)

n. غېږ په غېږ کېدنه .

embrasure, n. د دروازې کړکۍ، درځه، هغه چاود چه په دروازه کې جوړېږي ؛ تیر کېږي .

embroider, v.t.i. خامک دوزي یا گل دوزي کول ، سکې کول .

embroidery, n. سکې ، خامک دوزي ، گل دوزي .

embroil, v.t. په جنګ اچول، گډوډول، په گډوډۍ کې اچول، مغشوشول

embroilment, n.

embryo,n. جنین .

embryonic, adj. د جنین .

embryology, n. د بیالوژي هغه برخه چه جنین څېړي .

embryologist, n. جنین پوه .

emend, v.t سمول ، صحیح کول ، سمون راوستل .

emendation, n. سمول ، تصحیح

emerald, n. زمرود (مرد) ؛ زمرد ي رنګ

emerge, v.i. ظاهر کېدل ، را وتل، میدان ته راوتل ، سر پېره کېدل ، راپورته کېدل ، راولاړېدل .

emergence. n. راپورته کېدنه ، څرگندېدنه.

emergent, adj. راپورته کېدونکی ، منځ ته راتلونکی ، راختونکی

emergency, n بېړنۍ پېښه یا حالت داسې پېښه چه سمدلاسه مخنیوی غواړي ؛ اضطراري حالت .

emeritus, adj. متقاعد .

emery, n. یو ډول کاڼی چه په څرخ باندې یې سپړوي او چاړې یا چاقوگان پرې تېره کوي .

emetic, adj. خوا گرځوونکی ، خوارا هسکوونکی ، التوونکی ، قی راوستونکی

emigrate, v.i. لېږدېدل ، مهاجرت کول

emigrant, adj. لېږد پېدونکی، مهاجر، پردیس.

emigration, n. لېږد.

eminence, n. لوړه درجه، لوړه رتبه؛ لوړوالی؛ معراج.

eminent, adj. لوړ، جګ؛ مهم، څرګند؛ روښان، ښکاره.

eminently, adv.

emir, ameer, emeer, n. امیر.

emissary, n. څاری، نماینده، جاسوس.

emit, v.t. اچول (لکه رڼا)، بهر ته کول، خورول؛ چاپول او خپرول (لکه بانکنوټ)؛ له خولې ایستل، ادا کول.

emolument, n. تنخوا، معاش، فیس او داسې نور.

emotion, n. هیجان، احساس.

emotional, adj. هیجانی، احساساتی.

emotionally, adv. په هیجان، د احساساتو له مخې، په مینه.

emperor, n. امپراتور.

emphasis, n. زور، ټینګر، ټینګار، تاکید (په کومه خبره یا موضوع).

emphasize, v.t. ټینګر اچول (پر)، زور اچول (پر)، ټینګار کول (پر)، تاکید کول (پر).

emphatic, adj. ټینګار پرشوی، مؤکد.

emphatically, adv.

empire, n. امپراتوري، د امپراتور تر امر لاندې سیمه، واکمني، سلطنت، برم.

empiric, adj. تجربي، هغه چه په تجربه او مشاهده بناوي نه په علم.

empiricism, n. هغه سیستم چه پخواني معلومات نه مني او یوازې په تجربه او قیاس تکیه کوي.

employ, v.t. کارول، لګول، په کار اچول، نیول (لکه مزدور)، استخدامول.

employee, n. کارګر، مستخدم، مزدور، مامور، اجیر.

employer, n. کارفرما، ګومارونکی (کار ته).

employment, n. استخدام؛ ګمارنه، شغل، دنده، کار، چار.

emporium, n. لویه مغازه، پلورنځی.

empower, v.t. قدرت ورکول، ګومارل، واک ورکول.

empress, n. د امپراتور ښځه، لوا کمنه.

empty, adj. تش، خالي؛ خوشې، بې ثمره، اېله، ګوګ، تش منځی. v.t.i. تشول؛ تشېدل، توېدل (لکه سیند په سمندر کې).

emptiness, n. تشوالی، ګوګوالی.

empyrean, n. عرش، تر ټولو هسک آسمان، برلی آسمان، هسک.

emulate, v.t. سیالي کول (سره)، د برابرېدو یا ور اندې کېدو هڅه کول.

emulation. n. سیالي.

emulous, adj. سیالي ګر، سیالي کوونکی.

emulsion, n مستحلب، محلول (لکه غوړي چه په اوبو کې حل شوي وي).

enable, v.t. وړ کول، لایقول، توان ورکول.

enact, v.t. عملی کول، جاری کول، چلول، قانونی کول

enactiment, n.

enamel, n. ځلا، مینا، روغنی رنګ.

v.t. مینایی کول، ځلا ور کول.

enamor, enamour, v.t. زړه وړل، مینول، عاشقه را کښل

enamored, adj.

enamoured, adj.

encamp, v.t.i. خیمه وهل، اړون، مېشته کېدل (موقتی).

encampment, n.

encase, incase, v.t. په کڅوړه یا پوښ کې اچول، لفافه کول.

enchain, v.t. په ځنځیر تړل، ښکېلول، زولانه کول.

enchant, v.t. مین کول، زړه وړل، زړه راکښل، مجذوب کول

enchanting, adj. زړه وړونکی.

enchantment, n. لېوالتیا.

enchantress, n. کوډګره ښځه.

encircle, v.t. راچاپېرول، راګېرول، په دایره کې ایښول.

enclose, inclose, v.t. بندول، ایسارول، په پاکټ کې اچول، راچاپېرول.

enclosure, inclosur, n. چاپېریال، محوطه، حصار، د کې کی چوکاټ، ضمیمه (د لیک).

encomium, n. ستاینه، صفت، مدح.

encompass, v.t راچاپېرول، کرښه پر را ګرځول، په بر کې اچول.

encore, interj. بیا، بیا، دوهمه پلا، بل ځل، دوهم ځل ویلو او تکرارولو غوښتنه لکه (د بدلی یا شعر).

v.t. بیا غوښتل، دوهم ځل لپاره غوښتل، د تکرار غوښتنه کول

encounter, v.t.i مقابله کول؛ جنګېدل؛ مخامخ کېدل.

n. مقابله، جګړه؛ مخامخ کېدنه؛ مخالفت.

encourage, v.t. تشویقول، زړور کول؛ حوصله ور کول (ته)؛ ټینګول، پخول.

encouragement, n.

encroach, v.i. ورو ورو لاندې کول یا نیول؛ تېری پر کول

encroachment, n. تېری؛ لاندې کول؛ ناوړه استفاده.

encrust, incrust, v.t. استرور کول، مخ ور کول، پوښ ور کول، قشر ور کول.

encumber, v.t. درنول؛ له کار نه پاتو یه غورځول، ستنول؛ سر باری اچول (پر).

encyclical, adj. عمومی، متحد المال لیک، د ډېرو خلکو او ځایو ته استول شوی، ګرځند، لاس په لاس ګرځېدونکی؛ د پاپ لیک چه د کلیسا مشرانو ته استول شوی وی.

encyclopedia, encyclopaedia, n. دایرة المعارف، هغه اثر چه د پوهی مختلفی څانګې څېړی

encyclopedic- paedic, adj. د دایرة المعارف؛ عمومی او مجمل (لکه معلومات)

end, n. پای، حد؛ مې پنه وروستی ټوټه؛ څوکه؛ هدف؛ نتیجه لنهه؛ په څېنو لوبو کې هغه سړی چه په وروستی لیکه دریږی.

v.t.i. پای ته رسول، ترسره کول، سر ته رسول، خلاصول؛ پای ته رسېدل، خلاصېدل؛ په اخیر کې پېښول. یا پېښېدل

endanger, v.t. په خطر کې اچول، په بلا ککړول.

endear, v.t. گرانول، زړه ته نژدی کول.

endearment, n. گرانښت، نازولتوب: مینه.

endeavor, endeavour, v.i. & n. هڅه کول، زیار ایستل، کوښښ کول.

n. هڅه، کوښش، زیار، هاند.

ending, n. نتیجه، پای؛ مې پنه.

endless, adj. بی پایه، بی پایانه، بې سره او بې پایه، بې حده، تل تر تله.

endlessly, adv.

endorse, indorse, v.t. پر شا لاسلیك کول (لکه د کاغذ یا چك): تصدیقول.

endorsement, indorsement, n. لاس لیك (د کاغذ پر شا): تصدیق.

endow, v.t. بښنل (بښل)؛ سمبالول، چمتو کول، توښه ور برابرول.

endowment, n. بښنه، عطا، ورکړه (خدایی).

endue, indue, v.t. څښتن کول، ور کول، بښل؛ واك ور کول.

endurance, n. زغم، گالنه، سیبونه، طاقت، توان، بو ځوالی (په درد او غم کې).

endure, v.i. & v.t. زغمل، گالل، سیبول، تاب راوړل.

endurable, adj. د زغملو وړ، گالل کېدو نکی.

endways, endwise, adv. په څیڅو، په لکی، په اوږدو، سر په سر، لکی په لکی.

enemy, n. دښمن، غلیم، مېږ څی.

energetic, adj. پیاوړی، تکړه، ځښتلی، قوی.

energetically, adv. په پیاوړتوب، په ځښتلتوب، په قوت، جدی.

energize, v.t. پیاوړی کول، ځښتلی کول، قوت ورکول.

energy, n. انرجی، قوت، شېمه، دمه، توان؛ په فزیك کې د کار د کولو وړ والی.

enervate, v.t. کمزوری کول (د اعصابو، قوت، جرات)، اخلاقاً کمزوری کول، له عقله ایستل، بې سده کول، بی حاله کول، ستول.

enfeeble, v.t. کمزوری کول، نا توانه کول، ضعیفول.

enfold, infold, v.t. نغاړل، په غېږ کې نیول، پیچل.

enforce, v.t. اداء ایستل، اداء کول: جاری کول، چلول، دود کول (لکه قانون)؛ تحمیل کول.

enforceable, adj.

enforcement, n.

enfranchise, v.t. خپلواکول، ازادول (لکه مری): جاری کېدل، د هم جاری په حیث منل، د رای حق ور کول.

enfranchisement, n.

engage, v.t. لگیا کول ، بوختول؛ په جنگ کې ګیرول؛ په نامه کول (نامزد کول) ؛ نیول، ګومارل، استخدامول، په ماشین کې سره نښل (لکه پرزې) .

v.i. لګیا کېدل ، مشغولېدل؛ ایسارېدل (په جنګ کې).

engagement, n. : کوژده ، نامزدي ، نیونه ، استخدام ، ګومارنه؛ نښته (لکه د لښکرو)؛ لوز ، وعده (لکه د لېدلو) ؛ مشغولا ، مصروفیت .

engaging, adj. ، په زړه پورې ، خوږ ، مشغولوونکی ، لګیا کوونکی ، راکښوونکی ، جالب ، جاذب .

engender, v.t. ، روزل ، ودې ور کول ؛ زېږول؛ کرل ، کښېنول؛ راوړل (لکه وله چه مېوه راوړي) .

engine, n. انجن ، هر هغه آله چه له ډېرو برزو هغه جوړه وي او کار ور هغه اخیستل کېږي ، په تېره چه د مغې د چلولو لپاره د برېښنا ، تېلو او سکرو هغه کار اخیستل کېږي .

engineer, n. د انجن چلوونکی ، انجنیر ، مهندس ، د انجن طرح کوونکی او جوړوونکی .

v.t. اداره کول، چلول، په کار اچول (لکه ماشین).

engineering, n. د انجنیرۍ ، د طبیعي منابعو د ښوونې چه د انسان په ګټه تمام شي؛ د ماشینو پلوا وسې کو جوړونه او نقشه کښي .

English, adj. انګرېز (سړی) ، انګرېزي (ژبه)

n. انګرېز ؛ انګلیسي ژبه

engraft, ingraft, v.t. پیوندول ، سره لګول ، سره ورو ستل، کوشېرول ، داخلول .

engrave, v.t. ، (لکه د مهر) ، کېندل حك کول ، توږل .

engraver, n. ، کېندونکی، توږوونکی ، مهرجوړوونکی .

engraving, n. ، حکاکي، کېندنه، توږنه ، مهرجوړونه .

engross, v.t. په غټ او مشقي خط لیکل؛ په حقوقي او قضایي بڼه هر ګند ول ؛ راکښل ، راجلبول ، جلبول ، اړول (لکه توجه)؛ انحصارول، استهلاك كول .

engulf, ingulf v.t. ، را چاپېرول، راایسارول : ډوبول ، په کرغوبي کې ګېرول ، کې ایستل ، غوټه کول .

enhance, v.t. پیه جګول، پورته کول لوړول، قدرمن کول، ګرانول (شدید کول)

enhancement, n.

enigma, n. . کېسې ، دوړې ، معما .

enigmatic, adj. ګران ، نښتي ، پېچلي ، معما ډوله ، په مشکله حل کېدونکی ، مبهم ، تياره

enigmatical, adj.

enjoin, v.t. ؛ سپارښت کول ، امر کول منع کول ؛ لاره هوده کول ؛ تحمیلول .

enjoy, v.t. ، خوښي کول؛ خوند اخیستل مزې کول، حظ اخیستل .

enjoyable, adj.

enjoyment, n مزې ، چړ چې ، ساتیري .

enkindle. v.t.i. لګول ، روښانول ، اور ورته کول ، بلول : و پښول ، پاڅول ، پارول .

enlarge, v.t.i. ، لو یول ، الارجول ، ارتول ، پراخول .

enlargement, n لو یوالی ، ارتوالی ، پراخوالی .

enlighten, v.t. ، روښانول ، رڼول ، منورکول (ذهناً) : پوهول ، پوهاوی ورکول ، ویښول ، خبرول .

enlightenment, n. روښانوالی : پوهوالی ، خبرتیا ، ذهنی تنویر .

enlist, v.t.i. په لست کې لیکل : لښکري خدمت ته را بلل : مرسته جلبول یا حاصلول طرفدار کول .

enlistment, n. په لست کې لیکوالی ، لښکري خدمت ته را بلنه .

enliven, v.t. ، ژوندی کول ، ویښول ، ژوندورکول .

enmity, n.. دښمني ، بدي ، بد نیتي .

ennoble, v.t. شریف کول ، د اشرافیت درجې ته رسول ، لوړول .

ennui, n. ، ستوماني ، زړه وهل کېدنه ، بېزاري ، بې خوندي ، بې مزې توب .

enormity, n. ، لویوالی ، لوی فساد ، لویه او ستره بلا .

enormous, adj. ستر ، لوی ، غټ .

enough, adj. & adv. بس ، کافي ، بسیا کوونکی ، په کافي توګه ، په پوره ډول .

n. بسیا .

enquire, inquire, v.t.i. ، پوښتنه کول ، پوښتل ، پلټل .

enquiry, n. ، پوښتنه ، پلټنه ، تفتیش ، څېړنه .

enrage, v.t. قارول ، په غضب راوستل .

enrapture. v.t. خوشالول ، په خوشالۍ راوستل .

enrich, v.t. ، دولتمند کول ، بډای کول ، سینګارول ، غني کول .

enrichment, n.

enroll, enrol, v.t.i. ، شاملول ، په لست کې لیکل : لښکري خدمت ته جلبول .

enrollment, enrolment, n.

enscone, v.t. ، پټول ، پټول ، سیب ته کول ، خوندي کول ، ځښول : خوندي کېدل : ځان ځایول .

ensemble, n. ، ټوله ، دسته : وساز یا نوډله ، انسامبل : هغه جامې چه پوره ټوله سره په یو ځای اغوستل کیږي .

enshrine, v.t. ، زیارت یا لدی جوړول ، په مقبره کې ایښودل ، درناوی کول ، تقدیسول ، لمانځل .

enshroud, v.t. ، پټول : په کفن (کفن) کې نغښتل .

ensign, n. بیرغ : (امر) د بحري قواو ترټولو ټیټ افسر

ensilage, n. په سیلو کې د شنو واښو ایښودنه ، پیده .

enslave, v.t. غلامول ، مریي کول ، اسیرول .

enslavement, n.

ensnare, insnare, v.t. په لومه کې ايستل، ګيرول، په لومه کې اچول.

ensue, v.t. په نتيجه کې پېښېدل، منتج کېدل، په اخير کې راتلل.

ensure, v.t. ډاډه کول، ډاډ ورکول، ذمه وهل، په غاړه اخيستل، بيمه کول.

entail, v.t (حق) د تر کې تر وېشلو دمخه د هغې وقفول، له اصلي ميراثخور څخه سلبول؛ په غېږ کې اچول، متضمن کېدل؛ منتج کېدل.

entangle, v.t. اچول، ګيرول، ايسارول، سره تاوول، مغلق کول.

entanglement, n.

entente, n. سره يو هوډ نه، خوښه، موافقه، تړون، مفاهمه.

enter, v.t.i. ننوتل؛ پيل کول، برېد کول؛ برخه اخيستل، ګډول؛ ثبتول، لار پکښې کول؛ محکمې ته وړاندې کول؛ پښه ايښودل، داخلېدل.

enterprise, n. نښت، دستګاه، پروژه، په تېره هغه چه لوی بنا کېږي، پاکل (د نوو پروژو د پنسټ ايښودلو).

enterprising, adj. زړور، قوي، هڅاند، بې باکه، متهور.

entertain, v.t. مېلمه کول، بلل، فکرته راوستل، په فکر کې ګرځول، ذهن کې ګرځول؛ خوشالول، ساتېري ورکول.

entertainer, n. کوربه، ساتېرونکی.

entertainment, n. ساتېری، مېلمستيا.

enthrall, enthral, v.t. غلامول، مريي کول، تر دم لاندې ايستل، مسحور کول، مجذوب کول.

enthrone, v.t. پر تخت کښېنول.

enthusiasm, n. شوق او ذوق، لېونتيا، علاقه، وجد، لېوالتيا.

enthusiast, n. لېوال، شوقمن.

enthusiastic, adj.

enthusiastically, adv. په لېوالتيا، په شوق.

entice, v.t. اغوا کول، غلطول، تطميع کول؛ پارول.

enticement, n. په لومه کې اچونه، غولونه، تېرايستنه.

entire, adj. ټوله، واړه، درست، ګرد، غونډ؛ پوره، بشپړه.

entirely, adv. په بشپړه توګه، په پوره ډول، له هر پلوه.

entirety, n. بشپړتوب، پوره والی، کليت، ټول، مجموعه.

entitle, v.t. نومول، بلل، يادول، لقب ورکول، مناسب بلل، لايق بلل، ور کېدل، مستحق کېدل؛ بخښل، عطا کول، ورکول.

entity, n. هستي، شته والی، ماهيت، څرنګوالی، اصل، وجود؛ موجود؛ واقعيت.

entomb, v.t.: په ګور کې ايښول؛ ښخول.

entombment, n.

entomology, n. حشره پېژندنه، د حشرو د څېړنې علم.

entomological, adj. د حشره پېژندنې

entamologist, n. حشره پېژندونکی

entourage, n. پیروان ، ملګري .

entrails, n. pl. کولمې ، د نس د ننه اجزا .

entrance, n. ننوتلی ، سر پره ، پیل ؛ د ننوتلو اجازه .

entrance, v.t. را کښل (لکه په خوب ژ به) ، خوشالول ؛ مسحور کول

entrant, n. ننوتونکی

entrap, v.t. په لومه کې اچول، ګېرول ، نیول ، ایسارول .

entreat, v.t.i. غوښتل (له) ، زاری کول (له) ننواتې کول .

entreaty, n. ننواتې ، زاری .

entree, n. د ننوتلو لار ، د ننوتلو حق : هغه سالن یا سپک خوراک چه تر اصلي ډوډۍ د مخه او یا د هغې په منځ کې خوړل کیږي ؛ قلم ، فقره ، ماده .

entrench, intrench, v.t.i. کنده تر ې را چاپېرول ، خندق ترې را ګرځول ، مورچل جوړول ؛ تېری کول .

entrenchment, n خندق ، کنده .

entrepreneur, n. تشبث کوونکی ، معامله کوونکی (تاجر) بنسټ ایښودونکی ، اصلي مؤسس او چلوونکی (لکه د یوې پروژې) ، مسؤل آمر .

entrust, intrust, v.t. ور سپارل ، ور په لاس کول ، ور له غاړې کول ، داړ ور کول ، ور پر پښول .

entry, n. د ننوتلو لار ، د ننوتلو اجازه ، ګډون کوونه (لکه په لوبو او مسابقو کې) ننوتنه ، داخلېدنه (لکه په لست کې) . (حق) ذو الید کېدنه

entwine, v.t.i. پېچل ، نغاړل ، تاوول .

enumerate, v.t شمېرل ، ګڼل ، یو یو شمېرل ، دانه دانه ګڼل .

enumeration, n. شمېرنه ، ګڼنه ، شمېر .

enunciate, v.t.i. په څرګنده ډول ښکاره کول ، پېرده ویل ، جوتول ، په ډاګه پېلي ویل ، اعلامول .

enunciation, n. څرګندونه ، اعلامونه ، جوتونه ، څرګندونې

envelop, v.t. پوښل ، نغاړل ، پېچل ، تاوول .

envelopment, n.

envelope, n. کڅوړه ، پاکټ ، جیب .

envenom, v.t په زهرو لړل ، زهر ناک کول ، مرچکی کول ، قارول ، ترخول .

enviable, adj. د رخې وړ ، د حسد وړ .

envious, adj. کستمن ، رخه ناک ، بې پېرزوېنې ، حاسد .

enviously, adv. په رخه ، د حسد له مخې .

environment, n. چاپېریال ، محیط .

environs, n.p. چارچاپېر (سیمې) ، شاوخوا (شا یو له) ګرد و ګوټه (خواوې) اطراف ، حوس .

envoy, n. استازی ، ایلچی ، څری ، سیاسي نماینده .

envy, n. رخه ، حسد .

v.t. رخه کول ، حسد وړل ، بخل کول ، له لودول .

enzyme, enzym, n. انزایم ، هغه عضوي ماده چه په حیواناتو او نباتاتو کې کیمیاوي بدلون ګړندی کوي (لکه د خوړو په هضمولو کې) .

eon, n. د aeon بله بڼه .

epaulet, epaulette, n. رشمه ، پڅاره ، چپړه چه د افسرانو په اوږو ځړول شوي وي .

ephemeral, adj. لږه موده ژوندی ، د لږ عمر ، د لنډې مودې ، د یوې ورځې ، فاني .

epic, n. جنګي یوللې یا حماسه ، رزمي شعر .

epicure, n. اپیکور یا نورته ورته سړی ، په ژوندانه کې د خوندا و چړچو طرفدار ، د عیش او چړچو د لارو چارو پوه یا ماهر .

epidemic, adj. ساري ، هغه ناروغي چه له یوه ځایه بل ته سرایت کوي .

epidermis, n. د پوټکي یا بدني طبقه .

epidermal, adj.

epiglottis, n. ورېږ ، کمکۍ ژبه ، د تنفس لارې هغه پرده چه د تېرولو (بلعې) په وخت کې د چه مرۍ بندوي .

epigram, n. لېشناکه خبره ، لنډه خبره ، نکته ، لطیفه

epigramatic, adj,

epilepsy, n. عصبي ناروغي (میرګي) ، سېږدی (صرع) .

epileptic, adj.

epilogue, epilog, n. وینا ، نطق ، لنډ شعر یا پای کې چه وروسته له ډرام څخه یې لوبغاړي ننداره چیانو ته وایي .

episcopacy, n. د پادریانو ټولنه ، د کلیسا حکومتي تشکیلات ؛

episcopal, adj. د پادري ، یا د پادریانو ته منسوب ، د پادري یا د پادریانو د حکومت .

Episcopalian, n. د پروټسټانټ کلیسا ته منسوب .

episode, n. ضمني پېښه ، پېښه ، په ژوندانه کې یو لې داسې پېښې چه له نورو بېلې وي ، له هغو نه یوه ټکې پېښې

epistle, n. لیک ، مکتوب ، رساله .

epistolary, adj.

epitaph, n. کتیبه ، د ګور لیک ، لیک لرونکې شناخته یا تیږه .

epithet, n. صفت ، لقب ، ستاینه .

epitome, n. لنډیز ، خلاصه .

epitomize, v.t. لنډول ، په لنډه توګه ویل ، لنډ کنډه ویل .

epoch, n. دوره ، عصر ، زمانه .

epochal, adj.

equable, adj. برابر ، هوار ، متوازن ، متعادل ، اېلول .

equability, n.

equal, adj. برابر ، مساوي ، یو رنګه ، په تله برابر ، ورته ، مناسب : جوګه (د کار لپاره): اېلول ، همرداني .

equality, n. برابري ، مساوات ، یو شانته والی .

equally, adv. په برابر ، توګه ، په مساوي ډول ، یو شانته .

equalize, v.t. برابرول ، مساوي کول ، یو شانته کول .

equalization, n. برابرونه ، تساوي .

equalizer, n.

equanimity, n. هم فکري ، د زړه ورتیا ، د فکر لوړی والی ، ذهني یا اخلاقي برابري ؛

equation, n. معادله، موازنه، په شمېر کې د معادلې د دواړو خواوو برابري چه دا نښه (=) یې په منځ کې وي

equator, n. د استوا کرښه، یوه فرضي لیکه چه د ځمکې د کرې په وچ منځ را څرخېدلې او ځمکه یې په دوو شمالي او سهیلي برخو وېشلې ده.

equatorial, adj. استوايي

equestrian, adj د اس د سپرلۍ، د اس د ساتنې، اس ته منسوب: سپور.

n. سپور، هغه سړی چه پر اس سپرلي کوي.

equidistant, adj. په فاصله کې سره برابر، متساوي الفاصله، په برابره کچه سره برابر.

equilateral, adj. متساوي الاضلاع، په ضلعو کې سره برابر.

equilibrium,n. انډول توب، توازن، تعادل.

equinox, n. د شپې او ورځې د برابرۍ وخت، هغه مهال چه د لمر مرکز د استوا له کرښې تېرېږي او هر چېرته شپه او ورځ د لنډوالي او اوږدوالي له پلوه سره برابرې وي.

equinoctial, adj.

equip, v.t. سمبالول (لکه په وسله)، چمتو کول، مجهز کول.

equipage, n. ځوري، توښه، سامان او لوښي: بدرګه: ورا.

equipment, n. سامان، سمبالېدنه: سمبالونه، اسباب.

equipoise, n. انډول توب: برابروالی، توازن، تعادل.

equitable, adj. په ځای، عادلانه، انصافي.

equity, n. انصاف، عدل: طبیعي حق: اخلاقي عدالت چه قانون د هغه ایمګړی ښکاره نه وي: د عدل روح چه موږ ته د قانون د هغه د سم تعبیر قدرت را کوي.

equivalent, dj. معادل، برابر، ورته، کټ مټ، یو ډول، مترادف.

equivocal, adj. دوه اړخیزه خبره: بې اعتباره، شکي، مشکوک، مبهم او ټت (لکه خبره).

equivocate, v.i. په مبهم او ټت ډول خبرې کول، ژوو اې خبرې کول: دوه اړخ ویل.

equivocation, n.

era, n. عصر، زمانه، دوره، مهال: د تاریخ مبدا.

eradicate, v.t. ولی (ولیی) ایستل، بېخ ایستل، د ریښې ایستل، نابودول، ورکول.

erase, v.t. پاکول، پېچوول، توږل.

eraser, n. پاکوونکی، توږونکی، تخته پاک: پنسل پاک:

erasure, n.

ere, prep. & conj. پخوا، ړومبی، مخکې.

erect, adj. نېغ، لک، درېدلی، ولاړ.

v.t. جوړول، آبادول: نېغول، نېغ درول، لګول: درول.

erection, n. ودانی: درونه.

eremite, n ګوښه ګیر (اصط) ، ځیله کښ ، زاهد .

ermine, n. یو قطبي ژوی چه په اوړي کښې خړ او په ژمي کښې سپین پوستکی لري : د همدې ژوي پوستکی : قضا (د قاضي وظیفه یا مسند) .

erode, v.t. کنده کول ، خوړل (لکه سیند یا سیند چه غاړې خوري) ، توږل احتکال ، رژول .

erosion, n د توږلو عملیه ، د احتکال عمل .

erotic, adj. جنسي ، عشقي .

n. عشقي شعر ، غزل .

err, v.i. غلطېدل ، خطا کېدل ، تېروتل ګناه کول .

errand, n. رسالت ، ماموریت ، خدمتي مسافرت ، دوره ، لنډ سفر په تېره چه د بل چا د کار د کولو په لحاظ وشي ؛ دنده ، چار .

errant, adj غولېدونکی ، خطا کېدونکی ، تېروېدونکی ، لار ورکوونکی ، دربدر ، سرګردان .

erratic, adj. په ځان کښې ورک ، عجیب ، سرګوټه ، سرګردان ، لاولی ، بده ، نامعقول

erroneous, adj. غلط ، بې ځایه ، کوږ .

erroneously, adv. په غلطه ، په کږه (توګه ، لهجه) .

error, n. غلطي ، خطا ، تېروتنه ، ګناه ، جرم .

erst, adv. پخوا ، دومبی ، په تېر وخت کښې

erstwhile, adv پخوا ، پخوا له دې مخکښې دومبی .

adj. دومبنی ، پخوانی .

erudition, n. زده کړه ، پوهېدنه ، پوهه .

erudite, adj. پوه ، زده کړی .

eruption, n. راخوټېدنه ، داړي وهنه ، په زور راوتنه (لکه د چینې یا د اور غورځوونکي غره لوخړې او مایع مواد) ؛ راوتېدنه ، راماتېدنه ؛ پارېدنه ؛ د پوټکي په سر دانو یا دانو پیدا کېدنه

eruptive, adi

erysipelas, n. سره مخه (یو ډول التهابي ناروغتیا چه پر پوستکي سرې دانې راخېژوي) .

escalator, n. برقي خوځېدونکی زینه .

escapade, n. تېښته (له کار څخه) ، لګښتي یا لېونکتي اچونه ؛ ګډګېی

escape, v.i. تښتېدل ، بچ کېدل ، وتل (لکه خبره د خولې نه) .

v.t. ځان بچول ، تښتنه کول ، تېرول ، تېرایستل .

n. تښتنه ، وتنه .

eschew, v.t. ځان ساتل ، ډډه کول ، غاړه غړول .

escort, n. بدرګه ، ورا ، ملګرتیا ، چلوکوونکی .

v.t. بدرګه کول ، ملګرتیا کول .

escutcheon, n. مخه د ال چه د یوې کورنۍ د ویاړ نښانونه ولري .

esophagus, oesophagus, n. مرۍ .

esoteric, adj. سري ، پټ ، محرمانه : راز

especial, adj. خصوصي ، مخصوص ، ځانګړی .

especially, adv. په تېره ، خصوصاً .

espionage, n. جاسوسي.

espousal, n. د واده دود او دستور.

espouse, v.t. ودول، واده کول (سره): ننګه کول.

esprit, n. ژوند، تابندوالي، تازه ګي، ځيرک توب.

espy, v.t. تر سترګو کېدل، پيدا کول، ليدل.

esquire, n. دا انګلستان په لقبونو کي تر knight ښکته يو لقب.

essay, v.t. زيار ايستل، کوښښ کول، هڅه کول.

essay, n. هڅه، کوښښ: مقاله، مضمون.

essayist, n. مقاله ليکونکی

essence, n. جوهر، ټومنه، اصل، طبيعت: وږم، عطر.

essential, adj. ضروري، اصلي، اساسي.

essentially, adv. د ضرورت په ډول، اساساً، له آره.

establish, v.t. ټينګول، ځای په ځای کول، ور په برخه کول: جوړول، تأسيس کول: منل (پر): ځان ګڼل. لاس بوري کول: ميشته کول (ځان يا بل).

establishment, n. تأسيس: مؤسسه، د استوګنی او شغل ځای

estate, n. رتبه: حالت: شته، جايداد، دولت، ملکيت په تېره د ځمکي: طبقه:

esteem, v.t. په درنه سترګه کتل، قدر کول، ښاغلی ګڼل، د ملګر ګيا په نظر کتل، نازول.

n. درناوی، قدر، احترام، مينه.

ester, n. ايستر (هغه کيمياوي مواد چه د شحمي تېزابونو او الکولو له يو ځای کېدو څخه په لاس راځي).

esthete, esthetic, بله بڼه د aesthetic

estimable, adj. د درناوي وړ، قدرمن، نازولی.

estimate, v.t. اټکلول، تخمينول: ارزښت ټاکل: برآورد کول: قضاوت کول (پر). n. نظريه: اټکل: قضاوت: براورد.

estimation, n. اټکلونه: برآورد: د منني نظريه، نظر قدرداري، ننګه، لمانځنه، ستاينه.

estrange, v.t. ښکول، لري کول، پردی کول، شړل، زړه کول.

estrangement, n.

estuary, n. د بحر هغه برخه چه د سيند په خوله کي ننوتي وي او کوچني خليج جوړوي.

etch, v.t. توږل، کيندل، خوړل (لکه هغه انځور چه په دتيزابو د توبو لو په اثر په فلز يا ښيښه کي کيندل کيږي)، کړول.

etcher, n. کيندونکی، حکاک

etching, n. د کيندني يا حکاکي عمليه، کيندل شوی يا حک شوی انځور، کړونه

eternal, adj. تل پاتېدونکی، ابدي

eternally, adv. په ابدي ډول، د تل دپاره، تل تر تله.

eternity, n. ابديت، پايښت، بقا.

ether, n. ايتر، د فضا لوړه برخه، هغه فرضي د غاز عنصر چه دا سيمي ډکوي: ايتر (بې سېکه او داخېستونکی مايع چه په جراحي کي د ناروغ د بې حسه کولو دپاره استعماليږي).

ethereal, adj. اثيري، دهسك، سپك، هوايي.

ethical, adj. اخلاقي؛ سم، درست، مناسب، وړ.

ethics, n. د اخلاقو علم؛ اخلاقي قوانين.

ethnology, n. توكم پېژندنه، نژاد پېژندنه، هغه علم چه د انسان اصل، توكم او خصوصيتونه څېړي.

ethnological, adj. د توكم پېژندنې

ethnologist, n. توكم پېژندونكى

etiquette, n. دود، دستور، اداب، تعارف، رسم او رواج.

etude, n. (مو) هغه كمپوزچه د ساز د ښوونكو د روزلو د پاره جوړ شوې وي.

etymology, n. د اشتقاق علم، هغه علم چه د لغاتو ريښې څېړي.

etymological, adj. د اشتقاق

etymologist, n. ريښې څېړونكى

Eucharist, n. (ن) د خداى مهلستيا، د شكر يې او لمانځنې ورځ چه ډوډۍ او شراب په كې خوري.

eucharistic, adj.

euchre, n. د پتو يو ډول لوبه

eugenics, n. هغه علم چه د انسان د نسل اصلاح كول څېړي.

eugenic, adj.

eulogy, n. ستاينه، داسې وينا چه د چا وستاينې په غرض شوې وي.

eulogistic, adj.

eulogize, v.t.

eunuch, n. خصي، شنډ شوى سړى.

euphemism, n. د فصاحت او بلاغت د فن هغه برخه چه د بدې او ترخې لفظ په ځاى د ښاسته او خواږه لفظ د استعمال لاره ښيي، حسن تعبير، ښه تعبير.

euphony, n. د ږغ خوږ والى، د ږغ پوستوالى، د ږغ زړه راكښنه، په خوږ بانديې د ږغ چه اغېزه.

European, adj. اروپايي، د يوروپ.

n. اروپايي سړى، د يوروپ اوسېدونكى.

evacuate, v.t. تشول، تخليه كول، لرې كول، بې ځايه كول؛ په ځا كېدل.

v.i. وتل

evacuation, n. تشونه، تخليه، پرېښودنه.

evade, v.t.i. تېښتېدل، تېښته كول (له)، (اصط) ځان تېرول، تېرا يستل، غولول.

evaluate, v.t. ارزښت ټاكل، بيه ټاكاره كول.

evaluation, n. ارزښت ټاكنه، بيه ټاكاره كونه، ارزښ موندنه.

evanescent, adj. ورككېدونكى، تښت كېدونكى، زرتېرېدونكى، بې دوامه بې پايښته.

evanescence, n. بې دوامتوب، بې پايښتوب.

evangelical, adj. د انجيل، د پروتستانټ د كليسا، د پروتستانټ هغې ډلې ته منسوب چه عيني اساسات د خواږ پولو د تعليم اساسي مركز گڼي.

evangelist, n. د انجيل ليكونكى، خطيب

evaporate, v.i. بړاس کېدل ، بخار کېدل ، الوتل .

v.t. په بړاس بدلول ، لندبل وچول (د تودوخې په ذریعه) .

evaporation, n. په بړاس بدلېدنه ، تبخیر .

evaporator, n.

evasion, n. تېښته ، ځان بچونه ، ټالېده ځړونه (په چل ول) .

evasive, adj. ځولوونکی ، تېرایستونکی

eve, n. ماښام ، هغه ورځ یا شپه چه د یوې مهمې پېښې مقدمه وي (لکه د اخترشپه) .

even, adj. برابر ، منظم ، سم ، پوشان ، تیار له؟ ، د انصاف له مخې : خلاص په خلاص ، سر په خلاص ، خپل حق ته رسېدلی ، جوړه ، جفت ، جې (چه په دوو وېشل کېدای شي) ، بشپړ ، پوره ، ټیک .

evenly, adv. په برابره توګه ، په منظم ډول ، په پوشان .

evenness, n. برابروالی ، تنظیم ، پوشانته والی .

evening, n. ماښام .

event, n. پېښه ، واقعه ، حادثه ، نتیجه ، په صورتي لوبو کې شرط اېښوونه

eventful, adj له پېښو ډک ، له حادثو ډک ، مهم .

eventide, n. ماښام ، شپه .

eventual, adj. وروستی ، اخیری ، نتیجوي .

eventually, adv. په پای کې ، په نتیجه کې .

ever, adv. تل ، هر کله ، د تل لپاره ، همیشه ، کله .

evergreen, adj. تل زرغون ، تل شین (لکه ځینې ونې) تل زرغونه ونه .

everlasting, adj. تل پایدونکی ، ابدي ، ټینګ .

n. پایښت ، ابدي ، ټینګتیا .

everlastingly, adv. په ابدي توګه ، د تل لپاره .

evermore, adv. تل ، د تل لپاره .

every, adj. هر ، هر یو

everybody, pron. هر څوک ، هر سړی ، هر یو .

everyday, adj. هره ورځ ، د هرې ورځې ، ورځنی .

everyone, pron. هر څوک ، هر یو .

everything, pron. هر شی ، واړه ، ټول .

everywhere, adv. هر چېرته ، په هر ځای کې .

evict, v.t. شړل ، بې برخې کول ، لاس لنډول .

n.

evidence, n. نښه ، بېلګه ، شاهد ، ثبوت ، ښوودونکی (شی) .

evident, adj. ښکاره ، څرګند ، روڼ .

evidently, adv. په ښکاره ، په څرګند ډول ، واضحاً .

evil, adj. ناوړه ، بد ، خراب ، زیانمن .

evildoer, n بدکار ، شریر ، شیطان

evince, v.t. ښوودل ، ښکاره کول ، څرګندول .

evoke, v.t. پارول: حاضرول، راپلل، راکرښول، ستنول.

evolution, n. تدریجی تکامل، هغه نظر په چه وایی حیوانات په تدریج سره د ساده شکل څخه تکامل کړی دی.

evolutionary, adj. تکاملی نظریې ته منسوب.

evolutionist, n. د تکامل د نظریې طرفدار

evolve, v.t.i. په تدریجی توګه تکامل کول، د ساده څخه مرکب خوا ته تلل: جوړېدل، روښانېدل، منځ ته راتلل، راوتل.

ewe, n. مېږه.

ewer, n. چکک، صراحی

exact, adj. درست، صحیح، بشپړ، په ځای، دقیق.

exactly, adv. پوره، کټ مټ.

exactness, n. صحیحوالی، درستوالی.

exact, v.t. اخذ کول (لکه د پور پیسکی ته)، په زور غوښتل، حصولول.

exacter, n.

exacting, adj.

exaction, n.

exactitude, n. کره والی، صحیحوالی، درستوالی، سموالی.

exaggerate, v.t. لوړول، غټول، اغراق کول، مبالغه کول.

exaggeration, n. مبالغه، اغراق، په خبرو کی زیاتی.

exalt, v.t. لوړول، درنول، ستایل، سرلوړول، سرلوړی کول، لمانځل

exaltation, n. سرلوړی، درناوی، ستاینه.

examine, v.t. ازمویل، څرګندول، پلټل، (اصطل) تلل: پوښتل

examination, n. ازموینه، امتحان، پلټنه.

examiner, n. ازموونکی، ممتحن، پلټونکی.

example, n. مثال، نمونه، عبرت.

exasperate, v.t. پارول، پخول، غصول، غونی ژیړول

exasperation, n. پارونه، پخونه، غونی ژیړونه

excavate, v.t. حفر کول، کیندل، سمڅ جوړول، کوک کول، کیندل او ایستل (لکه د خاورې).

excavation, n. کیندنه، راسربېره کول (د پټو شیانو)، حفریات.

excavator, n. کیندونکی، هغه آله یا ماشین چه خاوره و باسی.

exceed, v.t.i. تېرېدل (له حده)، زیاتېدل، تیری کول، وړاندې کېدل

exceeding, adj.

exceedingly, adv. په زیاتېدونکې توګه.

excel, v.t.i. تېرېدل (له حد څخه)، لوړېدل، زیاتوالی لرل: (پر) غوره والی لرل.

excellency, n. غوره والی، ښه والی، زیاتوالی: جلالتمآب.

excellent, adj. غوره، ډېر ښه، عالی، ډېر لوړ.

excellence, n. زیاتی، غوره والی، لوړوالی.

excellently, adv. په غوره توګه ، په ډېره ښه ډول .

excelsior, adj. لا لوړ، لا ښکلی ، لا ښه .

n. توتنی، د تجارتي اوړنده کاري پاټی شوی .

except, v.t. استثنا کول ، پرېښودل ، غورځول .

v.i. مخالف کېدل ، مخالفت څرګندول .

prep. بې له ، چې له ، پرته .

excepting, prep. بې له ، چې له ، غير له .

exception, n. استثنا، مستثنا ، نه منښه ، ايراد .

exceptionable, adj. د استثنا کولو وړ ، د بېلولو او ځانګړي کولو وړ ، د ايراد نيولو وړ ، د اعتراض وړ .

exceptional, adj. استثنايي ، فوق العاده ، بې جوړې ، بې ساری .

exceptionally, adv. په بې سارې توګه .

excerpt, n. اقتباس ، اخيستنه، د يوې ليکنې د ځينو ټکو يا پرېکړو نقلونه .

excess, n. پرېماني ، ډېروالی ، زياتی ، ډېری ، افراط ، شته معنی .

excessive, adj. ډېر زيات ، پرېمانه ، کوټه .

excessively, adv.

exchange, n. بدلون ، اړېښونه ، بدلونه ، تبادله ، معاوضه ، بازار : مرکز (لکه د بدلون): تجارتي راکړه او ورکړه .

v.t.i. راکړه او ورکړه کول ، بدلول ، جنس په جنس تبادله کول .

exchangeable, adj. د بدلولو وړ ، د راکړې او ورکړې وړ .

exchequer, n. خزانه: خزانه داري ، دولتي خزانه ، ماليه .

excise, n. هغه ماليات چه په هېواد کې دننه پر توليداتو او مالونو ايښودل کېږي ، د داخلي تجارت ماليات .

excise, v.t. پرېکول ، بېلول .

excision, n. پرېکونه ، بېلونه

excite, v.t. پارول ، فعال کول ، په ګېږو راوستل ، په هيجان راوستل ، هيجاني کول .

excitability, n. د پارېدلو وړوالی .

excitable, adj. د پارېدلو وړ .

excited, adj. پارېدلی .

excitedly, adv. په هيجاني توګه .

exciting, adj. پاروونکی .

excitement, n. هيجان ، پارېدنه ، تحريک ، قهر ، غضب .

exclaim, v.t.i. چيغې کول ، غورزې کول ، په جګه غږ ويل .

exclamation, n. چيغه ، کريږه ، د تعجب نه ډکه چيغه .

exclamatory, adj. د تعجب ، د حيرانتيا .

exclude, v.t. ايستل ، د باندې پرېښودل ، ردول ، شړل .

exclusion, n. ايستنه ، شړنه ، ردونه .

exclusive, adj. ځانله (د څو کسو د پاره) ، ځانګړی ، انحصار ، اول ، خاص .

exclusively, adv. په ځانګړې توګه ، په خاص ډول ، په ټوله معنی .

exclusiveness, n. ځانله والی ، ځانګړی توب .

excommunicate, v.t. تکفیرول، رټل، شړل، په ټهره له مذهبي مراکزو څخه؛ مردود کول، رټه کول.

excommunication, n. تکفیرونه، رټنه، شړله.

excrement, n. اطراحات په ټهره خولې او نجاست.

excrescence, n. غیر طبیعي وده، مرغټړی، غدود.

excrete, v.t. دفع کول (لکه خولې یا نجاست)؛ اطراح کول، د بادنې اېستل.

excretion, n. اطراح.

excretory, adj. د اطراح.

excruciating, adj. دردناک، ویرناک؛ غمجن.

exculpate, v.t. سپینول، پاکول، له تور او ملامتۍ څخه خلاصول.

excursion. n. تفریحي گرځېدنه، سیر او سیاحت.

excursionist, n. گرځندوی.

excursive, adj. بې ترتیبه، گډوډ، گرځنده، سرگردان؛ منحرف.

excuse, v.t. بښل؛ بانه (بهانه) کول؛ معذورول، خوشې کول، پرېښودل؛ (لکه د وظیفې څخه)؛ حق په جانب گڼل

n. عذر، بښنه؛ بهانه.

excusable, adj. د بښلو وړ.

execrable, adj. کرکجن، ناوړه، مکروه، د دفع کولو وړ.

execrate, v.t. لعنت ویل؛ کرکه کول، بدول.

execration, n. کرکه؛ لعنت وینه.

execute, v.t. بشپړول، سرته رسول، خلاصول؛ اجرا کول؛ اعدامول (د قانون له مخې)؛ جوړول (د پلان یا نقشې له مخې)؛ پرمخ بېول (د پلان له مخې)؛ قانوني کول.

execution, n. اجرا، اعدام، بشپړونه.

executioner, n.

executive, adj. اجرائیه (لکه اجرائیه قوه)، د کړنې، د بشپړې تیا

n. د حکومت اجرائیه څانگه؛ د اجرائیې مشر یا چاله.

executor, n. وصي، هغه سړی چه د مړي د پاتې شونو واک لري.

exegesis, n. تفسیر، شرح، په ټهره بیا د آسماني کتابو.

exemplary, adj. د مثال، نمونه یي، د عبرت، یادگاري.

exemplify, v.t. مثال ورکول، د مثال په واسطه تشریح کول.

exemplification, n.

exempt, adj. بښلی، معاف، خلاص (لکه د مالیاتو د ورکړې څخه).

v.t. بښل، معافول؛ خلاصول.

exemption, n

exercise, n. مشق، تمرین، کار اخیستنه؛ روزنه په ټهره بدني؛ تکرار (درسي).

pl. د بیابیو او بدلو پروگرام.

v.t.i. روزل؛ کار اخیستل (څخه)؛ مشق او تمرین کول.

exert, v.t. اچول (لکه زور)، لگول، په کار وړل، وادرول، اجرا کول، هڅکاره کول.

exertion, n.

exhale, v.t.i. ساه ایستل، هوا له خولې ایستل، بوی ورکول، وړمه تلل (له).
v.i. ساه وتل، هوا له خولې وتل، بوی وتل.

exhalation, n.

exhaust, v.t. تشول، خالي کول (لکه بوتل له هوا څخه)؛ لګول، مصرف کول؛ ستړی کول، ستومانه کول، له کاره غورځول؛ خرڅ کول.
n. د انجن څخه نل یا لوله چه بخار یالوګی تری وځی.

exhaustion, n. ستومانتیا، ستړیا، ستولزه.

exhaustive, adj. پوره، بشپړ، حاوي، داسې چه ټول امکانات په غېږ کې ونیسي، جامع.

exhibit, v.t. ښودل، څرګندول (لکه خوشالي)؛ (حق) محکمې ته وړاندې کول، دعوا صحیح کول، مدرک.
n. ننداړتون؛ (طب) تداوي.

exhibition, n. ننداړتون.

exhibitor, n. ښوونکی، څرګندوونکی.

exhilarate, v.t. خوشالول، زړور کول، ژوندی کول، ساور کول.

exhilaration, n. خوشالونه.

exhort, v.t.i. اړ کول؛ تشویقول، سلاور کول.

exhortation, n. اړایستنه؛ تشویق، خبره، سلا؛ نصیحت.

exhume, v.t. راښکاره کول (لکه د قبر څخه)، راایستل، راسپړل، افشا کول.

exhumation, n. راایستنه، راکښنه.

exigency, n. اړتیا، سخت ضرورت، تنګسه.

exigent, adj. ضروري، اړایستونکی، د بیړې کار، اضطراري حالت.

exile, n. تبعید، شړونه، پردیسي، فراري، شړل شوی.
v.t. فرارول، شړل.

exist, v.i. وجود درلودل، ژوند کول، پایښت درلودل.

existence, n. موجودیت، هستي؛ ژوند، وجود.

existent, adj. موجود.

exit, n. وتنه (لکه له میدان یا صحنې څخه)؛ مړینه، تېرېدنه، سترګې پټونه (له دنیا)؛ دوتلو لار، وتوځی.

exodus, n. مهاجرت، یوځیز لېږد، د بني اسرائیلو له مصر څخه وتنه (په څټ E).

exonerate, v.t. سپېڅلول، پاک کول (له ګناه یا تور څخه)، خلاصول، بري الذمه کول.

exorbitant, adj. تېری (د حق له حده د څخه)؛ زیات ډېر، خورا ډېر؛ (حق) د قانون له چوکاټ څخه وتلی.

exorcise, exorcize, v.t. پېریان جګول یا حاضرول، له خبیثه ارواحو خلاصول، له بدو بلاوو ژغورل.

exorcism, n. د ارواحو او پېریانو د شړلو او جګولو عمل.

exorcist, n. پېریانو جګوونکی، کوډګر.

exotic, adj. پردی، ناآشنا؛ د باندې (خارجي)

expand, v.t.i. غځول (لکه فرش)، ویړول، غوړول، ارتول، پراخول، تفصیلورکول.

expander, n.

expanse, n. پراخوالی، وسعت.

expansion, n. انبساط، توسعه، غځېدنه، غوړېدنه، ویړېدنه، ارتېدنه، پراخېدنه: فضا.

expansive, adj. پراخ، ارت، ویړ، غوړ.

expatiate, v.i. اوږده وینا یا لیکنه کول، دیرزه غځېدل، اوږدول (خبره، لیکنه، موضوع).

expatriate, n. شړل، فرارول، (له خپل هېواده) تبعید کول.

expect, v.t. سترګې لرل (ته)، تمه لرل، توقع لرل، د پېښېدو امکان کول.

expectancy, n. توقع، امید.

expectant, adj. تمه لرونکی، متوقع، امیدوار، سترګې پرلار.

expectantly, adv. په تمه، په تلوسه.

expectation, n. تمه، توقع، هیله، امید.

expectorate, v.t.i. توکل، ټوکل، خراشکې غورځول، د تنفسي سره له خولې څخه غورځول

expectoration, n. خراشکې غورځونه، توکنه.

expedience, n. غوښتنه، اقتضا.

expediency, n. ګټور والی، غوره توب، سمون (د غوښتنې سره): خود خواهي (خپلګټي).

expedient, adj. وړ، مناسب، په ځای، اغېزناک (په پرمختګ کې)، د غوښتنې او مقتضا سره سم.

expedite, v.t. (له خنډونو) لېرې کول (له مخې څخه): ګړندی کول، استول، لېږل، مخابره کول

expedition, n. ګړندیتوب: چټکوالی: ټولګی یا هیات (چه د جنګي یا علمي چارو دپاره مسافرت وکړي).

expeditionary, adj. دا کشافي ټولګي د علمي هیات استناځي.

expeditious, adj. ګړندی، چټک، ګړندی کوونکی.

expel, v.t. شړل، ایستل، لېرې کول، دفع کول، ردول، خارجول.

expend, v.t. لګول، خرڅول، مصرفول.

expenditure, n لګښت، خرڅ، مصرف.

expense, n. خرڅ، لګښت، خراجات، بیه

expensive, adj. ګران، قیمت.

expensively, adv. په ګرانه بیه.

experience, n. تجربه، ازمېښت، کتنه، مشاهده، سرته رسول (د کولو): پخوالی.

experienced. adj. ازمېیلی، تجربه لرونکی، پوخ، ماهر.

experiment, n. تجربه، ازمېښته، علمي تجربه (تجربې).

experimental, adj. تجربوي، ازمېښتي.

experimentation, n. تجربه، د تجربې عملیه.

experimenter, n. تجربه کوونکی، ازمېیونکی.

expert, adj. ماهر ، استاذ ، متخصص

expertly, adv. په مهارت، په استاذی

expertness, n. مهارت ، استاذی ، تکړه توب .

expiate, v.t. ورکرځول، جبیره کول ، تلافی کول، ورپوره کول، مجرا کول.

expiation, n. ورکرځونه، ورپوره کونه، جبیره ، تلافی ، مجرا .

expire, v.i. تېرېدل، خلاصېدل، پوره کېدل ، سرته رسېدل: سا ایستل، ایستل ختم کېدل .

expiration, n. پوره کېدنه، خلاصېدنه : سا ایستنه ، ایستنه .

explain, v.t. څرګندول ، بیانول ، جوتول ، روښانول، تشریح کول .

explanation, n. څرګندونه، جوتونه ، تشریح .

explanatory, adj. د څرګندونې ، تشریحي .

expletive, adj. ډکوونکی ، بشپړ کوونکی: زیات شوی .

n. زیاته توری یا لغت چه په نظم کی د مسرې د پوره کولو د پاره زیات شوی وي: بې معنا لغت چه د ګرامری جوړښت د پاره په جمله کې راوړل کېږی .

explicable, adj. د څرګندولو وړ ، د روښانه کولو او تفصیل وړ .

explicit, adj. ښکاره ، څرګند ، روښ ، واضح ، نه دانګه پېچلی .

explicitly, adv. په ښکاره توګه ، په دانګه پېچلي لهجه .

explode, v.t.i. چول ، چاودېدل ، کړېږي ، کول ، له منځه ، ردول ، اور ور اچول .

exploit, n. استثمار .

v.t. ګټه ځنې اخیستل ، تېر ماتانه عمل (شهکار) ، چاره سرته رسول ، چمتو کول ، په کار اچول ، د بل چا ګټه خپلانه کول .

exploitation, n. په کار اچونه (لکه د کانو) .

explore, v.t. سپړل ، لټول ، لټه کول ، پسې ګرځېدل .

exploration, n. سپړنه ، لټونه ، پلټنه ، ورپسې ګرځېدنه .

explorer, n. سپړونکی ، اکتشافی ، کوونکی ، څېړی .

explosion, n. چاودنه ، اور اخیستنه ، یو ناڅاپه او څرګند بدلون ، انفجار ، انفلاق .

explosive, adj. چاودېدونکی ، اور اخیستونکی ، چاودونکی ، بارود (دارو) .

exponent, n. ښکاره کوونکی ، مفسر ، تفسیروونکی ، نښه ، مثل ، (الجبر) طاقت .

export, n. د باندې لېږل ، صادرول ، بهر استول .

ex port, n. د باندې لېږنه ، صادرونه ، بهر استونه ، لېږل شوی شی .

exportation, n

exporter, n. د باندې لېږونکی ، صادروونکی .

expose, v.t. را سربېره کول ، بربنډول ، لوڅول ، څرګندول ؛ ور څرمه کول (لکه اوسپنه چه اوره ته ور څرګنده شي) تر اغېزې لاندې راوستل .

exposition, n. شرح ، سپړنه ، ښودنه ، (نمايش)، ودانۍ پرانستونه ؛ څرګندونه شرح کونه ؛ تبصره ، مقاله ، وينا ، انشاء .

expositor, n. را سربېره کوونکی ، شرح کوونکی ، مقاله ليکوونکی ، تفسير کوونکی ؛ تبصره کوونکی .

expostulate, v.i. ګيله من کېدل ؛ ګيله کول ، د يو شي په باب ملامتول ، غندل .

expostulation, n. ګيله

exposure, n. لوڅونه ؛ ور څرمه کول (لکه په عکاسۍ کي چه فلم رڼا ته ور څرمه او مضامخ شي) عيب راسربېره کول ؛ څرګند والی ؛ د خطر سره مضامخ .

expound, v.t. معنا کول ، تفسيرول ، شرح او بسط ور کول ، جوتول ، څرګندول .

expounder, n.

express, v.t. ښکاره ، څرګندول ، ويل . **adj.** څرګند ، زوښان ، په بشپړه توګه ، څرګندوونکی ، روڼ ، صريح ، ځانګړی

expressly, adv. په ښکاره ډول ، په څرګند ډول ، د ښکاره مطلب د پاره په رښتيا سره .

n. استازی ، د حمل و نقل يو ډول سيستم چه مرادي يې تيزی چلېدل .

expression, n. ښکاره کونه ، څرګندونه ؛ تعبير ، نښه ، ښکارنه (احساس) د افادې ډول ، افاده ؛ کره وره ، څېره .

expressionless, adj.

expressive, adj. څرګندوونکی ؛ د ډېر مطلب لرونکی ؛ په ښکاره ډول ښوودونکی

expulsion, n. شړنه ، ايستنه (موقوفونه) اخراج .

expunge, v.t. پاکول ؛ ور کول ، تورول ، سپينول ؛ فسخ کول .

expurgate, v.t. تصفيه کول ، تنقيح کول ، د ليکني هغه داعتراض وړ ټکي لېرې کول ؛ سپېڅلي کول ، پېچوول .

adv. ترحده زيات .

exquisite, adj. زړه وړ ، خوندور ؛ زړه وړونکی ، ښکلی ؛ د ډېرې ستاينې وړ ؛ غوره ؛ مغرور ، په اسانه نه قانع کېدونکی ، بې ځايه (لکه درد يا خوښي)

extant, adj. پاتي ، موجود ؛ دتلی ، نامتو ؛ څرګند ؛ پر ځای پاته .

extemporaneous, adj. بې هڅې ، بې ډېله ، ژر تر ژره ، لاس په لاس ، في البداهه

extemporary, adj. په هماغه شېبه اجرا شوی ، ژر په ژره تيار شوی ، سملاسي ويل شوی ، بې ډېله ور اندې شوی چټک ، في البديهه

extempore, adv. سمدلاسه ، ناڅاپه ، بې تياری ، في البداهه

adj. ناڅاپي ، آني ، بې تيارۍ ، بې له کاغذه .

extend, v.t. غځول ، اوږد دول ؛ پراخول ، ارتول ، پلنول ؛ غوړول ، پرانستل ؛ اوادول ؛ ور اندې کول ، ور کول .

extended, adj. کشیدەلی ، بەرب ۰
اوبود، خپوره ارت ۰

extension, n. کردنە ، کشیدەنە ، زیاتە
شوی برخە ، لێهتی برخە : اندازه ،
حد ، پراخوالی ، توسعه ، الملاقیە ، بعد ۰

extensive, adj. ارت ، لوی ، پراخ :
دلنگی (دکنی ضد) ۰

extensively, adv. بەپراخە توگه ،
بەلویە پیمانە ۰

extent, n. میچ ، اندازه : ارتوالی ،
پراخوالی ، درجه ، شوموره والی ۰

extenuate, v.t. لیەرل : کمول :
کمزوری کول ۰

extenuation, n. لروله : لرپوولە :
بخښنه ۰

exterior, adj. دباندینی ، بهرنی ،
خارجی ، ور چینی : بهرنی شکل ،
ظاهری بڼه ۰

exterminate, v.t. بوپناکول ،
وبجابرول ، له بیخه کښل ، ولی ایستل

extermination, n.

external, adj. د باندینی ، بهرنی ،
خارجی : لیدل کیدونکی ، دلیدو وړ ،
جسمانی : برسیرن ، سرسیرن : پردی ۰

externally, adv. دباندنی له خوا ۰

extinct, adj. ایرې شوی ، مړ شوی
(لکه اور) : له منځه تللی : ورک ، شنه
نشت شوی ، محو شوی ۰

extinction, n. وژله (لکه داور) ،
وژل کیدله ، نشت کیدله : امحاء ، اعدام ۰

extinguish, v.t. وژل ، مړ کول ، تباه کول

extinguisher, n.

extirpate, v.t. له بیخه ایستل ، ورک کول ۰

extirpation, n. له منځه ایستنه ، ورکوله
(ورک کوله) ۰

extol, extoll, v.t. ستایل ، ثنا ویل ،
منل ، در ټول ۰

extort, v.t. شکول ، شوکه کول ، پەزور
اخیستل ، غصبول ۰

extortion, n. شوکنه ، شکوله

extortioner, n. شوکمار ، غاصب ۰

extortionate, adj. ډیر ، بیر بیمانه ، خورا
ډیر ، شوکمار ، زور کیر ، افراطی ۰

extra, adj. ضرور ، برسیره : زیات :
لاډیر ، زیاتیکی ، ډیر ، اضافی ، فالتو ،
فوق العاده ۰

extract, v.t. استخراجول ، ایستل (څښه) ،
کښل ، لیڅول : اقتباس کول (دچاقول
یا لیک) ۰

n. شیره ، جوهر ، عصاره

extraction, n. ایستنه ، کښنه

extractor, n. ایستونکی ، کښونکی ،
لیڅونکی ۰

extradite, v.t. محکمه ته لول ، بلی
محکمی ته سپارل ۰

extradition, n.

extraneous, adj. پردی ، د باندینی ،
بې ربطه ، نه لګیدونکی ۰

extraordinary adj. غیر عادی ، بل شانته :
فوق العاده ، له حده زیات ، خاص ،
خاص کار ته گومارل شوی ۰

extraordinarily, adv. په فوق العاده
توګه ، په اریانوونکی ډول ۰

extravagant, adj. اسراف کوونکی، زښت ډېر، بېځایه؛ بې کچې، اېله، بې بېشمېره؛ ډېر گران، بې ځلوه؛ له پاڼوه کې (لکه خبرې).

extravagance, n. بې ځایه لگښت، بې کچې توب، بې شمېره.

extreme, adj. دپای، اخېری، دسر: لېری، وروستی، تر ټولو ښکته، ډېر لوی: بېځایه، بې ساری؛ افراطی.

extremely, adv. بې ځایه، بې ځایه، په بې ساری توگه.

extremist, n. افراطی سړی.

extremity, n. سر؛ پای منځی، ورځ کرځېدنه: انتها، نهایت ضرورت یا خطر، اطراف سفلی او عالیه (لاس او پښې)

extricate, v.t. خلاصول، ژغورل، بې غمه کول، له ادا پېښو خلاصول، له دېره خلاصول.

exuberant, adj. پر یمانه، کوټه، ترخاړودی، خوږه پهلی، خوشال، مستانه

exuberance, n. مستی، پریمانی.

exude, v.t.i. پرخول: پرځېدل، لږ لږ اچول: داری وهل، درېچی وهل.

exudation, n. داری وهنه، درېچی وهنه.

exult, v.i. ویاړل، ډېر خوشاله کېدل، بری موندل.

exultant, adj. بریالی، پر یمن

exultation, n. ویاړ: بری، ویاړنه

eye, n. سترگه، لیمه، دسترگی کاڼی لید، نظر: غار، کتنه، موخه: لمه، بصیرت.

eye-ball, n. دسترگی کاڼی.

eyebrow, n. وروځی (وروځه

eyelash, n. باڼه یا باڼو.

eyeless, adj. ړوند.

eyelid, n. دسترگی جمڼه، پوړاله.

eyesight, n. لید، نظر.

eyelet, n. سوری، سوړه، غار (لکه دخت یا بوټ چې مزی تری تېرېږی) سوم

F

fable, n. هغه کیسه چه رښتیا نه وی خو یوه اخلاقی نتیجه ځنی اخیستله کېږی.

fabric, n. ټوکر، جوړ شوی شی (په لاس یا ماشین)؛ جوړښت.

fabricate, v.t. جوړول، ودانول، رغول؛ راایستل، پیدا کول، میدان ته راایستل؛ له ځانه جوړول.

fabrication, n. جوړونه، راایستنه، ودانونه.

fabulous, adj. افسانوی، ارپانوونکی، خیالی، نه منل کېدونکی، اټکل (په شکل کی)؛ د مبالغی ډک.

facade, n مخ (لکه د ودانۍ)، ظاهری بڼه.

face, n. مخ؛ مخ (د ځینو شیانو)؛ بڼه، څېره؛ سطح؛ حیثیت؛ زړه ورتوب.

v.t. مخامخ کېدل، مقابله کول، مخی ته ورتلل؛ اخیر کول، مخ ور کول.

v.i. مخامخ کېدل

facet, n. اړخ یا مخ (لکه د غمی یا منشور).

facetious, adj. مضحک، د خندا وړ، ټوکی، مچله، ټوکمار.

facial, adj. مخنی؛ د مخ، مخیز.

n. هغه مواد چه پر مخ موښل کېږی.

facile, adj. روان، جاری (لکه په خبرو کی)؛ اسان، چوری.

facilitate, v.t. اسانول، روانول.

facility, n. اسانتیا، اسانی؛ اسانوونکی، استعداد، مهارت.

facing, n. لپوه، برابر، پوښ (لمنی)، کف، کالر، ټهان (فوردم)، پټی چه د پښی له رنګه څخه بې رنګه پېل وی.

fact, n. رښتیا، حقیقت، واقعیت؛ پېښه.

faction, n. ډله، ټولګی، (په تېره د بدو خلکو)؛ ګوند.

factious, adj. ګوندی مار، ډله باز؛ د ګوندوالی څخه منحرف شوی.

factitious, adj. جوړ شوی، مصنوعی، کلپ (قلب)، کوټه، کچه، کم اصل، جعلی، نقلی.

factor, n. کم ولی، عامل؛ ضربیه، نماینده، وکیل.

factory, n. فابریکه، چارځای.

factotum, n. هرکاره؛ ځا رو؛ ناظر.

faculty, n. ټاکولنه؛ استعداد؛ توان، وس، ملکه؛ پوهنځی؛ د پوهنځی تدریسی هیئات؛ ادارې، واکمنی؛ هیئات.

fad, n. لېوالتیا، تلوسه، ژر تېرېدونکی، مروج، مشغولا.

fade, v.i. مړاوی کېدل ، تت کېدل ، پیکه کېدل : رژېدل ، ویلې کېدل .

v.t. مړاوی کول ، رژول ، تتول ، خپول .

faery, faerie, n. د شاپېریو ملک یا وطن ، شاپېری : خیالي .

fag, v.i. ستړی کېدل ، ستومانه کېدل ، ستو لګه ګالل .

v.t. ستومانه کول ، ستړی کول .

fagot, faggot, n. د لرګو ګېډۍ ، د سونګ لرګي ، ګېډۍ ، ګوډه .

Fahrenheit, n. فارن هایټ ، داسې ترما میټر چه په هغه کې اوبه په (۲۱۲) درجو کې ایشي او په (۳۲) درجو کې کنګل کېږي

fail, v.i. ناکامېدل ، له کاره لوېدل : خوسا کېدل ، ورستېدل ، مړاوی کېدل ، ډوبېدل ، دېوالي کېدل ، ډوبه کېدل .

n. ناکامي .

failing, n. کمزوري ، بې وسي ، ناتواني ، نقصان ، سهو ، عیب ، نیمګړتیا .

failure, n. ناکامي : نشتوالی : بې وسي ، خوساتوب ، ورستوالی : ډوبه توب : ناکام (سړی یا شی) .

fain, adj. خوښ ، خوشال

adv. په خوشالۍ ، په خوښۍ .

faint, adj. بې سېکه ، پړ کال : بې زړه ، ډارن : ضعیف ، بې هوښه ، تت

n. پړکالتوب ، بې هوښي .

v.i. پړکاله کېدل ، بې هوښه کېدل .

faintly, adv. په ضعیف ډول ، په تته بڼه .

faintness, نتوالی ، پړکالتوب .

fair, adj. ښکلی ، ښایسته بې عیبه : پوره ، مناسب : روښانه ژړو ویښتان ، ژړ چک و ویښتان : روښان ، عادل ، خواخوږی : سپېڅلی : روڼ ، ښکاره ، څرګند : بې داغه ، بې کلپې (لکه لوبه) : منځنی ، ښه هوا ، مناسبه هوا : بې طرفه .

fairly, adv. په مناسبه توګه ، په منصفانه ډول .

fairness, n. ښکلا : انصاف .

fair, n. بازار ، د بازار ورځ : ننداره تون .

fairy, n. شاپېری : پېری .

fairy-land, n. شاپېرستان .

fairy-tale, n. د شاپېرو کیسه ، خیالي کیسه .

faith, n. ګروهه ، عقیده ، ایمان : وفا : وېسا .

faithful وفادار .

faithfully په وفادارۍ .

faithfulness وفاداري .

faithless بې وفا ، جفا کار .

faithlessly په بې وفایي .

faithlessness. جفا کاري ، بې وفایي ، بې ایماني .

fake, v.t. (اصطـ) جعل کاري کول : ځان د بل په بڼه کول ، کلپول ، غولول .

n. غولونه ، کلپې .

falchion, n. یوه توره چه په منځنیو پېړیو کې استعمالېده او د لور په شان کوږه تېغ یې درلوده .

falcon, n. باز ، باښه .

falconer, n. باښه ساتونکی .

falconry, n. د باښو ساتنه .

fall, v.i. لویدل ، غورځېدل ، پرځېدل : وژل کېدل (لکه په جنګ کښې) : پرېوتل : پېښېدل : برابرېدل : داخلېدل : اوښتل : اوړېدل ۰

n. اوریا : لویده ، بربادي ، کښېوتنه : (سقوط) : وتنه (له لمبره) : نوېېدنه ، منې (خزان) : ټیټېدنه ، لوېدنه : غوړځ : غورځنګ : ځوړ ، د لوېدو وړ اوښ ۰

fallacious, adj. غولوونکی ، تېر اېستونکی ۰

fallacy, n. درغلي ، تېر اېستنه ، ټګي ، برګي ، غولوونکي : منطق او استدلال : سفسطه ۰

fallen, adj. لوېدلی ، خوار ، نتلی ، برباد ، مړ ۰

fallible, adj. دخطا وړ ، د تېر وتو وړ ، دوکه خوړونکی ، تېروتونکی ۰

fallow, adj. شوډ پاره ، ساده ، شاړه (یوې سوې ځمکه) ۰

false, adj. غلط ، خائن ، درغل ، بې وفا ، کلپ ، کوټه ، بدل ، مصنوعي : موقتي : امانت : بې اعتباره ۰

falsely, aév په غلطه توګه ۰

falseness, n. غلطي ۰

falsification, n. غلط جوړونه ، غلطي ثابتونه ، تحریف

falsify, v.t.i. غلط ختل ، غلط اېستل ۰

falsity, n. غلطي ، ناسموالی ، دروغ ۰

falter, v.i. دوه زړه کېدل ، لړزه ناز ، کېدل ، تلولی کېدل : ژبې بندل ، لېزېدل : ترېدل ۰

fame, n. نوم ، شهرت ، عزت ، جلال ۰

famed, adj. مشهور ، نامتو

familiar, adj. روږد ، اشنا ، بلد ، پېژندوی : نږدې ۰

familiarity, n. اشنایي ، ملګرتیا : پېژندګلوي ، بلدتیا ۰

familiarize, v.t. مشهورول ، اشنا کول : روږدي کول ۰

family, n. فامیل ، کورنۍ ، کهول ، خپلخانه ، پرګه ، پرګنه : توکم ، سجره ، پښه ۰

famine, n. دچکالی ، کاختي ، سوکړه : لوږه ۰

famish, v.t.i. په لوږه اخته کېدل ، وږی کېدل : له لوږې سخېدل ۰

famous, adj. مشهور ، نامتو ، نوم‌یالی ۰

fan, n. بېوزی ، پېك ، پکه ۰

v.t. بېوزی وهل : لمن وهل

v.i. غوړېدل ، خپرېدل (لکه بېوزی) ۰

fanatic, adj. توقمه نالی ، متعصب : اېڼکی (لکه پرمذهب)

fanatical, adj. د تعصب ۰

fanaticism, n. تعصب ۰

fancier, n. دڅاروي ، ایالګیو یا بوټو دروزنې شوقي

fanciful, adj. په خیال مین ، خیال پرست ، خیالي ، هوسي (هوسناك) ۰

fancifully, adv. په خیال پرستي

fancy, n. مینه : خیال : تخیل : تلون : نظریه : چورت ۰

v.t. : خوښول په خیال کې ګرځول : انګېرل ۰

adj. خيالي ، ګلالي ، ښکلې ؛ نغره ګر ؛ تجملي

fane, n. لمزدکي ، معبد

fang,n. داړه ، نيش

fantastic, adj. خيالي ، ازيانو ونکی ، هك پك كوونكى ؛ شوق ؛ عجيب .

fantastical, adj.

fantastically, adv.

fantasy, phantasy, n. فانتزي ، خيال ، چرت ، خيال پلو ، د فكر له قيده خلاص ؛ تسر پدلی ، وحشي ؛ عجيبه ؛ سودا

far, adv. لیري

faraway, adj. لیري ؛ خوبولی (خوب وړی) .

farce, n لوبه (ډرامه) چه دملنډو او مسخرو خندې كه وي ، خندوونكې لوبه

fare, v.i په سفر تلل ؛ سري تودې ګالل ، پېښېدل ؛ خټل داول ؛ برخه اخيستل ، مړه دل ، شومل ؛ خومه كول

n. بانږه ، كرايه ؛ خومه ، خواړه .

farewell, n. خداى پاماني ، پهمخه‌ښه

adj. پېلتون ؛ وداع .

farina, n. چڼلي اوړه ، سپېروولي ، بړ پله ؛ نشايسته .

farm, n. فارم (كروندە او د كور ليوژوېود روزلو ځاى) ، كېښت ، كروندە ، اريانه ، ارين (كروندە) .

v.t. كرل ؛ كروندە كول ، بوې كول .

farmer, n. بزګر ، كروندە ګر ، ښكارزډ .

farm-house, n. دبزګر استو كنځى .

farming, n. كرنه .

farmstead, n. دبزګر استو كنځى چه په كروندە كى وي .

farmyard, n. د (فارم) انګڼ .

far-off, adj. لیري ، پوري خوا .

farrier, n. نال بند .

farriery, n. نال بندي .

farrow, n. دخوګ چيچيان ، دخنزير بچيان ، دخوګ ځامنګى .

v.t. دخوګې لنګېدل يا خوګان زېږول

farsighted, adj دوراند يش ، ليري ليدونكى ، هوښيار ، پوه .

farsightedness, n. ليري ليدنه ، هوښياري .

farther, adj. وړاندې ، ليري (تر) ؛ لاوړاندې ؛ خورا پشېږ .

farthest, adj. تر ټولو ليرې تر ټولو وړاندې

farthing, n. برتانوي سكه چه د penny څلورمه برخه كېږي .

fascinate, v.t.i. جلبول ، لېوال كول ، ترا وده لاندې كول مفتتر كول

fascination, n.

fascist, n. فاشيست ، دهغه سياسي ګوند غړى چه په ۱۹۲۲ كى دسوسيا ليزم او كمونيزم دمقابلې دپاره دبونه ستى عكس العمل په بڼه تاسيس او په ۱۹۴۳ كى ړنګ شو .

fascisti, n. فاشيست

fascism, n. فاشستي .

fascist, adj.

fashion, n. فېشن ، ډول ، قسم ، راز ؛ دود ، چم ، سنبك ، طرز ، ور ، دود او دستور ؛ سينګار .

v.t. جوړول ، رغول ، لګول ، تصبول ، ډډول .

fashionable, adj. فیشني ، دودلی ، پرمود برابر ، رواجي ، ددود سره سم ؛ وسینګار ډډول .

fashionably, adv. ددود له مخې ، ددود سره سم .

fast, v.i. روژه نیول ، لوږه ګا لل .

n. روژه .

fast, adj. درولد (لکه خوب) ؛ پوخ (لکه رنګه) ټینګ کلك ؛ کې لډ لي ، توند ، چټك ، متي ، زغرد ، خوشاله ودېن

fasten, v.t. کلکول ، تړل ، نښلول ، کولیول .

fastener, n. تړونکی ، نښلوونکی ، چنګك .

fastening, n. کنډك ، چنګك ، جندره ، کېږه ، کلپ .

fastidious, adj. خیږ ، خیږي ، کبرجن ، خزه ، زرزري .

fastidiousness, n. خیږ کي ، کبر ، غرور ، لوبي .

fastness, n. کلا ، کوټ ، حصار ، چټکي ، استحکام ، ثبات .

fat, adj. غوړ ، مزی ، تیار ، چاغ ، غوړ ؛ ګټور (اصطـ) غوړه مړی ، غوړ غوړی ؛ غوړ به ، ستنه (لکه مفکره) ؛ هشه من ، پداي ، غوړ .

n. وازګه ، سپینه ، لم ، غوړي .

fatal, adj. مهلك ، وژونکی

fatally, adv. په ډه وخیدونکي تو ګه ، په وژونکې ډول ، په هلاك کوونکي تو ګ

fatalism, n. دجبر عقیده ، جبري مذهب داسي عقیده چه وایي ددنیا پیښې په ازل کې ټاکل شوې دي او د انسان زیار او اراده کوم ځای نه نیسي .

fatalist, n. دجبر پیرخوا

ftalistic, adj. جبري .

fatality, n. ویره ناکه پیښه (ناچمه) ؛ تقدیر اسي پېښه (غیرطبیعي) .

fate, n. قسمت ، تقدیر ، مرغ ، بخت ، طالع ؛ بدمرغي ، بدبختي ، اجل ، تباهي

fated, adj. په تقدیر کې ، په ازل کې ، خدایي .

fateful, adj. ویرجن ، بدمرغه

father, n. پلار ، نیکه ، منشاء ؛ پادري .

fatherhood, n. پلارولي .

fatherland, n. وطن ، هیواد .

fatherless, adj. یتیم ، بې پلاره .

fatherly, adj. دپلارولي ، دمهرباني .

father-in-law, n. خسر ، سخر .

fathom, n. (لر) واړه (قلاچ) ؛ داوږو ژرو الی میچ چه شپږ فټه کېږي ، او ټیچ ، حل کول ، پوهېدل ، پته لګول ،

v.t. (اصطـ) تل ته رسېدل .

fathomless, adj. بې پایه ، بې پاپانه .

fatigue, n. ستړیا ، ستوماني ، ستونزه

v.t. ستړی کېدل ، ستومانه کېدل .

fatness, n. چاغوالی ، غوړ والی ، مزي توب ، غوړوالی ، هشه مني ، بډايي .

fatten, v.t.i. غړېدول ، تیارول ، ساتل ، چاغول ، مزي کول ؛ غړېدل ، تیاریدل ، چاغېدل .

fatty, adj. غوړ ين، غوړ لرونکی، غوړ، شحمي.

fatuous, aéj. احمق، بې تميزه، ساده،
fatuously, adv.

faucet, n. اوبشم، شيردان (شيردهن)، څوڅکه، نلکه.

fault, n. غلطي، سهوه، قصور، کمي، نقصان، کمزوري، ملامتي، (جيالوجي) د ځمکې د طبقو راښويېدنه.
faultless, adj. بې عيبه، بې نقصه.
faultlessly, adv. په صحيح توګه، په بې عيبه توګه.
faulty, adj. عيبي، عيبجن، غلطي لرونکی.

faun, n. د روميانو په عقيده کليوالي رب النوع چه ايمايي وزګړی او ايمايي سړی دی.

fauna, n. هغه ژوي چه په يوه مهال يا يوه سيمه کې پيدا کېږي.

favor, favour, n. مينه، علاقه، خوښونه، زياتي، پالنه‌والي، برتري، مرسته، لورېنه، مهرباني، پرخواوالي.
v.t. مينه لرل (سره)، په ګټه، غوره ګڼل، ملاتړ کول.
favorable, adj. غوره، منلي، ګټور، مساعد.
favourable, adj.
favorably, adv. په مينه، د طرفدارۍ په توګه، په ګټه (د چا).
favourably, adv.

favorite, favourite, n. غوره، انتخابي، په زړه پورې، د خوښې.

favoritism, favouritism, n. طرفداري، غوښتنه، پرخواتوب، لحاظ ساتنه.

fawn, n. کبلی، وری (د هرڼي)، پيکه، ژېړچکه نسواري رنګه.

fay, n. شاپيري، پيري.

fealty, n. وفا، درېدنه (لکه په وعده او ملګرتوب)

fear, n. ډار، وېره، بېره.
v.t. ډار لرل، بېره لرل.
v.i. وېرېدل، ډارېدل.
fearful, adj. ډاروونکی، ډارېدونکی.
fearfully, adv. په ډاروونکي ډول.
fearless, adj. بې ډاره، زړور.
fearlessly, adv. په زړوره توګه.
fearlessness, n. نه ډارېدنه، نه وېرېدنه.
fearsome, adj. ډاروونکی، بېروونکی، ګرګېچن.

feasible, adj. کېدونکی، ممکن، عملي.
feasibility, n. امکان، کېدنه.

feast, n. مذهبي ميله، ميلمستيا، ښادي.
v.t. ښادي کول، ميلمستيا کول، خوشالول.

feat, n. عمل، بري، کارنامه.

feather, n. بڼه، بڼکه، پر.
v.t. بڼکې نيول (لکه په غشي پورې)، په بڼو سينګارول، په بڼو پوښل.
featherless, adj. بې بڼکو، بې پرو.
feathery, adj. په بڼکو پټ، بڼکور.

feature, n. بڼه، څېره، مخ، شکل، پېژندونکې نښه، فارقه علامه، تندازه، څېړونه.

featureless, adj. بې بڼې ، بې څېرې .

febrile, adj. تبه جن ، د تبې تود

(د تبې له کبله) .

February, n. فبروري د عیسوي کال

دوهمه میاشت .

fecund, adj. ګټور ، حاصل ، مثمر ،

مؤلد ، ثمر ناک .

fecundity, n. . ثمرناک توب

fed. . د feed ماضي او دریم حالت

federal, adj. فدرالي ، د تړون ، اتحادي

n. . متحد ، یو لاس

federalism, n. د فدرالي حکومت پلوي

(طرفداري) .

federalist, Federalist, n. د فدرالي

حکومت طرفدار .

federation, n. فدراسیون ، اتحادیه .

federative, adj. . اتحادي

fee, n. مزد ، فیس ، اجوره ، میراثي

جایداد ؛ بښکنه ، بخښه ، احسان .

feeble, adj. بې سېکه ، کمزوري ، ناتوان

بې دمه ، بې متوې ؛ ایمګړی ، بې ثمره

feebleness, n. . کمزورتیا ، ایمګړتیا

feebly, adv. په کمزوري ؛ په ایمګړي

توګه .

feed, v.. خوړل ، تغذیه کول ؛ خوراک

ورکول .

n. بوس ، پروړه ، پیده ؛ درس ، خواړه

feeder, n. .

feel, v.t. احساسول ، رسېدل ؛ لاس پوروهل

درک کول ؛ په زړه کې تېرېدل ، زړه

ته راتلل ، ګومان کول ؛ زغمل ؛ خوا

خوږي لرل ، زړه سوی لرل ، احساس

حس ، لاس تېر وله ؛ رسېدنه .

feeler, n. ښکر کې (لکه چه د حشرا تو

په سرو باندې وي او د حس آله وي)

احساسونو لکې اله ؛ شا خص ، مشعر

هغه پیشنهاد چه د خلکو د نظر پوا وړلو

پوده معلوموولو لپاره وړاندې کېږي .

feeling, n. احساس ، د لامسې حس ؛

مشاهده ، ادراک ؛ احساس ؛ هیجان ؛

احساساتي نظریه ، بې دلیله نظریه .

feet, n. د foot جمع پښې .

feign, v.t.i. بهانه کول ؛ ځان ښودل ،

ځان ښکاره کول ، تش په خوله منل ،

تظاهر کول (په عقیده ، باخبره) .

feint, n. چل ول ، آنګې برګې ، اغفال

تېرایستنه ، غولونه .

feint, v.i چل ول کول ؛ په حمله کې

تېر ایستل .

felicitate, v.t. مبارکي ویل .

felicitation, n. مبارکي

felicitous, adj (اصطلاح) مناسب ، برځای

ګلک پټوي ؛ خوشاله ، وړه .

felicity, n. برې ، کامیابي ، بریالیتوب

خوښي ، نیکمرغي ، برکت ؛ ښوره ویناء

فصیحه وینا ، مناسبه خبره .

feline, adj. د پیشو د کورنۍ ، پیشو وزمه

د وه مغي چلي ، درغل ، دوه ژبی .

fell, v.t. وهل ؛ پرې کول ؛ نسکورول

پرې ایستل (لکه د ونې) .

fell, adj. ظالم ، خونخور ، وژونکی .

fell, past tense of fall. د fall ماضي

ولوېده

felloe, n. کړی ، د پا ئدېڅي کړی (لکه د څرخ) .

fellow, n. ملګری ، مل ، انډيوال .

fellowship, n. فيلوشيپ ، ملګرتوب ، ملګرتيا ، ملتوب ؛ د ملګرو ډله ؛ د پوهنې کليسا او څو نورو ډلو ټولنه ؛ د پوهنځي وړ ده کوم زده کوونکو ته ، هغه پيسې چه ورته ګرداو د روزنې لپاره ورکول کېږي

felly, n. کړی felloe ته مرادف

felon, n. جانی ، جنايتکار ، مجرم ،

felony, n. جنايت ، جرم .

felonious, adj. د جرم ، د جنايت .

felt, د feel ماضی او دريم حالت .

felt, n. لمڅی ، امڅی ، کراسته .

female, adj. ښځينه ، مؤنث .

female, n. ښځه ، مؤنث .

feminine, adj. ښځينه ، د ښځي ؛ (ګر) مؤنث .

femur, n. د ورانه هډوکی

fen, n. جبه ، ژوره مځکه ، او بجنه مځکه .

fence, n. د توري د جنګ فن ، کتاره ، چم کلا ؛ هغه څوک چه د غلا مال ساتی .

v.t. کتاره ، چاپېرول ، ساتل ، مدافعه کول .

fencer, n.

fencing, n

fend, v.t. پچول ، ځنګ ته کول ، چپول ، ساتل ، (له ګوزار څخه) ډډه کول (له وهلو څخه) .

fender, n. سپر ، ډال ، هغه څوک اله ، د موټر د پاڅوله هغه برخه چه تېر تر لاندې وي .

fennel, n. يو ډول بوټی دی چه دانې يې چه بوی لري او په دوا او کې هم استعماليږي . (خيره)

ferment, n. تومنه ، خميره ، مايه ، موره ؛ پارېدنه ، التهابېدنه .

v.i. کولېدنه ، موره کېدل ، خمير بدل ؛ پاريدل ، التهابېدل ، کولېدل .

fermentation, n. موره کېدنه ، تخمر ، خميره کېدنه ، وسېدنه ، پارېدنه ، تاکراری .

fern, n. بندوکی ، سرخس (هغه بوټی چه ګلان او تخم نه لري او بند بند ونې لري) .

ferocity, n. تو ند خوئی ، تو ند مزاجی ؛ بې رحمي ، خروړوالی .

ferocious, adj. تو ند خوی ، خوړوړی ، ظالم ، توحشناک .

ferociously, adj. په توحشناکی ، په ظلم

ferret, n. لولی ، موش خرما ، موږک يې الکه .

v.t. له سوړي نه ايستل ، سوړه راسپړل (لکه لولی) .

ferrous, adj. داوسپني ، اوسپنيز .

ferrule, n. وهی ، کوټی ، کړی (لکه چه د لکړی (امسا) يا بل شی د کلکوالو او نه ماتېدلو دپاره استعمالېږي .

ferry, v.t.i. پورې وتل (په ماکو يا جاله کې) .

n. يو ډول ماکو يا جاله .

ferryboat, n. وړوکی ماکو يا جاله .

ferryman, n. جاله وان .

fertile, adj. ذرخيزه ، برکتی ، ابېره ور (حاصل خېز) ، ځېړاند .

fertility, n حاصلخېزی ، ځېړاندوالی .

fertilize, v.t. شېړازه کول، مستوالی، سره ورکول ؛ پلار بول

fertilization, n. پلار بوله، القاح، سره ورکوله.

fertilizer, n. سره (پارو)، انبار.

ferule, n. پلن خط کش، لښته.

fervent, adj. تود، لېوال، مشتاق.

fervency, n. تلوسه، مینه، شوق

fervently, adv. په تلوسه، په مینه، په شوق.

fervid, adj. شرقمن، لېوال، مین.

fervor, fervour, n. لېوالتیا، تلوسه.

festal, adj. د خوشحالی، دخوښی.

fester, v.i. ورستېدل، خوږ لېدل، زوه نیول، خوساکېدل، او لیول (دا له چه له زوړو کېدی) ؛ پمن کېدل.

festival, n. فستیوال، جشن، میله ؛ موسمی ساتیری.

festive, adj. دخوشحالی، دجشن.

festivity, n. جشن، خوښی، خوشحالی.

festoon, n. امیل، هار.

festoon, v.t.i. امیل یا هار جوړول.

fetch, v.t. په بوځی پسې تلل، دمه، راخیستل او راوړل، بودول، پسې تلل، راګرځول، راستنول ؛ خرڅول، پلورل ؛ اېستل، وهل، اجرا کول.

fetching, adj. (اصط) زړه راکښونکی، په زړه پورې، ګلالی

fete, fête, n. جشن، میله.

v.t. نمانځل، جشن نیول.

fetid, adj. بد بویه، بدبویه.

fetish, fetich, n. طلسم، تعویذ، بلا بند ؛ نامعقوله نمانځنه ؛ زیاته مینه.

fetishism or fetichism, n. دغه عقیده چه بې روحه شیانو ته پهروح قایل وی او نمانځنه یې کوی ؛ خرافات، په جادو باندې عقیده.

fetlock n. بښنګری (د آس) ؛ د آس بښنګری و بښته.

fetter, n. v.t. ښکېل یا شکېل، ځنځیر، ځولانه، دوربل ؛ ځولانه کول، ښکېل کول، دوربلول.

fettle, n. وضع، حالت ؛ څهره، بڼه.

fetus, foetus, n. جنین.

fetal, foetal, adj.

feud, n. تربګنی، دښمنی، بدی.

feudal, adj. فیوډالی، خانی، خانخانی، ملوك الطوايفی

feudal system فیوډالی حکومت، فیوډالی سیستم.

feudalism, n. ملوك الطوايفی، خانی.

feudatory, n. & adj.

fever, n. تبه، ګبهنی، هیجان.

feverish, adj. تبجن.

feverishly, adv. په ګبهنو، په شوق په تبجن ډول.

few, adj. لږ، لږ

fewness, n. لږوالی.

fez, n. ترکی خولی، رومی خولی، سره زولنۍ ورېه خولی چه پخوا په ترکانو ؛ پرسر کولې.

fiance, n. نامزاد (سړی).

fiance n. کوژده شوې انجلۍ ، ورکړې انجلۍ ، په نامه شوې .

fiasco, n. ماته، ماتې ، د خندا وړ ناکامي

fiat, n. امر ، حکم ، فرمان .

fib, n. وړه اشتباه، وړه غلطي، لږشانته دروغ ، (اصطـ) دوړې سوړې .

v.i. لږ شانته دروغ ويل ، وړه غلطي کول ، دوړې وهل .

fibber, n دوړن، لږ شانته دروغجن

fiber, fibre, n. ريښکۍ ، تار ، سپڼسی

fibroid, adj. د تار، د سپڼسي، د ريښکۍ

fibrous, adj. تارين ، ريښکي يز ، سپڼسين .

fickle, adj. بوالهوس، دوه زړی؛ زړه نازړه، بې ثباته، ناکراره .

fickleness, n. ناکراري، دوه زړه توب

fiction, n. خيالي کيسه، نکل، افسانه .

fictional, adj. خيالي ، د خيالي کيسې

fictitious, adj. کوټه، ناچله، خيالي ، د دروغو؛ نکلي، افسانوي، د نه منلو .

fiddle, n. (اصطـ) وايلون .

v.t.i. وايلون غږول ، وايلون وهل، چکچول، ګوتې او لاس خوځول .

fiddler, n. (لکه وايلون چه وهي) .

fidelity, n. وفا ، وفاداري، صداقت؛ امانت (لکه د يوه شي په نقلولو کې).

fidget, v.i. ناکراره کېدل، ناارامه کېدل ، ټپېدل ، کړېدل ، لاس او پښې وهل .

n. ناکراري ، لاس او پښې وهنه ، عصباني حالت .

fidgety, adj. ناکراره، ناارامه ، کېنوړی .

fiduciary, adj. اعتباري ، اماني ، دراز: د خلکو په ډاډ پېښه

n. امانت کار ، امين .

fief, n. جاګير ، فيس (اجوره) .

field, n. ميدان، ډګر؛ د باندې ، پټي ، پېديا ؛ ورشو ، مځکه ، سيمه ، ساحه .

v.t. ټپول، درول، اچول (په ټوپ سکۍ يا ګېنډيه لوبه کې)؛ ميدان ته کول .

fielder, n. ميداني لوبغاړی (لکه په ټېنس او بېسبال کې) .

field glass, n. دوربين .

field marshal, n. فيلډ مارشال (د ګر مارشال)

fiend, n. شيطان ، ابليس ، بلا؛ ظالم سړی، شرير سړی، بدسړی؛ (اصطـ) هغه سړی چه ځان يې يوه کار ته وقف کړی وي .

fiendish, adj. شيطان وزمه ، شيطان ډوله.

fierce, adj. شديد ، کلک؛ ظالم؛ خونخوار.

fiercely, adv. په کلکه ، په شدت؛ په ظالمانه توګه، په وحشيانه ډول

fierceness, n. کلکوالی، شدت ، ظلم.

fiery, adj. اوربين (آتشين)، تاوجن ، پر کنده؛ مهنه ناک، تود .

fife, n. درو‌ی، يو ډول وړه شپېلۍ ، تولکه

fifteen, n. & adj. پنځلس .

fifteenth, n. &adj. پنځلسم .

fifth, n.& adj. پنځم .
fifty, n. &adj. پنځوس.
fiftieth, n. adj. پنځوسم .
fig, n. انځر، د انځر ونه .
fight, n. جګړه .
v.i. جګړه کول، جنګېدل؛ مخه نیول؛ مخې ته درېدل
v.t. جنګ کول، د دښمن د ماتولو دپاره هڅه کول
fighter, n. جنګي، جنګي الوتکه؛ تالنده الوتکه .
figurative, adj. نمونه یي، رمزي (سمبولیك)، مجازي، کنایي، ترسیمي، صنعت لرونکی .
figuratively, adv. د نمونې په ډول، په مجازي توګه .
figure, n. شکل، څېره، بڼه؛ رقم، نمونه؛ شخصیت؛ (اصط) قیمت؛ خیال، تمثیل؛ انځور، نقش
v.t. شمېرل، انځورل، پته لګول؛ څېره جوړول، سکڅل؛ سینګارول (په څېرو)؛ په شمېر ښودل .
figurehead, n. هغه انځور چه د بېړۍ په مخکښې خوا یې شکل شوی وي؛ نوم په نامه مشر، بې اختیاره مشر .
filagree, n. د filigree بله بڼه.
filament, n. رېښکی، تار؛ ډکی، مېږیا ډنبور (لکه د ګلانو).
filbert, n. پوډول امریکایی ځنګلی زړی چه خوړل کېږي .
filch, v.t. په چالاکی غلا کول، ټلکه وهل، څټول .

file, n. دوسیه، فهرست، لیکه، کتار (قطار)، ردیف .
v.t. ردون کول، کتارول، لیکه کول؛ ځنګه په ځنګه اېښودل، اوډل .
v.i. په لیکه تلل، کتارېدل، ردون کېدل
file, n. سوان، سپڼځور، اوسپنتوږی.
v.t. توږل، سوااول، سولول .
filer, n.
filial, adj. د اولاد، د زمېڅي، د لوڼ او زوی
filibuster, n. (اصط) د تر ور (هلومېږو) مچ؛ (امر) په بې ځایه خبرو د شورا وخت ټالول، ټالوونکی .
filibuster, v.i. بې ځایه مداخله کول .
filibusterer, n. وخت ضایع کوونکی، لارو وهونکی؛ (لږ) هغه څوك چه بې له صلاحیته جنګ شروع کوي .
filigree, filagree, n. ول کاري، کښېده، انځور (نقش او نګار) .
fill, v.t.i. ډکول؛ ډکېدل؛ بشپړول .
n. پرېمانه، بسیا، تر بسو .
filler, n.
fillet, n. ټي الکه، رېښتاوه، رېښکی؛ نری ټوټه؛ غوښه (په پښلی کې).
fillet, v.t. رېښکۍ د رېښکی کول، رېښتاوی کول .
filling, n. د ډکولو مواد، هغه مواد چه پوښی ډک کړي، سوري بندونکي مواد .
fillip, n. ګوتی ټک، د ګوتی تی ټک؛ پاروونکی، توښوونکی .
v.i. پارېدل، توښېدل .
v.t. توښول، پارول .

filly, n. بيانه (بيانۍ) .
film, n. فلم ، پرده .
v.t.i. په پرده پوښل ، فلم اخيستل ، فلم جوړول .
filmy, adj. د پردې ، پرده ډير ، د فلم ، فلمي .
filter, n. & v.t.i. ليڅوونې ، فلټر ؛ ليڅول ، فلټر کول ، ره ول ؛ ليڅېدل ، چڼېدل ، چڼول .
filtration, n. ليڅونه ، فلټرونه ، چڼونه .
filth, n خيره ، چټلي ، مرداري .
filthy, adj خيرن ، چټل ، مردار
fin, n. د کب وزر ، د کب شاپر ، پره .
final, adj. وروستنى ، اخرنى ، د پاى .
finality, n. قطعيت ، اخر ، پاى .
finally, adv. په پاى کې ، په اخيره کې
finale, n. (م) د کمپوز اخيري برخه .
finance, n. د (جمعې) په حال کې د پيسو درکونه ؛ شته ، جايداد ، ماليه .
financial, adj. مالي ، د شتو .
financially, adv. د مالي له پلوه ، د شتو له نظره ، د پيسو له مخې .
financier, n. سرمايه دار ، د مالي چارو متخصص .
finch, n. ساپره ، سارکه ، هره وړه مرغۍ چه غاړه کوي .
find, v.t. موندل ، پيدا کول ، لاس ته کول ؛ احساسول ، درک کول ، ګڼل ، بلل ؛ تيارول ؛ سمول .
n. بوده ، پيدا شوى شى .
finder n. مخبر ، موندونکې اله ، هر ګنده ونکې اله (لکه د کمرې يا د دوربين) .
finding, n. موندنه ، پيدا کونه ، کشفونه ، کشف ؛ (حق) کشف الحال د قضايي کړو پلټنې نتيجه .
fine, adj. ښه ، ښکلى ، سپېڅلى ، سوچه ، پيچو ، نرم ، پوست ، ميده ، حساس ، ژور .
fineness, n نازکي ، پوستوالى ، ښه والى ، ګلاليتوب .
fine, n. نغده ، جريمه .
finesse, n. تيزفکري ، هيرکي ، چالاکي .
finesse, v.t.i. هيرکي کول ، تيز فکر کول ، چالاکي کول .
finger, n. ګوته .
v.t.i. ګوته وهل (پر) ، ګوته اچول (پر) ، په ګوتو کې نيول ، په لاس کې نيول ، اداره کول .
fingernail, n. نوک .
fingerprint, n. & v.t. د ګوتې نښه ، د ګوتې نښان ؛ ګوته لګول .
finger tip, n. د ګوتې سر .
finis, n. اخير ، پاى ، خلاصون .
finish, v.t.i. خلاصول ، سرته رسول ، پاى ته رسول ؛ پوره کول ، بشپړول ، ترسره کول .
n. پاى ، خلاصون ، نتيجه ؛ پوره کوونکى (شى) ؛ پټ ؛ مخ ، اخيري مخ ، اخيري کار چه د يو شي په مخ باندې کېږي ، د رنګ او روغن .
finisher, n. خلاصوونکى ، پاى ته رسوونکى .
finite, adj. محدود .
finny, adj. پرلرونکى ، کب لرونکى ، له کبانو ډک (سيند) .

fiord, fjord, n. تنګی، تنګنا، د بحیرې او بهچه د دوو غرو تر منځ تیریشوي وي .

fir, n. نښتر، د کاج ونه، د صنوبر ونه .

fire, v.t.i. & n. اور : لمبولګیا، تودوالی وار : چوړ : لګول، بلول، ژوندی کول ویشتل : پخول (لکه خښتې په داش کې) .

fireless, adj. بې اوره .

firelight, n. د اور رڼا .

fireplace, n. نغری .

fireproof, adj. نه سوځیدونکی .

fireside, n. چرګی، د نغری شاوخوا : د کور یا د کور یا د کور ژوند .

firewood, n. د سوځکلو لرګی .

firearm, n. ګولی ویشتونکې وسله، ناریه وسله .

firebrand, n. سوکی یا سیوکی، سکوی : (اصط) اور لیږونکی، جنګ تودوونکی .

firecracker, n. پټاکی، پټك، پټاخې بلنډوي، د بڼادي په شپو کې اور بلوله

firefly, n. اورکی، اور بلکی، یوه حشره ده چه د شپې رڼا کوي .

fireman, n. د اوروژنې عملې غړی، د اطفائیې غړی .

firework, n. اورلوبه، آتشبازي .

firm, adj. کلك، ټینګ، محکم : ځای ټینګ ولاړ، ټینګ ایښی، ثابت، نه بدلیدونکی (لکه نرخ) .

v.t.i. کلکول : کلکیدل .

firmly, adv. په ټینګه، په کلکه .

firmness, n. ټینګوالی، کلکوالی، استقامت .

firm, n. شرکت، تجارتخانه، چارخې .

firmament, n. مسك، اسمان، هغه ګومبزی سطحه چه خلکو په ګومان کاوه چه ستوري پکښې ښخ دي .

firman, n. فرمان .

first, adj. لومړی : (ګر) متلکم، لومړنی .

adv. په لومړي سر کې، په سر کې .

first aid, n. لومړنی مرسته (دوا جلو ناروغا او سوزه) .

firstaid, adj.

first-born, adj. لومړنی اولاد، لومړی زوکړه، مشر اولاد .

first-class, adj. لومړنی درجه، تر ټولو غوره، تر ټولو ښکلی .

firstling, n. لومړنی اولاد، او مړیه نتیجه .

first-rate, adj. د لومړي درجې، د لوړې ارزښت، د ښکلې بیې .

firth, n. شپله، د سیند غښه پهله شوی لوبه ویاله.

fiscal, adj. مالي، پولي .

fish, n. کب، ماهی، د کب غوښه .

v.t.i. کب نیول، د کب ښکار کول : ورګی لټول، د پټې لټول : را ایستل راکښل، را بر سیره کول .

fisher, n. کب نیوونکی .

fisherman, n. کب نیوونکی، د کب نیولو بیړی .

fishery, n. کب نیولی، د کب نیولو ځای، د کب روزلی ځای .

fish hook, n. د کب نیونه ، چنګک .
fishing, n. کب نیونه ، ماهی ګیری .
fishwife, n. کب خرخو ونکې ښځه ، لچره ښځه .
fission, n. سوری کیدنه ، ماتیدنه ، ټوټې کیدنه ، دړې وړې کیدنه .
fissure, n. چاود ، درز ، چوله
fist, n. موټی ، سوک .
fisticuffs, n. pl. سوک وهنه ، د سوکانو جنګ (بوکسنګ) .
fistula, n. ددانې سیم (سوری) ، هغه لاره چه زوی او نور خټې راپیچېږي : لږې مجرا .
fit, adj. مناسب ، وړ ، لایق ، جوړ ، پیدونکی (سره) ، چمتو تیار : روغ تندرست .
v.t.i. وړ ګرځول ، برابرول ، چمتو کول ، وړ توب لرل .
fitly, adv. په مناسبه توګه .
fitness, n. وړ والی ، روغوالی .
fitter, n.
fit, n. څپه ، حمله ، غوټه ، لړه (د مرض) .
fitful, adj. ناکراره ، ترورې ، تلوالی ، بې اعتماده .
fitfully, adv. په ناکراری سره .
fitting, n. برابرونه ، سره ور وسپنه (د پرزو)
adj. مناسب وړ .
pl. پرزې ، اسباب .
five, adj. پنځه .
five, n. پنځه .
fix, vt. سره ورورستل ، ټینګول ، سمول ، ټینګول ، کلکول ، پرځای کېښول ، پرځای درول ، لګول ، (اصط) لانجه ، جنجال .
fixed, adj. ثابت ، ځای پرځای ، ناکلی شوی (لکه لیدنه) .
fixedly, adv. په ثابت ډول .
fixedness, n. ثابت والی .
fixture, n. پاتې کیدونکی شی ، پاییدونکی شی ، کوم شی چه شوی شی (یو شی چه پلشی پر نصب کیږی) .
fizzle, v.i. ګسیدل ، پشیدل ، سر پیدل (لکه د باروتو) ، (اصط) ورا اوښتل وبچارېدل ، پادول ، ناکامه کیدل (لکه په یوه کار کې چه شروع ښه او پای یې خراب شی)
fjord, n. و ګودی ه . fiord.
flabby adj. سوست ، پوست ، ونکه پنګک
flaccid, adj. سوست ، نرم ، پوست ، غړندی .
flag, n. بیرغ ، جنډه .
v.t. بیرغ درول ، جنډه لګول : بیرغ ښورول ، په بیرغ اشاره کول
flagpole, n. د بیرغ لکړه .
flagstaff, n. د بیرغ لکړه .
flag, n. فرشی ډبره .
flagstone
flag, n. درودی : درګه ، غشه ، اوخه ، د پله ملهه .
flag, v.i. ضعیف کیدل ، چپه چپی کیدل ، بیهوشه کیدل ، ستړی کیدل .
flagitious, adj. پساتی ، شرپر ، پخته ، بیشو ، ظالم ، فاسق .
flagon, n. دشرابو کوزدی (تنګی) چه لاسی خوچکوری او سرپوښ لري .

flagrant, adj. رسوا، بدنام
flagrantly, adv. په رسوايي .
flagship, n. بيرغ واله بېړۍ، د بحري لښکر د افسر بېړۍ، سر کښه بېړۍ .
flail, n. دبۍ (هغه آله چه د جوارو او اوړو غبالو دانې په جدا کوي)
v.t.i. په دبۍ وهل
flair, n. د بوی درک کولو قوت، ذهني حس، د تميز حس .
flak, n. چکه خولی توپ، الوتکی ويشتونکی توپ
flake, n. ټوټه (لکه د واورې) پڅری، څپولی، څپری، پترۍ .
v.t.i. پترۍ پترۍ کېدل: پترۍ پترۍ کول .
flaky, adj.
flamboyant, adj. ځلانده، بربښنده، ښې کنده، چې کنده، رنګين .
flame, n. شعله (داور) لمبه: وږکه، تپاک، تلوسه .
flame, v.i. لمبې کول، شغلې کول .
flaming, adj.
flamingo, n. ځری، د پشکې .
flange, n. د څرخ څنډه، د څرخ موږکه .
flank, n. اړخ، وړون، خوا، جناح .
flannel, n. فلالين، زېږ وړين ټوکر، وړينه انګيا .
flannelette زېږه وړينه ټوټه، شړی پوله ټوکر .
flap n. ځوړند ټوټه (لکه د ميز پوښ څنډه چه کښته را ځړېږي).
v.t.i. وهل، رپېدل .
flapper, n. پوړ ولد، خو څنډه
flare, v.i. لمبې کول، بلېدل، لګېدل، لمبې ځکېدل: اوړ اخيستل (له قاره) اوړ اخيستل، په غوسه کېدل: خپرېدل .
flare, n. بربښ (د رڼا) .
flare-up, n. واړ په وار لمبه کېدنه .
flash, v.i. ځلېدل، بربښېدل، تېرېدل (لکه د بربښنا) پېښ کېدل .
v.t. د بربښنا په دود استول، ژر استول، د سترګو په رپ کې استول: ټلګراف کول .
n. بربښ: بربښ، سپېره .
flashy, adj. لباسي، ظاهري ډولي .
flask, n. فلاسک، دوا ړو کوډۍ، د باروتو کوډۍ: قري هادي بوتل، انبيق .
flat, adj. پنچر شوی، اوار (هموار)، بوشان: بېت ارزه، روک، سپوږ، مطلق، مثبت، سم، درست، بې خونده: (موز) له کوج ته ټيټ .
flatly, adv. په سيمه، په سمه، بېدو (عيناً).
flatness, n. اوار توب .
v.t.i. اوارول: اوارېدل .
flat n. پوړ، پټ، طبقه، ډرا سته، پولين کوټې: اپارتمان .
flatboat, n. جاله، يوډول ماکوچه او اوارخولی اوری .
flatfish, n. پلن کب چه سترګې يې يوې خوا کې وي .
flatiron, n. اوتو .

flatten, v.t.i. پلنول ، پېتول ، او ارول ؛ پلنېدل ، پېتېدل ، اوارېدل .

flatter, v.t خوږه مالي کول ، چاپلوسي کول : ستايل .

flatterer, n. خوږه مال ، چاپلوس .

flattery, n. خوږه مالي ، چاپلوسي .

flaunt, v.t.i. نندارې کول ، ځان ښودل ، ځان ستايل ، ځان ښودنه پوره کول

flaunt, n. ننداره ، ځان ښودنه .

flavor. flavour, n. خوند مزه ؛ څکه ، د يو شي خاصيت .

flavoring, flavouring, n.

flaw. n. نيمګړتيا ، عيب ، وټ .

flawless, adj. بې عيبه ، بې نقصه .

flax, n. سنځي ، د کتان بوټي .

flaxen, adj. ژړ ښکاري ، ژړ ځلکه ، ښکلې ژړ ، کتانی ، سنځوی

flay, v.t. پوستکول ، پوستکی څخه ايستل ؛ لوټول : ترټل .

flea, n. ورېږه ، کيکه .

fleck, n. خال ، خالی ، ټکی .

v.t. خال کول ، خال وهل ، ليکی ليکی کول .

fled د flee ، ماضي او دريم حالت ، وتښتېد ، وتښتی .

fledgling, fledgeling, n. چرګوړی ، مرغوړی ، ارکوړی (د مرغۍ بچی چه نوي پښکي يې ايستلي وي).

flee, n. تښتېدل ، ترپېدل ، د ارګل ، پښې کښل .

fleece, n. وړکې ، د پسه هغه وړۍ چه يو وخت کې سکولل کېږي ، هر هغه شی چه په پسه وړيو په شان بل شي چې کړي .

v.t. سکولل ، څکول ، پوستول : شوکول .

fleecy, adj . وړين ، پېر .

fleer, v.i. ملنډې وهل ، مسخرې کول (پر) : پرکيدل .

fleet, adj. عقلمند ، ګړندی ، متی ، چست ، اوچالاک .

fleeting, adj. متی دالی .

fleetness, n. ګړندوب ، چټکتيا .

fleet, n. د جنګي کښتيو بېړۍ ، بحريه .

fleet, v.i.t. تېرېدل ، تېرول .

flesh, n. غوښه ؛ جسم ، تن ، پکه ؛ بنيادم ؛ هډ ، نوکم : د ميوې پوستی رنګ .

fleshless, adj. بې غوښې ، ډنګر ، لغړ .

fleshly, adj. د غوښې ، د جسم ، مادي .

fleshy, adj. غوښن ، مړی ، تيار ، څورب .

flew د fly ماضي ، والوت .

flex, v.t.i. کږېدل ؛ کږول ، تاوول : تاوېدل .

flexible, adj. کږېدونکی ، د کږېدو وړ ، تاوېدونکی ، ارتجاعي ، هغه چه په اساني سره تر تاثير لاندې راشي

flexibility, n. نرمي ، د کږېدو قابليت .

flicker, n.v.i. وړوکی رپ ، وړوکی بلېدل (لکه د څراغ يا اور) ؛ رپېدل او له منځه تلل : پرتاوول مرغۍ چه لر کې په ځنګه کې وهي .

flier, flyer, n. هوا باز ، الوتونکی ، دماشين يو برخه چه په ډېره چټکۍ سره څرخي .

flight, n. الوتنه، د الوتو قوت: سیل (لکه د مرغانو): د ستورو په رپ کې تېرېدنه: په وړاندې کې د دوړو یو ډېر منظم ځغلي.

flight, n. تېښته.

flighty, adj. بوالهوس، هردم خیال: ډارن، څوده، متلون مزاج، لیو نفری (لیو نفرت).

flimsy, adj. نازک: سست: بې پښته سطحي

n. اوراق (د پاڼکي). د رپوټ کاپي چه پر نازک کاغذ لیکل شوی وي.

flinch, v.i. اوږه خالي کول، ځان کښل: څونځېدل (ګنځلک کېدل) (له درده)، کږېدل.

fling v.t. شوکا دي کول، توکا دي اچول: توغول، له واره په زور سره شړل، غورځول، چپه کول: په لغته وهل.

flint, n. بګړه، بګړی.

flinty, adj. بګړین، چقماقي، کلک، په زړه سخت.

flip, v.t.i. ډکه ور کول، پورته اچول (لکه پیسه په شیر او خط کې) ورو څپېړه وهل

n. ډکه.

flippant, adj. سپک، بد مخی، سپین سترګی، بې اعتنا: چالاک، څوږ ژبی.

flippancy, n. سپکوالی، بد مخی، بې اعتنائي

flipper, n. هغه پلن غړی چه د لامبو وهلو لپاره استعمالیږي (لکه د هیلۍ ځپوډی یا پنجا لې): لاس

flirt. v.i. د دروا غو معاشقه کول، غیر جدي معاشقه کول، مکېز کول، نخرې کول، ناز کول.

flirtation, ناز، مکېز.

flirtatious, adj. نخره ګر

flit. v.i. نا بېره تېرېدل: چټک الوتل، غلی الوتل: لېږدېدل: سپک الوتل

flitch. n. د خوګ ګټ پړاړخ چه مالګه پرا چول شوې او ساتل شوی وي.

float, n. هر هغه شی چه داوبو پر سر ځي، هغه وړوکی لرګی یا کارک چه د کبانو د چنګک په سر ی پورې کېږي بو ټوته د بېړو دلو د پاره څوړند شوی وي: تخته روان: هر هغه شی چه په یوه مائع کې د دې د پاره اچول کېږي چه د ډوبېدو په وخت کې ډوب نه شي

v.t.i. د یوه مایع پر سر درېدل: په یوه سیال جسم کې د ته یا پر سر ورو ورو ښورېدل.

floater, n. هغه جسم چه د یوه مایع پر سر درېږي.

flock, n ډله، ګله، رمه. پاده، سیل

v.i. ډله کېدل، ګله کېدل، رمه کېدل: ټولېدل، غونډېدل.

floe. n. د اوبو پر مخ د یخ (ګنګل) یوه پلنه ټوټه

flog. v.t په متروکه وهل، وهل.

flood, n سیلاب، لېز: مد

flood-gate. n د اوبو بند دروازه.

floor, n. غولی، [illegible]: فرش

v.t. فرش کول: پر [illegible] د پښتل: ماته ور کول

flooring, n. هر هغه شی چه غولی
ور باندې فرش کېږي : سوبه (صوفه) .

flup, v.i. ، ټنګول ، کوږ کوږ تلل ، ټنګو ښېدل
دروند دروند برلاره تلل ، په ټینګه
ټینګه تلل ، ناکامېدل : غورځېدل ،
ورانېدل .

flop, n.

flora, n. د یوې سیمې یا (تاریخي)
دورې بوټي .

floral, adj. د ګلانو ، لکه ګلان .

florid, adj. مصنع ، ښکلي شوی ، مزین

florin, n. فلورین ، د فلورانس ارغوانی
طلا : د انګلستان یا هالنډ یوه دسپینو
زرو معاصره سکه .

florist, n. مالیار ، باغوان (د ګلو) ،
هغه څوک چه ګلان کری او یا یې خرڅوی

floss, n. اوربه ور ښم ، خېړور ښم

flotilla, n. د جنګی بېړیو ډله کی بېړۍ
یا ډله ، د ماکوګانو یو کوچنی بېړۍ .

flounce, v.i. په قدرت او چابکۍ سره .
ټاوېدل (لکه ددرد .)

n. د لمنی حاشیه ، پراو پړ .

flounder, n. یو ډول کوچنی پلن کب .

flounder, v.i. زورو هل ، لاس او پښې
وهل ، ټپېدل ، ښوېېدل : ښندېدل (په خبرو
کی) : اشتباه کول .

flour, n. اوړه ، پوډر .

floury, adj. داوړو ، پوډري

flourish, v.i. وده کول ، لوېېدل ،
بوسېغ تلل ، بریالی کېدل ، ترسره کول
(په هغه توګه) : غوړېدل .

v.t. ښکلول ، ښایسته کول ، سینګارول .

flout, v.t. ، سپکول ، مسخره کول ، څورول ،
ریشخندول ، پېغور ور کول .

n. سپکاوی ، پېغور ، مسخره ، ریشخند .

flow, v.i. ، بهېدل ، روانېدل : ښوېېدل ،
توېېدل : ځلېدل : پورته کېدل (مد) .

n. مد ، بهېدنه ، جریان : روانی ، سلاست

flower, n. ګل ، شګوفه ، د یوه شي غوره
ښه برخه ، زېور ، زیب .

v.i. غوړېدل

—adj. د ګل په شان ، یا ګل ته منسوب .

floweret, n. کوچنی ګل ، ګلډانی .

flowerpot, n.

flowery, adj. ګلداره ، د ګلانو ډېری :
خوږ ژبی .

flown, د fly دریم حالت .

flu, n. انفلوانزا (یو ډول تنفسی او ساری
ناروغی) .

fluctuate, v.i. ، نوسان کول ، تغیر خوړل ،
بر یوه حال نه پاته کېدل .

fluctuation, n. ، نوسان ، تغیر ، بدلون ،
بې ثباتی

flue, n. دود کښ ، هوا کښ ، د بخاری نل

fluent, adj. روان ، فصیح ، ساده .

fluency, n. روانی ، فصاحت .

fluently, adv. په فصاحت ، په روانی .

fluff, n. پت ، کرک .

fluffy, adj. پت داره ، نرم .

fluid, adj. مایع ، بهانده ، سیال .

n. سیاله ماده ، یو مایع یا ګاز .

fluke, n. لنګر (کښتۍ) هغه برخه چه په
مځکه کی ښخېږي ، غشی : د لوبې
انګېزه یا پېښه : تصادفی بریالیتوب .

flume, n. ناوه ، داوبو مصنوعی مجرا
flung, د fling ماضی او دریم حالت .
flunk, v.t.i. ناکامه کېدل ، ماته خوړل
ناکامه کول ؛ ماته ورکول .
flunk(e)y نوکر ، پیاده .
fluorescence, n. دوړانګو دخپرېدلی خاصیت چه دلونو منابع هغه جذب شوی وی : داډول خپرې شوې وړانګې .
flurry, n. دهوا ناڅاپی بدلون ، حرکت لمسون ، پاروېدنه ، پارېدنه : دقیمتونو ناڅاپی او موقتی بدلون .
v.t. تحریکول ، لمسول .
flush, v.i. په یو وار جاری کېدل یا بهېدل ؛ درنګ سور کېدل (له شرمه) ؛ تشویقول ، ژوندی کول .
v.t. په شدت سره په اوبو مینځل یا پاکول (لکه د کمود) ؛ درنګ سور کول (دشرم په اثر) .
n. داوبو تند جریان ، هیجان ، سور رنګ ، ځلا ، قوت ، زیات حرارت
flush, adj. ترغاړې ډک ، پرېمانه ، ژوندی ، مستقیم
v.i.t. په یو وار غورځېدل (لکه مرغی چه وډار یږی) .
n. یولاس قطعې چه یو رنګ ولری .
fluster, v.t. پارول ، مغشوش کول ، تودول ، دارخطا کول .
n. پارونه ، مغشوشوت ، قهر .
flute, n. شپېلی ، تولکه ، فلوټ : چین رده ، کونجه (لکه د کالیو) .
flutter, v.i. رپېدل ، اهتزاز کول ؛ پاروېدل .
n. اهتزاز ، پاروېدنه ، ګډوډی (دفکر)
flux, n. جریان ، بهېدنه ، پرله پسې اوښتون ، د بدن هغه بهېر چه عادی توګه دمایعاتو ورته ؛ هغه ماده چه دفلزاتو او کانی موادو دیوه له بله سره ویلېدلو دپاره مرسته کوی .
v.t. کوشېر کول ، سره ګډول ، تصفیه کول .
fluxion, n. بهېدنه ، تغییر .
fly, v.i. الوتل ، تښتېدل ، په بیړه حرکت کول ، دړول ، په الوتکه کی تلل .
v.t. الوزول ، طیاره چلول ، په هوا کول ، چاودل .
fly, n. دبیرغ ازاده برخه (بېس بال) توپ چه په هوا کی وهل شوی وی .
fly, n. مچ او مچ ته ورته الوتونکی حشرې (لکه غوماشه ، پتنګ او داسې نور) په ماهی ګیری کی یو شی چه مچ ته ورته وی او په چنګک پوری تړل کیږی .
flyer, n. د flier بله بڼه .
flywheel, n. په موټر کی غرای ویل ، یو دروند څرخ چه منظم څرخی او په دې توګه دوره پوري تړل شوی ماشین حرکت تنظیموی .
foal, n. دآس او داسې کورنی بچان
v.t.i. بچان راوړل .
foam, n. ځګ ، کف .
v.i. ځګ کول ، کف کول .
foamy, adj. ځګن .
fob, n. دساعت بند ؛ دساعت جېب چه په پتلون کی وی ؛ چل .

v.t. خطا ایستل، ریشخند کول، مرلول

focus, n. مرکز، محراق، فوکس : د عدسیې څخه تر هغې نقطې پورې فاصله چه هلته رڼا انکسار سره یو ځای کیږي : مرکزي ټکی، د زیات فعالیت سیمه یا ټکی : منشاء، مبداء.

v.t. متمرکز کول، محراق ته برابرول، فوکس کول، میزانول (د عدسیې)

focal, adj. محراقي، مرکزي

fodder, n. د څارویو خوراکه (وچه)، وچ واښه، پروړه، بوس، بوده.

foe, n. دښمن، غلیم، میرځی.

foeman, n. دښمن (په جگړه کې).

foetus, foetal, د fetus & fetal نور شکلونه (جنین، جنیني)

fog, n. لړ، خړوبی، دمه : دماغي اختلال: د وښو دوهم فصل (تر ریبلو وروسته).

v.t. تتول، مبهم کول.

foggy, adj. تت، مبهم، لړلی.

foghorn, n. هغه ترم چه د لړ په وخت کې کښتیو ته د خبرتیا د پاره وهل کیږي.

fogy, n. زوړ خیالی، زوړ فکره، دوځ هغه وروسته پاته

foible, n. اخلاقي کمزوري، ناکامي، عیب

foil, v.t. ماته ورکول، مایوسه کول، منع کول.

n. منع، پرشا وهنه، په پهلوانۍ کې پڅه توره چه د تورې په لوبه کې استعمالیږي.

foil, n. د فلزو نازکه تخته، پاڼه، زربرخ (زرورق)، جوهر (د هنداري د شا مواد).

foist, v.t. بدل شی په اصل تېرول، کچه شی په اصلي شی تېرول : په غلا ننوتل، په غلطه توګه ځایول

fold, v.t.i. کتول (قات کول)، غبرګول، احاطه کول.

n. قات، غبرګی

fold, n. شپول : رمه

v.t. په شپول کې بندول.

folder, n. دوسیه.

foliage, n. دونې یا ښاخ (ځانګې)، پاڼې.

folio, n. د کتاب پاڼه، غبرګه پاڼه، د غبرګې شوو پاڼو کتاب، د کتاب د مخونو شماره.

folk, n. خلک، وګړي، ټوله، قوم، خپلوان، اولس

adj. اولسي، خلقي

folklore, n. فولکلور، اولس پوهه (د خلکو دود، افسانې، ادبیات، موسیقي او نور)

follicle, n. حجره (د بدن له حجرو څخه راولي دي) : کوچنی مرغړی.

follow, v.t.i. تعقیبول، اطاعت کول : منتج کېدل، تقلید کول، منل، ځارل، درک کول.

follower, n. پیرو، شاګرد، مرید، تابع.

following, n. پیروان، متعلقین.

adj. لاندې، په لاندې ډول.

folly, n. حماقت، بې عقلي، د بې عقلۍ کار یا مفکوره.

foment, v.t. پا رول ، لمسول ، تحریك کول: په ګوده واو بومینځل ، تودساتل.

fomentation, n. پارېدنه ، تحریك .

fond, adj. مینه ناك، لېوال ، مشتاق : هغه چه بوه خبره زړمني .

fondly, adv. په مینه ، په اشتیاق .

fondness, n. مینه ، لېوالتیا ، اشتیاق .

fondle, v.t. نازورکول ، په غېږ کې نیول ، مینه وربسره کول .

font, fount, n. په طباعت کې د حروفو داسې مجموعه چه د اندازې او سبك په لحاظ سره یوشی وی .

font, n. په عیسوی د ین کی یو حوضکی چه مقدسې او به پکښې وی :فواره ، چینه: سر چینه .

food, n. خواړه ، هغه شی چه د بدن د ودې او انکشاف د پاره استعمالیږی.

foodstuff, n. هرشی چه دخوړو په حیث استعمالیږی ، غذایی مواد : هغه مواد چه پروتین ، قند ، شحمیات او نورو لری.

fool, n. بې عقل ، ساده ، بېوا ، مسخره .

v.t.i. بې عقله کول ، غولول ، خرکول ، مسخره کول .

foolery, n. بې عقلی ، حماقت ، غولونه .

foolproof, adj. اسانه ، ساده ، بسیط ، خوندی ، محفوظ ، اعتباری .

foolhardy, adj. متهور، بې ځایه زړه ور.

foolhardiness, n. تهور ، بې ځایه زړه ورتیا .

foolish, adj. بې عقل ، بې ادبه ، چوا هل ، بېډا .

foolishly, adv. په بې عقلی ، په جهالت .

foolishness, n. بې عقلی ، جهالت .

foolscap, n. یوه پا ڼه کاغذ چه سایز یې ۱۳ X ۱۶ یا ۱۷ انچه وی

foot, n. پښه : فټ (۱۲ انچه) پای یا بیخ : پلی عسکر : دجا (په نظم کی)

v.t. جمع کول : په اصطلاح کی تادیه کول : قدم وهل : نڅا کول ، لګېدل

football, n. فټبال (لوبه): فټبال (توپ)

footfall, n. قدم ، د قدم ږغ .

foothill, n. غونډۍ چه د غره په بیخ کې پرته وی .

foothold, n. د پښې د تکیې ځای : یوغونډۍ ځای چه له هغه څخه څوك په اسانۍ سره نشی بې ځایه کېدلای .

footing, n. د پښې د تکیې ځای : د پښې د ایښودلو د پاره ځای: دچا موقف د بل په مقابل کی : موقف ، وضع ، جمع .

footless, adj. بې اساسه ، بې اهمیته ، بېډ ا

footlights, n. دسټیج د مخ څراغونه : صحنه او تیاتر : سټیج.

footman, n. نوکر ، پلی عسکر ، نفری (داوسپنی)

footnote, n. لمن لیك ، پاورقی ، فټ نوټ .

footpad, n. لاروهونکی ، شوکمار .

footpath, n. د پلیو لار (پیاده رو) : راسته .

footprint, n. پل (د پښې) ، د پښې انځور .

footsore, adj. ژوبلی پښې (د ډېر تګ په اثر).

footstep, n. ګام ، پل ، قدم .

footstool, n. د پێوا پێوەدانود پار . کوچکی مێز چه بۆ چو کی پا لدی د کەپێ نستلو پەوخت کی بێ استعمال اوی .

footwear, n. پێلاو ، پوتۆونه اولور شتان چەپە پێوەکەی (پێوکیدوانی).

fop, n. لباسی یا لما پشی، خان جێکار . کوو لکی .

foppery, n. خان چوونه .

foppish, adj. بێ عقل ، خود لما پە .

for, prep. دپارە، بۆ خاطری ، پەکۆتەی، پە عوض، پە بدل ، لەسببە ، لەحیثه ، پە لحاظ .

conj. چونکه چه ، لەدێ کی لەچە .

forage, n. دهوا پە ، اس اف لوردو حیوانا تو زاڵ په ؛ دا اذوقی پەیدا کولو هڤه . پە اذوقه پەسی هڤه کول ،

v.t.i. اذوقەلاستەرا وستل ؛ اذوقه خلا کول .

forager, n. یا قصبول

foray, n. & v.t.i. پرعل ، چپاو ، غارت پرغلل (حمله کول) ، تالا کول ، چپاو کول .

forbade or forbad, د forbid ماضی

forbear, v.t. وده کول ، خان ژغورل

forbearance. n.

forbear, n. نیکه گان ، اسلاف

forbid, v.t. منع کول .

forbiden, adj. منع شوی .

force, n. قوه ، انرجی ، زور ، طاقت ، شدد ، اجبار ، اکراه ؛ قوا .

v.t. مجبوره کول ، تحمیل کول ، بێ پته کول ، بێ ناموسه کول .

forceful, adj. قوی ، جابر .

forceps, n. لوسی (پنس) ، کوچنی البور .

forcible, adj. اجباری ، شدید ، پەزور اخیستل شوی ، قوی او دانرجی خاوند :

forcibly, adv. پە قوت ، پەشدت ، پە زور ، پە جبر

ford, n. گودر .

v.t.i. پرگودر پوری اپستل ، پرگودر پوری وتل .

fore, adv. دمخه ، مخکینی .

adj. مخ ته ، پە مخکی .

n. مخ .

fore-and-aft, adj. د بیړی پەاوږدو .

forearm, n. لیچ ؛ لیچه .

forebear, forbear, n. انا ، نیا : نیکه ، جد

forebode, v.t.i. دمخه ماسمکی خبرول دومبی خبر ورکول ؛ دومبی ډاروول یا اخطار ور کول (له) .

foreboding, n. دبوی پیښی له پیښیدو دمخه خبر ورکونه یا خبرونه .

forecast, v.t.i. پیش بینی کول ، غیب ویل ، اټکلول .

n. غیب گویی ، پیش گویی ، اټکل

forecaster, n. پیش بینی کوونکی ، اټکلوونکی ، غیب ویونکی

forecastle, n. دبیړی مخنی برخه چه ماڼوکان پکی اوسی .

foreclose, v.t.i. درول ، منع کول ، ستنول ناهیندەکول ، سلبول ؛ قبضه کول ، نیول

foreclosure, n. سلب ، ورک ، منع ؛ ددعوي کولو حق : ليوله ؛ بې وسه ، ليمکړی ، له رسېدله ، دګرو تصرف .

foredoom, v.t. مقدر کول ، مخکې محکوم ول .

forefather, n. نيکه ، جد .

forefinger, n. په ګټه (بګه ، ګټه) ګوته پسې دوهمه ګوته .

forefoot, n. مخکينۍ پښه (دڅلور پولو) .

forefront, n. دهر شي تر مخ راوتلې برخه وړاندينۍ برخه .

forego, v.t.i. مخته تلل ، وړاندې تلل مخکې کېدل ؛ مخکې وړاندې پرول تر مخ کول .

foregoing, adj. مخکې ، وړاندې ؛ مخکې يادشوی .

foregoing, adj. تېر شوی ، پخوانی .

foreground, n. د صحنې هغه برخه چه اومړی ځل دسړي تر سترګو کېږي (پيش منظر) .

forehand, adj. بر لاس ؛ داس هغه برخه چه دسپاره تر مخ واقع دی

forehanded, adj. پس انداز وونکی ، ګولونکی ، ذخيره کوونکی (په وخت اوځای) پاسره کړ .

forehead, n. تندی ، ټنډه ، وچولی .

foreign, adj. د باندينی ، خارجی ، وزچڼی ، پردی ، دبل وطن .

foreigner, n. خارجی ، دباندينی ، پردی ، دبل وطن سړی .

foreknow, v.t. غيب ويل ، پيشګويي کول ، مخکې پوهېدل .

foreknowledge, n. غيب ګرنې ، پيش ګويي ، مخکې پوهېدنه .

foreland, n. هغه وچه چه پراوبوکی ننوتې وی ، درسك (دماغه ، راس) ؛ سرونخه ، محکه .

foreleg, n. مخکينۍ پښه (دڅلور پولو) .

forelock, n. پيکی ، بوچکی ، کاکل .

foreman, n. دسر سړی ، مشر ؛ د jury مشر ؛ دکارګرو مشر .

foremast, n. دبېړۍ مخکينۍ اولويه ستنه چه بادبان پر درول کېږي .

foremost, adj. & adv. لومړنی ، اولين ، ټولو لومړی ، لومړی لمبر ، خوراښه .

forenoon, n. څاښت ، برېګر ، دسهار اوغرمې ترمنځ وخت .

forensic, adj. عدلی ، د بحث وړ .

foreordain, v.t. دمخه ټاکل (ته) ، وړ په برخه کول .

forequarter, n. دحلال شوی غوايي يا پسه ټټر يا مخکينۍ برخه .

forerun, v.t. وړاندې کول ، مخکې کول ، تر اوړو دمخه کېدل ؛ دمخه خبرول .

forerunner, n. امنا جي ، پيغام وړونکی ؛ سلف ؛ نيکه .

foresail, n. هغه بادبان چه د بېړۍ په مخکينۍ ستنه باندې وي .

foresee, v.t. پيش بيني کول ، مخکې پوهېدل ، دمخه خبرېدل .

foreshadow, v.t. دمخه خبرول ، دمخه پوهول ؛ د يوې پېښې دواقع کېدو نښه ښودل .

foreshorten, v.t لنډول، کوچنی کول، په آرټ کې د ځینو خطونو لنډول د دې د پاره چه ځینې برخې نسبت نورو ته دسترګو څخه لیرې واقع شي .

foresight, n. پیش بیني، احتیاط، دور بیني، ځیرکي، فراست .

forest, n. ځنګل .

forestall, v.t. مخه نیول : د شیانو ساتل او راټولول چه د ګران قیمت د پاره ئې وپلوري ، ؛ احتکار کول ؛ انحصارول .

forestry, n. ځنګل پوهه ، د ځنګلونو علم

forester, n. ځنګل ساتونکی ، ځنګلوان

foretaste, v.t. مخکې څکل ، پیش بیني کول .

foretell, v.t.i. پیش ګوئي کول ، مخکې خبرول ؛ پیش ګوئي کېدل ، مخکې خبر پېدل ؛ د مخه ویل .

forethought, n. در اتلونکې (آینده) غم خوړنه ، دور اندیشي .

forever, adv. د تل د پاره ، تل تر تله ، همیشه ، تل .

forewarn, v.t. پخوا له خطره خبرول .

سریزه ، مقدمه ، دیباچه .

forfeit, v.t. د یوه کار د کولو یا نه کولو په اثر د لاسه ورکول ، ضبطول ، جریمه کول ، تاوان ورکول

forfeiture, n. ضبطونه ، جریمه ، تاوان .

forgather, v.i. غونډه کېدل ، راټولېدل ، یو ځای کېدل ، ګوډېدل .

forgave, د forgive ماضي

forge, n. بټۍ ، کوره ، کارځای (د پښ) : پښ ګري .

v.t. په څټک (چکش) وهل ، ټکول (د اوسپنې) : جوړول : ایجادول : ناچله شي جوړول ، جعلي جوړول

forger, n. د کوم شي جوړوونکی ، جعل کاره .

forgery, n. جعل کاري .

forge, v.t.i. مخته تلل ، وړاندې تلل (په ورو او مشکلات) : مخته بیول ، وړاندې بیول .

forget, v.t. هېرول ، له یاده وتل ، له نظره اچول .

forgetful, adj. بې توجه ، بې پامه ، هېرجن .

forgetfulness, n. هېرجن توب ، بې خبري ، بې پامي .

forgive. v.t. بښل ، معافول ، پرېښودل ، خوشې کول ، خلاصول .

forgiveness, n. بښنه ، معافي .

forgo, v.t. تېرېدل ، لاس اخیستل ، سترګې پټول (ګوښې) ، ودې کول .

forgot. د forget ماضي .

forgotten. د forget دریم حالت .

fork, n څاخې ، پنجه ، لوښې ، اشکنجه ، څانګه .

v.i. څاخ څاخ کېدل ، په څانګو وېشل کېدل .

forlorn, adj. بې وزلی ، بې کسه ، یوازې پرېښودل شوی ، خوار شوی ، نتلی ، متروک ، نا امیده .

forlornly, adv. په بې وزلۍ ، په بې کسۍ ، په بېچارګۍ ، په خوارۍ

form, n. بڼه ، شکل ، صورت ، څېره ، ګېڼلار ، فورمه ، د کلمو یا کارو ترتیب ، نظم او نسق ، برابرې ، یو ډول والی : ډول ، نوع ؛ یو ګونګی ؛ اوږده چوکۍ ، درسی چوکۍ ؛ قالب ؛ (ګر) صیغه ؛ وجه ، حالت ، ډول .
v.t. شکل یا بڼه ورکول ، انځورول ، شا بسته کول ؛ روزل ، پالل .

formal, adj. رسمی ، ظاهری ، قانونی ، اداری ، جوت ، ټاکلی ، څرګند .

formally, adv. په رسمی ډول ، په جوته ، په قانونی توګه ، په اداری ډول .

formaldehyde, n. (کیم) یو بې رنګه غازچه په طبابت کې د دوا یا د بوینو دورکولو دپاره استعمالیږي

formalism, n وچه اصول پرستی ، عنعنه پرستی ، ظاهر پرستی (په دین کې)

formality, n. تشریفات ، رسمیات ، د رسم او رواج رعایت ؛ وضع

formation, n. رغونه ، تشکیل ، جوړښت ، جوړېدنه ، بڼه ، بڼه ورکونه .

formative, adj. سمونکی ، تشکیل ورکوونکی ، روزونکی ، پالونکی ، جوړونکی .

former, adj. لرغونی ، پخوانی ، قدیم ، لومړنی .

formerly, adv. پخوا ، په لرغونی وخت کې ، په لومړنی وخت کې

formidable, adj. سهمناک ، وېروونکی ، ډاروونکی

formless, adj. بې شکله ، بې بڼې ، بې اساسه ، بې ترتیبه .

formula, n. فارمول ، قاعده ، طریقه ، اصل ، اصول ، لاره .

formulate, v.t. د فارمول په شکل راوړل ، په اصولو برابرول ، په فارمول برابرول ، په فارمولی ډول لیکل ، برابرول ، سمول .

formulation, n. فارمول جوړونه ، قانون جوړونه : فارمول .

fornication, n. زنا ، غوږه ، بد لمنتوب ، کاسپرتوب (د مجرد دپاره) .

forsake, v.t. پرېښودل ، ترک کول ، خوشې کول ، لاس اخیستل (له) ، اېله کول .

forsaken, adj. پرېښودل شوی ، اېله شوی ، خوشې شوی .

forsooth, adv. په رښتیا ، په یقینی ډول ، په باور ، په حقه .

forswear, v.t. ناکاره کېدل ، منکر ېدل ، په ناحقه قسم اخیستل ، په دروغو قسم کول ، لوزماتول .

forsworn, adj. ناکاره شوی ، منکر شوی

forsythia, n. یو ډول زېړ رنګه او کونګېری (زنګوله) ډوله ګل دی چه د پسرلی په لومړی یو ډ څو کی ګل کوی .

fort, n. ګلا ، کوټ ، حصار .

forte, n. هنر ، شهکار ، وتلی ، نامی ، نامتو .

forte, adj. adv. لوړ اواز ، چټک ، (په موسیقی کی) .

forth, adv. لرمخ ، مخکی ، وړاندې ، دا وتلی .

forthcoming, adj. رارسېدونکی ، راتلونکی .

forthright, adj. سم ، سېخ ، روڼ ، سېده ، برابر ، مستقیم .

forthwith, adv. ناڅاپه ، ژر تر ژره ، ناببره ، دفعتاً ، واردوارده ، فوراً .

forticth, adj. څلوېښتم .

fortieth, n.

fortify, v.t. قوي کول ، پیاوړی کول ، زور ور کول ، دفاع ته چمتو کول ، تیاری نیول ، سمبالول ، محکمول .

fortification, n. استحکام ، تیاری ، ټینګوالی ، سنګر نیونه ، څوکۍ نیونه .

fortitude, n. تحمل ، زغم ، ثبات ، درېدنه .

fortnight, n. دوې اونۍ ، دوې هفتې ، څوارلس ورځې .

fortnightly, adj. & adv. دوې راتلونکې اونۍ .

fortress, n. نظامي کلا ، لښکر کوټ ، جنګي کلا ، کلا ، حصار .

fortuitous, adj. ناڅاپي ، تصادفي ، ناببره .

fortunate, adj. بختور ، نېکمرغه ، نېک طالعمن .

fortunately, adv. د نېکه مرغه .

fortune. n. بخت ، مرغ ، نېک بخت ، قسمت ، برخه ، پانګه ، پیسې ، دولت ، شتمني .

fortune teller, n. فال لیدونکی ، فال بین

fortune telling, n. & adj. فال بیني ، طالع کتنه ، طالع کتونکی ، فال لیدونکی .

forty, adj. & n. څلوېښت .

forum, n. په پخواني روم کې د یوه ښار میدان ، بازار یا د خلکو د راټولېدو ځای ، جرګه ځای : محکمه .

forward, adj. په مخکې ، مخ ته ، مخ ته نژدې ، د مخکې برخه ، د مخه : پرمخ تللی ، تیار : افراطي ، لېوال : بې حیا ، اوم .

n. فارورډ (لکه په فټبال کې) .

v.t. په پرمختګ کې مرسته کول ، مخ ته بېول .

forwardness, n. مرسته کول ؛ پرمخ تلنه

fossil, n. فوسیل ، د لرغونې زمانې د حیواناتو او نباتاتو پاته شوني (بقایا)

fossilize, v.t.i. په فوسیل بدلېدل یا بدلول د مطالعې د پاره د فوسیلونو لټول .

foster, v.t. روزل ، وده ور کول ، تغذیه کول ، ترویج ور کول ، حمایه کول او پرمخ بېول .

adj. روزونکی ، روزل شوی : هغه کوچنی چې بل چا روزلی وي : هغه سړی چې پردی اولاد روزي .

fought, د fight. ماضي او دریم حالت .

foul, adj. ناوړه ، چټل ، د کرکې وړ ، ناولی ، د شرم وړ ، بې قاعدې ، کم ارزښته ، بدشکله .

n. غلطي .

v.t.i. چټل کول ، ګډې کول ، بې پتې کول ، بې عزته کول ، جړ کول ، ککړ کول ، فول کول (په لوبو کې) ، فول کېدل ، جړ کېدل ، ککړ کېدل .

foulness, n.

foulard, n. نازک ، ورېښمین او ملایم ټوکر ، د دغسې ټوکر څخه جوړ شوی دسمال .

found, ماضی او دریم حالت find د.
found, v.t. تاوسیس کول ، تشکیلول ، بنسټ ایښودل .
founder, n. مؤسس
found, v.t. فلزویلی کول ، په قالب کی اچول .
foundation, n. بنسټ ، بنا ، اساس ، مؤسسه ، بسپنه ، مرسته .
founder, v.i.t. کوډ کوډ تلل ، لنګویدل له اوبو ډکیدل او ډوبیدل(لکه بیړی)
foundling, n. موندل شوی کوچنی ، پریښودل شوی ماشوم .
foundry, n. هغه ځای چه ویلی شوی فلز په قالبو کی اچوی ؛ د توپ جوړولو فابریکه ؛ د ریخته ګری فن .
fount, n. فواره ، سرچینه ، منبع .
fount, n. font وګوری .
fountain, n. فواره، چینه، مخزن(داوبو)
fountain pen, n. خود رنګه قلم .
four, adj. & n. څلور .
four fold, adj. څلور لایه ، څلور ځیرګه، څلور پټه .
four score, adj. څلورشلی (اتیا) .
four square, adj. & adv. مربع : ثابت ، روښ ، صادق .
fourteen, adj. n. څوارلس .
fourteenth, adj. & n. څوارلسم
fourth, adj. & n. څلرم ، څلورم .
fowl, n. مرغی، چرګه ، چرګه .
v.i. دوحشی مرغانو ښکار کول .
fowler, n. دوحشی مرغانو ښکاری
fox, n. ګیدړه ، مکارسړی ، چلی

foxy, adj. د ګیدړ په شان ، مکار ، سوربخن ، لیواری
fox glove, n. یو ډول ګل دی
foyer, n دهلیز ، دانتظار سالون (لکه په سینما او تیاتر کی) .
fracas, n. شخړه ، غوغا ، جنجال .
fraction, n. کسر ، ماتیدله ، درز ، برخه ، ډله ، فراکسیون (په ګوند کی دننه کوچنی ډله) .
fractional, adj. کسری ، جزئی ، ډلیز .
fracture, n. درز ، کسر ، ماتوالی ، چاود .
fragile, adj. نازک ، ژرماتیدونکی ، کمزوری ، ضعیف ، لطیف .
fragility, n. نازکی ، کمزوری .
fragment, n. ټوټه ، برخه (ماته شوې) .
fragmentary, adj. له ټوټو څخه جوړ شوی ، نیمګړی ، مات .
fragrant, adj. معطر، خوشبویه (خوش بویه) .
fragrance, fragrancy, n. خوشبویی .
frail, adj. نازک، په اسانی ماتیدونکی، سوست ، کمزوری، : فانی .
frailty, n. کمزوری، کمزوری (اخلاقی) .
frame, v.t. په چوکاټ کی نیول ، شکل ورکول ، تصور کول، طرح کول تنظیمول: n. چوکاټ، سکلټ(دبدن)، مزاج .
framer, framework, n.
franc, n. فرانک (دفرانسې، بلجیم ، سویس، سکه یا پولی واحد).

franchise, n. امتیاز (د دولت له خوا)؛ قانوني حق (په تېره بیا د رای ورکولو حق).

frank, adj. رون، په ډاګه ښکاره، سپین ویونکی، بې پردې.

frankly, adv. په رڼو (په ډاګه ښکاره).

frankness, n. سپین وینه و رښتیا، د لهجې صراحت.

frank, v.t. د لیکې یا بل شي بې ټکټه استول (په پوسته کې).

n. هغه نښه چه د ډاک بې، لیکې، ټلګرام یا نور په وړیا توګه استول کېدای شي: وړیا استولو امتیاز.

frankfurter or frankforter, n.
یو ډول ساسیج (وچ شوی) چه د غوښې یا خوګ د غوښو څخه جوړ شوی وي.

frankincense, n. یو ډول خوشبو یه کندوره چه د ختیځو آسیایي او افریقایي ونو څخه لاس ته راځي او که وسوځول شي نو ښه بوی تری پورته کیږي.

frantic, adj. د قهر، د درد او تشویش څخه عصبي شوی.

frantically, adv. د لیونی په شان، د عصبانیته.

fraternal, adj. د ورورۍ، د ورور په شان.

fraternity, n. ورور ګلوي، د ورور ګلوی ټولنه: د یوې طبقې، حرفې یا ذوق خاوندان.

fraternize, v.i.t. د ورونو په شان سره خواخوږېدل: اتفاق کول.

fraternization, n. ورورۍ، ورور ګلوي

fraud, n. ټګي، چلبازي، کلپي، چل

fraudulent, adj. ټګ، کلپ، ټګمار غولوونکی، پر ټګۍ بنا شوی، په ټګۍ سره سر ته رسېدلی یا تر لاسه شوی.

fraught, adj. ډک، لرونکی، بارشوی.

fray, n. شخړه، جګړه، جنجال.

freak, n. هوس، بوالهوسي، وسواس: عجیب، غیر طبیعي غیر عادي سړی یا شی،
freakish, adj.

freckle, n. کوچنی نصواري رنګه خالونه چه پر مخ او د بدن پر نورو برخو پیدا کیږي (مکس).

v.t.i. خالداره کول، خالداره کېدل.

free, adj. ازاد، خپلواک، مختار، معاف (د مالیې او محصول څخه)، بسیا هو؛ خلاص (له تکلیف او درد څخه)، بې قیده وړیا (مفت).

adv. په ازاده توګه، په وړیا توګه.

v.t. ازادول، معافول، خلاصول، صافول.

freely, adv. په ازاده توګه، په وړیا ډول

freebooter, n. غل، داړه مار، شکوونکی

freedman n. مریی چه ازاد شوی وي.

freedom, n. ازادي، خپلواکي، استقلال اختیار: سپین والی (د لهجې صراحت)؛ اسانتیا.

freehold, n. مطلق مالکیت، هغه جایداد چه د مالیې او محصول څخه معاف دی، ملکیت.

freeholder, n. د دغسې جایداد خاوند.

freeman, n. هغه څوک چه د مدني او سیاسي ازادۍ خاوند دی؛ تبعه، ښاري.

Freemason, n. د یوې پټې اجتماعي ډلې غړی.

Freemasonry, n. دیورتنی یقی ۆ لی یاموسىی داجرا اتوۆول .

freewill, adj. داوطلب ، رضا کار : اختیاری ، مختار .

freeze, v.t.i. بە یخی بدلول ، کنگل کول یخی کپدل ، رسمی وضع کول ، یخ وهل . یخ وهلی ، یخ وهنه ، دهواسوړوالی ، **n.** تمبچی .

freezer, n. یخچال ، یخدان .

freight, n. باړه ، کرایه ، بار (پە کښتۍ یا الوتکه کی) ، باروړنه دمال اورگاډی .

بارول ، انقلول (دکښتۍ پەذریعه) . **v.t.**

freighter, n. باروړونکی کښتۍ ، الوتکه اورگاډی .

French, adj. فرانسوی ، دفرانسی خلک اوژبه .

Frenchman, n. فرانسوی ، دفرانسی اوسیدونکی .

frenzy, n. هیجان ، دا عصابو شدیدوالی .

frenzied, adj. هیجانی ، لیونی ، عصبی .

frequency, n. فری کوینسی ، واروار پیښیدنه ، تکرار ، سرعت : پە برق کی دبریښنا دجریان ددوران شمیرچه دمتناوب جریان دراوډونکی ماشین پە ذریعه پە یوه ثانیه کی واقع کیږی ، پەفریکی کی د اهتزازاتو شمیردوخت پە یوه واحد کی .

frequent, adj. مکرر ، عادتی ، ډیر پیښیدونکی .

frequent, v.t. پەوارواریادعادت لەمخه یوه ځای تەورتلل .

frequently, adv. پەواروار ، پەمکرر ډول .

fresco, n. پرلندوگچویاپلستر باندی نقاشی ، نقاشی چەپەدی ډول کیږی .

fresh, adj. تازه ، بی مالگی ، خالص او سوړ ، تند (باد) بی تجربی ، هوسا ، نوی ، عصری .

freshly, adv. (امر) جسور ، زړه ور (دبیخوپەمقابل کی) .

freshness, n.

freshen, v.t.i. تازه کول ، جوړول ، سړول ، تازه کیدل .

freshet, n. سیلاو ، سیل ، او پە چه دسیند یاویالی ترغاړو واوړی .

freshman, n. مبتدی (پەتیره بیادپوهنځی دلومړی کال محصل) .

fresh-water, adj. پەخوږو او بوکی اوسیدونکی ، بی تجربی .

fret, v.t.i. موبچل ، سولول ، مغشوش کول ، پەقهرکول ، خپەکول ، مغشوش کیدل ، خپەکیدل ، مشوش کیدل .

n. خپگان ، لسون .

fretful, adj. غم ځپلی ، غمجن ، اندیښنانی .

fretfully, adv. پەقهرسره ، پەبدخلقی سره .

fret, n. ترلیفی نقشه چەدعمودا و مستقیم خطوطخخه جوړه شوی وی ، دکولی خط پە شکل نقشه ، یو ډول گلا باتوللی جال چەپخلی خپل وپښتا نبکی اچوی ، منبت کاری .

fretwork, n. منبت کاری ، برجسته کاری .

fret, n. پەموسیقی الاتوکه ، گیټا راو بینجو (چاپالی رباب) بندیا پرده .

friable, adj. ماتیدونکی .

friar, n. درویش. کاتولیک له څلورو طریقو څخه و یوی طریقې ته منسوب څړی

friary, n. خانقاه، لنګر، صومعه .

fricassee, n. قورمه، قورمه ،(دچرګی، سوی او نورو)

v.t. د قورمې په شکل پخول .

friction, n. مښود، موښنه، اصطکاک: تصادم، دنظر بېلوالی .

frictional, adj اصطکاکی، اختلافی.

Friday, n. جمعه .

friend, n. ملګری، دوست، رفیق؛ ورور (لکه داخوان المسلمین ګړی)

frienless, adj. بې یاره، بې دوسته .

friendliness, n. دوستی، ملګری، رفاقت .

friendly, adj دوستانه، دوستانه، د ملګری.

friendship, n. دوستی، یاری، رفاقت

frieze, n. د ممېر اتو نقش او نګار: جالی چه دا ډول نقش ولری .

frigate, n. د ۱۸ او ۱۹ پېړی یو ډول جنګی کښتی: یو ډول بېړګه کوونکی جنګی کښتی چه انګریزانو په دوهمه عمومی جګړه کی کار ځنی اخیستی دی.

fright, n. ناڅاپی ویره، خطر .

frighten, v.t. ډېرول، په وحشت کی اچول

frightful, adj. ویرونکی، په وحشت کی اچوونکی، سهمناک

frightfully, adv. په ویروونکی توګه

frightfulness, n. ویره، وحشت

frigid, adj. یخ، وچ او رسمی یا تشریفاتی. سړی، بې مهره، بې عاطفې .

frigidity, n. سړووالی، بې عاطفګی، بې مهری، بې مزې .

frill, n. چین، د کمیس لمن (حاشیه) .

fringe, n. حاشیه، چرمه، سجاف، پیکی.

v.t. حاشیه ورکول، چرمه پرې ایښودل.

frippery, n. ارزانه لمانځې کالی، زاړه کالی، دزړو کالیو تجارت: تظاهر، ځان ښودنه .

frisk, v.i.t. پورته کښته ټوپ وهل، تلاښی کول .

frisky, adj. خوشاله، ژوندی، بشاش، شوخ .

fritter, n. یو ډول کلچه یا کیک چه مېوه پکښې وی .

fritter, v.t. پر بې اهمیته شیانو یا ندی وخت یا پیسې ضایع کول؛ ټوټه ټوټه کول

frivolous, adj. سپک، بېهوده، پوچ، مبتذل.

frivolity, n. سپکوالی، بېهوده ګی، ابتذال .

frizzle, v.t.i. جز جز کول (لکه غوړ چه سره کېږی): وېښتان چنګه چنګه (کلونجی) کول.

fro, adv. له، څا

frock, n. فراک، د پادریانو چرخه، د ښځو او یا ښځو کالی، قبا .

frog, n. چونګښه؛ دستوانی یا د سوب؛ داورګاډی متقاطع پټلی (د ریل) چه پر هغه ځای ګاډی له یوه خط بل خط ته اوړی؛ ملاوستنی (کمربند) .

frolic, v.i. & n. خوښي کول ؛ لوبه ، خوښي ، ښادي .

frolicsome, adj. خوشاله ، لوبې کوونکی .

from, prep. له ، ده ، ورځنه ، دېځنه ، له څخه .

frond, n. ساقه چوله پاڼه لکه دخرما ، سرخس او داسې نور .

front, n. مخ ، دمخ برخه ، دمخ کنار ، داو پوځ ځنډو : هغه شی چه د بدن پرمخ کېښنې ، برخه اخوستل کیږي .

v.t. مخامخ کېدل : په مخ کې کېدل .

frontal ,adj. د مخ ... ، لکه ، تندی ، مخور کی .

frontage, n. دودانۍ دمخ برخه ، حريم ، ميدان (د ودانۍ مخ ته) .

frontier, n. ځا ی ، پوله ، ولک ، سرحد ، ویش .

frontiersman, n. سرحدي خلك ، هغه څوك چه په سرحد باندې ژوند کوي

frontispiece, n. هغه تصوير چه د کتاب دلومړي صفحې په مقابل کې راغلی وي .

frost, n. & v.t. پرخه ، يخ ، شبنم ؛ يخ وهل .

frosty, adj. يخ وهلی ، د پرسوړ ، يخې شوی .

froth, n. ځګ ، سپك او بې اهمیته شی ، بې معنا خبره .

frothy, adj. ځګن ، د ځګه ډك .

froward, adj. سرکښه ، بدچل سړی ، له اداره کېدونکی .

frown, v.t.i. & n. تندی تریو کول ، په زړه و کتل ، په قهر ملوميدل ، قهرجنکاره کول : تريو تندی ، ژيړ نظر .

frowzy, adj. چټل ، بدبويه ، ککړ کرغیړن .

froze, د freeze ماضی .

frozen. د freeze دريم حالت .

frugal, adj. اقتصادي ، سپموونکی .

frugality, n. سپما ، امساك .

fruit, n. ميوه ، حاصل ، نتيجه ، ګټه ، ثمره .

ميوه وركوونه ، حاصل .

fruiterer, n. ميوه پلورونكی ، ميوه ورونكي كښتی .

fruitful, adj ګټور ، نتيجه اوونکی ، مفيد .

fruitfulness, n. ګټور توب ، ګټه .

fruitless, adj. بې حاصله ، بې ثمره ، بې ګټې ، بې ميوې .

fruition, n. ګټه اخيستنه ، سرته رسيدنه (د اميدو ، پلانو او نورو) ، خوند اخيستنه .

frustrate, v.t. بې اثره كول ، بې نتيجې كول ، باطلول ، زړه ورماتول

frustration, n. نا اميدي ، ماته ، محروميت .

fry, n. د كب بچي (چوچي) چوچيان

fry, v.t.i. سوركول ، وريتول ، كباب ول ، سوركېدل ، وريتېدل ، كباب پېدل .

fuchsia, n. فيوشا ، يوبوټی چه ګلابي سره او ارغواني ګلان لري .

fuddle, v.t.i. مستول ، خړول ، زبات چښل (شراب) .

fudge, n. پوډول نرم خواږه چه چاکلیټ او مڼه کې پکښې وي ، بې معنا خبرې ، چټیات .

fuel, n. د سوځنګ مواد .

v.t.i. د سوځنګ مواد برابرول

fugitive, n. & adj. فراري ، تښتېدلی

موقتي ، زر تېرېدونکی ، داسې موضوعاتو ته منسوب چه مؤقتي دلچسپي لري ، عارضي ،

fugue, n. د موسیقي کمپوز چه مختلفې آلې برخې یې پرله پسې تکرار پېږي .

Fuhrer, n. لیډر ، پېشوا .

der Fuhere. دنازي ، جرمنیا لوی لیډر (هټلر) .

fulcrum, n. د اتکا ځکی ، داهرم تکیې ځای

fulfill or fulfil, v.t. سرته رسول ، اجرا کول ، پرځای کول ، تمامول ، بشپړول ارضا کول ، ملاقات کول ، جواب ورکول .

fulfillment or fulfilment, n. اجرا ، سرته رسونه ، تکمیل .

full, v.t.i. پنډول ، پرېړول .

fuller, n. هغه سړی چه نوی ټوکر . مینځي لنډوي یې او په دې توګه یې پنډوي .

full, adj. ډک ، بشپړ ، مفصل .

n. اکثر حد ، اعظمي حد .

adv. په بشپړه توګه .

fullness, fulness, n. ډکوالی .

fully, adv. په پوره توګه ، کاملا .

fulminate, v.i.t. چاودل ، لوړ غږ کول . غورځېدل ، تهدید کول ، اور اخیستل ، غځېدل .

fulsome, adj زړه وهونکی ، کرکه راوستونکی ، ترېخ ، غلیظ ، زیږ .

fumble v.t.i. هري خوا ته لاس او پښې اچول ، لالهانده کېدل .

n. لالهاندي ، هري خوا ته لاس او پښې اچونه .

fume n. لوګی ، بخار ، ګاز ، دود

v.i. دود (لوګی) ایستل یا اچول : په قار پېدل ، خپه کېدل .

fumigate, v.t. تبخیر کول ، ضد عفوني کول ، خوشبویه کول ، بخار شیندل چه حشرات مړه شي .

fumigation, n. تدخین ، لوګی اچونه

fun n. ساتیري ، ورزش ، لوبې .

function, n. وظیفه ، دنده ، خاص مقصد ، مراسم ، ماموریت ، مسلك .

v.i. کار کول ، وظیفه اجرا کول .

functional, adj. دوظیفې ، حیاتي ، رسمي وظیفه لرونکی .

functionary, n. مامور ، مستخدم ، مؤظف ، کمارلی .

fund n. وجه ، سرمایه ، ذخیره (جمع) مالي منابع ، صندوق (وجوهو) .

v.t. جاري حساب په مقادي حساب اړول ذخیره کول ، تمویل کول .

fundamental, adj. & n. اساسي ، اصلي مهم ، اصل ، اساس ، بنسټ .

fundamentally adv. اساسا ، په اساسي توګه ، په اصولي ډول ، اصلا .

fundamentalism n. د پروتستانت مذهبي نهضت چه د لرغونو صحیفو پر مطلق رښتیاوالي باندي عقیده لري .

fundamentalist n. د پورتني عقیدې طرفدار .

funeral, n.& adj. جنازه، د جنازې مراسم

funerary adj. د جنازو.

funeral, adj. د ماتم، د جنازې، ویر

fungus, n. فنجی، د نباتاتو څخه یو ډول چه پاڼې، گلان او شین رنگ نه لري لکه (پوڅکي یا مارخیړی یا ستوري)، جنابسکي او نور.

fungus, adj.

funk, n. ډیره ویره (بیره)، ډار

funnel, n. قیف، د کښتۍ دود کښ، د قیف

v.t.i. څخه تیرېدل یا د قیف څخه اچول.

funny, adj. خندونکی، مسخره، مضحکه.

fur, n. پټ لرونکي پوست لکه د گیدړې، پیشو، لنکه، قره قلي او نور د پوستین، پوستینچه، یا داسې نور شیان چه له دې ډول پوستو څخه جوړه شوي

adj. پټ لرونکی.

furbelow, n. چین (د کالیو)، چوڼ.

furbish, v.t. ځلول، پاکول، جلا کول.

furious, adj. د غضب ډک، قهار، د قار ولیونی.

furiously, adv. په غضبناکۍ ډول، په قار، په غضب.

furl, v.t.i. پېچل، کتول، سېل.

n. پېچ، کت.

furlong, n. د اوږدوالي یو مقیاس (اندازه) چه د میل اتمه برخه کېږي

furlough, n. د عسکر رخصتي.

v.t. عسکر ته رخصت ورکول

furnace, n. کوره، داښې، تنور.

furnish, v.t. ضروري شیان ورته برابرول، مجهز کول.

furnishings, n. pl. لوازم، اثاث البیت، د کور سامان.

furniture, n. فرنیچر، د کور سامان او لوازم (میز، چوکۍ، الماری، قالینه او داسې نور).

furor, n. لیوالتیا، شدید جذبه، لیونتوب

furrier, n. پټ لرونکي پوستو خرڅوونکی

furrow, n. ایکه (د سپاری یا یوی)، گونجه (گونځه) یا چین.

v.t.i. گونجې کول، ایکه پکښې جوړول. (لکه په یوې کې).

furry, adj. پټ لرونکي، د پټ په شان.

further, adj. لیرې، اضافه، نور.

adv. په زیاته اندازه، فاصله یا درجه سربېره پر دې.

v.t. پر مخ بیول.

furtherance, n. پرمختگ، زیاتونه.

furthermore, adv. علاوه، سربېره پر دې.

furthest, adv. ډېر لیرې، تر ټولو لیرې.

furtive, adj. پټ، په غلا.

furtively, adv. په پټه، په غلا، په چالاکۍ.

fury, n. قهر، غضب، شدت.

furze, n. یو ډول اروپایي بوټی چه تل شین وي او ژیړ گلان لري.

fuse, fuze, n. فیوز.

fuse, v.t.i. ویلي کول، ویلي کېدل، سره یو ځای کول، سره یو ځای کېدل.

fusible, adj. سره ویلي کېدونکی، سره گډېدونکی

fuselage, n. د الوتکې بدنه.

fusillade, n. شلیک، پرله پسې ډزې.

fusion, n. سره گډېدنه، یو ځای سره ویلي کېدنه، ائتلاف یا د سیاسي گوندونو سره یو ځای کېدنه.

fuss, n. پارېدنه ، بې ځايه قال مقال ، شور ماشور ، تشويش .

v.i. پر جزئي شيانو باندې پارېدل .

fussy, adj. هغه چه پر جزئي شيانو باندې تشويش يا وسواس کوي ؛ وسواسي .

fustian, n. يو ډول ټاټري ټوکر لکه مخمل ، د ليکنو او وينا غير طبيعي سبک ، پر مېدل له موضوع باندې په طمطراق پړ غږېدنه .

fusty, adj. پډ بويه ، وروست ، خوسا ، زوړ ، خپه .

futile, adj. بې ګټې ، عبث ، باطل

futility, n. بې ګټې توب ، عبثوالی

future, adj. n. راتلونکی وخت ، مستقبل ، آينده ، آخرت .

futurism, n. فوتوريزم ، هغه هنري مکتب چه د آينده د پاره لارې ټاکي او د ماضي سره مخالفت کوي .

futurist, n. ددې نهضت پيرو .

futurity, n. آينده وخت يا حالت

fuze, n. فوز .

fuzz, n. کرک ، پت .

fuzzy, adj. کرکی - پت لرونکی

G

gab, v.i. بې ځایه غږېدل ، ډېر غږېدل

gabardine, n. ګبردین یو ډول ټوکر چه
یوه خوا یې وړینه او بله شوي وي .

gabble, v.i. بې ځایه غږېدل ، بې ربطه
ګډ غږېدل

gaberdine, n. اوږده چوغه (په تېره
د یهودو پاګو) .

gable, n. درې څوکې کونج ، د بام مثلث
ډوله کونج ، سوکه یا څوکه .

gabled, adj. درې کونجي ، درې څوکې ،
مثلث .

gad, v.i. بې هدفه یوه خوا بله خوا
ګرځېدل ، بې ځایه ګرځېدل

gadfly, n. څپڅونکی مچ ، د څارو یو مچ ،
څوبلاړی ، یو سړی چه خلک څوروي .

gadget, n. آله ، اسباب ، سامان

gaff, n. یو ډول ښځې چنګک چه څټ څټ
کبان پرې نیسي ، ټیټ تیاتر : اشتباه ،
قمار ، بې معنی .

gag, v.t. & n. چوپول ، خلې کول ، خوله
وړ بندول ، (اصطلاح) ټوکه ، دروغ
قصه ، دروغ .

gage, n. ګرو ، په غاړه اخیستنه ، وعده
کول .

v.t. ضمانت کول : ګرو ول ، په غاړه
اخیستل : مسابقې ته را بلل .

gaiety, gayety, n. خوشالي ، ښه زړه
توب ، خوښي ، لوبې

gaily, gayly, adv. په خوشالۍ ، په خوښۍ

gain, n. ګټه : لاس ته راوړنه ، ترلاسه
کونه ، حصول .

gainer, n. ګټور ، ګټونکی

gainful, adj. ګټور ، بردي ، مستقیم ،
اسانه .

gainsay, v.t. په مخ وهل ، پټ کول ،
رد ول ، انکار کېدل ، مخالفت کول ،
نقض کول .

gait, n. د تګ ډول : د آس ګام .

gaiter, n. پایڅې (د ټوکر یا څرمنې) .

gala, adj. مېله ، جشن

galaxy, n. کهکشان ، د آسمان لار :
د آس تورپ .

galactic, adj.

gale, n. سېلۍ ، توفان ، شدید باد ،
هیجان ، ږوږ ډ ی : په کټ کټ خندا

galena, n. د سرپو طبیعي سلفایډ

Galilean, n. د ګالیلي اوسیدونکی او د رپا ځی پوه) ګالیله ته منسوب

the Galilean. په اصطلاح (حضرت عیسی).

gall, n. تریخی (پرپښه)، د تریخی شنې زېړ بخولی او په تریخوالی.

gall, n. لګېدلی، شوېدلی (لکه د پوستکی)، ټپ، زخم

gall, n. غېر طبیعي وده (د بر ازپښو په اثر د نباتاتو).

gallant, adj. : زړه ور، پهلوانی، ښکلی، شوقی، شاندار، د بزم ښځو ن، خوښا له.

gallantly, adv. په زړورتیا، په مېړانه.

gallantry, n. زړه ورتیا، پهلوانی، ادب.

galleon, n. پخوانی اسپانوي بېړۍ (په پخوا وختو کی)

gallery, n. سابات، دالان، دهلیز، د ښودنې هال، برنډه، سوپ (په تیاتر یا کان کی) غار، د هنري آثارو خونه

galley, n. پوډول پخوانۍ بېړۍ

gallivant, v.i. چکر وهل، قدم وهل، هوا خوری کول

gallon, n. ګیلن

gallop, v.i.n. په ترات تلل، چه غېرګو تلل، په څوټکو تلل (لکه د اس او داسی نورو)

gallows, n. دار، زړنده

galore, adv. پر پیمانه، پېر یا بې اندازه.

galvanism, n. د بخوري برېښنا، هغه برق چه له بخوري هغه لاسته راځي، د برقي جریان په واسطه طبي معالجه.

galvanize, v.t : ټوټول (د برېښنا په زور) په جستو پوښل (د اوسپنې او فولادو)

galvanized iron, په جستو پوښل شوي اوسپنه : پوه فلز ته د پلی (جست) ته او به (آب) ورکول.

gamble, v.t.i. جواري کول، قمار کول (قمار کول).

gambler, n. قمار باز

gambol, v.i. دانګل، غورځېدل، ټوپ وهل

gambol, n. غورځنګ، غورځېدنګې

game, n. لوبه، ترڼه، مسابقه.

gamesome, adj. ساعت تېر (سړی) خوش طبع

gamester, n. جوارګر، قمار باز.

gamin, n. کوڅه ګرد هلک، بې لاری هلک

gammon, n. د خوګ ګډ ور ران غوښه چه مالګه پې پراچولی وي، د خوګ ګډوړ ران لاندی.

gammon, n. غولونه، ، ټېرایستنه، خطا ایستنه، دوکه ورکونه (په پاګو لاندی) بې ځایه ګپ لګونه.

gamut, n. د موسیقي د اشارو او نوټونو ټول حدود، د هرشی پشپړه اندازه.

gander, n. قاز (نر)، هغه سړی چه له خپلې ښځی هغه پهل او سېزی.

gang, n. ډله، داړه، ټولی (د ناوړه خلکو): یو سېټ آلات چه یو ځای استعمالیږي.

gangling, adj. اری، جګ، مسک اوږد

ganglion, n. د عصب مرکز، خېټو ساپه یا پړسو او غوړو کی غوټه.

gangrene, n. مس مار، په بدو او ښتی، لچن ګانګرین

gangrene, v.i. لېچن کېدل ، په بد و ورستېدل ، خوسا کېدل ، د بدن د یوې برخې خرابېدل چه خصوصاً د مثنا سږو خوږ و د دوران د بندېدلو څخه پیدا کیږي

gangster, n د جنایت کارانو او بدمعاشانو د ډلې غړی .

gangway, n. هغه تخته چه د کښتۍ څخه د خلکو د را کښته کېدو د پاره د پل په حیث استعمالیږي ، تېره لار ، د څوکیو د کتارو ترمنځ لار

gaol, n. زندان ، بندیخانه ، جېل

gap, n. چوداخ ، چاود ، درز ، فاصله لښره ، کوتل ، خالیگی .

gape, v.i. خوله وازه پاتې کېدل (لکه د تعجب په وخت کې) ارږمې کښل

garage, n. گاراج ، (هغه ځای چه هلته موټران درېږي او ترمیمیږي)

garb, n. درېشي ، کالي ، ظاهري بڼه

v.t. کالي په اغوستل

garbage, n. خځلې ، کثافات ، د ډوډۍ ، میوو او سابو پاتې شوي مواد ، فاضله مواد .

garble, v.t. لېمکړی کول ، لنډول ، اړول ، نادرسته ښودل . تحریف کول .

garden, n. ماڼه ، بڼ ، باغچه ، باغ .

gardener, n. مالیار ، باغوان .

gardenia, n. یو ډول ښکلي بوټي چه گلان یې ډېر ښه بوی لري .

gargle, v.i. غرغره کول ، د ستوني مینځل ، د وا غرغره کول .

gargle, n. د ستوني دوا .

garish, adj. ځان ښکاره کوونکی ، متظاهر

garland, n. امیل (په تېره بیا د گلو)

garlic, n. ووږه ، هوږه .

garment, n. کالي ، ختې ، جامې .

garner, v.t. راټولول ، راغونډول ، کوټه کول ، ذخیره کول .

garnet, n. لال (لعل) قیمتي ډبره ، سره ډبره ، معدني ډبره .

garnish, v.t. سینگارول ، خواړه په نورو خوراکي شیانو ښکلي کول .

garniture, n. سینگار کوونکی شی ، سینگار .

garret, n. هغه کوټه چه د ودانۍ پر سر او سمدستي تر چادر لاندې وي

garrison, n. چاوڼي ، لښکر کوټ ، قشله ، هغه لښکر چه په ځا ولسي کې اوسي .

v.t.

garrulous, adj. گړ تن ، هغه څوک چه ډېرې خبرې کوي ، چټي ویونکی .

garrulity, n. گړ تنوالی ، گړ توبکی .

garter, n. د جرابو گالېس .

gas, n. براس ، گاز ، بخار .

gaseous, adj. گاز داره .

gash, n. پرهار ، چوداخ (چړاخ) چاود ، ټپ .

gash, v.t. چړاخول ، چول .

gasoline, gasolene, n. پطرول .

gasp, v.i. ټنگاوهل ، هسکی کول ، زر زر ساه اخیستل ، زر زر ساه تېرول ، سلگۍ وهل ، سلېدل ، ساکښل ، اوږدو کول .

gastric, adj د معدې .

gastronomy, n. د ښو خوړو د پخولو فن ، په ډوډۍ خوړلو کی د علمي اساساتو رعایت .

gastropod, n. هغه ژوي چه پښې یې په خېټه کی وي (لکه د آسمان ځنکالی یا ماښام ځنکلکی) ماښامك (چرمی شو یرك) .

gate, n. لوی ور (لکه د کور) ور ، خوله (مدخل)، دروازه ؛ وت ، چوړګه

gatepost, n. درشل ، دوره چوکاټ .

gateway, n. خوله (مدخل) ، دوره لاره .

gather, v.t.i. ټولول ، راټولول ، یوځای کول ، نتیجه اخیستل ؛ ټولېدل ، اوبېدل .

gathering, n. ټولوله ، ټولېدونه ؛ ټولنه ، ټولنه

gauche, adj. کینڼ لاسی ، بې ډوله ، بې ټلاکته .

gaud, n. بې ارزښته رنګینه ګنډه ، نمایشي مراسم .

gaudy, adj. ځلېدلی ، خوشاله ؛ د ښادۍ یا د یو هنډون ځغښه دغاړ ځېدود مراسمو مېلمستیا .

gauge, gage, v.t. پر تله کول ، اندازه کول ، مېچول ؛

n. مېچه ، اندازه (ګېج) .

gaunt adj. ډنګر ، پدو کړی ، ګوډملی ، تریو .

gauntlet, n. لاسماڼو ، اوږدې دستکشې

gauze, n. نازکه جالی ، ململ ، ګاچ ، نلری جالی

gave, p. tense of give. د give ماضي

gawky, adj. بې ډوله ، بې ډبه ، شخل.

gay, adj. خوشاله ، ورین ، ښاد ، ځلاند ، ژوندی ؛

gayety, n. خوشالی .

gayly, adv. په خوشالی .

gaze, n. ځیر ځیر کتنه

gaze, v.i. ځیر کېدل .

gazer, n. ځیر .

gazelle, n. غزال ؛ هوسۍ

gazette, n. مجله ، اخبار .

gazetteer, n. جغرافیایي ډکشنري ؛ خبریال ، ژورنالست .

gear, n. کالي ؛ الات ؛ منقول جایداد ؛ ګیر ، هغه آله چه په ماشین کی ټاکلی کارونه اجرا کوي .

gear, v.t. په ګیر کی اچول ، مجهز کول ، سمبالول .

gearing. n. په ګیر کی اچونه .

gee, v.t.i. ښي خوا ته ګرزېدل ؛ ښي لوري ته ګرزول .

geese, n,pl. د goose. جمع .

gelatin, n. جیلاټین ، یو سرېښناکه ماده چه د مېکروبونو د کرلو او په عکاسۍ کی کار ترېنه اخلي ؛ جلی .

gelatinous, adj. د جلاټین .

gem, n. غمی .

gendarme. n. ژاندارم ، سرحدی پولیس .

gender, n. (ګرامر) جنس (ښځینه ، نارینه او مخنث) .

genealogy, n. نسب نامه ، شجره .

genealogical, adj. د شجرې ، د نسب نامې .

genera, n, pl. د genus. جمع .

general, adj. عمومي

generally, adv. په عمومي ډول ؛ جنرال .

generalissimo, n. ستر قوماندان ، عمومي قوماندان .

generality, n. عمومیت ؛ مبهمه بیانیه یا فقره ؛ عمده برخه ، زیاته برخه .

generalize, v.t.i. تعمیم کول ، عمومي کول ، عمومي کیدل ؛ نتیجه اخیستل .

generalization, n. تعمیم

generate, v.t. زیږول ، تولیدول .

generator, n. زیږوونکی ، تولیدوونکی ؛ جنریټر .

generation, n. نسل .

generative, adj. زیږوونکی ، تولیدوونکی .

generic, adj. جنسي ، نوعي ؛ عمومي .

generous, adj, سخي ، دورکړې خښتن .

generosity, n. سخاوت ، ورکړه .

generously, adv. په سخاوت ، په خلاص لاس .

genesis, n. لرغونی انجیل ، پیدایښت ، خلقت .

genetics, n. دوراثت علم .

genetic, adj. ارثي .

genial, adj. ورین ، خوشاله ، مهربانه ، دوداده ، په واده پورې مربوط .

genially, adv. په خوشاله ډول

genie, n. پیری ، جن .

genii, د genius n., جمع ، نوابغ .

genitive, adj. (گر) ، مضاف الیه ، اضافي حالت .

genius, n, pl. نابغه ، ژني .

genre, n. ژانر ، نوع ، پېکولي هنرونه ، یو ډول رسامي (چه ورځنی حالات په حقیقي ډول پکې ځرگندشوي وي)

gens, n. خیل ، ژۍ ، قبیله .

genteel, adj. پوست ، ساخولی ، نرم ، باتربیه ، اصیل مؤدب ، د سلیقې خښتن ، مهذب

gentian, n. یو ډول بوټی چه شنه گلان کوي .

gentile, n. غیر یهود ،

gentile, adj. کامي ، قبیلوي

gentility, n. نجابت ، اصیل توب ، درونوالی ، درنښت ، شرافتمندي .

gentle, adj. پوست ، نرم (سړی) ، مهربانه ، عقلمند له ، دښه خوی خښتن ، ادب لرونکی .

gentlefolk, n. داوډی کورنی خلك

gentleness, n. پوستوالی ، نرموالی

gentlewoman, n. مؤدبه میرمن

gently, adv. په ښه نرموالی

gentleman, n. ښاغلی .

gentry, n. تعلیم یافته خلك او د تربیې خښتنان .

genuine, adj. موثق ، د ښتنې ، واقعي ، سوچه ، اصل ، خالص .

genuinely, adv. په سوچه توگه .

genuineness, n. بوپوالی ، سوچه والی

genus, n, pl. جنس ، انواع .

geography, n. جغرافیه .

geographer, n. جغرافیه لیکوونکی .

geographical, adj. جغرافیائی

geographically, adv. د جغرافیا په لحاظ، د جغرافیې د علم سره موافق

geology, n. جیالوجي، د ځمکې پېژندنه

geological, adj. په جیالوجۍ پورې مربوط .

geologist, n. د ځمکې پېژندونکی .

geometry, n. جیومټري، هندسه، د هندسې علم .

geometrical, adj. هندسي .

geranium, n. جرېنین .

germ, n. تخم؛ میکروب؛ منبع .

German, n. جرمن، جرمنی، الماني .

Germanic, adj. جرمني .

germane, adj. وړ، مناسب، مربوط .

germicide, n. میکروب وژونکي مواد .

germinate, v.i. راشین کېدل، ټوکېدل، ابښ وهل .

germination, n. ټوکېدنه .

gerund, n. مصدري نوم چه په پای کې یې ing ورسره نښول کېږي .

Gestapo, n. گېسټاپو، د نازي جرمنۍ په وخت کې د خفیه پولیسو اداره .

gesticulate, v.i. په لاسو خبرې کول، د خبرو په وخت کې په لاس او پښو سره اشارې کول .

gesticulation, n. په لاس پښو او سر اشاره (د خبرو په وخت کې) .

gesture, n. د لاس پښو او نورو غړو ښورونه، اشاره، نمایشي خبرې یا عمل

gesture, v.i. اشاره کول، لاس او پښې ښورول .

get, v.t. اخیستل، ترلاسه کول، گټل، بودول، نیول؛ پرې پوهېدل، اماده کېدل، تر نفوذ لاندې راوستل، رسېدل (یو ځای ته)

n. د حیوانانو بچي، نسل

gewgaw, n. ناڅیزه، ناوړکی، چلبلی، بې ارزښته شی

geyser, n. یو ډول چینه چه کله کله تودې اوبه راغورځوي او توپښ ترې پورته کېږي .

ghastly, adj. وېرونکی، ډکان ورکوونکی؛ ښکېله

ghost, n. شبح، روح، د مړه ارواح (داسې چه د ژوندي جسم په توگه څرگندېږي) .

ghostly, adv. د ارواحو په ډول .

ghoul, n. گورکنی، گورکېښ، تصوري شیطان چه مړي له گوره راکاږي او خوري یې -

ghoulish, adj. گورکني ډوله .

GI,G.I, Abbr. (امر-اصط) پلټنی، چلبی؛ هغه څوک چه له عسکري خدمت څخه چه اصلاً د Government Issue مخفف دی او مراد له هغو شیانو څخه دی چه د حکومت له خوا عسکرو ته توزیع کېږي، لکه: بوټونه، دریشي، ټوپک او نور

giant, n. دېو؛ غټ او پیاوړی سړی، حیوان یا نبات .

giant, adj. غټ .

giantess, n. دېوه (دېوه) .

gibber, v.i.t. چټیات ویل، ناپلتې (ناپلاکې) ویل .

gibberish, n. بې معنی خبرې ، اېلاکی

gibbet, n. يو دار چه د مجرم مړی پرې په ځړول څو لوی خلك عبرت ځنی واخلی ؛
v.t. په دار ځړول .

gibbon, n. ګيبون ، يو ډول بيزو ده چه اوږده لاسونه لری او انسان ته ورته دی ؛ دا بيزو ګان د آسيا په جنوب ختيزه برخه کی پيدا کيږی .

gibe, jibe, v.i. ملنډې وهل (په) ، مسخره کول ، ريشخندول .

giblet, n. د چرګ د کورنی ژړه ، اینه ، ينکی (سنګدان) دا کلمه عموماً د جمع په شکل راځی .

giddy, adj. ګيج ، سر بداله ،

giddiness, n. د سر ګو ټور بدله ، سر بدالی ، د سر ګرځيدنه .

gift, n. سوغات ، ډالی ، تحفه ؛ استعداد

gifted, adj. ځيرك ، مستعد .

gig, n. دوه ارابيزه وړه بګی .

gigantic, adj. ستر ، لوی ، غټ ، ديب ډوله .

giggle, v.i. سپکه احمقانه خندا .

giggle, n. سپکه احمقانه خندا کول .

gigolo, n. ژيګولو ، يو ډی پيړه ؛ هغه سړی چه عموماً د يوې دولتمنې ښځې له خوا د لښا د پاره استخدام شوی وی او اوسات ورسره تيروی .

gild, v.t. د طلا او به ورکول ، مرصع کول ؛ ځلاول .

gilding, n. ځلا و .

gill, n. د ګيلن ۱/۴ برخه .

gill, n. کوښچکه ، د کب او د اسی نورو بحری ژوو د تنفس آله .

gilt, n. د طلا يوه نازکه ورقه ، طلايی رنګ ؛ د gild ماضی او دريم حالت ؛ د خوګ بچی .

gimlet, n. برمه ، د سوری کولو آله ، د قبار ولو آله .

gin, n. جين (يو ډول شراب) .

gin, n. تلکه ، جرثقيل ، د اسقراطيا توره پنجکه ؛ شنډه ، اندالی ، د ندافی ماشين ، د شنډلو ماشين .

gin, v.t. شنډل ، اندافی کول ؛ شروع کول .

ginger, n. شونډ ، سوند ، زنجفيل ؛ تندی ، حرارت .

gingerbread, n. يو ډول خوږه لوړه کلچه چه شونډ په کښ وی .

gingerly, adv. په احتياط سره ، په پام سره ، په نزاکت .

gingham, n. چيت (ليکدار) يا سپينو اوکر ، د سپينو اوکر چه د تار په دود لښت شوی وی ؛ چترۍ .

gipsy, n. جت يا جټ ، جپسی ؛ دا قوم اصلاً د هند څخه اورو پا ته تللی دی .

giraffe, n. زرافه ، يو ډول افريقايی اوږده غاړی ژوې .

gird, v.t. په کمر بند تړل ، ترملا تړل ؛ را ايسارول ، احاطه کول ، چمتو کيدل ، چمتو کول .

girder, n. ګادر ، لوی تير ، غټ تير .

girdle, n. ملاو ستونی ، ملا تړ ونی ، کمر بند .

girdle, v.t. ملاتړل، کمربند تړل .

girl, n. انجلۍ، مړ دوره، معشوقه .

girlhood, n. انجلتوب .

girlish, adj. انجلۍ غوندې .

girth, n. دملا اندازه، محیط (هندسی) تنانګه، ګیډۍ بند، ګیډۍ بند .

gist, n. اساسی ټکی، مهم ټکی (د یوې موضوع) .

give, v.t. ورکول، بښل،

giver, n. ورکوونکی .

gizzard, n. ټینګی، شاټینګی، سندانګه (دچرګانو او مرغانو)

glacier, n. یخچال (د یخې اوبو لوټی) دګنګل سترې لوټی چه د غرونه سرو څخه ورو ورو را ښکته کیږي، د یخې اوبو لوټی .

glacial, adj. ګنګل شوي، یخ شوي .

glad, adj. خوشاله .

gladly, adv. په خوشالۍ .

gladsome, adj. خوشالتیا .

gladness, n. خوشالی .

gladden, v.t.i. خوشالول، خوشاله کېدل .

glade, n. په ځنګله کی یو پراخه فوندې، وښیاله، چمنی سیمه .

gladiator, n. ګلادیاتور، ځغتلی، پهلوانی، په پخوانی روم کی هغه سړی چه دخلکو دساتیری دپاره به یې په توره له حیوان او یا بل انسان سره جنګ کاوه .

gladiatoral, adj. ځغتلوالی، پهلوانی توب .

gladiolus, n. زنبق، دزنبق بوټی .

gladiola, n. زنبق .

glamour, glamor, n. کوډي، زړه وړونه، زړه راښکنه، جذابیت .

glamorous, glamourous, adj. راښکوونکی، زړه وړونکی .

glance, v.i. کتل (په یوه نظر) اشاره کول، لنډ کتل .

n.

gland, n. مرغۍ، پرګی .

glandular, adj. مرغیږ، مرغیږی پوله .

glare, v.i. ځلېدل (دیر) رڼا کېدل، جابل کېدل؛ ځیر کتل :

n. ځلا، بریښ، تیز نظر .

glaring, adj. ځلېدونکی، بېاوبه، شوخ .

glass, n. ګیلاس، ښیښه .

glass, adj. ښیښه ای .

glassful, adj. یو ډک ګیلاس .

glassware, n. ښیښه یی لوښی .

glassy, adj. ښیښه ای (دجمع په حالت کی) هینګی .

glaze, v.t. ځلول (په ښیښه)، په ښیښه پوښل، دښیښې استر ورکول، ځلانده استر (چه خاورین لوښوته یې ورکوی).

gleam, n. & v.t.i. ځلول، ځلیدل، بریښول، بریښېدل .

glean, v.t.i. وږی ټولول، وږی اوچتول .

gleaner, n. وږی ټولوونکی .

glebe, n. مځکه، خاوره، اړه، پټی (کلیسا ته وقف شوی مځکه) .

glee. n. خوشالي، پوډول بدله چه په درو غاړو ویله کیږي.

gleeful, adj. خوشاله.

gleeman, n. سازنده.

gleemaiden, n. سازنده (ښځه) هنرمنده.

glen, n. وټ، تنګه ناوه (د دوو غرو په مینځ کې).

glib, adj. روان او سلیس، فصیح، اسان، خوږ ژبی.

glide, v.i. ښوییدل، (اصطـ) د الوتکې سوکه کوزیدنه.

glider, n. ښوییدونکی: یوه الوتکه چه ماشین نه لري، د دې الوتکې پیلوټ.

glimmer. n. لږ رڼا، سپکه رڼا، تته رڼا، ابرك.

glimmer, v.i. رڼا کېدل

glimpse, n. لنډ نظر، سرسري کتنه، سپکه رڼا، کمه رڼا، لږ رڼا.

glimpse, v.i.t. لنډ نظر اچول، سرسري کتل؛ تته رڼا کول.

glint, n. & v.i.t. ځلا، ځلول؛ ځلېدل، برېښول، رڼا اچول؛ منعکس کول سرسري کتل.

glisten, v.i. ځلېدل، برېښېدل.

n.

glister, v.i. ځلېدل (د رڼا په اثر) برېښېدل

n.

glitter, v.i. ځلېدل (د رڼا په اثر) برېښېدل

gloaming, n. تره ګولی (ماښام)، شفق.

gloat, v.i. سترګې ځړول، سترګو ته اوبه ورکول؛ په حسرت کتل.

globe, n. توپ؛ ځمکه؛ سیمه، کره، ګردی شی؛ ګروپ (د برق).

globule, n. ګردې ذره؛ د ځمکې کمکی کره، څاڅکی، کوچنی ګولی

globular, adj. ګردی، کروی.

gloom, n. تیاره؛ د ذهن توروالی؛ خپه کوونکی تیاره؛ غمجنوالی، خپګان

gloomy, adj. غمجن، تت.

glorify, v.t. سرلوړی کول، غټول، درنول، ستایل، لمانځل.

glorification, n. سرلوړی.

glorious, adj. لوړ، د ستاینې وړ، درونده، شریف، مجلل، پرتمین.

gloriously, adv. په لوړ والی، په الله توګه.

glory, n. لوړ تیا، درناوی، ویاړ، په درلښت؛ بري، سوبه، پرم.

gloss, n. ځلا، رڼا، برېښنا، ظاهري ښکلا

glossy, adj. ځلانده، روڼ، روښانه.

gloss, n لمن لیك، توضیحي یادداشت، تفسیر.

glossary, n. د مشکلو لغاتو او اصطلاحاتو کوچنی ډکشنري چه اکثراً د کتاب په پای کې راځي.

glove, n. لاس ماغو، دستکله.

glow, v.i. ځلېدل، لوړه انجی کول.

n. ځلا، برېښ، رنګ، د تودوخې حس (لکه تر لوبو وروسته).

glower, v.i. & n. په قار کتل؛ تېز نظر، تهدیدوونکی نظر.

glowworm, n هغه ځلېدونکی چینجی ، هغه چینجی چه د شپې ځلېږي ، اور بلکی ، ځوږه مالي کول ، چاپلوسي
کول : په خوږو خبرو غولول یا تېرایستل.
glucose, n. ګلوکوز ، د مېوو قندي مواد
glue, n. سرېښ .
glue, v.t سرېښول .
gluey, adj. سرېښناک .
glum, adj. بې سېکه ، بې وس ، خواشینی ، خوابدی ـ
glut, v.t. په مړه ګېډه خوړل ، مړول ، تر پوزې مړېدل .
n. تر حد زیات
gluten, n. د غنمو نشاسته
glutinous, adj. سرېښناکه
glutton, n. ګېډور ، خېټور
gluttonous, adj. ګېډور ، نسور ، خوری
gluttony, n. خوری توب ، ډېر خوړنه ، حرص
glycerin, glycerine, n. ګلسېرين
gnarl, n. زخه ، غوټه (د لرګي یا ونې) .
gnarled, adj. زخه ور ، زخن .
gnash, v.t. غاښ چیچل.
gnat, n. یوه کوچنی حشره چه دوه وزرونه لري .
gnaw, v.t.i. ښکول (په غاښو) ، ژوول ، بېلول (په غاښو) ، غاښونه په لګول ځنې خوړل .
gneiss, n. پرچه .
gnome, n. هغه پېری چه وایي د مځکې خزانې ساتي .

go, v.i. تلل ، روانېدل ، تېرېدل ، ځغستل ، چلا کېدل ؛ کار کول ، رواج لرل .
goad, n. چوکه ، هغه تېره څوکی آله یا لښته چه غوایه په هې کېږي ؛ محرک .
goad, v.t. چوکه کول .
goal, n. ګول ؛ هغه ټکه چه د لوبو په مسابقه کی ګټا کل کېږي ؛ مقصد ، دروازه.
goalkeeper, n ګول کیپر ، ګول ساتونکی.
goat, n. بزه ، وزه ، وزګړی ؛ شهوانی سړی .
goatskin, n. د وزې پوست.
goatherd, n. د وزو شپون ، شپه
gob, n. د کښتی عمله (په امریکا کی) ؛ خوله ، کوکه ، توپ دانی (تف دانی) ؛ ټوټه .
gobble, v.t. نغړل ، اېچل ، په حرص خوړل ، ژر ژر خوړل .
gobble, v.i. کړېږ کول ، چیغه وهل ، ځېږ ځېږ وهل ، د فیل مرغ کړ کړ (کړ پکی) .
gobbler, n. خرطومی چرګ ، نر فیل مرغ ؛ نغړونکی .
goblet, n. ګیلاس ، قدح ، پیاله ، کډوړه (کډوړی) .
goblin, n. پېری ، دېو .
God, n. خدای تعالی ، څښتن .
godchild, هغه کوچنی چه بل چا په زوی توب منلی وی .
goddaughter, n. هغه نجلی چه بل چا په لوروالی منلی وی

godson, n. هغه هلک چه پلچا په زوی والی نیولی وی .

godfather, n. هغه څوک چه د کوچنی مذهبی روزنه ای په غاړه وی .

godmother, n. هغه ښځه چه د کوچنی مذهبی روزنه ور په غاړه وی .

godhead, n. خدایی ، خدای .

godly, adj. هغه سړی چه د خدای عبادت په ښه ډوگه کوی ، دیندار .

godliness, n. دینداری .

godsend, n. په هغه وخت کی د یوه شی پیدا کول چه سړی ډیر هغه ته اړ وی یعنی لکه چه خدای ورکړی وی .

goggle, v.i. په خلاصو سترگو یو شی ته څیر څیر کتل ، څټ څټ کتل ، سترگی رغړول .

goggles, n. داسی عینکی چه د سترگو د ساتنی دپاره په مخصوصو حالاتو کی استفاده څنی کیږی لکه هغه چه ولامبو او ولږ لگه او داسی نورو کارو کی استعمالیږی .

gold, n. سره ، سره زر ، طلا .

goldbeater, n. زر کوټونکی . زرگر .

golden, adj. د سرو ، د سرو زرو ، طلایی ، قیمتی ، نیکمرغه ، لاپی رنگه .

goldenrod, n. یو ډول بوټی چه ژړ گلان لری او په پسرلی کی غوړیږی .

goldfinch, n. ساړه (یو ډول مرغه) .

goldfish, n. سور کب ، طلایی کب .

golf, n. یو ډول لوبه ده ، گالف .

gondola, n. یو ډول اوږده بیړۍ چه د (وینس) په سیندو کی د خولی په توگه استعمالیږی : چاله .

gondolier, n. چاله وان ، د gondola چلوونکی .

gone, past part of Go. . د go. ماضی .

gong, n. یو ډول څټ فلزی زنگ .

good, adj. ښه ، سپیڅلی ، پاک ، مهربانه ، خواخوږی ، زړه سواندی ، گټه ، مناسب د قناعت وړ .

goodhearted, adj. . د ښه زړه څښتن .

goodish, adj. نسبتاً ښه .

good-looking, adj. ښکلی .

good-natured, adj. مهربانه ، د ښه طبیعت څښتن .

goodness, n. ښه والی .

good-tempersd, adj. خو ښی ، د ښه خوی څښتن .

good-by, good-bye, n. د خدای په امان .

goodly, adj. نسبتاً زیات ، ښکلی .

goodliness, n. ښکلا .

goodman, n. د کاله مشر (دا لغت په پخوا وختو کی د mister یعنی ښاغلی پر ځای استعمالیده) .

goodwife, n. د کاله مشره (دا لغت په پخوا وختو کی د mistress یعنی میرمنی په ځای استعمالیده) .

goodwill, n. ښه نیت ، پیرزوینه .

goody, n. خوږه ، شیرینی : ښه ښځه په زړه پوری ماینه .

goose, n. قازه ، ښته .

gooseberry, n. ازغن توت ، یو ډول توت چه سر ښاخنې چوډوي .

gopher, n. مږه ، یو ډول غټ موږک .

gore, n. وینه چه پر زخم پاندې وچه شوې وي ، ختلې وینه .

gore, n. د ټوکر دری کنجې ټوټه چه د لمنې باد یا ن یا نورو دار ټوټو د پاره استعمالیږي ، دري کونجه ټکړه .

gore, v.t. څیرل ، سوری کول .

gorge, n. ستونی ، مری ؛ تنگی

v.t.i.t. په حرص خوړل ، ایبلل ، ډېر خوړل .

gorgeous, adj. پرتم ناک ، مجلل .

gorilla, n. گوریلا ، یو ډول غټه انسان ډوله بیزو .

gormandize v.i.t. ایبلل ، په بیړه خوړل ، زرزر خوړل .

gormandizer, n. ایبلونکی ، زرزر خوړونکی ، لسور ، خوری .

gorse, n. یو ډول ازغن اروپایی بوټی

gory, adj. له وینو ډک خونړی ، په وینو لړلی .

gosling, n. د ښتی چوچی ، بېړا ، بې عقله سړی .

gospel, n. د حضرت عیسی او حواریونو تعلیمات په ځټ (G) د انجیل د لومړي یو څلورو کتابو څخه هر ټوك ، مطلق حقیقت

gossamer, n. د ځنې ځاله ، تار ، د گاچ په شان ټوکر .

gossip, n. بې اساسه خبری ، اوازه ، انگازه :

v.t. بې اساسه شایعات خپرول ، انگازې اچول .

gossipy, adj. هغه خبری چه واقعیت یې معلوم نه وی ، داډول خبری کونکی ، چغولگر .

got, past tense andpast part. of get

Goth, n. گات ، د گات قبیله ، وحشی سړی

Gothic, adj. د گات قبیلې یا ژبې ته منسوب وحشی ؛ د معمارۍ یو سبک چه ۱۲ - ۱۶ پېړی پورې په غربی اروپا کی رواج ؤ

gotten, past part. of Get.

get دریم حالت .

gouge, n. غولی (سکنه) .

gourd, n. یو کدو چه د کاسې ، بوتل ، او نورو شیانو په حیث کارځنې اخلی ، د آبیاری کدو .

gourmand, n. لسور ، خېټور ، خوری عیاش .

gourmet, n. خوراک پېژندونکی ، خوراك پېژندونکی ، شراب پېژندونکی

gout, n. نقرس ، گوټ ، یو ډول د بندو خوږ

gouty, adj. نقرسی .

goutily, adv. په نقرسی توگه .

govern, v.t. حکومت کول ، سنبالول .

governance, n. حکومت ، کنترول ، اداره ، حکمرانی ، څارنه .

governess, n. والی (ښځه) ، حکمه ، ښوونکې ، روزونکې (د کوچنیانو) ، هغه ښځه چه د کوچنیانو روزنه او ښوونه پرغاړه لری .

government, n. حکومت ، دولت .

governmental, adj. حکومتی ، دولتی

governor, n. والي .

governorship, n. ولايت (مقام) .

gown, n. گون، اوږده کالي (د ښځو) ، دقاضيانو کالي، چپنه، چوغه .

grab, v.t. نيول، لاس وراچول : تښتول .

grace, n. ناز، رحم، شفقت، ملاتړ، توفيق، دعا (چه د ډوډۍ د مخه اوورو سته ويله کيږي) نزاکت، وقار لطافت .

graceful, adj زړه سوانده، رحيم، شفيق ، با نزاکته .

gracefully, adv. په نزاکت ، په لطافت

gracefulness, n. نزاکت ، لطافت .

graceless, adj. بې نزاکته ، بې ظرافته، فاسد .

v.t. سينګارول ، ښکلی کول، لطافت وربخښل

gracious, adj. مهربانه ، ادب ناکه ، زړه وړونکی ، صميمی .

graciously, adv. په مړود بانه تو ګه . په نزاکت .

grackle, n. سارکه، توره مرغی، يو ډول توره امريکائي چو غکه .

gradation. n. درجه، تدريج، د مراتبو سلسله .

grade, n. درجه، رتبه، مرحله ، نمره : ټوله : سويه .

gradient, n. شيوه ، ځوړ ی ، ښوه .

gradual, adj. تدريجی .

gradually, adv. په تدريج سره .

graduate, n. فارغ التحصيل ، د درجې خښتن ، درجه لرونکی شی

graduation, n. فراغت (د تحصيل ختمه) درجه بندی .

graft, n. پيوند ، کوشير ، رشوت .

grafter, n. پيوند وونکی .

graham, adj. غنمين ، د غنمو .

grail, n. پياله ، کټوری ، و يل کيږي چه دا کټوری د حضرت عيسی له خوا ده په وروستی ډوډۍ خوړ لو کښې استعمال شو .

Holygrail, n. مقدس کټوری .

grain, n. غله ، دانه ، حب.

gram,n. ګرام ، په متريك سيستم کی دوزن واحد ، د کيلو ګرام زرمه برخه.

grammar, n. ګرام ، صرف او نحو .

grammarian, n. ګرامر پوه .

gammatical, adj. د ګرامر د اصولو سره سم .

grammar school,n. په انګلستان کی د لیسې په سو يه ښوونځی ، په امريکا کښې متوسطه ښوونځی .

granary, n. ګودام (د غلې د پاره) غرانه .

grand, adj. مهم، مجلل: ستر ، لومړی (په ترکیب کی) ، مشر .

grandchild, n. لمسی ، يا لمسۍ .

granddaughter, n. لمسۍ .

grandson, n. لمسی (هلك) .

grandparent, n. (نيکه او انا) .

grandfather. n. نيکه .

grandmother, n. انا .

grandly, adv. په مجلله تو که .

grandam, n. ستېين سرې ښځه، بوډۍ .

grandee, n. دلوړې رتبې خښتن (لکه په اسپانيه اوپورتگال کې) .

grandeur, n. ستر توب، لوی والی، برم، شان اوشوکت، دبدبه .

grandiloquence, n. لفاظي، بې ځايه خبرې کول .

grandiloquent, adj. شوشو بو نکی .

grandiose, adj. ستر يا دبرم خښتن، دنام خښتن، مشهور .

grange, n. کروندہ، دکروندې ودانۍ .

granite, n. گرانيټ، يوډول کلکه ډبره چه دودانيو په جوړولو او لوړو څلو کې استعمالیږی .

grant, v.t. ورکول، بښل، منل .

grantee, n. هغه سړی چه بښنه ورته کیږی .

grantor, n. بښونکی، منونکی .

granulate, v.t.i. دانه دانه کول، دانه دانه کیدل .

granular, adj. دانه دانه .

granulated, adj. دانه دانه شوی .

granulation, n. دانه، دانه کول .

granule, n. دانه، ذره .

grape, n. تور انگور، میوه .

grapefruit, n یوډول ترو میوه، چکوتره .

graph, n. گراف: دهغو او کرښو په واسطه دشيانو درابطې ښودلو شکل: خط .

graphic, adj. گرافيک، په خطوطو ښودل شوی .

graphic arts, n. گرافيک هنرونه .

graphically, adv. په گرافيک ډول .

graphite, n. گرافيټ، يوډول نرم کاربن چه په پنسل جوړولو او نورو ځايونو کې استعمالیږی .

grapnel, n. دبېړۍ ودرولو کې لنگر چه څو چنگکونه لری، چنگک .

grapple, n.. نيونه، غېږکه، لاس اچونه .

grasp, v.t. نيول، په لاس کې نيول: درک کول .

grass, n. واښه .

grassy, adj. وښيالی، هغه ځای چه ډېر واښه لري

grasshopper, n. ملخ .

grate, n. هغه کړکۍ چه داوسپنې سیخونه پرلګکو ملښوی وی: دبخاری تغری .

grate, v.t. توژل، کرول، په تاردول .

grateful, adj. خوښ، ممنون، منونکی .

gratefully, adv. په خوښۍ، په منته .

gratify, v.t. خوشالول، دهيلې پوره کول، ممنونول، اقناع کول .

gratification, n. خوشالونه، ممنونونه .

grating, n. په سیخونو نيونه (دکړکۍ) دسیخونو چوکاټ

grating, adj. ناوړه برغ، ژېړ برغ .

gratis, adv. خوشې، مفت، بې پيسې .

gratitude, n. امتنان، منته، کورودانی، تشکر، خوښي .

gratuitous, adj. خوشې، وړيا، مفت .

gratuity, n. بښنه، انعام .

grave, adj. ټينګ، مهم، درونده، جدی .

gravely, adv. په جدی ډول .

graveness, n. سخت والی ، درنوالی ، اهمیت .

grave, v.t. کیندل ، د قبر کیندل ، حکاکي کول ؛ نقشول .

graver, n. کیندونکی .

grave, n. گور ، قبر ، مړی ښخون .

grave, n. کیندنه ، انځورونه .

gravedigger, n. قبر کیندونکی .

gravestone, n. خاڅه (د قبر) ، تیږه .

graveyard, n. ادیره ، هدیره ، مړي ښخولو ځله .

gravel, n. گوټې ، وړې وړې ډبرې ، جغله .

graven, adj. کیندل شوی ، کیندل شوی .

gravitation, n. جاذبه ، د جاذبې قوه .

gravitate, v.i. جذب کېدل .

gravity, n. درنښت ، اهمیت ، جدیت ؛ تول (وزن) ؛ د جاذبې قوه .

gravy, n. د غوښې لعاب ، ټینګه ښوروا .

gray, grey, adj. خړ ، ایرن ، ایري رنګه ، هغه رنګ چه د تور او سپین د گډولو په اثر لاس ته راشي .

grayish, greyish, adj. ایرن ، خړ .

graybeard, greybeard, n. زوړ سړی ؛ هوښیار سړی .

grayling, n. یو ډول کب .

graze, v.t. پوول (د څارویو) ؛ څرول .

graze, v.t.i. سپک تماس کول ، لگېدل ، په سرسري توگه گرېدل .

grease, n. غوړي ؛ حیواني غوړي ، غوړ ، گریس .

greasy, adj. غوړن .

great, adj. ستر ، لوی ، لوړ ؛ ډېر ؛ غوره ؛ زیاته (اندازه ، فاصله) .

great-grandfather, n. ورنیکه .

great-grandchild, کړوسی .

greatly, adv. ډېر ؛ د لویې او شرافت له مخې .

greatness, n. لوړوالی .

Grecian, adj. یونانی .

greed, n. سراښتوب ، حرص .

greedily, په سراښتوب .

greediness, n. سراښتوب .

greedy, adj. سراښی ، حریص .

Greek, n. یونانی ، د یونان .

green, adj. شین (زرغون) ؛ تاند ، تنکی ؛ اوم ، لوی ، تازه ؛ بې تجربې ؛ سمسور ؛ ښه الوتی .

greenish, adj. شینوبن ، شین بخون .

greenness, n. شین والی .

greenback, n. هغه امریکایي نوټونه چه پر شا یې په شنه خط لیکل شوي وي .

greenery, n. شنه سابه ، سبزیجات .

geenhouse, n. د ښیښې خونه چه هلته سابه او گلان کرل کېږي .

greensward, n. د ښیاټه ، چمن .

greenwood, n. شین ځنگل .

greet, v.t. سلام اچول ، ښه راغلاست ویل ؛ درناوی کول ، احترام کول ، مبارکي ورکول .

greeting, n. سلام ، ښه راغلی ، درناوی ، احترام ، مبارکي .

gregarious, adj. ځوالې پېدا کونکی ، راټولېدونکی (د رمې څولندی) ، اجتماعي .

grenade, n. بم ، لاسي بم .

grenadier, n. هغه عسکر چه بمونه بې لاسي
بمونه اچول ؛ يو هغې چه ځانګړې وظيفې
ته سره کړي .

grew, د grow تېره زمانه .

grey, n. & v. خړ : ايرن ، هغه رنګ
چه د تور او سپين د ګډيدو په اثر لاس ته
راځي : خړ رنګ ور کول .

greyhound, n. تازي سپی .

grid, n. سيخونه (داو سپځي) ؛ داو سپځي
چوکاټ چه پېړی يې د ترميم د پاره پکې
ايښي .

griddle, n. ارکاره ، يو ډول غلزي لوښي
چه خواړه پکې پخوي

griddlecakes, n. هغه کيك چه په ارکاره
کې پخيږي

gridiron, n. د کباب سيخونه .

grief, n. غم ، وير ، خواشيني ، لول .

grievance, n. د ويرسبب ، د غم علت ، د
خپګان منشاء ، د شکايت دليل .

grieve, v.t. غمجنول ، خواشيني کول ، خپه
کول .

v.i. خواشيني کېدل ، غمجنېدل ، خپه کېدل .

grievous, adj. غمجن ، ويرناك .

grievously, adv. په غمناکه ډول .

grill, n. د کباب سيخ : هغه خواړه چه هلته
وريت شوي خواړه خوړل کيږي .

grim, adj. بې زړه سوی ، بې رحمه ، په زړه
سخت ، ويرونکی .

grimly, adv. په بې رحمي .

grimness, n. بې رحمي .

grimace, n. پوزه ستوب ، پوزه شکنوب ،
د تندي تريووالی ، ګونځتوب

grimace, v.i. پزه وسپړل ، تريو کېدل ،
د تندي تريوول .

grime, n. چټلتوب ، خېرنتوب ، ناولتوب .

grimy, adj. چټل ، خيرن ، ناولی .

grin, v.t.i. مسل : مسکېدل ؛ مسخندو هل .
n.

grind, v.t. اوړه کول ، ميده ول ، وډول ،
اوقل : چيچل .

grinder, n. ودوونکی ، اوړه کوونکی .

grindstone, n. د ژرندې پل ؛ د تېره
کولو څرخ .

grip, n. په منګول کې نيونه . کلك نيونه .

gripe, v.t. کلك نيول ، ټينګ نيول ؛ ټنګول .

gripe, n. نيونه (ټينګه) .

grippe, n. والګی ، ګرېپ ؛ انفلونزا
(يو ډول ناروغي) .

grisly, adj. ويرونکی ، ډارونکی ، خطرناکه .

grist, n. غله ، د ژرندې غنم يا اوړه بشې چه
په يوه وخت کې اوړه کېږي .

gristmill, n. ژرنده .

gristle, n. کرپندوکی (غضروف) پاسته
هډوکي ، ټنګی هډوکی .

grit, n. شګه ، شګلنه ډبره ؛ متانت ، زړه
ورتوب .

gritty, adj. شګلنه .

grits, n. pl. لوی اوړه ، زيږه اوړه .

grizzled, adj. خړ رنګه ، ايرن (رنګه)
؛ د سپينو ويښتانو لرونکی .

grizzly, adj. خړ ، ايرن (رنګه) .

grizzly bear, n. د شمالي امريکې
يو ډول يږ .

groan, v.i.t. زګیروی کول ؛ ډېر کول ؛ خوا شینی کول ، څسول .

groat, n. پخوانی انګریزی سکه (٤ پنسه)

grocer, n. دخوراکی شیانو خرڅوونکی

grocery, n. هټی (دخوراکی شیانو)

grog, n. شراب (دسرو او اوبو او الکولو مخلوط) .

groin, n. هغه ځای چه ورون له بدن سره نښلوی او مجوف (کش) وی .

groom, n. مهتر ، داسانو روزونکی : زوم

groove, n. کېله ، کړه ، ورښ ، کښه ، دیوی خط .

grope, v.t.i. په تیاره کی لاس او پښی وهل لاس و پښی ټپول (په تیاره کی) .

gross, adj. زیږ ، شنډول ، ډیری ، ټول والی ؛ بیړا : بدورکی ، بدخونی ...

grossly, adv. په زیږ والی

grossness, n. ټولوالی .

grot, n. سمڅ ، غار .

grotesque, adj عجیب ، بې ډوله ، خندوونکی بې تناسبه .

grotesquely, adv. په عجیبه ټوګه .

grotto, n. سمڅ ، سوړه ، غار ، کورګاره کوګه .

grouch, v.i. ژومبېدل ، غورېدل ، ګونګېدل ، ګیله کول ، نارضایتی ښودل .

grouch, n. ګونګېدنه

grouchy, adj. غورېدونکی .

ground, n. ځمکه ، دځمکی مخ ، خاوره ډګر .

groundless, adj بې اساسه . بې دلیله .

groundwork, n. بنسټ ، سټه ، ډېره . .

groundling, n. دسینمادتل کې : دتیاتر له ژور ځای نه ننداره کوونکی .

group, n. & v.t.i. ډله ، ګروپ ؛ ډله کېدل ، ګروپ کېدل ؛ ډله کول ، خپلول .

grouse, n. یوډول مرغه .

grove, n. یوه ځړ وسکه ولی ، ګڼې ونې .

grovel, v.i. ځوړېدل ، څکېدل (پرسینه) ؛ ښکښېدل ، ټیټېدل ، سپکتیانه کول .

grow, v.i. لویېدل ، وده کول ، غټېدل شین کېدل .

grower, n. کروونکی ، زرغونوونکی .

growl, n. غړېدنه ، غړبدنه ، غورېدنه (لکه سپی چه یې دقار په حال کی کوی) . غړېدل ، غړېدل .

growth, n. لویېدنه ، غټېدنه ، وده پرمختیا (انکشاف) .

grub, v.t. کیندل ، کښندل .

grubby, adj. خیرن ، خچن ، ککړ .

grudge, v.t. شنډکول ، لالچ کول ، کینه کول ، بغض درلودل .

gruel, n. ازماچ ، اوماچك .

gruesome, adj. وېرووونکی ، ډاروونکی

gruff, adj. زیږ (په خبرو کی) ، بدغوری ، بدورکی ، بدخولی ، بېډزې .

gruffly, adv. په زیږ والی

grumble, v.t.i. & n. غورېدل ، ژومبېدل ، ګونګېدل ، نارضایتی ښودل .

grunt, n. دخوګ رمباړه .

grunt, v.t.i. رمباړه کول

guarantee, n. ضمانت ، تضمین

guaranty, n. تضمین ، ضمانت

guard, n. & v.t.i. ساتونکی ، گارډ ، ځارو ؛ ساتل ، خواندی کول ، مدافعه کول .

guardian, n. ساتونکی ، ځارونکی ؛ محافظ ؛ وصی .

guardianship, n. ساتنوالی ، محافظت ، وصی توب .

guerdon, n. v.t.i. انعام ، جایزه ؛ انعام ورکول ، جایزه کول ، تلافی کول .

guerrilla, guerilla, n. گوریلا ، سرتیری ، فدایی ؛ غیر رسمی جنګ .

guess, v.t.i. & n. اټکلول ، قیاس کول ، گومان کول ، حدس وهل ، گڼل (فرض کول) ؛ اټکل ، قیاس ، حدس ، گومان ، بې سنده نظریه یا قضاوت .

guest, n. میلمه ، پرحیوان چه د بل حیوان په ځای کی اوسیږی یا چوچ کوی .

guffaw, n. & v.i. کټ کټ خندا ، په زوره خندا ، کټ کټ خندل .

guidance, n. لارښوونه ، مشر توب .

guide, v.t. & n. لارښوونه کول ، لارښوول ، تنظیمول ، تر نظر لاندی ساتل ؛ لارښوونکی ، لارښود .

guidepost, n. د لارښوونې لښته (د مسافرو د پاره) .

guild, gild, n. د کسبګرو د ساتنې ټولنه ، اتحادیه ، صنف .

Guild Socialism, n. پوډول سوسیالیزم چه د صنعتی چارو واک د کارګرانو اتحادیو یا اصنافو ته ورکوی .

guile, n. ټګی ، مکر ، حیله ، غولونه ، تیرایستنه ، ټګمار ؛

guileful, adj. ټګمار ، غولوونکی ، تیرایستونکی ، خائن .

guiler, guyler, n. خطا ایستونکی ، غولوونکی .

guillotine, n. گیوټین ، د تورو او (مجرمینو) د سر پرې کولو ماشین چه د فرانسوی جوزف گیوټین له خوا اختراع شوی دی ؛ د ماشین د پرې کولو ماشین ، (په جراحی کی) د اداینو د پرې کولو سامان .

guilt, n. گناه ، جرم ، جنایت .

guiltless, adj. بې گناه ، بې تقصیره .

guilty, adj. گناهکار ، مجرم ، ضرر پر .

guinea, n. د انګلستان پخوانی طلایی سکه چه ارزښت یې (۲۱) شلنګه ؤ .

guise, n. کړه وړه ، سلوک ، ظاهری بڼه ، لباس ؛ نقاب ، پوښ

guitar, n. گیټار (د موسیقی یوه آله) .

gulch, n. تنګی ، تنګه دره .

gulf, n. خلیج ، فاصله ، ژور ځای ، چار خاو ، څرخاو (گرداب) .

gull, n. & v.t. ساده (سړی) ؛ غولول ، تیرایستل .

gull, n. پوډول سمندری مرغه .

gullet, n. مری ، سره ځاړه ، تنګی

gully, gulley, n. کوچنی تنګی ، مجرا ، کاریز ، داوړ کانډی پېلی

gulp, n. & v.t. غوړپ ، غوړپ پر اړ ، تیرول (تیرستونی)

gum, n. اوریه .

gum, n. کوڼد وری ، کڼد ؛ د جمع په حالت کی کلونی چه پر بوټو سربیره په بڼو کېږی

v.t. په کندو روسره موښلول یا کلکول .
gummy, adj. د کندوروپه شان
chewing gum, n. ژاولی .
gum, n. خچنی (چوخغی) .
gumption, n. عبرکی ، پوهه ، تشبث ، درنګه چوړو لوڼ .
gun, n. توپك ، توپ ، توپنچه (تماچه) ښیښدونکی (آله) .
v.t.i. و یشتل ، په توپك ښکارول ، وژی کول .
gunsmith, توپك جوړوونکی .
gunboat, n. کوچنی توپ لرونکی کښتی
gunman, n. توپچی ، مسلح قاتل ، وسله وال قاتل .
gunner, n. توپچی ، ښکاری ، هغه صاحب منصب چه په کښتی کی د توپ مسئولیت لری .
gunnery, n. د توپك و یشتلو فن ، د اندا خت علم .
gunpowder, n. باروت ، دتوپك دارو .
gunwale, n. د کښتی د اډخ پورتنی ژی .
gurgle, v.t.i. & n. غرغر کول ، شنها ر کول ، داو بو دشپیدلو (غرغر) ډغ شنهار
gush, v.t.i. په زور را غورځېدل (داوبو) د ار ی و هل ، په هیجان را تلل بهېدل ، بهول .
gusher, n. خو ټیدونکی ، داریو هونکی د تیلو څاه چه بیبی ته اړتیا نه لری .
gust, n. سیلی ، تند باد ، هیجان
gusty, adj. توفانی .
gusto, n. ذوق ، شوق ، خوند ، مزه
gut, n. کولمه ، نری لار ، ابنا ، مجرا (په جمع کی) لری او کولمی .
gutter, n. لښتی (دباران او بو) .
guttural, adj. & n. حلقی ، ستونیز .
guy, n. رسی ، ځنځیر ، موږی ، سیخ او اور چه دشیا اود ټینګولود پاره استعمالیږی .
guy, n. سړی ، عجیبه قواره ؛
v.t. مسخره کول ، ځورول .
guzzle, v.t.i. په سراچنا که توګه خوړل اوچښل ، لقول ، اپلل .
gymnasium, n. جمنازیوم ، دسپورټ ځای لو بوځای : په ځینو اروپایی مما لکو کی (په ختی G) د لیسې معادل ښوونځی .
gymnastics, n. جمنا ستیك ، ورزش چه د بدن دغښتلتوب دپاره یې کوی
gymnast, n. ورزشکار .
gypsum, n. ګچ ، د پاریس پلاستر .
gypsy, gipsy, n. جټ ؛ دجټا نوژبه .
gyrate, v.i په دایروی ډول څرخېدل ، تاو یدل .
gyration, n. څرخ ، ګرځېدنه .
gyroscope, n. جیروسکوپ ، یوآله ده چه د کښتیو ، الوتکو او نورو دحرکت دثبات دپاره استعمالیږی .
gyve, v.t. & n. ذولانه کول ، په ځنځیرتړل ، زولانه .

H

habeascorpus, n. د قاضي په وړاندې د بندي د راوستلو حکم چې د هغه د حبس علت څرګند شي.

haberdasher, n. (امر) هغه سوداګر چې د نارينه ؤ د استعمال وړ شيان پلوري، د دغو شيانو خرڅوونکی.

baberdashery, n. پلورنځی (د نارينه ؤ د کالو).

habiliment, n. د اغوستو کالي.

habjt, n. کالي، جامه؛ خوی، عادت.

habitable, adj. د اوسېدو وړ، د استوګنې وړ، د مېشتېدو وړ

habitant, n. اوسېدونکی، مېشت.

hobitat, n. د ژوو او ونو ټاټوبی، اصلي او طبيعي ځای.

habitation, n. ټاټوبی، استوګن ځای، د اوسېدو ځای، اوسېدنه.

habitual, adj. عادتي، رواجي، معمولي، روږد، اموخته، معتاد.

habitually, adv. عادتاً، په رواجي ډول، په معمولي ډول.

habituate, v.t. روږدول، عادت ور کول، اموخته کول.

hack, n. د کرايې آس؛ زوړ آس؛ بېګار. ليکوونکی؛ ټېکسي (موټر).

hack, v.t.i. په غير منظم ډول ټوټه کول يا پرې کول، خوږول؛ ټوخېدل لنډې ټوخې وهل.

hackle, n. د چرګ د غاړې بڼې؛ د سپي د اوږدو ميو او غاړو ويښتان.

hackney, n. د کرايې آس، يا يو د کرايې ګاډی.

hackneyed, adj. عمومي؛ زوړ؛ يا پېړه.

had د **have.** ماضي او دريم حالت.

haddock, n. يو ډول کوچنی ځوړين کب.

Hades, n. دوږخ.

haft, n. لاستی (لکه چړې ی).

hag, n. روي، ځوړ روي، شيشکه، بلا، شيطنۍ، کوډګره، بدشکله بوډۍ.

haggard, adj ډنګر چه ستړی ګي اې لوږه لي وي؛ ناآېله (نا روږدل شوي) يا چه، ناروږدل شوی (وحشي).

haggle, v.t. چنې وهل؛ ټوټول؛ لېړل، ګنډول

hail, n. ږلۍ (ژلۍ، چلۍ).

hail, v.t.i. ږلۍ اورېدل؛ ږلۍ اورول

hailstone, n. ږلۍ (دانه)

hailstorm, n. د ږلۍ او ږدلو توفان.
hail, v.t. سلام اچول ، هر کلی کول
hail, n. سلام ، هر کلی : روغتیا .
hair, n. وېښته .
hairdresser, n. سلماني ، دلاك ، نائي
hairless, adj. بې وېښتانو .
hairy, adj. وېښتن ، ښوسن ، بېر ، ټوشن ، چوښن .
hairpin, n. د وېښتانو چنګك يا سنجاق
hairbreadth, also hairs breadth. د وېښته لپور ، ډېره کمه فاصله ، ډېره کمه اندازه .
hake, n. يو ډول کب .
halberd, n. تبر ، تبرزين .
halcyon, adj. آرام ، بې باده ،
n. يو ډول مرغه دی چه وايي د بحر پر مخ يا لدې حاله جوړه وي او د هغه د چوچيانو د زيږيدو په وخت کې د بحر او به آرامې وي
halcyondays, د سولې او امن ورځې .
hale, adj. روغ ، روغ رمټ ، جوړ ، ځوانسلى ، پياوړى ، قوتناك
half, n. نيم .
half, adj. نيم .
halfback, n. هاف بيك (د فوټبال په لوبه کې)
half boot, n. نيم بوټ .
half-breed, n. دورګه ، بې ترايبه .
halfhearted, adj. مذبذب ، سوړ ، په دوه زړه وکې ، زړه نا زړه .

halfpenny, n. دانګر يزي سکې (پيني) نيمي ، نيمه پيني
halfway, adj. د لارې نيمائي ، د لارې مينځ
halfway, adv. په نيمائي لارکې .
half-witted, adj. بوله ، باوله ، ابله توګی ، لېونى حاله ، لېونفرى ، بېډا (اصط) له عقله پلى .
halibut, n. يو ډول کب
halitosis, n. بدبوى په خوا ، د خولې بد بوى
hall, n. سالون ، لويه خونه : د پوهنتون ودانۍ ، د ټولې لويه خونه : دهلېز ، انګانی .
hallelujah, halleluiah, n. مذهبي سرود ، حمد و ثنا (د خداى) تهليل .
alleluia, n. خداى پاك ، خداى ستاينه .
halliard, n. د بېړۍ د بادوان يا بيرغ د ارچتولو رسى .
halloo, v.i. & n. اې ، او : بدغ کول ، هر کلى کول : بدغ ، هر کلى .
hallow, v.t. تمانځل ، تقديس كول .
hallowed, adj. تمانځل شوى .
Halloween, n. (عيسوي) څه شپه ، د اولياو شپه (د اکتوبر د ۳۱ نېټې شپه) .
hallucination, n. وېره (يېره) : خيال تصور ، وهم .
hallway, n. ساباط ، دالان ، دهلېز .
halo, n. شپول (د سپوږمۍ لمر) ، تربل (تلېږ) ، هاله .
halt, n. & v.t. درول ، درېدل ، توقف كول .
halt, adj. ګوډ ، لنګ ، په ګوډه ډکي .

halter, n. ترسیری ، اوسار ، زلدی .
halve, v.t. دوه ځایه کول ، دوه ټوټې کول ، نیمول .
halves, n. pl. of half. د half. جمع .
halyard, n. د halliard. وګوری .
ham, n. دخوګ دورانه وچه غوښه چه په مالګه وی .
Hamburg steak orhamburger, n. دغوا ئی کوفته .
hamlet, n. کوچنی کلی .
hammer, n. څټک ، چټک ، چکش ، سټک .
hammerless, adj. بې څټک (بې سټکه)
v.t. په چکش وهل ، وهل ، ټکول .
hammock, n. زانګو دوله بستره چه په رسیو سره یې پر دیوالو یا ونو ځړوی .
hamper, n. لویه ټوکری .
hamper, v.t. منع کول ، مخ نیول .
hand, n. لاس .
handful, n. لپه ، یوموټ .
handless, adj. بې لاسه ، بې لاسټی .
handmade, adj. په لاس جوړ شوی .
hadnbag, n. بټوی ، دلاس کڅوړه ، دلاس بکس .
handbill, n. د یا خوا ئی پیا ڼی د اعلان پاڼه
handcuff, n. & v.t. ولچك ، ولچك کول ، ورا چول .
handicap, n. مانع ، عیب ، پوډول مسابقه چه کمزوری ته یوڅه امتیاز ور کول کیږی څو دواړو تر منځ تعادل منځ ته راشی .
handicraft, n. لاسی صنایع
handicraftsman, n. صنعتګر ، صانع .
handiwork, n. لاسی کاروړه
handkerchief n. دسمال .
handle, n. & v.t. لاستی ؛ په لاس څوروول ، په لاس نیول ، په لاس ور کول ، اداره کول
handmaid, n. خدمتګاره (ښځه) نوکره (ښځه) .
handmaiden, n. نوکره .
handsel, hansel, n. د ایکمرغی لښه .
handsome, adj. ښکلی ، ښایسته ، ګلالی .
handsomely, adv. په ښکلې توګه .
handspike, n. پورته کول د اوسپنې آله چه د دارمې په حیث استعمالیږی .
handwriting, n. لاس لیك ، لاس خط ، هغه لیك چه په لاس لیکل شوی وی .
handy, adj. لاس ته نږدې (نږدې) ، ماهر ، هغه چه په اسانی سره استعمالیدای شی .
hang, v.t. ځړول ، (په دار) وژل ، ځړول .
hangman. جلاد .
hangar, n. هنګار ، دالوتکو ګاراج .
hangdog, adj. ټیټ ، کښته ، پست (سړی)
hanging, n. ځړونه (په دار) .
hank, n. کلاوه (د سپڼسو) کړۍ (د سپڼسو) .
hanker, v.t. خوښول ، لیوال کیدل ، اشتیاق لرل .
hansel. د handsel. پله بڼه .
hansom, n. یو ډول بګۍ چه د چلوونکی دناستې ځای یې تر شاوی .

hap, n. پېښه ، حادثه .

haphazard, n. ناڅاپه ، ناببره ، اتفاقي

haphazard, adj. ناڅاپي .

hapless, adj. بدبخته ، بې بخته ، بدمرغه

haply, adv. په ناڅاپه توګه ، ښايي .

happen, v.i. ناڅاپي پېښېدل ، پېښېدل ، واقع کېدل .

happily, adv. په نېکمرغي ، د ښه مرغه ، په خوشالۍ سره .

happiness, n. خوشالتيا ، خوشالي ، نېکمرغي .

happy, adj. خوشاله ، خوش بخته ، نېکمرغه .

harangue, n. وينا (په لوړ ږغ)

harangue, v.t.i. په لوړ ږغ وينا کول ، په لوړ ږغ ږغېدل .

harass, v.t. ځورول ، خوا بدي کول ، خفه کول .

harbinger, n. کوربه ، ترمخ ځغاستونکی ، شاتړ ، لار ښوونکی .

harbor, harbour, n. بندر ، سيو ، پناه ګاه .

harborage, harbourage, n. سيو ، پناه ګاه ، ساتيري .

hard, adj. کلک ، سخت ، مشکل ، ګران ، زيږ

hard, adv. کلک

hardly, adv. په کلکه توګه .

hardness, n. کلکوالی .

harden, v.t.i. کلکول ، سختول ؛ کلکېدل ، سختېدل .

hardhearted, adj. په زړه کلک ، په زړه سخت ، بې زړه سوی .

hardihood, n. زړه ورتوب ، سرتېري

hardiness, n. ځغښتلتوب ، پياوړتوب ، توږن ، طاقت ، سېك .

hardpan, n. د مځکې کلک پوړ ، کلکه مځکه .

hardship, n. ستونځه ، مشکلات ، ربړ ، سختي .

hardtack, n. يوډول کلچه چه ماڼوګان يې استعمالوي .

hardware, n. د اوسپنې او زړو ، اهن جامه (لکه قلفک ، ونسکيري ، چوراس او داسې نور).

hardwood, n. کلک لرګی .

hardy, adj. زړه ور ، سرتېره ، کلک ، بې باکه .

hare, n. سوی .

harebell, n. يوډول بوټی .

harem, n. حرمسرای . د حرمسرای ښځې

hark, v.t. غوږ نيول ، پام نيول .

harken, v.i. د Hearken, بله بڼه . غوږ نيول

harlequin, n. مسخره (سړی) ، پېروګر ، پېښه ګر چه رنګارنګ کالي يې اغوستي وي .

harlot, n. رنډۍ ، کنچنۍ ، بدلمنه ، فاحشه .

harm, n. زيان ، تاوان ، ضرر ، ځور .

harmful, adj. ضررناک ، زيانمن .

harmless, adj. بې ضرره

harmlessly, adv. په بې ضرره توګه

harmlessness, n. بې ضررتيا ، بې زيانتيا .

harmonic, adj. همآهنګ ، همغږ ، موافق .

harmonica, n. ساز، دخولې باجه .

harmonics, n. دموسیقۍ داوازو لو علم، اواز پوهنه .

harmonious, adj. همغاړی، سم، وږ، برابر، موافق .

harmonize, v.t.i. برابرول، سمول، همغاړی کول: سمېدل، برابرېدل همغاړی کېدل .

harmony, n. سم والی، برابر والی، همغاړی توب، توافق، هماهنګی .

harness, n. ملوبه، کېزه او د کېږۍ مربوط سامان، سامان، تجهیزات .

harness, v.t. دکار د پاره اماده کول، استفاده ځنې کول، په چمبر کول، کېزه ورواچول، اېسارول .

harp, n. دموسیقۍ یوه آله .

harper, n. هارپ وهونکی .

harpist, n. هارپ وهونکی .

harpoon, n. داوسپنې ازغنه لېږه چه د نهنګ ښکار په کوي .

harpoon, v.t. نهنګ ښکارول .

harpsichord, n. دموسیقۍ یوډول آله .

harpy, n. (په غټ H) سرا ښ سړی هغه حیوان چه سر او تنه یې دښځې او وزرونه او لکۍ یې دمرغه وي ، ګرېځه لېوس .

harrow, n. غا ښوږ، ماله، منګوله چه ځمکه په هواروي .

harry, v.t. یرغل کول، لوټول، تالا کول، ځورول، وېجاړول .

harsh, adj. ځېږ، بدورګی، شدید

harshly, adv. په ځېږوالي، په شدت .

harshness, n. ځېږوالی، شدت

hart, n. ګوزن (نر) ،

harvest, n. درمن (درمند)، حاصل، درېبلو او درمن وخت، فصل (لکه د غنمو) .

v.t.i. رېبل، غونډول، درمند کول .

harvester n. لوګری .

hash, v.t. کوټل، میدول، وړول، کوټه کول .

hasp, n. چپراس او قلف .

hassock, n. تالپ، بالښت (د پښو د پاره) (ټپالی) .

haste, n. چټکتیا، ګړندی توب، بیړه .

hasty, adj. بیړه ناک، بیړ ګندی .

hastily, adv. په بیړه .

hasten, v.t.i. چټکول، ګړندی کول، تسریع کول: چټکېدل، ګړندی کېدل .

hat, n. خولۍ .

hatband, n. دخولۍ دشاؤ خوا رېبن، رېبنکۍ .

hatter, n. خولۍ ګنډونکی .

hatch, v.t.n. چا کول (د هګیو)، غا ړېل، چرګوړي ایستل، پخول، وده ورکول

hatchway, n. کړکۍ (د بېړۍ په خولې یا بام کې چه د ماتو د کښته پورته د پاره وي) .

hatchery, n. د غاړېلو ځای، د بېړو لو ځای، د چرګوړو د ایستلو ځای .

hatchet, n. تبرګی .

hate, n. کرکه، نفرت .

hate, v.t. کرکه کول .

hateful, adj. هغه چه کرکه ځنې کېږي، منفور، مکروه .

hater, n. کرکجن .

hatred, n. کرکه ، تنفر .

hauberk, n. زغره یا لاپوښ ، زغره .

haughty, adj کبرجن ، مغرور ، په ځان غره .

hnaughtily, adv. په مغروري ، په کبر

haughtiness, n. غرور ، کبر .

haul, v.t. ښکول ، کشول .

haulage, n. ښکونه ، کشونه .

haunch, n. کرناټي : د حیوان د ورون او پښه .

haunt, v.t. زیاته ناسته و لاړه کول : د پرتګ ډراتګ کول ، د پرواخه ورته کول

hautboy, n. سورنا ، سورنۍ .

have, v.t. درلودل ، ګمارل ، مجبورول .

haven, n. ګودره ، بندر ، د بېړیو د دریدو ځای ، سیب (پناهګاه) .

haversack, n. طبراق ، غوړی

havoc, n. تباهي ، ورانوونه ، ارګونه .

haw, n. ها (داس اغزونی ونباره ونه) بوټول اغزن بوټی چه سره میوه کوي ، دغه بوټي میوه .

hawk, n. باز .

hawker, n. ګرځنده پلورونکی

hawser, n. هغه پیړ رسی چه بېړۍ ګوري پېړۍ په تړي ، د بېړۍ دړا ښکولو او ئی لوښتو رسی یا و اچکی

hawthorn, n. بوټول اغزاني ونه چه سپین یا ګلابي خوشبو په ګلان لري .

hay, n. پروړه ، پرونه ، وچ واښه ، بولی ، پیده .

baycock, n. دوبو یا پروړی کوټه .

hayfield, n. څړ ځای ، وښیا ته .

haystack, n. دوبو یا پروړو کوټه (دلی) .

hazard, n. خطر .

hazardous, adj. خطرناک .

haze, n. خوپ ، غبار ، زړه نازړه ، هغه حوك چه د تصمیم قدرت نلري .

hazy, adj. خوبه هوا ، تت .

hazel, n. بوټول ونه یا بوټی دی .

hepersonalpro. دی ، دوه یم سړی ضمیر .

head, n. سر ، مشر ، رئیس .

headache, n. سرخوږی ، دسر درد .

headdress, n. پوښاک (د سر) دوبښتانو دجوړولو ډول .

headless, adj. بې سره .

heading, n. سر لیك ، سرنامه ، عنوان

headland, n. دماغه ، هغه وچه ټکه چه په سیند لنوتلی دی .

headlight, n. دمخ څراغ (د موټر او داسې نورو) .

headline, n. سر لیك ، عنوان .

headlong, adj & adv. بېړه ، ناڅ ، تلوارۍ : په بېړه ، په تلوار

headmaster, n. سر ښوونکی ، سرمعلم ، مدیر .

headpiece, n. خولی ، کوپړه ، ککرۍ ، پوهه ، ذهني قوه .

headquartera, n. دعسکرو ماندانی مرکز ، مرکزي اداره ، مرکز .

headsman, n. سرو هونکی ، سر پرېکوونکی ، جلاد .

headstone, n. د بنسټ تیږه : د مړ ستون تیږه ، د قبر ډبره .

headstrong, adj. په خپل سر ، بې ملاوه ، بې سره ، خود سره ، بې پروا .

headwater, n. سرچینه ، سرچشمه ، داوبو منبع .

headway, n. پرمختګ ، وړاندې تګ .

heady, adj. نشه لرونکی ، سرکښ ، خپل سری ، بې باکه .

heal, v.t. روغول ، جوړول .

healer, n. روغوونکی دارو ، درمل .

health, n. روغتیا ، جوړتیا ، تندرستي .

healthy, adj. روغ ، جوړ .

heap, n. & v.t. کوټه ، کوډه : کوټه کول ، کوډه کول ، ډېری کول ، امبارول .

hear, v.t. اورېدل ، منل ، اورول ؛ توجه کول .

hearer, n. اورېدونکی .

hearing, n. اورېدنه .

hearken, v.i. اورېدل ؛ غوږ نیول .

hearsay, n. بول ، ډنډوره ، اوازه ، انګازه ، خبر .

hearse, n. تابوت ، د مړي وړلو عراده .

heart, n. زړه ، منبع ، مرکز .

heartache, n. خوابدي ، غم ، د زړه خوږ .

heartbeat, n. زړه غورځېدنه .

heartbreak, n. زړه ماتېدنه ، خوا توري ، غم .

heartbroken, adj. زړه ماتی ، زړه توری .

hearten, v.t. زړه ورکول ، تشویقول .

heartfelt, adj. صمیمي ، د زړه د کومې .

hearth, n. دیوالي بخاري ، نغری ، دېګدان (کوره)

hearthstone, n. د نغري ډبره ؛ یو ډول د نغري د سپینولو پسته ډبره ، چرګی

heartsick, adj. غمجن ، غمځپلی ، زړه ماتی .

hearty, adj. صمیمي ، د زړه د کومې ، سالم ، پرېمانه .

heartily, adv. په زړه ورتوب .

heartiness, n. رښتیاګڼوی ، صمیمیت .

heat, n. تودوخه ، ګرمي ، حرارت .

heater, n. تودوونکی ، حرارت بښوونکی اورغالی ، منقل ، بخاري .

heath, n. څوړبانه ، هغه ارته ځمکه چه ازغن او ځنګلي اوږد بوټي لري .

heathy, adj. څوړبانه .

heathen, n. کافر ، بې دینه ، وحشي .

heathen, adj. کافر ، بې دینه .

heathendom, n. بې دیني .

heathenism, adj. کافر ، بې دینه .

heathenism, n. کفر ، بې دیني .

heather, n. یو ډول بوټی چه همېشه شین وي او ګلابي رنګه ګلان لري

heave, v.t.i. هسکول ، جګول ، پورته کول ، اوډول ، پړسول ، غځول . هسکېدل ، جګېدل ، پړسېدل ، ډډېدل ، غځېدل .

heaven, n. فلک ، آسمان ؛ جنت .

heavenly, adv. آسماني

heavenward, adj. د آسمان په لور ، د فضا په لور .

heavy, adj. دروند، تیاره، جدي، سخت

heavily, adv. په درنښت.

heaviness, n. دروند والی.

heavyweight, n. دروند وزن (په بوکسنګ او پهلوانۍ کې).

Hebrew, n. عبري، عبراني، یهودي، سامي ژبې (د پخوانیو عبرانیانو ژبه)

hecatomb, n. په پخوانۍ یونان کې یو ځل د سلو غوایانو یا او چانو قرباني.

heckle, v.t. د منځول: پوښتنې کول (پر له پسې) ځورول (د سلسلو پوښتنو په واسطه).

hectic, adj. تبجن، ناراحته، اندېښناک

hedge, n. د بوټو او کوچنیو ونو کټاره، چارګی.

hedgehog, n ژیږګی، جږګی: یو ډول حیوان چه پوستکی ئې زیږ دی: بدخولې سړی، بدخوی سړی.

heed, v.t.i. پام کول، توجه کول: غور کېدل.

heedful. adj. هوښیار، محتاط، متوجه.

heedless, adj. بې پروا.

heedlessness, n. بې پروائي، بې توجهي، بې پامي.

heel, n. پونده.

heel, v.t.i. اړخېز کول، کږول، کږېدل. اړخېز کېدل: شیوه کول؛ شیوه کېدل.

heifer, n. ګستره.

height, n. لوړوالی، اوچتوالی، هسکوالی، قد، ارتفاع.

heighten, v.t.i. لوړول، اوچتول، اوچتېدل، زیاتېدل، پرمخ تلل

heinous, adj. ډېر جهلي، ځورا بدخولی، ظالم، ناروا، ډېری کوونکی ډېر ولی.

heir, n. میراث خور، وارث، میراث خور

heirloom, n. میراث، میراث، هغه مال چه چا ته په میراث ورسېږي، ترکه.

held, د held, ماضي او د ریم حالت.

helicopter, n. هوائي کوپټر.

heliotrope, n. یو ډول بوټی دی چه ارغواني یا سپین ګلان لري.

helium, n. هیلیوم، د عجیبه غاز اتوم له جملې څخه یو ډول سپک غاز دی.

hell, n. دوږخ.

hellfire, n. د دوږخ اور

hellish, adj. دوږخ ډوله.

hellebore, n. یو ډول بوټی چه ریښې په دوا جوړولو کې استعمالېږي

Hellenic, adj. یوناني.

Hellenism, n. یوناني مدنیت.

Hellenistic, adj. یوناني کلتور.

hello, interj . د hallo بله بڼه

helm, n. د کښتۍ د ادارې کولو کړۍ (لکه د موټر سټیرنګ)

helmsman, n. لار ښوونکی، اداره کوونکی.

helmet, n. د اوسپنې خولۍ، خول (د اوسپنې).

helot, n. مریی.

help, v.t.i. مرسته کول، کومک کول، کومک کېدل.

helpful, adj. کومکي، ګټور.

helpless, adj. بې وسه، بې وزلی، بې مرستې.

helplessly, adv. بې وسې.

helplessness, n. بې وس توب.

helpmate, n. کومکی، مرسته کوونکی، ملګری (په تیره ماینه).

helter-skelter, adv. په وار خطا یی، په ګډه وډه توګه.

helve, n. لاستی (د تبر، تیشې او نورو)

hem, n. زی، څنډه، موړګه، څنډی، پاڅې ورجوړول، ایسارول، راتاوول.

hemisphere, n. (په ترکیبي حالت کې) نیم، د مځکې نیمه کره.

hemispherical, adj. نیم کروي.

hemlock, n. یو ډول ونه چه تل شنه وي؛ یو ډول زهرناک بوټی او د هغه زهر، شوکران.

hemoglobin, n. هیموګلو بین، د وینو په سرو کرویاتو کې د رنګ سره ماده.

hemorrhage,haemorrhage, n. د وینو بهیدنه، د وینې بهیدنه (د زخم څخه).

hemp, n. یو ډول بوټی، کنف.

hempen, adj. کنفي.

hemstitch, v.t. تار کښې کول، پوخله کول، مړ غټکه کول، کښېدونه کول ګلدوزی.

hen, n. چرګه، د کور د پرمرغانو ښځینه جنس.

hencoop, n. د چرګو قفس.

henhouse, n. د چرګو کوډل.

hence, adv ځکه نو، په دې دلیل، له دې امله، په نتیجه کې، وروسته له دې

henceforth, adv. وروسته له دې.

henceforward, adv. وروسته له دې، په اینده کې.

henchman, n. ملګری، نوکر، مریی، تر لاس لاندې، (سپری).

henna, n. نکریزی، حنا، نوکریځی، اوکریزی.

henpeck, v.t. پر میړه برج وهل، میړه لو اکر ایل، پر میړه امرونه کول.

hepcat, n. ساز ندوی.

her, pron. د مفرد مئونث غایب مفعولی او اضافی ضمیر (دی ته، د دې).

herald, n. جارچی، زیری کوونکی، هری، زیری.

v.t. اعلان کول، زیری ورکول، جار وهل، پیش ګویی کول.

heraldry, n. نسب پېژندنه.

heraldic, adj. د نسب نامې.

herb, n. کوچنی بوټی چه د ډیره ساقه لري، داسې بوټی چه په دوا کې استعمالیږي.

herbaceous, adj. بوټي وزمه، واښه دوله.

herbage, n. واښه.

herbivorous, adj. واښه خوړ، څړېدونکی.

herculean, adj. ګران، سخت، خطرناک، پهلواني، غښتلی.

herd, n. رمه، ګودم، ګله.

herder, n. شپه، شوبه.

herdsman, مالوالا، ګودموالا، مالدار، ګله دار.

here, adv. دلته، په دې ځای کې: اوس

hereabout, hereabouts, adv. پەدې شاوخوا کې، په دې سیمه کې .

hereditary, adj. وروسته لەدې، پس لەدې

hereby, adv. په دې ډول، په دې توګه
په دې وسیله؛ دلته نژدې

hereditary, adj. موروثي، میراثي، ارثي

heredity, n. میراث، وراثت .

herein, adv. په دې کې .

hereof, adv. ددغه، ددې، پەدې باره کې

heresy, n. کفر، د عقیدې خرابوالی .

'heretic, n. کافر .

heretical, adj کافري .

heretofore; adv. تر دې د مخه، پخوا،
پر مخې .

hereunto, adv. تر اوسه، تر دې وخته

hereupon, adv لەدې کبله، او روسته
لدې، د دې په نتیجه کې .

herewith, adv. له دې سره، لەدې سره مل

heritage, n. میراث، ترکه .

hermetic, n. داسې تړل شوی چه هوا
ورداخله نشي؛ کیمیایي، جادویي .

hermetical, adj. کیمیاګري،
کوډګري .

hermetically, adv په کیمیایي ډول،
د کوډو په توګه .

hermit, n زاهد، صوفي، د دنیا تارک .

hermitage, n. ځای (د عبادت د پاره
ګوښه ځای)، د زاهد د عبادت ځای .

heroin n اتل، هیرو، پالوان، قهرمان

heroic, adj. داتلتوب، د زړه ورتوب

heroine, n. اتله، زړه وره، پالوانه
هیروئین (په فلم کې) .

heroism, n. اتلتوب، زړه ورتوب،
پهلوانی .

heron, n. ماهي خوړونکی (مرغه) .

herring, n. یو ډول کب .

hers, possessive case of She. ددې .

herself, pron. دا پخپله، دې پخپله

hesitate, v.i. زړه نازړه کېدل، متردد
کېدل

hesitation, n. تردد، تذبذب .

heter (o)— په ترکیبي حالت کې،
بېل، مختلف .

heterodox, adj له واکمنو عقایدو سره مخالف
له عمومي عقایدو سره مخالف .

heterodoxy, n. له واکمنو عقایدو سره
مخالفت، بدعت .

heterogeneous, adj ډول ډول، غیر
متجانس، مختلف

hew, v.t پرې کول، غوڅول،
توږل، ماتول .

hewer, n پرې کوونکی، غوڅوونکی
توږونکی .

hex (hexa) شپږ (په ترکیبي حالت کې)

hexagon, n. مسدس، شپږ ضلعي .

hexagonal, adj. مسدس .

hexameter, n. مسدس (شعر) .

heyday, n. نېکمرغي، خوشحالي .

hiatus, n. چوله، چوړګه، نیمګړتیا
وقفه (د دوو توریو ترمنځ)، خلا، چاود .

hibernate, v.i. ژمی په استراحت تېرول
(لکه ځینې ژوي چه یې تېروي) .

hibernation, n. ژمی په استراحت
تېرولە، ژمنۍ خوب (د ځینو ژوو) .

hiccup, hiccough, n. سوګلی، سلګۍ، اپڅکی .

hickory, n. یو ډول ونه چې په شمالي امریکا کې پیدا کیږي : د دې ونې لرګی چې ډیر کلک او پېړوی

hid, v.t.i د hide ماضي .

hidalgo, n. . ښاغلی (په اسپانوي ژبه)

hidden, adj. پټ، پټ شوی د hide دریم حالت

hide, v.t.i. پټول : مخ اړول ، له نظره پټول : پټېدل .

n. پوست ، پوستکی ، د پټېدو ځای .

hidebound, adj. بې ځایه په محتاط ، لنډ فکره ، په بدن پورې انښتی پوست .

hideous, adj. ویرونکی ، بدرنګه ، بدرنګی ، بدڅولی .

hideously, adv.. په ویرونکي توګه

hideousness, n. بدرنګوالی .

hie, v.i. په بېړه تلل ، هڅه کول ژر ژر تلل ، تړپلل .

hierarchy, n. امرانه سلسله ، دروحانیونو سلسله ، دروحانیونو حکومت ، هغه حکومت چې د مراتبو سلسله د حاکمیت له مخې یکي کلکه وي .

hieroglyphic, n. هیروغلیفیک .

high, adj. لوړ ، اوچت ، هسک ، جګ .

highborn, adj. اصیل ، د لوی کور ، د لوړ کورنۍ .

highhanded, adj. تحمیلي : اختیارزي : امرانه ، ظالمانه .

highland, n. غرنۍ سیمه ، لوړه سیمه .

the Highlands, n. د سکاټلینډ شمال لوړه برخه .

Highlander, n. پاسني ، غرني ، د غرو اوسېدونکی .

highness, n. ستروالی ، هسکوالی ، جګوالی : لوړوالی .

highroad, n. لویه لار ، لوی سړک ، عمومي سړک .

high school, n. لیسه ، عالي ښوونځی .

high sea, n. د بحر هغه برخه چې پر هغه باندې د چا تسلط نه وي ، بین المللي اوبه .

highway, n. لویه لار ، عمومي لار ، عمومي سړک .

highwayman, n. غل ، هغه سړی چې لویه لار پر تېرېدونکو غلا کوي ، لارو هونکی .

hike, n. & v.t. تګ ، چکر ، تلل ، تګ کول ، چکر وهل ، پر پښو تلل .

hiker, n.

hilarious, adj. خوښ ، خوشاله ، ښاد ، ورین .

hilarity, n. خوښي ، خوشالي ، ښادي .

hill, n. غونډۍ ، ټپه ، د خاورو کوټه .

hillside, n. د غونډۍ لمن ، د غونډۍ اړخ

hilltop, n. د غونډۍ سر

hilly, adj. هغه سیمه چې ډېرې غونډۍ لري .

hillock, n. کوچنۍ غونډۍ ، وړه غونډۍ ، غونډیګه .

hilt, n. لاستی ، موټی ، مخصوصاً د تورې (خنجر) .

him, pron. د مفرد مذکر غایب مفعولي ضمیر (ده ته) .

himself, pron. ده پخپله ، دی پخپله .

hind, n. بزگر ، کلیوال .

hind, n. گاوزه ، گوزنه .

hind, adj. شاتنی برخه ، وروستنی خوا ، ترشا ، شا

hinder, v.t.i. ځنډول ، مخه نیول ، ممانعت کول ، د ودې او انکشاف مخه نیول : خنډ کېدل

hindmost, adj. پېرته ، خورا پېرته ، ډېر وروستنی .

hindrance, n. ممانعت ، مخنیوی .

hinge, n. چپراس

hint, n. اشاره ، شیبه ، غیر مستقیمه اشاره

hint, v.t.i. اشاره کول

hip, n. کوناټی .

hip, n. د اسرین د گل مېوه ، د سره گل مېوه : په او بو کی د خوشالۍ ناره (اواز) مالخولیا .

hippodrome, n. د اسانو د ځغلولو ځای ، د اس د ځغلولو دایروی میدان ، سرکس .

hippopotamus, n. داوبو اس چه په افریقا کی پیدا کیږی .

hire, v.t. مزدورول ، اجاره کول ، باډه کول ، اجیرول .

hireling, اجیر ، مزدور : رشوت ور کول

hirsute, adj. ویښتن ، وړبن ، ږیرچښن

his, pron. دده ، دهغه (د مفرد مذکر غائب اضافی ضمیر) .

hiss, n. پوښکی ، پوښهار ، پوسهار (لکه مار ، د باد ، داوبو او داسی نور)

historian, n. تاریخ پوه ، تاریخ لیکونکی ، مؤرخ

history, n. تاریخ .

historic, adj. تاریخی ، مشهور .

historical, adj. تاریخي

historically, adv. په تاریخی توگه ، د تاریخ له مخی (د مخه)

histrionic, adj. صحنه یی ، صحنې ، د سټېج ، د لوبغاړو د پېښو کړو

hit, v.t.i. وهل ، گوزار ور کول : توافق کول ، موښتل

hitch, v.t.i. ټکول ، ټکان ور کول : تړل ، اچول ، غورځول ، ودرول ، گیر نډی کول .

hither, adv. دلته : دې خوا ته ، دې لور ته ، دې .

hitherto, adv تر دې وخته ، تر اوسه ، تر دې ځایه

Hitlerism, n. هټلري لاره ، هټلري اصول .

Hitlerite, n.& adj. هټلري

hive, n. د شاتو کندو ، د مچیو کور ، د مچیو ځاله ، ډېر ښت ، ټولنه ، گڼه گوڼه .

hive, v.t. په کندو کی ټولول .

hoar, adj. سپین ، سپین بخن ، سپین ږیری ، زوړ .

hoard, n. پاسره : ذخیره ، خزانه .

hoard, v.t.i. پاسره کول ، ټولول .

hoarfrost, n. پرخه .

hoarse, adj. زیږ ، پوزغاړی ، زیږ ږغ ، ډډ ږغ .

hoarsely, adv. په پوزغاړی ترب

hoary, adj. زوړ ، سپین ږیری : سپین ږیری ، پخوانی

hoax, v.t. ټوکې، مسخرې، ملنډې، تیرایستنه، غولونه (د ټوکو په ډول).
ټوکې کول، مسخرې کول، ملنډې وهل، غولول (په ټوکو).

hobble, v.t.i. ګډېدل، لنګېدل، کوډ کوډ تلل، لنګوځل (لنګوځېدل): دربلول، دربل کېدل، ټکولول.

hobby, n. ذوقي کار (په وزګار وخت کې).

hobgoblin, n. بلا، روی.

hobnail, n. لوټ سري مېخ چه د بوټ په تلی او د اس په نال باندې وهل کېږي.
hobnailed, adj.

hobo, n. هېره ګرځنده، کار نکړونکی، سوالګر.

hock, n. د حاروي د شا د پښو منځنۍ بند (لکه د اس، غوا، سپي او نورو).

hockey, n. هاکي، یو ډول لوبه.

hocus-pocus, n. ټګي، افسون، جنتر.

hod, n. د خښتو د خټو او نورو تعمیراتي موادو د وړلو لوښی: د سکرو لوښی.

hoe, n. رمبې.

hog, n. خوګ: ناولی، خېټور سړی، ځان منونی، خودخواه.

hoggish, adj. خوګ ډوله، ظالم، چټل، خودخواه.

hogshead, n. یو ډول لوښی چه ۶۳ ګیلنه پکې ځایېږي (لکه بېلر چېلک).

hoist, v.t. اوچتول، پورته کول، لوړول، هسکول.

hold, v.t. نیول، ساتل، خوندي کول، ټم کول، په یاد لرل، درلودل، لرل

holder, n. نیوونکی.

hold, n. د بېړۍ یو لاندنی برخه چه هلته مال او سامان ایښودل کېږي

holding, n. شته، شتمني، مال، جایداد.

hole, n. سوری، کوګ، زوړ ځای، غار.

holiday, n. رخصتي، د رخصتۍ ورځ

holiness, n. سپېڅلتوب، تقدس، د پاپ لقب.

hollow, adj. کوګ، مېنځ خالي
hollowness, n. کوګ والی

holly, n. یو بوټی چه تل شین وي او سور مېوه کوي.

hollyhock, n. د خېرو ګل، د خطمي ګل

holm oak, n. څېړۍ.

holo- (په ترکیبي حالت کې) کلي، ټول.

holocaust, n. په اور سوځونه، په اور وژنه، په اور تباه کول، قتل عام، سوځېدلې قرباني

holster, n. د ټوپنچې د ایښودلو ځای چه په کمربند یا زین پورې تړلی وي، کاش،

holy, adj. سپېڅلی، مقدس،

homage, n. درناوی، احترام.

home, n. کور، هېواد، خپل وطن، مېنه، ټاټوبی

home, adj. وطني، د کور، د وطن، د مېنې، د هېواد

homeland, n. هېواد، ټاټوبی

homeless, adj بې کوره.

homelike, adj آشنا: د کور په شان، مستریح.

homework, n. د کور کار، کورنۍ وظیفه.

homely, adj. بدرنګه، ساده: کورنی.

homemade, adj. کورنی، دوطن، په هیواد کې جوړ شوی، په کور کې جوړ شوی، ساده.

Homeric, adj. د هومر سبک ته ورته، د یونان د نامتو شاعر (هومر) هولندی

homesick, adj. په وطن پسې خواشینی.

homesickness, n. په وطن (کور) پسې خواشیني.

homespun, adj. په کور کې اوبدل شوی کالی، وطنی ټوټه

homestead, n. کور او د هغه شاو خوا ځمکه، اوربوی.

homesteader, n. هغه څوک چه تر ټاکلی قانون لاندی د دولتی ځمکه یا کور واخلی.

homeward, adj. د کور په لوری، د کور لور ته، د وطن په خوا.

homicide, n. د انسان وژنه، قاتل، خونی

homicidal, adj. دخون د قتل.

homily, n. وعظ موعظه یوپنا، د موعظی وینا، ستړی کوونکی نصیحت.

hominy, n. وړه غستلی، دلداتوب، گبری، گبر گبره شوی، جوار

homo, n. سړی، بنیادم، وگړی، انسان

homo-adj. (په نورو کوچنی حالت کې) سره ورته، هم (لکه همجنس).

homogeneous, adj. یو ډول، همجنسه، سره ورته، یو شان، متجانس.

none, v.t. تیره کول، پیلی کول (لکه د چاقو چړې او داسې نور).

hone, n. د تیرو کانی، پیلو، باټ، لوسی، هغه کانی چه چاقو چاړه او داسې نور باندی تیره کوی.

honest, adj. سپیڅلی، رښتینی، رښتونی، پاک، امین، صادق.

honestly, ady. په سپیڅلوالی، په رښتینوالی، په رښتیا.

honesty, n. صداقت، امانتکاری، سپیڅلوالی، بی غشتوب، پاک والی، بیچوتوب، سوچه والی

honey, n. عسل، شات، گبین

honey bee, n. د عسلو مچی

honeycomb. n. هغه ساختمان چه مچی یی د شاتو د ذخیره کولو د پاره جوړوی، شکر گنی.

honey comb, adj.

honeydew, n. د بوټو شات، گوړی، هغه خوږی ماده چه ځینی بوټی یی له ځانه راباسی او پر هغه وچ پاته شی (دوبها).

honeymoon, n. چه تر واده وروسته یی ناوی له میړه سره په یوه ځای کې تیروی.

v.t. د عسلو میاشت تیرول.

honeysuckle, n. چمبه گل، الی سکن

honor, honour, n. درنښت، شرافت، شهرت، سرلوړی، عزت.

hnorable, honourable, adj. عزتمن، وړ، درانه، شریف، سرلوړی.

honorably, ady. په درنه توگه، په شریفانه ډول.

honorary, adj. وياړنی، اعزازی، افتخاری.

hood, n. یو ډول خولۍ ده چه سر او مغزی دواړه پټوی او په بالاپوښ پورې نښتی وی.

hooded, adj. پوڅنل شوی.

hoodwink, v.t. غولول، تېر اېستل، غلطول.

hoof, n. سوه، کوډه.

hoofed, adj. سوه وال، کوډمه وال

hook, n. چنګک، انځی، لګوښاري، کړی.

hookup, n. رابطه، کړی

hookworm, n. یو ډول کېډې چنجی

hoop, n. کړۍ، حلقه

hoot, v.i. کرېږ کول، چیغه وهل، په زوره غږ کول، کوکی وهل، ناري وهل، د بوم په شان غږ کول، د موټر هارن وهل.

hop, n. ټوپ، دانګنه، غورځنګ، په خوسي تګ، چنداك.

hope, n. هیله، امید.

hopeful, adj. هیله من.

hopefully, adv. په هیله

hopefulness, n. هیله من توب.

hopeless, adj. نه هیله، نا امیده، مایوس.

hopelessly, adv. په نا هیلی.

hopper, n. ملخ، غورځېدونکی خزنده، ټوپ وهونکی خزنده، ناوه، تری

horde, n. v.i. ډله، ټولګی، ټولګی، غونډی، ډله کېدل، ټولګی کېدا

horizon, n. د اسمان څنډه، د اسمان لمن، افق.

horizontal, adj. افقي

horizontally, adv. په افقي ډول.

horn, n. بوغندر کی، ارن، ښکر.

horny, adj. ښکر ور.

hornet, n. بمره، غالبوزه، غومبسه، ډنبره.

hornpipe, n. سورنا، یو ډول خواګور نڅا

horoscope, n. تالې کتنه، د منجم له خوا د تالې کتلو په نیت د ستورو د موقعیت معلومول د یو ی دزیږېدو په وخت کې.

horrible, adj. ویرونکی، ډېرونکی، ډارونکی.

horribly, adv. په ډارونکی توګه

horrid, adj. ډېرونکی، ډارونکی، لړزوونکی، رېږدونکی، ترهوونکی، بې خونده، زیږ.

horrify, v.t. ویرول، ډارول، ډېرول

horror, n. ویره، ډار، کرکه

horse, n. اس.

horseback, n. د اس شا.

horsecar, n. د اس ګاډی.

horseflesh, n. د اس غوښه.

horsehair, n. د اس ویښتان.

horseless, adj. بې اسه.

horsewhip, n. & v. t. متروکه: په متروکه وهل.

horséman, n. سوارکار، چاپ انداز، د اس روزونکی.

horsemanship, n. اس پالنه، میتري، اس روزنه، اس سواري.

horseplay, n. ټوکې ټکالې، ګډه وډه لوبه، بې انتظامه لوبه.

horsepower, n. هارس پاور، یو ډول د قوت واحد، د اس قوت (لکه د یوه انجن)

horse-radish, n. د غره مولۍ.

horseshoe, n. نال ، نعل .

horseshoer, n. نالبند ، نعلبند .

horticulture, n. کرن پوهنه .

horticultural, adj. د کرن پوهنې .

horticulturist, n. باغوان ، ملیار (کرن پوه) .

hosanna, n. اشکې ، د تحسین ږغ ، شاباس ، افرین .

hose, n. اوږدې جرابې : د رېړ یا پلاستکي نل .

hosiery, n. اوږدې جرابې ، د جرابو او نورو اودلو شیانو پلورنځی .

hospice, n. د پردیسانو د شپې تیرولو ځای (مسافرخانه) .

hospitable, adj. ډوډۍ ماړ ، مېلمه پال ، مهمان نواز ، مېړه سړی .

hospitably, adv. د مېلمه پالنې له مخې .

hospital, n. روغتون ، شفاخانه .

hospitality. مېلمه پالنه ، ډوډۍ ماري

host, n. کوربه .

hostess, n. کوربنه (مېرمن) .

host, n. د خلکو ډله .

hostage, n. یرغمل .

hostel, n. لیلیه ، مسافرخانه ، هوټل .

hostelry, n. مسافرخانه .

hostile, adj. دښمن ، مخالف : د دښمنۍ

hostility, n. دښمني .

hostler, n. اسپکړی ، میتر (مهتر) .

hot, adj. سور (گرم) ، سوځند ، اوښتند ډېر تود .

hotly, adv. په گرمۍ ، په تود والي .

hotbed, n. تود بوټی (هغه ځای چې په سېخو پوټل شوی وي او په ژمي کلان او سابه پکښې کرې) : منبع ، سرچینه .

hotel, n. هوټل ، مېلمستون .

hotheaded, adj. قارجن ، تند خویه .

hothouse, تود کور ، تود بوټی (هغه ځای چې په ژمي کلان یا سابه پکښې کرې)

hound, n. تازي ، ښکاري سپی .

hour, n. گړۍ ، ساعت ، د شپې او ورځې ۲٤ برخه : وخت ، درسي ساعت .

hourly, adv. هر ساعت .

houri, n. حوره ، د جنت حوره .

house, n. کور ، ناټوبی ، مېنه ، ځای کورنۍ : مقننه جرگه : صحنه .

houseless, adj. بې کوره ، بې مېنې ، بې ځایه .

housetop, n. بام ، بلی .

housework, n. د کور کار ، د کالي کار

household, n. کهول ، کورنۍ ، خپلخانه ، د یوه کاله غړي .

housekeeper, n. د کور خاوند ، " د کورنۍ مشر .

housekeeping, n د کور ساتونکی . کور ساتنه .

housewife, n. د کاله مېرمن ؛ د ستنو ، سنجاقو غوټو او تار کڅوړه .

housewifery, n. مېرمنتوب .

housing, n. کورجوړونه : سمب (سېږو) چړگی (د زین چکن شوی پوښ) .

hove, v.t. د how ماضي .

hovel, n. کوډله ، جونگړه .

hover, v.i. وزرول (په هوا کې) ، ځنډېدل ، ځړېدل (په هوا کې) .

how, adv. څه ډول ، څه رنګ ، څرنګه څومره

however, adv. په هر حال ، خو بیا هم ، سره له دې .

howitzer, n. یو ډول لنډه توپ چه له مرچل څخه ګوزار ورکوي .

howl n. انګولا (لکه د ګیدړ ، لیوه او داسې نورو) .

howl, v.i.t. انګولل .

howsoever, adv. په هر حال ، په هر ترتیب ، هر څومره ، په هر ډول ، سره له دې .

hub, n. هب ، د څرخ منځنۍ برخه ، د یو شي منځنۍ برخه .

hubbub, n. شور ماشور ، کوکې ناري ، غالمغال ، شور ، ځوږ .

huckleberry, n. د توت یو ډول و له چه په شمالي امریکا کې کیږي

huckster, n. کرځنده پلورونکی (په تیره بیا د سابو او میوو) .

huddle, v.t.i. سره له ګوډه کول ، سره له ګوډه کیدل ، سره له ګوډه کول

hue, n. رنګ .

hue, n. کوکې ، کریږې ، چیغې ، ناري سورې

hue and cry. ناري سورې

huff, n. تر له وتنه ، ترڅوالی ، قهر ، بد خلقي .

hug, n. & v.t. په غیږ کې نیول .

huge, adj. ډیر لوی ، ډیر غټ ، ستر .

hugely, adv. په سترو الی ، په غټوالی

hulk, n. زړه بیړۍ ، زوړه بیړۍ ، د ډیر غټ کالبد والا سړی .

hulking, adj. غټ ، پنډ ، نا ښکلی ، بې ډوله .

hull, n. د میوو او دانو پوستکی ، د بیړۍ بدنه

hum, v.i. زمزمه ، بونګیدل ، زمزمه کول .

hum, n. هم (د مچۍ غوندې غږ) زمزمه

human, adj. بشري ، انسان ، انساني ، بشري .

humanly, adj. د انسانیت ، د سړي توب

humane, adj. خواخوږی ، زړه سواندی ، مهربانه ، مهذب ، انساني .

humanely, adv. د سړي توب په توګه

humanism, n. هیومنزم ، بشریت ، فوق‌الطبیعه بشر دوستي : د تفصیل د پاره دغه لاندې کلمې معنی وګورئ

humanitarian. د کلاسیکي ادب او زبو زده کوونکی په تیره بیا د ۱۵ او ۱۶ پیړۍ د منځه وضعت شوی چه ارغونی یونان او روم د کلاسیک ادبیاتو پیروي یې کوله

humanitarian, n. او ع بر ستی ، بشر دوست .

humanity, n. بشر ، بشریت ، سړي توب ، انسانیت ، خواخوږي ، زړه سواندتوب (د جمع په حال کې) د کلاسیکو ادب او ژبې د څیړنې څانګې

humanize, v.t. سړي کول ، انسانول ، مدني کول

humankind, n. بشر .

humble, adj. کمینه ، متواضع ، خاکسار

humbleness, n. کمینه والی ، تواضع

humbly, adv. په تواضع ، په‌خاکسارۍ .
humblebee, n. ..غټه مچۍ ، غالبوزه ، بمبره .
humbug, n. چل‌ول ، ټګي بزګی .
humdrum, adj. : باایزه ، سپك ، مېنډل ، یکنواخته .
humid, adj. .. لوند ، مرطوب ، نمجن .
humidity, n. لندبل ، رطوبت
humidify, v.t. .. لوندول ، مرطوبول .
humiliate, v.t. سپکول ، ټیټول ، تحقیرول
humiliation, n. . سپکاوی ، تحقیر
humility, n. . ټیټوالی ، سپکوالی ، تواضع .
hummingbird, n. مچ‌خورکه (یوډول امریکائی مرغۍ).
hummock, n. . غونډۍ .
humor, humour, n. خوش طبعي ، ظرافت ، خوی ، طبیعت
humorist, humourist, n. ټوکمار ، طبیعتی ، ظریف
humorous, adj. ټوکی .
humorously, adv. په ټوکو .
hump, n. بوك ، ډډی (کوهان) .
humus, n. تورمځکه ، توره خاوره ، دبوټو اوحیوانو دعضوي موادو دوروستېدو څخه جوړه شوې ده .
Hun, n. . هون ، دهون‌نژاد ، وران‌کار .
hunch, v.t. & n. غونډول ، کوږه کول ، کږول ، غونډه ، کوږه ، ټوټه ، ګوټ‌مان .
hunchback, n. also hump- back. شاکوپی ، شاکړی .
hunchbacked, adj. شاکوپی ، ملاکږی .
humpbacked, adj. ډډو تلی .
hundred, n. سل .
hundred, adj. سل .
hundredth, adj. & n. سلم .
hundredfold, adj. é n. سل چنده ، سل واره .
hundredweight, n. سل پونډه ، کانی ، هغه واحد چه سل پونډه دی (په امریکا کی) .
hung, pa. tense, of Hang. د hang. ماضی اودریم حالت .
hunger, n. لوږه ، هیله ، اشتیاق ، لیوالتیا .
hungrily, adv. په لوږه .
hungry, adj. وږی .
hunt, v.t. ښکار کول ، لټول ، پلټل ، تعقیبول .
hunter, n. ښکاری .
hunting, n. ښکار .
huntress, n. ښکاری ښځه .
huntsman, n. ښکاری سړی .
hurdle, n. ، څپری ، شپول ، کیږی ، چار : دلرګو هغه چوکاټ چه په منډه کوب تری وهی .
hurdle race, n. اسن‌ز غلو له چه دلرګو ترچوکاټو پرېپه منډه ادوی .
hurdle v.t. کیږ کول ، په کیږ کی رااېسارول .
hurl, v.t. غورځول ، اچول ، ارتاوول ، لړزول .

huly-brly, n. غال مغال، شور ربګت، شور ما شور .

hurrah, n. & v.t.i. واوا، اشکی، شاباس، افرین .

hurricane, n. توپان، شدید باد .

hurry, v.t.i. بیړه کول، تلوار کول .

hurried, adj. بیړه ناك .

hurriedly, adv. په بیړه، په تلوار .

hurt, v.t. خوږول، ژوبلول، ترټل، اذیت کول، ضرر رسول، زخمی کول .

hurtful, adj. مضر .

hurtle v.i.t. په زوره خوځول، غورزول، بهول، شړل : غورځول .

husband, n. میړه، څښتن، خاوند .

husbandman, n. بزګر، کروندګر، کروندګر .

husbandry, n. کرنه، بزګری .

hush, v.t.i. کرارول، غلی کول : کرارېدل، غلی کېدل .

husk, n. پوستکی، پوټکی، سبوس .

husky, adj. پوستور، پوست والا : شډل : بې ږغه، زیږ (ابکه ږغ) : قوی .

huskiness, n. زیږ والی، شډل توب قوی توب .

hussar, n. رساله یې (پهار وپا کی) .

hustle, v.t. دلی کول، پر لها چول، سره غونډول : : خول چیخول، بوررول : په قوت سره کار کول .

hut, n. کوډله، جونګړه، کوډخی .

hutch, n. صندوخ، صندوق : قفس : کوډلی، کوچنی خونه .

huzza, v.t.i. واوا کول، اشکی ویل، افرین ویل .

hyacinth, n. یو ډول سنبل .

hybrid, n. دورګه .

hybridize, v.t.i. دورګه کول : دورګه کېدل، پیوندول .

hydrangea, n. یو ډول بوټی چه سپین ګلان کوی .

hydrant, n. داو بونل، داطفایې نل .

hydrate, n دا بو او ځینو نورو موادو مرکب .

hydraulic, adj. هغه شی چه دا و بو په قوه کار کوی : داو بو په اثر کلك شوی (لکه دسمنټ ځینی ډولونه) .

hydraulics, n د بهاندواو بواو نورو مایعاتو دحرکت یا فعالیت څخه دګټې اخیستلو علم .

hydro. په ترکیبی حالت کی او به .

hydrochloric acid, n. په کیمیا کی دهایدروجن دموجودیت مفهوم افاده کوی : دما لګی تیزاب (کلو ریك اسیډیې هم بولی) .

hydroelectric, adj. داو بو بریښنا .

hydrogen, n. هایدروجن .

hydrometer, n. هایدرومیټر یواله ده چه داو بو په مقایسه د نورو مایعاتو مخصوص وزن ښکاره کوی .

hydrophobia, n. دا بو څخه ویره : دلیو نی سپی ناروغې .

hydroponics, n. دنبا تاتو ودهچهر ببې بې په داسی مایعاتو کی وی چه ضروری معدنی مالګې ولری .

hyena, hyaena, n. کوږه ، کفتار .

hygiene, n. د روغتیا ساتنې پوهه

hygienic, adj. صحي .

hygienist, n. د روغتیا متخصص .

hymeneal, adj د واده ، د نکاح د کوزدې

hymn, n. مذهبي سندرې .

hyperbole, n. مبالغه .

hyphen, n. د اتصال نخښه لکه (-) .

hyphenate, v.t. د اتصال په نخښه سره منښلول ، د کلماتو سره منښلول (د نخښې په واسطه)

hypnosis, n. مصنوعي خوب .

hypnotic, adj. مصنوعي خوب راوستونکی .

hypnotism, n. په مصنوعي ډول ویدونه. (هپنوټېزم) .

hypnotist, n. په مصنوعي ډول خوب راوستونکی .

hypnotize, v.t. په مصنوعي ډول ویدول .

hypochondriac, n. د صحت په باره کې د تشویش کولو په ناروغۍ اخته .

hypocrisy, n. دوه مخي ریاکاري

hypocrite, n. دوه مخی ، ریاکار .

hypocritical, adj. دوه مخی .

hypotenuse, n. وتر (په قایم الزاویه مثلث کې) .

hypothesis, n. ګڼنه ، فرضیه .

hypothetical, adj. فرضي .

hyssop, n. شین شوبۍ . و یلنۍ .

hysteria, n. هسټري ، هغه ناروغي چه خوك پر خپلو احساساتو کنترول بایلی ، اختناق الرحم ، وحشیانه هیجان .

hysteric, adj. هسټره .

hysterical, adj. د هسټریا .

hysterically, adv. په هسټریتوب .

hysterics, n. تشنج ، حمله .

I

I, (pron) زه .

iamb, یا (iambus) n. هغه وتد چه لومړی هجایی لنډ او دوهمه هجایی اوږد خج ولری .

iambic, adj.

ibex, n. د غره میږ

ibis, n. کوتان، کوتانه، د زانو د کورنۍ یو ډول مرغه .

ice, n.v. t. یخ، یخ، کنګل، یخ کېدل، کنګل کېدل، یخ کول . (په عامیانه ژبه) الماس .

icebound, adj. په یخ کې احاطه شوی، یخ شوی، کنګل شوی .

iceberg, n. د یخ یوه لویه ټوټه چه د یخچال څخه جدا شوی او دریاب پر مخ ګرځي .

ise cream, n. شیر یخ .

icicle, n. د یخ ګیڅنګی، یخ چه د راڅڅېدلو اوبو څخه د یخ په اثر جوړ شوی وی .

icing, n. د کیک پر مخ باندی یوه خوږه طبقه .

icon, n. تمثال، یادګاری مجسمه، تصویر .

iconoclast. n. بت ماتوونکی، د بتانو او دودونو مخالف: هغه سړی چه د داسی عقایدو مخالف وی چه خلکو یی د ایله منلی وی .

icy, adj. یخی وزمه، ډېر سوړ، یخ لرونکی .

icily, adj.

idea, n. مفکوره، عقیده، نقشه، پروژه .

ideal, adj, n. ایډیالی، خیالی، تصوری، عقلی، د زړه هدف، نصب العین، وروستی هیله، ارمان .

idealize, v.t. خپل وروستی مطلب ته رسېدل کمال مطلوب ته رسول .

ideally, adv. د هیلی سره سم، د فکر له مخی

idealism, n. ایډیالیزم، د تصور د اصالت فلسفه (هغه فلسفی مشکب چه فکر تر مادی مقدم بولی)

idealist, n. د ایډیالیزم د فلسفی پرخوا

idealistic, adj. فکری، معنوی، تصوری

identical, adj. کټ مټ، عینی، یو شان

identify, v.t. تشخیصول، هویت څرګندول، یو شان ثابتول یو ډول کول .

identification, n. تشخیص، د هویت تعیین

identity, n. هویت ، اصلیت ، شخصیت
پوښانته والی (داصلي خواصو) ، حیثیت.

ideology, n. ایډیالوژي ، دمفکورو علم
(مخصوصاً دمفکورو دمنشا څرګندونه)
دتفکر طریقه .

ides, n. د زاړه روم په کلیزه کې
دمارچ ، مې جولای او اکتوبر ۱۵ورځ
او داورو میاشتو ۱۳ ورځ.

idiocy, n. لیکرتي .کمزوري چه د دماغ
دپېګړی او غیرطبیعي ودې په اثر پېدا
شوې وي ، حماقت ، پخوالی (دفکر) .

idiom, n. اصطلاح ، لهجه ، د افادې خاص
ډول .

idiomtic, adj. اصطلاحي ، لهجوي

idiosyncrasy. n. فردي خصوصیت ، دفردي
طبیعت جوړښت.

idiot, n. احمق ، بې عقل ، پیغ دوډ من
(له عقلي)

idiotic, adj. احمقانه .

idiotically, adj. په احمقانه ډول ، په
بې عقلۍ .

idle, adj. تنبل ، بې کاره ، بې نما ایندې ؛
بې ارزښته .

v.t. بې اساسه وخت بې کاره تېرول
وخت بې فایدې تېرول .

idleness, n. بې کاري ، تنبلي .

idler, n. بې کاره ، تنبل .

idly, adv. په بېکارۍ .

idol, n. بت ، مجسمه .

idolater, n. بت پرست ، لمانځونکی

idolatry, n. بت پرستي ، افراطي مینه .

idolatrous adj. بت پرست ، د بت پرستۍ

idolize, v.t. د بت لمانځل ، بت ګڼل
جوړول د لمانځنې دپاره .

idyl یا idyll, n. د کلیوالی ژوند په باره کې
لنډه کیسه یا نظم ؛ هغه موضوع چه دا ډول
کیسه یا نظم پاندې ولیکل کیږي .

idyllic, adj. ساده ، بسیط (لکه کلیوالی
ژوند) ، په زړه پوري .

if, conj. که ؛ که چیري .

ignite, v.t. سوځل ، سېځل ، لګول ، اور
اخیستل ، ډېر تودیدل.

ignition, n. بلونه ، سوځیدنه ، لګونه ،
تودونه ، احتراق ، د داخلي احتراق
دانجن دلګولو سیستم .

ignoble,adj. کښته ، ټیټ ، کم اصل ، بې پته

ignominious adj. رسوا ، بدنامه ، اشوا

ignominiousy, adv. په رسوایي ، په بد نامي

ignominy, n. رسوایي ، بد نامي ، اشوا
توب ، شرم.

ignorance, n. جهل ، بې خبري ، ناپوهي ؛
په هغه بستان کې تر اسلام دمخه زمانه.

ignorant, adj. ناپوه ، جاهل ، بې خبره.

ignorantly, adv. په ناپوهي ، جهالت سره.

ignore, v.t. سترګې پټول ، اغماض
کول ؛ له نظره غورځول ، پوهنځنګه
نه کول .

ill, adj. بد ، ناوړه ، شریر ، مضر ،
بدبخته ، ناروغ . غلط ، ګران (مشکل) .

ill, adv. په ناوړه توګه .

ill, n. ناروغي ، درد ، بلا ، مصیبت

ill—bred, adj. بې تربیې (سړی) .

ill—fated, adj. بد مرغه ، بدبخته ، شوم

ill—favored (favoured) بدرنگه ، بدشکله

illness, n. ناروغي .

illegal, adj. غیر قانوني ، د قانون سره مخالف

illegitimate, adj. نامشروع ، غیر قانوني ، حرامي ، مغولکی .

illegitimacy, n. ناروا توب .

illiberal, adj. تنگ نظری ، متعصب ، ټیټ ، بې تهذیبه .

illicit, adj. ناروا ، نامشروع ، ناجایز

illimitable, adj. بې پایه ، بې حده ، نامحدود

illiterate, adj نالوستی (بې سواده)

illiteracy, n. نالوستیا (بې سوادی)

ill—mannertd, adj. بې تهذیبه ، بې تربیې ، بې ظرافته .

ill—natured, adj. بد خویه ، بدمزاجه

illogical, adj. بې منطقه ، غیر منطقي بې دلیله

ill—treat, v. t. بدسلوکي ورسره کول ، ناوړه چلند کول .

ill—treatmtnt, n. ناوړه چلند

illume, v. t. روښانه کول ، تنویرول ، تمثیل کول ، بصیرت وربخښل .

illuminate, v. t. روښانه کول ، رڼا کول

illumination, n. رڼا ، تنویر ، جلا .

illumine, v.t. رڼا کول ، روښانه کول جلول .

ill—usage, n. ناوړه استعمال ، ناوړه چلند

ill—use, v.t. ناوړه استعمالول ، ناوړه سلوک کول .

ill—use, n. ناوړه استعمال ، ناوړه چلند

illusion, n. وهم ، خیال ، غولوونکی نظر .

illusive, adj. غلط ادراک ، غلطه انطباع ، وهمي ، خیالي ، غولوونکی ،

illusory, adj. غولوونکی ، موهوم

illustrate, v.t. ځرگندول ، تمثیلول ، تشریح ، کول ، سنگارول ، مصور کول .

illustrator, n. تصویرروونکی ، رسام ، انځورگر ، ځرگندوونکی .

illustration, n. ځرگندونه ، توضیح ، شرح ، تصویر ، عکس ، شکل ، مثل .

illustrative, adj. تصویري ، تمثیلي توضیحي ، مصور ، ځرگندوونکی تمثیلوونکی .

illustrious, adj. ځرگند ، روښانه ، مشهور ، نامي .

image, n. تصویر ، مجسمه ، بت ، شکل خیال ، منکوره ، نمونه ، مثال .

imagery, n. تخیل ، تصورات : شکلونه او مجسمې .

imaginable, adj. د تصور وړ .

imaginary, adj. تصوري ، خیالي ، غیرواقعي

imagination, n. خیال ، تصور ، د تصور قوه

imaginative, adj. تخیلي ، تصوري

imagine, v.t. تصور کول ، گڼل ، گمان کول ، فکر کول .

imago, n. د حشری د پو خوالی مرحله

imbecile, adj, n. احمق ، کم عقل .

imbecility, n. کم عقلي ، حماقت .

imbed, v.t. د (embed) ته دې

imbibe, v. t. جذبول ، جذبول ، دریغ کول

imbroglio, n. پیچلي ، گډوډي ، سوء تفاهم ، گرانه مسأله .

imbrue, v.t. لړل ، ککړول (په وینو)، لندول، خیشتول.

imbue, v.t. مشبوع کول، ډکول ، لړل، ککړول؛ الهام اخیستل.

imitate, v.t. پېښی کول ، تقلید کول ، پیروی کول، ورته کول (مشابه کول)، د ماډل یا نمونې په توګه نغښتول.

imitation, n. پېښې ، تقلید ، پیروی ، ورته والی ، کوټه والی، بدل شی، ماډل ، نمونه.

imitative تقلید، پېښه ګر ، پېښې کوونکی، تقلیدي، کوټه.

imaculate, adj. سپېڅلی، سوچه ، پاک ، بې عیب، بې داغه (بې لکې)

immaterial, adj. غیرمادي، معنوي؛ بې اهمیته.

immature, adj. تر طبیعي وخت د مخه پخه شوی (اوم)، نیمګړی ، نا مکمل

immaturity, n. اومو والی نیمګړتیا

immeasurable, adj. نه اندازه کېدونکی، ناپایه ، بې حده.

immeasurably, adv. غیر محدود ډېر بې حده اندازه.

immediate, adj. ژر، په بیړه ، نژدې ، مستقیم، بې له پلوه، جوخت، ور پسې

immediately, adv. په بیړه بلا فاصله

immediacy, n.

immedicable, adj. نه رغېدونکی ، نه جوړېدونکی ناسور.

immemorial, adj. لرغونی ، ډېر پخوانی ، نه په یاد پاتې کېدونکی.

immense, adj. ډېر غټ، ستر، ډېر پراخ

immensity, n. غټوالی ، ستروالی

immensely, adv. په زیاته اندازه.

immerse, v.t. غوټه کول، ډوبول؛ په خیال یا او ستلو کښې ډوبېدل.

immersion. n. ډوبېدنه، غوټه

immigrant, n. لېږدېدونکی کوچی.

immigrate, v.i. مهاجرت کېدل ، کډه کېدل ، لېږدېدل.

immigration, n. مهاجرت ، کوچ، لېږد، کډه.

imminent, adj. ژر پېښېدونکی ، تېرېدونکی.

immobile, adj. ولاړ، نه خوځېدونکی، بې حرکته.

immobility, n. بې حرکتي.

immoderate, adj. تر حده تللی، غیر معتدل، افراطي.

immodest, adj. بې شرمه بې ، بې حیا ، عیاش افراطي، سپین سترګی.

immolate, v.t. نذر کول ، قربانول

immolation, n. قرباني ، نذر.

immoral, adj. بداخلاقه، لوڅ.

immorality, n. بداخلاقي، لوڅوالی ، شرارت.

immortal, adj. نه فنا کېدونکی ، نه مړ کېدونکی ، تلژوندی.

immortality, n. نه مړ کېدنه ، تل ژوندیتوب.

immovable, adj. نه خوځېدونکی ، نه بدلېدونکی، نه تسلیمېدونکی ، ثابت.

immune, adj. ساتل شوی ، مصئون ، خوندي.

immunity, n. مصئونیت، خوندیوالی، معافیت.

immunize, v.t. مصئون کول، خوندی کول.

immure, v.t. دیوال، پورا گرزول، ایسارول، بندی کول.

immutable, adj. نه اوښتونی، نه بدلیدونکی.

imp, n. کوچنی شیطان، چیلی کوچنی، پری.

impact, v.t. ټینګه کول، سپخل، د حجم لږول.

impact, n. تماس، تصادم، ټکر؛ اثر، تأثیر.

impair, v.t. لږول، لږ، کمول (د کمیت او کیفیت په لحاظ)، خوږول، ضعیفول، کمزوری کول؛ خرابیدل، خوسا کیدل.

impairment, n. تاوان، صدمه، ضرر، زیان.

impale, v.t. سوری کول، میخ کول، سیخل (په تیره شی) احاطه کول.

impalpable, adj. خورا پوست، نامحسوس، هغه شی چه لره نه درک کیږی.

impart, v.t. ورکول، بښل، څرګندول؛ په ډاګه کول.

impartial, adj. بی تعصبه، بی طرفه، منصف.

impartiality, n. بی تعصبی، بی طرفی.

impartially, adv. په بی طرفی.

impassable, adj. هغه ځای چه د تیریدو یا اوښتو نه وی (لکه رود د حال موانع او داسی نور).

impasse, fr. بی لاری ځای، هغه ځای چه د وتو یا تښتی لاره و نلری؛ معضله.

impassible, adj. بی عاطفی، هغه چه درد لښی حسولای، بی احساسه، هغه شی چه اثر نه پر کیږی.

impassioned, adj. لمسول شوی، پاریدلی، احساساتی شوی.

impassive, adj. بی زړه سوی، بی حسه، بی سده (سړی).

impatient, adj. بی صبره، بی حوصلی،

impatiently, adv. په بی صبری

impatience, n. بی صبری

impeach, v.t. مخه نیول، تورول، پوښتنه څنی کول، څوب پلټل، محکمی ته کشول.

impeachment, n. (اتهام)

impeccable, adj. بی عیبه، بی ګناه.

impede, v.t. مخه نیول، مخ نیوی کول، ممانعت کول.

impediment, n. مخ نیوی، ممانعت.

impedimenta, n. څوری، سامان، بګاږ (لکه بکس و بستره او نور)

impel, v.t. لمسول، تشویقول، په کار اچول، اړ کول، ګومارل.

impend, v.t. په لنډ وخت کی پیښیدل، تهدیدول (لکه د کومی واقعی).

impending, adj پیښیدونکی

impenetrable, adj. کلک، ټینګ (هغه شی چه نفوذ نه پکښی کیږی)، غیر قابل نفوذ، نه سوری کیدونکی.

impenitent, adj. توبه نه ایستونکی، په پښیما نه کیدونکی.

imperative, adj امر انه، حاکمانه، سخت ضروری، عمل ته را بلونکی (گرامر) دامر صیغه.

imperceptible, adj. هغه چه د درک ور نه وی، نه لیدل کیدونکی.

imperceptibly, adv. په نه درکیدونکی توگه.

imperfect, adj. نیمگړی، نیمگله، نامکمله، معیوب.

imperfectly, adv.: په نیمگړی توگه (گرامر) استمراری ماضی.

imperfection, n. نیمگړتیا، عیب.

imperial, adj. لوی واکمنی، شاهنشاهی، امپراطوری، ستر، مجلل.

imperialism, n. دانحصار او لوړ ولارو هغه هیوادونه تر اثر لاندی راوستل، امپریالیزم.

imperialist, adj. امپریالست.

imperil, په خطر کښی اچول، له ناوړی پیښی سره مخامخ کول.

imperious, adj. امرانه، حاکمانه.

imperiously په حاکمانه ډول.

imperishable, adj. نه خرابیدونکی، نه ورستیدونکی، نه تباه کیدونکی، تل ترتله.

impersonal, adj. غیر مشخص، بی طرفانه، آفاقی.

impersonally, adv. په بی طرفانه توگه د گټی دپاره ځان د بل چا په بڼه یا نامه تیرول.

impersonate, v.t. شخصیت ور کول، بڼه ور کول، ځان د بل په شکل ښکاره ول، څرگندول، نمایش ور کول.

impersonation, n. شخصیت ور کونه

impersonator, n. ځان ته د بل چا شخصیت ورکوونکی، نمایش ورکوونکی.

impertinent, adj. بی ربطه، بی موردو، بی ځایه، بد خولی.

impertinence n. سپین سترگی، بی ربطی

imperturbable, adj. کرار، چوپ، آرام، په خوله، نه اخلالیدونکی.

impervious, adj. هغه چه د ننوتو ور نه وی. نه جذبیدونکی هغه شی چه اوبه نم او داسی نور نه په ننوزی.

impetuous, adj په شدت سره خوځیدونکی، تند، چټک، بی پروا.

impetuosity, n. تندی.

imptuously, adv. په تندی سره، په بی پروایی سره.

impetus, n. دحرکت قوه، محرک، انگیزه.

impiety, n. بی دینی، دمقدساتو سره بی احترامی.

impinge, v.t. گوزار ور کول، په شدت سره وهل، دبل چا پر حق ځپه اچول تیری کول.

impious, adj. بی دینه، کافر.

implacable, adj. نه پخلا کیدونکی، نه ارامیدونکی، نه ارامیدونکی (نه خلی کیدونکی).

implant, v.t. کرل، ایښوول (لکه د نیالگیو) ځای ور کول، کښینول، تلقین کول.

implement, n, v.t. دکار وسیله، اوزار، آله، تطبیق کول، اجرا کول، بشپړول.

implicate, v.t ښودل ، دلالت کول ، ګيرول ، سره اخښل ، شاملول ، ښکېل کول

implication, n. ښوونه ، دلالت کوون

implicit, v.t. په ضمني ډول.

implic.itly, adv. ضمني ، بې اعتراضه .

implore, v.t. غوښتل ، غواهش کول ، زاري کول .

imply ضمن مفهوم ، استنباط .

impolite, adj. بې ادبه ، بې تهذيبه .

impolitic, adj. بې سنجشه ، غير سياسي ، غير عاقلانه ،

import, v.t. راوړل ، واردول ، (لکه د بل مملکت څخه دمال) ؛ معنی لرل ، پوهول (په) ؛ اهميت درلودل .

importation, n. راوړنه ، واردونه

importer n. واردوونکی (شی) ؛ معنی راوړونکی ، واردوونکی اهميت ، تمايل

important, غټ ، ستر ، مهم .

importance, n. اهميت .

importantly, adv. په مهمه توګه .

importunate, adj. بې وخته ، مزاحم ، اصرار کوونکی .

importune, adj. اصروونکی ، بې ځوا له وخته .

importunity, n. اصرار ، تکليف ، ټينګار (اصرار).

impose, v.t.i. پر اچول (بار) ، مسؤوليت ور په غاړه کول ، تحميلول ؛ بې لاري کول غولول ، ناوړه استفاده ځنې کول .

imposition, n. باروونه ، اچونه ، تحميل بار ، ټيکس ، دروغ .

impossible, adj. ناشوني (نا ممکن) ، نه کېدونکی .

impossibility, n. نه کېدونکی کار ، ناشوني کار .

impost, n. ګمرکي ماليه په توره په وارداتو

impostor, n. غولوونکی ، تېرايستونکی ، هغه سړی چه خلک غلطا باسي ؛ باروونکی ، تحميلوونکی .

imposture, n. غولونه ، تېرايستنه ، تحميلونه .

impotent, adj. بې ارادې ، بې زوره ، بې سېکه ، سست (د جنسي لحاظه)

impotency, n. جنسي کمزوري تيا .

impotence, n.

impoverish, v.t. خوارول بې پيسې کول بې توښې کول ، کمزور بول ، افلاس کول .

impoverishment, n. خواري ، بې پيسګي

impracticable, adj. نه عملي کېدونکی ، نه اجرا کېدونکی ، نه اداره کېدونکی .

impractical, adj. غير عملي ، نه کېدونکی ؛ بې فايدې ، بې ثمره .

imprecate, v.t.i. ښېرا کول ، بد غوښتل (د چا د پاره).

imprecation, n. ښېرا ، بد غوښتنه .

impregnable, adj. نه نيول کېدونکی ، نه اثر نه قبلوونکی ، نه لاندې کېدونکی .

impregnate, v.t. ورډک کول ، ډکول ، ډکول ، بلاربول ، حامله کول .

impregnation, n. بلاربونه

impresario, n. د اوپرا مشر ، د کنسرټ مشر ، هغه سړی چه کنسرټ ته اشاره يا بولی ورکوي.

impress, v.t.n. ټاپه کول، مهر وهل: اثر پر کول، مهر پر لګول، چاپ کول، انطباع، نښې اخیستل، انځور کول، په مغزو کښې کښېنول، تصویر، نښه، ځانګړی نښه، مهر، چاپه.

impressible, adj.

impress, v.t. بېګار وړل، په زوره خدمت ته ګمارل (لکه د عسکرو)، له چا څخه مرسته غوښتل.

impressment, n. بېګار، په زوره خدمت ته ګمارنه.

impression, n. چاپه، ټاپه، مهر، اثر، انطباع، خیال، فکر، عقیده.

impressionable, adj. اثر منونکی.

impressive, adj. اثر ناک.

impressively, adv. په مؤثر ډول.

imprint, v.t. نښانې کول، مهر وهل، چاپول (لکه په ټاپې یا لدې د کاغذ)، چاپ، مهر (لکه د کتاب سر پاڼې یا پای چه د خپرونکی یا د ناشر له خوا مهر کړل شی.)

imprison, v.t. بندی کول

imprisonment, n. بند، حبس

improbable, adj. لیری، غیر محتمل.

improbability, n. بې احتمالی.

impromptu, adj. ناڅاپه، وار له واره، یا لیده پېده، بې تیاری، نابېره.

improper, adj. ناوړه، نامناسبه.

improperly adv. په ناوړه توګه

impropriety, n. ناوړتوب، نامناسب والی.

improve, v.t. ښه کول، اصلاح کول، غښتل.

improvement, n. ښه کون، اصلاح، ترقی، پرمختګ، ښه والی.

improvident, adj. لنډ فکره، بې فکره، بې احتیاطه، بې سنجښه.

improvidence, n. لنډفکری، بې فکری

improvise, v.t. بې تیاری ویل، اجرا کول یا ناڅاپه منځ ته راوړل.

improvisation, n. بې تیاری د یوه کار اجرا کونه.

imprudent, adj. بې تمیزه، ناپوه، بې ادبه، سپین سترګی، بې احتیاطه.

imprudence, n. ناپوهی، بې تدبیری، بې باکی.

impudent, adj سپین سترګی، بې وابی، بې حیا، بې باکه.

impudence, n. سپین سترګی

impugn, v.t. مخالفت کول، اعتراض کول، ګوته ورته نیول، خوله ور اچول، په الفاظو او دلائلو برېدل ور باندی کول، ردول.

impulse, n. پوری وهنه، ټکان، خوځونه؛ د فکر خوځونه یا تحریک، طبیعی میلان، ناڅاپی میلان.

impulsion, n. خوځونه، پوری وهنه، ټکان، هڅه، میلان. ... ، تلوسه، لمسون.

impulsive, adj. خوځوونکی، پوری وهونکی، ټکان ورکوونکی، پارونکی.

impulsively, adv. د خوځولی په ډول، په پارولو.

impunity, n. له جزا خلاصون، له مسؤولیته یا ضرره خوندیتوب، معافیت.

impure, adj. گډوډ، ناپاک، ککړ، ناولی .

impute, v.t. تورول، تومتی کول، نسبت ورکول، اډور کول، تپل (پورې).

imputation, n. نسبت ورکونه .

in, adv. دربط توری، دننه، پکې (in, prep.) په مینځ کې .

inability, n. بې کفایتي، نالایقي .

inaccessible, adj. د نه رسېدو وړ، بې لاس، نه راتلونکی .

inaccurate, adj. غلط، ناسم .

inaccuracy, n. غلطي .

inaction, n. لټي، سستي، بېکاري

inactive, adj. لټ، سست، بېکاره .

inactivity, n. لټي، غیر فعالي .

inadequate, adj. لږ کم، نا مناسب، ناوړه، نابسیا (غیر کافي) .

inadequacy, n. لږوالی، کموالی

inadmissible, adj. د نه منلو وړ، د نه پرېښودلو وړ، د ردولو وړ، ناروا، د نه منلو .

inadvertent, adj. بې فکره، بې توجه، ناپامه .

inadvertently, adv. په بې فکري

inadvisable, adj. هغه څه چه د مصلحت وړ نه وي، بې مصلحته، بې سلا، ناوړه، نه چلېدونکی .

inalienable, adj. نه بېلېدونکی، هغه چه د ورکولو یا بېلولو وړ نه وي، نه تلونکی.

inane, adj. تش، خالي، گونگ، بې معنی، بې مغزه .

inanity, n. تشوالی

inanimate, adj. بې حرکته، بې سا، ولاړ، بې ژونده، مړ، یخ .

inanition, n. ډنگروالی (دلوږې په اثر)

inapplicable, adj. نه عملي کېدونکی، نه اجرا کېدونکی .

inappropriate, adj. نا مناسبه، ناوړه

inaptitude, n. ناوړتیا، نالایقي .

inarticulate, adj. د نه پوهېدو وړ، بې ربطه، گونگی .

inartistic, adj. بې هنره، بې ذوقه .

inasmuch as, adv. له دې کبله، له دې چه، تر هغه ځایه چه

inattention, n. بې پامي، بې توجهي، بې پروائي .

inattentive, n. بې پامه، بې توجه، بې پروا .

inaudible, adj. نه اورېدل کېدونکی، د نه اورېدو .

inaugural, adj. د پرانستلو مراسمو ته منسوب، افتتاحي .

inaugurate, v.t. پرانستل، افتتاح کول

inauguration, n. پرانستنه (افتتاح)

inauspicious, adj. بدمرغه، بدبخته، سوی، شوم .

inboard, adv. &adj. دننه (په بېړۍ کې)، د مرکز په لور .

inborn, adj. دځایه، طبیعي، ذاتي

inbred, adj. له ځایه، ذاتي .

incalculable, adj. نه شمېرل کېدونکی، نه اټکل کېدونکی .

incalculably, adv.

incandescent, adj. روڼ ، ځلاند ، بې پښند .

incandescence, n. روڼوالی ، ځلا

incantation, n. کوډې ، طلسم ، جادوګري .

incapable, adj. ناوړه ، نامناسب ، نالايق

incapacitate, v.t. ناوړه کول ، نامناسب کول ، نالايقول .

incapacity, n. کمزورتيا ، ناتواني ، بې واکي (صلاحيت نه درلودل) ، ناوړتوب ، نامناسبوالی .

incarcerate, v.t. بندي کول .

incarceration, n. بند ، قيد .

incarnate, v. t. د سړي بڼه ورکول ، مجسم کول .

incarnation, n. بڼه ورکونه ، تجسم .

incautious, adj. بې احتياطه ، بې پروا ، بې ګڼدي ، تلواري .

incendiary, adj. اور اچوونکی ، اور ځوروونکی ، پساتي سړی بسر کټه .

incense, v. t. لمسول ، په غوصه کول ، زړه وربې سول ، په قهر کول .

incense, n. بودول خوشبويه مواد (لکه عود او داسې نور) چه د مذهبي مراسمو پر ځای کولو په وخت کې استعماليږي .

incentive, n. مشوق ، انګيزه ، لمسوونکی ، پاروونکی .

inception, n. پيل ، شروع ، منشا ، منبع ، ريښه .

incessant, adj. پرله پسې ، نه قطع کيدونکی ، دايمي .

incessantly, adv. په پرله پسې ډول .

incest, n. زنا د هغو خپلوانو سره چه نکاح يې نه وي روا .

incestuous, adj خپل غوډی .

inch, n. انچ ، د اوږدوالي يو واحد چه ۱۲ انچه يو فټ کيږي .

incidence, n. پيښه ، تصادف ، راتګ ؛ د يوې واقعې د اثر ساحه .

incident, adj. پېښېدونکی .

n. پېښه ، حادثه ، واقعه

incidental, adj. ضمني ، فرعي ، په دوهمه درجه د اهميت وړ ؛ پېښېدونکی .

incidentally, adv. په ناڅاپي توګه ، په ضمني ډول .

incinerate, v.t.i. سوځل ، د سوځلو په اثر ايرې کول ؛ سوځېدل .

incipient, adj. نوی ، لومړی ؛ پيل کوونکی ، څرګندېدونکی .

incise, v.t. پرې کول ، غوڅول ، کيندل .

incision, n. غوڅه ، درز .

incisive, adj. غوڅوونکی ، پرېکوونکی ، ليښه وهونکی ، روکه (لکه خبره)

incisor, n. د مخې غاښونه (ثنايا)

incite, v.t. لمسول ، پارول .

incivility, n. بې ادبي ، بې ډبي ، بې تهذيبي

inclement, adj. توپاني (باد) ، کلک ، شديد .

inclemency, n. شدت ، سختي

inclination, n. مېله ، غوښتنه ، تمايل ، ميل ، کوږوالی ، سرخوځونه ، ټيټېدنه ، ځوړې ، ځوړه .

incline, v.t.i. ټيټېدل ، کږېدل ، راغب کېدل ، کږول ، ځوړ کول .

inclose, v.t. ايسارول، پکښې اچول (لکه کاغذ په پاکټ کښې)، دننه کول، په مينځ کښې وراچول، چاپېرول.

include, v.t. په ضمن کې نيول (احتوا کول) شاملول.

inclusion شمول.

inclusive شامل، جامع، احتوا کوونکی

incognito, adj.&adv. نه پېژندل کېدونکی پټه، د پردې يا بدولي نوم ځښتن.

incoherent, adj. بې نظمه، بې ترتيبه، بې ربطه.

incoherence, n. بې ربطي.

incombustible, adj. نه سوځېدونکی، ناسولی.

income, n. گټه، عايدات (جمع)، دخل.

incommode, v. t. بې ځايه کول؛ په عذابول، ناهوسا کول، ځورول، ناآرامه کول.

incommunicable, adj. نه مخابره کېدونکی، نه ويل کېدونکی، نه نقل کېدونکی.

incomparable, adj. بې سارې، نه پرتله کېدونکی، بې جوړې.

incompatible, adj. نه جوړېدونکی متضاد، ناموافق.

incompatibility, n. تضاد، نه سره جوړېدنه.

incompetent, adj. ناوړه، نالايقه، بې کفايته.

incompetence, n. ناوړتوب، بې کفايتي.

incompetency, n. بې کفايتي، ناوړتوب.

incomplete, adj. نيمگړی، ناقص، معيوب، نامکمل.

incomprehensible, adj. نه درک کېدونکی، هغه چه څوک نه په پوهېږي.

incompressible, adj. نه ټکته کېدونکی، فشار نه منونکی.

inconceivable, adj. تر تصور وباندی، نه تصور کېدونکی، نه منل کېدونکی.

incongruous, adj. ناوړه، سره مخالف، متضاد.

incongruity, n. ناوړتوب، تضاد، مخالفت.

inconsiderable, adj. لږ، بې اهميته، د نه توجه وړ.

inconsiderate, adj. بې توجه، هغه چه د چا حق او احساساتو ته احترام نه کوي.

inconsistent, adj. ناموافق، نامنسجم، بې ثباته، هغه سړی چه ژر ژر له خپلې نظريې څخه اوړي.

inconsistency, n. بې ثباتي، بې نظمي، بې ربطي.

inconsolable, adj. نه پخلا کېدونکی، نه راضي کېدونکی، نه تسلي کېدونکی.

inconspicuous, adj. بې اهميته، کوچنی، وړوکی، ناظاهر گنند.

inconstant, adj. گرزېدونکی (له خپلې نظريې) اوښتونکی، متلون، بې ثباته

inconstancy, n. گرزېدنه، بې ثباتي

incontinent, adj. شهوتي، لېونی، بې ارادې.

incontinence, n. (نا پاکه)، سپک ورک (سړی)، هرزه، شهوتوب.

incontrovertible, adj. منلی، باورشوی،

د نه‌جنګي ی‌وړ ، کرو ، هغه‌چه‌د بحث وړ نه وی .

inconvenient, adj. ناراحته‌کوونکی ، نا ارامه‌کوونکی ، ناهوسا .

inconvenience, n.&v.t. ناراحتی ، زحمت ، ناارامه‌کول ، زحمت ورکول ، اړول .

incorporate, v.t. یوځای کول ، ګډول (سره) یو په بل کښې سره ګډول .

incorporated, adj. یوځای شوی .

incorporation, n. اتحاد ، یووالی ، متحد شرکت .

incorrect, adj. ناسم ، غلط

incorrigible, adj. نه سمیدونکی ، نه اصلاح کیدونکی .

incorruptible, adj. نه‌خوسا کیدونکی ، نه خرابیدونکی ، نه فاسد یدونکی ، سم ، وړ ، پاك

increase, v.i.t ډیریدل ، ډیرول ، زیاتول لویول ، زیاتول .

incredible, adj. نه‌منل کیدونکی

incredibly, adv. په نه‌منل کیدونکی توګه

incredulous, adj. نه‌منونکی ، شکمن ، هغه‌سړی چه‌خبره ‌یې ژر زړه ته نه لویږي .

incredulity, n. شکمن توب

incredulously,adv. په شکمنه توګه ، د نه‌منلو په ډول .

increment,n. ډیروالی ، زیاتوالی

incriminate, v.t. تورول ، تومتی کول ، په ګناه کولو تومتی کول ، په‌جرم کې شامل ول .

incrust, v.t. پوښل ، پرهوارول (لکه دیوالونو) نری قشر پرې باندې ورکول .

incrustation, encrustation, n. پوښنه ، قشر ورکونه .

incubate, v.t. پر یو بوتل (لکه پرهګیو) شاربل (لکه د هګیو) ، چو چیان ایستل (له هګیو څخه)

incubation, n. شاربنه (د هګیو)

incubator, n هغه ماشین چه هګۍ شاربي .

incubus, n ډړوانده والی (لکه‌د خوبکی) ؛ خوبکه ، بار .

inculcate, v.t. تلقین کول ، په‌مغزو کښې ټینګښت ورکښېنول .

inculcation, n. په‌مغزو کښې ورکینېنونه تلقین .

inculpate, v.t. تومتی کول ، ګناه ګار شمیرل ، په جرم کې شریك کول .

incumbent, adj. متصدی ، په‌ځای د اخیستونکی ؛ (فرض ، واجب) .

incumber, v.t. (encumber,) وګوری .

incumbrance, n مشغولی ، بار ، دخوارۍ یا زحمت سبب : بې اولاده .

incur, v.t. ګالل ، زغمل ، ورسره مخامخ کیدل .

incurable, adj. نه جوړیدونکی ، نه مما لیجه کیدونکی .

incurious, adj. بې اعتنا ، بې فکره ، بې مزې ، بې خونده .

incursion, n. یرغل ، لوټ : ناببره یرغل .

indebted, adj. پوروړی .

indebtedness, n. پوروړیتوب ، احسان لاندې ، منت بار .

indecent, adj. نامناسب، ناوړه، بې حیا، شپېلی، اخلاقاً معترض .

indecency, n. شپېلوالی .

indecision, n. هغه څوك چه زړه پرېکړه یا فیصله نشی کولای .

indecisive, adj. شکمن، زړه نازړه، هغه سړی چه زړه فیصله نشی کولای، مذبذب، غیر قاطع.

indecorous, adj. ناوړه، بې سلیقې، بې ډبه

indeed, adv. په رښتیا، واقعاً .

indefatigable, adj. نه ستړی کېدونکی، نه ستومانه کېدونکی.

indefeasible, adj. ضروری، هغه شی چه له هغه سترگی نه شی پټېدای، نه باطلېدونکی .

indefensible, نه مدافعه کېدونکی

indefinable, adj. نه محدود کېدونکی، نه تعریف کېدونکی .

indefinite, adj. نا ټاکلی، نا محدود، مبهم .

indefinite article, د تنکیر توری لکه په (a book) کی د (a) توری .

indelible, adj. نه پاکېدونکی، نه محو کېدونکی، نه زایل کېدونکی .

indelicate, daj. بې تراکته، بې خونده، بې ډبه.

indelicacy, n. بې خوندی، زېږوالی

indemnify, v.t. تاوان ورکول، معاوضه ور کول .

indemnification, n. تاوان ورکونه

indemnity, n. بیمه، تاوان، تاوان ورکونه، تضمین .

indent, v.t. &i. کوږ ووږ پرې کول، غاښی غاښی کول، غاښی غاښی کېدل.

indentation, n. کوږ ووږوالی

indenture, n. لیکلی تړون، لوی کرښه (په لیك کې)

independence, n. خپلواکی، استقلال

independent, adj. خپلواك، مستقل، بې احتیاجه .

independently, adv. په ازاد ډول، په ازاده توگه.

indescribable, adj نه توصیف کېدونکی، نه تشریح کېدونکی، نه بیان کېدونکی.

indestructible, adj. نه وېجاړېدونکی، نه تباه کېدونکی.

indestructibility, n. نه تباه کېدنه

indeterminate, adj نا څرگند، نا ټاکلی، غیر ثابت، هغه چه ارزښت یې نه وی ټاکل شوی .

index, n. په گوته اشاره، اشاره، شاخص، د نومو او موضوعگانو فهرست چه د کتاب په پای کې راځی .

index finger, n. د شهادت گوته، د اشاری گوته .

Indian, adj. هندی؛ د امریکې بومی یا هندی خلکو ته منسوب، هندی (ژ به پاسری)

Indian corn, n. زوروت، بوډول امریکایی جوار .

indicate, v.t. څرگندول، ښودل، دلالت کول .

indication, n. نښه ، اشار .
indicator په نښه کوونکی ، ښودونکی ، معرف ، شاخص .
indicative, adj. په نښه کوونکی ، اشاره کوونکی .
indicative mood, n. (گر) اخباری وجه .
indict, v.t. تورمتی کول ، تورول .
indictment, n. تورونه .
indifferent, adj. بی تفاوت ، بی طرفه ، متوسط ، بی علاقی ، غیر مربوط .
indifference, n. بی طرفی ، بی اهمیتی ، بی علاقگی .
indifferently, adv. په بی علاقگی سره .
indigenous, adj. ذاتی ، اصلی ، ځائی ، طبیعی
indigent, adj. اړ ، خوار ، بی وزلی .
indigence, n. خواری ، غریبی ،
indigestible, adj. نه هضمیدونکی ، درونه .
indigestion, n. د هاضمی خرابوالی .
indignation, n. خوابدی ، خپگان ، قار
indignant, adj. خوابدی ، په قار شوی په غضب شوی ، ، په تاو .
indignantly, adv. خواشینی .
indignity, n. سپکاوی ، سپکوالی ، توهین .
indigo, n. نیل ، نیلی رنگه .
indirect, adj. غیر مستقیم ، نا سم ، منافق ، په واسطه .
indiretclv, adv. په غیر مستقیم ډول
indiscreet adj. بی پروا ، بی احتیاطه بی پامه
indiscriminate, adj. گډوډ ، بی تشخیصه بی تبعیضه ، بی تمیزه .
indiscriminately, adv. په بی توپیری
indispensable, adj ضرور ، حتمی ، هغه شی چه چاره نه ځنی کیږي .
indisposed, adj . ناروغه ، ناجوړه ، کسل
indisposition, n. ناروغتیا ، ناجوړتیا کسالت ، بی میلی .
indisputable, adj. مسلم ، منلی ، هغه چه د بحث او دعوی وړنه وی ..
indissoluble, adj. نه ماتیدونکی ، نه جلا کیدونکی ، نه ویلی کیدونکی ، نه حل کیدونکی .
indistinct adj. گډوډ ، تت ، نامعلومه ناڅرگنده ، مجهول ، مغشوش .
indistinctness, n. گډوډوالی : نامعلومتیا .
indistinguishable, adj. نه تشخیص کیدونکی ، نه پیژندونکی
indite, v.t. لیکل ، بلنه ورکول .
individual, n. فرد ، ځانگړی یو شخص ، یوازی کلی سړی ، ذوی یا یوشی .
individually, adv. په انفرادی توگه
individualism, n. انفرادیت ، هغه نظریه چه په فردی چارو کې د دولت د مداخلی سره مخالفت کوی .
individualist, n. د فردی گټو غوښتونکی .
individuality, n جلا فردیت ، شخصیت ، یا ځانته موجودیت .
indivisible, adj. نه ویشل کیدونکی ، نه تجزیه کیدونکی .

indivisibility, n. نه ویشل کیدنه .

Indo—European, adj. هند واروپایي ، هندو جرمني .

indolent, adj. لټ ، بې کاره ، سست .

indolence, n. لټي ، بې کاري .

indomitable, adj. نه لاندې کیدونکی ، نه مغلوبیدونکی ، نه ویریدونکی ، نه اېلیدونکی .

indoors, adv. دننه (لکه په خونه یا کور کښې)

indorse, v.t منل ، تصدیقول .

indubitable, بې شکه ، یقیني ، مسلم .

induce, v.t. په استقرائي توګه استدلال کول ، لمسول ، پارول : پر بریدل ، ترلاس لاندې راوستل ، منځ ته راوړل ، راوړل .

inducement, n. لمسونه ، پارونه .

induct, v.t. ځای کول ، مقررول (په دفتر کښې) ، ور پیژندل ، معرفي کول ، عیره کول (لکه په عسکرۍ کښې) .

inductance, n. د بریښنا دوران هغه خاصیت چه دهغه په واسطه یو متغیر جریان په هغه دوران یا بل نژدې دوران کښې یوه الکتروموټیف قوه تولیدوي .

induction, n. ځای کښه ، مقررونه (په دفتر کښې) د جزء دلالت په کل ، نتیجه اخیستنه استقرا ، استقرائي استدلال ، په عسکري خدمت کښې شمول .

inductive, adj استقرائي ، مشوقي .

indue, endue, v.t. ورپوښل ، وراغوستل (لکه د کالیو) ، بښل ، تمایل کول مشمول ، پورا برول .

indulge, v.t. خوښتنو ته غاړه ایښودل بې خپل حال پرېښودل ، آزاد پرېښودل هغه ته اېښول ؛ مراعات کول د عیاشۍ په لومه لښتل ، پکښې لوېدل ، کښېوتل .

indulgence, n. غاړه ایښودنه (د چا خوښتو ته) ؛ په حال پرېښودنه ، په عیاشۍ کښې لوېدنه ، مذهبي آزادي ورکونه

indulgent, adj. خو ښتنو ته غاړه ایښودونکی ، سترګې پټوونکی .

indulgently, adv. د اغماض په ډول

industrial, adj. صنعتي :

industrialist, n. صنعت ګر ، هغه څوک چه په صنعتي چارو لګیا وي .

industrious, adj. کوښښي ، زیار کښ ، خواري کښ .

industriously adv. په زیار کښۍ ، په کوښښ ، په زیار .

industry, n. صنعت ، کسب ، خواري ، زیار .

inebriate, n. شرابي ، شراب خور .

inebriate, v.t. نشه کول ، مستول .

ineffable, adj نه څرګندیدونکی ، نه تعریف کیدونکی ، نه افاده کیدونکی نه ویل کیدونکی .

ineffective, adj. بې اغېزې ، بې تاثیره ، بې کفایته ، بې ګټې .

ineffectual, adj. بې کاره ، بې اثره ، بې اغېزې ، بې ګټې ، بې نتیجې .

inefficient, adj. ناوړه ، بې کفایته ، نالایقه .

inefficiency, n. ناوړه توب ، بې کفایتي .

inelegant, adj. بدشکلی، بې ظرافته، بې نزاکته، بې سلیقې، بې ذوقه.

inept, adj. ناوړه، نابوه، احمق، بې ځایه، نامناسبه.

inequality, n. نابرابري، عدم مساوات، توپیر، لوړه ژوره، نه ورته والی.

inequitable, adj. نه برابرېدونکی، غیر منصفانه، غیر عادلانه.

inert, adj. نه خوځېدونکی، بې حرکته، هغه څوک چه د خوځېدو وسه ونلري، لټ، بیکاره.

inertia, n. جبر، د جبر قوت یا خاصیت، لټي، بې کاري، عطالت، انرشیا.

inestimable, adj. نه اټکلېدونکی، خورا ډېر، خورا جګه بیه لرونکی، ګران.

inevitable, adj. پېښېدونکی، واقع کېدونکی، هرو مرو پېښېدونکی، خامخا (کېدونکی).

inevitably, adv. خامخا.

inexcusable, adj. نه بښل کېدونکی.

inexhaustible, adj. نه تمامېدونکی، نه ستړی کېدونکی.

inexorable, adj. زړه کلک، بې زړه، تووېه، بې رحمه: ګن نه پښېدونکی

inexorably, adv. په بې رحمی

inexpedient, adj. ناوړه، نامناسبه، هغه چه د سلا ور نه وي، بې ځایه.

inexpensive, adj. ارزانه، د کمې بیې والا.

inexperience, n. بې تجربه توب.

inexperienced, adj. بې تجربې، اوم.

incxpert, adj. بې مهارته.

inexpiable, adj. نه بښېدونکی، نه پیوندل کېدونکی، نه جبران کېدونکی

inexplicable, adj. نه توضیح کېدونکی، نه تشریح کېدونکی.

inexperessible, adj. نه ویل کېدونکی، نه پیوندل کېدونکی.

inextinguishable, adj. نه وژل کېدونکی، نه محوه کېدونکی، نه ورک کېدونکی.

inextricable, adj. له منځه نه تلونکی، نه حل کېدونکی، نه پرانستل کېدونکی.

infallible, adj. نه تېروتونکی، نه سهو کوونکی، هرو مرو.

infallibility, n. نه تېروتنه.

infanous, adj. ناوړه، شېلی، بد نامه

infamy, n. رسوایی، بدنامي.

infancy, n. وړوکوالی، ماشوم توب، کوچنی توب.

infant, n. وړوکی، ماشوم، کمکی

infantile, adj. د وړو، د ماشوم توب، طفلانه.

infantry, n. پلی، عسکر

infatuate, v.t. احمق کول، بې تمیزه کول

infatuation, n. ناپوهي، نادانی، احمقی.

infect, v.t. لېږل، په مکروب یا چټلی لېږل، په ساری ناروغۍ اخته کول: فاسدول،

infection, n. خپرېدونکی ناروغی، مصاب کېدل، په ناروغۍ اخته کېدل.

infectious, adj ساری، اخېستونی.

infer, v.t. & i. نتیجه اخیستل.

in ference, n. نتیجه، استنباط.

inferior, adj. ټیټ، کښته (په مقام، درجه، خوی او نورو کې)

inferiority, n. adv. کښېتوالی.

infernal, adj. دوزخي، شیطاني، ډول، دېبخوانه‌ی.

inferno, n. دوزخ، دوزخ ورمه.

infertil, adj. وچ، بې ثمره، شنډ.

infest, v.t. ایرول، څورول، نارامه کول، ورباندی پښی پښل (هجوم راوړل).

infidel, n. کافر، بې دینه، بې وفا.

infidelity, n. کفر، بې دیني، بې وفايي.

infinite, adj. بې حده، لامحدوده، بې پایه، لایتناهي.

infinitely, adv. په بې حده اندازه.

infinitesimal, adj. بې حده وړوکی، ډېر کوچنی، ډېر دقیق.

infinitive, n. مصدر، مصدري وجه.

infinitude, n. نامحدودوالی.

infinity, n. بې حدي، نا محدودوالی، بې انتهايي.

infirm, adj. کمزوری، ضعیف، سست، بې ثباته.

infirmary, n. روغتون، کتنځی.

infirmity, n. کمزورتیا، ناروغي، سستي، ضعف.

inflame, v.t. & i. بلول، لمبه کول، بلېدل، لمبه کېدل: لمسېدل، لمسول.

inflammable, adj. سوځېدونکی، بلېدونکی: زر په ناز کېدونکی.

inflammation, n. بلونه، لمبه کونه، لمسونه: پاړسوب، التهاب.

inflate, v.t. پړسول (په باد)، تورم (پړسوب)، باد کول

inflation, n. انفلاسیون (د زر خوړنو سکوالی).

inflection, inflexion, n. انحنا، انعطاف، تعریف کېدنه، او بښتنه، یوې پلې خوا ته تېڅېدنه.

inflexible, adj. نه کږېدونکی، نه بلېدونکی، ډېر ارتجاعي.

inflexibility, n. ثبات، متانت، نه کږېدنه.

inflict, v.t. کوزارورکول، وهل، تحمیلول، پرا چول.

infliction, n. تحمیل.

influence, n. نفوذ، اثر.

influential, adj. نفوذ والا، متنفذ.

influenza, n. انفلوینزا، گریپ.

influx, n. ننوتنه (یوځای)، ورتوېدنه.

infold, v.t. پېچل، نغښتل، غېږ کول، په غېږ کول.

inform, v.t. خبرول، خبرورکول، ویل.

informer, n. خبرورونکی.

informal adj. ساده، غیر رسمي، بېله تشریفاتو.

informality, n. غیررسمي توب.

informally, adv. په غیر رسمي ډول.

informant, n. خبرورونکی، خبرورکوونکی، دپوښتنو ځواب ورکوونکی.

information, n. خبرتیا، اطلاع، خبر.

informative, adj. له معلوماتو ډک، معلوماتي.

infraction, n. تېری، ماتونه (لکه د قانون).

infrequent, adj. اتفاقي، نادر، لږ، کله کله(واقع کېدونکی) یو نا کلې نا یې یا وخت کېدونکی .

infrequently, adv. کله کله، لږ، لږ لږ .

infringe, v.t. تېری کول، ماتول، نقض د کول .

infringement, n. ماتونه، تېری .

infuriate, v.t.i. په قار کول، په قار یدل .

infuse, v.t. تلقین کول، تزریق کول . ژوندی کول، الهام ور کول .

infusion, n. تویېدنه، تزریق، الهام، القاح .

ingenious, adj. ماهر، په مهارت سره، جوړ شوی . هنری، هوښیار .

ingeniously, adv. په هنر کې، په هوښیاری .

ingentuity, هوښیار توب، هنر کې .

ingenous, adj. هرګنده، ساده، طبیعي، اوم، شډل .

inglorous, adj. سپک، شرموونکی، سپین سترګی، کېټ .

ingot, n. د فلزاتو خښته (په تېره د سرو یا سپینو زرو خښتې) .

ingraft, v.t. پیوندول، کوهیرول، سره نښلول .

ingrate, adj. ناشکره، نه منونکی، منعم هغه چه پېژندنه ور باندې نه معلومېږی .

ingratate, v.t. ګرانول، توجه ایدول، پام ور ګرځول، د بل ګټې د پاره کار کول .

ingratitude, n. ناشکري، نه منښه .

ingredient, n. ټوټکی، جز (د نسخې)

ingress, n. ننوتنه، رسېدنه، ور (ننوتو ځی)؛ د ننوتو توصل یا حق .

ingulf, v.t. د engulf بله بڼه

inhabit, v.i.t. اوسېدل، مېشتېدل، استوګنه کول (یکښې)؛ نیول (ځای) .

inhabitant, n. اوسېدونکی .

inhale, v.t. ساه ننه ایستل: سېلوی څکول

inhalation, n. ساه ننه ایستنه .

inharmonious, adj. ګډوډ، شور پشور، نامنظم، مخالف .

inhrent, adj. ځایي، ارثي، ذاتي، طبیعي .

inherit, v.t. & i. په میراث وړل، له پلار او ایکه ورته په میراث پاتې کېدل .

inheritance, n. میراث .

inheritor, n. میراث خور .

inhibit, v.t. مخ نیول، منع کول، ایسارول

inhibition, n. مخ نیوی، ممانعت، ایسارونه .

inhospitable, adj سخت، بخیل، کنجوس، مېلمه نه پالونکی .

inhuman, adj. کلک زړی، سخت زړی، ناانسانه، بې زړه سوی .

inhumanity, n. بې رحمي .

inhumane, adj. بې زړه سوی، سارایي، وحشي .

inimical, adj. د دښمنۍ له مخې، د کینې له مخې، دښمنانه .

inimitable, adj. بې سارې، وتل .

iniquitv, n. ظلمتوب، ناوړه توب، بې عدالتي، بدوالی، جرم، ګناه .

inquitous, adj. بدو، ښېلی، بې انصافه .

initial, adj. لومړی ؛ اصلي ؛ د نامه يا کلمې لومړی توری .

initially, adv. اصلاً ؛ په سر کې .

initiate, v.t. پیل کول ، شروع کول تشبث کول ؛ په ډله کښې ګډول (په ځانګړو مراسمو)

init.iate, n. پیل .

initiation, n. پیل ، تشبث .

initiateive, n. لومړی قدم ، لار ښوونه تشبث ، ابتکار ، د پیل کولو وسه او قوت .

inject, v.t. ننه ایستل ، پکښې ننه یول ، پیچکاری کول ، ننه وهل .

injection, n. پیچکاری .

injudicious, adj. نا پوه ، بې تمیزه ؛ بې پیاوه (هغه څوک چه سم قضاوت نشي کولای) .

injunction, n. حکم ، امر .

injure, v.t. خوږول ، ژوبلول ، ټپي کول زیانمن کول .

injury, n. ژوبله ، ټپ (زخم) ، ژوبلونه .

injurious, adj. ژوبلوونکی ، زیانمن .

injustice, n. بې انصافي (بې عدالتي) ، بې انصافي ، تیری ، ظلم .

ink, n. رنګ (د لیکلو)

inkhorm, n. مشوانی چه له ښکر څخه جوړه شوې وي .

inkstand, n. مشوانۍ .

inkling, n. اشاره ، اشارت ، په څوړ کښې وسوسه ؛ مبهم فکر .

inky, adj. په رنګ لړلی ؛ تور ؛ تت .

inlaid, adj. د inlay ماضي ، دریم حالت

inland, n. دننه (د مملکت) ، داخلي ، د مملکت د ننني برخه ؛ له سرحد یا پوله (سرحد) څخه لیرې .

inlay, v.t. ښکلی کول ، مینا کاري کول ، ورق شاني کول ؛ چینجی وهل . ځانې په سمټو کول .

inlet, n. خوله ، ننوتو ځی ، مدخل ؛ د سیند او بوڅه برخه چه په وچه کښې لرې ننوتلي وي ، اوبو ګړانګه (آبنا) .

inmate, n. انډیوال ، ملګری ، هغه څوک چه له بل چا سره په یوه کور یا خونه کښې یو ځای اوسي .

inmost, adj. په منځ کښې ، د ننه ، ډېر ژیات د ننه باطني

inn, n. هوټل ، مسافرخانه ، د مسافرو د شپې تېرولو ځای ، کاروانسرای .

innkeeper, n. هوټلي ، هغه څوک چه مسافرخانه ساتي .

innate, adj. ځاني ، طبیعي ، ذاتي .

inner, adj. داخلي ، د ننه .

innermost, adj. د ټولو د ننه ، د ټولو په منځ کښې .

innings, n. وار ، ورځ :

innucent, adj. سپېڅلی ، بې ګناه ، پاک ، معصوم .

innocence, n. بې ګناهي ، معصومیت

innocently, adv. پاکوالی .

inocently, adv. په سپېڅلتوب .

innocuous, adj. بې ضرره ، بې آزاره .

innovation, n. نوی راايستنه ، ابداع ، ابتکار .

innvator, n. مبتکر .

innuendo, n. اشاره ، ټوانگه ور رسونه ، په کنايي ډول د چا اعمالو ته گوته نيونه .

innumerable, adj. بې شمېره ، خورا ډېر .

inoculation, n. ستنې وهنه ، خال وهنه .

inoculate, v.t. ستنې وهل .

inoffensive, adj. بې ازاره ، تېری نه کوونکی ، بې بده ، نه ربړوونکی ، اعتراض نه منوونکی .

inoperative, adj. لټ ، بې کاره ، سست ، غير اغېزمن ، بې چاره (بې چاره) .

inopportune, adj. بې ځايه ، بې وخته ، نادرود ، ناوړه .

inordinate, adj. بې ترتيبه ، افراطي ، نابرابر ، غير معتدل ، بې اندازې

inordinately, adv. په افراطي ډول

inorganic, adj. غير عضوي ، بې حسه ، جامد ، غير ذيروح ، ساه نه لرونکی .

inquest, n. څېړنه ، لټونه ، تحقيقات (د قتل په قضيه کښې)

inquire, v.t. پوښتنه کول ، څېړنه کول ، تحقيقات کول .

inquirer, enquirrer, n. څېړونکی .

inquiry, n. پوښتنه ، گروېږنه ، پلټنه ، تحقيقات .

inquisittion, n. پلټنه ، تحقيقات (په رسمي ډول) : د عيسوي مذهب هغه محکمه چه له دين څخه د اوښتو کسانو پلټنه کوي .

inquisitor, n. پلټونکی ، څنونکی

inquisitive, adj. پوښتنه په پلټونکی ، لټوونکی . پاپوښتونکی متجسس .

inroad. n. يرغل ، چپاو ، تالاني ، تېری ، په زوره ننوتنه .

inrush, n. يکښې ننوېستنه (د حملې په ډول) يرغل پر کونه ، دننه ته چونه ور ننوېدل .

insane, adj. لېونی ، بې چتی

insanity, n. لېونتوب .

insatiable, adj. نه مړېدونکی ، کېدو ، نسور : نه قانع کېدونکی .

insatiate, adj نه مړېدونکی : نه قانع کېدونکی ، نسور ، خېټور ، اړو بړی (اړوا وړی).

inscribe, v.t. کښل ، ليکل ، کيندل (په ډېره کښې) ، په کتاب کښې شاملول ، وقف کول ، اثر پاڼدې پرېښودل .

inscription. n. ليکنه ، کيندنه ، کتيبه نقش ، ثبت .

inscrutable, adj. پټ ، نه ښکاره ېدونکی ، نه درک کېدونکی ، نه پلټل کېدونکی څېړل کېدونکی .

insect, n. حشره .

insecticide, n دارو ، حشره وژونکی دارو يا محلول .

insectivorous, adj. خوگی خور ، حشره خوړونکی .

insecure, adj. ناخوندي ، نا ساتلی ، نامحفوظ .

insecureity, n. ناخوندي توب ، بې اطمينانی .

insensate, adj. بې زړه، سوړه، په زړه کلک، بې عاطفې، بې حسه.

insensible, adj. بې سده، نامحسوسه، بې علاقې، بې خوا بوی، نه درک کېدونکی.

iusensibility, n. بې سدی، بې حسی.

inseperable, adj. نه بېلېدونکی، نه جلا کېدونکی.

insert, v.t. ورا چول، ننه ایستل، ځایول، د دوو شیانو په منځ کښې د بل شی ابښودل.

insertion, n. ننه ایستنه، ځایونه، د دوو شیانو په منځ کښې د بل شی ابښودنه.

inside, n. دننه، پکښې، دننه لوری، خوا، دننه، داخلی.

insidious, adj. ټګ، دوره کر، چلی، بې ایمانه، خائن.

insight, n. هېرکی، پوهه، بصیرت.

insignia, n. نښه، نښانه، نښان.

insignificant, adj. بې اهمیته، بې ارزښته، جزئی، کم بې معنی.

insignificance, n. بې اهمیتی. بې ارزښتوب.

insincere, adj. ټګ، دوه مخی، بې مېنې، ریا کاره، غولوونکی، منافق.

insincerity, n. ټګی، ټګی، منافق.

insinuate, v.t.i. اشاره کول (په مستقیم ډول)، په رماز پوهول، سوکه ننوتل.

insinuation, n. اشاره، ننوتنه.

inispid, adj. بې خونده، بې مزی لټ، پیخ، بې ذوقه.

insip idily, n., بې خوندی: لټوالی.

insisit, v.i.t ټینګه دریدل، کلکه دریدل ټینګار کول.

insist ence, n. ټینګار، اصرار.

insistent adj. ټینګار یا اصرار کوونکی.

insistently, adv. په ټینګار.

insnate, v.t. د ensnare بله بڼه

insole, n. د بوټ د تلی دننه برخه.

insolent, adj. بدخوبی، سپک خولی، سپین سترګی، ظالم (په ژبه یا عمل کې)

insolence, n. بې ادبوالی.

insoluble, adj. نه ویلی کېدونکی، نه حل کېدونکی.

insolvent, adj. تنګ لاسی، هغه چه پور نشی ادا کولای.

insolvency, n. تنګ لاسی

insomnia, n. بې خوبی.

insomuch. adv. ترهغه ځایه چه، دو، لکه چه.

inspect, v.t. څېړل، پلټل، کتل، تفتیش کول.

inspection, n. کتنه، پلټنه

inspector, n. پلټوونکی.

inspiration, n. ساننه ایستنه، پارونه، الهام.

inspire, v.t. سا ننه ایستل، الهام ورکول: لمسول، زړه ورکول.

inspirer, n. لمسوونکی: الهام ورکوونکی.

inspirit, v.t. ژوندی کول، روح پکښې پوکل، بیاوړی کول، پر غیرت راوستل.

instability, n. ناکرارى، بې ثباتي، مردم خيالي، سستي.

install, v.t. مقررول، درول، نيغول.

installation, n. درونه، لگونه، ځاکښه.

installment, n. کښت (قسط)، برخه.

instance, n. مثال، نمونه، مرحله، موقع.

instant, adj. سمدلاسه، فوري: جاري، ناڅاپه، اوس.

n. شېبه، دمه (جاري)، مياشت.

instantaneous, adj. سمدلاسه، آني.

instantaneously adv. په چټکۍ، په بيړه.

instantly, adv. په بيړه، په تلوار، په چټکتيا، ناڅاپه.

instead, adv. پرځاى، په عوض، په بدل.

instep, n د پښې د ننه برخه چه د پوندې او گوتو تر مينځ ده، د بوټ هغه برخه چه د پښې دغه برخه پټوي.

instigate, v.t. پارول، لمسول، قارول، تحريکول.

instigation, n. پارونه، لمسون.

instigator, n. پارونکی، لمسونکی.

instil, instil, v.t. څڅول، په څو پو کښې ورکول، په دماغ کښې ورکښېنول، تلقين کول، ورو ورو پوهول.

insinct, n. غريزه شعور.

instinctive, adj. غريزي.

institivly, adv. په غريزي توگه

institute, v.t. & n. بنسټ اېښودل، تاسيسول، ټولنه، موسسه.

institution, n. بنسټ اېښودنه، منل شوی قانون يا رواج، تعامل تاسيسونه، ټولنه، موسسه.

institutional adj. بنيادي

instruct, v.t. ښوول، لار ښوونه کول، پوهول، خبرول.

instructtor, n. ښوونکی، خبروونکی

instruction, n ښوونه، لار ښوونه، پوهونه، خبرونه: د درس موضوع، حکم امر

instructive, adj پوهوونکی، هوښيار وونکی، تعليمي.

instrument, n. اسباب، آله، افزار، سامان، وسيله: رسمي سند (لکه وصيت نامه).

instrumental adj. د آلې يا اسباب په درد استعماليدونکی آلې: مفيد.

instrumentality, n. اسباب، وسيله

insubordinate, adj. په خپل سر، نا تابع، نافرمانه، سرکښ.

insubordination, n. په خپل سروالی، قاعده ځيرونه

insubstantal, adj. بې اساسه، بې بنسټه، بې نتيجه: غير حقيقي.

insufferable, adj. نه گالل کېدونکی، نه زغمل کېدونکی.

insufficient, adj. نيمگړی، غير کافي، بې وسه، بې کفايته، ناوړه

insufficiency, n. نيمگړتيا، کمزوری، بې کفايتي.

insular, adj. ټاپو (جزيره) يا دغه اوسېدونکی ته منسوب، تنگ نظره

insulate, v.t. : جلا کول ، بېلول ، پوښول ، ټاپو څخه جوړول .

insulation, n. جلاوالی ، بېلوالی .

instuator, n. بېلوونکی (برېښنا) ، عایق ، هغه چه برېښنا نه څخې تېرېږي

insult, v.t. سپکول ، ښکنځل ، رټل ، توهین کول ، تېری کول .

n. ښکنځا ، سپکاوی ، توهین .

insuperable, adj نه لاندې کېدونکی ، نه مغلوبېدونکی .

insupportable, adj نه زغمل کېدونکی ، سخت

insurance, n. بیمه ، په خاطره اخیستنه ، د سر او مال ذمه واري (د تاوان په مقابل کښې) ، د بیمې پیسې .

insure, v.t. مطمئن کول ، خاطره اخیستل ، ضمانت کول ، ذمه وهل ، بیمه کول .

insurgent, n. یاغی ، طاغي وتونکی (له قانوني حکومته) .

insurgynce, n. یاغی توب

insurgnce, n. بغاوت ، سرکښی

insurgent, adj. یاغی

insurmountable, adj. نه لاندې کېدونکی ، نه مغلوبېدونکی ، له منځه نه وړل کېدونکی

insurrection, n. اډو دوړ ، الاګوله ، یاغی توب ، بغاوت ، طغیان

insurrectionist, n. د بغاوت د اصول طرفدار .

intact, adj. روغ رمټ ، بشپړ ، همغسې چه لاس نه وي ور لګېدلی .

intake, n. اوبه خوړ ، ورخ ، د لوګي موری ، دودکښ ، د هوا کښونه (په کان کښې

intangible, adj. نه لمس کېدونکی ، نه حس کېدونکی ، لطیفي ، بېځلی .

integer, n. صحیح عدد ، بشپړ عدد ، هغه عدد چه کسر نه لري .

integral, adj. ټولی ، جامع ، مکمل ، صحیح ، بې کسره ، بشپړوونکی .

integrate, v.t.i. یولاس کول ، یو ځای کول ، ټولول ، بشپړول ، متحد کول .

inttgration, n. بشپړونه .

integrity, n. بشپړتیا ، تمامیت ، سپېڅلتوب ، سپین توب (د زړه) ، صداقت ، ایمانداري .

integument, n. خول ، پوښ ، پوستکی ، پوټکی .

intellect, n. پوهه ، هوښیارتوب ، عقل ، ودرك قوه .

intellectual, adj. پوه ، هوښیار ، منور ، عاقل ، ځیرك ، متفکر ، روښانفکر .

intellectually, adv. په هوښیارۍ

intelligence, n. ځیرکي ، پوهه ، خبرتیا ، استخباریه .

intelligent, adj. ځیرك ، ذکي .

intligently, adv په ځیرکۍ ، په ذکاوت

intlligible, adj. د پوهېدو وړ ، څرګند ، ښکاره ، واضح .

intemprance, n. بې اندازګي ، بې پرهېزي ، بې اعتدالي ، افراط .

intemperate, adj. افراط کوونکی ، بې اعتداله .

intend, v.t. نیت کول ، تکل کول ، نیت کول ، اراده کول ، توجه کول ، په نظر کې نیول ، خیال در اودل .

intendant, n. څارو ، ناظر ، په خارج کې د حکومت نماینده .

intense, adj. ډیر سخت ، متمرکز ، شدید ، پیاوړی ، قوي ، جدي ، ډیر لیوالیات .

intensely, adv. په کلکه ، په شدت

intensify, v.t.i ډیرول ، سختول ، شدیدول ، پیاوړی کول ، قوي کول ؛ سختیدل .

intensification, n. شدت ، سختي ، جدیت .

intensity, n. سختي ، زیات والی .

intensive, adj ډیروونکی ، تشدیدوونکی ، پیاوړی کوونکی ، متمرکز (کړ) تاکیدي

intensively, adv په سختي په شدت په تندي .

intent, adj. ځیر متوجه ، چوپړ ، نوکر بوخت ، مشغول .

intentness, n.. پام ، توجه ، نوکري

intent, n. پاملرنه ، توجه ، مقصد ، مرام مطلوب .

intention, n. تصمیم ، مقصد ، غایه ، پای پاملرنه ، منظور .

intentionally, adj. قصداً ، عمداً ، ارادةً

inter, v.t. ښخول ، خښول .

interaction, n. متقابل عمل ، معامله ، متقابله اغیزه .

intercede, v.t. مینځګړی توب کول ، سره پخلا کول ، ګوابني کول .

intercept, v.t. پرې کول ، په لار کښې راګرځول ، لارې ځوځول ، مخه نیول

interception. پرېکونه ، مخه نیونه ځوځونه .

intercession, n. مینځګړی توب ، ګوابني ، شفاعت .

intercessor, n. مینځګړی ، ګوابني کوونکی .

interchange, v.t بدلول ، اړول ، مبادله کول .

interchangeable, adj. د مبادلې وړ .

intercollegiate, adj, د پوهنځیو ترمینځ چارې ، هغه تعاملات چه د پوهنځیو ترمینځ موجود وي .

intercolonial, adj. د مستعمراتو ترمینځ چارې .

intercourse, n. راکړه ورکړه (د دوو تنو یا مملکتو ترمینځ) .

interdependent, adj. تړلی ، ګډون ، امیزش ، یو پر بل ولاړ ، یو په بل تکیه ، یو په بل تړلی .

interdependence, n. یو په بل باندې تکیه

interdict, v.t. منع کول ، مخه نیول ، نه پرېښودل .

interdiction, n. ممانعت .

interest, n. ګټه ، سود ، مینه ، برخه زیاتوالی ، علاقه ، دلچسپي .

interesting, په زړه پورې ، خوندور ، د توجه وړ ، دلچسپ .

interfere, v.i.t. مداخله کول ، یو په بل کې ننوتل (تداخل) .

interference مداخله .

interfuse, v.t. وراچول ، ورتوېول ، ګډول ، یوځای کول ، ګډول .

interim, n. ترڅ ، ضمن ، د دوو وختو ترمینځ فاصله ، انتقالي .

interior, adj. دننی ، پټ ، داخلی ، کوراني (چاري) .

interjection, n. (گر) د ندا توری ، د تعجب توری ، د خوښی د څرگندولو توری منځ ته اچوله ، معترضه (جمله)

interlace, v.t. سره اوډل ، سره گنډل ، سره انښتل .

interlock, v.t.i. يو ځای کېدل ، اوډل ، درلودل ، سره نښتل ، سره انښتل .

inerloper, n. مداخله کوونکی ، هغه څوک چه بې ځايه د بل چا په چارو کښی گوتې وهی .

interlude, n. ځنډ ، ټال ، ډيل ، وقفه .

interlunar, adj بې (د مياشتې) ، سکښته (د مياشتې) ، هغه موده چه مياشت پکښې پټه وي .

intermarry, v.t.i. ښځې کول ، د . و . ده زنی قومو افرادو او مختلفو عقيدو خلکو يا خپلوانو ترمنځ د ښځو سره ودکول .

intermarriage, n. واده سره کول .

intermeddle, v.t.i. گډېدل (سره) ، گډول (سره) : بې ځايه مداخله کول ، داړوند په کارو کې لاس وهل .

intermediary, adj. منځنی ، منځگړی .

intermediate, adj. منځنی ، په منځ کښې ، منځگړی .

interment, n. ښخول ، تدفين .

interminable, adj. بې پايه ، نا پايه ، له تماميدونکې ، بې شميره ، ډېر اوږد

interminably, adv. په بې پايه ډول ، نا پايه .

intermingle, v.t.i. گډول (سره) ، گډېدل (سره) .

intermission, n. ټال ، ډيل ، ځنډ ، وقفه

intermit, v.t.i. ځنډول ، ځنډېدل ، دړول (موقتي) .

inermittent, adj په روڼ ، په نوبت ، په وار وار

intermittently, adj. په وار سره .

intermix, v.t.i. سره گډېدل ، سره گډول .

intermixture, n. سره گډ .

internal, adj. دننی ، داخلی ، منځنی ، کوراني .

internally, adv. له داخل څخه .

internal-combustion, adj. په ماشين کښې دننه سوځېدنه (لگېدنه)

international, adj. بين المللی .

internationalize, v.t. بين المللی کول .

internationally, adv. په بين المللی ډول

interpolate, v.t. پکښې اچول (لکه د نوي جملې په متن کښې) ، داخلول .

interpolation, n. ننه ايستنه ، تحريف

interpose, v.t.i. په منځ کښې راتلل ، ترمنځ واقع کېدل ، په منځ کښې ايښودل ، منځ ته راوړل ، مداخله کول پرېکول (دخبرو) ، منځگړی توب کول .

interposition, n. ترمنځ واقع کېدنه ، منځگړی توب .

interpret, v.t. ترجمه کول ، تفسير کول ، تعبيرول .

interpretation, n. ترجمه ، ژباړنه

interpreter, n. ترجمان ، ژباړونکی .

interregnum, n. انتقالی دوره (د حکومتونو) ، فاصله ، وقفه .

interrogate, v.t. پوښتنه کول، گروېږنه کول، تپوس کول، پلټنه کول، کتل.

interrogation, n. پوښتنه، سوال

interrogator, n. پوښتونکی.

interrogative, n. د پوښتنې نښه، پوښتونکی.

interrupt, v.t. غوڅول، پرېکول، ودرول، په مېنځ کښې ورلوېدل.

interruption, n. غوڅونه، پرېکونه، مداخله.

intersect, v.t.i. پرېکول، غوڅول (په مېنځ)، یو بل سره غوڅول، تقاطع

intersection, غوڅونه، تقاطع؛ څلورلاری.

intersperse, v.t. شیندل، پاشل، تیت وبرک کول، وېشل.

interstate, adj. د مملکتو یا ولایاتو تر مېنځ، د دولتو تر مېنځ.

interstice, n. چاود (درز، چاک)، چوله هغه واټن چه د څنگه پر څنگه دیا تو تر مېنځ موجود وی.

intertwine, v.t.i. غبرگول، سره تاوول، سره پېچل، یو له بله سره نښلول؛ غبرگېدل، تاوېدل.

intertwist, v.t.i. غبرگول، سره نښلول، غبرگېدل، سره پېچل.

interurban, adj. د ښارونو تر مېنځ (لکه د اوسپنې پټلی)، د ښارونو تر مېنځ د مواصلاتو وسایل.

interval, n. تال، ځنډ، وقفه، فاصله.

intervene, v.i.t. تر مېنځ راتلل، د دوو ختو تر مېنځ پېښېدل، پرېکول، غوڅول؛ منځگړی توب کول.

intervention, n. مداخله، مېنځگړی توب.

interview, n. خبرې اترې، مرکه، لیدنه کتنه؛ مصاحبه.

interview, v.t. خبرې اترې کول.

interviewer, n. پوښتونکی، مرکچی.

interweave, v.t.i. اودل (اوبدل)، یو له بله سره گډول، گډېدل.

intestate, adj & n. بې وصیته مړ شوی، هغه څوک چه بې وصیته مړ شی، بې وصیته.

intestine, adj. داخلی، دننی، کولمه، کولمې.

intestinal, adj. د کولمو، کولمې پوری.

intimate, adj. دننه، داخلی: نژدې، خصوصی، (صمیمی په ملگرتیا کښی).

intimacy, صمیمیت، گرانښت.

intimate, v.t. اشاره کول، څرگندول

intimately, adv. په څرگنده توګه

intimation, n. څرگندونه، اشاره.

intimidate, v.t. وېرول، ډارول، بې زړه کول: تهدیدول.

intimidation, n. وېرونه، ډارونه، تهدید.

into, prep. په کښې، دننه.

intolerable, adj. نه زغمېدونکی، نه گالل کېدونکی: سخت زړی.

intolerably, adv. په نه زغمېدونکی توګه.

intolerant, adj بې زغمه، نه ګالونکی، بې تحمله ؛ متعصب.

intolerance, n. نه زغمنه، تعصب

intonation, n. داواز پورته والی او ښکته والی (په خبرو کې) ، تلفظ .

intone, v.t. په غاړه ویل ، دسندرو په توګه ویل .

intoxicant, n. نشه راوړونکی شیان

intoxicate, v.t. نشه کول ، مستول .

intoxication, n. نشه .

intractable, adj. نه اېلېدونکی ، سرکښ : کلک ، سخت .

intransitive, adj. (ګر) لازمي فعل .

intransitively, adv. په لازمي ډول

intreat, v.t. غوښتل ، خواهش کول .

د entreat, پله بڼه

intrench, v.t.i. مورچه نیول ، سنګر نیول ؛ تېری کول .

د entrench پله بڼه

intrenchment, n. مورچه ، سنګر ، مورچل .

intrepid, adj. زړه ور ، دجرأت خښتن ، بې پروا .

intrepidity, n. زړه ورتیا

intricate, adj. پېچلی، تاواوتاو ، ګډوډ ، وروډ ، تاوشوی ، هغه څه چه پوهېدل یې مشکل وي : ایسار شوی .

intricacy, n. ګډوډ والی، پېچلتوب .

intrigue, v.t. چل کول ، دسیسه جوړول ؛ پټه ناروا مینه کول .

intrigue, n. چل، دسیسه .

intrinsic, adj. ذاتي ، طبیعي ، اصلي ، حقیقي .

intrinsically, adv. په ذاتي توګه ، په طبیعي ډول.

introduce, v.t. ور پېژندل (معرفي کول)؛ دودول (رواجول): لارښوونه کول

introduction, n. پېژندګلوي ، سریزه .

introductory, adj. مقدماتي، دپېژندګلوۍ .

introspection, n. کتنه (خپلو اعمالو او روانی افکارو ته) ځیرېدنه (خپل حالت ته) .

introvert, n. هغه چه تر خپل چاپېریال ډېر خپل حالت ته متوجه وي .

intrude, v.t. ورننه ایستل (په زوره) ، بې بلنې ور ننوتل، بې بلنې راتلل : ځورول

intruder, n. بې اجازې ننوتونکی، ځورونکی ، مخل ، مزاحم .

intrusion, n. ننه ورتنه (په زور)

intrusive, adj. فضول ، نابللی

intrust, v.t. د entrust, پله بڼه

intuition, n. شعور، حس، بصیرت، ادراک

intuitive adj. شعوري، حسي

inundate, v.t. تر لاندې کېدل ، ډوبول

inundation, n. هجوم .

inure, v.t. اموخته کول ، عادت ورکول

invade, v.t. یرغل کول ، حمله کول ، تعرض کول .

invader, n. یرغل کوونکی .

invalid, adj. باطل، بې اعتباره .

invalid, adj. ناروغه، معیوبه، بې وسه .

invalidism. n. زړه ایز او یده ناروغي

invalidate, v.t. باطلول، هیڅ کول، بې اثره کول .

invaluable. adj. بې قیمته، یعني خورا ګران او تر قیمت لوړ قیمتي .

invariable, adj. ناخوځنده، ځای پرځای، بې تغیره، ولاړ، نه بدلېدونکی .

invariably, adv. په ثابت ډول، په نه بدلېدونکې توګه .

invasion, n. پرغل، چپاو، حمله .

invective, n. پېکنځنه، بدوینه، دګنځنه، ملامتونه .

inveigh, v.i. ملامتول (په خبرو)، پېرول، سختې سپورې ویل .

inveigle, v.t. غولول، خطا ایستل .

invent, v.t. اختراع کول، لوی زړا ایستل

inventor, n مخترع .

invention, n. اختراع .

inventive, adj. اختراع کوونکی، اختراعي .

inventory, n. موجودي، لست (د مال، سامان او دغو د پېږي) د موجودي لست.

inventory, v.t. لست جوړول، موجودي کول .

inverse, adj. مخالف، معکوس، چپه .

inversion, n. اړونه، بدلونه.

invert, v.t. اړول، سرچپه کول، معکوسول .

invertebrate, adj, n. بې شمزۍ، هغه چې د ملا تیر نه لري، هغه (ژوی) چې ستون فقرات نه لري .

invest, v.t. رسماً مقررول، واک، صلاحیت ورکول، ور تېرول کول؛ پانګه اچول، سرمایه ګذاري کول

investment, n. پانګه اچونه .

investor, n. پانګه اچوونکی .

investigate, v.t.j. پلټل، څېړل، سپړل .

investigation, n. پلټنه، سپړنه، تحقیق .

investigator, n. پلټوونکی، تحقیق کوونکی

investiture, n. ورکونه (منصب) ځاکول، سینګاروونه .

inveterate, adj. پخوانی، زوړ، اږده وی؛ عادت شوی، معتاد .

inveteracy, n. زړښت، اوږدوالی، اعتیاد .

invidious, adj. کرکه پیدا کوونکی، نفرت راوستونکی .

invigorate, v.t. پیاوړی کول، غښتلی کول، قوي کول، ژوندی کول .

invincible, adj ماتې نه خوړونکی، نه لاندې کېدونکی، نه مغلوب کېدونکی .

inviolable, adj. مصئون، خوندي؛ سپېڅلی، مقدس پاتې .

inviolability, n. سپېڅلتوب، خوندي توب، تقدس، مصئونیت .

inviolate, adj. هغه چې لاس پرې نه وي خوړلی، سپېڅلی، خوندي، مصئون، مقدس ساتل شوی .

invisible نه لیدل کېدونکی؛ نه ښکاره کېدونکی، ناڅرګند، نامرئی .

invisibility, n. ناڅرګندتوب .

invite, v.t. بلل ، میلمه کول ، چلبول ، دعوتول ، جلبول .

invitation, n. بلنه، میلمستیا ، دعوت .

invocation, n. دعا ، مرسته غوښتنه .

invoice, n. بیجك، هغه کاغذ چه په هغه کښې د تجارتي مال لېږل والي او دهغوی بیه لیکلې وي .

invoke, v.t. دعا کول ، مرسته غوښتل

involuntary, adj. جبري ، په زوره ، نارضا ، بې اختیاره .

involuntarily, adv. په جبري توګه ، په نارضایي سره .

involve, v.t. ګېرول ، کښې ايستل ، ګرفتارول ، پکښې شاملول ، ایجابول .

invulnerable, adj. اغېزه نه منونکی ، اثر نه قبلوونکی ، له پرهار نه خوندي ، هغه چه هیڅ اثر نه پرې کېږي ، هغه چه د صدمې او ضرر څخه خلاص دی .

inward, adj. دننه خوا ، د ننه اوري ، داخلي ، برخه ، دننه .

inwards, n. امعاء او کولمې ، زړه او ځیګر ، هغه مال چه ګمرك ته را رسېدلی وي (واردات) .

inwrought, adj. هغه شی چه د داخلي خوا کار پکښې شوی وي (لکه د سپینو زرو په لوښي کې چه سره زر کارشوي وي) ګلداره .

iodide, n. (کیمیا) د آیودین مرکب .

iodine, n. آیودین .

ion, n. ایون، هغه اتوم چه برقي چارج ولري .

Ionic, adj د یوناني معماری د سبك ته منسوب ، ایون ته منسوب .

iota, n. (i) ډېر لږ مقدار ، اوکی : د یوناني الفبا توری چه د انګریزي د (i) له توري سره برابر دی : تکی

irascible, adj. قارکوونکی، ژر خوابدی کېدونکی، هغه څوك چه په ډېره تراه وزي

irate, adj. قارشوی ، خوابدی شوی ، تراه وتلی .

ire, n. قار ، خوابدتیا ، تراه وتنه .

ireful, adj. قارجن

iridescence, n. د شنې وزرګونی شانته رنګو لوبې .

iris, n. د سترګې چاپېره رنګینه برخه ، یو ډول بوټی چه پاڼی یې د توري په شان دي او ښکلي ګلان لري (زنبق)

Irish, adj ایرلنډي، د ایرلینډ اوسېدونکی ، ایرلینډي ژبه .

irk, v.t. ځورول ، ستړی کول ، په قارول ، خپه کول .

iron, n. اوسپنه ، قوت ، زور او توان

iron, adj. اوسپنی سامان (په جمع کي) ، ځنځیر و لړه .

ironical, adj. ټوکور (خبره) ، کنایي .

ironically, adv. د ټوکور په ډول

irony, n. ټوکور ، طعنه .

irridiate, v.t. رڼول ، ځلول، روښانول ، تنویرول .

irridiation, n. رڼا ، ځلا .

irrational, adj. بې دلیله ، بې معنا ، بې ځوابه ، بې منطقه ، غیر عقلي

irreconcilable, adj. نه پخلا کېدو نکی، موافقه نه کوونکی .

irrecoverable, adj. نه اصلاح کېدونکی، نه حصولېدونکی، نه حترونکی، (الکه یور) نه رغېدونکی .

irredeemable, adj. نه راتېول کېدونکی، نه خلاصېدونکی (له گرو څخه)، نه ترلاسه کېدونکی، دایمی، نه تلافی کېدونکی

irrefutable, adj. نه ردېدونکی، مسلّم

irregular, adj. بې قاعدې، غیر عادي، غیر رسمي، بې ترتیبه، نامنظم (لښکر)، غیر حکومتي عسکر

irregularity, n. بې ترتیبي، بې قاعدګي

irregularly, adv. په بې ترتیبي، په غیر منظم ډول .

irrelevant, adj. بې ربطه، بې مناسبته، نه تطبیق کېدونکی .

irrelevance, n. بې ربطي

irreligious, adj. بې مذهبه، بې دینه، غیر مذهبي .

irremediable, adj. نه رغېدونکی، چاره نه کېدونکی، نه علاج کېدونکی .

irreparable, adj. نه جوړېدونکی، نه ترمیمېدونکی، نه تلافي کېدونکی .

irrepressible, adj. نه ستنېدونکی، نه راګرځېدونکی، نه ایل کېدونکی، نه اداره کېدونکی، تر فشار لاندې نه راتلونکی

irreproachable, adj. بې ګناه، نه ملامتېدونکی .

irresistible, adj. سخت، مخه نه نیول کېدونکی، نه په شا کېدونکی، نه منع کېدونکی .

irresistibly, adv. په نه منع کېدونکي ډول

irresolution, n. زړه نازړه توب، بې تکل توب، بې تصمیمي، مذبذب .

irresolute, adj. زړه نازړه، مذبذب

irresolutely, adv. په شک، په ... ډول

irrespective, adj. بې اعتنا، بې پروا، بې له ملاحظې، بې له په نظر کې نیولو، پرته له دې چې دغه خوښې یا نا خوښې په نظر کې ونیول شي .

irresponsible, adj. مسئولیت نه منونکی، مسئولیت څخه غاړه غړوونکی، غیر مسئول.

irresponsibility, n. مسؤولیت نه منل

irretrievable, adj. لاس ته نه راتلونکی، نه رغېدونکی، نه تلافی کېدونکی، چاره نه کېدونکی .

irreverence, n. سپکاوی، بې احترامي، بې حرمتي، بې ښځي

irreverent, adj. بې ادبه، بې احترامه

irrevocable, adj. نه راګرځېدونکی، نه راستنېدونکی، نه راخېژ کېدونکی، نه اوښتونکی، تغیر نه منونکی

irrevocably, adv. په نه راګرځېدونکي ډول .

irrigate, v.t. اوبول، خړوبول، پټول، اوبه پرانګول .

irrigable, adj. داوبو لوړ

irrigation, n. اوبونه، پټه

irritable, adj. تو خفګان، زر په قاریدونکی، هغه څوک چې زر تر له وزي، تندمزاجه .

irritability, n. تر له وتنه، په قار یدنه .

irr.itably, adv. په تفګنا کې، په قار .

irritate, v.t. په قارول ، لمسول ، پارول .

irritant, n. لمسوونکی ، تخریش پیدا کوونکی .

irritation, n. قار ، کا ، خارښت ، حساسیت .

irruption, n. ناببره ، یرغل ، غورځنګ ، چپاو .

is, دی ، شته (گر) ، معین فعل

isinglass, n. د کبانو سریښ .

Islam, n. اسلام .

island, n. ټاپو ، جزیره .

islander, n. د ټاپو اوسیدونکی .

isle, n. ټاپو ، جزیره .

islet, n. کوچنی ټاپو .

isolate, v.t. چلا کول ، بېلول ، تجریدول .

isolation, n. جلاتوب ، بېلوالی ، تجرید .

isolationist, n. هغه څوک چه په سیاسی ډگر کښی د خپل مملکت جلاتوب او ځانگړی پاتوب غواړی .

isosceles, adj. متساوی الساقین (مثلث) ، هغه چه دوه اړخه یې سره برابر وی

issue, n. لانجه ، موضوع ، مسأله : گڼه (لکه د اخبار) : تېرېدنه ، وتنه (د باندی) ، نتیجه ، اولاد : صادرونه ، شېندنه ، انتشار .

issuance, n. ورکونه ، خپرونه .

isthmus, n. د خاورو تنگه ، خاکنا

it, pron. دا ، دغه ، (گر) ضمیر چه اکثر آ د غیر ذی روح مفرد دپاره استعمالیږی .

Italian, adj. ایټالوی ، د ایټالیې اوسیدونکی ، ایټالوی ژبه .

italic, adj. (په انگریزی کښی) ماتوری ، شکسته خط ، ریو اند توری .

italicize, v.t. په ماتو تورو لیکل

itch, n. کا ، خارښت ، خوږ درد ، گرېدنه ، گروړه .

itch, v.i. کا کول ، خارښت کول .

item, n. ماده ، فقره ، خبر یا موضوع (په اخبار کی) ، قلم (لکه قلم سامان)

iterate تکرارول .

iteration, n. تکرار .

itinerant, adj. گرځنده ، مسافر ، تلونی (له یوه ځایه بل ځای ته)

itinerary, n. د سفر پروگرام ، خطالسیر ، تگلار .

its, adj. د دغه ، د هغه ، د مضاف الیه .

itself, pron, n. پخپله (دبی سلطی دپاره) ، شخصی ضمیر .

ivory, n. هاج ، د پیل او ځینو نورو ژوو غاښونه .

ivy, n. یو ډول بوټی چه تل شین وی او د پېروتی په شان پر نورو شیانو راتاوېږی .

✲ ✲ ✲

J

jab, n. & v.t.i. وهنه، ټنه‌ا یستنه، چخول (چوخونه)، سوری پكې جوړونه؛ ټنه‌ا یستل؛ منځول؛ په چاړه وهل؛ چوخېدل؛ په سوك وهل.

jabber, v.i.n. زر زر بړغېدل، بې سنجشه بړغېدل؛ بې سنجشه وینا، ژر ژر خبرې

jabot. n. لیس چه ښځګی ئې د كمیس پر مخ یا په غاړه اچوي

jack, n. غلام (په پښتو كښې) جیك، یو ډول ماشین چه درانه بارونه پورته كوي (لكه د موټر جیك)؛ كوچنی بیرغ چه پر بېړۍ یو ډول كېږي؛ د ځینو حیواناتو نر؛
v.t. د جیك پواسطه پورته كول

jackal, n. سور لنډی، چغال.

jackass, n. نر خر، بې عقل سړی.

jackdaw. n. كاغې، شین غاړی كارګه، شین كاغې.

jacket, n. كرتی، جاكټ، د ژوو پوست، د پټاټو پوستكی؛ د كتاب پوښ.

jackknife. n. لوی جیبي چاقو.

jackrabbit, n. د شمالي امریكې یو ډول غټ سوی.

jade, n. یشم، زرغونه (شنه) ډبره چه ګاڼې ځنې جوړوي، شین كاڼی.

jade, n. ړوند آس، ناوړه ښځه.
v.t. ستړی كول، ستومانه كول.

jag, n. تېره غاښی (لكه د ډبرې)، تېره څوكه، غاښی؛ زیږ؛ څیرې.

jagged, adj. تېرې تېرې څوكې، غاښې؛ بېرې بېرې، غاښور.

jail, gaol, n. بندیخانه، جیل.
v.t. په بندیخانه كې اچول
jailer, gaoler, jailor, بندیوان، د بندیخانې مامور.

jam, n. مربا

jam or jamb, v.t. كښېكښېل، زبېښل؛ ټینګ نیول، كېښل یا ګېل؛ درول، بې حركته كول، ډك اچول یا ډك درول (لكه د ترافیك كار او نور)

jamb, n. ولاړ بازو، د دروازې، د دیوالي بخارۍ یوه او بله خوا ډبرې.

jangle, v.t.i. كړنګهار كول، كړنګهار كول؛ كړنګېدل، كړنګېدل؛ غالمغال كول.

janitor, n. ور ساتونكی، دروازه‌وان.

January, n. جنوري، د عیسوي كال لومړۍ میاشت چه ۳۱ ورځې ده.

jape, & v.t.i. ټوکې، ملنډې، مسخرې، ټوکې: ملنډې وهل، مسخرې کول، ټوکې وهل: مسخره کېدل.

jar, n. صراحي، مرتبان، کوزړه.

jar, v.t.i. چاړ وهل، کړېدل، ناوړه بد غږ ایستل؛ ښورول، ټکان ور کول: ښورېدل.

jargon, n. کډوډې خبرې، بې معنی خبرې: د بېلو بېلو اجتماعي ډلو او یا مختلفو حرفو مخصوصې کلمې، او اصطلاحګانې.

jasmine, n. یاسمن.

jasper, n. یشم، د ګوهر یو ډول چه بېل بېل رنګونه لري.

jaundice, n. ژړي ناروغي، زېړی.

jaunt, n. & v.i. لنډ سفر (د تفریح په غرض): یو ځای نه بل ځای ته تلل.

jaunty, adj. ځان ښکاره کوونکی: تظاهر کوونکی.

javelin, n. نېزه.

jaw n. ژامه.

jay, n. شین کارغه (ساده سړی).

jazz, n. جاز یو ډول امریکایي موسیقي.

jealousy, n. رخه، حسد.

jealous, کسمن، کسات کار

jealously, په کسات.

jeep, n. جیپ (موټر)
یو ډول موټر چه نظامي چارو کې ډېر استعمالیږي.

jeer, v.t. مسخره کول: پېغور ور کول (د ملنډو په توګه) شېکول

Jehovah, n. یهوه، خدای (په عبري ژبه)

jehu, n. چټک چلوونکی (ګاډي چلوونکی) وېر ووانکي منسوب که.

jejune, adj. شاړه، شنډه: تش، تږی، بې مغزه، بې علاقې.

jelly, n. جېلي، هغه مربا چه د مېوو د اوبو او بورې د یو ځای ایشولو نه لاس ته راځي.

jellyfish, n. یو ډول بحري ژوی چه د شمزۍ هډوکی نلري.

jennet, n. کوچنی آس، یو ډول کوچنی هسپانوي آس: خره.

jeopardy, n. خطر، ربړ، ستونزه.

jeopardize, v.t. په خطر کې اچول

jerk, n. ټکان، چټک حرکت، چټکه

v.t.i. ټکان ور کول، ښورول، چټکه خوځول، ښورېدل

jerky, adj. ټکاني، خوځنده.

jerkin, n. جوته یا چپه صدري، تنګه واسکټ.

jersey, n. جرسي، ژېړ ... یو ډول اوږدې نښتې یا چپ جاکټ.

jessamine, n. یاسمین، یاسمن.

jest, n.v.i. ټوکه، مسخره، مسخرې کول، ټوکې کول.

jester, n. ټوکی، ټوکمار، مسخره.

jet, n. جټ، فواره، هغه نل چه مایعات د فوارې په توګه ښکته پورته کوي: د جټ الوتکه.

jet-propelled, adj. د جټ الوتکه

jetty, n. ډکه، بند: د بېړیو تم ځای (بندرګاه).

Jew, n. یهود، یهودي، بني اسرائیل

jewel, n. غمی، جواهر، قیمتي ډبرې

jeweler, jeweller, n. غمی یا جواهر پلورونکی ، د جواهرو جوړوونکی .

jewellery, n. غمی یا ب ، جواهر باب گران بیه بری په عمومي ډول، پسول (د غمیو) د جواهراتو پلورنه یا خرڅونه .

jib, n. دری اړخیز بادوان چه د بیړۍ په مخکینۍ برخه کښې درول کیږي .

jiffy, n. شیبه ، سترګ رپ .

jig, n. چټکه نڅا ، مست اتڼ د دغه ډول نڅا د پاره موسیقي ؛ یوه آله چه د یوې آلې د راهنمایی د پاره استعمالیږي (د دغه آلې د کار په وخت کې).

v.i.t. اتڼ کول ، غزلی ویل .

jilt, v.t.n. رټل (د مین) ؛ بې وفا ښځه.

jingle. n. کړنګا (لکه د گېنگرې ، زنګولې) ، شرنګی (لکه د ځنځیر).

v.t. کړنګول ، شرنګول ، کړنګېدل ، شرنګېدل .

jingo, n. هیواد پال (افراطي) ، په خارجي سیاست کښې د زور او تیري پرخوا .

job, n. چاره ، دنده ، کار ، مشغولا ، وظیفه ؛ خدمت .

jobless, adj. بې کار .

jobber, n. دلال ؛ ناوړه استفاده کوونکی .

jockey, n. سپور ، د مسابقې د آس چلوونکی ، د آسونو سوداگر ، ناروا ګټندوی .

v.t.i. غولول ، ټګي کول ؛ په ماهرانه توګه اداره کول .

jocose, adj. ټوکمار ، غوړتن ، وشتنی ، ظریف

jocular, adj. ټوکی ، خوش طبعه .

jocund, adj. ورین ، خوښ ، خوشاله

jog, v.t. ټکان ورکول ، په نیغه یا ځنګلی وهل .

joggle, v.t. خوځول ، ټکان ورکول .

join, v.t.i. نښلول یا منښلول ، یو ځای کول ، کوشیرول ، یو ځای کول ، سره نښلول ، یو ځای کېدل .

joiner, n. کوشیروونکی ، نښلوونکی ، یو ځای کوونکی ؛ ترکاڼ

joint, n. بند (لکه د لاس د ښنو) ؛ هغه ځای یا بند چه دوه شیان سره نښلوي ، مفصل ، غوټه .

joist, n. ویشه ، ډاګه ، لاړۍ ، تیر

joke, n. ټوکه ، ملنډه ، مسخره ،

v.t.i. ټوکې کول ، مسخرې کول .

jollity, n. خوشالتیا ، عیش ، چڼچی ، ساتیری .

jolly, adj. خوشاله ، تازه او غوړېدلی

jolt, v.i. ټکان ، ناببره خوځېدل ، ټکان خوړل ، ټوپ وهل .

jonquil, n. د عنبر گل ، یو ډول ژیړ گل چه نرگس ته ورته دی .

jostle, v.t.i. ځوځول ، ټېل وهل ، په تیغه ټکان ورکول ، په ځنګلي یو ری وهل ؛ سره ګونډېدل .

jot, n. ذره ، ټکی .

jot, v.t. یادداشتول ، لنډ یادداشت اخستل

jounce, n. & v.t.i. ټکان ورکول ، ټکان خوړل .

journal, n. ورځپاڼه ، مجله ، جریده ، ژورنال ، موقوته خپرونه ، روزنامچه ، ورځنی لیک یا هغه چه په هغه کښې د مجلس جریان د لیکې ؛ (تخنیک) اکسل او سپنډل چه په بېرنګو کښې اوړی را اوړی .

journalism, n. ژورنالیزم ، ورځپاڼه لیکنه .

journey, n. سفر ، مسافری ، له یوه ځایه بل ځای ته تګ .

journeyman, n. ماهر کارګر

joust, n. نیزه بازی (د دوو سپرو ترمنځ) .
v.i. نیزه بازی کول ،

jovial, adj. خوشاله ، خوښ ، ساتیری ، ورین تندی .

jowl, n. تورژې لاندې غوښه چه د سړي د پیرتوب یا د چاغوالی له سببه را پیدا کیږي .

joy, n. & v.t. خوشالی ، خوښی ، ښادی ، خوشالی راوړونکی ؛ خوشالي کول ، خوښی کول .

jubilant, adj. خوښ ، خوشاله ، خوشالوونکی .

jubilation, n. خوشالي . خوښی .

jubilee, n. پنځوسم تلین ؛ یا پنځوسمه کالیزه ؛ جشن ، د میلې ورځ .

Judaism, n. د یهودو دین او د هغه دودونه

judge, n. قاضی . حکم ، قضاوت کوونکی
v.t.i. قضاوت کول ، اټکلول ، فیصله کول .

judgment, n. قضاوت ، نظریه ، اټکل ، د تشخیص یا تمییز قوه .

judicature, n. قضائی قوه ، د قضا دوراک ساحه ، د قاضیانو هیأت .

judicial, adj. قضائی ، شرعی ، عادلانه ، قضاوت کوونکی .

judiciary, adj. قضائی ، د دولت قضائی قوه ، قضائی هیأت .

judicious, adj. د تمییز خاونده ، عاقل ، د بصیرت څښتن .

jug, n. صراحی ، تنګ جګ (د اوبو)

juggle, v.t.i. د لاس چالاکی کول ، شعبده بازی کول ؛ په چل تېرایستل ، ټګی کول په چلول غولېدل ، په ټګی تېروتل . د لاس په صفائی تېروتل .

jugular, adj. غاړه ئی ، د غاړې ، د ستونی ، ستوانی .

juice, n. د میوو او ترکاری اوبه ، شیره ، عصاره .

July, n. د عیسوی کال اوومه میاشت چه ۳۱ ورځې ده .

jumble, v.t.i. ګډوډ کول ، سره لړل ، اخښل ، ګډوډول ، پاچپ نول ؛ ګډوډېدل ، اړول کېدل .

jump, v.t.i. ټوپ وهل ، غورځېدل ، ناڅاپه پورته کېدل ؛ بریده .

jumper, n. جمپر ، لمن (بلوز) ؛ د کارګرانو اوږد کوټ ، سدری چه ورله او بدل شوی جامه چه ښځې یې د لمنی سره اغوندي .

jumpy, adj. ترهېدونکی ، عصبی .

junction, n. د یو ځای کېدو ځای ، د وصل کېدو ځای ، هغه ځای چه هلته دوه یا ډېر د موټر یا ریل سړکونه سره یو ځای کیږي .

juncture, n. د تقاطع ځای ؛ بحران .

June, n. د عيسوي کال شپږمه مياشت چه ۳۰ ورځې ده.

jungle, n. ځنګل، ګڼې ونې.

junior, adj. کشر، وړوکی: د وړو کی رتبې څښتن n. ~~وړوکی سړی (په سن کې)~~ کشر سړی، په عمر کوچنی.

juniper, n. د نښتر ونه.

junk, n. يو ډول بېړۍ چه په چين کښې ډېرې استعماليږي.

junk, n. فضله شيان، خاورې خځلې: غټه ټوټه.

Junker, n. جرمني اصيل زاده، د جرمنۍ د اشرافو د طبقې غړی: محافظه کار.

junket, n. خوږې مستې: پوخه: ميلمستيا (په امريکا کې) د دولت په پيسو سفر.

junta, n. دولتي شورا، انجمن، مجلس: جرګه.

junto, n. سياسي ډله، هغه کسان چه د يوې توطئې د پاره لاس سره يو کړي

jurisdiction, n. قانوني واک، د واکمن د صلاحيت حدود.

jurisprudence, n. قانون پوهنه، د قوانينو سيستم.

jurist, n. قانون پوه.

juror, n. د منصفه هيأت غړی، د جوري غړی

jury, n. منصفه هيأت، د قضاوت کوونکو ډله.

just, adj. adv. عادلانه، منصفانه، قانوني عادل، انصافدار: صحيح: کټ مټ يو شېبه دمخه، د څه آن، اوس د ستې.

justly, adv. په عادلانه توګه.

just, n. د joust, بله بڼه

justice, n. عدالت، انصاف.

justify, v.t. عادلانه حق ثابتول، سم ښودل، د حق په توګه څرګندول، له حق څخه دفاع کول: له غش څخه پاک ښوول تبرئه کول.

justification, n. برحق ثابتونه، حق جانب ښودنه.

justle, jostle و ګورئ.

jut, v.i.t. وړاندې تلل، بکښې ننوتل: وړاندې بېول، برمخ بېول.

jute, n. سڼه، کتان، کنف.

juvenile, adj. زلمکی، زلمی، ځوان: د ځوانۍ، د کوچنيوالي.

juxtapose, v.t. څنګ په څنګ سره ايښوول، اړخ سره ايښوول.

juxtaposition, n. څنګ پر څنګ ايښوونه.

✻✻

K

Kaffir, n. په جنوبي افريقا کښې يوه قبيله چه (بنتو) نومېږي ، کافر .

kaiser, n. قيصر ، د جرمني د ټولواکانو لقب .

kale, n. کرم (سابه) .

kamikaze, n. دهغې جاپاني الوتکې پيلوټ چه په چاودونکو موادو باروې او پرخپل هدف ځان ورغورځوي ، همدغه ډول بېړۍ .

kangaroo, n. کانګرو ، يو ډول استراليايي ځناور چه دشا پښې يې لويې دي او اوږد دکوب وهي او پښې اوږدې لکۍ لري او ښځه يې په نس کښې کڅوړه لري .

katydid, n. يو ډول دونو ملخ .

keel, n ، د بېړۍ ځير تاك يا فريم ، هغه اوږده تير ان چه پر هغه باندې دبېړۍ بدنه جوړه دی .

keen, adj. ځير ، تېره ، ځيرك : پريکوونکي يا ځوځوونکي (نظر) .

keep, v.t. خوندي کول ، ساتل ، زيرمه کول ، ځاي په ځاي کول ، د پښو ټينګول .

keg, n. کوچنۍ بېرل .

ken, n. پوهه ، بصيرت .

kennel, n. کوډله : د سپو کوډله ؛

kept, v.t. د keep ماضي او دريم حالت

kerb د curb بله بڼه .

kerchief, n. دښځو دسر دسمال : دسمال .

kernel, n. زړی يا زړۍ چه کلك خوږ لري ، تخم ، دتخم مغز ، دهر شي منځنۍ برخه ، لب لباب .

kerosene, n. دخاورو تيل ، ګاسليټ .

ketchup, n. د catchup بله بڼه ، د رومي بانجانو شيره .

kettle, n. چاى جوشه .

kettledrum, n. ډول (مسى يا د زېړو) نقاره ، طبله .

key, n. کلي ، کونجي ، د پرېکړې يا حل لار ، (موسيقي) يو ډول غاړې يا سور لار ښود .

key, n. ټيټه ټاپو (جزيره)

keynote, n. اصلي حقيقت : (موسيقي) د يوې غاړې يا سور لومړنی ټوټ .

khaki, n. خړ ، خاکي .

khan, n. خان .

khedive, n. خديو ، له ۱۸۶۸ څخه بيا تر ۱۹۱۴ پورې په مصر کښې د ترکي نايب السلطنه لقب .

kibe, n. (د پښو) چاودی.

kick, v.t.i.n. په پښه وهل، په لغته (لگته) وهل: لغته، لگته.

kickshaw, n. نازکه، نالکه، گوډی: هوسانه (ډوډۍ).

kid, n. مرغومی، سیرلی: کمکی هلك یا نجلۍ.

kid, v.t.i. ټوکې په وهل، ملنډې په وهل: مسخره کول.

kidnap, v.t. تښتول (لکه د سړی یا ښځې) پټول، په زور بیول، اختطاف.

kidney, n. پښتورگی یا پښتورگې، پښتورگی ډول.

kill, v.t. وژل، مړ کول: د کومې قانونی لایحې خنثی کول: د پخاوول، ورانول ضایع کول (لکه د وخت).

killer, n. قاتل، وژونکی.

kiln, n. بټۍ، د خښتو د پخولو داښ، کوره.

kilo, n. کیلو، د کیلوگرام مخفف، د کیلومتر مخفف.

kilogram, n. کیلوگرام (= ۱۰۰۰ گرامه)

kilometer, n. کیلومتر (= ۱۰۰۰ متره)

kilowatt, n. د برېښنا د قوت واحد (۱۰۰۰ واټه)

kilt, یو ډول کمیس چه داسې گرکی یا ترخټو لری چه یو پر بل پر تېر وی او عموماً یې سکاټلینډی نارینه اغوندی.

kimono, n. یو ډول جاپانی چپنه چه د هغه ځای خلك یې اغوندی.

kin, n. خپلوان، اقربا، ټبر.

kind, n. ډول، راز، خېل (لکه د انسانانو د کپانو، پېښو او داسې نورو) ډله، نوع: سبك، کیفیت.

kind, adj خواخوږی، زړه سواند، مهربان

kindergarten, n. وړوکتون.

kindle, v.t.i. لگول، بلول، رڼا کول، اوروره کول، بلېدل، رڼا کېدل: لگېدل.

kindling, n بلوونی، لگوونی.

kindly, adj. انسانی، بشری، هم طبع: آزادی.
adv. مهربانی: خواخوږی، تمایل. په مهربانۍ

kindred, n. خپلوی، کورنۍ، خپلوان.

kine, n. غواوی.

kinema, د سینما cinema بله بڼه

kinetic, adj حرکی، خوځېدونکی.

king, n. پاچا.

kingdom, n. پاچهی، سلطنت، هغه سیمه چه د یو پاچا تر واك لاندې وی.

kingfisher, n. یو ډول مرغه چه کبان خوری، ماهی خور.

kink, n. تاو، پېچ (لکه په پړی یا رسۍ کې)

kinsfolk, n. خپلوان، قوم، ټبر

kinship, n. خپلوی (د نسب په لحاظ).

kinsman, n. خپل، عزیز.

kirk, n. کلیسا (په تیره سکاټلینډی)

kirtle, n. د ښځو اوږده چپنه یا کمیس.

kiss, v.t.i. مچول یا چپول، ښکلول (د مینې له مخې): درناوی کول: مچېدل، ښکلېدل.

kit, n. آلات. کټ.

kitchen, n. پخلنځی، اشپزخانه.

kite, n. پتنگ، کاغذ پران، کاغذ باد: وړوکی باشه.

kith. n. خپلوان، دوستان، آشنایان .

kitten. n. پیشنګوری، پیشکوټی، د پیشې ځنګوړی، پشکوټی

kitty. n. د پیشو یا پشنګوري د پاره د ناز نوم .

knack, n. مهارت، هنر کې طبیعي استعداد

knapsack, n. چانټه، هغه کڅوړه چه عسکر خپل لوازم پکښې اچوي او په شا یې وړي، طبراق .

knave, n. چټلی، نادرسته سړی، کم‌ذاته سړی، رذیل سړی: مزدور هلك: په پټو (قطعو) کې غلام .

knead, v.t. اخښل، اغږل (لکه د اوړو) سره ګډول

knee, n. زنګون .

kneel. v.i. کوندې کېدل، پر زنګنو کېدل

knell, n. درنګهار (لکه د زنګ) درنګول، خبرګندول یا اعلانول (د زنګ وهلو په اثر) .

knew, د (know) ماضي .

knife, n. چاکو، چاړه .

v.t. په چاکو وهل، په چاړه پرې کول

knight. n. په انګلستان کې هغه سړی ته وایي چه یوه لوړه اجتماعي درجه یا نښان ور کول شوی وي او د خپل نامه سره (د Sir) کلمه استعمالولای شي، په شطرنج کې آس

knighthood, n. د knight رتبه، دلاوري، او یا د پی (لکه د نایټ) نایټان په مجموعي توګه .

knit. v.t.i. اودل، اوبدل: غوټه کول، ټینګ تړل، یو ځای ورده کول، (لکه د هډوکو) .

knob, n. کوبه، دوره د کوټې په شکل، لاس نیوی (د دستګیر) غوندې ټوټه، د دروازې لاس نیوی، غوټه (نکته) .

knock v.t.i. وهل، ټکول، ټک ټک کول، (لکه د دروازې) ګذار ور کول یو شي ته، ور پورې وهل یا ټیل وهل: غورځول: غوزار پېدل

knocker, n. وهونکی، ټکوونکی، غوزاروونکی: هغه د اوسپنې ټوټه، آله چه د دروازې د ټکولو د پاره استعمالیږي .

knoll, n. کوچنۍ، ګردې غونډۍ

knot, n. غوټه، معضله، لاینحل، قید، بندش، ډله .

know, v.t. پېژندل، پوهېدل، اشنا کول، مهارت درلودل.

knowing, adj. باخبره، پوه، هوښیار، ځیرک، ماهر

knowledge, n. پوهه، مهارت، د معلوماتو اندازه، علم، زده کړه .

known د know دریم حالت .

knuckle, n. د ګوتې بند، د څښو اندړیا خوګ پښه .

Kodak, n. تجارتي نښه چه پر کوچنیو عکاسي کمرو لګېدلای دی .

kohlrabi, n. یو ډول سابه دي چه شلغم ته ورته دي .

Koran, n. قرآن شریف .

kraal, n. د جنوبي افریقې د بومیانو کلی

L

label, n. نښه، پېژند پاڼه، لیبل .

labial, adj. شونډيز؛ (موسیقي) شپېلۍ، n. مورلۍ .

labor, or labour, n. خواري، ستړيا، ... کار؛ کارګران؛ د لنګون درد.

v.t. کار کول، خواري کښل .

laboratory, n. لابراتوار، هغه ځای چه هلته علمي څېړنې د ازموېنې په توګه کېږي

laborious, adj. خواري کښ؛ ګران (کار)، سخت (کار).

laburnum, n. يو ډول ونه، زهرناکه ونه چه د ژېړ لپ په ډول لوکې ځوړندېږي .

labyrinth, n. کږ وږ ځای، يو کوړ چه د پېچلې لارې پازېښي ولري کېدای شي ورکې لارې؛ انځړ پنجره (طب) د غوږ دننه برخه .

lace, n. لمنه (حاشيه)، لیس، پېڅه؛ پټکه

v.t. ورانجول، سره تړل، سره پېوندول

lacerate, v.t. څیرل، ټوټې کول، زوبلول، خرابول .

lachrymal, adj. د اوښکو، اوښکيز

lack, n. نیستي، قصور، اړتيا، اشتوالی .

lackadaisical, adj. بې کاره، ناامېده ، لټ، بې حاله، بې روحه .

lackey, lacquey, n. نوکر، چوپړی

lackluster, adj. پېکه، کمرنګه؛ پیخ، تت

laconic, adj. لنډ، موجز (په ويناو؛ ليکلو کې) .

lacquer, n. ځېرنه ځلاونده ماده (د لاک او الکول لړه ګډه او اخيستل) ، وارنش (پوښول) .

lacrosse, n. يو ډول کانادايي لوبه چه هاکۍ ته ورته ده .

lacteal, adj. د شېدو، د پيو.

lactic, adj. د شېدو

lacuna, n. کوکې، خلا، چوړ اخ، کنده؛ فضا؛ د دو ... په مینځ کښې تش ځای .

lad, n. ځلمی، زلمی .

ladder, n. زینه، لبارګی .

laden, adj. بار شوی، تر بار لاندې

lading, n. وړی (بار)

ladle, n. ارېږه، لاستوره څمڅه (کاچوغه)

lady, n. مېرمن، ښځه .

ladylike, adj. د مېرمنې په شان، ښځنی

ladyfinger, n. يو ډول کېک ،

ladylove, n. محبوبه ، معشوقه

ladyship, n. میرمنتوب، میرمن والی .

lag, v.i. وروسته پاتې کېدل ، بېرته پاتې کېدل .

laggard, adj. ترشا پاتې، وروسته پاتې .

lagoon, n. د اوبو هغه جهیل چه د بحر ژور ته وی او له لوی سمندر سره لار ولری او یا یې ونه لری، کوچنی جهیل .

laid, p. د lay ماضی او دریم حالت

lain, p. د lie دریم حالت .

lair, xx. n. ځاله، ټاټوبی (د وحشی ژوو)

laird, n. د ملکو خاوند، زمیندار

laity, n. عوام .

lake, n. ناور ، کوډم، ولاړې اوبه ، ډنډ ، جهیل، غدیر .

lamb, n. وری .

lambent, adj. پوست، ملایم ، لږ ځلانده لمبه .

lambkin, n. ننهی وری .

lame, adj. گوډ ، معیوب ، ناقص ، نیمگړی

lament, v.t.i. خواشینی کول ، وير کول ، تأسف کوی .

lamina, n. پوړ ، پټ ، طبقه ، پاڼه ، لایه ، پرده (نازکه) .

lamp, n. څراغ ، ډیوه .

lampoon, n. ملنډې ، ټوری ، پښادی ؛

v.t. ملنډې پې وهل .

lamprey, n. یو ډول اوږد کب .

lance, n. سانگه ، نیزه ، ښلکی .

lancer, n. نیزه باز ، سانگه وهونکی .

lancet, n. یو ډول د اوسپنې د جراحی آله چه دواړو خواوو ته تېره څوکې لری

land, n. مملکه ، ملت ، اولس ، خاوره .

landless, adj. بی مملکی .

landholder, n. د مملکی څښتن .

landlocked, adj. په وچه کښې ایسار ، هغه مملکه یا مملکت چه شاو خوا یې وچه وی .

landlord, n. د ملک یا جایداد څښتن ، ملاک

landlady, n.

landmark, n. څروی ، ځلی ، نخښه ، علامه ، نښان ، د ملک یا برید د څرگندولو ځلی : یوه مهمه پېښه چه د اوضاع د تحول نښه (نخښه) وی .

landscape, n. د طبیعی منظری عکس ، طبیعی منظره .

landslide, n. د غره د پاڅ یا غونډۍ یا د مملکی د پوړی برخې ښوېدنه ؛ سیاسی ماته .

landward, adv.& n. د مملکی لور ته ، د مملکی په خوا ، مخ په وچه .

lane, n. نری لار .

language, n. ژبه .

languid, adj. بې کاله ، لټ ، سست .

languidly, adv. په لټی سره .

languish, v.i. ناتوانه کېدل ، مړاوی کېدل .

languishing, adj. ځوړنی ؛ بی سیکه ؛ اوږده (لکه ناروغی)

languor, n. د بې کالی احساس ؛ کسالت ، مړاوی توب .

languorous, adj. بې کاله ، کسل .

lank adj. نری ، ډانگر .

lantern, n. ډیوه ، څراغ ، لالټین .

lap, n. د کوټ، کورتۍ ټوټه چه ځوړ کېږي وي: د ملا او زنګنو ترمینځ برخه.

lap, v.t.i. نغښتل، کوټ کوټ کول، ځوړ کېدل: ځوړ کول: ټوپ وهل

lap, v.i.t. د سپي په شان په ژبه داوبو څکل، څټل.

lapel, n. د کوټ یا کورتۍ اوښتې ټوټه (چپه گردن).

lappet, n. هغه ټوټه چه د جیب پر خوله پرته وي.

lapse, v.i. n. ورو ورو مخ په ځوړ ښوییدل: له استعمال څخه لوېدل، له کاره لوېدل، یا ټیټ کېدل، سپکه غلطي، سهو، چوټ پېښېدل.

lapwing, n. ملا چرګک.

larboard, n. ټټن (بندر)، د بېړۍ بودر پرتو ځای، د بېړۍ کیڼ اړخ

larceny, n. غلا.

larch, n. کاج.

lard, n. د خوګ وازګه یا د وازګې غوړي.

larder, n. د خوړو سا تنځی، د غوښو او نورو د خوراکي توکو ځای.

lares and penates, د کور سامان.

large, adj. لوی، ستر.

largely, adv. په زیاته اندازه.

largess, largesse, n. خیرات، ورکړه.

largo, adj. ځنډه، سست، د پرورو.

lariat, n. رسی یا د څرمنې تسمه چه د څارویو د تړلو د پاره استعمالیږي.

lark, n. سپیر کولنګه، خراړه، یو ډول کوچنۍ مرغه چه ښکلې آوازې او پرله پسې چوڼېږي.

larkspur, n. کاژ بانږ، یو ډول بوټی چه عموماً ښکلی ګلان کوي.

larva, n. بند بند چینجی، بطیطه، د چینجي دودی لومړی دوره: شبح، ځیولا.

larynx, n. کومی، د دچې ځای یا سټی برخه، سر ځایه، حنجره.

lascivious, adj. شهواني، شهوت پارونکی.

lash, n. &v.t. متروکه: د متروکې وار ځمچینه: په متروکه وهل، په متروکه شړل.

lash, v.t. په پړی یا ځنځیر تړل.

lass, n. انجلۍ چه بلوغ ته نژدې وي، خدمتګاره.

lassie, n. انجلۍ (سکاټلینډي اصطلاح)

lassitude, n. ستړیا، بې سیکه والی، کمزوري.

lasso, n. اوږده رسۍ، پړی چه د وحشي آسانو او غواګانو په نیولو او تړلو کی بکار بیږي.

v.t.

last, n. قالب (د بوټ جوړولو)، قالب کول.

last, adj. وروستۍ، تېر، آخري، په رتبه یا درجه کی ټیټه.

lastly, adv. په پای کې.

last, v.i. پایېدل، دوام موندل، ټینګېدل.

lasting, adj. پایېدونی، ټینګه، دوامداره.

latch, v.t.n. قلفی لاستی (لکه د دروازه)، هغه قلفی اله چه کله خلاص کړی شی بیرته د دغه الی په مرسته پخپله بوری کیږی، قلفی کلپ (قفل).

latchet, n. د بوټ بند.

late, adj. ناوخته، ډیل، ځنډی؛ وروستی؛ اخیر، اوسنی؛ مرحوم.

latent, adj. پټ، ناڅرګند.

lateral, adj. اړخیز، افقی.

laterally, adv.

latex, n. د ځینو بوټو یا ونو شیدو ډوله مایع یا شیره، چه ربړ هم د دغه ډول مایع څخه جوړیږی، اوم ربړ.

lath, n. د لرګی ټوټه په دیوه چه د پلستر د ټینګولو د پاره یی استعمالوی.

lathe, n د خرادی ماشین، د کلالی څرخ د چړو او چاکوګانو د تیره کولو څرخ.

lather, n. ځګه (کف) ځګ

Latin, adj. لاتینی، د پخوانی روم ژبه

latitude, n ازادی (د وینا او عمل)؛ سیمه یا ځای؛ عرض البلد.

latter, n. وروستنی، وروسته، یادشوی

latterly, adv. په پای کی

lattice, n. جال، پنجره (د لرګو) شبکه

latticework, n. پنجره، چوکاټ

laud, v.t.n. ستایل؛ ستاینه.

laudanum, n. هغه دوا چه افین (تریاک) ورسره ګډوی، د تریاکو تینچر.

laugh, v.i. خندل، مسل.

laughable, adj. د خندا وړ.

laughter, n خندا کوونکی یا خندیدونکی

launch. v.t.n پیل کول؛ اچول، غورځول، توغول، استول.

launder, v.t. مینځل او اوتو کول، (لکه د کالو).

laundry, n. د مینځلو کالی، د کالو مینځنه، د کالو د مینځلو ځای.

laundryman, n. کالی مینځونکی

laureate, adj. ښکلی او مزین شوی (د ګلانو داکلیل په واسطه لکه ملک الشعرا چه دا لقب واخلی او داکلیل ورپه غاړه شی)

lava, n. لاوا، هغه ویلی مواد چه د اورغورځوونکی غره څخه شیندل کیږی.

lavatory, n. تشناب.

lave, v.t.i. مینځل.

lavender, n. یو ډول سنبل.

laver, n. د مینځلو لوښی (لکه تش یا لګن).

lavish, adj. زښت ډیر، زیات، پریمانه

lavishly, adv. په زیاته اندازه، په اسراف سره.

law, n. قانون

law-abiding, adj. د قانون تابع یا منونکی.

lawn, n. یو ډول نری ټوکه او ښکلی د ملوچو ټوکه یا ټوکر: د هغه ټوټی نه جوړه شوی خت (کمیس) چه ارت لستوڼی لری او پادریان یی اغوندی.

lawn, n. چمن، په ځنګله کښی هوار شین ځای چه وښی لری: په انګړ کښی د کور د مخ چمن.

lawsuit, n. دعوه، د محکمی یوه قضیه.

lawyer. n. قانون پوه، حقوقی مشاور، د دعوی وکیل.

lax, adj. سست ، بې د سپلېنې ، غیر جدي : سستي .

laxative, n. جلاب ، مسهل

lay, p. د lie ماضي

lay, n. بدله ، غزل

lay, adj. هغه سړی چه د پوهې یا کلي مسلك غړی نه وي ، عامي

lay, v.t. اېښوول : غورځول : اچول (لکه د هګۍ) : خپرول یا وېشول : جوړول (لکه د پلان) : اړول . (لکه د پوډي د مېز) پرې اېښوول : غځول : تړل ، توېول ، وضع کول ، هوارول .

layer, n. اېښوونکی : پوړ ، پټ ، طبقه ، قات .

layette, n. د ماشومانو کالي او د اوړ ضروري لوازم .

layman, n. غیر مسلکي سړی ، عامي .

lay off, n. د کار څخه اېستنه (د یو څه وخت د پاره) .

layout, n. نقشه یا نقشه ، سامان یا لوازم

lazar, n. خوار رنځن (مجذامي) .

lazy, adj. لټ ، کاهل ، بې کاره .

lea, n. مال څر ، ورشو ، څر ځای .

leach, v.t. فلتر کول ، پرېوتل ، تراوېدل ، اېستل ، په دې توګه پوښي لاسته راوړل : په یوه مایع سره د یوه شي څخه د بل شي لاس ته راوړل .

lead, n. سرب ، د سرو څخه جوړ شوی شی : د پنسل سیاهي (ګرافیت) ګولۍ یا سرچمې (جمع) په سر یو بوټل ، په سر یو کې اېښول .

lead, v.t. لارښوونه کول : مخ کښېدول په مشکی کېدل (لکه په لوبو ، زور او مهارت کښې) .

leader, n. لارښوونکی ، مشر ، زعیم .

leaden, adj. د سرب څخه جوړ شوی ارزان بیه ، دروند ، خړ .

leaf, n. پاڼه

leafless, adj. بې پاڼو .

leaflet, n. کمکی پاڼه (د ونو) : رساله دوسیه

league, n. د واټن واحد چه تقریباً دری میله کېږي .

league, n. تړون ، یووالی یا اتحاد ، اتحادیه .

league, v.t.i. تړون کول ، متحد کېدل

leak, n. چاود ، درز ، سوری ، څڅېدنه ، څڅوبی .

leaky, adj. څڅېدونکی .

leakage, n. څڅوبی ، څڅېدلی شی ، درز ، څڅېدلی شی .

leal, adj. وفادار : رښتنی ، صادق .

lean, v.i. ځنګ لګول ، کږېدل : متکی کېدل ، تکیه کول .

lean, adj. ډنګر ، نری ، ضعیف ، خوار .

leap, v.t.i. غورځېدل ، ټوپ وهل .

learn, v.t.i. زده کول ، پوهېدل

learning, n. زده کړه ، پوهه .

learner, n. زده کوونکی .

learned, adj. پوه ، لوستی ، عالم .

lease, v.t.i. په اجاره ورکول : اجاره کول کرایه ورکول .

leash, n. رسی ، پړی ، واښکی (لکه د سپي په غاړه کې چه وي)

least, adj. خورا ووړ، د ډېر کوچنی، خورا لږ.

leather, n. څرمن

leave, n. خدای په اماني؛ اجازه، رخصت

leave, v.t. پرېښودل؛ په مېراث پرېښودل؛ ترشا پرېښودل؛ له یو څه جلا کول، خوشې کول؛ په خپل لاس ورکول، رخصت ورکول، اجازه ورکول.

leave, v.t.i. پاڼې کول (لکه د ونې)

leaven, n. خمیره.

leaves, n. د پاڼې جمع.

leavings, n. زیاتګی شیان؛ پاتې شوني

lecture, n. لکچر، وینا، بیان، بیانیه.

led, p. د lead ماضي او دریم حالت

ledge, n. تاخچه، رپ (رف)

ledger, n. د شمېر یا حساب کتاب؛ د قبر پوړۍ تخته (د قبر د پاره).

lee, n. د بېړۍ هغه خوا چه له باد څخه خوندي وي؛

lee, adj. سیوری یا سیب (پناګاه)

leech, n. زورو یا لوره (جوک)؛ پیسه شکوونکی؛ یو اله ده چه د سړي څخه وینه اخلي،

leek, n. ګندنه.

leer, n. چپه کتنه (په غصه)، سپک کاته

v.i. کاږه کاته.

lees, n. کوډوبی.

leeway, n. د بېړۍ یا الوتکې کږېدنه د خپل مسیر څخه هغه لور ته چه باد الوزي؛ تر هغه اندازه زیاتی پیسی یا وخت او لور چه چا یې ضرورت ورته پیدا شي.

left v. د leave ماضي او دریم حالت

left, adj. کیڼ، چپه.

left-hand, adj. کیڼ لاس.

leg, n. لینګی، هغه برخه چه د پښې او زنګانه تر مینځ ده.

legacy, n. میراث، ترکه.

legal, adj. قانوني، حقوقي، شرعي

legality, n. قانونیت، د قانون سره سوالی.

legalize, v.t. قانوني کول، رسمي کول

legate, n. نماینده، د پاپ استازی.

legatee, n. میراث خور

legation, n. نمایندګي، نماینده او د هغه مرستیالان؛ (اصطلاح) د یوه مملکت مختار وزارت په بل مملکت کښې.

legend, n. نکل، افسانه؛ سرلوحه، دسکی، مډال او داسې نورو شیانو د مخ لیکنه؛ د نقشو د آثارو او علامو تفصیل.

legendary, adj. افسانوي.

legging, n. پیتاوه یا پوچی.

leghorn, n. چرګه یا چرګان (د مدیترانې له نسل څخه).

legible, adj. څرګند، ښکاره، لوستن کېدونکی.

legibility, n. د لوستلو وړ والی.

legion, n. پوځونی عسکر (په پخواني روم کښې د هغه شمېر له ۳۰۰۰ څخه تر ۶۰۰۰ پورې و).

legionary, n د پوځونو عسکرو څخه یو عسکر

legislate, v.i. قانون جوړول.

legislator, n. قانون جوړوونکی، د مقننه هیات غړی.

legislation, n. دقانون جوړولو عمل؛ د قوانينو ترتيبوله اوتصويبوله .
lagislature, n. قانون ايښوونکې ډله ؛ قانون گذاره ډله، مقننه هيات .
legitimate, n. قانوني ، مشروع ، صحيح معقول .
legume, n. دلو بياد کورنۍ حبوبات .
leguminous, adj. دلو بيا کورنۍ ته، منسوب حبوبات .
leisure, n. دتفريح وخت ، فارغه وخت
leisurely, adv. ورو ورو، په سپر سينه
leman, n. مين ، عاشق ، معشوقه .
lemon, n. ليمو ؛ دليموونه؛ پيکه ژړ رنگ
lemonade, n. دليمو شربت : هغه اوبه چه دليمو جوهر پکښې گډوي .
lend, v.t. پور ورکول : دپوخه موده دپاره دپوشي ورکول، مرسته ورکول، پورورکول.
lender, n. پور ورکوونکی .
length, n اوږدوالی(له يوې خوکې تربلې خوکې پورې)طول، وخت، موده، اندازه.
lengthen, v.t. اوږدول.
lenient, adj. پوست ، نرم : زړه سواندو.
leniency, n. نرمي ، ملايمت ، زړه سوی
lenity, n. پوستوالی، نرموالی، زړه سوی مهرباني ، رحم .
lens, n. عدسيه ، دعدسيې ښيښه .
lent, p. د lend ماضي اودريم حالت .
Lent, n. ٤٠ ورځني روژه چه اکثره عيسويان يې د(ايسټر) تراختر دمخه نيسي .
lentil, n. عدس ، دلو بياد کورنۍ يوډول دانې ، پلې .

leonine, adj. زمري غوندې ، دزمري
leopard, n. يوډول برگه سار اپې پيشې چه په جنوبي افريقه او اسيا کښې موندل کيږي ، پي انگ ته ورته يوحيوان .
leper, n. خوارډن(جذامي سړی).
leprosy, n. جذام ، خو راډه .
leprous, adj. جذامي .
lesion, n. ټپ ، زخم .
less, adj. لږ .
lessee, n. اجاره کوونکی ، کرایه کوونکی .
lessen, t.v.i. لږ ول .
lesser, adj. لږ (تربل مقدار) : ټيټ (نسبت بل ته).
lesson, n. لوست ، سبق ، درس : دکتاب يوه برخه : پند ، عبرت .
lessor, n. په اجاره ورکوونکی ، په کرايه ورکوونکی .
lest, conj. داسې چه ، مبادا .
let, n. مانع ، خنډ (دا کليمه يوازې په يوه مورد کې استعمالیږي او هغه دا دي :-
(without let or hindrance,)
يعني بې له مانع يا خنډ څخه .
let, v.t. په کرايه ورکول : پرېښودل ، اجازه ورکول .
letdown, n. کښته کول ، ناهيله کول .
lethal, adj. وژونکی.
lethargy, n. سړو ماني ، خوبجن : کمزورتيا
lethargic, adj.
letter, n. ليک ، خط : توری.

lettered, adj. لوستی(با سواده) ، ادیب بوه .

etterhead, n سرنامه؛ هغه کاغذ چه په سر کښې یې عنوان چاپ شوی وی او نوردلیکلو دپاره سپین پاته وی(لکه دلیکلو دپاره رسمی او تجارتی مکتوبونه) .

lettuce, n. کاهو .

leucocyte, n. دوینې سپین کروپات .

levee, n. د که (هغه بند چه د سیند پر غاړې یې جوړوی څواوبه د سیند پرغاړه راوانه وړی : میلمستیا ، هغه میلمستیا چه د یوه ستر سړی له پلوه ورکول کیږی .

level, n. adj. لیول ، هغه اله چه لوړه، اوژوره په معلوموی : رتبه ، درجه : برابر ، او ارا،افقی سطح .

v.t. اوار ول ، برا بر ول ، له منځه وړل .

lever, n. یوه اله چه درانه شیی په تو که استعما لیږی(لکه جبل، اهرم)

leverage, n. توچه درانه شیی داستعمال په واسطه پیدا کیږی ، درانه شیی داستعمال د ول .

levity, n. بې ځایه خوشالی او ټوکی ، سپکوالی ، غیر جدی والی

levy, v.t.n. د تا دیی امر صادرول (لکه د مالیی)؛ په عسکری کښې شاملول، تحصیول ، مالیه ایښودل .

lewd, adj. شهوت پرسته (غیر اخلاقی)

lewdness, n. شهوت پرستی(په غیر اخلاقی تو که)

lex, n. قانون .

lexicography, n. قاموس لیکنه .

lexicographer, n. قاموس لیکونکی.

lexicon, n. د کشنری ، قاموس .

liability, n. وعده ، مسؤولیت؛ تاوان

liable, adj گرم ، مسئول ، محکوم(قانونی)

liaison, n. پوهاوی کېدنه ، رابطه(دلرا ونښتی ترمینځ مخصوصاً په نارواتوګه): دارتباط وسیله(لکه سړی) .

liar, n. درواغجن.

liabtion, n. توبونه ، اچونه (لکه دچا په درناوی چه شراب په ګیلاس کښې توی کېږی)

libel, n. افترا ، سپکاوی یا توهین (لیکلی) .

liberal, adj. لیبرال ، خپلواک، ازاد سخی .

liberalize, v.t.i. دازادی عقیدی څښتن

liberalism, n. ازادول ، خپلواک کول

liberally, adv. په ازاد ډول

liberate, v.t. ازادول ، خپلواکول : تجربه کول.

liberator, n. ازادوونکی.

liberation, n. ازادی ، خپلواکی

libertine, n. بداخلاقه ، بداخلاقه سړی لنډه غر، دازادی عقیدی لرونکی (په مذهب کښې).

liberty, n. ازادی ، خپلواکی.

librarian, n. کتابدار .

library, n. کتابتون (کتابخانه)

libretto, n. د(اوپیرا) کتاب اوبدلی .

lice, n. د louse جمع ، سپږی

license, n. لایسنس، اجازه لیک.

licensee, licencee, n لیسانسه، لیسانس لرونکی.

licentiate, n. هغه سړی چه لیسانس یې له پوهنتون څخه اخیستی وی، لیسانسه.

licentious, adj. شهوت پرسته (د بد اخلاقۍ په توګه)

licentiousness, n. شهوت پرستی (د بد اخلاقۍ په توګه).

lichen, n. ګل سنګ.

lick, v.t. څټل، (اصطلاح) وهل؛ ژبه پر تېرول.

lid, n. پوښ (لکه د صندوق)؛ ځیږمه، ججیړمه.

lie, n. درواغ.

lie, v.i. پرېوتل، غځېدل؛ واقع کېدل (لکه چه افغانستان په اسیا کی واقع دی).

lief, adv. په خوشالۍ سره، په خوښۍ سره.

liege, adj. وفادار، مخلص

lien, n. د ملکیت تصرف تر څو چه د ملک خاوند د متصرف پور ورادا کړی.

lieu, n. پرځای، عوض.

lieutenant, n. نائب، کفیل، دوهم بریدمن.

lieutenant colonel, n. دګرمن.

lieutenant commander, n. دقومندان مرستیال.

life, n. ژوند؛ روح؛ قوت، عمر.

lifeboat, n. یوه کوچنۍ بېړۍ چه د لویې بېړۍ د ډوبېدو په وخت کې د خلکو د نجات دپاره استعمالیږی، د نجات بېړۍ.

lift, v.t. جګول؛ هسکول، لوړول.

ligament, n. پله.

ligature, n. بنداز، یو تار چه د وینو د بندولو دپاره پرې شوی رګ پرې تړی.

light, n. رڼا؛ څراغ، ډیوه، پلوشه، شوغله.

light, adj. سپک، د زغم وړ، لږ، ناچیزه؛ رڼا، رون، روښانه.

lighten, v.i. ځلول، بریښول؛ ځلېدل، بریښېدل:

lighten, v.t. سپکول، لږول؛ خوشالول

lighter, n. بوډول بېړۍ چه د لویو بېړیو مال پکښې کښته کوی؛ لایټر (د سګرټ د لګولو لپاره اله).

lighthouse, n. بوډول برج چه په سر کښې یې ځلنده څراغ ایښودل شوی وی او ملاحان د هغه په رڼا کښې خوځیږی.

lightning, n. برېښنا، ځلېدو، هغه رڼا چه د اوریځو د ټکر په اثر پیدا کېږی، برق.

lightship, n. رڼا لرونکی بېړۍ چه د لارښوونی دپاره کار ځنی اخلی.

lightsome, adj. خوشاله، ژوندی، خوښ خوبه.

lightweight, n په بوکسنګ او پهلوانۍ کې هغه سړی چه وزن یې (۱۲۷ تر ۱۳۵) پونډو پورې وی. انسان یا حیوان چه تر عادی اندازې وزن یې کم وی.

lignite, n. د ډبرو سکاره چه د لرګو رګه هم پکښې وی.

like, adj. v.t. ورته، رنګه، شبیه

v.t. خوښول.

likelihood n. امکان، احتمال.

likely, adj. مناسب؛ احتمالی، د منلو وړ.

liken, v.t. ورته والی یا مشابهت څرګندول، تشبیه کول، سره ورته کول.

likeness, n. ورته والی، شباهت: شکل، بڼه، تصویر.

likewise, adv. همدا ډول؛

liking, v.i. ذوق، میل.

lilac, n. یو ډول یاسمن: بنفشه یی رنګ.

lilt, n. سندره ویل: سندره.

lily, n. زنبق (زنبق): سوسن او لرم شی.

limb, n. اندام (پښه، لاس یا وزر)، د ونې یوه لویه څانګه.

limber, n. د توپ د ګاډي د مخ برخه چه د ګاډي له بدن څخه جدا کېدلای شي.

limber, adj نرم، کږېدونکی (ارتجاعي).

limbo, n. اعراف: د ځورېدو ځای یا شرایط.

lime, n. چونه، اهک.

lime, n. لیمو (کوچنی).

limelight, n. قوي رڼا چه په ننداري کښې څولی (— صحنه) پر رڼا کوي.

Limerick, n. یو ډول ټوکېز شعر

limestone, n. د اهک ډبره.

limit, n. پوله، برید، حد، حدود.

limitation, n. محدودیت.

limited, v.t. محدود شوی، ټاکلی.

limn, v.t. رسمول (لکه د څېرې).

limousine, n. کی لدی موټر چه د چلوونکی او مسافرو تر منځ ځای بندوي.

limp, adj. v.i. n پوست، نرم: ګوډ ګوډن تلل، لنګون ښودل: سکته لرل (لکه په شعر کې).

limpet, n. یو ډول کب چه په سمندر کښې په ډبرو پورې موښتی.

limpid, adj. څرګند، روښان (لکه ښیښه) شفاف.

linden, n. یو ډول ونه چه خوږې (زړه ډولی) پاڼې او ژېړ ګلونه کوي (زیزفون).

line, n. پړی، رسۍ، سیم: شپېلکه، لیکه، کرښه، د اورګاډي پټلۍ، خط (لښکر)، مصراع، کتار: پېشه.

line, v.t. استر ورکول، کرښه کښل، برابرول، په یوه لیکه کول.

lineage, n. یو پلار یا کورنۍ خلک، د یوې پلرګنۍ اولاد، د یوې کورنۍ د کړۍ نسب یا شجره.

lineal, adj. د یوې پلرګنۍ، میراثي، کرښیز.

lineament, n. د بڼې یا شکل ځانګړې نښه: بڼه، څېره.

linear, adj. د لیکې یا د لیکو، کرښیز اوږد او نری.

lineman, n. لین مین، هغه سړی چه د ټیلیفون ټیلګراف جوړوي او ساتي، په فوټبال کښې هغه سړی چه د لوبې د مخ کی وظیفه اجرا کوي.

linen, n. سان، سپین کتان، د کتان ډول ټوکر.

liner, n. هغه بېړۍ یا الوتکه چه په منظم ډول په یوه ټرانسپورټي شرکت کې کار ترې اخلي.

linesman, n. اپن مین ، هغه سړی چه دتیلفون لینونه جوړوي .

ling, n. یو ډول کب(بحري).

linger, v.t. ځنډول .

lingerie, n. هغه کالي چه ښځې يې تر نورو کالو لاندې اغوندي (زير جامې).

linguist, n. ژب پوه .

linguistics, n. ژب پوهنه.

liniment, n. دمښلو او پلنه دوا(ددرد دليرې کولو دپاره)

lining, n. استر .

link, n. رابطه ، د ځنځير يوه کړۍ

links, n. دګلف د لوبې دګړيا ميدان

linnet, n. يو ډول مرغۍ .

linoleum, n. لينو ليم ، يو ډول پلاستيکي توکر چه فرش په فرش کوي .

linseed, n. زغر ، دکتان تخم .

linsey—woolsey, n. دسنيو(انبيو) او سپين‌سپو څخه جوړ شوي ټوکر .

lint, n. پټۍ ، رښايه ، چرډي .

lintel, n. سردري ، سرطاق .

lion, n. زمري .

lip, n. شونډه .

lipstick, n. دشونډو دسرو کولو مواد .

liquefy, v.t. ويلول ، اوبه کول ، مايع کول

liquid, adj. مايع .

liquidate, v.t. پوراداکول ، له منځه وړل تصفيه کول . دحساب فيصله کول .

liquidation, n. پرېکړون .

liquor, n. مايع ، مشروب ، الکول ، څښاک .

lira, n. ليره (دايټاليې سکه)

lisle, n. يو ډول تار

lisp, v.i.t. دژبې پر سر خبرې کول ، دماشومانوغوندې خبرې کول .

list, n. لست ، فهرست ، جدول .

list, v.t.i. په لست کې ليکل ، خوښول : خوشاله کېدل ، خوښول ، مايل کېدل .

list, v.i.t. اورېدل ، غوږ نيول .

listen, v.i. غوږ نيول ، اورېدل ، توجه کول ، منل

listener, n. اورېدونکی .

listless, adj. بې ميله ، بې علاقې .

listlessness, n.

lit, p. د light, ماضي او دريم حالت .

litany, n. دعا .

liter, n. ليټر (يو پيمانه) ، ٤ ليټره ٤ لېټره ټقر پيمانه کيدای شي .

literacy, n. سواد .

literal, adj. لفظي ، ټکي په ټکي .

literally, adv. په لفظي ډول ، په صحيح توګه .

literary, adj. ادبي .

literate, adj. لوستی ، دسواد څښتن .

literature, n. ادبيات ، ليکنې .

lithe, adj. v.i. په اسانۍ سره کږېدونکی ، پوست ، اوږېدل .

lithography, n. ليتوګرافي ، دډبرې چاپ

lithographer, n. ليتوګرافر .

lithograph, n. دډبرې چاپ .

litigant, n. دعوه کوونکی ، مرافعه غوښتونکی .

litigation, n. دعوه ، مرافعه غوښتنه

litigious, adj. مرافعه غوښتونکی ، مشاجره

litmus, n. لتمس، یو ډول کاغذ چه د تېزابو او د القلي د پېژندلو له پاره کار ترې اخیستل کېږي.

litter, n. د ناروغانو د وړلو د پاره یو ډول کټ (تذکره) د خوګ، سپي، پیشي او داسې نورو حیواناتو بچیان په مجموعي ډول: فاضله او پاته شوي.

litter, v.t. په فاضله شیانو د یو ځای لېږل، د بچیانو زېږول (د حیواناتو)

little, adj. کوچنی، کمکی، لږ، لنډ، بې اهمیته.

littleness, n. لږوالی.

liturgy, n. د لمانځه اداب، د عبادت مراسم (په عیسوي مذهب کښې).

live, v.i. ژوند کول، ژوندی پاته کېدل؛ تغذیه کول، ګذران کول، اوسېدل.

live, adj. ژوندی، تکړه، فعال؛ ځلنده یا ځلانده رنګه، ژوندی (برق لرونکی).

livelihood, n. د ژوندانه شیان، روزي، د ژوندانه وسیله، معیشت.

livelong, adj. ټول، ګرده، روانه.

lively, adj. تکړه، فعال، ژوندی.

liveliness, n.

liven, v.t. ژوندی کول.

liver, n. ینه، اینه.

liverwort, n. د کالي ګل (نبات).

livery, n. یو ډول جامه چه د پېښې یا نو جو پېران یې د کار په وخت کښې اغوندي؛ د اسانو روزنه (د اجوري په مقابل کښې)، طویله.

livestock, n. څاروي، کورني ژوي یا حیوانات، اهلي حیوانات، اهلي یا روزل شوي حیوانات.

livid, adj. ایرن (رنګه)، سرابي (رنګه)، فولادي (رنګه)، شین لکه د ځلو په اثر چه د بدن یو ځای شین شوی وي.

living, n. ژوندیتوب، ژوندون؛ د ژوند وسایل.

lizard, n. کربوړی، شرموښکی (خرموښکی).

llama, n. لاما، د جنوبي امریکا یو ډول ژوی چه اوښ ته ورته دی او خوراکي وړی لري.

llano, n. لوی او ارت چمن.

load, n. بوجی، بار، وزن، وړی.

loadstar, lodestar, د پله بڼه.

loadstone, lodetone, n. یو ډول ډبره چه مقناطیسي خواص لري.

loaf, n. ټیکله، بشپړه ډوډۍ.

loaf, v.i. بېکاره وخت تېرول؛

loafer, n. ستومانی ایستل؛ بېکاره وخت تېرونکی.

loam, n. نرمه خاوره؛ د کرلو چه خاوره چه وروستي پاڼي ورسره ګډې وي.

loamy, adj. واښه لرونکی خاوره.

loan, n. پور، قرض

v.t. پور ور کول.

loath, loth, adj. بې مینې، بې علاقې، بې میله، زړه نا زړه.

loathe, v.t. کرکه کول، بېزاره کېدل

loathsome, adj. د کرکې وړ.

lobby, n. دهلیزه؛ د انتظار کوټه لکه په هوټلو، سینماګانو او نورو ځایو کښې چه وي.

lobbyist, n. هغه سړی چه د یوی لایحی د تصویب دپاره دشورا د نماینده گانو سره تماس نیسی.

lobe, n. پیڅکی، د بوشی هغه برخه چه د هغه شی گرد را وتلی وی: د غوږ لرمی، پیڅکی.

lobster, n. یو ډول بحری حیوان لکه چنګاښ.

local, adj. ځایی، محلی.

locally, adv.

locality, n. ځای، سیمه، شاوخوا، مقام.

localize, v.t. محلی کول، ځایی کول: (اصطلاح) بی اهمیته کول، ځای په ځای درول

localization, n.

locate, v.t. په نښه کول، معلومول، د یو شی ځای ټاکل، پیدا کول.

location, n. په نښه کول، معلومونه، ځای، موقعیت.

loch, n. نری خلیج.

lock, n. کولپ، چنډره.

locksmith, n. کولپ جوړوونکی.

lock, n. کوڅی، چوټی (لکه د ویښتانو): لیڅی (لکه د وړیو)

locker, n. صندوقچه (چه په بیړیو کښی مسافرین په هغه کښی د ځان دپاره ځانګړی او نور شیان ږدی) یو ډول الماری (قفلداری) چه خلک خپل شیان پکښی ساتی او انفرادی صندوقچی لری.

locket, n. یو ډول کوچنی قفلی قاب چه عکس پکښی وی او په یو ځنځیر سره تر غاړی ځوړول کیږی.

lockjaw, n. د تیتانوس ناروغی.

lockout, n. د کارګرانو پر مخ د فابریکی ور تړل تر هغو چه کارګران د کار فرما شرطونه ومنی.

lockup, n. بندیخانه.

locomotion, n. له یوه ځای بل ځای ته د خوځیدلو عمل، خوځیدنه، حرکت.

locomotive, n. لوکوموټیف، خوځیدونکی ماشین لکه د اورګاډی انجن.

locomotive, adj.

locust, n. مچیخ، ملخ.

lode, n. معدنی ذخیره.

lodestar, loadstar, n.

lodestar, n. لارښوونکی یا لارښود ستوری.

lodestone, n. د loadstone بله بڼه طبیعی مقناطیس.

lodge, n. کوچنی کور، د وحشی ژوو ځالګوټی یا استوګنځی، ځاله یا جونګړه؛ v.t. د لنډی مودی د پاره ځای ورکول، د اوسیدو دپاره ځای تیارول یا چمتو کول، v.i. میشت کیدل.

lodger, n. بادروال، بادرچی، کرایه نشین.

lodging, n. موقتی استوګنځی، د کرایی ځای.

lodgment, lodgement, n. د اوسیدو ځای استوګنه.

loft, n. د کور یا ودانۍ برخه چه تر چت لاندی وی، د ... هم منزل، بالاخانه.

lofty, n. لوړ، اوچت، هسک، جګ، مغرور.

log, n. كوګه، كنده، سټه؛ ډېر ځمال، درونده؛ احمق؛ د سرعت سنجولو آله؛ د كښتۍ سفر ليك؛ دولوو ځل (د كوندو په بڼه) د سفر يادداشتونه ليكل.

v.t.

logarithm, n. لوګاريتم.

loggerhead, n. بېړا، ناپوه، بوج سری، بوج مغزی؛ سمندری كېشپ.

logging n. دلرګو راكېښوونكی، دلرګو سوداګری، دلرګو معامله.

logic, n. منطق، استدلال.

loin, n. ملا.

loiter, v.t. ځالېدل، ځانته پاته كېدل، بې ځايه وخت تېرول.

loll, v.i. ځړېدل (د استراحت په مقصد) پكېدى، بوازی، ايلفوځ (تنها)

lone, adj.

lonely, adj. ځنجن، خواشينی، بې مرستی، بې ملګری، بوازی.

lonesome, adj. زړه تنګوونكی، خواشينی كوونكی بوازی، تنها.

long, adj. اوږد، لوی، جګ، لېری (زمانه)

long, adj. لېوال كېدل، ځوښتنی كېدل، اشتياق.

adv.

longevity, n. اوږد عمر.

longhand, n. دلاس ليك، معمولی ليك

longing, ځوښتنه، لېوالتوب، تلوسه.

longitude, n. اوږدوالی، طول البلد.

longitudinal, adj. په اوږدو، اوږدواله.

longshoreman, n. د بندر والی پنډی باجوالی.

long-suffering, n. ګالونكی، خواری كښ؛ ځېنګه، كلك

look, v.t.i. ليدل، كتل، ځرګندېدل توجه كول؛ نظر، بڼه، اډخ (څنبه).

looking glass, اينداره يا هنداره، آينه.

lookout, n. څارنه، مراقبت؛ څارونكی، كتونكی، ليدونكی؛ منتظر.

loom, n. ځرګندېدل (له ورايه) پښكاره كېدل، تت ځوانبدی لكه په ګرز كښې چه پوښی ښه نه ليدل كېږی؛ په ويرونكی بڼه ځرګندېدل.

loom, v.i. كنبی، تا لسته، د اوبدلو كار ګاه.

loon, n. بوډول كب خوړونكی مرغه.

loony, adj. لېونی.

loop, n. ول، ځوړ پاڅه.

loophole, n. سوري، تېر كېنې، په قلا كښې هغه سوری يا چاود چه د ټوپك خولي تری پاسی؛ چوله، سوړه.

loose, adj. ځېل، ايله، آزاد، په خپل سر، ناتړلی، سوست.

loosen, v.t.i. ځېلول، ايله كول، آزادول، پرانېستل، سوستول؛ ايله كېدل، آزادېدل.

loot, n. v.t.i. لوټ (چور)، لوټول، تالا كول، چورول، داړه كول؛ لوټېدل، تالا كېدل.

lop, v.i. پری كول، ځوځول، (په تېره بيا د ونی ښاخونو) ځوړندېدل.

lop, v.t.i.

lope, n. ټوپ، دانګنه، ځورځنګه؛ ټوپ وهل، دانګېدل، ځورځېدل.

v.i.

lopsided, adj. کوږ ، په یوه اړخ یا په یوه اړخ اوښتی.

loquacious, adj. خبرجن ، هغه څوک چه ډیری خبری کوی ، ګړتن

lord, n. خان ، څښتن ، بادار ؛ حاکم ؛ خدای ، عیسی (ع) (په لوی L)

lordly, adj. ستر ، درونډ ، لوړ .

lordship, n. خانی ، ستروالی ، لویوالی ؛ باداری ، دلارډ لقب یا مقام .

lore, n. پوهه ، زده کړه .

lorgnette, n. عینکی ، ستر ګی یا چشمې (چه اوږده لاستی لری).

lorn, adj. خوشی شوی ، پریښودل شوی ، متروک .

lorry, n. لاری ، لوی بار وړونکی موټر

lose, v.t.i. ویجاړول ، ورانول ، ورکول ، بی ګټې اړول ؛ بی برخی کول . محروم ول ؛ ناکامول ؛ ناکامه کیدل ، زیان من کیدل ، بایلل.

loser, n.

loss, n. ویجاړ توب ، ورانتوب ؛ ضایعه ، ورکه ، کمښت ؛ (لښ) مرګ او ژوبله ، تلفات .

lost د lose ماضی او دریم حالت ورکی ، ضایع شوی .

lot, n. برخه ، قرعه ؛ ګڼه ، ډیری ، ډلی ؛ مرغ ، بخت ، طالع .

loth, adj. زړه نا زړه ، بی مینی د (loath,) بل شکل .

lotion, n. دوایی محلول (د مینځلو دپاره)

lottery, n. لاټری ، پچه اچونه ، د پیسو اچولو په ذریعه د جایزی ګټنه .

lotus, lotos, n. نیلوفر (داو بوټی)

loud, adj. لوړ ، هسک (غږ) .

loudness, n.

lounge, v.i.n. ستړی یا کسل ، دمه اخستل ؛ هغه خونه چه هلته دمه نیوله کیږی .

lour, v.i. د تندی یا د ګندی تریوول . د lower, بله بڼه

louse, n. شپږه یا سپږه .

lousy, adj. سپږن .

lout, n. بی عقل یا بی لاس و بی پښو (کاڼی واډی سړی) .

v.i. سرټیټول ، تعظیم کول

love, n. مینه ، محبت ، عشق ، معشوقه

lovable, د مینی وړ lover, n مین

lovesick, adj د مینی ناروغه.

loveless, adj. بی مینی .

lovingly, adv. په مینه

lovely, adj. زړه وړونکی ، ښکلی

loveliness, ښکلا :

low, v.i. رمباړه کول (لکه د غوا ی)

low, n. رمباړه .

low, adj. ټیټ ، ټیټه ، ضعیفه ، کمزوری

lower, v.i. تریو ، په قهار برېښېدل ، د تندی تریوول .

lower, v.t. ټیټ کول ، ټیټول ، کمول ؛ د بیې لږول ؛ خوابدی کول ، سپکول.

lowland, ټیټه اواره ځمکه .

lowly, adj. ټیټه ، خاکساره ، بی کبره ، متواضع.

lowliness, n. خاکسار توب .

loyal, adj. وفاداره.

loyalty, n. وفاداری.

loyally, adv. په وفاداری

loyalist, n. وفادار ، هغه‌سړی چه‌د اغتشاش په‌وخت کښی دخپل حکومت وفا داره پاته شو .

lozenge, n. الماس ډوله یوډول خوږه چه دالماس په بڼه وی .

lubber, n. ناپوه سړی ، بی لاس وبی پښو سړی .

lubricant, n. غوړ ، تیل لکه گریس ، مبل ایل اوداسی نور .

lubricate, غوړول ، تیلوړ کول .

lubricator, n. غوړ وونکی ، تیل ورکوونکی .

lubrication, n. غوړونه ، تیل ورکونه .

lucent, adj. ځلاند ، روڼ

lucerne, n. رشقه ، شپشتی .

lucid, adj. ځلاند څرگند . ښکاره ، واضح

lucidity, n. ښکاره‌توب ، څرگندوالی

Lucifer, n. داور لگیدوالی .

lucifer, شیطان ، دسهار ستر گه ، دسهار ستوری .

luck, n. بخت ، طالع .

luckless, adj.

lucky, adj. بختور ، طالع‌من .

luckily, adv. په نیکمرغه ډول ، په نیکمرغی .

lucrative, adj. گټور .

lucre, n. گټه ، بډایی ، سود

lucubration, n. زور ، مطالعه ، ډیر فکر ، ریاضت .

ludicrous, adj. دخندا وړ ، دملنډوو وړ ، مسخره (شی).

luff, v.i. دبیړی‌د اوږ بوز پاهوتگه دباد خوا ته گرځول .

luff, n.

lug, v.t.i. ښکول ، کشول .

luggage, n. پنډونه ، پلن بیتی ، دمسافرو کالی او سامان .

lugubrious, adj. غمجن ، ویرجن .

lukewarm, adj. تومن ، معتدل ، تود ، زړه ، نازړه ، نیم ، شیر گرم .

lull, v.t.i. غلی کول ، چوپول ، دلاسا کول ویډول .

lullaby, n. للو ، دکوچنیانو دبیده ولو پدله

lumbago, n. دملاخوږ .

lumber, n. لښی (چارتراش) ، دکاله زاړه لوښی کپړی ، دکاله زوړ سامان ، له کاره وتلی ، بیکاره څیزونه .

lumberman, n. دچار تراش جوړوونکی یا کارگر .

lumberyard, n. دچار تراش دساتلو ځای

lumberjack, n. هغه سړی چه دتیرانو کار کوی .

luminary, n. رڼا ور کوونکی جسم ، لمر اومهالی مشر ، مېر ، ځلاندشی .

luminous, adj. ځلاند ، روڼ ، څرگند

luminosity, n.

lump, n. کوټه ، ډیری ، دلی ، ټوټه ، پانډسوب

lumpish, adj.

Luna, n. دسپوږمی دربالنوع (دپخوانی رومیانو عقیده سره سم) ، سپوږمی .

lunacy, n. لېونتوب .

lunar, adj. دسپوږمۍ ، قمري .

lunatic, adj. لېونی .

lunch, n. دغرمې ډوډۍ

luncheon, n. دغرمې ډوډۍ .

lung, n. سږی ، ښوګس :

lunge, n. منډه ، ټنه ایستنه (لکه د توري)

lunge, v.i.t. منډول ، ټنه ایستل .

lupine, n. يو ډول باقلي .

lurch, n. يو ډول لوبه ، په کمين کي کښېنستل ، په پټه ځای کي کښېنوستل

v.i. څو پر دښمن حمله وکړي

lurch, يوې خواته رغړېدل .

lure, n. لمسونه ، غولونه

v.t.

lurid, ad. ژېړکه ، خپ ، تت رنګه

lurk, v.i. پټ کښېناستل ، چاته غلی کېدل ، پټېدل .

luscious, adj. خوندور ، مزه ناک ، خوشبويه

lust, n. غوښتنه ، (په تېره شهواني) ، شهوت

lustful, adj. شهواني

lust, v.i. شهوت لرل .

luster, lustre, n. روڼوالی ، برم ، لويي

lustrous, adj. ځلانده ، روڼ

lusty, adj. پیاوړی ، روغ رمټ ، تندرست ، ټکړه

lustily, adv. په پیاوړتوب .

lute, n. عود ، د موسیقۍ يو ډول تار لرونکې آله

Lutheran, adj. n. د پروټستان مذهب چه د لوتر له خوا منځ ته راغلی دی

luxuriant, adj. پرېمانی ، غړوسکه ، ګڼ (لکه واښه)

luxuriance, n. غړوسکه‌والی ، ګڼ والی .

luxury, n. تجمل ، خوشګذراني ، عیاشي

luxuriously, adv. luxurious, adj. دعیاشۍ په ډول

lyceum, n.: د بحث یا وینا کولو ځای : هغه ټولنه چه لکچرونه ورکوي .

lye, n. ښخار (اشقار)

lying, adj. n. دروغجن ، دروغ ، غلط ،

lying-in, n لنګون

lymph, n. يو ډول شفافه او بې رنګه مایع چه د بدن په لمفاتيکو رګونو کښي بهېږي .

lynch, v.t. بې د محاکمې له حکمه د چا وژل ، مړ کول (په تېره په جبر غره)

lynx, n. يو ډول ببر يا ای يا سار ای پیشو لیوچی (صحرائي پشو)

lyre, n. د لرغونو يونانيانو يو ډول د موسيقۍ آله .

lyric, adj. lyrical, adj. بزمي ، بزمي اشعار ، غنائي

M

macadam, n. ودې تيږې چه د سړک جوړولو دپاره استعمالېږي؛ په تيږو پوخ شوی سړک.

macadamize, v.t. په تيږو فرش کول

macaroni, n. مکروني، ماچې : ډولی، فيشني

macaroon, n. له هګيو، بورې او بادامو او اوړو څخه جوړ شوی وړوکی کيک يا کولچه

macaw, n. اوږد لکی طوطي (په مرکزي او جنوبي امريکا کې).

mace, n. دافسرانو دلاس لرګی، د صلاحيت او اقتدار نښه (امسا) ؛ د بلیارد لکړه.

machete, n. اوږده چاړه، چه ګڼې پرې کوي.

machination, n. دسيسه، توطئه، تېرون، غولونه (په بد نيت).

machine, n. ماشين، څرخ : چلوونکی ډله (لکه د ګوند).

v.t. په ماشين جوړول.

machinery, n. ماشين آلات، دماشين اسباب، دستګاه.

machinist, n. ماشين کار.

mackerel, n. د شمالي اتلانتيک يو ډول خوراکي کب

Mackinaw coat, n. وړين کوټ (د امريکايي هنديانو)

mackintosh, n. باراني کوټ

mad, adj. لېونی : غضبناک : حاده، بېړا ګېډو، تلوالی : مست لېونی، سپي داهلي

madly, adv. په لېونتوب، په لېونۍ توګه.

madman, n. لېونی سړی.

madness, n. لېونتوب.

madam, n. مېرمن.

madame, n. مېرمن، دمېرمنې دپاره

mesdames, pl. فرانسوي لقب، مېرمنې

madcap, adj. وحشي، تراېنده، بې پاکه لېونی

madden, v.t. & i لېونی کول، لېونی کېدل

made, adj. جوړ شوی د make ماضي او دريم حالت.

Madeira, n. د مډيرا يو شراب.

mademoiselle, n. ماد موزل، پېغله (فرانسوي لقب).

mesdemoiselles, Pl. پېغلې.

madhouse, n. لېونتون: ګډوډي: غوبل

Madonna, n. د بي بي مريمې انځور، لوی نوم

madras, n. ململ، څادر، خاصه

madrigal, n. عشقي غزل چه د ساز سره
و يل کيږي، د موسيقۍ سندري .

maelstrom, n. خطرناک، ګرځوي
(ګرداب) .

maestro, n. استاذ، په تېره د موسيقۍ .

magazine, n. مغازه، مخزن، درو ېي .
انبار، تحويلخانه: جبوره (لکه د توپك)؛
خانه، جريده: مجله، موقوته اخبار

magdalen, n. توبه کښلې کاسبه (فاحشه)

mage, n. جادوګر، سحرګر،

magenta, n. قرمزي، شين چايي رنګه

maggot, n. حشره چه د چنجي توب په حال
کي وي .

magic, n. د لاس چالاکي، جادو، سحر،
مداري توب، د را کښلو قوه .

magical, adj.

magically, adv.

magician, n. جادوګر، سحرګر، مداري:

magistrate, n. د قضايي يا اجرائيه قوي
امر: قاضي .

magisterial, adj. اجرائي: قضايي .

magistracy, n. قضاء:

magnanimous, adj. لوړ فکري، د ر لنهت
(وقار) .

magnanimity, n. لوړ فکري،

magnate, n. وتلي سړي، نامتو، مشهور،
لوړ رتبه، يا د ډېري شتمنۍ خاوند .

magnesia, n. يو سپينه مسهله ماده

magnesium, n مګنسيا يا مګنيزيم، يو سپين
نقره يي رنګه فلزي سپك عنصر .

magnet, n. آهن ربا، مقناطيس

magnetic, adj. مقناطيسي، د مقناطيس کېدو
وړ، جذاب، را کښونکي .

magnetism, n. د جاذبې قوه، کشش .

magnetize, v.t. مقناطيسي کول، تر دم
لاندي راوستل، جذب کول، مسحور کول

magnetization, n.

magneto, n. يو جنرېټر چه د سونګ د
موادو د اور اخيستلو د پاره برق توليدوي
(په داخلي احتراقي انجنونو کي) .

magnificent, adj. د ښکلا او پرتم خاوند؛
پرتمن (مجلل) .

magnificence, n.

magnificently, adv.

magnify, v.t. لويول: لوي ښودل،
(د خداي) ثنا ويل .

magnifier, n. غټ ښودونکي (لکه ذره بين):

magnitude, n. پراخوالي، لوي والي،
د اهميت اندازه، ونه: په نجوم کي
ستوري د ځلا درجه .

magnolia, n. يو ډول بوټي يا ونه چه لوي
خوشبو په سپين يا بنفش ګلان لري .

magpie, n. کسېږ که، يا ګيږ که،
کيښکري، وګوږي:

mahatma, n. ډېر هوښيار او روحاني
سړي (په هند کښي) .

mahogany, n. غوښني سور نسواري رنګه
ډېر کلك او قيمتي لرګي يا د دې لرګي ونه

maid, n. پېغله، مزدوره ښځه، خدمه

maiden, n. پېغله: د پېغلتوب .

maidenly, adv. نا ببده، تازه، پاکه.

maidenhairfern, n. يو ډول نازک فرن (هغه بوټي چه ريښي ئې او پاڼي لري مګر ګل نه لري).

maidenhood, n. پېغلتوب، پاکره توب.

mail, n. زغره؛ ډاک، پوسته

v.t. په ډاک کښې استول.

mailman, n. ډاکي، پوسته رسوونکی.

maim, v.t. لاس او پښې غوڅې پرې کول، کاري زخمي کول، کلک زخمي کول

main, n. اصلي: مهم، لوی، زور

adj. لومړی، اساسي، پوهی، سراسر، (ګر) دجملې اصلي فقره يا خبر

mainly, adv. اساساً، زياتره.

mainland, n. اصلي خاوره، اصلي وچه، قاره.

mainmast, n. د بېړۍ اساسي ستنه (دبادوان)

mainsail, n. هغه ستر بادوان چه په لوی ستون (ستنه) تړل کېږي

mainspring, n. اصلي فنر (لکه دګړۍ)؛ شاپېټ (لکه دموټر)؛ اصلي عامل، سابق.

mainstay, n. هغه پړی چه د بېړۍ لوړه ستنه پا ندې تړل کېږي، تکيه ځای.

maintain, v.t. ساتل، پامله نه کول، لرل، چلول، عقيده لرل، نظريه لرل، دفاع کول، لګښت په غاړه اخيستل، بوج منل.

maintenance, n : ساتنه، مراقبت؛ چلونه.

maize, n. ذرت (يو ډول جوار).

majesty, n. لويي، پرتم، جلال.

majestic, adj. پرتم لرونکی.

majestical, adj.

majestically, adv. په پرتم

major, adj. ستر، لوی (مو)تر

minor لېم ګام اوږد. **n.** (لښ) تورن

v.i. د تخصص دپاره انتخابول، داساسي مضمون (عمانکی) په توګه اوستل

majon-domo, n ناظر (د يوې لويې کورنی).

majorgeneral, n. تورن جنرال

majority, n. اکثريت: عمرانی، مکلفيت، قانوني عمر، بلوغ.

make, v.t.i جوړول، رغول، ودانول تيارول؛ پوهېدل؛ لاس ته راوړل، اټه ايستل؛ زيا تول. **n.** جوړونه، رغونه، بڼه، شکل، ډول: عادت، خوی، کړه وړه:

maker, n. جوړوونکی، رغوونکی. جوړښت.

make-believe, n. بهانه کول، وانمود کول، انګېرنه، ګڼه.

adj. انګېرل شوی، ګڼل شوی.

makeshift, n. د کار چلېدلی شی، کارروا چي شی، په موقتي ډول د يوه شي ځای کار اخيستنه.

makeshift, adj.

make-up, n. سينګار، ډول: جوړښت، سمبالونه، ترکيب، ساخت.

mal-,Pre. خراب، ناوړه، وران، بد.

maladjustment, n. لکه ناوړه تطابق نه جوړېدنه.

maladroit, adj. نالايقه، بې مهارته، شرانه.

malady, n. ناروغي ، مرض ، رنځ .
malapert, adj. زړور ، سرتېری ؛ ږدوونکی .
malaria, n. ملاریا ، سړه لوی یا سړه لړې (تبه) ، زیړی تبه
malarial, adj. د سړه لړې ، زیړی تبې .
malcontent, n. ناخوښ ، ناراض (په تېره په سیاسي مورد کې)
male, adj. نر ، مذکر ، نارینه .
malediction, n. ښېرا ؛ لعنت .
malefactor, n. ګناهکار ، جاني ، بدکار .
malevolent, adj. بدخواه ، بد غوښتونکی ، بې لورلی ، بدنیتی .
malevolence, n. بې لوري ، ناپېرزوینه .
malfeasance, n. ناوړه چلند یا خطا (په تېره په رسمي چارو کې) ؛ بده رویه .
malice, n. دښمني ، ناپېرزوینه ؛ رخه ؛ بدنیتي ، کینه .
malicious, adj. بدنیته ، بې لوره ، بدخواه ، کسدمن .
maliciously, adv. په رخه ، په بدنیتي .
malign, adj. بدنیتی ، رخه ګر ؛ بدچل ، بې لوره .
v.t. تورن بدول ، رنګه بدول .
malignant, adj. مضر ، خطرناک ؛ دوم
malignancy, n.
malignity, n.
mall, n. د چکر ځای (په تېره چه سیوری ولري) ؛
mallard, n. هیلۍ (ښارالی)
malleable, adj. د ټوټق ور (لکه فلز چه په راز راز شکلو او ټپتلای شي) ، د ټواټق ور .
malleability, n. د پلنېدو قابلیت .
mallet, n. لرګین څټک ؛ (سوټک) یوه غټ اندازه سرى اوږده لکړه چه د کراکېټ په لوبه کښې په کار راځي ؛ د پولو د لوبې ډنډه .
mallow, n. یو بوټی چه بېخي او پلنې پاڼې او بنفش سپین او شین چاپي ګلان لري (پنیرکی) .
mallow rose, n. د خطمي ګل .
malmsey, n. یو ډول خوږه شراب .
malnutrition, n. ناوړه تغذیه ، ایسکري تغذیه ،
malodorous, adj. بدبویه ، بدبوی ، بوین ، بوېناک .
malt, n. دانه ، لینکی په تېره چه اېښی وړشي ، په اوبو کښې خیشتې شوی .
malt, adj. اوربشې چه الکولي څښاک تري جوړېږي ؛ (اصطل) بیر .
maltster, n.
maltreat, v.t. ناوړه رویه کول ، خراب استعمالول ، سخته رویه کول .
maltreatment, n. ناوړه رویه ، (سره) ناخوالې .
mamma, n. ادې ، ابی ، مورکه .

m.

mammal, n. تی لرونکی ژوی ، د ژوو هغه ډول چه بچیانو ته شیدې ورکوي
mammalian, adj..
Mammon, n. د حرص بلا ، نفس ، سراېښتوب .

mammoth, n. ماموت پیل

adj. لوی، ستر، دیوورزمه، غټه پلا

man, n. سړی، بشیادم، انسان، وګړی

مېړه سړی، مزدور سړی، داله، کوټ (لکه د شطرنج).

v.t. سړی ورکول، نفر ورکول: په نفرو سمبالول؛ ټینګول، کلکول، ځیږور کول.

manacle, n. انګړی، ولچك، ځینځیر.

manage, v.t. اداره کول، سمول، برابرول: په کار اچول، وړاندې بیول: تابع کول، روزل: لاس بر ېدل، بریالی کېدل

manageable, adj داداري وړ، دسمون وړ.

manager, n. اداره کوونکی، مدیر، منتظم، مینېجر.

management, n. تنظیم، اداره، وړاندې بیونه: اداري لیاقت: مدیره ډله (مدیره هیئت).

man-at-arms, n. عسکر

mandarin, n. دپخوانی چین ستر رتبه افسر.

mandarin, دچین اساسی لهجه.

mandate, n. فرمانده، پولی، امر: قیمومیت.

mandatory, adj. دقیمومیت، دامر، جبري.

mandible, n. زامه، ژمکی، منهو که.

mandolin, n. ماندولین (دموسیقی آله)

mandrake, n. مېره ګولی، مره ګولی.

mane, n. وږې، یال.

maneuver, n. مانوره، لښکري تمرین چه د یو ټاکل شوي پلان له مخې وي؛ ماهرانه اداره کول.

manful, adj. زړه ور، مېړنی.

manganese, n. منګانیز: خړ پخون فلز چه اوسپنې ته ورته دی.

mange, درب (یو ډول جلدی ناروغی)

mangy, adj. پمن

manger, n. اخور.

mangle, v.t. غوڅول، زخمی کول، ټڼه کول: له کاره ایستل، خرابول (په تېره د جوړولو په وخت کښې)

mangle, n. دټوکرانو داوتو کولو او اوتو لو ماشین.

mango, n. آم، امب (یو ډول مېوه)

mangrove, n. داستوایي سیمو یو ډول ګڼه ونه.

manhandle, v.t. زوري وهل (په بې احترامانه وضع).

manhrood, n. مېړانه، نارینتوب: سړیتوب

mania, n. شدید لیونتوب، بې سدی؛ لیوالتیا، ګېږې.

maniac, n. لیونی، عقلی ناروغ.

manicure, n. دلاسو او نوکانو سینګار

دلاسو او نوکانو سمبالوونکی.

manicurist, دلاسو او نوکانو سینګار وونکی.

manifest, adj ښکاره، څرګند

v.t. څرګندول، ښکاره کول.

n. بارنامه

manifestly, adv. په ښکاره ډول، په ډاګه، پېیلی، په څرګند ډول

manifestation, n. څرګندونه، دابرسېره ونه ښکاره ونه: ښودنه.

manifesto, n. څرګندونی ، اعلامیه ، اظهارنامه ، ښکاره وندوی (لکه دسیاسی ګوندونو دهدفو)

manifold, adj. ډېر ، زیات ، څوا ړخیز ، څوکته (قاته) ، ګڼ ، عمومی .

v.t. کاپي کول ، ډېری کاپي را ایستل

n. یو ال چه څو سوری لری او نور نلونه ورسره وصل کېږی .

manikin, mannikin n. سخوټی ، لو یشتکی : لو یشتوکی : مانکن (یوه نجلی چه دموډل په حیث جامي اغوندی څورواج ومومی)

Manilahemp, n. مزری ، لوخی (چه له هغو څخه رسی جوړېږی)

manipulate, v.t. په مهارت اداره کول او سنبالول ، په ښه توګه استعمالول ، تنظیمول

manipulation, n.

manipulative, adj.

manipulator, n.

mankind, n. انسان ، بنی ادم ، وګړی ، بشر

man—kind, n. نارینه

manly, adj. مېړنی ، زړه ور ، شریف

adv. په مېړانه ، په نارینتوب

manliness, n. نارینتوب ، مېړانه ، ښه ځوانتوب .

manna, n. من او سلوا (چه بنی اسرائیلو ته رالېږله) اسمانی مایده ، نعمت ، خدایی ورکړه : یوشی چه ډېر ضرورت ورته لیده کېږی او په خوشالی سره منل شی ، خوند وره غذا .

mannequin, n هغه نجلی چه دموډل په حیث جامي اغوندی څورواج ومومی .

manner, n. ګړه ، عادت : رواج : دود ، وړه : خوی : ډول ، توګه ، طریقه ، روش

mannerism, n. خاص روش ، عادت یا شیوه

mannerly, adj. درونه ، شریف ، مؤدب ، مهذب .

mannish, adj دسړی سره مناسب ، دسړی په شان .

manoeuvre, n. مانوره ، مانور .

man–of–war, n. جنګی بېړی .

manor, n. جایداد ، د خان محکمې او جایداد .

manorial, adj.

manse, n. حجره ، دملا هبی مشر کور ، دکلیسا دملا استوګنځی .

mansion, n. ماڼی ، بنګله ، قصر .

manslaughter, n. بې ارادې وژنه ، سهوګ وژنه .

mantel, n. ددېوالی بخاری پر سر رف

mantelpiece, n. د دېوالی بخاری پرسر رف .

mantle, n. بې لستونو اوارت کوټ ، ردا ، ته سوځېدونکی جالی (لکه دګېس) .

v.i. سور کېدل ، شرمېدل .

manual, adj. لاسی ، د لاس ،

n. لاسی کتاب ، وړوکی کتاب : (لبن) دوسله ښودلی تمرین ، د وسلې داستعمال شق ، اندا خت .

manufactory, n. کارځای ، فابریکه .

manufacture, v.t. جوړول، جعل کول، اختراع کول، تولیدول.

n. جوړونه، رغونه، تولید.

manufacturere, n. جوړونکی، تولیدوونکی.

manumit, v.t آزادول (له مریتوب څخه)

manumission, n. آزادونه، آزادي.

manure, v.t سره ورکول.

n. سره، انبار.

manuscript, adj. نسخه (لیکل شوی یا چاپ شوی).

many, adj ډېر (د شمار وړ شیانو لپاره) لکه ډېرې منې.

n. پریمانه، زیات

pron, زیاتره، ډېر کسان، ډېر خلك.

v.t نقشه، نخشه.

map, n نقشه کښل.

maple, n. یو ډول ونه ده.

mar, v.t زیان رسول، خرابول، ویجاړول، ناوړه کول، بېکاره کول، ژوبلول، زخمي کول.

marathon, n. د څغاستې مسابقه، داوږده د څغاستې مسابقه (۲٦ میله ۳۸۵ یارډه)

marauder n. لوټمار، چوروونکی، غل.

marauding, adj چوروونکی، لوټمار، شوکمار.

marble, n. مرمر، د مرمر ډبره، ببخشئ: مردکی یا بنډکی (چه ماشومان لوبې پرې کوي)

marble, adj مرمري.

marcel, n. هغه ایښي چې او موجونه چه داوتو په واسطه د سر په وېښتانو کې جوړېږي

March, n. د میلادي کال دریمه میاشت چه یو دېرش ورځې لري.

march n. سرحد، تالی، بریډ.

march, v.i. مارش کول، په عسکري ډول ورتلل، پرمخ تلل، مخ په وړاندې تلل

marcher, n. وړاندې مارش، پرمختګ، وړاندې تګ، هغه واټن چه په یو مارش وهل کېږي.

n. لښکري موزیك.

marchioness, n. د marquis, ښځه یا کونډه.

mare, n اسپه، ماده یابو، کوره خره

margarine, n. مارګرین، نباتي غوړي، هغه ډول غوړي چه له تر کوډیو او یو ګو څخه لاس ته راځي او د کوچ پرځای استعمالېږي.

څنډه، ژۍ، حاشیه.

marge, n. څنډه، ژۍ

margin, n سرحد، بریډ، څنډه، ژۍ، څنډی، حد، سر باری، ذخیره، اضافګی ته د احتمالي زیان په خاطر.

marginal, adj. د ژۍ، د څنډې، حاشیوي.

marigold, n. جعفري (ګل)

marinate, v.t د ماهي غوړو اخته کول، په مالګوبو، سرکه او مرچو کښې خیشتول

marine, adj سمندري، بحري، د سیند د تجارت بحري عسکر.

Marine Corps,

mariner, n. ماڼو.

marionette, n. نانځکه، ناوکی.

marital adj. د وادہ، ازدواجي .
maritime, adj سمندري، بحرته نژدې، په بحري چلونې پورې مربوط .
mark, د جرمني المان د امپراطورۍ د پيسو واحد .
mark. n. نښه، نښانه، داغ، هدف، امتياز، درجه، نومره، معيار، حد، سرحد .
v.t. نښه کول، کتل، پاملرنه کول، جدا کول، مشخص کول .
Mark, n. : لنډ (د ټاټولك د يوموړول نښه) د انجيل د اوو څلور دوهم کتاب چه د عيسی (ع) کيسه پکښې راغلې ده .
marked, adj د ليدو وړ، د پام وړ، څرګند .
markedly, adv په څرګند ډول، اوچت .
market, n مارکيټ، منډوی، بازار، پلورنځی، سرای، ګنج .
v.t. خرڅول، پلورل .
marketable, adj. د پلورلو وړ .
marketplace, n. پلورنځی .
marksman, نښه ويشتونکی، ټك لاسی .
marksmanship, n. د نښې ويشتلو مهارت .
marl, n. سره لرونکی خاوره، خوره خاوره .
marlinespike, n. د پړی د خلاصولو څنګك، هغه سيخ چه رسۍ ور باندې پرانيزي .
marmalade, n. مربا (په تېره بيا د نارنج)
marmoset, n. يو ډول امريکايي وړه بيزو چه بيره لکۍ لري
marmot, n. د سوي او موږک کورنۍ ته منسوب ژوی .

maroon, v.t. په وچه منډول، په وچه پلې کول، له بېړۍ څخه شړل (يو ټاپو يا وچې ته)
marquee, n. خرګاه، تمبو : يوه لويه خيمه چه د تفريح د پاره درول شوې وي
marquetry, n نقش ونګار، انځور کيښندنه .
marquis, n. يو اشرافي لقب يا رتبه چه تر ډيوك کښته او تر ارل يا earl, count جګه وي
marquise, n. د مارکز ښځه يا کونډه .
marquisate, n.
marquisette, n. جالی، يا څنځيرنه ټکه
marriage, n. واده، واده کول، ودېدنه .
marriageable, adj. د ودېدو وړ، د واده کولو وړ .
marrow, n. ماغزه، مغز ژي، نفر .
marry, v.t. واده کول .
married, adj. مېړه وښځه، نکاح شکلی.
Mars, n. مريخ : د جنګ رب النوع د روميانو.
marsh, n. جبه، ژبه‌ځاکه، مچکه .
marshy, adj.
marshal, n. مارشال، لوی رتبه افسر
v.t. په عسکري تنظيم برابرول، رهنمول، سمول، لار ښودل .
marshmallow, n. زارلنی خوږې (شربتي) پسته، ښخيدونکی : خوږه .
mart, n بازار، منډوی، مارکيټ
marten n. سمور : تورلمی .
martial, adj. جنګي، پوځي : جنګيالی، زړور، سرتېره .

martin, n. یو ډول کوچنۍ اروپایي توتکۍ
martinet, n. سخت ګیر، انضباطي (سړی)
martyr, v.t. ځان شهیدول، سرښندل، (د مسلک او عقیدې د پاره)
martyr, n. شهید، سرښندونکی، سړی ... هوډی، ربړ ګاللونکی
martyrdom, n. شهادت، سرښندنه.
marvel, n. معجزه، اریانتیا.
v.i. اریانېدل، حک پک کېدل
marvellous, adj. عجیبه، اریانوونکی
marvelously, adv. په عجیبه ډول، اریانوونکی.
mascara, n. د باڼو رنګ د باڼو د رنګولو رنګ.
mascot, n. د ښه شګون لرونکی؛ د نېکمرغۍ راوړونکی.
masculine, adj. نر، نارینه، مذکر
masculinity, n. نارینتوب، د نارینتوب لرنه.
mash, v.i. یو ډول اوبلن یا سته خواړه چه څاروو او چرګانو ته ور کول کېږي
mashie, n. د ګالف د لوبې ډنډه چه سر ئې د اوسپنې وي.
mask, v.t. پوښل، پټول
mask, n. پوښ، مخ پټوونی، نقاب، ماسک.
masker, n. پټوونکی، پوښوونکی، ماسک اغوستونکی.
mason, n. خښتګر، معمار، بنایي.
Masonic, adj. د فری ماسون ډلې ته منسوب.
masonry, n. خښتګري، معماري، بنایي، ابادي (بنا).

masque, n. د mask بله بڼه.
masquerade, n. یو دعوت یا رقص چه په هغه کې برخه اخیستونکي ماسک او عجیبې غریبې جامې اغوندي او دې ډول رقص کالي اوښتې بڼه، بدله بڼه.
Mass, n. د عشاء رباني دود.
mass, n. کتله، ډله، غونډی، ټول، غونډ، انباري، کوټه، حجم، اکثریت، مجموعه.
massy, adj. سره غونډ شوی، سره کوټه شوی.
massacre, n. ستره، عام قتل.
massacre, v.t. ستوول، ټول وژل، یو ځا کول.
massage, v.t. مساژ، چاپي کول.
massage, n. چاپي، کښېکښنه
masseur, n. چاپي کوونکی.
masseuse n. چاپي کوونکې ښځه.
massive, adj. لوی، خورا غټ.
mast, n. خاده، ستنه، مټه.
master, n. خاوند، څښتن، واکمن، استاد، ماهر پوهوونکی.
v.t. لاس موندل، ماهر کېدل.
masterful, adj. استاد؛ باداړ.
masterfully, adv. په استادۍ، په ماهرانه ډول.
masterly, adj. استادانه، ماهرانه.
mastership, n. استادي، ماهري، واکمني.
masterpiece, n. شاهکار، وتلی اثر.
mastery, n. استادي، مهارت، تسلط، لاس موندنه.

masthead, n. د ستنې (خادې) سر (لکه د بېړۍ د بادوان) دور څپاڼی هغه برخه چه د ناشر، پتې او داسې نورو په باره کې معلومات ورکوي.

masticate, v.t. ژوول، ارمول

mastication, n. ژوونه.

mastiff, n. یو ډول غټ قوي سپی چه اوږده غوږونه او څوړند شوندې لري.

mastodon, n. یو ډول پیل دی چه اوس یې نسل ورک شوی دی.

mat, adj. تت، بېرنګه، خړ (رنګ) پخ

mat, n. بوریا بوزی، کربړ، شړېل: اوډل شوی پای پاک، افغانکی، تالیچکه د پهلوانۍ د لوبې توشکه.

mat, v.t. اوډل (د بوزي پېڅول)، پېڅل چوکات (د عکس).

matador, n. ماتادور، سخو ندرو ژوونکی (غویالو په لوبه کې).

match, n. اورلګیت، د اورلګیت خاشه، ګوګړ، تیلی، خلی

match, n. انډول، ساری، ورته، سیال، جوړه، مسابقه، ودول، جوړه کول.

matchless, adj. بې ساري، بې جوړې

matchmaker, n.

matchlock, n. ماشه يي توپک.

mate, n. جوړه: (لکه د مېړه د پاره ښځه)، د مرغانو جوړه او نور د ماڼو مرستیال، د بېړۍ هغه افسر چه رتبه يې له کپتان نه کښته وي: ملګری، مل، مرستیال.

v.i. جوړه کېدل، یوځای کېدل، جوتېدل.

material, n. مواد، جنس

adj. مادي، جسمي، مهم

materially, adv. مادتاً.

materialism, n. ماتریالیزم، د مادي اصالت، مادي فلسفه، د مادیت عقیده. هغه عقیده چه ماده اصل بولي.

materialist, n. د مادي عقیدې خاوند، مادي.

materialistic adj. مادي، مادي پرست.

materialize, v.t.i. شته کول، هست کول، رښتیا کول: صورت ورکول: شته کېدل، هست کېدل، رښتیا کېدل

materialization, n.

maternal, adj. موروني، د مور له خوا.

maternity, n. مورولي: مورولي خوی یا صفت.

mathematics, n. ریاضیات، د ریاضي علوم.

mathematically, adv. د ریاضي له مخې.

mathematical, n. د ریاضي.

mathematician, n. د ریاضي عالم.

matinee, n. تر غرمې وروسته د ډرام یا فلم نمایش،

matins, n. سهارنۍ عبادت.

matriculate, v.t.i. په عالي ادارو ننوتل او کښې شاملول، په لوړو تعلیماتو لګیا کول.

matriculation, n. په عالي ښوونځي کښې شاملونه: بکلوریا پاس.

matrimony, n. واده، کوروده..

matrimonial, adj. دواده .

matrix, n. خاله: زېلانګه، رحم، نس، د یوه شي دپیدا کیدو یاروزنې ځای.

matron, n. مېرمن، مېرمنه و ښه ښځه، دروزنتون، روغتون یا بندیخانې مشره.

matronly, adj. دکوربنې په ډول، دمېرمنې په توګه .

matted, adj. اودلی، یااو بدل، ودان او ویښتان، ګډوډ .

matter, n. مواد: ماده، جوهر: اندازه، جسم، موضوع، خبر، پېښه، پوسته .

v.i. اهمیت لرل .

matter—of—fact, adj. رښتینی، بې ټوکو، واقعی، ساده، بې خونده، بې ذوقه،

matting, n. بوریا، مردی، کېږی، پوزی، دپوزی اودل او په پوزی پوښل

mattock, n. کهی، مېتی، دوه سره کلنګ .

mattress, n. تیالی، توشکه .

mature, adj. رسیدلی، پوخ، پوره، تیاکلی وخت، بالغ،

maturity, n. پوخوالی، پوره والی، رسیدنه، بلوغ .

maudlin, adj. احمق، لوده، غول، شوده: لیمصت، دلری زړه خاوند .

Man, mall, n. دلرګو دبی یا سټک

v.t. ډبول: ژبلول، ویجاړول .

maunder, v.i. په بی حالی سره پرلاوګرځل، کاڼی وادی ګرځېدل: ژوولی خبری کول .

mausoleum, n. پرمنا که مقبره، ښکلی مقبره .

mauve, n. روښانه ارغوانی رنګ .

mavis, n. یوډول بلبله

maw, n. دځینو حیواناتو معده، نس، ګیډه: چاچوره (جیوری) ستونی .

mawkish, adj. لری زړه، نرم زړی، ډېر احساساتی .

maxim, n. متل، دلو یا لو خبری، مقوله، پند، وجیزه

maximum, n. اعظمی حد، وروستی حد، ترټولو لوړتکی یا مقدار .

maximum, adj.

may, adv. نمایش، امکان، هیله، اجازه .

He may enter

He may inter,

May, n. دعیسوی کال پنځمه میاشت چه یو دېرش ورځی لری .

maybe, adv. ښایی، البته، ګوندی .

May Day, n. دمی لومړۍ ورځ چه عیسویان یې تجلیلوی او په سوسیالستی او نورو هیوادو کی دکارګرو ورځ ګڼلی کیږی .

May Day, aoj.

Mayflower, n. یوډول ګل چه په پسرلی کی (دمی په میاشت کی) غوړیږی .

mayhem, n. لاس او پښې پرې کول .

mayonnaise, n. چکه، چکنی یا چاښنی چه پر سلاتې او ماهی باندی اچول کیږی .

mayor, n. ښاروال .

mayoralty, n. ښاروالی .

Maypole, n. مغه‌منار يا ستون چه دښار په منځ کې ولاړ وي او دمې دورځې سپور تونه يې گرد چاپېره اجرا کېږي.
maze, n. کږې وږې لارې ، انجړ بنجړ لارې ، کږې وږې لارې ، پېچومې ، گډوډي
mazy, adj.
me, pron, ما ته، زه .
mead, n. ورشو ، چمن ، مرغيا ته .
mead, n. يوغښتان چه داوبو واو شاتو دتخمر څخه لاس ته راځي .
meadow, n. وښيا له ، چمن .
medowy, adj. د چمن
meager, adj. ډنگر : خوار ، لږ : مېړ زواندی : لږ .
meal, n. جواری ، دجوار داوړه : اوړه (بې غنمو دهرشي) .
mealy, adj. داوړو .
meal, n. مړی ، ډوډۍ ، خواړه ، خوراك.
mealtime, n. دخوراك وخت .
mean, v.t.i. معنا كول ، معنا ور كول ، معنا لرل ، په زړه كې لرل ، قصد لرل ، خاص كول ، اهميت لرل .
mean, adj. معمولي : ټيټ : بې ارزښته ، سپك ټيټ : موذي ، خسيس ، عادي .
meanly, adv.
meanness, n.
mean, adj. منځنی : منځلی ، اوسط .
n. منځنی لمكی .
pl. اسباب ، وسولی : سرچینې : یا نگه شته : (رياضي) اوسط حد ، منځنی حد .
meander, n. كږ لېچې : كوږ وږ ، كږ ځنې .
meander, v.i. كوږ وږ ، كږدل ، كوږ وږ تلل .
meaning, n. معنا ، مقصد ، هدف ، اهميت .
meaningful, adj. له معنا ډك .
meaningless, adj. بې معنا ، چټی
meant, p.t. د mean ماضي او دريم حالت
meantime, adv. په ترڅ كې ، په همدې حال كې ، په ضمن كې .
n. وقفه (د دوو پېښو تر منځ)
meanwhile, adv. & n. په همدې حال كې مسافه وخت : په ترڅ كې .
measles, n. شری .
measure, n. مېچ ، اندازه : پیمانه ، مقياس كچ كول ، اقدام : وسیله (چه د مقصد لاس ته راوستلو دپاره وي) : قانوني لایحه ، حد ، ټاپې ، درجه .
v.t. حد ټاكل ، اندازه كول : تلل : كچ كول : پر تلل .
measurable, adj. داندازه كولو وړ
measureless, adj. بېحده ، بې پايه ، بې اندازې .
measurement, n. اندازه ، مېچه .
meat, n. غوښه (خاص دخوراك) ، خواړه .
meaty, adj. غوښن .
Mecca, n. مكه ښار يله .
mechanic, adj. د كسبگرو ، ميخانيكي ، كسبكار .
mechanical, adj. ميخانيكي ، ماشيني ، صنعتي ، هغه شیان چه په ماشيني ډول او بغیله كار كوي .
mechanically, adv. په ماشيني ډول

mechanics, n. د میخانیک هغه برخه چه په اجسامو باندې د قوتو عمل څیړي، تخنیکي شرحه.

mechanism, n. ماشیني دستگاه، ماشیني پرزې، د پرزو ترتیب او د ماشین د کار چلول

mechanize, v.t. ماشیني کول، د حیواني طاقت پر ځای ماشیني طاقت درول.

mechanization, n. ماشیني کول.

medal, n. میډال، نښان (لکه د ستوري)

medallion, n. لوی نښان، لوی میډال

meddle, v.i. بې ځایه لاس وهل (د بل په چارو کښې) گوتې وهل

meddler, n. لاس وهونکی مداخله کوونکی.

meddlesome, adj. وسیله، واسطه، شرایط.

media, pl. د medium جمع

mediaeval, adj. د منځنیو پېړیو.

medial, adj. منځنی، اوسط.

median, adj. منځ، منځنی، د منځ، منځنی معیار

median, n.

mediate, v.i. منځگړتوب کول، روغه کول، جوړه کول

mediation, n. منځگړتوب، جوړه، روغه.

mediator, n. منځگړی، جوړه راوستونکی.

medical, adj. طبي.

medicament, n. دارو درمل دوا

medicinal, adj. گټور (د طب له مخې) شفا بخښونکی درملگر درملي،

medicine, n. طب طبابت دارو علاج

medieval, adj. د منځنیو پېړیو (۵۰۰ - ۱۴۰۰ ع).

mediocre, adj عادي، معمولي

mediocrity, n. عادي توب، منځنی حالت

meditate, v.t. پلان طرح کول، پلان جوړول، فکر کول، تامل کول.

meditation, n. تفکر، تامل

meditative, adj. تاملي.

medium, n. منځنی حالت، منځنی درجه وسیله، وسط: چاپېریال: د ژوند شرایط: هغه سړی چه د مړو څخه احوال اخیستلای شي.

adj. منځنی (حد، اندازه، حالت).

medley, n. گډوډ، رنگارنگ، گډه وډه (لکه د ملنگانو گنج او گودړی).

meed, n. بخشش، جایزه، انعام

meek, adj. پوست، نرم خوی، عاجز، خاکسار.

meekly, adv. په نرمۍ، په عاجزي

meekness, n. عاجزي، نرمي.

meet, v.t مخامخ کېدل (سره)، برابرېدل ایدل، ملاقات، کول نښتل، جنگ کول لگېدل: سره یوځای کېدل، تېرول: په ځای کول، تجربه کول.

v.i. لگېدل، خوښېدل یو ځای کېدل مل کېدل.

n. سره ورتلنه.

met د meet ماضي او دریم حالت.

meet, adj. وړ، مناسب.

meeting, n. تن په تن جنگ: غونډه مجلس، پیوند، تلاقي.

megaphone, n. د غږ جگولو آله، لکه لوډ سپیکر.

melancholy, n. ما ليخوليا ، خپګا ن ، وسواس ، سودا

melancholy, adj. وسواسي ، سودا يي.

melee, n. اخ او ډب ، شخړه

mellifluous, adj. خوږ ، روان ، بهاند ، فصيح ، سليس .

mellow, adj. پوخ ، رسيدلی : نرم ، پسته (لکه مڼکه) ، روڼ ، روښانه ، خالص ، پوب (لکه رنګ يا رنګ) .

v.t.i. پخول : پخېدل ، رسېدل : رسول ، خالصول .

mellowness, n.

melodious, adj. خوږ ، ښکلی (اواز) ، سور اروونکی .

melodrama احساساتي يا رومانتيک ډرام چه په خوشالی سره پای ته ورسيږی.

melodramatic, adj.

melody, n. خوږه نغمه ، غاړه (لکه تيراني) ، اهنګ .

melodic, adj.

melon, n. خټکی .

melt, v.t.i. ويلی کېدل ، اوبه کېدل ، پستېدل ، رنګېدل : ويلی کېدل ، اوبه کول ، پستول ، رنګول .

member, n. غړی ، اندام ، عضو .

membership, n. غړيتوب ، عضويت .

membrane, n. پرده ، غشا

membranous, adj. دپردې ، غشايي

memento, n. يادګار ، ديادونې نښه .

memoir, n. (دجمعې په حالت کی) ياد داښتونه ، خاطري.

memborable, adj ديادونې وړ ، ديادولو وړ .

memorandum, n. ياد داښت .

memorial, يادګار ، ديادونې نښه يا څلی .

memorialize v.t ديادګار په توګه ساتل .

memorize, v.t. ياد دول ، حفظ کول .

memory, n. حافظه : يادونه ، يادګيرنه ، ياد ، خاطره .

men, pl جمع سړي ، وګړي ، خلک . man د

menace, n. ويره ، ګواښ ، خطره .

menagerie, n. دځنګلي ځناورو ځای ، دلېدلو دپاره ځناور ، چه په کيس کی اچول شوي وي .

mend, v.t. رغول ، ا نو کول ، ترميمول ، پيوند ول ، اصلاح کول .

mender, n. جوړوونکی .

mendacious, adj. درواغجن ، دروغ ، غلط .

mendacity, n. دروغ ، غلطي ، درواغجني .

mendicant, adj. دروېزګر ، ګدا ، سوالګر .

menial, adj. ټيټ ، خوار (لکه کار يا کالی) : دمزدورانو ، دخوارې کښو .

n. مزدور .

meningitis, n. دمغزو دپردې دپاسوب ناروغي .

men—of — war, n. pl. جنګي ، بېړی

mensuration. n ميچ اندازه کول

mental, adj. ذهني ، دماغي ، فکري : کم فکره ، بې فکره .

mentality, n. ذهنيت ، فکري استعداد

menthol, n. منتول (د نعناع جوهر) ، يو دردو کرارونکې دوا چه له پلنې څڅه لاس ته راځي او په دوما نرم او والګي کې کار څخه اخيستل کېږي

mention, v.t. ذکر کول، اشاره ورته کول، يادول ، را برسېره کول ، په ګوته کول .

n. يادونه ، په خوله راوړنه .

mentor, n. سلاکر ، ناصح ، پند ورکوونکی، مصلح ، مشاور (هوښيار او وفادار) .

menu, n. دخوراکي شيانو لست (لکه په هوټل کې) .

mephitic, adj. بدوزمه ، بدبويه .

mercantile, adj تجارتي ، سوداګري ،

mercenary, adj د پيسو ، د پيسو ، مزدور اجير ، کرايي .

n په پيسو نيول شوی عسکر .

mercer, n. اغارود کول ، بات ورکول

mercerize, v.t. د ټوکر او تاجر، بزاز

merchandise. n. د تجارت مال .

merchant, n. سوداګر ، تاجر ؛ دکاندار

merchantable, adj. د سودا وړ ، د بازار وړ ، د خرڅلاو وړ .

merchantman, n. تجارتي بېړۍ .

mercurial, adj. چوڼند ، په حرکت کښې ، بدلېدونکی .

mercury, n. پاره ، سيماب .

Mercury, n. عطارد .

mercy, n. زړه سوی ، رحم ؛ مهرباني .

merciful adj زړه سواند .

mercifully, adv. په زړه سوي

merciless, adj. بې رحمه ، شول

mercilessly, adv. په بې رحمی

mere, adj. مازې (محض) ، فقط .

merely, adv. مازې ، دومره چه ، فقط

meretricious, adj. غولوونکی ، تېرايستونکی ، ځلانده (ظاهراً)

merge, v.t. & i. ضم کېدل ، ګډېدل يو ځای کېدل : ګډول ، يو ځای کول ، ډوبېدل (لکه په اوبو کې) .

merger, n. يو ځای کېدنه ، ګډېدنه اتحاديه (تجارتي)

meridian, n. لوړه څوکه ، سر ، د نصف النهار ليکه ، هغه فرضي ليکه چه شمالاً او جنوباً تر ځمکې راګرځېدلې دی .

meridian, adj.

merino, n. يو ډول پسه چه نرمې وړۍ لري (مارينوس) نرم ... ټوکر پاسنی

merit, n. وړ والی ، استحقاق ؛ مريت ارزښت ؛ غوره کار ، د ستاينې وړ کار v.t. وړ کېدل ، وړ ګرځېدل ، استحقاق موندل .

meritorious, adj. وړ ، غوره ، د ستاينې وړ ، ممتاز .

mermaid, n. (خيالي) بحري ښځه چه تر نامه لاندې ماهي دی .

merman, n. بحري سړی چه تر نامه لاندې ماهي دی .

merry, adj. خوښ ، خوشاله ، بختور
خوشالی او خندا ۰
merrily, adv. په خوښی ۰
merriment, n. خوشالی ۰
merrymaker, n. خوشالی راوستونکی ۰
merrymaking, adj. & n. خوشالی
جوړونه ، عیش وعشرت ۰
merry—go—round, n. څرخنده زانګو
چه په میلو کښی کوچنیان پری زنګیږی ؛
څرخ ، څرڅر خنده شی ۰
mesa, n. لیفه غر او هغه چه سر یی اوار وی
mesdames, n. pl. د madam جمع ، میرمنی
mesdemoiselles, n. pl. د Mademoilselle
جمع ، پیغلی ۰
mesh, n. سوری (د جال) ، جال ، جالی
v.t. په جال کی اچول ۰
v.i. په جال کی لویدل ، سره جاړ وتل
mesmerize, v.t. & i. تر دم لاندی کول ،
او ده کول ، را کښل ، هك پك کول
و یده کول (په مصنوعی خوب) : کودی کول
mesmeric, adj. داودي ، ددم ۰
mesmerism, n. ددم لاندي راوستلو
فن ، کودي ، میسمریزم ۰
mesquite, n. دمکسیکو او اناژونی یو
ډول اغزن بوټی ۰
mess, n. خواړه شوره ، ښوره ، دخوراك
الهیوالان ، الهیوالی (په خوراك کی)
v.t. ګډوډی ، وراناوول ، ورانی ۰
v.i. خواړه برابرول ، خواړه ور کول ،
ګډوډول ، الهیوال کیدل (په خوراك کی)
messmate, n. الهیوال ، شریك
(په خوراك کی) ۰

messy, adj.
message, n. خبر ، پیغام ، زیری ، رسالت ۰
messeigneurs, n. pl. د monseigneur جمع
زما جنابانو ، جلالتمابانو ۰ د (مسیو) =
ښاغلی جمع ۰
messenger, n. استاځی ، پیغام وړونکی ،
پیاده ، زری ۰
Messiah, n. مسیحا ، مسیح ۰
Messianic, adj. مسیحی ۰
messieurs, n. pl. د monsieur جمع ،
ښاغلو ، د مسیو جمع ۰
mestizo, n. ایم چه او رجل (په لواد کی) ۰
met, د meet ماضی او دریم حالت
metabolism, n. میټابولزم : په ژوو او نباتو
او ابناتو کی د غذا بدلون په ژوندیو ،
انرژی او فاضله مواد ۰
metabolict, adj.
metal, n. فلز ، مواد ، ماده ، ژغل یا جغل
metallic, adj. فلزی ۰
metalliferous, adj. د فلز او معدنی مواد
metalloid, adj. & n. شبه فلز ، فلزوزمه
metallurgy, n. د فلزاتو علم ، د فلزاتو
ایستنه او استعمال یی ۰
metallurgical, adj. د فلزاتو ایستنی
metallurgist, n. فلزات ایستونکی ،
د فلز جوړولو عالم ۰
metamorphosis, n. استحاله ، دخو اصو
تغیر او شرایطو بدلون.
metamorphose, v.t.
metaphor, n. استعاره ، د الفاظو مجازی
استعمال ۰

metaphorical, adj. د استعاري، مجازي

metaphysics, n. دما وراء الطبيعه، ميتافزيك.

metaphysical, adj. ماوراءالطبيعي

metaphysician, n دماوراءالطبيعه عالم

mete, v.t.n. ميچول، اندازه کول، کيچ کول: ګڼل، برخه.

meteor, n. اسماني کاڼي، او يدونکي ستوري.

meteoric, adj. د شهاب، شهابي، د اسماني کاڼي: ځلاند او چټك (د شهاب په شان)

meteorite, n. شهاب ثاقب، اسماني کاڼي: پاڅو نيواري چه له خارجي فضا نه ځمکي ته را لويږي.

meteorology, n. متيرولوجي، هغه علم چه دجوي او ضاعو (هوا) بدلون او حرکت او اړوندو مسائلو بحث کوي.

meteorological, adj. دمتيرولوجي علم ته منسوب.

meteorologist, n. دمتيرولوجي عالم

meter, n. وزن (په شعر او موسيقي کي) د ميتريك سيستم داندازي واحد چه (۳۷-۳۹) انچه کيږي.

meter, n. ميټر (هغه اله چه د شيانو اندازه ښيي لکه دبرق او پټرولو ميټر).

methane, n. ميتين (يو ډول طبيعي ګازدي چه د کاربن او هايدروجن څخه ترکيب شوي دي) دهايدروکاربنو د کورنۍ لومړي ګاز

method, n طرز، قاعده، نظم، ترتيب لار، طريقه.

methodical, adj. د طريقې، د علمي طريقې په اساس:

methodically, adv. پر نظم او طريقه برابر.

Methodist, n. دميتوري دين پوه عالم چه په ۱۷۲۹ ـ کي دجان او چارلز ويسلي له خوا ميشنع ته را غله.

Methodist, adj. په او پښتو نکي

Methodism, n.

meticulous, adj. پر يا تر حده زيات احتياط کاره (دجزئياتو په مورد کې)، وسواسي.

metric, adj دميټر، ميټر ته منسوب، دميټر سيستم، هغه سيستم چه اعشاريه يکښي پکار يږي، اعشاري سيستم: وزني (په شعر او موسيقي کښي کي)

metric system, n. ميټريك سيستم

metrical, adj. اعشاري، ميټري.

metropolis, n. ديو ولايت، مملکت يا يوې منطقې لوی ښار، لوی ښار (پايتخت)

metropolitan, adj. پايتخت:

دپايتخت او سيمه ونکي يا د لوی ښار اوسيدونکی: سر اسقف.

mettle, n. جرأت، زړه ورتوب، غيرت، ميړانه، خټه، ذات، فطرت

mew, n دباځې ساتلو پنجره: دځمې په حالت کي ځو جلو ته.

v.i. په کېس کی اچول: په کښې لو يدل.

Mexican, adj. مکسیکی ، د مکسیکو ، د مکسیکو او سید و نکی .

mica, n. کانی ښیښه ، ابرک

mice. (mouse) د، موږ کان ، جمع

Michaelmas, n. د میکائیل اختر چه د سپتمبر په ۲۹ دی

microbe, n. میکروب ، هغه د بر و ا ړه ژوندی موجودات (حیوانات او نباتات) چه په ستر گو نه لیدل کیږی لکه باکتر یا چه پوټول میکروب دی .

microcosm, n. وړوکی دنیا : انسان چه د پخوانیو فیلسوفانو په عقیده د کائنا تو مظهر گڼل کیده : او انسان او موجوده چه د نړ ی د کو چنی مظهر په حیث پیژندل کیږی .

micrometer, n. دوړو شیانو او مسافو دا ندازې آله .

microorganism, n. وړ و کی عضو یت په تیوره بکتور یا .

microphone, n. د غ لو ډ و نکی ، میکروفون

microscope, n. میکرو سکوپ ، ووړ لید (ذره بین) .

microscopic, adj. ذره بینی ، هغه څه چه یوا زی په میکرو سکوپ سره لیدل کیدای شی ، میکرو سکوپی

microscopical, adj. میکرو سکوپی

mid, adj. منځ ، وسط .

midday, adj. غرمه ، ماښت ، بر ښګر

middle, adj. منځنی ، منځوی ، منځ ؛ برابر : ملا .

middleman, n. منځګړی ، دلال .

middling, adj. برابر (نه ښه نه لوړ) ؛ عادی ، معمولی (معمولی) .

middy, n. د بحری چارو زده کوونکی ؛ بوا ډ ت پلو ز (بالاتنه) چه ښځی او کوچنیان یې اغوندی او پراخ کالر (غاړه) اری

midge, n. مچ : لو بشتکی (سړ ی)

midget, n. لو بشتکی ؛ لنډی .

midland, n. د یو هیواد منځنی برخه چه د سرحد او سیند څخه لیری وی .

midmost, adj. په سم منځ کی ، په دیخ منځ کی

midnight, n. نیمه شپه (د شپی ۱۲ بجی)

midriff, n. یې ین ، حجاب حاجز ، هغه پرده چه د سږی او کو گل په منځ کی ده .

midshipman, n. د بحری افسری زده کوونکی .

midst, n. منځ ، منځنی برخه ؛ منځنی ځکی
prep په منځ کی .

midsummer, n. اماړ ، دد وړی منځ ، پښه کال .

midway, adj, & adv په منځ کی ، نیما یی ، سم نیما یی ، په نیما یی .

midwife, n. دا یی ، قابله .

midwifery, n. دا یپتوب ، قا بلګی

midwinter, n. او پېڅله ، د ژمی منځ ، سپږ کی خله ، وچه خله .

mien, n. بڼه ، څېره : سلوک ، کړ وړه .

might, د may ماضی

He might have come شایی چه هغه به راغلی وی .

might, n. وس ، توان ، زور ، قدرت .

mighty, adj. زور ور ، پیاوړی .

mightily, adv. په زور، په پیاوړتوب، په غښتلتوب.

mignonette, n. یو ډول بوټی چه خوشبویه ژیړه زرغونه ګلان لري.

migraine, n. یو ډېر شدید درد چه عموماً د سر په یوه خواوي، نیم سري.

migrant, adj. n. کوچی، لېږدېدونکی، مهاجر (ژوی، یا بوټی)

migrate, v.i. اوښتل، لېږدېدل، مهاجرت کول، کوچېدل، کډه کېدل.

migration, n. لېږد، کوچ، مهاجرت

migratory, adj. لېږدېدونکی، کوچی، مهاجر.

mikado, n. د جاپان د امپراتور لقب چه خارجیان یې ورته استعمالوي.

milch, adj. پیوړ، پی ورکوونکی، شېدهور

mild, adj. ملایم، حلیم، معتدل، پوست، نرم.

mildly, adv. په نرمه، په پسته

mildness, adj. نرمي، پوستوالی

mildew, n. v.t.i یو ډول فنجی چه پر مرطوبو ځایو پیدا کیږي: د املاتو یو ډول ناروغي ده چه پر عضوي موادو باندې د فنجي په واسطه پیدا کیږي: په دې مرض اخته کېدل.

mile, n. میل چه ۱۷٦۰ یارډه یا (۱٦۰۹،۳) متره کیږي.

mileage, n. واټن (د میل په حساب) کرایه توب (په ساعت کې د میل په حساب) یا ښت (د میل په حساب د موټر او ګاډي): په یوه ګیلن تېلو باندې د یوه موټر د مسافې د میلو اوسط اندازه.

milestone, n. پړاو، ځلی، نښه چه پروا ټن د میل په حساب ښيي: مهمه پېښه.

militant, adj جنګیالی، پرېد کوونکی، تېری کوونکی: مبارز.

militarism. n. د جنګي سیاست طرفداري، جنګي سیاست، د تېري سیاست، د تعرض سیاست.

militarist, n. د جنګي سیاست پر خوا، جنګي سیاست چلوونکی

miltaristic, adj. د تېري د سیاست

military, adj. لښکري، نظامي، عسکري

n. لښکر، اردو.

militate, v.i. اغېزه لرل، اثر لرل، د عسکر په حیث خدمت کول.

militia, n. هغه وطنوال چه د منظمو عسکرو په شان روزل کیږي خو یوازې په اضطراري حالت کې خدمت ته رابلل کیږي.

militiaman, n. ملیشایی.

milk, n. v.t. شیدې، پی، شیره: لوشل، لوېشل.

milkmaid, n. لوشونکې ښځه.

milkman, n. شیدې خرڅوونکی

milk—white, شیدو رنګه، شیدې رنګه، لکه شیدې داسې سپین.

milky, adj. د شیدو، د پیو: پیه ور

milksop, n. ښځنوکی: په شیدو کې خیشته ډوډۍ.

milkweed, n. خمزوری، خمور زوره، شپیانګه.

mill, n. د غنمو اسیه، ژرنده.

mill, n. ژرنده، چرخ، میچن، ماشین چه د میده کولو، ټوټه کولو او نښتولو او نورو کارو د پاره استعمالیږي، کارخانه.

v.t.i. دل کول، اوړل، ژرنده کې ګرځول (پر)، تر ماشین لاندې کول؛ چورلېدل، ګرځېدل.

miller, n. ژرنده ګری.

millennium, n. زر کاله، په تېره هغه زر کاله چه په انجیل کې پې د خوشالۍ زېری راغلی دی؛ د نېکمرغۍ دوره، هغه دوره چه خوشالي او عدالت پکښې وي؛ طلایي عصر.

millet, n. ورېدن، دېد او بوټۍ

millimeter, n. ملي متر، د متر زرمه برخه

milliner, n. د ښځو خولۍ جوړوونکی او ګنډونکی.

millinery, n. د ښځینه خولیو پلورونکی، د ښځینه سامانو پلورونکی.

million, n. ملیون (۱،۰۰۰،۰۰۰).

millionth, n. ملیونمه برخه.

millionaire, n. ملیونر، هغه څوک چه یو ملیون یا په ملیونو روپۍ ولري.

millstone, n. د ژرندې پل.

mime, n (سړی) پېښې کوونکی، مسخره

mimic,n پېښې کوونکی، خندوونکی، مسخره، مچله.

mimicry, n. تقلید، پېښې.

mimosa, n. د ګرمو (ځنګلي) سیمو یو بوټی چه سپین ژېړ او ګلابي ګلان لري.

minaret, منار، په تېره د جوماټ.

mince, v.t. وړول، میده کول، ټوټه کول: په ژوړ یلی لهجه ویل، په نخرو ادا کول، په خیال تلل.

mincemeat, n. کوټلې غوښه، ټکېدلې غوښه، په تېره چه له نورو شیانو لکه مڼې او مېیز ور سره ګډ وي.

mince pie, n. سمبوسه.

mind, n. دماغ: حافظه، فکر، عقل، پام، هوښ، اراده، میل، ذوق.

v.t. یادول، پام کول (ته): په فکر کې ساتل، یاد لرل، پروا لرل: جوړت خرابول، رای ورکول؛ بوختېدل، په نظر کې لرل؛ پام کول (پالنه کول، پاملرنه کول).

mindless, adj. بې فکره، بې مغزه.

mindful, aqj. متوجه، پام لرونکی.

mine, pron, زما، د ما، لکه؛

That pen ismine, هغه قلم زما دی.

mine, n. کان (لغم) له چاودونکو موادو ډک شوی لغم یا تونل، د چاودونکو موادو کڅوړه چه تر اوبو لاندې کښېښودل کېږي او د دښمن بېړۍ پرې ډوبوي

v.t. کان کېندل: چاودونکي مواد ښخول.

miner, n. د کان کارګر.

mining, n. کان کېندنه، کان را ایستنه، استخراج.

mineral, n. معدني مواد، کاني مواد، طبیعي مواد: معدني اوبه.

adj. کانی، معدنی.

mineralogy, n. کان پوهنه، د کان پېژندنې علم.

mineralogist, n. کان پېژندونکی

mineral water, کانی اوبه، هغه اوبه چه معدنی مالګی ولری

mingle, v.t.i. ګډول، ګډېدل: یوځای کول: یوځای کېدل

miniature, n. میناتور، نقاشی، وړوکی انځور، هغه نقاشی چه واړه واړه انځورونه ولری.

miniature, adj. وړوکی، ووړ.

minimize, v.t. لږول، کمول، وړول، کوچنی کول.

minimum, n. خورا لږ، بېخی ووړ، تر ټولو لږ، اقل حد، اصغری حد.

minimum, adj. اصغری، اقل، بېخی لږ.

minion, n. ملګری، انډیوال، شاګرد: خاص ناظر

minister, n. عیسوی ملا، وزیر: مختار وزیر، استازی.

v.i. په ځای د ... اخیستل، چلول، اداره کول

ministerial, adj. د وزیر او په سویه، د وزارت.

ministrant, n. & adj.

ministration, n.

ministry, n. وزارت، وزارتخانه: د کشیشانو ډله، کابینه، مرستنه.

mink, n. سګ لاوه، د سګ لاوه پوستکی او پوستین.

minnow, n. یو ډول وړوکی کب.

minor, adj. جزئی، نابالغ (قانونی عمر ته نه رسېدلی)، لږ (په مقدار کی): ټیټ (په رتبه او اهمیت کی): (مو) تر major, ټیټه پرده ټیټ.

n. ټیټ رتبه سړی، معمولی سړی.

minority, n. لږوالی، کموالی، لږه کی، اقلیت.

minster, n. لویه کلیسا، راهبانو پوری تړلی کلیسا: هغه عیسوی کلیسا چه یو وخت په صومعه پوری مربوطه وه.

minstrel, n. سازنده: شاعر، سندرغاړی په تېره هغه ... چه په منځنیو پېړیو کی مطرب

minstrelsy, n. د دغو خلکو هنر یا ډله

mint, n. وېلنی، هر بوټی چه د وېلنی غوندی بخ خوند لری،

mint, v.t. سکه وهل، د پیسو جوړولو ځای (ضرابخانه)، د سکې وهلو ځای: کومه، ډلی، زیاته اندازه.

mintage, n. سکه وهنه، ضرب، د پیسو جوړونه.

minuend, n. مفروق منه.

minuet, n. د اتلسمی پېړۍ یو ډول ورو او د اشرافو ګډا.

minus, prep. لږ: منفی: بې له، پرته له.

minute, n. شېبه، دقیقه، د جمعی په حالت کی د یوی غونډی د اجرآتو رسمی ثبتونه، د مجلس یادداښت: پروتوکول.

minute, adj. وړه، وړوکی، بې ارزښته: جزئی، دقیق، څېر.

minutely, adv. په څېر، په پاملرنه.

minuteness, n. وړوالی، څېرکتوب، دقت

minutia, n. جزئی ټکی.

minutia, n, pl. جزئیات ، غیر مهم تفصیلات .

minx, n. بې ادبه نجلۍ ، بې حیا که نجلۍ

miracle, n. خارق العاده ، عجیبه پېښه ، اریانوونکې پېښه .

miraculous, adj. معجزه ډوله ، اریانوونکی ، خارق العاده .

miraculously, adv. په اریانوونکې توګه ، د معجزې په ډول .

mirage, n. سراب

mire, زوړ ی پستې خټې ، چکړې .

v.t.i. په خټو کې نښتل ، په چکړو کې ډوبېدل ، په خټو کې منښتل

miry, adj. خټین ، چکړن .

mirror, هنداره .

v.t. ښکاره کول ، منعکسول ، ښودل

mirth, n. خوښی ، خوشالي ، مسته خندا .

mirthful, adj. خندان ، له خندا ډک

misadventure, n. بد مرغي ، ناوړه پېښه ، تصادفي وژنه .

misanthrope, n. بشر ته بدبین ، هغه څوک چه د بشر څخه کرکه کوي .

misanthropist, n. هغه څوک چه انسان ته بد ایسي

misanthropic, adj. د انسانانو د بد ایسېدلو ، د کرکې .

misanthropy, n. د انسانانو څخه کرکه

misapply, v.t. ناوړه استعمالول ، بې ځایه استعمالول ، بې ځایه لګول ، د غلط مقصد د پاره استعمالول .

misapprehend, v.t. ناوړه تعبیر کول ، بې ځایه حکم کول ، غلط پوهېدل .

misapprehension, n. غلط ... غلط فهمي

misbehave, v.t. ناوړه چلاو (چلند) کول ، بد سلوکي کول ، بد وضع کول

misbehavior, n. بد سلوک ، بې ځایه رویه .

misbelieve, v.i غلطه عقیده کول ، په غلطه تلل ، په خرافاتو ګروهېدل

misbeliever, n. خرافاتي ، بې عقیدې بد عقیده من بې دینه .

miscalculate. v.t غلط شمېرل ، او شمېر کې تېروتل ، غلط اټکلول

miscalculation, n غلطه شمېر ، غلط اټکل ، خطا وتنه .

miscall, v.t. په غلط نامه بلل ، په بد نامه غلط نوم یادول ، ښکنځل

miscarry, v.i. بې نتیجې پاتې کېدل ، ناکامه کېدل ، غورځول (د اولاد) تر کاله وخت د مخه زېږېدل یا منځ ته راتلل .

miscellaneous, adj. ډول ډول ، ګډ ، ګډوډ ، متفرقه ، ارجل ، ګډ ور ډ .

miscellany, n د ډول ډول شیانو یا لیکنو مجموعه ، ګډوله .

mischance, n. بدمرغ ، بدچانس ، بده پېښه .

mischief, n. ځور ، ربړ ، تاوان ، ضرر تکلیف ، شیطاني ، شوخي .

mischief—maker, n. شوخ ، شیطان ، منفتن .

mischievous, adj. شیطان ، فتنه گر شوخ .

mischievously, adv. په شیطانی ، په شوخی .

misconceive, v.t.i. غلط پوهیدل ، غلطهدل تیرو تل ، خطاوتل .

misconception, n. غلطه انگیرنه غلطه گڼنه ، خطا ، غلط ادراك .

misconduct, n. بدهروریه ، بدچلاو (چلند) بدسلوکی ، بداخلاق ، ناوړه عمل

misconstrue, v.t غلط تعبیر و ل ، غلط پوهیدل ، غلطه معنا اخیستل .

misconstruction, n غلط تعبیر ، غلط تعبیر .

miscreant, adj. بد عمله .

misdeed, n. بد عمل ، ناوړه چاره ، گناه ، جرم ، ناوړه عمل .

misdemeanor, n. بد سلوکی ، (حق) جنحه ، وړو کی جرم .

misdirect, v.t غلطه لار ورته ښودل ، په غلطه لار بیول ، بې لاری کول ، دلاری ایستل

miser, n. خسیس : دغا کوونکی بڼه .

miserable, adj. خوار ، ذلیل ، اسکورلی ، کړ کیچن ، د کړکی وړ ، بې وزلی ، خوار سړی .

misery, n. خواری ، بدمرغی ، تیستی .

misfit, n نابرابر (لکه کالی چه دسړی په ځان جوړ نه وی)

misfit, v.t.i نه برابریدل ، نه جوړیدل نه برابرول ، نه جوړول .

misfortune, n بدمرغی ، بد بختی ، کمبختی ناوړه طالع ، ناوړه پیښه .

misgiving, n. اندیښنه ، شکمنتوب ، شکمنی اشتباه ، وار .

misgovern, v.t. ناوړه حکومت کول ، په غلط ډول اداره کول .

misgovernment, n. بدحکومت ، بد اداره ، بې انظمی .

misguidance, n. غلطه لار ښوونه .

misguide, v.t. بې لاری کول ، دلاری ایستل : غلطه لارښوونه کول .

mishap, n. بده پیښه ، بد مرغی .

misinform, v.t.i. غلطه خبر ول ، غلط خبر ورکول .

misinformation, n. غلطه خبر ، غلط معلومات ، غلط ویل .

misinterpret, v.t. غلط تعبیرول ، غلطه معنا اخیستل ، په بله بڼه څرگندول .

misjudge, v.t. غلط قضاوت کول ، غلطه پریکړه کول ، بې ځایه حکم کول .

mislay, v.t. په غلط ځای کی ایښودل ، بې ځایه ایښودل ، ورك کول .

mislead, v.t بې لاری کول ، پلمه غلطول ، تیر ایستل .

misleading adj. تیر ایستونکی ، لاری ایستونکی ، غولوونکی .

mislike, v.t. کرکه کول ، نه خوښول ، بد ایسیدل .

v.i. بدوړل ، بدرا تلل .

mismanage, v.t. په ناوړه توگه اداره کول ، بې پروایی کول .

mismanagement, n. بې پروایی ، بده اداره .

misname, v.t. په غلط نامه یادول ، په بد نامه بلل ، په سپکه نامه یادول.

misnomer, n. غلط نوم ، بد نوم .

misplace, v.t. په غلطه ځای کی ایښودل ، بی ځایه ایښودل .

mispronounce, v.t. غلط ویل ، غلط ادا کول ، غلط تلفظ کول .

mispronunciation, n. غلط تلفظ

misquote, v.t. غلط نقلول (وینا یا لیکنه) ، بی ځایه راوړل (دچا قول) .

misread, v.t. غلط لوستل : غلط پوهېدل ، غلط تعبیر ول .

misrepresent, v.t. په غلطه توګه نمایندګی کول ، غلط تعبیرول ، غلط ښودل ، په ناوړه بڼه ښودل.

misrepresentation, n. غلطه ښودنه ، په ناوړه بڼه څرګندونه ، غلطه نمایندګی

misrule, v.t. ناوړه اداره کول ، ناوړه حکومت کول .

misrule, n. ناوړه اداره ، ناوړه حکومت ، بې نظمی .

Miss, n. پېغله ، د نامېرو ښځو لقب .

miss, v.t.i. نه پوهېدل ، نه رسېدل ، ناکامه کېدل ، دلاسه ورکول ، ځان ځنی ګوښه کول ، خطا کول ، خطا کېدل : یادول یا ډېدل ، ورپسې لړل ، تلوسه لرل .

n. خطا کېدنه ، خطا ، پاتی کېدنه ، ورپسې لړنه .

missal, n. (عیسوی) مذهبی کتاب چه دټول کال خطبې او مذهبی وینا وی پکښې وی .

misshape, v.t. بد شکله کول ، بڼه ورخرابول ، لنډ او پوچ کول .

missile, adj. ویشتل کېدونکی: ګولی

missing, adj. ورک ، له لاسه وتلی

mission, n. داستاځوړله ، هیات : دمبلغینو ډله (په تېره مذهبی) رسالت ، دنده (په تېره تبلیغی) .

missionary, n مذهبی مبلغان ، دمذهبی مبلغینو ډله .

adj. تبلیغی ، مذهبی .

missive, n. لیک ، مکتوب ، یادداښت

misspell, v.t. په غلطه املا لیکل ، غلط لیکل

misstate, v.t. غلط بیانول ، غلط څرګندول ، غلط تشریح کول

misstatement, n. غلطه وینا ، غلطه بیانیه .

misstep, v.t. غلط ګام ، خطا قدم : بېځایه ټوپ ، بېوېړه ، تېروتنه .

mist, n. لړه ، خوپ ، دوپ ، بخار : نری باران (پشمک) .

mistake, v.t.n. سهو کول ، غلطی کول ، خطا وتل .

n. خطا ، سهوه ، غلطی

mistaken, adj. خطا وتلی ، غلط شوی

mistakenly, adv. په خطا ، په غلطی

Mister, n. ښاغلی .

mistletoe, n. یو ډول بوټی دی چه سپین دانې لری او په طفیلی ډول پر ونو کلو وی او بانډی راشین کېږی .

mistook, د mistake ماضی .

mistreat, v.t. بدرویه کول ، تېرېل .

mistress, n. مېرمن ، معشوقه ، هغه ښځه چه خلک یې د معاشقې لپاره ساتی : ښو ونکې Mistress مېرمن چه د Mrs. په شکل لیکل کېږی

mistrial, n. (حق) بې نتيجې محاکمه، هغه محاکمه چه سهو پکښې شوې وي .

mistrust, v.t.i. اعتماد نه په کول، وېسا نه کول، چا ته بې باورول .

n. بې اعتباري، نا باوري .

mistrustful, adj بې اعتباره، بد ګمانه.

misty, adj. تت، خړ، پېکه .

misunderstand, v.t. غلط پوهېدل، غلط تعبيرول .

misunderstanding, n. غلط فهمي، سوء تفاهم

misuse, v.t. n. غلط استعمالول، ناوړه په کار وړل، ناوړه استفاده کول، ناوړه استفاده

mite, n. د غوړ کورنۍ کوچنۍ حشره چه طفیلي ژوند لري: سپږه، وړه سکه، لږې پيسې: ذره (اصطـ) .

miter, n. د عيسوي ملا يا لوی خولۍ چه مخروطي بڼه لري: په ترکاڼۍ کښې هغه ګوټ چه د دوو لرګو يو ځای کولو څخه پيدا کېږي .

mitigate, v.t. لږول (اغېزه)، لږی کول، پستول .

mitigation, n. لږونه، پستونه.

mitten, n. لاس ماغو (هغه چه ګوتې ته د ګوتو په شان ځای ونه لري).

mix . ګډول، يو ځای کول، سره اختلاط

mixer, n.

mixture, n. ګډونه، مخلوط، ګډ کالي، ګډ توکر (لکه د وړيو او وړيښمو) .

mizzen, n. د وروستنۍ بادوان، په بېړۍ کې وروستنی بادوان .

moan, n. زګېروی .

v.i. زګېروی کول .

moat, n. خندق (چه د مدافعې لپاره له کلا را ګرځول کېږي) .

mob. n. پارېدلې ډله، عوام: جنايتکاران .

v.t. په ډله ور تلل، هجوم ور وړل .

mobile, adj. خوځنده، ګرځنده، بې ورته، ژر بدلېدونکی .

mobility, n. خوځېدنه، فعاليت .

mobilize, v.t. چمتو کول، برابرول، سفربرول (په تېره په پوځي چارو کښې)

mobilization, n. سفربرونه، تيارونه، برابرونه .

moccasin, n. سوکلی، څپلی، د امريکايي هنديانو څارونې، يو ډول زهرلرونکی منګور .

mock, v.t. ملنډې وهل، مسخره کول: پېغور کول ،

adj. کلپ (قلب)، بدل، دروغو

mocker, n. ملنډې وهونکی، مسخره .

mockery, n. ملنډې، مسخرې .

mockingbird, n. ګنګه، کله خوړکه، ټيغلک .

mode, n. دود، دستور، طريقه، سبک، مود، باب، رواج .

model, n. نمونه، موډل، کاپي: سرمشق، ورته (مشابه): جوړښت، رغښت: هغه سړی يا ښځه چه نقاش يې له مخې انځور کاږي، نمونه يي .

moderate, adj. n. برابر، نرم، معتدل: اعتدال غوښتونکی سړی (په تېره په سياسي چارو کې) .

moderately, adv. په نرمه او معتدله لهجه یا توګه .

moderate, v.t.i. برابرول ، معتدلول : دمباحثې ریاست په غاړه اخیستل : معتدل کېدل .

moderation, n. اعتدال

moderator, n. کنټرولوونکی مشر (دغونډې) .

modern, adj. اوسنی ، نوی ، معاصر ، نوی

modernize, v.t.i. عصري کول : عصري کېدل

modest, adj. حیاناک ، شرمنده ، وګي ، محجوب : معتدل ، نرم ، متواضع ، برابر (له ډېروالي لږ)

modestly, adv په نرمۍ ، په تواضع

modesty, n. نرمي ، تواضع ، حیا .

modicum, n. لږ ، لږشان ، لږکی ، کوچنی

modify, v.t. بدلول ، بدلون راوستل ، سمون راوستل (کړ) محدودول ، خدهاکل

modification, n بدلون ، سمون ، تعدیل .

modish, adj. دود ، دودونو ، عصري ، فیشني رواج سره سم .

modiste, n. کالي ګنډونکې ، درزي ، خیاط .

modulate, v.t.i. برابرول ، میل ورول ، غاږه یا لهجه بدلول ، غږ او آهنګ برابرول .

modulation, n. برابروونه ، میل ورونه .

mohair, n. د انګورا په نامه ډېره وړه وزې ویښتان (وړ غوږي) ددې وړه ویښتانو څخه جوړشوی ټوکر .

Mohammedan, n. مسلمان .

Monhammedanism. n دمحمدي دین ، اسلام

moiety, n. برخه : ټوټه : نیمایي ، نیم

moist, adj. مرطوب ، لوند ، نمجن

moisten, v.t. امجنول ، لندول

moisture, n. (نو) نم ، رطوبت ، لندبل

molar, adj. ژرنی ، دغاښ ، دژرنی غاښ (ژامې)

molasses, n. ګوړه .

mold, n. شومړی ، چپوپاسې ، چپوناسکی

moldy, mouldy, adj. ، چپوناسن ، چپوناسک .

mold, n خاوره ، نرم خاوره ، سخکه په سختکه خاوره .

mold, n. قالب ، ځانګړی (خاصیت ، دول) .

v.t.i. قالبول ، په قالب کې اچول یا کلي شکل ورکول .

molder, (moulder) v.i. ، ټوټه کېدل ، خاوري کېدل

molding, moulding, n. په قالب کې اچونه ، خاص شکل ورکونه ، خرادی شوي اشکال (دلرګي یا فلز) چه ددیوال دروازې یا کړکۍ کې د ښکلا د پاره استعمالیږي

mole, n. خال ، ټکی

mole, n. خاپي ، یو ډول ساراپي موږک

mole, n. سد ، پوځ ، بند

molecule, n. دیوې مادې ، مالیکیول ، ډېره کوچنی ذره چه په کیمیاوي لحاظ خپل اصلي مادي خواص ولري .

molecular, adj. مالیکیولي .

molest, v.t. دغرض لاس وراچول ، په غرض ډېر ربړول او ځورول ، تکلیف ورکول .

molestation, n. ځور، ازار.

mollify, v.t. ملایم کول، کرارول، چوپول

mollusk, n. تنپوستی (هغه ژوی چه بدن یې نرم وی لکه حلزون).

mollycoddle, n. نازولی سړی یا هلك.

molt, v.i. کرېږ کول، بڼې اچول، د پوستکي تویول، لڅې بدلول، وړګاړی (وړګې) اچول (لکه د پسه).

molten, د melt دریم حالت.

adj. ویلې شوی، اوبه شوی (د زیاتې تودوخې په اثر).

moment, n. شېبه، ډېر لږ وخت؛ اهمیت.

momentary, adj. لنډ، تېرېدونکی، د لنډې شېبې.

momentarily, adv. د لږ وخت د پاره.

momentous, adj. ستر، مهم، لوی.

momentum, n. د حرکت اندازه، هغه قوه چه یو خوځېدونکی جسم یې د دوام او حرکت له مخې لري.

monarch, n. پاچا

monarchical, adj. پاچهي

monarchist, n. د پاچهي حکومت پلوی (طرفدار)

monarchy, n. پاچاهي، شاهي دولت.

monastery, n. د عیسوي روحانیونو استوګنځی، هغه ځای چه روحانیون پکې اوسي، صومعه.

monastic, adj. د روحانیونو، مذهبي، روحاني.

monasticism, n. روحاني ژوند.

Monday, n. دوشنبه

monetary, adj. د پیسو، پولي، مالي.

money, n. پیسې، سکه، شته، دولت، پانګه

money maker, n. پیسې ګټونکی

monger, n. سوداګر، تاجر.

Mongolian, n. مغولي، منګولیایي

Mongolian, adj. مغول.

mongrel, n. دګډ نسل، دوه رګه یا څو رګه، ګډ نسل، دوه رګی.

monition, n. اخطار، ویروونه، خبرونه.

monitor, n. د ټولګي مشر، مبصر، حکم (ریفري)؛ یو ډول جنګي بېړۍ

monk, n. ځیله کښی، راهب، مذهبي سړی چه په صومعه کې ژوند کوي.

monkish, adj.

monkey, n. بیزو، شادي، بیزوګی، لوبې ور سره کول، ټوکې ایستل: تقلید کول

monkshood, n. یو ډول زهرناکه بوټی دی.

monocle, n. سترګی (د یوې سترګې)، عینکه (د یوې سترګې).

monogamy, n. په یوه وخت کې د یوې ښځې سره واده.

monogamous, adj. هغه سړی چه د یوې ښځې سره واده کولو پر خوا وي.

monogram, n. هغه شکل چه د څو توردو ګډولو او یو ځای کولو څخه لاسته راځي (لکه د یوه سړي د نامه لومړي توري چه په یوه هنري ډول سره ولیکل شي)

monologue, n. د یوه سړي خبرې، په ډرام کې د یوه سړي د خبرو برخه.

monopoly, n. انحصار، ځانته کول.

monopolist, n. ځانته کوونکی، انحصاروونکی.

monopolistic, adj. انحصاري ، ځانته .
monopolize, v.t. ځانته کول ، انحصارول .
monosyllable, n. یو څپه ایز لغت ، یو سیلابي لغت ، یو هیجایي .
monosyllabic, adj. یو څپه ییز ، یو سیلابیز .
monotone, n. یو رنګه ، یو غږا ، یو خیل ، یوه غاړه ؛ یکنواخته .
monotony, n. یوشی والی ، یکنواختي ، بې خوندي .
monotonous, adj. یوډول ، یوخیل ؛ یو رنګه ، بې خونده ، یکنواخته ، بې تنوع
monseigneur, n. عالي جناب ، مشر ، واکمنه ا .
Monseigneur, n. په فرانسه کې د لویانو لقب ، جلالتماب .
monsieur, n. ښاغلی ، جناب .
Monsieur, n. ښاغلی .
monsoon, n. موسمي باد (د هند او د اسیا د جنوبي بحر) ؛ برسات ، باراني موسم چه د دې باد سره مل وي .
monster, n. (اصطلاح) غټه بلا ، بده بلا ، لویه بلا ، عجیب شی ، دیو .
monstrosity, n. ستروالی ، عجیب والی
monstrous, adj. د دیو په شان ، ډېر لوی ، بې رحمه ، ظالم ، شریر .
month, n. میاشت
monthly, adj. & n. میاشتنی .
monument, n. ځلی ، منار ، یادګار
monumental, adj. د ځلي ، د منار ؛ لوی ، ستر ، مهم ، جګ ، لوړ ، تاریخي

mood, mode, n. (گر) حالت (لکه د فعل) .
mood, n. حال ، وضع ، طبیعت .
moody, adj. بدخلقه ، بدخویه ، تورخمه ناتې ، غوسه ناک (غصه ناک) ، په لږ شي خپه کېدونکی .
moodily, adv. په خپګان ، په خواشینۍ سره .
moodiness, n. خپګان ، خواشیني
moon, n. v.i. سپوږمۍ ؛ نامعلومې خواته کتل ، بې هدفه ګرځېدل .
moonbeam, n. د سپوږمۍ شغلې .
moon light, n . د سپوږمۍ رڼا
moonlit, adj. د سپوږمۍ په رڼا روښانه
moonshine, n. د سپوږمۍ ځلا .
moon—struck, adj لیونی ، ګیج .
moor, n. شاړه مځکه ، بېدیا .
moor, v.t.i . لنګر اچول ، تړل (د بېړۍ)
Moor, مراکشي سړی ، دالمغرب سړی ، د شمالي افریقې اوسېدونکی (په تېره بیا هغه چه په هسپانیه کې یې ځلونه کړي وي)
Moorish, n. مراکشي .
moorings, n. د لنګر اچولو ، بېړۍ ځای ، د بېړۍ تناوونه .
moose, n. لګه غوی ، ګاوزه .
moot, adj. د بحث وړ ، د خبرو وړ ، د څېړنې وړ ،
mop, n. د ټوټو او سپڼسو هغه غونډ اری چه غولي په پاکېږي
mope, v.i. مړاوی او سست ، غمجن اوسېدل ، خواشینی او سست اوسېدل ، مړ ژواندی اوسېدل .

moral, adj. اخلاقي ، داخلاقو ، اخلاقي روبه ، پند ، وجيزه ، تلن لار .

morally, adv. داخلاقو له پلوه ، داخلاقو له مخې .

morale, n. روحي او اخلاقي حالت ، روحيه ، معنويات ، مورال .

morality, n. تقوى ، اخلاق ، فضيلت .

moralize, v.i. اخلاقي بڼه ور کول ، داخلاقو له نظره کتل ، اخلاق په نظر کي نيول .

moralist, n. اخلاقي .

morass, n. خوسا ځمکه ، جبه .

morbid, adj. رنځور ، ناروغ .

morbidity, n. ناروغتيا ، رنځ .

more, n. ډېرزيات ، لا ډېر ، لوړ (تر) ، ډېر (تر) ، زيات (تر) .

moreover, adv. بر سېره پر دې ، بله دا چه .

morgue, n. هغه ځاى چه نا پېژندو مړي هلته ږدي چه په پېژندنه يې ورته وپېژني او ښخول کېږي .

moribund, adj. مړ ژوندى ، دمرګ په حال کي .

morn, n. سهار ، ګهيځ .

anorning, n. سهار ، ګهيځ .

morose, adj. بدخوى ، خوابدى ، خپه .

morphine, morphia, n. مورفين : يو ډول مخدر مواد چه له ابينو څخه لاس ته راځي ، دترياکو جوهر . مورفين : يوه دوا چه په سړي باندي خوب راولي او دابين څخه جوړېږي .

morrow, سبا ته ، سبا ورځ .

د Tomorrow, بله بڼه .

morsel, n. ګوله ، خوله ډوډۍ ، لږ مړى ، کپ : يوه مزه داره ګوله : وړوکي سړى : وړه ټوټه .

mortal, adj. تلونى (فاني) : مړ ونى : کاري (لکه ټپ) ، وژونکى ، انساني .

mortality, n. فنا ، مرګ ، مړينه .

mortally, adv. په وژونکي توګه ، په کاري ډول .

mortar, n. هاوان توپ ، چاودېدونکي ګولى : تعميراتي مساله ، دچونې ، شګو او سمنټو ګډوله : اوړنګ .

mortgage, n. ګروي ، ګرو .

mortgagee, n. ګرو ور کوونکى ، ګرووونکى .

mortgagor, n. ګرو اخستونکى .

mortice, د mortise, بله بڼه .

mortician, n. دمړي غم خوړونکى ، دمړي سمبالوونکى ، مړ ښخوونکى .

mortify, v.t. وژل ، ځنډول ، خوړول ، شرمول ، ترټل ، شنډول ، شرمول .

mortification, n. وژنه ، ځنډ وړه : ترټنه ، شرمونه .

mortise, n. دلرګي سوري چه بل لرګى په کښي ننه باسي ، سوري ورو سفته (دلرګيو) .

mortuary, ته morgue, مړ اچونکى ځاى .

mosaic, n. موزائيک ، په وړو وړو رنګه ټوټو جوړونه .

Moslem, n. مسلمان ، مسلم

mosquito, n. غوماشه ، مياشى ، ماشى

mosque, n. جومات ، مسجد

moss, n. خزه، ډېر نازک نباتات چه پاڼې گلان او ريښه نه لري او پر لندو شيانو را شنه کېږي.

mossy, adj.

most, adj. adv. n. تر ټولو ډېر، زيات ډېر، خورا ډېر.

mostly, adv. زياتره، اکثره.

mot, n. لطيفه، خوږه وره نکته يا خبره.

mote, n. بڅری، ذره (لکه د خاورې)؛ پڅه

moth, n. پيڅاو (کويه)، اوږه: پتنگے

mother, n. مور: آد، اصل، بنسټ

motherhood, n. مور والی

motherland, n. وطن، هېواد.

motherless, adj. بې موره، يتيم.

motherly, adj. مورنی، د مور

mother—of—pearl, n. صدف (چه تڼۍ ورځنه جوړېږي).

motif, n. اساسي ټکی (د هنر، ادب، موسيقۍ) نومنه (د هنر) اصلي بڼه (په هنر کښې).

motile, adj. (ب) خوځنده، خوځېدونکی.

motion, n. حرکت، خوځېدا، خوځېدنه: پېشنهاد: د جمعې په حالت کی اشاري

v.t.i. اشاره کول.

motionless, adj. بې حرکته، بې دمه، ولاړ، دريدلی.

motion picture, n. خوځنده تصوير، د سينما فلم.

motive, n. ټوخه (انگېزه) سايقه، محرک خوځنده، د خوځېدو.

motiveless, adj بې لوخی، بې انگيزی

motley, adj. رنگين، رنگ رنگ: له ډېرو پرخو څخه جوړ شوی، گډ.

motor, n. خوځېدونکی، موټر

motor boat, n. ماشيني بېړۍ،

motor bus, n. بس.

mtor car, n. کرايي موټر.

motorist, n. موټروان يا په موټر کی تلونکی.

mottle, v.t. پرگول، داغل، خالوهل، خال خال کول.

motto, n. شعار، هغه لنډه وينا چه د يوې موضوع خط مشي تعيين کړي، وجيزه، پند

mould, n. پله بڼه (قالب). mold د

moulder, v.i.

moulding, n.

mouldy, adj.

moult, n. د molt، پله بڼه، بڼې توېوله، بڼې توېوله، ورکے اچوله، گڅ پز

mound, n. ډېری (د خاورو) جوړه، شړی، غونډۍ، دلس، انبار: ډرم، پټم.

mount, n. غر، غونډۍ.

mount, v.i. ختل، سپرېدل، صعود کول، پورته کېدل، زياتېدل، سپرول: دړول، لگول.

n. د سپرلۍ شی.

mountain, n. غر.

mountoineer, n. غرنی، غرختونکی.

mountainous, adj. غرنی.

mountebank, n. باټور، لاپو، پردو، چالاک، ټگ.

mourn, v.t.i. وير کول، نولهدل.

mourner, n. وير کوونکی.

mournful, adj. چن.

mournfully, adv. له ویره ډک .

mouse, n. mice موږک (جمع) .

mousetrap, n. کږکۍ، د موږک تلکه یا دام .

mouth, n. خوله .

mouthful, n. کوله، مړی (لقمه) .

mouth, v.t. په خوله کې نیول ، په خوله کول ، پېښې کول: د مېلو لې سره دوړه وول (لکه داس) .

mouthpiece, n. ژبی ، د شپېلۍ یا پایپ هغه برخه چه په خوله کې نیول کیږي: (اصط) نطاق .

move, v.t خوزول ، خوځول : ځای بدلول: اغېزه کول (پر) ، پارول ، وړاندې کول ، پېشنهاد کول.

v.i. خوځېدل ، خوزېدل ، پرمخ تلل ، لېږل ، لېږدېدل ، اقدام کول.

movable, adj. د خوځېدو وړ .

mover, n

movement, n. حرکت ، خوځېدنه ، جنبش ، بون ، تګ ، تشیدنه (لکه د کولمو) ، غاړه ، اهنګ: د موسیقۍ د یوه او پوړه کمپوز یوه برخه .

mow, n. د پروړو دلۍ ، د پروړو خرمن ، بوس خانه .

mow, v.t. رېبل ، ضر کېول .

mower, n. د رېبلو ماشین .

much, adj, adv. ډېر (د نه شمېر پدو لکو شیانو یاره لکه او به او بوره) ، ډېر زیات ، ډېر .

mucilage, n. سرېښ .

mucilaginous, adj. سرېښناک ، ژاوړن .

muck, n. سره ، خوشایي ، کوړه خاوره ، چه د سرې په حیث استعمالېږي : چټلي .

mucus, n. چوڅړی ، خراشکی (بلغم) ، کړ انګې .

mucous, adj. د چوڅړو ، د کړ انګو .

mud, n. خټه .

muddy, adj. د خټو ، خټين .

muddle, v.t. ګډول (سره) ګډوډول : په خټو لړل ، تڼول .

muddle, n. ګډوډي .

muff, n. یو ډول لاس ماڼو چه د واړه لاسونه د دواړو خوا او یو ځای پکښې ننه ایستل کېږي .

muff, v.t.i.

muffin, n. یو ډول ډوډۍ پسته کولچه چه په وړه ویالو کې پخېږي ..

muffle, v.t. نغاړل ، نغښتل ، پېچل : غږ خپول ، پټول ، خوله‌دی کول .

muffler, n. د غاړې دسمال .

mufti, n. مفتي : ملکي کالي .

mug, n. ګیلاسي ، سړ ډبی ، یو ډول هغه ګیلاس چه لاستی لري .

muggy, adj. تونده ، لنده ، او دوبه (خوږه) هوا .

mulatto, n. دورګه ، د سپین پوستي او تور پوستي د یوه ځای کېدلو څخه پیدا شوی اولاد ، غنم رنګی .

mulberry, n. توت .

mulch, v.t. په پاڼو او واښو پټول (لکه د نیالګیو) ، په خرلو پټول (لکه د بوټو) .

mulch, n. پاڼې ، پنځېږې ، واښه .

mulct, n. جریمه ، تاوان .

mulct, v.t. تاوانه کول، تاوانه اخول، جریمه کول، محرومول .

mule, n. کچر، قاطره : سرګډېه سړی، سرزوری.

muleteer, n. کچروالا، قاطروالا .

mule, n څپلۍ، چوټۍ .

mull, v.i. غور پر کول، فکر پر کول، اړول را اړول (په ذهن کی).

n. ململ .

mullein, n. یو ځنګلی بوټی چه ژیړ ګلپاڼی او ډول ډول ګلان لری، سپین بنګی.

mullet, n. سپین کب.

gray mullet, n. خړ کب .

red mullet, n. د استوایی سیمو یو ډول خوراکی کب .

multifarious, adj. راز راز، ډول ډول، څو څو ډوله .

multiform, adj. د ډېرو شکلونو لرونکی .

multiple, adj. څو ځلیز (مضاعف)، متعدد . په ریاضی کی د ضرب حاصل.

multiplication, n. ضرب، زیاتښت (افزایش)

multiplicity, n. زیاتوب، ډېروالی، پرېمانی، رازرازوالی .

multiply, v.t. ضربول، زیاتول : زیاتېدل : ضربېدل .

multiplier, n. ضربوونکی، مضروب فیه: زیاتوونکی، د زیاتولو آله .

multitude, n. ډله، ولس، ډېری، ګڼ خلک .

multitudinous, adj. زیات، ډېر : ډله ییز، ډک .

mum, adj. n. چوپ، غلی، بې غږه، چوپه، چوپتیا، (اصطلاح) سر مسئا .

mumble, n. بنګېدنه، زومېدنه.

mumble, v.i. بنګېدل، زومېدل : زوولی خبری کول .

mummer, n. مسخره، او پټادی ما سک په مخ چه په چوپه خوله پېښی یا پېږی کوی .

mummery, n. پېږی، لوبه، په چوپه خوله او پټ مخ مسخری کول .

mummy, n. مومیایی شوی، مومیایی شوی مړی (لکه د لرغونی مصر) مومیایی کول .

mumify v.t.i. مومیایی کول .

mumps, n. اننګو غبوزی مرض، سرباړی، ډډ بغولی .

munch, v.t.i. ژېچل، غړ اچول .

mundane, adj. جهانی، د مځکی، دنیایی

municipal, adj. د ښاروالی، د ښار د حکومت .

municipality, n. ښاروالی.

munificent, adj. سخی، لاس خلاص .

munificence, n. سخېتوب، سخاوت .

munitions, n. pl. تجهیزات، لوازم، وسلی (جنګی) (د لښکر)

mural, adj. دېوالی

n. دېوالی انځور (نقش) .

murder, v.t. وژل، قتلول .

murder, n. وژنه، قتل.

murderer, n. وژونکی، قاتل .

murderess, n. وژونکې .

murderous, adj. وژونکی ، دقتل ، بې رحمانه .

murk, n. تیاره ، تورتم ، تپه تیاره ، خواشینی .

murky, adj. تیاره ، خواشینی ، غمجن .

murmur, v.t.i. بنګېدل ، ګونګسی کول ، زوږېدل ، زمزمه کول ، پس پسی کول .

murmur, n. پس پسی .

murrain, n. مرګو ، وبا .

muscle, n. عضله ، غړی ، نسج (لکه د غړي) ، زور ، توان ، غښتلتوب

muscular, adj. دغړي ، دعضلی ، قوي .

muse, v.t.i. اندېښنه کول ، فکر کول ، حیر کېدل

Muse, n. د لرغونی یونان په کیسو کی د هنر او ساینس د الهام آلهو څخه یوه آلهه .

museum, n. موزیم .

mush, n. اوماج ، ډوډ .

mushroom, مرخېړی ، پوڅکی ، دمځکی ستوری ، ګوبلکه .

v.i. زر او پېدل ، خپرېدل ، خورېدل .

music, n. موسیقی ، ساز ، موزیك .

musical, adj. دموسیقی ، دساز .

musician, n. سازنده .

musk, n. مشك ، مسك ، مشکنکی .

musky, adj. د مشکو .

musket, n. پلیتکښی توپك ، پلنه پیز توپك

musketeer, n. توپك وال .

musketry, n. توپکان وزی ، و یشتنی ، وارونه .

muskrat, n. دشمالی امریکا او کانادا یو مږك .

muslin, n. نازی ټوکر ، ململ ، چاکه ، خاصه .

muss, n. ګډوډی ، ګډ ېړی ، بې نظمی

v.t. ګډ وډ کول ، خرابول

mussy, adj. ګډ وډ .

mussel, n. د ګرو واو بو یو ډول تښی لرونکی ژوی چه په اروپا کی دخوړلو دپاره استعمالیږی ، دمرکزی امریکی یو ډول صدف لرونکی ژوی چه تښی و رڅخه جوړیږی

Mussulman, n. مسلمان ، مسلم .

must, باید ، خامخا ، هرومرو ، ضرور

mustache, moustache, n. بریت .

mustard, n. اوری ، داوری دانه .

muster, n. راټولول (لښکر دحاضری دپاره) غونډول .

n. حاضروونه ، پلټنه ، راپلټنه ، غونډونه ، ګډونه .

musty, adj. وروست ، خوسا ، بوی ، بوږ ناك

mutable, adj. بدلېدونکی ، تغییرمنونکی وسواسی .

mutability, n. تغیر منښه .

mutation, n. تحول ، بدلون ، (ب) ناڅاپی بدلون په وراثت کی .

mute, adj. ګونګی ، بې ژبی ، چوپ غلی کول ، کمزوری کول (لکه دموسیقی) .

mutely, adv. په ګونګه ژبه .

mutilate, v.t. لنډاو بوچ کول ، شل شوټ کول ، له پښو غوږو غوڅول .

mutilation, n.

mutiny, n. پورته کېدنه ، شورش ، ازله ګوله

mutineer, n. یاغی .

mutinous, adj. یاغیتوب .

mutter, v.t.i. ږونګېدل ، ژوبه ل ، ترشونډو لاندې خبرې کول ، زوږ ولي خبرې کول ، غم غم کول .

mutter, n. بغنګېدل ، ږونګېدل ، غم غم

mutton, n. مېږي غوښه ، د پسه غوښه

mutual, adj دوه اړخيزه ، دوه پلو يوړه ، ګډ .

mutually, adv. له دواړو خواوو

muzzle, n. وربوز ، ورسک ، کڅپوز خولبوری ، خولپوری ، دټوپك خوله .

v.t. کڅپوز وراچول ، خوله ورټړل .

my, pron زما .

myriad, n. بريمانه ، بې شماره .

myrmidon, n. مېړونکی مزدور ، يو مامور چه د آمر امر د بې دزړه له کومې اجرا کړي

myrrh, n. يو ډول خوشبويه ژاوله چه له لېاتانو څخه لاس ته راځي .

myrtle, n. يو اروپايي تل شين بوټی چه تورې دانې او خوشبويه ګلان لري .

myself, pron. زه په خپله ، ما په خپله

mystery, n. سر ، رمز ، راز ، پټه خبره .

mysterious, adj له سره ډك ، له رمزه ډك

mysteriously, adv. په نامعلومه او مرموزه توګه .

mystic, adj. له سره ډك ، نامعلوم ، مرموز ، مبهم : د کوچ و د جادو

n. صوفي ، بزرګ

mystical, adj تصوفي ، روحاني ، مجازي رمزي .

mysticism, n. تصوف .

mystify, v.t. پټول ، د پوهېدو دمشکلول ، په تعجب کې اچول .

mystification, n.

myth, n. کيسه ، موهومه کيسه ، اتکل ، معنوي کيسه ، خرافاتي کيسه ، مذهبي روايت

mythical, adj د موهوماتو ، د کيسو .

mythology, n. د افسانو پوهه يا تاريخ .

mythological, adj. د موهوماتو

mythologist, n د موهوماتو پوهاند ، ليکوال د روايتونو ، کيسو مؤرخ .

N

nab, v.t. نیول (په تېره بندي کول)

nabob, n. بډای ، شتمن ، نواب .

nadir, n. د برعه ټکی ، برخه : (نجوم) نظیر السمت .

nag, n. آس (په تېره ټټو) .

nag, v.t.i ځورول ، بکو کول ، ترور کول .

naiad, n. په پخوانی یونان کی د رودونو ، ځنګلو او چینو ښکلی رب النوعه .

nail, n. نوک : مېخ .

nainsook, n. نری سپین ټوکر .

naive, adj. ساده ، طبیعی (په تېره په خوی او خاصیت کی) .

naivete, n. ساده والی .

naked. adj لوڅ ، لغړ ، بربنډ ، څرګند ښکاره .

nakedness, n. لغړ والی ، بربنډ توب .

name, n. نوم

nameless, adj. بې نومه

namely, adv. یعنی .

namesake, n. همنوم ، امېده .

nankeen, n. له ژیړو مالو چونه جوړه شوی ټوټه ، دا ډول ټوټه په پخوانیو وختو کی په نانکین (د چین یو ښار) کی جوړېده ، هغه پتلون چه له دی ټوکر څخه جوړ شوی وی .

nap. n. بې مېنځي ، سترګه پټول ، (د لږ وخت دپاره بیده کېدل) ، یو سترګه خوب

nap, n. وړین استر ، هغه ټوټه چه مخ یې دوړی یو پټ والی :

nape, n. څټ ، مغزی ، او رمېږ .

naphtha, n. نفت ، پطرول ، یو ډول تېل چه له نفتو څخه لاس ته راځی

napthalene, n. نفتالین ، یو ډول ماده چه د ډبری له سکرو څخه لاس ته راځی .

napkin, n. دسمال .

narcissus, n. نرګس .

narcotic, adj. بې سده کوونکې دوا ، مخدره دوا .

nard, n. یو ډول خوشبو یه ملهم .

nares, n. سږمې ، نو مېږی .

narrate, v.t.i. ویل ، کیسه کول ، روایت کول ، حکایت کول .

narration, n. نقل ، کیسه .

narrator, n. کیسه کوونکی

narrow adj نری ، کم سوری ، بې سوره ، تنګی ، محدود ، نږدې .

narrowly, adv. په ځير : له نږدې څخه ، په محدود ډول .

narrowness, . تنګوالی ، لږوالی .

narrow—minded, adj. تنګ نظره ، متعصب ، تنا پېر زو بولی ، لنډ فکری.

nasal, adj. . د پزې ، پزې ته منسوب .

nascent, adj. مينځ ته راتلونکی ، زېږېدونکی ، پيدا کېدونکی ، تازه ، نوی .

nasturtium, n. د پېروني د کورنۍ بوټی چه سره ، زيړ ، يا نارنجي ګلان لري .

nasty, adj. ناولی ، ککړ ، چټل ، بدخوی ، بد طبيعته .

natal, adj. د لنګون (مودې)، د زېږېدو (وخت)

nation, n. اولس ، ملت .

national, adj. ملی

nationally, adv. په ملی توګه .

nationalism, n. ملت پالنه ، د خپل اولس سره زوره مينه .

nationalist, adj. & n. ملت غوښتونکی .

nationalistic, adj. ملت غوښتنه ، پر ملی احساساتو بنا

nationality, n. مليت ؛ تابعيت

nationalize, v.t. ملی کول ، د ملت تر واک او اختيار لاندې راوستل

nationalization, n. ملی کول ، د ملت تر واک او اختيار لاندې راوستنه .

native, adj. ځايي ، وطني ، هيوادی ، اصلی ، ذاتی ، طبيعی .

native—born, adj. په خپل هيواد کی زوکړی .

nativity, n. زېږېدنه ، پيدا کېدنه ، د زېږېدنې ځای ، وخت او څرنګوالی .

natty, adj. سوتره ، پاک ، سپېڅلی ، ښکلی .

natural, adj. طبيعی ، ذاتی ، عادی ، ساده .

naturally, adv. په طبيعی ډول .

naturalism, n. طبيعی فلسفه ، د طبيعت فلسفه .

naturalist, n. طبيعت پوه ، طبيعت پرست .

naturalize, v.t. طبيعی کول ، د تابعيت حق ورکول .

naturalization, n. د تابعيت حق ورکونه ، خپل تابعيت ته راوړنه .

nature, n. طبيعت ، فطرت ، ماهيت ، خوی او خاصيت .

naught, n. هيڅ ، صفر ، بې ارزښته ، باطله .

naughty, adj. شوخ ، شرېر ، ځورونکی ، نامنلی .

nausea, n. خواګرځي (خواګرځېدنه) ، قی ، زړه بدېدنه .

nauseate, v.t.i. خواګرځېدل ، خوا ګرځول .

nauseous, adj. خوا ګرځوونکی .

nautical, adj. سمندری ، په بېړيو چلولو پورې مربوط .

nautilus, n. : يو ډول ځوالګی (حلزون) : د لامبو يو ډول سامان .

naval, adj. سمندری (بېړۍ، افراد . او نور) .

nave, n. غولی (د کليسا) .

navel, n. نوم ، د نامه غولی .

navigable, adj. د بېړۍ چلولو وړ.

navigability, n. بېړۍ چلونه.

navigate, v.i. چلول (د بېړۍ)، بېول (د الوتکې)

navigation, n. چلېدنه (د بېړۍ)

navigator, n. چلوونکی (د بېړۍ)

navy, n. د جنګي بېړیو ټولګی (د یو مملکت)، بحریه، سمندري قوه.

nay, n. یه، نه، (د ترديد توري): مخالفه رايه.

Nazi, n. په جرمني کې د نازي د ګوند غړی، جرمني فاشيست.

neap, adj. د جزر د پړاو ټیټه څپه

near, adv. نږدې (د وخت او ځای په لحاظ)

near—by, adj. ګاونډی، څنګ ته

nearly, adv. نږدې، تقریباً

nearness, n. نږدې توب.

nearsighted, adj. نږدې لیدونکی، لنډ فکره، ناپوه.

nearsightedness, n. بې فکري.

neat, adj. سوتره، پاک، سپېڅلی، ولاړی، ماهر.

neat, adj.

neatly, adv. په سوتره توګه.

neatness, n. پاکي.

neath, prep. beneath, لاندې، تر لاندې.

nebula, n. یو ټوټ ځلانده کړۍ (خوړ، لړه) چه کله چې له خوا په صاف آسمان کې لیدل کېږي

nebular, adj. اوريځ ډوله.

necessary, adj. ضروري، لازم، هرومرو، خامخا.

necessarily, په ضروري توګه، قطعي.

necessitate, v.t. اړ ايستل (مجبورول)، اړول، په اړ کول، ضرورول، لازمول

necessity, n. ضرورت، اړتیا، تش لاسي، لېستي، خواري، بد لیدونکي شرایط.

necessitous, adj. اړ، بې وسه.

neck, n. اورمېږ، مړۍ، غاړه.

neckband, n. غاړه (د کمیس).

neckcloth, n. د غاړې دسمال

neckerchief, n. د غاړې دسمال

necklace, n. غاړه ګی، اوږدی

necktie, n. نکټایي.

necromancy, n. سحر، د مړو د ارواو احضار.

necrosis, n. وروستوالی، مړاوی توب، (د بدن د انساجو).

nectar, n. یو ډول چښاک چه وايي سړي ته تل تر تله ژوندانه او ښکلا ورکوي (د یونان په خوا اېو کیسو کې)، د ژوندانه اوبه.

nectarine, n. تنکۍ شفتالو، نازک شفتالو

nee, adj. د پېغلۍ نامېدلی نوم.

need, n. اړه، ضرورت: اړتیا، احتیاج، بایده، لازم.

needful. adj. ډېر ضروري

needy, adj. اړ، محتاج.

needle, n. ستن

needlewoman, n. ګنډونکې

needlework, n. دستي کار

needle—point, adj. څوکه (د ستنې)

needle-point lace. په ستن جوړه شوې

needle point, n. ګنډل، ګرېوان، ... ټک، جامه دوزي

needless n, adj. . بې ضرورته، بې لزومه

needlessly, adv. په بې ضرورته ډول

ne'er, adv. د never لنډ بڼه

ne'er—do—well, n. & adj. بې کاره، بې کفایته

nefarious, adj. ، ټېلی، ناوړه، بدخوای، شریر.

negation, n. نفی، د نفی ځواب، رد.

negate, v.t. نفی کول.

negative, adj. منفی، نفی کوونکی، تردیدوونکی.

neglect, v.t. غفلت بې پروایی کول، غفلت کول، خوږله په استقل، هېرول، پرېښودل.

neglectful, adj. هېرجن، بې پروا.

negligee, n. (چه ، لنگری، اوږد کمیس (چه ښځې يې په کور کې اغوندي)

negligent, بې پروا، بې احتیاط، بې پامه

negligence, negligently, adv. بې احتیاطی. په بې پروایی.

negligible, adj بې اهمیته، بې ارزښته.

negotiate, v.t. گټې بدل، پرېکړه (د یو بل (د یو بل د پرېکړې یا فیصلې دپاره) خبرې اترې کول (د تجارتي راکړې ورکړې دپاره)، مباحثه کول.

Negro, n. تور پوستی، زنگی (نژاد).

Negress, n. تور پوستې (ښځه، انجلۍ)

neigh, v.i . هېشنېدل (د آس)

neigh, n. هېشنی.

neighbour, neighbour, n. گاونډی، ځنگلوری، همسایه.

neighborhood, n. گاونډیتوب، پېښه احساسات : سیمه، نږدې والی، څرمه والی.

neighboring, adj. نږدې (اوسېدونکی)، په څنگ کې اوسېدونکی، څرمه.

neighborly, adj. د گاونډیتوب وړ، د ملگر تیاوړ.

neighborliness, n. گاونډتوب.

neither, adj. نه، هیڅ، یو، او هم نه

nemesis, n. د کسات اخیستنه، د کسات اخیستلو قوه : (په لرغونی یونان کې) دغچ اخیستلو الهه

neon, n نیون (یو ډول گاز چه په ۱۸۵۲ کال کې په اتمو سفیر کې کشف شوی دی).

neophyte, n هغه څوک چه نوی ایمان یې راوړی وي، مبتدی، نوی زده کوونکی

nephew, n. وراره، ورېره، خوریی، خورزه.

nepotism, n. دخپلوانو طرفداري، له خپل قوت څخه دخپلوانو په گټه ناوړه استفاده، واسطه.

Neptune, n. نیپتون (په لمریز نظام کې دریم خورا لوی ستوری) دسیند ورب النوع (په پخوانی روم کې)

neptunium, n نیپتونیوم، یو ډول مصنوعی راډیو اکتیف عنصر.

Nereid, n. د سیند درب النوع لور (په پخوانی یونان کې)، دسیند حوره.

nerve, n پلمه، عصب.

nerveless, adj. بې پلمې.

nervous, adj عصبي ؛ داعصابو ؛ بیاوري ؛ زړ خپه کیدونکی یا هیجانی کیدونکی ؛ ډارن

nervously, adv. په عصبي ډول .

nervousness, n. عصبانیت .

nest, n. ځاله ، منځول .

nestle, v.t.i. ځاله جوړول ، په ځاله کی پریوتل ، ناڅول ، په غیږ کی نیول .

nestling, n. د مرغی بچی ، د مرغه چوچی چه الوتلی نشی .

Nestor, n. هغه یو سپین ږیری چه یونانیانو ته یی د (ټروجان) په جګړه کښی مشوره ور کوله ؛ یو سپین ږیری ، داوږده عمر څښتن .

net, adj. سوچه ، خالص (لکه خالص وزن ، خالص مفاد) .

n. جال ، لومه ، د غڼی ځاله .

nether, adj. لاندینی ، لاندی ، کښته .

nettle, n. یو ډول ازغن (اغزن) بوټی

network, n. جال ؛ شبکه (لکه د تلیفون ، بریښنا او داسی نور) .

neuralgia, n . د اعصابو خوږ .

neurasthenia, n. د اعصابو ضعف او بی انتظامی .

neurasthenic, n. هغه سړی چه اعصاب یی ضعیف وی .

neuritis, n. د اعصابو التهاب .

neuron, n. عصبی حجره .

neurosis, n. عصبی ناروغتیا .

neurotic, adj عصبی ، عصبانی .

neuter, adj. (ګر) هغه نوم یا صفت چه مذکر او مؤنث ونه لری ، بی جنسه نوم ؛ خصی .

neurtral, adj بی طرفه .

neutrality, n. بی طرفی .

neutralize, v.t. بی طرفه کول ، خنثی کول .

neutralization, n. بی طرفی ، خنثی توب .

never, adv. هیڅکله نه

nevermore, adv. بیا نه (مثلاً دغه کار بیا نه کول) ، بیا هیڅکله نه

nevertheless, adv. سره له دی .

new, adj. نوی .

newcomer, n. نوی راغلی .

newly, adv. نوی .

newel, n. د زینو ستن ، مځه .

news, n. خبر

newsboy, n. ورځپاڼه خرڅوونکی ، هغه هلک چه اخبار خرڅوی .

newspaper, n. ورځپاڼه ، اخبار .

newsprint, n. اخباری کاغذ .

newsreel, n. د خبرو څرخ ، یو څرخیدونکی څرخ چه د ورځنی پیښی ښیی .

newsstand, n د اخبارو او مجلو پلورنځی

newt, n. یو ډول سمساره . (سنګساره) چه په وچه او اوبو کی ژوند کولی .

next, adj. بل ؛ نژدی ، راتلونکی .

nibble, v.t. & i. په غاښو ټکول ، واړه واړه کپوڼه کول ، په ورو ورو کولو خوړل

niblick, n. ګلف ډنډه .

nice, adj. ښه ، ګلالی ، ښکلی ، خوشاله ورین ، مؤدب ؛ ظریف ، حساس ، ساده ، بی ا

nicely, adv. په ښه ډول .

nicety, n. سموالی ، درستوالی ؛ دوده ظریفه ؛ ځیروالی ؛ نازک والی .

niche, n. طاقچه ، تاخ ، ځایګی ، قالب ؛ ودنیا .

nick, v.t. ټوټول، پرېکول؛ سوري کول، چاودول (چول)؛ په مناسبه موقع کې نيول يا وهل
n. تنګی، درز.
nickel, n. نکل، يو ډول فلز
nickname, n ، لقب، کنيه؛ د ناز نوم، د ملنډو نوم.
nicotine, n. نکوتين.
niece, n. وريره، خورزه.
niggard, n. بدايتي؛ بخيل، سخت.
niggardliness, n. بد ايتي.
niggardly, adv. په بخيلۍ.
nigger, n تور پوستی، تور پوټکی، زنګی
nigh, n. نږدې، څرمه.
night, n. شپه، تورتم، تياره.
nightly, adv. په شپه، هره شپه، په تورتم.
nighttime, n. د شپې مهال.
nightcap, n. هغه خولۍ چه د خوب په وخت کې پر سر کيږي، شوکلا؛ يو ډول مشروب چه د ويده کېدو څخه مخکې څښل کيږي
nightdress, n. د خوب کالي، د شپې کالي
nightfall, n. تره‌ځوای، لومړی ماښام
nightgown, n د خوب کالي (د ښځو او ماشومانو).
nighthawk, n. يو ډول ځوماښامو مارغه، نا وخته بېدېدونکی.
nightingale, n. چوڼی، بلبل، خاچوڼی.
nightmare:, n. خپسکه، خپسه، خپسی
nightshade, n. سپينګور، کروړه، ګيدړ ګور.
nightshirt, n. د شپې کميس (د سړي يا هلک).

nil, n. هيڅ.
nimble, adj. ګړندی، چټک، چالاک؛ ځيرک.
nimbly, adv. په ګړندیتوب.
nimbus, n. شپول (د مېيا شتې)؛ باراني وريځ.
nincompoop, n. بېړا، ناپوه، بې عقل.
nine, n. نه.
ninth, n. & adj. نهم
ninepins, n. يو ډول لوبه چه په نهو موږو بې کوي.
nineteen, n. نولس.
adj. نولس.
nineteenth, adj. & n. نولسم
ninety, n. & adj. نوی
ninetieth, n. & adj. نويم
ninny, n. بېړا، ناپوه.
nip, v.t. کښېکښل، انښتيځل، موښل، لتاړول؛ درول، نيول
nipper, n. کښېکښونکی، نښتيځونکی، موښونکی، د کوای کبر پښې، د چنګاښ د پښولوکان.
nipple, n. د تي سر، د تي څوکه؛ راوتلی برخه.
Nipponese, n. جاپاني.
Niponese, adj. جاپاني.
nirvana, n. (په بودايي دين کې) د روح ازادي، د روح خلاصون (له آزو او هغو شيانو څخه چه پکښې بند وي).
nit, n. د سپږې هګی، ريچې، رڼې.
niter, n. شوره (شوره).
nitrous, adj. شوره يي، شوره ماله.

nitrate, n. نایتریټ، دنیوړي ما لګه.
nitric acid, n. دنیوړي تیزاب .
nitrogen, n. نایتروجن، ازوت .
nitrogenous, adj . نایتروجني
nitroglycerin, nitroglycerine, n.
نیټروګلیسرین چه د بارروتو په جوړولو کې کار تري ښه اخلي .
nitwit, n. بیې ا ، نا پوه .
nix, n. داوبو شاپیرۍ (په افسانو کې) : هیڅ .
no, adv. نه ، نه، هیڅ.
nobility, n. نجابت ،اشرافیت:اشراف .
noble, adj. درونډ ، شریف ، اصیل
nobleness, n. شرافت .
nobly, adv. په درنښت .
nobleman, n. درونډسړی، شریف سړی .
nobody, n. هیڅوك ، هیڅ یو .
nocturnal, adj. دشپې ، شپني.
nocturne, n. خوبراوړونکی ساز آواز .
nod, n. د (هوکې) او (سلام) په توګه د سر کښېنه او پورته کول:سرښوروونه،
v.t.i. سر ښورول .
noddy, n. بیې ا: داوبو تو تکی .
node, n. غوټه ، پانډ سوب(پنډ سوب) .
nodule, n غوټکی ،لږ پانډ سوب .
noggin, n. وړه ګیلاس، ګډوري ، کوچنی پیمانه ، تنی .
noise, n. غوږ ،غالمغال ،شور ماشور، غورېږ .
noiseless, adj. بې ږغه ، بې شور ماشوره، بې غال مغاله .
noiselessly, adv. په بې ږغوالی
noisome, adj. زیان من ، بدغږه (ته) کرکجن: بد بویه ، خوږوسکن .
nomad, n. پووند ه ،کوچی .
nomad, adj. پووند ه .
nomadic, adj. د پووند ګلوی .
nomenclature, n. نوم ایښودنه ، د نوم ایښودلو سیستم (په سا ینس کې).
nominal, adj. تش په نامه ، خیالی ، تصوري: بې ارزښته ،جزئي .
nominally, adv. په خیالی توګه .
nominate, v.t. نومول کاندیدول ،معرفي کول ، ټاکل
nomination, n. ټاکنه ، معرفي .
nominee, n. نامزد .
nominative, adj. نوملی (نامزدشوی) ، وړپیژندل شوی ،معرفي شوی : (ګر) فاعلي حالت .
non— غیر ،نه ، هیڅکله .
nonage, n. نابوني وړوکتوب، نابوني اقلیت .
nonce, n. : ټاکلی وخت، خاصه موقع اوسني حالت، اوس.
nonchalant, adj. بې علاقې ، بې میله ، بې شوقه ، بې پروا، بې تفاوته ،
nonchalance, n. بې پروا یي ، بې میلي .
nonchalantly, adv. په بې انجا توب
noncombatant, n. هغه څوك چه په عسکري یا بحریه کې کارکوي مګر په جګړه کې برخه نلري (لکه ډاکټر، پرستار او داسې نور) :ملکي سړی .
noncommissioned, n. . (برېدمن) ابن

noncommissioned officer, بریدمن .

noncommittal, adj. نحان کپنو نکی ، ډډه کوونکی، ځان ژغوروونکی، پهغاړه نه اخیستونکی، هغه څوک چه د کوم کار د کولو دپاره بې تعهده وی، نه موافق نه مخالف .

nonconductor, n. ستنولی ، عایق (دبریښنا دتودوخی اوبدغ) .

nonconformist, n. هغه څوک چه دانګلستان له رسمی کلیسا سره موافق نه وی .

nondescript, adj. : نه تشریح کېدونکی : هغه څوک یاشی چه په ټاکلی ډله او طبقه کی نشی راتلای .

none, pron. هیڅ نه، هیڅ یو، هیڅکله .

nonentity, n. نشتوالی ، نیستی ، بې ارزښته .

nonessential, adj. غیر ضروری ، غیر اساسی .

nonexistence, n. نشتوالی ، نیستی ، هغه څه چه وجود نلری : غیرواقعی .

nonmetal, n. غیر فلزی ،

nonmetallic, adj. غیر فلزی .

nonpareil, adj. بې ساری ، بې جوړې ، وتلی ، نامتو، بې نظیره .

nonpartisan, adj. هغه څوک چه په کومه سیاسی ډله کی نه وی ،

nonplus, v.t. هك پك، هیښ پښ کول ، اریانول (حیرانول)، گیچول .

nonresident, adj. هغه څوک چه په یوه ځای کی د تل دپاره میشت نه وی، موقتی اوسېدونکی .

nonsense, n. بې ځایه ، چټی ، بې معنا (خبری او کارونه) .

nonstop, adj. & adv. بی له پسپ ، نه دریدونکی، روان .

nonunion, adj هغه څوک چه د کارکوونکو په اتحادیه کی غړیتوب نلری .

noodles, n. آش ، یوډول خواړه .

nook, n کونج ، کوټ ، گوښه : د کوټی گوټ .

noon, n. غرمه (۱۲ بجی)

noonday, n. نیمه ورځ ، ټاکنده یا ټاکنده غرمه .

noontide, n. دغرمې مهال .

noose, n. درسی کړی ، (حلقه) ، کمند .

nor, conj. نه ، نه .

norm, n. ټاکلې اندازه(معیار) : ډول ، خپل : نمونه .

normal, adj. نورمال : عادی، طبیعی ، منظم : اوسط .

normally, adv په عادی ډول ، په طبیعی ډول .

north, n. شمال .

north, adj. & adv. شمال .

northeast, n. adj. & adv. شمال ختیځ

northeast, n. adj. & adv. شمال ختیځه خوا .

northeastern, adj. شمال ختیځ

northeastward, adv. adj. & n. شمال ختیځ لوری .

northerly, adj. & adv. شمالی .

northward, adv, adj. & n. شمالی لوری

northwest, n. adj. & adv. شمال لویدیځ .

north westerly, adj. & adv. شمال لویدیځه خوا .

northwestern, adj. شمال لویدیځ

norther, n. دشمال باد .

northern, adj. شمالی .

northernmost, adj. بیخی شمالی خوا

northerner, n د شمالی سیمی اوسیدونکی .

North Star, شمالی ستوری، د قطب ستوری

nose, n. پزه ، پوزه ، پیزه .

nosegay, n. دګلو ګیډیه .

nostalgia, n. دوطن او کور یادیدنه ، په هیواد او کورپسی خوریدنه ؛

nostril, n. سږمې ، سپږمې .

nostrum, n. هغه کلپه دوا چه په خلکو خرڅیږی : هغه مخصوص پلان چه دخلکو داجتماعی او سیاسی دردونو علاج کوی

nosy, adj. هغه څوك چه دېری پوښتنی کوی او غوادی چه په هرڅه وپوهیږی (اصط) دترووموچ .

not, adv. نه ، نه

notable, adj. دیادونی وړ ، په تیره : محسوس .

notably, adv. په تیره ، بیا .

notary, n. لیکوونکی ، محرر ، هغه څوك چه رسمی اسناد لکه قوالی ، قراردادونه اوخطونه تصدیقوی.

notation, n. یادونه ، یادګیرنه ، نخښه علامه .

notch, n. غاښی : چوله، تنګی، وت ، ورسك ، ګردنه .

notch, v.t. چوله کول ، غاښی کول

note, n. یادونه، یادګیرنه ، یادداښت ، نخښه، علامه : نوټ .

notebbok, n. د یادداشت کتابچه .

noted, adj. په نښه شوی ، یادداشت شوی: نامتو .

noteworthy, adj. د یادونی وړ ، د یادداشت وړ ، د یادګیرنی وړ ، مهم .

nothing, n. هیڅ ، بې قیمته ، خوشی ، بې ارزښته .

nothingness, n. هیڅوالی ، بی ارزښتی ، نیستی .

notice, n. خبرتیا، خبرونه، خبرګندونه، پام ، توجه .

noticeable, adj. د پام وړ .

noticeably, adv دپاملرنی په توګه

notify, v.t. خبرول، څرګندول ، پام کول ، توجه کول .

notification, n. خبرتیا .

notion, n. ، ، عقیده ، تیوری ، مفکوره ، نظریه .

notional, adj. خیالی ، تصوری ، موهوم

notorious, adj. مشهور ، بدنام ، رسوا ، بد نامه

notoriety, n. بدنامی ، رسوایی .

notoriously, adv. په بدنامی ، په رسوایی

notwithstanding, adv. conj. سره له دی سربیره پردې .

nought, n. هیڅ ، صفر .

noun, n. اسم ، نوم .

nourish, v.t. په خوړل ، ږووړي ور کول ، په ځا ږووړي خوړل ، روزل (تغذیه کول) .

nourishment, n. ږووړي ور کونه ، په ځا ږووړي خوړنه : خواړه ، ږووړي .

novel, adj. ناول ، کیسه ، نوی ، عجب ، ناانګوله ، غیرعادي .

novelette, n. لنډ ناول ، کوچنۍ کیسه ،

novelist, n. ناول لیکونکی ، کیسه لیکونکی .

novelty, n. نوي والی ، عجب والی ، غیر عادي توب .

November, n. نومبر ، د میسوي کال یوولسمه میاشت .

novice, n. مبتدي ، نوی کاره ، نابلده .

now, adv. اوس .

nowadays, adv. په دې ورځو کې .

nowhere, adv. هیچیرې ، هیڅ ځای .

nowise, adv. په هیڅ توګه ، په هیڅ ډول ، هیڅکله .

noxious, adj. زیان رسوونکی ، مضر ، غیر صحي .

nozzle, n. نوزل ، نلی ، د نل خوله .

nuance, n. لږ توپیر ، لږ فرق

nubbin, n. د جوارې وړې .

nuclear, adj. هستوي ، ذروي .

nucleus, n. هسته ، زړی ، زړی .

nude, adj. لوڅ ، لغ ، برښنډ ، لغړ .

nudity, n. برښنډ توب ، لوڅوالی

nudge, v.t. په نیغې لکه وهل ، په څنګل وهل ، په څنګل خبرول ، ټکه ورکول (په څنګل) .

nudge, n. په څنګل وهنه .

nudism, n. هغه مفکوره چه د برښنډ ژوند کولو طرفداري کوي .

nudist, n. & adj. د برښنډ ژوند کولو طرفدار .

nugget, n. د سرو زرو کوټه ، د سرو زرو ډبرې .

nuisance, n. خوا ګرزاني ، خوا بدوني : ربړوونکي ، ځوروونکي .

null, adj. هیڅ ، بې ارزښته ، بې اغیزې

nullify, v.t. لغو کول (په قانوني ډول) ، بې ارزښته کول .

nullification, n. لغو ، بې ارزښته .

numb, adj. ویده ، بېده (د بدن د کومې برخې) بې حسه ، بې خوده .

numb, v.t. ویدول ، بې حسول .

numbly, adv. په ویده توګه ، په بې حسه توګه .

numbness, n. ویده والی ، بې حسه والی .

number, n. شمېره ، ګڼه ، عدد ، ګڼ (= حساب) .

singular number, v.t. مفرده صیغه

plural number, v.t. د جمعې صیغه

numberless, adj. بې حده ، بې شمېره

numeral, n. عددي ، ګڼیز .

numerator, n. ګڼونکی ، شمېرونکی : کسري عدد .

numerical, adj. د شمېر ، د ګڼلو .

numerous, adj. ډېر ، زیات : ګڼ شمېر (خلك)

numismatics, n. سکه پېژندنه، لښان پېژندنه.

numismatist, n. سکه پېژندونکی

numskull, n. بنګ، کندذهنه، بېوړا.

nun, n. راهبه، هغه ښځه چه د دین د پاره بې دنیا ترک کړی وی.

nunlike, adj. راهبه ډوله.

nunnery, n. راهبه توب.

nuncio, n. د پاپ استازی، په بانديو ملکو کی د پاپ نماینده.

nuptial, adj. د واده، په واده پوری مربوط.

nurse, n. وړوك پاله، رنځور پاله، پرستاره، نرسه.

nursemaid, n. پېغله نرسه.

nursery, n. وړکتون: بوزغلی، قوریه

nursling, n.

nurseling, n. روزل شوی کوچنی (د دایی یا پرستاری په لاس).

nurture, n. روزنه، پالنه: خواړه تغذیه.

nut, n. مڼدکه، مینډکه، زړی، زڼی: خښته، پیچ (فلزی)، نټ.

nutcracker, n. مڼدکه ماتوونکی: یو ډول مرغه.

nutshell, n. د مڼدکو پوستوکی.

nuthatch, n. شین توبی، شیدو بی شینکی (یو ډول چوڼکه).

nutmeg, n. یو ډول د دیګ مسالې چه په پخلی کی استعمالیږی، یو ډول اغوز

nutrient, adj. مغذی.

nutriment, n. خواړه، غذا. خوړونه، تغذیه:

nutrition, n. خواړه، غذا.

nutritional, adj
nutritious, adj.
nutritive, adj. مغذی

nutty, adj. له زړو یوځای، زړی لرونکی (لکه څینی میوې): د ذوق: خوندور.

nuzzle, v.t.i. په پوزه وهل، په پوزې پوری وهل: روزل: تربیه کول.

nylon, n. نایلون: یو ډول تار کېږی ډېر کړ چه له سکرو، هوا او اوبو څخه یې جوړوی

nymph, n. ښاپیری، په یونانی نکلو کی هغه حوره چه په غرو، لښتو او ونو کی اوسېږی: ښکلې، بې مخی او نازکه پېغله

O

oaf, n. بچ (ځبي) ، احمق

oak, n. څېړۍ (بلوط)

oaken adj. د څېړۍ .

oakum, n. زړه رسۍ چه د بېړيو د سوريو او چاکو په بندولو کی استعمالېږي

oar, n. د بېړۍ را شپېل (پارو) هغه چه د کوچنيو بېړيو د بېولو د پاره استعمالېږي .

oarsman, n. را شپېل وهونکی .

oarlock, n. د بېړۍ په څنډه کی هغه کنډۍ کی چه پارو پکی اېښودل کېږي .

oasis, n. رڼا ځه (واحه) شينلی .

oat, n. سارابی اوربشی .

oaten, adj. وربشينه .

oath, n. لوړه (قسم) .

oatmeal. n. هغه خواړه چه له سارابی وربشو څخه جوړ شوی دی .

obdurate, adj. ضدي (لجوج) سرسخت ، په زړه کلک ، بې زړه سوی .

obduracy, n. ضد ، لجاجت .

obedient, adj. منونکی ، مطيع ، فرمان وړونکی .

obedience, n. منه ، قبلونه .

obeisance, n. ټيټېدنه (د تعظيم د پاره) .

obelisk, n. د تيږي ځلور کونجه ستنه (ستون) چه سر يې د هرم په شان وي

obese, adj. ډېر چاغ ، قوي .

obesity, n. مړی توب .

obey, v.t. منل ، غاړه اېښودل ، قبلول ، د چا خبره منل .

obituary, n. د مړينې خبر .

object, v.t. کوته نيول ، اعتراض کول ؛ مخالفت کول .

objection, n. کوته نيونه ، اعتراض .

objectionable, adj. د اعتراض وړ .

objector, n. کوته نيوونکی ، معترض .

object, n. شی ، ماده ، هغه شی چه ليدل کېږي . ، موضوع ، مقصد ؛ (گر) مفعول .

obective adj. عينی ، آفاقی ، واقعی ، هغه شيان چه خارجی وجود ولري او د شخص نظر پکی دخل ونلري ؛ عدسيه .

objective case. مفعولی حالت (گر) .

oblate, adj. فداکار (په مذهبي چارو کی) . هغه شی چه قطبونه يې ژور وي

oblation, n. فداکاري (په مذهبي چارو

obligate, v.t. اړ کول (مجبورول)، ګومارل، (موظفول)، متعهد کول، مقید کول.

obligation, n. اړتیا، مجبوریت، قید، تعهد.

obligatory, adj. واجب، جبري

oblige, v.t. اړ کول (مجبورول)، ګومارل، مکلف کول: خوشالول.

obliging, adj. خدمت ته چمتو، مرسته کوونکی، مهربان، صمیمي.

oblique, adj. ریوند، کوږ، مایل.

obliquely, adv په ریونده توګه.

obliquity, n. ریوندوالی، کږوالی

obliterate, v.t توږل، ګرول، هېرول، پاکول، کوره کول (محوه کول): له منځه وړل، فسخ کول.

obliteration, n. توږنه، ګرونه.

oblivion, n. هېروالی، هېرتیا.

oblivious, adj هېرجن، هېرناک: بې پروا، بې خبره.

oblong, adj. اوږد دوزنقه، اوږد څوړ یدالی مستطیل.

oblong, n اوږد څلوری، مستطیل.

obloquy, n. غندنه، بدوینه، پېغور، رسوایي، سپکاوی.

obnoxious, adj. ناوړه، کرغېړن، زیان رسوونکی، مضر.

oboe, n. سورنا، سورنای.

obscene, adj. کرغېړن، بدمرغه، ناوړه، ناوړه: احمق.

obscenity, n ناوړتوب، کرغېړن

تپ، انښتي . : پټ مبهم : کږ کوږن

obscurely, adv. په تیاره توګه.

obscurity تروالی، خړوالی، خپوالی.

obsequies, n. خښولو دود، د جنازې مراسم.

obsequious, adj. ورډمال، چاپلوس.

obsequiousness, n. چاپلوسي.

observable, adj. لیدونه، د کتنې وړ، رعات کوونکی.

observance, n. رعایت، ساتنه (لکه د قانون)، پاملرنه: کتنه: مذهبي دود.

observant, adj. پاملرونکی، ساتونکی (رعایت کوونکی).

observation, n. لیدنه، کتنه (مشاهده): یادونه.

observatory, n. د ستورو کتنځی (رصدخانه).

observe, v.t. کتل، ساتل (رعایت کول)، اجرا کول (لکه د مراسمو).

obsess, v.t. ځورول، پکو کول، کړول، ځورول.

obsession, n. ځور، کړاو، ربړ، اندېښنه، سودا.

obsidian, n. هغه تېږه چه د اور غورځوونکي غره له موادو څخه په طبیعي ډول جوړېږي.

obsolescent, adj. له مودې لوېدلی، له دوره لوېدلی.

obsolescence, n تدریجي زوړوالی، ورو ورو زړېدنه.

obsolete, adj. له مودې لوېدلی، له دوره لوېدلی، زوړ، مخ په زوال، متروک.

obstacle, n. خنډ، مانع .

obstetrics, n. دایی توب، قابلگی، له ښځی سره د لنگیدو په وخت مرسته .

~~obstetric, adj.~~ دقابلگی .

obstetrical, adj. ددایی توب، د لنګون

obstetrician, n. ولادی متخصص، د لنګون متخصص .

obstinate, adj. سرټمبه، سرزوری .

obstinacy, n. سرټمبه گی، سرزوری .

obstinately, adv. په سرټمبه گی

obstreperous, adj. سرزوری، سرکښ: چیغن (غالمغالی) .

obstruct, v.t. خنډاچول، بندیز اچول، اله بنگی اچول .

obstruction, n. خنډ، بندیز، اله بنگی

obstructive, adj. خنډ اچوونکی

obtain, v.t. لاس ته کول، حاصلول، گټل

obtainable, adj. دحصول وړ .

obtrude, v.t.i. ځان وړاندی وړاندی کول، دشی ومبومبچ کېدل، نابللی ورتلل.

obtrusion, n. بیځایه مداخله.

obtrusive, adj. بیځایه ځان وړاندی کوونکی .

obtuse, adj. پخ، نابوره، پېړا، کم عقل.

obverse, n. مخ، دسکی مخ، هغه خواچه نشان یا بت ورلری: هغه چه سر یی لټها او بیخ یی نری وی لکه (هگی، ناك) .

obverse, adj. مخنی برخه: مخامخ، متقابل

obviate, v.t. مخه نیول، ایسارول: ځان تری خلاصول: له مینځه وړل .

obvious, adj. ښرگند، ښکاره، جوت

obviously, adv. په ښرگند ډول، په ښکاره ډول .

obviousness, n ښرگندوالی، جوت والی .

occasion, n. وخت، وار، موقع، ځای .

occasional, adj. کله کله، ځینی وخت، ضمنی .

occasionally, adv. په ځینو وختو کی .

occident, n. لویدیځ او غرب (اروپا) او امریکا) .

occidental, adj. غربی .

occlude, v.t. تړل، بندول، ایسارول .

occlusion, n. تړنه، بندونه .

occult, adj. پټ، سری

occupancy, n. نیونه، لاس ته راوستنه، خپلونه: دنده، پیشه، مسلك .

occupant, n. نیوونکی، لاسته کوونکی، لاندی کوونکی .

occupation, n. نیونه، خپلونه، دنده، حرفه، مسلك .

occupational, adj. حرفوی، کسبی.

occupy, v.t. نیول (اشغالول)، خپلول لاسته کول: الگیا کول، بوختول .

occupier, n. نیوونکی: بوختوونکی

occur, v.i. پېښېدل، واقع کېدل: په یاد ډېدل، په زړه کېدل: موندل کېدل: ښرگندېدل .

occurence, n. پېښېدنه، واقع کېدنه، نابوبره، پرپېښېدنه، پېښه .

ocean, n. سمندر (بحر) .

oceanic, adj. سمندری، بحری .

ocelot, n. یو ډول لویه امریکا یی پیشو

ocher, n. هغه خاوره چه د اوسپنې مواد پکښې وي .

o'clock n. بجه .

octagon, n. اته اړخیزه شکل .

octagonal, adj اته اړخیزه ، اته گوټي

octave, n. اتمه ورځ (د اختر) : اته ایز .

octavo, n. هغه کتاب چه مخونه یې د کاغذ د تختې له اتمې برخې څخه جوړ شوي وي

October, n. د عیسوي کال لسمه میاشت چه ۳۱ ورځې لري .

octogenarian, adj. اتیا کلن ، هغه څوک چه د اتیا او نوي کلو ترمنځ عمر ولري .

octopus, n. یو ډول سمندي یا بحري ژوی چه اته لاس او پښې ولري .

ocular, adj. د لیدو وړ ، عیني .

oculist, n. د سترگو ډاکټر .

odd, adj. تاک (طاق) بې جوړې . هغه عدد چه جوړ (جفت) نه وي : اضافه گي ، موقتي (کار) ، عجیب .

oddly, adv. تماشه یا په عجیب ډول

oddity, n. عجیب والی ، تماشه والی ، عجیب سړی یا شی .

odds, n. pl. & sing. توپیر ، نا برابري ، فرق : ښه والی ، د باندې والی (امتیاز) .

ode, n. یو الله ، قصیده .

odious, adj خوا بدوونکی ، د کرکې وړ کرغیړن .

odium, کرکه ، نفرت

odor, odour, n. بوي ، ښه بوي : شهرت

odoriferous, adj. خوشبوی .

odorous, adj. خوشبویه .

oesophagus, n. ستونی ، غاړه .

of, prep. له ، څخه ، د ، (اضافت توري) په ، پکښې .

off, adv. جلا ، لیرې ، بېل ، برې

offal, n د حلال شوي څاروي ناکاره غوښې چه نه خوړل کېږي ، بې ارزښته بیکاره ، اضافي شیان .

offend, v.t. تیري کول ، خپه کول ، سپکول : گناه کول .

offender, n. گناه کار .

offense, n تیری ، نقض ، ازار ، سپکاوی

offensive, adj. تیري کوونکی ، برغل کو ، خوا بدوونکی .

offensiveness, n. تیری ، برغل ، خوا بدونه .

offer, v.t. ور کول ، فرمایش ور کول ، وړاندې کول ، بخښل ، پیشنهاد کول ، : د . . . داوطلبي .

offering, n. بخښنه ، پیشنهاد .

offhand, adv. په بې غورۍ ، په بې فکرۍ

offhand, adj. بې ملاحظې ، بې اندیښنې بې غوره .

office, n. دفتر ، اداره : خدمت : وظیفه : مقام ، درد ، دستور .

office holder, n. کاردار .

officer, n. افسر ، د دفتر امر ، د لوړې رتبې مامور ، عسکري منصبدار .

official, adj. مامور : رسمي ، اداري

officialdom, n. مامور یت ، رسمیت .

officially, adv. په رسمي توگه .

officiate, v.t. لمونځ ورکول، مذهبي دود په ځای کول (د ملا په حیث): ماموریت اجرا کول په رسمي توګه: یو کار کول، کوربه کېدل.

officious, adj. هغه څوک چه لکه د تروومچ په هر کار کې ځان ګډوي، نابللی، سپک سړی: غیر رسمي.

offing, n. د سمندر هغه ژوره برخه چه له ساحل څخه لیدل کېږي: لیري فاصله.

offset, n. لیا لګی، لښته، منډوکی، څوړګه، څانګه: فرعي لین (لکه د اساسي ال څخه چه بل ال جلاشي)

offset, v.t. انډول (متوازن کول)، برابرول

offshoot, n. بچګی، ښاخ، یا ښاخ، څانګه: زوزاد، اخلاف، فرعي، مشتق.

offshore, adj. له څاړي لري، له څنډي لري (د سیند)

offspring, n. زی، زوزاد، اولاد

oft, adv. ډېر ځلي، ډېر واري، اکثر.

often, adv. ډېر ځلي، اکثر، بیا بیا

oftentimes, adv اکثر وختونه، ډېر پلاوي ډېر واري.

ogle, v.t.i. په نازاو نخرو کتل، په مینه کتل، په نازاو نخرو کېدل

ogle, n. نازاو نخري

ogre, n. سړي خور، بلا، ادم خوره بلا (په افسانو کي): ظالم: بدرنګه

ohm, n. د برېښنا د مقاومت واحد.

oil, تېل، غوړي.

oil, adj. غوړ.

oily, adj. غوړمن.

oilcloth, n. موم جامه.

oilskin, n. موم جامه.

ointment, n. غوړي، ملهم.

O.K, OK, okay. adj. صحیح، سم، ټیک

O.K. v.t. سمول (صحیح کول)، منل (تصویبول) تصدیق کول، تاییدول، کره کول.

okra, n. بینډۍ، بامیه، بینګړۍ.

old, adj. زوړ

olden, adj. زوړ شوی

old-fashioned adj. پخوانی، لرغونی، زوړ، له موډه لویدلی.

oldish, adj. زوړ ډوله، زوړ وزمه

old-world, adj. زړه نړۍ، زړه دنیا، پخوانۍ نړۍ (لکه چه امریکا پکې نده شامله).

oleander, n. ګنډېرۍ (یو ډول زهرناک بوټی چه ګل یې تل شین وي)

oleo, n. د oleomargarine مخفف، مارګرین

oleomargarine n. مارګرین، یو ډول ګیاوله غوړي

olfactory, adj. په شامه پوري مربوط، د شامي (د بویولو قوه یا حس)

oligarchy, n. اولیګارشي، د څو کسانو حکومت، د یوه ډلي حکومت، هغه هېواد چه د اولیګارشي په واسطه اداره کېږي.

oligarch, n. د څو کسیز حکومت غړی

oligarchic, adj د څو ورو کسانو هغه ډله چه د حکومت واګي یې په لاس کې وي.

oligarchical, adj د څو ورو کسانو حکومت.

olive, n. زیتون، زیتون.

olive oil. د زیتون غوړي

omega, n. د یونانی الفبا وروستی توری

omelet, omelette, n. خاګینه ، داسی خاګینه چه هګی سره ولړی او بیا یې پخی کړی .

omen, n. مرغ ، فال ، شګون ، نښه.

ominous, adj. بد مرغه .

ominously, adv. په بد مرغی .

omit, v.t. غورځول (حذفول) ، ګرزول ، تېرېدل : پاته کېدل : ناکامول .

omission, حذف ، له نظره غورځونه ، تېرونه .

omnibus, n. بس ، یو ډول اوږد سرویس موټر چه ډېر خلك سپرو لای شی : هغه کتاب چه دزیات شمیر آثارو لوموړنه پکښې داخلی وی .

ominpotent, adj. قادر مطلق ، پر هرشی بر ، پر هرشی قادر .

omnipotence, n. مطلق قدرت .

omnipresent, adj. هرچیرته حاضر ، هرځای حاضر (په عین وخت کی) .

omnipresence, n. هر چیرته موجوده والی ، هرچیرته حاضر توب (په عین وخت کی) .

omniscient, adj. په هرڅه پوه ، په هرڅه خبر (عالم کل) .

omniscience, n. په هر څه پوهېدنه

omnivorous, adj. هغه څوك چه هر څه خوری ، هغه څوك چه هر سا به او هم غوښه خوری .

on, prep. پر ، سر بېره ، باندی : وړاندی خوا ، اوری .

once, adv. یو ځلی ، یوه پلا ، هر وخت پخوا

oncoming, adj. راتلونکی ، راتلونی ، رارسېدونی .

one, adj. یو ، ناکلی (سړی یا شخص) : متحد .

one-legged, adj. یو پښی ، یوی خواته کوږ .

onness, n. یووالی .

onerous, adj. دروند ، مشکل ، ګران ، سخت ، ستونځور .

oneself, pron. پخپله .

one-sided, adj. کوږ ، یوی خواته ، ربوند ه : یوا ړ خبز : اسا برابر (په حقوقو کی) .

one-way, adj. یو لار ، یوی خواته ، یو لوریځ (لکه ترافیك چه پر یوه سړك تلای شی خو را تلای نشی) .

onion, n. پیاز ، کنك .

onlooker, n. ننداره چی ، کتونکی ، ناظر .

only, adj. یوازی ، یوازنی ، وتلی ، تنها : ډیر ښه .

onrush, n. مخ په وړاندی ، ترمخ (یرغل)

onset, n. یرغل ، پیل ، بربد .

onslaught, n. کلك یرغل ، چپاو ، کلکه حمله .

onus, n. مسئولیت ، پېټی ، مکلفیت

onward, adj. وړاندی .

onwards, adv. مخ په وړاندی .

onyx, n. یو ډول مرمری تیږه چه څو پوله ، رنګه رنګونه واری

ooze, v.i. نښېدل ، څڅېدل ، سوکه بهېدل

ooze, n. خړه ، لرمه خټه ، پسته خټه .

oozy, خټنه ، خټنه .

opal, n. یو ډول تیږه چه ځینې هم ځنې جوړېږي او په زړه پوري رنګونه لري .

opalescent, adj. د شنې او زرغونې رڼا ، د شنې او زرغونې رنګوله .

opaque, adj. خړ (مکدر) ؛ ناڅرګند (مبهم) ، تت ، پټ (ښې) .

ope, v.t.i. پرانیستل ، ښکاره کول ، ښکاره کېدل .

open, adj. پرانیستی ، واز ، خلاص ؛ څرګند ، ښکاره ؛ بې تعصبه ؛ لاس خلاصی (سخي) .

opener, n. پرانیستونکی .

openly, adv. په څرګند ډول .

openness, n. څرګندوالی .

open door, adj. پرانیستی ور ، خلاصه دروازه (په ډیپلوماسۍ کې)

openhanded, adj. سخي ، لاس خلاصی .

open-hearth, adj. د یو لا وود و یلولو بټۍ یاد اش .

opening, n. پرانیستنه (خلاصوله) ؛ خوله ، سوراخ ، سوری ، سوری ؛ پیل ، پرېښد ، شروع ؛ خالیګاه .

open shop, هغه کار ځای چه هلته هر څوک بې له اجازې کار کولای شي

openwork, n. په توکرانو او فلزاتو کې د سوري په جوړولو سینګارونه .

opera, n اوپرا ، هغه ننداری چه او په برخه یې شعر او موسیقي کې اجرا کېږي موزیکال ډرامه .

operatic, adj. د اوپرا ، اوپرایي .

opera glass, or glasses, یو ډول دوربین کې تلسکوب چه د اوپرا په لیدو کې استعمالېږي

operate, v.i.t. عملي کېدل ، عملي کول په کار اچول ، چلول ، اداره کول .

operator, n. په کار اچوونکی ، عملي کوونکی .

operation, n. عمل ، عملیات ؛ خوځېدا ، حرکت (اوپراسیون په عسکری کې)

operative, adj عملي ، عملیات کېدونکی عملي کېدونکی (د عملي کېدو وړ) .

operetta, n. اوپرېټا ، کوچنۍ اوپرا هغه ننداری چه د سپک موزیک په وسیله ودیالوګ یې څېز په نظم یا نثر اجرا کېږي

ophthalmic, adj. د سترګې ، د سترګو

ophthalmology, n د سترګو ناروغیو پوهنه .

ophthalmologist, n. د سترګو ناروغیو متخصص .

opiate, n. بې ناره کوونکي ګولۍ چه د استعمال په صورت کې خوب هم راولي

opine, v.t.i. نظر ورکول ، تصور کول ، عقیده لرل ؛ تصمیم نیول .

opinion, n. نظریه ، مفکوره ، فکر .

opinionated, adj. سرټمبه ، سرزوری ، په خپل سر ، مستبد .

opium, n. اپین ، تریاک (افیون) .

opossum, n. یو ډول امریکایي ژوی چه پاس په ونو کې اوسېږي او ښځې یې وېښتان لري .

opponent, adj. مخالف ، چپ (ضد) .

opportune, adj. وړ ، مناسب ، په وخت برابر ، په موقع .

opportunism, n. اوپورتونیسم ، له وخت نه ګټه اخستنه بی له دي چه پرنسیپونو ته اهمیت ورکړی ، ابن الوقتی .

opportunist, خپل چارو کی ، هغه څوک چه له وخت نه ګټه اخلی بی له دی، چه پرنسیپونو ته اهمیت ورکړی .

opportunity, n. فرصت ، وخت ، موقع ، ښه چانس .

oppose, v.t. مخالفت کول ، پر لار کې ورته دریدل ، مخته دریدل (دچا) .

opposite, adj مخالف ، مخامخ ، مقابل ، چپ (ضد) .

oppress, v.t. تیری کول ، ظلم کول ، فشار اچول .

oppressor ظالم ، فشار اچوونکی ، تیری کوونکی .

oppression, n. ظلم ، فشار ، کښېکښنه

opprobrious, adj ناوړه ، سپک ، رسوا .

opprobrium, n. سپکوالی ، ناوړه توب ، رسوایی .

optic, adj. دسترګو ، دلیدو ، دباصری .

optical, adj. په لید پوهنې (بصری علم) پوری مربوط ؛ دلیدو ، درڼا ته منسوب

optician n, دعینکو سوداګر ، هغه څوک چه دچشمو درانیولو او پلورلو کار کوی ، عینک جوړوونکی .

optics, n. دڼا او لیدو پوهنه .

optimism, n. خوشبینی ، خوش باوری .

optimist, n. خوش باور .

optimistic, adj هغه نظر چه پر خوشبینی ولاړ دی .

option, n. واک ، دټاکلو واک ، اختیار .

optional, adj. دواک ، اختیاری .

optometrist, n. دسترګو دعیب ټاکلو متخصص (دچشمو دورکولو دپاره) .

opulent, adj. بډای ، موړ ، شتمن ، شته ، ډېر .

opulence, n بډایی ، موړوالی ، شتمنی .

or, conj. یا ، لا .

oracle, n غیب وینه ، الهام ، مشوره .

oracular, adj غیبی ، الهامی .

oral, adj ویلی (شفاهی) تقریری ، دخولی .

orange, n. نارنج ، مالټه ، سنتره .

adj. نارنجی .

orangeade, n. دمالټو خوږوالی (شربت)

orangutan, n. وحشی سړی ، ځنګلی سړی ، یو ډول بیزو چه اوږده لاسونه لری او په بورنیو او سوماترا کی پیدا کیږی

oration, n. اوږده وینا ، لویه وینا ، خطابه .

orator, n. ویناګر ، خطیب ، ویانده (نطاق)

oratorio, n دډرامی نظم چه له موسیقی سره ویل کیږی .

oratory, n ویناګری ، نطاقی ، خطابه

oratorical, adj. دخطابې .

orb, n. کره ، دایره ، ګردوالی ، غونډوالی ، کره ، مدار .

orbicular, adj. غونډ ، کروی

orbit, n. مدار ، سترګ ځالی (دسترګو کاسه) .

orbital, adj. د مدار ، مدار ته منسوب .

orchard, n د میوو باغ : (میوه لرونکي ونې) .

orchardist, n. مالیار .

orchestra, n. ارکسترا ، هغه ساز او سندرې چې په هغه کې د ساز ډېرې آلې استعمالېږي ؛ د ساز آلې ؛ د ساز یالو د ناستې ځای (د ستېج مخکې).

orchestral, adj. ارکسترایي .

orchestrate, v.t.i. ارکسترا کول ، د ارکسترا په بڼه اداول ، په ارکسترا کې ، اتلل

orchestration, n. په ارکسترا کې راتلنه .

orchid, n. یو ډول بوټی چې ښې سره ښکلي گلان لري .

ordain, v.t. ټاکل ، مقررول .

ordeal, n. سخته ازموینه یا تجربه : په لرغوني زمانه کې د سختو جسماني تکلیفو په واسطه د گناه ثابتونه .

order, n. ترتیب : امر ، حکم ، فرمایښت (فرمایش) : سپارښتنه : لارښوونه : سمون : آرامي : کتار . منظم لوله . نظم ، ډول ، پروگرام ، کړالاره ، پرنامه : درجه ، طبقه .

orderly, adj. سم ، منظم ، مرتب ، برابر

ordinal, adj. پرله پسې شمېر (لکه لومړی ، دوهم ، دریم ، پرله پسې گڼه .

ordinance, n. امر ، حکم ، لار ، قانون .

ordinary, adj. عادي ، معمولي ، متوسط (نه ښه نه بد) : باقاعده .

ordinarily, adv. په عادي ډول .

ordination, n. هغه مراسم چې په هغه کې یو عیسوي ملا مقررېږي .

ordnance, n. توپ ، توپخانه ، وسله ټول جبه خانه .

ordure, n خوشایې ، ټپی

ore, n. کاڼی ، تیږه ، معدني پرچه ، فلز لرونکي مواد ، فلزوال مواد

oread, n د غره حوره (په یوناني ښکلو کې)

organ, n آله ، وسیله : دستگاه ، عضوي (د بدن) سازمان : ارگان (ارغنون)

organdy, organdie, n ارگندي یو ډول نازک ټوکر .

organic, adj. عضوي ، د اندام ، عضوي اساسي : سازماني .

organically, adv. وظیفوي ، ډول اساسا .

organism, n. ارگانیزم ، ژوندی موجود . عضویت : رغښت : (ترکیب) .

organist, n. ارگان (ارغنون) وهونکی

organization, n. اداره ، سازمان ، تنظیم ، تشکیل .

organize, v.t. رغول ، جوړول (تنظیمول) بڼه ورکول ، تشکیلول .

organizer, n. جوړوونکی ، تنظیموونکی

orgy, n. مستي ، عیاشي .

oriel, n. یو ډول ډېوالي کړکۍ چې څو اړخې ... .

Orient, n. ختیځ ، ختیځه سیمه .

Oriental, adj. د ختیځ ، د لمر ختو اړخ ، د شرق ، شرقي .

orientation, n. اړخ ټاکنه ، ور پېژندنه ، د ... ټاکنه ، د سوالاړ ټاکنه ، د موقعیت ټاکنه

orifice, n. مخرج ، خوله ، سوری ، وره

origin, n. منشا ، مبدا ، اصل ، سرچینه

original, adj. ابتدایی ، لومړنی ، پخوانی ، اصلی ، حقیقی ، خپل ، تازه : نوی ، فطری ، ذاتی .

originality, n. نوی والی : لومړی والی ، ابتکار قوت .

originally, adv. په ابتدا کی ، په لومړی توګه ، په

originate, v.t.i. په منځ ته راوړل ، ایستل ، پیدا کول : په منځ ته راتلل ، مبدا درلودل : اصلیت درلودل : نوی ابتکاری ډول منځ ته راتلل .

originator, n. نوی راایستونکی ، ایجاد ، ونکی ، پیدا کوونکی ، مؤسس .

oriole, n. یو ډول امریکایی ژیړ بخونه مرغی چه په څو رنګ لری .

orison, n. دعا ، زاری ، لمونځ

ornament, n. v. : ګاڼه ، ګېڼه ، پسول ، سینګار ، ډول ، سینګارول ، پسولل .

ornamental, adj. ډولی ، پسولیز .

ornamentation, n. سینګار ، ډول ، زینت .

ornate, adj. ډولی ، زیات سینګار شوی ، شوی .

ornithology, n. د مرغه پیژندنه ، د مارغه په هکله ، د مرغانو علم .

ornithological, adj. د مرغه پیژندنی .

ornithologist, n. مرغه پوه ، د مرغانو عالم .

orphan, n. یتیم .

orphanage, n. یتیم والی : مرستون .

orthodox, adj. پخوانۍ عقیدې ته ټینګ ، ولاړ ، جزمی .

orthodoxy, n. کلکه عقیده .

Orthodox Church, د عیسوی دین یو شاخ چه په ختیځه اروپا کی عمومیت لری .

orthography, n. سمه لیکنه ، املا ، لیکدود .

orthographic adj. د سم لیک ، د سمې لیکنې .

oscillate, v.i. ځنګېدل ، خوځېدل ، ښورېدل ، له یوې خوا بلې خوا ته خوځېدل (لوسان) ، رپېدل .

oscillation, n. خوځېدنه .

oscillator, n. زنګوونکی ، ښورونکی .

osier, n. یو ډول ولې چه د هغه له ښاخونو څخه ټوکری جوړوی .

osprey, n. یو ډول باز چه کبان خوری

ossify, v.t.i. کلکول لکه هډوکی یا هډوکی کول ، هډوکی ته اړول ، کلک هډوکو ته اړېدل ، هډوکی کېدل

ossification, n. کلکونه ، هډوکی کونه ، هډوکی کېدنه .

ostensible, adj. ظاهری ، په ډرو غو ، نمایشی

ostensibly, adv. په ظاهری ډول ، په ظاهری توګه .

ostentation, n. ځان ښودنه ، تظاهر ، ځان په ځان ښکاره کونه .

ostentatious, adj. متظاهر ، ځان ښوونکی .

ostentatiously, adv. په ظاهری توګه

ostler, n. میتر (مهتر) .

ostracize, v.t. رټل، شړل (له ټولنې) رټنه، شړله .

ostrich, n. شترمرغ .

other, adj. بل، نور .

otherwise, adv. کهنه، مختلف .

otter, n. داو بو پیشي، یو ډول داوبو ژوی چه کبان خوري او ژړ بخن و پښتان لري .

ottoman, n. کتنکی ، ایمکت .

ought, v. باید، اړو مرو .

ounce, n. اونس ، د وزن مقیاس (۲۸٫۳۵۰۲) گرام، لوښی

our, pron. (د جمع متکلم ضمیر) موږ ، زموږ (لکه زموږ کتاب وئه) .

ours, pron, (د جمع متکلم ضمیر) زموږ .

ourselves, pron. pl. پخپله زموږ (د متکلم ضمیر جمع) .

oust, v.t. څورڅول ، شړل، ایستل ، بې برخې کول ، محرومول .

out, adv. د باندې، ایستلی ، وتلی ، ورچیشی، بهر، لهوری : موقوف .

out—and—out. adj. بشپړ، سم.

outbalance, v.t. درنول، وزن پورته کول، مثاثر کول، مغلکی کیدل .

outbid, v.t.i. مزایده کول، زیاتول و (په بیتو کي) لیکه .

outboard, adj. له بیړۍ د باندې ، له کښتۍ بهر .

outboard motor له بیړۍ څخه د باندې انجن یا ماشین .

outboard, adv. د بیړۍ وتلی ، له بیړۍ بهر .

outbreak, n. چاودله، څورځیدنه: پیل ، شروع ، خپریدنه (شیوع)

outbuilding, n. مضروداني چه د مستري او اساسي ودانۍ نه وتلي جوړه شوي وي (لکه دپره ، میلمتون ، سراچه) .

outburst, n. چاودنه ، ترله وتنه ، او راخیستنه (له هیجانه او غضبه) .

outcast, n. رټنه، ایستنه، شړنه (له ټولنې یا له هیواده) .

outclass, v.t. رټل، شړل ، ایستل .

outcome, n. نتیجه .

outcrop, n. پرمځکه باندې داوي رگ پیدا کیدنه، پرمځکه د یوه لوي قشر دایر سهره کیدنه (اصطلاح) څرگندیدنه، واقع کیدنه .

outcry, n. ناري سوري ، شورما شور ، ځالمضال، کلك اعتراض .

outdistance, v.t. تیریدل (تر) ، وړمخه کیدل (ترچا) .

outdo, v.t. اخول (تر)، تیرول (تر) .

outdoor, adj. باندې، دباندې ، بهر، ورچیشی .

outdoors, adv. د باندې (ترکور) ، بهر .

outer, adj. وتلی، هاخوا تنه ، دباندې (نسبتاً) یو څه دباندې .

outermost, adj. لیري، دباندې .

outfield, n. تر کور اوباندې ، تر احاطې وتلی .

outfit, n. اسباب، سامان او لوازم، ټکه و بوك .

outflank, v.t. (لښکر) اړخ یو ر ا تلل ، له یوې خوا پر ا گرځیدل .

outgo, v.t. n. لګښت، خرڅ، مصرف، تګ: تېرېدل (تر)، ډېره کېدل (تر) لوړېدل، وړاندې کېدل.

outgoing, adj. وتونکی، تلونکی (د باندې) بهر تلونکی؛ تقاعد کوونکی، جلا کېدونکی.

outgrow, v.t.i. بې وخته لوړېدل، په ځېر طبيعي توګه وده کول، له اندازې لوړېدل

outgrowth, n. ښاخ، ځانګې: نتيجه، حاصل، اضافي څوښه.

outhouse, n. ضمني، الحاقيه، د کور هغه برخه چې په اصلي ودانۍ پورې ضميمه جوړه شوې وي؛ انګړ.

outing, n. لنډ تفريحي سفر، هواخوري، ميلې ته تګ.

outlandish, adj. پردی، نااشنا، عجيب او غريب.

outlast, v.t. ډېر پايښت کول (له ټاکلې مودې نه) ډېر ټينګېدل (تر ټاکلي وخته)

outlaw, n. باغي، سرکښ، له قانون نه سرغړوونکی: جنايتکار، د قانون د حمايې څخه وتلی: شړل شوی، هغه څوک چې غير قانوني اعلان شوی وي

outlawry, n. محروميت (له حقوقو)

outlay, n. لګښت.

outlet, n. سوری، سوړه، مخرج

outline, n. خاکه، عمده مطالب (د يوې موضوع)، طرح، شکل بندي

outlive, v.t. اوږد ژوند کول، ډېر عمر کول.

outlook, n. جهان بيني، نظريه؛ دورنما، منظره.

outlying, adj. لېرې، لرې

outmaneuver, outmanoeuvre په تظاهر او ځان ښودنه له نورو نه مخکې کېدل: غولول.

outmoded, adj. له دوده لوېدلی، نادوده، له موډه وتلی.

outnumber, v.t. په شمېر کې زياتېدل (تر)

out—of—date, adj نادوده، له موډه لوېدلی.

out—of—door, adj د باندې، ور څېرمې، بهر.

out—of—the—way, adj. لېرې، کونجی، ورپاتې، وتلی؛ غير معمولي

ouptost, n. (لښ) مخکې څوکۍ، د مخې سنګر: هغه ډله پوځيان چې د دفاع دپاره له لښکر څخه مخکې تللي وي؛ سرحدي کلي او قلعه.

outpour, n. د باندې ګړېدنه، بهرېدنه، څوړېدنه، اچونه.

output, n. اېره، محصول، حاصل.

outrage, n. تېری، سپکاوی، تجاوز؛ غضب: ناوړه رويه، بدخويي، بدسلوکي، کټره.

outrageous, adj. تندخوی، بدخولی، تېری کوونکی.

outrageously, adv. د تېري په توګه.

outrank, v.t. اوچتول، جګول (تر)، هسکول (په رتبه کې).

outrider, n. ښاتر، اردلي.

outrigger, n. د بېړۍ د مخې لرګی، د ګاډۍ د مخې لرګی يا پايه.

outright, adv ټول، بشپړ، په سملاسي، پوره: پرته له اندېښنې؛ ناڅاپه، مفاجاً

outrun, v.t. تېرېدل (تر)، چابك ځغاستل (تر).

outset, n. بريد، پيل، پېښه، شروع

outshine, v.t. ډېر ځلېدل (تر)، ښه كېدل (تر)

outside, n. د باندې، بهر، ورچېنى.

outsider, n. پردى، خارجي، بېگانه.

outskirts, n. د ښار د باندې برخه، له مركزه ورتلې غنډه (حاشيه)، شاوخوا

outspoken, adj. سپين (هغه څوك چه په ډاگه ډېلې خبرې كوي).

outspread, v.t.i. غوړول، خپرول، ډېرول، غوړېدل، خپرېدل، ډېرېدل، اوږدېدل (د پښې).

outstanding, adj [illegible] (برجسته) پاتې، اندرغښ، هغه حساب چه تصفيه شوى لا نه وي.

outstretch, v.t. وېړول، غوړول، غځول

outstrip, v.t. تېرول، د مخه كول، وړاندې كول (تر) وروسته پرېښودل.

outward, adv. adj. په مخ ځول، د ليدو وړ، د باندې، بهر، ورچېنى، بهرنى، باندنى، خارجي.

outwardly, adv. په د باندې توگه، په ظاهري ډول.

outwards, adv د باندې خواوې.

outwear, v.t. زړول، ډېر دوام كول (تر).

out weigh, v.t. غځول، درنول، چاغول، درنېدل (تر).

outwit, v.t. پوه كول، تر چا د مخه كېدل (په هوښياري كې) (تر) تېرا يستل، كېښتل.

outwork, n. د كلا مخه، مخكنى سنگر، بهرنى استحكامات.

outworn, ad زوړ، ستړى.

oval, adj. هگۍ ډوله، هگۍ شكل

ovate, adj. هگۍ وزمه

ovary, n. بېښت (د چرگو او مرغانو)، تخمدان.

ovarian, adj. مبېض.

ovation, n هر كلى (د زړه له كومې)

oven, n. تنور، اورغالى، داش، بټۍ.

ovenbird, n. يو ډول سور امريكايي مرغه چه په مځكه كښې گومبټي غوندې ځاله جوړوي.

over, adv. لوړ، هسك، برسېره، پر، ډېر (تر)، پاى، سربېره پر، پورې غاړه، په دې برخه كې

overact, v.t. خپل رول تر اندازې زيات لوبول.

over alls, n. هغه كالي چه د كار په وخت كښې پر نورو كالو برسېره اغوستل كېږي.

overawe, v.t. وېرول، بېرول، ډارول، تهديدول.

overbalance, v.t.i. ډېرول (تر)، موازنه بايلل، درنول، په يوه اړخ كېدل، يوې خوا ته كږېدل يا كږول، درنېدل.

overbearing, adj. كبرجن، د لوبې چښتن، د كبر په توگه، د لوبې په ډول.

overboard, adv. د بېړۍ له ډډې، د بېړۍ له تختې، په اوبو كښې.

overburden, v.t. درنول، درونه بارول.

overcast, adj. په اوریځو کښې پټ، په اوریځو کې پټ، تت.

overcahrge, v.t. زیات اخستل (له ټاکلي قیمت څخه)

overcharge, n. زیات اخستنه، له ټاکلې بیې څخه د ډېرې بیې غوښتنه.

overloud, v.t.i. تر اوریځې لاندې کول، تر اورو لاندې کول، تر اوریځې لاندې کېدل

overcoat, n. کوټ، بالاپوښ.

overcome, v.t. لاندې کول، بریالی کېدل (پر)

overcrowd, v.t. ټنډه کول، ډېرول، په کوم ځای کښې ډېر خلک او بازوی ځایول.

overdo, v.t. افراط کول، تر حد تېری کول، زیات وخت تېرول (د ډېر پخلي په اثر): ځان ډېر ستړی کول (په کار)

overdose, n. تر اندازې ډېره د دوا خوړله.

overdraw, v.t. ډېر اخستل (په تېره له بانک څخه تر هغې اندازې ډېرې پیسې د چک په وسیله اخستل چه هلته یې بانک کې دي): مبالغه کول.

overdraft, n. تر اعتبار ډېر حواله کول

overdraught, n. هغه هوا چې پاس تېرېږي

overdress, v.t. ډېر سنګارول (پر کالیو)

overdue, adj. ځنډېدلی، ځنډول شوی، ډېل شوی (لکه د پور ادا اسی لور)

overeat, v.i. ډک کېدل، (په خوړو کې) ډېر خوړل، تر ټاکلې اندازې ډېر خوړل

overestimate, n. لوړه اټکلونه

overestimate, v.t. لوړ اټکلول، لوړ اټکلېدل

overflow, v.t.i. پر څنډو اوښتل، تر څنډو تېرېدل (لکه د اوبو او لوړو ماېعاتو)

overgrow, v.t. غټول، لویول، (تر اندازې ډېر)

overgrown, adj. غټ، لوی، ستر، (تر اندازې ډېر)

overhand, adj. کښېکښل شوی، کښېکښلی.

overhang, v.t.i راځوړېدل (په)، ځوړېدل.

overhaul, v.t. کوزول، کښته کول، پلټل کول، اډول (پر)، پلټنه کول.

overhead, adj پر سر، د سر د پاسه، پرسر پرسېر.

overhear, v.t. چه څوک نه ورته اېښوول، چه څوک له ورته اپول، سطحي اورېدل، کله کله اورېدل:

overland, adv. پر مځکه، پر مځکه باندې، د مځکې پر مخ.

overlap, v.t.i. ورېښول (پر)، د اسې غوړول چه تر څنډو یې راوړي، پر یو بل سره زیاته اوښتل، یو پر بل تېرېدل (تضاعف و تداخل)،

overlay, v.t. غوړول (پر)، دېښول (پر)، خپرول (پر).

overload, v.t. درنول، درونه بارول، تر اندازې ډېر پېټی پر اړول.

overlook, v.t. له لوړې څخه کتل، څارل، له لوړ ځای څخه نظاره کول: سترګې پرې پټول (اغماض)، هېرول، سپک ګڼل؛ معذرت غوښتل.

overlord, n. چېښتن ، خاوند ، پاچا .

overmaster, v.t تابع کول ، لاندې کول ، ماتول ، مغلوبول ، پاچاري کول (پر)

overmatch, v.t. ماتول ، لاندې کول ـ هغه حريف چه پر بل حريف زورور وي .

overmuch, adj. adv. ډېر ، زيات .

overnight, adj. شپني ، د شپې ، په شپه کې : شپې تېرېدونکې ، د شپې منزله .

overpass, n. تېرېدنه (پر) ، اوښتنه ، پورې وتنه (لکه پل چه پورې اله پورې وتلې وي) او پاد موټر سړک داوسپنې پرلار اوښتې وي .

overpay, v.t. تر ټاکلې اندازې اضافه ورکول ، تر حق ډېر ور کول .

overpower, v.t. لاندې کول ، پرېوتل ، مغلوبول ، ماتول ، له مينځه وړل : بې اثره کول .

overproduction, n. تر ټاکلې اندازې زيات توليد ، تر احتياج زيات توليد

overrate, v.t تر اندازې زيات اټکلول تر ټاکلې اندازې ډېر ارزښت ور کول .

overreach, v.t. له ټاکلي وخت نه مخکې رسېدل ، خطا کول : تېرايستل ، دومره ګړندى تلل چه هدف خطا کړي : دومره زيار ايستل چه مقصد له لاسه ورکړي .

override, v.t.i تر پښولاندې کول ، په سپرلۍ تېرېدل ، سپور تېرېدل (پر) بې اثره کول ، باطلول

overrule, v.t په حق کېنول (ردول) ، باطلول : لاندې کول ، مغلوبول

overrun, v.t. له ټاکلې اندازې نه مخکې تلل : تېرى کول ، لوټول ، برغل کول

(پر) ، پر تېرول (په پېره) ، پر ويېرول ، پر خپرول .

oversea, overseas adj. د سيند پورې غاړه ، د سيند ولو پورې خوا ، د باندې (له هېواده) .

oversee, v.t. څارل ، څېړل ، سپړل ، څارنه کول .

overseer, n. څارونکى .

overshadow, v.t. سيورى پر اچول ، تياره کول (د سيورى داچولو په (اثر) : مهم برېښېدل (تر) : تتول ، مبهمول ، تر اغېزې لاندې راوستل .

overshoe, n. هغه کلوشې چه پر بوټو پر سېره اغوستل کېږي .

overshoot, v.t تر لنډې اچول (تېرول) ، نښه خطا کول .

oversight, n. څارنه (نظارت) : هغه سهو چه له ډېرې بېړې يا بې پروايى څخه مېنځ ته راشي .

oversize, n تر اندازې غټ ، له عادي اندازې څخه لوى .

oversleep, v.i. تر اندازې ډېر بيده پاته ل .

overspread, v.t. خپرول (پر) ، وېرول ، غوړول (پر)

overstate, v. مبالغه کول ، د يوشي په باره کې تر اندازې زيات ويل .

overstep, v.t.i. له خپل اندازه پښې څخه ل له ټاکلې اندازې نه تېرى کول

overstock, v.t تر اندازې ډېره پاسره کول ، تر اندازې زيات ذخيره ول .

overstock. n. زياته پاسره (ذخيره)

overstrain, v.t.i. ستړی کول ، ډېر فشار راوړل ، ستوماته کول ، زیات ستړی کېدل .

overstuff, v.t. ډکول ، کوټه کول ، دلی کول.

oversupply, v.t. تراندازې ډېر رسول ، ترحد زیات مهیا کول .

overt, adj. څرګند ، ښکاره ، اوڅار ، جوت .

overtake, v.t. پسې رسېدل ، لاندې کول .

overtax, v.t. زیاته مالیه پر اېښودل ، ډېره مالیه پر بارول .

overthrow, v.t. نسکورول ، له پښو اچول ، ماتول ، ورانول.

overtime, n. تر ټاکلي وخت زیات . اضافه کاري .

overtone, n. د موسیقۍ په ږغ کې لوړ ږغ ، هغه ږغ چه د موسیقۍ په یوه دسته کښې تر لومړي اوچت اورېدل کېږي .

overtop, v.t. ډېر جګېدل ، له څوکې ور تېرېدل ، تېرېدل (له) ، اوچتېدل (له) .

overture, n. پیشنهاد : مقدمه ؛ ارکسترا یې کمپوز چه د اوپرا تر شروع کېدو دمخه یې عملي کوي .

overturn, v.t. په بل مخ اړول ، له پښو نسکورول ، چپه کول : ماته ور کول ؛ تباه کول .

overweening, adj. زیات کبرجن ، ډېر مغرور .

overweigh, v.t. تر اندازې درنېدل ، بې اندازه کول ، تر فشار لاندې راوستل .

overweight, n. درنښت ، درونداوالی (تر ټاکلي اندازې زیات) .

overwhelm v.t. لاندې کول ، څپې پټ کول ، ډوبول ، غرقول .

overwhelming adj. درونده ، فشار راوړونکی .

overwhelmingly, adv. په فشار ، په دروندوالي .

overwork, v.t.i. تر اندازې زیات کار کول ؛ ډېر ستړی کېدل (د کار په اثر) .

overwrought, adj. بې موجبه په قهر ، بې ځایه هیجاني ؛ ډېر اماېښي ، زیات ډولي

ovoid, adj. هګۍ ورمه ، هګۍ ډوله ، بیضوي .

ovule, n. هسته ، د داڼې زړی .

ovum, n. تخمه ، بیضه (هغه ښځینه حجره چه له القاح له وروسته نطفه تري جوړېږي)

owe, v.t. پوروړی کېدل ، مدیون .

owl, n. کونګه ، بوم .

owlish, adj. کونګه ډوله .

owlishly, adv د بوم په ډول .

owlet, n. د کونګې بچی ، وړوکی بوم .

own, adj. د ځان ، خپل ، ځانګړی ، شخصي .

own, v.t. درلودل ، خپلول ، د ځان کول .

owner, n. څښتن .

ownership, n څښتنتوب ، مالکیت ، ملکیت .

ox, n. غوایی، غوڅکی.

Oxford, n. د انګلستان یو ښار چه د اکسفورډ پوهنتون هلته دی.

oxidation, n. اکسایډ کیدل، له یو جسم سره د اکسیجن ترکیب، زنګ

oxide, n. اکسایډ، له نورو موادو سره د اکسیجن ترکیب

oxidize, v.t. له اکسیجن سره ترکیب کول، په زنګ وهل.

oxyacetylene, adj. د اکسیډ او استلین ګډول (مخلوط)

oxyacetylene blowpipe, or-torch یو ډول اله چه اکسیجن او استلین پکښې سوځي او د هغه په ذریعه نور فلزي اجسام پرېکوي او یا یې سره پټلیز کوي.

oxygen, n. اکسیجن.

oyster, n. سمندري صدف چه خوړل کېږي

ozone, n. اوزون: (اصط) صافه او تازه هوا.

P

pabulum. n. خواړه ، غذا .

pace, n. ګام ، تګ ، داسې تګ .

pachyderm,n. هغه څاروي چه پنډ پوست لري لکه پیل ، کرګدن ، سمندري آس او نور ، بې احساسه سړی .

pacific, adj. آرام ، سوله غوښتونکی .

pacifism, n. سوله غوښتنه ، د عسکري قوت له استعمال سره مخالفت .

pacifist, n. روغه غوښتونکی .

pacify, v.t. سوړ کول ، آرامول ، کراروول ، غلی کول .

pacification, n. تسکین ، سوله غوښتنه ، د روغې تړون ، آرامي ، غلي توب .

pack, v.t. n. کڅوړه ، بنډل ، بنډوه ، ډله ، غولی ، بنډې کڅوړې کول ، بنډل کول ، اماده ی کول ، تړل ، ډله کول ، ټولول ، غونډول .

pack, v.t.n. د ټګۍ او بر ګټې په اتر لاس ته کول ، د چلونو په ذریعه پر دول

package, بنډوه ، بنډوه کی ، کڅوړه ، غوټه ، قطي ، بکس ، کڅوړه .

packer, n. بنډوه کوونکی ، کڅوړه کوونکی ، راغونډوونکی ، بار تړونکی د قطي جوړوونکی .

packet, n. کوچنۍ غوټه (بار سل) ، بنډوه کی ، هغه بېړۍ چه د پوستې خوآی له یوه ځایه بل ځای ته وړي

packsaddle, n. کته ، موږه .

packthread, n مرغلین تار ، کلک مزی

pact, n. تړون ، معاهده .

pad, n کوڅسترکی ، بالښتکی ، بالښتچه ، هغه کلکه او هواره کاغذي یادلوکی وړه چه د لیکلو د پاره استعمالیږي ، د څینو ژوو د پښو تل (لکه د ګیدړې او داسې نورو) .

padding, n. د بالښتکي د جوړولو عملیه ، هغه مواد چه په بالښتچه کی اچول کیږي .

paddle, n پارو ، د څرخ پره ، د کب وزر پوډول او پر د لاسټي پوم .

paddle, n. پاروو هونکی ، چپه کښي .

paddle wheel, n. پره لرونکی څرخ ، پره والا څرخ ، هغه څرخ چه څاڅي څاڅي وي ، څاڅوړ څرخ ، پرې پرې څرخ .

paddock, n. څړځی ، ورشو (چه څړول ته نودی وي) .

padlock, n. کولپ ، کلپ ، قلف .

padre, n. پلار . پادري ، (د عیسوي ملا یا ملا لقب) . د بېړۍ مشر

paean, n. دخوشالی سندری ، حماسی سندری .

pagan, n. مشرک ، کنپر (کافر) ، بی دینه .

paganism, n. بی دینی .

page, n. مخ ، صفحه ، (لکه د کتاب او داسی نورو) .

page, n. چوپړی ، نوکر ، پیشخدمت

pageant, n. ننداره ، چوڼه ، نمایش ، منظره ، بی اساسه نمایش .

pageantry, n. له برمه ډکه ننداره ، شان داره ننداره .

pagoda, n. برج ډوله ما نۍ ، غوبوډ یزه ما نۍ ، بتخانه .

paid, د pay ماضی او دریم حالت .

pail, n. (۱) ستل ، سلواغه – بوکه (۲) هغه لوښی چه اوبلن شیان له یوه ځایه بل ځای ته په کی وډ ل کیږی .

pailful, adj. یوستل (اوبه) .

pain, n. خوږ ، درد : سزا ، رنځ ، کړاو

painfull, adj. خوږمن .

painfully, adv. په خوږ منه توگه ، پهٔ ربړ

painless, adj. بی خوږو ، بی درده .

painstaking, adj زیار کښ ، ربړ گالونکی ، ډیر محتاط .

painstakingly, adv. په احتیاط .

paint, v.t رنگول ، انځور رول (نقاشی کول) .

pain brush, n. د رنگولو برس

painter, n. رنگوونکی ، رنگمال

painting, n. رنگونه .

pair, n. جوړه ، جوت (جفت) .

pajamas, pyjamas, pl. د خوب کالی

palace, n. ارگ ، قصر ، ما نۍ .

palatial, adj. ارگ ډوله ، ارگ ورزمه

palanquin, palankeen, n . ، جوپان ، ډولی .

palatable, adj. خوندور ، پر ذایقه جوړه ، په زړه پوری .

palate, n. تالو ، ځکه ، خوند ، ذایقه

palatinate, ترلاس لاندی سیمه ، تر لښتی لاندی علاقه ، قلمرو .

palatine, adj . دارگ ، دما نۍ : شاهانه ، امتیازات ، دارگ ساتندوی .

palaver, v.i. څوپی خبری ، غوبه ، مالی : خبری اتری ، مناقشه : د افریقا دبومیا اوسره خبری اتری .

palaver, خبری اتری کول ، ایلچی ویل ، تیرایستل .

pale, adj. ژیکه ، زیږ ، بی بخون ، رنگ الوتی

paleness, n. ژیکه توب .

pale, موږی ، میږوی : پوله ، پلک ، حد ، کیږ ، شپول .

paleface, n. سپین پوستی

paleontology, palaeontology, n. لرغونی ژوندیو هنه (دطبقات الارضی علم یوه برخه) .

paleontologist, palaeontologist, n. د لرغونی ژوندیو .

palette, n. کمکۍ هګۍ ډوله تخته چه هلته انځورگران او نقاشان رنگونه سره گډوی .

palfrey, n. زین کړی اس، د سپرلۍ اس (په تېره د ښځو د پاره)

paling, n. کټاره، کپر، شپول، هغه لرګي چه له هغو څخه چاپېر جوړېږي.

palisade, n. کټاره. د ستنو چاپېر، د لرګو مورچل.

pall, v.i. بې خونده کېدل: مړ پړه کېدل، خوا توري کېدل، خوا وهلی کېدل

pallet, n. ټالی، اپالی. هغه تیا لي چه له وښو ډکه شوې وي

palliate, v.t. بوګنه ونه: پاره سوکه کول (لکه د خوږو) لږول، سپکول، کمول (لکه د خوږو).

palliation, n. سپکتیا، لږوالی، سوکه توب.

palliative, adj. & n. لږوونکی، سپکوونکی (د خوږو).

pallid, adj. پیکه، الوتی رنګ، تت

pallor, n. پیکه‌والی، تت والی، پیکه توب، خپ توب.

palm, n. ورغوی.

palm, n. د خجوری (کجوری) ونه، د خرما ونه

plamy, adj. د بوټالي توب لرونکی، نېکمرغه، خرما بڼ.

palmer, n. د بیت المقدس حاجي چه د راستنېدو په وخت کې به یې له ځانه سره د خرما د ونې کوچنۍ ښاخ راووړه.

palmetto, n. د خجوري یو ډول کوچنۍ ونه

palmistry, n. تالې کتنه، فال بیني

palmist, n. فال کتونکی.

palpable, adj. محسوس: ځرګند، ښکاره، اوڅار.

palpably, adv. په ځرګند ډول، په محسوس ډول.

palpitate, v.i. رپېدل (لکه د زړه).

palpitation, n. رپېده.

palsy, n. ګوزڼ، رپېږد، فالج

palter, v.i. ژبه اړول، درغلي، چټه وهل، چل ول کول (په خبرو کې).

paltry, adj. سپک ورک، سپکه، سپانده، ټیټ، لږ، جزئي

pampas, n. pl. لوی پهرلک، چه ونې نلري (په امریکا [illegible] کې)

pamper, v.t. په ناز لويول، ډېر خواږه ورکول.

pamphlet, n. رساله.

pamphleteer, n. رساله لیکونکی

pan, n. کټوری (هرکاره): پلن غوړ اندی لوښي چه غوړ ډېر داسې لوړ شیان پکې سره کوي، کړهای: په هر کاره کښې سور کول.

pan- په یوناني ژبه کې د کلمې لومړی برخه چه د (ټول) په معنا استعمالېږي.

Pan—American, adj. د ټول امریکې

panacea, n. د هرې ناروغۍ دوا

panama, n. یو ډول خولۍ چه له پلنو پاڼو جوړېږي او په جنوبي امریکې کې استعمالېږي.

pancake, n. یو ډول کېک: د الوتکې نابوبره کښته کېدل

pancreas, n. تر پښی.

pancreatic, adj. په تریخي پورې مربوط

pandemonium, n. غوغې، شور او زوږ: دشیطانانو او دیوانو ماڼۍ.

pander, v.i. بوډۍ توب کول (دد وو تنو دجنسي غوښتنو سرته رسولو دپاره واسطه کېدل.)

pander, n. بې ولا، دله، بوډۍ

pane, n. ښیښه: هغه ټوټه چه ښځې یې پرخپل کمیس دښکلا دپاره ګنډي

panegyric, n. ستاینه، مدح.

panegyrist, adj ستاینونکی.

panel, n. منځنۍ تخته، څلور کنجې تخته، دوره یا دېوال هغه برخه چه په چوکاټ کښې ننوتلې وي: پلنه لرګینه تخته چه په هغه کښې څېره کښل شوې وي: دمنصفه هیئت دنومونو لست.

paneling, panelling, n. دلرګي، دتختو جوړولو کار

pang, n. څړیکه، ناببره درد، ناڅاپه خوږ.

panhandle, n دهر کارې لاستی: دمځکې هغه اوږده ټوټه چه دهر کاری دلاستي څوندې پرته وي.

panhandle, v.t.i. غوښتل (ترې)

panhandler, n. غوښتونکی.

panic, n وېره، ناببره وېره، ترور والی، وارخطائي.

panicky, adj. بېرېدونکی، وېرېدونکی وارخطا.

panic—stricken, adj. وارخطا، وېرېدلی

pannier, n. لویه ټوکرۍ

pannikin, n. کمکی هرکاره، پیاله، ګیلاوې.

panoply, n. دزغرو جامې

panorama, n ښېړه هراړخیزه منظره، پرله پسې بدلیدونکې منظرې او پېښې، دموضوع ښېړه کتنه

panoramic, adj ښېړې منظرې، خوځیدونکې منظرې.

pansy, n. دبنفشې بوټی.

pant, v.t. سلګېدل، سېلېدل، ساه اچول تیکاوهل: ډېره ارزو لرل.

pantaloons, n. pl. پتلون.

pantheism, n. وحدت الوجود

pantheist, n. دوحدت الوجو دمنونکی

pantheistic, adj. دوحدت الوجود

pantheon, n. په روم کې هغه کلیسا چه هلته دټولو ارباب الانواعو دپاره عبادت کېدی په دغه ځای کښې دایټالیا نامتو خلک هم ښخول کېږي

panther, n. پړانګ (مخصوصاً چه تور رنګ ولري)

pantomime, n. هغه لوبې چه بېله خبرو کولو اجرا کېږي، ګونګه لوبه، ګړې ګړې چوپ.

pantomimic, adj. دګونګې لوبې.

pantry, n. دلوښو خونه

pants, n. pl. پتلون

pap, n. پاسته او نرم خواړه (دکوچنیانو او ناروغانو دپاره) لکه شوله، شیره او داسې نور، دتیو څوکه.

papa, n. بابا (دپلار دپاره نوم)

papacy, n. دپاپ مقام: دپاپ دوره

papal, adj. دپاپ.

paper, n. کاغذ: ورځپاڼه: مقاله.

paper, adj. & v.t. په کاغذ کښې نغښتل

paper—hanger, کاغذ نښلوونکی (سړی)

papery, adj. کاغذی .

papilla, غوټه (لکه د تی او ژبې) ;

papillary, adj. راوتلی .

papist, n. د روم کاتولیك ؛ هغه څوك چه د روم کاتولیك پیروی .

papoose, هندی ماشوم (په شمالی امریکا کښې) .

paprika, n (په هنګری کښې) سره مرچ دکتوی مساله .

papyrus, n. یو ډول مصری بوټی چه اوږدی پاڼی ئی لری دا بوټی تل په اوبو کښې شین کیږی .

par, n. د پیسو او نورو شیانو ټاکلی ارزښت ـ نرخ ، اندازه ، برابروالی .

parable, n. هغه لنډه کیسه چه د اخلاقو درس ورکوی .

parabola, n. مخروطی مقطع ، پرابول .

parabolic, adj. پرابول ډوله .

parachute, n. پاراشوټ .

parachute, v.i. د پاراشوټ په واسطه راښکته کیدل .

parachutist, n. په پاراشوټ رالاندې کیدونکی .

parade, n. پریټ ، رسم ګذشت .

paradigm, n. نمونه ، مثال .

paradise, n. جنت ، فردوس .

paradox n. هغه وینا چه په ظاهر کی غلطه ښکاری مګر کیدای شی چه صحیح وی ، متناقضه ښکاریدونکی وینا ؛ له عمومی عقیدې نه مخالفت .

pardoxical adj. متناقض .

paraffin, paraffine, پارافین ، موم ډوله ماده .

paraffin (e) oil. پارافین غوړی

paragon, n. نمونه ، سرمشق ، مودل : هغه الماس چه سل قیراطه وزن ولری .

paragraph, n. دلیکنې یوه برخه ، بند ، پاراګراف .

parallel, adj. موازی ، برابر .

parallelism. موازی توب .

parallelogram, n. متوازی الاضلاع .

paralysis, n. شل ، شوټ ، له کاره وتلی ، فلج : بی سیکه ، کمزوری .

paralytic, adj. & n. افلیج وهلی شل شوی .

paralyze, v.t. شل کول ، فلجول .

paramount, adj. ستر ، لوی .

paramour, n. لونډه ، مین .

parapet, n. غوټی ، مورچل ، سنګر .

paraphernalia, n. ټول وړوکی سامان او لوازم : هغه ټول شخصی شیان د ښځی کالی او پیسو چه د واده په وخت کی ئی اخستی وی .

paraphrase, n. په بل عبارت شرح کول ، تفسیر ، د یوه مطلب په ډول ډول الفاظو کی ادا کول .

paraphrase, v.t.i. روښانول ، تشریح کول .

parasite. n. پارازیټ ، طفیلی ، مفت خور ، هغه ژوی او بوټی چه د اونورو ژوو او بوټو په وینو او خوړو ژوند کوی .

parasitic, adj. پارازیټ ډوله .

parasitical, adj. پارازیتی .

parasol, n. چتری .

parboil, v.t. مازی ایشول ، لږ څه ایشول په سخت کی ایشول .

parcel, n. پارسل ، پنډ کی ، بنډل : برخه ، ټوټه (د ځمکی)

parch, v.t.i. وریتول ، اوری کول ، لیخي کول : وریتېدل ، وچول : سوزول .

parchment, n. د لیکلو څرمن ، لیکه پوست .

pard, n. پړانګ .

pardon, v.t. بښل ، عفو کول .

pardonable, adj. د بښلو وړ .

pardoner, n. بښونکی .

pare, v.t. څوڅول ، پریکول : توږل ، خرېل : کمول .

parent, مور و پلار .

parantage, شجره ، نسب ، زی .

parental, adj. پلارنی ، مورنی :

parent hood, n. مور و پلار (والی)

parenthesis, n. معترضه جمله : د وړو لیندی ، قوسونه .

parenthetic, adj. معترضه .

parenthetical, adj. معترضه .

parenthetically, adv. په معترضه ډول .

partait, n. یو ډول خواږه خواړه چه وروسته له اساسی ډوډۍ څخه خوړل کیږی .

pariah, n. رذیلی ، نامنحوس (په هندوستان کی) .

paring, n. پریکړه ، څوڅه ، ټوټه .

parish, n. په یوه کلیسا پوری تړلی سیمه : د همدی سیمی خلك : علاقه .

parishioner, n. د همدی سیمی ټبری .

parity, n. برابری ، مساوات .

park, n. پارك ، د هوا خوری ځای : لوبغالی : د ریدځای (د موټرو) : د موټرو درول .

parkway, n. ارت ښکلی واټ چه دواړو خواوو ته ئی ونی ولاړی وی .

parlance, n. وینا : د وینا طرز .

parley, n. خبری اتری : مصاحبه : کانفرانس .

parley, v.t. خبری اتری کول .

parliament, n. پارلمان ، شورا (اولسی او مشرانو جرګه) .

parliamentary, adj. پارلمانی ، شورائی .

parliamentarian, n. پارلمانی ، شورایی ، د شورا غړی : هغه څوك چه د پارلمانی حکومت طرفداری وی .

parlor, n. د میلمنو کوټه ، حجره ، سالون .

parochial, adj سیمه یز ، د کلیسا په سیمه پوری مربوط ، محلی .

parody, n. ادبی پیښې ، ادبی تقلید (د ملنډو د پاره) .

parody, v.t. ادبی پیښې کول .

parole, n. لوز ، تعهد ، هغه قول چه بندی ئی د خلاصیدو په وخت کی ورکوی .

parole, v.t. د وعدی په اساس د بندی خوشی کول .

paroxysm, n. ناروغی سخته حمله .

parquet, n. د تیاتر لاندنی غولی ، د تیاتر د غولی کښتنی برخه ، د دېډو غولی ، ورډبن غولی .

parquetry, n. لرګین غولی

parricide, n. د پلار وژنه، مور وژنه، هیواد ته خیانت.

parrot, n. توتی.

parry, v.t.i. پهشا کول، په څټ کول، گرځول، اړی کول، پرشا ټېلول: گرزېدل.

parse, v.t. (گر) د جملې سپړل، د جملې تجزیه کول، توك توك کول

parsimony, n. ټینگوالی، کنجوس توب، خسیسوالی، امساك.

parsimonious, adj. ټینگی، کنجوس، خسیس.

parsimoniously, adv. په کنجوس توب.

parsley, n. د ډنیا (گشنیز) ډوله بوټی.

parsnip, n. شادابی گازره (زردکه).

parson, n. پادری، کشیش (د عیسوی مذهب په اصطلاح)

parsonage, n. حجره. د کشیش د بره

part, n. برخه، ونډه، د ماشین پرزه، خوا، اودی.

partake, v.i. برخه اخیستل، ونډه اخیستل (په تېره په خوړو کې).

partaker, n. برخه اخیستونکی، پلوی، طرفدار.

parterre, n. د تیاتر د ډولی هغه برخه چه د ارکستر او ساز ندگانو ترشا وی.

partial, adj. پلوی، طرفدار، غرضی: یوه برخه.

partiality, n. پلوی، طرفداری

partially, adv. په یوه برخه کې، د طرفداری په ډول

participate, v.i. برخه اخیستل، گډون کول.

participant, adj. & n. برخه اخیستونکی

participation, n. گډون، برخه اخیستنه.

participator, n. گډون کوونکی

participle, n. د صفت اسم (فاعلی یا مفعولی).

particle, n. ذره، ټکری، خاشه

parti-colored, party-coloned, adj برگ، رنگارنگ.

particular, adj. ځانگړی خاص: جلا، بېل.

particularity, n. ځانگړتوب، جلاوالی

particularly, adv. مخصوصاً

particularize, v.t.i. ځانگړی کول، خاصول، بېلول: تشریح کول، ځانگړی کېدل: گڼل.

parting, n. بېلتون، جلاتوب: بېلونه، وېشنه، ونډې ونډې کونه، برخې برخې کونه: تجزیه.

partisan, n. د گوند غړی، د حزب غړی: طرفدار، خوښوونکی.

partisan, adj. طرفدار، حامی.

partisanship, n. غړیتوب، طرفداری

partition, n. وېش، تقسیم، تجزیه.

partition, v.t. وېشل

partly, adv. یوه اندازه، یوه برخه، برخه، قسماً.

partner, n. ملگری، مل، شریك.

partnership, n. گډون، شراکت.

partridge, n. زرکه

parturition, n. لنګون، زېږونه .

party, n. ګوند، حزب؛ مېلمستیا .

party, adj. پلوی (طرفدار، ملګری)

party-colored, -coloured, ګډه، ګېڼه، پسول .

pas, n. نڅا، ګډا، ګام (په نڅا کې)

pasha, n. د پاچا لقب، (په تېره په ترکیه کښې) په ترکیه کې د حاکمانو او لوړو منصبدارانو لقب .

pass, n. غاښی، بند، کنډو .

pass, n. پوړی وتنه، اوښتنه، تېرېدنه، خورېدنه: بریالیتوب: پاس (اجازه- لیک) .

passer, n. تېرېدونکی .

passer—by, n. لاروی .

passable, adj. د تېرېدو وړ، د اوښتو وړ، د خورېدو وړ .

passage, n. ګودر، لار، سړک؛ تېرېدونکی؛ د کتاب یا وینا یوه برخه عبارت .

passageway, n تنګه لاره، وټ، کهلیچ .

passbook, n. د راکړې ورکړې کتابچه (په بانک کښې) .

passe adj. masc, passess fem) ؛ پخوانی، ماضی .

passenger, n. مسافر .

passion, n. شهادت، د شهادت خوږ (لکه عیسی ع چه د درد په وخت کښې وګالل). جذبه، هیجان، قار، مینه، عشق .

passionate, adj. قار، هیجان

passionately, adv په جذبه، په قار

passionless, adj. سوړ، د سړې سینې خښتن: بې مینې .

passive, adj. زغمونکی، ګالونکی، متحمل، صابر: غیر فعال

passive voice, مجهول فعل

passively, adv. په غیر فعال ډول

passiveness, n. زغم، تحمل، ګالنه

passivity, n. متحملانه، د ګالنې له مخې .

passover, n. د یهودیانو کالنی مذهبی جشن .

passport, n. پاسپورټ

password, n. دشپې نوم

past, adj. تېره، ماضی

paste, n. خمیره، سرېښ، کرېم

pasteboard, n. پوړ ول پښخاو کلک کاغذ، کارت: پټی (قطعې): ټکټ .

pastel, n. رنګه لکور، هغه رسم چه چې پر رنګونه په کښې استعمال شوی وی

pastern, n. پښندی، وېږکی: د اس د پښې هغه ځای چه هغه د ر پلو او په وخت کښې په ځړی یا ځنځیر تړل کېږی، یا د اس د پښې هغه برخه چه د سوی او پښنګری تر مېنځ ده .

pasteurize, v.t تر هغې درجې پوری اېشول چه مکروبونه پکښې و وژل شی، تعقیمول .

pasteurization, n. تودونه، تعقیمونه

pastime, n. ساعت تېری، تفریح ؛

pastor, n. کشیش، پادري، پیر: شپون.
pastorate, n. کشیشي، پیري.
pastoral, adj. n. شپني: کلیوالي، کشیشي، ملايي: کلیوالي شعر.
pastry, n. پاسترۍ، پوکړول کلچه.
pastry cook, n. کلچې پخوونکی.
pasturage, n. څر ځای، ورشو.
pasture, n. وښیانه، مالځی.
pat, n. پرشا ټپوله (د شاباسې په توګه).
pat, v.t پرشا ټپول، نازول، خوشالول.
patch, n. v پاچ (پیوندول ټوکر): ټوټه پټۍ (مڅې) سره ورغوول، فیصله کول.
patchwork, n له بېلو بېلو ټوټو څخه جوړونه، له رنګارنګ ټوکرانو څخه جوړونه.
pate, n. سر، ککرۍ، کوپۍ، کوکره، جوڅه.
paten, n. ځاب، بشقاب (صحنه وصاله سرو او سپینو زرو څخه جوړ شوی).
patent. adj، څرګند، ښکاره، جوت، آزاد (د ټولو د پاره) عام: امتیازي حق (د مخترع).
patentee, n. هغه څوک چه د اختراع د امتیاز حق لري.
paterfamilias, n د کاله مشر، د کورنۍ مشر
paternal, adj. پلارنی.
paternalism, n. پلارولي.
paternity, n. پلارولي، پلارتوب.
path, n. لار.
pathless, adj. بې لارې.

pathetic, adj. اغېزه ناک: خواشینوونکی، احساسات پاروونکی، زړه پورې اوستونکی خوځوونکی، پاروونکی.
pathetically, adv. په مؤثر ډول، په اغېزه ناک توګه.
pathogenic, adj. ناروغي پیدا کوونکی، د ناروغۍ و منبع ته راوستونکی.
pathology, n. پاتالوجي، د ناروغۍ پېژندنه.
pathological, adj. د ناروغۍ په پېژندګلوۍ پورې مربوط.
pathologist, n. د ناروغۍ پېژندونکی.
pathos, n. اغېزه، تأثیر.
pathway, n لار.
patient, adj. ګالونکی، زغمونکی، صبرناک، ناروغه.
patience, n. زغم، ګالنه، صبر.
patiently, adv. په صبرناکه توګه.
patio, n. انګړ.
patois, n. د خلکو لهجه، عامیانه لهجه.
patriarch, n. د کورنۍ مشر، د قبیلې مشر: زوړ مخلص سړی.
patriarchal, adj. د کاله پلارتوب، د کام مشرتوب.
patrician, n. خان، سردار، د لوړ کاله: اشرافي.
patrimony, n. میراثي شتمني، ورپاته شتمني.
patrimonial, adj. میراثي شتمني، موروثي.
patriotism, n وطن پالنه، هیواد پالنه.

patriot, n. وطن پالونکی .

patriotic, adj. وطن پالونکی .

patriotically, adv. د وطن پالنې په توګه .

patrol v.i. پیره کول، ګرمه وهل ، پیره کېدل ، ګرمه کېدل، پېروان .

patrolman, پېروان

patron, n. ساتندوی (حامی)، ملاتړ .

patroness, n. ساتندویه، ملاتړې .

patronage, n. ساتنه (حمایت) ، ملاتړ : د حامی دفتر : د ساتندویو ډله .

patronize, n. ملاتړ کول، ساتل ، حمایه کول : مهرباني کول .

patroon, n. جاګیردار ، د دولتي ځمکو واکمن : د بېړۍ کپتان ، د بېړۍ مشر .

patter, v.i. ژړژړ او روان څڅېدل : ترپهار کول (لکه د باران څاڅکي چه د کړکۍ په ښیښه لګېږي) .

patter, v.i. زرزری : دغلو ژبه : په زوره ږغېدل، هسك پوڅېدل .

patter. n. په زوره پوڅېدونکی .

pattern, n. نمونه ، ماډل ، مثال ، نقشه .

patty, n. ټیکی ، ټیکلی ، کلچه .

paunch, n. اس، ګېډه ، لړی .

pauper, n. خوار ، بېوزله ، تشلاس .

pauperism, n. خوار ، بې وزلی

pauperize, v.t. خوارول ، بې وزلی کول .

pause, n. درنګ ، تامل ، سوچ .

pave, v.t. ویړول ، هوارول ، لکه پر سړك باندې چه تیږې یا قیر هوار کړي .

pavement n. ویړ ، هوار ، خپور ، پرش : پلی لار ، پیاده .

pavilion, n. لویه خیمه ، هغه ودانۍ چه د لوبو په ډګر کښې د ننداره چیانو د پاره جوړه شوې وي : ننداره تون .

paving. n. هوارونه ، ویړونه ، خپرونه . (لکه د سړك او لارو مخ چه په تیږو او شګو او قیر پوخ شوی وي)

paw, n. څپه .

pawn, n. د شطرنج کوټك (پیاده).

pawn, n. ګرو ، برمته .

pawnbroker, n. ګروي وال ، ګروونکی .

pawnshop, n. د پور ور کوونکی دکان ، د ګروونکی هټۍ .

pay, v.t. ور کول ، ادا کول ، تادیه کول ، مزدور کول ، حق ور کول ، جبران کول . تاوان ور کول .

payable, adj. د ور کولو وړ ، د ادا کولو وړ .

payday, n. د تنخا ورځ ، د معاش ورځ

payee, n. اخیستونکی (د پیسو)

payer, n. تادیه کوونکی .

paymaster, n. ادا کوونکی

payment, n. تادیه ، ادا ، د تلافی پیسې .

pay roll, د هغو کسانو لست چه د تنخا وړ مستحق وي ، د استحقاق جدول ، هغه ټولې پیسې چه په لست کې شاملو کسانو ته ور کول کېږي .

pea, n. چڼې ، نخود ، پلی .

peace, n. روغه ، سوله ، جوړه : کراري ، ارامی .

peaceable, adj. د سولې وړ ، د روغې وړ

peaceful, adj. په روغه . په سوله . سوله ییز ، کرار .

peacefully, adv. د روغې په توګه
peacemaker, n. منځګړی ، پخلا
کوونکی .
peacefulness, n. کړاري، ارامي ،
روغه جوړښته .
peach, n. شفتالو ، د شفتالو ونه .
peacock, n. تاوس .
peahen, تاوسه .
peak, n. څوکه ، ډېك
peaked, adj. څوکه لرونکی، ډنګر ،
لړی، خوار ، ضعيف .
peal. n. (ږغ ږغېږ) دزانګې ږغ، کړانګېږ ی
اړانګ لرونکی ږغ .
peanut, n. . مځکنۍ بادام ، مومپلی
pear, n. ناك .
pearl, n. ملغلره .
pearly, adj. ملغلر ، ملغلره په ډول ، ملغلره
وزمه .
peasant, n. . کروندګر، بزګر، ښکاروز
کرونکی ، دهقان .
peasantry, n. بزګري ، دهقاني
pease, n. جمع pea . د نخود ، چڼې
peat, n. يو ډول سکاره .
pebble, n. ډېګه ، شګې، کوچنۍ ګردې
ډبرې . کاڼکې .
pebbly, adj. ډګلن .
pecan, n. يو ډول چارمغز .
peccadillo, n. کوچنۍ اشتباه، وړه خطا
peccary, n. يو ډول سرکوزوزمه څولابېږ ور
امريکايي ذوی .
peck, n. دوه ګېلنه پيمانه .
peck, v.t.i. په مښوکه وهل، په مښوکه

سوري کول په مښوکه سوري کېدل ،
په ټوکه وهل ، په ټوکر ه سوري کول .
pectin, n. وښين ، جلاټين ، دوښو جلاټين
pectoral. د سينې ، د ټټر ، سينه ايز .
peculation, n. غلا، د امانت خيانت کول
peculiar, adj. ځانګړی ، ځانګړی ، خاص
مخصوص : خپل ، د خپل ځان ، د تماشې وړ ،
عجيب و غريب .
peculiarity. n. ځانګړی صفتونه ،
اختصاصي خويونه .
peculiarly, adv. په ځانګړي توګه ،
په مخصوص ډول .
pecuniary. adj مالي ، پولي ، پانګه
شته .
pedagogue, n. ښوونکی ، مدرس .
pedagogy, n. د ښوونې او روزنې علم
pedagogic, adj د ښوونې او روزنې فن ـ
pedagogical, adj. پېدا ګوژيك .
pedal, adj. د پښې پايډل ، د پايسکل
پايډل .
pedant, n. فضل فروش ، ځان عالم ښوونکی
پخپله را پېداو نظر په مين استاد ، د کتاب
چنجی .
pedantic, adj. کتابي ملا ، ياد کتاب
ملا .
pedantry, n. کتابي ملايي ، ياد کتاب
ملايي .
peddle, v.i.t. کلي په کلي سوداګر ځول
له پو ، ځای په بل ځای ته د خرڅلاو د پاره
ګرځول .
peddler, pedlar, n. طواف .
pedestal, n. صفه ، مزه ، ستون .

pedestrian, n. پلی ، پیاده ، تلونی .

pedigree, n. شجره (شجره) ، نسب نامه

pediment, n. د دروازو ، دروازو ، کړکیو دری کونجه شکل چه د ښکلا دپاره جوړیږی .

pedlar, Variant of Peddler. طواف .

peek, v.i. & n تروت کتل ، ترسوری کتل د پټولاندې کتل ، سرښکاره کول ، کړکنکی .

peel, v.t. پوستول ، له پوستکه کول ، سپینول

peep, n. & v.i. کړکړکی کول ، ترسوری کتل ، تروت کتل ، په غلا غلا کتل ، سرښکاره کول ، د سترګو تر کونجو کتل.

peep, v.i. چوغیدل ، چوغېدل .

peeper, n. چوغلکر : چوغیدونکی

peephole, n. سوری ، سوړه ، کوالك ، نغول .

peer, n. جوړه ، ساری ، مثل ، درونه سړی ، ښاغلی سړی .

peerage, n. دخانانو ډله ، داشرافو طبقه .

peeress, n. بیبیانی ښځی .

peer, v.t. کاږه کتل ، په تعجب کتل تروت کتل ، په غور کتل ، ترسترګو راتلل.

peerless, adj. بی ساری ، بی جوړی .

peevish, adj ژرعصبی کیدونکی ، خفه خوی چه پر لږه مرور کیږی .

peevishness, n. عصبیت ، مرورتیا .

peg, n. v.t. مږوی ، لرګین موږی ، هغه میخ چه په دیوال کښی ټکول کیږی او کالی پرې اچوی : گام ، درجه ، ټینګول (په موږیو) دحد و ډاګ کول.

pelagic, adj. سمندی ، بحری ، دریایی .

pelf, n. پلایی ، شتمنی ، حرامی پیسی ، دغلا پیسی ، جیفه .

pelican, n. ماهی خوړك مرغه .

pelisse, n. پوستین ، اوږده بالا پوش .

pellagra, n. یو ډول ناروغی چه د ویټامین (بی) د نشتوالی په نتیجه کی منځ ته راځی او په پای کی په عصبی سیستم ناوړه اغیزه کوی .

pellet, n. کولی (لکه د دوا او ډوډی) ; مردکی ، کارتوس .

pell—mell, pellmell, adv. په ګډوډه توګه ، په وار خطا ډول .

pellucid, adj روڼ ، ځلانده ، بریښنده ، څرګند ، ښکاره .

pelt, n. وړین پوست ، پیر پوستکی (لکه دګیدړه قل).

pelt, v.t. & i. پرڅل کول (په توغوندیو ، خبرو ، مقالو (وداسی نور) ، اورول ، ویشتل ، شلیك كول

pelvis, n. کونټمپ ، کوناټو ، کوناغری

pelvic, adj. دکونټمپ ، دکوناټو ړوب.

pemmican, n دغوایی دکوټلی غوښی ټیکی یا دغوایی وچه وزلی غوښه چه په وازده کښی غورمه شوی وی .

pen, n. چار ، چارګی ، کېږی ، پنډغالی ، شپول

pen, n. v.t لیکانې (قلم) ، کلم : لیکل

penal, adj. جزایی ، دجزا وړ .

penalize, v.t. جزایی کول ، سزا اور کول.

penalty, n. ابداد (جزا) ، سزا ، جریمه .

penance, n توبه ، پښېمانی .

penates, n. د کورنی ارباب الانواع.

pence, n. a plural of penny, پینس.

penchant, n. تمایل ، شوق ، استعداد.

pencil, n. پنسل.

pendant, n. لښتی ، ځوړ والی

pendant, n. ځوړند ، ځوړېدلی ، کوړی

pendent, adj. ځوړند ، ځوړېدلی.

pending, adj. ناتمامه ، تر اجرا ، تر هر گند (مجمل).

pendulous, adj. ځوړند؛ ځوړېدونکی ، ځوړ پړېدونکی.

pendulum, n. ځوړند (جسم)، او رنگه د ساعت لنگر (رقاصه).

penetrate, v.t ورننوتل؛ اغیزه کول ، ننوذ کول ، پوهېدل

penetrable, adj اغیزه ناک ، دچلېدو ور ، د ننوذ وړ

penetration, n. ننوذ ، ننوتنه.

penetrative, adj. اغیزه ناک ، موثر.

penetrating, adj. ننوتونکی ، اغیزه کوونکی ، ننوذ کوونکی

penguin, n یو ډول سمندری مارغه چه لنډې پښې لری او الوتلای نشی.

penicillin, n. پنسلین (یو ډول دوا)

peninsula, n. ټاپو وزمه ، جزیره (شبه جزیره).

peninsular, adj. د ټاپو وزمې او سېدونکی ، ټاپو وزمې ته منسوب.

penis د رجنس آله ، د سړی تناسلی آله.

penitent, adj. توبه گار ، پښېمان.

penitence, n. توبه.

penitential, adj. توبه ایزه.

penitentiary. دارالتادیب ؛ جزائی.

penknife, n. کوچنی ، جیبی چاقو ، کوچنی جیبی چاقو.

penman, n. لیکوال ، منصف ، خطاط.

penmanship, n. لیکوالی ، خطاطی

pennant, n. اوږده او ری بیرغ ، د بېړی یو داشاری بیرغ ، د قهرمانی بیرغ.

pennon, n. جنډه ، بیرغ ، توغ.

penny, n. د انگریزی پیسو احد ؛ (په امریکا کی) یوسنټ.

penniless, adj. مفلس. تش لاس.

pennyroyal, n. وېلنی (پېلنی).

pension, n. تقاعد ، د تقاعد پیسې.

pensive, adj. په فکر کښی ډوب ، متفکر ، چرتی.

pensively adv. په متفکرانه ډول ، د چرت په توگه

pent, adj. ایسار (په شپول کی) ، محدود

pentagon, n. هغه جسم چه پنځه څواوې لری ، مخمس ، پنځه اړخیز.

pentagonal, adj. پنځه اړخیز.

pentameter, هغه شعر چه پنځه بحره ولری.

penthouse, n. دالان ، چتر ، برانډه ، ځوړی ځوړند.

penurious, adj. لېنگه ، خسیس ، بخیل

penury, n. تش لاس ، ابېشتی ، غربت ، مفلسی.

peon, n, چپراسی ، پیاده.

peonage, n. چپراسی توب

peony, n یو ډول بوټی چه سره گلابی ژړ او سپین گلان کوی.

people, n. & v.t خلك ، اولس : خلك په مځكو ميشتو ل او ابا دول ، خلك په ځاى كول او ودا نول .

pep, n. پياوړ توب ، ځښتلولى .

peppy, adj. ځښتلى ، پياوړى .

pepper, n. مرچ .

peppercorn, n. د تور و مرچو دانې .

peppermint, n. شمشوبى ، سارا لى ، ويلنى (ويلنى) .

peppery, adj. په مرچو لې لى ، د مرچو په شان ؛ تندخوى (د مرچو گوډى) .

pepsin, n. پپسين : يو ډول خوا له ور جو هر

per د ، په هر (لكه د كال هر كال ، په كال كښې) .

peradventure, adv ودي شى ، ښايى ، احتمال لري .

perambulate, v.t. & i. تلل ، پلى تلل ، پر پښو تلل .

perambulation, n. پلى تگ ، پر پښو تگ

perambulator, n. د ما شو ما نو بگى ، د كوچنيا نو گاډى .

perannum, په كال كى ، كلنى ، د كال

percale, n. ټوكى ، چيټ .

per capita, سړى سر ، د سړى پر سر

perceive, v.t. & i . درك كول ، پو هېدل

percent, n. په سلو كښى ، په سلو .

percentage, n. په سلو كښى ، په سلو كښى څو (فيصدى) .

percept, n. پوهه ، درك .

perceptible, adj . د درك ور ، د پو هېدو ور .

perceptibly, adv. د احساس په ډول

perception, n. ادراك ، پو هېدنه ، پوهه .

perch, n. ارگى ، د مرغا نو د كښېنا ستو ځاى ، چگس .

perch, n. اوږ ځاى ، هسك ځاى ، جگ ځاى .

perchance, adv. كېدا ی ، ښايى ، ودي شى ؛

percolate, v.t. & i. اېښول ، چڼل ، فلتر كول ، صافول ؛ اېښېدل .

percolator, n. اېښوونكى ، چڼوونكى

percussion. n. اېښته ، ټكر ، لگېدنه ، گوزار ، وار .

perdition, n. بو پښا توب ، تباهى ؛ مرگ

peregrination, n. مسافرت ، له يوه ځاى نه بل ځاى ته تگ .

peremptory, adj. (قا نو ن) : قطعى ، ثابت ، نه ما تېدو نكى ، جز مى

perennial, adj. كرى كال ، سرو كال ، با دوامه ، تل تر تله .

perfect, adj. بشپړ ، پوره .

perfectly, adv. په پوره تو گه

perfectness, n. بشپړ والى ، پوره توب .

perfect, v.t. بشپړول ، پوره كول ، تمامول ، سر ته رسول ، ترسره كول .

perfection, n. بشپړ والى ، پوره توب .

perfidy, n. خيانت ، غدر ، بې وفايى .

perfidious, adj. خا ين ، غدار .

perforate, v.t. & i. سوري كول ، فلوز كول ؛ سوري كېدل ؛

perforation, n. سوري ؛ سوري كول

perforce, adv. په زور، له ناکامۍ، له مجبوریته.

perform, v.t. ترسره کول، تمامول، ځای ته رسول، پهسرور سول، اجراء کول.

performer, n. تماموونکی، ترسره کوونکی.

performance, n. اجراء، سرته رسونه: ښوده (نمایش): کارنامه.

perfume, n. عطر.

Perfumery, n. عطریات: دعطر خرڅولو هټۍ.

perfumery, n.

perfunctory, adj. ترسرتیروونکی، په سطحي ډول کار کوونکی، ناغېړی کوونکی.

perfunctorily, adj. په سرسري ډول

perhaps, adv. بویه، ښایي، شاید، ودیشي.

peril, n. ډار، ویره، خطر.

perilous, adj. ډاروونکی، ویروونکی،

perilously, adv. په ډاروونکي توګه

perimeter, n. چاپېریال، شاوخوا، محیط

period, n. وخت مهال، دوره، موده، پای؛ ټکی.

periodic, adj مهالي، موقوته، دوره يي، روڼي.

periodical, adj. واري، روڼي، نوبتي، موقوته.

periodically, adv. په رونړ، وار.

peripatetic, adj. تلونکی، ګرځېدونکی: ارسطويي فلسفه، حکمت مشاء.

periphery, n. چاپېریال، محیط، دور: حدود.

peripheral, adj. محیطي.

periscope, n. یو ډول آله ده چه د اوبتل اوداوبو له تل نه دهغې پهذریعه دسیند (بحر) مخ او دهغه شاوخوا ځایونه ویني.

perish, v.t.i. تباه کول، له منځه وړل: وژل کېدل، له منځه تلل، محوه کېدل، بویناکېدل، سقېدل.

perishable, adj. ورستېدونکی، خوسا کېدونکی، له منځه تلونکی.

peritonitis, n. دنس د پردې پاړسوب.

peritoneum, دنس پرده، صفاق.

periwig, n. دسړو او ښځو مصنوعي خولۍ چه پهاتلسمه پېړۍ کې استعمالېده.

periwinkle, n. یو ډول بوټی چه تل شین وي او آبي ګلان لري.

periwinkle, n. داوبو غواګۍ (حلزون) یا دهغې کوچنی (صدف) چه خوړل کېږي.

perjury, n. ددروغو لوړه، ناحقه لوړه، (قسم، سوګند).

perjure, v.t. ناحقه لوړه کول.

perjurer, n. ناحقه لوړه کوونکی

perk, v.t. ځان پهسلیقه برابرول: نېغ کښېناستل، سرځک نیول، سینه د باندې راویستل.

perky, adj. کبرجن، ځان ښودونکی.

permanent, adj تلتر تله، دایمي، همېشه.

permanency, n. پایښت، دوام.

permanence, n. ثبات، دوام.

permanently, adv. تلتر تله، په دایمي توګه.

permeable, adj. دنفوذ وړ، نفوذ منونکی

permeability, n. د نفوذ منشه

permeate, v.t. & i. نفوذ کول، ننوتل، سرایت کول، خپرېدل، تېرېدل .

permissible, adj. روا، جایز .

permission, n. اجازه، اذن .

permissive, adj. اجازه ورکوونکی .

permit, v.t. اجازه ورکول، اذن ورکول : اجازه لیک .

permutation, n. بدلون، تغیر، اوښتون .

pernicious, adj. ضرر ناک، تاوي، وژونکی .

peroration, n. د وینا وروستی برخه، د وینا نتیجه .

peroxide, n. هغه کیمیاوي مخلوط چه په هغې کښې اکسیجن ډېر وي .

perpendicular, adj. نېغ، نېغ، ولاړ، عمودي .

perpetrate, v.t. کول (لکه د گناه)، لاس پورې کول، مرتکب کېدل .

perpetration, n. لاس پورې کونه (ارتکاب) .

perpetrator, n. مرتکب .

perpetual, adj. تل، تر تله، ابدي .

perpertually, adv. په پرله پسې توگه .

prepetuate, v.t. دایمي خصلت ورکول، دایمي کول، ابدي کول، نه هېرول .

perpetuation, n. دوام، دایمي کېدنه .

perpetuity, n. همیشه والی، دوام .

perplex, v.t. ارباتول، سرگردانول، مغشوشول .

perplexity, n. ارباتیا، سرگردانی

perquisite, n. له معاش نه اضافي گټه (لکه بخشش یا ټیپ چه مستخدمان ئې اخلي) .

persecute, v.t. ځورول (تعقیبول)، ربړول

persecution, n. تعقیب : ځورونه .

persecutor, n. تعقیبوونکی : ځورونکی

persevere, v.i. ټینگار کول (د مشکلاتو په مقابل کښې)، مقاومت کول

perseverance ټینگار، اصرار .

persiflage, n. ټوکې، لاس اچونه

persimmon, n. یو ډول نارنج، یو ډول سور رنگه میوه چه په هغه کښې منځ ئې لوم او خوږ وي .

persist, v.i. ټینگېدل، درېدل، اصرار کول

persistence, n. ټینگار، درېدنه، اصرار .

persistency, n. ټینگار، درېدنه

persistent, adj. ټینگېدونکی، درېدونکی، اصرار کوونکی .

persistently, adv. په ټینگار، په اصرار .

person, n. سړی، تن، فرد .

personable, adj. ښکلی، په زړه پورې .

personage, n. ونلی سړی، نامتو سړی، نوميالی سړی .

personal, adj. ځانی، د ځان ځانگړی، خاص، شخصي .

personally, adv. په شخصا، ځانی ډول، د سړي په توگه .

personality, n. سړیتوب، ځانگړی توب، خصوصیت، هويت .

personalty, ځانګړی شتمني ، شخصي مالکيت .

personate, v.t. د چا پېښې کول ، د بل چا پر ځای ځان ښودل ، د بل چا رول لوبول .

personify, v.t د شخصيت څښتن کول ، سړی کول ، د سړي په سترګه ور ته کتل .

personifiation, n. شخصيت ور کول ، سړی جوړونه ، د سړي په بڼه ښودونه

personnel, n. کارکوونکي ، غړي ، پرسونل .

perspective, n. انځور پوهنه ؛ د ښکاره و شيانو ترمنځ واقعي اړيکي ليد (دورنما) .

perspicacity, n. ځيرکي ، هوښياري .

perspicacious, adj. هوښيار ، ځيرک .

perspicuous, adj. څرګند ، ښکاره ، واضح

perspicuity, n. څرګندوالی ، ښکاره توب ، صراحت .

perspire v.i. & t. خوله کېدل ، خوله کول ؛ لندول ، لندېدل ؛ نښتېدل .

perspiration, n. خوله

persuade, v.t. تشويقول ، مجبورول ،

persuasion, n. v.t. تشويق ، مجبوروونه قانعول ؛ متقاعد کول ، قناعت (قانع کول) .

persuasive, adj. تشويقي ، اغېزناک ، قانع

persuasively, adv. په تشويقي ډول ، په اغېزناکه توګه .

pert, adj. آزاد ، چټک ؛ زړور ؛ پوچ خولی ، سپين سترګی .

pertain, v.i. اړه لرل ، مربوطېدل ، راجع کېدل .

pertinacious, adj. جنجالي ، سرتمبه ، سرزوري ، ځېلي ، خپلواکي ، موذي .

pertinacity, n. سر زوري ، سرتمبګي ځېل .

pertinent, adj تړلی ، مربوطه ؛ معقول ، وړ

perturb, v.t. ځورول ، ربړول ؛ خپه کول ، په قارول ؛ ورانول ، وېجاړول .

perturbation, ربړونه ؛ خپګان ؛ ورانونه .

peruse, v.t. کره کتل ، په غور لوستل .

perusal, n کره کتنه ، په غور لوستنه

pervade, v.t. خپرول ، تېرول ، نفوذ کول

pervasive, adj خپرېدونکی ، نفوذ کوونکی

perverse, adj پڅل سر ، ګمراه ، بدخويه ، سرغړاندی ، کلپ .

perversely, adv په سرغړاندي ، په ګمراهي ، په بدخويي

perverseness, n. سرغړاندي ، ګمراهي ، کلپي .

perversity, n. ځېل ، سري ، سرکښي

perversion, n بې لاري ، کلپي ، ګمراهي ، راګرځېدنه ؛ ناوړه تعبير ، بې ځايه استعمال .

pervert, v.t. n. کږول ؛ ناوړه تعبيرول غلط معنا کول ؛ کلپ ، مرتد (مرتد) .

pesky, adj. ربړوونکی ، ځوروونکی .

peso, n. يو ډول سکه چه په هسپانيه او د امريکا په هسپانوي سيمو کي چلېږي

pessimism, n. بداېسېدنه ، بدبيني ، نااميدي ؛ هغه نظر په چه ژوند او دنيا ته په کرکه او بده سترګه ګوري .

pessimist, n. بدبين ، نااميد .

pest, n. وبا ، بلا ، تاوون (طاعون) ، هره مضره حشره .
pester, v.t. ربړول ، ځورول ، خپه کول
pesthouse, n. د تاوون (طاعون) د ناروغانو روغتون .
pestiferous, adj د تاوون پیدا کوونکی ، مرض نقلوونکی ، وبا راوړونکی
pestilence, n. د تاوون (طاعون) ناروغي ، وبا .
pestilent, adj. وژونکی ، زیان رسوونکی ، ربړوونکی .
pestilential, adj. تاووني ، وبائي
pestle, n. د اونګې لاستی .
pet, n. v.t. کورنی ځاروی لکه سپی ، پشو ؛ ګران ، معشوقه ، په خاص ډول ناز کړل شوی ، په خاص ډول خوښ شوی ، نازول ، آموخته کول ، لاس وهل کول ، په غیږ کې نیول .
pet, n. خپګان ، بدخویي ، غوسه ، تونده .
petal, n. ګلپاڼی ، د ګلو لوپاڼی
petition, n.v.t. غوښتنه ، خواست ، عرض ، غوښتل ، خواست کول ، سوال کول ، بهانه کول .
petitioner, n. عرض کوونکی ، غوښتونکی ، مظلوم ، شکایت کوونکی .
petrel, n. یو ډول کوچنۍ بحري مرغۍ چه د یوه جګه الوزي .
petrify, v.t. & i. په تیږه بدلول یا بدلیدل ، تیږه کول ، په تیږه اوړول .
petrifaction, n. په تیږه بدلیدنه ، تحجر .
petrol, n. پټرول ، پنزین .
petroleum, n. پټرول ، معدني تیل ، د موټر تیل ، خام نفت .

petticoat, n. هغه لمن چه تر کالو لاندې اغوستل کیږي ، پتکه ، اجاړی .
pettish, adj. تونډ مزاج ؛ قهرجن ، غوسه ناك ، تند خوی ، تریو ، ترېخ (انسان).
petty, adj کم اهمیته ، ووړ ، وړوکی ، کښکی کوچنی ، کم .
petulant, adj. بدخوی ، تند خوی ، زر خپه کیدونکی .
petulance, n. زر خپه کیدل .
petunia, n. پټونی (ګل).
pew, n. هغه کټکۍ (کټکۍ) چه په کلیسا کښې پرې عبادت کوونکی کښېني ، اوږده چوکی .
pewter, n. ملرغ (د قلعی او مسو ترکیب): د ملرغه جوړ شوی لوښی .
pfennig, n. د جرمني یوه وړه سکه ، یوه وړه جرمني سیکه .
phaeton, n. څلور ارابه ییزه ګاډی .
phalanx, n. د پلی پوځ کتار .
phantasm, n. بلا ، شبح ، خیالي شی ، غولوونکی شی .
phantasy, فانتازي ، خیالي .
phantom, n. بلا ، شبح ، هغه خیالي شیان چه موجودیت نه لري .
pharisee, n یوه یهودي طایفه چه د یهودیت ظاهري دودو او رواجونو طرفداره وه .
pharisaical, adj. ریاکار ، منافق ، دوه مخی ، ریاکار ، منافقانه ، دوه مخی توب .
pharisaic, adj. ریاکارانه .
pharmaceutics, n د دارو د جوړولو او پکارولو فن .
pharmaceutic, adj. په دارو پورې مربوط .

pharmaceutical, adj. په درملو پورې اړه لرونکی.

pharmacology, n. د دارو او درملو پوهه، درمل پوهه.

pharmacological, adj. د درمل پوهې سره اړه لرونکی.

pharmacologist, n. درمل گر، دارو جوړوونکی.

pharmacopoeia, n. د درمل جوړولو کتاب، د دارو سازۍ کتاب: د دارو گانو یا سره (ذخیره، د درو یې، گدام).

pharmacy, n. دوا جوړونه ؛ درملتون.

pharmacist, n. دوا جوړوونکی، کمپوډر.

pharynx, n. حلق، ستونی.

pharyngeal, adj. ستونیز، حلقي.

phase, n. مرحله، حالت؛ فاز، دوره؛ مخ، څېره.

pheasant, n سارایي چرگ، دښتي چرگ

phenix یا PHOENIX عنقا، هما (یو افسانوي مرغه).

phenomenon, n. پېښه (پدیده).

phenomenal, n. adj. غیر معمولي، خارق العاده؛ د پېښې، پېښې ته ورته.

phial, n. وړوکی شیشه یي بوتل.

philander, v.i. د ښځو تعقیبول، د بوالهوسۍ مینه درلودل.

philanderer, په ښځو پسې گرځېدونکی

philanthropy, n. بشر دوستي، د همنوع سره مینه.

philanthropic, adj بشردوست، خیر غوښتونکی.

philanthropist, n. د بشردوستۍ طرفدار.

philharmonic, موسیقۍ خوښوونکی، نغمه خوښوونکی، پر موسیقۍ مین.

philology, n. فلالوژي، ژبپوهنه.

philological, adj. په فلالوژۍ پورې مربوط.

philologist, n. ژبپوهاند، فلالوژیست.

philosophize, v.i. فلسفي کول، د فلسفې بحث ور کول.

philosophy, n. فلسفه.

philosopher, n. فیلسوف.

philosophic, philosophical, adj. فلسفي.

philosophically, adv. د فلسفې له مخې، په فلسفي توگه.

philter, philtre, n. شوبست، د کوډو اوبه (هغه څښاک چه د مینې په څښلو معشوقه له مین سره مینه پیدا کوي).

phlegm, n: خراشکی، گروډه یي (بلغم)؛ سوړوالی، بې علاقگي، سستي، بې پروایي.

phlegmatic, adj. سوړ، بې پروا (بې علاقه)؛ خراشکین، گروډه ییز (بلغمي).

phlox, n د فلاکس بوټي او گلان.

phoenix, phenix, n. عنقا، هما.

phone, n. v.t.i. ټیلفون؛ آواز؛ ټیلفون کول.

phonetics, n. فونیم پوهنه، فونټکس، آواز پوهنه.

phonetic, adj. غږیز، د آواز.

phonetician, n. غږپوهاند، فونیم پوه.

phonograph, n. غږ ضبط (فونوگراف)، هغه آله چه آواز او موسیقي ثبتوي او بیرته یي اوروي: (په امریکا کي) گرامو فون.

phonographic, adj, دغږ ضبط، فونوگرافي.

phony, adj. تصنعي، ساختگي.

phosphate, n. فاسفیت، یو ډول کیمیاوي ماده چه دسري په ډول استعمالیږي.

phosphatic, adj. فاسفیت لرونکی.

phosphorescence, n. بې له حرارته د رڼا پیدا کیدو خاصیت (لکه د فاسفورس)، فاسفورس رڼا.

phosphorescent adj. ځلیدونکی، رڼا لرونکی.

phosphoric, adj. فاسفور رسوال، یا د فاسفورس په شان.

phosphoric acid, دفاسفورس تیزاب.

phosphorus, n فاسفورس، یو سره ښه ناکه غیر فلزي ماده چه په فاسفیټ خاوره او هډوکو کي وي او په لمده هوا کي تري تته (کمه) رڼا راوزي

phosphorous, adj.

photo, n. عکس (فوټو)، تصویر، څېره.

photograph, n. عکس (تصویر).

photograph, v.t.i. فوټوگرافي کول، عکس اخستل.

photographer, n. عکاس.

photography, n. عکاسي، فوټوگرافي، په حساسه ماده باندي د رڼا په کمک د څیري یا عکس کښل لکه په فلم تصویرو یستل.

photographic, adj. فوټوگرافیک، تصویري، عکسي.

photoplay, n. فلم، خوځند عکسونه (تصویرونه)، گرځندو کي څېرې.

phrase, n. لیکني جمله، په گرامر کي دوو یا زیاتو لغتو او کلمو مجموعه چه یو فکر تري جوړ شي وای بشپړ فقره نه وي.

phraseology, n. دافادي ډول، داظهار طرز، عبارت: ځانګړي اصطلاحات، دځانګړو اصطلاحاتو پوهنه.

phrenology, n. دانسان ددماغي قوت دمعلوماتو دپاره د کوپړۍ (ککرۍ) د جوړښت مطالعه.

physic, v.t. : درمل پوهنه، طب: دارو: تصفیه کول.

physical, adj. مادي، طبیعي، بدني، جسماني: په مادي پوري تړلی، د فزیکي علماتو په واسطه مینځ ته راغلی.

physically, adv. په فزیکي او طبیعي اصولو بنا، جسماً، په طبیعي ډول.

physical science, د فزیک علم (پوهنه) طبیعي علوم

physician, n. ډاکتر، طبیب، حکیم.

physicist, n. د فزیک عالم (پوهاند).

physics, n. فزیک، هغه پوهنه چه د مادي حرکاتو، غږ، تاو، رڼا، بریښنا او په اجسامو باندي دقوت اغیزي مطالعه کوي.

physiognomy, n. قیافه پیژندنه، ظاهري بڼه.

physiography, n. طبیعي جغرافیه.

physiographic, adj. په طبیعي جغرافیه پوري مربوط.

physiology, n فزیولوژي (تشریح پوهنه) د غړو د وظیفو پوهنه، هغه علم چه د ژوو اندي سرو او بوټو د غړو، پلو، د پښو او سلولو د کار څېړنه کوي.

physiological, adj. د فزیالوجي په پوهه پورې مربوط.

physiologist, n. د فزیالوجي پوهاند

physique, n. د بدن جوړښت (رغښت)

pianissimo, adj. نرم سر و د (ساز)، ورو ساز.

pianist, n. پیانو غږوونکی.

piano, n. پیانو، د موزیک یوه لویه آله چه پردې لري او په تارونو یې د سټکو په لګېدو خوږ غږ راپورته کېږي.

pianoforte پیانو.

piaster,piastre, پیاستر، قروش، یوه سکه چه په یو شمېر هېوادو لکه مصر، سوریه، لبنان او ترکیه کې استعمالېږي.

piazza, n. میدان: برنډه.

piccolo, n. یو وړه شپېلۍ چه تېره غږ لري او د واجې شپېلو له یې غږ اته پردې لوړ دی

اوچتول، ټولول، غوره کول، په کښې (کلنګ) کښل.

pick, او وهل، پاکول، غوټول، شکول، بارول، چول، څیرل، د سه تار د تارونو او څکول.

pickax, n. تسکوره، کشی، کلنګ.

toothpick, غاښ ګرمبولی، غاښ پاکی.

earpick, غوږ ګرمبولی، غوږ پاکی، مسکوری، غوږ کاسی.

picker, n. ټولوونکی.

pickaback, adv. پرشا یا پراوږو.

pickaninny, n. یو تور پوستی وړوکی.

pickax, pickaxe, n. کلنګ، میتې، کشی، تسکوره.

pickerel, n. پوراز کب.

picket, n. د شپاله تیره لرګی: په جنګي اصطلاح کښې هغه یو لښکری یا ډلګې چه د ښار د پاره پهره ته و ایږل شي: څوکیدار، څارونه، پېره وال.

picket v.t. څارل، آس په موږي تړل، مهارول.

picking, n. ټولنه، اخیستنه، چکونه، مړیه، کپ: ناروا ګټه.

pickle, n. اچار، په ترشې کښې اچول شوی څیز: سخت حالت، ربړ، تکلیف

pickle, v.t. اچار جوړول، اچار کول

pickpocket, n. کنډ کپ، جیب پرېکوونکی

pickup, n. اوچتونه، چکونه: (په عامیانه امریکایي ژبه) سمون، ښه کېدل یا پرمخ تګ: د موټر ګړندی کېدل، چټکتیا: د پښتو س اخیستل یا وهل: د ګرامو فون هغه برخه چه ستن ورکښې ګرمبلې وي: سپک موټر، وړوکي موټر (یا پک موټر)

picnic, n. میله، ساعت تیرې.

picot, n. څوړه پاشه، کاج، ولډنار يا پټۍ ول

pictorial, adj. تصويري، عکسي، مصور.

picture, n. عکس، تصوير، څېره، نقش، رسم؛ ورته والی؛ ننداره (په خبرو کې د يوې پېښې داسې بيان چه واقعه مجسمه کړي).

picture, v.t. نقش کول، انځورول، ورښانه کول، تصور کول.

picturesque adj. ښکلی، زړه راښکوونکی، د عکس (تصوير) اخيستلو وړ.

picturesqueness, n. ښکلا.

pie, n. داسې کلچه چه غوښه يا مېوه ورکې ګډه وي؛ سنبوسه؛ کېږ که، کېشکوړه او کېږې.

pie, n. ګډوډ ټايپ.

pie, v.t. د ټايپ توري ګډوډول.

piebald, adj. n. رنګارنګه، برګه؛ برګه هاروي (په تېره برګه اس).

piece, n. ټوټه، ټوکړه، ټوټه؛ د يوه څيز برخه (جزء): توپ، ټوپک؛ سکه؛ د ساز، ادب، او هنر يوه ټوټه.

piece, v.t. ټوټول، سره نښلول.

piecemeal, adv. ټوټه ټوټه، ټوټې ټوټې

piecework, n. هغه مزدوري چه د کړي کار د مقدار کول کېږي، د اجاري کار.

pied, adj. رنګارنګه، برګه.

pier, n. د پله ستنه، پايه، ډکه.

pierce, v.t. & i. سوري کول، برمه کول، ټومبل، ننوتل، چول؛ لغم وهل؛ مطلب ته ورلوېدل (پوهېدل).

piercing, adj. سوري کوونکی، چوونکی، لغم وهونکی، څيرې، تيز ليدونکی

piety, n. ديندار ي، تقوي، پرهيزګاري، د خداي و يره، پاکي؛ د پلار، مور، کورني او ټبر سره مينه.

piffle, n. خوشې خبره يا کار، بې ګټې؛ چټي بې معنا؛ بې ثمره.

pig, n. خوګ، سرکوزی؛ د خوګ غوښه؛ هغه سيږی چه د خوګ په شان چټل او سر اېښی وي، د وسپنې و يلې ټوټه چه د پټۍ له قالب (سانچې) نه څي.

pigeon, n. کوتره، ساده، پېڅه ا

pigeonhole, n. کوترڅالی، تاخ؛ روړ د (مېز).

pigeonhole v.t. په سوړه يا تاخ کښې اېښودل، خوندي کول.

pigment, n. رنګه، د رنګ ماده؛

pigmy, n. ټيټکی، او ږشتي نکی (وړکی نکی)، خنډي کی.

pignut, n. پالنی، څمکنی بادام.

pigpen, n. خوګ ځالی، د خوګ شپول، چټل ځای.

pigskin, n. د خوګ پوستکی. د څرمن؛ د فټبال توپ:

pigsty, n. خوګ ځالی، د سرکوزي شپول

pigtail, n. څولۍ ويښته، څڼې، کوڅۍ، څوټۍ.

pike, n. د نېزې يا ډال تېره سر؛ ستنه

pike, n. يوراز ماهي.

pike, n. نېزه، شل، هلګی، د لکړی تېره سر.

pikeman, n. نېزه باز.

pikestaff, n. د نیزې یا ښلګې لاسټی.

pilaster, n. یوه څلور کونجې ستنه چه په دیوال پورې ددیوال د پښتی په توګه جوړه شوې وي.

pile, n. د یوې ټوټې یا ټوکر په مخ وړویښت

pile, n. دلۍ، ډېرۍ، ټولۍ: کوټه یوه لویه ودانۍ، د ودانیو یوه ډله (مجموعه).

pile, v.t. دلۍ کېدل، کوټه کېدل.

pile, n. اډم؛ ستنه.

pilfer, v.i. & t. د کم څیز غلا کول، پټول

pilgrim, n. مسافر؛ زایر، حاجي، سېلانی

the Pilgrims or Pilgrim Fathers, هغه مهاجرین (کډګر، کډوال) چه په (۱۶۲۰) کښې ئې امریکې ته تللي وو او (پلای مت) ئې اباد کړو.

pilgrimage, زیارت، حج؛ اوږد سفر.

pill, n. د دارو ګولی: ګولۍ، مردکي، پنډوسکي: دانه (لکه دغنم).

pillage, n. & v.t. & i. لوټ، تالان، ولجه چور؛ لوټول، چورول، ولجه کول، تالا کول.

pillar, n. پایه، تنه، مټه، رکن.

pillared, adj. پایه دار، ستنیز، رکني.

pillbox, n. د ګولیو ټوټی (صندوق، الماري): ډبلی، کوټی: په جنګي اصطلاح کښې د مورچې د ننه هغه کانکریټي ځای چه د پکس په شکل جوړ او مشین ګڼې پکښې پرتې وي.

pillion, n. وړوکی زین؛ پښکونه زین، کنجوغه.

pillory, n. هغه شکنجه (کونده، پانه) چه د مجرمانو سر او لاس ور کښې دعذاب او آزارولو په توګه ور کوي.

pillory, v.t. کونده کول، شکنجه کول، پانه کول.

pillow, n. بالښت، سروېږی دی.

pillow, v.t. پر بالښت تکیه کول یا سر اېښودل.

pillowcase, n. د بالښت پوښ.

pilot, n. مانو، بېړۍوان، چالهوان؛ پیلوټ، د الوتکې چلوونکی، جهازوان: لارښوونکی، لارښود.

pilot, v.t. د بېړۍ او الوتکې چلول.

pimento, n. یو راز مرچکی، سور مرچک.

pimiento, n. یو راز مرچکی، سره مرچ.

pimp, n. پوډی (مرده ګاو).

pimpernel, n. یو راز بوټی چه ګلان یې په باد او باران کښې پورته سره ټولېږي او غوټي کېږي.

pimple, n. دانه، تونکی (پښکی) کرمکه، زخه.

pin, n. ټومبوڼی (سنجاق) کوچنی موږی دلرګي یا اوسپنې مېخ؛ په لوبه کښې هغه موږی چه په پنډوس د پښتې شي.

pin, v.t. مېخول، ټومبل، پېیل، ټینګول؛ په بېړه ایښول.

pinafore, n. مخ تړ (هغه زړوکی چه وړوکي د جامو د ساتنې دپاره ور اغوستل کېږي چه جامې یې خیرې نشي).

pince-nez, n. هغه سترګې (چشمې) چه پر پوزه ټینګول کېږي.

pincers, n. up. اوسی، امبور؛ پنجالې، ټوکان.

pinch, v.t. : څوړول، نښتېګل، کښېکښل؛ په ولېوه د يو شی د ډډو کې کول يا څوړول، ځپول .

pinch, n. خاصه اړتيا، څوړونه.

pincushion, n. ستن ځالی (سنجاق دانی)

pine, v.i. ځانګړېدل (له غمه) څورېدل بې سېکه کېدل، هيله درلودل، لېوال کېدل، کمزوری کېدل .

pine, n. دزنغوزی (چلغوزی، زنغوزی) ونه .

pineapple, n. اناناس .

pinfold, n. اغېل، شپول، چارګی، کېږ، محوطه څاروی ځالی .

pinion, n. څاپور څرخکی، څرخ کوټی .

pinion, n, v.t. دوزر و څوکه، وزر: کوڅر، بڼکې د وزر تړل، ولچك کول .

pink, n. ګلابی رنګ .

pinkish, adj. ګلابی وږمه .

pinky, adj. ګلابی .

pink, v.t. سوری کول (لکه په توره)، پرېکول .

pinnace, n. کوچنی بېړۍ، سپکه کشتی .

pinnacle, n. : منارە، د ګنبدی څوکه؛ لوړه څوکه، هسکه څوکه .

pinnate, adj. د بڼکې په شان، منځه ځانګه چه دواړو خواو ته متقابل پاڼې ولري .

pinpoint, v.t. & i. د بمبارۍ د پاره هدف ټاکل، په نښه کول؛ په نقشه کې د يوه ځای پېژندل .

pint, n. يوه پيمانه چه د نيم ليټر نه لږ څه زياته او د ګېلن تقريباً اتمه برخه کېږی يو پنټ برابر دی د ۵۶۸ ر۰ – ليټر .

pin-up, adj. پر ديوال د ځوړېدو لو وړ (لکه ښکلې تابلو، څراغ) .

pin wheel, pinwheel, n. دوړودلو يو څرخ چه رنګه کاغذونه ورکښې ګنډل شوی وی او په تاوولو رنګارنګ رنګونه ښيی لکه د اتش بازی څرخ چه رنګ رنګ اور شيندی .

pioneer, n. مخ ماتوونکی، لارښوونکی، لومړنی آبادوونکی .

pioneer, v.t. & i. لومړی کېدل، لومړی کول، لار تېرول، لار ماتول .

pious, adj. پاك، دينداره، پرهېزګار .

piously, adv. دينداره، د پرهېزګاری د مخې .

pip, n. دانه، تخم، زړی (زنی) .

pip, n. د چرګانو ناروغی .

pip, n. د ټکو (قطعو) په پاڼو خالونه يا څېری .

pipe, n. شپېلی، سورنی، دروی؛ پيپ، پاچه نل، پلول؛ پاپ، پورځو .

piper, n. شپېلندوی، پين مار .

pipe, v.i. & t. شپېلی وهل، سورنی وهل، دروی وهل .

piping, n. شپېلی وهنه، د موسيقی د آلو الاتو غږونه، د چاپو ذلمنو او څادرو په لبس، لېته او نور سپنسګا روده .

pipkin, n. کوچنی خاورين لوښی .

pippin, n. يو ډول مڼه .

piquant, adj. خوندور، مساله دار؛ په زړه پوری؛ زړه وړونکی .

piquancy, n. تندی، خوند، مزه، خوندور توب؛ ښکلا .

pique, n. خپگان (چه د سپکاوي يا بي پروائي په نتيجه کښې پيدا شوي وي) .

pique, v.t. خپه کول، خوروول، پاروول، سپکول .

piquet, n. د پټو (قطعو) يو ډول لوبه .

piracy, n. سمندري (بحري) داړه، دريابي غدي، ډاکه، غلا .

pirate, n. ادبي غلا، د بل چا اختراع او ابتکار په خپل نامه تېرول: سمندري داړه مار: داړه کول، ډاکه اچول .

piratical, adj. داړه ماري، غلا، چپاو .

pirouette, n. د پنجو په څوکو نڅا .

pirouette, v.i. په گډا کې د پنجو په څوکه اوړېدل .

pismire, n. مېږی .

pistachio, n. پسته .

pistachio nut, n. د پستې منډکه، د پستې زړی .

pistil, n. د گل د تا نيث آله .

pistillate, adj. هغه گل چه د تانيث آله لري .

pistol, n. تماڅچه، تپانچه (تفنگچه) .

piston, n. پستون (لنډه استوانه)، په ماشينو کښې هغه خوځنده پرزه چه قوت اخلي او بلې پرزې ته يې ورکوي .

pit, n. کنده، ږوغل، ژوره، ددوزخ کنده، دوزخ، لټ، کوډ کمي (تلکه): چوخی (د لېشکو داغ) دحيوانا تو جنگ ځالی، په تيا تر کښې دساز يا او د ناستې ځای .

pit, v.t. په منډهې کې د مخصوص جنس خرڅلن ځای: کنده کول، ږوغلول، چرگان په جنگ اچول .

pit, n. بېجقه، منډکه، کلاڼدی

pit, v.t. زړی و يستل .

pitapat, adv, ټپېدنه، رپېدنه، لړزېدنه: په ټپېدو، په رپېدو، په لړزېدو .

pitch, n. سرېښنا که ما ده چه د تار کولو، پترولو او نورو نه پاتې کېږي، ژاوله، شيره، پورته غورځونه: ددرونه: ځوړ، د اواز جگوالی، يا ټيټوالی .

pitchy, adj. سرېښناک، ژاولن .

pitch, v.t. دروول (لکه خيمه) غورځول، ويشتل، په يوه اندازه سا تل لکه (آواز)، ويشتل، کېږدل، غورځه کول .

pitcher, n. منگی، کوزه، جك، صراحي .

pitcher, n. غورځوونکی، ويشتونکی .

pitchfork, n. چاغی، سکو .

piteous, adj. دزړه سوي، د ترحم وړ .

piteously, adv. درحم وړ، دزړه سوی، دخواخوږی وړ. د زړه سوالندی له مخې .

pitfall, n. لټۍ، کوړکی (کړ کومی، تلکه): نا اټکل شوی خطر .

pith, n. مغز، د بوټو د لنډر دننه تار تار ماده: اساسی برخه، جوهر، زور، سېك. قوت .

pithy, adj. مغزن، زوروز، اغېزه ناك .

pitiable, adj. دزړه سوالندی وړ، دتر ټلو وړ :

pitiful, adj. زړه سوالندی، مهربان، دزړه سوی وړ: ټيټ، د خندا وړ، دتر ټلو وړ .

pitifully, adv. د زړه سوانده ی په توګه، د خنداوړ

pitiless, adj. بې رحمه، نا سوانده، بې درده.

pittance, n. خېره (چېره)، وظیفه؛ مرد

pituitary, adj. هغه مرغړی (غدود) چه دماغ په لاندی برخه کښی وی او د چوډ په ودی (نشو نما) کښی اغېزه لری.

pity, n. زړه سوی، خواخوږی، مهربانی؛ د زړه سوی.

pity, v.t. زړه سېزل، خواخوږی کول، افسوس کول.

pityingly, adv. په زړه سوانده ی، په خواخوږی.

pivot, n. چورلیځ، محور.

pivot, v.i. چورلېدل، تاوېدل

pivotal, adj. چورلیځی (محوری)؛ ډېر مهم

pixy, n. بلا، پېری.

placard, n. اعلان لیک، اشتهار پاڼه.

placard, v.t. ځړ ګندول، اعلانول، اشتهار لګول، اشتهار ځړول.

placate v.t. کراروُل، دلاسه کول، خوشالول، پخولا کول، سړول.

place, n. ځای، سیمه؛ مقام، منصب، د یو کار د پاره ځانګړی ځای.

place, v.t. ځاپول، په ځای کول، اېښودل، مقررول.

place, v.i. ځا ئېدل، مقررېدل.

placer, n. هغه ځای چه د سېند د شګو له د سرو زرو ذری په غلبېلولو او وېنځلو لاس ته راځی.

placid, adj. پوست، نرم، غلی، د سړی سېنی خاوند، درونډ.

placidity, n. پوستوالی، کرارتوب، درنښت، نرمی، حوصله.

placidly, adv. په نرمی، په درنښت، په سړه سینه.

plagiarize, v.t. &i د بل چا افکار او ایکنی په خپل نوم تېرول.

plague, n. طاعون، وبا، بلا، آفت.

plague, v.t. په طاعون اخته کېدل، په بلا اوښتل، ځورول.

plaid, n. شړی، کمپله؛ زړه پخه لیک داره یا پټه داره ټوټه.

plaid, adj. شړین.

plain, n. adj. ډګر، بېدیا، میره، ځواګ؛ روڼ، سپیڅه؛ په ډاګه پېلی (خبره) ساده، بې ډوله، بې سینګاره، بې رنګه او بې نقشی ټوټه.

plainly, adv. ساده ډوله؛ روڼ، سپیڅه (په ډاګه پېلی).

plainness. n. ساده توب، سپینوالی.

plainsman, n. د سمی یا دښ اری اوسېدونکی.

plaint, n. ګیله (شکایت)؛ عریضه.

plaintiff, n. عارض کوونکی، مدعی؛

plaintive, adj. غمجن، ګیله من، ارمانجن.

plaintively, adv. په غم، په ګیله.

plait, n. کوڅه، کوټ، چوټه؛ پټی، فیته؛ کوڅی، چوټی، ځڅی.

plait, v.t کوڅی وهل، کوټ کوټ کول، کوڅی کول.

plan, n. پلان، تدبیر، نقشه، د کار نقشه، طرحه؛ د کار د کولو تدبیر، پروژه، کړنلاره.

plan, v.t. & i. نقشه کول ، تدبیر کول ، اراده کول .

plane, adj. اوار ، صاف ، مسطح ، اواره سطح : دوه ی او پرمختیا سطح : الوتکه ، رنده .

planer, n. رنده کوونکی (توږوونکی)

planet, n. سیاره ، هغه آسمانی جسم چه د لمر یا ستوري چاپیر گرځي او پخپله رڼا نلري .

planetary, adj. سیاروي ، په سیاري پوري مربوط ، گرځند

plank, n. اوږه او پیړه تخته ، دړه ، د یوې سیاسي ډلې د کړ نلارې یوه ماده

plank, v.t. تخته لگول ، ادا کول

plant, n. نبات (لکه بوټی وابنه او نور کوږدي) ، ماشینونه ، سامان یا هغه ای چه د یو صنعت او تجارت د پاره کار ورځخه اخستل کیږي .

plant, نیالول ، لگول ، ږدل ، تیارول ، لیا لگی ایښودل .

plantian, n. پرهاد پانی (زوف)

plantain, n. کیله .

plantation, n کروندې ، بڼ ، بوز ځلی یا نیهه : مستعمره

planter, n. کروندگر ، د کروندې خاوند ، بزگر ، د کرلې ماشین : گلدان .

plaque, n. لوخه .

plash, n, v.t.&i. شړشړولی : او به پاشل ، او به شڼل .

plasma, n. پلازما ، د وینو یا شودو اوبلنه برخه .

plaster n. پلاستر ، گچ :

plaster, v.t. پلاستر ول ، گچ کول .

plasterer, n. پلاستر کوونکی

plastering, n. مپتکر .

plastic, adj. (لکه د پلاستیک هنرمند) نرم ، پوسته چه په هر قالب کښې واچول شي او په هغه شکل اختیاروي

plasticity, n. هغه ماده چه د کش کیدو تاب لري ، پلاستیک ، نرمی .

plat, n. د ځمکې وړه ټوټه ، نقشه .

plate, n (پلیټ) تخته گی ، د چاپ کلیشه دسرو او سپینو لوښي ، پشقاب (قاب) دمصنوعي غاښو زامه ، د ښیښې

plate, v.t پا فلزي پرده چه حساس کیمیاوي مواد لري او عکس پري اخستل شي

plateau, n. اوږه سطحه مرتفع ، فلزي پاڼه په چاپخانه کښې هغه فلزي تخته چه کاغذ په تور د کیکاږي .

platen, n. جوړ او کول ، اوبه ور کول

platform, n. د ټاپ هغه موږلی (رول) چه په تور د زور اچوي او په کاغذ چاپ شي .

platform, n. دریځ ، په سیاست کښې د یوې ډلې (حزب) کړ نلاره یا منشور .

platinum, n. پلاتین ، پرسپین دروند قیمتي فلز .

platitude, n. بې خونده توب ، ابتذال : چټي

platoon, n. پلټون ، ډلگی ، د پوځ یو کندک چه د یو تورن تر لاس لاندې وي .

platter, n. پشقوس ، مجمه .

plaudit, n. شاباسی ، آفرین ، کورودانی .

plausible, adj. په ظاهره د باور وړ ، د منلو وړ .

plausibility, n. ظاهری معقولیت

play, v.i. لوبی کول ، لوبیدل ، ساز غږول ، خوځیدل ، لوبو ته ورځل ، جواري (قمار) کول ، کار کول ، ساعت تیری کول ، ټوکی کول ، شرط تړل .

play, n. لوبه ، تماشا ، ننداره ، خوځیدنه ، ټوکه ، قمار (جواری)

player, n. لوبغاړی ، ټوکی کوونکی ، جوارگر

playful, adj. شوخ ، خوش طبعه ، ساعتیری

playfully, adv په شوخی ، په ساعتیری .

playfulness, n. شوخی ، خوش طبعی

playgoer, n. سیلانی ، ننداره چی .

playhouse, تیاتر .

playmate, n. د لوبو ملگری .

plaything, n. د لوبو شی .

playwright, n. د ډرامی لیکوال .

plaza, n. چوک ، بازار .

plea, n. د تورن دفاعیه ، بهانه ، پلمه ، خواست ، عرض .

plead, v.i. وکالت کول ، دفاع کول ، شفاعت کول ، دلیل راوړل ، درخواست کول ، بحث کول

pleader, n. وکیل مدافع .

pleasant, adj. په زړه پوری ، خوشالوونکی ، خوشال ، ښه ، خوندور ، شوخ .

pleasantly adv. په خوشالی ، په خوند ، په شوخی .

pleasantness, n. خوشالی ، خوند ، ښکلا

pleasantry, n. ټوکی ، شوخی .

please, v.i. & t. خوشالیدل ، خوشالول ، رضا کیدل ، منل ، مهربانی کول .

pleasing, adj. خوشالوونکی ، زړه راښکوونکی ، زړه وړونکی .

pleasurable, adj. خوشالوونکی .

pleasure, n. خوشالی ، خوند ، آرزو ، خوښه ، مراد ته رسیدنه .

pleat, n. چونړ (چین) . گونځه .

plebeian, adj. عوام ، د عوامو د طبقې غړی ، د ټیټې طبقې : عامیانه .

plebiscite, n. د اولس رای ، عامه رایه

plebs, n. (په پخوانی روم کی) د عوامو طبقه ، اولس .

plectrum, n. شاباز ، مضراب ، زخمه (ناخنک) .

pledge, n. برمته ، گروی ، تضمین : لوز (قول) ، تړون ، د چا په سلامتی څښل .

pledge, v.t. گرووول : لوز کول ، ژبه کول ، په سلامتی اوڅښول .

plenary, adj. پوره ، بشپړه : مطلق : د ټولو غړو په گډون .

plenipotentiary, n. مختار وزیر .

plenipotentiary, adj. مختار واکمن .

plenitude, n. ډکوالی ، پوره والی ، ډیروالی .

plenteous, adj. پریمانه ، ډیر زیات ، گټور ، ابرور .

plentiful, adj. پریمانه ، زیات ، ډیر گڼ

plentifully, adv. په پریمانه توگه ، ډیر

plenty, n. پریمانه ، ډیر زیات : پوره .

pleurisy, n. پلوریسی (پلوریزی) (طب) یو مرض چه د پښو پوس په پرده پاړسوب پیدا اوله پیداشي او اړ روغ وچ ټوخی کوی او په زحمت ساه باسی

plexus, n. جال، شبکه لکه د رګو او او پلو جال .

pliable, adj. اوښتونکی، تغیرمنونکی، د اوښتاو تغیر خاصیت لرونکی (یو شی چه لکه د ربړ د غځېدو، ټولېدو، کږیدو او تاوېدو خاصیت پکښی وی) .

pliant, adj. اوښتونکی تغیرمنونکی؛ نرم، پوست، زر رضا کیدونکی، د تاوېدو، د کږېدو، د غځېدو او ټولېدو وړ .

pliancy, n. اوښتنه، اوښتاو خاصیت

pliers, n. پلاس، امبور .

plight, n. غمجن حالت، خطرناکه وضع، بدهورځ .

plight, v.t. لوز کول، په کرو ایښودل؛ په ضمانه کول (نامزد کېدل) .

plinth, n. د مجسمی پاستنۍ کرسی (قاعده)

plod, v.t. ورو تلل، په سختۍ تلل. په ستو تره تلل، پوه پر لوښو تلل: په کړاو او زیار کار کول .

plodder, n. لټ زیار کښی (هغه څوک چه ډیر زیار باسی مګر ورو ورو کار کوی) .

plot, n. د ځمکی ټوټه: نقشه، توطئه، سازش، دسیسه، د کیسی، ناول یا افسانی بنیادی خاکه .

plot, v.t.i. نقشه کول، توطئه جوړول، دسیسه او سازش کول .

plotter, n. نقشه جوړوونکی، توطیه کوونکی دسیسه کار، سازشی .

ploogh, ploughman,, plou gh—، یوی، یوه ،

share, سپاره؛ یوی کوونکی؛ پاله، آپین، کوه کی

plover, n. ټیټاره، ښوی، ټوټی (یو راز مرغی) .

plow, n. یوی، یوه، سپاره .

plow, v.t.i. یوی کول، کولبه کول، کیله کول، پټ یا فزیر پدل، کیله ویستل .

plowman , ploughman, n. یوه کوونکی

plowshare, ploughshare, پاله، سپاره، اپین، کره کی .

pluck v.t. شکول، ویستل، ټولول، شکول، د ساز د تارو لور اښکل: تېښتول .

pluck, n. لی مون، شوکه: زړه ور توب

plucky, adj. زړه ور .

plug, n. پلګ، د یو ښا داښلو لو پرزه، دروونکی، خولپو لی، خولپو ری؛ د تماکو غنۍ وسکی (د تماکو چم): ټوو: اعلان: موزی .

plug, v.t.i. پلګ لګول: تړل: ویشتل: وهل، په زیار کار کول .

plum, n الو: د آلو د کورنۍ میوه لکه شفتالو، الوچه، آلوبالو، ګیلاس، زردآلو او د غو میوو ونی، ممیز، وچکی .

plumage, n. بڼکی .

plumb, n. شاول (شاقول) .

plumb, adj. adv. نیغ، هوار، برابر، پوره سم سمدستی .

plumb, v.t. شاول کول

plumber, n. نل غځوونکی، نل جوړوونکی (بسته کار) .

plumbing, n. نل څلونه، نل کاري .

plume, n. بڼه ،(بڼکه) جوغه.

plume, v.t. په بڼکو سینګارول .

plumy, adj. بڼه‌ور، جوغه ور، بڼکلی .

plummet, n. شاول (شاقول)، د شاول غونډارۍ .

plummet, v.i. شاول کول ، نیغ ځړول، سیخ ځړول .

plump, adj. چاغ ، غوړین ، غونډه مندې، پوست (پسته)

plumpness, n. چاغتوب ، پوست والی .

plump, v.i.t. ناڅاپي غورځېدل، لوېدل .

plump, n. غورځېدنه، لوېدنه.

plumply adv. ناڅاپه، په ډډه، په ډانګ پېلی .

plump, adj. ډډ نیغ

plunder, v.t. i. تالا کول، لټاړول، لوټل)

plunder n. تالان، لوټ، ولجه، شوکه.

plunderer, n. لوټمار ، ولجه ګر، تالالی .

plunge, v.t. i. غوپه کول ، ډوبول ، منډول؛ تلوار کول: قیمار وهل، غوپه کېدل، ډوبېدل؛ ډنګېدل .

plunge, n. غوپه؛ ډانګ، ټوپ .

plunger, n. ډنګېدونکی: ډوبېدونکی په ماشین کښې پستون .

pluperfect, adj. ماضي بعید ، لرې ماضي .

plural, adj. جمع ، د یوه زیات ، (په ګرامر کښې) د جمع صیغه

plurality, n. ډېروالی: اکثریت (د نیم نه زیات)، د رایو اکثریت .

plus, جمع، د جمع علامه(+)، مثبت؛ زیات مقدار، زیات .

plush, n. بخمل ورمه ټوکر .

plutocrat, n. بډای واکمن (څوک چه د شتمنۍ له کبله په نورو حکومت کوي).

plutocracy, n. هغه چه واک یې د شتمنو په لاس وي، د شتمنو حکومت .

plutonium, n. پلوتونیم، یو راډیو اکټیف کیمیاوي عنصر چه د اتومي انرژۍ د تولید د پاره استعمالېږي؛

ply, n. پټ، کات ، ول، تخته .

ply, v.t. په زور کار کول؛ په قوت سره د یوه شي استعمالول، (لکه د تبر یوم او نور) ، مرتب چلن یا ټګه کول پېژاره کول .

pneumatic, adj. بادي ، هوایي ، د هوا په زور چلېدونکی .

pneumonia, n. د سږو پاړسوب سینه بغل

poach, v.t. بې پوسته هګۍ په اوبو کښې پخول

poach, v.i. په غلابنکاره کول؛ څرېدل؛ بې ځایه مداخله کول .

poacher, n. بې پوسته هګۍ په اوبو کښې پخول، غل ښکاري .

pock, n. تناکه، دانه، پولی .

pocket, n. جېب؛ بټوه ؛ د ډوکي کاڼي، کېږه .

pocket, v.t. جېب ته کول؛ قهر یا سپکه زغمل .

pocket, adj. جېبي .

pocketknife n. جیبی چاکو

pocketful, n. د یو جیب په اندازه

pocket-book, n. جیبی کتابچه : بټوه : (مجازا) دولت، شته، گټه، مالی منبع.

pockmark, n. د دانی داغ، چوماخی ، چوخی .

pock-marked, adj. داغی، چوماخی .

pod, n. غوزه ، د دانو پوښ ، پټوکی

poem. n. نظم ، شعر .

poet, n. شاعر .

poetess, n. شاعره .

poesy, n. شاعری ، شعر ، د شعر فن .

poetry, n. شعر ، نظم ، د شاعری فن

poetical, adj. شاعرانه، شعری .

poetic, adj. شاعرانه، شعری .

poignant, adj. تند ، تیز : احساس پاروونکی، اغیزناک .

poignancy, n. تندی ، تیزی .

poilu, n. فرانسوی عسکر .

poinsettia, n. د کرزموملکو یو بوټی چه سری پاڼی او غټه گلان لری .

point, n. ټکی، نمره، نښه، علامه، نکته: اصلی موضوع: نوکه، د اعشاریه نښه، ټاکلی وخت .

point, v.t.i. تیره کول : اشاره کول ، نښه کول ، ټکی اښودل .

pointless, adj. بی څوکی، پخ ، مهمل، بی خونده .

point-blank, adj. نیغ په مخامخ، نیغ ، نیغ په ورا ورا .

pointed, adj. تیره ، څوکه ور : څرګند ، نیغ .

pointedly, adv نیغ په مخامخ، نیغ

pointer, n. ښودونکی لرگی چه د نقشه په واسطه د نقشو، چارټونو، گرافونو او څیزونو ځایونه ښودل کیږی : ستن : (عقرب) د تلی ونیه : یو راز ښکاری سپی .

poise, v.t. & i. څو دونکی (شاخص) انډول (توازن) برابرول .

poise, n. انډول ، موازنه، درانیت.

poison, n. زهر .

poison, v.t.i. زهرور کول ، په زهرو وژل : فاسدول ، خرابول .

poisoner, n. زهر ورکوونکی .

poisonous, adj. زهرناک، زهرجن .

poke, n. ننو ایستل: ټیل : لاس وهل (دچا په کار کښی) لګول ، په سوك وهل ، سوکه ټیل .

poke, v.t. بوجی ، کڅوړه ، کوړی ، جوال .

poker, n. سیخ ، اورلیږوونی .

poker, n. دپتو (قطعو) یوه لوبه چه جواری (قیمار) پری کوی.

pokey, adj. تنګه ، خپه (لکه کوټه) لټه ، پخ .

polar, adj. قطبی ، د مثبت او منفی برېښنا لرونکی ، مقناطیسی .

Polaris, n. د قطب ستوری .

pole, n. پایه ، ستنه، څټه، د اوږدوالی واحد .

pole, n. قطب، د محور هغه څوکه چه د ځمکی د محور سر چه قطب بلل شی : د مقناطیس یا برېښنا پلی سر (منفی ، مثبت) .

North Pole, n. شمالي قطب .

South Pole, n. جنوبي قطب، سهيلي قطب

Pole, n. پولينډی، د پولينډ اوسېدونکی

polecat, n. سره بی (د نولی د کورنۍ يو ځناور چه بد بوی لري) .

polemic, adj. شخړه، مناظره، ناندری

polestar, n. د قطب ستوری؛ لارښود .

police, v.t. پوليس . (په امريکا کې) د پوځ، چاونۍ يا کمپ د عسکرو پاکول؛ د امن او قانون ساتل .

په پوليسي توگه اداره کول؛ څارل، سمول،

policeman . پوليس .

policy, n. سياست، پاليسي، تگلاره (خط مشی)، تدبير ؛

policy, n. بيمه ليک .

polio, n. (طب) يو مرض دی چه د ملا د تير دننه خړه ماده سوی پيدا کوي او د ماشومانو گوزڼ عمده دی او لاد پېږي .

poliomyelitis, n. (طب) polio ته دې مراجعه وشي .

polish, n. پالش، ځلا (ځلا) : تهذيب .

polish, v.t. ځلاور کول، سپېځلی کول (په کلتوري لحاظ) .

Polish, adj. پولينډی .

polite, adj. ښه خوی خاوند، مهذب، مؤدب، دروند .

politely, adv. په درنښت، په مهذب ډول .

politeness, n. ښه خوی، تهذيب، ادب .

politic, adj. د تدبير خاوند، ځيرک، هوښيار، سياستمدار، چالاک .

political, adj. سياسي .

politically, adv. د سياست له مخې .

politician, n. سياستمدار، سياست پوه .

politics, n. سياست، سياست پوهنه .

polity, n. اولس، ملت؛ حکومت، د حکومت طرز .

polka, n. يو راز گډا، يو بوهيميايي نڅا

poll, n. سر، ککره ؛ رای شمېر، په انتخاباتو کښې رای ورکول، د رای ورکوونکو لېست، د رايې ورکولو ځای .

poll, v.t. ښکولول د ځناورو ښکر لنډول، د ونو څانگې غوڅول ؛ د رايو ليکل، ورکول يا اخيستل .

pollen, n. د گل د منځ زيړ بخو دوړه ماده (د گل گرده) .

pollination, n. القاح (په نباتاتو کښې)

polliwog, n. چنگښکی (د چنگښو بچوړی)

pollute v.t. ناولی کول، پليتول، ککړول، چټلول .

pollution, n. ناپاکي، مرداري، ناولتيا، چټلتوب .

polo, n. کږ ځانگه، اس ځغلونه، يو ډول بېزه بازي، چوگان .

poltroon, n. ډارن، بې زړه، ويرېدونکی، نر زړی .

polyclinic, n. پولي کلينک (يو روغتون چه په هغه کښې د هر راز ناروغيو علاج کېدای شي) .

polygamy, n. په يوه وخت کی له څو ښځو يا څو مېړو سره واده .

polyglot, adj. څو ژبيز (هغه سړی چه په څو ژبو پوهېږي، يا هغه کتاب چه په څو ژبو ليکل شوی وي) .

polygon, n. څو اړخیز (کثیر الاضلاع)

polygonal, adj. څو گوټیز.

polyp, n. یو سمندري ژوندی سری چه لکه مرجان د سمندر په تل کې اوسي.

polypus, n. یو سمندري ژوندی سری چه لکه مرجان د سمندر په تل کې اوسي

polysyllabic, adj. څو هجایي، څو سیلابیز

polysyllable, n. څو هجایي، څو سیلابیز،

polytechnic, adj. پولي تخنیک.

polytheism, n. شرک، په ډیرو خدایانو عقیده لرل.

polytheist, n. مشرک.

pomade, n. واسلین، د ویښتانو خوشبویه غوړ، ملهم.

pmegranate, n. انار، انګوری، لرگوسه (د انار ونه، نارون) ننګروسه.

pommel, n. موټی بالاستی، د زین کاڅی (قاش).

pommel, v.t. په سوټک لرګی او داسې نورو شیانو وهل.

pomp, n. برم، شان وشوکت، دبدبه

pompadour, n. وربل، څونډۍ، پیکۍ.

pom-pom, n. یو اتوماتیک ماشین توپچه چه پرله پسې ډزې کوي.

pompon, n. زونډۍ، څونډۍ، څوڼه: د چیرګ چرخول (پوډول گل).

pompous, adj. د برم خاوند، د دبدبې څښتن: ځان ته غره.

pomposity, n. برم، دبدبه.

poncho, n. د جنوبي امریکا یو ډول پوړنی کالی چه د چپنې په ځای یې اغوندي.

pond, n. ډنډ، ډنډولکی.

ponder, n. فکر کول، غور کول، سوچ کول.

ponderous, adj. درانه، ستوما اوونکی، ستو نګور.

pone-corn pone. سوکړک، جواری، سوړسک

pongee, n. وریښمین

poniard, n. چاړه، سیلاوه، سپناوه، جمدر.

pontiff, n. اسقف.

pontifical, adj. د اسقف.

pontificals, n. د اسقف، په اسقف پورې مربوط.

pontificate, n. د اسقف مقام یا دوره.

ponton, n. یو راز بیړۍ ده چه بیخ یې اواروي او په هیڅ ځای لوکی پر سیږ. پول پری تړل کیږي، د الوتکې هغه لاندي برخه چه الوتکه پري په سمندور او کښي په او پورا کول یدې یا او چتیدی شي.

ponton, n. ورکوری **pontoon, n.**

pontoon bridges, د کشتۍ پل، بیړۍ پل.

pony, n. ټټو، یابو.

poodle, n. وړوکی خنډی بڼر سپی.

pool, n. ډنډ، حوض.

pool, n. د بلیارډ لوبه، په کوم کې چه د سرمایې یا د لوبو د سامانو را غونډول: د یوه کار لپاره د سر کتونو یوله بله لاس ورکول.

poop, n. پیړا ، ساده ، د بېړۍ شولی (عرشه) .

poor, adj. تش لاس ، بې وزلی ، ادنی ، تنګ لاس ، غریب ، کم زوری ، شاړه ، شنډه : خراب

poorly adv. په بې وسئ ، په لږمکي توګه

poorhouse, n. مرستون .

pop, n. ټپ ، ټك (صوتي اوموته) : بوتلي څښاك ، ابلول : خوټېدل .

pop, v.t. پرانستل ، سپړل ، وهل ، ویشتل

popcorn, n. پولی ، د جوارو ورېشې .

pope, n. پاپ ، د رومن کاتولیك مذهب لوی پېشوا : پلار

popgun, n. بادی ټوپك .

popinjay, n. کړتن ، کې تو ، چې ډېری خبری کوونکی .

poplar, n. سپېدار .

poplin, n. پاپلین ، سوپ (پوړاك ټوکر)

popover, n. پوړول پراته چه هګۍ ورسره ګډې وي ، مرپوړی .

poppy, n. خاشخاش ، کوکنار .

poppycock, n. تشي خبری ، دخولي خبری ، هوايي خبری ، بې اساسه خبری .

populace, n. وګړي ، عوام : ګڼه ګوڼه ، خری تنډه ، څو پمنډه .

popular, adj اولسی ، نامتو ، ساده ، اسان ، مشهور ، ارزان : رواجي .

popularity, n. شهرت ، محبوبیت

popularize, v.t. شهرت ور کول .

popu..., adv. په مشهوره توګه .

populate, v.t. په خلکو ډکول ، ابادول ، ودانول .

population, n. ولوس ، د خلکو شمیر ، آبادي ، اوسېدونکي .

populous, adj. ګڼه ، له خلکو ډك .

populousness, n. ګڼوالی .

porcelain, n. چینی لوښی .

porch, n. ډیوډه ، برنډه ، دالان .

porcupine, n. شکون .

pore, v.i. ژوره کتنه (مطالعه) کول ، فکر کول ، غور کول .

pore, n. مسام ، د وجود هغه واړه سوري چه د هرو پوښته لاندی موجود وی .

pork, n. د سرکوزی غوښه .

porous, adj. مسامدار ، سوړی پوړی : اوبه زېښونکی .

porosity, n سوری پوړي توب

porphyry, n. یکړ ، یکره ، یو تور یا سور کانی چه سپین رګې ولری .

porpoise, n. سمندری سرکوزی ، یو کوچنی سمندری لېونګه .

porridge, n. اوګره ، په اوبو یا شیدو کی اېشولی دالی .

porringer, n. کاب ، پشقاب .

port, n. سره تور پښون شراب .

port, n. بندر .

port, n. په ماشینو کښی د ګېس یا اوبو د تګ یا تلو ځای .

port, n. کړه وړه ، وضع ، چلند (روش)

port, n. د کښتۍ کیڼ لاس ته برخه ، یا د بیړۍ کیڼه برخه .

port, v.t. کیڼ لاس ته ګرځول .

port, v.t. وسله ځای ته داسی اچول چه کیڼی خوا ته د پښنده (د پوله) وی .

portable, adj. د وړلو وړ، سپک، سفري.
portage, n. بار وړل، بار کشي؛ د بار وړلو لاره، بار وړنې کرایه.
portal, n. دروازه، ور، وره، ګمبه.
portcullis, n. د اوسپنې لویه دروازه.
portend, v.t. اټکلول (پیشګویي).
portent, n. بدفال، فال، بدشګون.
portentous, adj بدشګون؛ خارق العاده؛ وېروونکی.
porter, n. پنډوی (حمالی)؛ د دروازې ساتونکی؛ د هوټل خدمتګار یا نوکر.
porterhouse steak, د کباب اوښه او پلوز ټکي.
portfolio, n. دوسیه، د وزارت مقام او وظیفه.
porthole, n. د جهاز (بېړۍ) د څنګ سوری.
portico, n. ډیوډۍ، دالان، چتر.
portiere, n. ورشل، پرده.
portion, n. برخه، ونډه؛ ځنځ، وراوره؛ برخه، نصیب، قسمت.
portion, v.t. برخه برخه، ونډه ونډه کول؛ وراوره (ځنځ) ور کول.
portly, adj. د پړم خاوند، غټ، درونده.
portmanteau, n. خورجین، سفري کڅوړه، څڅولی.
portrait, n. څېره (تصویر)، عکس، پورټرېټ؛ د کیسې یا لوبې تشریح.
portraiture, n. د عکس، تصویر یا د لوبې جوړولو هنر.
portray, v.t. تصویر کښل، د یوې پېښې داسې بیان چه هغه واقعه پوره سترګو ته ودروي.
portray, n. عکس، روڼ بیان، سپین بیان.
Portuguese, adj. پرتګالی.
pose, v.t. & i. د یوې مسئلې منځ ته راچول؛ د ځان سمول یا جوړول (لکه د عکاس د پاره).
pose, n. وضع، ځان ښکاروونه، ځان جوړونه.
poser, n. ځان جوړوونکی؛ ګرانه مساله.
position, n. مقام، منصب، حیثیت، حالت.
positive, adj. مثبت، قطعي، مطلق، واقعي، باوري، ساده.
posse; n. قوه، د قوم یا پولیس ډلګۍ.
possess, v.t. لرل، لاسته کول، تر لاس لاندې کول، تر اغېزې لاندې راوستل، اداره کول.
possessor, n. څښتن، خاوند، واکمن.
possession, n. ملکیت، مال او جایداد، څښتني.
possessive, adj څښتنۍ ښوونکی، ملکي، اضافي.
possible, adj. کېدونی، شوني، ممکن.
possibility, n. امکان.
possibly, adv. ښایي، ممکن.
possum, یو امریکایي موږک چه تور خپې پښې پوستکی لري او په ونو کې اوسي.
post, n. ستنه، ستن، پایه.
post, v.t. په دېوال اعلان.
post, n. د پوځ څوکی (ځای ځای)؛ منصب، مقام.

post, v.t. د سوداګرۍ څای ، په پوسته کې تاکل .

postage, n د پوستې محصول

postage stamp د پوستې ټکټ .

postal card پوست کارډ .

post card .n. پوست کارډ .

postchaise, n. د پوستې ګاډۍ ، سرېښه ګاډۍ چه څلور اراېې لري

poster, n. اشتهار ، اعلان ، څرګندونې اعلان انښلوونکی .

posterior, adj. وروستنی .

posterity, n . اسل ، زوزاد (اخلاف) ، راتلونکی وخت ..

postern, n دشاد رواز ه

postern, adj.. دشا دروازه

postgraduate, adj. n. د لیسانس ددرجې نه پورته زده کړه ، یاد لوړې زده کړې محصل .

posthaste, n. ډېر ګړ ندی ، چټک ، ډېر ندی ، هر یمان .

posthumous, adj پس‌مرګیځ یا پس‌مرګی (اولاد ، کتاب او نهان) .

postilion, postillion, n. د ګاډۍ په آس سور پوری د لومړی جوړې د کیڼ لاس سپور .

postman, n. پوسته‌رسوونکی .

postmark, n. دپوسته خانې مهر یا نښه .

postmark, v.t. مهرول .

postmaster, n. دپوسته‌خانې مشر (رئیس)

post[illegible] general, pl. **POSTMASTERS GENERAL** د پوستې د خانګې رئیس .

post—mortem پس‌مرګی پېښه ، پس‌مرګی طبي معاینه .

post office, پوسته خانه .

postpone, v.t. ځنډول ، تالول .

postponement, n. ځنډونه .

postscript, n. پس لیک (د کتاب د ختمېدو نه وروسته یا څه لیکل).

postulate, n. ګڼنه (فرضیه) ، منل‌شوی اصل .

postulate, v.t. فرض کول ، ګڼل .

posture, n. وضع ، حالت ، اندازه .

postwar, adj. د جنګ نه وروسته .

posy, n. ګل ، د ګلو ګېډۍ : د ګوتمۍ لیک

pot, n. لوښی .

pot, v.t. په لوښي کې اچول .

potash, n. اشخار (اشقار) ، پوتاسیم کاربونېټ چه د لرګیو د ایرې څخه لاسته راځي چه د سرو او سپینو په جوړولو کې یکاریږي .

potassium, n. پوتاشیم : یو کیمیاوي عنصر چه د شیشو ، باروتو او سرې په جوړولو کې یکاریږي .

potation, n. څښاک ، الکولي مشروبات .

potato, n. کچالو ، پټاټې ، آلو .

potent, adj. قوي ، پیاوړی ، مقتدر .

potency, n. قوت .

potentate, n. واکمن ، پاچا .

potential, adj. پټ قوت او استعداد ، بالقوه ، ممکن : پوټنشیال .

potentiality, n. پټ قوت او استعداد

potentially, adv. د پټ استعداد د مخې

pother, n. شور او زوږ ، لوخړې .

potherb, n. ساګه، سوزی .

pothook, n. لوښی چه د لونګکه پو د ول

دیغلی په وخت کی پری ځوړول کیږی.

potion, n. دارو (چه وایی سړی د مخو په

ځهلور ځیږی، میښیږی یا مسموم کیږی).

potpourri, n. دګلانو دو چو پانو او نورو

خوشبو په دارو کانو کیږول: دادبی

او هنری اثار و چون شوی ټو ټه،

کودری کودری .

potsherd, n. (دخاورینو لوښو ماتی

ټوټی)

pottage, n. ټینګه زیمنه، د غوښی یا سپړی

شوروا .

potter, n. کولال (کلال)

pottery, n. خاورین لوښی : دخاورینو

لوښو جوړولو ځای : کولالی .

pouch, n. کڅوړه ، ګوډی (جوال).

poultice, n. لپټی ، آب ورب

poultry, n. کورنی یا ساتلی مرغان ..

pounce, v.i. ځوټه کول (حمله کول)

ور ځور ځېدل، ناڅاپه ور ټوپ وهل .

pound, n. چارګی ، شپول .

pound, n. پونډ (په انګلستان کی دوزن

واحد ۴۵۳.۵۹ ګرامه کیږی) : دانګلستان

پولی واحد .

pound, v.i. ټکول، کوټل، میده کول،

په سوکانو وهل : پښې دربول .

pour, v.t. & i. توېول ، بهول ، تو یېدل

بهېدل .

pour, n. توی (سیل).

pout, v.i. شونډه بوځول ، شونډه ځړول

poverty, n. لېستی (خواری)، اړ تیا :

اوناچنس.

poverty—stricken, adj. غریب،

لېستمن ، بی وزله .

powder, n. پوډر، اوړه ، میده شی .

powder, v.t. پوډر موښل، یا شیندل ،

میده ول .

powdery, adj. دوړن، ګردجن، پوډری

power, n. قوت ، اقتدار، اغیزه ، زور،

استعداد، طاقت (په ریاضی کی) دقوت

څښتن (سړی یا ملت) : دسترګو د رچه

دسترګو دعینک دمخی.

powerful, adj. پیاوړی .

powerfully, adv. په زور .

powerless, adj. بی زوره .

powerboat, n. ماشین والا بیړی

powwow, n. دقطبی امریکا دشاړو مذهبی

مشر یا کوډګر (جادوګر)، دوغه خلکو

ددعا یا کوډو غونډه .

pox, n. هغه ناروغتیا چه دتنا کودراختو

یا چاودلو له پیدا کیږی لکه سفلیس

(آتشك) ، کوی او نور .

practicable, adj. عملی کېدونکی ،

دتطبیق وړ .

practicability, n. دکېدو وړ ،

داجرا وړ .

practical, adj. عملی ، ګټور :حقیقی .

practicality, n. ګټورتوب، عملی

والی .

practically, adv. په عملی توګه ،

تقریباً، واقعاً .

practice, practise, v.t. کار کول، مشق کول، پر له پسې عملي کول ل، د پېښې په توګه یو کار کول، تربیه کول.

practiced, د عمدي فعل دوهم او یا دریم حالت.

practised, adj. ازمایلی، کارشوی.

practice, n. عمل، استعمال، عادت او رواج، مشق.

practitioner, n. هغوك چه په یو هنر کې کار کوي په تېره طبیب او مدافع وکیل.

praefect, آمر، رئیس.

praetor, n. په لرغوني روم کې د کونسل د درجې یو منصبدار چه د لښکر سالاري یې په غاړه وه.

praetorian, adj. د سالارۍ په منصب پورې مربوط.

praetorship, n. سالاري.

prairie, n. وښیاله، ورشو.

praise, v.t. & i. ستایل، ثناویل.

praiseworthy, adj. د ثنا وړ، د صفت وړ، د ستاینې وړ.

prance, n. په جوړ تو (غبرګو پښو) ټوپ وهل.

prank, n. ډانګه، ټوپ، شوخي، مستي.

prate, v.i. & t. اپلتي، ډېرې خبرې کول، ګپ شپ کول.

prattle, v.i. & t. د ماشومانو په څېر خبرې کول، ګپ شپ کول، بې ځایه ویل.

prawn, n. یو ډول سمندري چنګاښ.

pray, v.t. دعا کول، عبادت کول، غوښتنه کول، خواست کول.

prayer, n. عبادت.

prayerful, adj. لمونځ کوونکی، عابد.

prayerfully, adv. د عبادت له مخې، د عجز له مخې.

prayerbook, د عبادت کتاب، د دعا کتاب.

pre— مختاړی چه د یوه لفظ له مخکې راځي د مخې، مخکښې، وړاندې یا د اول معنی ورکوي.

preach, v.i. وعظ کول، تبلیغ کول، څرګندول، د عقیدې خورول، تلقین کول.

preacher, n. واعظ، مبلغ، خطیب.

preaching, n. وعظ، تبلیغ.

preachment, n. اوږده وعظ.

preamble, n. سریزه، مخکینی (مقدمه) پېژندګلوي.

prearrange, v.t. د مخه انتظام کول، د وړاندې له سره سرته کول، اداره کول، سمبالول.

precarious, adj. کم یا بې ثباته، بې اعتباره، تېرېدونکی.

precaution, n. مخکینی، احتیاط (پیش بیني)، پام، احتیاط.

precautionary, adj. احتیاطي.

precede, v.t. & i. مخکې کېدل، وړاندې تلل، وړاندې کېدل، وړاندې بېول، مخکې کول.

precedence, وړاندې والی.

precedency, n. وړاندې والی.

precedent, n. تعامل، دود.

precedent, adj. لومړی، د مخه، پر.

preceding, adj. وړاندې، مخکینی.

precept, n. لارښوونه ، قانون ، دستور العمل .

preceptor, n. ښوونکی ، استاد ، ښوونکی .

preceptress, n. ښوونکې ، استاده .

precinct, n. سیمه ، حوزه : ملك ، حد .

precious, adj. گران ، قیمتي ، ارزښتناك .

precipice, n. کمر ، ږاڼ ، لاښ .

precipitate, adj. بې لدې ، سرسري ، بې سنجشه ، ناڅاپه ، ناببره .

precipitately, adv. په بېړه ، په بې فکرۍ .

precipitate, v.t. & i لاندې غورځول : په بېړه مخ ته بېول ، بېړه کول : ښکته کښېنول ستل (ترسب کول) .

precipitation, n. بې احتیاطي ، بېړه ، ترسب : اورښت ، وریا .

precipitous, adj. ږاڼ ، کږلېچ ، کمر ، ځوړ ، بې پامه ، بې سنجشه .

precise, adj. درست ، سم ، برابر ، دقیق ، هرگند .

precisely, adv. کټ مټ

preciseness, n. درستي ، برابروالی ، ټینګ سمون .

precision, n. درستي ، دقت ، برابر والی ، ټینګ سمون .

preclude, v.t. مخنیوی کول ، بندول ، ترلا ، خنډ اچول ، ناممکن کول .

precocious, adj. په عمر وړوکی او په عقل پوخ : له وخت له مخکې رسېدلی ، په تېره د عقل له مخې .

precocity, n. ځیرکي ، دعقل پوخوالی .

preconceive, v.t. له پخوا نه په یوه شي پوهېدل ، دمخه تصور کول ، دمخه فکر کول .

preconception, n. دمخه سوچ .

precursor, n. شاتو ، ارډلی .

predatory, adj. داړونکی ځناور ، داړه مار ، لوټمار .

predecessor, n. مخکنی ، ورانده یني (سلف)

predestination, n. اندې لیك ، بخت ، برخه ، ازل ویش .

predestinate, v.t. دازل دورځې لیکل

predestine, v.t. له مخکې نه ټاکل .

predetermine, v.t. دمخه ټینګول ، دمخه ټاکل .

predicament, n. ناوړه حالت ، مشکل .

predicate, v.t بیانول ، ثابتول : نسبت ورکول : ښکاره کول ، ښوول ، په منطق کې دیو شي اثبات یا تردید .

predicate, adj. دیو شي د جوړ د ښاینونکي (په گرامر کې) خبره .

predict, v.t. & i دمخه ویل ، پیشگویي کول ، مخکې خبرول .

prediction, n پیشگویي ، دمخه وینه ، اټکل .

predigestion, n. دخوړو هضم د کیمیاوي موادو په واسطه .

predigest, v.t. له مخکې نه هضمول ، په مصنوعي توگه هضمول .

predilection, n. خوښه ، ذوق ، میل : غوره گڼنه (ترجیح) .

predispose, v.t. تیارول (مساعد کول) ، مایلول .

predisposition, n. تیاری، استعداد
میل، رغبت .

predominate, v.t تفوق لرل (په قوت ، شمیر، واك ، اغیزه کې) تفوق .

predominance, n. تفوق، پورته والی .

predominant, adj. برزیات

pre-eminent, adj . پورته والی (ممتاز)، بر، لوړ .

pre–eminence, n. تفوق ، پورته والی .

pre-eminently, adv. د شهرت له مخې .

pre-empt, v.t. & i. له نورو له مخکې د دا ډول حق در لودل، د نورو د مخه لاسته کول په شفع اخیستل ، نیوکه کول .

pre-emption, n. شفع، اول حق .

preen, v.t. & i: سمول ، سکښتل : سینګارول: د ونې ښاخونه پریکول پاه مرغه ښکی ا یستل .

pre-exist, v.t. د پخوا له وجود لرل .

pre-existence, n. ازلی موجود .

pre-existent, adj. ازلی ، له ابتدا وه

prefabricate, v.t. د جوړښت مخه طریقه چه په کښې دودا لی پل پادنو روغیږ و لوټو لی پیلی پیلی تیار یږی او بیا یو ځای کولای شی .

preface. n. سریزه ، مقدمه، دیباچه ، سرلیك ،سرنامه .

preface, v.t. دیباچه لیکل ،سرلیك لیکل ، پیل کول .

prefatory, adj. دسریزی، مقدماتی .

prefect, nraefect, n. د یوی حکومتی اداری مشر : په څینو پوهنځیو کی څارونه .

prefecture, n. اداره، ریاست .

prefer, v.t. : غوره گڼل، ترجیح ورکول : وړاندی پیول : وړاندی کول .

preferable, adj. غوره .

prefer ably, adv په غوره توګه .

preference, n . غوره توب ، رجحان

preferential, adj. امتیازی .

preferment, n. . پرمخ تګ ، (ترفیع)

prefigure, v.t. د مخه ا ټکلول ، دوړاندی له اندازه کول .

prefix n. v.t. مختاړی ، مخکینی ، (پریفکیس)، په سر کی ا یښودل ،د کلمی په سر کی راوړل .

pregnant, adj. بلاربه ، امیند واره ، دوره ځالی ، ورله : : له معنا ډك .

pregnancy, n. : بلاربتوب،امیندواری ، د کوالی

prehensile, adj نیوونکی،چاپیروونکی (لکه د ځینو حیوا نا تو لکی)

prehistoric, adj. دلیکلی تـا ر یخ نـه وړاندینی (ما قبل التاریخ) .

prejudge, v.t. له پخوا له قضاوت کول د تحقیق له مخکښی حکم یا فیصله کول .

prejudice, n. تعصب ، بیځایه طرفداری زیان، تاوان :

prejudicial, adj. زیان من، تعصبی

prelate, n. ستر مذهبی مشر .

prelacy, n., پیشوا توب ، ا سقفی، د اسقفانو ډله .

preliminary, adj. لومړنی ، مخکینی ، مقدماتي .

prelude, n. تمهید ، پیژندګلو ، د سرود سر یا سرو ګی .

premature, adj. نارسیدلی ، اومه ، نابالغه ؛ د وخت له وړاندې پېښه ،

prematurely, adv. پخوا له وخته .

premeditate, v.t. & i. د مخکښې نه سوچ کول ، د مخه سنجول .

premeditation. د مخه سوچ ، مخکېنۍ پریکړه .

premier, adj. صدراعظم ، وزیراعظم .

premiership, n. صدارت .

premiere, adj. مشر ، (د لوبغاړو) ، د ډرامو لومړی ، د ننداري لومړی ښوده .

premise, n. (منطق) قضیه ؛ (حقوق) اصل ؛ (د جمع په صورت کې جایداد ملکیت) .

premium, n. جایزه ، بخښنه ، د حق زیاتوالی ، لوړوالی : د بیمې پیسې .

premonition, n. د مخې خبرداری ، مخکنی اخطار .

premonitory, adj اخطار ورکوونکی

prenatal, adj. د زیږیدو نه وړاندې ، له زیږیدو نه د مخه .

preoccupied, adj. ډوب ، مجذوب ، په چورت کښې تللی ؛ بوخت ، مصروف .

preoccupy, v.t. د مخه مشغول لیدل ، د مخه لاس ته کول .

preoccupation, n. د مخه نیوکه ، د مخه لاندې کول .

preordain, v.t. د مخکې نه پریکړه کول ، د مخه امر (حکم) ورکول .

prepaid, adj. پېشکي .

prepare, v.t. د مخه تیارول ، سمول ، برابرول ، چمتو کول ، سنبالول .

preparation, n. تیاری ، سنبالونه ، برابرونه ، سمونه .

preparatory, adj. ابتدایی ، چمتو کوونکی .

preponderate, v.t. درنېدل ، لوړېدل ، برېدل ، زیاتېدل .

preponderance, n. زیاتوالی ، بری ، درنښت ، لوړتوب ، بالادی توب .

preponderant, adj. درونه ، لوړ ، بر .

preposition, n. (ګرامر) د جر او اضافت توری .

prepossess, v.t د مخه نیول ، د مخه مشغول لول ، یا الګیا کول ، د مخه میلان یا تعصب درلودل

prepossession, n. مخکې نیوکه ، مخکې قبضه ، د مخه لاس ته راوستنه ذوالیدی .

prepossessing, adj په زړه پوری ، زړه راښکوونکی .

preposterous, adj. غیر طبیعی ، عجبی ، بې منطقه ، بې دلیله .

prerequisite, adj. لازم ، لازم شرط .

prerogative, n. امتیاز ، خاص حق .

presage, v.t. د مخه خبر ورکول ، د مخه ویل ، فال اچول .

presage, n. د فال د مخه وینه ، علامه ، نښه ، خبر داری .

presbyter, n. پادری ، د کلیسا مشر .

Presbyterian, adj. یوه عیسوي فرقه چه حکومت کول د خپلې فرقې حق گڼي

Presbyterian, n. د پاس ذکر شوي عقیدې سړی

Presbyterianism, n. د کلیسا د هغه ذکر شوي مخصوصه عقیده.

presbytery, n. کلیسا ؛ د پادري سیمه ؛ د پادري اداره

prescience, n. مخکښې پوهه (غیب پوهنه).

prescient, adj. غیب پوه ، وړاندې پوه.

prescribe, v.t. توصیه کول ؛ نسخه ، تجویز کول ، نسخه لیکل.

prescription, n. نسخه ، دارو ؛ توصیه ، حکم ، تجویز.

presence, n. حاضر والی ، حضور ، موجودیت ، حاضري ؛ کړه وړه ، سلوک ؛ شبح ، بلا.

present, adj. حاضر ، موجود ، حال.

presently, adv. اوس.

present, v.t. وړاندې کول ؛ پېژندل ؛ حاضرول ؛ بخشش ور کول ؛ په ټوپک سلامي ور کول.

present, n. سوغات ، بخشش ، بخښنه.

presentable, adj. د ښوولو وړ ، د ښېلو وړ ، د پېژندلو وړ.

presentation, n. سوغات ، پېشکش ، پېژندنه.

presentment, n. ښودنه ، بیان ، د ښوولو طرز.

presentiment, n. د پېښې نه وړاندې خبرېدنه یا خبرونه.

preserve, v.t. ساتل ، هغه شیان چه د ورستېدو او خوسا کېدو نه ساتلي شي لکه اچار ، مربا چه په بلو کې خوندي شوي وي

preservation, n. ساتنه ؛ د ښکار ساتلو ځای

preservative, adj. ساتندوی ، هغه دارو چه د خوراکي یا نورو موادو د ساتنې د پاره استعمالېږي.

preserver, n. ساتونکی ، ساتندوی

preside, v.i. ریاست کول ، مشري کول

president, n. رئیس ، صدر ، د اس مشر ، رئیس جمهور

presidency, n. ریاست ، مشر توب.

presidential, adj. د رئیس ، ریاستي.

press, v.t. کېښنول ، دربل ، اچوڼل ، ټینګول ؛ مجبورول ، ژر ورا چول ؛ د جامو اتو کول ، دربڅول (اتو ، اوتو ، استرې دربل) ، په کلکه غوښتل ، گړندي توب.

press, n. ګڼه ؛ فشار ؛ مطبعه ، مطبوعات

presser, n. کېښنوونکی.

pressman, n. اخبار والا ، ماشینکار

pressure, n. فشار ، دباو ، ټینګښنه ؛ زور.

pressurize, v.t. په لوړو ارتفاعاتو کې د عادي هوا د فشار ساتنه.

prestige, n. حیثیت ، پرستیژ ، پت ، شهرت ، نفوذ

presto, adv. په چټکۍ ، په تیزۍ ، په چالاکۍ.

presume, v.t. گڼل (فرض کول) ، د حقیقت په ډول منل.

presumable, adj. د فرض کولو وړ

presumably, adv. په احتمالی توګه

presumptive, adj. د ېر احتمال ، اغلب ګمان ، قوی احتمال .

presumption, n. احتمال ، د يو شي شواهدو د مخې د منلو وړ .

presumptuous, adj. په ځان ډاډه (ځان ته غره) ، بې باکه .

presuppose, v.t. د مخه فرض کول ، يو شی د استدلال لپاره د مخکښی نه فرض کول .

presupposition, n. مخکښی فرض ، لومړی مفروضه ، مخکښی ضروری شرط .

pretence, v.t بهانه ، باطله دعوه ، ځان ښودنه ، غولونه .

pretend, v.t. بهانه کول ، پلمه کول ، دعوه کول .

pretender, n بهانه کوونکی ، پلمه ګر ، د تاج و تخت دعوه کوونکی .

pretense, pretence, n ادعا ، غوښتنه ، ځان ښودنه (نمایش) ، غولونه ، بهانه ، پلمه .

pretension, n. بهانه ، پلمه ، ځه دعوه ، ځان ښودنه ، غولونه .

pretentious, adj لاپو ، ځان ښودونکی ، ځه دعوه کوونکی ، لباسی .

pretentiousness, n. ځه دعوه ، لباسی ، ځان ښودنه .

preterit, preterite, n. تېره زمانه (ماضی)

preternatural, adj. غیر طبیعی ، غیر عادی .

pretext, n پلمه ، بهانه ، عذر ، د ځان دلیل .

pretty, adj. ښایسته ، ښکلی ، زړه راښکوونکی ، برابره اندازه .

prettily adv. په ښایسته توګه ، په ښکلی توګه .

prettiness, n. ښایست ، ښکلا .

prevail, v.t. خپرېدل ، جاري کېدل ، برېدل ، د يوی نظريی ، روايت او داسی نورو خپرېدل .

prevailing, adj. بر ، متداول ، لوړ

prevalent, adj. خپور ، جاری ، بر ، متداول ، لوړ ، عام ، جاری .

prevalence, n. خپوروالی ، بروالی .

prevaricate, v.t. دروغ ويل ، دوه اړخيزی خبری کول ، د رښتيا نه کږېدل ، په چل ځان تېرول .

prevarication, n. دروغ .

prevent, v.t. مخه نيول ، منع کول ، بندول ، ډرول .

preventable, adj د بندولو وړ ، ډرولو وړ .

prevention, n. بندېز ، منع نيونی .

preventive, adj. & n. بندوونکی ، مخه نيوونکی .

preview, n. له عمومی ښودنی نه مخکی کتنه ، د مخه ښودنه ، د فلمونو له د نمونی ښودنه .

preview, v.t. د مخه ليدل ، لومړی ليدل (خصوصاً ښوونځی د عام ولس ته وړاندی شي) .

previous, adj پخوانی ، وړاندينی .

previously, adv د مخه ، پخوا .

prewar, adj. د جنګ نه وړاندې ، له جګړې نه مخکې .

prey, n. ښکار ، ښکار خوړونکی ځناور ; ښکار کول : قربان کېدل

prey, v.t. تالا کول ، لوټل ، لټاوول ، خوړول .

price, n. ارزښت ، قیمت ، بیه .

price, v.t. قیمت ایښوول ، بیه ټاکل .

priceless, adj. ډېر ګران ، بې اندازې قیمت .

prick, n. داغ ، وړوکې زخم : تېره (لکه ستن ، چاکو) (اصطـ) د نر آلت ، درد ځیږیکه (بریښ) : ځاڅکه .

prick, v.t. چوخول ، ټومبل ، سکولول ، سوری کول .

prickle, n. څوکه (لکه د اغزي) ، تېره ، ریښه : ځیږیکه ، کا .

prickle, v.i. خارښت کول ، سوزېدل ، کاکول .

prickly, adj. خارښتي : سوځنده .

pride, n. کبر ، ویاړ ، لویې : درانښت (عزت النفس) پت ، ساماڼه .

pride, v.t. کبر کول ، لویې کول ، ساماڼه کول ، ویاړ کول .

prideful, adj. کبرجن ، غره .

priest, n. پادری ، ملا ، کشیش .

priestess, n. ملاګۍ ، اخونده ، مذهبي لارښوونې .

priesthood, n. ملايي ، مذهبي مشري .

priestly, adj. ملاوزمه ، اخوندانو له .

priestcraft, n. ملايي ، مذهبي مشري : د ځان له ملا جوړونه ، د ملایی چل ول .

prig, n. چالاکه ، غل (عامیانه لهجه) : یو سړی چې په عمل ، خبرو او وراشه درشه کې د حد نه زیات تکلف کوي .

priggish, adj. چالاک ، تکلف خوښوونکی .

prim, adj. ډېر تشریفاتي .

primacy, n. لومړیتوب ، تفوق ، لومړی توب : د پادري (اسقف) مقام یا حیثیت ، په رومن کاتولیک مذهب کې د پاپ لوړ مقام .

primal, adj. د ومبنی ، پخوانی ، اصلي ، لومړنی ، لرغونی : ډېر مهم ، غوره ، مشر .

primarily, adv. لومړی ، په اصل کې ، په بنیادي توګه .

primary, adj. لومړنی ، اصلي ، بنیادي ، ابتدائي : ډېر مهم .

primate, n. مشر پادري ، لوی اسقف : غولانځور زوی .

prime, n. adj. لومړنی ، غوره : ځواني ، اصلي ، لوړ : پېل ، ابتدا : متباین عدد (حساب) یعنی هغه عدد چې په ځان یا په یو ویشل کېدی شي : تیارول : په کار اچول .

primer, n. د لوست لومړی کتاب .

primeval adj. لرغونی :

primitive, adj. لرغونی ، پخوانی ، اصلي : ساده ، بدوي .

primogeniture, n. لومړنی ماشوم ، لومړی زېږېدنه : د لومړي اولاد حق چې د مور پلار د ټولو شتو وارث کېږي .

primordial, adj. لومړنی موجود : اصلي ، بدوي .

primp, v.i. & t. کالي اغوستل ، ځان ښې وراغوستل .

primrose, n یو بوټی چې ژیړ غنچې غنچې ګل لري .

prince, n. واکمن ، پاسوال ، شاهزاده ، د شاهي کورنۍ غړی ، ستر شخصیت .

princely, adj. شهزاده غوندې .

princess, n. شهزادګۍ .

principal, adj. لوی ، مشر ، عمده ، اصلي : پانګه ، مدیر (د ښوونځي) .

principally, adv. په اصل کې ، اساساً ، په عمومي ډول .

principality, n د شهزاده تر لاس لاندې سیمه .

principle, n. پرنسیپ ، اصل ، مبدا ، سرچینه ، تګ لار ، بنیادي حقیقت یا نظریه یا قانون .

prink, v.t. & i. سینګارول ، ښکلول ، یا ښکلی کول .

print, n. چاپ ، نښه ، اثر ، چاپ شوی لیکنې ، عکس ، تصویر .

printer, n چاپوونکی ، د چاپ ماشین .

printless, adj. بې نښې ، بې اثره ، بې مهره .

printing press. د چاپ ماشین .

prior, n. د خانقاه مشر .

prioress, n. د خانقاه مشره .

prior, adj. پخوانی ، لومړنی .

priority, n. وړاندې والی ، لومړیتوب .

priory, n. خانقاه ، مذهبي ځای .

prism, n. منشور ، شیشې یا بلوري منشور .

prismatic, adj. منشوري .

prison, n. بندي خانه ، جیل ، قید خانه .

prisoner, n. بندي ، قیدي ، بندیوان .

pristine, adj. سوچه ، ابتدایي ، اصیل .

privacy, n. خلوت ، محرومیت ، پرده ، خصوصیت .

private, adj. خصوصي ، شخصي ، ځاني : پټ .

privately, adv. په شخصي یا خصوصي ډول .

private, n. سپاهي .

privateer, n. شخصي جنګي کښتۍ ؛ د دغې کښتۍ واکمن یا قوماندان .

privateersman, n. د شخصي جنګي کښتۍ خلک ، کارکوونکې عمله .

privation, n. محرومیت ، سختي ، نېستي ، اړتیا .

privet, n. د هون د کورني بوټي چې ګلان او توري دانې لري او د باغ د دیوال کار ترې اخستل کېږي .

privilege, n. v.t. امتیاز ، امتیاز ورکول .

privy, adj n. شخصي ، محرم : تشناب .

privily, adv. په پټه ، په شخصي توګه ، په محرمانه ډول .

prize, v.t. n. adj. زیات ارزښت ورکول ، انعام ، جایزه ، ارزښت ، دریابي ولجه .

prize fight, د شرطیا پیسو ګټلو د پاره د سوکانو وهلو مسابقه یا د سوکانو مسابقه چې جوارګران د جوارګرۍ په توګه پیسې پرې ږدي .

pro, adv. د پاره ، په طرفداري ، پر ځای ، وړاندې ، په ګټه .

probable, adj. پېښېدونکی (احتمالي)؛ دمنلو،دباورو وړ .

probability, n. احتمال .

probably, adv. کوندی ، ښایي ، احتمال لري .

probate, n. وصیت لیك ، رسمي اثبات شوی وصیت لیك .

probation, n. د مشروطي دوره ، ازمایښت ؛ ثبوت .

probationary, adj. امتحاني ،مشروط.

probationer, n. مشروط؛ یوزده کوونکی، یا بندي چه دامتحاني دوري لاندي وي.

probe, n.v.t. دجراحي میل ، دجراحي یوه آله چه په هغې باندي د ښځو او ژورو الي یعني ګڼه،زخمونه اودممدي قرحه ور باندي معلوموي،پلټنه او کرونیکه: پلټل ، پوره ازمویل.

probity, n. رښتیاوالی ،صداقت ، پوره والی (کمال) ایمانداری .

problem, n. مسأله ،معما ، کشاله ، پوښتنه .

problematical, adj. مشکوك ، جنجالي معمایي، ناڅرګند .

probocis, n. تنه ،خړ تم: وربوز .

procedure, n. کړنلار ، طرز ، طرز العمل ؛ اقدام،اجراآت .

proceed, v.t. پرمخ تلل؛خپرول ،اوږدول؛ اجراء کول،قانوني اجراآت کول .

proceeding, n. اقدام، عمل ، جریان .

proceeds, n. عایدات .

process, n.v.t. مرحله،جریان ، اوښتون (استحاله یې دوره) دوران .

procession, n. د لیږ تګ، مارش، یوه دله خلك چه مذهبي یاسیاسي مقصد دپاره په منظم ډول کړمي خواته روان وي .

processional, n. د لیږ ومذهبي سندره چه کلیسا ته دراننوتو په وخت کې ویله کیږي ؛ دمذهبي سند رو کتاب .

proclaim, v.t. څرګندول ،جاروهل ، خپرول ،اعلامول، ګول ولس خبرول .

proclamation اعلامیه ، جار ، ولس خبرتیا .

proclivity, n. کږېدنه(میلان) ،انحراف .

procrastinate, v.i. & t. ټالول ، وخت ضایع کول،ځنډول،ترسباکول .

procrastination, n. ځنډ ، ټال.

procreate, v.t. پیدا کول ، زیږول ، شنه کول

procreation, n. پیدا ښت ،زیږونه .

proctor, n. څارو (دپوهنځي یادپوهنتون داخلاقي اونظامي چارو ننګران) .

proctorial, adj. په څارو پوري مربوط.

procurator, n. والي، نایب الحکومه (په پخوانۍ روم کې) .

procure, v.t. ګټل، اخیستل ، ترلاسه کول ، پیدول .

procurable, adj. د پیدولو (ګټلو)وړ

prod, v.t. & n. چوکه: چوکه کول ، چوخول .

prodigal, adj. مسرف، فضول خرځ ، بد مصرفه

prodigality, n. فضول خرڅي .

prodigious, adj. د پراوی ، اریانوونکی ، غیرعادی .

prodigy, n. عجب ، بی‌ساری ، اریانوونکی

produce, v.t. زېږول ، تولیدول ، جوړول ، بودول ، منځ ته را وستل : محصول ، پیداوار ، بود

producer, n. تولیدوونکی ، جوړوونکی .

product, n. محصول ، نتیجه ، حاصل ، ابره

production, n تولید ، محصول ، پیداوار .

productive, adj. ابره ور (مؤلد) گټور ، حاصل ورکوونکی .

productiveness, n. ابره ورتوب : گټورتوب .

productivity, n. ابره ورتوب ، گټورتوب ، بهره ورتوب .

profane, v.t. adj. مقدساتو ته په سپکه سترگه کتل ، کفرویل ، بی‌حرمتی کول : ناولی ، د مقدساتو سپکوونکی .

profanation, n. د مقدساتو سپکاوی

profanely, adv. د مقدساتو د سپکاوی په توگه .

profaneness, n. د مقدساتو سپکاوی

profanity, n. کفر ، لعنت ویته : لوړ ..

profess, v.t. اعتراف کول ، لوړ کول ، خاته پیشه غوره کول ، د عقیدی څرگاره کول .

profession, n. کسب ، حرفه ، مسلك د کسبگرو ډله .

professional, adj. مسلکی ، کسبی ، حرفه یی .

professionally, adv. د مسلك له مخی .

professor, n. پېر و فیسر ، استاذ ، پوهاند .

professorial, adj. پوهاندی .

professorship, n. پوهاندتوب ، استاذی

proffer, v.t.n. وړاندی کول ، پیشنهاد کول : پیشنهاد .

proficient, adj. تکړه ، ماهر ، متخصص

proficiency, n. تکړه والی ، کفایت ، مهارت .

proficiently, adv. په تکړه توب ، په مهارت ، د تخصص له مخی .

profile, n.v.t. د ایم مخ تصویر ، د یو اړخ نقشه ایستل .

profit, n. گټه ، سود ، فایده .

profitable, adj گټور ، سودمن .

profitably, adv په گټور ، ډول

profitless, adj. بی ثمره ، بی‌فایدی .

profiteer, n. گټیالی : هغه څوك چه دحالاتو نه ناجایزه گټه کوی .

profiteer, v.i ناجایزه گټه کول .

profligacy, n. لوچکی ، بی شرمی ، اسراف .

profligate, adj. & n. لوچك ، مسرف

profound, adj. ژور پوه ، ژور فکر : (شخص) : ژور او شدید احساس : د درناوی په توگه ټیټیدونکی .

profundity, n. ژوروالی (د پوهی ، احساس‌های او نور) .

profoundly, adv. په ژوره توگه ، زیات

profuse, adj. پریمان : مسرف .

profusely, adv. په پریمانه توگه ، په پراخ لاس ، زښت ډیر .

profusion, n. پریمانی ، افراط ، زیاتوالی .

progenitor, n. نیکه، ورنیکه، غورنیکه،

progeny, n. اولاد، زوزات، زامن، زوی

prognostic, n. نښه، علامه (دخبرداری)، مخکې وینه (پیشګویي).

prognosticate, v.t مخکېنی ویل، پیشګویي کول.

prognostication, n. مخکې وینه، پیشګویي (دعلایمو له مخې)

prognosticator, n. مخکې ویونکی

program, programme, n. کړنلار (پروګرام).

progress, n. پرمختګ، ترقي، بشپړتیا، وده.

progress, v.i. پرمخ تلل، ترقي کول، وده کول، بشپړېدل.

progression, n. پرمختګ، وده.

progressive, adj. پرمختلونکی، مترقي

progressively, adv. دپرمختګ په ډول، دترقي په توګه، په ارتقایي بڼه.

prohibit, v.t. ستنول، منع کول، مخه نیول.

prohibition, n. مخنیوی.

prohibitionist, n. مخه نیوونکی، منع کوونکی (دشرابو دڅښلو مخه).

prohibitive, adj. منع نیوونکی، ستنوونکی.

prohibitory, adj. ستنوونکی.

project, v.t.n. پروژه، نقشه، پلان، اچول، غځول، نقشه اچول (لکه دکلا او نورو شیانو) اچوول، طرح کول، پلان، نقشه یا پروژه جوړول ۲ انځورول

projection, n. نقشه، طرح، اچونه.

projector, n. پروجکتور.

projectile, n. هغه څه چه د زور یا د محرک طاقت په واسطه غورځول کیږي، (لکه دټوپک یا دتوپ ګولی).

proletarian, n. adj. زیارکښ، مزدور (هغه څوک چه یوازی دخپلو مټو له لاری ډوډۍ پیدا کوي) پرولتار، دمزد اخستونکو طبقې پوری تړلی شخص.

proletariat, n. پرولتاریا، دمزدورانو ډله، دزحمت کښو طبقه، زیار ایستونکی کارګران، دکار پیکر او هغه طبقه چه بې دخپل کاره بل څه نلري.

prolific, adj. ابروور، ډېر زېږوونکی، (حاصلخیز) هغه یو لیکوال چه ډېر تالیفات ولري.

prolix, adj. اوږد، دزیاتو ډېرو الفاظو استعمالوونکی، حاشیه تلونکی.

prolixity, n. اوږدوالی، اطناب

prologue, n. سریزه (دکتاب، نظم ډرامې او نورو)، پیل، مقدمه.

prolong, v.t. اوږدول، ځنډول، جاري ساتل.

prolongation, n. اوږدوالی، راښکودنه، ځنډونه.

promenade, n. چکر: دچکر وهلو، ګرځېدلو او تېرېدلو ځای، بڼا.

prominent, adj. څرګند، مشهور، اوځار، ښکاره، لوړ، وتلی، اوچت، نومیالی.

prominence, n. څرګندوالی، لوړوالی، امتیاز، او میالیتوب.

prominently, adv. په څرګنده توګه، په ممتاز ډول.

promiscuous, adj. ګډ وډ؛ ګډ (مختلط)؛ لېټ .

promiscuity, n. ګډوډي ، لېټوالی .

promise, n.v.t. وعده ، قول، ژبه، ژمنه، هیله، تمه : لاس ورکول ؛ وعده ورکول.

promising, adj. امید بښونکی ، زړه‌ښکر (چه د روښانه مستقبل زېری ورکوي).

promissory, adj. لوزی ، وعدوی ، دا قرار : د ذمه واری لیک .

promontory, n. ورسک (په سیند کښی وړاندې تللې وچه) دماغه ، راس .

promote, v.t. پورته کول، په مخ بیول ، ترفیع ور کول .

promotion, n. ترفیع ، پورته کول، په مخ بیوله ، حوصله زیاتوله .

promotional, adj. د لوړوالی ، ترفیعي .

promoter, n. په مخ بیوونکی (ترقی ورکوونکی) پورته کوونکی، رواجوونکی، پښتیبانوونکی، ترفیع کوونکی.

prompt, adj. چټک، ژر تر ژره، په زغرده، سمدلاسه ، په ګړندي توب .

promptly, adv. په چټک توب، په زغرده ، په منډه، په چټکۍ .

promptness, n. چټکي، ګړندیتوب، ګړندوالی .

prompt, v.t. لمسول ، پارول ، تولکه ورکول، پورته کول ، تشویقول ، اشاره ورکول (د ستیج په سر لوبغاړو ته) .

prompter, n. پارونکی، تشویقوونکی ، اشاره کوونکی .

promptitude, n. چټکي، ګړندیتوب ، چټکوالی .

promulgate, v.t. خپرول ، خپورول ، ښکاره‌کول (په رسمي توګه).

promulgation, n. خپرېدنه ، خپرونه ، اعلامیه .

prone, adj. کوږ (مایل) ، سر ښکوړ ؛ ټیټېدونکی، ابښودونکی، سجده کوونکی. ښویدلی ، چټو .

prong, n. د ښاخې ښاخ ، څانګکی.

pronoun, n. ضمیر ، د ګرامر د قاعدې د مخې هغه کلمه چه د نوم په ځای استعمالیږي.

pronounce, v.t. تلفظ کول ، ادا کول (د توروا او کلمو) ؛ ایستل ، صادرول ، (لکه د رسمي فیصلې صادرول) ښکاره‌ول ، اعلامول .

pronunciation, n. تلفظ، ښکاره‌والی ، اعلام .

pronounced, adj. ښکاره، فیصله شوی .

pronouncement, n. رسمي ښکاره‌ونه ، اعلامیه .

proof, n. ثبوت؛ ازمایښت ؛ دلیل؛ نښه . د نه ټوریدو ور (مانع)، ضامن؛ پروف (د کتاب یا عکس لومړی چاپ چه د هغه له مخې غلطی اصلاح کیږي) .

proofread, v.t. &i د پروف لوستل او کره کول .

proofreader, n. کره کوونکی ، سموونکی ، د پروف لوستونکی .

prop, v.t. تکیه‌ورکول ، ساتل، تشویقول ، ټکویه کول ، جرات ورکول .

prop, n. ملاتړ ، تکیه ، مرسته ؛ ستنه ؛ ریښه .

propaganda, n. پروپاګند ، تبلیغات ؛ تبلیغاتي دستګاه .

propagandist, n. اوازه خپروونکی ، پروپاګندچي ، مبلغ .

propagate, v.t. زیاتول ، خپرول ، زېږول .

propagation, n. زیاتونه ، خپرونه .

propel, v.t. ټېل ، پېول ، پورې وهل .

propeller, n. د الوتکې یا بېړۍ څرخ (پروانه) ، چلوونکی .

propensity, n. غوښتنه (میلان) ، تمایل .

proper, adj. وړ ، جوړ (مناسب) سم ، طبیعي ، په لار برابر .

properly, adv. په مناسب ډول .

property, n. خاصیت ؛ ملکیت .

propertied, adj. شتمن ، بډای .

prophecy, n. مخکې وینه (پیشګویي) پیغمبري .

prophesy, v.t. & i. مخکې ویل ، غیب ویل ، نبوت کول .

prophet, n. استاځی (پیغمبر) .

prophetess, n. پیغمبره .

prophetic, adj د استاځی ، د پیغمبر .

prophetical, adj. د استاځی ، د پیغمبر توب .

prophylactic, adj د ناروغتیا مخ نیوونکی درمل .

propinquity, n. نږدېوالی ، خپلوي .

propitiate, v.t. پخلا کول ، سوده کول ، دلاسه کول ، روغه جوړه کول .

propitiation, n. پخلا توب ، روغه جوړه .

propitiatory, adj. پخلا کوونکی ، سوده کوونکی .

propitious, adj. وړ ، مناسب ، موافق ، مرسته (کمکي) ؛ د روښانه مستقبل څښتن .

proponent, n. وړاندې کوونکی (د پیشنهاد) تجویز کوونکی ، ملاتړ کوونکی ، مرسته .

proportion, n.v.t. تناسب ، برخه ، ونډه ؛ برابرول ، متناسب کول .

proportionable, adj. د تناسب وړ .

proportional, adj. متناسب .

proportionate, adj. ورسره جوړ ، وړ ، برابر .

propose, v.t. وړاندې کول ، پیشنهاد کول ، مخکښې کول ، تجویز ایښول ؛ اټکلول ، اراده کول ، پښېل ، ټاکل ، د واده غوښتل ، مرکه کول .

proposal, n تجویز ، پیشنهاد .

proposition, n. تجویز ، پیشنهاد ؛ موضوع ، مساله ، قضیه .

propound, v.t. طرح کول ، مینځ ته راچول .

proprietary, adj. د امتیاز حق ، د ملکیت حق

proprietor, n. خاوند ، مالک ، څښتن

proprietorship, n. د ملکیت حق ، ځانګړیتوب

proprietress, n. خاونده ، مالکه ، مېرمنه .

propriety, n. ښه سلوک ، ښه ګوزاره .

prop root ښه غټې جرړې (ریښې ، ولې) چه د ونې د تکیې د پاره کار ورکوي .

propulsion, n. شړله ، چلونه ، پر مخ بېوله ، پوري وهنه .

prorogue, v.t. ځنډول ، ټالول ، معطلول.

prosaic, adj. کم ذوق ، بې خونده ، چټی .

proscribe, v.t. غیر قانوني کول ، ردول ، شړل ، فرارول ، ځنډل ؛ په جزا محکومول.

proscription, n. پرېښودنه ، لاس اخستنه ، شنډنه .

prose, n. نثر ؛ ساده ژبه .

prosecute, v.t. پسې اخیستل ، تعقیبول ؛ قانوني دعوه کول .

prosecution, n. پسې اخیستنه ، تعقیب ، دعوه ، دعوه گر .

prosecutor, n. مدعي العموم ، څارنوال .

proselyte, n. اوښتی ، نوی مذهبه ، نوی مسلکه .

proselytism, n. د عقیدې له گرځېدل ، بل مذهب ته اوښتل .

prosody, n. د شاعرۍ پوهه ، (عروض) وزن پېژندنه .

prospect, n. ننداره (منظره) ، اپسېدنه ؛ مستقبل ته کتنه ، هیله ، امید ؛ اخیستونکی ، راتلونکی ، کاندید ؛ د زر لټونه (معدنیات) .

prospective, adj. د آیندې .

prospector, n. کان لټوونکی ، کان پېژندونکی .

prospectus, n. اساسنامه ، اطلاع نامه ، د یوې موسسې یا ادارې لاره .

prosp[er], v.t. بریالی کېدل ؛ باغ باغ کېدل (خوشالیدل) ، نیکمرغه کېدل .

prosperity, n. بریالیتوب ؛ خوشحالي ، نیکمرغی ؛ ویاړ .

prosperous, adj. بریالی ، پرمخ تلونکی ؛ نیکمرغه ، خوشاله ؛ ورې ، مساعد.

prostitute, v.t.n. زنا کول ، بدلمنی کول (د پیسو دپاره) ؛ فاحشه ، کنچنۍ ، کسبیره .

prostitution, n. کسبیرتوب ، بدلمني ، فحشا ؛ بې ځایه استعداد ضایع کول

prostrate, adj. v.t. پرمخ لسکور ، په شا ستونی ستغ ، پرمخ پرېوتل ، ځاوه اېښودل ، تابع کېدل .

prostration, n. پرمخ والی ؛ کمزورتیا ، ستومانی ، ځاوه اېښودنه .

prosy, adj. ستوماونکی ، بې خونده ، مبتذل ، بې روحه ؛ منثور (د نثر په ډول) .

protagonist, n. سرغړن ، اتل (په لوبه کیسه یا ډرامه کی) .

protect, v.t. خوندي کول ، ساتل ، دفاع کول .

protection, n. دفاع ، ساتنه ، حمایه ، د یو ملك په تجارتي مارکیټ کښی په خارجي مالونو دومره درونه محصول اېښودل چه یا ئی هیوادونه په دغه مارکیټ کښی تجارتی رقابت ونشی کړی ای .

protective, adj. ساتندوی ، ساتونکی ، ژغورونکی ، ملاتړ .

protectionist, n. د ساتنې پالیسی ملاتړی

protector, n ساتندوی ، ساتونکی ، حامی

protectress, n. ساتندویه ، ساتونکې ، محافظه ، ملاتړې .

protectorate, n. تر ساتنې لاندې (د قیمومیت سیمې)، تر څارنې لاندې علاقې.

protest, v.t.i. n. احتجاج کول، اعتراض کول، خواښیني څرګندول، په ټینګه ویل: احتجاج، اعتراض، ناخواښیني.

protestation, n. سخت اعتراض.

protestant, n. پروټسټانټ (معترضین) د عیسویانو د مذهب هغه ډله چه د اوتر په مشري او لارښوونه د لرغونې کلیسا او د روم د کلیسا د مذهب په خلاف یې اعتراض درلود.

Protestantism, n. د پروټسټانټو اصول.

protocol, n. پروټوکول، په دیپلوماسۍ کې لومړنۍ مسوده، یا کې اللارې چه د هغې په اساس رسمي تړون لیکو له یا فیصلې عملي کیږي.

protoplasm, n. پروټوپلازم، هغه بې رنګه سرېښناکه ماده چه ژوندۍ نسج ورنه جوړیږي.

protoplasmic, adj.

prototype, n. اصلي نمونه، لومړۍ بڼه.

protract, v.t. غځول، اوږدول، ادامه ورکول، پراخول.

protrude, v.t.i. په مخ بېول، پراخول، وړاندې څول.

protrusion, n. پرمخ بېوله، د باندې وړاندې څوله.

protuberance, n. پړسوب، پوکنوب

proud, adj. مغرور، ځان خوښوونی، وياړو.

proudly, adv. په غرور، په وياړ.

prove, v.t. ثابتول، ښکاره کول، ازموینه ورکول، رښتیا کول، کره کول.

provender, n. وچ واښه (لکه پروړه، بوس، بېده) خواړه (په تیره کوکې).

proverb, n. متل، عبرت.

proverbial, adj. متلي، مشهور.

provide, v.t. تیارول، سنبالول، له مخکې نه تیاری نیول (هوښیارتیا کول) ګومارل.

providence, n. احتیاط، مخکیني سنجش، د خدای پېرزوینه.

Providence, خدای.

provident, adj. باصبر (محتاط)، لیري سنجوونکی (دوراندیش).

providential, adj. نیکمرغه، تقدیري، د خدای له خوا.

province, n. ولایت، سیمه، څانګه (د پوهنې) د کار ساحه.

provincial, adj. ولایتي، سیمه ییز.

provision, n. تیاری، ذخیره، ذخیره، شرط.

provisional, adj. موقتي، د لږ وخت د پاره.

proviso, n. قید، شرط (لکه په تړون لیک کې).

provoke, v.t. لمسول، پارول، تحریکول.

provocation, n. لمسون، پارونه، تحریك.

provocative, adj. لمسوونکی، محرك.

provost, n. رئیس (د پوهنځي)، د پولیسو مامور.

provost marshal. د پوځي انضباط رئیس.

prow, n. د بېړۍ مخکینی برخه.

prowess, n. لیاقت، مهارت، زړه وړتیا.

prowl, v.i.t.n. تلاش کول، په پټه په ښکار پسې ګرځېدل.

proximity, n. نږدیوالی، خپلوي

proxy, n. نمایندګي ، وکالت ؛ وکالت لیك ، وثیقه .

prude, n. تشریفاتي تکلف ، په افراطي توګه د ادابو سره تنه چه خلك تری په عذاب شي .

prudery, n. تکلف .

prudish, adj. متکلف ، زیات تشریفاتي

prudent, adj. هوښیار ، احتیاطي .

prudence, n. احتیاط ، سنجش

prudential, adj. احتیاطي .

prune, n. وچ آلو ، آلو بخارا .

prune, v.t.i. پریکول (د څانګو ، منډو کو) اصلاح کول ، سینګارول .

prurient, adj. شهواني ، خارښتي ، ناپاکه .

prurience, n. خارښت ، شهوت .

pry, v.t. اډم ، په اډم جګول ، په زیار سرته رسول .

pry, v.i. سترګې پکښې لېږل ، سترګې پورول ، سترګو ته اوبه ورکول ؛ څارل ، پلټل .

pry, n. څارونه ، ډېر کنجکاو .

prying, adj. څارونکی ، سپین سترګی.

psalm, n. مذهبي سندره .

Book of Psalms, د زبور یو فصل .

psalmist, Psalmist, n. د مذهبي سندرو لیکونکی ، حضرت داؤد (ع) .

psalmody, n. مذهبي سندرې ، د مذهبي سندرو ویله .

Psalter, Psaltery, n. زبور .

pseud, pseudo, . دروغ ، کلپ ، غلط

pseudonym, n. مستعار نوم ، جعلي نوم ؛ تخلص .

psychiatry, n. د طب هغه څانګه چه عقلي ناروغتیا مطالعه کوي .

psychiatrist, n. د عقلي او عصبي ناروغتیا متخصص .

psyche, n. روح ، ذهن ، روحي ژوند .

psychic, psychical adj. روحي ، ماوراء الطبیعي : څوك چه په اساني د ارواحو له اغیزې لاندې راځي .

psychoanalysis, n. روحي تحلیل ، پسیکوانالیز : د تداوي یو ډول میتود چه د تحت الشعوري تمایلاتو په څېړلو پوري اړه لري .

psychoanalyst, n. پسیکوانالیست .

psychology, n. ارواپوهنه (سیکالوجي) رواشناسي ، روحیات .

psychological, adj. روحیاتي .

psychologist, n. ارواپوه ، سایکالوجست .

psychopathy, n. دماغي خلل .

psychopathetic, adj. n. عقلي ناروغ ، په دماغي خلل پوري مربوط .

ptomaine هغه کیمیاوي ماده چه په ورستو او خوساشیانو باندې پیدا کېږي .

pub, n. شرابخانه ، په هوټل کی د شرابو د څښلو خونه .

puberty, n. بلوغ .

public, adj. عام ، عمومي ، د ټولو ؛ هر ګند علني .

publicly, adv. په هر گند ډول ، په عمومي ډول .

publican, n. د مالیې مامور (په لرغونی روم کې) ؛ د شرابخانې خاوند .

publication, n. خپرونه ، نشریه .

public house شرابخانه ، هوټل .

publicist, n. سیاسي مفسر ، لیکوال : د بین المللي قوانینو متخصص .

publicity, n. هرگندونه ، اشتهار ، اعلان

public school دولتي ښوونځی .

publish, v.t. خپرول ، د خلکو لاسته رسول ، عامول .

publisher, n. خپروونکی .

puck, n. بلا ، پیشکه ، شیطان ، پیری ؛ د کنګلي هاکۍ د لوبې د پیری غونډ اړی .

pucker, v.i.t.n. کنتول ، گونځې کول ، کنتېدل ، گونځې کېدل .

pudding, n. یو ډول پوډر ، ډول ترلی .

puddle, n (یو ډنډ (دولاړ دواړو) ؛ مل (یو ډول خټه) .

puddling, n هغه عملیه چه نا پاکه اوسپنه په خالصه اوسپنه بدلوي .

pudgy, adj. منډلي سړی ، گردی او غټ ټلی

puerile, adj. ماشومیز (طفلانه) احمقانه چټی .

puerility, n. حماقت ، د هلکو کار .

puff, n.v.i.t. پف : پاستی ، لواش ؛ کلاوښته پو کول ، بې ځایه ستاینه ، زیات صفت کول .

puffy, adj. پو کوونکی .

pug, n. لیپت سپی چه پلنه پزه لري ، پینه پزه .

pugilism, n. سوک وهنه ، د سوکانو لوبه .

pugilist, پوکنس ، سوک وهونکی .

pugnacious, adj. جنگیالی ، جگړه مار

pugnacity, n. جگړه ماری .

puissance, n. زور ، قوت ، نفوذ .

puissant, adj. زورور ، قوي .

puke v.i.t. خوا گرځېدل ، زړه بد بدل ، قی کول .

pull v.t.i.n. کشکول : کشکول ، اېستل : ځېرل ، یوه کول ؛ ښکول ، اوږدول ، کشکېدل ، ښکېدل ، ښکوله ؛ د کشکولو شی (لکه رسۍ او نور) .

puller, n. ښکوونکی ، را ایستونکی ، الیوړ .

pullet, n. چرگوړی ، لوکڅه .

pulley, n. څرخه ، پولی .

pulmonary, adj. د سږو ، په سږو پورې مربوط ؛ رروي .

Pulmotor, n. د اکسیجن د ورکړې تجارتي نښه .

pulp, n. د میوو اوسابو اوبه (شیره) .

pulpy, adj. اوبلن .

pulpit, n. منبر ، د ریچ .

pulsate, v.i. خوځېدل (لکه د نبض) .

pulsation, n. خوځېدنه ، ضربان .

pulse, n. نبض .

pulverize, v.t.i. میده کول ، اوړه کول ، کوټل ، میده کول .

puma, n. یو ډول پړانګ .

pumice, n. پښو گانۍ (هغه سپک کاڼی چه د پښو د پاکولو د پاره په کاریږي او د اورغورځونکي غرو څخه لاس ته راځي)

pummel, v.t. وهل ؛ په سوکانو وهل

pump, n.v.t. پمپ ؛ پمپه کول : په پمپه راښکول ؛ شکنجه کول .

pumpkin, n. کدو .

pun, n.v.i. د الفاظو لوبي لکه تورېه ، ايهام ، تجنيس: په الفاظو لوبي کول .

punch, n. يو ډول مشروب چه شراب ، شدې چاي ، ليمو ، بوره او نور شيان ورسره ګډوي

punch, v.t.n. په سوک وهل ؛ سوري کول ؛ ټپول ؛ سوک .

punch, n پنچ ، يو ډول آله چه د سوري کولو ، مهر کولو او پريکولو د پاره استعماليږي .

puncheon, n. خم ، بيرل ، ماټ .

punctilious, adj. د پېر کي وړو وړو خاوند ، د ښه خوی خاوند ، مهذب ، محبر ، دقيق .

punctual, adj. وخت پېژندونکی ، پر قول او وعدې ټينګ .

punctuality, n. وخت پېژندنه ، پر وعدې درېدنه .

punctuate, v.t. د علامو لکه (کامه ، ټکي ، ندايه) په واسطه د متن د معنا د توضيح کول ، د دغو علامو په واسطه بېلول .

punctuation, n. د تنقيط علامه ايښودنه

puncture, v.t. n. پنچر ول ، سوري کول ، سوري پکښې جوړول ، د چا غرور ماتول ، سوري ، پنچر .

pungent adj. تېره : تند ، تريخ .

pungency, n. تريخوالی ، تندي : تېره والی .

punish, v.t. جزا ور کول ، رټل ، جريمه کول

punishable, adj. د جزا وړ ، د جريمې وړ

punishment, n. جزا ؛ رټنه .

punitive, adj. جزائي ، د جريمې .

punk, n. لګوالی (وچ لرګي چه اور پرې لګوي) هر هغه شی چه سوځي او لمبه نکوي .

punt, v.t.i.n. وهل (د توپ) مخکې له دې نه چه پر مځکې ولوېږي : د بېړۍ بوري وهل په (مټ تېرستن) : يو ډول بېړۍ ؛ قمار وهل (د پتو په يو ډول لوبه کې)

puny, adj. کوچنی ، ضعيف ، لنډ ، جزئي .

pup, n. پاپی ، کوچنی سپی ، سګ لاړو

pupa, n. توی له مکی حشره وتلی (لکه پتنګ) ، دوره پنځم چنجی ، ګوانګوټه ، غوباړی .

pupil, n. کسی ، لېنګ ، د سترګو تور .

pupil, n. ځوان زده کوونکی ، پوه .

puppet, n. لاټکه ، لوبته ؛ د بل چا د لاس آله .

puppy, n. پاپی ، کوچنی سپی ، بېړ ا بې عقل .

purblind, adj. ړوند ډوند ، پڅ ، بې عقل .

purchase, v.t.n. رانيول ، اخستل ، هوڅی چه په پيسو رانيول کيږي ؛ رانيونه ، اخستنه ، نيونه (لېنګر) .

purchaser, n. رانيوونکی .

pure, adj سپېڅلی ، سوچه ، صاف ، خالص ، نظري .

purely, adv: په سپېڅلي توب ، په سوچه ډول ، په نظري ډول .

pureness, n. پاکي ، سوچه توب ، سپېڅلوالی .

puree, n. ځغوټه ، صافي کول ؛ ټينګه ښوروا .

purgative, adj. n. مسهل، جلاب ؛ پاك كوونكى

purgatory, n. په عيسويت كښې، هغه حالت يا ځاى چه د مړو گناوې پكښې تويږي او د جزا وركولو ځاى؛ اعراف.

purgatorial, adj. گناه تويوونكى، گناه پاكوونكى.

purge, v.t.n. پاكول، صافول (د گناه او ځاى)؛ ازادول، ايستل، بهول: پاكي؛ مسهل، بهوونكى.

purify, v.t.i. پاكول، تصفيه كول، مينځل.

purification, n. تصفيه؛ مينځنه، پاكي

purist, n. هغه څوك چه په ژبه كې د ځينو كلمو په صحيح استعمال كې اصرار كوي او پر خپله خبره ټينگه ولاړ وي، د انشا د اصلاح په برخه افراط كوونكى.

Puritan, n. په اولسمه پېړۍ كې د عيسوي مذهب د هغې ډلې غړى چه غوښتل يې په مذهب كې تصفيه او ساده گي راشي؛ په مذهب كې ډېر سختگير.

puritanical, adj. سختگير (په ديني او اخلاقي چارو كې)؛ د پوريتان ډلې ته منسوب.

purity, n. سپېڅلتوب، بېدالي، پاكوالى.

purl, v.i.n. شرهار كول، شڼېدل، (د اوبو) شرهار، شڼا.

purlieu, n. د ښار د مركز شا او خوا سيمه؛ گاونډيتوب؛ چاپېريال.

purloin, v.t. غلا كول، پټول.

purple, adj. ارغواني؛ ارغواني جامې؛ دبدبه، شان او شوكت، ساماله.

purplish, adj. ارغواني وزمه رنگه

purport, v.t.n. پوهول، افاده كول، يو شي ته معنى او مفهوم وركول؛ معنى، مفهوم، مقصد.

purpose, v.t.i.n. پلانول، نيت كول، قصد كول؛ پلان، نيت، قصد.

purposeful, adj د مقصد خاوند.

purposeless, adj. بې فايدې، بې مقصد.

purposely, adv په قصدي ډول.

purr, pur, v.i.t. n. ژمرم، بڼ بڼ، گونگا، خور خور: ژمېدل، بڼېدل، گونگېدل، خورېدل.

purse, v.t.n. بټوه (دستكول)، كڅوړه: په بټوه كښې اچول، په كڅوړه كې اچول.

purser, n. د بېړۍ د محاسبې مامور.

pursuance, n. پسې كېدنه، تعقيبونه، سرته رسونه؛ اجرا كېدنه.

pursuant, adj. د تعقيب وړ، مطابق.

pursuant, pursuantly, adv. په برابر ډول، په موافقه توگه.

pursue, v.t. تعقيبول، نيول، دوام وركول پسې كېدل: لټول.

pursuer, n. تعقيب كوونكى، پسې كېدونكى، لټوونكى.

pursuit, n. پسې كېدنه، تعقيب، كسب، حرفه، كار.

purvey, v.t.i. ذخيره كول، برابرول (تهيه كول).

purveyor, n. توښه رسوونكى، خواړه رسوونكى.

pus, n. زوه (چرک).

push, v.t. پورې وهل، ټېله کول، پر مخ بوول.

push, n. زور، فشار.

pusillanimous, adj. ډارن، بې زړه.

pusillanimity, n. بې زړه توب.

pussy, n. پیشی

pussy foot, v.i. په احتیاط سره تلل، په احتیاط سره گام اخستل.

put, v.t.i. ایښودل، ویل، څرگندول، پورې وهل.

putrefy, v.t.i. ورستول، خوسا کول، تجزیه کول، ورستېدل، خوسا کېدل.

putrefaction, n خوسا توب، وروستوالی

putrid, adj. وروست، خوسا.

putridity, n. وروستوالی، خوسا توب.

putt, n.v.t.i. وهنه (د گلف په لوبه کې)، د توپ وهل.

putter, n. د گلف لوبغاړی، د گلف د لوبې ډنډه.

puttee, putty, puttie, n. ګلکل

putty, n. کلکل.

putty, v.t. کلکل وهل، په کلکلو ټینگول.

puzzle, v.t.n اریانول، په فکر کې اچول، حل کول، لکه د معما، کیسی (معما).

Pygmy, n. د مرکزی افریقا ټیټ سړی؛ ټیټ، ټیټکی.

pyjamas, variantof pajamas د خوب کالی.

pylon, n لویه دروازه، په تېره د مصری هرم دروازه؛ برج ستنه، پایه، رواق.

pyorrhea, pyorrhoea, n. د غاښو، اوورېو ناروغی.

pyramid. n.t.v. هرم؛ هرم وزمه: کوټه کول، ډلی کول (د هرم په بڼه).

pyramidal, adj. هرم ډوله.

pyre, n. د مړی د سوځلو د پاره د لرگیو ډلی (کوټه).

python, n. یو غټ هندی او مالیزیایی مار.

pyx, n. بیك، پیاله: هغه صندوق چه ناروغ ته دوا او شربت پکی وړل کیږی

✡ ✡ ✡

Q

quack, n. د هیلۍ ږغ، د هیلۍ کړول .

quack, v.i. n. چالاک، چالباز،

تېرایستونکی، درغل، ټګ، ځان ښکاروونی، هغه سړی چې ځان په دروغو ډاکتر ښيي، د دروغو ډاکتر

quack, adj. تېرایستونکی، غولوونکی.

quackery, n. تېرایستنه، ځان ښکاره کونه

quadrangle, n. څلور گوټی، څلور گوټیه، هغه هندسي شکل چې څلور گوټیه او څلور اړخه ولري: انګی .

quadrangular, adj. څلور گوټی.

quadrant, n. د دایرې څلورمه برخه، هغه آله چې په هغه باندې لوړوالی او د ستورو رووالی چوول کېږي .

quadrate, n. & adj. مربع، څلور گوټی، څلور گوټیې .

quadratic, adj. په دوهمه درجه پورې مربوط .

quadratic equation, n. دوهمه درجه معادله .

quadrennial, adj. هغه پېښه چې په څلور کالو کښې یو وار پېښېږي، څلور کلنه (دوره) .

quadrilateral, adj. څلور گوټی، څلور ضلعي، څلور څنډی .

quadrille, n. څلور جوړه ایز نڅا، د همدې ډول نڅا ساز .

quadruped. n. څلور پول، څلور پښی .

quadruple, adj. & adv. څلور څېرګه، څلور پټه، څلور قاته .

quadruple, v.t.i. په څلورو کې ضربول، څلور قاته کول، څلور گون کول، څلور گون کېدل، په څلورو کې ضربېدل .

quaff, n. &v.i.&.t. څښاک، څښل .

quagmire, n. زیمناکه ځمکه، جبه زار، مشکله وضع .

quail, v.i. ځان بایلل، بې زړه کېدل، ځان کښل .

quail, n. مړز، وربېږ، بټیر، کرک .

quaint, adj. عجیبه، تماشايي، جلبوونکی

quaintly, adv. په عجیبه ډول، په جلبوونکي توګه .

quake, v.i. لړزېدل، رېږدېدل، ښورېدل.

Quaker, n. د دوستانو د ټولنې یو غړی

qualification. n. وړتوب، وړوالی، وړتیا، لیاقات، کفایت، محدودیت.

qualify, v.t. قيدول، محدودول، ستايل: تعريفول: نرمول، پستول: وړ گرځول: قانوني حق ورکول يالاس ته راوستل:

qualified, adj. لايق، وړ، باکفايته: مستحق: تعريف شوی، ستايل شوی: قانوني.

qualitative, adj. کيفي.

quality, n. څرنگوالی، کيفيت: ماهيت: خاصيت، لوړتيا: مقام، اجتماعي موقف.

qualm, n. ناڅاپي خواگرځی (قی): ضعف، وسواس، ډار.

quandary, n. لالهاندی، ترورتيا، سرگرداني، اريانتيا.

quantitative, adj. څومره والي، څومره توب (کمي)، مقداري.

quantity, n. کميت، مقدار: اندازه، ميچ: ستره برخه: مجموعه، ټول.

quantum, n. د انرژی اساسي واحد: مقدار، کميت.

quarantine, n. څلويښتي (قرانطين)، څلويښت ورځې: هغه وخت ته وايي چه په هغه کي بيړۍ په بندر کي دريږي او مسافرين کتل کيږي چه کومه ناروغي ونه لري.

quarantine, v.t. څيله کول، څلويښتي نيول، بيړۍ درول (د معاينې او کتنې دپاره).

quarrel, n. ناندری، دعوا: مخالفت: گيله.

v.t. عيب لټول، گيله کول.

quarrelsome, adj. جنگړه، جگړه مار

quarry, n. ښکار (صيد): لوبه.

quarry, n. کاني کنده، کينده (معدني).

quart, n. هغه پيمانه چه دوه پينټه (د گيلن څلورمه برخه) پکښې ځايږي.

quarter, n. څلورمه برخه (ربع): پنځه ويشت سينټه: سيمه ناحيه: کوارټر: خوا، لوري: رحم، زړه سوی: په څلورو برابرو برخو ويشل: ځای ورکول.

quarter-deck, n. د بيړۍ پورتنۍ انگړ چه بيړۍ والان او مسافرين پکښې کښيني.

quarterly, adv. دري مياشتنی (مجله)، څلورمه، څلورم

quartermaster, n. (بحري) ذيرمه وال، سررشته دار، داعاشې ضابط، د بيړۍ څارو افسر.

quartet, quartette, n. څلور کسيز. ډله په تېره وسندرغاړو يا لوبغاړو: د نظم يا شعر هغه ټوټه چه څلور برخې يا څلور آوازه ولري او د څلور کسو له خوا ويل کيږي.

quarto, n. څلور پيز. قطع: ربعي قطع: هغه قطع چه د کاغذي تختې له دوه واره قاتيدو څخه لاس ته راځي او څلور پاڼې ور څخه جوړيږي چه اندازه يې ۹½ × ۱۲½ انچه وی.

quartz, n. کوارټس، ځلانده او پړکيدونکې ډبرې، بلور.

quash, v.t. خچ پچ کول، ماتول: باطلول

quasi adj. adv. گويا، تر يوی اندازی، لکه چه واقعيت لري.

quaver, v.i. ښورېدل، رېږدېدل، لړزېدل : په رېږدېدا سندرې ويل .

quay, n. لنگرځای (د بېړۍ) .

queen, n. ملکه : د پاچا ماينه : نامتو ښځه : (په شطرنج کې) وزير .

queenly, adv. د ملکې په شان، د ملکې سره ورته .

queer, adj. عجيب، نادر، ناآشنا

queerly, adv. په عجيبه ډول .

quell, v.t. لاندې کول : ماتول : ايلول (مطيع) کول .

quench, v.t. وژل (لکه داور) : ماتول (د تندې)، تسکينول : سړول .

quenchless, adj. نه سړېدونکی، نه وژل کېدونکی (اور) .

querulous, adj. څوك چه تل گيلې کوي، گيله من، بدخويه .

query, n.& v.t. پوښتنه : د پوښتنې نښه : پوښتل، تپوس کول : شك ارل

quest, n. پلټنه : ښکار : ماجرا جويي .

question, n.v.t.i. پوښتنه، تپوس : پلټنه، اعتراض : شك : پېشنهاد : پوښتل، تپوس کول : شك کول : مناقشه کول .

questionable, adj. مشکوك، د پوښتنې وړ، ناوړه، خراب .

questionnaire, n. پوښتنليك .

queue, n. کوڅې : د خلکو کتار (د ټکټ يا سودا اخستلو د پاره) .

quibble, n. له موضوع نه تېښته، حاشيه تلنه .

quick, adj. چټك، گړندی : تيارسی : تېز کندی، په تېزه : حساس، ژر توليدونکی .

quickly, adv. په تېزه، په چټکۍ

quickness, n. گړندتوب، چټکي

quickie, n. په تېزه او ارزانه توگه توليد شوی .

quicken, v.t.&i. ژوندی کول، ژوندی کول : لمسول، پارول : گړندی کول

quicksand, n. لندې شگې (ريگ) چه سړی پکښې ډوبېږي .

quicksilver, n. پاره (سيماب) .

quick-witted, adj. ځيرك، هوښيار .

quid, n. د ژوولو تنباکو .

quiescent, adj. کرار، بې حرکته، آرام، بېکاره (غير فعال) .

quiescence, n. چوپتيا، سکون .

quiet, adj. غلی، آرام، نه خوځېدونکی، بې حرکته، ژر نه پارېدونکی، حيا ناك، درونه، ملايم، نرم، منزوي، جلا .

quietly, adv. ورو، په آرامۍ .

quietness, n. چوپتيا، درنښت .

quietude, n. چوپتيا، آرامي، سکون، استراحت .

quietus, n. له مکلفيت نه خلاصون، آسودگي، مرگ، وژونکی .

quill, n. بڼه (لويه بڼکه)، شمشوی، د بڼو قلم، د شکاريانو غشی .

quilt, n. بړستن، تلتك .

quince, n. بهی، د بهي ونه .

quinine, n. کنين (دوا) .

quinsy, n. د ستوني پړسوب چه تبه ورسره مل وي .

quintessence, n. جوهر ، عصاره ، بشپړه نمونه ، پنځم عنصر (د لرغونو یونانیانو په عقیده).

quintet, quintette, n. د پنځو اوازو یا پنځو موسیقی الو ترکیب ؛ پنځګون (لکه ماشومان چه په یوه وخت زیږیدلی وي) .

quintuplet, n. پنځګون (د یوې نوعې پنځه شیان لکه پنځه ماشومان چه په یوه وخت زیږیدلی وي) .

quip, n ؛ ټوکه ، لطیفه : مسخره تبصره ؛ مبهم ټکی

quire, n. د څلرویشتو پاڼو (کله کله د پنځه ویشتو پاڼو) دسته .

quirk, n. ځانګړی خاصیت : (د لاسلیک وروسته) پېچ ، ول ؛ حاشیه تلنه .

quit, v.t. پریښودل (لکه دښکر ګاو) ، ترک کول ؛ لاس اخیستل ؛ تلافی کول ، عوض ورکول .

quite, adv.: بیخي ، بالکل : په ریښتیا ؛ ډېر ، تر زیاتې اندازې : پوره .

quittance, n. تلافي ، بېرته ورکول : له مکلفیت نه خلاصون ؛ رسید .

quiver, n. د غشو کڅوړه .

quiver, v.i. لړزېدل ، رپږدېدل ، ښورېدل .

quixotic, adj. مشهور : خیالی .

quiz, n. ټوکمار ، ټوکی ؛ ټوکه : لنډه ازموینه ؛ مسخره کول : v.t. ازمویل .

quizzical, adj. عجیب ؛ ټوکوونکی ، پوښتونکی .

quoit, n. فلزی کړی چه د لوبې په وخت کې میخ ته وراچول کیږي .

quondam, adj. پخوانی ، پخوا .

quorum, n. شمیر ، نصاب (د جلسې د پاره) .

quota, n برخه ، سهمیه .

quote, v.t. رااخیستل ، رانقلول ، اقتباس کول : نرخ ټاکل .

quotation, n. رااخیستنه ، نقل ، اقتباس .

quoth, v.t. ویې ویل ، وویل .

quotient, n. ویش ، برخه (خارج قسمت) لکه ۲۰ ÷ ۵ = ٤ (ویش برخه) .

R

rabbi, n. ښاغلی، مشر، استاد، ښوونکی: په یهودیانو کی د عالمانو لقب.

rabbinical, adj. د استاد، د ښاغلی، د ښوونکی.

rabbit, n. سوی، سویه: د سویی وښتان.

rabble, n. پار بدلی ډله، ګڼ خلک چه د یوه هدف د پاره راټول شوی وی او د نظم او د سولی پروا نه ساتی؛ ګڼه ګوڼه.

rabid, adj. له قاره لیونی، طغیانی؛ متعصب، سرټمبه: لیونی سپی داړلی.

rabies, n. د لیونی سپی داړله: له اوبو ډارېدنه.

raccoon, n. د شمالی امریکې یو ډول خوړونکی ژوی چه په ونو خېژی؛ د دغه حیوان پوستکی

race, n. مسابقه، سیالی؛ د اوبو تېز جریان

v.i.t. مسابقه کول: سیالی کول؛ تیزېدل، چټکېدل

racer, n. په مسابقه کی ګډون کوونکی: د مسابقی شیان (لکه موټر، اس، یا بایسکل).

race, n. توکم (نژاد): کورنی، ټبر، پرګنه، نسل، اصل، اسپت، پښت

racial, adj. د توکم، د نسل، نژادی.

racecourse, n. د اوبی ډګر، د مسابقی میدان.

raceme, n. هغه ډنډر چه غنچی غنچی ګلان پری پېیل شوی وی.

rack, n. اخور: شکنجه، پایه؛ رېک، چوکۍ؛ هغه ځای چه په کی د ننداری او نمایش د پاره شیان ایښودل کیږی؛ ځاځوره، میله.

v.t. ځړول، زبېښول، شکنجه کول.

racket, racquet, n. د ټېنس او پینګ‌پانګ ړنده.

racket, n. شورماشور، قالمقال، کړکیچ، شوربګټ؛ غوټه، شکوه، لوټونه، پیسی بونه (په چل زور او ناروا توګه).

racketeer, n. په زور او چل پیسی بوونکی.

racy, adj. تاند، تازه، لوی، خوندور، مزه ناک: ژوندی، مسور؛ تیز، تند، ګربو، شوخ، ستغ.

radar, n. رادار (داسی آله ده چه د الوتکی لوړوالی، ګړندیتوب، الوتنی لوری او موقعیت څرګندوی)

radial, adj وړانګن، وړانګین، وړانګیز، دوړانګو په شان .

radiant, adj. ځلانده، رڼان، برېښنده، وړانګن : خوش، ورین، امیدوار .

radiance, n. ځلا، برېښېدنه .

radiancy, n. ځلېدنه .

radiantly, adv. په ځلا، په روښانه ډول، په ځلانده توګه .

radiate, v.i. وړانګې اچول، پی کېدل، ځلېدل، برېښېدل، تاوې اچول، وړانګې وهل، پی کول، ځلول، برېښول .

radiation, n. وړانګې اچونه، پی کېدنه، برېښېدنه، ځلونه .

radiator, n. ریډیېټر (هغه آله چه د تودو راو او سړولو دپاره استعمالیږي).

radical, adj.n. اساسي، بنیادي، د راډیکال ګوند غړی، د اساسي او بنیادي سمون غوښتونکی .

radicalism, n. د بنیادي سمون غوښتنه

radically, adv. په اساسي توګه، په بنیادي ډول .

radii, n. pl. د radius جمع

وړانګې (د دایرې).

radio, n. راډیو : بې سیمه (راډیو تلګراف، راډیو تلیفون) .

radioactivity, n. راډیو اکټیوټي، د وړانګو په ډول انرژي ایستونه، د یوه جسم هغه خاصیت چه خپلې اټمي وړانګې د باندې خپرې کړي .

radioactive, adj. راډیو اکټیو .

radiogram n. راډیوګرام، هغه خبر یا پیغام چه د راډیو ټیلګرافۍ په وسیله استول کیږي، بې سیمه مخابره : راډیو ګراف (د مجهولو وړانګو په واسطه عکس اخیستنه)، د اکسریز عکس .

radiograph, n. v.t. راډیو ګراف، د اکسریز عکس : د راډیو ګرافۍ په واسطه عکس اخستل .

radiolocation, n. یوه طریقه چه د هغې په واسطه د لېرې شیانو موقعیت ټاکل کیږي .

radiolocator, n. رادار .

radiophone, n. ریډیو ټیلفون .

radiotelegraphy, n. بې سیمه ټلګراف

radiotelegraph, n.v.t. بې سیمه ټلګراف، بې سیمه ټلګراف کول .

radiotelephony, n. راډیو ټیلفون، بې سیمه ټلیفون .

radiotelephone, n. بې سیمه ټلیفون، راډیو ټلیفون .

radiotherapy, n. د اکسریز یا د راډیو اکټیوټۍ ذرو او لارو په ذریعه علاج .

radish, n. مولۍ، تیرپه، ترب .

radium, n. راډیوم، هغه فلزي عنصر چه د راډیو اکټیو وړانګې خپروي .

radius, n. pl. وړانګه (د دایرې)، شعاع

raffia, n. د مډغاسکر د جزیرې د کجورې (خرما) د پاڼې تار، چه د اوبدلو او تړلو دپاره پکاریږي .

raffle, n. بخت ازموینه، پچه اچونه، طالع جنګونه، لاټرۍ اچونه : v.t. بخت ازمیل، طالع جنګول، لاټرۍ اچول .

raft, n. ډېری جاله، تمبۍ، هغه ډېری چه یو له بله سره وتړل شي او د اوبو په سر لامبو وهلی شي .

:after, n. پوړ ما بلاوو یشه یا تمبه چه په هغه بالدی چت تکیه کیږی ، کوښه ، ملی ، شیروانی .

rag, n. (زړیتاړه) ، رنجه ، کنګر ، ګودړه صافی ، ژړوکی

-agamuffin, n. خیرن ، خچن (سړی یا هلک) .

rage, n. قار ، غضب ، تر له وتنه .

v.i. قار یدل ، په تو غصه کیدل ، بی واکه کیدل ، عصبی کیدل

ragged, adj. ګودړی شوی ، شړیدلی ، زوړ شوی ، لو تلی او لتی شوی ، دشړ . مدله کا لو اغوستو نکی ، ژړیږ .

raggedness, n. شړیدنه ، خوړ ین توب : قارجن توب ، عصبانیت .

ragout, n. غوړمه ، پوړ ، پخه شوی غو ښه او سابه .

ragtime, n. وقفه لرو نکی نغمه .

ragweed, n. یوډول بوټی .

raid, n. برغل ، چپاو ، شوکه ، لوټ ، تاړاک ، تاخت او تاز

v.i. برغل کول ، تاړاکول ، تاخت او تاز کول .

rail, n. برغل کوونکی ، چپاوراوړونکی ډینګک (یوډول مارغه)

rail, v.i. چکنځل ، غوړول ، سپکی سپوری ویل ، سپک و یل ، پیغور ور کول ، ژباړی کول .

railer, n. چکنځلی کوونکی ، ژباړی کوونکی ، سپکوونکی .

rail, n. پټلی (اورګاډی) ، ریل : د کښارو میلې .

railing, n. درېل پټلی : کتاره ، چارګی ، سپکی سپوری .

raillery, n. ټوکه ، مسخره ، شوخی ، چوقیات

railroad, n. اورګاډی لار ، داوسپنې پټلی داورګاډو په لاروډل او راوړل ،

v.t. داورګاډی له لاری سفر کول

railroading, n. داورګاډی له لاری لیږله او سفر .

railway, n. دریل لار .

raiment, n کالی ، جامی ، لباس ، پوښاک .

rain, n.v.t.i. باران ، وریځنګی ، اوریدنه وریا ، هرهغه شی چه دباران په څیر وریږی .

v.t. i. وریدل دباران .

raindrop, n. دباران څاڅکی .

rainfall n,. وریا .

rainstorm, n. دباران توفان .

rainy, adj. دباران ، بارانی .

rainbow, n. شنه زرغونه ، سره زرغونه ، زیړه زرغونه (کمان رستم)

raincoat, n. بارانی ، بارانی کوټ ، باران کوټ .

raise, v.t. پورته کول ، هسکول ، جګول برمخ بیول : ژوندی کول ، تیارول : روزل ، براببرول ، سرشته کول ، ایښول : ابادول ، جوړول ، ودانول راټولول : مړول ، څرګندول ، اعتراف کول ، ډیرول ، ژیاتول ، بی سیده ل ، دسیمدل (داویو) ، پای ته رسول ، سرته رسول ، تماموول ، بشپړول .

raiser, n. پورته کوونکی ، روزونکی ، بشپړوونکی ، ودانوونکی .

raisin, n. ممېز ، کشمش ، وچکی ، اوچوش

raja, rajah, n. راجه ، هندی شهزاده

rake, n. ښاخی ، سکو ، چارښاخه .

v.t. پادول ، ښندل ، په ښاخې پادول ، باټولول ، کولی وړول ، ځلیک کول .

rake, n. لچر ، شیطان ، بدخویه ، چټی چو

ráke-off, n. سوېی ، سود ، غیرقانونی گټه او فایده .

rakish, adj. لچر ، چالاک ، شخی مځی ، مغرور ، ښاغلی ، ښکاره کوونکی ، لایو ، چټی چو .

rally, v.t.i. راټولول ، را جمع ول ، یو ځای کول ، برابرول ، ښکار اچول **v.i.** راټولول ، راټولېدل ؛ ښکاره لېدل ؛ زور کول دوهم ځل دپاره کتل .

rally, v.t.i. ټوکی کول ، مسخری کول ، رشخند وهل ، په ټوکو خبره کول .

ram, n. پسه ، مږ ، گډ ، هغه ماکو چوله چنگی بېړی یا ماشین چه په هغې یا ددې دغلیم بېړی یا نور ما شیونه وهل او سوری کېږی **v.t.** ټنه ایستل ، سوری کول ، وهل ، ټېل ، کوټل .

ramble, v.i.n. گرځېدل ، چکر وهل ، هواخوری کول ؛ گرځېدنه ، چکر ، هواخوری ، چټی چکر ، لالهانده گرځېدنه ، اپله گردی .

rambler, n. چکروهونکی ، هواخوری کوونکی ، لالهانده گرځېدونکی ، اواره گرځېدونکی .

ramify, v.t.i. څانگې څانگې کول ، برخې برخې کول ؛ څانگې څانگې کېدل ، برخې برخې کېدل .

ramification, n. تصنیف

ramp, n. زینه ، پاتنده ، دلېنې پوړی ، دپوړه لار .

rampage, n. توغمه ، غرله‌ونه ، قار ، غوغا ، بې‌سنجشه ، عصبانی‌سلوک .

rampant, adj. زرخېږېدونکی (لکه ساری ناروغی) بې کنټروله وده کوونکی .

rampart, n. کلا ، دېوال (دمدافعې دپاره پښته) .

ramrod, n. دټوپک سیخ (چه ټوپک پری پاکوی او خلاصوی) .

ramshackle, adj. ماتېدونکی ، سست صره تېرلاهوی ، کمزوری ، لړځېدونکی ، لړځنده ؛ ترتری ، گنگوړی .

ran. د **run** ماضی

ranch, v.t. ورمو ، پالنه ، څرځای ، هغه ځای یا کښت چه په هغه کې د اسانو ، مېږو او نورو مالوساتنه کېږی

rancher, n. پادوان ، شپون .

ranchman, n. هغه سړی چه په ورمو یا څرځای کښې نوکری وی .

rancid, adj. بدخوند ، بدبوی ، وروست .

rancor, rancour, n. کینه ، بغض

rancorus. adj. کینه لرونکی ، دکینې ، دکینې ، ددښمنی .

random, adj. نا پاکلی ، گډوډ ، بې‌هدفه

rang, د **ring** ماضی

range, v.t. قطار ول، لړی کول، لیکه کول، برابرول، سرشته کول: چکر وهل.
v.i. لړی کېدل، قطار یدل، لیکه کېدل برابریدل. n. قطار، لړی، صف، لیکه: سرشته، برابری.

ranger, n. د باغ ساتونکی، پاڼی، پاسبان ساتندوی، پوځ عسکری منصبدار چه د یوې سیمې ساتنه کوی، ځنګل ساتونکی.

rangy, adj. جګ اوږد او پښکلې: غرنی

rank, adj. زړور، کوونکی، خساء، بویناک، سټوخ، ترخ، مردار.

rank, n. لیکه، قطار، صف، ګړ، تیپ، سرشته، ډله، برخه، رتبه، منصب.
v.t. صف کول، ډله کول، رواني کول، تر تیبول، درجه بندی کول، ویشل.

rankle, v.i. په زوره لیول، او بول، خوږول، ربړول (د پرهرونو د پاره).

ransack, v.t. پلټل، لټول، تلاش کول: لوټول، غو کول: لوټه په لوټه لټول.

ransom, n. د پیسو په وسیله د بندی خلاصونه: هغه پیسې چه د بندی د خلاصون د پاره په کار اچول کېږی: خلاصول، آزادول، ایله کول. v.t. فدیه ورکول، جرمانه ورکول.

rant, v.i. لوړغږ بدل په جوش خبری کول، خبری بادول، چیغې وهل، غوږونه بری کول، ځنګیدل

rap, v.t.i & n. وهل، ټکول.
وهنه، ټکوټک، ټکونه، تیره خبره.

rapacious, adj. لوټمار، شوکه مار، سرابی، او سیلاند، ظالم، خونخور.

rapaciousness, n. لوټ، شکونه.

rapacity, n. سرابتوب، او سیلاندی، لوټماری.

rape, n. په زوره نیونه، لاس وراچونه، تېښتونه.
v.t. په زوره نیول، لاس وراچول، په زوره کول، تښتول.

rapid, adj. چټك، چابك، ګړندی، تېز اندی.

rapidity, n. چټکی، چابکی، تېزی.

rapidly, adv. په چټکی، په چابکی، په تېزی.

rapier, n. توره.

rapine, n. شوکه، لوټ، شکونه.

rapt, adj. لیونتوب، حالت، چورتی، په چورت کی ډوب، بېهوده، بې هوښه، مست، لېونی، بېسده.

rapture, n. ډېره خوښی، روحی او ذوقی خوشالی: مستی، لېونی، بېسدی.

rapturous, adj. د خوښی له ډکه.

rare, adj. ډېر نادر، لږ، چېرې، نه شی چه پوره پخه شوی.

rare, adj. نری (لکه وریځ). نازك، نری، لطیف. نادر، کم، غیر معمولی: نیم پوخ، کباب.

rarely, adv. په نادره توګه، په استثنایی توګه.

rareness, n. نازکتوب، کموالی.

rarity, n. نری توب، لطافت.

rarebit, n. د پنیر سره پخ شوی ډوډۍ.

rarefy, v.t.i. نری کول، نازکی کول، پستول، نرمول، لطیفول، کمول: نری کېدل، نرمېدل.

rascal, n. رذیل ، لوچك ، لېونی ، خراب ، بدماش ، بدخوای ، بې شرفه ، ارمونی .

rascality, n. رذالت ، لوچکی .

rascally, adj. د رذالت ، د بې شرفی .

rash, n. دانه ، گرمکه ، هوانکه ، ستو ، د هوائی دانه ، نولکی (لیښکی).

rash, adj. بې پروا ، بې باکه ، بې سنجشه ، بې غوره ، بېړ اندی .

rashly, adv. په تلوار ، په بې پروائی .

rashness, n. بې باکی ، تلوار ، بې پروائی .

rasp. v.t.n. سوهانول (سوهان کول) ، سولول ، خپه کول ، خواشینی کول ، ربړول : د لږ سوهان آواز.

raspberry, n. د توت د کورنی یو ډول بوټی چه د توت په شان میوه لری : د دې بوټی میوه .

rat, n. خانی ، سا ، ابی موږك : د لیمی لاری مل .

V.i. خانی نیول : د ملگرو سره خیانت کول .

rate, v.t.i. ترټل ، چکڼل ، سپکول ، بدول ، ملامتول .

rate, n. ارزښت ، اندازه ، نرخ ، بیه ، درجه ، معیار ، نسبت

V.t. طبقه بندی کول ، بیه کول ، اټکلول ، تخمین کول ، درجه ور کول .

rather, adv. ډېر خوښه ، په غوره توگه ، اصلاً : په زیاته اندازه ، په بل عبارت ، له بلې خوا ، هم داراز ، البته ، په پوره ډول ، تر یوی اندازی .

ratify, v.t تصویبول ، تصدیقول ، منل

ratification, n. تصویب ، تصدیق ، منښه .

rating, n. پوړ ، طبقه ، تصنیف ، ډله : نرخ ټاکنه : د مالیاتو معیاران .

ratio, n. نسبت .

ratiocination, n. منطقی استدلال .

ration, n. برخه (حصه) ، خرڅی (ماکولات) .

v.t. رسد ور کول ، خرڅ ور کول ، حصه ور کول .

rational, adj. معقول ، پوهلنکی ، منطقی ، پوه ، پوهېدونکی ، عقلی .

rationally, adv. په هوښیاری ، په معقول ډول .

rationale, n. دلیل .

rationalism, n. د عقل اصالت ، د عقلیونو مسلك .

rationality, n. معقولیت ، هوښیاری ، بر دلیل برابر .

rationalize, n. په دلیل برابرول ، په عقل برابرول ، په دلیل ثابتول ، دلیل راوړل ، د عقلی دلایلو له مخی تعبیرول.

ratline, ratlin, ratling, n. د رسی زینه (چه په بیړیو کی استعمالیږی).

rattan, n. د بانس ونه .

rattle, v.t.i ټکول ، کړپول ، ترنگول ، ټك ټك کول ، کړپول ، غالمغال کول ، شورماشور جوړول ، گډوډول ، مشوش کول ، غوغا ، کړپهار ، ټکهار .

rattlesnake, n. یو ډول امریکایی مار چه د لکی د شور په وخت کی غږوی.

raucous, adj. زیږ ، بد ږغی .

ravage, v.t.i. ورانول ، و بجا ړول ، ړنګول : لوټل .

rave, v.i. پوچ و يل چټيات و يل ، بدرد و يل ، ا پلتې و يل .

ravel, v.t. نښتل ، پېچل ، لشاړل ، ګډوډول ، غوټه ور کول .

raven, n. کارغه ، کار ګه ، کږاغ ، وراغ .

ravening, adj. د اډ ونکی ، سرا بې ، لټي وونکی ، غل چړ ونکی ، لوبنه خور .

ravenous, adj. سرابې ، ودي .

ravine, n. تاو ، تنګه دره ، تنګ کږواږ ، چوږاغ .

ravish, v.t. تښتول ، په زور وړل ، بې پر دې کول : له خوشي باغ باغ کېدل ، خوشاله کول يا کېدل .

ravisher, n. تښتوونکی ، شکوونکی ، بې پردې کوونکی .

ravishment, n. تښتونه ، شکونه ، په زوروړنه .

raw, adj. اوم (خام) ، نه رسېدلی ، ناپهار : بې تجربې ، بيکفه .

rawboned, adj. نری ، ډنګر ، تړنغ ، لټي

rawhide, n. اومه څرمن چه له غويي څخه تسمي يا متروکه (شمچينه) جوړېږي .

ray, n. وړانګه ، شعاع ، شغله ، پلوشه : ذره ، ډېره کوچنۍ ټوټه : رڼا ور کوونکي : د اور پلنکې يا کوم شا روی رڼا ور کوونکی برخه .

rayon, n. مصنوعي ورېښم .

raze, v.t. له منځه وړل ، بر باد ول ، د مځکې سره برابرول ، څېل ، ورانول ، ړنګول ، ټوټه کول ، ميده ميده کول

razor, n. با کی ، چاړه (د ږيرې)

razz, v.t..i. ازاروول ، څوروول ، ربړول ، پوستول (کوتل) ، مسخره کول : څورېدل ، ربړېدل ، مسخره کېدل .

re— مخه مختاړی چه د بيا ، دو باره ، پورته معنی ور کوي .

reach, v.t.i.n. رسېدل ، رسول ، څکول ، اوږدول ، وېشتل ، نيول : لاس وروړل ، پوښتل ، تماس نيول ، خبرول ، رسېدنه ، رسونه : نېونه ، څکونه ، خبرونه : وس ، توان .

react, v.i. تر تا ثير لاندې را تلل ، عکس العمل ښودل : پورته را ګرځېدل ، څوابېدل ، مداخله کول ، مقابله حمله کول : تعامل کول .

reaction, n. عکس العمل ، اغېزه ، مداخله ، حمله ، مقابله : (د تعامل کيمياوي تغير) پورته را ګرځېدنه ، ارتجاع .

reactionary, adj.n. مرتجع ، ارتجاعي .

read, v.t. لوستل ، ويل ، پوهېدل ، زده کول ، حل کول ، پېشګويي کول ، کتل : چاپول ، ښيل .

readable. adj. د لوستلو وړ ، د ويلو وړ .

reader, n. لوستونکی ، ښوونکی ، د لوست کتاب .

reading, n. adj. لوستنه ، وينه ، زده کړه ، پوهېدنه ، ښينه ، مطالعه ، موعظه ، خطابه ، تفسير ، لوستل کېدونکی ، د لوستلو .

readjust, v.t. د و باره جوړول ، بيا ترميمول ، تعديلول ، دو باره عيار کول ، له سره تنظيمول

readjustment, n. دوباره جوړونه، برابرونه.

ready, adj. تيار، چمتو، حاضر، درست، وړ، جوړ. په لاس کې، په قدرت کې، پيدا، موجود، سمدلاسه، فوري، ژر.

readily, adv. په تيارۍ.

readiness, n. چمتووالی، تياري.

ready-made, adj. چمتو، تيار، مخکې تيار شوی، تيار کالي، هغه کالي چه د خرڅلاو دپاره جوړ شوي وي.

reagent, n. معرفي کوونکی، څرګندوونکی، ښودونکی، معرف (هغه کيمياوي ماده چه د څه شي عکس العمل په څرګندوي) هغه ماده چه د هغې په وسيله د نورو کيمياوي موادو شتوالی او څرنګوالی اندازه او ازمويل کيږي، هغه کيمياوي ماده چه د هغې په واسطه فلزات له نورو څيزونو جلا او لوييږي.

real, adj. رښتينی، حقيقي، واقعي، اصلي، سوچه؛ غير منقول جايداد، شته والی.

reality, n. رښتيا توب، سوچه توب، واقعيت.

really, adv. په رښتيانی ډول، د واقعيت له مخې.

realestate. n. غير منقول جايداد، د ځمکو او کورو څښتنتوب (ملکيت).

realism, n. (فلسفه) رياليزم، هغه نظريه چه وايي موجودات له ذهن نه دباندې واقعي وجود لري؛ (ادبيات) هغه ادبي مکتب چه پيښې په واقعي ډول څرګندوي.

realist, n. حقيقت څرګندوونکی، رياليست.

realistic, adj. حقيقي، واقعي، رښتيا، په ځای.

realistically, adv. په حقيقي ډول، په رښتيانی توګه.

realize, v.t. پوهيدل؛ پيدا کول. د عمل جامه وراغوستل؛ په پيسو بدلول، خرڅول، حقيقت څرګندول، تصديق کول.

realization, n. پوهېدنه، پيدا کونه، د عمل جامه وراغوستنه.

realm, n. پاچهي، سلطنت، سيمه، ولايت.

realtor, n. دلال، هغه دلال چه د ځمکې کورونو او جايدادونو راليږه او خرڅوي يې.

realty, n. ملک، غير منقول جايداد، ...

ream, n. يو بنډل يا څلور سوه اتيا پاڼې کاغذ.

reamer, n.v.t. ريمر، هغه برمه چه د سوري داوږدولو او شکل ورکولو دپاره په کاريږي؛ برمه کول، سوري کول.

reap, vt. لو کول، رېبل، يو ځای کول، را ټولول، اخيسته کول.

reaper, n لوګری، لو آله، د رېبلو ماشين.

reappear, v.t. بيا څرګندېدل، د دوهم ځل دپاره منځ ته راتلل

reappearance, n دوباره څرګندېدنه.

reappoint, v.t. بيا مقررول، ټاکل، بيا ګومارل.

rear, n. د لښکر يا جبهې شاتنی ورستنی برخه، پس قراول، شا، شاته.

rean guard, n. پس قراول، ورو ستنی لښکر.

rearward, n. وروسته، شاته، خپ ته

rear, v.t.i. پالل، روزل، ساتل، ودانول، پورته کول: ځپاتول، لوړول، جگېدل؛ لوېدل (دخاروی).

rear admiral n. بحری مشر چه تر کپتان پورته او د بحری افسر تر مرستیال کښته وی.

rearrange, v.t. بیا ترتیبول، بیا سر ته کول، له سره اوډل، بیا سمول، جوړول.

rearrangement, n. بندو بست، ترتیب (بیا).

reascend, v.t.i. له سره پورته کول، بیا جگول، بیا هسکول، لوړول، پورته کېدل، جگېدل، ختل، هسکېدل (بیا).

reason, n.v.i. دلیل، برهان، علت، سبب، وجه، واسطه، سند، حجت، فکر، شعور، عقل: بحث کول، دلیل راوړل، په منطق برابرول، بدل.

reasoner, n. استدلال کوونکی، دلیل راوړونکی.

reasoning, n. دلیل، توجیه، بحث، مباحثه، استدلال.

reasonable, adj. په عقل برابر، په دلیل برابر، دعقل سره سم، معقول، په ځای، وړ، مناسب، اندازن.

reasonableness, n. معقولیت، واجب والی، اندازه والی

reasonably, adv. په مناسبه توگه، په معقول ډول، په منطقی توگه.

reassemble, v.t.i. بیا یو ځای کول، بیا جوړه کول، ټولول، سره ټول

reasseret, v.t. ټینگول، ټینګول، ادعا کول (بیا).

reassume, v.t. اشکلول، فرضول، گومان کول، اختیارول، منل (بیا).

reassure, v.t. بیاډاډه کول، اطمینان ورکول، باور ورکول، ډاډه کول، بیمه کول، (بیا) تسلی ورکول، ارامول.

reassurance, n. ډاډ، اطمینان، ډاډ، قناعت، تسلی، بیمه (بیا)

reawaken, v.t. ویښول، بیدارول، پاڅول، جگول، پورته کول (بیا)

rebate, n. کمونه، ټیټوالی، بیرته ورکړه: تخفیف، لیری والی، تنزیل، کسر

rebate, v.t. بیرته ورکول، ټیټول، کمول، کمزوری کول، کنډکول، لږول، تنزیل ورکول

rebel, v.i.n. adj. باغی کېدل، سرکښی کول: باغی، سرکښ: فرمان نه منونکی.

rebellion, n. بغاوت، سرکشی، انحراف، باغیتوب، یاغیتوب.

rebellious, adj. باغی، سرکښ، یاغی.

rebirth, n. لومړی یادو هغه زیږېدنه، د انسان مذهب ته راتلنه، بیا ښکاره کېدنه، نوی ژوندون (په ژوندکی).

reborn, adj بیا پیدا شوی، بیا مذهب ته راغلی، نوی شوی، نوی زیږېدلی

rebound, v.i.n. بیرته را گرځېدل، بیا را تلل، خپل ځای ته بیرته را گرځېدنه.

rebuff, n.v.t. مخ نیونه، په شا وهنه، له بر بخونه: ردول، په شا وهل، منعکسول.

rebuild, v.t. له سره جوړول، بیا ودانول، دوباره رغول .

rebuke, n.v.t. ملامتول ، ترټل ، شرمول ، بې آبه کول : ملامتي ، ترټنه ، ټوانګریدنه

rebus, n. ښه ویره کیسې ، شکلي معما ، هغه معما چه د شکل له مخې حل کېږي

rebut, v.t. رد ول ، منعکس کول ، په شا وهل ، ملامتول دروغجن کول ، ځوابول .

rebuttal, n. رد ، دفع ، په شا وهنه ، ځوابونه .

recalcitrant, adj. کښت ناپې ، ضد ناپې ، لېونتان ، کوږ ، بې لارې .

recall, v.t. رابلل ، غوښتل (بیا) ، یادول په یادول په یادراوړل (بیا) لغو کول بېرته اخیستل ، منسوخول . له منځه وړل ، باطلول .

recant, v.t.i. پښېمانه کېدل ، خپله خبره بېرته اخیستل ، د خپلې نظریې څخه لاس اخیستل ، انکار کول ، توبه کول .

recantation, n. انکار ، لاس اخیستنه ، توبه .

recapitulate, v.t. بیا بیا لول ، پر مهمو ټکو بیا نظر اچول ، لنډول ، په اختصار ویل ، خلاصه کول .

recapitulation, n. لنډیز ، خلاصه .

recapture, v.t. بیا نیول ، بېرته لاس ته راوستل .

recapture, n. بیا نیونه .

recast, v.t. له سره قالبول ، رغول ، شمېرل ، طرح کول ، ودانول (بیا) .

recede, v.i. په شا کېدل ، ترشا کېدل ، په شنګه کېدل ، اېسته کېدل ، کمېدل ، بېرته بیا تې کېدل .

receipt, n.v.t. رسید ، سند ، رسیدنه ، د رسید پاڼه ، رسول ، سندول .

receivable, adj. د مجرا وړ ، د رسید وړ ، د منلو وړ ، مستند ، د ادا یښی وړ .

receive, v.t. اخیستل ، نیول ، منل : رسول ، موندل ، پذیرایی کول ، تلقی کول ، منظورول : پوهېدل : استقبالول پیدا کول ، رسېدل : د ننوتو اجازه ورکول : روغبړ کول .

receiver, n. اخیستونکی ، نیوونکی ، منونکی ، موندونکی ، پذیرایی کوونکی ، پوهېدونکی : پیدا کوونکی د ټیلیفون غوږی (ګوشکه) : د املاکو مدیر .

receivesrhip, n. د املاکو مدیریت .

recent, adj. نوی ، تازه ، راوروسته ، نږدی .

recently, adv. په نږدی وخت کې ، په راوروسته زمانه کې .

receptacle, n. لوښی ، ځای : د لوښو اېښودلو ځای .

reception, n. مېلمه پالنه ، پذیرایی ، استقبال ، مېلمستیا ، منښه ، موندنه ، رسیدنه .

receptive, adj. موندونکی ، منونکی ، اخیستونکی ، رسوونکی ، پراخ نظره ، ودې کوونکی .

receptivity, n. اخیستنه ، لیاقت ، اخېره .

recess, n.v.t. تفریح، هوا خوري، ساتېري، چکر، رخصتي، درېدنه (توقف)، خلوت، ګوښه، کونج، تاق، محراب: تاق جوړول، په خلوت کې اوسېدل، تفریح کول: درېدل، (توقف کول).

recession, n. پرېښودنه، ترکول، شاته اچونه، په شا کېدنه، ګوښه کېدنه، راګرځېدنه، لاس اخیستنه.

recessive, adj. د بېرته پاتې کېدو په حال کې، د لوېدلي په حال کې، د په شا کېدلي په حال کې، وروسته کېدونکی.

recipe, n. نسخه (د پخولو لار ښوود)، لار ښوود.

recipient, n. اخیستونکی، نیوونکی، تسلیمېدونکی.

reciprocal, adj. متقابل، معکوس، دوه اړخیزه: په ګډه.

reciprocally, adv. په متقابل ډول.

reciprocate, v.i. مخ او شاته تلل، ښکته پورته کېدل، په مخ او په شا کېدل، عکس العمل ښودل: مبادله کول.

reciprocating-engines, n. یو ماشین چې په هغه کې پیستون په مستقیم ډول مخ او شا ته ځغلي.

reciprocation, n. مخ او شاته کېدنه، عکس العمل ښودنه

reciprocity, n. متقابله معامله: دوه اړخیزه تجارتي امتیازات او ګډې همکاري.

recital, n. بیان، روایت، شرح، ویل، تلاوت: د موسیقي پروګرام چې د یو تن له خوا اجرا کېږي.

recitation, n. له یاده ویله: بیان، شرح، یادونه، له یادو ځواب ورکونه.

recite, v.t.i. له یادو تکرارول، له یادو ویل، په لوړ آواز ویل، بیانول، څرګندول (د خصوصیاتو)

reckless, adj. بې باکه، بې پروا، بې سنجشه، بې مطلبه، بېړنی، بې ځته.

recklessly, adv. په بې باکۍ.

recklessness, n. بې باکي، بې پروايي.

reckon, v.t. شمېرل: په نظر کې نیول، ګڼل، ټاکل: قضاوت کول: فرضول: فکر کول: ګومانول، حدس وهل: په حساب کې نیول.

reckoning, n. حساب، شمېر، محاسبه

reclaim, v.t. بیا غوښتل: بیا ادعا کول: له سره نوی کول: اصلاح کول، جوړول، ودانول، رام کول: په لاس راوړل (له فاضله موادو څخه).

reclamation, n. بیا غوښتنه، بیا راګرځونه، بیا جوړونه، مستردونه.

recline, v.t.i. تکیه کول: استراحت کول: څملاستل: کېږول: کښول، کږېدل، کښېدل.

recluse, n. سوفي (صوفي)، ګوښې شوی زاهد.

recognition, n. پېژندنه: منښه، په رسمیت پېژندنه.

recognizance, n. التزام لیك ، ضمانت ، پایه ، تعهد لیك .

recognize, v.t. پېژندل ، په رسمیت پېژندل ، په ځای د راوستل یا راوړل ، اقرار کول ، اعتراف کول ، د دو پناحق ور کول .

recognizable, adj. د پېژندلو وړ

recoil, v.i. په شا کېدل ، ترشا کېدل ، په شا تګل ؛ شاتر پلل ، په شا غورځېدل .

recoil, n. په شا کېدنه ، په شا کېدنه ، په شا د تګنه ، په شا غورځېدنه ، په شا ستنېدنه .

recollect, v.t.i. را په زړه کېدل ، په یاد راوړل ، یاد ساتل ، په یادول ؛ را غونډول ، بیا را غونډول ، بیا را غونډېدل ، را غونډېدل

recollection, n. یادونه ، په زړه کول ؛ حافظه ، پېژند ؛ یادښتونه ؛ را غونډونه .

recommence, v.t.i. بیا شروع کول ؛ بیا شروع کېدل ، بیرته کول ، پیل کول ، پیل کېدل .

recommend, v.t. سپارښت کول ، ستایل ؛ ور پېژندل ، مشوره کول ؛ سپارل .

recommendation, n. ستاینه ، سپارښت ، ور پېژندنه ، مشوره

recompense, v.t. ور کړه کول (عوض ور کول) بدله ور کول ، تاوان ور کول ، تلافي کول .

compensation, n. بدل ، عوض ، تاوان جبره .

reconcile. v.t. پخلا کول : پر یکول (فیصله کول) .

reconciliation, پخلاینه : روغه .

recondite, adj. ګران (مشکل) ، پېچلی : مجرد : پټ (مرموز) ، ژور .

recondition, v.t. رغول (ترمیم کول) ، بیرته سمول .

reconnaissance, reconnoissance, n. لومړنی سروې چه د دښمن د پوځ ، قوت او سیمه ایز حالت په باره کی معلومات را غونډوي .

reconnoiter, reconnoitre, v.t. د عسکري عملیاتو د تیاری د پاره لومړنی پلټنه (سروې) .

reconquer, v.t. بیرته اخیستل ، بیا فتح کول .

reconsecrate, v.t. بیا لله را ایښودل ، خیرات ایښودل ، بیا قربانول ، بیا خیرات کول .

reconsider, v.t. بیا کتل ، بیا نظر کول له سره سوچ کول .

reconstitute, v.t. بیرته جوړول ، بیا تاداو ایښودل .

reconstruct, v.t. بیا ودانول ، بیا رغول

reconstruction, n. بیرته سمونه ، بیا جوړونه ، بیا رغونه .

record, v.t. adj. n. کښل ، ثبتول ، خوندي کول ، بیانول ؛ کښنه ، ثبت ؛ سوانح ، د پېښه ، خوراښه ، تر ټولو ښه ؛ ټېکلی (ریکارډ)

recorder, n. ثبتوونکی ، د ثبتولو آله قاضي

recount, v.t. حال ویل ، بیا تو ټکل کول .

re-count, v.t. بیا شمیرل .

recoup, v.t. تاوان اخیستل ، بیرته لاس ته راوړل .

recourse, n. مرسته غوښتنه : د مرستې منبع ، چاره ، وسیله .

recover, v.t. بیا لاس ته راوړل، بیا اخیستل، روغیدل (شفاموندل) : ژغورل ،

ته راوړل ، نوی جامې ، نوی عسکر ، نوی لښکری ، نوی څیری

rectal, adj. د لوی کولمې لاندې برخې ته منسوب .

rectangle, n. مستطیل .

rectangular, adj. مستطیل شکله .

rectify, v.t. سمول ، صحیح کول ، ښه کول : علاج کول .

rectification, n سمون ، تصحیح

rectitude, n. ریښتیا والی ، سموالی ، ایمانداري

rector, n دیوی سیمې مذهبی ملا ، د پوهنتون رئیس

ectorship, n. د مذهبی ملا یا د پوهنتون د رئیس موقف یا ځای .

ry, n. د کشیش حجره ، د پوهنتون د رئیس استوګنځای

m, n. الهوره، د معدې کولمې لاندې برخه

mbent, adj. پروت ، کوږ ، تکیه، غزیدلی

perate, v.t.i. بیرته کیدل (د ناروغی) روغیدل ، جوړیدل : تلافی کول بیرته کول .

peration, n. روغیدنه ، جوړیدنه

perative, adj. د صحتمندی ، د روغتیا

, v.i. په یاد یدل ، په ذهن کیدل ، بیا پیښیدل ، بیرته راګرځیدل .

ecurrence, n. بیا پیښیدنه . تکرارېدنه

recurrent, adj. بیا پیښیدونکی ، تکرارېدونکی

red, n. سور رنګ : د اساسی او بنیادی تحول غوښتونکی ، کمونیست ، انقلابي سوسیالیست . انقلابی انارشست

red, adj. سور .

redish, adj. سور بخن

redness, n. سوروالی .

redbreast, n. سره سینه یی بلبله .

redcap, n. هغه سړی چه سره خولی په سر کوی (لکه د امریکا د اورګاډی د استیشن پنډیانان) .

redcoat, n. د انګریزانو عسکر چه پخوانی سری کورتی اغوستی .

redden, v.t.i. سور کول ، سور کېدل (د شرم ، خوشی ، قهر) سوراوښتل .

redeem, v.t. بیا اخیستل ، بیا را نیول ؛ آزادول ؛ وعده پرځای کول ، د ګناه او سزا څخه خلاصول ؛ له ګروی څخه خلاصول .

redeemable, adj. چاره کېدونکی ، علاج کېدونکی ، تلافی کېدونکی ؛

redeemer, n. شفاعت کوونکی ، ژغورونکی .

red-handed, adj. په وینو سره لاسونه (د جرم په وخت کی) ، ځای پر ځای د جرم په وخت کې .

red-hot, adj. ډېر سور تود ، لیوال ایشیدلی ، ډېر بیاربدلی (د قهر یا د شوق) ، ډېر ټوی .

rediscover, v.t. بیا موندل ، بیا پرسېره کول .

rediscovery, n. بیا موندنه ، بیا را پرسېره کول .

redolent, adj. خوږه وږمه ، خوشبو په تند بوی (لکه د ماهی)

redouble, v.t.i. ډېر کول ، ډېر کېدل ، زیاتول ، زیاتېدل .

redoubt, n. کلاکی ، کوټ ، څوکی .

redoubtable, adj. سامجن ، ډاروونکی ، وېروونکی .

redound, v.i. بهېدل ، راتوېدل ؛ منتج کېدل ، حاصلېدل ، مرسته کول .

redress, v.t. سمول ، چاره کول ، اصلاح کول ، بیا تعدیل کول

redress, n. سمونه ، چاره کول ، اصلاح کول

redskin, n. د شمالی امریکی سور پوستی (هندیان) .

reduce, v.t.i. کمول ، لږول ، تنزیلول ، سپکېدل ، کښته کول . تغییر ورکول (لکه د فنمونه اوبه جوړول) ؛ فتح کول ، اوبڼن کول ؛ اوبه کول .

reducer, n. کموونکی .

reduction, n. کمونه ، لږونه .

redundancy, n. زیاتوالی ، ډېروالی ؛ فضولی ، چټی ، اضافی .

redundant, adj. ډېر زیات ، ترحده ډېر .

redwood, n. د لښتر ونه ، بور از د لښترونه چه لوړه والی یې له دوه سوو څخه تېر دی سور لرګی یې ژر سېږی ، د همدې ونې لرګی .

re-echo, v.i. انعکاس کول ، انګازه کول .

re-echo, n. انعکاس ، انګازه .

reed, n. درګی (نی) ، شپېلی : ژبی (د ساز آله) ؛ نل (بوټی) .

reedy, adj. نل وزمه ، شپېلی وزمه ؛ د نلو ډک .

reef, n. ګاره ، پرښه ، کاږ ، د سیند په غاړه د شګو او کاڼو ډېری

reef د بېړۍ د بادبان هغه برخه چه په نغښتو یې بېړۍ ورو ورو کېږي او په غوړېدو یې بېړۍ گړندۍ کېږي : غونډه کول ، ورو کېدل . v.t.i.

reefer, n. پر بېړۍ لنډه کرتۍ .

reek, n. لوگی ، خوړو ښکه : بد بوی : بړاس (بخار) .

reel, n. سکالټ لېنځي یا اڅا .

reel, v.t.i.n. څرخول ، تاوېدل ، چورلول ، چورلېدل څرخ ، گېری

re-elect, v.t. بیا انتخابول ، بیا ټاکل

re-election, n. بیا ټاکنه ، بیا انتخابونه .

re-embark, v.i. بیا سپرېدل (په بېړۍ او الوتکه کې) .

re-enforce, v.t. ټینگول ، تقویه کول ، مضبوطول .

re-enforcement, n. ټینگونه ، ټینگښیا ، امدادي لښکر .

re-enter, v.t.i. بیا ننه ایستل ، بیا ننوتل .

re-establish, v.t. بیا جوړول ، بیا بنسټ ایښودل ، بیا تاسیسول .

reestablishment, n. بیا جوړونه ، بیا ودرونه .

refection, n. دمه جوړونه ، سپاله ، ساه ، ساجوړونه ؛ خوراك او څښاك

refectory, n. خوړن ځای ، خوراك ځای ، (په مذهبي ځایو کې)

refer, v.t.i. رجوع کول ، حواله کول ؛ لېږل ، ورگرځول ، ورلېږل ، نسبت ور کول .

referee, n.t.v.i منصف ، حکم ، دریم گړی ریفري .

reference, n. ماخذ ، مرجع : نسبت ، رابطه ؛ رجعت ، حواله ، لېږنه ، ورگرځونه

referendum, n. د خلکو رایو ته پرېښودنه ، د ولس په رایه فیصله کول ، ریفرېنډم .

refill, v.t. بیا ډکول .

refine, v.t. چڼل ، ایڼول ، تصفیه کول ، پاکول ، سوتره کول ، ښه کول ، پوخ پېول ، مکملول

refiner, n چڼوونکی ، تصفیه کوونکی

refinery, n. تصفیه خانه .

refined, adj. سپېڅلی ، سوچه ، پاك ، مهذب ، چڼ شوی .

refinement, n. پاکوالی ، سوتره گی ؛ ښه والی (د ذوق ، احساساتو ، سلوك) ، سوچه توب ، سپېڅلتوب : تهذیب تصفیه : اصلاحي بدلون .

refit, v.t. بیا جوړول ، بیا ځای پول ، بیا ټینگول ، بیا سمبالول .

relfect, v t.i. بیا خپرول (څپې ، رڼا ، حرارت او نور) ، انعکاس کول ، ښکاره کول ، خپرېدل ، منعکس کول ، ښکاره کېدل : فکر کول .

reflection, reflexion, n. انعکاس ، خپرونه ، فکر .

reflective, adj انعکاس کوونکی ، خپروونکی

reflctor, n. منعکس کوونکی سطح یا آله .

reflex, n. adj عکس العمل غیر ارادي تصویر ، عکس ، انعکاس .

reflexive, adj. (گرامر) لازمي، هغه فعل چه په فاعل تماميږي .

reflexive verb. لازمي فعل .

reflexive pronoun.

reforest, v.t.i. بوزغلي اچول، بيا كرل، بيا ونې ايښودل ، بيا كرل كيدل ، بيا ونې كيښودل ، بوزغلي اوبدل .

reforestation, n. بيا ونې ايښوده

reform, v.t.n. سمول ، جوړول ، اصلاح كول ، مرتب كول ، تشكيلول ؛ سمون ، اصلاح .

reformer, n. سمونكي، جوړونكي ، اصلاح كوونكي .

re-form, v.t. بيا جوړول ، بيا بڼه وركول

re-formation, n. سمون ، اصلاح ، بيا جوړونه ، بيا اصلاح كول، بيا نوې كول ، بيا بڼه ايښودل .

reformatory, n. adj. سمون ځاى (دارالتاديب) : اصلاحي .

refract, v.t. ماتول (دڼړا)، منكسر كول

refraction, n. ماتېدنه (انكسار) .

refractory, adj. سرزوري، ځان‌هڅوونكي، سرسخت : ناوېلېدونكي، خپل سري .

refrain, v.i. ځان ژغورل، ډډه كول .

refrain, n. سروكي (دبدلي، سندري مسري ټوټې ، ټپكي) .

refresh, v.t.i. : تازه كول، تازه كېدل ، ښه كول، ښه كېدل ، سوكه كول، ارام كول ، ارام كېدل .

refreshment, n. د خوراك او څښاك په واسطه دمښې بيا اړي كول .

refrigerate, v.t. سړول ، يخول .

refrigeration, n. سړونه ، يخونه

refrigerator, n. سړوبي (يخچال) ، يخوونكي .

refuge, n. سوب (سپر)، پناه گاه ، امن ځاى

refugee, n. سوب نيوونكي ، پناه وړونكي ، مهاجر

refulgent, adj. ځلاند ، بربښنده، پر كنده ، ورانګن .

refulgence, n. ځلا ، برق ، رڼا .

refund, v.t.n. بېرته وركول . بېرته وركونه .

refuse, v.t. ردول ، نه‌منل ، انكار كول

refusal, n. ردونه ، نه منښه ، انكار كونه .

refuse, n. زياتي مواد ، بېكاره شيان ، چقلي .

refute, v.t. دروغ ثابتول ، ردول، غلط ثابتول .

regain, v.t. بيالاس ته كول، بيا موندل، بيا رسېدل .

regal, adj. شاهانه ، سلطنتي ، شاندار ، برم واله .

regale, v.t.i. خوندوره ، مېلمستيا وركول، ډوډله هركلي كول ، په دربار وي مېلمه كېدل .

regalia, n. pl. پادشاهي نښانونه يا گاڼي ، ځانګړي نښې ، مخصوص كالي .

regard, v.t. په غور کتل ، ملاحظه کول ، درناوی کول؛ پروا کول ؛ غور ورکول ، (خبری ته) لحاظ کول؛ اړه لرل؛ کتنه ، غوږ نیونه ، لحاظ کونه ، درناوی ، عزت .

regardless, adj. بی‌پامه ، بی پروا ، بی‌لحاظه .

regarding, prep. په باره کی

regatta, n. د بیړیو ځغاستلو مسابقه .

regenerate, adj. نوی پیداشوی ، نوی جوړشوی ؛ دسره روحانی ژوند موندلی

v.t. سمول ، اصلاح کول ، بیا تولیدول

regeneration, n. نوی زیږیدنه ، نوی ژوند ، اصلاح ، سمون ، دسره روحانی ژوند موندنه .

regenerative, adj. روح پالونکی ، سمونکی ، لارښوونکی .

regent, n. د پاچانایب .

regency, n. د پاچا نیابت

regicide, n پاچاوژونکی ، پاچاوژنه

regime, n. رژیم ، نظام ، د حکومت داداری ډول؛ دخوړو دود ، دخوراک ترتیب ، پرهیز ، دژوند لاره .

regimen, n. رژیم ، نظام ، دحکومت داداری ډول؛ دخوړو دود ، دخوراک ترتیب ، پرهیز ، دژوند لاره .

regiment, n.v.t. کنډک ؛ سمول ، منظمول ، روزل ؛ ویشل په کنډکو .

regimental, adj. دکنډک ، دپلټن ، عسکری لباس .

regimentation, n. کنډک کنډک کول ، ډله ډله کول ، خیل خیل کول .

regimentals, n. pl. عسکری لباس ، یونیفورم .

region, n. سیمه ، علاقه ، ناحیه ، منطقه ، دوجود برخه

regional, adj. سیمه ییز .

register, v.t.i.n. هغه کتاب چه نومونه ، پیښی او شیان پکښی لیکل کیږی ؛ دریڅه ، کړکی ؛ ثبت کوونکی آله . درجول ، په اتوماتیکی ډول ثبتول ؛ رجسټری کول ؛ احساسات ښکاره کول لیکل کیدل ، ثبتیدل ، درج کیدل .

registrar, n د تعلیمی سوابقو ثبتوونکی .

registration, n. نوم لیکنه ، ثبتونه ، درجونه .

registry, n. په لست کی لیکنه ، حاضری دفتر ، د ثبتولو کتاب .

regress, n. بیرته تگ ، ترشا تلنه (قهقرایی حرکت) ؛ استننه ، ورتنه .

regret, v.t.n. خواشینی ښکاره کول ، افسوس کول ، پښیمانه کیدل؛ پښیمانی ، افسوس .

regretful, adj. خپه ، خواشینی ، پښیمان .

regretfully, adv. په خواشینی ، دخپگان په توگه .

regrettable, adj. دخواشینی وړ ، دخپگان او افسوس وړ .

regular, adj. سم ، منظم ؛ یورنگه ، یوشان ، په حساب برابر ، په قاعده برابر ؛ وړ ، مناسب ؛ عادی ، معیاری ؛ وسله وال عسکر .

regularity, n سمون ، انظم ، برابرتیا

regularly, adv. په منظم ډول، په سمه توګه، په خپل وخت.

regulate, v.t. برابرول، سمول: اداره کول، کنترولول: منظمول: تعدیلول

regulation, n. قاعده، مقررات، کړن لار.

regulator, n. سمونکی، برابرونکی.

regurgitate, v.t.i. لوستل (قي کول)، کانګی کول: خوا ګرځېدل: بېرته خولې ته راتلل

rehabilitate, v.t. بېرته په خپل حال کول: بیا په ځای کول، خپل ځای ته ستنول، بیا ودانول.

rehabilitation, n. بېرته خپل حال ته راوستنه: بیا په ځای کول: خپل ځای ته ستنوله، بیا ودانوله.

rehearse, v.t.i. تکرارول، تمرینول، مشق کول، زده کول (ضبطول)

rehearsal, n. تکرار، تمرین، مشق.

reheat, v.t. بیا تودول، بیا ګرمول

reign, n دوره، پاچاهي، عصر.

v.i. پاچاهي کول، حکومت کول.

reimburse, v.t. بیا ادا کول، جبران ورکول، بېرته ورکول

rein. n. ملوزه، جلو، کېزه، واګی

reincarnation, n. بیا ژوندی کېدنه، تناسخ.

reindeer, n. ګاوزه، قطبي ګوزن.

reinforce, v.t. تقویه کول، ټینګول، ملاتړ ورکول، مرسته کول.

reinforcement, n. تقویه، ټینګونه، ملاتړ، مرسته، مرستیال عسکر.

reinstate, v.t. بیا ټاکل، بیا مقررول، بیا منصب ور کول، په پخواني ځای درول، بیا روغول.

reinstatement, n. بیا ټاکنه، بیا مقرري.

reiterate, v.t. بیا بیا ویل: ز با تول: تکرارول، ټاپېدول.

reiteration, n. بیا بیا ویله (تکرار)، ټاپېده.

reject, v.t. ردول، نه منل: رټل: ایسته غورځول: خوا ګرځېدل، قي کول.

rejection, n. ردونه، نه منه، رټنه

rejoice, v.t.i. خوشحاله کول، خوښول: خوښېدل، خوشحاله کېدل، هوسېدل

rejoicing, n. خوشالي، هوس.

rejoin, v.t.i. بیا یو ځای کېدل، دوهم ځواب ویل، قانوني ځواب ویل.

rejoinder, n. ځواب، قانوني ځواب

rejuvenate, v.t. بیا ځوانول، بیا ځلمی کول، بیا چیرازه کول.

rejuvenation, n. بیا ځواني، بیا ځلمیتوب، بیا چیرازه کېدنه

rekindle, v.t.i. بیا لګول، بیا بلول

relapse, v.t. بیا کېوتل، بېرته پخواني حالت ته ګرځېدل، بیا اخته کېدل، بیا ککړېدل، بیا چوېدل.

relate, v.t.i. ویل، بیانول، روایت کول، اړیکه کول: سره نښلول، سره تړل، مربوطول: تړل کېدل

related, adj. وېل شوی ، بیان شوی ؛ مربوط .

relation, n. ذکر ، روایت ؛ خپل ؛ خپلوی ؛ اړیکی ، ارتباط تناسب ، نسبت ؛ چاری ؛ روابط ، مناسبات ، تعلقات .

relationship, n. خپلوی ، اړیکی چاری ، روابط ، مناسبات ، تعلقات

relative, adj. خپل ، خپش ، نسبی ؛ (گر) نسبتی ، موصول .

relative pronoun, نسبتی ضمیر ، موصول .

relatively, adv. په نسبتی توګه ، دمقایسې په ډول

relax, v.t.i. سپا له (دمه) کول ، هوسا کول ، سستوماني ایستل ؛ آرام کول ؛ آرام کېدل ، ستوماني ایستل ؛ هوسا کېدل .

relaxation, n. هوسا ېی ، سستی یا لېوالتیا ، دمه لېولتیا ، استراحت .

relay, v.t. بدلول ، دسترې وا سو او ، سپرو ، سپو په ځای هوسا اسان ، سپری او سپېدرول ؛ رېلی کول (دیوه خبر خپرول چه د بلې رادیو یې مرکز څخه لاس ته راغلی وی)

release, v.t. ایله کول ، پرېښول ، خوشی کول ؛ هوسا کول ، محوه کول ؛ خپرول ، څرګندول ، حق ورپرېښول .

relegate. v.t. شړل ، فرارول ، لری کول ؛ ایسته کول ، موقوفول ؛ ځنډول ، ښکته غورځول ؛ موظفول ؛ د هڅوت په توګه استول .

relent, v.i. ښتېدل ، ارمېدل ؛ خوا خوږی کېدل ، زړه سوا ند کېدل .

relentless, adj. سخت زړی ، په زړه سخت ، بی رحمه .

relentlessly, adv. په بی زړه سوی ، په بی رحمی ، په ظلم

relevant, adj. وړ ، مربوط ، مناسب ، موزون ، په ځای .

relevance, n. په ځای توب وړتوب ، ارتباط ، مناسبتوب .

relevancy, n. وړتوب ، په ځای توب .

reliable, adj. دوېسا وړ ، د اعتماد وړ ، د باور وړ ، اعتباری ، باوری

reliability, n. باوری توب ، باوری توب .

reliably, adv. په اعتماد ، په ډاډه زړه .

reliance, n. باور ، اعتماد ، تکیه ، وېسا ، ډاډ .

relic, n. مقدسات ، تبرکات ، مبارکی شیان ؛ بقایا : نښې نښانې : یادګار

relict, n. کونډه .

relief, n. مرسته ، ملاتړ ، هوساینه ؛ دمه ؛ خلاصی ؛ بدلون ؛ هوسا کوونکی ، کراروونکی ؛ راوتلی تصویر یا مجسمه ؛ بوټ ، بوټ ، بوخ ؛ (جغ) دځمکی دمخ راوتلی برخې

relieve, v.t. هوسا کول ، آرامول ، درد کرارول ، له اندېښنې لری کول ، بار له ځای اړول ، بدلول ، دنګول ، اړول

religion, n. دین ، مذهب ، ګروهه (عقیده)

religious, adj. مذهبی ، دینی ، دیندار .

religiously, adv. د مذهب په توګه ، دینداري .

religious, n. مذهبي ، دیندار ، مذهبي لار ښوونکی ، ملا ، راهب ، راهبه .

relinquish, v.t. لاس اخیستل ، پرېښودل ، ایله کول .

relinquishment, n. لاس اخیستنه ، پرېښوده .

relique, relic . وګوری .

relish, n. خوند ، مزه ، څکه : خوندور اچار .

v.t. خوند اخیستل ، په خوند خوړل ، په مزه خوړل .

reload, v.t.i. بیا بارول ، بیا ډکول .

reluctant, adj. بې میله ، بې علاقې : مخالف .

reluctance, n. بې میلي ، مخالفت ، مقاومت .

reluctantly, adv. په بې میلي .

rely, v.i. زړه تړل ، تکیه کول ، اعتبار کول ، باور کول .

remain, v.i. پاتې کېدل .

remainder, n. پاتې شوونکی ، باقي ، پاتې : حاصل تفریق .

remand, v.t. بېرته لېږل ، بېرته ګرځول ، بېرته ستنول ، په حبس کول .

remark, v.t.i. کتل ، ملاحظه کول : یادونه ، تبصره کول : نښه کېدل ، یادېدل : نښه ، یادونه ، تبصره

remarkable, adj. فوق العاده ، عجیب ، غریب ، د یادولو وړ ، د پام وړ ، نامتو ، وتلی

remarkably, adv. په فوق العاده ډول ، په عجیبه توګه ، په حیرانوونکي ډول

remarry, v.t. بیا واده کول .

remarriage, n. بیا واده کول .

remedial, adj. د علاج ، علاج کوونکی : اصلاحي ، سموونکی .

remedy, n. درمل ، دارو ، علاج ، چاره ، دارو کول ، درمل کول ، v.t. تداوي کول ، چاره کول ، علاج کول ، سمول ، اصلاح کول .

remember, v.t. په زړه کول ، یادول ، په یاد ساتل ، په زړه لرل ، ور په زړه کول ، ور په یادول ، سلام رسول .

remembrance, n. یاد ، یادونه ، په زړه کېدنه ، حافظه ، خاطره : په یادوونکی ، په زړه کوونکی ، نښه یادګار ، سلام .

remind, v.t.i. ور په یادول ، ور په زړه کول ، را په یادېدل ، را په زړه کېدل

reminder, n. یادونه ، تذکار .

reminiscence, n. یادونه (خاطره) ، د تېرو پېښو په زړه کول ، د تېرو یاد .

reminisce, v.i. یادېدل ، په زړه کېدل (د تېرو پېښو یادونه) .

reminiscently, adv. د بیا یادولو په توګه ، د یادګار په ډول .

remiss, adj. بې پروا ، په پامه ، بې پاکه

remissness, n. بې پروایي ، بې احتیاطي ، بې پاکي .

remission, n. بښنه ، معافي ، کمونه ، تخفیف .

remit, v.t. بښل ، کمول ، لږول ، سپکول ، بیا ور اندې کول ، ور ګرځول ، ور ستنول : مراجعات حواله کول .

remittanc ور بښنه ، کمونه ، سپکونه .

remnant, n. پاتې، متباقي

remodel, v.t. بیا جوړول، ترمیمول .

remonstrate, v.t.i. غندل، ترټل، اعتراض کول: دلیل غوښتل

remonstrance, n. اعتراض، ترټنه، غندنه .

remonstrant, adj. n. اعتراض کوونکی، ترټوونکی، غندونکی، ګوته نیوونکی .

remorse, n. پښېماني، افسوس .

remorseful, adj. پښېمان، توبه ګار، افسوس کوونکی .

remorseless, adj. بې زړه سوی، سخت زړی .

remote, adj. لرې، وړاندې، د باندې

remotely, adv. په لرې توب، په وړاندې توب .

remoteness, n. لرې والی، ورپاتوب وړاندې والی .

remount, v.t.i. بیا سپرول، بیا پورته کول، بیا ځګول، بیا سورېدل، بیا ښکېدل، بیا پورته کېدل .

n. هوسا آس، دمه آس .

remove, v.t.i. خوځول، له یوه ځایه بل ځای ته کول، بې ځایه کول، موقوف کول، برطرف کول، وژل، سقه ایستل، مو نه ایستل، بیخ کښل؛ د یوه ځای بل ځای ته کېدل؛ تلل، لرې کېدل

removable, adj. د خوځېدو وړ، بېځایه کېدونکی

removal, n. بې ځایه کېدنه، برطرفي، ایستنه .

remover, n. خوځېدونکی، ایستنه کوونکی .

remunerate, v.t. ادا کول، پورې کول، ورکول، مزدوري ورکول، حق الزحمه ورکول .

remuneration, n. حق الزحمه، تلافي، ورکړه، تنخا .

remunerative, adj. ګټور، مزدوري ورکوونکی .

rènaissance, n. نوی والی، بیا ژوند، رنسانس: د یورپ په تاریخ کې د څوارلسمې پېړۍ نه تر شپاړسمې پېړۍ پورې د یونان د زاړه هنر او ادب او نورو علومو او فنونو د بیا راژوندي کولو نهضت .

renal, adj. د پښتورګي، پښتورګیز، د پښتورګو، د پښتورګي .

rename, v.t. بیا نوم اېښودل، بیا نوم ورکول، نوم بدلول .

renascence, n. رنسانس، نوی والی، بیا راژوندی توب .

rend, v.t. شلول، څیرې کول، پره کول، چول، بېلول .

render, v.t. په ځای کول، ورکول، تسلیمول، وړاندې کول، پیشنهاد کول، ادا کول، اجرا کول (لکه د موسیقۍ د سفېج په سر)؛ ژباړل، ترجمه کول، منځ ته راوړل .

† اېنول، چڼل: ویلې کول: را ایستل، کښل .

rendition, n. په ځای کونه، تسلیمونه، اجرا کونه، ترجمه .

rendezvous, n. د کتنې (ملاقات) ځای، کتنه (د وعدې په اساس) ژمن ځای (د وعدې ځای) د عسکرو او بېړیو د ټولېدو ځای .

rendezvous, v.t.i یوځای کېدل ، کتل ، ملاقات کول ۰

renegade, n. کرځېدلی، اوښتی (مرتد)، درغل (خاین) ۰

renew, v.t ؛ نوی کول ، تازه کول بیا پیل کول ، له سره ایول: بدلول ۰

renewal, n. نوی توب ، تازه والی

renominate, v.t. بیا نوما کول، بیا نومول، (نامزاد کول)، بیا معرفی کول ۰

renomination, n. بیا نوما کنه ۰

renounce, v.t.: پرېښودل ، ایله کول ، دلاسه ورکول ؛ نه منل ، پرېږده کول ؛ ردول ، غرض له ور سره در او دل ۰

renouncement, n. ؛ پرېښودل ، نه منښه ، ردونه ۰

renovate, v.t. ، جوړول ، ترمیمول ، بیا نوی کول ۰

renovation, n. جوړونه ، ودانونه ، ترمیمونه ۰

renovator, n جوړوونکی ، ودانوونکی ، ترمیموونکی ، بیانوی کوونکی ۰

renown, n. شهرت ، نوم ، ویاړ ، عزت

renowned, adj. نامتو ، وتلی ، مشهور ، نومیالی ۰

rent, د Rend ماضی او دریم حالت

rent, n څیری ، چوړه ، درز

rent v.t. کرایه ، باډه ، اجاره ، په کرایه ورکول ، په اجاره ورکول ۰

rental, n. باډه ، کرایه ، کرایی (کور ، موټر او نور) ۰

renter, n. باډه چی ، کرایه ورکوونکی ، کرایه نیوونکی ۰

renunciation, n. لاس اخیستنه ، سترګی پټونه ، پرېښودنه ، ردونه ، پرېږده کول ۰

reopen, v.t.i. ، بیا خلاصول ، وربیا کول ، بیا پرانیستل ، بیا شروع کول ؛ بیا خلاصېدل ، بیا پرانیستل کېدل ، بیا شروع کېدل ۰

reorganize, v.t.i. بیا جوړول ، بیا تشکیلول ، بیا سمبالول ، بیا منظم کول ؛ بیا سمبالېدل ، بیا منظم کېدل ۰

reorganization, n. بیا سمبالونه ، بیا تنظیم ، بیا رغونه ۰

repaid, اداشوی ، ورکړ شوی ۰

repair, v.t. ، ګنډل ، سمنښېدل : ترمیمول ، رغول ۰

n. کوښیر ، ترمیم ، رغونه ۰

repairer, n. ترمیم کوونکی ، رغوونکی ، سموونکی ۰

reparation, n. ترمیم ، جبران ، تلافی ، تاوان ، بدله ۰

repartee, n. حاضر جوابی ، ټوکی ۰

repass, v.t. ، بیا تېرېدل ، راستنېدل ، راګرځېدل ۰

repast, n. خوراک او څښاک ۰

repay, v.t. بېرته ورکول ، ادا کول ، عوض ورکول ؛ اجر ورکول ، عوض ورکول ، بدله ورکول ۰

repayment, n. بېرته ورکول ، اداکونه ، بېرته ورکونه ؛ اجر ، عوض ، بدله ۰

repeal, v.t.n. لرې کول ، ایسته کول ، لغوه کول ، (د قانون ماده) ایسته کول ، د مینځه له ایستل .

repeat, v.t. بیا ویل ، تکرارول ؛ بیا کول له یاده ویل .

repeater, n. بیا ویونکی ، تکرارونکی ، یاده ویونکی .

repeated, adj. بیا بیا شوی ، تکرار شوی .

repeatedly, adv. په وار وار ، په تکرار ، څو څو واره

repel, v.t. پورې وهل ، په شا کول ؛ تر شا کول ، دفع کول ؛ ردول ، پرته ور کول ، نه منل ، خوابدی کول ، خپه کول ، مقاومت کول

repellent, adj. پورې وهونکی ، په شا کوونکی ، په شا تمبوونکی

repent, v.t.i. توبه کول ، پښېمانه کېدل ، افسوس کول ، ارمان کول .

repentance, n. توبه ، پښېماني .

repentant, adj. توبه گار ، پښېمانه .

repercussion, n. ستنوله ، گرځوله ؛ انعکاس ، عکس العمل ، ازانګه .

repertoire, ښودنه (د ډرامې یا کنسرت) ، د ننداروکې لاره .

repetition, n. تکرار ، پرله پسې توب ، بیا بیا کول ، گردان .

repetitious, adj. خوا توروونکی ، تکراري .

repine, v.i. ډډنګېدل (شکایت کول) گیله‌من کېدل .

replace, v.t. بېرته په ځای کول ، په ځای اېښودل ، عوض کول ؛ کمی تیا پوره کول ، سنبالول ، بدلول ، تبدیلول

replacement, n. په ځای کول ، بدلون ، تبدیلي .

replant, v.t. بیا اېښودل ، بیا نیالګی اېښودل ، بیا شین کول .

replenish, v.t. بیا ډک کول ، پوره کول ، بشپړول .

replenishment, n. بیا ډکونه ، بشپړتیا .

replete, adj. موړ ، ماړه ، ډک .

repletion, n. موړښت ، ډکوالی .

replica, n. ورته ، مېنوت ، کټ مټ ، ورته د اصل په څېر (انځور یا نقش) .

reply, v.t.i. ځواب ورکول ، ځواب ویل
n. ځواب ،

report, v.t. خبرول ، ویل ؛ راپور ورکول ، اطلاع ورکول ، خبر ورکول ؛ حاضرېدل
n. راپور ، خبر ، آوازه ، شهرت ؛ ډز (لکه د ټوپک) .

reporter, n. خبریال ، خبر ورکوونکی ، خبر رسوونکی ، مخبر .

repose, v.t. باور درلودل (پرچا) ، هیله ور سره لرل ، تکیه کول .

repose, v.t.i. سیاله کول ، دمه کول ، هوسا کېدل ، څملېدل .

repository, n. ساتنځای ، ګودام ، تحویلخانه .

repossess, v.t. بیا لاسته کول ، بیا خپلول ، بیا ځان کول .

reprehend, v.t. ملامتول ، ګرمول ، پړول ، ځنډل .

reprehensible, adj. د غندلو وړ ، د ملامتیا وړ .

reprehension, n. غندنه ، ملامتیا ، پړه .

represent, v.t. ښودل (تمثیلول) ښکاره کول ، څرګندول ؛ نماینده ګي کول ، ځای توب کول ، مثال کېدل .

representation, n. نماینده ګي ؛ تصویر ؛ تمثیل ؛ نښه ، نښان ، علامه ؛ (حق) وکالت کول ؛ څرګندونه ؛ پر وړاندې

representative, adj, n. نماینده ، وکیل ، ممثل ؛ نماینده ګي کوونکی ؛ نمونه .

repress, v.t. بندول ، درول ؛ مخه نیول ، فشار ور باندې راوستل ؛ زبېښل ، ځپل ، لاندې کول .

repression, n. فشار ؛ مخنیوی .

repressive, adj. بندوونکی ، درووونکی ، ځپوونکی

reprieve, v.t. ځنډول ، ځنډول (لکه د سزا او مجازات) ، n. ځنډ ، ځنډونه .

reprimand, n. ترټنه ، غندنه ، رټنه (سرزنش) ځورونه .

ترټل ، غندل ، رټل ، سرزنش کول (په قانوني ډول) .

reprint, v.t. بیا چاپول .

n. بیا چاپونه .

reprisal, n. پر ځای ، بدل ، غچ . کسات پورته اېستنه ؛ تلافي .

reproach, n. ترټنه ، ملامتونه ، ګرموونه غندنه ، سپکونه .

reproachful, adj. پېغور لرونکی ، ملامت شانته .

reproachfully, adv. د ګرمتیا په توګه ، د غندلي په توګه .

reprobate, n. لوڅک ، بدی ، بدو ، فاسد ملعون ، ټیټ .

reprobation, n. غندنه ، فساد ، رټنه

reproduce, v.t.i. بیا تولیدول ، بیا زېږول ، بیا پیدا کول ؛ بیا تولیدېدل ، بیا زېږېدل ، بیا پیدا کېدل : بیا چاپول ؛ کاپي کول ، نقل کول .

reproduction, n. بیا زېږونه ، بیا پیدا کېدنه .

reproductive, adj. بیا زېږوونکی ، بیا تولیدوونکی ، بیا پیدا کوونکی

reproof, n. غندنه ، رټنه ، سپکونه ، ګرمونه

reprove, v.t. سپکول ، شرمول ، غندل ، مسخره کول .

reptile, n. خزنده (مار ، لړم ، ګنګټ چنګښکی) ؛ ټیټ او چاپلوس سړی .

republic, n. جمهوریت ، ولسي حکومت د خلکو په رایه جوړ شوی حکومت .

republican, adj. جمهوریت غوښتونکی ، د جمهوري حکومت پر خوا .

Republican party, جمهوریت غوښتونکی ګوند

republicanism, n. جمهوریت غوښتنه

republish, v.t. بیا خپرول ، بیا چاپول .

republication, n. بیا چاپونه .

repudiate, v.t. نه منل ، ور ګرځول ردول ، ناکاره کېدل ، انکار کول پرېښودل ، لاس اخیستل .

repudiation, n. نه منه ، انکار ، ردونه .

repugnant, adj. ناوړه ، بېخونده ، خواګرځوونکی ؛ مخالف ، منافي .

repugnance, n. کرکه ، بېزاري ، بېځو لدی .

repulse, v.t. پوري وهل ، په شا کول : رټل ، شاته تمبول : له منل .

repulsion, n. پوري وهنه ، رټنه ، شاته تمبوله .

repulsive, adj. تېري کوونکی ، حمله کوونکی : کرکجن : شاته تمبوونکی ، پوري وهونکی

reputable, adj. نامتو ، باوري ، وتلی ، سر ایستلی

reputation, n. نوم ، شهرت ، اعتبار ، خوشيت .

repute, v.t.n. نوم ، شهرت ، اعتبار : ګڼل ، فرض کول : پوهېدل .

reputed, adj. منلی ، وتلی ، مشهور .

request, n. غوښتنه ، درخواست ، عرض ، هیله .

Requiem, n. دعا ، فاتحه : سالدې ستاینې : دغم باجه ، دوير سرود .

require, v.t. غوښتل ، مجبورول ، په کار لرل : اصرار کول .

requirement, n. اړتیا ، ضرورت ، شرط .

requisite, adj. ضروري ، ضرور ، اساسي .

requisite, n. ضرور ، لازم .

requisition, v.t.n. غوښتنه ، درخواستي ، ضروريات ، اړتیاوي : غوښتل ، کارول ، په کار اچول .

requite, v.t. بدله ورکول ، عوض ور کول ، اجرور کول

n. بدله ، ونیج ، عوض .

reread, v.t. بیا لوستل ، تکرارول ، له سره ویل

rescind, v.t. له مینځه ویستل ، فسخ کول ، پرېښودل .

rescission, n. له مینځه ویستنه ، فسخ ، پرېښوونه .

rescript, n. فرمان ، حکم .

rescue, v.t.n. ژغورل ، خلاصول ، نجات ورکول : ژغورنه ، خلاصونه ، نجات .

research, n. څېړنه ، پلټنه ، تحقیق .

resemblance, n. ورته والی ، مشابهت ، یوشانوالی .

resemble, v.t. ورته والی ، مشابهت لرل ، نږدې والی لرل .

resent, v.t. خپه کېدل ، په قهر کېدل ، بد ګڼل ، کرکه کول .

resentful, adj. خپه ، خوابدی ، کرکجن .

resentfully, adv. په تریو تندي ، په خوا شیني ، په کرکه .

resentment, n. کرکه ، خوابدي ، خپګان .

reservation, n. ساتنه ، سپمونه (د بدي ورځې د پاره) .

reserve, v.t.n. سپمول ، ساتل ، پاسره کول ، خوندي کول ، ځانته ساتل ، لېږل ، بېرته ساتل : ذخیره ، پاسره ، ځان ساتنه ، ځان ژغورنه .

reserved, adj. لږ ویونکی ، شرمېدونکی ، احتیاطي .

reservoir, n. داوبو ذخیره ، داوبو لوی تالاب

reset, v.t.n. بیا کېښودل ، بیا ایښودل (لکه په ګوته کې غمی) ځای په ځای کېدل : له سره ټولول : بیا ایښوده ، بیا کېښودنه

reside, v.i. اوسېدل ، استوګنه لرل ، مېشتېدل .

residence, n. استوګنځی ، مېنه ، کور ، ځای .

residential, adj. د استوګنې ، د اوسېدو .

resident, adj. استوګن (مقیم) ، ځایی ، مېشت ، اوسېدونکی

[illegible], adj. پاتې شوی ، پاتې ، پرېښودلی ، پاتې .

residuary, adj. پاتې ، میراثي .

residue, n. پاتې ، باقي ، پاتې شوی ، کښوبی .

residuum, n. زیاتېدنګی ، باقیمانده ، ضمني تولید ، په نرخ کې پیدا شوی .

resign, v.t.i. لاس اخستل ، استعفا کول ، پرېښوول ؛ ځان پرېښودل ، تسلیمېدل .

resignation, n. لاس اخستنه ، استعفا ، پرېښودنه ، ځان پرېښودنه ، تسلیمېدنه .

resigned, adj. ځان سپارلی ، تسلیم ، په پخه خوله منونکی .

resignedly, adv. په تسلیم ، په رضا ، په پخه خوله .

resilient, adj. غورځېدونکی ، ټکېدونکی ، کشکېدونکی ، فنري .

resilience, resiliency, n. غورځېدنه ، ټکېدنه ، کشکېدنه .

resin, n. ژاوله ، کنډه ، کنډ وړی .

resinous, adj. ژاولن ، سرېښناک .

resist, v.t. ټینګار کول ، مقاومت کول ، مقابله کول ، مخ نیوی کول .

resistance, n. ټینګار ، مقاومت ، مخ نیوی .

resistant, adj. ټینګ ، کلک ، مخه نیوونکی .

resistless, adj. سست ، کمزوری ، بې مقاومته .

resolute, adj. کلک ، مصمم ، ټینګ ، هوډی ، نه تسلیمېدونکی .

resolution, n. پرېکړه ، فیصله ، حل ، هوډ ، اراده ، تصمیم ؛ کلکوالی ، ټینګار ، سخت ټکل .

resolve, v.t. بېلول ، تجزیه کول ، تحلیلول ، ویې کول ، حل ، حل کول .

resolvable, adj. حل کېدونکی تجزیه کېدونکی .

resolved, adj د ټینګې ارادې څښتن ، هوډی .

resonant, adj. کړنګېدونکی ، اهتزازي ، انګازه لرونکی ، ځېږېدونکی

resonator, اوازور کوونکی ، انګازه پیدا کوونکی ، ژغ ژړنګوونکی .

resort, v. i.& n. ورتلل مراجعه کول ، منډه کول .

resound, v.i. هواخوري ځای ، سېل ایزونه ، پناموړی : مراجعه ، منډه ، بیا بیا خیال ته راتلل ، له سره ډکېدل ، انګازه کول ، منعکس کېدل ، اېزېدل ، ږېدل ، درنې ډېدل ؛ ژړنګېدل .

resource, n. توښه ، ذخیره ، ځوړی ، پاسره : سرچینه ، منبع ؛ تدبیر ، چاره .

resourceful, adj. باوري ، اعتمادي: پوه ، هوښيار ، چيرک .

resourcefulness, n. چېرکتوب ، پوهه ، هوښياري .

respect, v.t. درناوی کول ، درنول ، عزت کول ، په درنه سترگه کتل ، خبري ته غوږ نيول ، پام کول ، پالل ، تعلق او نسبت ساتل

respectfully, adv. په درنښت ، د احترام له مخې .

respectful, adj. محترم ، په درناوي ، په عزت ، د ادب په توگه

respectable, adj. د پت خښتن ، د درنښت وړ ، د درناوي وړ ، درونده ، محترم .

respectability, n. درنښت ، عزت ، قدريت .

respecting, prep. په عزت پوري تړلی ، په درناوي پوري اړه لرل ، باره ، باب .

respective, adj. ځان ځانی ، ځان ځان . له بيل بيل ، جلاجلا ، گوښی گوښی .

respectively, adv. په رو نبه ، په ترتيب ، پر له پسې .

respiration, n. ساه اخيستنه ، ساه کښنه ، تنفس .

respiratory, adj. تنفسي ، ساه پوري تړلی

respire, v.t.i. ساه کښل ، ساه اخيستل ، ساه ښکل ، تنفس کول .

respirator, n. ساه ورکوونکی ، ساه اخيستونکی ، د تنفس آله .

respite, n. ځنډوله ، ځنډ ، ډيل ، وقفه ، سنبالنه ، تفريح

resplendent, adj. ځلانده ، پرېښند ، پر ښکېدونکی ، شاندار ، پربالی .

respond, v.i. ځواب ويل ، ځواب ورکول ، عکس العمل ښکاره کول .

response, n. ځواب ، غبرگون ، عکس العمل .

responsible, adj. ځواب ورکوونکی ، ځواب ورکوونکی ، مسئول ، گرم ، ذمه دار باوري ، د باور وړ .

responsiblity, n. ځواب ، گرمتيا ، مسئوليت ، ذمه واري ، غاړه ورته ، په غاړه اخيستنه ، باور ، باوري توب .

responsive, adj. ځواب ورکوونکی ، عکس العمل ښکاره کوونکی : حساس ، ژر پوهېدونکی .

rest, n. استوگنځای ، آرامځای ، پړ ښېنې ، بې پښانی ؛ آرام ، استراحت چپتيا ، سکون : ټينگه دريدل ، ملاتړ ، حمايه ، دمه ، سپا له .

restful, adj. هوسا کوونکی ، آرام ورکوونکی .

rest, n. باقي ، پاتې ، نور

restaurant, n. رستوران ، خوړن ځی .

restaurateur n. د رستوران خاوند ، مېلمه پال .

restitution, n. ورستنونه ، ورگرځونه ، بېرته ورکونه ، ورغبرگونه .

restive, adj. سرکښ ، ناآرام ، عصبي

restless, adj. لالهانده ، تلوسې ، ترور ، نا آرام ، سرگردان ، ناقرار .

restlessly. adv. په ناکرارۍ ، په نا آرامۍ ، په لالهانده توب .

restlessness, n. بې ترورتیا، بې ارام کېدنه، ناارامي، لا لهانده توب، ترور تیا.

restorative, n. راستنوونکی، راګرځوونکی (اصلي حالت ته)، بېرته کوونکی، دموونکی، جوړوونکی.

restore, v.t. ستنول، بېرته کول، ګرځول بیا په کار اچول، په ځای کول: رغول جوړول، ترمیمول، نوی کول.

restorer, n. ګرځوونکی، کوونکی. خوندي کوونکی، په ځای کوونکی.

restrain, v.t. ځان ساتل، منعه نیول، چوړه کول، نیول، واګې نیول

restraint, n. منعه نیونه، واګې نیول، چوړه، منځنیوی، ځان ساتنه.

restrict, v.t. محدودول، ایسارول، منع کول، بندېز لګول.

restriction, n. منځنیوی، بندېز، ایسارتیا، ناکه.

restrictive, adv. بندېز لګوونکی، منعه نیوونکی، ایساروونکی.

result, v.i.n. پای ته رسول، نتیجه ورکول، ختمول: نتیجه، پای، ختم، انجام، آخر.

resultant, adj. نتیجه، پای، روستی.

resume, n. له سره نیول، بیا لاس ته کول، بیا پیل کول، بیا جاري کول، بیا شروع کول.

resumption, n. له سره نیونه، بیا لاس ته کونه، بیا پیل کونه، بیا جاري کونه، بیا شروع کونه.

resurrect, v.t. بیا ژوندی کول، پورته کول، پاڅول.

Resurrection, n. قیامت، لویه ورځ، دحشر ورځ، دعیسی(ع) راکوزېدنه.

resuscitate, v.t. بیا ساه ورکول، بیا ساه ایستل پوکل، له مرګه راګرځول، بېرته کول.

resuscitation, n. (طب) بیا ژوندی کول خوله په خوله تنفس، بیا ساه ورکول پو کنه، بیا په سدراو سینه.

retail, v.t. پرچون خرڅلاو: پنجاره ګري، ونجاره توب.

retail, v.t. پرچون خرڅول، چونګی خرڅول، پنجاري توب کول.

retailer, n. پنجاره، ونجاري، پرچون خرڅوونکی.

retain, v.t. ساتل، ټینګ ساتل، خوندي کول، بیا ته ورکول، د مخه پیسې ورکول (مدافع وکیل ته).

retainer, n. ساتونکی، خوندي کوونکی، ناظر، څارو، چوپړی، بیانه، د مخه پیسې ورکول (مدافع وکیل ته).

retake, v.t.n. بیا اخیستل، بیا نیول، بیا عکاسي کول، بیا عکس اخیستنه.

retaliate, v.t. بدله اخیستل، قصور اخیستل، غچ اخیستل، کسات اخیستل

retaliation, retaliatory, بدله، قصور، غچ، کسات

retard, v.t. منعه نیول، ورو کول، ځنډول، ځنډه کول، پڅول.

retardation, n. منعه نیونه، ورو کونه، ځنډونه، پڅوالی

retention, n. ساتنه، محافظه، خوندي کول، نیونه.

retentive, adj. ساتندوی، خوندی کوونکی، نیوونکی، دحافظې قوه.

reticent, adj. غلی، چوپ، پټ خولی، لږ ویوونکی، کم ویوونکی

reticence, n. غلیتوب، چپتیا.

retina, n. شبکیه (دسترګو).

retinue, n. ډله، ملګری، پیروان، ملازمان

retire, شاته کېدل، په شا کېدل، ځان کښل، لاس اخیستل، بستر ته تلل، ملاستې ته تلل، کښل، تقاعد ورکول، په کور کښېنول، دمه ورکول (په لوبه کې).

retirement, n. شاته کېدنه، ځان کښنه، لاس اخیستنه، تقاعد.

retired, adj. کوښه ځای، تقاعد شوی تقاعدي معاش، معاش خور، پنشن خور.

retiring, adj. شرمندوکی.

retort, v.t. ځوابول، ځواب ورګرځول، ځواب ځېر کول، کلک ځواب ورکول، یا مثل ځواب ورکول، په ځېر کې ځواب ورکول.

n. ځواب، ځواب ځېر کون، کلک ځواب، بالمثل [illegible] ځواب، په ځېر کې ځواب.

retort, n. انبیق (د اېښوولو الله)، د چاڼلو او تقطیر ولو [illegible] اېښوونی، څښوونی.

retouch, v.t. سمول، قلم وهل، اصلاح کول

retrace, v.t. بېرته خپل اصلی حالت ته ګرځېدل: بیا پرې ورتلل، بیا تازه کول، بیا پر تېرېدل، پل پسې اخستل.

retract, v.t.i. بېرته نوتل: لاس اخیستل، بېرته اخیستل، اوښتل (لکه له خبرې او وعدې څخه).

retraction, n. اوښتنه، ګرځېدنه.

retreat, n. په شاکېدنه، ځان کښنه، کوښه کېدنه، کښېناستنه، ماتې، د عقلی ناروغو د استراحت ځای، ارام ځای، کوښه ځای.

retrench, v.t.i. لږول، کمول: لنډول، پرېکول: لږیدل: لنډیدل: حذفول

retrenchment, n. لږونه، کمونه، سپما

retribution, n. سزاورکونه، مجازات، ترټنه: انتقام، غچ، کسات.

retrieve, v.t. موندل اوراوړل (لکه ښکار)، بیا پیدا کول، موندل، ساتل، خوندی کول: رغول: ژغورل: رغېدل

retrograde, adj.& v.t. شاتېدونکی، په شا کېدونکی، لوېدونکی، ښکته کېدونکی: بېرته تلل: شاتېدل: خرابېدل، ورانېدل

retrogression, n. په شا ګرځېدنه، لوېدنه

retrospect, n. په تېرو واقعو اوحالاتو نظر اچول، په تېرو واقعو تبصره.

retrospection, n. بیا کتنه، بیا تبصره کونه (د تېرو کارو).

retrospective, adj. تېرو ته کتونکی، د تېرو واقعو را په زړه کوونکی.

return, v.t.i. راګرځېدل، راځېر ګېدل راستنېدل: ځوابول: بېرته استول: بیا لېږنه یا راوړنه: ادا کونه: بیا ادا کول، راګرځېدنه، بیا لېږنه، ځانګړه پېژندنه، تسلیمېدنه: بیا پېښېدنه، خپرونه.

return, adj. په ورنج کې، په بدله کې، په عوض کې.

reunion, n. بیا یو ځای کېدنه ، بیا غونډېدنه : ډله ، ټولنه ، غونډه .

reunite, v.t.i. بیا یو ځای کول : بیا یو ځای کېدل .

rev, v.t.i. د ماشین ګرځېدل ، چټک کول ګړندی کول : چابک کېدل ، ګړندی کېدل (لکه د ماشین یا د موټر)

revamp, v.t. له سره نوی بڼه ور کول : بیا رغول ، زاړه نوی کول .

reveal, v.t. ښکاره کول ، څرګندول ، ښودل : ویل ، په ډاګه ویل

revelation, n. څرګندونه ، اوڅارنه ، ښودنه په ډاګه ویېنه ، الهام .

reveille, n. د سهار تورانګه (تورم) .

revel, v.i. چړچې کول ، چړچې وهل ، د خوښۍ نارې وهل ، د خوشالۍ له پوړنکی وهل ، چړچې ، د خوښۍ نارې .

reveler, reveller, n. چړچو .

revelry, n. خوښي .

revenge, v.t. غچ اخیستل ، کسات اخستل ، بدله اخستل .

n. کسات ، غچ ، بدله ، کینه رخه .

revengeful, adj. کساتي ، کینه کښ .

revenue, n. ګټه وټه ، فایده ، عایدات مالیات ، دولتي عایدات

reverberate, v.i. په شا ګرځول ، انګازه خپرېدل ، منعکس کېدل .

reverberation, n. انګازه ، انعکاس ، په شا ګرځېدنه .

revere, v.t. درناوی کول ، په درنه سترګه کتل ، لمانځل .

reverence, n. درناوی ، عزت ، لمانځنه ، حرمت .

reverend, adj. عزتمند ، درونه ، د درناوي وړ ، محترم .

reverent, adj. پاس لرونکی ، عزتناک ، مؤدب .

reverential, adj. د درناوي ، د عزت .

reverently, adv. په درناوي ، په عزت ، په درنښت .

reverie, revery, n. خیال پلو .

revers, n. څټ ، پل مخ ، استر .

reverse, adj. اوښتی ، اسکور ، چپه ، په څټ لوېدلی ، ټیټېدلی .

n. په شا تلنه : په څټ کېدنه ، شا

v.t. اسکورول ، په شا بېول ، په پل مخ کول ، اړول (د محکمې فیصله)

reversal, n. بدلون ، اوښتنه .

reversion, n. د ځای نیولو حق ، د پلار نیکه په ځای کښېناستل : ستنېدنه (اصلي حالت ته) .

reversionary, adj. ګرځېدونکی ، اوښتونکی ، ستنېدونکی .

revert, v.t.i. بېرته اوښتل ، بېرته ګرځېدل ستنېدل ، بېرته اړول ، بېرته ګرځول ، ستنول

review, v.t.n. بیا ازمویل ، بیا کتل ، بیا څېړل ، کره کتنه کول ، تبصره کول ، نقد کول ، د عسکرو معاینه کول ، عمومي کتنه ، دوره کتنه ، انتقادي تبصره .

reviewer, n. انتقاد کوونکی ، مبصر ، څارو .

revile, v.t.i. ښکنځل ، پوچ ویل ، ناوړه ویل ، زبېړی کول ، زورولي کول .

revise, v.t. کره کول، بیا کتل، سمول ،

revision, n. بیا کتنه، سمونه .

revisit, v.t.i. بیا لیدل، بیا کتل ، بیا ملاقات کول .

revival, n. ژوندی بېدنه: اوی کول : اوی والی : بیا خپروله، بیا چاپوله : مذهبی تحریک، مذهبی بیداری .

revive, v.t.i. بیا سیك اخیستل، بیا قوت اخیستل، ژوندی کېدل، بیا ژوندی کول، رواجول ، مشهور کېدل، قوت ور کول ، فعالول، متوجه ور کول، ، پېژند ه کېدل، په یاد ول .

revivify, v.t. بیا ژوندی کول، له سره سیك ور کول .

revoke, v.t. منسوخول ، لری کول ، لغو کول . ردول، له منځه ایستل .

revocation, n. منسوخونه، ردونه، لری والی، ایسته کونه، ردونه .

revolt, n. بلوا ، یاغی کېدنه ، پورته کېدنه، ایدوی ، بلوا کول ، یاغی کېدل، خوا شینی کېدل، خپه کېدل .

v.t.i. خپه کېدل ، متاثر کول، زړه بدول .

revolting, adj. کرکجن ، زړه بدوونکی، خوا توروونکی .

revolution, n. انقلاب، سیاسی اوښتون : بلوا، ایدوی، چورلېدنه ، تاو بدله څرخېدنه ، گرزېدنه

revolutionary, adj. انقلابی ، بلوایی ، یاغی، چورلېدونکی .

revolutionist, n. د انقلاب بلوی ، انقلاب غوښتونکی .

revolutionize, v.t. بېخی بدلول ، بنسټ اړول، انقلاب راوستل .

revolve, v.t.i. څرخېدل ، گرزېدل ، چورلېدل، تاوېدل ، غور کول ، فکر کول ، سوچ کول، څرخول، گرزول ، چا پېره تاوول .

revolver, n. څرخی تمانچه یا نوې تمانچه.

revue, n. ملنډې ، ټوکې، مسخرې، وشتی ننداره (په اوسنو حالاتو، لو پو یا لیکنو) .

revulsion, n. ناڅاپی اوښتنه یا بدلون (د احساساتو) .

reward, v.t.n. بدله ور کول، انعام ور کول عوض ور کول، مکافات ور کول، ادا کول، اجر ور کول، : بدله، عوض ، ادا ینه، انعام، جایزه .

rewrite, v.t. بیا لیکل.

rhapsody, n. ستاینه، دستاینې ډکه شعر وړه پاسندرې، له جوشه ډکه لیکنه یا وینا .

rheostat, n. د برېښنا د کمولو او زیاتولو د کنترول اله .

rhetoric, n. د معانی او بیان علم: فصاحت او بلاغت .

rhetorical, adj. د بلاغت ، ښه وینا

rhetorician, n. بلاغت پوه، د معانی پوه

rheum, n. اوښکې ، گیرنگ (د پوزې او په لیږ ، نالې، هغه او به چه د رلنبت په وخت کی له سترګو او پوزې څخه بهیږی .

rheumatism, n. روماتیزم ، باد، د بندونو او پلو (عضلو) درد .

rheumatic, adj. بادی، روماتیکه ، اخته .

rhinestone, n. غلطه الماس، لاسي الماس، مصنوعي الماس.

rhinoceros, n. کرګدن (کرګدن)، يو ښکري غټ ځناور.

rhododendron, n. يو ډول تل زرغون بوټی چه سپين، ګلابي او ارغواني غوټۍ غوټۍ ګلان لري.

rhubarb, n. پېشي، رواش.

rhym,rime, n. قافيه، نظم، قافيه لرونکی شعر، قافيه تړل، په قافيه شعر ويل.

rhythm, n. آهنګ، وزن، سور، قدم (لکه په نڅا کښې)، تال، هم آهنګي

rhythmic, adj. موزون، هم آهنګ.

rhythmically, adv. په تال، په سور.

rib, n. پوښتۍ.

ribald, adj. پوچ خولی، ټوکمار، چټيات ويونکی او اورېدونکی، لېچ.

ribaldry, n. ناوړه ټوکي، سپکي سپوري

riband, ribband, n. پټۍ، رېښانړه، رانجه، رنجکه، پيټه (فيته) رېښکی.

ribbon, n. رشمه، پټۍ، پيټه

rice, n. وريژې، وريجې، وريشې.

rich, n. شتمن، بډای، موړ، دولتمن:

riches پانګه، دولت.

adj, دارزښت وړ، قيمتي، ارزښتمن، ډېر خوږ (هغه خواړه چې د موادو له خوا غني وي): خوږ، زړه راکښونکی (لکه غږ، رنګ) پوخ، تږی، روښانه (رنګ) پرېمانه، سودمن، ابوره ور.

richly, adv. په ښه توګه، په پوره توګه، په ډېر ارزښت، شتمنۍ، بډايي، پانګه، دولت.

richness, n. شتمني، ارزښت، بډايي.

rick, n. کوټه، دلۍ، بوساړه، کوټۍ، خره.

rickets, n. د هډوکو ناروغي، د هډوکو پوستوالی (يو ډول د هډوکو ناروغي ده چه ماشومان په اخته کېږي).

rikety, adj. د اوموهډوکو په ناروغۍ اخته، بې سېکه، کمزوری: پړسن، لړزېدونکی، چورېدونکی، متزلزل.

ricochet, v.i.n. کوږ ووړ، غورځنګ، په ټوپو ټوپو تګ، څڅکي وهنه (لکه تيږه چه د اوبو په مخ ولې).

rid, v.t. : ايله کول، پرېښودل، ژغورل: اسوده کول، بچول.

riddance. n. پرېښودنه، ژغورنه، خلاصون.

ridden, د ride دريم حالت.

riddle, v.t.n. غلبېلول، لوری لوری کول کمزوری رابرسېره کول (لکه د دليل) غلبيل، چڼوونی.

riddle, n. کيسی، معما.

ride, n. سورېدل، سپرېدل؛ د اوبو په سر دوبدل، سور يا سپور تلل: سورېدنه. سپرلی.

rider, n. سورېدونکی يا سپرېدونکی

riderless, adj. خاوند یاس، بې سورلی

ridge, n , د غونډيو لړ يا سلسله، پېټه، غونډۍ، پوله، جوړه (مورد).

ridgepole, n. ويشه، شاتير، تير.

ridicule, v.t.n. رېشخند وهل ، ملنډې وهل ، هج موزی کول ، مسخره کول ؛ ټوکې ، مسخرې ، ملنډې .

ridiculous, adj. رېشخند ، مسخره ، ټوقي ، د خندا وړ ، خندنی .

ridiculously, adv. په خندنی توګه ، په رېشخند ، په ټوقي توګه .

rife, adj. خپور ، مشهور ، مروج ؛ پرېمانه .

riffraff, n. ناپاکي ؛ ټيټ خلک ، ټوقي خلک ، بدرګه خلک .

rifle, v.t. لغړول ، لټول ، شکول ، لوټول .

rifle, v.t.n. ټوپک ، رخېږ ټوپک ، د ټوپک مېل ؛ برمه کول ، رخې ور کول .

rifleman, n. ټوپک والا ، ټوپکچی .

rift, n. چاود ، چاوده ، درز .

rig, v.t.n. سمبالول (د بېړۍ) ، سمول ، جوړول ؛ پادوان تړل ؛ پوښل ، وراخوستل ، لوږ کنټرولول ، بازار څالته کول ؛ د بېړۍ سمبالونه .

rigging, n. د بېړۍ مړ اندې ، پړی ، هغه پړي او لرګي چې بېړۍ سمبالوي .

right, adj.,v.t. نېغ ، سېخ ، سم (مستقیم) ؛ صحیح ، وړ (مناسب) ، ښه ، ښي ؛ حق ، رښتیا ، حق په خوا (حق په جانب) ؛ په سوښه لار ، په سمه ، په نېغه ، په حقه ؛ سمول ، اصلاح کول ، رغول ، برابرول .

rightly, adv. په حقه ، په رښتیا ، په مناسب ډول .

rightness, n. سم والی ، رښتیا والی .

right angle, نېغ کونج (قایمه زاویه) .

righteous, adj. رښتینی ، اخلاقي ، درولند ، ښه .

righteousness, n. رښتین والی ، تقوی ، عدالت .

rightful, adj. رښتیاني ، قانوني ، حقاني ؛ په حقه .

rightfully, adv. په حقه ، په قانوني ډول ، په رښتیا .

right-hand, adj. ښي لاس ته ، ښي خوا ته ، ښي سور ته .

rigid, adj. ټینګ ، کلک ، نه بدلېدونکی ؛ ټینګار کوونکی ؛ شخ ، سخت .

rigidity, n. ټینګوالی ، سخت والی ، شخ والی .

rigidly, adv. په ټینګار ، په سختی ، په جامده توګه .

rigmarole, n. چټیات ، بې معنا خبرې .

rigor, rigour, n. شدت ، سختي ، سخت ګیری .

rigorous, adj. سخت ، ټینګ ، چټول .

rigorously, adv. په زور ، په ټینګار ، په سختی .

rill, n. ژېباله ، واله ، لښتی .

rim, n. څنډه (د کردي شی) ، څنډه .

rime, n. پرخه ، شولم (شبنم) ، کنګل سوې پرخه .

rime, د rhyme بله بڼه .

ring, v.t.n. ټنګول ، کړنګ کول ؛ کړنګا اچول ؛ د کړنګ په شان پرېوتل کول (په غوږونو لوېدل) ؛ کړنګ ، کړه ، کوټه ، کوټی ؛ میدان ، احاطه ، ډله ـ ، ګولنګی (لکه د لاس د ګوتو ګوتمۍ) .

rind, n. پوټکی ، پوستکی ، پوست

ring, v.t.i زنګ وهل ، ګړنګاری وهل ، شرنګېدل ، ترنګېدل ، انګازه کېدل ، چارو وهل ، بیا بیا ویل .

n: ګړنګېدلی غږ ، صاف غږ ، تر غوږ کېدنه ، په غوږ لګېدنه ، د ټیلیفون غږ .

ringleader, n. د یاغیانو مشر ، د ... ډلی رئیس .

ringlet, n. ول ، کړۍ ، اوږد ول ، د ویښتانو ول .

rink, n. د ګڼګل تخته ، د یخی تخته چه ښویېدی ور باندې کوي ، د لوبو د پاره ښه شوی سطح .

rinse, v.t. ګنګالول ، اوبه رغړول ، اوبه پرتېرول .

riot, n. الهګوله ، بلوا ، اجوړ چپاو ، ازدوړ

v.t. ازدوړ جوړول ، بلوا کول .

rioter, n. چپاوګر ، بلواګر ، ازدوړ کوونکی

riotous, adj. چپاوی ، بلوایی .

rip, v.t.n. څیرل ، شکول ، بوږه کول ، درز ، بوږه شوی

ripe, adj. پوخ ، رسېدلی ، بالغ ، تیار ، چمتو .

ripely, adv. په پوخوالی ، په پخه توګه

ripeness, n. پوخوالی ، تیاری ، پښېږ والی .

ripen, v.t.i. پوخول ، پخېدل : مېیی الو وهل ، خوا ایېدل ، رسېدل ، بالغېدل .

ripple, v.t.i.n. وړی څپی وهل ، وړې څپې جوړول ، کوچنی څپی ، د څپو آواز .

ripsaw, n. پرتول اره چه لرګی څاځو ته لری

rise, v.i پورته کېدل ، پاڅېدل ، جګېدل ، لوړېدل ، مسکېدل ، راپاڅېدل ، اغوښتل ، ختېدل ، پاڅون کېدل ، بلوا کول . زیاتېدل ، ډېرېدل ، خوړېدل ، کولېدل ، شروع کېدل ، پیل کېدل ، بنسټ اېښودل ، تر سترګو کېدل ، پورته

n کېدنه ، معتبرېدنه ، جګېدنه . زیاتېدنه ، شروع ، پیل ، بنسټ ، اصل .

riser, n. پاڅېدونکی ، پوړۍ (د زینی)

risk, v.t.n. خطر ته اچول ، پالوېدل ، خطر ، وېره ، ډار .

risky, ad:. خطرناک .

rite, n. مذهبی دود (شعایر) ، دستور ، لار ، مراسم

ritual, n. مذهبی دودونه .

ritual, adj. تعبدی ، دینی ، مذهبی ، په دود پوری تړلی .

ritualistic, adj. په مذهب ولاړ ، په دین بنا .

rival, v.t.n.adj. سیالی کول ، رقابت کول ، سیال ، حریف ، رقابت ، مخالفت ، سیالی .

rivalry, n سیالی ، رقابت ، مخالفت

rive, v.t.i. دوه ځایه کول ، چاودل ، څیرول ، شکول ، بوږه کول ، ټوټول ، څیرېدل ، شکېدل ، ټوټېدل ، پرېکېدل

river, n. سیند ، رود .

riverside, n. adj. د سین غاړه .

rivet, v.t.n. ریوټ کول ، پرچون کول ، مېخ کول ، ټینګول ، د ریوټ مېخ ، ټینګونه ، کوشېر ، پتری کونه .

riveter, n پتری ګر ، کوشېر وونکی ، مېخوونکی

rivulet, n. لښتی، وړه واله، ویاله.

roach, n. دوړو موږیانه (ماډر کیکان).

roach, n. یو ډول سپین کب، یو ډول سپین ماهی.

road, n. سړک، واټ، لیار، لار؛ د بېړیو بندر، اډه.

roadside, n. د سړک غاړه.

roadstead, n. بندر، اډه.

roadway, n. سړک، لار، د سړک منځ.

roadbed, n د اور ګاډي د پټلۍ تل؛ د سړک بنسټ.

roadster, n. آس، ګاډی، بګی، بایسکل یا موټر چه په سړک د سورلۍ کار ورڅخه اخیستل کېږي.

roam, v.t.i. چکر ګرځېدل، بې هدفه چکر وهنه.

roan, adj. نسواري، ژېړ او تور رنګونه چه خړ یا سپین رنګ یې زیات وي.

roar, v.t.i.n. غږ کېدل، غورېدل، غورول؛ غږ کول، غږ کېږي، غږ کېدنه، غورېدنه؛ ډډ غږ.

roast, v.t.n. وریتول، لمبې کول، سور کول، کباب کول؛ وریتونه، لمبې کونه، سره کول، کباب، وریته.

roaster, n. وریتوونکی، سور کوونکی، کبابوونکی.

rob, v.t. لوټل، ولجه کول، په زور اخیستل، شکول.

robber, n. غل، غدی، ډاکو، داړه مار، لوټ مار.

robbery, n. غلا، لوټ ماري، ولجه، لار وهنه، چور.

robe, v.t.n. جامې اغوستل، جامه، قبا، چپنه، شړۍ، کمبله.

robin, n. یو ډول بلبله، خاچوړی.

robot, n. ماشیني سړی، ماشیني ډولی انسان.

rocket bomb, یو ډول بې پیلوټه بم الوزونکی جټ الوتکی چه د پیلوټ د ختمېدو سره سم په لښه لوېږي او چوي.

robust, adj. قوي، غښتلی، مضبوط، ټکړه.

robustness, n. غښتلتوب.

rock, n. پرښه، غرګی، تیږه، تږ، ګټ، کنډو.

rocky, adj. ډبرین، ګاڼیږه.

rock, v.t.i. زنګېدل، ښوېدل، خوځېدل؛ (لکه یوې خوا بلې خوا ته) زنګول، ښوول، خوځول.

rock-bound, adj. په کاڼو چاپېر شوی، په ډبرو احاطه شوی.

rocker, n. زنګوونی، زنګوونکی لیندۍ (لکه د زانګو یا چوکۍ)؛ خوځوونکی آله، رقاصه، ځوړندوالی.

rocket, n توغندی (راکټ)

rocket bomb, توغندي وال بم، هغه بم چه توغندی یې ترشا پورې نښتی وي.

rocksalt, لوڼه مالګه (چه معدنه شوې نه وي).

rod, n. سیخ، میله؛ لوکم، لړاد، خټه؛ سوټی، کوټک؛ د پوهنې لکوله؛ سزا، افزاري، لښته؛ د اوږدوالي مېچ (۱۶½ فوټه).

rode, د ride ماضي.

rodent, n. چک وهونکی، خوله لګوونکی ژوي (لکه موږک، لولی).

rodeo, n. د کاوبایانو مسابقه یا ننداره؛ څاروي سپرلي، د اسونو د سپرلۍ نمایش.

roe, n. ويه گاوزه ، هوسی
roe, n. زای لاتوه (دماهیانو هگی)
roebuck, n. نرګیی ، نرګاوز .
Roentgen or Rontgen ray, د ا یکس ويړانګی ، جرمنی فزیك پوهه دا کس ويړانګی یې کشف کړی .
rogation, n. غوښتنه ، زارۍ ، سوال : مناجات .
Roger, n. (صفا پر ا تی علامه) هو ، ښه ، پوه شوم
rogue, رذیل ، حرامی ، حرامونی ، درغل ، هغه سر کښ حیوان چه له رمې نه جلا شوی وی .
roguish, adj. رذیل ، حرامونی ، درغل لوچك .
roister, v.i. لاپې وهل ، باتی وهل : شور ماشور کول .
roisterer, n. لاپو ، باتو ، شالمغالی .
role, n. رول ، برخه ، ونډه .
roll, v.t.i.n. رغړول ، کولول ، تولول ، غرغول ، چورلول ، تاوول ، نغښتل ، پیچل غوړول ، لیژول ، په زوراوز پړ وهل ، پنډول ، لست ، حاضری ، غور ماړ ، تې لګهار ، لوله .
roller, n. رغړندی ، چرخند ونکی ، چورلندی .
roll call, حاضری اخیستنه ، دحاضری وخت ، حاضری .
roller skate, n. رغړیدونکی باوی ، اراپه یا بوټونه ، رغړندوی .
roller-skate, v.i. په رغړندو کښا ووتګ کول .
rollick, v.i. پورته پورته غورز یدل ، (له خوشالی نه) ، بوتا کی وهل
ټوپونه وهل ، خنجکی وهل .
rollicking, adj. خنجکی وهونکی ، بوتا کی وهونکی .
Roman, n. رومی ، دلرغونی روم او سیدونکی ، درومی کاتولیك .
romance, n. دا تلانو کیسه ، دجنګیالو دتورو تکل ، خیالی او اریانوونکی تکل ، د مینې کیسه ، عشقی تکل ، دلانیفی زیږکوونی .
romancer, n. دمنځنی پیړۍ روماس لیکونکی .
Romanism, n. ، رومی کاتولیك مذهب ، دروم دکاتولیکانو دین
Romanist, n. رومی کاتولیك ، دروم پیروندوی ، دروم پیروندونکی .
romantic, adj. رومانتیك ، خیالی ، تصوری ، تخیلی ، افراطی ، احساساتی .
romantically, adv. په رومانتیکی توګه ، په خیالی ډول .
romanticism, n. روماتسیزم ، دا المحي . پیړۍ فلسفه چه په ادب کی په احساساتو ، او تخیل اودلر ډ په فکراو بیان ټینګار کوی .
romanticist, n. درومانتیسزم د فلسفی پلوی .
romp, v.i. پورته پورته غورځیدل ، بوتا کی وهل ، ټوپونه وهل ، خنجکی وهل ، غورزنګ وهل ، په درنجکو تلل (په تیره دماشوم یا نجلی) .
rompers, n. دماشومانو دلوبوجامی .
rood, n. صلیب ، دصلیب نښه یا دوه (په کلیسا کی) : دمساحت معیار = نیم جریب .

roof, n. بام ، بلمی : چت .

v.t. پوښل ، پټول ، بام ور کول

roofing, بام پوښنه ، چت جوړونه : د بام جوړولو مواد .

roofless, adj. بې پوښه ، بې بامه ، بې چته : بې کوره .

rook, n. یو ډول اروپایی کارغه : رخش یا رخ (د شطرنج په لوبه کې) ؛ کلا .

rookery, n. د کارغانو د راغونډیدو ځای ؛ د کارغانو ځاله .

rook, v.t.i. غولول ، تیر ایستل ، دوکه کول ، خطا ایستل : غولیدل دوکه کیدل .

room, n. ځای : خونه ، کوټه : چانس ، برابره زمینه .

v.I. کوټه نیول ، کوټه کرایه کول : اوسیدل .

roomer, n. کوټه نیوونکی : کوټه کرایه کوونکی .

roomful, n. ډکه کوټه ، یوه کوټه .

roomy, adj. ارت ، پراخ ، ازاد .

roómmate, n. د کوټې انډیوال ، د کوټې ملګري .

roost, n. د مرغانو د ناستې ځای ، د مرغانو د خوب ځای .

v.i. په چکس کښېناستل ، په ډله کښېناستل (مرغان) .

rooster, n. چرګ ، بانګی .

root, n. ریښه ، ولې ، جرړې : سټه ، بیخ

v.i. ریښه نیول ، ریښه غځول ، ولې ځغلول ،

v.t. ښخول ، کښېنول ، بیخ ایستل ، ریښه ایستل .

rootlet, n. وړه ریښه ، وړه ولې .

rope, n. رسۍ ، پړی ، غړلی مزی ، نغړلی مزی .

v.t. په موغلین مزی تړل ، په رسۍ نیول ، غړوندی وراچول ، ولندر کول .

rosary, n. تسبې (تسبیح) .

rose, n. ګلاب ، ګلاپ ، سور ګل : د ګلاب بوټی : ګلابي رنګ .

rosebud, n. غوټۍ .

rosebush, n. ګل بوټی .

rose-colord, adj. ګلابي .

roseate, adj. ګلابي رنګه ، ګلابي ډوله .

rosemary, n. یو ډول تل زرغون بوټی چه دو پلنی (نعناع) بوی لري او د پڼګو شخه یې عطر جوړیږي .

rosette, n. د ټوکر ګل ، ور پښمین ګلی ، د ګل په ډول جوړ شوی شی .

rose water. د ګلابو عرق ، د ګلابو عطر

rosewood, n. یو ډول د تودې سیمې ونه چه خوشبویه سور لرګی لري .

rosin, n. د تارپین پاتې شونی ، یو ډول موم چه د تارپین شخه لاس ته راځي .

roster, لست ، نوم لیک ، نوم لیکپاڼه ، د نوم لیکلو جدول .

rostrum, n. دریځ ، سټیج : مښوکه .

rosy, adj. ګلابي ، ګل رنګه ، سور : غوړیدلی روڼ : د ښې ایندې زیری ور کوونکی . د هیلې .

rot, v.t.i. خوسا کیدل ، ورستیدل : خرابیدل خوسا کول ، ورستول : خرابول

n. خوسا کیدنه ، ورستیدنه ، خوسا توب .

rotary, adj. څرخنده ، گرځنده ، چورلیدونکی ، څرخي .

rotate, v.t.i. څرخول ، چورلول ، تاوول ، په وار کول : په نوبت کول ، څرخېدل ، چورلېدل ، په وار کېدل .

rotation, n. څرخ ، چورلېدنه : وار ، نوبت .

rotator, n. څرخوونکی ، چورلېدونکی ، گرځوونکی

rotatory, adj. څرخنده ، چورلنده ، گرځنده .

rote, n. په میخانیکي ډول یادونه ، د توتي غوندې یادونه ، د عادت له مخې ، بې فکره عمل .

rotogravure, n. روتوگراور ، چاپونه (د عکس ، لیکنې ، یا انځور) په مسوده توگه چاپ .

rotten, adj. وروست ، خوسا ، خراب ، شی بدلی : بوین ، چټل ، ناوړه .

rottenness, n. وروستوالی ، خوساتوب .

rotund, adj. گردی ، غونډاری ، غونډمنی ، غونډاری : چاغ .

rotundity, n. گردیوالی .

rotunda, n گومبزه (گومبته) ، گردې ودانۍ ، گردې خونه ، گردې ماڼۍ ، گرد سالون

rouble, روبل ، روسي سکه .

roue, n. لوچک ، بې حیا ، عیاش ، لنډغر .

rouge, n. سرخي ، هغه پوډر چه د مخ د سره کېدو د پاره استعمالېږي ، پوډول . سره پوډر چه د ښځو او ځینو د خلاطو . کو او د پاره پکارېږي .

rouge, v.t.i. سرخي وهل .

rough, adj. زیږ ، کنډو کپر : ځپاند : کراړ ، څنډیز ، طوفاني ، توند ، اوم ، ځنګل : په زیږه چوړ شوی ، لیمکړی .

n. چکړه مار ، چکړ او د ، اومه مواد ، شاړه مځکه ، لوړې ژوړې .

roughen, v.t.i. زیږول

roughly, adv. په زیږه توګه ، په ناسکلي ډول .

roughness, n. زیږوالی .

roughage, n. خځلي ، ناپاکي ، لواړ (د خوراك او غلې) : توپاله ، کیڅه ، څکالی ، پاتې شونې ، تلوب .

roughage, n. ځنګل خو گڅور ، په صورت بد او په سیرت ښه .

roughhew, v.t. زیږ توږل ، زیږ تراشل ، څنډېز جوړول .

roughshod, adj. نال (نعل) شوی ، په نال شوی ، زیږ نال شوی .

toride roughshod بې پروا سپرلي کول ، د مشکلاتو سره سره په سختۍ تلل : زور چلول ، قوت چلول .

roulette, n. د جوارگرۍ یا قمار څرخ .

round, adj. غونډ ، گرد ، استوانه یي ، بشپړ ، پوره ، پر پیمانه .

n. غونډاري ، ډله ، ټولي : څرخېدنه ، چورلېدنه ، گرځېدنه ، په شا گرځېدنه ، په شي ستنېدنه .

پوړۍ ، پالنگی ، پاخنه : پاټ ، پړی ، غلیك : گردول ، غونډاري بشپړول ، څرخول ، گردول ، گرچاپېر کول ،

adv. پر ځیر ځیدا ، په وار ، په نوبت ، په محیط ، گرد چاپېر : په غیر مستقیم لار ، غیر مستقیم ډول .

roundish, adj. ګردی غوندې .

roundly, adv. په بشپړه توګه .

roundness, n. ګردوالی ، غوړوالی ، بشپړتوب .

roundabout, adj. غیر مستقیم ؛ څرخېدونکی : په منظم ډول سکڅل شوی .

roundabout, n. بادی چرخ ، څرخ ، څنجلبېکه .

roundelay, n. سروکی (داسې سندری چه په هغه کی یو مسره بیا بیا ویل کېږی)

roundhouse, n. جېل : یو ګردی انګړ چه ماشینونه پکی ساتل کېږی او جوړېږی ؛ د بېړۍ په وروستنی برخه کی یوه کوټګی .

roundup, n. ټولونه ، ټولېدنه ، ګولېدنه ، بندوار ، راټولونه ، د هغه د بشپړول .

rouse, v.t.i. پاڅول ، ویښول ، جګول ، پارول ، لمسول : پاڅېدل ، ویښېدل ، جګېدل ، پارېدل ، لمسېدل .

roustabout, n. هرکاره مزدور (داسې مزدور چه هر کار په هغه ورشی کولی شی)، کومکی مزدور

rout, n. ازوده خلک ، ګډوډ لښکر ، خواره ، خوارهواره ، تیت او وېرک .

v.t. خوارهواره کول ، تېښتول ، تس نس کول ، بشپړه ماتې ورکول .

route, n. لار ، سړک .

v.t. په لاره برابرول ، په لار روانول ، لار ښکاره کول .

routine, n. ورځنی کار : په عادی ډول کېدونکی ، د عادت له مخې بې فکره کار .

routine, adj. ورځنی ، عادی ، رواجی ،

rove, v.t.i. خوشې ګرځېدل ، اېله ګرځېدل ، اخوا دېخوا ګرځېدل ، بې مقصده ګرځېدل ، لالهانده ګرځېدل .

rover, n. سمندری غل ، د سمندری غلو بېړۍ : بې هدفه ګرځېدونکی

row, n. شور ماشور ، د خولې جنګ ، ناندرۍ : لیکه ، قطار

v.t.i. شور کول ، د خولې جنګ کول ، ناندرۍ ویل ، د خولې جنګ کېدل ، ناندرۍ کېدل

row, v.t. څپې وهل ، پارو وهل : د څپو وهلو سیالی کول .

n. د بېړۍ چکر .

rower, n. څپې وهونکی ، ماڼو ، جالوان ، ماڼوګی .

rowboat, n. څپې والا بېړۍ ، هغه بېړۍ چه په څپو چلېږی (زورق) .

rowdy, n. فتنه ګر ، فتنه ، فسادی ، جنجالی ، جنګیړه .

rowel, n. د مهمېز (مهمېز) څوکه (داسې د پولادو کولو د پاره یو ګول ښخ مېخ چه د بوټ د ګرې په پوری لښتی دی)

rowlock, n. د بېړۍ د څپو کلپ (قفل) ، هغه ځای چه د بېړۍ څپې (پارو) پکښې ټینګېږی .

royal, adj. سلطنتی ، شاهانه ، شاهزاده ؛ د پاچاهی ، د شاهی کورنی .

royally, adv. په پاچاهی ، په شاهانه ډول

royalist, n. پاچاهی خوښوونکی ، پاچا خوښوونکی ، د پاچا پلوی .

royalty, n. پاچاهي، پاچاهي کورنۍ، د پاچا د کورنۍ غړي؛ د امتياز حق؛ د ملکيت برخه؛ د اصلي څښتن (لکه مؤلف، مخترع، يا هنرمن) حق.

rub, v.t.i. سولول، موښل، موږل؛ پاکول، رنګول؛ توږل، کرول، ليرل، مښل، پورې کول (لکه رانجه)؛ مښل کېدل؛ توږل کېدل، سولېدل، ګرزېدل؛ ليرل کېدل، پورې کېدل.

rubber, n. ربړ؛ مښونکی؛ توږونکی، پاکوونکی (لکه پنسل پاک)؛ دريمه لوبه (هغه لوبه چه ګټل او بايلل معلوموي).

rubberize, v.t. په ربړ اېږل، په ربړ پوښل، ربړي کول.

rubbish, n. خزلي، مرداري، چټلي، چټيات.

rubble, n. د خښتو او ډبرو ټوټې؛ د رنګې ودانۍ د خاورو او خښتو ډېرۍ.

ruble, rouble, n. روبل، د روس ارزولي د سپينو او د سرو زرو سکه.

rubric, n. مذهبي عبادت لار، مذهبي طريقې، د عبادت کولو لار.

ruby, n. ياقوت، لعل.

rudder, n. د کشتۍ او الوتکې په وروستنۍ برخه کې يوه داسې اداره خوځنده ټوټه چه د کشتۍ او د الوتکې په ګرځولو او تاوولو کې مرسته کوي.

ruddy, adj. سوربخن، سورسپين رنګه (لکه د سړي).

rude, adj. ځنګلي، ژبړ، شوخ؛ اوم؛ بې ډوله، بې ادبه، نا روزلی، سپين سترګی، ساده، بې مهارته؛ بې تهذيبه، بې سليقې، بد اخلاقه.

rudely, adv. په ځنګلتوب، په بې ډوله توګه، په سپين سترګتوب.

rudeness, n. ځنګلوالی، سپين سترګتوب، بې ادبي.

rudiment, n. پيل، بنسټ؛ د يو څه لومړنی پړاو، مبادي؛ بې ودې (غړی).

rudimentary, adj. بنيادي، لومړنی، نيمګړی.

rue, n. سپېلنی، سپاندکه، سپانده.

rue, m, v.t.n. ارمان کول؛ پښېماني کول، افسوس کول؛ ارمان؛ پښېمانتيا، افسوس، خواشيني.

ruefully, adv. په خواشيني، په ارمان، په پښېمانتيا.

ruff, n. غاړه، ولول غاړه، چونکړی غاړه، چين چين غاړه، چونچون غاړه؛ پټۍ غاړه؛ د ويښتو يا د بڼکو اوږدې کوټ کوټ غاړه.

ruffed, adj. غاړه کې لرونکی، اوږدې والا.

ruffian, n. لوچک، ارموږی، بدذاته، ياغي.

ruffle, v.t. خواره واره کول، ګډوډول (لکه وېښته)؛ ژبېړول؛ تو له ايستل، پاړول، چوخول؛ ويجاړول، بې رونقول. **n.** ربړه بدله، لړزه؛ چونې، ولې، کوټ؛ شور ماشور، شرپ ماشور.

rug, n. ټغر، غالۍ.

rugged, adj. ژيړ، کلک، سخت، طوفاني؛ سخت، قوي، کروړ، ځنځلی.

ruin, n. ورانی، و یجاڕی، تباهی، بربادی : کتنە ورانی ، خرابی : لشی بێ ارزشتە .

v.t. و یجاڕدل ، ورانول ، پوپنا کول

ruination, n. ورانوله ، ویجاڕوله، بربادوله .

ruinous, adj. و یرانوو لکی ، و یجاڕوو لکی ، بر بادوو لکی .

rule, n. قانون ، قاعده : دود ، رسم ، رواج: حکومت، امر چلو له ، سلطه، امیری، واکی: خطکښ ، لوحه .

v.t.i. حکومت کول ، امرچلول ، امیری کول، ترلاس لاندې کول، اداره کول، پریکړه کول: لیکه کول (په خطکښ) کرښی ایستل .

ruler, n. واکمن ، امیر: خط کښ .

rum, n. شراب، یو ډول شراب چه د گنی دشربت له جوډیږی .

rumba, n. کیوبایی نڅا .

rumble, v.t. غورځیدل، غږ صیپدل، غورهار، غږ مها هار ، دگاډیه دڅا چو کی ، دښاسیدو .

ruminant, n. شخوندوهو لکی ژوی .

ruminate, v.t.i. (اصطـ) شخوند وهل: په چورت کی تلل، په فکر کی ډوبیدل، سوچ کول، شور کېدل .

rumination, n. چورت ، فکر ، سوچ ، غور .

rummage, v.t.i. پلټل، لټول (په غور) (اصطـ)وطن ځلمیل کول ، په بل مغ اړول (په ورکه پسی).

rummy, n. یوډول دپرو با پغولو په .

rumor, rumour, n. ، آوازه ، انگازه ، گونگوسی: هسی خبری، افواه .

rump, n. لکه ، لکه لمی: کونانی، لم، مونی: اخره برخه، لکی، پای ، پاتی برخه، پریښکی ون .

rumple, v.t.i. : گونځی گونځی کول، مروډل: خټ بټ کول، مښل .

n. گونځه ، کوټ .

rumpus, n. ، غور ما غور ، گډوډی ، اډو دوډ .

rumrunner, n. ، د شرابو تیرو و نکی ، دشرا بو قاچاقی .

run, v.i. :ځغستل، منډی وهل: سیخیدل: ننښتیدل: مبارزه کول(لکه په انتخابا تو کی): په چوله تلل: غزیدل، خپریدل، اوږدیدل: بهیدل (لکه د یوزی)، لیکل کیدل، و یل کیدل (لکه په کتاب کی): بیا بیا په زړه کیدل .

v.t. پسی اخیستل ، په منډه کول، په مخ بیول، چړل: په منډه کی سپالی کول: پلټل، پلاخستل، ځپلوهل، پورته وهل: خطره زغمل، خطره گالل: اداره کول .

n. منډه، ځغاسته : پر له پسی غوښتنه (لکه پوړله بانکه ځغښته): لړ ، ځیره، لیکه : لښتی : عادی، معمولی : وهلی فاصله: سفر ، دوره : سپښیدنه (لکه د ناپلونی جوډا بی): لومړه وډل (لکه په کوریکټ او بیسبال کی) .

runner, n. ځغاستونکی ، منډی وهونکی، گرندی (لکه آس) .

runabout, n. ، وړه موټر، سپکه گاډی، کوچنی ماشین راله بیړی .

runagate, n. پردېس، دربه دره، ورک، لالهانده.

runaway, adj. تښتېدلی، فراري، په زیات توپیر گټل شوی، تر زور بد لیدل شوی (لکه فرار).

run-down, adj. بې سېکه، کمزوری، ستړی، ستومانه: بې کوکه، کوک یې خلاص شوی (لکه ساعت).

rune, n. د لرغونو جرمنو ټبرو الفبا توری: جادو، سحر، کوډې: (جمع) د لرغونو فنلینډي یا ناروې اشعار چې په همدې تورو لیکل کېدل.

runic, adj. د رون د الفبا، په رون پورې مربوط.

rung, n. د څرخ پره، پله (لکه د زینې) پوړۍ (د زینې).

rung, د ring ماضي او دریم حالت.

runlet, n. لښتی، ویاله گی.

runnel, n. لښتی، ویاله.

runner-up, n. سیال، رقیب: دویم، د لوبې په اصلي گټونکي پسې دوهم نمره.

running, n.adj. منډه، څڅېدنه: څڅېدونکی: چالان، جاري. پرله پسې: په اوسېدو، دوامدار (لکه لیک)، بهانده (لکه د زخم زوه) د لگښت پورې مربوط (لکه داور گاډی).

runt, n. لوېشتکی، څنډکی، لنډ ناکی: وړوکې غوا یې: پوډول کوډلی کوتره.

runway, n. د ن وړې، د الوتکې د څغاستې لار.

rupee, کلدار، روپۍ، روپۍ.

rupture, v.t.i. چول، شلول، شکول: چاودل، شلېدل، څیرېدل، بوه کېدل n. شلېدنه، څیرېدنه، چاودنه

rural, adj. کلیوالی، د کلي: د کرهڼې

ruse, n. ټگي، چل، درغلي.

rush, n. مږری (هغه اوږده بوټي چې بوریا ترې جوړېږي)

rushy, adj. مږرین

rush, v.t.i. په چټکۍ تلل، چپاوول: بیړه کول، تلوار کول: برغل کول، حمله کول، چپاو، جوړ، هڅه: بېړه، گڼه گوڼه: زیاتي، ډېري.

rusk, n. کلچه، ټیکلی، ټکی.

russet, n. ژېړ بخن اسواردی یا سور اسواردی: پوره، خورمایي، خورمایي ژېړ تورکې، سور ژېړ مخه اسواردي پوستکی.

russet, adj. سور بخن، خورمایي.

Russian, n. روسی، روسي ژبه، د روسیې اوسېدونکی.

rust, n. زنگ: سور نارنجي رنگ: د بوټو سرخي، د بیا نا توسرخي (نارونی)

rusty, adj زنگ وهلی، زنگ خوړلی

rustic, adj. کلیوالی، د کلي، ښارل، ساده، بې ټپه: خوالوزونکی، زړه وړونکی.

rusticity, n. کلیوالتیا، ښارلتیا، ساده توب.

rusticate, v.t.i. په کلي کښې مېشتېدل، په کلي کې اوسېدل: کلي ته شړل، له پوهنځي څخه ایستل: کلیوال کېدل: کلیوال کول.

rustication, n. کلي ته ایستونه، کلي ته شړنه: په کلي کې مېشتېدنه.

rustle, v.t.i. شڅهار کول ، شرنګهار کول (هغه غږ چه د لرګي شمال د لګېدو په اثر په پاڼو کې پيدا کيږي) ، په شڅهار را تلل.

n. شڅهار ، شرنګهار

rustle, v.t.i. د څاروو غلا کول ، غارتي غول

rustler, n. د څاروو غل .

rut, n. شويه ، شويه کېدنه . په مېنډه (اناثه) ، د ارتوسي مستېدنه

v.i. مستېدل ، شويه کېدل

rut, n. د ارابې کرښه ، د ارابې خط ، رخه ، دود ، دستور ، رواج : د پلار ليکه وهل ، ليکې کول ، کېلي کول ، شود ياري کول.

rutabaga, n. سويډني ټيپر ، يو ډول شلغم چه اوږدې ريښې لري .

ruthless, adj. سخت زړی ، بې زړه سوی ، بې مخه ، بې لحاظه ، بې رحمه .

ruthlessness, n. سخت زړه توب ، بې رحمي ، بې مخي .

rye, n. جودر ، تورغنم ، د جودرو شراب

S

Sabbath, n. د استراحت او عبادت ورځ، د یکشنبې (په عیسویت کې) : شنبې (په یهودیت کې)

saber, n. کرېچ، توره.

sable, n. یو ډول تور سوراري رنګې ژوی چه په شمالي اروپا او اسیا کې پیدا کېږي، سمور، تور (رنګ)، د سمور پوست، (جمع) د ماتم او وېر جامې او کالي.

sabotage, n. سبوتاژ، ورانکاري، تخریب، په لوی لاس وېجاړونه.

sac, n. کڅوړه (په ژوو او نباتاتو کې).

saccharin, n. یو ډول سپینه خوږه بلوري ګرده ماده چه د ډبرو د سکرو د قیر څخه لاس ته راځي او د بورې پر ځای استعمالیږي، سکرین.

saccharine, adj. ډېر خوږ، خوا ده ورنکی خوږ

sacerdotal, adj. د ملایي، د کشیشي، ملا وزمه، ملا ډوله.

sachem, n. مشر (د امریکایي سور پوستکو)

sachet, n. د عطرو کڅوړه، د خوشبویي پټکي، هغه کڅوړه چه خوشبویه بوره پکې اچول کېږي : خوشبویه بوره.

sack, v.t.n : تالا کول، لوټل، چورول : لوټه، تالاک، لوټ.

sack, n.v.t. سپین اسپانوي شراب.

sack, v.t.n. خولبۍ، بوجۍ، جوال، ولنډې کوټ، لنډه لویه کورتۍ : ایستل، رخصتول : په جوال کې اچول.

sacrament, n. دیني دود، مذهبي مراسم، د عیسوي دین ارکان : مقدسات.

sacramental, adj. په دیني دود پورې مربوط.

sacred, adj. سپېڅلی، مقدس : روحاني : درولند، د لمانځنې وړ : واحد، له نظره لوېدونکی.

sacredly, adv. په سپېڅلتیا، په پاکۍ، په تقدس.

sacredness, n. سپېڅلتیا، پاکي، تقدس.

sacrifice, n. قرباني، حلاله، جارونه، شنده : تاوان ګالنه، ز یا لمن ګوهد له.
v.t. قرباني کول : جارول : شندل.

sacrificial, adj. د قربانۍ.

sacrilege, n. د دین سپکاوی، د دین پې حرمتي، پر مقدساتو تېری.

sacrilegious, adj. بې حرمته (مذهب ته)، د مذهب سپکوونکی.

sad, adj. خپه، خواشینی، غمجن؛ خوا ډوونکی.

sadden, v.t. خپه کول، خواشینی کول

sadly, adv. په خپگان، په غمجنه توگه

sadness, n. خپگان، غمجن توب، خواشینی.

saddle, n.v.t. زین: د شا غڅه، غری؛ زین کول؛ بار ول، بار اچول.

saddler, n. زین جوړوونکی، زین خرڅوونکی.

saddlebow, n. د زین کاڅی، لینډکی، د زین موټی (قاش)، تکبی.

sadiron, n. اوتو، د اوتولو لدای مخ

sadism, n. د ظالمه خوند اخیستنه، د بل له ځورولو څخه خوند اخیستنه؛ یو ډول شهوانی ناروغی چه د معشوقې له ځورولو څخه خوند اخلی.

sadist, n. ظالم شهوتی، ځوروونکی شهوتی.

safe, adj. خوندی، ساتلی، ډاډه، بې خطره؛ ډاډه‌ور، باوری.

safely, adv. بې خطره، روغ رمټ، په سلامتی.

safe-conduct, n. اجازه نامه، امان لیک

safeguard, n. دفاع، ساتنه، په غاړه اخیستنه، حفاظت.

safeguard, v.t. ساتل، په غاړه اخیستل، دفاع کول

safety, n. adj. ساتنه، خوندی توب، حفاظت، امنیت، د تصادم د مخنیوی آله؛ ډاډوونه، بې خطره، خوندی

saffron. n. ګنګو، زاپران (زعفران)؛ یو ډول رنګ چه د نارنج څخه لاس ته راځی او په پخلی کی کار ځنی اخیستل کیږی؛ تک زړ.

sag, v.i.n. ځوړلی کیدل، ځړیدل؛ کښیناستل (لکه د بام)، شلمیدل؛ کږ وږیدل: ځوړلی کیدنه، ځړیدنه، شلمیدنه.

saga, n. د اتلانو کیسه، د مېړنو کیسه، جنګی کیسه، د آیسلینډ لرغونی جنګی کیسه.

sagacious, adj. ځیرک، هوښیار، پوه

sagacity, n. ځیرکوالی، هوښیاری، پوهه.

sagamore, n. د امریکایی سور پوستو مشر، ملک.

sage, n. د نارکوری یو بوټی چه په پخلی کی استعمالیږی.

sage, adj. ځیرک، هوښیار، عاقل.

sagely, adv. په هوښیاری، په ځیرکتیا

sago, n. څاښکو، ساګو.

said, د say ماضی او دریم حالت

sail, n.v.t.i. بادوان، د بیړی سفر؛ په بیړه کی تلل، بیړه چلول.

sailboat, n. بادوانی بیړه.

sailor, n. ماڼو، بیړه‌وان.

saint, n. پیر، ولی، بزرگ، رسېدلی، د برخې څښتن.

saintly, adv. د بزرگی په توگه، د ولایت په توگه.

saith, د ویل (په لرغونی انګلیسی کی)

sake, n. د پاره ، په لحاظ ، مقصد ؛ نیکمرغی ؛ ګټه ، خوښی .

salad, n. سلاته .

salamander, n. یو ډول شرمښکی ، کربوړی .

salary, n تنخوا ، معاش .

sale, n. خرڅلاو ، بازار ، تود بازار ، لیلام .

salable, adj. د خرڅلاو وړ .

salesman, n. دکاندار ، دلال ، د خرڅولو استازی .

salesgirl, n. دکانداره (انجلی) .

saleslady, n. دکانداره (ښځه)

salesmanship, n. دکانداری ، دلالی ، د خرڅلاو چل

saleswoman, n. دکانداره .

salient, adj. وتلی ، څرګند ، نامتو .

saline, adj. مالګین ، تریو .

saliva, n. لاړې ، لاړی ، د خولې اوبه ، ناړې .

salivary, adj. لاړجن ، ناړو ، لاړو .

sallow, adj. ژیړ بخونه ، ژیړ تښتیدلی ، ژیړ بیخلی .

sally, n. د ظالم پر کړچو پرغل ، پرا بسار دورو خلکو حمله ، پر محاصره خلکو حمله : ټوکې ، ټوکماری ، ظرافت : زوادی ، خوشال .

salmon, n. یو ډول سور غوښی کب : سور بخن نارنجی رنګ

salon, n. سالون ، تالار ، د ملیدو اوبه خونه ، د هرکلي تالار ، د ښو انځورو سامانو د ننداره خونه .

saloon, n. سالون ، اوبه خونه ، د شرابو د څښلو او خرڅولو او د ټولو ځای .

saloon keeper, n. د شرابو دکاندار ، د شرابخانې څښتن .

salt, n.adj. v.t. مالګه ، د معمولي مالګه ؛ کیمیاوي مالګه ؛ مالګه دوی ، مالګین ؛ مالګه کول ، مالګه وهل ، مالګه دوډ ول .

salty, adj. مالګین ، تریو .

saltpeter, saltpetre, n. شوره (هغه مالګه چه د دارو (بارود) او کیمیاوي سري په جوړولو کې کار تري اخیستل کیږي .

salubrious, adj. روغ ، جوړ .

salutary, adj. روغتیا بخښونکی ، ګټور (صحت ته) .

salutation, n. سلام ، روغبړ ، درناوی ، اداښنه .

salute, v.t.n. سلام کول ، هرکلی کول ، (په عسکری کی) د قطعې تقدیم ول ، سلام اچول .

n. سلام ، روغبړ : سلامي .

salvage, v.t.n. د بیړی د مال یا سپرلی د ژغورلو اجوره ؛ د مالو دوړ کوډ و مقابلوی ؛ دا اور یا ډوبیدو څخه ژغورل شوی سامان ؛ ژغورل ، خوندی کول (له خطره) .

salvation, n. خلاصون ، ژغورنه ، بخښنه (له ګناه یا سر اخښنه) ؛ خلاصوونکی ، ساتونکی ، نجات ورکوونکی .

salve, v.t.n. ملهم ، اومه لوټکي : ملهم ایښودل ، ملهم کول ؛ په زړه ملهم ایښودل ، کرارول .

salver, n. پتنوس، مجمه، خونچه

same, adj. ورته، لکه، کټ مټ، هم هغه، هم معنی، مساوي، مشابه: يوشی، يوډول، يوشان ته.

sameness, n. ورته والی، مشابهت، يوډول والی.

sample, v.t.n. نمونه، نښه، مثال: کره کول (د نمونې د مخه)، برقله کول، ازمويل، ازمايل.

sampler, n. دستني کار، خامک دوزي، کشيده کاري: يوډول ګنډل شوی ټوکر چه د نمونې په ډول پر ديوالو ځړول کيږي.

sanatorium, n. سناتوريم، روغتون (چه په يو صحي او ښکلي سيمه کې جوړ شوی وي.)

sanctify, v.t. پاکول، سپيڅلی کول، مقدس کول.

sanctification, n. پاکوالی، سپيڅلتوب، تقدس.

sanctimonious, n. adj. ټګ، رياکار، ځان ښکاروونی، درغل.

sanction, n. v.t. منښه، تصويب، منظوري: بنديز: منل، تصويبول، منظورول.

sanctity, n. پاکوالی، سپيڅلتوب، تقدس.

sanctuary, n. جومات، مزدی، لمانځنځی ځای، عبادت ځای: امن ځای، سپيڅله ځای

sanctum, n. سپيڅله ځای، خلوت ځای، مقدس ځای، پاک ځای، ګوښه ځای (د عبادت دپاره).

sand, n.v.t. شګه، ريګ: په شګو پټ کول، تر شګو لاندې کول: په ريګو پوښل، ريګ مالول، په شګه موښل.

sandy, adj. شګلن: ريګي.

sandal, n. څپلۍ، چوټۍ، کېږۍ، څپلۍ، بوټ.

sandman, n. للو کره، بيا پېری (د کوچنيانو د خوب دپاره).

sandpaper, n. ريګمال، شګه موښی

sandpaper, v.t. ريګ مالول، په شګه موښل.

sandpiper, n. دا يو ډول ځانګړی تاروزمه مرغۍ چه اوږده مښوکه او لري پښې لري.

sandstone, n. شګلن کاڼی، ريګلن کاڼی

sandwich, n. سېنډوېچ، دوې ټوټې ډوډۍ چه په منځ کې يې پخه شوې غوښه، سابه، پوڅه يا نور خواړه ايښوول کيږي.

sane, adj. د نورمال فکر خاوند: معقول.

sang د sing ماضي

sanguinary, adj. وينی، خونی، خونړی: وينو ته تږی، وينې تويوونکی.

sanguine, adj. سور، سور مخی، سور رنګی: خوشاله، ورين: هيله من، اميدوار: خوشبين: خونړی.

sanitarium, n. سناتوريم (د سل او نورو ناروغيو روغتون): د عقلي او عصبي ناروغيو روغتون.

sanitary, adj. صحي، د حفظ الصحې، د روغتيا.

sanitation, n. په علمي توګه د ناروغيو د خپرېدو مخنيوی

sanitize, v.t. صحي کول، د روغتيا په اصول برابرول.

sanity, n. معقوليت، هوښيارى، عقلي روغتيا.

sank, د sink ماضي

sans, بې له، بدون له، غير له، چې له، پرته له.

sap, n. د ونو او بوټو شيره، هغه شيره چه ونو او بوټو ته غذا پکښې رسول کيږي.

sapless, بې شيرې، وچ، زبېښلى.

sap, v.t. شيره ترې زبېښل، وچول، کمزوری کول، کرار کرار زمولول.

sapient, adj. هوښيار، پوه، حکيم

sapience, n. هوښيارى، پوهه.

sapling, n. نيال، نيالګى، ژلى، ځوان، ځلمى.

sapphire, n. شين ياقوت: نيلي

sappy, adj. د شيرې ډک، د اوبو ډک، مڼوی: لوده، ناپوها.

sapsucker, n. يو ډول کوچنۍ مرغه چه د ونو اوبه زبېښي، تورولی.

sarcasm, n. پېغور، ملنډې، ټوکې خبرې، د خندنۍ ډکې انتقاد.

sarcastic, adj د پېغور، د ملنډو.

sarcastically, adv. د پېغور په ډول، په ملنډو.

sarcophagus, n. ډبرين او انځور شوی تابوت.

sardine, n. خېښتې، ورو کې کب (چه د تېلو سره په ډبلي کې ساتل کېږي).

sardonic, adj. د مسخرو ډک، کبرجن، د ملنډو.

sardonically, adv. په ملنډو، په کرکه.

sarsaparilla, n. عشبه، د امريکا د ونو يو بوټی چه ريښې يې د دارو او د خوند د پاره استعماليږي.

sash, n. د اوږې پټه، د کړکۍ پټ

sash, n. پټۍ (فيته)، پټکاره، پټکۍ (چه تر ملا يا اوږې تاوېږي): امېل، ملاوستونی.

sassafras, n. د شمالي امريکې يوه ونه چه پوستکی يې په دارو کې استعماليږي.

sat, د sit ماضي او دريم حالت.

Satan, n شيطان، ابليس.

satanic, adj. شيطاني، د شيطان غوندې؛ د شيطاني، د ابليسي.

satchel, n. کڅوړه، څنولی، خورجين، بسته، توبره، چالته.

sate, v.t. موړول، ډکول، تنده ماتول؛ تسل کول، بې سول (په ډېر خوراک)؛ اشباع کول.

sateen, n. اطلس ورته ټوکر، يو ډول وريښمين يا نخي ټوکر چه د اطلس په شان ځلېږي.

satellite, n. چوپړی، خادم؛ پيرو، ملګری؛ سپوږمۍ (قمر).

satiate, v.t. له اندازې زيات موړول، اشباع کول، ازمان ايستل.

satiety, n. له اندازې زيات موړوالی، اشباع؛ بېزاري.

satin, n. اطلس، ساټين (ټوکر).

satiny, adj. اطلسي، اطلس ورته.

satire, n. ملنډی ، کنځل ، طنز ، خندنه ، هجو : کنځل او ټوکی کیسی .

satiric, adj. د خندنی ، د هجو .

satirical, adj. د خندنی ، د هجو .

satirist, n. خندونکی ، هجو لیکونکی

saterize, v.t. هجو کول ، ملنډی وهل

satisfaction, n. سوده ، قناعت ، رضایت ، تسل : بدله ، عوض : تر سره کوله ، پرېکړه ، فیصله .

satisfactory, adj. سوده نای ، د تسل وړ ، د قناعت وړ .

satisfy, v.t. راضی کول ، خوشالول ، خوښول : ادا کول ، مجرا کول : جواب ورکول ، قانع کول : اده تر سره کول .

satrap, n. والی ، صوبه دار .

saturate, v.t. ډکول ، خړوبول ، مړوبول ، اشباع کول ، اوبول : تر پسو مړول : (کیم) یوه ماده په بله ماده کی تر دې اندازې گډول چه نور یې د حل کیدو او ګډېدو امکان نه وی (لکه مالګه په اوبو کی) .

saturation, n. مړوبونه ، ډکونه ، خړوبونه ، اشباع .

Saturday, n. شنبې ، خالی ، د هفتې ورځ

saturnine, adj. الدپهنای ، پریشان .

satyr, n. دیوتا یا او ځنګلی رب النوع چه څوړوونه او لکی یې د اس غوندی وو ، شهوانی .

sauce, n. چکنی ، ساس : سپین سترګتوب ، د مړوی نورمه

v.t. سپین سترګی کول ، سمخ سترګی کول .

saucepan, n. ارکاره ، کړایی ، تالی

saucer, n. تالبکی : تالبکی ورمه

saucy, adj. سپین سترګی ، سمخ سترګی ، کلک سترګی .

saucily, adv. په گستاخی ، په سپین سترګی .

sauerkraut, n. میده شوی په مالګه کړم چه په خپله شیره کی تر یو شوی وی (تخمیر یې کړی وی) .

saunter, v.i.n. خوشی ګرځېدل ، وزګار ګرځېدل ، چکر ګرځېدل : خوشی ګرځېدنه ، وزګار ګرځېدنه ، چکر ګرځېدنه .

sausage, n. ساسیج ، په کولمو کی پیچلی غوښه ، کوفته شوې په کولمه کی ، پیچل شوې غوښه .

saute, adj. ژر سور شوی ، ژر ور یت شوی

saute, v.t. ژر وریتول ، ژر سور کول

savage, adj, n. ځنګلی ، ساړه ، وحشی ، غیر مدنی : شیدل ، بربری : سخت زړی ، نازړه سوالدی ، ابتدایی انسان : سخت زړی سړی .

savagely, adv. په وحشی توګه ، په بې زړه سوی .

savageness, n. شیدلتوب ، وحشت

savagery, n. سخت زړتوب ، وحشت

savant, n. پوهاند ، هوښیار .

save, v.t.i. ژغورل ، بچول : ساتل ، سپمول ، خوندی کول : پاسره کول : سپمېدل ، خوندی کېدل .

saver, n. ژغورونکی ، ساتونکی ، سپمونکی ، بچوونکی .

savior, n. : بچوونکی، ژغورونکی : شفاعت کر

savor, savour, n. : خوند، مزه، لذت: بوی: بېل خوند: ځانګړې صفت .

v.i. خوندکول، مزه کول: چه بوی کول

savory, adj. : خوندور، مزه ناک : خوش بوی .

saw, n. متل، مقوله، کره وینه، دوچیارانو خبری .

saw, n. v.t.i. اره: اره کول: اره کېدل

sawdust, n. داری بوره، داری میده‌ګی

sawmill, n. داری ماشین .

sawyer, n. اره کوونکی، اره کښ

saxophone, n. ساکسفون

say, v.t.n. : ویل: خبرکندول: بیانول : بیاویل، وینا: دخبری کېدو وار: اظهار، خبرکندونه

saying, n. متل، مقوله، کره وینه

scab, n. پاتری، داغ، لپه (دجوړ شوی زخم) : خوزوکی : هغه کارېګر چه ددایمی کاریګرو د اعتصاب په وخت کی دهغوی دپاره کار کوی .

v.i. خوزیدل، پاتری کېدل : موقتی کار کول .

scabbard, n. تېکی، تېکه

scaffold, n. څواره، دار .

scaffolding, n. دڅوارې سامان ، څوارۀ .

Scald, v.t.n. په جوش اوبو او بخار شیا او سوځول : ایشول ، خوټول ، سوځېدنه .

scale, n. تله، ترازو : مچه : درجه ، درجه بندی: پله (پله) .

v.t.i. تلل، اندازه کول: تلل کېدل .

scale, n. پوستکی (لکه د کب ، مار او نورو): نری پتری، پانګی .

v.t. پوستول ، پوستکی ایستل ، له پوسته کول: پاڼی پاڼی کول .

scale, n. مچ ، ویش، درجه بندی: درجه بندی کول (لکه د ترخونو): تناسب ، نسبت: دتفاوت یا فرقاوت معیار : ګام (لکه په موسیقۍ کی)

v.t. پورته کول ، ختول : درجه بندی کول .

scallop, n. صدف وال کب: سیپی: لیس، حاشیه .

v.t. لیس لګول، حاشیه اچول: سیپی پخول .

scalp, n. دسر پوستکی، د ککری پوست

v.t. کوپړی څوځول، دسر پوستکی چلاکول .

scalpel, n. دجراحی چاړه

scamp, n. لوچک، لنډه غر، بد معاش

scamper, v.i. ځغاستل، منډی وهل ، تښتېدل .

scamper, n. ځغاستنه، منډه ، تښتنه

scan, v.t. : په وزن لوستل، په وزن ویل: په غور کتل، په څېر کتل .

scandal, n. سپکاوی، رسوایی ، بدنامی ، تور لګول ، تور (تهمت) .

scandalize, v.t. سپکول، رسوا کول، تور لگول، تورول .

scandalmonger, سپکوونکی، رسوا کوونکی، تورتپوونکی

scandalous, adj. شرموونکی، رسوا کوونکی، توروونکی

scant, adj. لږ، کم، لېمکړی، ناکافي

scantling, n. ستن، اچه، مچه

scanty, adj. لږ، کم، ناکافي .

scantiness, n. لږوالی، کمی، قلت

scapegoat n. د قرباني گوډوري، د بل په ډب کی تللی، د ملا په ډاډ کی تللی، په پردي واچ کی تللی، د بل په ټکټ کی تللی .

scapegrace, n. لنډغر، بې پروا، کوچنکے، لچر .

scar, n. داغ، د پرهار نښه، ټپ

scar, v.t.i. ټپي کول، پرهارول، داغول، ټپي کېدل، داغکېدل .

scarce, adj. لږ، کم، نادر، کم پیدا

scarcity, n. لږوالی، کمی .

scarcely, adv. په لږوالي، په کمه توگه، په نادره توگه، په مشکله .

scare, v.t. ډارول، پېرول، وېرول

seary, adj. وېروونکی، ډاروونکی

scarecrow, n. تورکودی، ځروی، (په پالېز یا کروندو کی هغه تور زیږو کی یا کڅوړی چه د مرغانو د وېرولو د پاره درول کېږي) .

scarf, n. سرتړونی، زړوکی، د غاړې یا سر دسمال .

scarlet, n تکسور (پوخ سور)، آتشي رنگ .

scarlet, adj. تکسور، سوررنگی، آتشي .

scatter, v.t.i. پاشل، تیتول، شیندل، خپرول .

scavenger, n. ویالې شوولو لوونکی د تنظیف مامور، هغه حیوان چه پاتی شوني خوري: چیله خور .

scenario, n. د فلم کیسه .

scene, n. پرده (په ننداره کی): ننداره، منظره، پېښه، حادثه، د پېښې صحنه: د احساساتو څرگندول (په تېره د قهر)

scenic, adj. د ننداري، د تماشي .

scenery, n. سینري، صحنه، په ننداره کی د تماشي پرده .

scent, v.t.n. بویول، خوشبویه کول . بوی، عطر: د شامې قوه، د بوی قوه، مصنوعي بوی .

scentless, adj. بې بویه .

scepter, sceptre, n. د قوت لښه، سلطنتي لکړه: توانایي، اقتدار

sceptic, د (skeptic) بل ډول

schedule, n. v.t مهالوېش (تقسیم اوقات) پروگرام، پروگرام جوړول، کړن لار سربېته کول، په جدول کی شاملول .

scheme, n.v.t. پلان، نقشه، جدول: توطئه، سازش، نقشه اچول، پلان جوړول: توطئه کول

schemer, n. سکیم جوړوونکی، نقشه جوړوونکی، پلان جوړوونکی: چلي

scheming, adj. نقشه جوړوونکی، پلان جوړوونکی، چلي .

schism, n. جلا کېدنه، بېلتون؛ ګرځېدنه او بېلتنه (د مذهب څخه).

schismatic, adj. n. د جلا کېدلي، د بېلتون؛ د ګرځېدلي، د اوښتنې.

scholar, n. پوه، عالم، زده کوونکی، د سکالرشپ خاوند.

scholarly, adj. د زده کړې په توګه؛ د پوهې په توګه.

scholarship, n. سکالرشپ، پوهه، زده کړه، وظیفه؛ د پوه شاګرد سره د پوهې په لاره کې مرسته کول.

scholastic, adj. مکتبي، د ښوونځي، د پوهې، علمي، سکولاستیکت.

school, n. ښوونځی، مدرسه، مکتب، مسلک، لار، اصول؛ د یوه مکتب پیروان.

school book, د ښوونځي کتاب.

schoolboy زده کوونکی، شاګرد.

schoolfellow, د ښوونځي ملګری.

schoolgirl, زده کوونکې، شاګرده.

schoolhouse, ښوونځی، د ښوونځي ودانۍ، د ښوونځي د مدیر کور.

schoolman, استاذ.

schoolmaster, سرښوونکی، سرمعلم یا معلم.

schoolmate, هم ښوونځی، په یوه ښوونځي کې درس ویونکی.

choolmistress, ښوونکې، سرمعلمه.

schoolroom, ټولګی، صنف.

schoolteacher. ښوونکی، معلم.

schoolyard, د ښوونځي غولی.

school, n. ډله، ټولګی، پوړ (د کبانو او نورو لامبوزنو ژوو).

schooner, n. وړوکې بېړۍ چه دوه یا ډېر بادوانونه لري.

science, n. ساینس، پوهه، علم؛ هغه پوهه چه په لیدو، کتو او آزموینو لاسته راغلې وي، طبیعي علوم.

scientific, adj. علمي، د پوهې

scientifically, adv. په ساینسي توګه، په علمي توګه.

scientist, n. ساینس پوه، پوه، عالم، په ساینس کې متخصص.

scimitar, scimiter, n. (د عربو او ترکانو) کږه توره.

scintilla, n. پڅری، سپرغۍ؛ ټوټکی؛ کڅ (ذره).

scintillate, v.i. پرښېدل، پړکېدل، ځلېدل

scintillation, n. ځلا، پړک، برېښ.

scion, n. قلمه، غوټۍ (د پیوند د پاره)؛ زخه، لپالکی؛ اولاد، نسل؛ زوزاد.

scissors, n. پیاځی، قېچي، قیچي، کېنچي

scoff, v.t.i. لندې وهل، ټوکې کول، مسخره کول، پېغور ور کول؛ مسخره کېدل.

scoffer, n. ټوکه، مسخره.

scold, v.t.i. ټکنځل، زیاتي کول، زورلي کول، پوچ ویل.

n. ترټل؛ ټکنځل کېدل. ټکنځلونکی، پوچ خولی.

scone, n. کلچه، ټکی، بسکټ.

scoop, n. څمڅې، څمڅه، چمچه، ملاقه؛ رښېول، پېلچه؛ څمڅې وهنه؛ د عوامو خبرې، د خبرو په توګه په اخبار کې خپرول.

v.t. ځمڅې کول: کېښودل ؛ په چمچه راټولول: د څوا و ښناوی را ټولول او خپرول .

scope, n. غایه ، مقصد : وګړ ؛ ذهني وده ؛ پر اختیا ، وسعت ، انکشاف ؛ پر مخ تګ .

scorch, v.t. سوځول ؛ وچول ، سوکړه کول .

score, n. پور : زخم ، لیپ ، نښه ؛ شمېر ، حساب ، عدد : شل ؛ د موسیقۍ هغه ترکیب چه په هغه کې د هرې آلې آواز جلا جلا معلومېږي .

v.t.i. ټېکول ، شمېرل ، حسابول ؛ لاس ته کول ، ګټل ، درجه‌بندي کول: ټېکېدل ، شمېرل کېدل ، حسابېدل ، ګټل کېدل .

scorn, n. کرکه ، نفرت ، حقارت .

v.t. کرکه کول ، نفرت کول

scorner, n. نفرت کوونکی ، کرکجن

scarnful, adj. د کرکې ، د حقارت ، د نفرت ، کرکې ځاوری .

scornfully, adv. د حقارت په توګه ؛ د کرکې په توګه .

scorpion, n. لړم : یو ډول منږوکه .

Scot, n. سکاټلېنډی .

Scotch, n. سکاټلېنډی ، د سکاټلېنډ .

Scotchman, n. سکاټلېنډی .

scot-free, adj. روغ رمټ ؛ خوندی ، سالم ، محفوظ ؛ د باج نه خلاص .

Scots, adj. سکاټلېنډی ؛ سکاټلېنډی ژبه

Scottish, د سکاټلېنډ باور ، د سکاټلېنډ

scoundrel, n. لوچک ، لنډه‌غر ، رذیل .

scour, v.t. زر زر ګرځېدل ، په دار خطایي ورکه لټول ، اله‌پته ګرځېدل .

scour, v.t. پاکول ، موښل ، سولول .

scourge, v.t. په متروکه وهل ، په ځلاخه وهل ، په کمچینه وهل ؛ سخته سزا ورکول .

n. متروکه ، ځلاخه ، کمچینه : سزا ، مصیبت ، تباهي ، بربادي ، پو ښناتوب .

scout, v.t.i. څارل ، پسې ګرځېدل ، پسې کتل ؛ جاسوسي کول ، مخبري کول ؛ څارل کېدل ؛ خبرېدل .

n. څارندوی ، مخبر ، جاسوس ؛ مخبري ، جاسوسي .

Boy Scouts, n. څارندوی .

GirlScouts, n. څار نجونې .

scoutmaster, n. د څارندويو مشر .

scout, v.t. سپکاوی کول ، ریشخندول ، خندونې وهل ؛ نفرت کول .

scow, n. لویه بېړۍ چه تل یې اواروي

scowl, n.v.i. کنډه (تریو ، په قهر) بد مزاجي ؛ تریو توب (خندی) ، ګوڼ ملئوب : په قهر بدل ، په غضب کتل .

scrabble, v, t.i. ګرول : موښل : په خاپوړو تلل ؛ سخت او ډېر کار کول ، کږه لیکل ؛ ګرېدل ، ګرول کېدل ، موښل کېدل ؛ مبارزه کول ؛ په خاپوړو تلل .

scrabble, n. ګرونه ، ګرونه ، موښنه ، په خاپوړو کېدنه ؛ سخت او ډېر کار کول ؛ کږه لیکنه .

scramble, v.t.i. په خاپوړو ګرځېدل ؛ په ټکه وهل ، پورې وهل ، ګډوډ کول ؛ ټېټ

اوبرک کول ؛ سره ګډول ؛ په خپاره وړو
کېدل ؛ ګډله کېدل ؛ ټيټ او برک کېدل ؛
سره ګډېدل .

scrap, n. ټوټه ، ريزه ، پاتې شوی ، پرېښودلی .

v.t. ټوټه کول ؛ له کاره اېستل ، اېسته غورځول .

scrapbook, n. البم ، سپين کتاب چه عکسونه او چاپ شوي مواد پکښې ايښوول کېږي .

scrape, v.t.i. پاک کول ، ليري کول ، اېسته کول ، موښل ، سولول ؛ په ګرانه ګټل ، په سختۍ دولت ټولول ؛ کږېدل ؛ پاسره کول ، پانګه کول ، لږې لږې پيسې غونډول ؛ د مشکلاتو سره جوړېدل .

n. پاکونه ، توږنه ؛ ستونځې ، ربړې ، ګرانې ، تاوده ی

scraper, n. توږونی ؛ کنجوس ، بخيل

scratch, v.t.i. ګروول ، ګرول ؛ چونګاري کول ، شوکاري کول ، شنګاري کول ، کېښل ، توږل ؛ ګرېدل ، کرښې اېستل ؛ خط پرې راکښل ، رنګول ، باطلول ؛ ګرېدل ؛ ګروول کېدل ؛ کېښل کېدل ، خرل کېدل ؛ مښل کېدل ؛ پاک کول ، اېسته کول ؛ کښل ، اېستل .

n. پاکي ، ګرېدنه ، ليکې .

scratchy, adj. د ازموينې ، امتحاني ، ناڅاپي ، اتفاقي ؛ بې وقه ، بې څېره (په لوبو کې) .

scrawl. v.t.i. چټل ليکل ، سرسري ليکل ؛ زرژر ليکل .

n. زرژر ليکنه ، سرسري ليکنه

scream, v.t.i. ښاري وهل ، چيغې وهل ، کړېکې وهل ؛ چيغېدل .

n. چيغه ، کړېکه ، ښاري .

screech, v.t.i. چيغې وهل ، کړېکې وهل

screen, n. پرده ، دلرګي پرده ، ددېرو ديوال ؛ جالي ، غلبېل ؛ ساتنه ، حفاظت .

v.t. پرده ليول ، په پرده کول ، خوندي کول ؛ غلبېلول ؛ د پردې پرمخ ښوول .

screw, n. v.t. پېچ ، رخېز مېخ ؛ تاوول ، پېچ ورکول ، اړول ، کرغول ؛ کږول ، کټ کول ، ټېر کول ؛ په پېچ ټينګول ؛ تقويه کول .

screwdriver, n. پېچ تاو ، پېچ کښ

scribble, v.t.i. زر ژر ليکل ، سرسري ليکل ، چټل ليکل .

scribbler, n. زرژر ليکنه ، په بېړه ليکنه .

scribe, n. ليکوال ، کاپي کوونکی ، نقلوونکی ، کاتب ، منشي ؛ د يهودانو قانون ښوونکی (په لرغونو وختو کې) .

scrim, n. جالي ، ټوکر .

scrimp, v.i. کنجوسي کول ، سپمول ، امساک کول .

scrip, n. يو ډول پخوانی لوټ چه د پوره والي ضمانه ايږو ؛ حواله (قباله) ، سند

script, n. لاسي نسخه ، لاسي ليک .

Scripture, n. انجيل ؛ مقدس کتاب .

scriptural, adj. کتابي ، انجيلي .

scrivener, n. ليکونکی (کاتب) ، ليکوال

scroll, n. ملا تړنه ، تومار ، ... ، تومار پوښ .

scrub, n. بوټي ، واړه نيالګي .

adj. ټیټ ، لنډی ؛ نارو‌ږلی ، بې‌ودی
scrubby, adj.

scrub, v.t. مښل ، په مښلو پاکول یا مینځل
n. مینځنه ، مښنه ، پاکونه .

scruff, n. څټ (داورمېږ) ، د څټ پوستکی

scruple, n. ضمیر ، وجدان ؛ شك ،
دوه زړه توب ، تردد ؛ ددرو دانګو
واحد چه شل څنډه وزن لری .
v.t.i شك کول ؛ دوه زړی کېدل .

scrupulous, adj. وسواسی ، احتیاطی ؛
باوجدانه .

scrupulously, adv. په احتیاط ،
په ځیر .

scrutiny, n. په ځیر کتنه ، ځیر کېدنه ،
کره ازمویښه ، کره کتنه .

scrutinize, v.t.i. په ځیر کېدل ؛ په
ځیر کتل ، کره کتل .

scud, v.t. څغاستل ، چټك تلل ؛ د باد په
واسطه چورېدل .
n. هغه چه باد په منډه کړی وی
(لکه اوریځی) ، چټکه الوتنه .

scuffle, v.i. لاس اچول ، اخ‌وډب کول ،
نښتل ؛ ښخښ ختکول ، ښخښ په ځان پسې
راکښل .

scull, v.t.i. چپه وهل ، پارو وهل ،
چپه‌وهل .
n. چپه ، پارو ، چپه

scullery, n. دلوښو دپریمینځلو خونه
چه د پخلنځی اړخ ته‌وی .

scullion, n. د پخلنځی چوپړی ، دلاخیر خاګرد

sculptor, n. مجسمه جوړوونکی ، کانی
جوړوونکی (سنګ تراش) .

sculpture, n. مجسمه جوړونه ، سنګ
تراشی ، بت جوړونه ؛ مجسمه ، بت .
v.t. مجسمه جوړول ، بت جوړول
سنګتراشی کول .

scum, n. اوبړی ، ځګ ، ځګ ،
چوپړی ، دار پوپرسرچقل‌شیان ؛ ذوب ،
چقلی ، خیری ، ناکاره ، فضول .

scupper, n. د بېړی دارخولو سوری چه
اوبه‌ورنه دباندی تو یېږی .

scurf, n. ښکی (لکه دسر یادوجود) .

scurrilous, adj. ټیټ ، لوچك ، پوچ خولی ،
بې‌شرمه .

scurry, v.i. په سپکو ګامو څغستل ،
منډی‌وهل ، تریکی وهل .

scurvy, adj. ټیټ (پست) ، کر کجن
(منفور).

scurvily, adv. په ټیټو الی ، په
کر کجنه توګه .

scurvy, n. یو ناروغی د وریو (اوریو)
دپړسېدو او وینې کېدو ناروغی چه
غذاګانو کمزوری کوی او لو بیژی چه
دویتامین (c) د لشتوالی له امله پیدا
کېږی .

scutcheon, سپر ، رنګ ؛ هغه تخته چه
پر هغه بالدی قوماندو نوریا او نومونه
او کار نامې لیکل شوې وی .

scuttle, n. د بېړی سکرو ساتل ، یوه
یا بالښی ؛ دریڅه ، سوری .

scuttle, v.i. تښتېدل ، څغلېدل ، څغستل ،
دریڅه پرېښودل .

scythe, n. لور (داس)

sea, n. سمندر ، بحیره ؛ دریاب ؛ مالګوبی ، مالګینې اوبه ، لوی څپې ؛ ډېر : درنده څپه ، لویه څپه ؛ ډېره اندازه .

sea, adj سمندری ، دریایی ، بحری ؛ زیاتوالی ، ډېرښت

seaboard n. دسمندر غاړه ، ساحل ؛ سمندر په غاړه هوارونه .

seacoast, n. ساحل ، ځمکه ، د دریاب ته څېرمه وچه .

seafarer, n. ماڼو ، سمندری ګرځندوی

seafaring, adj. سمندری ګرځېدنه ، ماڼو .

seagoing, adj. سمندری بېړۍ ، دسمندری سفر دپاره جوړه او تیاره بېړۍ .

sealevel, n. دسمندر مخ ، دسمندر سطح

seaport, n. بندر ، سمندری اډه .

seashore, n. دسمندر غاړه ، ساحل

seaside, n. دسمندر ها وخوا .

seaward, adj. دسمندر لوری ، د بحر په خوا : څو د پد لی سمند .

seaweed, n. بحری واښه ، بوټی او ګیاوې .

seaworthy, adj. دسمندر وړ ، دسفر وړ

seagull, n. یو ډول سمندری مرغه .

seal, n. سګ لاهو ، سمندری خوګ ، دسړو سیمو یو ډول بحری ژوی چه له پوستکی او غوړو وخته یې کار اخستل کېږی .

v.v. دبحری خوګ ښکار کول ، دسګ لاهو ښکار کول .

sealer, n. دسمندری خوګ ښکاری ، دسګ لاهو ښکاری .

sealskin. n. دسګ لاهو پوستکی

seal, n. ټاپه ، مهر ، مهرلاک ، سرخوچ .

v.t. ټاپه کول ، مهرول ، کلکول ، سرخوچ کول ، سرټینګول ؛ پرېکړه کول ، فیصله کول ، کره کول ، تصدیقول .

sealer, n. ټاپه کوونکی ، مهر کوونکی ، فیصله کوونکی .

seam, n. بخیه ، درز ، کوت ، ګونځه ؛ (جیالوجی) رګ ، پټ ، پوړ ، طبقه .

v.t. بخیه کول ، کوت کول ، لیکی کول ، سیخول ، تادا پښتل .

seamless, adj. بې درزه ، بې کوټه

seamy, adj. کوت لرونکی ، ګونځی ، ګونځې .

seaman, n. ماڼو ، بېړۍ وان ، دبېړۍ کار کوونکی .

seamanship, n. دبېړۍ چلولو فن .

sea mew, seagull ته مراجعه وکړی

seamstress, n. درزی ، ګنډونکی ، خیاط

seaplane, n. سمندری الوتکه ، یو ډول الوتکه چه د اوبو څخه الوزی او ور باندې کښېنی .

sear, v.t. سراوی کول ؛ وچول ، سوځول ، داغول .

search, v.t . پلټل ، څوپتل ، تلاش کول : کرول ، تحقیق کول ، لټول .

n. پلټنه ، کره کونه ؛ لټونه ، تلاش

searcher, n. پلټوونکی ، څوپتوونکی ، تلاش کوونکی .

searchlight, n. رڼا خورونکی (روښنی انداز) دریا .

seasick, adj. سمندری ناروغ .

seasickness, سمندری ناروغتیا .

season n. موسم ، فصل .

v.t. خوند ورکول : مساله اچول : وچول : ساتل : عادت ول ، اموخته کول ، بلدول (دمشکلاتو سره) .

seasonal, adj. موسمي ، فصلي .

seasonable, adj. دموسم سره سم ، په وخت برابر ، پرځای ، په وخت .

seasoning, n. مساله ، دارو (لکه مالگه مرچ دنیا او داسې نور) .

seat, n. سيټ ، ناستځای ، چوکۍ کرسۍ ، کټ ، مرکز ، مقام ، استوګنځای .

v.t. کښينول : ځای ورکول .

sebaceous, adj. غوړين ، غوړ ، غوړ ورکوونکی .

secede, v.i. بېلېدل ، جلا کېدل ، ځان کښل .

secession, n. بېلتون ، جلا کېدنه ، ځان کښنه .

secessionist, n. دبېلتون پلوی ، جدايي غوښتونکی .

seclude, v.t. گوښه کول ، ځانله کول ، جلا کول ، بېلول ، ځانګړی کول

seclusion, n. گوښه توب ، يوازی توب ، ځانله والی .

second, n. ثانيه ، دقيقه : شېبه ، لحظه ، ورپ (لکه د سترګې رپ) .

second, adj. دوهم ، دوهمه درجه ، دويم ګړی .

n. دويم ګړی ، دويمه درجه ، ملاتړ .

secondly, adv. دويم ، دويم وار

second, v.t.i. دوهم کېدل : تشويقول ، په مخ بيول : منګول تائيدول .

secondary, adj. دوهم ، ثانوي : فرعي : منځنی (لکه ښوونځی) : کم اهميته ، ټيټ . روسټنی : دويمې مرحلې : دمرحلې دويم بند بڼکې : لاس لاندې : دائرلاندې .

secondhand, adj. مهلي ، مستعمل ، دويم لاس (لکه جامې او نور) : ثانا ليه ـ شېږونکی .

secondrate, adj. ادنی ، ټيټ .

secret, adj. پټ ، پوښلی ، خفيه ، درازه ، سري .

n. راز ، سر ، خواله ، پټ راز : پټوالی .

secrecy, n. پټوالی ، راز ، سر ، گوښی توب ، ځانله والی .

secretly, adv. په پټه ، دراز په توګه .

secretariat, n. دارالانشا ، سکرټريټ ، دسکرټر ولتر ، دمنشی ځای .

secretary, n. سکرتر ، منشي ، ميرزا ، وزير ، ولس ، مشر : دليکنی ميز

secretarial, adj. دارالانشا ، منشي

secretaryship, n. منشي ګري

secrete, v.t. پټول ، پوښول : ايستل ، بهول ، خوټول (لکه دافرازاتو) لوټل .

secretive, adj. افرازي : خوښوونکی ، رازساتونکی

secretively, adv دراز په توګه ، په راز داري ، محرمانه .

secretiveness, n. رازساتنه ، چوپتيا

secretion, n. پټونه : افراز ، ترشح ، لوستنه .

sect, n. فرقه (مذهبي) ، ډله ، ګوند .

sectarian, adj. n. گوندی، فرقه یی، په خاص گونده پورې تړلی

sectary پیرو، گوندی، تفرقه اچوونکی.

section, n برخه، حصه، ویشه: فصل (د کتاب)، څپرکی: ټوټه، ټوکړ، پرخنی.

sectional, adj. فرقه یی، ډلیز، د گوند: برخی برخی، ویشلي ویشلي: سیمه ییز.

sectionalism, n گوند پالنه، فرقه پرستي، ډړ اچونه، تعصب.

sector, n. قطاع (د دایرې د محیط هغه برخه چه د دوو شعاعو ترمنځ واقع وي): چوپه. د جگړې ډگر.

secular, adj. دنیا یی، غیر مذهبی، مادی، دهری، د وحدت منکر، هغه سړی چه مذهبی قوانین نه مني، دنیا یی ملا.

secure, adj. ساتلی محفوظ، خوندی، بې ویرې، بې واره، ډاډه، مطمئن، بې غمه، یقیني، متوقن.

v.t. ساتل، تضمینول: ټینګول، لاسته کول، پوره کول، اخیستل

securely, adv. بې خطره، بې واره، په محفوظه توگه.

security, n, ساتنه، حفاظت، ډاډ گیرنه، اطمنان: بې ویرتیا، بې واره، بې خطره، امنیت: تضمین، ضمانت، بیمه.

sedan, n چوپان، ډولۍ، پالکۍ: د څلور سیټو تړوگاډۍ (موټر).

sedate, adj. چپ، آرام، غلی، درونه، ضبط شوی، چوپ تی.

sedately, adv. په چوپتیا، په آرامتیا، په درنښت، په ضبط کې.

sedative, adj. سوکه کوونکی، هوسا کوونکی، آراموونکی، درد آراموونکی دوا (مسکن).

sedentary, adj. میشت، استوگن، ځایی، ځای پرځای ناست.

sedge, n. ډیله، لوخه، درگه.

sedgy, adj. دلوخې، د ډیلو: دورگو

sediment, n. کنوړی، رسوبی مواد (د اوبو یا د هوا سطحه)، خټه: تل ته کښېناستونکي مواد.

sedimentary, adj. رسوبی، تل ته شوی، کښېناستلی.

sedition, n. بلوا، اودود، پغاوت، پورته کېدنه، پاڅون.

seduce, v.t. بې لارې کول، تېرایستل، غولول، بې پردې کول، حرامول.

seducer, n. تېرایستونکی، غولوونکی.

seduction, n. تېرایستنه، غولونه: بې پردې کول.

seductive, adj. تېرایستونکی، غولوونکی، زړه راښکوونکی

sedulous, adj. زیار کښ، ستړي نه ـ کېدونکی.

see, v.t. لیدل، کتل، ازمویل، غور کېدل، سلا کول، پام کول: پېژندگلوي کول، ملگرتیا کول، لیدنه کول، ملاقات کول، پوهېدل، ځارل، اشاره کول، په زړه لرل.

v.i. نظر لرل، پوهېدل، رسېدل

seed, v.t. زړی، ژلی: تخم، دانه، نسل، پښت، اولاده، پنه، سرچینه، اصل، پښمی، آر، خټه.

کرل، تخم شیندل، دانه ایښول، تخم ایښول، نیالول، کښېنول، زړی
v.t. ایښتل، تخم ایښتل.

seeder, n. تخم شیندونکی، د تخم کرلو ماشین

seedless, adj. بې تخمه، بې زړی، بې دانې، شنډ.

seedsman, n. تخم کروونکی، تخم خرڅوونکی.

seedtime, n. د کر وخت، د کرلو موسم

seedling, n. نیالګی، نوی پا تېغ (د ونو) (چه له زړی څخه شوی وی).

seek, v.t. لټول، غوښتل، پلټل: هڅه کول، درسېدو کوښښ کول: غوښتنه کول، خواست کول: هسې کېدل: کوښښ کول، ازمویل.

seeker, n. غوښتونکی، لټوونکی، پلټونکی.

seem, v.i. ښکارهېدل، معلومېدل، څرګند پېدل، ایسېدل.

seeming, adj. ښکاره، جوت، څرګند، ظاهر.

seemingly, adv. په ښکاره، په ظاهره.

seemly, adj. وړ، مناسب، ښکاره دوی، ښکلی، ښایلی، دودلی.

seen, د see د درېم حالت

seep, v.i. څڅېدل، بهېدل.

seepage, n. څڅېدنه، بهېدنه، څڅوبی

seer, n. غیب ویونکی، پېښو پوه، ستر ګور: ښوونکی، د نظر خاوند: پیغمبر.

seesaw, n. پانګوټک یا پانګی چغ، ځنګلېځنګه، ځنجر باز، د بیاچلک، دنګی.

دنګېدل، کوزو پاس کېدل.
v.t.i

seethe, v.t.i. خوټول، ایشول، جوشول، ګېډۍ اخیستل، خوټېدل، ایشېدل.

segment, n برخه، ولېشه، ټوټه: قطعه (هندسه): کړۍ: بند.

segregate, v.t. بېلول، جلا کول، ګوښې کول: بېوازې کول، تېموش کول.

segregation, n. بېلتون، توپیر، تېموش.

seigneur, n. سردار، خان، پاچلی: زمېندار.

seine, n. تور، د کبانو جال، تو پان جال
v.t. په جال کې کب نیول.

seismic, adj. دزلزلې، زلزلېز

seismical, adj. دزلزلې، زلزلېز

seize, v.t. نیول، لاندې کول، قبضه کول، برید کول، وهل: ګېرول، اترا چول: ضبطول: اخیستل، ټینګول، په منګولو کې نیول: په زوره اخیستل، ناڅاپه نیول

seizure, n. نیونه، ناڅاپی برید: راګلنه (لکه د ناروغۍ).

seldom. adv. ډېر لږ: یو لیم وار، کوم وار، کله کله، ندرتاً.

select, v.t. ټاکل، انتخابول، غوره کول، خوښول، چوڼل: بېلول: اېستل
adj. غوره، انتخابی، خوښ کړی: په غور خوښوونکی.

selection, n. انتخاب، ټاکنه، خوښونه، غوره کول (بیالوجی) د تکامل د قانون د مخې د ژوندي د ښو ژوندیو پاتې کېدنه (بقاء اصلح).

selective, adj انتخابي، د غوره او چټ انتخاب خاوند.

selectman, n. (د امریکې په نیوانګلنډ کې) د اولسي چارو د چلولو د جرګې یو غوره شوی غړی.

self, n. خپل ځان، پخپله، ذات، نفس؛ شخص؛ پر ځان مینتوب، خپل چار پلټوب، د ځان منه، خود خواهي.

self- ځان، پخپله، په خپل سر.

self-assurance, n. پر ځان باور، په ځان ویسا.

self-centered, n. په ځان کې ډوب، پر ځان مین.

self-commano, n. په ځان واک، په خپل نفس حاکم، خپلواکي.

self-complacency, پر ځان مینتوب، له ځانه خوښي.

self-complacent پر ځان مین، ځان ته خوشاله، ځانته غره.

self-conceit په ځان غره توب.

self-confidence, په ځان ویسا، په ځان باور، په ځان ډاډه توب

self-confident په ځان ډاډه، په ځان متکي، په ځان باوري.

self-conscious په ځان پوه، په ځان خبر، په ځان شکمن.

self-consciousness, ځان کتنه، په ځان شعور، ځان ته پام کېدنه، په ځان خبرتیا، ځان پوهېدنه.

self-contained, له ځانه پوره، بااره، مستغني، بې تمې.

self-contradiction. دوه ژبتوب، تناقض ویینه، دوه وینا و تضاد.

self-control, په ځان واک، ضبط نفس، په ځان اختیار، ټینګه اراده.

self-defense, ځان ساتنه، له ځانه دفاع

self-denial, نفس وژنه، په ځان حراموله (لکه نفسي لذات)

self-denying, د خوښاتو وژونکی.

self-lestruction ځان وژنه، ځان بربادونه، پخپله ویجاړېدنه.

self-determination, خپلواکي، د خپل سرنوشت ټاکنې حق

self-devotion, سرښندنه، ځان وقفونه.

self-discipline, په ځان واک، ځان روزنه، ریاضت.

self-esteem, ځان منه، په ځان مینتوب

self-evident, پخپله ښکاره، څرګند، بدیهي، جوت، معلومدار.

self-expression ځان ښکاره کونه، د خپلو ناکو ښکاره ونه، د خپل شخصیت اظهار (لکه په ښکلو هنرونو کې).

self-governing د ځان حکومت، خپلواکي.

self-government خپلواکي، د خلکو حکومت

self-help, خپل کار پخپله کونه، پخپلو پښو درېدنه، پخپله خپله چاره کونه

self-importance, ځان ته غره توب، ځان غټ ګڼنه، ځان ته پخپله اهمیت ورکونه

self-important, په ځان غره، ځان غټ ګڼونکی

self-mposed, پخپله ځان ته ټاکنه ، پخپل ځان تحمیلوله ، په اوی لاس په ځان راوستنه .

self-knowledge, په ځان خبر تیا ، ځان پېژندنه ، په ځان پو هېدنه .

self-love, خپل خیر غوښتنه ، د ځان سره مینه .

self-mede, پخپله جوړ شوی ، پخپله رسېدلی .

self-pity, پر ځان زړه سوی .

self-possessed, پر ځان حاکم ، پر ځان واکمن ، پر ځان زورور : ارام ، سوړ مزاجی .

self-possession, پر ځان حکومت ، په ځان واک ، متانت .

self-preservation, ځان ساتنه ، ځان ژغورله ، ځان بچوله .

self-reliance, په ځان ویسا ، په ځان ډاډه توب ، پر ځان اعتماد .

self-reliant, په ځان ویسا ، په ځان ډاډه .

self-reproach, ځان غندنه ، ځان پړونه ، ځان ملامتوله .

self-respect, غیرت ، عزت نفس ، د ځان عزت ، پت .

self-respecting, غیرتی ، عزتمند ، حیثیت اروانکی ، د عزت نفس خښتن

self-restraint, په ځان کنټرول ، پرهېز ، د ځان جلو نیوله .

self-righteous, ځان د ښتولی ګڼونکی ، ځان په حقه ګڼونکی .

self-sacrifice, سر ښندنه ، له ځانه تېرېدنه ، د ځان جاروونه ، قربانی ورکونه .

self-sacrificing, له ځانه تېر ، سر ښندونکی ، فدا کار .

self-satisfaction, له ځانه راضي توب ، له ځانه خوښی .

self-seeking, خپله ګټه غوښتونکی ، خپله ښه غوښتونکی .

self-sufficiency, په ځان بسیا توب ، له خپله ځانه پوره والی .

self-sufficing, په ځان بسیا ، له خپله ځانه پوره .

self-supporting, په خپلو پښو ولاړ ، په خپل مټ ګټندوی .

self-sustaining, خپل بار پر خپلو اوږو وړونکی ، پر خپلو پښو ولاړ .

self-will, خپله اراده ، ټینګه اراده .

self-willed, پر خپلې ارادې ټینګ ، پر خپله خبره ولاړ .

selfish, adj. خپل چاری ، ځان منونی ، خودغرضه .

selfishly,adv. دخود غرضی په توګه .

selfishness, n. خود غرضی ، خپل چار پلتوب .

selfsame, adj. یو ، همغه ، ځان ، کټ مټ

sell, v.t. خرڅول ، پلورل ، راکړه ورکړه کول : معامله کول ؛

v.i. خرڅېدل : د اخیستونکو پیدا کول

seller,n. خرڅوونکی ، د کاندار

selvage, selvedge, n. ژه (لکه د ټوکر)

selves, د self جمع

semblance, n. ظاهري ورته والی، بو ښالته والی، ظاهري بڼه، شکل، څېره.

semester, n. سمستر، شپږ میاشتنی، نیم کال (تعلیمي)، په ځینو امریکایي او اروپایي پوهنځیو او پوهنتونو کې تعلیمي نیم کال.

semi- نیم، نیمایي چه لېږدي؛ چلك، پښون (لکه نور چلك، نور پښون).

semiannual شپږ میاشتنی، په کال کي دوه ځله.

semiarid, نیمایي شاړه، نیمایي وچه

semicircle, نیمه دایره.

semicircular, نیم دایره يي

semiconscious نیم پرسد، نیم بېخود

semiofficial نیم رسمي.

semiprecious کم قیمته ډبره (لکه لاجورد).

semitropical نیم بارانی (اقلیم)

semicolon, n. بېلوونکی ټکی، ټکی لرونکې کامه (؛) هغه نښه چه د جملې ټکړي سره جلا کوي.

seminary, n. دارالعلوم (مذهبي)، مدرسه (په تېره ده ښځو)

Semite, n. سامي (لکه عرب او یهود)

Semitic, adj. سامي (لکه عربي ژبه)

sempstress, درزي، خیاط. د seamstress بله بڼه

senate, n. دمشرانو جرگه، سنا.

senator, n. سناتور، دمشرانو جرگې غړی

senatorial, adj. دسنا، دمشرانو، دجرگې.

send, v.t. لېږل، استول، ځېرول، تېتول (لکه راډیویي څپې). توغول، ویشتل (لکه دغشي)، چلول، شړل.

sender, n. استوونکی.

senile, adj. بوډا، زوړ، شیخ فاني، له کاره لوېدلی (جسماً او عقلاً).

senility, n. بوډاتوب، زوړ والی.

senior, adj. مشر، مخکی؛ وړاندی، اوچت، لوړ؛ دپوهنتون یا پوهنځي دروستي کال ته مربوط.

n. مشر، په رتبه کي پورته، اوچت؛ دپوهنتون یا پوهنځي دوروستي کال شاگرد.

senna, n. سنا، جلاب (جولاب)

sensation, n. احساس، حس؛ اغېزه؛ هیجان، پاربدنه؛ جذبات.

sensational, adj. پاروونکی، په هیجان راوړونکې، حسي، هنگامه پېر.

sense, n. حس؛ احساس، تمیز، عقل، شعور؛ قضاوت، معنا، مفهوم؛ حس (پنځگونی)؛ نظر یه.

حس کول، احساس کول، درك کول .v.t

senseless, adj. بې حسه، بې شعوره، بې سده، بې معنا.

sensibility, n. حساسیت؛ ځیر کتیا، چټك ذهني، نازك ذهني.

sensible, adj. هوښیار، معقول، ځیرك؛ باځیره، باشعوره؛ په عقل برابر.

sensibly, adv. په محسوس ډول؛ په ځیر کتیا، دعقل له مخي.

sensitive, adj. حساس؛ حسي

sensitiveness, n. حساسیت، نازکتیا

sensitivity, n. حساسیت.

sensory, adj. حسي ، په حسي غړو پورې مربوط ؛ پلي

sensual, adj. جسمي ، نفساني ، شهواني ، جسمي خوندته مربوط ؛ د حسو لو په خوښا لتيا پورې مربوط ؛ جسماني (د معنوي ضد) .

sensualist, n. شهوت پرست .

sensuality, n. عياشي ، جسم پرستي

sensuous, adj. حسي ، حس ته مربوط ، پنځګو لو حسو لو ته مربوط

sent, د **send** ماضي او دريم حالت

sentence, n. پرېکړه ، حکم (لکه د محکمې) ؛ جزا ؛ جمله

v.t. محکومول (لکه په جزا) ؛ محکمې ته راکښل ، د قتل ، لعنت کول (پر)

sententious, adj. په لنډو منځپانګه ښودونکی ، په قانعو پوهېدونکی ؛ نصيحت کوونکی ژبور ؛ خوله ور .

sentient, n. حس لرونکی ، د حواسو په واسطه درک کوونکی .

sentiment, n. احساس ؛ عاطفه ، جذبات ، احساسات ؛ عقيده ، د زړه خبره ، زړه سواندی ، خواخوږی ؛ خيال ، تصور

sentimental, adj نری زړی ، نرم زړی احساساتي ، زړه سواندی ؛ احساسات پاروونکی ، دعاطفی ، پارېدلی .

sentimentalism, n. جذباتي توب ، احساساتي توب .

sentimentalist, n. جذباتي ، احساساتي

sentimentality, n. جذباتي توب ، احساساتي توب ، د خواخوږۍ څپوله .

sentimentally, adv. په زړه سواندی د جذباتو له مخې

sentinel, n. پېره دار ، څوکي دار ، څارو .

sentry, n. پېره دار ، څارو .

sepal, n. ګلپاڼه .

separate, v.t. بېلول ، جلا کول ، وېشل ؛ تجزيه کول ؛ خوځول او بېلول ، لتولول .

v.i. بېلېدل ، جلا کېدل .

adj. بېل ، جلا ، سره بېل ؛ ځانګړی او بواځی ؛ مربوط ، خاص .

separable, adj. جلا کېدونکی ، د بېلولو وړ .

seperately, adv. په جلا ډول ، بېل بېل ، په ځانګړي توګه .

seperation, n. بېلتون ، جلاوالی .

separatist, n. بېلېدونکی ؛ بېلتون غوښتونکی .

separator, n. جلا کوونکی ، بېلوونکی (لکه د مندا او چه کوچ او مستی بېلوی)

September, n. دسپتمبر ، د عيسوي کال نهمه مياشت چه دېرش ورځې لري .

septic, adj. بوبن ، بوی لانی ، ورو خوسا .

sepulcher, مېړستون ، قبر ، مقبره ، شامی ، ګوابته (ګومبزه) .

v.t. ښخول

sepulchral, adj. دهديری ، دقبر ؛ غمیزه ، خواشينی ، کورملی ، درولند (لکه يو غږ) ، زوړ .

sepulture, n. ښخونه (په ګومبزه کی ، په ګولبتی کی) لنه ابستنه .

sequel, n. منطقی تسلسل: ادیزه، اثر، نتیجه: داد بی اثر و روستی بر خه چه وروسته . تر عه حنیی، دلو می ی ه پسو لیکل شوی وی .

sequence, n. نتیجه، لړی، سلسله، زمانی : رون، زمانی تسلسل، پر له پسی، ادامه . بهتر .

sequent, adj. پر له پسی، وروسته راتلونکی، بود بل پسی .

sequester, v.t. جلا کول، بیلول، گوشه کول، بیلتون راوستل: ضبطول، نیول : یقول: ا بستل .

sequestrate, v.t. ضبطول، نیول .

sequestration, n. ضبطونه، بیلونه، گوشی کیدنه

sequin, n. ایتالوی او ترکی د سرو زرو سکه چه دوه ډالره او پنځه ویشت سنته کیږی: یاولی، بستاري یارکی لکه چه ماشومان او ښځی یی په کالیو پوری ګنډی .

sequoia, n. یو ډول امریکایی ونه

sera, د serum جمعه

seraglio, n. حرمسرای.

seraph, n. پرښته، د seraphim جمعه یو ډول رلرونکی مقر به پرښته

seraphic, adj. د مقربی پرښتی، د ملایکو، پرښته خویه .

sere, adj وچ، مړاوی .

serenade, n. عشقی بدلی یا ساز (چه د شپی له خوا معمولا د معشوقی کورته ور نژدی په تیره تر کړکی لاندی ویل کیږی) .
v.t.i. عشقی بدلی ویل .

serene, adj. رون، صاف، لکه، سوچه، بوب: غلی، چوپ: آرام، کرار: په امن، آوارا او آرام (لکه ولاړی اوبه) .

serenely, adv. په رون والی: په کراری: په امن

serenity, n. رون والی، لکه توب: کرارتوب، آرامی .

serf, n. مریی، په منځنی پیړی کی هغه غلامان چه د مځکو څښتنانو په د مځکو سره یو ځای خرڅول .

serfdom, n. مرییتوب، غلامی .

serge, n. سرج (یو ډول وړین ټوکر) .

sergeant, n. حوالدار (د پولیسو) د لښکر مشر .

serial, adj. پر له پسی، مسلسل، لړ بڼی .
n. دوه تو ته لیکنه .

series, n. سلسله، شمیر، (یو) لړ، (یو) لړی، دوره، پر له پسی .

serious, ad[j] جدی، ټینګک: رښتیانی: رښتیا لونی، د فکر وړ، د پام وړ، مهم: خطرناک، سخت (لکه ناروغ) زیان رسوونکی

seriously, adv. په جدی توګه، په رښتیا، په خطرناک ډول .

seriousness, n. جدی توب، رښتیا والی، سخت والی .

serjeant, د sergeant بله بڼه .

sermon, n. وعظ، خطابه، موعظه، خطبه، پند: نصیحت

serpent, n. مار، منګور (اصطلاح) د لستوڼی مار، چالاک .

serpentine, adj. ټنګ ، مار ډوله ، کږوږې ، غولوونکی ، تېرايستونکی ، مکار ، دوغل : ډوډول کالی تېره چه شين يا سور پکښې ډېرې رنګه لري .

serried, adj. ګڼ ، جوخت ، اوږه په اوږه .

serum, n. سېروم : ژړوبه (ژړې اوبه) ، خوناب (هغه مايع چه معمولاً د ځينو ژوو له وينو څخه ايستل کېږي او د دارو دپاره استعمالېږي)

servant, n. چوپړی ، نوکر ، مزدور .

serve, v.t.i. چوپړی کول ، نوکري کول ، مزدوري کول : کار کول ، کاروور کول مزدور کېدل ، نوکر ېدل : دريدل (يوه معين کار ته ، لکه په ودونو يا دستوراتو کې چه يوه ډله خلکو ته اوبه يا نور شيان د يوه سړي په غاړه وي): کار چلېدل ، د کار چاره (بر) کېدل : تماشل ، بندګي کول : خدمت کول : کېور کېدل : ود کېدل : چلند کول : قيد تېرول : عسکري خدمت کول : ګټه رسول ، مرسته کول : مهيا کول ، برابرول : اداتيا پوره کول : سروېس کول (لکه په واليبال کې) .

server, n. خدمت کوونکی

service, n. خدمت : کار : وظيفه : مذهبي رسوم (لکه د اختر مراسم) : رسمي يا حرفه يي وظيفه ، ماموريت (لکه ملکي ماموريت): عسکري خدمت ، نوکري : سيټ (لکه يو سيټ قابونه يا پنجې او کاچوغې) : مرسته : ګټه : سروېس (لکه واليبال).

serviceable, adj. د کاروړ ، خدمت ته تيار د استعمال وړ ، د کار ايستلو وړ

servile, a د غلامۍ ، د مړينتوب ، غلامانه ، تسليمېدونکی ، تابع ، ذليل : ټيټ ، پست ، خوشامند ګر .

servility. n. غلامي ، مړينتوب : نوکري : ټيټوالی

servitor, n. مزدور ، نوکر ، چوپړی : حاضر باش : منشي .

servitude, n مړينتوب ، غلامي ، بندګي

sesame, n. کونځلې ، کونجټې

session, n. غونډه ، جلسه ، اجلاس : د غونډې دوره (لکه د شورا) .

set, v.t. کښېنول : اېښودل : ځای په ځای کول : په کار اچول ، په کار رول : برابرول ، سمول ، روڼ کول : بر ځپل ځای ايښوول ، چوکاټول : ټاکل ، اټکلول : داو کول ، شرطتړل : کلکول ، ټينګول : برابرول ، موزون کول .

v.i. چورتی کېدل : برابرېدل : کښېناستل : پرېوتل ، لوېدل (لکه لمر): هڅه لرل ، ميلان لرل : دريدل : شروع کول .

adj. ټاکل شوی ، معين شوی ، مقرر شوی ، سخت ، ټينګ (لکه قانون) : جوړ شوی ، روغ شوی .

n. ايښوونه : شکل ، بڼه : سمت ، لوری (په تېره ميلان او هڅه) : برابر والی (لکه د کاليو) : ډله ، ټولی : سيټ : سينګار دونه (لکه د صحنې او تماشې د پاره) په ټينس کې يو لړ لوبې چه يوه خوا شپږ لوبې وګټي او له حريف څخه لږ تر لږه دوې لوبې ودانګې وي .

setback. n. شا ته کېدنه ، ترشا کېدنه ، وروسته کېدنه ، په څټ تلنه ، په شا تلنه .

settee, n. بازو لرونکی چوکۍ .

setter, n. تازي ، ښکاري سپی ؛ ټولوونکی ؛ درونکی ؛ ټاکونکی ؛ اېښوونکی .

setting, n. اېښوونه ؛ ازلنه (لکه په مطبعه کې د توري) ؛ د غمې داېښوولو ځای ؛ شاوخوا ، چاپېریال ؛ څومره هګۍ چه چرګه یا نور مرغان په یو وار ور باندې کښېني ؛ د شعر د پاره جوړه شوې موسیقي ؛ وضعه .

settle, v.t.i. مېشتول ؛ په ځای کول ؛ کښېنول ، کښېښکېنول ، ټینګه کول ، بېخ ته کښېناستل ؛ په کرار کېدل ، هوسا کېدل ، ځای په ځای کېدل ، ادېغ لګېدل ؛ مټو چه کېدل ؛ سره منل ، موافقې ته رسېدل ؛ د قانون له لارې ورکول ؛ برابرول ، سمول ؛ روغول ، غلی کول ، کرارول ، پرېکړه کول ، فیصله کول ؛ رڼېدل (د ترسب په واسطه) مېشتېدل ؛ ډوبېدل ؛ سرته رسول ؛ ټاکل ؛ ادا کول .

settlement, n. مېشتېدنه ، استوګنه ؛ ځای په ځای کېدنه ؛ تل ته ناست ، تل ته کښېناستونکی ؛ د حسابو او پرېکړه ، تصفیه ، حساب سپینونه ؛ شخړې لرې کونه ، اختلاف حل کونه ؛ په پردیه خاوره کې مېشتېدنه ؛ یو څو کوره (چه یو ځای سره پراته وي) ؛ بانډه ، دېره .

seven, adj. اووه (۷)

sevenfold, adj. اووه چنده ؛ اووه ګون ، اووه برابره .

seventh, adj. n. اووم ، اوومه .

seventeen, n. اوولس .

seventeenth, n. adj اوولسم ، اوولسمه .

seventy, adj. اویا .

seventieth, adj. n. اویایم .

sever, v.t.i. بېل کول ، شکول ، جلا کول ، بېلول .

severance, n. شکونه ، بېلونه ، بېل کول

several, adj. څو ، یو څو (په دوو زیات مګر ډېر زیات نه) ، څو څو . ځانګړی ، جلا .

severally, adj. بېل بېل ، په ځانګړي ډول ، ځانله ؛ یو یو ، ځان ځان له .

severe, adj کلک ، شدید ، سخت . خطرناک ؛ په ډسپلین ولاړ ، پر اصولو ټینګ ؛ بې رحمه ، سخت زړی ؛ څورونکی ، په عذاب کوونکی (لکه تبه) ؛ نه زغمل کېدونکی ، له حوصلې وتلی ، له توانه لوړ .

severely, adv. په کلکه توګه ، په خطرناکه توګه .

severity, n. کلکوالی ، شدت ؛ بد سلوکي .

sew, v.t.i. ګنډل ، بخیه وهل ، بخیه کول ، ټکې وهل .

sewer, n. ګنډونکی .

sewage, n. ناولې اوبه ؛ چټلي ، ناولتیا .

sewer, n. تر ځمکې لاندې نل یا ترو نل چه ناولتیا (کثافت) پکښې تېرېږي

sewerage, n. د ښار د ناولو اوبو سیستم، د ناولتیاو ویالې، د ویالو او کانالو په واسطه د ښارو ناولتیا لرې کول: چټلې اوبه، ناولې اوبه

sewing, n. گنډنه (خیاطي): د گنډلو کالي.

sex, n. جنس، نرتوب یا ښځتوب: شهوت: شهواني خبرې.

sexual, adj. جنسي، شهواني

sextant, n. ډقاله، یوه آله چه د زاویې او درجې له مخې فاصله اندازه کوي

sextet, sextette, n. د موسیقۍ شپږ کسیزه ډله، هغه موسیقي چه شپږ آلې پکښې وږغول شي: شپږ کسیزه سندرغاړي یا لوبغاړي (ډله): شپږ کسیزه ډله.

sexton, n. د کلیسا خادم، د کلیسا چوکیدار: گورکیندونکی،

shabby, adj. شړېدلی، زیښتکی، زیښتکی، زاړه (لکه کالي): تړی شوی: خوار بولی، خوار جامه، ټیټ، سپک، پرېوتی.

shack, n. کوډله، جونگړه، کمزوره ودانۍ، انگاره، خوزاره: د ورمنځه پاتې شوی.

shackle, n. ځولنې، دوربل، ښکېل: کړۍ، انگړی.

v.t. ځولانه کول، دوربلول، ښکېلول، په ځنځیر تړل.

shad, n. یو ډول امریکایي کب چه د اتلانتیک په غاړه کې اوسي او د هگۍ کولو د پاره د سیند پورې خواته ځي

shade, n. سیوری: تتوالی: تیاره (تاریک): لږ، لږه اندازه، لږ توپیر: پرده، چتر، د رنگ د تیزوالي اندازه.

v.t.i. تیاره کول: سیوری کول، پرداز ورکول، رنگول: تتول.

shady, adj. سیوري لرونکی، سیورن (سایه دار): پټ پټه.

shading, n. پرداس (په تصویر کې هغه رنگ یا لیکه چه سیوری ښيي) د سیوري د ښودلو د پاره د رنگ یا لیکې استعمال.

shadow, n. سیوری (لکه د ښیښې دم): سرپناه، سیب، لږ کوټی، لوښکی، لږ شانی: سیوری (لکه د غم، د ویر، مرگ) عکس انعکاس: څرک، انځه: خیال، شبح: څارو، جاسوس: د تصویر سایه لرونکې برخه.

v.t. سیوری اچول: تیاره کول، تتول: پټه کول: تت ښودل: پټه ښودل: تعقیبول، څارل، په پټه څارل: پرداز کول، سیوری ورکول.

shadowy, سیورن، تیاره، تت: سیوري و زمه.

shaft, n. لاسټی: د نېزې: میله، تیر: ځلکی، څڅی (هغه وړانگه چه لکه تیره اچول کېږي)، څڅی: ستنه، اچه، میچه: سوری، غار (لکه د کان د را ایستلو د پاره)، غار (لکه چه الفت پکښې نورته کښته کېږي).

shag, n. ږیږې ورده یا د پښتان: پت: د پوڅول ډېر ور نري نري شوي تمباکو

shaggy, adj. ږیږ، څپولی (لکه پښتان)

shake, v.t.i. رپېدول، لړزول ، پې ځا په کول، متزلزل کول : ښورول ، رچول؛ لړزېدل ، ښورېدل، ټکان خوړل : اړه کول. رپېدل، لړزېدل، ښورېدل، رچېدل ټکان ورکول .

shaky, adj. خوځنده ، رجړنده ، رپېدونکی، لړزند .

shaker, n. خوځوونکی ، ښوروونکی دوړوونکی (لکه د مالګې لوښی) ، د يو ډول مذهبي فرقې غړی

shale, n. پسته ډبره، خاوره ډبره کېږه .

shall, v. د فعل مرستیال : به (لکه زه به سبا ولاړ شم)

shallop, n. وړوکې سرخلاصې ماکو ، وړه سرلوڅې بېړۍ .

shallow, adj. درګه (چه ژور نه وي)، ورځی ، کوچنی : تش مغزی : سطحی ، بې مغزه ، کمزوری سری

shalt, د shall لرغونی بڼه

sham, n. غلطی ، نقلي ، جعلي ، د با بهت انځور ډوی صنع، مصنوعي ، دوکه : (اصط) ډر کړی جنګ .

v.t.i. جعلول، کاپي کول، پېښې کول ، کېلو کول، ټکی کول .

shammer, n. ټګمار ، چلباز ، جعل کار

shamble, v.i. زمېدل، مې مې تلل ، پښې ښکول ، کاږې واږې تلل، شوا په کرېدل.

shamble, n. پښې ښکونه، شوا په تله

shambles, n. مسلخ: وژل ځای، د حلالولو ځای د قتل عام ځای ؛ ګډوډی ، (اصط) ګډوډي

shame, n. شرم ؛ پښېماني ؛ سپکوالی ؛ خجالت ، پیکه توب .

v.t. شرمول، سپکول ؛ رسوا کول .

shameful, adj. شرمونکی ، شرمناک

shamefully, adv. په شرموونکې توګه : په شرمنده کې .

shameless, adj. بې شرمه ، سپین سترګی

shamelessly, adv. په بې شرمي ، په سپین سترګی .

shampoo, v.i. سر مینځل ، سر مو بل ، و ښتان مینځل ، شامپو کول .

n. سر مینځنه ، شامپو کول : شامپو (يو ډول ماېع چه سر پرې مینځي) .

shamrock, n. يو ډول شفتل (شوتل) چه د آيرلينډ ملي نښان دی .

shanghai, v.t. بېړۍ ته په زور د يوه ماڼو راوستل او بېړۍ ته چلولو لپاره مجبورول .

shank, n. لینګی ، پونده ؛ پښه : د ځوا په دوراله د ځوښي لوګه ، میله، توله ، د يوه اسباب هغه برخه چه ټما له برخې پورې د لاستي سره يو ځای کوي (لکه د لوړ او ږده توله) .

shanty, n. کوډله ، جونګړه ، کوډۍ .

shape, n. بڼه ، شکل ، څېره (اصط) کې وډه ، جوله ، دمه (لکه په رنګه او د د ځا پسته ده) ، وضعیت : حالت ، وضعه ؛ قالب

v.t. جوړول ، شکل ورکول : اچول (طرحه کول) : برابرول ، سمول ، روڼ کول ، تنظیمول .

shapeless, adj. بې ډوله ، بې شکله .

shapely, v.t. ښایسته ، ډولي ، ګلالی

shard, n. ټوکرکی ، ټوکره ، ټوټې ، ټوټه : ماته ټوټه ، کوډۍ (کوډرکی کوډلی ، کوډۍ) .

share, n. پاله ، سپاره ، کره کی .

share, n. برخه ، ونډه ، سهم .

v.t. په برخه ویشل ، ونډې کول

v.i. برخه اخیستل ، شریکېدل ، ګډېدل .

shareholder, n. ونډه وال ، سهم لرونکی .

sharer, n. ویشونکی : انډیوال ، شریک بانی .

sharecropper, n. شریکبانی ، دهقان (هغه بزګر چه د ځمکې له څاوند څخه د کار په مقابل کې د حاصل یوه معینه برخه اخلي) .

sharecrop, v.i. په شراکت بزګر کېدل .

shark, n. شارک ، یو ډول داړونکی کب چه نور کبان خوري او پر انسان هم حمله کوي : درغل ، ټګ .

sharkskin n. د شارک پوستکی : یو ډول ښوی نرم ټوکر .

sharp, adj. تېره : څوکه ور ، تېغ : چغنده (بوغ) : بربښنده (شی) : څوله لګوونکی ، سوځنده ، سوځوونکی : دردناک ، خوږوونکی : ځوځوونکی ، چېچوونکی ، سخت؟ څېرک : لېوال ، مشتاق : زورور ، شدید : تنکی ، پام لرونکی ، چالاک : ظریف : (مو) لوړ بوغ ، جګ بوغ .

v.t. (مو) په داسې بوغ سندرې ویل چه نیم قدم تر اوږدو لوړوي .

adj. په تېره ګوګه ، کټ مټ ، هو په هو ، پېڅو .

sharply, adv. په تېره ډول ، په چابکۍ ، په چټکۍ .

sharpness, n. تېره والی : چټکتیا ، څېرکتیا .

sharpen, v.t.i. تېره کول : تېره کېدل

shatter v.t.i. ټوټې ټوټې کول : تس نس کول ، ډډې وډې کول ، خېچ بېچ کول . رېچې رېچې کول ، برباد دول : ټوټې ټوټې کېدل : بربادېدل .

shave, v.t. خرېیل : تراشل ، توږل : ګرول ، ګروول ، ګزول .

n. تراشونکې آله ، توږونکې آله ، خرېینه ، توږله .

shaving, n. خرېیونکی : توږونکی ، توږل شوی ډېره ، نرۍ ټوټه .

shawl, n. شال ، پوړنۍ : څادر ، پټو .

she, pronoun, هغه ، دا (ښځه) .

sheaf, n. ګېډۍ ، کوده (ټوده) ، بنډول

shear, v.t. سکوندل ، کڼول : څوڅول ، پرې کول ، خرېیل .

n. سکوندله ، کینچه ، سکوندل : د سکوندل ماشین .

shearer, n. سکوندونکی .

shears, n. ځوړځول ، بیاتی ، قېچۍ ، کېنچۍ .

sheath, n. تېکی ، کاټی .

sheathe, v.t. په تېکی کې اچوول ، پوښل

sheave, n. څرخ ، څرخره .

sheaves, n. گېډۍ (گاڼۍ) ، پنډلونه .

shed, v.t. څپره ، سپېره ، چوپان .

shed, v.t. تویول ، بهول ، څڅول ، خپرول ، خورول ، شیندل ، اچول ، غورځول (لکه ورکت او پوستکی) .

sheen, n. ځلا ، بېرك ، برېښ

sheep, n. پسه ، گډ : بې زړه ، مړ بې ، چاړن

sheep cote, n. شپول ، پنډغالی ، څپره .

sheepfold, n. شپون .

sheepherder, n. شپون ، چوپان ، پووندہ .

sheepman, n. پوونده .

sheepish, adj. شرمنده وکی : خجالت .

sheepskin, n. د پسه پوستکی ، د پسه څرمن : شهادتنامه ، بری لیك (په امریکا کی د پوهنځی) .

sheer, adj. ماڼی ، بالکل ، فقط ، مطلق : سنخ مخ ، لوړ مخ ، څوړ : ، وړن ، نازك ، نری .

adv. بالکل ، په څرگنده توگه .

sheer, v.t.i. لاره څپول ، له لاری کږ څېدل ، له لاری اوښتل (لکه د بېړی) .

sheet, څادر ، روجایی (چه په بستره یی غوړوی) : پاڼه (لکه د کاغذ) : مخ (لکه داوبو) : تخته (لکه فلزی) .

sheet, n. رسی یا زنځیر چه د بادبان په ټولولو یا خپرولو کی په کار یږی ، د باد بان کښتنی مرا لدی .

sheeting, n. د څادر جوړولو ټوکر : پر لیاسی لگېدلی تخته .

sheik, sheikh, n. شیخ (د عربو مشر) : د لنجو او خوښی سړی .

shekel, n. یو ډول یهودی وزن (چه نیم اونس کیږی) : لرغونی عبرانی سکه .

shelf n. طاق ، رف (رف) ، تاخچه ، کاندی (د شینوارو لهجه) ، تاچان ، پان (د سیند د غاړی گوگ ځای).

shell, n. کاسه ، تنی (لکه د کیشپ) : سیپی ، صدف ، کوانچکه ، گوجی : د هگی پوښ ، کشکول : غلی ، کارتوس ، گولی مرمکی : او پروه نری د مسا پڅی ماکو (بېړی)

v.t. پوستول ، سپینول : گولی ورول ، شلیك کول .

shell. adj. صدفی ، له سیپی د ك

sheller, n. گولی وروونه ، شلیك .

shelly, adj. صدف وزمه ، پوښلوونکی ، له صدف څخه ډك .

shellac, n. لاك .

v.t لاکی کول ، لاك موښل ، په لاکو پوښل .

shellfish, n. کب یا بل داوبو ژوی چه کلك پوښ ولری (لکه کوڼی کبر)

shellshock دگولی ویره ، د ماغی ورانتیا (چه په جنگ کی د گولیو او بمونو د چاودنی په اثر پیدا کیږی)

shellshocked, adj له گولی څخه وار شوی .

shelter, n. سرپټولی ، پناگاه ، سیب ، خوند ، دخوندی کېدو ځای .

v.t. ساتل ، خوندي کول ، پټول ، پناه ور کول .

shelve, v.i. ریوند کېدل ، په تدریج مخ ښکته کېدل ، ورو ورو مېلان پیدا کول ، ښوه کېدل : په تاخچه کې ایښودل : لیری کول ، له کاره غورځول .

shelves, تاخچې ، الماری ، کاڼی ، ریونه (رفونه) .

shepherd, n. شپون .

v.t. پیڅول ، څرول ، بیول .

shepherdess, n. شپنه .

sherbet, n. شربت ، خوږولی .

sheriff, n. ولسوال ، حاکم .

sherry, n. یو ډول اوی هسپانوی شراب .

shew, n. & v. د show بله بڼه

shibboleth, n. نښه ، علامه ، پیلوونکی نښه (چه له خبرو څخه ښکاره کېږی).

shield, n. ډال ـ سپر .

v.t. سپر کېدل ، ساتل ، ژغورل .

shift, v.i.t. بدلول : اړول : ګډوډان کول ، بدلېدل : اوښتل .

n. بدلون : نوبت ، رونن : چلمه ، بانه

shiftless, adj. لټ ، بیکاره : بی پروا .

shiftlessness, n. لټی ، بی لاسی او بېغمی توب

shiftless, adj. لټ ، بیکاره ، بی پروا .

shiftlessness, n. لټی ، بی لاسی او بی غمی توب .

shilling, n. شلینګ ، برتانوی د سپینو زرو سکه چه د ډولس پنسه کېږی .

shimmer, v.i. ځلېدل ، پړکېدل ، ځلیدل و هل .

shimmer, n. پړکه ، ځلا

shimmery, adj. پړکنده ، ځلانده ، بر یښنده .

shin, n. لېنګی (له زنګانه څخه تر ښنګری د پښی مخکینی برخه) پنډ لکه

shinbone, n. د لېنګی هډوکی ، تولی .

shine, v.i. ځلېدل ، بریښنده : شهرت لرل .

v.t. ځلول ، بریښول ، روښانول .

shingle, n. کاڼی ، سنګی ، سنګی ږی ، ساحل .

shingle, n. دړه ، تخته ، تراشه چه په بام کی کار کېږی .

shiny, adj. روڼ ، ځلانده ، بر یښند ،

ship, n. بېړی ، کښتی : د بېړی عمله .

shipboard (on), په کښتی کی .

shipbuilder, بېړی جوړوونکی .

shipbuilding, بېړی جوړونه

shipload, د بېړی بار .

shipmaster, د بېړی څښتن .

shipmate, د بېړی ملګری ، د سفر ملګری .

shipowner, د کښتی خاوند .

shipper, په بېړی کی مال استوونکی

shipwright بېړی جوړوونکی .

shipyard د بېړی جوړولو کارخانه .

shipping, n. په بېړی کښی د مالونو وړل راوړل : د یو هیواد د بېړیو تمامی بار .

shipshape, adj برابر ، سم .

shipwreck, n. ماته بېړی ، ډوبه بېړی : ورانتیا ، وېجاړتیا .

v.t. ډوبول : ماتول : ورانول ، خرابول

shire, n. سیمه ، علاقه .

shirk, v.t. ځان ګوښه کول ، ډډه کول ، اوږه ګنډل ، ځان غلول ، (له کاره څخه) .

shirker, n. ځان کښېوونکی، سر غړوونکی (له کاره).

shirr, shir, n. سره ګنډل، سره پورې کوله.

v.t. سره ګنډل: د هګیو سمبوسه پخول.

shirt, n. کمیس، خت: پېنیان.

shirtless, adj. لوڅ لغړ، بربنډ، بې کمیسه.

shirtmaker, n. درزی، ګنډونکی، خیاط، جامه ګنډونکی.

shirting, n. د خت ټوکر، د کمیس رخت یا ټوټه.

shiver, v.i. لړزېدل، رپېدل، ټزېدل، رېږدېدل.

n. لړزېده، رېږدېده، رپېده، لړزه، رېږد.

shivery, adj. لړزانده، رېږدنده، ترهنده.

shoal, n. ډله، رمه (لکه د کبانو)

shoal, n. رغی، دوار، او به چې ژوري نه وي.

shock, n. ډلۍ، سترۍ (لکه د جوار او رومبه ولاړه وي)

shock, n. ټکان، ټکه، جټکه: ټکر: دماغي ګډوډي، ترپ، پرګال (لکه د ناروغي ناڅاپي حمله): د مرض حمله.

v.t. ټکان ورکول، جټکه ورکول: برقي جټکه پاڅاکې ورکول.

shocking, adj. لړزوونکی، ټکان ورکوونکی: کرکجن، ناوړه.

shod, د shoes ماضي، نال (نعل) کړی

shoddy, n. زړې وړې: زړه کهی ګوډړی: موټلی ټوکر، ځان ښوونه لکه، ابله،

بازاری لباس.

adj. له زړو کوټه جوړ شوی، له زړو وړو جوړ شوی: پلمه کر، جوړه، قلب.

shoe, n. بوټ، موچڼی: نال (نعل لکه د آس): هر یوه اوس (هغه نال چې له تبی څه اړا به لیسي): د موټر ټایر.

v.t. بوټ پښو کول.

shoemaker, n. موچی، بوټ ګنډونکی.

shoestring, n. بوټ بند.

shone د shine ماضي او دريم حالت صيغه

shook, د shake ماضي او دريم حالت، وچورېده، ولړزېده، ورېږدېده.

shoot, v.t.i. ويشتل (لکه په ګولۍ یا غشي) ډز کول، وار کول: اچول (لکه وړانګې): پوري وهل، ټپل وهل: په ګراپ وتل (یا پوري وتل): عکس اخیستل: تېرېدل تونګېدل (لکه غشی)، ګوزار پېدل: خلاصېدل، ایله کېدل، وار کېدل: ويشتل کېدل: را وتل: ټوکېدل، ایش وهل: فلم جوړول

n. ډزې، ويشتو سابقه، ایش وهنه.

shooter, n. ويشتونکی.

shooting star, آسماني ګالۍ، لوېدونکی ستوری.

shop, n دکان، چارځای، کارځای

v.t. سودا اخیستل، په دکانو کرځېدل.

shopgirl, n. دکانداره.

shopkeeper, n. دکاندار.

shopman, n. دکاندار، دکان لروونکی.

shopper, n. اخیستونکی، راانیونکی

shopwindow n. د دکان کړکۍ ، د مغازې کړکۍ .

shopworn, adj په دکان کې خراب شوی ، په دکان کې پاتې شوی .

shore. v.t. ادم کول ، تمبه کېښودل: پښتې ورکول ؛ ټکيه کول .

n ادم ؛ ؛ ټکيه ؛ پښتې .

shore, n. غاړه ، پټن ، ساحل .

shoreless, adj . بې څنډې ، بې ساحله .

shoreline, adv. . دا و بو غاړه ، د ساحل ژۍ .

shoreward, adv. د پټن لور ته ، د ساحل لور ته .

shorn, د shear دريم حالت ، سکول شوی

short, adj. لنډ : ټيټ ، لږ ، کم (وخت): لنډ کنډی ، وچ ، توند (لکه جواب) ، نيمګړی : لږ ، نا بوره ، ناګاڼي: ناڅاپي ، ناڅي .

n. لږ ، کمبود : (د جمعې په حالت کې) نيکر ، جنګي لنډ پتلون ؛ کمبودی نيمګړتياوې .

adv. . په لنډه توګه ، لنډ په لنډه .

shortlived, adj. کم عمره ، لنډ ژوندی

shortly, adv. . دستي : ژر بې .

shortness, n. لنډوالی ، لنډون : لږوالی .

shortage, n. کمی ، کموالی ، لږوالی ، کسر ، نشتوالی .

shortcake, n. خوږ کېک ، کرو سنده ، ميوه لرونکی کېک .

shortcoming, n. نيمګړتيا ، کسر ، عيب

shorten, v.t.i. لنډول : لنډېدل .

shortening, n غوړ (په تيره نباتي) : غوړي .

shorthand, n. لنډ ليک ، يو ډول ګړندی ليکنه چې د کلمو پر ځای مختففات استعمالوي .

shorthanded, adj. بې وزرې ، بې مرستياله ، بې ملاتړه ، د کومکيانو او کارګرو له پلوه نيمګړی .

Shorthorn, n. کوڼه غوا ، د غواوو يو ډول چې نسل چې لنډ ښکرونه لري او ډېرې شيدې کوي .

shortsighted. adj. لنډ نظری ؛ لنډ پاری

shot, د shoot ماضي او دريم حالت .

shot, n. ويشتنه ؛ ډز ، ټک ، وار (لکه د ټوپک) : واټن ، فاصله (چې ډز ورسېږي) . غورځوله ، ايله کوله: پيچکاري ، ستن: د سينما د يوې صحنې فلم .

shotgun, n. ښکاري ټوپک ، لنډ ټوپک

should د shall ماضي ، بايد ، چاپې .

shoulder, n. اوږه . غاړه ، څنډه (لکه د سړک) : موږه پورې وهل . (لکه په اوږو) ؛ پر اوږو اخيستل .

v.t.i. اوږه ورکول .

shoulder blade ولۍ ، ډولی هډ : چاري .

shout, v.t.i. چيغې وهل ، چغارې وهل ، شورماشور کول : چيغېدل .

shout, n. چيغې ، شور .

shove, v.t.i.n. پورې وهل ، ټېل وهل ؛ جوخول ، چيچل ، منډل ، لاندې پسېټل ، پورې وهنه ، ټېله .

shovel, n. v.t. بېلچه ، چاره ؛ په بېلچه غورځول ، په بېلچه کيندل ، توږل .

show, v.t.i.n. ښودل ، ښکاره کول ، څرګندول ؛ لارښودل : ښکاره یدل ، څرګندېدل : درېم کېدل (داسو او په څفاسته کی) : ننداره ، نمایش ، ځان ښودنه : لښه ، څرک : ظاهري بڼه نظاره ، سیل : درېم لمبر (داسو او په څفاسته کی) .

showman, n د ننداري منظم .

showroom, n. د ننداري کوټه .

showy, adj. ډولی ، سینګاری ، ځان ښودونکی

shower, n. شاور : وریا ، څپه (لکه د باران پاڅلی) .

v.t. شیندل ، اورول (لکه پیسی یا لطف) ، توېدل .

v.i. اورېدل ، شیندل کېدل .

showery, adj.

shrank, د shrink ماضی ، ځونږ شو .

shrapnel, n. شرپنل ، بمی ګولی .

shred, n. رېښکی ، رېباړه .

v.t. رېښکی رېښکی کول ، رېباړی رېباړی کول .

shrew, n. جنګړې ، بدمزاجه (په تېره ښځه) : یو ډول وړوکی موږک ورته حیوان : بدږدی ، بدخولی .

shrewd. adj. هوښیار ، چالاک ، ځیرک .

shrewdly, adv. په ځیرکی ، په چالاکی .

shrewdness, n. ځیرکتیا ، چالاکی .

shrewish, adj. جنګړه ، تونده ، بدمزاجه ، بدخولی .

shriek, n. v.t.i. کریکه ، کریغه ، چیغه ، چیغی وهل ، کریکی وهل : چیغېدل : بڅېدل .

shrieve, د sheriff پله بڼه ، اولسوال .

shrift, n. په ګناه اعتراف ، په ګناه اقرار (د مذهبی مشر ته مخه) .

shrike, n. ټیټکه (کله خوړی) ، یو ډول ښکاری مرغه چه خپل ښکار د ولو په اغزیو کی ځړوی او بیا یې خوری .

shrill, adj. v.t.i. چیغنده ، تېره غږ ، چیغېدل ، تېره غږ ایستل .

shrilly, adv. په چیغنده غږ ، چیغنده .

shrimp, n. شرمپ (یو ډول کلك پوستی کب چه اوږده لکۍ لری) : منفور شخص یا شی .

shrine, n. زیارت ، روضه

shrink, v.i. ځونجېدل (منقبض کېدل) ، سره ټولېدل : ځان کښل ، کوچنی کېدل (لکه له ډاره) : لنډېدل (لکه کالی چه لانده شی) : ټیټېدل ، کمېدل (لکه پیسی ارزښت کی) .

v.t. ځونجول ، سره ټولول ، لنډول ، کمول .

shrinkage, n. ځونجېدنه : لږېدنه ، کمېدنه ، سره ټولېدنه ، انقباض .

shrive, v.t. اعتراف اورېدل ، د ګناه اقرار ته غوږ نیول : توبه ویستل ، بښل : په ګناه اعتراف کول .

shrivel, v.t.i. ګونجې کېدل : مړاوی کېدل : زموږلېدل : سوځېدل ، وچېدل (لکه د بوټی) : ګونجې کول : مړاوی کول ، شینه کول .

shroud, n. کفن : چادری : پوښ : پرده (د بېړۍ د بادوان) .

v.t. په کلمن کښي کول، پوهول.

shrove د shrive ماضي، معاف کړی، اقرار ته یې غوږ کېښودی.

shrub, n. بوټی، گلبوټی.

shrubby, adj. له بوټو ډک، په بوټو پټ.

shrubbery, n. بوټي لرونکې ځمکه، بوټیانه.

shrug, v.t.i. اوږې ښورول، اوږو ته چټکه ورکول (د شک او بدگمانۍ د ښودلو په غرض)، اوږې غورځول.

shrug, n. بدگماني، شک: بې اهمیته بلنه، د اوږو چټکه.

shrunk د shrink ماضي او دریم حالت، غونج شو.

shrunken, د shrink دریم حالت. غونج شوی، وچ شوی.

shudder, v.i. رېږدېدل، لړزېدل: ترهېدل (لکه له وېرې).

shudder, n. رېږد، لړزه، ترهېدنه: کرکه.

shuffle, v.t. گډوډول، گډول: پښې ښکول، پښې (په ځان پسې) راښکول: پښه پرځای (چپ‌رځای) کول، سست سست ښکېدل.

n. گډوډه: کړپ کړوپ (لکه شوې چه کاغذونه سره اړوي): ستنه لټا: مړ مړ تگ.

shun, v.t. لېرې کول، یوې خوا ته کول، په ځنگ کول: ډډه کول: تېر ایستل، تېرول (په چلمه).

shunt, v.t. یوځلي بدلول (د اورگاډي)، پر بل پټلۍ ځغلول، لار بدلول: بدلېدل، اوښتل، په بله لار گرځېدل.

n. لار چپونه، اوښتنه، بدلون، اړونه.

shut, v.t. بندول: بوډي کول، تړل: بندي کول: قپول، تړل (لکه د کتاب): کتول (لکه د چاکو).

shutter, n. پرده (په تېره د کړکۍ).

shuttle, n.v.t. ماکو، چرخه، چرخۍ: وروسته وړاندې تلل: وړاندې راوړل: تلل او راتلل (لکه د سروېس).

shuttlecock, n. پوښکې والا گېند (توپ)، یو ډول پښو شکه چه پښې پکښې چو ښوي (د یو منقش توپ).

shy, adj. v.t. شرمېندونکی: بې زړه: شرمناک، حیاناک، گرانه، تورخوړل، ترهېدل.

shyly, shily adv. په شرمېندونکي توگه.

shyness, n. شرم، حیا: بې زړه توب.

Shylock, n. سخت زړی سړی، سرابي او سخت سړی.

sibyl, n. غیب ویونکی، جادوگره ښځه، کوډگره.

sibylic, sibyllic, adj. د جادوگرۍ، د کوډو.

sibylline, adj. د جادو، د کوډو، د الهام.

sick, adj. رنځور، ناروغ، ناجوړه: کانگن، ټېچن (کانگو ته مایل)، خواگرځن (خوا گرځېدونکی)، خواگرځی: ستړی، خوا توری، زړه توری: زموږ، مړاوی، مړ ژواندی.

sickly, adj. رنځور ښکاري.

sicken, v.t.i. ناروغول، ناجوړول: ناجوړېدل، ناروغېدل، رنځورېدل.

sickle. لور (داس).

sickness, n. ناروغتیا ، نا جوړتیا ، رنځ

side, n. څنډه : اړخ ، څنګ : مخ (سطح) : خوا (لکه ښې یا کیڼه)، پلو : ژۍ ، غاړه ، پلو ، خوا ، طرف لکه

He is on my side. هغه زما پر خوادی. ډله ، پلۍ (لکه دغره).

side, adj. د اړخ ، د څنګ ، د پلۍ .

sideboard, n. دلوښو الماری (چه دخوراک په کوټه کی ایښودل شوې وی).

sidelong, adj. اړخېز ، څنګزن : له کوږه ، له کوټه : د پوله ، د پټه .

sidereal, adj. ستوریځ ، دستورو : د برجو ، نجومی .

sidetrack, v.t. له لویې لارې اړول (لکه داورګاډی) ، فرعی پټلۍ ته اړول ، څنګ ته کول .

n. دڅنګ لاره .

sidewalk, n. د پلو لار ، څنګلاره .

sideway, adv. په اړخ ، په څنګ ، څنګزن : پر اړخېز ، پر یوه خوا ، له یوې خوا : د پوله .

siding, n. اړخېزه پټلۍ (داورګاډی) ، داورګاډی فرعی کرښه ، هغه پټلۍ چه اورګاډی له لویې لارې څنګ ته اړوی .

sidle, v.i. په څنګه تېرېدل ، په یوه اړخ تېرېدل

siege, n. کلابندی ، ایسارونه (محاصره) . چاپېرېدنه

sierra, n. دغاښو ورغوړونو لړۍ ، پولۍ غرونه چه غاښې اوڅوکې یې ښکاری .

siesta, n. دغرمې خوب (له خوړاک څخه وروسته) ، قیلوله .

sieve, n. غلبیل ، پرویزی : لیښو ولی ، چڼولی : صافی .

sift, v.t. غلبیلول ، پرویزل : چاڼول : چڼل : په غور پلټل ، ددړول .

sigh, v.t.i. اوسېلی کول ، اوسېلل ، سوړ اوسېلی ایستل ، وېر کول ، خواشینی کول .

sigh, n. اوسېلی ، سوړ اسوېلی .

sight, n. لید ، ننداره : نظر ، دید ، چهره : لیدنه ، کتنه : څوکلی (چری ، چوټی) ، ټولی : چری لګېدنه ، ترسترګو کېدنه ،

v.t. لیدل : نښه لیول ، نښه کول .

sightless, adj. بی لیده ، ړوند .

sightly, adj. ښه ایسېدونکی ، ښه ښکار ، ښه ښکارېدونکی ، ښایسته ، د تماشې

sight-seeing, adj. سیل ، ننداره ، تماشه

sight-seer, n. سیلانی ، ننداره چی ، تماشاګر .

sign, n. نښه ، رمز ، سمبول : اشاره ، ډوتکه : علامه (لکه تراپهکی) شاګوم (شګون) ، فال (فال) : پل ، اثر .

v.t. نښه کول : لاسلیک کول : مهر یا امضا لګول .

v.i. خپل نوم لیکل : اشاره کول

signer, n. لاسلیک کوونکی .

signal, n. نښه ، علامه ، اشاره : خبرونه ، علامه (لکه تراپهکی علامه) .

adj. څرګند : ښه جاری : خبرونکی

v.t.i. اشاره ورکول : خبرول کول : لار ښودل : اعلان کول ، خبرېدل ، اعلانېدل .

signally, adv. فوق العاده، څرګند.

signalize, v.t. په ګوته کول، ښکاره کول، څرګندول، مشهورول.

signatory, adj. لاس لیک کوونکی: د تړون لاس لیک کوونکی

signature, n. لاس لیک، دستخط، امضا: (موسیقي) سوروونه: پروګرام، کړن لار.

signboard, n. لوحه، د اعلان دړه.

signet, n. مهر.

signet ring, n. د مهر ګوتمې.

significant, adj. معنی لرونکی: مهم: د پام وړ، څرګند، ویلی.

significance, n. اهمیت: څرګندوالی.

significantly, adv. په با اهمیته ډول: په څرګند ډول.

signify, v.t. ښیل، څرګندول: معنی ورکول.

v.i. معنی لرل: پر ښېښېدل، څرګندېدل.

signification, n. مفهوم، معنی.

signpost, n. لارښوونکی لښته (هغه ستن چه د سړک په څنګ کې ولاړه وي او د سمت د ښودلو علامې لري.)

silage, n. پېده، وچ واښه (چه انبار شوي وي)

silence, n. چوپتیا، کراری، نه خوزېدنه.

v.t. غلی کول، چوپول: کرارول.

silencer, n. هغه غلی کوونکی آله (لکه د موټر سایلنسر یا چوپونکی.)

silent, adj. غلی، چوپ: پټ خولی

silently, adv. په چوپتیا، په چوپه خوله

silhouette, n. نیم مخی (لکه تصویر)، سیوری: جوسه (لکه شیه کی چه څوک له ارې ښکاره شي)

silica, n. سلیکا، یو ډول بلوری ډبره: د بکرۍ ډبره.

siliceous, adj. سلیکا یي.

silicate, n. (کیم) د سلیک اسید مالګه، سلیکیت چه په طبیعت کی تر هر بل معدنی مواد زیات پیدا کیږي.

silicic, adj. (کیم) سلیسی، سلیکان لرونکی لکه سلیسلک اسید یا د سلیکان تیزاب.

silicon, n. یو غیر فلزی ماده چه په مخلوط شکل په طبیعت کی پیدا کیږي (د مځکی څلرمه برخه له سلیکان څخه جوړه ده).

silk, n. وریښم: وریښمین ټوکر یا تار.

adj. وریښمین.

silken, adj. وریښمین، پوست، نرم، ځلانده.

silky, adj. وریښمین، نرم، ښوی.

sill, n. درشل، درشاخی.

silly, adj. بېړا، ساده، کم عقل.

silliness, n. بېړاتوب، ساده توب.

silo, n. سیلو، ګودام، انبار.

silt, n. خټه، سلټ: پسته خاوره

v.t.i په خټه ډکول، په خټه کی ډوبول

silvan, د sylvan بله بڼه (ارګونی، ځنګلی).

silver, n. سپین زر: سپین: کاچوغی او پنجی: زری، زرین (رنګ).

adj. زرو، زری، د سپینو: سپین زروزمه.

v.t. په سپینو زرو جوړ اوکول، سپینول.

silversmith زرګر .
silvery, adj. زري ، سپین زرین .
silverware, n. کاچوغې او پنجې.
simian, n. بیزو .
simian, adj. بیزو وزمه ، د بیزو .
similar, adj. ورته ، په څېر ، یو شان .
similarity, n. ورته والی .
similarly, adv. همداسې ، په یو شان ، په دې ډول .
simile, n. تشبیه (ورته والی) .
similitude, n. ورته والی ، مشابهت : بڼه ،
simmer, v.t.i. ورو ایشېدل ، مې مې ایشېدل ، شنګېدل (د ایشېدو غږ) : خوټېدل (لکه له قاره) : څهپاری کول .
simony, n. د مقدسو شیانو اخیستنه او خرڅلاو : د لېږدي شیانو تجارت.
simper, n. بیځایه موسکا : بیزو وزمه موسکا .
v.i. بیځایه موسکېدل ، بیزو وزمه موسکا کول .
simple, adj. ساده ، آسان : بسیط : مازې ، تش (اصطلاح) سوچ (لکه سوچ ـ دروغ) : سم ، سپېځلی ، لېوغ : طبیعي ، بې تصنعه : شوخ ، ناپوه ، بیزا ، شوده
n. ساده زړی (سړی) بیزا ، شوده یو ډول طبي بوټی .
simpleness, n. ساده توب .
simply, adv. په ساده ډول : مازې ، تش ، یوازې : په بشپړ ډول
simpleton, n. بیزا ، شوده ، ساده .
simplicity, n. ساده توب ، آسانتیا : څرګند والی ، وضاحت ، طبیعي توب ، بې تکلیفي : جهالت ، بیزا توب .
simplify, v.t. ساده کول ، آسانول ، رڼول ، څرګندول .
simplification, n. آسانونه ، ساده کول .
simulate, v.t. ښوول (په غیر واقعي توګه) : تظاهر کول : تړل (په ځان پورې) : بیڅې کول : ځان اچول (لکه په لېونتوب) .
simulation, n. تظاهر : ورته والی : بڼې .
simultaneous, adj. یو ځای ، په یوه وخت (همزمان) ، جوخت ، غبرګ .
simultaneously, adv. یو ځای : په یوه وخت .
sin, n. v.i. ګناه ، ګناه کول .
sinful, adj. ګناه کار ، د ګناه ډک .
sinfully, adv. په ګناه کاری .
sinless, adj. بې ګناه .
sinner, n. ګناه کار .
since, adv. راهیسې (لکه له پروسږ کال راهیسې) ، له وخته چه ، پخوا ، د مخه .
prep. را په دې خوا ، راهیسې .
conj. له هغه وخته ، له هغې مودې : ځکه چه ، څرنګه چه ، د دې د پاره چه .
sincere, adj. رښتونی ، پاکزړی ، سپین : صمیمي : سوچه ، اصلي ، رښتیانی
sincerely, adv. په رښتونې توګه ، په اخلاص .
sincerity, n. اخلاص ، صمیمیت ، د زړه ګرالښت .
sinecure, n. داسې وظیفه چه کار او مسئولیت پکې لږ او معاش یې ډېر وي .

sinew, n. پله: زور، عصبي قوت، د پلو زور
sinewy, پلېور، ځښتلی، مزی.
sing, v.t.i. بدلې ویل، سندرې بلل؛ شنګېدل، سونګېدل، ژبېدل (لکه د مچې آواز) ښنهار: لمت ویل، ستایل (په شعر یا بند لوکې)، لوبول، ویل، بلل: په جوش ویل: په سندرو، بدلو او یا په ترانو خلک پر کار، خوب او یا پر مستی راوستل، په بدلو یوه حالت ته راوستل (لکه خوب ته).

singer, n. سندرغاړی، بدلګړ.
singe, v.t. الیول، الوی کول (بڼولی برخه)، لوغول (لکه په اور چه پسه الوی کړی)، کړول
single, adj. یوازی: ځانګړی: لواد، جوړه: یکی یو: دوه په دوه (لکه پهلوانان چه دوه په دوه مقابله سره کوی)، یو په یو: یوازی، یو، یکه: رښتونی، سوچه: یو کسیز (لکه کټ)
v.t.i. بېلول، غوره کول (په بیس بال کې) توب په یوه دار لومړی لی کول ته رسول (په ټینس کې) دوه کسیزه لوبه کول.

singleness, n. جوړه توب، یوازی توب ځانګړی توب.
singly, adv. په یوازی سر، دوه په دوه.
singleton, n. یوونزی: (د پټو په لوبه کې) په یوه لاس قطعو کې دراګه یوه پټه.
singletree, n. د یکی مخکینی لرګی چه د آس تسمې ور پورې تړل کېږي، ګرانډی.

singular, adj. عجیبه: بېساری، بېجوړې: (ګر) یو، مفرد.
singularity n. بېساری توب، خصوصیت.
singularly, adv. په عجیبه توګه: په بېساری توګه: په خاص ډول.
sinister, adj. بدمرغه، شوم: ناوړه، بد: ټګی.

sink, v.i.t. ډوبېدل: کښته کېدل (ورو ورو): کښېناستل، لوېدل (لکه لمر باد او یو سطح): ویجاړېدل، دراپېدل: کښته کښېوتل، ننوتل (لکه ستړی کې): مخ په ځوړ کېدل: کښېناستل (لکه په مغزو کې): ټیټېدل، ځوړېدل (لکه د نرخ): له زوره لوېدل، له پرمه لوېدل. ډوبول: کېښودل: سوری کول: منځول، ښخول، ننه ایستل: پانګه اچول یا دکه ایښودل.
n. نالی: د مردارو اوبو نل: (جیو) کنده، ناسته مځکه (چه اوبه پکښې راټولیږی او جذبل کېږي)
sinker, n. ډوبوونکی آله، د کب نیولو په چنګک پورې تړلی د سرپو وزن چه مزی ډوبوی.
sinuous, adj. کوږوږ، پېچ پېچ: تاو راتاو: کوږ.
sinuosity, n. کوږوالی، کږلېچ.
sinus, n. خلا، سوری (په تېره د کوپړۍ چه د سږمو (سږپه مو) سره یو ځای کېږي)
sip, v.t.i. لږ لږ څښل، کوچنی غړپ کول: کوچنی غوړپ کول: لږ لږ څکل

sip, n. غړپ ، غوړپ ، څښکه .

siphon, n. سيفون ، پوړانل (نل) شکله نل چه دهغه په واسطه مايعات له يوه لوښي څخه بل ته نوېږي : سيفون لرونکی بوتل .

v.t. د سيفون په واسطه کښل .

sir, n. ښاغلی ، صاحب

sirdar, n. سردار

sire, n.v.t. پلار : (دڅاروو يولو) پلار ، نر ؛ اعليجاه ، جناب . پلار کېدل ، پلار ولی کول .

siren, n. adj. ژړه وړونکي ښځه ، غولوونکې ښځه : دخطر زنګ .

sirloin, n. دغوا په دوراڼه غوښه ، بوټی .

sirocco, n.: دليبيا دصحرانو دوچ باد : تود وچ باد ، ګرم باد .

sirup or syrup. n. شربت ، خوږوبی .

sirupy, syrupy, ad. شربتي ، دخوږوبي

sister, n. خور .

halfsister, ناسکه خور .

sisterhood, n. خور ولی ، خورتوب

sisterly, adj. د خور توب ، د خور ګلوی

sister-in-law, n. ښينه ، خوښينه ، ښکيڅه ، يندرور ؛ ورښدار .

sit, v.ti.. کښېناستل ؛ جلوس کول ، غونډه کول ، جرګه کول ؛ ځلی کښېناستل ، ګراړ کښېناستل ؛ جوړ دا تلل ؛ کښېناستل (لکه جامه) ، کښېنول : په ځای ايښودل .

sitter, n. ناست سړی (لکه د رسام ته)

site, n. ځای ، محل ، معرکه (لکه دودانۍ يا فابريکې) موقعيت .

situate, adj. پروت ، واقع .

v.t. ځای ور کول ، ځايول : ايښودل .

situation, n. حالت ، وضع ، موقف : ځای ، موقعيت : کار ، رتبه ، شغل ، نوکري .

six, adj. شپږ .

n. شپږ (د ا نی) .

sixth, adj & n. شپږم .

sixpence, n. شپږ پنسه ، نیم شلنګۍ

sixpenny, adj. شپږ پيسه ګير .

sixteen, n. شپاړس

sixteenth, adj. n. شپاړسم .

sixty, adj. شپېته .

sixtieth, adj. & n. شپېتم .

sizable, adj. لوی زيات ، نسبتاً ډېر .

size, n. اندازه ، ميچ ، کچه ، جسامت ، جوسه ، لويوالی .

v.t. اندازه کول : په ميچ ويشل ، دجسامت په لحاظ ويشل .

size, n. آهار (اهار) ، بات .

sizzle, v.i. جز جز کول ، ځغول (لکه دوازکې) .

skate, n. يو ډول سمندري کب چه پلن او هوار جسم او اوږده نری ـ لکۍ لري

skate, n. سکيټ (فلزي ښويېدونکې دړه چه په بوټانو پورې تړل کېږي ـ او په کنګل ښوېږي) .

roller skate, اراپه پېړ بوټان .

skater, n. سکيټ کوونکی .

skein, n. : د سنیو غونډ لړواری ، کلاوه : غوټه .

skeleton, n. : د هډوکو چوکاټ ، سکلیټ : خاکه ، چوکاټ .

skeletal, adj. د هډوکو ، سکلیټي ، چوکاټي .

skeptic,sceptic. شکاک ، شکي ، شکمن

skeptical,sceptical, . شکاک ، شکمن

skepticism,scepticism, n. ، شکاکیت د شکیه فلسفه ، شکمنتوب .

sketch, n. سکیچ ، خاکه ، نقشه : مسوده ، لنډیز ، خلاصه .

v.t.i. خاکه کول ، نقشه اچول ، رسمول ، کښل ، لیکه راښکل ، لیکه کول .

sketchy, adj سکیچ ډوله ، ساده ، نیمګړی .

skewer, v.t. سیخ (د کباب) ؛ په سیخ پېيل

ski, n. د ډډلکې (سکی) ، اوږدې ډډې چې په پښو پورې تړل کېږي او په واوره ښوېږي .

skier, n. سکي کوونکی ، ډډلکی

skid, n. سکیډ (هغه ډډه چې له لارې څخه ددرنو شیانو د ښکته کولو دپاره استعمالیږي او شیان پرې ښوېږي) : تمبه ، اډم ، د ټایر بند : ښوېدونکې (اله) ، ښوېدنه (د ټایرو لي څخه) ، ښوېدل (لکه موټر) ښوېدل (په ګیرو په څنګ) .

skiff, n. یو کوچنۍ جاله ، ووړه ماکو ، وړه کشتۍ .

skill, n. : تکړه توب ، مهارت ، استاذي : وړتوب (لیاقت)

skilled, adj تکړه ، ماهر .

skillful, skilful, adj, ، تکړه ، ماهر ، هنرمن .

skillfully, skilfully, adv. ، په مهارت ، په استاذۍ .

skillet, n. ارکاره (هرکاره) ، کړاهی

skim, v.t.i. څک لول ، پېزوی لرې کول ، څارېل : سرسری تېرېدل ، سرسری لوستل ، تېرېدل (لکه په کتاب) .

skin, n. : پوستکی ، پوست ، پوټکی : څرمن

v.t. پوستول ، پوستکی اېستل .

skinny, adj. ډنګر ، لړی .

skinflint, n. ممسک سړی ، کنجوس سړی ، شوم سړی ، بخیل سړی

skip, v.i. په ټوپونو تېرېدل ، سرسری تېرېدل ، پرېښودل .

v.t. ټوپ وهل ، خیزکی وهل ، درېنجکی وهل ، دانګل .

n. ټوپ ، خیز : تېرېدنه (په) .

skipper, n. ماڼو ، جاله وان (په تېره دوړو تجارتي بېړیو) ؛ ټوپ وهونکی (کب) : لارښود .

skirmish, n. مختصره نښته ، اخ وډب .

v.i. په نښته کې برخه اخستل .

skirt, n. v.t. لمن ، په څنډه تېرېدل ، په څنګ تېرېدل .

skit, n. ادبي ملنډې ، ادبي پېغور ، هجوه .

skittish, n. تر پېدونکی (لکه اس) ، شرمندوکی ، ډارېدونکی .

skulk, v.i. غلی غلی ګرځېدل ، پټ پټ تلل ، پټېدل .

skulker, n غلی، پټ (سړی).

skull, n. ککری، کوپړی، کوډی، سر، د سر کاسه: کږ کیچن، منفور.

skunk, n سرابی، یو ډول امریکایی پیشو ډوله لکه ورمږوږی چه ډېر ناوړه بوی لری.

sky, n. اسمان، هسك.

skyey, adj اسمانی، اسمان ډوله

skylark, n. سپېړکوټی، برږا.

skylight, n. کوړك، دریچه.

skyline, n. د اسمان لمن (افق)، د اسمان مورګه، د اسمان غنډېده.

skyrocket, n. ماتاوی (آتش بازی).

skyscraper, n. دنګه ماڼۍ، اسمانی ماڼۍ (اسمان خراش).

skyward, adv. مخ په هسکه، مخ په اسمان، د اسمان پر لوری.

slab, n. شاخه، پلازه، تخته (لکه د تیږی)، ډوره، ټوټه، کنډۍ

slack, adj. لټ، سست (پراخ)، ځیرند، (اصط) مړه مړی.

v.i.t. سستول، سستېدل.

n. سست، ځیر پهلی.

slacken, n. سستول، ورو کول، ځیرندول.

slacker, n لټ، کار ځیرونکی (لکه د کار څخه)، ناځیری کوونکی

slackness, n. سستی، ناځیری، ځیرند توب، ورووالی.

slag, n. خیری، خیره، ځنکڼ، تفاله.

slain د slay ماضی، وواژه.

slake, v.t. ماتول (لکه تنده)؛ په ژوندی چونه یا اهك اوبه کښېول

slam, v.t.i. په ټرپ پورې کول (لکه ور، دروازه).

n. ټرپ، ځرب، درب.

slam, n د برېج په لوبه کې د هر چم ګټل

slander, n. v.t. تور، غندنه، تور لګول، تورول، رسوا کول، ختیا ایستل، بدنامول.

slanderer, n. تور لګوونکی، غندونکی.

slanderous, adj. تورن، تورمت ډوله، بدنامه وونکی.

slang, n. عامیانه محاوره، د یوې خاصی ډلی محاوره، غیر ادبی ژبه، ځانګړی اصطلاح (لکه د غلو په منځ کی).

slant, adj. رېونده، مخ ځوړ، شېوه.

v.t.i رېونده کېدل، کږول، شېوه کېدل، (اصط) ماتېدل.

slanting, adj. رېونده.

slantingly, adv. په رېونده توګه، په کاږه ډول.

slantwise, adv. adj. رېونده، په رېونده توګه.

slap, n.v.t. څپېړه، چپلاخه، په څپېړه وهل، په چپلاخه وهل.

slash, v.t. ټوټول، څېرل، چاك کول، چوول.

n. ګوزار، وار (په تېره شی): پرهار، د جامو چاك چه لاندی کالی تری ښکاری: د ځنګله د منځ میدان.

slat, n. نری میله چه پردی پری ځړول کیږی.

slate, n. سلیټ ، سلیټی ډبره : (په امریکا کی) د کاندیدانو لست .

slattern, n. خچنه ښځه ، بوږه ښځه ، خیرنه ښځه ، چټله .

slatternly, adv. په خچنتوب ، په ناولتیا .

slaughter, n. حلالول ، وژنه ، کوتنه : قتل و قتال ، وژونه ، سخه .

v.t. حلالول ، وژل .

slaughterhouse, n. کوشتل ځای ، مسلخ .

Slav. n. سلاو (د ختیځی اروپا یو نژاد چه روسان او پولنډیان پکښی شامل دی) .

Slavic, adj. سلاوی .

slave, n.v.i. مریی ، غلام : مریتوب کول .

slave, adj. دغلامی ، د مریتوب .

slaveholder, n. مریی لرونکی ، مریی والا ، بادار .

slaver, n. v.i. ناړی ، لیاړی ، ناړی بهیدل ، لاړی بهیدل ، ناړی بهیدل (له خولی) .

slaver, n. د مریانو بیړی ، هغه بیړی چه مریان د تجارت دپاره له یوه ځایه بل ځای ته پکښی وړی : د مریانو تاجر .

slavery, n. مریتوب ، غلامی : کړاو ، ستو لګه ، مریی ساتنه ، دغلامی رسم .

slavish, adj مریی وزمه ، غلامانه .

slavishly, adv. په غلامانه ډول .

slaw, n. کرم چه ټوټه ټوټه شوی او د سرکی سره یو ځای خوړل کیږی ، د کرم سلاته .

slay, v.t. وژل ، حلالول : ستوول .

slayer, n وژونکی ، قاتل ، ستوونکی .

sleazy, adj. نازک ، سست ، ژر شیری کیدونکی (لکه ټوکر) .

sled, n. پر واوره د ښویدو ونکی ډول .

sledge, n. دواوروبګی ، یو ډول ډول چه دواړه باروونکې پر واوره ورو او کنګل (یخ) وړی : پتک ، مارتول (لوی څټک) .

sleek, v.t. ښوی کول ، ځلاندول ، ښوی (چالاک ښویدی) : روڼ : تیار ، ښوی (لکه آس) : پوست ، نرم ، ملایم .

sleep, n. خوب ، ارام ، ویده کیدنه (اصطلاح) مرګ .

v.i. ویده کیدل ، خوب وړل .

sleepless, adj. بی خوبه ، شوګیر ، نارام .

sleeplessness, n. بی خوبی ، شوګیری .

sleeper, n. خوب وړی ، ویده کیدونکی : ادم یا ډبره چه بل څه (لکه داورګاډی پټلی) پری ټکیه کیږی .

sleeping, car. هغه اورګاډی چه دخوب ځای لری .

sleepy, adj. خوبجن ، خوب لیونی ، خوبړن ، خوبولی : پرکاله ، چوپ .

sleepily, adv. په خوبجنتوب ، په پرکالی .

sleepiness, n. خوبجنتوب ، خوبولتوب .

sleet, n. پوله ګرکی ، کری ګرکی ، کنه پرکی .

v.i. پوله ګرکی وریدل .

sleety, adj. له پوله ګرکی ډک ، پولی ډوله .

sleeve, n. استونی ، لل ، توله ، یونبی (چه د ماشین کوم سیخ پوښوی) .

sleeveless, adj. بې لستوڼی.

sleigh, n. دواوړو ګاډی ، پوړوول ګاډی
چه دارا بو په ځای دوه ښوینده دړې لري.

sleighing, n. دواوړو ګاډی چلول.

sleight, n. چم ، چل ، هنر.

sleight of hand. دلاس صفایي ،
دلاس چالاکي (لکه دمداری).

slender, adj. نری ، ځنګه نری ، ترنج ؛
سپک ، بې سپکه ، کمزوری ، لږ ، کم .

slept د sleep ماضي او دریم حالت
(وېده شو) .

sleuth, n. خفیه پولیس ؛ پولیسي سپی

slew, د slay ماضي (وواژه ، حلال کړ) .

slice, n. ټوټه ، ګرازه ، دړه (لکه
دډوډۍ یا غوښې) : پوړوول چاکو چه
مثلث ډوله شوکه ولري او پاخه کباب
پرې وباسي : دګلف په لوبه کی داسی
وار چه ګېن دلوبغاړی ښی لاس ته
ووړلی .

v.t. ټوټې کول ، څیرول ، ولتول ،
ولتوه کول :(په ګلف کې) وار کول.

slick, v.t.adj. ښوی کول ، ځلانده کول ،
رند ، چالاک ، هوښیار : ځوینده ، ښوی ؛
n. ښویه سطحه (لکه داوبو په ټپله
ورپالدې تری شی) .

slicker, n. اوږده ، اوږه بار انی ،
باراني ، کوټ : رند ، چلباز ، ټګ.

slide, v.i. ښویېدل ، ګښېدل ،
ښوی تېرېدل : غلی تېرېدل .

v.t. ښویول .

n. ښویېده ، ښویندی ، ښویېند ځای ،
سلایډ ، پوه لوحه چه عکس
تری په پردې لوېږي ، د مایکروسکوپ
صفایح د پاره د ښیښې ټوټه .

slight, adj نری ، ناڅیز ؛ لږ ، کم ؛
سپک ، کم ارزښته .

v.t. سپکول ، سپکاوی کول ، ارزښت
نه ور کول : بې اعتنایي کول .

n. سپکاوی ، بې اعتنایي .

slightly, adv. لږ په لږه اندازه .

slim, adj. ډنګر ، ځنګه نری ، ترنج ،
لږ ، ناکافي .

slime, n. چیکړ ، لای ، خټه ، نارې ،
لېږ ، لاډې (هغه ښوی او سرښناک
مواد چه له ځینو حشراتو وځي) .

slimy, adj. سرښناک ، چیکړن

sling, n.v.t. مچنوغزه ، مچلوغه ، مچوغنه .
غورځندی : پټۍ ، ولنګۍ (لکه دټوپک)
غولی ، غورځندی (چه ژوبل یا مات
لاس پکی ځوړول کېږي) ادرګاوول ، اړتول
(لکه مچنوغزه) الوزول : دولنګۍ
په واسطه وړل .

slink, v.i. غلچکي تګه کول ، غلی تلل ،
پټ پټ تلل .

slip, v.i. ښوییدل : ځان ایستل ، ښویې وتل :
هېرېدل ، له یاده وتل : ښوی
وتل (له لاسه لکه ماهي) : تېروتل :
لوېدل ، کښوتل (لکه نرخ) .

v.t. ښوی تېرول ، غلی تېرول : هېرول
له یاده وتل ، ښوخوول ، ځای ته
ورورستل ، په ځای کول .

n. تخته ، پل (چه له بېړۍ څخه ساحل
ته راځي) تېښته ، ناځايي ښویېده : سهوه ،
غلطي (لکه دخولې) .

slip, n. ښویدنه (لکه د ولی)، بچکی:
ټوټه لکه، ځمکه: ټرازه، ټرانډه، پاڼه
(لکه د کاغذ).

v.t. ښو لنډېري کول، بچکی پرې کول

slipknot, n. زل، داسې غوټه چې په رسی
یا بل شي باندې ښویږي، ژلدی، غوټه.

slipper, n. سلیپر (بوټان).

slippery, adj. ښوېدونکی، ښوی: چالباز،
چمباز، چالاک.

slipshod, adj. بېباکه، بې پروا: کرغېړن،
چټل: هغه بوټونه چې څنګې بوندې ئې نه لري.

slit, v.t. څیرل (په اوږده لیکه) چاک کول

n. څیره، اری اوږد چاک.

slither, v.i. ښوییدل، ښو بهېدل (اصط)،
بهېدل (لکه د چینې).

sliver, n. ټوټنی، تراشه.

slobber, v.i. ناړې بهېدل، لاړې بهېدل:
په ناړو لندول: د مینې څرګندول.

sloe, n. کورکوره (یو ډول ځنګلی میوه)

slogan, n. شعار، چیغه، ږغ.

sloop, n. یو بادوانیزه بېړۍ، هغه بېړۍ
چې یو سفن لري.

slope, v.t.i. مخ ځوړند کېدل، مایل کېدل.

n. مخ ځوړند: ډډه (لکه د غره) اړخ

sloppy, adj. چکړن، خټین: خیرن، ککړ،
ناولی، چټل.

slops, اوبلن، اری (لکه ښوروا):
بې خونده: خچنی، ناپاکی، ناولی اوبه،
جوټه اوبه.

slot, n. درز، درځ: سوری، سوړه، غار.

sloth, n. لټی، سستی، ناغېلی: د جنوبی
امریکا ژوی چې په ونو کې اوسی او ځان
ئې ځانګو ځړوی.

slothful, adj. لټ

slouch, n. کړوپ، ځوړندې اوږې.

v.i. کړوپ تلل، کړوپېدل، ځنګېدل
(په تګ کې).

slough, n. جبه: ژوره خټه: بې زړه توب

slough, v.t. اچول، پوړ ځول، پوست
پوړ ځول (لکه د مار).

sloven, n. بې پاك، بې سلیقې، خچن،
ناولی، چټل.

slovenly, adj. لټ، خچن.

slow, adj. ټپ (لکه په ذهن کې): ورو،
سوکه: ورو روانه، بیرته پاته (لکه ساعت):
مړ ژواندی، سست.

slowly, adv. ورو، په کرارۍ.

slowness, n. سوکه توب، ټکوالی،
وروالی.

sludge, n. زړه، خټه، چکړ: زړه،
رانکړه.

slug, n. ښوګی، ماماخواږکی، کارګه
ښکی (یو ډول حلزون).

slug, n. مردکی، ګولی،

slug, n. کلك وار (لکه په سوکانو).

v.t. په زوره وهل، کلك وار کول.

sluggard, n. لټ سړی.

sluggish, adj. لټ، سست: ورو، ځنډند:
بې ودې، بې ځای ولاړ.

sluggishness, n. لټی، سستی،
ځنډنداولی.

sluice, n. ولی، پرچاو، لښتی
(له شګو څخه د زرو د بېلولو).

پرچاو تیرل ، ولی خوشی کول : v.t.
چارتراش په لیغئی کی تیرول .

slum, n. دښار کوڅه برخه (چه و پچاړه او نـادلـپ وی) ، د گڼو غو بـبـا نـو اسئو گنئی .

slumber, v.i. ویده پدل : پر پښای وډل .
n. خوب ، پر پښای .

slumberous, adj. خو بولی(چه خوب ورځی) خو بپولی ، خو بجن (خو بړن) : خوب راوړونکی :آرام ، کرار ، غلی .

slump, v.i. پړاو پچتل ، خوړوو پر پو تل ، خوړی بوړی او پنتل: لو پدل ، پو پېدل .

slump, n. پړو پراو پختنه ، لو پدنه .

s.ung, د sling ماضی اودریم حالت

slunk د slink ماضی او دریم حالت

slur, n. سپکاوی ، توهمت .

slur, v.t.n. (موسیقی) له سره تیرول ، خو پردې په پو ځای ورل پوی تیر پدل ، (موسیقی) پو کوږ لیک چه دوې پردې پر سر پو ځای کوی ، پو ځای شوی او ټوله .

slush, n. لنده واوره ، اوبلنه واوره : لرمه خټه ، پسته خټه .

slut, n. کا سیره ، کنځنی ، بد لمنې

sly. adj. چالاك ، چلباز ، ټکه

slyly, adv. په چالا کی ، په ټگی

slyness, n. چالاکی ، ټگی ، چلبازی

smack, n دژبی ټکوله ، خفه پرغ چه دخوله ورشی دخوړ لو په وخت کی دشونډو اوژبی له ټکولو څخه ووزی : دشونډو ټکه یا ټپ ك .

v.t. شونډی ټکول ، دشونډو په ټکه غږ مچ اخیستل .

smack, n. دکب نیولو بادوان لرونکی بېړی ده .

small, adj. وړوکی ، کوچنی ، کمکی : لږ ، کم : بشری ، خاشه ، لږی (لکه غږ) .

smallish, adj. وړوکی غوندې ، کوچنی غا لته .

smallness, n. وړوکوالی ، کوچنیوالی .

smallpox, n. کوی ، لنگی (چیچك) ، دانې

smart, v.t. سوځېدل (لکه دمچی دچیچلو په اثر) ، سوی کول : ځمی یکې وهل ، ځانگې وهل : خو پېدل .

adj. سخت ، سوځنده ، شدید (لکه ځمی یکی) : ځیرك ، هوښیار : چالاك : بېدار ، ویښ .

smartly, adv. په ځیرکی .

smartness, n. ځیر کتیا ، هوښیاری

smash, v.t.i.n. ټوټې او ټوټې کېدل : په زور لگېدل ، ټکر خوړل : بربادول ، تس نس کول ، چټول : ماتو له : بربادونه ، ټیك (د ټکر غږ) : پو ډول لکولی مشروب : بربادی .

smashup, n. بربادی ، چټېدنه .

smattering, n. سرسری پوهه ، لږه پوهه .

smear, n.v.t. داغ ، غوړول ، ککړول ، خیرنول .

smell, v.t.i.n. بوی بول ، ترسپرمو کول : بو یېدل ، ترسپرمو کېدل بوی : دشامې حس .

smelly, adj. بو ین ، بوی ناك .

smelt, n. یو کوچنی دخوړاك کب چه د سمندر په غاړه کی موندل کېږی .

smelt, v.t. ویلول ، ایشول ، ویلی کول .

smelter, n. ویلوونکی ، ایشوونکی ، ویلی کوونکی : د بټۍ خاوند ، بټۍ ، د ویلی کولو ځای ، ویلنځی .

smile, n. v.t.i. موسکا ، مسېدنه ، خندا ، مسکېدل ، مسېدل ، خندېدل ، خندول ، مسکول ، مسول .

smilingly, adv. په خندا ، په موسکا

smirch, v.t. داغ لګول ، خیرول ، لړل ، ککړول .

n. داغ ، خیره ، ککړوالی .

smirk, v.i. بېځایه موسکېدل ، بېځایه خندل .

n. د بېځایه توب خندا ، د بېځایه موسکا

smite, v.t. وهل ، ټکول ، وژل .

smith, n. څوك چه د فلزاتو څخه شیان جوړوي یا فلزي شیان ترمیموي : سټك (څټك) وهونکی ، پښ .

smithereens, n. ټوټې .

smithers, n. ټوټې .

smithy, n. د پښ بټۍ ، د پښ دوکان ، د پښ چارځی .

smitten, n. د smite دریم حالت .

smock, n.v.t. کنډۍ ، کبادۍ (چپنه) . چوڼ چوڼ کول ، کوڅۍ کوڅۍ کول

smocking, n. کوڅۍ ، چوڼ .

smoke, n. لوګی ، دود .

v.i. لوګی کول ، دود کول : څکول (لکه د سګرټو) ، ساتل (لکه د غوښو ، کبانو او نورو) .

smokeless, adj. بې لوګیه ، بې دوده

smoker, n. څکوونکی .

smokestack, n. موری ، دودکښ .

smoky, adj. لوګن ، دود کوونکی : لغوړن

smolder, smoulder, n. لوخړې ، پړدوزې ، خړو سکۍ ، کڼ لوګی .

v.i. لوخړې کول ، لوګی کول ، بې لمبې سوځېدل : د ننه سوځېدل .

n. پټ سوځېدل : کینه ، بغض .

smooth, adj. ښوی ، مېین : هوار ، پوست ، نرم : بې تکلیفه ، اسان : خوږ ور : روان (لکه عبارت) .

smoothly, adv. په ښوی والي ، په نرمۍ .

smoothness, n. ښوی والی ، هوار والی .

smorgasbord, n. پوزول ، سویډني خواړه چه ډول ډول غوښې ، سلاتې او نور بیا بېلوس قسمه خواړه پکښې استعمالیږي .

smote, د smite ماضي ، ووهه .

smother, v.t. تربتول ، خپه کول ، سابندول : مخه نیول ، بندول : مړوړل .

n. لوخړی .

smoulder, د smolder بله بڼه .

smudge, n. لوخړه ، پړدوزه ، داغ ، خاپ ، خاپی ، ټاپ .

smug, adj. په ځان غره ، په ځان تکیه .

smuggle, v.t..i په قاچاق وړل ، ګمرکي وړل ، پټ تېرول ، په غلا تېرول : پټ تېرېدل ، په غلا تېرېدل .

smuggler, n. قاچاق وړونکی ، ګمرکي ، تښتوونکی .

smut, n. تورکی ، تورکرکی : تورداغ ،

خیرن داغ : سپکی خبری ، تورکی (د بوټو یو ډول مرض) .

smutty, adj. خیرن ، لغړن .

smutch, v.t.n. ته مراجعه وکړی smudge

snack, n. سپک خواړه ، ناشتا ، ناری .

snaffle, n. ملوله ، قیزه .

v.t. ملوله اچول ، کیزه کول (اس) .

snag, n. غنډ ، زخه : ستونځه : مشکله .

snail, n. اوبنکی ، ورپښو یشی (حلزون) .

snake, n. مار ، منګور : چالاک ، ټګ .

v.i. کوږ وږ تلل ، د منګور غوندی تلل .

snaky, adj. ماروزمه ، مارډوله : ټګ دلستونی مار .

snap, v.t.i. غوله اچول ، کپول (لکه سپی چه مچ ته غوله اچوی) : پرچ وهل (په قار پرغ کول) : زراخیستل ، په بیړه راایول ، په ترپ شکیدل : په ترپ تړل ، په درب بندول : ارتاوول ، غورځول : پرکیدل ، ځلیدل ، برېښیدل (لکه ستر ګی) .

n. ترپ ، غوپهار ، کپ ، غوله اچوله : برج : دیخ ځپه (چه لنډه وی) ، سړه سیلۍ .

snapper, د تاود ه سمندر یو ډول کب

snappish, adj. بد غولی ، بدخویه ، مرچکی .

snappy, adj. بدغولی ، بدخویه ، برچن : ژوندی ، ویښ ، تود .

snapdragon, n. ژبی لرعنټ . ګل کاذ بان ، یو ډول باغی ګل .

snapshot, n. فوری عکس ، د بیړی عکس (هغه عکس چه د اتو ماتیکه کامری په واسطه په بیړه را خیستل شی) .

snare, n. لومه ، تلک ، کړی کومه

v.t. په لومه ایول ، په تلکه ایول

snarl, v.t.i. جی کول ، بنجیر کول ، سره چارا ویستل ، جی کیدل ، سره اوښتل .

n. جی ، غپولی ، غوله

snarl, v.i.a.n. غرېدل ، غاښ چیچل ، غورمبی وهل (لکه سپی) غورمبهار .

snatch, v.t.i. الوزول ، غوله کول : چوړول ، تښتول ، کپول .

n. کپ ، ځپه (لنډ وخت) : ټوټه ، ټکړه ، برخه (دخبرو یا بدلو) .

sneak, v.t.i. ځان ایستل ، ځان تېرول ، غلچکی تلل : په غلا تېرول .

n. چلباز ، دارن .

sneaky, adj. غلچکی ، چلباز ، درغل .

sneer, v.i. ملنډی وهل ، خندل (پوری) .

sneer, n. ملنډی ، خندا ، مسخره .

sneeze, v.i. پرنجېدل ، ترنجېدل .

sneeze, n. پرنجی ، ترنجی .

snicker, v.i.n. پټ پټ خندل ، په لیمه خوله خندل . پټه خندا ، په لیمه خوله خندا

sniff, v.t.i. سوڅول ، سونګل : بوی کښل ، بوی راښکل ، نوس کښل (لکه سپی)

n. سونګوله ، نوس .

sniffle, n.v.i. پزه راښکل (لکه د زکام یا ژړا په وخت کښی) : پوزه راښکنه .

snigger, v.i.n. پټ خندل ، په لیمه خوله خندل ، پټه خوله خندا .

snip, v.t.n. غوڅول، پرې کول.
ټوټه؛ درز؛ سکښتنه؛ (چه غوڅه شوې وي)، خرچ (لکه د بیاتي دغ).

snipe, n.v.i. تارو (یو ډول مرغه).
په غلچکۍ ډول ویشتل، له لیرې او پټ ځایه ویشتل، یو یو ویشتل.

snippy, adj. لنډ کښی، لوڅه پوز.

snitch, v.t. پټول، غلا کول

snivel, v.i. پوزه پیهدل؛ چونګېدل، سونګېدل.

n. سونګهار، چونګهار.

snob, n. کلاتکاره، په ځان غره، جګکړه پېولکی، د معتبرو چاپلوس.

snobbish, adj. کلاتکار، جګکړه پېولکی.

snobbishness, n. کلاتکاري، جګکړه پېدنه، غرور.

snoop, v.i. پټ غوږ نیول، ګوتې وهل، لاس وهل (د نورو په چارو کښې).

n. غوږ نیوونکی، لاس وهونکی.

snooze, v.i. سترګی پټول، پرېشانی وړل، بې ځېنې ویدل.

n. پرېشانی، یوه سترګه خوب، لنډ خوب، بې ځېنې (بې ځای)

snore, v.i. خروېدل (لکه په خوب کښې)

n. خرهار.

snort, v.i. خرېدل (لکه د آس).

n. خرهار، خرخر

snout, n. وربوز، شونډک؛ (اصطـ) پوزه.

snow, n. واوره.

snowball, n. د واورې غونډاری، د واورې توپ.

snowbank, n. د واورې کوټه، د واورې ډېرۍ.

snowdrift, n. باد کوټه، باد ټوله کړې واوره، موږه.

snowfall, n. واوره؛ د واورې ورېدا

snowflake, n. ټپری، ټپرکی، (د واورې) ټپولی.

snowplow, n. د واورې پاکولو ماشین.

snowstorm, n. د واورې توفان.

snow-white, adj. تک سپین، د واورې په شان سپین.

snowy, adj. سپین، واورین، په واورو پټ.

snowdrop, n. یو ډول سپین ګل چه د پسرلي په سر کې شین کېږي.

snowshoe, n. د واورو کښاوې، چاګلی.

v.i. په چاګلو تلل، په کښاوو تلل.

snub, v.t. ټرټل، مخه نیول، ورټه کول.

n. ټرټنه، سپکاوی، مخنیوی، درونه

adj. پوچ، لنډ، پوچه (لکه پوزه).

snuff, v.t. وژل (لکه شمع): د شمعې د پلتې سوې څوکه.

snuffer, n. د شمعې د وژلو آله، شمع وژونی.

snuff, v.t.n. سوڅول، سخول، سونې کول (لکه د پوزې نسوار): بوېول، سوغ، سونې، مرغړی نسوار، د پوزې نسوار، نسوار.

snuffbox, n. د نسوارو ډبلی، د نسوارو قطی.

snuffle, v.i. سونګېدل، سنګېدل، سوګېدل، خنهار کول، بوبول .
n. سنګېدنه، خنهار .
snug, adj. سوکه، آرام، کرار، ځلي، پټ: جوړ، چسپ (لکه کالي په ځان کې).
snugly, adv. په آرامۍ، په کراری، په سوکه توب .
snugness, n, آرامتیا، کراري، استراحت .
snuggle, v.i. ځنګ ته نژدې کېدل، غوځېدل (په ځای پورې)
so, داسې، دغسې، همداسې، لو: دومره .
pron. همداسې، لودومره، هغه ناځه
soak, v.t.i. خوشتول، لندول (لکه وریجې په اوبو کې)، ژبېښل، راښکل، جذبول .
n خوشتونه، ژبېښنه: اوبه، مایع (چه څوک یې پکښې لندوي) .
soap. صابون .
soapsuds, n. د صابون ځګ
soapy, adj صابوني، ځګن .
soapstone, n. شوکاڼی، یو ډول نرم کاڼی (چه په آسانه شیان ترې جوړېږي) .
soar, v.i. هوا ته ختل، هسکېدل، په هوا کېدل .
sob, v.i. سلګۍ وهل .
sob, n. سلګۍ .
sober, adj. سم، عادي (صرفه جوړي مخصوصاً په شراب څښلو کې)، احتیاطي (احتیاطي)، په حال، پرسد (چه نشه نه وي): دړد، په ټینګه، په رښتیا، رښتیاني، بې صدا، بې غرضه .

soberly, adv. په سد: په رښتیا .
soberness, n. پرسد والی، بې غرضي .
sobriety, n. هوښیاري، په حال توب، پرسد توب: درانه‌ت، سړه سینه .
sobriquet, n. لقب، تخلص .
so-called, adj. په نامه، مازې، په اصطلاح .
soccer, n. فوټبال .
sociable, adj ټولنی (طبیعتي)، اجتماعي، مجلسي، ملګری، مېشه‌ناني، ورین .
sociability, n. مجلسي توب، مجلس مزاجي .
sociably, adv. په ورین والی .
social, adj. ټولنیز، اجتماعي، د ټولنې: مجلسي، ملګری، ورین: سوشیالیستي .
n. ټولنه، غونډه، ډله .
socially, adv. په ګډه، په اجتماعي توګه، په اجتماعي ډول .
socialism, n. سوشیالزم، سوسیالیزم .
socialist, n. & adj. سوشلست، سوسیالیست .
socialistic, adj سوشلستي، سوسیالیستي
socialize, v.t. اجتماعي کول، اولسي کول، د سوسیالیستي تیوري او عمل سره سمول .
socialization, n. اولسي کول، اجتماعي کول .
society, n. ټولنه (اجتماع)، ډله .
sociology, n. ټولنپوهنه، سوسیالوژي
sociological, adj. د ټولنپوهنې .
socialogist, n. ټولنپوه، د اجتماعیاتو عالم .

sock, n. جوراب، جرابه.

socket, n. ساکټ، غالی (لکه سترګې غالی یا ازور غالی)، کاسه.

sod, n. شینلی، وښیاله

v.t. زرغونول، په وښو پټول

soda, n. سوډا، زمی

soda water سوډا اوبه.

sodden, n. مړاوی، خیشت: لمد لوخ

sodium, n. سوډیم (یو ډول عنصر).

sodium chloride, n. مالګه.

soever, adv. په هره توګه: هیڅ.

sofa, n. کټګی، یو ډول نرمه چوکۍ.

soft, adj نرم، پوست، سپک (لکه څښاک چه الکول ونه لري)، نازک، تنګی: خوږ: مهربان

softly, adv. په نرمۍ.

softness, n. نرمي.

softspoken, adj. نرم ژبی، پوست خولی.

soften, v.t.i نرمول، پستول، سپکول: نرمېدل.

softener, n. نرموونکی.

soggy, adj. خیشت پیشت.

soil, v.t.i. خیرنول، چټلول: لکه کول: شرمول: خیرنېدل، ککړېدل.

n. داغ، پلمولی

soil, n خاوره، مځکه، هېواد، سیمه.

soiree, n ماښامی مېلمستیا، د شپې مېلمستیا.

sojourn, v.i. لنډ پاتې کېدل، دلږ وخت دپاره پاته کېدل، لږ تم کېدل.

sojourner, n. استوګن (دلنډ وخت دپاره)، مقیم.

Sol, n. لمر (چه د روميانو خدای باله).

solace, n. ډاډ، تسل، دلاسا.

solar, adj. لمریز، د لمر، شمسی.

solar plexus, دمعدې د شاپلې (اعصاب): (اعصاب) داس یو ځی یا مرکز دی.

solar system, لمریز نظام، شمسی منظومه.

sold, د sell ماضی او دریم حالت (خرڅ کړ).

solder, n. قلعی، لیم.

v.t. لیم کول، کوشیر کول.

soldier, n. سپاهی، عسکر، پوځی.

v.i. سپاهی کېدل، ځان ځلکو ته مصروف ښوول.

soldierlike, adj. سپاهی ډوله.

soldierly, adj دعسکری، دبهادری.

soldier of fortune, سرتېر سپاهی، هغه سپاهی چه د پیسو یا ماجرا خوښۍ دپاره جنګړه کوی.

soldiery, n. عسکری قوا، پوځی طاقت، لښکری (چه په عمومی ډول په یوه منطقه کی پرتی وی).

sole, n. v.t. تله (د پښې)، تلی (د بوټ) تلی اچول (بوټ ته)، تلی ور کول.

sole, n یوازنی، یکی یو، کوښی.

solely, adv. یوازی، تش، مازی.

sole, n. یو ډول پلن کب.

solecism, n. دمحاوری غلطی، ګرامری غلطی: بې تهذیبی، نابلدی.

solemn, adj. دینی، مذهبی (لکه مراسم)

درو ند؛ رسمي: جدي، دزړه له اخلاصه، سنجيده .

sloemnity, n. درو ند والی، مذهبي رسم .

solemnly, adv. په درنښت، په اخلاص، په رښتيا .

solemnize, v.t. په درناوي لمانځل: مذهبي مراسم پرځای کول .

solicit, v.t. زاری کول، هيله کول: مرسته غوښتل، پسپڼه غوښتل: پارول، تيروايستل (د بدو کارو دپاره) .

solicitation, n. زاری، هيله، تيرايستنه .

solicitor, n. درخواست کوونکی، غوښتونکی؛ دمرستې يا پسپڼې اخيستونکی: وکيل (دمدافع): تيرايستونکی، بدکاره .

solicitous, adj. شوقمن، ليوال، علاقه من .

solicitiously, adv.

solicitude n. غم، اندېښنه، پام؛ پام: علاقه، توجه .

solid, adj. ډک: کلک، ټينګ: جامد: ټکه، بوب (لکه زر): پوره (لکه پوره دوه ساعته) بشپړ، مکمل .

solidity, n. کلکوالی

solidly, adv. په کلکه .

solidarity, n. دګډمسووليت احساس، يووالی، اتحاد (دګډو ګټو دپاره) .

solidify, v.t.i کلکول، پرېښول (لکه دشودو) .

solidification, کلکوله، جامدوله .

soliloquize, v.t. دځان سره غږېدل (په تيره په ډرام کښې)

soliloquy, n. دځان سره غږېدنه

solitaire, n. غمی (چه يواځې په ګوته يا غاړه کې کښېښودل شي): دقطعو لوبه (چه يوسړی يې دځان سره کوي) .

solitary, adj. يواځې، جلا، ځانله، له نورو بېل، ګوښی: يوازېنی،

solitude, n. يواځېتوب، جلاوالی، بېلتون: ګوښه ځای .

solo, n. يوکسيزه سازيا سندر (دغبرګو سندرو ضد) .

soloist, n. يوکسيز سندر غاړی، ياساز ونده .

solstice, n. راس الجدی اوراس السرطان دکال هغه وخت چه لمر له استوا څخه ترټولو ډېره فاصله لري .

summersolstice,. راس السرطان

winter solstice راس الجدی .

solstitial, adj. معنا يې پيدا کړی.

soluble, adj. وېلي کېدونکی :حل کېدونکی (لکه پوښتنه) .

solubility, n. دوېلي کېدو وړتيا .

solution, n. محلول : حل کونه :حل، ځواب .

solve, v.t. حل کول، ځواب موندل، روښول، تشريح کول .

solvable, adj. حل کېدونکی، دحل وړ . دحل کولو طاقت: دپور دپرې کولو وس.

solvent, adj. د بور دبري کو لو وړ ، د بو ر دبري کو لووس لرو نکی : حل کوو نکی ، محلل .

n. هغه ماده چه او رشیان حل کوی .

somber,sombre, adj. تیا ر ه ، خړ (لکه دو د یګو حالت) غمګو ن ، خوا شینی ، چو رتی .

somberly,sombrely,adv. په تار یکی ، په خوا شینی .

sombrero, n. یو ډول شپوپه په اسپانیا او جنوبی امر یکا کی په سر کیږی .

some, adj. ځینی ، څو ، یوڅو ، څه ، کوم : څه ناڅه .

somebody, pro ځوك ، یوڅوك ، یو سړی ، کوم سړی ، مهم سړی .

someday, adv. یوه ورځ ، کومه ورځ (لکه یوه ورځ به در شم) .

somehow, adv. په یو ډول ، په یو چم ، په یو قسم ، په یو ر نګه .

someone, pron کوم یو سړی ، کوم سړی ځوك ، کوم یو .

somersault, n. سر کوډی ، ټـکور ، سر په ځغیږی ، په ځنګه .

v.i. سر کوډی و هل .

something, n. کوم شی ، یو شی : یو څه یوه اندازه .

sometime, adv. یو وخت ، کوم وخت ، کله

sometimes, adv. کله نا کله ، کله کله

somewhat, n. یو څه ، یوه اندازه ، لږ څو ندي ، څه ناڅه ، لږ شان ،

somewhere ځیری ته ، کوم ځیر ته ، په کوم ځای کښی ، کوم ځای ، یو ځیری .

somnolent خو ولی ، خو بجن ، درو ند (له خو به) : خوب راوړو نکی

somnolence, n. خو بجنتوب ، درو ند والی ، پر بښای .

son, n. زوی ، بچی .

sonata, n. د موسیقی هغه تصنیف چه ددرو یا څلورو سر کنو څخه جوړ وی دا سی چه اهنګ یی سره بیل وی خو په مقام کښی یو وی .

song, n. سندره ، بدله ، غاړه ، شعر ، نظم

songbird, n. غاړه وهو نکی (مرغه) سندر غاړی (بڅکه) .

songster, n. سندر غاړی .

songstress, n. سندرغاړی .

son-in-law, n. زوم .

sonnet, n. یوڅوارلس مصره ییز قافیه وال شعر (لکه دشکسپیر) .

sonorous, adj. انګازه وال جـګ زړ غ لرو نکی ، کړ نګیدو نکی (لکه ز نګ) شر نګیدو نکی .

sonority,n. n. انګازه ، کړ نګهار ، شر نګهار .

soon, adv. ژر ، دو ختنه ، وختی : چټك سمدلاسه : ژر تر ژره .

soot, n. تو رکی ، لوګی (له وی)

sooty, adj. لوګچن ، لوګن ، لوخړ ن

sooth, v.t. ریښتیا .

soothe, v.t. پخلا کول ، د لا سا کول کرارول: آرامول .

soother n. د لا سا کوو نکی .

soothingly, adv. په د لا سا یی ، په کراری .

soothsayer, n. پالنګر (فال کتونکی) ، طالع کتونکی .

soothsaying, n. پالنګری ، بخت لیدنه .

sop, v.t. لمدول ، خیشتول (لکه ډوډۍ په اوبو کښی) ؛ زغمل ، زبیښل .

v.i. خیشتیدل .

n. په خوله کښی څه ورا چونه ، رشوت .

sophism, n. سفسطه ، د سوفسطایانو مسلک ، سوفسطایی منطق .

sophist, n. سوفسطایی ، د سفسطی طرفدار .

sophistic, adj. سوفسطایی .

sophistical. adj. سوفسطایی .

sophisticated, adj. داوچت ذوق خاوند ، دلوړي سویی څښتن ، پر مخ تللی .

sophistication, n. اوچت ذوق ، لوړه سویه .

sophistry, n. سفسطه ، مغالطه ، تیرایستنه ، غولونه (په خبرو کی)

sophomore n. ددویم ټولګی زده کوونکی (دپوهنځی یا لیسی) .

soporific, adj. خوب راوړونکی ، ویدوونکی ؛ سست ، ځنډ اند .

soprano, adj (مو) په سندرو کښی ښځکلی زیر غږ

sorcery, کوډي ، جادو ؛ جادوګری .

sorcerer, n. کوډګر ، جادوګر .

sorceress, n. کوډګره ، جادوګره .

sordid, adj. ناولی ، خیرن ، خچن ، ټیټ ؛ کنجوس .

sordidly, adv. په ناولی توګه ؛ په کنجوسی .

sordidness, n. ناولتوب .

sore, adj. خوږمن ، دردمن ؛ ازار ښونکی ، خواشینی کوونکی ؛ شدید ؛ غصه ، قار .

n. تناکه ، دانه ، ټپ ؛ خوږ ځای .

sorely, adv. په شدت .

soreness, n. خارښت ، کا ، څړیکه سوی ؛ شدت .

sorghum, n. باجره ، زورت .

sorority, n. دنجونو ټولنه ؛ دښځو کلوب (په تیره په پوهنځی کی) .

sorrel, n. سوربخن اسواری (رنګه) ؛ جړند اس ؛ یوډول تریو شیره لرونکی بوټی چه په سلاته کی استعمالیږی .

sorrow, n. غم ، خواشینی ، خفګان ، پښیمانی .

sorrowful, adj. غمجن ، ویرجن .

sorrowfully, adv. په خواشینی ، په غمجن ډول .

sorry, adj. خواشینی ، متأسف ، پښیمان ، غمجن ؛ بی ارزښته ؛ کرکجن ؛ خپه .

sort, n. ډول ، قسم ؛ لار ، دود ؛ سورت .

v.t. سورت کول (لکه پستو) بیلول .

v.i. جوړیدل ، یو ډول کیدل .

sortie, n. ناڅاپی حمله (دا یسارشو لښکرو له خوا) ؛ دپوځ الوتکی یوه الوتنه یا ځوځه .

so-so, adv. برابر ، میانه حال ، نه ښه نه بد .

sot, n. عملی (دشرابو) ، شرابی .

sottish, adj. عملی ، شرابی .

soubrette, n. شوخې نجلۍ (په ډرامه کښې).

souffle, n. پړسېدلې ډوډۍ، ډوډۍ ډوډۍ (لکه قتلمه یا سمبوسه): پړسېدلې خواړه.

sough, n. شرپهار، شخهار (لکه په پاڼو چه باد چلېږي او ږغ کوي).

v.i. شرپهار کول، شخېدل.

sought, n. د seek ماضي او دریم حالت.

soul, n. سا، روح: زړورتیا، ورکړه، مثلا: ساکښې ژوی

soulless, adj. بې سا، مړ ژواندی؛ سخت زړی، بې زړه سوی.

soulful, adj. زړه سواندی، ژواندی، له احساساتو ډک: خواخوږی.

sound, adj. بې وهې، سالم، بې نقصه، بې عیبه: روغ جوړ، ټینګ: ټینګ، خوندي، محفوظ: سم، برابر، صحیح: کرار، آرام (لکه خوب): په قانون برابر، جزمي.

sound'ly, adv. په سمه توګه، په روغه توګه.

sound, n. آبنا: د کب سږی، د کب د هوا کڅوړه.

sound, v.t.i. ژوروالی اخیستل (د ژورو ځایو)، ژوروالی معلومول: غوټه وهل، ډوبېدل: معلومات اخیستل: رامعلومول: غوټه وهل: پېژندل (د پوه ږغ په واسطه)

sound, n.v.t.i. ږغ، آواز: زوږ، شور: ترنګېدنه: ږغول، ږغ اخیستل: خبرول: اورول، اعلانول، ازمویل (لکه پیاله د ټرنګولو په واسطه)

sounder. n. ږغ ورکوونکی (خصوصاً په ټېلګراف کې).

soundless, adj. بې ږغه، غلی، چوپ.

soundproof. adj. سوند پروف، ږغ زغموونکی، ږغ نه تېروونکی

soup. ښوروا

sour, adj.v.t.i. تریو: توانده خوږه بې وس.

تریودل، بې وسول: توانده خوږه کېدل: تریو کېدل: بې وسېدل، په توخمه کېدل

sourly, adv. په تریوالی، په توخمه

sourness, n. تریووالی، بې وسوالی، توخمه.

source, n. سرچینه، منبع

souse, v.t.i. اچار کول، اچار اچول، اچار جوړول: غوټه کول (په مایع کې): خیشتول.

n. اچار شوی، سرکه شوی.

south, n. جنوب، سهېل: جنوبي، سهېلی.

southeast, n. جنوب ختیځ (جنوب شرق)

south-east, adj. adv. جنوب ختیځه خوا.

south-eastern, adj. دجنوب ختیځ، دسهېلی ختیځ.

southeaster, n. سهېلی (چه له سهېلی ختیځ څخه الوزي) توفان، تند باد.

southerly, adj. سهېلی، جنوبي، د سهېل څخه، دجنوب دلوري، دجنوب خواته.

southern, adj. جنوبي، سهېلی، د سهېل دخوا، په جنوب کې.

southernmost, adj. دجنوب وروستۍ برخه

southerner, n. جنوبي وال، سهيلی .

southward, adv. سهيل لورته، مخ په‌سهيل، دجنوب خواته، سهيل ته .

southwards, adv. دسهيل لوري .

southward, adj. جنوبي لورته ، دجنوب‌خواته ، سهيل ته .

southwest, n. جنوب‌لويديځ (لوري)، سهيل لويديځه خوا .

southwest. adj. adv. جنوب لويديځ

southwester, adj. جنوب لويديځه .

southwesterly, adv. دجنوب لويديځ له‌خوا ، سهيل لويديځ خواته .

souvenir, n. نښه، دلاس نښه، سوغات.

souwester, n. واټر پروف خولی چه د بيړی ماڼوګان يې په توفان کی پرسر کوی: جنوب لويديځ توفان .

sovereign, n, adj. ټولواک، واکمن ، مشر : خپلواک ، پاچا، مشر: خپلواک هېواد .

sovereignty, n. ټولواکی ، مشری ، خپلواکی، واک، حاکميت ، واکمني .

soviet, n. شورا، جرګه (دکارو دنماينده‌ګانو) : شوروی .

sovietism, n. شوروی سيستم

sovetize, v.t. شوروی کول .

sow, v.t. کرل ، تخم شيندل ، ايښودل .

sow, n. خوګه ، سرکوزي (مؤنث).

soy. له پلی څخه جوړه شوي چټني

soybean, soya, . ديوډول پلی تخم

spa, n. معدني چينه ، دشفا چينه .

space, n.t.v. مکان، ځای، فضا: واټن، فاصله: موده، شېبه، ځای پرېښودل ، فاصله ورکول .

spacious, adj. . جامع : پراخ ، ارت

spaciously, adv. په پراخی ، په ارتوالی

spaciousness, n. . پراخی، ارتوالی

spade, n.v.t. پوم ، بېل ؛ کره (قره) يا کالا (د پرو پوډول): په پاره اړول ، په پاره کينډل ، په پاره وهل .

spadeful, n. يو پوم ، يو چم .

spaghetti, n. سپيګيټي (دمکرونی په شان خواړه) .

spake, د spoke لرغونې بڼه

span, n. نه انچه(په برتانيه کی) ؛ عمر ، موده ، لنډ کلي موده : واټن ، پلن والی، پسور : جوړه اسان يا کچري: لوېشت .

v.t. لوېشتول، اندازه کول: وهل (لار) : پوری وتل ، تېرېدل .

spangle, n.v.t. ستوري (چه ځلېږي پر کاليو ټک وهي) په‌ستورو سينګارول

spaniard, n. اسپانوی .

spaniel, n. يو ډول سپی چه پاسته اوږده وېښتان ، لنډې پښې او پلن غوږونه لري .

Spanish, adj. n. اسپانوی (سړی يا ژبه) اسپانوی ژبه ، اسپانوی (خلک) .

Spanish America, ، اسپانوی امريکا دجنوبي امريکا هغه هېواد چه په اسپانوی خبری کوی .

Spanish American, n.& adj. اسپانوی امريکايي .

spank, v.t. په څپېړه وهل(پر کوناټي)

n. څپېړه .

spanking, adj. تولند ، چټك (لکه شمال) .

spar, n. د بادوان ستنه (د بېړۍ) ، هر هغه شی چه د بېړۍ څخه بادبان و تلی وی .

spar, v.i. په سوکانو وهل (په فنی توګه)

spare, v.t. سپمول : بخښل ، معافول : ګذاره کول (بې له پوهې) : زړه سوی کول : ژغورل .

adj. پاتنو ، احتیاطی : اضافی .

sparing, adj. احتیاطی ، سپما ګاړی ټینګه ، اقتصادی .

sparingly, adv. په احتیاط ، په لیولی لاس ، په سپما .

spark, n. سپرغی ، بڅرکی : ځلا ، بړك : شغله ، لمبه (لکه د ېر ېښنا) .

v.i. شغله کول ، سپرغی کول ، ځلېدل .

spark, n. خیالی ځوان ، ټولی ځوان ، سینګاری ، چټ ، کاکه : لباس .

sparkle, n. ځلا ، بړك ، شغله ، ژوندی روښانه .

v.t.i. بریښېدل ، شغلې وهل : سپرغی کول .

sparkler, n. ځلېدونکی (شی) .

sparrow, n. چڼچڼه ، چوڼکه ، مرغی

sparse, adj. رڼګړی ، ونګی ، تیت ، سره لیری : لږ .

sparsely, adv. په لږه توګه ، په رڼګړی توګه .

spasm. د ځړ وریږه ، تشنج : ناڅاپی حمله ، ناڅاپی ، زورور او موقتی احساس

spasmodic, adj. تشنجی ، ناڅاپی .

spasmodically, adv. په تشنجی توګه ، په ناڅاپی ډول .

spat, n. د صدف هګی : د صدف کوچنی بچی .

spat, n. د پښنګری پوښ (هغه ټوټه یا څرمن چه پښنګری له ژوبلېدو ساتی) ، د پڅلکی پوښ .

spat, v.i. په څپېړه وهل ، د خولی جنګ ، ناندری .

spat, د spit ماضی او دریم حالت .

spate, n. ځورځنګ (لکه د سېلاو) ، شور او زوږ (لکه د ناڅاپی زورور باران) . سېل ، لېږ .

spatial, adj. مکانی ، فضایی ، دوامن .

spatter, v.t.n. شیندل (لکه داو بو) : ځنل : ککړول ، اړل ، شیندنه : څاڅکی .

spatula, n. ځمڅی ، کاچوغه (هغه اله چه د ملهم یا بل شی د ګډولو د پاره استعمالیږی .)

spavin, n. سوده (داس پر ډول ناروغی)

spavined, adj. سوده ، سوده شوی .

spawn, n. هګی (د بحری ژوو) : چوچ چوچیان (ډېر بچیان) .

v.t.i. بچی زېږول : هګی اچول .

speak, ږغېدل ، خبری کول

v.t. خبری کول .

speaker, ویاند ، ویونکی ، خبری کوونکی .

speak-easy, n. (اصط) بې جوازه شرابخانه ، پټه شرابخانه .

spear, n. نېزه ، ځانګه ، شل یا شلګی ، برچه .

v.t. په نېزه وهل، په نېزه ګومبل، په نېزه پېيل .

spearhead,n. د نېزې څوکه .

spearman, n. نېزه باز .

spearmint, n. وېلنۍ .

special, adj. خاص، غیر عادي : ځانګړی ; وتلی، ممتاز ; فوق العاده : ټاکلی ، معین .

n. خاص ، مخصوص .

specially, adv. په خاص ډول ، په ټاکلي توګه .

specialist, n. متخصص .

specialism, n. تخصص .

specialize, v.i. تخصص لرل ، متخصص کېدل ، لاس لرل .

specialization, n. تخصص .

specialty, n. خاص : تخصص

species, n. ډول، خېل، نوع، قسم .

specific, adj. مشخص : خاص : کټ مټ : ټاکلی : ځانګړی (لکه دوارو) .

specifically, adv. په مشخص ډول : کټ مټ، ښېړوی؛ په ټاکلې توګه .

specification, n. تشخیص : څرګندوالی ، خصوصیت : مشخصات

specific gravity, مخصوص وزن ، د یوې مادې د حجم د وزن تناسب د بلې مادې د حجم د وزن سره (په مایعاتو کی : ویه او به غاز کی هایدروجن د هوا معیار دی) .

specify, v.t. څرګندول (جزئیات) ، په تفصیل ښودل ، په ګوته کول ، مشخص کول .

specimen, n. نمونه ، مثال ، بېلګه .

specious, adj. ابلیسي ، په ظاهر کی ښه په باطن کی بد ، ظاهر نما ، ریا کار .

speck. n. خال ، ټکی ، خالې : پلمونۍ ، داغ ، ذره ، لوګی .

speck, v.t. داغ ایښودل ، خال خال کول .

speckle, n. داغ ، خپ ، خاپ .

speckle, v.t. داغ داغ کول .

spectacle, n. ننداره ، تماشه ، سیل .

spectacles, n. عینکې ، چشمې ، لیمکی .

spectacled, adj. عینکی ، د تماشې .

spectacular, adj. ننداره ییز ، تماشایی ، د لیدلو وړ ، د ننداري وړ : احساسات پاروونکی .

spectator, n. تماشاچی ، ننداره چی : کتونکی : شاهد .

specter, spectre, n. پېری (شبح) ، پېری ، روح ، سیوری : دېره .

spectral, adj. د پېری ، د شبح غوندې : د سیوري ، د وېرې ، د پېرې .

spectroscope, n. سپکټروسکوپ ، د رنګ د مېچولو آله ، هغه آله چه په تیاره کی وړانګې ښېتوی (طیف سنج)

spectroscopic, adj. سپکټروسکوپیک

spectrum, n. سپکټرم ، طیف .

speculate, v.i. چاچ وهل ، فکر کول ، تأمل کول ، سوچ کول ، غور کول ، اټکل کول : داسې تجارت چه د زیان خطر پکښې وي (لکه قاچاق) .

speculation, n. فکر ، سوچ: احتکار .

speculative, adj. خیالی ، ذهنی ، فکری، اټکلی، نظری (غیرعملی) .

speculatively, adj. په جاج ، په فکر، په اټکل .

speculator, n. جاج وهونکی : فکرکوونکی : اټکلی .

sped, د speed ماضی اودریم حالت

speech, n. وینا ، بیان : وغیدنه ، خبری ، نطق، ژبه .

speechless, adj. گونگی

speed, n. بریالی توب، موخ (طالع) : چټکی ، گړندی توب : سرعت ، دگیربکس گیر (لکه په موټرکی) .

v.t.i. چټکول، ځغلول ، تیرول : چابک کیدل، چټک کیدل ، تیرول .

speedily, adv. په چابکی، په تیری .

speedy, adj. چټک ، چابک .

speedometer, n. سرعت سنج (لکه دموټر اونورو) .

speedway, n. لویه لار ، آزاد سړک، هغه سړک چه پر هغه دهرادو دگړندیتوب اندازه محدوده نه وی .

speedwell, n. یو ډول بوټی چه سپینی ، آبی او گلابی غونچی لری .

spell, v.t. دچاپر ځای کار کول (د لږ وخت دپاره)، نیابت کول: چاته ددمی، (استراحت) موقع ورکول ، کفالت : وار، دور، نوبت: سیاله ، دمه، غوټه، شبه، شبهه (لکه دمرض) .

spell, n. کوډی ، جادو ، منتر، افسون

spell, v.t.i. املاء کول، اجیگی کول ، توری په توری ویل : معنی ور کول، دلالت کول .

spellbinder, n. اوریږی ، سحرالبیان، داغیزه لرونکی وینا خاوند ، اغیزناکه وینا لند .

spellbound, adj. گیلی، نظربند (په جادو): هک پک ، حیرانه .

speller, n. املاء کوونکی ، سپوږمی کوونکی، داملاء کتاب .

spelt, د spell ماضی اودریم حالت.

spend, v.t. لگول، خرڅول ، مصرفول : بیځایه لگول ، برباد ول، کارول، تیرول (دوخت) .

spendthrift, n. بدخرڅی، مسرف ، لگاوو .

spent, د spend ماضی اودریم حالت .

sperm, n. منی، نطفه .

spermatozoon, نطفه، د نطفی حجره (د نر) .

spew, v.t.i کانگی کول ، قی کول ، لوستل

sphere, n. کره، غوندواری: سیمه، حوزه، آسمانی اجرام: ساحه: چاپیریال .

spherical, adj. کروی ، گردی .

spherically, adv. په کروی ډول ، په گردی ډول .

spheroid, n. کره وله ، گردو زمه ، گردی غونډی .

spheroidal. adj. کره ډوله ، گردی

sphinx, n. ابوالهول ، د یونان یا مصر افسانوی څیره، چه سریی دښځی، تنه یی دزمری اودوزرونه یی دمارغه وی او خلکو ته به یی دمعما و ځواب وایه : مرموزسړی ، نه پوهیدل کیدونکی سړی

spice, n. مساله، دارو (د کټوې): خوند: (اصطـ) مسالګه یا پټی (لکه د خبرې).

v.t. مساله دار کول، خوندور کول.

spicy, adj. مساله دار، خوندور.

spick-and-span, adj. لوی نوزی، سپین سپېڅلی، تازه، پاک.

spicule, n. د هډوکی نه جوړه شوی ستن.

spider. n. غڼه (عنکبوت)، ارکاره، کړاهی.

spidery, adj. غڼی ورمه.

spigot, n. خولپوری، خولپوټی، سرپوښ.

spike, n. میخ (لکه د سپورت د بوټو): ګل میخ، لوی میخ.

v.t. میخ وهل، ټک وهل، میخول.

spiky, adj. میخ لرونکی، میخی: څوکه ور.

spike, n. وږی (لکه د جوارو): غنچه، ګېډۍ (د ګلانو).

spill, v.t. توېول، تلول، بهول.

v.i. توېېدل، بهېدل: غور ځېدل، لوېدل.

spillway, n. بر چاو.

spilt. د spill ماضی او دریم حالت.

spin, v.t.n. وریښل: اوبدل، غړل (لکه دور ښه و چنجی چه ور ښمن غړی)، غزول، څرخول، چورلول.

v.i. چورلېدل، څرخېدل: چټک تېرېدل، چټک تلل، چورلېدا: حفاسته.

spinner, n. وریشونکی، اوبدونکی: چورلوونکی.

spinach, n. پالک، سوزی (سبزی).

spinal column. د ملا تیر، شمځی

spindle, n. دوک، ماکو، څرخ لرګی: شپنډول، بوڅر خېدونکی سیخ چه پل شی وربانده کرځی.

spindling, adj. ډېنګه، جګ، نری، اوږد ډنګر.

spindly, adj. جګ، نریَ، اوږد ډنګر.

spine, n. اغزی، غشی، تیره ژخه: د ملا غاښی، د شمځی غاښی، فقره، مهره.

spinal, adj. شمځی پېر.

spineless, adj. بې شمځی.

spiny, adj. شمځی وال: اغزن.

spinning, n. وریښته، اوبدنه.

spinning, wheel څرخه (د وریښلو).

spinster, n. زړه پېغله، ستی، کورناسته پېغله.

spinsterhood, n, ستی توب، پېغلتوب، زړبت.

spiral, adj. n. مار پېچ، مار پېچه، تاوراتاو، حلزونی، غنری ول، کړی.

v.t.i. مارپېچ کول، ول ول کول: مارپېچ کېدل، ولول کېدل.

spire, n. لکه څوکه) علی، منار، تیره څوکه (لکه د غر څه بکلی).

spiry, adj. څوکه لرونکی، تیره، څوکه ور.

spirit, n. ساه، روح، سیوری، شبح، شخص، فرد: روحیه: زړه ورتوب، ویښتوب: اصلی مطلب، روح (لکه د خبرې): سپیریټ، تقطیر شوی الکول.

v.t. لمسول، پارول، اوپه پټه وړل، الوزول.

adj. روحی: الکولی.

spiritless, adj. بې روحه ، مړ ژوندی ، مړاوی .

spirited, adj. ژوندی ، تکړه ، ویښ .

spiritual, adj. روحي ، معنوي ، روحاني : سپېڅلی ، پاك : مذهبي .

spirituality, n. معنویت ، روحانیت

spiritually, adv. په معنوي توګه ، د روحانیت له مخې .

spiritualism, n. هغه عقیده چه وایي دمړي د روح له ژوندیو سره خبرې کوي : د روح د اصالت عقیده .

spiritualist, n. د روحانیت طرفدار .

spiritualistic, adj. روحاني ، د روحانیت .

spirituous, adj. الکولي ، ډېر الکول لرونکی .

spirt, v.t.i.n. داړې وهل ، خوټېدل : داړې .

spit, n. سیخ (د کباب) : دماغه ، وچه چه په اوبو ننوتلې وي .

v.t. پېیل (لکه په سیخ) .

spit, v.t.i. توکول ، توکل : لوتل ، اچول (لکه خراشکی) .

n. توکاڼي : کټ مټ ورته والی : څپېه (د باران یا واورې) ، سپکه وریا

spite, n. کینه ، رخه .

spiteful, adj. کینه ور .

spitefully, adv. د کینې له مخې .

spitefulness, n. کینه ور توب ، رخه

spittle, n. توکاڼي ، لاړې ، ناړې .

spittoon. n. توکاڼي ، توږې دانۍ (لګن داني) .

splash, v.t. شیندل ، پاشل : الوزول (لکه اوبه یا خټې) .

v.i. شړېهېدل ، شړپهار کول

splash, n.

splatter, n. v. شیندل : شړپهار .

splay, v.t. خپرول ، غزول : کږول ، رپېښده کول ، رېوتلده کول

n. رېوتلده : خپور ، غوړېدلی ، ویږ ، غزېدلی (لکه پښه) .

splay-kneed, adj کچل ، کچی ، کوږ زنګونی

splay-legged, adj. پښې ارتې ، شواړ ، څوار .

splay-toed, adj. ارت ګوتی .

spleen, n. توری (طحال) : کینه ، رخه : بدخوی .

splendid, adj. ځلاند ، بربېښند ، پرتمین (مجلل ، شکوهمند) ، روڼ : دانداري ود ، لوی ، لوړ : فوق العاده ، ډېر ښه بريم یالی ، برمی .

splendidly, adv. په ځلانده توګه ، په فوق العاده ډول .

splendor, splendour, n. ځلا ، بربښ : برم ، شان ، شوکت ، دبدبه .

splenetic, adj. د توري (د طحال) ، توریلی : کینه کښ ، کینه ناك : بد خوی ، تو ندمه ناك .

splenic, adj. د توري ، توریځی .

splice, v.t. ځړول ، تاوول ، کښېکښل ، سره وروسټل ، سره نښلول (لکه دوه لرګي) ، پیوندول .

splice, n پیوند ؛ سره اوبدنه ؛ سره وروستنه .

splint, n. ملوری ، لښتې (د هډو کړی او بد لو) : سیخ ، سپله : چپه : د ونې ، ټوټه ، پترې (لکه چه د ماتو هډو د سالمنې د پاره استعمالیږی) .

splinter, n. لرګی او هډوکی درې ، تراشه ، تراشه ، تراشکه (د لرګی یا بل شی لری پتره ، ټوټه چه په اسانۍ ورېږي شی) v.t.i. تراشه پیلول ، تراشې تراشې کول : څیرول ، چاودل .

split, v.t.i.n.adj څیرول (لکه لرګی په اوږدو) ټوټې ټوټې کول : بیلول ، د بشتل ، ولډی کول : چاودل : انشعاب کول ، ټوټې ټوټې کېدل ، انشعاب : چاود ، درز ، ویش ، ولډه : چاودلی ، ویشل شوی .

splitting, adj. چوونکی : درد ناک .

splotch, n. v. داغ ، ټپی : ټپی کول ، ټپی ټپی کول : ککړول .

splurge, n. هغه کار یا شی چه نما یشی رنګه ولری ، لباسی ، ځان ښودنه ، تظاهر .

splurge, v.i. ځان ښودل ، د ځان ښودنې د پاره پیسې لګول .

splutter, v.t.i. ګونګېدل ، تېز ژبی کېدل n. ګونګار : غړپهار

spoil, v.t.i. لوټول ، تالا کول : خرابول ، ابتر کول ، ضایع کول ، له کاره ایستل ، وراوول : خوسا کېدل ، ورستېدل .

spoiler, n. لوټمار ، داړه مار : ورانکاری ، ضایع کوونکی .

spoke. د speak ماضی

spoke, n. پره (د څرخ) : پښه ، پاټکی (د زینې) .

spoken, د speak دریم حالت : ویل شوی ، شفاهی ، مسما وزه یی .

spokesman, n. ښکارندوی ، نطاق ، نماینده ، استازی .

spoliation, n. چور ، لوټ ، تالا .

sponge, n. سپنج (اسفنج) : په سپنج مینځنه : تیاره خور (طفیلی ، پرازیت) v.t.i. سپنج ټولول : اسفنج ښکارکول ، په سپنج ځان مینځل : تیاره خوری کول ، ځان په بل باروول .

sponger زبېښونکی ، په بل بار .

spongy, adj. سپنج ورمه ، اسفنجی : سپک .

sponsor, n. ذمه وار ، ضامن ، په ځای د اخستلو مکی ، د پخی پلار او مور ، د لګښت ذمه وار .

sponsorship, n. ذمه واری ، تعهد .

spontaneous, adj. پخپله ، له ځانه ، په خپل سر ، له خپله اراده : بې اختیاره .

spontaneous combustion, n. په خپل سر اور اخستنه .

spontaneity, n. بداهت .

spontaneously, adv. پخپله ، بې اختیاره .

spoof, v.t.i. رېشخندول ، مسخره کول ، غولول ، ملنډې وهل .

spook, n. سیوری ، پېرو ، پېری ، روح

spool, n. کوټک ، ګوټ : څرخ .

spoon, n کاشوغه ، کاچوغه ، غمچکی .

v.t. په کاشوغ اخیستل ، پهدوړو او احمقانه ډول ملاتړ کول .

spoonful, n. یو کاشوغه .

spoor, n. منډ، پل، پته، دځنګلي ځناور منډ پسې اخیستل .

sporadic, adj. ټیټ وپرک، ځای ځای، خال خال، خوړه خوړه .

sporadically, adv. په کله کله ، په ناڅاپي توګه .

spore, n. (بیالوجي) حقه تکثیري (تولیدي) واحد . اجسام چه دیوه حجروي ژوو او بوټو څخه پیدا کیږي او په سترګو نه لیدل کیږي (سپور) .

sport, n.v.i.v.t. سپورټ، بدلی دوزله ، ساعت تیري : لوبه: ټوکه ، ملنډه : دلوبی سپمني څښتن ، دسپورټ سپمني څاوند: چې چو ، بد لوبن، اسراف چول ، ساعت تیرول .

adj. دلوبي (وسایل) .

sportive, adj. لوبغاړي، ورزن ، خوش طبع

sportsman, n. لوبغاړی ، دلوبی سپمنی څښتن ، سپورټ مین .

sportsmanship, n. دورزش سره مینه ، لوبغاړتوب : ورزشتوب ، سپورټ مینتوب .

sporty, adj. لباس: سپورټ مین وزمه : ځان ښودونی .

spot, n. خاپ ، داغ، خال ، ټکی، پلموټی ، تپ، ټپی: لوڅی: سیمه، ځای .

v.t. داغ داغ کول ، رټه کول : لټه کول .

v.i. رټه کیدل، په لټه کیدل: لیدل ، پوږ ایدل .

spotless, adj. سوتره ، بی داغه ، بی وټه .

spotlight, n. ټیره رڼا چه په یوه معین سړي یا ځای ولویږي : دډا یوړوی رڼا اچوونکی څراغ: دځلکو توجه .

spotter, n. ځانګه پولیس ، دکشف پولیس ، جاسوس، خبر چی .

spotty, adj. ګدوړې ، ټیټ وپرک

spousal, n. دواده دود، دنکاح مراسم .

spouse, n. میړه یا اوړته، میړه یا میرمن .

spout, v.t.i. داری وهل ، فواره کول ، پهداره توییدل: بی بی پرځیدل .

n. شونبکه، فواره، شوبکوری : داري داري

sprain, v.t. اوښتل (لکه د پښی) ، زور مولول، رګیدل (لکه مې وندچه پهزور تاوشي)، تپ خوړل، ټوکل، ټکیدل .

n. زورمولدل، تاوخوړنه، لګیدنه، ټکیدنه .

sprang, ماضی spring د

sprat, n. یوډول کوچنۍ اروپایي کب

sprawl, v.i. شواړ (شوار) کیناستل : خوروور پرتول، غزیدل، غانګي وانګي پرتول، خوروو دغزیدل (لکه تاک):

ارت کیدل .

spray, n. منډوکې، ګل غانکه (دمیوي دګلو لو یا یا پوسره) .

spray, n. پوږ، پوشنا: شیندونکی، پوږ وهونی (آب پاش) ، دپوږ وهنی او پاشلو آله .

v.t.i. پوږ وهل ، شیندل ، پاشل ، بڼ وهل .

sprayer, n. پوڑوهونی ، شیندونکی .

spread, v.t.n. غوړول ، خپرول : پلنول ، اوارول : غزول : ویشل ، وانچي کول : خپرول ، تیتول ، خپرونه : ویش ، ولټه . پسور ، پلنوالی : توپیر : پوښ (لکه د میز دسر) څادر ، روجایی : اخیره ، هر هغه نرم مواد (لکه کوچ) چه په بل شی (لکه ډوډی) پوري موښل کیږی

spreader, n. غوړوونکی ، تیتوونکی ، خپروونکی .

spree, n. چړچه ، مستی (په تیره چه ډیر شراب په کښی وڅښل شی) .

sprig, n. لښته ، څانګه کی ، منډوکی .

sprightly, adj. ژوندی ، ودین ، ژواندی زړه ی : تکړه ، ویښ .

spring, v.t.i. ټوپ وهل ، غورځیدل : ټوکیدل : تیغ وهل ، سروهل : ستنیدل ، ځای ته راتلل (لکه فنر) ؛ کښیدل ، غبر گیدل : کږیدل ، بیځایه کیدل ، چاکیدل ، چاودیدل : په ناڅاپی ډول ښکاره کول : په خرپ بندول (لکه د موږک تلک یا فنر)

n. ټوپ ، خیز : چینه ، سرچینه ، منبع : پسرلی : فنر ، کمانی ، سپرینګک .

adj. پسرلنی : پسرلی : د چینی : فنرلرونکی ، ارتجاعی .

springy, adj. فنری ، غورځنګی

springboard, n. د انګک ډېره ، هغه ډېره چه او بو ته تري دانګک وهل کیږی .

springtide, n. د پسرلی مهال ، لوی مهال .

sprikle, v.t.i. شیندل ، تیتول ، پرخول .

sprinkler, n. پرخوونکی .

sprinkling, n. پرخونه .

sprint, v.i. په تراټ څغستل ، لنډه منډه کول ، تړپلل .

n. تراټ ، څغاسته .

sprinter, n. څغستوی

sprite, n. پیری ، ښاپیری : بلا ، شبح .

sprocket, n. غاښی ، پره .

sprocket wheel. پره ییز څرخ ، غاښور څرخ .

sprout, v.t.i. تیغ وهل ، لوښ وهل ، ټوکیدل .

n. لوه ، پوانګه ، څوکری ، بچکی ، غوټکه .

spruce, n. لښتر ، هره تل زرغونه ونه چه پاڼی یې دستنی په شان تیري وی

spruce, adj. سوتره ، ښکلی ، ډولی ، خیالی ، پاك ، سینګاری .

sprung, د spring دریم حالت .

spry, adj. چوك ، ګړندی : وادی .

spud, n. رمبی : (اصط) کچالو ، پټاټی ، الو .

spume, n. ځګ .

spun, د spin ماضی او دریم حالت

spunk, n. لګوونی ، پیلوڅی ، اورلګیت (اصط) زړه ورتوب ، جرأت .

spunky, adj. زړه ور .

spun rayon, درېان سنی پارچه (کلپښته)

spur, n. مهمیز (مهمېز) : لوکه ، څوکه : څنډه ، پیغ (لکه د چرګک د پښې) ، محرك ، څوکه : څنډه : پاڼ ، ګړانګک : فرعی پښلی (داورګاډی)

v.t. پوندہ کول (لکه آس) ، څوکه کول : پارول ، لمسول .

spurred, adj. پارېدلی ، لمسېدلی .

spurious, adj. کوټه ، کلپ (قلب) ، غلطی ، غلط ، بدل .

spurn, v.t. په لغته وهل ، رټل ، شړل ، ایسته اچول .

spurt, v.t.i. داره وهل : خوټېدل ؛ ناڅاپي هڅه کول ، ناڅاپه څڅېدل (لکه ارخ)

n. داره : ناڅاپه څڅکی : د ارخ څڅېدنه .

sputter, v.t.i. الوتل (لکه ناړې د خبرو په وخت کې) : ژوولې خبرې کول ، لاړې بادول (د خبرو په وخت کې) : سپرغۍ الوزول

n. لاړې بادونه ، لاړې بادونه : ژوولې خبرې ، سپرغۍ .

sputum, n. خراشکی (بلغم) : لاړې (لاړې) .

spy, v.t.i. څارل (په پټه) ، جاسوسي کول ، پسې کېدل .

n. جاسوس ، څاری .

spyglass, n. ودوکی تلسکوپ .

squab, n. د کوترې بچی ، د کوترې چوچی : گردې سړی ، سخوټ

squabble, n.v.i. شخړه کول ، کړ کېچ کول : شخړه ، کړ کېچ

squad. n. ډله : ډلگی .

spuadron, n. سپاره (لښکر) : ډله ، د امریکې د هوایي قواوو ډلگی .

squalid, adj. خیرن ، ناولی : مسکېرلی ، لتاړلی ، خوار .

squall, n. سېلۍ ، تونده باد (چه واوره یا باران ورسره وي) .

squally, adj. توفاني ، سېلۍ ناک .

squalor, n, غریبي او خواري ، مسکېرلتوب : خیرنتوب ، ناولتیا .

squander, v.t. بېځایه خرڅول ، بربادول ، تس نس کول .

square, مربع ، څلور گوټی : څلورلاری ، چوک : (ریاضي) دوهم طاقت ، مربع .

v.t.i. adj. مربع کول ، څلورگوټی کول ، پاکېدل : موافقه کول ، جوړ راتلل ؛ بریکړه کول ، فیصله کول ، دعوا خلاصول : په خپل ځان کې ضربول (عدد) : څلورگوټی ، لك ، لیغ : په خپل ځان کې ضرب شوی : کلك (لکه حساب یا معامله) : غولدونی ، په زړه برابر (لکه ډوډۍ) .

squarely, adj. په څلور گوټېز ډول

square dance, څلور کسیزه نڅا ، څلور گوټېزه نڅا .

square-rigged, adj. څلور گوټ بادوان وال (لکه بېړۍ) ، هغه بېړۍ چه بادوان یې څلور گوټه ولري .

squash, n. کدو ، تری ځاړی کدو .

squat, v.i. د پښو په گوتو کښېناستل ، د پښو په سر کښېناستل ، مځکه پر لاندې کول (بې د حکومت له اجازې) ، غصبول ، نیوکه کول .

adj. سخوټ ، پنډولنډ ، لنډی .

squatter, n. مځکه پر لاندې کوونکی .

squaw. n. مېرمن ، ښځه (د امریکایی سره پوستو ښځه): امریکایی سور پوستې ښځه .

squawk, n. ټغهار ، کڼهار

v.i. ټغېدل ، کڼېدل

squeak, v.t.i چغېدل ، چغهار کول : شغېدل ، کړېدل ، کړهار کول .

n. چغهار ؛ صېهار ، کړېهار .

squeaky, adj. چغنده ؛ شغنده ، کړنده (عام) .

squeal, n. کوږ نچهار ، کوږ نچی ؛ چغهار ؛ کوږ نچېدل ، چغېدل ، اولېدل : چغلی کول ، حال ویل .

squeamish, کارجن ، نری زړی ، نازک مزاجی ، زړ خوا بدېدونکی

squeeze, v.t.i. کښېکښل ، کښېکاږل : ښتېښل ، زبېښل : په زور ځایول ، په زور ننه ایستل ، په زور ننوتل ، ټېل وهل .

n. کښی منډله ، فشار ، زور ، لېښوونی ، لېښونې (لکه د لیمو او په جه د ښتېښلو په واسطه لاس ته راغلی وی) .

squeezer. n. ښتېښونکی (لکه ماشین)

squelch, v.t. غلی کول ، چوپول ؛ ځپل .

squib, n. سورسره کی ، سرسوا لکه ، ټوپکی : لنډه لیکنه ، انتقادی لیکنه ، خندنه (په لیکنه کی) .

squid, v.i. یو اوږد دسمندری ژوی چه لس پښې لری .

squint, n. تر سترګو لاندی کتل ، کاږه کتل ، چپ چپ کتل په اېمکښو سترګو کتل : چپك کېدل ، چپول کېدل ، کږې سترګی لرل .

n. adj. چپول ، کږسترګی .

squire, n. د نایت اردلی ؛ سردار ، بادار ، (په انګلستان کی) یو لقب چه تر نایت ښکته او تر جنټلمین لوړ دی : دښځو بدرګه کوونکی .

squirm, v.i. تاوېدل ، ښویېدل . کوږوږ کېدل ، لت په لت اوښتل .

squirrel, n. نولی ، موږك پر انګه ، پیش پر انګه :

squirt, v.t.i. نری داره وهل ، الوتل ، ریښنده کی وهل .

n. د داری آله (لکه سرنج) شیندونی (آب باش)

stab, v.t.i. سوری کول ، منډل ، څخل (لکه چاړه) ، چوخول .

n. پرهار ، ټپ (لکه د توری) . ځوږه ، پرهر .

stabilize, v.t. انډول کول ، موازنه برابرول ؛ سمول ؛ مستقر کول ، تثبیت کول ، ټینګول : د الوتکی د موازنی ساتل (د مخصوصی آلی په واسطه)

stabilization, n. توازن ، برابری ، په ځای درونه : استحکام .

stabilizer, n. د موازنې برابرونکی آله .

stable, adj. ټینګ ، پر ځای ولاړ ، ثابت : پایېدونکی ؛ مضبوط .

stability, n. ټینګتیا ، ثبات .

stable, n. غوجل (اصطبل) : مال .

stableboy, n. غوجل بان ، غوجل پاکوونکی .

stableman, n. غوجل بان .

staccato, adj. هغه موسیقي چه لنډې او جکاره وتلي ولري .

stack, n. دلۍ، کوټه، ټوپ، خره (لکه د پروړو یا غنمو) : د لوګي موری، دودکښ، لوټه، للکه: ځای، ټوټکی، باره: دکتابو الماری .

v.t. دلۍ کول ، کوټه کول ، خره کول: باره کول .

stadium, n. لوبځالی، ستیډیوم، دلوبو میدان، لوبځای .

staff, n. لکړه، امسا، ډانګ: کوټك، اسره، هیله: زېرمه ، توښه : څېری (ددفتر)، کارکوونکي: اداري څانګه، درستیز (ارکان حرب): (موسیقي) پنځه افقي کرښې چه موسیقي ورباندې لیکل کیږي .

stag, n. نرکښ، غرڅه: ایښه ، میښه، ټکه .

stage, n. صحنه، ستیج: د پېښې ځای: دربغ: رباط: مرحله: څلوراړابه ییره بګۍ: اندازه (لکه د [illegible]) .

v.t. لوبول، دصحنې په مخ راوړل .

stagecoach, n. هغه بګۍ چه په معینه لار او ټاکلي وخت مؤظفه وي .

stagger, v.i. کاږی واږی تلل، ډ [illegible] کېدل (لکه دنشې له لاسه): ټکنی کېدل: شکمن کېدل، دوه زړی کېدل .

v.t. [illegible] کول: ټکنی کول: ترتیب اړول، په بل ډول ترتیبول .

n. کوږ ووږ تګ: (جمع) پرونه، [illegible] (لکه د آس) .

staging, n. تختبل: کوټره، خوازه (لکه دمعمارۍ)، دکورا سکلیټ، اډاوله.

stagnant, adj. (لکه اوبه)، ولاړ، دریدلی، راکد: لټ، څړ اند، سست .

stagnate, v.i. ځای په ځای دریدل : ترپوختنه کیدل (لکه هوا)، بخرساکیدل، (لکه اوبه): سستیدل ، لټ کیدل .

stagnation, n. رکود، لټی، ځای په ځای دریدنه .

staid, adj. ځایی، ثابت: درونډ (مؤقر)

stain, v.t. داغ کول، پلموتی کول، رنګه کول: رنګه کول: دانګول: بې لاری کول: شرمول .

n. داغ، رنګه، لکه، پلموتی: شرم، بې پتي، رنګه .

stainless, adj. بې رنګه، رنګه نه کوونکی، بې داغه، پاک لمنی، سوچه.

stair, n. زینه، دزینې پله : (جمع) زینه، دزینې څو پلې .

staircase, n. زینه (په تېره چه کتار ولري) .

stairway, n. دزینې لار

stake, n. موړی: ستنه چه خلك به پرې تړل کېدل او ورسته به سوځول کېدل: داو، شرط، رسك: جایزه، انعام .

v.t. پر یوه ټاکل (دموړو په واسطه) داوو هل، شرط تړل، پیسې پرې اېښودل.

stalactite, n. کرنګړی، چونه چه دسمڅې له چت څخه راوځړېږي .

stalagmite, n. ځلی، په تېره دچونې چه د سمڅې له ډولي جګېږي

stale, adj. باسي، زېړلی، بې خونده .

v.t.i. باسی کول، ژیړ ای کول: بې خوانده کول: باسی کېدل، بې خوانده کېدل.

stalk, n. ډانګ، ډنډ، د اڅور .

stalk, v.i. خپ خپ تلل، غلی غلی تلل، غلچکی تګ کول: په اغرور تلل، په غرور تلل .

stall, n. غوجل، ځانګړی اخور (د یوه حیوان)، دکانچه: کېږدۍ، غرفه: دریځ، منبر (د کلیسا)، د تیا تر ودانۍ چوکۍ، ستیج ته نږدې چوکۍ چه له ورو بیله وی .

v.t. ودرول، مړ کول (لکه ماشین) .

stllion, n. میندہ آس، نر آس (چه خصی شوی نه وی) .

stalwart, adj. پلوان، غښتلی، زړه ور .

stamen, n. د ګل مینځ (چه تخم پکښې وی)، سټیمن، د ګل غوزه، د ګل پوړ .

staminate, adj. غوزه لرونکی .

stamina, n. ټینګښیا، زور: زغم، ګالنه: پایښت .

stammer, v.t.i. تې تې کېدل، تړی کېدل، ژبه بندېدل .

n. د ژبې بندېدنه، تړی توب .

stammerer, n. تړی، تې تې ی، چاړ ا .

stamp, v.t.i. اوده کول، میده ول: تر پښو لاندی کول، چیتول، ختل (پرې) ټاپه کول، مهرول: نښه کول، ټاپه لګول، چاپ لګول: ټکس سر پښول .

n. اړه کول: ختنه: ټاپه، مهر: د پستی ټکټ .

stampede, n. تښتېدنه، ترپېدنه، ترپ، تر هېدنه .

v.t. تښتېدل: ترهېدل .

stance, n. دریځ، وضعه: ولاړه (د درېدو وضعه) .

stanch, v.t.i. درول، ودرو کول، بندول لکه (د وینې): درېدل، بندېدل. adj. بې درزه، بې سوری (چه او به ورځخه نه تېرېږی): کلک، ټینګ، مضبوط: رښتونی .

stanchly, adv. په ټینګه: په رښتیا .

stanchion, n. میله، ستن، سیخ

stand, v.i.n. درېدل، ولاړېدل: دریځ لرل، څېره لرل: کاڼه کېدل: ټولیدل، ولاړ کېدل (لکه او به کی په ستر ګو کی): ودانه ی کېدل: (لکه مدعا کمی ته). درېدنه، دریځ، دریځ (په محکمه کی د شاهد): غرفه، دکانچه، دکان: تخت میزګی، تلسچه: د و لو غړ و سکه ، بوټکوه، نیالګره (هغه های چه بوټی بوتی یا نیالګی پکښې ځنه شوی وی) .

standard, n. ځکاره ونه ی، نښان: جنډه، بیرغ: معیار: واحد: پښه، پایه

standard, adj. معیاری .

standard-bearer, بیرغ چی، سر کښی .

standardize, v.t. معیاری کول، برابرول، یو رنګه کول، متوازن کول .

standardization, n. معیاری کول، برابرونه.

stand-by n. پا وری (سړی) اتباری (سړی) د ډاډونه، مرستیال، کومکی .

standing, adj. ټینګ، ولاړ: ثابت: تل ترتله: د ولاړی، ولاړی .

n. رتبه، مقام، دریځ: پایښت .

standpipe. n. نیغ پایپ، داوبو ټانک (چه په جګه ایښی وی)، سپور پایپ.

standpoint, n. نظر، فکر، خیال، نظریه، نقطه نظر.

standstill, n. ټال، ځنډ: درېده (سکون)، ځای په ځای درېدنه: ډیل.

stanhope, n. یو ډول بګی

stanza, n. پارکی، بند، قطعه (د شعر)

staple, n. کېرا، لوسی، د سټیپلر ستنی: اساسی تولیدات: اساسی برخه، مهمه برخه، لویه برخه: اومه مواد: پنبه، وړی (چه اومه وی).

adj. د پر تولید پېدونکی (مواد) اساسی، مهم، اصلی.

star, n. ستوری: د سینما مهم لوبغاړی.

v.t.i. ستوری کښېښول، په ستورو سینګارول، ستوری جوړول: د سینما ستوری کېدل.

starless, adj. بې ستوری.

starlight, n. د ستوری رڼا.

starlike, adj. ستوری وزمه، د ستوری په شان.

starry, adj. ستوری لرونکی، له ستورو ډک.

starboard, n. ښی اړخ (د بېړۍ یا الوتکی).

starboard, adj. د ښی اړخ، ښی اړخیز.

starch, n. بت. آر (ا نشایسته، هار).

v.t. آهور کول، بت ورکول.

starchy, adj. نشایسته پېر: آ د لرونکی: نیغ نیغ، شخ.

StarChamber, n. پټه محکمه، سری محکمه

stare, v.i. سترګی پکښی ښخول (د تعجب او بېری، یا کنجکاوی له مخی): څرګند پېدل (په بارز ډول)

n. په ځیر کتنه: تبارز، څرګند والی

starer, n. په ځیر کتونکی.

starfish, n. بحری ستوری، یو ډول سمندری ژوی چه د ستوری په شان دی.

stark, adj. نیغ نیغ، په ځای ولاړ: زېږ، کلک، سخت، ټینګ: لغړ، بربنډ: شاړه: بشپړ، پېښی قطعی.

adv. بشپړه، بالکل.

starling, n. شامتوره، زرزرکه.

star-spangled, adj. په ستورو جوړ او ښوی، ستوری پری انګېدلی.

start, v.i. پیل کول (شروع کول): ټوپ وهل، دانګل، ټکان خوړل.

v.t. چالانول: پارول، وېښول، ټکان ورکول.

starter, n. پیل کوونکی، چالانوونکی.

startle, v.t. ناڅاپه وېرول (لکه پخ وهل، بوومل)، ټکان ورکول، ډارول.

startling, adj. ټکان ورکوونکی، ناڅاپه وېروونکی، جټکه ورکوونکی لړزوونکی.

starve, v.i. لوږه ګالل، بې برخه کېدل، له لوږی مړ کېدل، له لوږی ملا کېدل، ډنګر پېدل (له لوږی)

starvation, n. لوږه، کاختی (قحطی).

starveling, n. وږی، د لوږې د لاسه ناتوان، ډنگر.

state, n. حالت، وضعه: موقف، دریځ، موقعیت: دولت: ایالت، ولایت: اولس (ملت).

state, adj. د دولت، دولتی.

statehood, n. د دولت موقف.

state, v.t. بیانول، څرگندول: ټاکل، ایښودل (لکه بیه): تېرول (لکه کیسه)

statecraft, n. دولتی چال چلند، سیاستمداری، د حکومت کولو فن.

stately, adj. رسمی: درناوی، پرتمین (مجلل).

stateliness, n. درنښت، درناوی.

statement, n. وینا، بیانیه، څرگندونه

stateroom, n. شخصی کوټه، ځانله کوټه (په اورگاډی یا بېړۍ کې)

statesman, n. د دولتی چارو ماهر، سیاست پوه، سیاستمدار.

statesmanlike, adj. سیاستمدار.

statesmanship, n. سیاسی پوهه، سیاستمداری.

static, statical, adj. آرام، ولاړ (ساکن)، بې حرکته: د راډیو څوڅار.
n. څوڅار چه په راډیو کې د برقی اختلال له کبله پیدا کېږي.

station, هډه، اډه، سټېشن، تم ځای: مرکز: دریځ: استوگنځی: د ځارویو د روزلو ځای: قشله: رتبه، مقام.
v.t. استوگن کول، درول، ځای ټاکل.

stationmaster, n. د سټېشن آمر.

stationary, adj. ځای په ځای، ځایی، ټاکلی، نه خوځېدونکی، نه بدلېدونکی، پر یوه حال.

stationer, n. قرطاسیه خرڅوونکی.

stationery, n. قرطاسیه، د لیک سامان (لکه کاغذ، قلم او نور).

statistics, n. احصائیه، شمېر.

statistical, adj. احصائیوی.

statistician, n. د احصائیې متخصص

statuary, n. مجسمه جوړونه: د مجسمو مجموعه، مجسمې.

statue, n. مجسمه، بت.

statuesque, adj. مجسمه ډوله، بت ډوله: باوقاره، ښکلی.

statuette, n. وړه مجسمه، کوچنی بت.

stature, n. ونه، جگوالی، قد: وده.

status, n. دریځ، موقف، موقعیت.

statute, n. قانون، منشور: دود، کښل شوی قانون.

statutory, adj. قانونی، اصولی: مشروع.

staunch, د stanch بله بڼه، قوی، ټینگ.

stave, n. لرگی، ډانگ، ډډې، تخته، قطعه، پارکی، بند، لنډه (د موسیقۍ د پاېر کرښې)، بند (د شعر).
v.t. ډډې ډډې کول: سوری کول: ځنډول: خچ پچ کول، ټپ ټپ کول: پچ کول، بچول، ځانته وهل، تنبول

staves, n د staff جمع، لرگی.

stay, v.i. : پاتې کېدل ، معطلېدل ، اوسېدل ، تم کېدل : دوام کول دربدل ، په ځای دربدل .

v.t. ، ځنډول : ځنډ اچول : درول ، ټینګول

n. ، ځنډ ، توقف : استوګنه ، ډډه ، موشتېده ، دېره کېده .

stay, n. ، رسی ، کېږل ، چه د بېړی د بادوان ستنه پرې کلکېږی ، مرالده ، تکیه : د ډېټې ملا بند .

v.t. ، لوړه ، ټکیه کول : ځکه کول ، ماتول (په موقتی توګه) ، دفع الوقت ، چاره کول : (اصطلا) ټینګېدل (ترپایه)

stead, n. ، ځای (لکه د ځه ، په ځای د کاروکي) : ځای ، وخت ، مورد (لکه د اکتاب ماته په ځه ځای کی په کار شو)

steadfast, adj. ، ثابت : ټینګ ، کلک ، نه بدلېدونکی .

steadfastly, adv. ، په ټینګه : په ثبات

steadfastness, n. ، ټینګار ، ثبات

steady, ، ثابت : بی تدبه : ټینګ ، دوام خاوند : منظم ، باقاعده : یو کمان ، یوحال ، یوه ترا (لکه سرعت) .

v.t.i. ، منظم کول ، ټینګول ، کلکول : باقاعده کول : ټینګېدل ، منظم کېدل

steadily, adv. په یو کمان (یکنواخت) ، په تدریج

steadiness, n. ، ټینګتیا : عزم ، ثبات .

steak, n. (د غوښی په ټوټه) یوټه (د غوښی)

steal, v.t. ، غلا کول ، پټول : شوکه کول .

v.i. غل کېدل .

n. غلا ، شوکه .

stealth, n. غلا ، پټ کار .

stealthy, adj. ، د غلا ، غلچکی ، پټ ، خپ وچوپ

stealthily, adv. ، په غلچکی ډول ، په پټه ، په غلا .

steam, n. adj. ، بړاس ، بخار : د بخار ، بخاری .

v.i. : بړاس کول ، بخار کېدل ، تېخېدل : بړاس ایستل .

steamboat, n. د بخار بېړۍ .

steamengine, د بخار ماشین

steamer, n. ، د بخار ماشین ، د بخار بېړۍ ، د بخار دېګچه .

steampipe, n. د بخار نل

steam roller, د سړک جوړولو رولر

steamship, n. د بخار بېړۍ

steam shovel, د کیندلو ماشین .

steamy, adj. ، بخار ډوله ، بړاسی ، بړاس لرونکی .

steam fitter, ، نل غزوونکی ، د بخار د نل غزوونکی ، د نل کار ګر .

steed, n. ، اېلی آس .

steel, n. پولاد

v.t. پولادی .

adj. ، پولادی کول ، په پولاد پوښل ، پولادی غوندی کول ، ټینګول ، کلکول .

steely. adj. پولادی .

steelyard, n. پوډول او په در چه لرونکی ډول تله :

steep, adj. ستوغ، ګړ ننګے وزمه، ړ پولنده؛ بې اندازه، بې حده ډېر زيات، ګړ ننګے، چپ اړی، سينه کښ.

steeply, adv. په ستوغ ډول.

steepness, n. ستوغوالی.

steep, v.t. خېشتول، لندول (په مايع کې)؛ شيره ايستل، اوبه ايستل (دخېشتولو په واسطه): مړول، ډکول، اشباع کول.

steeple, n. مناره، دکليسا دمنارې څوکه.

steeplechase, n. مانع لرونکی آس ځغاسته، دآس ځغلولو لوبه چه په کښې آس له مصنوعی موانعو څخه ټوپ وهی.

steer, n. سخوندر، خصی شوی سخوندر.

steer, v.t. واګی نيول، چلول، بيول (لکه موټر).

v.i. تلل، روانېدل: په چلوبرابر تلل.

steersman, n. چلوونکی، دملولی خاوند.

steerage, n. چلونه، سمت، لوری، دبېړۍ ارزانه برخه، دبېړۍ عرشه يا بله برخه چه کرايه يې ټيټه وی.

stein, n. کنډول، کاشی ګيلاس چه لاستی ولری.

stellar, adj. ستوری ډېر، دستوری، ستوری ډوله.

stem, ډډ، تنه: ډانډر، منډه: پښه، ټبر: دبېړۍ سر، دبېړۍ ورپوز: رېښه، اساس (دلغت).

v.i. راولاړېدل، راپيدا کېدل، نشاوت کول.

stench, n. ډېوزه، خوږ وسکه، بدبويی.

stencil, n. قالب، ستېنسل، دچاپ قالب.

stencil, v.t. په ستېنسل چاپول.

stenography, n, چټک ليکنه، د چټک ليکنې فن.

stenographer, n. چټک ليکونکی

stenographic, adj. چټک ليکنی.

stentorian,. adj. چکے غږی (لکه سری).

step, n. قدم، پل، ګام، پوړی (دزينې): درجه، مرحله: تګے.

v.i. قدم ايښودل، ګام اخستل: په پله اندازه کول.

step,- ناسکه، مېرنی، مېړوزی.

stepaunt, ناسکه ترور.

stepbrother, مېړی زی دمېړی زوی

stepchild پرکټی.

stepdaughter. پرکټی.

stepfather, پلندر.

stepmother. مېره.

stepsister. مېړې زی خور، ناسکه خور.

stepson پرکټی.

stepuncle, ناسکه تره، ناسکه ماما

stepladder, n. زينه، سپکه زينه.

steppe, n. بيديا، ډاګے، دښت.

stereoscope, سټيريوسکوپ، دوه عدسه ييزه آله چه د هغې په واسطه د يوې منظرې دوه عکسونه چه څنګ په څنګ ايښودل شوی وی په مجسم ډول ښکاره کيږی

stereoscopic, adj. دسټيريوسکوپ، سټيريوسکوپيز

stereotype, adj. دچاپ تخته، پوه فلزی تخته چه دهغې له مخې پوه صفحه چاپيږی، کليشه: نمونه.

stereotyped, adj. متحدالمال، یکنواخته، مبتذل، بی خونده.

sterile, adj. شنډ، بی ثمره، بی حاصله، شاړه: بی مکروبه، معقم.

sterility, n. شنډتوب: بی مکروبی، عقیم والی.

sterilize, v.t. تعقیم کول، له مکروبو پاکول

sterilization, n. تعقیم.

sterilizer, n. تعقیم کوونکی، مکروب وژونکی.

sterling, n. سټرلنګ (د برتانیې پولی واحد).

adj. دسټرلنګ: دسټرلنګ له زرو څخه جوړ شوی: پوره، خالص، ښکلی، سوچه.

stern, adj. سخت، ټینګ: کلک، ثابت، کراړ.

sternly, adv. په ټینګه، په سختۍ

sternness, n. ټینګښت، کلکوالی

stern, n. د بیړۍ لکۍ، د بیړۍ وروستنۍ خوا.

sternum, n. د سینې هډ (عظم قص) سرپوښتی.

stethoscope, n. سټیتسکوپ، د ډاکټرانو دمعاینې آله.

stevedore, n. پنډی، حوالی (په تیره هغه چه له بیړۍ بار ښکته کوی یا یې ورخیژوی).

stew, v.t.i. ورو ورو ایشول، ورو ورو پخول، قورمه کول: دم کول، په بړاس (بخار) پخول: اندیښنه کول.

steward, n. سټیوارد، ناظر، کتهی: میلمه پال (د الوتکی یا بیړۍ).

stewardess, n. میلمه پاله.

stewardship, n. نظارت، څارنه: میلمه پالتوب.

stick, n. لښته، لکړه، لرګی.

v.t.i. ټومبل، چوخول: نښه ایستل: نښتل، سریښ کېدل: دربدل (لکه دملګری سره).

sticky, adj. سریښناک.

stiff, adj. شخ، پیخ: راښکلی، ټېولی، کش: ټینګ: رسمی، تصنعی: سخت زوروور (لکه باد)، سخت، هڅه یه: ګران، مشکل.

stiffly, adv. په کلکه، په سختۍ.

stiffness, n. کلکوالی، ټینګوالی.

stiffen, v.t.i. شخول، کلکول، ټینګول: کلکېدل، ټینګېدل.

stiffening, adj. n. ټینګوونکی، شخوونکی.

stiff-necked, adj سرټمبه، سرزوری.

stifle, v.t. خپه کول، تربتول، زندی کول، کنهیکاږل، کنهېمنډل: بندول، تیول، ایسارول (لکه ساه یا اراده).

v.i. خپه کېدل، ساه بندېدل

stigma, n. داغ، تور، پېغور، بدنامی: پور، دبوټو هغه برخه چه تخم لری.

stigmatic, adj. بدنام، تورن: وړانګی چه په یوه نقطه کې سره یوځای کېږی.

stigmatize, v.t. تورول، شرم اچول، تورادول، تورن کول: داغ ایښودل، نښه کول

stile, n. پوړۍ، زینه (په تېره هغه چه د باغ د دېوال یا کټارې مخې ته اېښودل کېږي).

stiletto, n. ساتوره، پېش قبضه، تېره څوکې چاړه.

still, adj. ولاړ، بې حرکته، آرام: غلی، چوپ.

n. چوپتیا، چوپ، چوپیا: بې ږغه عکس، مصور کلام.

v.t.i. غلی کول، چوپول: غلی کېدل، چوپ کېدل.

adv. لا، لاهم، لا ترا اوسه: بیا هم سره له دې.

conj. خو، خو بیا هم

stillness, n. غلی توب، چوپتیا.

stilly, adj. غلی، بې سېکه، بې مترې.

stillborn, adj. مړ پیدا، مړ زېږېدلی.

stilt, n. لکړه (هغه دوې لکړې چه د پښو د پاره ځای لري او سړی د هغې په واسطه گرځي، پښتانه دا کار په دوو یو ماتو کوي).

stilted, adj. رسمي، ځان ښوودونکی، تشریفاتي.

stimulant, adj. پاروونکی، لمسوونکی، محرک.

n. پاروونکی درمل یا څښاک.

stimulate, v.t. پارول، لمسول، تحریکول.

stimulation, n. لمسون، پارونه، تحریک.

stimulus, n. پاروونی، لمسوونکی، محرک: باعث، سایق.

sting, v.t.& n. چیچل، لېښ وهل: کنتري وېل، ځورول: پارول، لمسول: چیچنه، ځړیکی (د چیچنې)، سوی: لېښ لېشه، لشکه

stingy, adj. کنجوس، سخت (بخیل)، ممسک، شوم، کنستک.

stinginess, n. کنجوسي، سختي.

stink, v.i. وږم کول، بوی کول، خوسا بوی کول.

n. وږم، بدبوی، خوسا بوی، ډډوزي.

stint, v.t. لږول، کمول، سپمول، محدودول.

v.i. لږېدل، کمېدل، سپمېدل.

n. لږوالی، سپما، کموالی: حصه، برخه، ټوټه (کار).

stipend, n. مزد، اجوره، معاش، تنخا.

stipple, v.t. په ټکو بڼه کښل، په ټکو څېره ایستل.

stipple, n. بڼه کښنه، څېره ایستنه (د ټکو په واسطه).

stipulate, v.t.i. تړون کول (د شرط سره)، شرط اېښودل، مشروطول

stipulation, n. تړون، شرط، قید.

stipule, n. بېخ پاڼی، د بوټي د بېخ څېرکې پاڼی.

stir, v.t.i. لړل، خوځول، ښورول: په احساساتو راوستل، تحریکول، پارول: سره وهل (لکه د هگۍ زیړ او سپین)، اخښل.

n. ښورونه: لړونه: پارونه

stir, n. جېل، بند، زندان (اصط).

stirring, adj. پارورونکی ، ژوندی ، لیزوونکی ، مهیج ، الهام بخښونکی

stirrup, n. کړیې ، رکاب .

stitch, n. تلک ، بخیه (کوک) : ځیریکه ، سوځش .

v.t. بخیه وهل ، پیټ وهل ، گنډل .

stiver, n. وړه هالنډی سکه ، کوډی ، (اصطلاح) سره پیسه ، ټنگه (لکه په ټنگه هم نه ارزی) .

stoat, n. تور لمی (سمور) ، سپین لمی (قاقم) .

stock, n. ونډ ، تنه ، گرگه : بیړا ، احمق : لاستی ، کندا غ (لکه د توپک) ، لیچ : کورنۍ ، توکم ، کهول ، خپلوي ، ځاروی ، مال ، زیرمه ، ذخیره ، سامان ، مال : ونډه ، سهم (لکه په تجارت کی) : (جمع) سکنجه ، کونده : دگرځنده او بڼادو ډله : اومه مواد .

v.t. ټولول ، خوندیول .

adj. تیار ، چمتو ، خوندی : بې خونده (لکه ټوکه) .

stockade, n. دلرگو مورچه ، ویاړه ، لرگین دیوال .

stockbroker, n. دلال ، کمیشن کار .

stock exchange, صرافي ، دصرافي ځای ، داسهامو پلورلوځی : د دلالانو ځای .

stockholder, n. ونډه وال ، سهم لرونکی .

stockinet, n. غړېدونکی ټوکر (چه لیکرونه او بنیان تری جوړیږی) .

stocking, n. اوږده جرابه (جورابه) .

stocky, adj. مضبوطی ، لنډچاغ ، پڼی .

stockyard, n. پټی ځالی (هغه ځای چه ځاروی دحلالولو اولیږ درلو په مخکی په موقتی توگه پکښی ساتل کیږی) .

stodgy, adj. درونډ (خوراکی شیان) ، سټړی کوونکی ، بې خونده .

stoic, adj. صبرناک ، صابر ، زغمونکی ، دزغم څښتن

stoical, adj. زغم ، دصبر ، صبرناک

stoically, adv. په زغم ، په صبر ، په حوصله ، په صبر ، سینه .

stoicism, n. دصبر فلسفه ، رواقی فلسفه .

stoke. v.t.i. اورلگول ، اور تازه ساتل ، دسون مواد اچول (اورته) .

stoker, n. اوربه ، اورلگوونکی .

stole, n. دځادری دسمال ، څادر .

stole, د steal ماضي .

stolen, د steal دریم حالت ، غلا شوی .

stolid, adj. سوړ (چه په اسانی نه پارول کیږی) بلغ ، بې حسه : سړاوی .

stolidity. n. بې حسی ، پڅوالی .

stolidly, adv. په بې حسی .

stoma, n. دپوټو مساماتو ، د پاڼو او واښه داوه سوری (چه او به پاڅاز جلپوی) .

stomate, adj. مساماتی ، د پاڼو دسوروبو .

stomach, n. مرې ، معده : خېټه : اشتها ، خوږ

v.t. زغمل ، هضمول .

stomach-ache n. دس خوږی .

stomacher, بټی ، گنډی .

stone, n. قیمتی ، ډبره ، تیږه ، کاڼی
ډبره: مثنه که ، ذړی: (طب) د پښتورگی کاڼی.

v.t. په کاڼو وژل ، په تیږو ویشتل
سنگسارول : مثنه کې ایستل ، ذړی ایستل.

adj. ډبرین.

stonecutter, n. ډبرتوږی ، حجار.

stone-mason, n. کاڼی گر (معمار چه په کاڼو کار کوی).

stonework, n. ډبرین کار ، د کاڼو کار.

stony, adj. ډبرین ، کاڼیز.

stood, د stand ماضی او دریم حالت.

stooge, n. بالکی ، جمبوری : گوډاگی ، دلاس آله.

stool, n. کټکی: جگه چوکی (بې بازو): بولې.

stoop, v.i. ټوغېدل ، کږ وږېدل: ټیټېدل ، ځان ټیټول : سپکېدل ، ځان سپکول:

n. کږ وږوالی: ځان ټیټونه ، ښکته کېدنه ، کږېدنه.

stoop, n. برنډه.

stop, v.t. ټالول ، بندول ، درول ، بس کول.

v.i. بندېدل ، درېدل ، بس کېدل.

n. بندېدنه ، درونه ، درېدنه ، بس کونه.

stoppage, n. درونه ، مخنیوی ، بندېز ، تم ځای.

stopper, n. بندوونی ، درونی ، خولپوټی ، خولوری.

stop watch, ساعت (چه د هغه ستنی د خپلی خوښی سره سم چالانیږی او یا درول کیږي) ، نغښه کوونکی گړی.

storage, n. گودام ، ساتن ځای ، ساتنه ، باسره : تاجایی.

store, v.t.n. انبارول ، ذخیره کول ، بوگول ، خوندی کول ، کوټ کول ، گودام ، انبار ، ذخیره ، (تحویلخانه) ، دکان.

storekeeper, n. تحویلدار ، بوگنوال ، دکاندار.

storehouse, n. بوگنځی (گدام ، مخزن) ، تحویلخانه ، کوټ ، مغازه.

storeroom, n. انبارکوټه ، تحویلخانه.

storied, adj. هغه څه چه په تاریخ او کیسو کښی نمانځل کیږی.

stork, n. لکلک.

storm, n. توفان : اندوږ : سخته سیلی: چپاو ، یرغل ، برید.

v.i. سخت اورېدل (باران) ، سخت لگېدل (سیلی) : له غضبه ایشېدل ، له قاره سور کېدل ، چپاو وروړل.

stormily, adv. په توفانی ډول.

storminess, n. توفانی توب ، هیجان.

stormy, adj. توفانی.

story. n. کیسه ، اتکل : راپور ، خبر : ابلتی ، گپ (ددروغو کیسه) ، افسانه.

story, n. پوړ ، ډډ ، تل ، منزل.

stout, adj. زړه ور : تکړه ، زغم والا: کلك ، مزبوت ، ټینګتلی : پنډ ، پریړ ، بلوانډ ، مزی.

stoutly, adv. په زړه ور تیا، په ټینګښت.

stoutness, n. ټینګښت.

stove, n. بخاری.

stovepipe, n. د بخاری نل.

stove, د stave ماضی او دریم حالت.

stow, v.t. کېښودل (لکه د کالیو په بکس کې)، ځایول، ترتیبول: خوندي کول.

stowaway, n. هغه سړی چه په بېړۍ یا الوتکه کښې د کرایې د نه ورکولو د پاره پټ تیرېږي.

straddle, v.t.i. سواره (سوار)، تلل، ارت کښېناستل، ازادې پښې ایښودل: دواړه غاړې وهل، بېطرف پاتې کېدل. n. سواره تګ، سواره کښېناسته: د ارت تلو لنګی د پښو تر مینځ فاصله یا ارتوالی.

straggle. v.i. بې لارې کېدل، له لارې اوښتل: بېلېدل، جلا کېدل، اوښتل (له خیاله د اې).

straggler, n. له لارې اوښتی.

straggly, adj. له لارې وتلی.

straight, adj. n. adv. سم (مستقیم)، سیخ، سیده، نېغ: رښتونی: لکه، سوچه، خالص (لکه شراب) په سمه، په نېغه، سمه لار: سموالی، د مسابقې د ټاپې اخري برخه.

straightedge, n. د لرګي یا د سپڼو توته چه یوه څنډه یې د خط کش په شان سیخه وي.

straighten, v.t.i. سمول، سیده کول، ترتیبول، سیخول: سمېدل.

straightforward, adj سپین (سړی)، روڼ، سپین زړی، رښتونی: اسان، ساده. adv. په سپینه، په رښتونې توګه، بې پردې (خبرې)، په مستقیم ډول.

straightway, adv. سمدلاسه، سمدستي، ژر تر ژره.

strain, n. ذات، نسل، توکم. رګه، توخمه: ارثي خواص: ګړه وده، سلوک خوی: تال، غاړه.

strain, v.t.i. راښکل، کشول: تر وسه زیات ایستل: له حده زیات غزول: ځان زوبلول (د ډېر زور وهلو په وجه): اېښول چاڼول.

n. فشار، زور: ډېر زور، زیات کوښښ.

strainer, n. غلبیل، چاڼ، پرویزی.

strait, adj. تنګ، لږی، سخت (لکه شرایط)، ټینګ.

n. لږه، اېښنا: (جمع) اړتیا، تنګسه.

straiten, v.t. تنګول، په تنګسه کې اچول، محدودول: خوارول.

strait-laced, adj. کلک (لکه په عقیده کې) وچ (سختګیر).

strand, n. غاړه، ساحل.

v.t.i. په غاړه ختل، په ساحل لګېدل (لکه بېړۍ): په خټو کې لوېدل، په تنګسه کې لوېدل.

strand, n. تار (لکه د وېښتانو): لړ (لکه د مرغلرو)، لړ (لکه د اصل) لاړه، [illegible]، خوا.

strange, adj. پردی، نا اشنا، بېګانه؛ تماشه، عجیبه؛ نا بلده؛ شرمناک؛ بې تجربې .

strangely, adj. په عجیبه توګه، په نا آشنایی .

strangeness, n. عجیب والی .

stranger, n. پردی، پردېس، بالدی (خارجي)؛ نا اشنا، نا پېژندوی؛ نا خبره .

strangle, v.t. خپه کول، سا بندول، تر بندول

strangler, n. خپه کوونکی، زندۍ کوونکی .

strap, n. تسمه، پټی ؛

v.t. په تسمه تړل، په تسمه وهل، په متروکه وهل؛ په تسمه تېره کول (لکه چاړه) .

strapping, adj. پنډ، غټ، غښتلی، دنګ

strata, n. د stratum جمع .

طبقې، پوړونه، قشرونه،

stratagem, n. خدعه، چل، پلان (د دښمن غولولو دپاره) .

strategy, n. ستراتیژي، د لښکر کښې پوهنه یا فن، سوق الجیشي

strategist. n. د لښکر استخنی پوه

strategic, adj. د لښکر استعملو پوروزه

stratify, v.t.i. طبقې طبقې کول، پر طبقو وېشل .

stratification, n. طبقه کونه، طبقه وېشنه .

stratum, n. پوړ، قشر، پټ، پرده، ډله (د کلتور او اقتصاد په اساس)

straw, n. پروړه، ډکی، بوس؛ بې ارزښته، یا بېزه .

adj. بوس غوندې، د بوسو جوړ؛ دروزه .

strawberry, n. مځکنی توت (بوټی او مېوه یې) .

stray, v.i. اوښتل (له سمې لارې)، لاره ورکول، بې لارې کېدل

n. ورک حیوان، بې څښتنه مال

adj. دربدر، سرګردان، لالهانده

streak, n. لیکه، رګه، پټه، سکری، پټ

stream, n ویاله، خوړ، بهاندې اوبه، جریان، بهیر، بهېدنه .

v.i. بهېدل، چټک تېرېدل، څرېدل .

streamlet, n. لښتی، ویاله .

streamer, n. جنډه، بیرغ؛ زړوندی (غوټۍ، زومبک)؛ پرک؛ پټه؛ وړه لکه؛ لوی عنوان (لکه د ورځپاڼې په سر کې اوږد نوم)

streamline, v.t. بیول، چلول (د اوبو یا هوا)

streamlined, adj. بهېدله، چلېدله .

street, n. کوڅه، سړک، لار؛ کوڅه وال .

streetcar. n. ټراموای (هغه واګون چې په ښار کې خلک پر پټلیو باندې وړي)، ښاري ګاډی .

strength, n. ځېره، زور، سېک، قوت، وس، کلک والی، سخت والی، ټینګ والی، زور مټی .

strengthen, v.t.i. ټینګول، کلکول، پیاوړی کول .

strengthener, n. ټینګوونکی ، کلکوونکی ، سختوونکی ، زور ورکوونکی .

strenuous, adj. زور غوښتونکی (لکه کار): مستعد ، تکړه ، فعال ، پیاوړی غښتلی ، قوي ، زوروور .

strenuously, adv. په تکړه توب ، په فعالیت .

streptomycin, n. سټرپټومایسین ، مکروب وژونکی درمل .

stress, v.t.n. فشار راوړل ، ټینګار کول ، غږ اچول ، زور ورکول : غږ (فشار) .

stretch, v.t. خپرول ، غځول ، اوږدول ، راښکل ، غوړول ، زیاتی کول ، افراط کول .

v.i. غوړېدل ، رسېدل ، اوږدېدل ، غزېدل .

n. غزېدنه ، کش : واټن ، ټوټه (دوو ټکو تر منځ) ، وقفه ، موده .

strecher, n. ټوکېره (د ناروغانو د وړلو پاره) ، کټ (د ناروغ د وړلو کټ) ، غوړوونکی (لکه د ټغر)

strew, v.t. شیندل ، تیتول : دوړول ، پاشل .

stria, n. (جمع) لیکې ، ردې ، پټې (په تیږه چې موازي وي)

striated, adj. لیکې لیکې ، پټې پټې ، ردې ردې .

stricken, n, adj. زخمي ، ټپي ، پرهار زړلی : له پښو لوېدلی ، ناتلی : زوبل .

strict, adj. ټینګ (جدي ، سختګیر) : درست ، سم ، پر ځای ، دقیق .

strictly, adv. په اصلي توګه : په ټینګه ، په سخت ګیری

strictness. n. ټینګتیا ، سخت ګیری

stricture, n. نیوکه اعتراض ، انتقاد ، ایراد : ټینګېدنه یا غونجېدنه (د بدن د رګونو چې یوه ناروغي منځ ته راولي) .

stride, v.i.n. اوږده اوږده ګامونه اخیستل ، اوږد ګامونه اچول ، ګام .

strider, n. اوږد ګامونه اچوونکی .

strident, adj. چغنده ، تېره (غږ)

strife, n. جګړه ، نښته ، ناندری .

strike, v.t.i. وهل ، ټکر کول ، لګېدل ، اچول ، پیدا کول (لکه ډار): ښکار کېدل ، پېښېدل ، برابرېدل : خوښ راتلل ، خوځېدل ، رسېدل (نتیجې ته): غوره کول (بڼه): ټیټول ، کښته کول (لکه د بیرغ یا سر) ، کوزه کول ، ډانګول ، قلم راښکل : تلل ، دمه کول : اعتصاب کول .

n. اعتصاب : ګوزار ، وار ، برابرېدل (لکه پر خزانه) : خطا کېدنه .

striker, n. اعتصاب کوونکی

striking, adj. د پام وړ ، تماشه ، عجیب : زړه راښکوونکی .

strikingly, adv. په عجیب ډول ، په زړه راښکوونکې توګه

string, n.v.t. تار ، مزی ، زه : لړۍ ، لړ . تار اچول (لکه رباب ته): کش کول ، ټینګول (لکه د لیندۍ زه) : پېیل ، تارول : سپېنول (لکه د پلي): تېرول ، غځول (په تار): غځول .

stringy, adj. رېښکی ، رېښکی ، تارلرونکی ، تاريز .

string bean, n. پلی .

stringency, n. ټينګوالی (سختګيری ، شدت) ، سختوالی : لږوالی ، اشتوالی ، کموالی .

stringent, adj. ټينګ ، سخت (لکه قوانين) .

stringer, n. وېښه ، تپر ، شاتير ، بش : داور ګاډی دپټليو لاندې تير ، تنبه .

stringpiece, n. دډه ، پښتی وان .

strip, v.t.i.n. لوڅول ، بربنډول ، لغړول ، پوستول ، سپينول : کالی ايستل (خپل) ، کالی څيرل : صافول ، تشول ، لوټول ، چورول ، ريتاړه ، ټړ اکه ، رېښکی ، ټراډه ، ټوټه ، څيره ، اوږده ټوټه .

airstrip or landing strip. دالوتکی دمنډې لار .

flightstrip. دالوتکی دميدان فرعی لاره .

stripe, n. ليکه ، پټه ، لار : موږه ، تسمه : خپل ، ډول (نوع) ، خاصيت .

striped, adj. ليکې ليکې ، پټه لرونکی .

stripling, n ځلمی ، ځوانکی ، هلك ، ابلوغ

strive, v.i. هاند کول ، زيار ايستل : ځان ستړی کول ، لاس وپښې وهل : جګړی وهل : هلی ځلی کول .

strode, د stride ماضی

stroke, n. ګوزار ، وار : ضربه : ټوټه ، حمله (لکه دمیرګی) ، ټك (لکه دساعت بوغ) ، ضربان ، لاس ښوروونه ، رپونه (هروار چه لامبوزن لاس اچوی يا مرغه وزرونه رپوی) : کش (لکه دقلم) .

v.t. لاس تېرول ، ورو موښل ، لاس راښکل : څپې وهل .

stroll, v.t.i. قدم وهل ، چکر وهل (دسيل دپاره) : چټی ګرځېدل .

stroll, n. چکر ، قدم وهنه ، ګډکی (پای روی اطفال) .

stroller, n. چکری ، قدم وهونکی

strong, adj. غښتلی ، پياوړی ، قوی : ټينګ ، کلك .

strongly, adv. په کلکه ، په ټينګه .

stronghold, n. کلا ، کوټ ، چوڼی .

strop, n. تسمه (چه چاړه ور باندی تېره کوی) .

v.t. تېره کول (په تسمه) .

strove, د strive ماضی

sruck, د strike ماضی او دريم حالت .

structure, n. ودانه ، جوړښت : ودانی : رغښت ، رغاونه .

structural, adj. دابنولي ، درغښت .

struggle, v.i.n. هلی ځلی کول ، غورځی پرځی کول ، مبارزه کول : اخ وډب کول . هلی ځلی ، هاند .

strum, v.t.i. ترنګول (لکه رباب دساعت تېری دپاره) ټنګ ايستل (لکه په رباب په غير جدی توګه) .

strumpet, n. کنچنی ، فاحشه ، اولی .

strung, د string ماضی او دريم حالت

strut, v.t. په اغرو تلل ، په ... ګرځېدل

n. دخيال تګ ، داغرو تګ : اډه ، ميله ، اډه کی

strychnine, n. کوچله، کچوله، سټر کنین

stub, n. ستڼه: کونده (لکه د مقبوض باچك): بیخ، ریښه؛ بیخ سر (لکه دشمعی یا پنسل).

v.t. بوډری څوډل، اوبږ وهل، لوږلګیدل: له بیخه ایستل، ولی ایستل

stubble, n. دروزه، سواره، انګاره، ډك.

stubborn, adj. خری، ادم، سرټمبه، لجوج څپلی، څپلناك.

stubbornly, adv. په سرټمبه ګی، په څپل.

stubbornness, n. سرټمبه ګی، څپل، لج

stubby, adj. څنډبن: لهستوډك: لنډ، پنډ، سخوټ، منډلی (سړی).

stucco, n. ګیچ، پلاستر.

v.t. پلاستر ور کول، اخږی ول، سپینول.

stuck, د stick ماضی او دریم حالت.

stuck—up, adj. په ځان غره

stud, n. سپرغه، ګل میخی: څوټه، کولپی لنډی: چجه: دنسل ګیری آسونه.

studding, n. دچچې مواد.

student, n. زده کوونکی، شاګرد، محصل

studied, adj. ارادی، قصدی، سنجش سوی، د ډلشی لهمخی.

studio, n. ستوډیو، هغه ځای چهله هغه ځخهدراډیو او تلوېزیون پروګرامونه خپریږی، دراډیو ستیشن: دهنرمند چارځای (دکار کوټه): دفلم جوړولو ځای.

studious, adj. زیار کښ، لیوال (دلوستلو)

studiously, adv. په لیوالتیا، په زیار.

study, n. مطالعه، زده کړه، دزده کړې ځانګړه: ځیړنه؛ اراده، مقصد: دلیك اولوست خونه: ژوره مطالعه.

v.i. لوستل، کتل، مطالعه کول، سوچ کول.

stuff, n. اومه مواد، مواد، مهمه برخه، جوهر، اصل: ځانګړې قیمتی: ټوکر: کثافه، شاڅی: ټیاتی مواد.

v.t.i. ډکول، بندول، درول، تختهکول: ډیر خوړل.

stuffing, n. ډکولو مواد.

stuffy, adj. تنګ بوخته، تنګ بوخه، بنده هوا

stultify, v.t. بېعقل ښودل، مسخره کول، احمق معرفی کول: بی اعتباره کول، بې باوره کول، بې اثره کول.

stumble, v.i. ښوئیدل، کوږوږ تلل، زنګیدل، اشتباه کول: ګډوډ غږیدل. په تصادفی ډول پیدا کول یا پیښیدل.

n. ټکر، لویدنه، پیښیدنه، ټیروتنه، خطا.

stump, n. کنده، ستڼه، بیخ (لکه دونې)، سولټی، ریښه، کولسټی: دریخ (دوږنا)؛ مچګکه یا کول (دستو ځخه)، دروند، درونده تلل، په دامی امدې تلل، کادې وادې تلل، شادې وادې تلل.

stumpy, adj. دستی په شان، منډلی

stun, v.t. بې هوښه کول ، بې سده کول، گنگس کول، گېچول .

stung, د sting ماضي او دريم حالت.

stunk د stink ماضي او دريم حالت .

stunning, adj. زړه راښکونکی (ښکلی)، حيرانوونکی ، بې سده کوونکی .

stunt,n. شاهکار ، غير معمولي کار ؛ اريانوونکی (شی یا کار)؛ د ډنډاري وړ .

stunt, v.t. د ودې مخه نيول، د پرمخ تګ له پاتې کول : لنډول .

stupefaction, n. اريانتيا ، بېړاتوب ؛ بې سدې ، بې هوښي .

stupefy, v.t. بېړا کول، تحمق کول ؛ بې سده کول ؛ اريانول .

stupendous, adj. اريانوونکی (د غټوالي او لويوالي له کبله) .

stupid, adj. بېړا ، بې ذهنه ، احمق ، ساده ؛ بې خونده ، زړه وهونکی .

stupidity,n. حماقت، بېړاتوب .

stupidly, adv. په احمقي ، په بېړاتوب .

stupor, n. بې سدي ، گنگسي ، بې حسي .

sturdy, adj. مړی، کلک، مربوت، ټينګ

sturdily, adv. په کلکوالي په مربوتيا

sturdiness, n. کلکوالی ، ټينګتيا .

sturgeon, n. يو ډول لوی کب .

stutter, v.t.i. تودری کېدل ، ټې ټې ری کېدل، ژب ټري کېدل .

sty, n. خوګلنه ، خوګلنکی .

sty, n. د خوګانو شپول ؛ چټل ځای .

style, n. ډول ، سبك ، طرز .

v.t. نومول ، بلل ، لقب ورکول .

stylish, adj. په موډ برابر ، فيشني ، سينګاري ، ډولي .

stylishly, adv. په ډولي توګه ، په خيالي توګه .

stylist, n. د سبك خاوند ، د خاص طرز څښتن .

stylus, n. د ګرامافون ستن ؛ ليکالی (په لرغوني زمانه کې د ليك آله وه چې پر موم نيالې به يې ليکنه پر کېده .) : د کاربن پېپر د پاره يو خاص قلم .

suave, adj. پوست، خوږ ، په زړه پوري ، مهذب .

suavity, n. پوستوالی .

sub-, (ورو ستاړی) لاندې ، ښکته .

sublieutenant. برېدګی ، وړوکی ضابط .

subnormal, له عادي ټيټ .

subaltern, n. تر لاس لاندې (د تورن) .

subcommittee, n. جرګه کی .

subconscious, adj. نيم سدی ، نيم حاله ؛ د لاندېني شعور، د پټ شعور ، د تحت الشعور .

subcutaneous, adj. تر پوست لاندې .

subdeacon, n. د پادري مرستيال .

subdivide, v.t. لا وېشل ، بيا بيا وېشل، پر اجزاو وېشلول .

subdivision, n. په وېش کې وېش ، فرعي وېش .

subdue, v.t. پرې موندل ، فتح کول ؛ نرمول : کمزوری کول : کمول .

subject, adj. رعيت، تابع : په معرض کې : مربوط، مشروط .

n. ترلاس لاندې، رعیت ؛ موضوع، عنوان: فاعل، مبتدا .

subject. v.t. ایلول، لاندې کول: اخته کول، مخامخ کول (لکه دخطر سره)؛ وړاندې کول : موضوع گرځول

subjection, n. ایلونه: مخامخ کول.

subjective, adj. ځانی، عندی، ذهنی، شخصی: موضوعی .

subject matter, د څیړنې موضوع، اصلی موضوع .

subjoin, v.t. ټړل، زیاتول، ضمیمه کول

subjugate, v.t. لاندې کول ، ایلول، فتح کول .

subjugation, n. لاندې استیلا، تسلط، غلبه .

subjunctive, adj. شرطی ، التزامی (دفعل وجه) .

sublet, v.t. په باډه ورکول، په اجاره ورکول، په کرایه ورکول .

sublimate, v.t. اوډول (تصعید کول)، تصفیه کول (په کیمیا کې: د منجمد حالت څخه د گاز حالت ته اوښتل او همدارنگه د گاز د حالت څخه بېرته جامد کېدل .

sublimation, n. تصعید، اوډ تیا ، تصفیه .

sublime, adj. لوړ، اوچت، دروند، شریف، د یرم څښتن .

sublimity, n. لوړوالی، شرافت

sublunary, adj. ترسپوږمۍ لاندې ، ځمکنۍ، دنیائی

submarine, n. اوبتل (تحت البحری)؛ ډوبماکو (یو ډول جنگی بېړۍ)

submaxilary, adj. لاندېزامی (مرغیری، مېږوکی، اونور) .

submerge, v.t.i. ډوبول، ډوبېدل .

submergence, n. ډوبوالی .

submersion, n. ډوبېدنه، ډوبونه .

submerse, v.t. ډوبېدل، ډوبول .

submit, v.t. تسلیمول، سپارل، وړاندې کول .

v.i. غاړه ایښودل، تسلیم کېدل .

submission, n. سپارنه ، غاړه ایښودنه، تسلیم کېدنه

submissive, adj. منونکی، مطیع

suborder, n. فرعی تصنیف، خیل، څانگه .

subordinate. adj. لاس لاندې (مادون)، تابع، ایل، منونکی: په گرامر کښې تابعی جمله .

v.t. ټیټول، کښته کول، لاس لاندې کول

subordination, n. لاس لاندې والی: ټیټوالی، عقیده .

suborn, v.t. اړول، مجبورول (و بد کار ته او یا څیز قانون لوی کړو ته)، رشوت ورکول

subpoena, n. احضار لیک، غوښتن لیک (محکمې ته)، جلب .

v.t. جلبول .

subscribe, v.t.i. لاس لیک کول: موافقه کول، منل : اشتراک کول ، گډون کول، برخه اخستل: بسپنه ورکول .

subscriber, n. گډون کوونکی، لاس لیک کوونکی .

subscription, n. بسپنه: ګډون (اشتراك): لاس ليك: باور، د اشتراك بيه، د ګډون ونډه.

subsection, n. د برخې برخه، فرعي څانګه

subsequent. adj. وروستني، راتلونكی.

subsequently, adj. په راتلونكي ډول، وروسته، بيا.

subservience, n. لاس لاندې توب، څوړه مالي، مريي توب، چاپلوسي: ګټور توب (دوسيلې په حيث).

subserviency, n. مريي توب، غلامي.

subservient لاس لاندې، مريي، ګټور

subside, v.i. كښته كيدل، ترسب كول، پورته كښېناستل، لاندې تلل: ډوبېدل غلی كيدل، چوپېدل، ارامېدل.

subsidence, n. كښېناسته: ترسب: چوپتيا.

subsidiary, adj. كومكي، مرستنه كوونكی: متمم، مكمل: فرعي شركت، څانګه (د شركت يا كمپنۍ).

subsidize, v.t. مرسته كول، كومك كول، امداد كول (مالي).

subsidy, n. مالي مرسته، بسپنه، تخصيصيه.

subsist, v.t. پايېدل، ژوند كول، ګوزاره كول، خوراك او پوښاك برابرول، توښه برابرول.

subsistence, n. پايښت، وجود: ګوزاره: توښه.

subsoil, n. لاندې خاوره (د ځمكې د مخ) د خاورو لاندېنی پټ.

substance, n. جوهر، تومنه، ذات، جسم، ماده: مفهوم، مضمون، اصل مطلب، شتمني، منابع.

substantial, adj. اساسي، مهم، بنيادي، مادي، ذاتي، اصلي، رښتينی: محكم، پياوړی، ټينګ، كلك، معتبر، شريف، د پاملرنې وړ: پريمان

substantially, adv. په اساسي ډول، په بنيادي توګه.

substantiate, v.t. ثبوتول، ثابتول، استناد وړاندې كول، په شواهدو درول.

substantiation, n اثبات.

substantive, n نوم، اسم.

substation, n. وړوكی سټېشن.

substitute, n. ونيج، عوض، بدل.

v.t.i. بدلول، ونيجول، عوضول، ځای نيول (د بل شي)، په ځای درول (د بل چا).

substitution, n. عوض، ونيج.

substratum, n. لاندېنی پوړ، د ځمكې لاندېنی پټ.

substructure, n. بنسټ، تاداو، ژور بنا.

subterfuge, n. پلمه، بهانه، چل (د تېښتې يا ځای پټولو د پاره).

subterranean, تر ځمكې لاندې، پټ.

subtile, د subtle په بڼه.

subtitle, n. عنوانګی، وړوكی عنوان.

subtle, adj. نازك، لطيف: څيرك، ژور فكري: چكور، چالاك.

subtlety, n. نزاكت، باريكي: څيركي.

subtract, v.t.i. لیرول ، کمول (تفریق کول)، کټ کول .

subtraction, n. لیرونه ، تفریق .

subtrahend, n. مفروق، بیل شوی، وتلی (عدد) .

subtreasury, n. خزانه، څانګه (دخزانې)

subtropical, adj. حارې ته نږدې، تاوده اقلیم ته نژدې

suburb, n. دښارشاوخوا ، دښار لمن، سیمه، اطراف .

suburban, adj. اطرافی ، کلیوال .

subvention, n. بسپنه ، کومکی پیسې.

subvert, v.t. له منځه وړل ، ړنګول: بی لارې کول، فاسدول .

subversion, n. ړنګونه ، غورځونه ، خرابونه .

subversive, adj. له منځه وړونکی ، ړنګوونکی، مخرب .

subway, n. میترو: دمځکی لاندې د برقی ګاډی لار: دمځکی لاندې لار .

succeed, v.i.t. (یو په بل) پسې راتلل ، ځای نیول . پرځای کیناستل: بریالی کیدل ، نتیجې ته رسیدل .

success, n. بری، بریالیتوب، کامیابی: بریالی ، کامیاب سړی .

successful, adj. بریالی .

successfully, adv. په بریالیتوب

succession, n. پرله پسې والی، روڼ ، یو په بل پسې راتګ ، په ځای کښېناستنه (دچا) .

successive, adj. پرله پسې ، سر په سر

successively, adv. پرله پسې ، یو په بل پسې .

successor, n. ځای نیوونکی ، خلف ، وارث، ولیعهد .

succinct, adj. لنډه ، څرګنده (لنډه خبره)

succinctly, adv. په لنډه توګه ، په څرګندوول .

succinctness, n. لنډوالی ، روڼوالی .

succor, n. مرسته ، دمه، سپاله .

v.t. لاس نیول ، مرسته کول، په تنګسه کی لاس ورکول .

succotash, n. ګونګړی ، کوچه (د امریکایی هندیانو خواړه چه له لوبیا او جوار دوبی پخوی) .

succulent, adj. شیره وال ، اوبلن ، ښیراز: غوښن .

succulence, n. ښیرازتوب ، تنکی والی .

succulency, n. ښیرازتوب ، تنکیوالی .

succumb, v.i. غاړه ایښودل، تابع کیدل: مړ کیدل، له پښو لویدل .

such, adj. داسی ، دارنګه، داډول.

suck, c.t.i. رودل: زبیښل، څکول .

n. رودنه ، زبیښنه ، څکونه

sucker, n. رودونکی ، زبیښونکی : یوډول کب چه خواړه په ساړا کاږی : ړنډر .

suckle, v.t.i. رودل: تی ورکول: په شودو لویول.

suckling, n. تی رودونکی ، تیخور .

sucrose, n. شکره (دګنی یا چغندر)

suction, n. رودنه، زبېښنه: راښكنه، كشونه (لكه د هوا) ساه كښنه.

sudden, adj. ناڅاپي، ناببره، په يوه: وار دواره، سمدلاسه: بې خبره.

suddenly, adv. ناڅاپه، سمدلاسه، وار دواره.

suddenness, n. ناڅاپي توب، بې خبري

suds, n. د صابون ځګ، ځګنې اوبه.

sue, v.t.i. عريضه كول، غوښتنليك وړاندې كول، هيله كول، اسره كول: دعوا كول (د محكمې له لارې).

suede, n. څرمن (اوښ وړكى شوى او توږل شوى): څرمن ډوله ټوكر.

suet, n. د تس وازده (وازګه).

suffer, v.t.i. ګالل، زغمل (لكه درد)، زاتلل، ښيښېدل (لكه دربې)، كړېدل، ځورېدل: پرېښودل، اجازه وركول.

sufferer, n. كړېدونكى، غم ګالونكى

sufferance, n. زغم، تېرونه، صبر، رضا، خوښه.

suffering, n. درد، خوږ، كړاو، ستونزه، رنځ.

suffice, v.i. بسيا كول، بس كېدل، كافي كېدل وس لرل.

v.t. بس كول، كفايت كول.

sufficiency, n. كفايت، بسوالى، بسيا توب، په ځان باور، وړتيا.

sufficient, adj. بس، كافي، پرېمانه وړ، باوري.

sufficiently, adv. په پرېمانې، په كافي اندازه.

suffix, n. وروستاړى، پاڅوړى، سفكس، لاحقه.

suffocate, v.t.i. خپه كول، له مرۍ نيول، زندۍ كول، تر غاړې نيول، تر ښتول.

suffocation, n. خپه كېدنه، زندۍ، ساه بندونه، اختناق.

suffragan, n. د اسقف مرستيال، د پادري مرستيال.

suffrage, n. د رايې حق، راى، راى وركونه

suffragette, n. د ښځو د رايې وركولو د حق طرفداره ښځه

suffragist, n. د ښځو د رايې وركولو د حق طرفدار

suffuse, v.t. خپرول، غوړول: خپرېدل (لكه رنګ يا مايعات) لړل.

suffusion, n. خپرېدنه، غوړېدنه، لړېدنه.

sugar, n. شكره، بوره، چينه.

v.t.i. خوږول: خوږېدل، بوره اچول.

sugary, adj. خوږ، شكرين.

sugar beet. چغندر، لبلبو.

sugar cane ګنى، شكر ګنى، نيشكر.

sugarplum, n. بتاسه، خوږه شوې ښنى

suggest, v.t. تجويز كول، تلقين كول: سلا وركول، توصيه كول، پېشنهاد كول، په زړه كول (تداعي كول).

suggestion, n. تجويز، پېشنهاد، نظريه، سلا، مشوره، نښه، اشاره (د لارښوونې د پاره).

suggestive, adj. اشاره کوونکی : لمسوونکی (د فکری فعالیت) : الهام پیښه پیدا کوونکی : را په یادوونکی : شکمن کوونکی.

suicide, n. ځان وژنه ، انتحار : ځان وژونکی.

suicidal, adj. د ځان وژنې

suit, n. غوښتنه ، عریضه : ننواتی ، هیله : دعوا ، جوړه (کالی) دریشی : رنګ خال (د پتو د لوبې).

v.t. جوړول ، تطبیقول ، جوړېدل ، وړ کېدل ، ښایېدل : برابرېدل : جوتېدل.

suitable, adj. وړ ، مناسب ، سم لګېدونکی ، ښایېدونکی

suitability, n. وړوالی ، سمون

suitably, adv. په مناسب ډول ، په ښایېدونکی ډول.

suitcase, n. بکس ، سفری بکس ، چمدان

suite, n. شاتړان ، اردلیان ، د اوکرالو ډله ، د اوکرالو پدرګه : یوه جوړه کوټې ، یو ځای کوټې.

suiting, n. د کالیو ټوکر

suitor, n. عارض ، مدعی : غوښتونکی.

sulfa, adj. سلفا (یو ډول میکروب وژونکی درمل چه د ډېرو میکروبونو لاس ته راځی).

sulfanilamide, n. سلفانالمید ، یو ډول کیمیاوی مرکب چه د درمل په حیث استعمالیږي

sulfur, سلفر ، ګوګړ ، د ګوګړو جوهر.

sulk, v.i. بړوسېدل ، مرور ېدل.

n. بړوسوالی ، مرورتیا

sulky, adj. بړوس ، مرور ، تروش ، تریو تندی : n. یو کسیزه او دوه پهیه لرونکی بګۍ

sulkily, adv په تریو تندی ، په بړوستوب

sulkiness, n. بړوسوالی ، مرورتیا

sullen, adj. بړوس ، تفته ناکی ، تریو تندی : خواشینی ، نیولی : غمجن ، خپه ، ایولی (لکه ورځ).

sullenly, adv. په خواشینی ، په بړوسوالی.

sullenness, n. بړوستیا ، خواشینی ، تفته ناکی.

sully v.t.i. خیرنول ، ککړول ، خړول ، داغ لګول : داغی کول.

sulpha د sulfa بله بڼه.

sulphate, n. سلفیټ ، د ګوګړو د تیزاب مالګه.

sulphide, n. د سلفر او بل عنصر مرکب

sulphur, sulfur, n. ګوګړ ، سلفر.

sulphureous, adj. ګوګړی ، سلفری.

sulphuric, adj. ګوګړی ، ګوګړ لرونکی.

sulphuric acid د ګوګړو تیزاب.

sulphurous, adj. ګوګړی ، د دوزخ دارو ، دوزخی : سوراور : داور بخری (چالاکی) ، سوزنده.

sultan, n. سلطان.

sultanate, n. سلطنت.

sultana, n. سلطانه.

sultry, adj. دوب ، تربوخن ، تودلمجن ، دوبجن ، اند (احساس).

sum, n. اندازه ، مبلغ (لکه پیسې) ؛ اصل مطلب، مطلب: ټول ټال: مجموعه؛ مساله (د ریاضي)

v.t. ټولول ، غونډول، جمع کول: لنډول .

sumac, sumach, n. سماق ، یو ډول کوچنۍ میوه لرونکې ونه .

summarize, v.t. لنډول ، خلاصه کول ، لنډیز جوړول .

summary, adj. لنډ، خلاص؛ بې ځنډه ، ژر تر ژره .

n. لنډیز ، خلاصه .

summarily, adv. په لنډه، په بیړه .

summation, n. غونډوله ، ټولوله ؛ جوړوله .

summer, n. دوبی، اوړی .

v.i. اوړی تېرول .

summer time, n. د دوبي وخت .

summery, adj. د دوبي، اوړیز

summerhouse, n. په باغ کې سیوري لرونکی ځای : بانډه .

summit, n, څوکه، سر .

summon, v.t. بلل، غوښتل (لکه د محکمې غوښتنه): حاضرول ، احضارول .

summoner, n. غوښتونکی ، جلبوونکی، بلوونکی .

summons, n. جلب، خبرول (د محکمې): امر، حکم ، غوښتنه

sumpter, n. یابو، آس، بارکښ

sumptuous, adj. گران، قیمتي، مجلل

sun; n. لمر

sunbeam, n. د لمر وړانگه

sunless, adj. بې لمره

sun light, n. د لمر رڼا

sunny, adj. لمریز ، د پېتاوي

sunrise, n. لمر خاته

sunset, n. لمر لوېده

sunbonnet, n. چترۍ ډوله خولۍ

sunburn, n. لمر سوی، لمر وهلی

v.t.i. لمر وهل، لمر سوځول

sundae, n. پالوده، یو ډول میوه لرونکی شیریخ

Sunday, n. اتوار، یکشنبې، دوهم

sunder, v.t. شکول، بېلول، چول

sundial, n. لمریزه گړۍ (چه د سیوري له مخه د درجو په اساس وخت ښیي)، د لمر ساعت .

sundown, n. لمر پرېواته ، لمر لوېده .

sundries, n. ټک و ټوک، ټاک وټوک، متفرقه شیان .

sundry, adj. راز راز، رنگ رنگ: گډې وډې ، مخه دغه .

s'...ish, n. لمر کب، یو ډول پنډ لنډ سمندري کب .

sunflower, n. کاپرگل، لمر گل (آفتاب پرست) .

sung د sing ماضي او دریم حالت

sun-god, n. د لمر آلهه .

sunk د sink ماضي او دریم حالت .

sunken, adj. ډوب : لوېدلی ، ننوتی (لکه سترگې) .

sunlit, adj. په لمر رڼا شوی، لمریز .

sunshade, n. چترۍ، سیوزن ، مخه پرده چې لمر ایسي .

sunshine, n. د لمر ځلا، د لمر پرېښ : پېتاوی : صافه هوا .

sunshiny, adj. ځلانده ، روښانه .

sunspot, n. لمرداغ ، هغه تور داغ چې د لمر پر مخ کله کله ښکاره کېږي .

sunstroke, n. جل، لمر وهنه ، يوه عصبي ناروغي چې د سختې ګرمۍ له پېدا کېږي .

sunup, n. لمرخاته .

sup, v.i. ګوټل ، څو مل ، څېښول : په کاشوغه خوړل ، د ماښام ډوډۍ خوړل .

n. ډوډۍ ، ګپ ، ګوله ، خمڅه : څړپ .

super — (مختاړی) اوچت ، هسک ، لوړ ، — باندې ، پاس .

superstructure پاسنۍ جوړښت ، روبنا .

superfine ډېر ښه

superman. تر انسان لوړ ، فوق العاده انسان .

superhuman. تر بشره لوړ ، له بشره پورته .

superabundant, adj. پرېمانه ، ډېر زيات ، کوټه ، له اندازې وتلې .

superabundance, n. پرېماني ، خورا ډېروالی .

superannuate, v.t. تقاعد ور کول ، په کور کښېنول (د عمر د زياتوالي له کبله) .

superannuateu, adj. تقاعدي ، په کور ناست .

superb, adj. پرم لرونکی ، ستر ، قيمتي ، اصل ، شاندار .

superbly, adv. په شاندار توګه ، په اعلی ډول .

supercargo, n. د بېړۍ د بار چالانی د خاوندګي آمر

supercilious, adj. مغرور ، غره ، کبرجن ، سپك نظری .

superdreadnought, n. لويه جنګي بېړۍ چې په درنو وسلو سمبال وي .

supereminent, adj. ډېر نامتو ، وتلی ، مشهور ، څرګند .

superficial, adj. سرسري ، سپك ، ظاهري ، سطحي ، ګوګ ، پوچ .

superficiality, n. سرسري توب ، پوچوالی .

superficially, adv. په سرسري توګه

superfluous, adj. ځياتي ، پالتو ، ترضرورته زيات .

superfluity, n. زياتوالی (ترضرورت) ..

superimpose, v.t. يو په بل ايښودل ، تپل ، تحميلول ، بارول .

superintend, v.t. چلول ، اداره کول ، څارل .

superintendence, n. څارنه .

superintendency, n. څارنه ، اداره .

superintendent, n. چلوونکی ، رئيس ، سرمامور (د پوليسو) .

superior, adj. لوړ ، اوچت ، جګ : باندې ، باندې چه : ارزښت لرونکی ، ګران : زغمندوی ، د لوېې سيخې خاوند ، مغرور ، سپك نظری .

superiority, n. لوړوالی ، بالادي والی ، تفوق ، ښه‌والی .

superlative, adj. تفضیلي (صفت) : تر ټولو لوړ ، تر ټولو بالادي ، تر ټولو ښه : بې ساری ، بې جوړې .

n. د صفت تفضیلي درجه : اعلی درجه ، تر ټولو لوړه درجه .

supernal, adj. آسماني ، فلکي ، اوچت ، خدایي : روحاني .

supernatural, adj. ماوراي طبیعي ، له طبیعته هاخوا .

supernumerary, adj. له اندازې زیات ، له ضروري شمېره زیات ، ډېر زیات .

n. زیاتي ، پالتو ، طفیلي

superpose, v.t. یو پر بل ایښودل ، لاندې باندې ایښودل

superposition, n. یو پر بل ایښودنه ، انطباق .

superpower, n. د قوي پر ځای کېدنه (لکه د برېښنا د ځغښتلو سټېشنونو)

superscribe, v.t. د پاسه لیکل (لکه د نامې ، آدرس باندې) .

superscription, n. د پاسه لیکنه ، لوحه ، آدرس .

supersede, v.t. ځای نیول (د بل چا پاتې) ، په ځای راتلل : له منځه ایستل ، لغو کول .

superstition, n. خرافات ، موهومات ، موهوم پرستي ، پوچ عقیده

superstitious, adj. خرافاتي ، موهوم پرست .

supervene, v.i. یو په بل پسې راتلل (اصطل) شین کېدل ، ناڅاپه راتلل .

supervise, v.t. څارل ، نظارت کول ، اداره کول ، چلول .

supervision, n. څارنه ، نظارت ، پلټنه .

supervisor, n. مدیر ، چلوونکی ، څارونکی ، پلټونکی .

supervisory, adj. اداري ، د څارنې .

supine, adj. شا په نخته ، ستونی ستغ

supper, n. ماښام ډوډۍ ، ماښامنی ، د شپې ډوډۍ .

supperless, adj. بې ډوډۍ .

suppertime, n. د ماښام ډوډۍ وخت .

supplant, v.t. نیول ، لاندې کول (په زور یا چل) ځای نیول (د چا پاتې) .

supple, adj. نه ماتېدونکی ، پوست ، نرم : تر تأثیر لاندې راتلونکی .

supplement, n. بشپړوونکی ، متمم ، ضمیمه ، مکمل .

v.t. بشپړول ، پوره کول

supplemental, adj. پوره کوونکی ، بشپړوونکی .

supplementary, adj. پوره کوونکی مکمل .

suppliant, n. عارض : سوالګر ، زاري ګر .

supplicate, v.t. په زارۍ غوښتل . سوال کول .

sunplication, n. زاري ، خواست .

supply, v.t. بشپړول ، پوره کول : د کول ، تر سره کول : برابرول ، رسول ، سمبالول .

n. برابرونه ، سمبالونه : سامان : اسباب : پاتګه ، ذخیره ، شومه ، توښه

supplier, n. برابروونکی، رسوونکی.

support, v.t. ساتل: ملاتړ (حمایه) کول: تکیه کول، درول: زغمل، گالل: په غاړه اخیستل: برابرول، تیارول.

supportable, adj. د زغم وړ: د حمایې وړ.

supporter, n. ملاتړ، ساتونکی

suppose, v.t. گڼل، انگیرل، فرضول: توقع درلودل: گومان کول.

supposed, adj. فرضي، گڼل شوی، انگیرل شوی.

supposedly, adv. په فرضي ډول.

supposing, conj. که چېرې، فرضاً، که داسې وي چې، په داسې حال کې چې.

supposition, n. فرضیه، گڼنه، نظریه، تیوري.

suppress, v.t. ځپل: غلی کول: پټول (اسرار): مخنیوی کول، شنډول: بندول.

suppression, n. ځپنه: مخنیوی: شنډونه.

suppurate, v.i. زوه کول، نو کول، او به پټول (لکه د زخم).

suppuration, n. زوه، نو، او به پټونه.

supra. پاس (په لیکو عبارا تو کې) سر، پورته: زیات، اضافه، سرېېره.

supremacy, n. پورته والی، تفوق، لوړوالی: واکمني.

supreme, adj. لوړ، ستر: بېشانه، بې اندازې: اخري، وروستي.

supremely, adv. بېحده، زښت ډېر.

Supreme Being, څښتن تعالی.

surcease, n. پای

surcharge, v.t. اضافي قیمت اخیستل: سر باري اېښودل، زیات بارول، اضافي ټکټ لگول (په پاکټ).

surcharge, n. سر باري، اضافي لگښت: اضافي ټکټ: جریمه.

surcingle, n. تانگه، پټۍ، تسمه.

surcoat, n. کوټ چې د زغرې د پاسه اغوستل کېده.

sure, adj. کلك، ټینگه (لکه قدم): ډاډه، متیقن، باوري: د ډاډ وړ: بېشکه، یقیني: خامخا، هرومرو، ضرور.

surely, adv. بېشکه، په یقیني ډول.

sureness, n. ډاډه والی، باور.

suerty, n. ډاډه توب، یقین: ضمانت: ضامن.

surf, n. څپه (د سیند)، د څپو شور، د څپو ځگ.

surface, n. مخ، سطح، ښکاره خوا (ظاهري)، بهرنی اړخ ته ښکاره: مساحه.

adj. ښکاره، سطحي، سرسري.

v.t. مخ ورکول، رنگ ورکول.

v.i. داوبو سرته راپورته کېدل، ختل (داوبو مخ ته).

surfeit, n. ډېرښت (افراط)، زیاتوالی: گېډه، ډېرخور، اسهال، ډکه توب، اروی بدېدنه.

v.t. تپنول، مړول، ډکول، بارول.

surge, n. څپه: موړه، غومبې (لکه د اوبو).

v.i. جگېدل، رغړېدل، پړسېدل (د څپو په څېر).

surgeon, n. جراح.

surgery, n. جراحي، عمليات (د جراحي): د جراحي کوټه.

surgical, adj. د جراحي، د عملياتو، د څيرې لپ.

surly, adj. بې‌بوس، کورملی، تروش، تريو تندی، بدخوای، تروشګلی.

surmise, v.t. اټکلول، اټکل کول، ګومان کول.

n. اټکل، ګومان.

surmount, v.t. بری موندل (لکه پر مشکلاتو)، لاندې کول: ختل.

surname, n. د کورنۍ نوم، وروستی نوم، فاميلي نوم: لقب، تخلص.

surpass, v.t. وړاندې کېدل، پاندې کېدل، (تفوق درلودل)، تېرېدل، ترمخ کېدل تروس وتل، ترحده وتل.

surplice, n. جبه (پوړ ول اوږده کالی چه پادريان يې اغوندي)

surplus, n. پاتې شونی، زياتي، زياتيکي: مازاد، اضافه ګي: پربېماني، ډېرښت.

surprise, v.t. اريانول، ناڅاپه نيول، ناببره پرغل کول، بېخبره نيول: په چپاو نيول.

n. ناڅاپي حمله، غوټه: اريانی، ملک پلک تيا.

surprisal, n. اريانونه: ناڅاپه نيونه.

surprising, adj اريانوونکی، عجيبه، ناڅاپي.

surprisingly, adv. په اريانوونکي توګه، په عجيبه ډول.

surrender, v.t.i. سپارل، پرېښودل، خوشې کول: تسليمېدل، غاړه ايښودل.

n. تسليمېدنه، غاړه ايښودنه.

surreptitious, adj. پټ، په غلا، غلچکي: نامعلومه، بې خرکه

surreptitiously, adv. په پټ ډول، په غلچکي ډول

surrey, n. څلور ارابه‌ايزه، دوه څوکيزه بګی.

surrogate, n. نماينده، خليفه: (د امريکې اصطلاح) داوقافو قاضي.

surround, v.t. چاپېرول، ايسارول: محاصره کول، شاوخوا نيول، احاطه کول.

surroundings, n.pl. چاپېريال (محيط)، شاوخوا.

surtax, n. سربازی محصول، زياتي محصول (پامالیه).

surtout, n. کباړۍ، کوټی (چه ښځې يې اغوندي).

surveillance, n. څار، څارنه.

survey, v.t. په څېر کتل، پلټل، کچول، مېچول، سروې کول: ښېړ کتل: له لوړو اوخونو څېړل.

surveyor, n. کچ‌ګر، مېچ‌ګر، سروې کوونکی.

survey, n. سروې، پلټنه، آزموينه: عمومي کتنه، کچونه، اندازه کونه، کچ، اندازه.

surveying, n. کچ پوهنه، سروې پوهنه، جرېبونه.

survive, v.i.t. ژوندی پاتې کېدل، پاتې کېدل، پايېدل: بچېدل، ژغورل کېدل: (اصط) سر غوړل (د بل).

survival, n پاينت ، ژوندی پاتی کېدنه ، بقا .

susceptible, adj. ور ، جوړ : منونی ، اغېزه منونکی ، ژر اخستونکی : حساس ، لری ژړی .

susceptibility, n. حساسیت ، اغېزه منته .

suspect, n. تورن ، شك پرې راغلی ، مشکوك ، داشتباه لاندې .

adj. اشتباهي .

suspect, v.t. شك لرل ، بدګمانی لرل ، تورلګول : اټکلول ، ګڼل ، انګېرل .

suspend, v.t. ځنډول ، ټالول ، دړول ، ډيلول : ځړول ، ځوړندول : په هوا کې دروېدل

v.i. ځنډېدل ، ټالېدل : پاتی کېدل ، وروسته پاتی کېدل .

suspension, n. ټال ، ځنډ ، ډيل : په هوا ولاړ ، ځوړند .

suspender, n. پټۍ ، تسمه ، ګس (دجرابو بند) .

suspense, n. ټال ، ځنډ ، ډيل (موقتی) : دوه زړه توب : شکمنی ، شك .

suspicion, n. شك ، بدګمانی ، ځرک ، لږه لمبه ، خرخشه .

suspicious, adj. شکمن ، بدګومان ، شکاك .

suspiciously, adv. په بدګومانی ، په شك .

sustain, v.t. ساتل ، په ځای اخستل ، جاری ساتل ، دوام ورکول ، ملاتړ کول ، تاڼېدول ، زغمل ، ګالل : رښتيا ګڼل په حق ګڼل ، حق په لوری ګڼل : ثابتول ، تصديقول .

sustenance, n. خواړه ، روزی : توښه ، خرڅی .

suture, n. درز : بخیه ، ټك .

suzerain, n. خان ، ارباب ، بادار : هغه هېواد چې په بل سياسی واك لري .

suzerainty, n. خانی ، ملوکی الطواليفی ، دبل هېواد سياسی واك په لاس کې لرله .

svelte, adj. دنګ ، نری جګ ، ښه اندامی

swab, v.t. پاکول ، جارو کول ، سترهکول

n. پاکوونی ، دريبځ (جارو) : هغه خلی پارکی چه دهغه پوسر بالدې پټه پاتاروپېچی اوغوړه ، ستوني پاکوم بل زخم پرې پاکوی .

swaddle, v.t. تړل ، انغښتل (لکه دماشوم)

swaddling clothes دړۍ ، اوړنی ، رڼۍ

swag, n. پټه ، بوخشه ، غوټه ، پنډکی ، شوکه ، لوټ ، شکوله .

swage, n. قالب ، سومبه (سنبه) .

swagger, v.i. په چې تلل ، په ناز تلل ، په غرور تلل ، لاپې وهل ، باڼی وهل .

swain, n. کلیوال ځوان ، اطرافی ځوان

swale, n. ټيټه مځکه ، ژوره جبه زاره مځکه ، جبه : سېوری : سېوری لرونکی ځای .

swallow, v.t. تېرول ، کوټل ، اخرل ، زغمل (چټ بول) په آسانه منل ، ګالل ، زغمل ، تېرونه ، زغمنه : غوړپ ، ګوټ

n. ، ګوله ، مرۍ .

swallow, n. توتکی ، غشاکه ، غشی .

swallowtail, n. ، ورول بتنګ ، کمبلی ، مارګی .

swallow-tailed coat. فراک ، دنبار پته پوړول کوټ .

swam. د swim دریم حالت .

swamp, n. جبه ، پلنډی .

v.t. په جبه کې ننښتل ، ښخېدل .

swampy, adj. جبه‌زار ، جبېر ، پلنډېز

swan, n. قو .

swank, adj. ځلوی ، ځان ښوونی .

swans-down, n. د قو بڼکې ؛ پوړول نرم پر یې پټهن قو کړ .

swap, swop, v.t.i. مبادله کول ، بدلول ، الیشول ، بدلېدل ، الیشېدل ؛ وهل ، گوزار ور کول .

swap, swop, n. مبادله (د تجارتي مالونو) .

sward, n. وښیالې ، مرغیالې ، چمن .

sware. د swear ماضی (لرغونی بڼه)

swarm, n. سېل (د شاتو د مچیو) : ټټبکه ، ځېرگنی ، چڼه (لکه د مچیو) .

v.i. سېل‌سېل الوتل ، ځوله ځوله تلل ، ځیروسکه کېدل ، راټولېدل

swart, adj. ځغم رنگی ، ارغوش ، تور بخن

swarthy, adj. له swart مراجعه وکړی

swash, v.i. شي پهار کول ، شي پېدل (په او بو کې دلو پېدو په اثر اواز کول)

swash, n. شي پهار

swash buckler, n. د تورې بنگی ی ، باڼو ، جگړه مار .

swastika, n. سواستیکا : هغه صلیب چې سر و لوئې کا ږوی : د نازي المان دولتي نښان .

swat, v.t. چڅپېتول ، څپ پچ کول ، چغتاړول .

swat, n. وار ، گوزار

swath, n لیکه (لکه په لوکې د لور لیکه) کتار ، پټی ، لار ، کرښه (لکه په اوښو پټی کې) : ستری ، لړی .

swathe, v.t. نغښتل ، پېچل : تړل .

sway, v.i. ځنگېدل (له یوې خوا بلې ته) ، تال‌خوړل : کږېدل : حکومت کول ، واکمنی چلول : دفکر یا عمل بدلول .

v.t. ځنگول ، کږول : داغیزې لاندې راوستل : واکمنی کول .

n. ځنگېدا ، تال : واکمنی ، حکومت ، اغیزه : بدلون .

swear, v.i. لوړه کول ، قسم خوړل ؛ لوړه ور کول ، قسم ور کول : رڼش وېل ، کفر وېل .

swearer, n. لوړه کوونکی ، قسم خوړونکی

swearing, n. لوړه : رڼش .

sweat, v.t.i. خولې کول : خوله کېدل : خوله توېول : د تندی په خولو گټل : خوله ایستل ، په کار ستړی کول .

n, خوله

sweat shop, n. مستشمر ، هغه فابریکه چې په لږ مزد ډېر کار غواړي .

sweaty, adj. په خولو لوند ، خوله‌جن

sweater, n. خوله کوونکی : بنیان ، بنیین ، انگیا .

Swede, n. سویډنی (سویډي) .

swedish, adj. سویډنی ، د سویډن

n. سویډنی ژبه ، سویډنیان

sweep, v.t.i. جارو کول، د پیکول: له منځه وړل، پوښنا کول: لوځول: وړل (د باد او اوبو په واسطه): چټک چلېدل، په زور بهېدل: په‌غوڅه اختلال، الوزول .
n. جارو کونه: کش: ساحه، سیمه: کوږه والی، انحنا، کږلیچې: اوږدی څپې یا څچې (د بېړۍ): جارو کښ .
sweeper, n. جارو کښ، د جارو کښي ماشین .
sweeping, adj. پراخ، اساسي، بشپړادی، بشپړ .
sweepstake, sweep-stakes, n. د اسونو د ځغاستې شرط: داو پو شرط .
sweet, adj. خوږ، تازه، تازه: خوندور: بلمنکه (بې مالګې): خوش بویه: ښکلی: خوږه: گران، گلالی، محبوبه. n.
sweetish, adj. خوږه اوږدی، خوږ څولدې .
sweetly, adv. په خوږوالي
sweetness, n. خوږوالی
sweetbread, n. توري (پانقراس)، ځځه خوا اې چه د ژوو په تېره د خوسي له توري اوتورو ځي وځځه جوړېږي .
sweetbrier, sweetbriar, n. یو ډول خوشبویه گلاب
sweeten, v.t. خوږول
sweetheart, n. شهی، معشوقه، مینه، یار، لالی، مین
sweetmeat, n. خوږه، شیریني، خواږه، خواږه .
swell, v.t.i. پړسېدل، ډېرېدل: پړسول، انبساط ورکول .

n. پړسوب .
swelling, n. پړسوب، پړسېدنه .
swelter, v.i. له گرمۍ تنگېدل، له گرمۍ پکو کېدل .
n. خوږه گرمي، تې بوخه، دوپ .
swept د sweep ماضي او دریم حالت .
swerve, v.i.t. څپېدل، کږېدل، اوښتل (له لارې): څپول، کږول، اړول .
swerve, n. څپېدنه، کږېدنه
swift, adj. گړندی، چټک
n. تورنکي چوله مرغه چه اوږده وزرونه لري او چټک الوزي .
swiftnese, n. گړندي توب، چټکتیا
swig, v.t.i. په یوه سا څښل، په اینده ښېل
swill, v.t.i. اېښل، نغرل، ژرژر خوړل .
n. پاتې شولې، لېښوالی
swim, v.t.i. لامبو وهل، لامبل: په لامبو پورې وتل
n. لامبو: بهیر، جریان
swimmer, n. لامبوزن
swim, v.i. سرگرځېدل، سرچکر وهل، گنگسېدل .
swindle, v.t.i. غولول، وهل، خوړل (لکه پیسې له چا)، شکول .
n. غوکمار .
swindler, n. دوکه باز، چلی، ټگ
swine, n. سرکوزی، خوگ .
swinceherd, n. خوگ پېه، د خوگانو شپون .
swinish, adj ناوړولی، ټیټ، خوگ صفته، حریص .

swing, v.t.i. زنگېدل ، ټال خوړل ؛ غوړ ځېدل ، چورلېدل : ځوړېدل ؛ گرځېدل ، اوښتل : زنگول ؛ غوړځول ، ځوړول .

n. زنگېدا ، ټال ، ځانگو .

swingmusic. د جاز موسیقي یو ډول .

swing shift. د کار دویم وخت ، دویمه پېره . (د کار) .

swipe, n. وار ، گوزار (په ارت لاس) .

v.t. په ارت لاس وهل ، په زور وهل : لاس وهل ؛ غلا کول .

swirl, v.t.i. چورلېدل ، تاوېدل ، چورلول ، تاوول .

swirl, n. چورلېدا ، گرځېدا .

swish. شڼهار (لکه د ور بهېدو گاڼیو یا متروکې غږ) سڼهار .

Swiss, adj. سوېسي

n. د سوېس او سېد ونکی .

switch, n. لښته ، متروکه : مصنوعي وېښتان : سویچ (د برق) ، لڼی : وار ، گوزار (لکه د لښتې یا متروکې) بدلون (له یوه حالت څخه بل ته) : په لښته وهل ، په متروکه یا مغ بېول : جگول ، لیږدول ، چنډول (لکه څوا چه لکۍ جگه کړي) ؛ سو یچول ، چالانول : بدلون .

switchman, n. د اورگاډي د پټو پرېد لو و نکی .

switchboard, n. سویچ بورډ ، منځ دیره چه یو لی سو یچو نه او لڼی لري او د برق جریان کنټرولوي .

swivel, n. چورلنکی ، چورلنډی ، گرځنی .

v.t.i. چورلېدل ، گرځېدل ، غوړځېدل .

swob, د swab پله بڼه .

swollen, د swell دریم حالت ، پړسېدلی .

swoon, v.i. ضعف کول ، بې حاله کېدل .

swoop, v.i. غوټه کول (لکه باز) .

swoop, n. غوټه .

sword, n. توره : جگړه : نظامي قوت .

swordfish, n. یو ډول لوی سمندري کب چه اوږد تېره ورېوز لري .

swordplay, n. د تورې لوبه .

swordsman, n. تورزن ، توریالی .

swore. د swear ماضي .

sworn. د swear دریم حالت .

swum. د swim دریم حالت .

swung. د swing ماضي او دریم حالت .

sybarite, n. عیاش ، عیاش .

sycamore, n. سپېدار ، چنار .

sycophant, n. خوشامندي ، چاپلوس .

syllabicate, v.t. په هجاو وېشل ، په سیلابو وېشل .

syllabication, n. تقطیع ، په سیلابو وېشنه ، په هجا وېشنه .

syllabify, v.t. په هجا وېشل ، په څپو وېشل ، په سیلا بو وېشل .

syllable, n. هجا ، سیلاب ، څپه .

syllabic, adj. څپه یېز ، سیلا بي ، هجا یي .

syllabus, n. اساسي ټکي ، خاکه ، لنډیز (د پروگرام یا مضمون کورس) .

syllogism, n. منطقي کلیه ، قیاس ، د صغرا او کبرا له مخې قیاس .

syllogistic, adj د منطق کلیي ، قیاس .

sylph, n. هغه پېرۍ ، یو خیالي موجود چه په هوا کي اوسي : ګلا نداموهغه.

sylvan, adj. ځنګلي ، په ونو کښ ، ځنګل باغ .

symbol, n. نښه ، انهانه ، سمبول ، رمز .

symbolic, adj. نښه يېز ، نښانه يي ، رمزي

symbolical, adj. نښه يېز .

symbolically, adv. د نښي په ډول ، په سمبولي توګه .

symbolism, n. سمبولېزم ، د نښو په واسطه ښوونه ، هنري سبک چه مفهوم په نښو افاده کوي.

symbolize, v.t. د نښو په واسطه ښودل ، ښودل ، دلالت کول ، معني ورکول ، ښکاره کول (د نښو په واسطه) .

symmetry, n. تناسب ، تناظر ، انډول توب ، هم ساردي ، ورته والی ، د اعضاو متناسبت .

symmetrical, adj. متناسب ، انډول .

symmetrically, adj. په متناسبه توګه ، د تناسب له مخي ، په متناظره توګه

sympathize, v.i. خوا خوږي کول ، زړه سوانده کول : پرخوا کېدل ، ملګری کېدل .

sympathizer, n. خوا خوږی ، ملګری ، هم فکر .

sympathy, n. خوا خوږي ، همدردي ، خپلوي ، یو شانته والی ، یو ډول والی (لکه په ګټه او زیان کي) : ملګري توب ، زړه سوالدي .

sympathetical, adj. دخوا خوږي .

sympathetically, adv. په خوا خوږي ، دخوا خوږي له مخي .

sympathetic, adj. خوا خوږی .

symphonious, adj. برابر ، موافق ، جوړ .

symphony, n. سمفوني ، تال ، هغه سازچه د ډېر ساز یان په کي ګډون کوي ، ډله يېز ساز .

symphonic, adj. د سمفوني ، د ډله يېز ساز .

symposium, n. سمپوزيم ، مرکه ، ډاسي غونډه چه په هغه کي یوه موضوع د بېلو بېلو نظر یو په واسطه څېړل کېږي.

symptom, n. نښه ، علامه ، ښکارندوی (لکه د مرض) .

symptomatic, adj. علامه يي ، د نښي سره برابر .

synagogue, n. د يهودانو جومات .

synchronize, v.t.i. په یوه وخت پيښېدل : جوړول ، برابرول ، یو شانته کول ، پرغ د عکس سره برابرول (لکه په فلم کي) .

synchronism, n. برابر والی ، په یوه وخت کي ، یو وخت پيښېدنه .

synchronous, adj. د یوه وخت ، په یوه وخت کي ، یو وخت پيښېدونکی .

syncopation, n. لنډونه ، په کلمو او کلمه کي د منځنو تورو پرېښودنه (حذف).

syncopate, v.t. حذفول ، پرېښودل ، لنډول .

syndicate, n. یووالی ، اتحاديه ، سنډيکا (په تېره په تجارتي موارد و کي) .

v.t. اتحاد یې جوړول ، یو کېدل ؛ د اتحادیې له لارې خپرول .

synod, n. عیسوی مذهبي جرګه ، د کلیسا جرګه ؛ جرګه ؛ شورا .

synonym, n. ورته ، مرادف ، هم معنی دوې مختلفې کلمې چې په معنی کې یو ځای وي یا سره ورته وي .

synonymous, adj. مترادف ، ورته

synopsis, n. لنډیز ، اجمال .

syntax, n. نحو ، د ګرامر هغه برخه چې په جمله کې د کلمو په ترتیب بحث کوي.

syntactical, adj. نحوي .

synthesis, n. ترکیب ، د برخو یو ځای کول ، د برخو ګډون .

synthesize, v.t. د برخو ګډول ، د برخو یو ځای کول ، ترکیبول .

synthetic, adj : جوړ شوی ، مصنوعي د پسې ، شلغمي .

synthetically, adj. په مصنوعي توګه .

syphilis, n. سفلیس ، آتشک.

syphilitic, adj. سفلیسي .

syringe, n. د پیچکارۍ او زخم مینځلو آله : عطر پاشونی . v.t. ستن وهل ، پیچکاري کول ؛ پاشل : پرېولل ، مینځل .

syrup. د (sirup) بله بڼه ، خوږه اوبه ، شربت ، سیروپ .

system, n. سیستم ، لړی ، لړۍ ، جهاز ، دستګاه : لار ، ترتیب ، نظم : نظام.

systematic, adj. په ترتیب برابر ، منظم .

systematical, adj. موزون ، په ترتیب برابر .

systematically, adv. په منظم ډول ، په ترتیب .

systematize, v.t. په سیستم برابرول ، په قاعده برابرول ، په لار سمول

systemic, adj. جسمي ، د بدن د سیستم ، بدني .

systemize, v.t. په سیستم برابرول ، په قاعده برابرول ، سمول .

T

tab,n. کارت چه دشی یه یا لوم پر لیکل شوی او پر بکسو لو ، کالیو یا نورو باندی ځړول کېږی : دېښکې، کړی : حساب (په بانك کی) .

tabby, n. کورلی پیشی

tabernacle, n. کوډله ، کېږدی ، خیمه ، موقتی استوګنځی : د یهودانو چومات : چو یان چه یهودان یې د یوه ځای څخه بل ته وړی : مړدی ، معبد .

table, n.v.t. مېز : تخته ، ډبره : د مېز دڅاوخواځیلك : ډوډۍ ، خواړه : جدول ، فهرست ایستل . (لکه د بحث د آجنډا څخه) ځنډول : د مېز پر سر ایښودل .

tablecloth, n. مېز پوښ ، دسترخان

tableware, n. د ډوډۍ د مېز سامان

tableau, n. تابلو ، انځور ، تاریخی انځور د تماشې پرده .

tableland, n. لوړه سطحه ، لوړه اواره : لوړه ، پراخه او اواره سیمه

tablespoon, n. ، د خوړو د خوړلو کاچوغه ، د مېز څمڅې .

tablespoonful, n. د یوې خوړوا خوړلو د کاچوغې مقدار .

tablet, n. ټابلېټ ، ګولۍ : ډبره ، تخته ، لوحه : پاڼې ، کتابچه .

taboo, adj. n. ناروا ، منع شوی : رټل شوی : ایستل شوی (لکه د ټولنی څخه) ، تحریم ، تکفیر

tabor, tabour, n. ډولکی ، دریه ، ډملی

tabular, adj. اوار (لکه مېز) ، مسطح ، تخته یی : جدولی ، فهرستی .

tabulate, v.t. جدول کول ، فهرست کول ، برابرول ، سمول : جوړول (لکه په جدول کی) .

tabulation, n. جدول کول ، فهرست جوړونه .

tacit, adj. بې خولې ، غلی ، چپ : په زړه خوله پوهه .

tacitly, adj. په زړه خوله ، ضمنی ، په غلې توګه .

taciturn, adj. بې خولې ، غلی ، لږ ویونکی

taciturnity, n. غلې توب ، چوپتیا .

tack, n.v.t. مېخ ، پلکه ، ګل مېخی : مرالده (د بېړۍ) ، د بېړۍ د تګ لار : کږه وږه لار : په بېړۍ تګ ل : مېخول : د بېړۍ تګ لاره بدلول : د سیاست پر کږه لار تلل .

tackle, n.v.t. سامان، لوازم؛ په بېړۍ کې د کښو او سامان (لکه رسۍ) په فوټبال کې مقابل لوبغاړی چه د حریف مخه نیسي. نیول، ساتل، د چا د مخنیولو مخه نیول، لاس په وهل، د یو کار ترسره کېدې وتل؛ اسباب او لوازم ورته برابرول.

right tackle ښی مخه نیوونکی.

left tackle کیڼ مخه نیوونکی.

tackler, n.

tact, n. وخت پېژندنه، ځای پېژندنه، مهارت، سلیقه، شعور، ادراک، هوښیاري.

tactful, adj. ماهر، د سلیقې خښتن، هوښیار.

tactfully, adv. په هوښیارۍ، په سلیقه سره.

tactfulness, n. هوښیاري، سلیقه.

tactless,adj. بې سلیقې، بې مهارته.

tactlessly,, adv. په بې سلیقګۍ سره، په بې لرا کتنې.

tactlessness, n. بې سلیقګي، بې لرا کتنې.

tactics, n. جګړه پوهنه، جنګ پوهنه، تاکتیک؛ تدبیر، مانوره.

tactical, adj. چالباز، ماهر، ماهرانه، د جنګي تدابیرو مربوط.

tactician, n. جګړه پوه، کارپوه، تاکتیشن.

tactile, adj. لمس کېدونکی، محسوس.

tadpole, n. د چونګښې چوڅی (چه لکۍ لري)

teffeta, n. تافته، یو ډول ښوی ټوکر: ورېښمین ټوکر.

taffrail, n. د بېړۍ د شا د برخې کټاره.

taffy, n. خوږه (چه د بورې او کوچو څخه جوړېږي): غوړه مال، چاپلوس.

tag, n.v.t. ټکټ (چه د ارخ د ښودلو دپاره پر څیزونو ښلول شوي وي): پتری، فلزي ټوټه چه د مزي په سر د پوري نښتي وي (لکه د بوټ د بند): آخري ټکی، وروستنۍ برخه (لکه د ایک یا وینا)، وروستاړی: نښه (لېبل) کول، ټکټ لګول (اصطلاح)، پوري نښتل.

tag, n. پټ پټانی، الله داد (د کوچنیانو یو ډول لوبه).

tail, n.v.t. لکۍ، پای، آخر: وروستاړی، ځت (لکه د سکې دوهم مخ): پوري نښتل، په پسې کېدل، کمېدل، ملې کېدل، ورو ورو ورکېدل.

tailless, adj. بې لکۍ.

tailor, n.v.t. ګنډونکی، خیاط: ګنډل، جوړول، برابرول.

tailoring, n. خیاطي، ګنډنه.

taint, v.t.i.n. په زهرو لړل: ناولي کول، ککړول، داغ لګول، ترېو کېدل، خرابېدل: داغ، ټکی، ځاپ: وروست، خوسا، ناوړه اغېز.

take, v.t.i.n. نیول، اخیستل، خوځول: د ایستل، ګڼل، لیکل: پوهېدل، بیول، وړل، رسول: په کار لرل، اړه ورته لرل: ګڼل، زغمول، خوړل، څښل: په کرایه اخیستل: نیونه، اخیستنه.

take—off, n. په هوا کېدنه، پورته کېدنه، جګېدنه: پېښې، کاریکاتور .

taking, n., adj. نیونه، واخله (جمع) په لاس راغلی پیسې، ګټه: زړه وړونکی: (اصط) لګېدونه (لکه د کوږ دخال) : ساری (ناروغی) ، خپرېدونکی (ناروغی) .

talc, n. تالك (یو ډول پسته ډبره (منرال) چه د مخ پوډر ، یاد کوچنیانو پوډر ځنې جوړ دی .

talcum powder, n. د ماشوما نو پوډر

tale, n. نکل کیسه ، دروغ : تور، چوغلی ، غیبت : ګڼه، شمېر .

talebearer, n. چوغلګر

talent, n. استعداد ، وړوالی، ذکاوت : په لرغونو زمانه کی د پیسو او تول (وزن) واحد : وړ، وسمن ، ماهر .

talented, adj. ذکی ، مستعد ، وړ ، ځیرك .

talesman, n. د قضایی پلی غړی

talisman طلسمات، تاویز (تعویز)، کوډې : شی یا کومې چه د جادو تأثیر ولری .

talk, v.t.i.n. غږېدل ، خبری کول ، څرګندول (په اشاره یا لیك): دلالت کول، غوبل ، غیبت کول ، تر اغېزی لاندی راوستل (په خبرو) : خبری ، مرکه : آوازه ، انګازه، افواه ، وینا : غیبت.

talker, n. ویونکی، خبری کوونکی، ویالند ، غږځند .

talkative, adj. ګپاوو ، ډېر غږېدونکی ، پرخپلو خبرو مین .

tall, adj. جګ، لوړ ، دنګ : نامنلی (لکه کیسه یا خبری) .

tallow, n. مو(موم) ، وازګه ، وړل

tally, n. شمېر ، چوب خط ، کټی .

tallyho, n. څلور اسپیزه ګاډی .

talon, n. منګولی (لکه د باښې).

tam, n. سکاټلنډی خولی چه پر سر زومبك (زوالی) لری

tamarack, n. یو ډول امریکایی مخروطی شکله ونه چه د ودانیو د پاره تختې ځنې جوړ وی .

tamarind, n. املی ، هندی تمر .

tambourine, n. دریه ، چمبه .

tame, adj. روږدی ، کورنی (اهلی) ، اېل : بې خونده ، بېکه ، مړ ژوندای

tamable. adj. د اهلی کېدووړ ..

tameless, adj. سارایی ، ترلند ، وحشی ، یاغی .

tam-o-shanter, n. (tam) ته مراجعه وکړی .

tamp, v.t. ټپول (لکه خاوره په پامه) .

tamper, v.i. لاس وهل ، ګوتی وهل (په پټه): بډې ورکول ، موټ (رشوت) ورکول .

tan, v.t.i.n. خوړ (رنګه) ورکول ، آش ورکول : نمر ورکول ، په لمر لسواری کول (د بدن رنګه) : (اصطل) پټی کول ، وهل ، ټکول : په لمر لسواری کېدل : خوړ ، لسواری رنګه ، لمر وهلی رنګه .

tanbark, n. دڅېرې پټ (پوست) چه د څرمنو د پخولو، خور وركولو او رنګولو د پاره استعمالېږي .

tandem, adv, n. پر له پسې، وروسته وړاندې : يو ډول ګاډى چه د څو پر له پسې آسانو په واسطه پېول كېږي : دوه كسيزه بايسكل : يوه ډله (لكه د آسانو چه يو په بل پسې روان وي) .

tang, n. د آلاتو (چاقو، سوهان، ترښې، پنجې او نورو) هغه واره تلې برخه چه لاستي ورپورې نښلي : ستوغ، تند او تېز (خوند يا بوي)

tangy, adj. ستوغ، تند او تېز

tangent, adj. n. ټينجنټ، مماس، لګېدونكى نښتى : مماس خط، سطح يا قوس، لګېدونكې منحنى (كرښه) .

tangential, adj. مماسي، لګېدونكى

tangerine, n. كېنو، سنتره

tangible, adj. د لګېدو وړ، محسوس : رښتيانى، واقعي :

(n.pl.) حس كېدونكي شيان

tangibility, n. واقعيت، رښتينوالى، د حس كېدو وړوالى

tangle, v.t.i.n. ګډ كېدل، سره او نښتل، سره تاو بېدل، ګډوډ بېدل : په لومه كې نښتل : خړ پړ تيا، ګډوډي، ګډ كېچنه وضع، ګډ .

tango, n.v.i. ټېنګو، يو ډول اسپانوي او امريكايي نڅا : د ټېنګو نڅا كول .

tank, n. ټانك : عسكري ټانك، حوض ډنډ

tankard, n. د اوبو يو ډول سرپوښ لرونكى كټوري چه لاستى ولري .

tanker, n. ټانكر، يو ډول ټانك لرونكې بېړۍ چه تېل او نور مايعات پكښې وړي .

tanner, n خور وركوونكى، آشګر، دباغ

tannery, n. خور ځاى، د دباغۍ ځاى، د آش وركولو ځاى .

tannic acid د آش تېزاب (چه په آش وركولو، رنګولو او دوا جوړولو كې كار ځنې اخلي)

tannin, n. مازو، يو ډول تېزاب چه دوا، په تېره بيا د څېرې له پټ څخه لاس ته راځي او په آش وركولو او رنګه وركولو كې استعمالېږي .

tanning, n. آش وركوله، خور وركوله

tantalize, v.t.i. ځورول، پښول، زړه وېلى كول، آزارول .

tantamount, aoj. معادل، سارى، برابر، سيال .

tantrum, n. ناڅاپي غصه، ناڅاپي تر له وتنه، كېنې .

tap, v.t.i.n. ټپول، په كراره وهل، ټپ ټپ كول : ټپ ټپ : بولۍ (په تېره بيا د ترومپ يا ډول په واسطه) چه د عسكرو د ويدولو يا خوب اعلام كوي

tap, n.v.t. چوبكه، څوبكى، ټلكه : څو لوري (څو لبوري)، څو لبوتى، چاګى (ماګى)، مټ (خم) چه چوبكه لري او مشروبات ځنې توېږي : د برېښنا د جريان او پاداول د سره يو ځاى كېدو ټكى : څوټي كول، ايله كول (د چوبكى) سوري كول، غاړول : نښلول، سره نښلول (لكه د برېښنا اصلي سيم د فرعي سره) : د منابعو څخه ګټه اخيستل .

tape, n.v.t. فیته، ربښکی، تسمه: فیته (د اندازه کولو): په تسمه تړل، په فیته تړل: اندازه کول (په فیته)

tapeline, n. فیته، د میچ فیته

taper, v.t.i. کوچنۍ شمع (شمع): نری، ورو ورو نری کېدونکی: نری کېدل، ورو ورو نری کېدل، سولېدل، خوړل کېدل.

tapestry, n. چکن شوې پرده، انځور شوی پرده (چه په لاس جوړېږی او په دیوال ځړول کېږی)

tapeworm. n. د کدو دانې چینجی چه کله کله د انسانانو او نورو په کولمو کی پیدا کېږی.

tapioca, n. یو ډول سوجی.

tapir, n. یو ډول خوګ ورته او پوزه اوږد بولی حیوان چه د جنوبی او مرکزی امریکا په ځنګلو کی پیدا کېږی.

taproom, n. بار (شراب ځای).

taproot, n. د بوټی اصلی ریښه چه نېغه ځمکه ته ننوزی او نورې فرعی ریښی ځنی پیدا کېږی.

taps, n tap وګوری.

tapster شراب اچوونکی (په بار کی).

tar, n, v.t. ډامبر، قیر: ډامبر کول، قیرول: سخت ډول: په تورو شیانو (لکه قیر) لړل.

tarantula, n. غولبول، غوالۍ.

tardy, adj. سوست، ورو، ناوخته، وروسته.

tardily, adv. په سوستی، ناوخته، په ځنډ.

tardiness, n. سوستی، ځنډ، ټال.

tare, n. کټی، د ماشو (مېږو) واښه، د مشنګو واښه.

tare, n. د تجارتی مال د بار رجامی یا ظرف لوښی.

target, n. نښان، ځلی، نښخه، نښه.

tariff, n. ګمرکی تعرفه، نرخ، قانون چه د حکومت د خوا پر صادراتو او وارداتی مالو لوښو دل کېږی: محصول: نرخنامه.

tarn, n. کوچنۍ غرنی ډنډ.

tarnish, v.t.i.,n. پیکه کول، تت کول: پیکه کېدل، خړېدل: داغ، پیکه والی

taro, n. یو ډول خوړل کېدونکی بوټی چه نشایسته لرونکی ریښی لری او په تودو سیمو کی شین کېږی

tarpaulin, n. ترپال، خولی او کوټ چه د دې ټوکر ځنې جوړ شوی وی.

tarpon, n. یو ډول سپین زر رنګی کب چه د اتلس په سمندر کی موندل کېږی.

tarry. adj د قیر، قیر غوندی یا په قیر ولړلی.

tarry, v.i. ټالېدل، ځنډېدل: پاته کېدل.

tart, adj. ترېو، تند، تېز، سنوغ: ترشی: سخت (انتقاد یا جواب)

tartly, په ترېو والی، په سنوغ توب.

tart, n. مربا لرونکی کولچه.

tartan, n. یو ډول سکاټلېنډی وړین او دل شوی ټوکر.

tartar, n. د انګورو د شیرې منګې، د شرابو کوزو بی، د غاښو منګې.

tartaric, adj. منګین ، رنګ وهلی .

task, n. v.t. کار ، وظیفه ، په کار سترې کول : ځ کول : بخښل ؛ پلمه کول .

taskmaster, n. کار کومارونکی ، کار سپارونکی ، کار تپاکونکی ، کار پوونکی .

tassel, n., v.t.i. زولنۍ ، زومبکۍ ، څومبکۍ ، دجوار وور پښم ، دجوارو غوټکی : زولنۍ وراچول : غوټکی کول ، ور پښم را ایستل (لکه دجوارو) .

taste, v.t.i., n څکل ، خوند کتل ، آزمایل ، تجربه کول : خوند لرل ، خوند ور کول : څکه ، خوند ، مزه : سلیقه ، ذوق : خوښه : نمونه ، مثال .

tasteful, adj. خوندور .

tastefully, adv. په مزه ، په خوند

tastefulness, n. خوندور توب

tasteless, adj. بې خونده .

tastelessly, adv. په بې خوندی

tastelessness, n. بې ذوقي .

tasty. adj. خوندور ، خوږ ، پر ذوق برابر

tastiness. n. خوند ، خوږ والی ، ذوق .

tat. v.t.i. ولول اودل (لکه د کمیس گریوان) .

tatter, n. ریښکی ، رلیاپړه ، ټې ، لکه .

tatterdemalion ، څنډی اغوستونکی ، د شکېدلو کالیو اغوستونکی .

tatting, n. ولول اودنه ، په ماکو اودنه ، جال وزمه اودنه : څوټې څوټې اودنه ، اودنه .

tattle, v.i. احمقانه خبری کول ، اپلاکی (اپلتی) ویل ، چوغلی کول :

tattletale, n. چوغلګر ، خبر لوڅ .

tattoo, n. د ترومپ یا اشارې اشاره چه لښکری خپلو ځایونه را وبولی : د ترومپ یا اشارې ږغ .

tattoo, v.t.,n. خال وهل : انځور کښل (دخال په واسطه) : خال .

taught, د (teach) ماضی او دریم حالت

taunt, v.t.,n. ترټل : ملنډی وهل : پېغور ور کول ، سپکول : څورول ، پېغور ، پړ .

taupe, n. نسواری وزمه ایرن رنګ

taut, adj. کش شوی ، شخ ، محکم : مرتب ، جوت : جوړ ، کار ته تیار .

tautly, adv. په کش سوی توګه ، په صحیح ډول .

tautness, n. شخی ، کشتوب .

tavern, n. د شرابو خرڅولو او چېلو ځای ، سرای ، پردیس کوټ ، مسافرخانه ، هوټل .

taw, n. مردکه ، د مردکو لوبه : ټپه ، خط ، حد (د مردکو په لوبه کی) .

tawdry, adj. لباسی ، هغه شی (لکه ګاڼه) چه ارزښت یې لږ او ځلېدل یې ډیر وی .

tawny, tawney, adj. غنم رنګی ، ارغوانی ، لږ څه نسواری رنګ .

tax, v.t. مالیه پرې ښوول : تور لګول : تومتی کول : بار اچول ، دروندول ، زور پر اچول : مالیه ، ټیکس : محصول .

taxable, adj. د محصول وړ ، د مالیی وړ .

taxation, n. مالیه ټاکنه ، محصول لګونه .

taxpayer, n مالیه ورکوونکی .

taxi, n.v.i. ټیکسی ، ټیکسی موټر : په ټیکسی کښی تلل : د الوتکی تګ (دمځکی پاسو بو برمخ ورو ستنه یا د مخه ته راوتلو) .

taxy د (taxi) بله بڼه

taxicab, n. ټیکسی موټر .

taxonomy, n. دژوو یا بوټو دوېش (تصنیف) لار چه په هغه کی د هغو طبیعی اړیکی په نظر کی نیول کیږی .

tea, n. چای ، چاوی : دچای پارټی (لکه ماذدیګرنی) .

teacake, n. دچایو کیک .

teacup, n. پیاله .

teakettle, n. چاېجوشه ، خوټنی .

teaparty, n. دچایو پارټی (عصریه)

teapot, n. چاینکه .

teaservice, n. د چایو اسباب . (لکه چاینکه ، پیالی ، کاچوغی قندانی اونور) .

teashop, n. چای خانه ، کافی .

teatime دچای څښلو وخت .

teach, v.t.i. درس ورکول ، ښوول ، پوهول : لارښوونه کول : ښوونکی کېدل .

teachable, adj. دښوونی وړ ، دزده کړی وړ ، دروزنی وړ .

teacher, n. ښوونکی

teaching, n. ښوونه ، تدریس ، تعلیم

teal, n. چورکه ، چورکی ، یو ډول وړه هیلی .

team, n.v.i.adj ټیم ، جوړه (لکه اسان یا غوایی) : ډله : ډله ییز ، په ډله : یو ځای کېدل ، غونډېدل

teammate, n. انډیوال ، د ډلی ملګری .

teamwork. n. ډله ییز کار ، ګډ کار

teamster, n. ګاډیوان ، بګی والا .

tear, teardrop, n. اوښکه .

tearful, adj ژړاند ، د اوښکو ډک ، خوا شینی .

tearfully. adv. د اوښکو په ډکو سترګو .

tear, v.t.i.n څیرل ، شکول : سرا خیستل ، بیړه کول ، ځغستل ، ځورېدل : څیرونه : لوری ، څیری ځای .

tease. v.t.n. آزارول ، ځورول ، ګرول : شنل ، پرمونځول (لکه دتارو اووړیو) : آزار ، ځور ، ځورونکی .

teasel, n. کنځ پاله ، د اغزی غوزه ، پرزول داغزو غوزه چه وړیه په شنی ، غرغره ، پرمونځ (چه وړیه پانبه په شنی)

teaspoon. n. دچایو کاچوغه ، وړه کاچوغه

teaspoonful. n. یوه دچایو کاچوغه (مقدار) .

teat, n. دتی سر ، دغولانځی څوکه .

teazel, teazle, n. د teasel نوری بڼی

technic, n. لاره ، اصول ، فن ، دوش ، تخنیک ،

technical, adj. فنی ، صنعتی ، تخنیکی ، اختصاصی .

technically, adv. د تخنیك له نظره ، دفن له مخه .

technicality, n. تخنیکی خصوصیت یا وضع ، تخنیکی مسأله .

technician, n. تخنیکر ، فنی کارگر ، ماهر کارگر .

technique, n. اصول ، طریقه ، مهارت ، لار ، تخنیك .

tecnnocracy, n. تخنوکراسی (یو ډول حکومت چه واکی یې تخنیك پوهانو په لاس کې وي) .

technocrat, n. د تخنوکراسي پلوی یا طرفدار .

technology, n. ټکنالوجي ، تخنیك پوهنه ، صنعت پوهنه: صنعت .

technological, adj. د تخنیك پوهنې ، صنعتي .

tedious, adj. ستوماتوونکی ، زړه وهونکی ، خوارهونکی .

tediously, adv. په ستوماتوونکې ډول ، په خوار وهونکې توګه .

tedium, n. ستړیا ، ستوماتي ، ربړ ، تنګېدنه

tee, n.v.t.i. تخته ، پخه ، ټاپ (لکه په حرفونو کې) (په ګلف کې) هغه ځای چه لوبه ورڅخه پیل کیږي: د ګلف توپ وهل ، د ګلف توپ پر ټاپ ایښوول .

teem, v.i. ډرخولي ډکېدل : ډکېدل ، زیږول: خوځېدل (په ډله) .

teens, n. د (۱۳ – ۱۹) پوري د سړي د عمر کلونه .

teepee, n. د tepee بله بڼه

teeter, n. شاړنګه (الدوچو) ، رنګېدل ، ړپېدا چك .

teeth, n. غاښونه ، د tooth جمع

teethe, v.t. غاښونه زېږېدل ، غاښونه پیدا کول .

teetotal, adj. بشپړ ، پوره : لویه ، د شرابو د له څښلو تمېد .

teetotalism, n. هغه عقیده چه د شرابو څښل ناروا ګڼي .

teetotaler, teetotaller, n. هغه څوك چه پیڅي شراب نه څښي .

tele— (مختاړي) واټن ، لماې .

telegram, n. ټلګرام (ټلګراف په واسطه لېږل شوي پیغام) .

telegraph, n., v.t.i. ټلګراف (د خبر رسولو آله) : ټلګراف کول ، تار ورکول ، ټلګرام لېږل .

telegraphist, n. د ټلګراف ماهر .

telegrapher, n. ټلګرافي ، ټلګرافچي .

telegraphy n. ټلګراف پوهنه

telegraphic. adj. ټلګرافي ، د ټلګراف .

telepathy. n. ټیلی پتي ، د ذهنو بلا واسطه ارتباط ، د یوه ذهن د احساساتو بې له مادي واسطې یا خبر و بل ذهن ته رسېدنه ، توجه (د تصوف په اصطلاح) ، اشراق ، روحاني اړیکې .

telepathic, adj. ذهني ، فکري .

telephone, n. v.t.i. تلفون ، ټلفون کول ، په ټلفون کې خبري کول .

telephony. n. د ټلفون فن ، ټلفون پوهنه

telephonic, adj. ټلفوني ، د ټلفون .

telephoto. adj. ټیلی فوټو .

telephotograph, n. ټیلي فوټو ګراف، د ټیلي فوټو په واسطه اخیستل شوی عکس.

telephotography, n. د لیرې څخه د عکس اخیستلو فن.

telescope, n.v.t. ټیلسکوپ نجومي، دوربین؛ سمول، برابرول (لکه د ټیلسکوپ د ټوټو)، وړاندې ور ننوته کول (لکه د ټیلسکوپ د برخو).

telescopic, adj. ټیلسکوپي، دوربیني

television, n. ټلویژن (ټلویزیون).

tell, v.t.i. بیانول، کیسه کول؛ ویل؛ ښکاره کول، څرګندول، خبرول: پوهېدل، پېژندل؛ اثر ښندول، اثر ښندل، امر کول.

teller, n. بیانوونکی، ویونکی؛ صراف (د بانک): د رایو شمېرونکی (لکه په شورا کې).

telling, adj. کاري، اغېزناک: څرګند

telltale, n. چغلګر، څوک چې اسرار نشي ساتلای.

temblor, n. زلزله

temerity, n. بې باکي، بې ځایه زړه ورتیا، تهور.

temper, v.t.n. برابرول، معتدلول: آب ورکول (لکه پولادو ته)، سړه کښول، په ټاکلې اندازه نری کول یا ټینګول، (موسیقي) سوررول: ګلک والی، ټینګوالی: خوی، مزاج: د ځان واک، د ځان کنټرول: خپګان، قهر.

temperament, n. مزاج، طبیعت: خویه.

temperamental, adj. نازک مزاجه، بې وس مزاجه، بدخولی.

temperance, n. اعتدال.

temperate, adj. معتدل، اعتدال خوښوونکی.

temperature, n. د سړوالي او تودوالي درجه (لکه د هوا، د اوبو، د جسم ..)؛ تبه، د بدن د تودوخې درجه چه تر عادي حالت (۳۷ درجې سانتي ګراد) لوړه وي.

tempest, n. سخت توفان، تند باد چه باران، اوره، ږلۍ او نور ورسره وي.

tempestuous, adj. توفاني، تند، څپاند، ناکراره.

tempestuously, adv. په توفاني توګه

template, templet, n. کوټکه، کونده، د لرګي لنډه ټوټه چه د ټیر او د دېوال ترمنځ ایښودل کېږي: سرطاق: قالب، اندازه، نمونه.

temple, n. درمسال، معبد، کلیسا (په څیر الوټ کې)؛ لویه ماڼۍ (د آرټ د پاره).

temple, n. ټیک (شقیقه).

tempo, n. (موسیقي) تال، د ګړندیتوب اندازه: بهیر، تګ.

temporal, adj. د وخت، د زماني، موقتي: دنیوي، د ځمکنی، جسماني، مادي.

temporal, adj. د ټیک، د شقیقې

temporary, adj. موقتي، تېرېدونکی.

temporarily, adv. په موقتي توګه، د څه وخت د پاره.

temporize, v.i. جوړجاړی کول (د مصلحت سره)، توافق کول، چلاو کول، گوزاره کول.

tempt, v.t. لمسول، آزمایل، پر آزمېښت را وستل، ځان ته را کښول، اغوا کول.

temptation, n. لمسون، پاروونه، اغوا

tempter, n. لمسوونکی (سړی) اغوا کوونکی.

tempting, adj. لمسوونکی (شی)

temptress, n. اغوا کوونکې ښځه

ten, adj, n. لس، د لس عدد.

tenable, adj. ټینگه، کلك، نه ماتېدونکی (لکه مورچل).

tenacious, adj. سرټمبه، ټینگ نیونکی، نه بېلېدونکی، نه هېرېدونکی (لکه حافظه).

tenaciously. adv. په ټینگکار.

tenacity, n. ټینگکار.

tenancy, n. اجاره، کرایه، د اجارې موده.

tenant, n. اجاره دار، په کرایه اخیستونکی.

tenantless, adj. بې کرایه دارا.

tenantry, n. اجاره داران، اجاره داری

tend, v.t.i. پالنه کول، څارنه کول، پاملرنه کول: مخه کول، میلان لرل، کږېدل.

tendance, n. پاملرنه: پالنه.

tendency, n. مخه، میلان، طبیعی میلان

tender, n. پالونکی، پالندوی، ساتونکی: د اور گاډی د ذخیرې کوټه: ما کوه، وړه کښتۍ چه سپرلی او بار لوېې بېړۍ ته وړی

tender, v.t.n. داوطلبي کول: داوطلبي، د پور د ورکړې وړاندې کول د منلو دپاره: ادا کول (لکه د پور)

tender, adj. نازک، ننکی، نازك، پوست، اخته (لکه غوښه): نرم زړی، زړه سواندی: حساس.

tenderhearted, adj. نرم زړی.

tenderly, adv. په نرمی.

tenderness, n. نرمی.

tenderfoot. n. اوم، بې تجربې، نابلده: نازولی: نوی ښار ادوی.

tenderloin, n. د ملا پسته غوښه، د شمزۍ غوښه.

tendon, n. پله.

tendril, n پېچك، پېچولی (د ځینو بوټو لری تار چه د مخه په ذریعه پېچلو دو بوټو بوری نښلی لکه د کدو، انگور اداورو).

tenement, n. کرایی کور یا اپارتمان: ملك، ځمکه (د اجارې).

tenement house, کرایی کور یا اپارتمان.

tenet, n عقیده، دوگم (لس): اصول.

tenfold, adj. adv. لس چنده، لس واره، لس گرته.

tennis, n ټینس (یو ډول لوبه).

tenon, n. چوړ، چوول (لکه د ور).

tenor, n. خوا، سمت: تمایل: د نارینه د منځنی لوړ آواز، منځنی ځای چه د ښځو لوړ آواز ولری.

tenpenny, adj. لس پنسيزه : دري انچه ميخونه چه سل دانې يې په لسو پنسو خرڅېدل .

tenpins, n. يو ډول لس موټه پوړه او يوه (د بولينګ لوبه)، د بولينګ د لوبې موټې .

tense, n. زمانه (ګرامر) .

tense, adj. ترينګلی ، تشنج ؛ ټينګ کش شوی .

tensely, adv. په ترينګلي ډول .

tenseness, n تشنج .

tensity, n. اضطراب

tensile, adj. د ير کش شوی ، شخ ، ټينګ : کشېدونکی ، د کشېدو وړ . د کشېدو

tension,n. تشنج ، کش ، کشوله : خپه تيا ، ناارامه حالت : هيجان .

tent, n.v.i. خيمه ، کيږدۍ ؛ په خيمه کې اوسېدل ، خيمه وهل ، کيږدۍ ډول .

tentacle, n. ښکر ، پرېښوله (لکه د حيوانو خرطوم) .

tentacular, adj. د ښکر ، د خرطوم ښکر .

tentative, adj. آزماېښتی ، امتحاني

tentatively, adv. په امتحاني ډول ، په آزماېښتي توګه

tenth, adj, n. لسم .

tenuous, adj. نری ، نازک ، دقيق ؛ لږ ګړی ، کم ارزښته

tenuity, n. نري والی ، کمزوري

tenure, n. ليوله ، قبضه ؛ جايداد ، مده ، هټه ، شتمني ؛ وخت ، موده .

tepee or teepee, n. د امريکايي هنديانو مخروطي ډوله کيږدۍ

tepid, adj. تود (ښه ګرم) ، تودوخی (لکه اوبه) .

tercentenary, adj. دري پېړيز ، دري سوه کلېزه : دري سوه کلېزه يادونه (تجليل) .

term, n.v.t. موده ، دوره ، اصطلاح : (جمع) شرايط : اړيکې ، ارتباط ، متقابله منا سبات ؛ (رياضي) مقدار ، رقم ، نومول ، اصطلاح ورکول .

termagant, n. جنګړه ښځه ، بد خويه ښځه ، شليټه .

terminal, adj, n. وروستنی ، آخري ؛ څوکه ، اډه (لکه د اورګاډي يا الوتکې) .

terminate, v.t.i. درول ، بندول ، پای ته رسول : پرې کول ، فسخ کول .

termination, n. بندوله ، پای .

terminology, n. اصطلاحات (علمي يا فني)

terminus, n. پای ، حد ، بريد ، آخري هدف ؛ آخري پړاو ، وروستنی اډه .

termite. n. وينه ، سپين مېږی .

tern, n. سمندري توتکی ، يو ډول سمندري سپين مرغه چه ښاپېر خړه او سرې تورې وي .

terrace, n. تېراس ، چوتره ، دوکانچه ، برانډه : پوړ پوړ کورونه چه څنګ په څنګ جوړ شوي وي (د کوڅې تر سطحې) ، پوړه کوڅه چه داسې کورونه پکښې جوړ شوي وي .

terra cotta, n. سره خاوره، پخه شوې خاوره چه لوښي او کوچنۍ مجسمې ځني جوړېږي؛ سور بخن رنګه.

terrafirma کلکه ځمکه.

terrain, n. (عسکري) سيمه، ځمکه، اراضي.

terrapin, n. يو ډول د خوراک وړ سمندري کيشپ.

terrestrial, adj. ځمکنی، د خاورو، خاورين: د وچې، پر وچه اوسېدونکی؛ دنيوي.

terret, n. د ملاوې کړۍ، د آس د زيړي کړۍ.

terrible, adj. ډاروونکی، خطرناک، زوروور (لکه زلزله)، هيبتناک؛ خورا ډېر، ډېر لوی.

terribly, adv. په ډاروونکي توګه.

terrier, n. يو ډول ښکاري سپی.

terrific, adj. ډاروونکی (اصطـ) عجيب، زبردست.

terrify, v.t. سخت ډارول، وېرول، په خطر کې اچول، خبرداری ورکول (د خطر).

territorial, adj. سيمه ييز، په يوه سيمه پورې تړلی ځای: ځمکنی: داخلي: د سيمه ييزې: عسکري او پوځي.

territory, n. سيمه، علاقه، خاوره، هېواد، ځمکه؛ ولسوالي، ولايت؛ علاقه: په قلمرو کې دننه سيمه چه لا ولايت نه وي.

terror, n. ډېره وېره، زيات ډار: وېروونکی، ډاروونکی.

terrorism, n. ډار اچونه، د ډار او دهشت د لارې خلک اطاعت ته مجبورول، ترورېزم، د ترور مسلک.

terrorist, n. ډار اچوونکی، دهشت خوروونکی.

terrorize, v.t. وېرول، ډارول، ډار خورول: د ترور د لارې معاملات کول او ساتل.

terse, adj. لنډه، موجزه خبره، بريکړه (خبره)، سپوڅه، روکه (خبره).

tersely, adv. په لنډ ډول، په موجزه توګه.

tertian, adj. هر دريمه ورځ پېښېدونکی (تبه): په هرو دريو ورځو کې يو ځل.

tertiary, adj. دريم، دريمه (درجه، رتبه، طبقه): دريم.

tessellate, v.t. په موزائيک ډول انځورول (نقش کول)، سينګارول.

test, n.v.t. آزموينه، ازمايښت، امتحان: آزمويل، تر آزموينې لاندې نيول.

testa, n. کلک پوښ (لکه د زړي).

testament, n. وصيت، د وصيت ليک؛ تړون: صحيفه.

Old Testament تورات.

New Testament انجيل.

testamentary, adj. توصيوي، د وصيت (ميراث).

testator, n. وصيت کوونکی.

testatrix, n. وصيت کوونکې (ښځه).

tester, n. آزموېونکی ، ممتحن .

tester, n. چتر ، چترۍ (لکه د کټ او دربخ پر سر) ، منډو .

testicle, n. خوټه (خصیه)

testify, v.t.i. تصدیق کول ، شاهدي ورکول : دلالت کول .

testimonial. n. تصدیق ، تصدیق نامه ، تقدیر نامه .

testimony, n. شاهدي ، ګروه او موثقه بیانیه : نښه ، علامه : اعلامیه .

test tube, ټسټ ټیوب (یو ښیښه یي نل چه په کیمیاوي تجربو کی کار ځنی اخلي)

testy. adj. تهرجن ، بدخولی

tetanus, n. ټیټانوس (یو ډول ناروغي ده چه پر زخم باندی د خاورو د موښلو څخه پیدا کیږی) .

tete-a-tete, adj. n. مخامخ ، دوه په دوه خبري ، پټی خبری (د دوو تنو ترمنځ) .

tether, n. v.t. پړی ، واښکی (پړ او پړد پړی یا ځنځیر چه څاروی په تړی) : دوانۍ حدود ، صلاحیت : د ځملو حد : په پړی یا ځنځیر تړل .

text, n. متن ، سوره (د انجیل) : موضوع ، مضمون ، درسی کتاب .

textual, adj. د متن ، په متن پوری مربوط .

textbook, n. درسی کتاب .

textile, adj, n. اوبدل (اودل) شوی : ټوکر : اوبدل شوی ټوکر : نساجي .

texture. n. د اوبدلو ډول ، جوړښت ، رغاونه ، ترکیب .

than, conj. تر ، ترې (د مقایسی او نسبت ادات) ، په نسبت ، ورڅخه ، د .. نه بې له دې ... ، سربېره پر ...

thane, n. ناظر ، ارباب (د انګلستان په زاړه تاریخ کی) .

thank. n.v:t: کوروداني ، تشکر ، منته : کوروداني ویل ، تشکر کول .

thankful adj. متشکر ، ممنون .

thankfully, adv. په تشکر سره .

thankfulness, n. منته ، احسان ، ممنونیت .

thankless. adj. ناشکره ، نمک حرامه .

thanksgiving, n. شکر ګېل : (په امریکا کی) د نوومبر وروستنی پنجشنبه چه په مذهبی دودونو لمانځل کیږی .

that, pron هغه او موړدی : کوم چه ، هغه چه ، چه .

adj. او موړدی ، هغه .

conj. په دلیل ډول ، د دې دپاره ، په نتیجه کی : کاشکی چه ، هیله ده چه .

thatch. n.v.t. لوخی ، واښه او نور چه د چت په پټولو کی استعمالیږی : په وښو ، لوخو ، څرګو او درونو پټول .

thaw. v.i.t.n. ویلی کېدل ، ویلی کول ، حل کول : تودول : تودېدل ، نرم کېدل : تودوالی ، پوستوالی : ویلی کېدنه .

theater. n. ننداره ځی ، تیاتر ، د تمثیل صحنه : صحنه ، ډرامه ، لوبه : صحنه جوړونه .

theatrical, adj. په ننداره ځی پوری مربوط ، نندارېز : تصنعی .

theatric, adj. نندارېز ، د صحنی .

thee, pron. تا ته .

theft, n. غلا ، غلا کول .

thegn (thane) د بلد پوهه .

their, pron. adj. د دوی ، د هغوی ، د هغو .

theirs, poss. pron. د هغو ، د دوی .

theism, n. پر خدای (ج) باندی عقیده لرل ، خدای (ج) پېژندنه .

theist, n. خدای پېژندونکی .

theistic. adj. په خدای (ج) پېژندنه پوری مربوط .

them, pron. هغوته ، دوی ته .

theme, n. موضوع ، متن : لنډه مقاله سرود کې (د موسیقۍ) تال ، میلودي .

themselves, pron. هغوی پخپله ، دوی پخپله .

then, adv. adj. n. په هغه وخت کې ، بیا ، تر ورو سته ترهغه ، په هغه صورت کی نو : په نتیجه کی : کله : هم ، سربېره پردی : د هغه وخت ، د خپل وخت ، هغه وخت .

thence, adv. د هغه ځای څخه : ترهغه وروسته : نو ، له دې امله .

thenceforth, adv. د هغه وخته ، د هغه را هیسې .

theocracy, n. دروحانیونو حکومت .

theology, n. د دینیات ، الهیات ، د کلام علم : د دینی پوهنه .

theologian, n. د الهیاتو پوهاند .

theological, adj. دد ینی پوهنی .

theorem, n. اصول ، قانون ، (رساینس) کلیه ، قضیه ، مسأله .

theoretical, adj. نظری ، غیر عملی ، خیالی .

theoretic, adj. نظری ، غیر عملی .

theoretically, adv. په نظری ډول ، د تیوری د مخه .

theorize, v.i. د نظریې جوړول ، نظری کول ، تصور کول .

theorist, n. تیوریسن ، د نظر یا تیوری پوهاند .

theory, n. تیوری ، نظریه ، عمومی اصول کلیه ، مفکوره : قیاس ، فرضیه .

therapeutic, adj. معالجوی ، په تداوی پوری مربوط .

therapeutical, adj. د دارو درملو اړیری کوونکی (لکه معالجه) .

therapeutics, n. دارو درملو پوهنه ، طبابت ، د درملو پوهنه .

threapy, n. دارو درملو پوهنه ، طبابت .

there, adv. هلته ، په هغه ځای کی : اوس ، دلته ، په دې برخه کی ، (یادونه : thsre کله د جملې په سر او د فعل تر مخه راځي او د لته د هغه ځای معنی ورکوی ، دلته there یوازی د جملې او د خبری د شروع کېدو د پاره استعمالېږی) .

thereabouts, adv. هغه ځای ته نژدې ، هغه وخت ته نژدې ، په هغه شاوخوا کی : اټکلی (شمېر ، مقدار) : له دې امله .

thereabout, adv. هغه وخت ، ځای ، شمېر ته نژدې .

thereafter, adv. تر هغه وروسته : د ... سره سم ، د هغه سره سم .

thereat, adv. په هغه ځای کی ، هلته : له دې کبله ، په دې حساب : په هغه وخت کی .

thereby, adv په دې وسیله: په هغه پورې تړلی: په حواله: ورو سته تر هغه: له دې امله.

therefor, adv د هغه دپاره، پر ځای، په عوض.

therefore, adv ځکه نو، نو، په دې دلیل، په نتیجه کې، له دې سببه.

therefrom, adv. د هغه ځایه، څخه، ځني.

therein, adv. په هغه کې، په هغه ځای یا وخت کې: له دې امله: په هغه برخه کې.

thereof. adv. د هغه څخه، د هغه: له دې: د هغه ځایه: په هغه پورې مربوط.

thereon, adv. پر هغه باندې، په هغه پسې ژر: له هغه.

thereto, adv. پر هغه، په هغه: سربېره پر هغه، په هغه پورې تړلی یا ضمیمه.

thereunto. adv. په هغه پورې، د هغه سره، پر ه ځای، د هغه سره ضمیمه.

thereupon, adv. پر هغه باندې، د هغه په نتیجه کې، ځکه نو، سمدستي په هغه پسې، ور پسې، سمدلاسه.

therewith, adv د هغه سره: ور باندې: ور پسې، ورو سته تر هغه.

therewithal, adv سربېره پر هغه، علاوه پر هغه.

thermal, adj. حرارتي، ترمه یېز:

thermodynamics. n. پوهنه چه د حرارت د میخانیکي کار او روابطو څخه بحث کوي، ترمودینامیک.

thermodynamic. adj. د ترمو دینامیک په علم پورې مربوط.

thermodynamical, daj. په ترمو دینامیک پورې مربوط.

thermometer, n ترمامیټر، هغه آله چه د تودوخې درجه یا اندازه ښیي.

thermostat, n. هغه آله چه په اتوماتیک ډول د تودوالي درجه کنترول او منظموي.

thesaurus, n. خزانه، پانګه، جامع قاموس.

these, pron. adj دغه (جمع)، دغو، دغوته.

thesis, n. تیسس (تېزس)، هغه تحقیقي رساله چه د پوهنتون محصلان یې د بري لیک داخیستلو دپاره لیکي او دفاع یې کوي.

Thespian, adj. n. ډرامي، د صحني اکټر، لوبغاړی.

thew, n. غړی، عضله: پلې.

they. pron. دوی، هغوی.

thick. adj. پنډ، پېړی: ټینګ: ګڼ، ډېر: پیچ، غبي: تت: خړ (لکه آواز): اندېوال: خړه، خوړه (لکه هوا).

thickly, adv. په ګڼ ډول.

thickness, n. پنډوالی، ګڼ توب، پنډول، پېړول: ټینګول: مغلق کول: خړول، زیاتول: زیاتېدل: مغلق کېدل.

thicket, n. ډېرو بوټو ځنګل، ګڼ واښه بوټي.

thickset, adj. ګڼ، نږدې سره کرل شوی یا اېښودل شوی: لنډی، منډلی (سړی).

thick-skinned. adj. د پنډ پوست (پوستکي) خاوند : بې احساسه، سوړ.

thief, n. غل.

thieve, v.t.i. غلا کول : ورکېدل.

thievery, n. غلا.

thigh, n. ورون.

thimble, n. گوتمه، انگشتانه، گوتمېر، گوتمی.

thimbleful, n. د انگشتانې په اندازه، د کاچوغی په اندازه لږ، لوکی، پوټی.

thin, adj.v.t.i. نری: ډنگر، خوار، کمزوری : رقیق، اوبلن : تنکی : سپک : نری کول.

thinly, adv. لږ، کم.

thinness, n. نری والی، کمزورتیا.

thine, pron. ستا.

thing, n. شی: پېښه، چاره : موضوع، څېره : مادی وجود : شته، شخصی شیان (لکه کالی).

think, v.t.i. فکر کول، تصور کول، خیال کول، عقیده لرل، نظریه درلودل : دلیل ویل.

thinker, n. متفکر، فکر کوونکی.

thin-skinned, adj. نری پوستی، حساس، ژر دا پاریدونکی، ژر خپه کېدونکی.

third, adj. دریم : دریمه برخه.

thirdly, adv. دریم، ثالثاً.

third degree (U.S.) سخته دربه، ناوړه چلند (چه پولیس یې له بندي سره کوي).

thirst, n.v.i. تنده، لېوالتیا، میل، خوښتنه : تږی کېدل، غوښتل.

thirsty, adj. تږی، لېوال.

thirteen, adj.n. دیارلس.

thirteenth, adj.n. دیارلسم، دیارلسمه برخه.

thirty, adj.n. دېرش.

thirtieth, adj.n. دېرشم، دېرشمه برخه.

this. pron. adj. دغه، دا، دغی، ده (سړی) : دا، دغه.

thistle, n. یو ډول جنگلی اغزن بوټی.

thistledown, n. د اغزن بوټي ډنډر.

thither, adv.adj. هلته، هغه ځای ته، تر هغه ځایه، هاخوا : ور اندې، لیری.

thitherward, adv. هغی خوا ته، هاخوا.

thole, n. مخ گرځوونی (د بېړۍ).

thole pin, n. مخ گرځوونی.

thong, n. تانگه، تسمه.

thorax, n. سینه، ټټر، کوگل.

thoracic, adj. سینه ایز، د ټټر.

thorn, n. اغزی، ازغی : غنه، اغزن بوټی : تېره : د خپگان او ناراحتی سبب.

thorny, adj اغزن، ازغن.

thorough, adj. بشپړ، پوره، مکمل، ټول : لاس لرونکی (ماهر) : احتیاط کاره : زغموونکی، گالونکی.

thoroughly, adv په بشپړه توگه، کاملاً.

thoroughness, n. بشپړتیا ، احتیاط، کمال .

thoroughbred. adj. اصیل ، سوچه ، اصل : دروند (اصط) .

thoroughfare, عام سړک ، عامه کوڅه ، لویه لار .

thoroughgoing, adj. بشپړ ، پوره : مطلق ، بې قید او شرط

thorp, n. کلی ، بانډه .

thorpe, n. بانډه ، کلی .

thoroughgoing, adj. هغوی (دهغه جمع) : دهغو .

thou, pron. ته (دمفرد مخاطب ضمیر) .

though, conj.adv. که څه هم ، سره لهدې چه، تر اوسه ، څو پیا هم ، دغسې چه، څه ولګ چه ، سره لهدې ، څو پیا .

thought, د (think) دوهم او دریم حالت

thought, n. فکر ، سنجش ، چاچ ، مفکوره : تصور ، چرت ، په غور کتنه ، پاملرنه ، عقیده ، نظریه : لږ ، چړکی .

thoughtful, adj. مفکر ، فکری .

thoughtfully, adv. په فکر سره . په غور سره .

thoughtfulness, پاملرنه ، توجه

thoughtless, adj. بې فکره ، بې سنجشه .

thoughtlessly, adv. په بې فکری سره .

thoughtlessness. n. بې پروایی ، بې فکری .

thousand, adj. زر (عدد) .

thousandth, adj. n. زرم ، زرمه .

thrall, n. مریی : مریتوب ، بندګی ، غلامی

thralldom. n. مریتوب ، بندګی ، غلامی ، بندي توب ، اسارت .

thrash, v.t.i. ټکول ، کوټل ، وهل : بیا بیا څپول .

thrasher, n. ټکوونکی ، غوبل کوونکی : یو ډول مرغی چه اوږده لکۍ لري .

thrashing, n. ټکونه ، وهنه

thread, n. تار ، سپنسی ، ریښه ، لړۍ (دخبرې) : جوړۍ : لیکۍ ، کرښه .

threadlike, adj. تار ورمه ، لړی

threadbare, adj. د تار پهشان : زوړ : مبتذل : سولېدلی .

threat, n. تهدید ، اخطار ، ګوزڼکه ، دبکه .

threaten. v.t.i. ډارول ، وېرول ، تهدیدول : سترګی ایستل (اصط) .

three, adj. درې (عدد) .

threefold, adj. adv. درې څېرګه ، درې ستوی : درې څله ، درې لایه : درې ، درې څله ، دریم څل .

threepence, n. درې پنسه .

threescore, adj. درې شلی ، شپېته

threnody, n. ویرنه ، ساندی ، مرثیه

thresh, v.t.i. ټکول ، وهل ، غوبلول

thresher, n. ټکوونکی ، غوبل کاری

threshold, n. درشل ، درشابی ، ور : پیل ، شروع .

threw, د (throw) ماضی

thrice, adv. درې څله ، درې واره ، درې چنده .

thrift. n. پهمصرفولو کښې د پیسو مصرفول ، سپما ، صرفه جویی .

thriftily, adv. په سپما سره.

thriftless, adj. بدخرڅي، لګاوړ

thrifty, adj. سپمونکی، اقتصادي

thrill, v.t.i.n. پارول، ټکان ورکول، احساسات راپارول: رېږدول: ربېدل: پارونه، لړزه، څپه.

thriller, n. پارونکی، احساسات پارونکی، ټکان ورکوونکی، رېږدوونکی، چ اړوونکی.

thrive, v.i. بډای کېدل، ښېرازه کېدل: بریالی کېدل، برمخ تلل: غوړېدل: وده کول، شین کېدل.

throat, n. ستونی، مری، غاړه

throaty, adj. دستوني، حلقي، دلوی ستوني خاوند.

throb.v.i.n. درېبدل، درزېدل (د زړه اوز ګوتو): درېبدنه، درزهار.

throe, n. سخت درد، د نزع حالت، زکندن (ځنکدن).

thrombosis, n. د وینو ځو ټه کېدل (درګونو بوږول ناروغي).

throne,n. تخت، ګدی، پلاز: واکمني: پاچاه، واکمن.

throng, n.v.t.i. ګڼه ګوڼه: زیاتوالی: راټولېدل، ډېرېدل.

throttle, n.v.t. مری: د تېلو د کنټرول دریچه: خپه کول، تر پښو ل، صابندول: بندول، تېل (لکه د اوبو یا تېلو)

through, prep.adv.adj. دمنځ څخه، په منځ کې: په ترڅ کې: په واسطه، په: له یوه سره تر بل سره، سرتر پایه، ټول: خلاص، آزاد: ختم، پای: پر له پسې (تګ، جریان)

throughout, prep. adv. ټول، هره خوا، له هري خوا، په ټول وخت کې، تل ترتله: سرتر پایه، په هره برخه کې.

throve, د (thrive) ماضي

throw, v.t.n. غورځول، اچول، توغول، تلول: شړل، ایری کول: حرکت ورکول نښېتل: پایلل: غورځونه، اچونه: سرپرګی، زړوکی، د غاړې دسمال: واټن، فاصله (داندازت).

thrum, v.t.i. ترنګول (لکه درباب)، وهل.

thrush, n. یو ډول مرغی

thrust. v.t.i.n. پوري وهل، ټېل وهل، منډول: ټېله، پوري وهنه، منډونه: برید: فشار..

thud, n.v.t.i. ډپ، ګوزار، درز: دربول، درزېدل.

thug, n. جنایتکار، خوني

thumb, n.v.t. غټه ګوته، بټه ګوته: په بټه ګوته اړول یالمس کول.

thumbscrew, n. پېچ: سکنجه

thumbtack, n. ګل میخ

thump, n.v.t.i. ډب، دډب، ټپ، درز: دربول، ټپ ایستل، ډبول.

thunder, n.v.i. تالنده، تندا: پېچ، غندنه، ترټنه: غوړېدل، غرهار کول

thunderous, adj. غوړېدونکی، وېروونکی.

thunderstorm, n. جم جکړ، تالنده او برېښنا.

thunderbolt, n. برېښنا، پڼکه، تندر، ټکه.
thunderclap, n. تالنده، رعد
thundercloud, n. توره اوربځ، توره اوره.
thunderhead, n. توره اوربځ (چه برېښنا او تالنده ورسره وي).
thundershower, n. باران چه تالنده او برېښنا ورسره ملګري وي.
thunderstruck, adj. تندر وهلی، ټکني وهلی، هک پک، اریان.
Thursday, n. پنجشنبه
thus, adv. داسی، نو، پهدې ډول، لکه چه، څنګه نو.
thwack, n. ډب، ضرب، ټپ، ګوزار:
thwart, adj. n.v.t. په پساره ایښودل شوی، له یوې څنډې تر بلې څنډې، مایل، عرضي: په بېړۍ کې، د ماڼوګانو د کښېناستلو تخته: شنډول، باطلول، لاره بندول
athwart, adv. په پساره، په عرض
thy, pron. ستا.
thyme, n. سعتر، یو بوټی چه خوشبویه پاڼې یې په خوړو کې استعمالیږي.
thymus, n. د تیموس غړی.
thyroid, adj. n. د تایراید په غړي پوري مربوط: د تایراید غړی.
thyself, pron. ته پخپله.
tiara, n. درې کوریجی خول (چه لرغونو پاچهانو پرسر کاوه او اوس یې د روم پاپ پرسر کوي). دلونګی هډ و کی.

tic, n. رېږد (لکه د بدن د عضلو او پاڼو)، رپ.
tick, n. منګوړی، وراسکه، کنکه، کوای.
cattle tick کنکه، منګوړی، وراسکه
tick, n. پوښ، ابره، غلاف (لکه د بالښت یا نیالی).
tick, n.v.i.t ټک ټک (لکه د ساعت): اشه، اشاره (لکه د تصحیح): ټک ټک کول: نښه کول. په ټک ټک شمېرل
tick, n. (اصطلاح) پور، کریډټ، د اعتبار پور.
ticker, n. ټک ټک کوونکی، د ټیلګراف آله چه خبرونه چاپوي.
ticket, n.v.t. ټکټ، ټکس: اجازت پاڼه، په انتخاباتو کې د یوه سیاسي ګوند د کاندیدانو لست: ټکټ ورکول: په لست کې ایول.
ticking, بوټه ول ټوکر (لکه څڼتا یا کامسکوټ).
tickle, v.i.t.n. غښېدل، غښول، غښول: نازول، خوشالول: غښونه، غښېدنه.
ticklish, adj. غښېدونکی، نازک خیالی: سخت، ګران، لړی.
tidal wave, n. توپاني څپه (چه کله کله تر زلزلې وروسته په بحر کې پېدا کېږي).
tidbit, n. غوره، خوږه، خوږه، ګپ شپ، خوږه مړی.
tide, n.v.t.i. څپه، مد او جزر: رسول، بری موندل.

ebb tide جزر: د زماني ښکته کېدل، د زماني لوړې ژورې
tidal, adj. څپه ييز.
tidewater, n. څپه، د څپې اوبه (چه د سيند غاړې ته راځي)، ~~د سمندر غاړه~~
tidewater, adj. د څپې
tidings, n. خبر، زيري، پيغام.
tidy, adj. سوتره، سپېڅلی: لوی، ښايسته، ډېر.
v.t.i. پاک کول، سوتره کول، سمبالول.
tidiness, n. سوترهوالی، سپېڅلتوب.
tie, v.t.n. تړل، غوټه کول، گنډه کول: ټينګول: مساوي کېدل (په لوبه کې): مزی، بند، رسۍ، غړونده: نيکټايي: برابري: اړيکي: پټه (لکه هغه تختې چه د اورگاډي پټلۍ پورې نښلوي).
tier, n. لړ، ليکه، کتار: پوړ، پټ
tie-up, n. ډب، تم کېدنه، درېدنه، اعتصاب: اړيکه (رابطه).
tiff, n.v.i. دخولې جنګ، خپگان، بد خويي: خبرې اړول، خپه کېدل.
tiffin, n. ناري، د غرمې ډوډۍ، څښکه
tiger, n. پړانګ.
tigerish, adj. پړانګ وزمه.
tigress, n. پړانګه.
tight, adj. adv. کلک، تړلی، ټينګ، محکم، شخ: تنګ، تنګسه: اړوالی: کنجوس: په کلکه توګه.
tightly, adv. په کلکه.
tightness, n. کلکوالی
tighten, v.t.i. کلکول، تړل، ټينګول.
tghtfisted, adj. کنجوس، شوم، سخت، ممسك.
tightrope, n. شخه رسۍ، کش شوې رسۍ پاڼې.
tights, n. چسپې جامې، سلتراج: هغه چسپې جامې چه اتشا کوونکي يې اغوندي
tile, n.v.t. کاشي خښتې، پخې خښتې: کاشي کول.
tiling, n. کاشي کاري.
till, conj. تر، ترهغه وخته، تر څو
till, v.t.i. شوديار کول، يوې کول، اړول، وهل (ځمکه)، ابادول، کرل.
till, n. د پيسو صندوقچه (په دکانونو کې).
tillage, n. کروند، کر، کرنه، کرکېله.
tiller, n. اړم (څنګ رونې) چه بېړۍ پاندې گرځوي.
tilt, v.t.i.n. کږول: کږېدل: په نېزه جنګ کول: سانګې، د نېزو لوبه: برچه په برچه کېدنه: کوږوالی.
tilth, n. کروند، ودانه ځمکه: کرنه.
timber, n.v.t. الوار، چارتراش، وښه، بش: دودالي او ترکاڼي لرګي: د ونو ځنګل: په لرګو پوښل.
timbered, adj. د لرګو جوړ شوی.
timbering, n. د لرګو څخه جوړونه: لرګي.
timberland, n. د لرګو ځنګل.
timber line, په غرو او سړو سيمو کې هغه خط چه تر هغه هاخوا ته ونې نه شي کېږي
timber wolf. د شمالي امريکا يو ډول غټ لېوه.

timbre, n. طنین ، سور ، تال ، رنگ

timbrel, n چمبه ، دریه (دایره) ، داربال ، تمبل .

time,n..adj. وخت ، دوران ، ایتې : ټیك وخت ، ټاکلی وخت ، پیډو ، موده ، موقع : دم ، وار ، محل ، گړی ، ساعت ، شیبه ، څوته : مهال : دموسیقی شیبه : پروخت ، پرټاکلی وخت .

v.t وخت ټاکل ، ایتې ایښودل : پرسور برابرول : وخت اندازه کول .

timekeeper, n. وخت ساتونکی

timeless, adj. تل ، همیش : بې وخته

timelessly, adv. تل ، تل تر تله : بې وخته

timely, adv. پروخت ، پرځای

timer, n. وخت ښود .

timeworn, adj. موښلی ، سولېدلی ، زوړ

time-honoured, adj. دروند ، دلمانځنی وړ : هغه شی یا سړی چه دعمر دتېرو خدمتو له کبله لمانځل کېږی .

timepiece, n. ساعت (دمیز یا لاس)

timetable, n. مهال وېش ، تقسیم اوقات

timid, adj. شرمندوکی ، وېرېدونکی ، ډارن .

timidity, n. ډار ، وېره : شرم ، حیا

timidly, adv په وېره ، په حیا ، په شرم

timorous. adj, بې زړه : شرمېدونکی

timothy, n. ډیله (یو ډول واښه دی)

timpani, n. نغاره ، ډمامه ، دوکړی

timpanist, n. نغاره چی ، ډم

tin, n.v:t, ټیم ، دبلی ، کوټی (قطی) : حلبی ، قلعی : په قلعی پوښل : په کوټی کی بندول .

tinct, n.v.t. رنگ ، کمرنگی ، کم خوندی : رنگول ، لږ رنگ ورکول .

tincture, n.v.t ټینچر (یو ډول کیمیاوی محلول چه پرزخم وهل کېږی) : لوکی ، لخښه ، یوه خاشه : لږ رنگ ورکول ، خوند ورکول

tinder, n. پېلوزی ، تېری ، لکوولی ، شولتی ، خپو ، خو .

tinderbox, n. دپکری (پنځ پکر) ساتلو قطی .

tine, n. تېره څوکه .

tin foil زر پرخ (زر ورق) ، ترامه

tinge, v.t.n. لږ رنگ اوخوند ورکول : لږ تغییر ورکول ، لږ څه ادول ، رنگ اخیستل : رنگ اخیستنه ، لپه ، خابی ، اثر .

tingle, v.i.n. سوی حس کول ، مېږی مېږی کېدل ، بوگنېدل ، تریدل : سوی ، بوگنېدنه .

tinker, n.v.i. ټټار ، کوشیرگر ، مسگر : بې مهارته رغوونکی ، ناپقا پله جوړوونکی : بې ځایه هڅه کول ، چټی په کار پوری نښلېدل .

tinkle, v.i.t. ټینگېدل ، شرنگېدل ، ژرنگېدل : ټنگول ، ژرنگول .

tinny, adj. ټیمی ، قلعیز ، قلعی لرونکی ، ټیمی خوند لرونکی .

tin plate, یو فلز چه په قلعی پوښل شوی وی

tinsel, n. یو ډول ټوکر (لکه بنارسی) : چرمه ، لیس .

tinsmith, n. حلبی ساز ، ټیمگر ، ترامه گر

tint, n.v.t. پیك رنگ ، تت رنگ ، تت سیوری : تت رنگ ورکول ، کم رنگ ورکول .

tintinnabulation, n. شرنګى، شرنګهار، ترنګهار.

tintype, n. داوسپنې پر تخته باندې یو ډول عکس

tinware, n. حلبي لوښي.

tiny, adj. ډېر کوچنی، وړوکی، موټانی

tip, v.t.i. اسکورول، سرچپه کول: کږول، ربنده کول

tip, n.v.t. څوکه، پای، سر: ورسرك، خولۍ: څوکه ور کول.

tip, v.t.n اشاره ور کول، لمسه ور کول، خبر ور کول: بخشش ور کول (لکه په رستوران کی): اشاره، ټپ، پټ خبر.

tippet, n دښځو دستمال، داوږو رومال

tipple. v.t.n. زیات شراب څښل: شراب

tipster, n. څاری، مخبر.

tipsy, adj. مست، نشه ګرندی.

tiptoe, n.v.i. دپښو څوکې، دپښو دګوتو سر، دپښو اوږ: دپښو پر څوکو تلل، دګوتو پر سرو تلل.

tiptop, n. adj. ترټولو لوړ، څوکه اعلی: ډېر لوړ، دډېر لوړ مقام او صفت خاوند.

tirade, n. اوږده له غصې او کرکې ډکه وینا.

tire, v.t.i. ستړی کول: ستړی کېدل: زړه وهل، بې حوصلې کول، تنګول، بې حوصلې کېدل، په تنګ کېدل.

tire, n. لباس، پوښاک، کالی

tire, n. ټایر، اربه.

tired, adj. ستړی، ستوماڼه.

tireless, adj. نه ستړی کېدونکی: بې ټېره.

tirelessly, adv. په نه ستړي کېدونکي توګه.

tirelessness, n. نا ستوماني.

tiresome, adj. ستوماڼونکی، زړه وهونکی، مزاحم.

tiresomely, adv. په ستوماڼونکي توګه.

tiresomeness, n. ستوماڼونه، مزاحمت

tissue, n. نسج، نری ټوکه.

tissue paper, n. نری کاغذ، نازک کاغذ.

tit, n. یو ډول کوچنی مرغی.

titan, n. غټ، غښتلی، پرمالو، دیو.

titanic, adj. ډېر غټ، غښتلی، د دیو په شان.

titbit, n. خوږه مړۍ: خوندوره خبره.

tithe, adj. لسم، عشر: مالیه.

titillate, v.t. تخول، تخنول، ساعت تېری کول.

titillation, n. ساعت تېری، تخونه

titivate, v.t.i. ځان ښوی کول، ځان جوړول: سینګارول.

title, n. سرلیک، عنوان: ور نوم لقب (لکه د ملکیت)، وړ والی (استحقاق، لیاقت).

titled, adj. دلقب څښتن (په تېره بیا داشرافیت).

title page, n. سرلیک پاڼه، دعنوان صفحه.

titmouse, n. یو ډول وړوکی مرغی چه خزنده خوری (ګنجره).

titter, v.i.n. پټ خندل، په ټیټه خوله خندل: پټه خندا، په ټیټه خوله خندا.

tittle, n. ټکی : ټوټه ، ذره .

tittle-tattle, n. ټوکی ، اپلاکی ، اپلتی ، ټکالی ، اوتی بوتی .

titular, adj. : د لقب : تش په نامه : افتخاري .

to, prep. ته (لکه کور ته) : پر (لکه پر ځوړه پاندې کوچنی موټر) تر : د ... سره (لکه د موسیقۍ سره سندرې ویل) : د پاره (لکه د مرستې د پاره) : ته (لکه پنځو بجو ته لس دقیقې پاتې) : په مقابل کې (لکه دوه د څلورو) : تر کومه : سره سم : په باب .

to, n. adv. د مصدر علامه : مقصد ، عمل ، نتیجه ، حالت ، علت او نور افاده کوي : قصد ، امکان ، خاصیت او نور : دې خوا هاخوا ، مخکښې وروسته : مخکې : ته ، پر (لکه پر سد کېدل) .

toad, n. غټه چونګښه ، خوټکاڼی ، ځیندواخ ..

toadstool, n. لیونی ځېنګری ، لیونی خرېړی ، مندوستوري ، د شیطان کوپلی ، یو ډول بوټکی چه د مځکې پر مخ شنه کېږی او نه خوړل کېږی .

toady, v.t. خوږه مال ، چاپلوس ، متازو خوشامندګر : خوږه مالی کول ، چېګکی چېګکی ویل .

oast, v.t.n. الوی کول ، وریتول خرسته کول ، کرېندی کول ، الوېدل : تودول : ګوښت ، برشته ډوډۍ ، کرېنده ډوډۍ ، وریته ډوډۍ .

toast, n.v.t. د چا په سلامتۍ د جام د پورته کولو عمل : د چا په سلامتۍ پرځ : د چا په سلامتۍ جام پورته کول .

toaster, n. یوه برقی آله چه ډوډۍ پکښې برشته کوی (وریتوی) .

toastmaster, n. میلمه پال ، د مېز مشر (هغه څوک چه په میلمستیا کې د چا په سلامتۍ جام پورته کوی او وینا کوونکی معرفی کوی) .

tobacco, n. تمباکو ، تماکو : دخانیات ، د تمباکو غوندې چوړشوی شیان .

tobacconist, n. تمباکو او د تمباکو غوندې د چوړشوو شیانو پلوروونکی .

toboggan, n.v.i. ښوېندۀ تخته ، هغه دړه چه پر واوره پاندې پرښوېږی : پرښوېندۀ تخته ښوېېدل .

tocsin, n. د خطر اعلان ، د خطر زنګ ، د خطر اشاره .

today, adv. n. نن ، نن ورځ : نن ، نن سبا .

toddle, v.i.n. پای پای کول ، پاپلی کول ، پالی پالی کول : پا پی پای تګ (لکه د ماشوم) ، پالي ، پیالی .

toddler, n. هغه کوچنی چه نوی یې تګ زده کړی وی .

toddy, n. د الکولو او تودو اوبو خوږ مخلوط .

to-do, n. شورماشور ، الهګوله ، زوږ

toe, n.v.t. د پښې ګوته ، څوکه (د پښې ، جرابې ، بوټ) : پنجه : د پښې څوکه ور رسول ، په څوکه وهل .

toffee, toffy, n. یو ډول چاکلېټ

tog, n. اغوستل.

toga, n. څادر (پټو) د لرغونی روم اوېدو لودو پټو (جو پټه.)

together, adv. سره يو ځای ، په ګډه : په يوه وخت ، يو ځای : يو تر بله ، يو د بل سره .

toggery, n. کالی ، جامې ، پوښاک.

togs, n. کالی ، جامې، پوښاک .

toil, v.i.n. کار کول ، زيار ايستل ، خواری کښل : سخت کول : زيار ، خواری ، ستوماني .

toiler, n. خواری کښ، زيار کښ

toilsome, adj. دخواری ، سخت ، ستړی کوونکی .

toilworn, adj. خواری وهلی، ستړی خواری ځپلی .

toilet, n. سینګار : لباس(د سینګار) : چپ چوبی ، لمباځی(تشناب) .

toiletry, n. د سینګار شیان .

toilette, n. سنګار ، ډول ، پسولونه جوړونه (د حمام عطر باتو او نورو په ګډون) .

token, n. نخښه ، لښه ، سمبول : د سوغات شیان : نرغی سکه : فلزی ټکټ (د ریل یا بس د پاره) .

told, د (tell) ماضی او دريم حالت

tolerable, adj. دزغملو وړ:ښه، د ګذارې

tolerably, adv. په زغمل کیدونکی توګه .

tolerance, n. زغم ، اغماض ، پراخه سینه ، سړه سینه .

tolerant, adj. زغمونکی .

tolerantly, adv. په پراخه سینه

tolerate, v.t. زغمل ، ګالل ، وړل : ګذاره کول .

toleration, n. زغم ،حوصله ، ګالنه

toll, n. باج ،مزدوری ، خرڅیګری ، اجوره ، باړه ،حق العبور .

tollgate, n. دحق العبور دروازه .

toll, v.t.n. وروو وو زنګ وهل ، ټلی وهل : خبرول(دېرغ په واسطه) ټنګېدل، کې ټنګېدل : کې ټنګهار ، شرنګ (په موزون ډول) .

tomahawk, n. تبرګی ، يو ډول تبرګی چه د امریکا سور پوستی یې دوسلې په حيث استعمالوی .

tomato, n. رومی بانجن ،سور باتجان سور باټینګڼ .

tomb, n. قبر ، مړستون ، ګور، زيارت

tomboy, n. نرګټه (نجلی چه د هلکانو پېښې کوی) .

tombstone, n. شنشته، خاره ، د قبر ډبره

tomcat, n. پیشی ، پشه، پیشک .

tome, n. کتاب ،لوی کتاب.

tomfoolery, n. احمقانه کار، چټی کار، بېځایه توب .

tomorrow, adv. n. سبا: سبا، ګانده : راتلونکی وخت .

tomtit, n. (titmouse) ته مراجعه وکړی .

tom—tom, n. ډول ، طبله ، ډمامه : آهنګ

ton, n. ټن، د تول اندازه (۱۰۰۰) کیلوګرامه .

tone, n. غاړه ، لحن ، ږغ : لهجه (دويلو او ليکلو خاصه لار) ، ږغون : بڼه ، کېږه ويږه ، جوله ، رنګ : سيوري ، درنګونو ګډون (په رسامي کې) .

v.t.i. رنګ ور کول ، لهجه ور کول ، ږول ور کول .

tonal, adj. غاړه ييز ، دږغ .

tong, n. يو چيني بتيه ډله .

tongs, n. نوسي ، انبور .

tongue, n. ژبه ، دغوښې ټوټه : ويينا ، ژبه (لکه پښتو) ، ژبې : دويينا سبك .

tongueless, adj. بې ژبې ، ګونګې .

tongue-tied, adj. ژب تړلى ، ګونګى ، خوله تړلى .

tonic, adj. غاړه ييز ، لهجه يي : مقوي ، سپك وركوونکى : د تال ، دسور : سپك وركوونکى دارو .

tonight, adv. n. نن شپې ته ، په نن شپه : نن شپه ، نننۍ شپه .

tonnage, n. ګمرکي باج چه دټن په حساب پرې ايښودل کېږي : ځايښت ، ظرفيت (دټن په اساس) : ټول بار (دټن په اساس) چه بېړۍ يې وړلای شي .

tonneau, n. دګېډۍ موټر وروستنى دننه برخه چه سواره پکښې کښېني .

tonsil, n. بغوټ ، بغوټۍ ، دستونى غړی ، تانسل .

tonsillectomy, n دبغوټۍ جراحي ، دتانسل جراحي .

tonsillitis, n. دستونى دبغوټو پاړسوب ، دستونى پاړسوب .

tonsure, n. دسردکوبېړۍ دوپيټانو خرېينه : دکاتوليك دپا در يانو دسردکوبېړۍ خرېيل شوې برخه .

too, adv. هم ، همداسې : ډېر ، خورا ډېر ، بې کچه ، دومره ډېر چه دپښېمانۍ وړ وي .

took, v. د (take) ماضي ، واخيست .

tool, n. سامان ، اوزار (افزار) ، اسباب : آله ، دلاس آله ، ګوډاګى .

v.t دآلې په واسطه جوړول يا انځورکول .

toot, v.t.i ټوټوکول (لکه په شپېلۍ) ، له بيګر يا شپېلۍ څخه ږغ ايستل ، شپېلۍ کول ، تي تيت کول .

n. توتو ، تي تيت (دهارن ږغ)

tooth, n. غاښ : غاښې (لکه دارې) : اشتها .

toothed, adj. غاښور ، غاښ لرونکى .

toothless, adj. بې غاښو ، کنډاس .

toothache, n. دغاښ درد .

tooth—brush, n. دغاښ برس (برش)

toothpick, n. غاښ ټومبوني ، غاښ خلې ، غاښ ډکې .

toothsome, adj.. خوندور ، مزه ناك ، خوږ .

top, n. سر ، څوکه : پاس : لوا ړ ګې : لوړ ، اوچت ، هسك : دنکانچه (دبېړۍ دبادوان) .

adj. لوړ ، سر ، مشر ، مخکې .

v.t. سرڅوڅول، څوکه پرې کول: پرسرايښودل (تاج، خولۍ)، سرته رسېدل: مخکې کېدل، تېرېدل، پرې موښتل.

top, n. څرخېدونکی، چورلندی، لاټو.

topaz, n. زېړ (ژړ) ياقوت.

topcoat, n. بالاپوښ، پراخوستنی، پسرلنی بالاپوښ

tope, n. ډېر څښاك (د شرابو).

toper, n. نشه يي (د شرابو)، شرابي، عملي

topflight, adj. سرايستلی، اوچت، لوړ

top-heavy, adj. دروند سری، داسې شی چه لوړه برخه يې تر لاندنۍ برخې درنه وي: ډېر عملي.

topic, n. موضوع، عنوان، دخبرې سر.

topical, adj. په موضوع پورې مربوط، په ورځنيو جرياناتو پورې تړلی: سيمه ييز، موضعي.

topknot, n. جوټه، څوړی، سرزوندی.

topmast, n. دوهم بادوان، د بادوان دوهمه برخه چه تر دکانچې پورته وي.

topmost, adj. ډېر لوړ، ډېر اوچت، سرايستلی.

top-notch, adj. اوچت، اعلی.

topography, n. نقشه کښې، ټوپوگرافي.

topographer, n. نقشه کښونکی.

topographic, adj. د نقشه کښې.

topographical, adj. د نقشه کښې

topping, n. سر، اوچت، اعلی، څوکه

topple, v.i. غورځول، ارتول، اړول، نسکورول: لوېدل، اوښتل، غورځېدل، چپه کېدل، نسکورېدل.

tops, n. اوچت، لوړ، سر.

topsail, n. د بادوان دوهمه برخه.

topsoil, n. د مځکې د سر خاوره.

topsy-turvy, adj. نسکور، سرچپه، بې مخې: گډوډ.

toque, n. گردې خولۍ (د ښځو).

torch, n. مشعل، څوناټې، لېټ: د لاس څراغ، لاس ډيوه.

torchbearer. n. رڼا وړونکی، مشعل وړونکی.

torchlight, n. د مشعل رڼا، د بجلۍ رڼا

tore, v.t. د (tear) ماضي

toreador, n. اسپانوی اتل چه د غوايي سره مقابله کوي.

torment, n. عذاب ور کول، کړول، ځورول: تنګول، زبېښول، ترټول.

n. عذاب، ربړ، ستونزه.

tormentor, n. عذاب ورکوونکی، ځوروونکی.

torn, adj. د (tear) دريم حالت

tornado, n. سخته بوړبوړکی، توفاني دوړ دوړکه، بوړبوکی.

torpedo, n. ټارپيډو، ډوب ماکو، شتۍ.

v.t. د ټارپيډو په واسطه يرغل کول

torpid, adj. مړاوی، غړند، لټ، مړ ځپی، مړ ځپڅی، مړ ژواندی، يخ.

torpidity, n. مړاوی توب.

torpor, n. مړاوی توب، يخ مغزی.

torque, n. څرخوونکې قوه، تاوونکې قوه، چورلوونکې قوه.

torrent, n. سېل، نېز.

torrential, adj. سېل وزمه، بهاند.

torrid, adj. ټکنده، تود، ډېر تود، سوځوونکی، تود او وچ.

torsion, n. غښتنه، تاوېدنه، مروړنه

torso, n. تنه، کالبوت (بې لاس او پښو)

tort, n. تاوان، زیان، هغه کار چه په حقوقو کی تاوان ایجابوی.

tortilla, n. دجوارو یو ډول کېك چه جنوبی امریکایان یې استعمالوی، سوړ سك (سوکړك)، پیاڅه.

tortoise, n. کېشپ، شمشتی.

tortuous, adj. کوږ ووږ، کږ لېچن.

torture, n. عذاب، کړونه، شکنجه، تزنونه: ازار.

v.t. شکنجه کول، کړول، (اصط) چپه مېچنی په گرځول، زموول، ځپل: کږوول، اړوول (لکه خبره).

torturer, n. عذاب ورکوونکی، ربړوونکی.

Tory, n. دبرتانیې دمحافظه کار گوند پخوانی نوم: دامریکا په انقلاب کې دبرتانیې دسلطې پرخوا.

Tory, adj. دمحافظه کار گوند غړی

toss, v.t. غورځول، اچول، ارتول (لکه پنډوسکه)،

v.i. غورځېدل، راغورځېدل (لکه بېړۍ دڅپو پرسر): ناارامه کېدل، ټکان خوړل.

n. اچونه، ارتونه: پچه (قرعه)، وچه انده.

tot, n. کوچنی، ماشوم، وړوکی: گوټ، غوړپ (دشرابو).

tot, v.t. راټولول، جمع کول، ټول ټال کول.

total, adj. n. v.t. ټول، ټول ټال: بشپړ: بېخی: ټول، غونډ، جمله، مجموع: ټولول، غونډول، جمع کول.

totalitarian, adj. ټولواك، ټوټالیټاری (هغه سیاسی گوند چه دهېواد ټولی واکی په خپل لاس کی نیسی او نور گوندونه لهمنځه وړی لکه فاشیستی گوند).

totalitarian, n. دټولواکی پرخوا، ټوټالیټار.

totality, n. ټول، مجموع.

totalizator, totalisator, n. یو ډول حسابی ماشین چه دآسونو په ځغاستی کی د تړلی شرط اندازه ښئی.

tote, v.t. رسول، وړل.

totem, n. هغه ژوی یا بوټی چه ارغونو قبیلو په خپل نسب پوری تاړه.

totem pole, جنډه یا نښان چه دپخوانیو قبیلو دربالنوع په کښی ترسیم شوی و.

totemism, n. دتوتم عقیده، توتمیزم

totter, v.i. لړزېدل: زنگېدل (لکه په تنگه کی)، شواړ بواړ تلل، کاږی واږی تلل: رپېدل: په ټالی ټالی تلل.

toucan, n. یو ډول امریکایی مرغۍ چه اوږده مښوکه لری او مېوې خوری.

touch, v.t.i. لمس کول، لګول؛ وروړل (لکه لاس یا ګوته څه شي ته)؛ ټپل وهل؛ خوړل، څښل؛ وهل؛ نښلول، رسېدل؛ یوځای کېدل؛ ګډوډول؛ اغېزه کول؛ اشاره کول؛ سول؛ دړول، دړېدل؛ ګرول (لکه ورو کې ټپ)

n. ټپ، سپک ګوزار؛ پلورنه، لمس، حس؛ نښه (نښه)، ګرېږه، ټوټه، مزه؛ نږدې خپلوان؛ خوا خوږي؛ ترنګونه (په موسیقۍ کې).

touchdown, n. ګول (په امریکایي فټبال کې).

touching, adj. اغېزه ناك، احساس پاروونکی.

touchstone, n. ازمېښت کاڼی، محك، معیار، مېچانه.

touchy, adj. تونده خویه، مرچکی، لنډ پاری، نازك، حساس.

tough, adj. پلېوزمه (لکه ډېر): کلك، سخت (لکه غوښه)؛ مقه کور، وچ؛ څېلی (ځلی)، سرټمبه؛ ګران، سخت (لکه کار).

toughness, n. کلکوالی؛ کلکرتوب

toughen, v.t.i. کلکول؛ کلکېدل.

tour, v.t. ګرځښت، سیاحت، ګرځېدل. سیاحت کول، دوره کول.

tourist, n ګرځندوی، سېلانی، سیاح

tourmaline, n. کهربا، کربه، بوړول کاڼی غمی.

tournament, n. ټورنمنټ، د سیالنګی وهلو لوبه (په ارغوني وخت کې) لوبه، دلو بو سیالقه.

tourney, n. (tournament) وګورئ

tourniquet, n. (بڼی بندری، باندازي چه د وینې د بندولو د پاره کارځنی اخیستل کېږي).

tousle, v.t. جېړول، ګډوډ کول (لکه وېښتان).

tout, vt.i. دلالي کول، اخیستونکي (د اېروونکي) پیدا کول، د آس ځغلولو په لوبه کې شرط تړونکو ته د آس په باره کې معلومات ورکول.

tow. کشول، راکښل (په تېره بیا په اوبو کې د رسی په واسطه).

toward, prep خوا ته، لوري ته، پلو ته، په باره کې، باب کې؛ خواوشا ته (لکه د ماز یګر)، په مهال کې؛ ته، د پاره.

towards, prep toward ته مراجعه وکړی

towel, n. ټوال، ځان وچوني، دسمال، تولیه، لوښي وچوني.

toweling, towelling. د تولیې ټوکر، د ټوال ټوکر.

tower, n. کلا، برج، ځلی، منار.

v.i. پر نورو لوړېدل، تر ټولو سرا یستل.

towery, adj. برجور، ځلیوزمه

towering, adj ډېر لوړ، ډېر هسك، تر نورو لوړ.

towhead, n. د ژېړ بخنو پستو وېښتانو لرونکی، هغه سړی چه ژېړ بخن پاسته وېښتان لري.

towheaded, adj. ژېړ سری.

town, n ښارګی، ښار ؛ بازار ، کلی (د پښتو د یوه اصطلاح) کندی، ښاریان

town meeting, د کلی جرګه .

township, n. کندی ، سیمه ، ناحیه ، ضلع ، تحصیل .

townsman, n. ښاری ؛ کلیوال .

townspeople, pl. ښاریان .

townsfolk, ښاریان ، د ښار او سیمه وال

towpath, pl. د سیند یا کانال په اوږدو کی لار .

toxemia, toxaemia, n د وینې [illegible] توب ، د وینې خرابی ، هغه ناروغی چه د وینې له سیستم څخه پیدا کیږی .

toxic, adv. زهرجن ، وښن ، زهرناک

toxicology, n زهر پېژندنه ، وښ پېژندنه .

toxicologist, n. زهر پوه ، وښ پېژندونکی .

toxin, n. ټاکسین، زهر، وښ .

toy, n. لوبتکه، د لوبو شی (د کوچنیانو د پاره).

adj. د لوبو .

trace, n. منډه ، پل ، خاپی (لکه د پښی) څرک ، نوکی ، بقرکی .

v.t. نښه کول ، کښل ، ایستل (لکه رسم یا نقشه) کاپی کول . نقلول ، منډه یول ، پل اخیستل ، پل په پل پسی تلل ، لری ته رسېدل (لکه د یوه سړی شجره) .

traceable, adj. د سپړلو وړ ، د موندلو وړ .

tracer, n. د نقشی ایستلو سامان ، لټوونکی .

trace, n. تسمه ، واګی ، هغه تسمه چه د څیرې په کاډی پوری تړلی وی .

tracery, n. انځورګری، ګلکاری (په ودانیو کی) ، منبت کاری .

trachea, n. د چه غاړه ، د چه مری .

tracheal, adj. د چی مری ، دوچی غاړی .

tracing, n. د خاپی ایښودنه ، کاپی کول ، کاپی ، کاپی شوی انځور ؛ د رګ ، د قلب او د زړه د درزیدو د ښودلو آله .

track, n. منډه ، پل ، رو ، لیکه ، نری لار ، پټه (د اورګاډی د تېلو کرښه) ؛ څرک ، دری ، پټه ؛ د مسابقی کرښه پټلی ، کیل .

v.t. منډه اخیستل ، څرک معلومول ، منډه پرېښودل ، خاپی پرېښودل .

tracker, n. د دری لګوونکی .

trackage, n. د پټو اوږدوالی ، د اورګاډی پټلی .

tract, n. رساله ، کتابګوټی (په تېره بیا مذهبی) .

tract, n. سیمه ، چکک ، څیره ، وند ، د مځکی یوه ټوټه ؛ سرشته ، جهاز (لکه د تنفس) ، لار (لکه د تنفس) .

tractable, adj. رام ، ایلېدونکی ، کیدونکی ؛ نرم ، پوست (لکه ځینې فلزات)

tractate, n. رساله، څېړنلیك، مقاله.

traction, n. کښېنه، لو تجید له (انقباض). راښکون: لیو له، د ځان کلکولو قوت، ټینګار، د کشولو قوه، محور که ضره.

tractive, adj. راکښونکی، د ټینګار

tractor, n. ټراکټور، داسې الوتکه چه انجن یې له وزر وځخه مخکې وی.

trade, n. موسمی باد چه په سمندری ډېرلو داوړلو کښې ور څخه استفاده کیږي: کسب، شغل؛ تجارت، سوداګری: دیوه کسب ډله: راکړه ورکړه، راتج وپار، معامله.

v.t.i. راکړه ورکړه کول، پېرودل او پلورل: بدلول، اېښول په کار روا ګڼل کول، په ګلکی ګډل.

trade-mark, n. تجارتی نښه، د فابریکې نښه، پلوونکې نښه، د پېژندګلوی نښه.

trader, n. تاجر، سوداګر: تجارتی بېړۍ.

tradesman, n. پلورونکی، هټیوال، کسبګر، اوستا کار.

tradespeople, n. کسبګران، اوستاکاران.

trade-union, n. د کارګرو اتحادیه، د کارګرو ډله؛ د کارګرو سنډیکا، صنفي ډله.

trades-union, n. د کارګرو اتحادیه، صنفي اتحادیه.

trades-unionism, n. د کارګرو د اتحادیې پلوی توب.

trade-unionist, n. د کارګرو د اتحادیې طرفدار.

trade wind, n. تجارتی باد چه د استوا په شمال کې د شمال ختیځ له خوا د جنوب لوېدیځ خواته الوزی او د استوا په جنوب کې د جنوب ختیځ له خوا د شمال ختیځ خواته چلیږی

tradition, n دود، روایت، عنعنه، رسم ورواج، دود دستور.

traditional, adj روایتی، عنعنوی.

traditionally, adv. په روایتی توګه، په عنعنوی ډول.

traditionary, adj روایتی، پر دود دستور ولاړ.

traduce, v.t. تورلګول، تورتړل، دروغ تړل، شرمول، بدنامول

traffic, n. ټرافیك، چلند (د مال یا سپرلی)، ورله راوړه: راکړه ورکړه، راتج وپار: ټکټراټک

v.i. وړل راوړل: راکړه ورکړه کول، معامله کول، سوداګری کول.

trafficker, n. سوداګر

tragedian, n. د تراژیدی (و یر جنې کیسې) لیکوال یا لوبغاړی.

tragedienne, n. د ویرجنې کیسې یا ډرامې لوبغاړې (ښځه).

tragedy, n. ویرجنه کیسه، و یر جنه ډرامه، ویرجنه پېښه، تراژیدی

tragic, adj ویرجن، ویرژلی.

tragical, ویرجن، خواشینوونکی، ویرلړلی.

tragically, adv. په ویرجن ډول

trail, v.t.i. : راکښل، څکول، کشول: په پسې کېدل (تعقیبول)، بېرته پاتې کېدل: څرېدل: ښویېدل، ښخېدل، ختل: غــزېدل

n. لیکه، لکۍ (لکه د لوېدونکو ستورو)، نښه خاپې، منډه (لکه د ځینو ژوو د تېرېدو): توس، بوی (لکه د سپي) ښکنند، غزند

trailer, n. (لکه پروته چه پر ونه خېژي): ټرېلر (ټېلــر) ګرځنده کور، ډېره، کراچۍ، هغه کوریا واګون چه د موټر په واسطه کش کېږي.

train, n. اورګاډی (ریل)، شا تنۍ لمن چه په ښځو پسې ښکېږي: بدرګه، بدرګه چي، ورا، جنج: لړۍ، ځنځیر.

trainload, n. د اور ګاډي بار.

trainman, n. د اورګاډي کارګر.

train, v.t.i. : روزل (تربیه کول)، پالل ایلول: ښودل، ورزده کول: جوړول، چمتو کول، تیارول: نښه کول، شیشېول: روزل کېدل: ایلېدل.

trainer. روزونکی، پالندوی، ښوونکی، مربي.

training, n. روزنه، زده کړه، ښوونه.

adj. د روزنې، د زده کړې، د ښوونې (تربیتي).

trait, n. ځانګړې نخښه، مشخص صفت، خاصیت.

traitor, n. درغل (خاین).

traitorous, adj. د درغلۍ، د خیانت، خاین.

traitress, n.fem. درغلــه (خاینه).

trajectory, n. : تګ کرښه، ویشتن لیکه، دار، د توغول شوو شیانو د یون کرښه.

tram, n. ټرام، د کوځې ګاډی، یو ډول اور ګاډی.

tramcar. ټرام ګاډی.

tramway, د ټرام لار، ټرام پټلۍ.

trammel, v.t. تړل، بېچاره کول، زولانه کول، دوربلول، پېکړۍ اچول: و لچک کول، بندول، خنډ اچول

n. تړنه، بېچارګي: ولچک: بند.

tramp, v.i.t. په درنو ګامو تلل: ګام اخیستل: تلل: د پښو لاندې کول: منډه ایښودل: چیت پیت کول، ریچي ریچي کول.

n. ایله ګرد، رویله، سرایله: پلی پردیسي، پلی سفر: پردیسي، سفر: ترپهار، ترپا، ترپ، ترپی: سرا یله ښځه، هغه ښځه چه په خاصه لار نه ځي.

trample, v.t.i. د پښو لاندې کېدل، چیت پیت کېدل، ریچي ریچي کېدل: پاخل کېدل.

v.t. د پښو لاندې کول: ځپل: پاخل.

n. دربونه، دربهار.

tramway, n ته مراجعه وکړی tram

trance, n. هك پکتوب، هېښه: بېښنائي (لکه د خوب) خوبولتیا، بې سدي.

tranquil, adj. ارام، سوکه: غلی، ولاړ، کرار.

tranquillity, tranqulty ارامي. سوکالي: غلي توب، کراري.

tranquilly, adj په ارامي، په سوکه توګه: په کرارۍ.

tranquilize, tranquillize, v.t.i. ارامول ، سوکه کول ؛ غلی کول ، کرارول ، خواږولی کول .

trans- .pref (مختاړی) پورې خوا ، اخوا ، په بله خوا ، په پورې خوا ، پورې غاړه .

transact, v.t. چلول ، کول ، په مخ بیول ، ترسره کول ، وانج و پار کول .

transaction, n. چلونه ، کړنه ، په مخ بیونه ، ترسره کول : وانج و پار : راکړه ورکړه (په تجارت کې) ، سوداګري : پېښه لیک ، د و پېښو ، د غونډې د چارو یادونو لنډیز .

trnsatlantic, adj. د اتلانتیک له اخوا ، د اتلس له پورې غاړې .

transcend, v.t.i. تر ټاکلې اندازې تېری کول ؛ بریالی کول ، وړاندې کول ؛ بریالی کېدل ، وړ کېدل ، وړاندې کېدل ، مخکښی کېدل .

transcendent, adj. له معمولي اندازې زیات ، فوق العاده ، بې کچه ، بې ساری .

transcendental, adj. له معمولي اندازې زیات : خارق العاده : بې کچه ، بې ساری ، بې اندازې ؛ له اندازې پورته ، له تجربې نه جګ

transcendentalism, n. (فلسفه) ترانسېنډنټلیزم ، د فلسفې هغه لار چه د ذهني مرکزي عقیدې له مخې حقیقت او روحانیت د انسان د تجربې نه پورته ګڼلی شي .

transcontinental, adj. له یوې لویې وچې نه تر بلې لویې وچې پورې ، د یوې وچې د یوې څنډې نه تر بلې څنډې پورې

transcribe, v.t. پوره لیکل ، نقلول ، کاپي کول ، لنډ یا د اختصار په تفصیل لیکل ؛ ثبتول (د راډیو د پاره) ، ثبت کول (د غږ) .

transcript, n. لیکنه ، نقلونه ، کاپي ، نقل ، د یو شي ریکارډ ، ټیکلی .

transcription. پوره لیکنه : نقلونه (د یادداشتونو) ؛ کاپي ، نقل : د یو شي ریکارډ (ټیکلی) .

transept, n د صلیب په ډول د کلیسا صلیبي وزمه برخه .

transfer, v.t.i. بدلول ؛ یا نی کېدل (لکه میراث) ؛ قاپه کول ؛ موقع بدلول (لکه کور یا وظیفه) .

n. بدلونه ، بدلېدنه .

transferor, بدلوونکی ، پرېښوونکی

transferee, اخیستونکی (د حق ، ملکیت ، امتیاز ، میراث) .

transferable, adj. د بدلولو وړ ، منقول .

transference, n. بدلون (له یوه ځایه بل ځای ته) ، وړنه .

transfiguration, n. د بڼې ، بدلون ، د ظاهر اوښتنه : د عیسی (ع) د رنګ اوښتنه (چه د هغې په مناسبت جشن نیول کېږي) .

transfigure, v.t. بدلول ، اړول (د بڼې) ؛ اوړول ، هسکول (لکه په ستاینه) ، سرلوړی کول .

transfix, v.t. سوری کول ، پورې وهل ؛ سوری کول : میخول ، ځای په ځای درول ، ګنډل .

transform, v.t. اړول ، گرځول (شونه، ځول)، بدلول .

transformation, n. اړونه ، بدلون .

transformer. n اړوونی ، ټرانسفارمر .

transfuse, v.t. تویول ، ډکول ، اچول (لکه له یوه لوښي بل ته) : تېرول (لکه وینه له یوه سړي څخه بل ته) .

transfusion, n. دوینې تېرونه ، وینه ورکونه .

transgress, v.t. تېری کول ، له اندازې وتل ، له بریده اوښتل : گناه کول ، قانون ماتول ، جرم کول : زیاتی کول .

transgression, n. تېری .

transgressor, n. تېری کوونکی

transient, adj. تېرېدونکی ، ځوږ ځنی ، بې پایښته ، زر تلونی ، کم عمری .

transit, n. ټرانزیت ، سفر (له یوه ځایه بل ته) ؛ وړانه، پورې اېستنه (لکه مال له یوه ځایه بل ته): دنو یو کراځ دزاویې دمعلومولو آله ، کچوونی .

transition, n. تېرېدنه: بدلون ، اوښتنه ، اړونه .

transitional, adj. د تېرېدو ، د بدلون : تېرېدونی : تلونی .

transitive, adj. دتېرېدو ، د بدلون : تېرېدونی: تلونی : (گر) متعدی فعل ، هغه فعل چه صریح مفعول غواړی .

transitive, n. تېرېدونی : (گر) متعدی .

transitively, adv دتېرېدونه تو گه: (گر) په متعدی تو گه

transitory, adj. تېرېدونی ، کم عمری . دلږ وخت ، بې پایښته

translate, v.t. ژباړل ، ترجمه کول ، تعبیرول ، معنا کول : ځای بدلول ، تبدیلول .

translation, n. ژباړه ، اړونه ، ترجمه

translator, n. ژباړونکی ، اړوونکی ، ترجمان .

translucent, adj. نت ، نیم روڼ ، خړ ، نیم شفاف (لکه غوړ کاغذ یا پړده ښیښه) .

transmigrate. v.t. لېږدېدل ، کوچېدل: تناسخ (د یوه اروا په بل کی ننوتل)

transmigration, n. تناسخ، دیوه کالبوت اروا په بل کې ننوتنه .

transmission, n. تېرېدنه (انتقال) ، رسېدنه: مخابره: رسوونی ، رادیویی خپرونه .

transmit. v.t. استول ، تېرول (انتقالول) ، لېږل: په ارث پرېښودل: خپرول (د رادیویی څپو په واسطه)

transmitter, n. لېږوونکی: (آله یا سړی)، ټرانسمېټر ، مرسله .

transmute, v.t. اړول ، گرځول ، بڼه بدلول .

trarsmutation, n. اړونه ، گرځونه ، د بڼې بدلون .

transoceanic, adj. له سمندر څخه پورې ، د سمندر د پورې غاړې ، له سمندر څخه پورې وتونکی .

transom, n. ښتري (لکه دکړکۍ) هغه دړه چه د وره په ساره میخ کیږي : کړکۍ (ددروازې دپاسه) ، باري ، درشه ، کوړك .

transpacific, adj. له اټ سمندر څخه پورې ، له بحرالکاهل څخه اخوا .

transparent, adj. روڼ، ډاډ تیرووونکی، شفاف : نری ، میین (لکه خاسه یا ململ) : څرګند ، ښکاره ، روښان : اسان (لکه خبر) .

transparency, n. روڼوالی

transparently, adv. په څرګنده ، په ډاګه توګه .

transpire, v.i. خولې کول ، خولې کېدل : وتل ، په ډاګه کېدل ، څرګندېدل (افشاء کېدل) : پېښېدل ، واقع کېدل .

transpiration, n. خولې کېدنه ، خوله ، تاو .

transplant, v.t. لېږدول ، نالول : پیوندول (په جراحي کې) : له یوه ځای څخه لېږدول او په بل ځای کې مېشتول .

transplantation, n. لېږدونه، نال

transport, v.t. وړل ، راوړل ، چلول (لکه بار) : بېخوده کول ، بېده کول (له خوښۍ یا غم څخه) : شړل ، فرارول .

n. وړنه راوړنه ، ټرانسپورټ ، چلونه : بېخودي ، بېسدي : نقلیه وسیله

transportation, n. وړنه راوړنه (ټرانسپورټېشن) .

transporter, n. چلوونکی، وړوونکی، راوړوونکی .

transpose, v.t. وروسته وړاندې کول ، رون بدلول (لکه کلمه په جمله کې): (موسیقي) لاریه (لاری) بدلول ، سور بدلول .

transposition, n. وروسته وړاندې کېدنه .

transship, v.t. له یوې بېړۍ بلې ته اچول، په بلې بېړۍ کې سپرول .

transshipment, n. د بېړۍ بدلون ، دسپرلي بدلون .

transubstantiation, n. دخاصیت بدلون ، دجوهر بدلون : هغه عقیده چه وایې په ربانی عشاء کې شراب او ډوډۍ دحضرت عیسی په غوښه او وینه بدلیږي .

transverse, adj. n. متقاطع ، پرېکوونکی .

trap, n. کړکوړۍ ، تلکه ، لومه : چل ، اره کې : یو اسپه دوه اره په پیزه ګاډۍ : یوه اله چه شیان پاس اچوي داسې چه لاندې وویشتل شي .

v.t. په لومه کې کښېستل ، په تلکه کې نیول : لومه اېښودل ، تلکه اېښودل .

trapper, n. تلك چي.

trap door, n. دروازه چه دکوټې په فولی یا چت کې جوړه شوې وي .

trapeze, n. ټال ، ډال (په اکروباتي لوبو کې) .

trapezoid, n. هغه څلور ضلعي شکل چه يوازې دوې ضلعې يې موازي وي .

trappings, n.pl. يراغ ، يراق ، داس ګاڼه .

traprock, n. کرېړ ، هغه وړې تيږې چه په سړك جوړولو کې ورڅخه کار اخيستل کېږي ، ژغل ، ږغل (جغله) .

traps, n.pl. کالي ، بنډه کې

trash, n. خزلي ، کيچه (تفاله) ، پاتې شوني : بې ارزښته ، چټي ، بېکاره .

trashy, adj. چټي ، بېکاره : کډې وډې (خبرې) .

trauma, n. پرهار ، ټپ : ذهني ټکان ، دماغي جړك .

travail, n. ستونزه ، زحمت : دلنګون درد : دزېږښت درد .

v.i. ستونزه ګالل ، درد تېرول .

[tr]avel, v.t.i. سفر کول ، ګرځېدل : ګرځنده سوداګري کول : يون کول ، لار وهل .

n. سفر ، يون ، تګ : وړاندې وړو سته خوزېدنه (دماشين) ، ګرځېده .

traveler, n. ګرځندوی ، لاروی

traveller, n. ګرځندوی ، مسافر

travelogue, n. دسفر بيان (په تېره چه مصوروي) : دسفر فلم

traverse, v.t.i. تېرېدل (دڅه شي په سر يا مېنځ کې) : ردول ، دروا غ ګڼل : څوکۍ ، پېره ، ګزمه .

n. متقاطع ، تېر يا لارې

adj. برا برا

travertine, n. هغه کاڼی چه د چينو اوبو له کونو بې (ترسب) څخه جوړېږي او په ودانيو کې هم کار ترې اخستل کېږي .

travesty, n. ناوړه تعبير (د يوې خبرې) ، پېښې ، پېرې : خندنۍ پېښې :

v.t. پېښې کول : ملندې وهل .

trawl, n. د کب نيولو لوی اوږد تور (جال) ، دام ، هغه مزی چه ډېر ځنځکې ولري .

v.t.i. په کڅوړوزمه جال کښې نيول

trawler, n. د کب نيولو ماکو : کب نيوونکی .

tray, n. پتنوس : مجمه .

treacherous, adj. ټګ ، درغل : ناباوره ، بې اعتباره ، ناويسا : غولوونکی ، تېرايستونکی .

treacherously, adv. په ټګۍ : په غولوونکي ډول .

treachery, n. ټګي ، درغلي (خيانت) ، چل ، دروه ، بې لوزي ، بې اعتباري .

treacle, n. کك ، کنډ ، ګوړوبې ، څوښا (دوشا) .

tread, v.t.i. پښه ايښودل ، ګام اخيستل : قدم وهل ، تلل : تر پښو لاندې کول ، پاخل ، ختل ، نښتېځل .

n. منډه ، پل : ښکالو ، ترپ : پاټکی ، پوړۍ ، اډيکی : تلی .

treadle, n. رکاب ، پايډل .

treadmill, n. ګاڼی ، څرخ ، هغه څرخ چه په انساني يا حيواني قوه کار کوي : خوا تودی کار ، يو رنګه ، نه بدليدونکی چاره .

treason, n. درغلي، خيانت .

treasonable, adj. درغلتوب، خيانت، غداري ، ددرغلي.

treasonous, adj. ددرغلي، درغلگري

treasure, n. خزانه، ارزښتمن، گران بيه

v.t. پاسره کول ،خوندي کول.

treasurer, n. زيرمه‌وال ،خزانه دار.

treasure-trove, n. پټه خزانه ، بې څښتنه خزانه .

treasury, n. زيرمه تون، خزانه .

treat, v.t.i. خبري اتري (مفاهمه) کول ، بحث کول: معامله کول، سلوك کول، چلند کول : ادا کول : دارو درمل کول .

n. خوښي : ميلمستيا .

treatise, n. يو هن ليك (علمي رساله)، سيستماتيکه څيړنه .

treatment, n. چال‌چلند: دارو درمل : چول، سلوك .

treaty, n. تړون، لوز نامه .

treble, adj. n. درې ستوري ،درې گون: (موسيقي) نري زيل، لوړ پوغ .

v.t.i. درې ستوري کول ، درې خوا کول .

trebly, adv. په‌درې لايه توگه .

tree, n. ونه: چړ ،مټه، تنه: شجره .

v.t. په ونه خيژول ، ونې ته پناه وړل .

treeless, adj. بې ونو، لغړ ، بربنډ، سپېره (لکه مځکه) .

tree frog, n. دونې چونگښه .

treenail, trenail, n. موېږی ، دلرگي مېخ .

tree toad, n. دونې چونگښه .

trefoil, n. شوتله ، شفتل : درې پاڼېزانځور .

trek, v.i. کډه کول ، لېږدېدل (دکراچې پهوسيله)، پړاو په پړاو تلل .

n. لېږد ، کوچ .

trellis, n. چيله ،چچه: څپری .

trelliswork, n. څپری تړنه ، چچه کاري .

tremble, v.i. رېږدېدل ، رپېدل ، لړزېدل (لکه له‌وېرې)، ترهېدل.

n. رېږد ،لړزه: ترهېدنه .

tremendous, adj. ډېر لوی: لړزوونکی، وېروونکی : زوروړ ، بېشا نـه : اريانوونکی ،عجيبه :دليدو وړ.

tremendously, adv. په اريانوونکی توگه ، په‌عجيبه ډول .

tremolo, n ترنگ، اهتزاز (موسيقي)

tremor, n. رېږد ، لړزه ، جټك ، ټکان (لکه دزلزلې).

tremulous, adj. رېږدوونکی ، لړزوونکی : ډاروونکی ، ډارن : پڅنده ،خوځنده .

tremulously, adv. په‌رېږدېدا .

trenail, n. treenail ته‌مراجعه وکړی .

trench, n. نري لښتی: کنده ،ژورغالی: مورچل ، پټ‌غالی .

کندہ کېدل ، لېښتی ایستل : v.t.
مورچل جوړول ، بېچ غالی کېندل :
تېری کول ،لاس اوږدول .
trenchant, adj. تېره : روڼ ،څرګند :
څیرك .
trencher, n. دغوښواوډوډی‌د بر یکولو
پتنوس و زمه دیره .
trencherman, n. خېټو ، ګېډو ،
نس پېرسی .
trend, v.i. یوې خوا ته مخه کول ،
تمایل ښوول : پاملرنه کول .
n. خوا ، مخه ، تګ لار، میلان ،
تمایل .
trepan, n. دکوپړۍ‌د سوری کولو
اره (جراحی) .
v.t. په اره سوری کول(دکوپړۍ)
trephine, n. دسرد کوپړۍ دسوری
کولو اصلاح شوې اره .
trepidation, n. رېږد : ترهه ، تراره ،
وېره .
trespass, v.i. تېری کول ،لاس اچول ،
زور زیاتی کول : ګناه کول :
بریدماتول، تر پولې ور تېرېدل .
trespasser, n. تېری کوونکی .
tress, n. کوڅۍ ،چوټۍ .
trestle, n. ګېونج ، پایه ،خرك .
triad, n. درې ګونی ، ددرو شیانو
مجموعه .
trial, n. ازمایښت ، آزموینه :
څوروونکی (شی) : کوښښ : محاکمه،
مقدمه .
adj. آزمایښتی .
triangle, n. مثلث، درې ګوټه .
triangular, adj. دري ګوټیز ،
مثلثی .
triangulate, v.t. په‌مثلثو وېشل ، درې
ګوټیز کول .
tribe, n. ټبر، قبیله، توکم، کهول ،
خېل، کورنی (لکه د ژوو).
tribal, adj. قبیلوی ، قومی .
tribesman, n. د قبیلې غړی .
tribulation, n. کړاو، تول، ناورین
tribunal, n. د قاضی ګدی (مسند) :
محکمه .
tribunate, n. قضا .
tribune. n. په لرغونی روم کی دخلکو
دآزادۍ اوحقوقو ساتونکی: دخلکو
مدافع: ټریبیون (د خطابې مېز)،
دریځ .
tributary, adj. کلنګ‌ورکوونکی، باج
ورکوونکی : کومکی (لکه خهل) ،
معاون (لکه سیند) .
n. کلنګ ورکوونکی: کومکی
سیند، تابع .
tribute, n. باج،خراج،جزیه : نمانځنه،
ستاینه، منته .
trice n, شیبه، درنګ .
triceps, n. دمټ‌درې سرې پله . درې سری
trick, n. چل،چم: تېرایستنه ،غولونه :
څیرکی ، چالاکی: خاص‌عادت،خاصیت:
ځانګړی خوی .
v.t. غولول، تېرایستل: چل کول ،
ملنډې وهل: سینګارول .

trickery, n. چل ، تېر ایستنه ، غولونه، چالاکي .

trickster, n. چلباز، چلي، چالاك، ټګ .

tricky, adj. دچل، چلي، چلباز .

trickle, v.i. څڅېدل، څاڅکي څاڅکي توییدل .

n. څاڅکي، څاڅکي څاڅکي.

tricolor, tricolour, n. د درې رنګې (بیرغ) .

tricuspid, adj. درې څوکي، درې سري، درې غاښي، درې غوړي .

n. درې څوکي غاښ .

tricycle, n. درې ارابه ییزه سایکل، ډري سایکل، درې څرخي .

trident, n. درې غاښي، درې غاښي نیزه .

tried, v.t. ازمویل شوی، دباور وړ، تجربه شوی: خالص، صاف شوی .

triennial, n. درې کلیز، درې کلن .

n. درې کلیزه پېښه : دریمه کالیزه (د پېښې) .

trifle, n. کم ارزښته، خوشې، بابېزه .

v.i. بابېزه ګڼل، په ټوکو تېرول (خبره) .

trifler, n. سات تېرونکی، وخت ابروونکی .

trifling, adj. بې ارزښته، لږ، وړوکی .

trig, adj سوتره، سوچه، سپېڅلی، سینګار شوی: څېرك .

trigger, n. ماشه

trigonometry, n. مثلثات .

trigonometric, د مثلثاتو .

trigonometrical, adj. د مثلثاتو .

trill, n. لړزند بږغ، په مخرج کې د سره ورته بې غږو تورو ژر ژر تکرار: دموسیقي د پردېدونکي بږغ .

trillion, n. زر بلیونه (په امریکا او فرانسه کې) یو ملیون بلیون (په المان او انګلستان کې) .

trilogy, n. درې ګونی څانګړی هنري اثار چه دیو دبل بشپړوونکي وي، درې ګونی مقالې .

trim, v.t. سمول، سمبالول ، جوړول : ښایسته کول، خړېل: سینګارول: پرې کول، سرکپ کول (لکه ونې) .

n. ښایسته کول، سرکپ کول : چمتو والی (لکه د بېړۍ)، تیاری .

adj. سوتره، سینګار شوی و بشپړ جوړ، ږولی .

trimly, adv. په سینګار، په ږول .

trimness, n. جوړ ښت، ښکلا

trimeter, n. درې تولیز نظم ، درې تالیز نظم .

trimmer, n. سینګاروونکی ، ښکلوونکي: دوخت سره چلېدونکی، اپرتونست: په بېړۍ کې د وزن دانډول جوړوونکی .

trine, adj. درې ستوی ، درې ګونی ، درې چنده .

Trinitarian, n. د تثلیث منونکی .

trinity, n. تثلیث .

trinket, n. ارزان بېه ګاڼه : ګوډۍ ، نانځکه، لوبتکه .

trio, n. دري ګوني ، دري تنه ، دري کسيزه ډله : دري کسيزه سندره ، دري سازيزه سندره .

trip, v.t.i. چست او چت ګام اخيستل ، چست ګام اخيستل ، سپک تګ کول : بودۍ خوړل ، ټينګ خوړل ، تېر وتل ، ښوييدل : خوشي کول ، خلا صول ، ايله کول .

n. چست تګ : چکر ، او چت ګام ، لنډ سفر ، دوره : بودۍ ، تېر وتنه ، غولېدنه .

tripartite, adj. دري برخيز ، د دري ټوکيز : دري ګوني ، دري اړخيز ، دري خواييز .

tripe, n. لري (لکه د غويي) چقيات ، بې ارزښته شي .

triple, adj. دري ګوني .

دري کسيزه ډله .

v.t.i. دري ستوی کول ، دري چنده کول .

triplet, n. دري ګوني (اولاد) .

triplex, adj. (triple) وګوري .

triplicate, adj. د دري نقله (لکه د رسيدونو) سه پارچه .

n. دريمګړی ، دريمه نسخه .

v.t.i. يو په دري کول ، دري ګوني کول .

tripod, n. د دري پښيز (لکه نغري د کمرې پايه) .

triptych, n. هغه انځور يا ځيره چه پر درو دړو کښل شوی او ځنګ په ځنګ اښودل شوی وي (په تېره بيا په معبدو کښې) .

trisect, v.t. په درو برخو وېشل ، پر درو برابرو ونډو وېشل (لکه په هندسه کښې) .

trite, adj. پېکه ، پېخو نسده ، کچه ، مبتذل ، ډېر استعمال شوی .

triturate, v.t. اوړه کول ، اوړل ، ميده کول ، چوړل .

triumph, n. سوبه ، بري : د بري جشن : بري موندل ، بريالی کېدل : د بري اختر کول .

triumphal, adj. د بري ، د سوبې ، د سوبې اختر .

triumphant, adj. بريالی .

triumphantly, adv. په بريا ليتوب ، په برم ، په خوشالی .

triumvir, n. د دري ګوني اتحاد غړی (په لرغوني روم کښې) .

triumvirate, دري ګوني اتحاد ، دري کسيزه ډله .

triune, adj. دري ګون ، دري په يوه کښې .

trivet, n. دا وسپنې نغری .

trivial, adj. بې ارزښته ، سپک ، مبتذل ، کچه ، خوشي ، جزئي ، وړوکي .

triviality, n. بې ارزښتي ، کچه توب ، ابتذال .

troche, n. ګولی ، تابليت ، د دوا .

trochee, n. دوه سيلا بيزه رکن چه لومړی سيلاب يې خجوال وي (په نظم کښې) .

trod د (tread) ماضي او دريم حالت .

trodden. د (tread) دريم حالت .

troll, v.t. پرله پسې سندرې ویل، په ورو سندرې ویل: په چنګک کې غړ سندرې ویل: د چنګک د راښکودلو په واسطه کب نیول.

v.i. په خوشالۍ سندرې ویل

n. پرله پسې سندره، داسې سندره چه یو یې سر کړي او بل یې ورپسې یې ویل کړي.

trolley, n. لاس ریړۍ، لاس ګاډی (لکه د رستورانو) برقي ګاډی.

trollop, n. کاسیره ښځه، بوډۍ، ناولی، کچنی، فاحشه.

trombone, n. ترومپ.

troop, n. ډله: ډیری ګڼ: ټولی، لښکر: د سپارو ډله چه له ۱۶ څخه تر ۳۱ پورې وي.

v.i. ډله کېدل، ټولېدل: په ډله تلل

troopship, n. لښکري بېړۍ، هغه بېړۍ چه لښکر وړي.

trooper, n. د رسالې عسکر، سپور پولیس.

trope, n. مجازي معنا، د لفظو مجازي یا شعري معنی، استعاره.

trophy, n. د بري نښان، یادګار، میډال.

tropic, n. یوه له هغو دوو فرضي کرښو چه د استوا کرښې په شمال او جنوب کښې هغې ته نژدې او موازي پرتې دي: (جمع) توده سیمه چه د چنګاښ او مرغومي د کرښو ترمینځ پرته ده.

Tropic of Cancer د چنګاښ کرښه.

Tropic of Capricorn د مرغومي کرښه.

tropic, tropical, adj. حاره، حاره ییز

trot, v.t.i. په تراټ تلل: پرځغاسته تلل، ځغستل

n. تراټ، ځغاسته.

trotter, n. په تراټ تلونکی، پرځغاسته آس

troth, n. لوز، لاس، ژبه (عهد)، دوفا لوظ: رښتیا، رښتینتوب: باور، عقیده.

troubadour, n. د یوولسمې نه تر دیارلسمې پېړۍ پورې د فرانس او شمالي ایټالیې د سندرغاړو شاعرانو ډله.

trouble, v.t.i. ناراحه کول: ویرول، خپه کول، ربړول، په ستونزه اخته کول، دردول، راځورول، خواشیني کول، په لانجه اخته کول، زیار ایستل.

n. ناکراري، ناآرامي، تروروالی، ربړ، تکلیف.

لانجه، تکلیف ورکوونکی، ځورونکی، سرخوږی، زیار، کړاو او ناروغتیا، راځورتیا.

troublesome, adj. ربړوونکی، ځورونکی، تکلیف ورکوونکی.

troublous, adj. مشکل، ربړوونکی، ځورونکی.

trough, n. اخور (آخور): ناوه، نل: د دوو څپو ترمنځ واټن: دره: تش، لګن.

trounce, v.t. وهل یا ډبول، ټکول: ماتې ورکول.

troupe, n. د هنرمندانو ټولی، ډله

trouper, n. د ډلې غړی.

trousers, n. پرتوګ، پتلون.

trouser, adj. د پرتګ، د پتلون

trousseau, n. د ناوې جوړه، جهیز، د ناوې جامې، داج.

trout, n. د سلمن د کسور ای کب .

trow, v.t. فکر کول ، چورت وهل : چاج وهل ، سوچ کول .

trowel, n. دسپنه ، ګل ماله ، رمبی

troy, adj. توله (د سرو او سپینو زرو تول چه دولس اونسه یو پونډ سره برابروی)

truant, n. له کاره غاړه غړوونکی ، تښتیدونکی (د ښوونځی ، دفتر ، وظیفې او نورو نه) ، ناسوب .

truancy, n. تیښته ، له کاره غاړه غړونه .

truce, n. سوله ، اوربند ، تېږه : دمه .

truck, v.t. راکړه ورکړه کول ، تبادله کول ، جنسي تبادله کول .

n. جنسي تبادله ، جنسي راکړه ورکړه : تجارت ، معامله ، د خرڅلاو سابه .

truckfarm, n. د تجارتي سبو کرونده .

truck garden, n. د سبو باغ ، د سبزیجاتو کښت .

truck, n. ریړه ، ګاډۍ ، لارۍ ، سرلوڅی ریړه ، سرلڅې ریړۍ .

v.t. په ریړه وړل ، په لارۍ کې چلول .

trucker, n. چلوونکی ، موټروان ، ریړه وان .

truckman, n. چلوونکی ، موټروان ، ریړه وان

truckage, n. په لارۍ کې وړل راوړل ، د وړلو او راوړلو بیه .

truckle, v.i. په اسانۍ ځان سپارل ، ځوړه مالي کول ، چاپلوسي کول ، خوشامند کول .

truckle, n. وړوکی ارابه .

v.i. په ارابو تلل .

truckle bed, n. ټیټه رغړنده کټ .

truculence, n. سختي ، کلکوالی (بې رحمي) ، وحشي توب ، ناترسي .

truculency, n. سختي ، کلکوالی ، وحشي توب .

truculent, adj. سخت زړی ، بې زړه ، کلک ، ناترس .

truculently, adv. په سختۍ .

trudge, v.i. پلی په ځان پسې راښکل ، پسې ښکول .

true, adj. رښتونی ، وفادار ، سم ، درست ، روغ ، رښتیانی ، واقعي ، حقیقي ، اصلي .

n. رښتیانی ، سم ، درست .

v.t. سمول ، رغول ، درستول .

adv. په رښتیا .

true-blue, n. کلکه وفاداري ، مروه .

truffle, n. یو ډول اروپایي مرخیړی یاخمبېری .

truism, n. ښکاره خبره ، ښکاره والی ، ښکاره حقیقت .

trump, n. بیګل ، ترم ، ترومپت

trump, n. رنګ (په پتو یا تاس کې) .

v.t. په پتو کې رنګ ټاکل یا لاس قبول : پتی کول .

trumpery, n. ځلوونکی ، لباسی ، پوچ ، بې معنا .

trumpet, n. ترومپت (د ساز آله) ، مرغیړی ، شپېلۍ ، د ترومپت آواز : جار .

trumpeter, n. ترومپټ ږغوونکی ، ترومپټ وهونکی .

truncate, v.t. پرېکول ، لنډول ، سرکښول ، سکوڼل .

adj. لنډ ، سرکپ ، پرېکړی .

truncheon, n. سوټی ، ډبی (د پولیسو)

trundle, v.t.i. رغړول ، چورلول ، څرخول ، رغړېدل

trunk, n. سټه ، تنه ، ډډ (د ونې) تنه (د ژوی) ، خرطوم ، خولانۍ ، بکس ، پېټۍ ، تلی پلول : ټول بکس (موټر) : (جمع) مایوړ ، نیکر ، سوېچ بوټ .

adj. مواصلاتي

truss, v.t. الډې تړل ، پارتړل ، کلک تړل ، ټینګه تړل ، شکنجه کول ، تړینګول .

n. الډی ، پنډ ، بنډل (تخنیکي) اډانه (لکه د کوربا پل او داسې نور) (طب) چچه ، ډېره .

trust, n. باور ، ویسا : باوري ، اعتباري : ذمه وار مقام ، مسئول مقام : څوکیدار ، څوکۍ والا : امانت ، ودیعه ، سپارنه ، امانتي پانګه ، د نرخو او د کنټرول موسسه .

v.t.i. باور کول ، ویسا کول ، اعتبار کول : اسره کول ، هیله کول ، تکیه کول ، اعتماد کول ، توکل کول : عقیده لرل ، امید کول .

trustee, n. امانت ساتونکی ، معتمد ، امین : هغه چه له چا د پوهنتون چارې سموي او کلکې یې ساتي .

trustful, n. د باور وړ ، معتمد .

trustfully, adv. په باور ، په ویسا بڼه .

trusting, adj. باور کوونکی ، د باور وړ

trustworthy, adj. د باور وړ ، د ویسا وړ ، اعتمادي ، باوري .

trusty, adj. د باور وړ ، د ویسا وړ ، د ډاډ وړ .

n. اعتمادي ، باوري

truth, n. رښتیا ، صداقت ، واقعیت ، رښتین واله ، حقیقت .

truthful, adj. رښتونی ، رښتیا ویونکی ، صادق ، سم ، درست .

truhfully, adv. په رښتیا .

truthfulness, n. رښتیا ، رښتین تیا .

try,, v.t.i. زیار ایستل ، هاند کول ، کوښښ کول ، هڅه کول : آزموېل ، امتحان کول ، تجربه کول ، تر ازمایښت لاندې نیول : ویلی کول او ایښول محاکمه کول ، کروېږل .

n. کوښښ ، زیار ، هڅه ، هاند : کروېږنه : محاکمه

trying, adj. تزنوونکی ، ځوروونکی ، پکو کوونکی ، ربړوونکی ، نه زغمل کېدونکی .

tryst, n. ژمنه ، (ژمنه) ، وعده (د لیدو) : میعاد ، د کتو ځای .

tsar, n. زار ، ځار (روسي امپراتور)

tsarevich, زار ، ځار (د روسي امپراتورانو کورنۍ) .

tsetse, n. یو ډول افریقایي مچ چه د هغه د چیچلو نه ځاروي په ناروغتیا اخته کیږي او انسان د خوب په ناروغتیا اخته کوي .

tub, n. لمبا : ټب : ښانک ، تغاره (غسل) وړوکې چاڼې، ماټ (ماڼې).

tuba, n. ادت خولی ترومپ ، غټ ترومپ

tube, n. نل ، کوبی ، تیوب (لکه د ټاټو د کریم) تر مځکې لاندې د اورګاډي تونل ، اورګاډی.

tuber, n. غوټه ، بېخ ، مونډ (لکه د پیاز)

tudercle, n. دانه (لکه پرمخ)، غوټه (لکه د نباتاتو پر ریښو باندې) زخه .

tubercular, adj. پړسېدلی ، ددانې ، زخن : مسلول ، په نري رنځ اخته.

tuberculate, adj. پړسېدلی (د نري رنځ له کبله) ، ددانې ، زخن.

tuberculine, n. توبرکولین ، د نري رنځ دمسلولو مواد .

tuberculosis, n. نري رنځ ، سل ، توبرکلوز .

tuberculous, adj. په نري رنځ اخته (مسلول) .

tuberose, n. شېندۍ وږمه ګل، د ریدی په شان ګل .

tuberous, adj. پړسېدلی ، غوټه

tubing, n. نلونه یا د نلونو لړی : د نلونو جوړولو مواد : یوه ټوټه نل.

tubular, adj. نل وزمه : د نلونو نه جوړ شوی .

tubule, n. نلکه ، نلکی ، وړوکی نل

tuck, v.t. نغښتل : پټ وهل : تاوول (لکه ځان په بستن کې)، پټول، چونل ، چین وهل .

n. چونلی ، چین : سپکه، ارزی : زونډ .

tucker, v.t. ستړی کول، ستومانه کول : ستړیا ، ستومانی

Tuesday, n. سه شنبه .

tufa, n. یو ډول داو پوډ خېرې پارسوب څخه جوړ شوی کاڼی.

tuft, n. ګېډۍ (د وېښتانو ، سپڼسو ، بڼرو) .

v.t. ګېډۍ کول ، موټی کول

tug, v.t.i. راکښل، ټکول، کش کول : زیار ایستل ، ستومانه کاڼل : د بېړۍ راکښونی په ذریعه راکښل .

tugboat, بېړۍ راکښونی ، بېړۍ کښونی .

tug of war, د رسۍ کشولو په د پیاستي کښلو راکښلو مسابقه : د لوړ والي د پاره هڅه .

tuition, n. ښوونه ، تدریس : د زده کړې فیس .

tulip, n. غاټول ، خاټول .

tulle, n. ګاچ ، نری وریښمین جالی ټوکر.

tumble, v.t.i. سرکوڼډۍ وهل ، سرپه څړی اوښتل : په درب لویدل ، په ګړپ لویدل : رغړول ، ځرخول : غورځول : په غورځو پرځو تلل : ډنګل ، ټوپ وهل : سرکوڼډۍ کېدل، رغړېدل .

n. لوېدنه ، پرېوتنه، غورځېدنه

tumble-down, adj. غورځېدونکی ، لېدونکی : پرېوتونکی .

tumbler, سر کوتنې وهونکی ، سر په ځمکې او پښتو نکی : کتو ری : سر کوتنې وهونکی کوتره : دکلپ (قفل) هغه برخه چه دکلی دننو یستو په وخت کې بوې خوا ته کیږی او کلپ خلا صیږی .

tumbleweed, n. یو بوټی (یو ډول بوټی) بادوړی .

tumbrel, n. بګۍ ، ګاډی : یو ډول ګاډی چه دفرانس دانقلاب په وخت کی به یې هغه کسان چه د مرګ حکم به ورباندې شوی و وژل ځای (مقتل) ته وړل .

tumbril, ګاډی .

tumid, adj. پړسیدلی : ډنډ : دډب خاوند ، وږ بوږ .

tumor, tumour, n. تومور ، پړسوب ، غوټه ، زیاتی غوښه

tumult, n. الله ګوله ، غوغا ، شور اوزوږ ، های هوی : ګډوډی : پاڅیدنه ، ناکراری .

tumultuous, adj. زوروند ، چغندوی : پاڅیدلی ، ناکراره ، دیاهوی کوونکی .

tun, n. چاټی ، مټ (خم) .

tuna, n. ټونا ، یو ډول سمندری کب چه خوړل کیږی .

tunable, adj. هم تال ، سندریز ، هم اهنګ : خوږه غاړی ، خوږ اوازلی ، په سور .

tuneable هم تال ، سندریز ، هم آهنګ : خوږ اوازی .

tundra, n. تو ندرا ، د شمالی قطب پراخه اوبې ونو دښته .

tune, n. سور ، تال ، زیروبم غاړه : هم تال جوړښت .

v.t. سر دول ، برابرول ، همغاړه کول .

tuneful, adj. جوړ ، هم اهنګ : خوندور ، خوږ : سور ناک ، په تال .

tuneless, adj. بې سوره ، بې تاله : بې خونده ، بې کره (موسیقی) .

tungsten, n. ټنګسټن ، یو ډول سپین کلك او دروند فلز چه په برقی آلاتو (په تیره ګلوب) کې استعمالیږی .

tungsten lamps, د ټنګسټن څراغ .

tungsten steel, د ټنګسټن پولاد .

tunic, n. دلرغونی یونان او روم یو ډول اوږده کالی چه تر ښنګو په رسیدل ، اوږدې جامې : بلوز : کورتی .

tuning fork, : دوه ښاخی (صوتی پنجه) : یوه پولادی الهدوه چه دوه څوکې او یو لاستی لری چه دوهلو په ذریعه یې یو مخصوص او دایمدا غږ اود موسیقی د آلاتو د سوراو تال دپاره ضروری دی .

tunnel, n. سو رنګ (تونل) سورنګ

v.t. وهل ، تونل ایستل .

tunny, n. یو ډول غوښن او غورب کب

tuque, n. پکول ، وړینه خولی .

turban, n. پټکی ، پګړۍ ، لونګۍ ، بې ژ یوخولی ، ټوپی .

turbid, adj. په خټو ککړ : تت ، خړ : خړ (اسمان) .

turbine, n. څرخ ، توربین ، ګر پاین

turbot, n. یو ډول خوړل کېدونکی کب

turbulence, n. ګډوله ، اړو دوړ : بلوا، جوړ جپاو : پارېدنه

turbulent, adj. ګډوله کوونکی ، شورشي، یاغي : پارېدلی : توپاني (توفاني).

tureen, n. کونډۍ، د ښوروا کاسه .

turf, n. چمن ، ورشو : خاښاک ، ځمکې : د اس منډولو ځغلولار، آس ځغل (مسابقه).

turgid, adj. پړسېدلی : پړسېدلی : پوچ، خوشي.

turkey, n. فیلمي چرګ ، پیل مرغ، شوالې کوز چرګ.

turmoil, n. زوږ ، شورا و زوږ، الغا ـ وتلغاو، نا کراري.

turn, v.t. ګرځول ، چورلول : پڼه وړ کول : را ټېټ کول : تاوول : اړول : سټمول : پښه بل مخ اړول : بې ځایه کول : بدلول : ډنډول، پښه شاکول : مخ کول، توجه کول ، سپارل، توجه کول ، ځ باړل : چوړ ول : ګرځېدل، تاوېدل، څرخېدل، چورلېدل، سټمېدل : اوښتل .

n. ګرځېدنه، څرخا، تاوېدنه، چورلېدنه، د اعصابو پارېدنه ، ګېنګسه ، ترله ـ وتنه : چکر وهنه : بدلېدنه : کږ لېچ : ښېګنه : کار، چوپړ، خدمت : وار، رون : سهنګار، ځېره ، جوله، پڼه : طرز ، چم ، میلان.

turnbuckle, n. یو مېخانیکي آله چه د ځوړولو او د پرزو د ټینګولو د پاره پکارېږي .

turncoat, n. اوښتی (له مسلک یا نظر یې ګرځېدلی). مرتد

turner, n. ګرځوونکی ، څرخوونکی ، بدلوونکی : خراد .

turnery, n. د خرادۍ (خراتي) هنر ، دخراتي مواد او کارځای .

turning, n. تاوېدنه ، څرخېدنه ، چورلېدنه : کږلېچ ، ګوټ ، پېر ، ټوټه،

turnip, n. شلغم ، ټیپر (شلغم) ، ټیپر

turnkey, n. د بند یخانې ساتونوال (محافظ) .

turnout, n. بوده (محصول) : خوا ځه : اعتصاب : سامان : کالي ، جامې : لګېدلو ار : د اوږکاږي ځنګلار .

turnover, adj. اوښتی ، اوړېدلی .

n. لیکو ر : بدلون : خوا ځه : خوادوه : تمام شوی کار ، بشپړه دوې چاره ، تر سره شوی کار : ورانې او ړار (د اقتصادي چارو د وران) : عوضي کار یګر ، بادوه یې مزدور .

labor turnover. عوضي کارګر ، اجیر

turnpike, n. دلارې د محصول اخیستلو ځای : لوېه لار .

turnspit, n. کبابي ، ورېځوونکی ، سیخ اړوونکی ، د کباب سیخ .

turnstile, n. څرخېدونکې دروازه ، څرخنده دروازه .

turntable. n. ګرځنده چوتره : څرخنده دره .

turpentine, n. رانځره ، لنځره ، تارپین

oil of turpentine. د تارپین تېل

spirits of turpentine, ایښولی ننګړ .

turpitude, n. کچه توب ، بېغوالی .

turquoise, n. فیروزه ، شین بخن ډېری : فیروزه یی .

turret, n. برج ، وړوکې منار ، مورچل : تاڼه .

turtle, n. کوتره (د کوترو د کورنۍ څخه یو ډول) ، بوغده .

turtle, n. شمشتی ، کیشپ .

turtledove, n. کوتره ، بوغده .

turves, n. د turf جمع

tush, n. داړه (داس، پیلا و اورو)، لیښ

tusk, n. داړه (لکه د پیل، څناور) . لیښ

tusker, n. داړه ور (لکه پیل څناور) یو ډول دور پښمو چینجی :

tussah, n. ور پښمین ، ټسر .

tusseh, دور پښمو چینجی .

tussore, ټسر .

tussle, v.i. زور وهل ، ډېری ایول، په ډېر بېړه ور تلل :

n. پهلوانی ، ډېړه .

tussock, n. کلوښته ، کوټ ی (د وښو ، ویښتانو او نورو).

tutelage, n. روزنه (تربیه)، ساتنه ، پالنه: سرپرستی، ترسپوږدی لاندې، ترسمپ لاندې: ښوونه .

tutelary, adj. ساتندوی ، پالندوی، سرپرست، مربی .

tutelar پالندوی، تربیه کوونکی

tutor, n. کورنی ښوونکی، روزونکی ، مربی ، پالندوی

v.t. روزل، پالل: ښوول: ترڅارنی لاندې نیول، استادی کول .

Tuxedo, n. ماښامی دریشی (د نارینه وو)

tuyere, n. موری، مښوکه ، نل : پنی

twaddle, v.t. برتی ویل ، اوتې بوتې ویل، اپلتې ویل .

twaddle, n. برتی، اوتې بوتې، اپلتې .

twain, n. دوه، ډېرگونی، جوړه، جوت

twang, v.t.i. ترنګول ، کړنګول ، ټنګول: ترنګېدل : کړنګېدل، بوټېدل .

n. ټنګ، ترنګ، کړنګ، بوټهار

tweak, v.t.i. سکونډل (چونګاری کول): راکښل، ښکول .

n. سکونډنه: راکښنه، ښکونه

tweed, n. یو ډول پوست، وړېن لیکې لیکې ټوکر ، ددې ډول ټوکر څخه جوړه شوی دریشی یا کالی .

tweet, n. چوڼ، چونګی ، چوټهار (لکه د مرغۍ) .

tweet, v.i. چوڼېدل، چرېدل، چغېدل

tweezers, n. نوسی.

twelfth, adj.n. دولسم .

twelve, adj.n. دولس: درجن

twelvemonth, n. دولس میاشتی، یو کال

twenty, adj.n. شل .

twentieth, adj.n. شلم .

twice, adv. دوه ځله، دوه واره، دوه پلا دوه چنده

twiddle, v.t. نازول، لاس پر تېرول: چټی وخت تېرول، خوشی وخت تېرول، په جزئی شیانو وخت تېرول: رپېدل ، لړزېدل .

twig, n. کوچنۍ څانګه، منګکی .

twilight, n. سپېدې ، سپېده چاود ، ترغونی: ځېړه .

adj. سپېدی .

twilight sleep, adj. بې سدی ، بې هوښی

twill, n. چارخانه ټوکر، ایکې اروړنکی ټوکر .

v.t. چارخانه یې اوبدل .

twin, adj. جوړت (جفت) ، جوړه ، غبرګونی: دوه ګونی، دوه ستوری غبرګونی ، غبرګولی : سره ورته، یوشان .

n.

v.i. غبرګک زېږول : جوړه پیدا کېدل : سره یوځای کېدل، جوړه کېدل

twine, n. مزی، پړی: تاو را تاو ، پېچلی، غښتلی، ځړلی .

v.t&i. غښتل ، ځړل، اودل: پېچل : سره ځایږه ، ځړی کول، تړول: غاړه کېدل، سره تاوېدل .

twinge, v.t&i. دردول، برېښول : څړیکې وهل .

n. درد، برېښ، څړیکه، څانګه

twinkle, v.i رپېدل (لکه د ستر ګو) : ځلېدل، پړ کېدل، برېښېدل، ځلکېدل: په رپ کې تېرېدل، هوډې دوډې کېدل .

v.t. ځمبل، رپول، ستر ګک وهل: ځلول، پړ کول، برېښول، ځلکول: په رپ کې تېرول، هوډې دوډې کول .

n. ځمبا، رپ، ځلا، پړک، برېښ: ستر ګک .

twinkling, n. پړک، ځلا: ځمبا، رپ: د ستر ګو رپ، ذرنګ، شېبه .

twirl, v.t.i. څرخول، چورلول، تاوول ، لولول : څرخېدل ، چورلېدل .

n. څرخېدنه ، چورلېدنه ، ګرځا ، تاوېدنه : کړۍ ، ول .

twist, v.t.i. نغښتل ، غړل، تاوول، پېچل : غونجه کول ، ګېډۍ کول : نښتېځل ، زېښل : څودول ، ډېرول : جړول، ګډوډول : هک پک کول: کږول (لکه خبره) .

n. نغښتنه، غړنه، تاو، پېچ: کږونه، کوږوالی: اړونه، اوښتنه، چورلونه، ګډونه .

twister, n. چورلوونکی ، تاوونکی ، څرخوونکی، ګډوونکی: نښتېځونکی: بوډبوکی ، څولی .

twit, v.t. ترټل ، پړول ، ګرمول، ملامتول: مندۍ پرې وهل .

twitch, v.t.i بوری وهل، ډېکه ور کول، ټکه ور کول، ټپل وهل .

n. ټپل وهنه، ټپله ، ټکه: ټکان، جټکه: کشونه .

twitter, v.i. چرېدل، چونېدل، په کټ کټ خندل ، کټ وهل : کټ کټ خندل : رپېدل، ترپېدل ، رپړدېدل : بوګنېدل، بوغېدل .

n. چرهار ، کټ وهنه : رپرد .

two, adj.n. دوه.

two-faced, adj. دوه مخی ، درواغجن ، دوړونکی داوړونکی، چوغلګر.

twofold, adj. غبرګ ، دوه ستوی ، دوه کتبه، دوه واره.

twopence, n. دوه ګېزه پېسه ، دوه پېسېزه (په انګلېستان کی).

twopenny, adj. دوې پېسې ، سره پېسه: بې ارزښته ، ارزان

two-ply, adj. غبرګ ، دوه ستوی ، دوه لړیزه دوه پټیز.

twosome, adj. دوه کسیزه ، جوړه ، غبرګه لوبه ، دوه کسیزه لوبه.

two-step, n. غبرګ اتڼ.

tycoon, n. بډای، لوی، تجار.

tying, تړل.

tyke, n. کوټه سپی ، کوڅه ډب سپی: کوچنی هلک.

tympanic, adj. دغوږ په شپېلۍ پوری تړلی.

tympanic membrane. دغوږ پرده.

tympanum, n. دغوږ شپېلۍ، دغوږ پرده.

type, n. ټاپه، خاپ، نښه: چاپ، مارکه: توکم، کهول ، ددوړ ډول (لکه پو ډول خلک)، ټایپ : ښکارندوی، نمونه، مثال ، نښه ، سمبول : ټایپ، ټاپه.

type, v.t.i. نمونه وړاندی کول ، نمونه ښوول : چاپول، ټاپه کول ، په ټایپ چاپول ، ټایپ کول.

typesetter, n. توری ټولونکی، توری ودروستونکی : لینوټایپ ، لیکه ټاپ.

typewrite, v.t.i. ټایپ کول ، په ټایپ لیکل: ټایپ کېدل.

typewriter, n. ټایپ، ټایپ رایټر ، ټایپست.

typewriting, n. دټایپ کارونه ، دټایپ ښوونه ، په ټایپ چاپ شوي.

typhoid, adj.n. دلوېی تبې: لوېه تبه.

typhoid fever, لوېه تبه.

typhoid bacillus, دلوېی تبې مکروب.

typhoon, n. جکړ، توفان ، سېلۍ.

typhus, n. لکه داره تبه

typical, adj. ځانګړی، خاص: ښکارندوی، نمونه یی.

typically, adv. په نمونه یی ډول، دیوې ډلی داساسی خواصو ښوونکی.

typify, v.t.i. دنمونی په توګه وړاندی کول: نمونه کېدل.

typist, n. ټایپست.

typographer, n. چاپوونکی.

typography, n. چاپونه ، دچاپولی هنر.

typographic, دچاپ.

typographical, چاپی.

tyrannical, adj. استبدادی.

tyrannic, adj. مطلق ، خپل واکی ، مستبد، بی رحمه ، سخت زړی، خپل سری، ناترسه ، ظالم.

tyrannize, v.i په استبدادی ډول حکومت کول، په ظلم او تیري اداره کول .

tyrannous, adj. استبدادی.

tyranny, n. استبدادی نظام : استبداد ، ظلم .

tyrant, n. مستبد ، ظالم : خپل سری.

ځواکمن .

tyro, n. نوکی (مبتدی) ، نوی زده کوونکی، اماتور .

tzar, زار، تزار، څار، د روسیې امپراتور .

tzarevitch, د روسیې امپراتور.

tzetze, یو ډول افریقایی مچ

U

ubiquitous, adj. په هر ځای کې موجود، هرچېرته حاضر.

U—boat, n. جرمنۍ او بتل، المانی تحت البحری.

udder, n. غـــولانځه (لکه د غــوا).

ugly, adj. بدرنګه، بدبڼی، بدورګه: ناوړه، بد، رټلی: بدرګه، بداخلاق، جنګړه، جګړه اور: بې خونده، نامنلی: خطرناک، ویرووونکی، ډاروونکی.

ugliness. بدرنګتوب: جنګ جګړه: بدوالی، بې خوندی.

uitlander, n. پردی، بالدی، خارجی (په جنوبي افریقا کې).

ukase, n. د روسیې د امپراتور فرمان، وړون (فرمان).

ukulele, n. وړوکی پرتګالی ګیتار (د هوایي د ټاپو).

ulcer, n. ټپ، ناسور، په بدن او ښتی داله، قرحه.

ulcerate, v.t.&i. ناسوروول، ټپي کول: ناسوریدل، ټپي کېدل.

ulceration. ناسور کېدنه، ناسور.

ulcerous, adj. ناسور، ټپي، قرحه لرونکی.

ulna, n. د لېچې هډوکی، څنګل.

ulster, n. اوږده، چپن، کورتی.

ulterior, adj. اخوا، پورې غاړه، د پورې غاړې: لیرې وړاندې: راتلونکی.

ultimate, adj. وروستنی، نهایی: ډېر لرې، ډېر وړاندې: ډومبنی: اعظمی: غایی.

ultimately په پای کې، په نتیجه کې.

ultimatum, n. الټیماتوم، وروستی ټکی (شرط یا خبره).

ultra, adj. & n. له پرتي وتلی، بې حده، په کوښښ او غوښتنی، د بریده وتلی، افراطی: د مولیبز (اساسی) بدلون غوښتونکی، راډیکال.

ultra— (مختاړی) پورې خوا (ماوراء)، اخوا: له حده زیات.

ultra—ambitious. خورا ډېر لېوال.

ultraconfident. خورا په ځان ډاډه.

utraconservative. ډېر زیات زوړپال (محافظه کار).

ultracredulous. زر ډېر ساده.

ultracritical ډېر انتقاد: خورا خطرناک

ultraexclusive. خورا ځانګړی، بېخی وتلی.

ultrafashionable خورا ډوالی، ډېر فېشني .

ultraliberal خورا لاس پرانخی، ارت لاسی : د لويې سينې خاوند : ډېر ازادي غوښتونکی .

ultraloyal زيات ډېر وفادار، خورا ښه .

ultramodest زيات ډېر حيا ناک، ډېر مؤدب .

ultrareligious ډېر زيات مذهبي .

ultramarine, adj. د سمندر اخوا، د سمندر پورې خوا : ګوړ نيلي رنګ، اسماني رنګ، لاجورد .

ultramarine blue بېخي شين رنګ، لاجوردي رنګ .

ultramontane, adj. & n. له غره اخوا، د الپ د غره اخوا : د روم د پاپ د پوښتنې واکمنۍ پلوي : د الپ د غره له اخوا اوسېدونکی : د روم د پاپ پلوی .

ultramontanism د پاپ د پوښتنې واکمنۍ غوښتنه .

ultramundane, adj. پله اړی، د لمرني (شمسي) نظام نه اخوا .

ultraviolet, adj. د بنفش له اخوا . (ماوراء بنفش) .

ultra vires د قانون واک او صلاحيت زياتول

ululate, v.i. کولاټي (کوکې) وهل، غږ لګه وهل (د سپي)، کوکې اېستل (لکه د سپي بالېوه) : ګرېږ لګېدل .

umbel, n. غوټچه (لکه د ګلو)، چتري ګولی، چتر ګولی .

umber, n. نسواري ولمه خټه چه د رنګ په ډول استعماليږي : نسواري رنګ .

umbra, n. چتر، سيوری، نيم سيوری، د سيارې مخروطي سيوری (تندر) : نابللی مېلمه : سيوری (شبح) .

umbrage, n. چتر، سيوری : خوابدي، قهري .

umbrageous, adj. سيوري : خوابدی، کينه کښ .

umbrella, n. چتري، چتر : د يو ډول کب چتر وزمه تنه .

umiak, n. د اسکيمو خلکو د لرګيو او څرمنو څخه جوړه بېړۍ .

umpire, n. منځګړی، دريمګړی، ريفري .

un.— (مختاړی) نه، نا، بې، بېرته، غير — د نفي او نقض ادات .

unabashed, adj. کلکه سترګی، سپين سترګی، بې شرم، بې حيا .

unabated, adj. بشپړ، پوره، مکمل .

unable, adj. ناوړه، ناقابل : بې سمکه، بې وسه .

unabridged, adj. بې لنډيزه، بشپړ، نه لنډ شوی .

unacceptable, adj. د نه منلو، نه منل کېدونکی .

unaccompanied, adj. بې مله، يوازې .

unaccountable, adj. بې سر و ليکه، غير مسؤول : د نه ويلو، پټ، دراز (لکه خبره) : عجيب، مرموز .

unaccustomed, adj. غیر معمولی، نا آشنا؛ بې رواجه، نا دوره، بې عادته، غیر عادي .

unacquainted, adj. نا آشنا، نا بلده .

unadorned, adj. بې ډوله، بې سینګاره، نا پسوللی .

unadulterated, adj. پاک لمنی : نکه، سوچه، پاک .

unadvised, adj. نا پوه : بې پامه بېړه ګندی، بې سنجشه : بې سلا .

unadvisedly, adv. په نا پوهۍ، په تلوار

unaffected, adj. لاس ناوهل شوی، نا اثر نا خوښتی : طبیعي، فطري، اصل ؛ سپېڅلی، رښتونی (صحیح) .

unafraid, adj. بې ډاره، نه ویرېدونکی

unaided, adj. بې مرستې، بې وسیلې، بېکسه .

unalarmed, adj. نه ویرېدلی، بې ډاره .

unalloyed, adj. نکه، سوچه، بې غشه .

unalterable, adj. نه اوښتونکی، نه بدلېدونکی، بې تغیره .

unalterably, adv. په نه بدلېدونکي ډول .

unaltered, adj. نه بدل شوی .

unambitious, adj. بې ارزو، بې حرصه، بې خواهشه .

un-American, adj. نا امریکایي، غیر امریکایي (د کړو وړو، دودونو، چارو له مخې) .

unamiable, adj. نالقه، بې الفه بواله، بوازی، د خلکو سره نه ګډېدونکی، ګوښی .

unanimity, n. د نظر یووالی، همفکري، پوره موافقه .

unanimous, adj. هوډ، موافق، همفکری . د ټولو په خوښه، په ګډه

unanimously, adv. د رایو په اتفاق .

unannounced, adj. نا برسېره شوی، نه اعلان شوی، نه څرګند شوی .

unanswerable, adj. بې ځوابه، نه ردېدونکی، منل شوی ؛ بې مسئولیته

unanswered, adj. بې ځوابه پاتې، نه تردید شوی .

unappreciative, adj. قدر نا پېژندونکی، نه لمانځونکی، نه منونکی

unapproachable, adj. په لاس نه راتلونکی، لاس نه ورسېدونکی، له لاسه وتلی، نه وررسېدونکی

unarm, v.t. بې وسلې کول، وسله ورڅخه اخیستل .

unarmed, adj. بې وسلې، بې وسلې شوی .

unashamed, adj. نه شرمېدلی، نه شرمول شوی : بې شرمه، کلک سترګی .

unasked, adj. نا پوښتلی، نا بللی .

unassailable, adj. چه بري پر غل نشي کېدای، نه ماتېدونکی، نه لاندې کېدونکی، اخېزه نه اخیستونکی .

unassisted, adj. بې مله، بې مرستې پاتې شوی، بې ځوکه، بې ملاتړه .

unassuming, adj. بې ادعا، کمېن، پاتې، شرمناک، ساده .

unattached, adj. نه تړل شوی، خلاص، بې تړونه، بې کوږدې .

unattainable, adj. په لاس نه راتلونکی ، په لاس نه وررسیدونکی ، نه حاصلیدونکی .

unattended, adj. بې ملنه ، یو ازې ، له پامه اوېدلی : بې طرفه .

unattractive, adj. زړه نه راکښونکی ، بې ډوله ، بې ښکلا ، نه خوښیدونکی .

unauthorized, adj بې واکه ، بې صلاحیته ، بې اجازې .

unavailable, adj. نه مېلاو کېدونکی ، په لاس نه راتلونکی ، بې واقعیته ، نه بودېدونکی .

unavailing, adj. بې گټې ، بې بوده ، بې فایده .

unavoidable, adj. چه مخه یې نه شی نیول کېدای ، د نه پرېښودلو ، لاچار ، ډډه تري نه کېدونکی ، ناکام .

unaware, adj. ناخبره ، بې پامه .

unawares, adv. بې تیارۍ ، بې للشې : ناڅاپه ، بې ښکاره : غیر متوقعه .

unbaked, adj. اوم ، خام ، کچه ، چه ایل شوی نه وی .

unbalanced, adj. بې انډوله ، بې کچه ، بې توله ، بې موازنې : لېوالتري .

unbar, v.t.i. پرانیستل کول ، خلاصول ، پرانیستل کېدل ، خلاصېدل (زلفې د کلپ) .

unbearable, adj. د نه زغملو ، نه زغمېدونکی .

unbeaten, adj. هغه کبار چه پرې واله وی شوی ، هغه لار چه پرې وا نه وی وهل شوې .

unbecoming, adj. ناوړه ، نامناسب .

unbelief, n. ناباوری ، بې ایمانی .

unbeliever ، بې عقیدې ، بې ایمانه ، کافر ، بې گروهه

unbelieving. د نه منلو ، د نه باور ، وشله .

unbelievable, adj. د نه منلو وړ ، نه منل کېدونکی .

unbelievably, د نه منلو په توگه .

unbend, v.t.i. سمول : سوکه ، ارامول : سمېدل : سوکه کېدل : سستول ، خلاصول .

unbending, adj. نه کږېدونکی ، کلک ، ټینگ ، شخ : اوښتونکی ، نه ماتېدونکی .

unbiased, unbiassed, abj. بې تعصبه ، بې طرفه ، بې غرضه .

unbidden, adj. ناغوښتلی ، نابللی ، بې منتې ، ناگومارلی .

unbind, v.t. ازادول ، خلاصول ، سستول ، سستول .

unblamed, adj. ناگرم ، نا ملامته ، ناتورن ، بې توره .

unbleached, adj. ناسپین شوی ، رنگ نه الوتی .

unblemished, adj. بې ودې ، نکه ، بې داغه .

unblessed, adj. بدمرغه ، نامبارک ، ړټلی .

unblinking, adj. بې رپولو ، بې زمبولو ، بې رپا ، بې زمبا .

unblushing, adj. کلک سترگی ، سپین سترگی ، بې حیا ، بې شرم .

unborn, adj. نازېږېدلی ، ناپیدا : راتلونکی ، مستقبل .

unbosom, v.t. ښکاره کول ، څرگندول ، ښکاره کول ، سپړل : خواله کول ډډه سپړل ، زړه سپکول ، زړه تشول .

unbounded, adj. بې بريده ، بې حده ، بې کچه ، بې پولې : بې واګې، خپل سرى، سرايله .

unbreakable, adj. نه ماتېدونکی.

~~unbridled, adj.~~ : بې واګې، بې جلبه ، بې واکه ، قهرجن .

unbroken, adj. ناماتې، جوړ : ناايله ، پرله پسې .

unbuckle, v.t. تڼۍ پرانستل ، خلاصول.

unburden, v.t. بې باره کول ، له باره خلاصول، بار ترې غورځول .

unburied, adj. ناخښ ، ناښخ .

unburned, adj. ناسوی .

unbusinesslike, adj. بې سرشتې ، نامنظم.

unbutton, v.t. تڼۍ خلاصول، پرانستل .

uncalled-for, adj. نابللی ، ناغوښتی ، بې ضرورته ، بې ځايه .

uncanny, adj. فوق العاده ، ډېر ښه : مرموز، درونه (وېروونکی) .

unceasing, adj. تل، پرله پسې ، نه بس کېدونکی .

unceremonious, adj. ساده، بې تکليفه ، بې تشريفاتو، بې تکلفه: ژر، چټک .

unceremoniously, په ساده ډول

uncertain, adj. نامعلوم، مبهم : مشکوک ، ناپايه ، بې ثباته .

uncertainly, په نامعلوم ډول، په غير يقيني توګه .

uncertainty. نامعلومتيا ، شك.

unchain, v.t. له ځنځير خلاصون ، ايله کول ، خوشې کول .

unchallenged, adj. بې سارى ، هغه چه دسيالى او مسابقې سارى نه لري .

unchangeable, adj. نه بدلېدونکی ، نه اوښتونکی ، ثابت .

unchanged, adj. نابدل شوی، نااوښتی

unchanging, adj. نه بدلېدونکی ، نااوښتونکی، په ځای ولاړ .

uncharitable, adj. بې خيره ، کنجوس، شوم: سخت ګير .

uncharitableness, بې خيري ، کنجوسي ، شومتيا: سخت ګيري.

uncharted, adj. بې نقشې ، بې پلانه ، بې چوقه .

unchartered, adj. بې سرشتې، بې پلانه ، ګډوډ .

unchaste, adj. کچڼى، بدلمنه، کاسېره .

unchastity, کچڼيتوب ، کاسېرتوب

unchecked, adj. بې بنديزه ، نادرېدلی: بې کنټروله ، ناکتلی .

unchristian, adj. غير مسيحي ، دعيسويت درو حې او کرکټر سره چپ: شډل، شاډی، غيرمتمدن ، ځناور خويه .

uncircumcised, adj. نه سنت شوی ، ناختنه .

uncivil, adj. ناروزلی ، شډل ،شاډی ، غيرمتمدن: بې ادبه، بې تهذيبه .

uncivilized, adj. شډل،شاډی، ناروزلی، غير ښاري ، غير متمدن .

unclaimed, adj. ناغوښتی .

unclasp, v.t. ځنځېك خلاصول ، چنګکې پرانستل .

uncle, n. اکا، کاکا ، تره ، ماما ، د ترور مېړه .

unclean, adj. ناپاک، چټل، ناولی، خیرن: ناسوچه، لړلی، ککړ: کچنی، کاسیره.

uncleanness, n. ناپاکي، چټلتیا: ناسوچه والی.

unclear, adj. ناروڼه، تت، غیر واضح: نامعلوم.

unclench, v.t. & i. غنچک خلاصول، پرانیستل: خوشې کول: سوکه کول، ارامول: چنګک خلاصیدل: سوکه کیدل.

uncloak, v.t. & i. بې پردې کول، بربنډول، برسیره کول، لوڅول، ښکاره کول: بربنډیدل.

unclose, v.t. & i. پرانیستل، خلاصول: خلاصیدل.

unclothe, v.t. جامې ترې ایستل، کالي ترې کښل، بربنډول.

unclouded, adj. شین، نااوریځ، بې اوریځې.

uncoil, v.t.&i. بې وله کول، خلاصول: بې وله کیدل.

uncomfortable, adj. ناارامه، لالهانده: ناارامه کوونکی.

uncomfortably, adv. په ناراحتۍ

uncommon, adj. کله کله، کله ناکله: لږ موندونی (نادر): غیر معمول

uncommonly, adv. په غیر عادي ډول

uncommunicative, adj. غلی، چوپ، پټه خولې.

uncomplaining, adj. بې نالښته، بې ګیلې، بې ماڼۍ، بې شکایته.

uncomplimentary, adj. ناستاینونکی، ناامانځونکی، سپکوونکی.

uncompromising, adj. نه پخلا کیدونکی، نه جوړیدونکی، روغه جوړه نه منونکی، غاړه نه ایښودونکی، نه ایلیدونکی، نه اوښتونکی، نه تیریدونکی (له خپلې نظریې څخه).

unconcern, n. بې پروایي، بې تعلقي، بې علاقګي، د زړه سوی نشت، بې مینې توب.

unconcerned, adj. بې پروا، بې مینې، بې علاقې، بې تعلقه، سوړ زړی، سړه خوا.

unconcernedly, adv. په بې پروایۍ

unconditional, adj. بې قیده، بې شرط، بې قید و شرط.

unconditionally, adv. په بې قیدۍ.

unconformable, adj. بې سمونه (توافق نه کوونکی)، نابرابر، ناموافق

unconformity, n. ناسمتیا، توافق نه درلودنه.

unconnected, adj. نانښتی، بې ربط، بې پیونده، نالښتی، بې کوښیره: بې خپلوانو، بې څوکه.

unconquerable, adj. نه لاندې کیدونکی، نه ماتیدونکی، نه ایلیدونکی، غاړه نه ایښودونکی.

unconquered, adj. چه فتح شوی نه وي

unconscionable, adj. بې وجدانه، بې ضمیره، ناروا.

unconscious, adj. & n. بې سده، بې شعوره، بې حسه، بې هوښه، پرکاله، تر سد لاندې (تحت الشعور).

unconsciously, adv. په بې سد تیا ، په بې شعورۍ .

unconsciousness, n. بې سد تیا ، بې شعوري ، بې حسي ، بې هوښي ، بې کالي .

unconstitutional, adj. له اساسي قانون سره مخالف ، غیر قانوني ، بې لارې ، بې تړې ، بې دوده ، بې لرخه ، بې رواجه .

uncontrollable, adj. بې کنټرول ، بې کابو ، بې ادارې ، بې سره .

unconventional, adj. بې تړه ، نادوده . (له رسم او رواج له ازاد) ، په‌خپل سر : غیر رسمي : غیر معمول .

uncooked, adj. نا پوخ ، اوم

uncork, adj. د بوتل خولې‌ته تړې لیرې کول ، بې خولې‌ته تړې کول ، د بوتل سر خلاصول .

uncorrupted, adj. پاک ، سوچه ، الکه ، الس ، سپېڅلی .

uncounted, adj. ناشمېرلی ، بې شمېره ، له شمېرې وتلی .

uncouple, v.t. سره بېلول ، سره جلا کول ، سره خلاصول .

uncouth, adj. شېل ، شاړ ، بې مهارته .

uncover, v.t.&i. بربنډول ، لغړول ، لوڅول : څرګندول ، ښکاره کول ، پېژندل : خولۍ یا بر خولۍ لیرې کول ، سرلوڅ کول (ځانوته) : لوڅېدل .

uncrowned, adj. بې تاجه شوی ، د تخته لرې کړ شوی (مخلوع) : بې تاجه ، بې تخته .

unction, n. غوړ ونه ، ملهم پورې کول ، پادری (یونکې اېښودنه) : غوړه مالي ، غوړ ژبې .

unctuous, n. غوړ ، غوړ : پوست ، پوست ژبی ، غوړه مال .

unctuousness, غوړوالی ، غوړ بېنت : غوړه مالي .

uncultivated, adj. ناکرلې (ځمکه) ، بې اللوده : نار وزلی ، بې ودې : شاړ ، شېل .

uncultured, adj. ناروزلی ، ناکرلی : شاړ ، شېل ، بې تهذیبه .

uncured, adj. ناروغ ، ناجوړ .

uncurl, v.t.i سمول ، گول گوتې اړې کول ، ول لیرې کول ، جېرول (پرېشانه کول)

uncut, adj. ناپرېکړی ، ناپرېکړ شوی ، ناغوڅ : ناشکېدلی ، ناسکښتلی : ناتوږلی : ناسوایدلی .

undamaged, adj. نه‌زیانمن‌شوی ، روغ ، سالم .

undaunted, adj. بې‌ډاره ، بې‌وېرې ، زړه ور ، بې پروا .

undeceive, v.t. له‌غولېدو څخه بچول ، له‌دوکې خوږلو څخه ژغورل .

undecided, adj. زړه نازړه (بې تصمیمه) ، دوه زړی ، بې‌پرېکړې ، بې‌فیصلې ، بې پرېکوله .

undefeated, adj. ماتې ناخوړلی ، نامغلوب ، ناوهلی

undefended, adj. ناژغورلی ، ناخوندی ، بې‌دفاع ، بې ساتنې .

undefiled, adj. نا ککړ ، پاک ، سوتره ، سوچه ، وللی

undefined, adj. ناپېژندلی، نه تعریف شوی، ناڅرګند.

undemocratic, adj. ناډموکراټيک، نادولسواکیز، دډموکراسۍ سره مخالف.

undeniable, adj. رښتینی، منلی، بې شکه، مسلم حقیقت چه انکار تري نشي کېدای.

undeniably, adv. په منلي توګه، په رښتیا او.

undenominational, adj. ناړله ایز، بې ډله، بې برخې، بې مذهب، بې پارټه.

under, prep. لاندې، ښکته، کوز: لاس لاندې: لږ، کم.

adv. د لاندې، ښکته خواته، کوز اوري: لاندې ایښنه، تر لاس لاندې کول.

adj. د لاندې، لاندنی، ښکتنی، کوزنی، ټیټ: لږ، کم.

under— د اسم ذات مختاړی چه د لاندې، کوز، ښکته، او په، کښې معنا ورکوي

underprop, د پایې لاندې.

undertitle, د سرلیک لاندې.

underclothes, د کالیو لاندې (ښځیانو)

undergarment, د کالیو لاندې.

undershirt, د کمیس لاندې (ښځیانو).

underskirt, ترلمن لاندې.

underwaist, ملاوستنی.

underwear, جانګي، ایزار.

undersecretary د سکرتر مرستیال، معین.

underage, ابلوغ، نابالغ.

undernourished, سوی، وږي موری، زموللی، په خوراک کې سوی، کم غذا، کم ودی.

underpay کم تنخوا، لږ معاشي، کمه تادیه

underproduction لږ ېړ ي تولید، لږ پیداوار.

underbid بولي ورکول، قیمت ټیټول، ارزانول، لیلام.

underbred, adj. کم اصل، بد ذات. بد نسله: رذیل، ټیټ، اوچل.

underbrush, n. بوټي، جاړي بوټي.

undercarriage, n. مرستیال چوکاټ (لکه دموټر)، ښکاله، د الوتکې لاندی چوکاټ.

undercover, adj. پټ لټون، پټ (اقدام، عمل، اجراآت).

undercurrent, n. لاندنی جریان، کوزنی څپه: پټ احساسات، ورایي او احساسات او پټ تمایلات.

undercut, v.t. د لاندي برخې غوڅول: قیمت ټیټول، ارزانول، بیه کمول.

undercut, n. د لاندي برخې غوڅوله: قیمت ټیټوله.

underestimate, v.t.&i. لږ ارزښت ورکول، ارزښت کم ګڼل: له واقعیته کم اټکلول.

underexpose, v.t. د ناکافي وخت څخه په لږ وخت کې عکس اخستل.

underfeed, v.t. لږ خوراک ورکول، کم خوړول: د کوزې خوا ور اچول (لکه تېل بخاری ته).

undergo, v.t. زغمل، ګالل: زموږل.

undergraduate, n. د پوهنځي محصل .

underground, adv. د ځمکې لاندې، په پټه .
adj. پټ، د ځمکې لاندې .
n. د ځمکې لاندې وسپنې لار یا د اورګاډي لار .

undergrowth, n. ځنګلي بوټي چه د ونو لاندې شنه شوي وي .

underhand, adv. په پټه، په درغلۍ (خیانت)، په چلمه، په دوکه : تر اوږو لاندې لاس لیونه .
adj. پټ: درغل، ټګ، دوکه مار، چلمه ګر : د ټیټ لاس حرکت .

underhanded, adj. درغل، ټګ، دوکه مار، چلمه ګر، چلولی، چلی .

underlie, v.t. لاندې ایښودل، کوز ایښودل: بنسټ جوړول، بنسټ ایښودل: تکیه کول، تکیه ور کول .

underline, v.t. د تورو او کلمو لاندې کرښه را ایستل : تأکید کول، پام ور اړول .

underling, n. تر لاس لاندې مامور، تر لاس لاندې، د امر لاندې .

underlying, adj. مولید، اساسي، بنیادي: تر لاس لاندې، مادون: څرګند، معلوم .

undermine, v.t. لاندې یې برخه ژورول: په پټه د چا بدنامول، په پټه زیان رسول: کمزوری کول، بې سیکه کول

undermost, adj. زبت ډېر ټیټ : ډېر کوز، خورا لاندې

underneath, adv. لاندې ښکته، کوز، لر: لاندې خوا .
prep نېغ لاندې، سم سیخ لاندې .

undernourished, adj. سوی، وچ موری، په خوراک کې سوی، کم غذا، کم ودی .

undernourishment, n. وچ موري تیا .

underpinning, n. پښتی، تکیه، تنبه .

underpitch, adj. لیمکړی ګومبزی چت، نا بشپړ ګومبز .

underprivileged, adj. بې برخې، له بنیادي حقوقو څخه محروم .

underrate, v.t. کم ارزښته کول، بیه کمول

underscore, v.t. د تورو او کلمو لاندې کرښه را کښل، د لاندې کرښه ایستل: تأکید کول

underscoring, n. د تورو او کلمو لاندې کرښه .

undersea, adj. د سمندر تر مخ لاندې د بحر د سطحې لاندې، په اوبو کې : اوبتل (تحت البحری) .
adv. د سمندر تر سطحې لاندې

undershot, adj. د لاندې زامې د داړو چینګول، د اړې چینګول: داوبو څرخ، هغه څرخ چه اوبه یې د لاندې خوا ګرځوي .

undersign, v.t. لاسلیک کول، په پای کې لاسلیک کول .

undersized, adj. لنډی، لنډ، ټیټکی : وړوکی، لوېشتینګ، خنډی .

underslung, adj. ځوړنده چوکاټ، ځوړنده اډانه .

understand, v.t. پوهول، درک کول، زده کول، مهارت حاصلول : نتیجه اخیستل : تشریح کول: تعبیرول، منل .
v.i. پوهېدل، رسېدل: اټکلېدل

understandable, adj. د پوهېدو وړ، د پېژندلو وړ.

understanding, n. پوهه، پېژندنه، رسېدنه (ادراك): تعبير، تشريح: ځيرکتيا، هوښ، استعداد، وړتيا: برابرتيا، سمون، جوړښت: تړون، تفاهم، توافق.

understate, v.t.&i. لېګړې ويل، په نيمه خوله ويل، د حقيقت نه کم ويل.

understatement, n. لېګړې وينا، د حقيقت نه کمه وينا.

understood, وپوهېد.
تېره زمانه او دريم حالت.

understudy, v.t.&i. (تياتر) د ناسوب اکتور (ممثل) ځای نيول، په اضطراري حالت کې د ناسوب لوبغاړي برخه ادا کول:

n. هغه لوبغاړی چې د ناسوب لوبغاړي برخه ادا کوي.

undertake, v.t. په غاړه اخيستل، ذمه وهل: ژبه کول، لوز کول: منل، تړون کول

undertaker, n. د مړي لمبوونکی او خښوونکی.

undertaking, n. په غاړه اخيستنه، ذمه وهنه: منښه: تړون: د مړي لمبونه او خښونه.

undertone, n. ټيټ غږ: تت رنګ

undertook, د undertake ماضي

undertow, n. د څپې ستنېدل، د څپې کښېناستل: داوبو د سطحې لاندې هغه څپه چې د ساحل سره د لګېدو وروسته بېرته د سمندر لور ته ستنېږي.

undervalue, v.t. د ارزښت نه کم اټکلول، لږ ارزښت ورکول: سرسري اټکلول

underwater, adj. تر اوبو لاندې، داوبو لاندې ودې.

under way, adv. روانېدنه، خوزېدنه، پوون، حرکت.

underweight, n. سپك کم تول، لږ بار، د اصلي تول نه کم

underwent, د undergo ماضي

underworld, n. هغه دنيا، آخرت: په لويو ښارونو کې د مجرمانو ډله.

underwrite, v.t. د ليك لاندې ليكل، ګډون کول: لاسليك کول: تعهد کول: د ونډې د اخيستو تړون کول.

underwriter, n. بيمه وال، بيمه کوونکی: د بيمې شريك.

undeserved, adj. ناوړ (نامستحق): ناموزون، نامناسب.

undesirable, adj. ناخوښتی، نه خوښېدونکی (نامطلوب).

undeveloped, adj. بې ودې، ناپرمخ تللی، وروسته پاتې بې انکشافه.

undevout, adj. بې مذهبه، بې کيښه: ناپاکه، ناسپېڅلی: بې پېرو: بې اخلاصه

undiminished, adj. ناکم شوی (پوره)

undisciplined, adj. بې ډسپلينه، بې انضباطه، ناروزلی: بې انتظامه: ناايله، غاړه غړونی، بې اطاعته، نامنونی.

undiscovered, n. نامونډلی، نامکشوف: ناڅرګند، نامعلوم.

undisguised, adj. ناپټ، څرګند، ښکاره: لوڅ: بې درغلۍ، بې څېرې: بې پوښه.

undismayed, adj. بې ډاره، بې وېرې، بې ترهې، بې ترارې .

undisputed, adj. بې شخړې، بې مخالفته منلی .

undissolved, adj. نا ويلی، ناحله : بې ورانکړې، بې فيصلې .

undistinguishable, adj. له بېلتون نه لرې کېدونکی، نه تشخيص کېدونکی : نه بېلېدونکی .

undistinguished, adj. نا ښکاره، نا جوت : بې نومه، بې شهرته .

undisturbed, adj. آرام، بې خلله، بې کړاوه، هوسا .

undivided, adj نا وېشلی، نا جلا : ټول : يو، واحد، يو موټی .

undo, v.t. خلاصول، بېرته کول، بېرا ايستل ستول : بې اغېزې کول، ردول، باطلول : ړنګول، ورانول .

undoing, n. له منځه وړنه، باطلونه : ړنګونه، تباهي .

undoubted, adj. بې شکه، منلی، مسلم، رښتونی .

undoubtedly, adv. بې شکه، په منلي توګه، په رښتيا او .

undress, v.t.&i. لوڅول، بربنډول : لوڅېدل، بربنډېدل، لغړېدل .

n. د خوب کالي، د کور جامې .

undue, adj بې ځايه، ناروا : تر وخت دمخه : بې ضرورته : زيات .

undulant, adj څپه ييز، څپه وزمه، څپاند، رپند، خوځند، ناهوار : زړګېدونکی تپال خوړونکی .

undulate, v.i. څپې وهل، د څپو په شان ښکاره کېدل .

v.t. په څپو راوستل، رپول، ښورول .

undulation, n. څپاند : څپې : لړزېدنه، ښورېدنه .

undulatory, adj. څپه ييز، څپاند .

undying, adj. نه مړ کېدونکی، تل، بې پايه .

unearned, adj. بې زياره ګټلی، وړيا لاس ته راغلی .

unearth, v.t. له ځمکې څخه را ايستل، رابرسېره کول، څرګندول .

unearthly, adj. ماوراءالطبيعي، فوق العاده، ناځمکنی .

uneasy, adj. ناآرام، ناکرار، تنګ زړی، بې حوصلې، عصبي .

uneasily, adv. په ناآرامۍ، په سختۍ .

uneasiness, n. نا آرامي، ناکراري .

uneatable, adj. نه خوړل کېدونکی، هغه څه چې د خوړلو وړ نه وي

uneaten, adj. ناخوړلی .

uneconomic, adj. بې ګټې، غير اقتصادي .

uneducated, adj. نالوستی، بې تعليمه

unembarrassed, adj. بې اندېښنې، ډاډه

unemotional, adj. بې جذبې، غير احساساتي، بې هيجانه .

unemployed, adj & n. بې کاره، بې دندې : بېکاران .

unemployment, n. بې کاري .

unending, adj. بې پايه، نه ختمېدونکی

unendurable, adj. نه زغمېدونکی ، نه ګالل کېدونکی .

unenforceable, adj. نه تپل کېدونکی ، نه تعمیل کېدونکی .

unenlightened, adj. د تیاره فکر خاوند ، هغه چې منور نه وي .

unenvied, adj. د بېرزوېنې ، غیر محسود

unequal, adj. نابرابر ، نامساوي ، بې انډوله .

unequaled, unequalled, adj. بې ساري ، بې جوړې ، بې مثاله .

unequivocal adj. ښکاره ، څرګند : ساده .

unequivocally, adv. په څرګند ډول ، په ښکاره .

unerring, adj نه سهوه کېدونکی ، نه غلطېدونکی . سم .

unerringly, adv. په سم ډول ، په رښتیا توګه .

unessential, adj. ناموالهیز (غیر اساسي) ناپکار ، نامهم .

uneven, adj. ناهوار ، ځېږ ، کنډکوپر ، نابرابر : طاق .

unevenly په ناهوارۍ ، په ځېږه توګه .

unevenness ناهوارتیا ، کنډکوپر والی ځېږوالی .

uneventful, adj. بې پېښې ، بې بوښکلې (حادثې)

unexampled, adj. بې ساري ، بې جوړې ، بې مثله .

unexceptionable, adj. بې نیمګړتیا ، بې وتې ، بې عیبه : مستثنا کېدونکی .

unexpected, adj. ناڅاپه (غیر مترقبه) ، نابېره ، سمدلاسه

unexpectedly, adv. ناڅاپه ، نابېره .

unexperienced, adj. بې تجربې ، نا ازموېل شوی .

unexplored, adj. نیمګړی : زوړ الدی : ساه ابولی .

unexplained, adj. ناڅرګند ، مبهم : نه توضیح شوی .

unexplored, adj (نامکشوف) ناڅرګند

unexpressed, adj. ناویلی ، ناڅرګنده ، ناڅاکلی : ناز بېښلی ، ناڅنګولی .

unexpurgated, adj. چه د اعتراض وړ ټکی تري نه وي ایستل شوی .

unextinguished, adj. ناوژلی (لکه اور) ، زوندی .

unfaded, adj. نامړاوی ، تازه : نه هېرېدونکی ، نه ختمېدونکی ، بې پایه .

unfailing, adj. نه کمېدونکی ، پرله پسې : د ډاډ وړ .

unfair, adj. چلي ، چالان : بې انصافه : درغل ، منافق .

unfairly, adv. په درغلۍ ، په بې انصافۍ .

unfairness, n. درغلي (خیانات) ، بې انصافي (بې انصافی) .

unfaithful, adj. بې اعتباره ، بې وفا ، بې ایمانه ، ناسم .

unfaltering, adj. نه رېږدېدونکی ، اسه نه لړزېدونکی ، نه درېږېدونکی ، ټینګ ، کلک ولاړ .

unfamiliar, adj. نابلد، نااشنا

unfamiliarity, n. نابلدتیا، ناآشنایي .

unfasten, v.t.&i. پرانیستل، خلاصول : خلاصېدل

unfathomable, adj. نااټکل کېدونکی، نه پوهېدل کېدونکی: نه حل کېدونکی

unfavorable, unfavourable, adj. ناوړه، نامناسب، زړه نه منونکی، نه خوښېدونکی .

unfavorably, adv. په ناوړتیا، په ناخوښي، په مخالفت

unfeeling, adj. بې حسه، بې عاطفې، سخت زړی

unfeigned, adj. بې ریا، رښتونی اصلي، حقیقي .

unfenced, adj. بې منډوه، بې شپوله، بې ډاګه، نامصئوون .

unfetter, v.t. پېکړي لرې کول، دزولنو خلاصول، خوشې کول، خپلواک کول .

unfettered, adj. بې پېکړو، بې زولنو، ازاد، خوشې، ایله، خپلواک، نا تړلی .

unfinished, adj. نابشپړ، ناتمام، نیمګړی .

unfit, v.t. نیمګړی کول، باطلول .

adj. ناوړه، نامناسبه، نابرابره

unfitness, n. ناوړتیا، ناسمونتیا، نابرابرتیا .

unfix, v.t. سستول: خلاصول، چلا کول.

unfixed, adj. سست.

unfledged, adj. بې بڼکو، لوڅ: اوم، بې تجربې، مبتدي .

unflinching, adj. نه غونجېدونکی، بې کوږ تڼه، بې کوږ نچې، نه تېرېدونکی، ټینګ، نه پرېښودونکی

unfold, v.t. بې کڼه کول، سپړل (خلاصول)، په ډاګه کول، څرګندول، ښکاره کول، برسېره کول، ویړول، غوړول .

v.i. بې کڼه کېدل، سپړېدل، څرګندېدل، غوړېدل .

unforced, adj. بې جبره، په خوښه، په رضا .

unforeseen, adj. ناڅاپه، ناببره نااټکله .

unforgettable, adj. نه هېرېدونکی، له زړه څخه نه وتونکی، له یاده نه تلونکی .

unforgivable, adj. نه بخښل کېدونکی، نه معاف کېدونکی .

unformed, adj. بې ډوله، بې بڼې: بې اړاونې، بې رغاونې . مشاده، بدلوري، بدمخی، بدشکله .

unfortunate, adj. نابریالی، پاتې، ناکام، ناکامیاب: بدمرغه، بدبخته، بدامصیبه .

n. بدمرغه سړی:

unfortunately, adv. په خواشینې، په بدمرغۍ .

unfounded, adj. بې بنسټه، بې موجبه، بې بېخه، بې بنیاده، بې اساسه: غیر ثابت، بې ثباته.

unfrequent, adj. کم پېښې، لږ لیدونی: کله کله، ناموندولی.

unfrequented, adj. نه لیدل شوی، لږ لیدل شوی.

unfriendiy, adj. نامهربان، بې صمیمیته: دښمن.

unfrock, v.t. بې برخې کول، محرومول: دملایي دامتیازاتو محرومول، بګټ ترې اخیستل.

unfruitful, adj. بې میوې، شنډ، بې ګټې.

unfulfilled, adj. نیمګړی، ناتمام، نااجرا.

unfurl, v.t.i سپړل، پرانیستل، غوړول: سپړېدل، خلاصول، سپړېدل، غوړېدل.

unfurnished, adj. بې سامانه، بې کالیو (لکه کوټه).

ungainly, adj. زېږ، بواړ: بې ډوله: شډل: لوګی (لونی)، نا ازمویلی: چټی.

ungenerous, adj. سرګټ، کنجوس، شوم، تریو، سخت، نامهربان

ungentle, adj. ناسپېڅن دوبی، نارو زلی، شډل، سپک، غیرسترګی، کلک سترګی، سخ سترګی، بې ادبه، سپین سترګی.

unglazed, adj. بې ځلېښې، بې هنداري، بې ځلاګه، بې ځلا.

ungodly, adj. بې دینه، بې تقوی.

ungovernable, adj. هغه وګړی چه حکومت ور باندې کېدای نشی، بې ملولې، بې جلبه، بې واګې.

ungraceful, adj. شډل، شاړ: زړه وهونکی: زېږ، بواړ.

ungracious, adj. ناخوشالوونکی، خوابدوونکی، زړه وهونکی، نامنونکی: بې ادبه، کلک سترګی، بې تهذیبه.

ungrateful, adj. ناشکره، نیکی نه منونکی: خوابدوونکی، نامنونکی.

unguarded, adj. ناساتلی، ناخوندي، بې ساتنې، بې ژغورنې، بې پروا، بې احتیاطه.

unguent, n. ملهم.

ungulate, adj. & n. سوه لرونکی: سوه لرونکی ژوی.

unhallowed, adj. ناسپېڅلی، ګناهګار.

unhampered, adj. بې خنډه، بې بندېزه، بې لاس وهنې، بې مداخلې.

unhand, v.t. پرېښودل: پرانیستل: خوشې کول.

unhandsome, adj. بې ښایسته، بې ښکلا، بدرنګه: بې ادبه، ټیټ: بې ډوله.

unhandy, adj. شاړ، شډل: زېږ: ناړامه: بواړ: بې ډوله: لوګی، نا ازمویلی: چټی: نا ارامه: کړوونکی، ربړوونکی: نامناسب، ناموزون

unhappy, adj. بد مرغه، بد بخته، بد قسمته، سپېره: غمجن، خواشینی، خپه: غم وهلی، غم ځپلی.

unhappily, adv. په بد مرغی، په خواشینی.

unharmed, adj. نه زیانمن شوی، روغ رمټ.

unharness, v.t. بې واکې کول، ملوونه ترې لیرې کول، بې وسلې کول.

unhatched, adj. د هګۍ نه ناوتلی، په هګۍ کې.

unhealthful, adj. ناروغوونکی، ناجوړوونکی، رنځوروونکی.

unhealthy, adj. ناروغ، ناجوړ، رنځور: نیمګړی: غیرصحي.

unheard, adj. نااوریدلی: چه د حق غوښتنې د دفاع اجازه نه وی ورکړل شوی.

unheard—of, adj. نااوریدلی (هغه څه چه مخکې نه وی اوریدل شوی)، نامعلوم: بې ساری، بې سابقې.

unheeded, adj. له پامه لویدلی، له نظره لویدلی.

unheeding, adj. بې پروا، بې پامه.

unhesitating, adj. ډاډه، بې تردده، په جرأت.

unhesitatingly, adv. په ډاډه زړه، بې تلوالې، په زړه ورتوب.

uhninge, v.t. بې چوراټه کول (لکه دروازه): ګډوډول، وراټول، وېجاړول.

unhitch, v.t. پرانستل، خلاصول.

unholy, adj ناپاک، ناسپېڅلی، ناولی: شیطان: بې خیره: ګناهګار، وبالي: ناوړه.

unhonored, unhonoured, adj بې پته شوی، بې عزته شوی.

unhook, v.t.&i. له ځنځکه ایستل، خلاصول، له چنګکه کښل: بې ځنځکه کېدل، خلاصېدل (له چنګکه).

unhorse, v.t. له اسه غورځول، له اسه اچول.

unhurried, adj. بې تلواره، بې تادي، ورو.

unhurt, adj. روغ رمټ، ناخوږ.

uni— مختاړی (سابقه) چه په مرکبو کلمو کې د (یو، یوازې) معنا ورکوی.

unicameral, adj. یو جرګه یز، هغه هېواد چه د قانون جوړولو یوازې یوه جرګه لري.

unicellular, adj. یو حجره یز

unicorn, n. یو ښکری، یو افسانوی ځاروی چه د تندی په منځ کې یو اوږد ښکر لري.

unidentified, adj. ناپېژندل شوی، بې نښې، ناڅرګند، ناښکاره، نامعلوم.

unification, n. یو ځای کېدنه، یو ځای کول: یووالی، یو ځایتوب.

uniform, adj. یو شان، یو څېر، یو بڼه یز (یونیفورم): یو شان کالی، یو څېر جامې، یو ډول جامې.

uniformly, adv. په یوه ډول، په یوه بڼه.

uniformity, n. يو شانتوب ، ورته والى ، يوڅول والى .

unify, v.t. يو كول ، يو ځاى كول ، يو شان كول .

unilateral, adj. يو اړخيز ، يو لوريز ، يوخوا ييز ، يو پلو يز .

unimaginable, adj. نه اتكليدونكى ، نه تصوركيدونكى .

unimaginative, adj. ناخيالى ، واقعى .

unimpaired, adj. روغ رمټ ، جوړ .

unimpeachable, adj. د تورولو بهر ، نه ازاد ، د اعتراض نه خلاص .

unimportant, adj. نامهم ، بى اهميته .

unimportance, n. بى اهميتى ، نامهم والى .

unimproved, adj. نااصلاح ، ناسم شوى : لاس ناخوړلى ، نا چليدلى ، بى گټې پاتې شوى .

uninformed, adj. ناخبره ، بى معلوماته ، بى خبره .

uninhabitable, adj. د اوسيدنې د پاره نامناسب .

uninhabited, adj. بى هستو گنې ، بى اوسيدنى ، شړ ، شاړ ، لوگه .

uninitiated, adj. نا شروع : نا پښودل شوى ، نه پوه شوى .

uninjured, adj. زيان نامو ندلى ، تاوان ناگاللى (هغه څه چه تاوان او ضرر ورته نه وى رسيدلى) .

uninspired, adj. بى پښودنې ، بى تلقينه ، بى تشويقه ، بى الهامه .

uninstructed, adj. بى تعليمه ، بى لارې (چه لارنه وى ورښودل شوى) .

unintelligent, adj. ناپوه ، بېړا ، بى عقله .

unintelligible, adj. هغه څه چه د پوهيدو وړ نه وى ، نامفهوم .

unintentional, adj. بى نيته ، بى تكله ، بى ارادې ، بى قصده په نااراديڅول .

uninteresting, adj. بى خوند ، بى مزې .

uninterrupted, adj. روان ، پرله پسې : ناپريكړى .

uninvited, adj. نابللى ، نا غوښتلى

union, n. يو والى ، اتحاد يه ، گډون : واده ، نكاح ، پيو ستون : د اتحاد نښان : د كاريگرو يو والى : (تخنيكى) پرزه غونډ .

unionism, n. د اتحاد يو د جوړولو اصول او طرفدارى .

unionist, n. د اتحاد يو طرفدار ، د اتحاديې غړى .

unionize, v.t. سره يو كول ، يو والى وركول : د يو والى غړى كول : يو والى پكښې راوستل .

union jack, د برتانيې د يو والى ولسى جنډه (ملى بيرغ) ، ملى نښان ، دولتى توغ .

unique, adj. بى سارى ، بى جوړې ، بى مثاله ، يكړ ، يو .

unison, n. (موسيقى هم سور ، يو تال ، هم تال : همغاړى : جوړښت ، تړون .

unit, n. يو و كى ، يكړ ، واحد (اندازه) ، يوون ، يو .

unitary, adj. د یووالی، د یوه کېتوب: یوره، ناکنډو، ناویشلی .

unite, v.t.&i. یو کول، سره یو ځای کول، سره غونډول، سره ټولول، یوموټی کول: یو کېدل، سره یو ځای کېدل، سره ټولېدل .

united, adj. سره غونډ، سره ټول، سره یو، متحد، یو لاس، سره جوړ، موافق، متفق .

unity, n. یووالی، ګډون، جوړښت، یوون، اتفاق، اتحاد، ملتیا .

univalve, adj. یو شوړه یېز، یو بوجه یېز، یو تمبه یېز، یو والی لرونکی .

univalved, د یوې شوړې یا بوجې څخه جوړ شوی .

univalve, n. کونجکه، ګوجی: ماماغو اګی، او ښکی، د حلزون د کورنۍ ژوی .

universal, adj. عمومي، جهانی، عالم شمول، ټوله یېز، هر ځایېز: هر کاره، هر چاری، کلی .

universally. adv. په عمومي توګه، په هر اړخیزه توګه، په کلي ډول .

universality, n. عمومیت، ټولوالی، هر ځایی توب، کلیه .

universal joint, ځومخیز بند (تخنیکی)، خواړ خیز مفصل .

universal coupling ځومخیز بند (تخنیکی) .

universe, n. نړۍ، د نیا، جهان: پیدا ایښت، پیدا ویښت، ټوپن، کاینات .

university, n. پوهنتون .

unjust, adj. بی نیاوه، بی عدالته، بی انصافه: درغل، دروغجن .

unjustly, adv. په بی نیاوی، په بی عدالتی .

unkempt, adj. نا بږ و منغ، څپولی (وېښتان)، بی سینګاره، نا جوړه (وېښتان)، ناښاوه، زیږ، کنګ کپړ .

unkind, adj. نا مهربان، نازړه سواندی، سخت زړی، بی رحمه .

unkindly, adv. په نا مهربانی، په ناترسی .

unkindness, n. نامهربانی، ناترسی، نازړه سواندی .

unknit, v.t.&i. سپخول، ګېنډه سپړل، سپړل، خلاصول، پرانیستل، خپرول، تیتول: سپخېدل، ګېنډه سپړېدل، خلاصېدل، خپرېدل، تیتېدل .

unknowing, adj. نامعلوم، ناآشنا، ناپېژندلی، مجهول، بی پتې: ناپوه، بی خبره .

unknown, adj. نامعلوم، نا آشنا، ناښکاره، نااوځار، ناڅرګند، نابلد .

unlace, v.t.&i. د بندونو سپړل، دمزو سپخول، د مزو پرانستل، د تسمو خلاصول: جامې ایستل، څټې کښل، کالی ایستل: د بندونو خلاصېدل، لوڅېدل .

unlade, v.t. بار ایستل: سامان کوزول، بارښکته کول، باراړول، بار تشول .

unlamented, adj. نارړلی، نا ویرړلی، بی ویره .

unlatch, v.t. ورتې خلاصول ، کلاپک پرانستل ، لښ خلاصول .

unlawful, adj. بې قانونه ، بې لارې : ناروا : ارموني .

unlearn, v.t. هېرول ، له یاده ایستل

unlearned, adj. امي ، نازده کړی ، نالوستی ، بې تعلیمه ، ناروزلی : بې زده کړې ، بې لوستنه .

unleash, v.t. له غړوندي خلاصول ، له پړي پرانستل .

unleavened, adj. بې خمیرې ، پتیر ، بې تومنې ، چڼخت .

unless, conj. که چیرې ، پرته ، بې له ، ترڅو ، تر هغه چه .

unlettered, adj. نالوستی ، نازده کړی

unlike, adj. ناورته ، بدل ، مختلف ، بې شباهته .

unlikely, adj. ناشونی ، بې احتماله .

unlimber, v.t.&i. د کول ، سپرول (لکه د توپکې) ، د وېشتلو ته چمتو کول : د کېدل ، سپرېدل ، عمل ته چمتو کېدل .

unlimited, adj. بې بریده (نامحدود) ، بې کچه ، بې پولې : ارت ، پراخ : بې بند بره .

unlit, adj. نابل ، نالګېدلی ، نارڼا ، تیاره .

unload, v.t.&i. بار کوزول ، ښکته کول ، ابری کول ، تشول : کمول ، سپکول .

unlock, v.t. پرانیستل ، پورته کول ، خلاصول : برسېره کول : څرګندول ، ښکاره کول .

unlooked—for, adj. د مخه له لیدل شوی ، ناڅاپي ، ناببره .

unloose, v.t.&i. سستول ، ایله کول ، سپړل ، سپړول ، خوشې کول : سستېدل ، ایله کېدل ، خوشې کېدل .

unloved, adj. ناګران ، نه خوښېدونکی ، ناوړ (د مینې)

unlovely, adj. خوا توروونکی ، زړه وهونکی ، ناوړه ، بد ایسېدونکی .

unlucky, adj. بدمرغه ، بدبخته ، بدقسمته ، سپېره ، بدبلی ، اسکېرلی .

unman, v.t. بې زړه کول ، بې صبره کول ، ښځه ترې جوړول ، خصي کول .

unmanageable, adj. ناایله ، سرکښ : بې سرشتې ، بې واکې

unmanly, adj. ښځینوکی ، بې زړه : هغه چه د نارینه کرکټر او خاصیت نه لري .

unmannerly, adj بې تربیه ، بدخویه ، ناروزلی ، بدورکی ، بې تهذیبه .

unmarked. adj بې نښې ، بې نښانه ، بې نښانه .

unmarried. adj; بې واده ، لوانه ، بې ښځې .

unmask, v.t.&i. څېره لرې کول ، بې څېرې کول ، مخ پټونی لرې کول : ښکاره کول ، بې پردې کول ، پوښ لرې کول ، اوڅول : بې څېرې کېدل ، بې پردې کېدل .

unmatchable, adj. بې مثله ، بې ساری ، بې سیاله .

unmatched, adj. بې ساری ، بې جوړې ، مخې له ارزونکی ، نامتناهي .

unmeaning. adj. بې معنی ، بې مفهومه ، بې مراده ، پوچ ، چټی : بې ارزښته

unmeasured, adj. بې کچه ، بې میچه ، بې مساحته ، بې بریده ، بې پولې ، پراخ ، ارت .

unmeet. adj. بې سموله ، بې جوړښته ، ناموافق ، نامناسب .

unmentionable, adj. هغه چه د یادولو وړ نه وي ، نامناسب .

unmerciful, adj. بې زړه سوبه ، نازړه سواند ، سخت زړی ، بې رحمه .

unmindful. adj. هېرېدونکی ، بې پامه ، بې فکره .

unmistakable, adj. بې غلطی ، بې خطا : څرګند ، ښکاره .

unmistakably. adv. بې شکه ، په ښکاره :

unmitigated, adj. ساده : رټ : کلک ، بېغښی ، کورټ ، مطلق : نامناسب

unmolested, adj. ناترټولی ، نازبېړولی ، ناڅېړلی ، ناکړولی

unmoral, adj. بداخلاق ، بې اخلاقه ، بې لارې : له اخلاقو وتلی ، مباح ، نااخلاقي .

unmovable, adj. ناخوځند ، ناڅوړاند ، نه خوځېدونکی ، ولاړ ، ساکن ، کلک ، ټینګ ، ارام

unmoved, adj. ناخوځند ، ناڅوړاند ، ټینګ ، ارام ، باثباته .

unmusical, adj. بې تاله ، بې سوره ، د موسیقۍ سره آشنا نه لرونکی .

unnamed, adj. بې نومه ، نانومولی : نه یاد شوی ، نانومېدلی .

unnatural, adj. غیرطبیعي ، مصنوعي ، غیرعادي : ناروا ، بد ، ظالم .

unnaturally, adv. په غیر طبیعي ډول ، په مصنوعي توګه .

unnecessary, adj. بې لزومه ، غیرضروري ، ناپکار ، خوشې .

unnecessarily, adv. په ناضروري توګه .

unnerve, v.t. وارخطا کول ، بې ارادې کول : کنټرول له لاسه ورکول .

unnoticed, adj. ناڅرګند ، تر پامه نه راغلی ، په نظر کې نه راغلی .

unnumbered, adj. ناګڼلی ، ناشمېرلی ، بې شمېره ، بې کچه .

unobserved, adj. ناکتلی ، نالیدلی ، تر پامه نه راغلی ، سرابله .

unobstructed, adj بې خنډه ، بې بندیزه .

unobtrusive, adj. په ځا ګډونکی ، بې زړه .

unoccupied, adj. تش ، خالي : وزګار ، بېکاره .

unoffending, adj. بې آزاره .

unofficial, adj. نارسمي ، هغه چه رسماً نه وي تایید شوی .

unopened, adj. ناپرانیستلی ، پورې تړلی ، ناسپړلی .

unorganized, adj. بې سمونه ، نامنظم ، ناادرلی .

unorthodox, adj. نارد هت پال (په زړو اصولو او عقیدو ټینګه نه ردیدونکی) د نویو خیالونو خاوند .

unpack, v.t. د الماری خلاصول ، د بار راایستل ، د بیتی سپړل : د بوغچې له سامان اړې کول ، د کاری نه کالی لری کول .

unpaid, adj. نا ادا ، نا ورکړی ، نا تادیه

unpalatable, adj. بی خونده ، بی مزې

unparalleled, adj. بی ساری ، نا همغاړی ، غیر متوازی ، بی سیاله ، بی مثاله ، نا برابر .

unpardonabe, adj. نه بخښل کیدونکی ، نه معاف کیدونکی .

unparliamentary, adj. نا پارلمانی ، د شورا د اصولو مخالف

unpaved, adj. نا اوار ، نا هوارولی ، نا خپور کړی

unpeopled, adj. بی وګړو ، بی خلکو ، بی اوسیدونکو : چول ، شاړ .

unperceived, adj. نا لیدلی ، نا کتلی : بی درکه ، له پامه لرې .

unperplexed, نا اریان ، نا هك پك ، نا ترور ، نا وارخطا ، نا تلوالی .

unperturbed, adj. نا اریان ، نا وارخطا ، نا سربداله ، نا هك پك ، نا ترور ، نا تلوالی

unpin, v.t. سپړل ، پرا ایستل ، خوشی کول ، ایله کول ، خلاصول .

unpitied, adj. هغه څه چه زړه سوی پرې نه وی شوی .

unplanned, adj. بی پلانه ، بی منصوبې ، ناڅاپه ، نا بیره ، غورځاپه .

unpleasant, adj. خوا وهونکی ، خوا تورونکی ، زړه ته نه کیدونکی ، بی خونده ، بی مزې

unpleasantly, adv. په بی خوندی ، په خوا توری .

unpleasantness, n. بی خوندی ، نا خوښی توب .

unpleased, adj. ناخوښ ، خپه ، ناراضه

unplowed, unploughed, adj. نه یوی شوی ، نا کولیه ، نا وهل شوی (په یوه) .

unpolished, adj. بی ځلکه ، بی ځلا : بی ډبره ، خمر ، بی تهذیبه .

unpolluted, adj. نا ککړ ، نا لړلی ، پاك ، نا ګړ ځیږن .

unpopular, adj. بی شهرته ، بی نومه ، بی لنیانه ، نا منلی ، هغه څوك چه د خلکو نه خوښیږی .

unpopularity, n. بی نومتیا .

unpracticed, unpractised, adj. نا ازمایلی ، نا تجربه شوی : بی مهارته

unprecedented, adj. بی ساری ، نوی .

unpredictable, adj. نه اټکل کیدونکی .

unprejudiced, adj. بی طرفه ، بی تعصبه .

unpremeditated, adj. نا پلان شوی ، بی تیاری ، هغه څه چه له پخوا نه فکر ور باندې نه وی شوی .

unprepared, adj. نا چمتو ، نا تیار .

unpretending, adj. بی پلمې ، بهانه نه کوونکی ، سپین .

unpretentious, adj. پلمه نه کوونکی ، سپین زړی .

unprincipled, adj. بی لارې ، بی مسلکه ، بی اصوله ، بی پرنسیپه

unproductive, adj. بې زېږنده، بې حاصله، بې ګټې، بې نتيجې

unprofessional, adj. غير مسلکي، بې تخصصه.

unprofitable, adj. بې ګټې، بې فايدې، خوشې، چټي.

unpromising, adj. هغه څه چه توقع نشي ځنې کېداى، بې آينده، بې ثمره.

unpronounceable, adj. نه تلفظ کېدونکى، نه ويل کېدونکى.

unprotected, adj. ناساتلى، ناخرندى، ناژغورلى، بې دفاعه.

unprovided, adj. ناچمتو، ناتيار: ناسمبال، غير مجهز: بې وسو

unprovoked, adj. سولې بولې (بې سببه) وچ په وچه، ناپارولى.

unpruned, adj. ناسرکپ (د ونو د ښاخونو).

unpublished, adj. ناخپور، ناچاپ، نانشر شوى: له چاپه ناوتلى

unpunished, adj. بې جزا پاتې شوى، سزا ناموندلى، په جزا نارسېدلى.

unqualified, adj. ناوړه، ناجوګه، ناموزون، نامناسب.

unquenchable, adj. نه مړ کېدونکى، نه وژل کېدونکى (اور): نه ماتېدونکى (تنده)، نه سړېدونکى، نابېهېدونکى.

unquestionable, adj. منل شوى، مسلم، بې شکه.

unquestionably, adv. بې شکه، بې سوال و بې جوابه.

unquestioned adj. بې شکه، منل شوى: نه پوښتل شوى، ناازمويل شوى.

unquiet, adj. ناارام، ناکرار، پارېدلى، مغشوش.

unquote, v.t. اقتباس يا حواله پاى ته رسول، له ليندکيو « » علامه ايستل.

unravel, v.t. سپړل (د سپېڅي) سپړل، خلاصول (د ماشودي)، حل کول: ښکاره کول، څرګندول، په ډاګه کول (لکه دسيسه).

unread, adj. نالوستلى، نالوستل شوى: نالوستى، کم سواده.

unready, adj. ناتيار، پخ، نامناسب، ورو.

unreal, adj. غير واقعي، خيالي، بې حقيقته، افسانوي، وهمي

unreality, n. نارښتينوالى، غير واقعيت، توهم، خيال.

unreasonable, adj. نامعقول، د نه منلو، بې عقله، بې دليله: بې توله، له حده زيات.

unreasonableness, n. بې دليلتوب، بې عقلي.

unreasonably, adv بې دليله، وچ په وچه، په بې عقلي.

unreasoning, adj. جذباتي، احساساتي، بې قضاوته.

unrecognizable, adj. نه پېژندل کېدونکى.

unrecognized, adj. ناپېژندل شوى، نامحسوس.

unrecorded, adj. ناسنجه، نا ثبت شوى، هغه څه چه په ياداښت کې نه وي ليکل شوى

unreflecting adj. بې انعکاسه، بې انګېرېدونکی، سرسري، نظري، بې فکره

unregarded adj نا عارلی، له نظره لوېدلی، له پامه وېستلی: نا منلی: انه‌نه‌لرونکی: بې پروا، نا منونکی: بې درناوې.

unregenerate adj, دخدای دښمن، تورزړی: ګمراه پاتې شوی: بې‌اتی، بدکاری، بدچاری، ګناهګار.

unrelated, adj, اړه نالرونکی، نا تړلی، بې رابطې، بې علاقې، بې خپلوۍ.

unrelenting, adj نا ایلېدونکی، نا اوښتونکی، نه ګرځېدونکی: سخت زړی، نازړه سواندی، ناخواخوږی، ناترس: سخت، کلک، ناسست.

unreliable, adj بې اتباره، بې اعتماد.

unrelieved, adj.: بې ارامه، نا ارام شوی: وزګار شوی (له وظیفې او مسؤولیته): بې مرستې، بې کومکه.

unremembered, adj. هېر شوی، له یاده وتلی.

unremitting, adj. پر له پسې: ټینګ

unreproved, adj.: نا ځنډلی، نا ترټلی: ناګرم، نا ملامت شوی.

unrequited, adj بې عوضه، نه تادیه شوی.

unreserved, adj.: بې تمه (بې قیده): په ډاګه ویلی، ښکاره.

unreservedly, adv په ښکاره توګه، په څرګندول، په ډاګه.

unresisting, adj. سست واکی، بې مقاومته

unrest, n. نا ارامی، لالهاندی، نا کراری، تلوالی: اله‌ګوله، الغاو تلغاو، شور، ځوږ.

unrestraint, n. بې کابو والی. خپل سرتوب، سرایله توب، خپلواکی.

unrestrained, adj بې کابو، خپل سری، سرایله، خپلواکی.

unrestricted, adj بې بندېزه، ازاد، بې خنډه.

unrighteous, adj: بې ایماره، بې انصافه: ګناهګار، وبالی.

unrighteousness, n بې انصافی، بې ایماوتوب، ګناه، وبال.

unripe, adj.: اوم، نا پوخ، خوره، کچه: نیم پوخ.

unrivaled, unrivalled, adj. بې مخیه، بې ساری، بې جوړې.

unroll, v.t.&i. پرانیستل، غوړول، سپړل خلاصول، وېړول: څرګندول، ښکاره کول، ښوول: غوړېدل، خلاصېدل، وېړېدل: څرګندېدل.

unruffled, adj. ارام، کرار: ښوی، مېین: نا پارېدلی، سوړ.

unruly, adj. نا ایل، یاغی، غاړه غړوونکی، سرزوری، ځیلی

unsaddle, v.t. بې زینه کول، له زینه غورځول: له اسه غورځول: بې اسه کول.

unsafe, adj.: نا خوندی، نا ژغورلی: خطرناک، ترهه‌ناک.

unsaid, adj. نه ویل شوی.

unsalable, unsaleable, adj. نه خرڅېدونکی.

unsanitary, adj. غیر صحی، چټل، ناولی، نا روغوونکی.

unsatisfactory, adj. نه قانع کوونکی ، (چه د قناعت وړ نه وي)، تسلي نه ورکوونکی بې سوده .

unsatisfied, adj. نه قانع شوی، نا تسلی شوی .

unsavory, unsavoury, adj. بې خونده ، بې خرې ، پیکه : بد ، ناوړه ، د کرکې وړ .

unsay, v.t. خبره بیرته اخیستل ، له خبرې تیریدل : له خپلې خبرې اوښتل .

unscared, adj. نه ویریدونکی ، نه ډاریدونکی ، بې اندېښنې ، بې ترارې

unscathed, adj. زیان نا موندلی ، تاوان نالیدلی ، ناټپی : روغ رمټ .

unschooled, adj. نازده کړی ، ناروزلی ، نالوستی : غیر مصنوعی ، طبیعی .

unscientific, adj. غیر علمی ، ناساینسی .

unscrew, v.t. د پیچ خلاصول ، د پیچ سستول ، د پیچ کښل .

unscrupulous, adj. بې مسلکه ، بې لارې ، بې اصوله : نا رښتونی ، درغل .

unseal, v.t. ټاپه ماتول ، سر غڅې لیرې کول : بیرته کول ، پرانیستل .

unsearchable, adj. پټ ، مرموز ، نه پلټل کیدونکی ، نه پرسیړل کیدونکی .

unseasonable, adj. اوم ، بې تجربې ، بې وخته ، بې ځایه .

unseasoned بې مسالې : نارسیدلی (د عمر او تجربې له مخې) ، بې ازمایښته .

unseat v.t له چوکۍ لیرې کول ، له چوکۍ غورځول : له غړیتوبه بې برخې کول .

unseeing, adj. نالیدونکی ، ړوند .

unseemly, adj. نا مناسب ، ناوړه .

unselfish, adj. لوروونکی ، نوع پالونکی ، پیرزو لرونکی ، سخي

unselfishness, n. پیرزوینه ، لورونه .

unsettle, v.t. ګډوډول ، وراناول بې ځایه کول .

unsew, v.t. د ګنډو سپړل ، سپړول ، سپړل ، د ګنډو شوکول .

unshackle, v.t. اتکړی (یا زولنې) ماتول : له بنده خلاصول ، خوشې کول ، ایله کول .

unshaded, adj. بې سیوري شوی .

unshakable, unshakeable, adj. ناښوریدونکی ، ناخوځیدونکی : ټینګ ولاړ .

unshaken, adj. ناښوریدلی ، ناخوځیدلی کلک .

unshaven, adj. ناخریلی ، نار خیلی .

unsheathe, v.t. له تیکې ایستل ، توره راکښل .

unshed, adj. ناتوی ، نابهیدلی (وینه ، اوښکې)

unship, v.t. له بیړۍ نه ښکته کول ، له کښتۍ نه کوزول ، له انګوټه ایستل .

unshod, adj. بې ناله ، نال ویستلی پښې لوڅې .

unshorn, adj. نا کټیلی ، ناسکولی ناخریلی .

unsightly, adj. بد څونی ، بدرنګه ، ښه نه ایسیدونکی .

unsigned adj. بی لاسلیکه ، بی امضا .

unskilled, adj. بی مهارته ، بی تخصصه ، نافنی ، غیر مسلکی .

unskillful, unskilful, adj. بی مهارته : ساده : بی تجربې : ناروزلی .

unsmiling, adj. نا موسکی ، بی موسکا : بې روس : تند خوی .

unsold. adj. نا پلورلی ، ناخرخ .

unsolder. v.t. بېلول ، جلا کول : ځپل ، ټوټې کول .

unsophisticated, adj. ساده زړی ، سپېڅلی ، پاك زړی ، سپین زړی : طبیعی .

unsought, adj. نالټولی ، نا پلټلی .

unsound, adj. ناروغ ، ناجوړ ، ناسم ، غلط : سودایی ، چورتی ، عقلی ناروغ : ناموندیز ، بی بنسټه ، بی اساسه : سپك خوب ، سر سری خوب .

unsoundness, n. ناروغتیا : ناسمتیا : سودا .

unsparing, adj. پراخ لاسی ، لېوا ، ارت لاسی ، لګاو ، خرڅاو : نازړه سواندی ، سخت زړی : نه تېریدونکی ، نا بښونکی .

unspeakable. adj. د نه ویلو ، نه ویل کیدونکی .

unspeakably, adv. په ناویلی توګه ، په ناڅرګندېدول .

unspoiled, adj. ناوران ، ناخراب ، ناضایع ، ناتوی : ناخوسا ، ناسخا.

unspotted, adj. بی خاپه ، بی داغه : بی توره ، بی الزامه .

unstable, adj. ناټینګ ، نا کلك ، سست ، بی ټینګاره : بدلیدونکی ، متردد ، اوښتونکی .

unstained, adj. بی داغه ، بی رټې ، بی خاپه : بی رنګه ، رنګ ناوهلی .

unsteady, adj. : ناټینګ ، بی ټینګاره ، خوځند ، رپند ، ښورند : نامنظم ، غیر معمول ، بدلیدونکی .

unsteadily, adv. په بی ټینګاری ، په خوځنده ډول .

unsteadiness, n. نا ټینګارتیا ، خوځیدنه ، اوښتنه .

unstop, v.t. خولپوری لیرې کول ، خولپوټی لیرې کول ، بوجه لیری کول : بندیز لیری کول ، خنډ لیرې کول ، خلاصول ، خوشی کول .

unstrap, v.t. پټۍ لیری کول ، تسمه سستول .

unstrung, adj. بی مزی ، سست مزی : اوتر ، باتریا ، عصبی ، اندېښمن .

unsubdued, adj. نا ښکېل ، نا لاندې ، نا مغلوب .

unsubstantial, adj. غیر مادی ، خیالی ، غیر واقعی : بی مونې ، بی بنسټه ، بی بیخه .

unsuccessful, adj. نا بریالی ، ناکام : پاتی ، مطلب ته نارسیدلی ، بی نتیجې .

unsuccessfully, adv. په نا بریالیتوب ، په ناکامی .

unsuitable, adj. ناجوګه ، نا مناسب

unsuited, adj. ناوړ، نامناسب، ناموزون

unsullied, adj. بې خاپه، بې داغه.

unsung, adj. نه ستايل شوی (په سندرو کې)، نا منلی.

unsupported, adj. بې ملاتړه، بې پوښتنې، بې تکيې: بې مرستې، بې پښې، بې بنياده: بې وزلی، بې وسيلې.

unsure. adj. نا ډاډه، نا وېسا، بې اعتباره: نا څرګندی: خطرناک، ډاروونکی: شکمن،

unsurpassed, adj. بې جوړې، وتلی، بې سارې.

unsuspected, adj. له شکه وتلی، له شکه لېرې، بې شکه، بې خرخشې.

unsuspecting, adj. نا شکمن، شک نه کوونکی: نامعلوم، نامشکوک.

unsuspicious, adj. نا شکمن، شک نه کوونکی.

unsweetened, adj. ناخوږ شوی.

unswept, adj. ناجارو.

unswerving, ناخوځنده، ناښورند، ټينګ ولاړ، په ځای ولاړ، ټينګ، کلک، نااوښتونکی.

unsympathetic, abj نازړه سواندی، ناخواخوږی، بې علاقې: بې اغېزې، بې اثره: زړه نه راکښونکی، نامقبول.

untainted, adj. بې داغه، بې خيري، ناککړ، سوتره، نالړلی، ناچټل.

untaken, adj. نانيولی، نااخيستلی.

untamed, adj. نااېل، ناروږدی، ناآموخته.

untangle, v.t. بې لانجې کول، له جړه خلاصول، بې جړه کول: پرانيستل، سپړل: خنډ لېرې کول، بنديز لېرې کول: په ډاګه کول، ښکاره کول.

untarnished, adj. ناککړ، ناخيرن، تت، نادوړن: بې خاپه، بې داغه.

untasted, adj. ناڅکلی: بې خونده، بې مزې.

untaught, adj. نالوستی، نازده کړی، شړل، شاړ: طبيعي، فطري.

untenable, adj. بې ټينګاره، بې دفاع: کمزوری، بې سېکه.

untenanted, adj. نا باړه شوی، بې اجارې.

unthankful, adj. ناشکره، نامننی (د ښېګڼې).

unthinkable, adj. له تصوره لېرې، فکر ته نه ورتلونکی، غير متصور، له امکانه لېرې.

unthinking, adj. بې سوچه، بې فکره: بې پروا، ناغوږونکی، غوږ نه اېښودونکی.

unthought—of, adj. فکر پرې نه شوی، سوچ پرې نه شوی: هغه چه فکر او سوچ پرې نه وی شوی.

untidy, adj. ناسوتره، ناپاک، چټل، پواړ.

untie, v.t. پرانيستل، خلاصول: فيصله کول، تصفيه کول: خوشې کول، ايله کول: سستول.

until, prep. تر، تردې چه، ترڅو چه، ان تر.

conj. تر هغه چه ، ترهغه پورې ، کله چه .

untimely, adj. بې وخته ، ناوخته ، پخوا له وخته : بې ځایه ، بې موقع .

untiring, adj. نه ستومانه کیدونکی ، نه ستړی کیدونکی

unto, prep. .. ته ، پخوا ، په اوږدو ، په پلو .

untold, adj. ناویلی ، د نه ویلو : ناکنلی ، ناشمېرلی ، بې کچه ، بې شمېره .

untouchable, adj. نه لمس کیدونکی : (په هند کې) هغه خلك چه څوك تماس ورسره نه کوي : په لاس نه رانلونکی .

untouched, adj. چه لاس پرې نه دی لګېدلی ، لاس نه وروړل شوی .

untoward, adj. بد چلن ، بد چاری : بې واکې : زېږوونکی ، څوروونکی : بېځایه ، ناوړه : سرغړوونی ، سرغړوونکی : سپېره ، بدمرغه .

untrained, adj. نارو زلی ، ناپاللی ، ناازمویلی : بې زده کړې ، بې تعلیمه ، ناروزلی .

untrammeled, untrammelled, adj.

ناتړلی ، ایله ، پرانستلی ، خلاص ، آزاد .

untried, adj. ناازمویلی : بې محاکمې ، بې مقدمې .

untrimmed, adj. ناسرکېه : ناسکښتی ، ناخړیلی ، ناکښلی ، پېر .

untrod, adj. پل نانیولی شوی لار ، بې تګ او راتګ ، نوې لیار ، ناوهل شوې لاره .

untrodden, adj. نوې لار ، ناوهل شوې لیاره

untroubled, adj. بې ربړه ، بې ستونځې ، بې څوره ، بې کړاوه ، بې تکلیفه

untrue, adj. ناربښتیا ، ناسم ، غلط ، دروغ : ناربښتوني ، غیر واقعي : بې وفا ، دغل .

untruth, n. ناربښتیا والی ، درواغ : غلطي : بې وفایي ، دغلي .

untruthful, adj. ناربښتونی ، دروغجن : غیرواقعي : دغل ، بې وفا .

untutored, adj. نالوستی : ناروزلی : ناپوه ، شېل ، ساده ، بې سواده ، بې علمه .

untwine, v.t. سپړل ، سپړول ، پرانیستل

untwist, v.t.&i. سپړل ، بېلول ، جلا کول : خلاصول ، پرانیستل ، سپړول : بېلېدل ، جلا کېدل : سپړېدل .

unused, adj. ناکارېدلی ، نه استعمال شوی ، بې استعماله ، هغه شی چه کار ترې نه وي اخستل شوی : ناروږدی ، نابلد .

unusual, adj. غیرعادي ، غیرمعمولی : ناورېات ، نادر ، کله کله : دیادونې وړ .

unusually, adv. په غیرعادي توګه ، کله ناکله .

unutterable, adj. د نه ویلو ، د نه پیاوزلو ، لوړ له ژبې زیات .

unutterably, adv. د نه ویلو په توګه

unvarnished, adj. نا ښکښېدلی ، ناپرکیدلی ، بې ځلا : بې رنګه ، نارنګه شوی .

unvarying, adj. نه بدلېدونکی ، یوشان

unveil, v.t.&i. پرده لرې کول : ښکاره کول ، څرګندول .

unverified, adj. نامنلی ، نه تصدیق شوی ، نه ربښتیا شوی .

unvexed, adj نا ځورېدلی ، نا خپه ، ناپارېدلی

unvisited, adj. نالیدلی ، نا کتلی .

unwanted, adj. نا خوښتی ، نا بللی .

unwarrantable, adj هغه څه چه د مدافعې وړ نه وی ، د نه منلو .

unwarranted, adj بې تضمینه ، بې صلاحیته ، بې واکه ، بې اختیاره .

unwashed, adj. نا مینځلی ، نا وللی .

unwavering, adj. : نه خوځېدونکی : نا اوښتونی : ځای نه ښورېدونکی : ټینګ ، کلک : په ځای ولاړ .

unwearied, adj. : ناستړی ، نا ستومانه : نه ستړی کېدونکی .

unwed, adj. ناواده ، لونډ ، مجرد .

unwedded, ناواده ، لونډ ، مجرد .

unweight, v.t.&i. بار سپکول ، بار کمول ، بوج لږول .

unwelcome, adj. ناخوښتی ، نامنلی : نه خوښېدونکی .

unwell, adj. : ناروغ ، ناجوړه : بې لمانځه (هغه ښځه چه چامې پې شوی وی) .

unwept, adj. نا ژړلی ، نا وېرژلی

unwholesome, adj. نا روغه کوونکی ، نا جوړوونکی : ورانوونکی (د اخلاقو)

unwieldly, adj. بې کابو ، نه اداره کېدونکی : نه استعمالېدونکی (د ډېر لوېوالی یا درنوالی له کبله)

unwilling, adj. بې خوښې ، بې میله

unwillingly, adv. بې ارادې ، بې خوښتنې ، په بې میلې

unwillingness, n. بې میلی .

unwind, v.t. : پرانیستل ، خلاصول ، سپړل ، غوړول .

unwound, adj. پرانیستلی ، سپړلی

unwise, adj. ناپوه ، بې عقل ، بېوا ، لوډه

unwisely, adv. په ناپوهۍ ، په ساده توب

unwitting, adj. : نا خبره ، بې خبره : بې ارادې ، غیر شعوری .

unwittingly, adv. په ناخبرۍ ، په غیر ارادی توګه

unwonted, adj. نا روږدی ، ناآموخته ، نا بلد ، غیر عادی ، غیر معمولی

unworkable, adj. بې کاره ، ناکاره ، هغه شی چه د کار وړ نه وی .

unworldly, adj. روحانی ، هغه څوک چه د دنیا بې چارو سره علاقه نه لری

unworthy, adj. بې ارزښته : ناوړه ، نامناسب ، بې سموله .

unworthiness بې ارزښتوب ، ناوړتیا ، نالایقی .

unwounded, adj. بې ټپه ، بې زخمه ، بې پرهاره .

unwrap, v.t.&i. : [illegible] ، پرانیستل ، غوړول ، وېړدل ، ازادول ، خلاصېدل ، غوړېدل .

unwritten law, adj. دود ، رواج ، لار ، اولسی تړون ، نالیکل شوی قانون : څوک چه دزنا او دښځې د تښتولو دانتقام د اخیستو دپاره مرګ کوی او مجرم کېږي لوددود یاقانون له مخه ورسره نرم سلوک کېږي .

unyielding, adj. سر نه ایښودونکی ، ناایله ، نه تسلیمېدونکی : ځېلی : یاغی ، سرکښ ، ضاهره غړدونکی .

unyoke, v.t. له جغه خلاصول : پېلول ، شکول (لکه دتار) .

up, adj. جګ ، پاس ، لوړ ، اوچت : لېغ ، سيخ .

adv. پورته خواته ، پاس : په پوره توګه .

prep. په : تر : له : د پاره .

v.t. پورته کول ، اوچتول ، جګول ، هسکول .

v.i. پورته کېدل ، اوچتېدل ، جګېدل .

upas, n. د توت د کورنۍ څخه یو ونه ده چه یې (شیدې) یې زهرناکې دی او کله چه څوک ور باندې ولړل شی او په چا ولګېږي هغه مری : ددې ونې شودې .

upbraid, v.t.&i. : تور لګول ، ګرمول رټل ، پېغورل ، ملامتول : تور پرې لګول : پېغورل ، ملامتېدل .

upbraiding, n. تور لګونه : ګرمتیا ، ترټنه ، رټنه .

upbringing, n. روزنه ، وده ور کونه ، ودنه .

upbuild. v.t. ودانول ، جوړول .

upcountry, adj. & n. په هېواد کې دننه پروت : دهېواد په کلیو او باندو کې مېشته .

upgrade, n. & v.t. لوړه ، پېچومی ، ځوړی : لوړول ، اوچتول ، جګول ، خېژول .

upgrowth. n. : وده ، پراختیا : لوېښت : لويي .

upheaval, n. پړسوب ، پورته کېدنه ، څړو الی (د مځکې) ، او ښتنه ، نسکورېدنه : انقلاب ، بدلون .

upheld, د uphold ماضی .

uphill, n. & adj. : لوړه ، جګه مځکه ختلی ، لوړشوی ، پورته شوی : ګران ، سخت ، مشکل ، ستونغ .

adv. مخ پورته مخ په لوړه .

uphold, v.t. لاړ و : پورته کول ، نیول ساتل ، ټینګول : ملا تړ کول ، حمایه کول : شاباشی ور کول ، پرشاټپول .

upholster, v.t. پوښل ، ښاوول ، دکوټې جوړول (په غالیو ، ټغرو ، چوکیو ، پردو او داسې نورو) ، فرشول : پوښ ور کول .

upholsterer, n. : پوښ ور کوونکی : فرش کوونکی .

upholstery, n. دکوټې فرش او لوازم (اثاث البيت) .

upkeep, n ساتنه (حفظ او څارنه او مراقبت) : دڅارنې او ساتنې لګښت .

upland, n. لوړه ، هسکه سیمه .

uplift, v.t. & n. ، جګول ، پورته کول ، ښه کول ، کیفیت لوړول : لوړونه ، اوچتونه ، جګونه .

uplifter. n. پورته کوونکی ، جگوونکی ، اوچتوونکی .

upmost, adj. خورا لوړ ، ډېر لوړ ، تر ټولو لوړ ، له ټولو اوچت .

upon, prep. په ، پر ، باندې ، د پاسه ، له هر حیثه ، په ټوله معنا .

upper, adj. & n. پورتنی ، پاسنی ، برلی ، برسېرن : زیات لوړ ، ډېر جگ ، خورا مهم : لوړ ، جگ ، مشر ، لوی ، ستر : پوڼ ، مخ .

upper-class, adj. لوړه طبقه .

uppercut, n. وړه ډبسه (د سوکواری په لوبه کی په لاندې سوك وهل) ، ابغړك .

v.t. ډبسه وهل ، ابغړك وهل

v.i. ابغړك خوړل ، ډبسه خوړل .

upper hand, برلاسی ، بادداری ، ناپکتوب ، باندې والی ، غلبه .

Upper House د مشرانو جرگه ، د لوړ پاو جرگه .

uppermost, adj. خورا لوړ ، زیات جگ ، ستر ، خورا لوی .

uppers, n. د بوټ یا څپلی پاسنی برخه : چپری ، امرکه ، پورتنی تسی (پای تاوه) .

uppish, adj. غره ، کبرجن ، مغرور ، دماغی .

upraise, v.t. پورته کول ، اوچتول ، هسکول ، لوړول ، خېژول .

uprear, v.t. دروول ، اېغول ، لکول : اوچتول ، جگول : روزل ، پالل .

upright, adj. لك ، ولاړ ، سم ، اېغ (عمود) : پاك زړی ، ښه چاری ، نېك ، ښه چلنده ، عادل .

adv. په لېغه ، په سمه ، په ولاړه .

n. لکوالی ، اېغوالی : ستون

uprightness, n. اېغوالی ، مخ په لوړه : ښه چار توب (نېکی) ، ښېگڼه ، ایمانداری .

uprising, n. پورته کېدنه ، پاڅېدنه ، بلوا ، قیام ، پاڅېتوب ، سرغړونه : الهگوله ، شور او غوغا ، زوږ

uproar, n. غږمبهار ، غوغا ، زوږ ، شور ، ناکراری ، پاربدنه .

uproarious, adj. زوږنه ، غږمبېدونکی ، چغنده : ناکرار ، پارېدلی .

uproot, v.t. له مونځه وېستل ، له بېخه کښل ، له ېلوو وېستل ، له ستنی ایستل ، له منځه وړل ، بوېښا کول ، ورك كول .

upset, adj. نسکور ، اوښتی ، پرمخی : گډوډ ، اندېښمن ، پرېشان .

v.t. نسکورول ، اړول ، پرمخی کول ، گډوډول : پرېشانول .

v.i. اندېښمن کول : نسکورېدل ، اوښتل .

n. اوښتنه ، نسکورېدنه ، گډوډي : اندېښنه ، پرېشانی .

upshot, n. نتیجه ، د مطلب لنډیز ، وروستی ټکی : اخېره .

upside, n. پورتنی مخ ، پاسنی مخ ، برسېرن مخ .

upside down, adj. نسکور ، پرمخ ، اپوټه ، سرچپه .

adv. په سر چپه کول ، نسکور .

upstage, adv. د پردې شاته ، د دربیځ شاته .

adj. د دربیځ شاتنی ، هغه څه چه د دربیځ (سټیج) شاته وي : لوړ او خلکو ته په وړه سترګه او غرور په سپکه سترګه کتونکی : شرمندوکی ، محجوب .

upstairs, adv. & adj. پاس (منزل ، پوړ) ، پورته منزل .

upstanding, adj. ولاړ ، لېږ ، سم : رښتونی ، سپېڅلی ، سپین ، سم (سړی) ، ایماندار .

upstart, v.i. پیل کېدل ، شروع کېدل .

upstart, n. & adj. نوی شتمن ، نوی پیدای : د نوی پیدا ای شوی خوی ، د نوی شتمن د خوی مربوط .

upstream, adv. سرچینې ته لېږدې ، سرچینې ته څېرمه .

up—to—date, adj. خورا نوی ، پوښتی نوی ، د وخت سره سم ، معاصر ، د وخت د غوښتنو سره سم .

uptown, adv. د ښار د پورتنۍ برخې په لور ، د بازار نه لیرې ، د ښار د پاسنۍ برخې په خوا .

adj. د ښار په پورتنۍ برخه کی پروت (د بازار نه لیرې برخه) .

upturn, v.t. & i. اړول ، چپه کول ، په بل مخ کول ، نسکور کول ، اړوله کول : چپه کېدل ، په بل مخ کېدل ، نسکورېدل ، اړوله کېدل .

n. جګېدنه (لکه د نرخ) ، اوړېدنه .

upward, adv. مخ پورته ، پورته خوا ، مخ په وړاندې (ارتقاء) : د سر چینې په لور : د جګې رتبې په لور ، لوړې پایې ته ، اوچتې درجې ته : د تنې پورتنۍ خوا ته ، د سر په لور : د عمر له لیمابی نه وروسته : بې کچه ډېر ، خورا ډېر زیات : پرسېره ، له پاسه .

adj. مخ پورته روان ، مخ په لوړه ، جګ ، هسک .

upwards, adv. مخ پورته ، پورته خوا ، مخ په وړاندې ، د سرچینې په لور .

upwards of, تر ... زیات ، له دې نه زیات

uraemia, n. یوریمیا ، په وینه کی د متیازو د ځینو موادو د راتګو لید و انار و ښتیا .

uraemic. یوریمیا یی .

uranalysis, n. urinalysis ته مراجعه وکړی ه .

uranium, یورانیم ، یورونډ ، کلک ، سپین فلزی رادیو اکټیف کیمیاوی عنصر چه له هغه څخه د پلو ټو نیم عنصر د اتوم د بم د پاره لاس ته راځی .

Uranus, n. اورانوس ، یو د هغو لیری ګرځنده سیاره چه د لمر څخه تقریبا (۱،۸۰۰،۰۰۰،۰۰۰) میله فاصله لری .

urban, adj. ښاری ، د ښار او سېدونکی ، د ښار .

urbane, adj. نیک خویه ، اخلاقی ، د ښه خوی خاوند ، باادابه ، مهذب .

urbanity, n. نیک خوی ، ښه خوی ، ادب ، تهذیب .

urchin, n. ورانکاری، ماشوم، شیطان هلک، نارامه هلک، زیږکی.

urea, n. یوریا (په متیازو کې یوه ماده) چه په مصنوعي ډول هم جوړېږي او له هغې څخه د پلاستیک او نورو شیانو په جوړولو کې استفاده کېږي.

uremia, n. uraemia تهمراجمه وکړی ه.

uremic, adj. یوریمیک.

ureter, n. د پښتورګو او مثانې (یوکنی) ترمنځ د متیازو نل (نلکی).

urethra, n. د مثانې (یوکنی) څخه د متیازو د تللو نل.

urge, v.t.&i. په ټینګه غوښتل، تشویقول: هڅه کول: پام راګرځول: چټک کول: ګړندی کول: پرمخ بیول: ټینګار کول: په مخرو کې کښېښول: بلوی کول: سپارښت کول.

n. په ټینګه غوښتنه، هڅه، ذاړه.

urgency, n. ټینګار: اهمیت: د سملاسي پاملرنې وړ: ټینګه غوښتنه: سمدستي والی، سملاسي توب.

urgent, adj. بېړنی (عاجل)، فوري: اصرار کوونکی: د پار اخوونکی: د سملاسي پاملرنې غوښتونکی.

urgently, adv. سملاسه، په اصرار، فوري.

uric, adj. د متیازو، متیازیز، هغه څه چه په متیازو پورې اړه لري.

uric acid, د متیازو تېزاب.

urinal, n. میتون لوښی، متیازلوښی: متیازځی، میتځی، متیځنګی.

urinalysis, n. د متیازو کیمیاوي تجزیه (د ناروغیو د تشخیص دپاره).

urinary, adj. د متیازو په څېر پورې مربوط: متیازیز.

n. میتون لوښی، متیازلوښی: میتځی، میتځنګی.

urinate, v.i. متیازې کول، میتل، میتل.

urine, n. متیازې (د ...)، بول.

urn, n. اره لوښی (د سوزول شوو مړو ایرو د ساتلو لوښی): جګ چاینک، سماوار، دوه لوښي د قهوې او چای د پاره.

Ursa Major, n. د یوځی کټ د زدې کټ، اسمان کټ (د ستورو نوم دی)، دا نا کنی.

Ursa Minor, n. کوچنی (ستوری)، وړوکی یږ (دب اصغر).

ursine, adj. د یږ، د یږې په شان، یږوزمه.

Ursuline, n. راهبه (په عیسوي مذهب کې د سېنټ ارسولا له پیروانو څخه).

urticaria, n. لړمه، لړمې (د پوستکي د خارښت ناروغي).

us, pron. موږ، موږ ته.

usable, adj. د کارولو وړ: د کار اخیستلو وړ، په کار راتللونکی، د کارېدو وړ.

usage, n. دود، رواج، رسم، لار، استعمال، چلند: ایله (عادت)، روږدیتوب.

use, v.t. استعمالول، په کار وړل، په کار اچول، ترې کار اخیستل: چلند کول: څکول (د چلم او لوګو): روږدېدل.

use, n. استعمال ، په کار اچونه ؛ موبنلی ، مستعمل ؛ خوی ، عادت ، عمل ؛ گټه ، فایده ؛ داستعمال حق : له شتمنی څخه گټه اخیستنه .

useable, adj. دپکار یدو ، د کار داستعمال وړ ، په کار را تللو نی .

useful, adj. گټور ، د کار ، د گټې ، په کار را تللو نی ؛ مرستو نی ، کومکی .

usefully, adv. په گټور ه تو گه .

usefulness, n. گټور توب .

useless, adj. بې گټې ؛ بې ښېږه ، بی فایدی ، په کار نه را تلو نی ؛ بی افیزې ، بی بازې ، چټی ، خوشی .

uselessly, adv. په چټی تو گه ، خوشی .

uselessness n. بی گټی توب .

user, n. پکارو ونکی ، استعمالو ونکی ، لگو ونکی .

usher, n. هغه سړی چه په کلیسا ، محکمه ، تیاتر ، او نوروکی ناکلیو چوکیو ته لارښوونه کوی .

v.t. په خوښو وکې لارښوونه کول ، لارښوول .

usual, adj. معمولی ، عادی ، دودی .

usually, adv. معمولاً ، عموماً ، عادتاً .

usufruct, n. (قانون) له پردی شتمنی څخه داستفادې حق چه شتمنی ته تاوان ونه رسیږی .

usurer, n. سود خور ، سوا بی خور ، رباخور .

usurious, adj. سودخور ، سوابی خور ؛ دسود ، دگټې .

usurp, v.t. غصبول ، په زور نیول ، خپله پرې اچول .

usurper, n. په زور نیوونکی ، غاصب ، خپله پرې اچوونکی .

usurpation, n. په زور اخیستنه ، غصب .

usury, n. سود خوړنه ، سوابی ، رباخوری .

utensil, n. کوښی ؛ اسباب ، اوزار ، سامان .

uterine, adj. زېلانی ، رحمی ؛ له یوې مور ، له یوه نسه ، مور ای سکه .

uterus, n. زېلانځی (رحم) ، نس ، خېټه ، گېډه (دښځې) .

utilitarian. adj. & n. دگټې ، گټور ، داستفادې ؛ دگټې پالنې فلسفه ؛ دې اړو دگټې پلوی (طرفدار) .

utilitarianism, n. دگټې اصالت ، هغه فلسفه چه په هر عمل او پرېکړه کی داکثریت گټو ته ارزښت ورکوی .

utility, n. گټور توب ؛ خوښی ، خوشالی ، هوسایی ؛ دڅو او په گټه .

utilize, v.t. کار ترې اخیستل ، په گټه اچول ، استعمال ، لگول ، په کاراچول .

utilization کار اخیستنه ، گټه اخیستنه .

utmost, adj. زښت ډېر ، ډېر لرې ، بی شمېره ، بی کچه .

n. له حده تېر ، له پرېدو تلی ، تروروستی .

Utopia, n. خيالي ټاپو ، خيالي نړۍ ، يو داسې خيالي ټاپو چه په (۱۵۱۶) ع کال کې سر ټامس مور د افسانې په توګه انځور لی او په هغې کې يې اجتماعي نظام په خاص ډول کامل ښودلی دی ، داسې ښکلی ځای چه په خيالاتو کې وي مګر په واقعي ډګر کې نه وي .

Utopian, adj. د خيالي نړۍ او سيمې وګړی ؛ خيالي ، تخيلي ، تصوري .

utricle, n. کڅوړه (په غوږ او ونو کې) .

utter, adj. بشپړه ، پوره ، ساده ؛ بېخي ، سوچ پوچ ، ټول ټال .

utter, v.t. چلول ، دودول (د سکې ، د پيسو) ؛ چلول (د کوټو او کلپو پيسو) ؛ ويناکول ، ګړېدل ؛ سپړنې کول ؛ څرګندول ، ښکاره کول ، جوتول ؛ په نغښته کول .

utterance, n. وينا ؛ د کوټو پيسو چلونه ؛ د چا د وينا ځانګړی لار ؛ ويلی ، ويلی شوی ، افاده شوی

uttermost, adj. بې حده ، بې پرېده ، بې پولې ، بې شمېره ؛ ډېر لرې ؛ تروسه وسه .

n. لېرې والی ، بې شمېر توب ؛ تروسه پوري .

uvula, n. ژبی .

uvular, adj. د ژبی ؛ هغه غږ چه په ژبی پوري اړه لري .

uxorious, adj. د ماينې ډېر منونکی ، د خپلې ښځې تر اغېزې لاندې ، د ښځې مريی .

V

vacancy, n. تش ځای : خالي (چوکۍ يا بست، استوګنځی، مقام): تشوالی
وزګارتيا: هغه وخت چه کوم ځای،
دفتر مقام ورکې تش پاتې وي .

vacant, adj. تش، وزګار، ناڼيول شوی: تش، وزګار،
چټی، بوچ .

vacantly, adv. په وزګارتيا .

vacate, v.t. تشول، خالي کول، وزګارول،
پريښودل ، لاس اخيستل ، باطلول ،
بې اغېزې کول

vacation, n. رخصتي، دمه، سېل .

vacationist, n. رخصت اخيستونکی ؛
رخصت .

vaccinate, n. خال وهل (د ناروغيو
په ضد)، ستنې وهل، واکسين کول .

vaccination, n. خال وهنه، واکسيناسيون .

vaccine, n. د ناروغيو پر ضد د خال
وهلو دارو، درمل، واکسين .

vacillate, v.i. رپېدل ، لړزېدل ،
ړنګېدل، ټال خوړل: زړه نازړه کېدل،
دوه زړه کېدل، پښه نيول، ځان کښېکښل .

vacillation, n. رپا، لړزا ، زړه
نازړه کېدنه (تردد)، پښه نيونه .

vacuity, n. تش ځای، تشوالی، بوچوالی،
بوچوالی: بوچوالی (د مغز او فکر)؛
خوشې خبره، چټي وينا .

vacuous, adj. تش، بوچ: پخ (ذهن)،
بېځايه، بوله .

vacuum, n. تشيا (خلا)، تشوالی،
کوګوالی: سوري، تش ځای .

adj. تشوونکی، ګوګوونکی،
څکوونکی، هوا راښکوونکی،
رودونکی، زبېښوونکی .

vacuum cleaner, vacuum pump
زبېښ ربېز، زبېښ نل .

vacuum bottle, ترموز .

vacuum tube, د برېښنا تشه شوې
سرپټه نلکۍ، واکيوم ټيوب .

vacuum tube. د برېښنا تشه شوې
سرپټه نلکۍ .

vade mecum, n. جېبي لارښوونکی
کتاب : لاسي کتاب ، جېبي کتاب .

vagabond, adj. کوچی، ګرځنده، کډه
په سر، بې کوره: اېله ګرد، کوڅه ډب .

n. کوچی، سرايله، اېله ګرد .

vagabondage, n. کوچيتوب ،
کډه بشاتوب .

vagary, n. عجیبه فکر یا عمل: هردم خیالي، بلهوسي، وسواس.

vagina, n. مهبل، د ښځې د تناسلي آلې دانه ټیوب.

vaginate, adj. پوښل شوی، خوندي شوی.

vagrancy, n. سرایله توب، خوشې گرځیدنه، کډه په شا گرځیدنه، کوچیتوب: د چورت گډوډي، اوتروالی.

vagrant, n. سرایله، خوشې، چټي گرځیدونکی، بې سره، لالهانده، کډه په شا.

adj. خوشې او چټي گرځند، لالهانده: کوچي، گرځند: اوتر، تر ور، باتریا، پریشان.

vague, adj. تت، ناڅرگند (مبهم)، ناڅاکلي، اندرفښ: ناجوت، ناپرسیره.

vaguely, adv. په تت ډول، په ناڅرگنده توگه.

vagueness, n. تتوالی، ناڅرگنده‌توب، ابهام.

vain, adj. خوشې، چټي، بې ځپ، بې گټې، بېکاره: خاننما، غره، مغرور، ځاوړ.

vainly, adv. بې گټې، چټي.

vainglorious, adj. خاننما، مغرور: لاپو، باڅو، بېرو.

vainglory, n. ځاننمایي، غرور: لاپې، باڅې.

valance, n. جالر، ځاړی، مغزی، ځوړنده پرخه (لکه د بردې، د بستر جاپي، سرمیزي).

vale, n. ناوه، دره، وادي.

vale, n. مخه ښه، خدای په اماني، وداع.

valediction, n. خدای په اماني، په خدای سپارنه، وداع.

valedictorian. n. د پوهنتون اومړی درجه (په امریکا کې)، فارغ التحصیل چه د بري ایلك د ویشلو په مراسمو کې دخدای په اماني وینا کوي.

valedictory, adj. د مخه ښې، د خدای په اماني.

n. د مخه ښه وینا د فراغت په مراسمو کې.

valence, n. د نښتې سیلك (د ترکیب قوه)، په کیمیاوي ترکیبو (عنصرو) کې د یو تربله د نښتې قوت، ولانس

valency د نښتې سیلك.

Valenciennes, n. یو ډول فرانسوي لیس

valentine, n. ولانټیني، د عیسوي ولانټین په ورځ (۱٤ فبروري)، غوره کړې معشوقه، په ولانټیني نیټه مېن لي محبوبه: په ولانټیني نیټه خپل محبوب ته ایلك لیږل.

valerian, n یو هېښتنه شین بوټی چه ریښې یې د ارامونکي درمل په ډول استعمالیږي او سره خونچه گلونه لري.

valet, n. نوکر، خدمتگار، چوپړی، پېشخدمت.

valet de chambre, n. نوکر، خدمتگار.

valetudinarian, n. بې سیکه، مریض، رنځوري، ځنگر.

adj. ناجوړ ځای، کمزوري: وسواسي.

valiant, adj. زړه ور، باتور، توریالی: اتل، میړنی.

valiantly, په زړه ورتیا، په میړانه.

valid, adj. اعتباري، سم، روغ: قانوني، چلاند.

validate, v.t. د اعتبار وړ کول، اعتباري کول، قانوني کول: تصدیقول، تاییدول..

validity, n. اعتبار، سموالی، جواز.

valise, n. د کالیو بکس.

valley, n. دره، وادي، ناوه، تنګی، ناو: ناوه (د بام)، تړی

valoro,valour, n. زړه ورتیا، میړانه، توره.

valorous, adj. زړه ور، میړنی، توریالی.

valorization, n. د ارزښت ټاکنه، د نرخ حکومتي تثبیت.

valse, n. د موسیقۍ سره یو ډول نڅا: د نڅا یو ډول موسیقي.

valuable, adj. ارزښتناك، د ارزښت وړ: ګران: ډېر ګټور، قیمتي.

valuation, n. ارزښت موندنه (ارزیابي) د ارزښت ټاکل، ارزښت: ټاکل شوی ارزښت، ټاکلې بیه.

value, n. ارزښت: قیمت، بیه: د اخستلو قدرت: مفهوم، معنی: د وینا لهجه: ځلك، ځلا: د تیاري او رڼا برتله (رسامي): متناسبه تبادله (تجارت): د تال یا غاړې نسبتي اوږدوالی (موزیك).

v.t. ارزښت ټاکل: ارزښت ورکول.

valueless, adj. بې ارزښته.

valued, adj. ډېر ګران، خورا ارزښتناك، د قدر وړ.

valvate, adj. خولیور (خولوري، خولیوګی) خولیور لرونکی، سرپوښ لرونکی: څنګ په څنګ.

valve, n. (اناتومي) د زړه ورخ، د زړه خوله: (بوټی پوهنه) مشیمه، د زړه پرده: (میخانیکي) تلی، تیچه وال، برېښنايي څراغ: (موسیقي) د موسیقۍ د هغو آلاتو سوري چه د یوکې په ذریعه څېړېږي او د ګوتو په ذریعه یې تال بدلېږي: (ژوي پوهنه) ګوجی، شاپېټی، هغه ژوي چه په اکو نجك ورمه خول کې پټ وي.

valvular, adj. تلی وال، هغه څه چه د زړه د څوړو، د زړه د پردې، تیچې او وال سره اړه لري، (طب) د زړه د څوړو او ورخ سره مربوط.

vamp, n. د بوټ پاسنۍ برخه، د بوټ هغه برخه چه د پښې پاسنۍ خوا پټوي پیوند (د بوټ، کالیو).

v.t. پیوندول

vamp, n. ځان جوړونې، هغه ښځه چه د خپل ډول او سینګار په ذریعه د نارینو زړونه ځان ته اړوي.

v.t. ځان جوړول، په ځان تېر ایستل.

vampire, n. (افسانه) هغه مړی یا روح چه د شپې ګرځي او د ویدو خلکو وینه څښي: بې وفا ښځه، تېر ایستونکې ښځه، هغه ښځه چه خپل مین تېر باسي او له هر څه یې خلاصوي.

vampire bat, n. وینه څښونکی چاپېرک (د جنوبي امریکا).

van, n. د لښکرو یا بېړیو مخکښنی ډلګی : مخکښی ټولګی ، مخکښنی لاربښوونکې ډلګی ، مېر.

van, n. سرپټی باری موټر : (برېتانیه) د اورګاډي سرپټی ډبه (واګون).

vanadium, n. (کیمیا) یو ډول سپین پوست فلز دی ، وېنډیوم.

vanadium steel, n. هغه پولاد چه د کلکوالي له پاره وېنډیوم ورسره ګډ شوی وي.

Vandal, n. د جرمني قبیلو یو څانګه چه ګال (فرانسه)، اسپانیه او شمالي افریقایې لاندې کړې وه او په (٤٥٥) ع کې یې روم تالا کړی و : بربري ، هغه وګړی چه قصداً د خلکو هنر او فن له منځه وړي.

vandalism, n. د علم ، فن او صنعت دښمني ، بربریت ، وحشت.

Vandyke, adj. د بلژیکي (واندایک) اومي نقاش په سبک.

n. څوکره ږیره.

vane, n. د باد د چلېدو او ګرځېدو ښوونکې اله : د بادي ژرندې څرخ.

vanguard. n. د لښکر مخکښنی ډلګی : سرکښی ، د سرېږی ، مېر.

vanilla, n. وانیلا ، یو استوایي پېرونه وزمه بوټی چه د لوبیا په څېر پلی لري : د وانیلا پلی : هغه مواد چه د وانیلا د پلیو څخه راوستل کېږي او د مسالې په ډول استعمالېږي.

vanish, v.t. الوتیا کېدل ، له سترګو ورکېدل ، له منځه تلل.

vanity, n. بې ثمرتوب ، بې ګټېتوب ، بوچوالی : چټي ، خوشې ، باطل : بې نتیجه والی.

vanity box or case, سینګار بکس.

vanquish, v.t. بری موندل (په چا) بری وربانډې موندل ، پېرول ، مغلوبول ، ایلول.

vantage, n. غوره توب ، تفوق ، ګټورتوب : ښه موقع ، ښه چانس.

vanward, adj. مخکېنی ، وړاندېنی.

vapid, adj. مړژواندی ، مړاوی : بې خونده : سست پست ، سوړ.

vapor, vapour, n. پړاس ، بخار ، تاو ، خمش ، بډوال : مالیخولیا ، اندېښنه ، سوداییتوب.

vapory, vapoury, adj. پړاس ، بخاروزمه ، له بخاره ډک.

vaporing, vapouring, n. لاپې ، بې ځایه خبرې.

vaporization, vapourization, n. په پړاس بدلونه ، پوله ، د تبخیر عملیه.

vaporize, vapourize, v.t. پړاس کول ، په پړاس بدلون ، تبخیرول ، پوله کول.

vaporous, adj. پړاسي ، پړاسیز : له پړاسه ډک : دلړو ، لسړه ناک : خیالي ، پوچ.

vaquero, n. غوبه ، پادهوان ، ګوروان (سهیل-لوېدیځه امریکا کي اصطلاح).

variable, adj. بدلېدونکی، اوښتونکی : بې ثباته ، نا پایښتی ، څوټه څوړه : (ژوند پوهنه) کږه ، له خپله نوکمه اوښتی ، اوږ کږه ، اوږجل (سمندرپوهنه) بدلېدونکی باد ، په سمندر کی هغه سیمه چه باد یې اوږدی راوړی .

variability, n. بدلون، اوښتنه .

variance, n. بدلون ، اوښتنه ؛ درابی توپیر ، اختلاف ، بې اتفاقی ، لښه جوړښت (نه توافق) .

variant, adj. n. د یوه شی بله بڼه ، مختلف شکل .

variation, n. اوښتنه ، بدلون : د بڼی اوښتنه ، د بڼی بدلون ، د رنگ بدلون ، د ډول اوښتنه : د پاڼی بدلون: گرځېدنه ، اوښتنه ، توپیر ، فرق : ژوندپوهنه) د نوکم بدلون : (موسیقی) د تال بدلون : (جغرافیه) دانحراف زاویه .

varicolored, varicoloured, adj. رنگه رنگه ، راز راز ، برگه .

varicose, adj. پړسېدلی ، ډډ بډ .

varied, adj. اوښتی ، بدل شوی : توپیرلرونکی ، مختلف ، راز راز : برگه .

variegate. v.t. ، رنگه رنگه کول ، برگول ، راز راز کول ، ډول ډول گرځول ، بڼه اړول ، ډول ډول کول ، متنوع کول .

variety, n. ، راز راز والی ، تنوع ، اختلاف ، توپیر ، فرق ، رازرازشیان ، توپیرلرونکی بڼه : چل‌ځېل ، نوکی نوکی ، راز راز .

variety show, په صحنه کی ډول ډول هر له یوی سندارې .

variola, n. کوی ، غټی لېنکی ، کوځونې (کوځکې) .

variometer, n. واریومیټر ، یوآله چه په مقنع کی لی دوه یو له بله تاودوی خوځند سیمونه موجودوی او د برېښناد جریان قوت ته تغیرورکوی .

variorum, n د بېلو بېلو اېکونکو د یادداشتونو کتاب؛ د بېلو بېلو متنونو مجموعه .

various, adj. راز راز ، ډول ډول ، څوځېل ؛ څوځلی ، څوواري ، ډېر : بدلېدونکی ، اوښتونکی : بې ثباته : مختلف خواصه : ډېر اړخیز .

variously, adv. په ډول ډول ، په راز راز، په بدله توګه .

varlet, n. بدرګه ، ټیټ (وګړی) ، ټګ ، غولوونکی .

varhish, v.t. ځلاور کول ، ښکالی کول، په ځلکوبی رنګول : ښکاره‌ول (په غولوونکی ډول) : دروغونه د رښتیا رنګ ورکول .

n. ځلکوبی (جلا) ، هغه اوبلن څیز چه د ځلاورکولو له پاره استعمالیږی ؛ ځلوونکی ، ښاوونکی ، رڼاوونکی لموله ، مخ ، بڼه ، ډول : ښوبی .

varsity, n. پوهنتون (د یونیورسټی ماغیانه شکل) .

vary, v.t. اړول ، بدلول ، ګرځول : راز راز جوړول ، په ډول ډول کول ، (موسیقی) د تال اړول .

v.i. : اوښتل ، بدلېدل ، گرځېدل
په راز راز جوړېدل ، په ډول ډول
کېدل ، بڼه اوښتل : (ژوند پوهنه)
د توکم اوښتل .

vascular, adj. لوښی (ژوند پوهنه)
لرونکی ، لوښیوړ ، په ژویو او بوټو کې
د رگونو (یا نالی ورمه) جوړښت چه
او په ورکې چلیږي : د وینې نلی ،
مجرا .

vase, n. گلدانی .

vasomotor, adj. په رگونو کې د وینې
د اندازې د ساتلو اعصاب .

vassal, n. مریی ، رعیت ، تابع ، نوکر ،
د یوه خان یا ملك تر حمایې لاندې (په
فیودالی نظام کې) ښتي .

vassalage, n. مریی توب ، تابعیت ، بیعت ،
نوکری ، سیاسي متابعت .

vast, adj. ستر ، لوی ، پراخ ، ډېر ،
بې کچه ، بې شمېره ، زښت ډېر ، خورا
لوی ، سارا ، دښته .

vastly, adv. بې اندازې ، زیات .

vastness, n. زیاتوالی ، پراخوالی ،
ډېروالی .

vasty, adj. ډېر ، زیات ، لوی ، ستر ،
پراخ ، بې کچه .

vat, n. کنډوال ، مټ ، چاټی ، کنډول .

Vatican, n. واټیکان ، د واټیکان په ښار
کې د پاپ ماڼۍ : د پاپ دوا کمنی .

vaudeville, n. د ملنډو او ټوکو مشهوره
سندره ، هغه ننداره چه ډول ډول سندرې
نڅاوې او اټکلونه لري .

vault, n. گومبزه : لاندې گوټه ، اسمان ،
د اسمان گومبزه : روضه .

vault, n. v.t.i. ټوپ ، جگ ټوپ ،
ورغنگ . ټوپ وهل ، ټوپ کول

pole vault, په لکړه ټوپ .

vaulting, adj. ټوپ وهونکی ، ټوپ
کوونکی : لاپوه ، باټو ، مبالغه کوونکی .

vaunt, n. لاپې ، باټې ، ځان ستاینه ،
ځاورتیا .

veal, n. د خوسي غوښه ، د کېلکی (سخی)
غوښه .

Veda, n. ویدا ، د هند د ارو لرغونی
سپېڅلی مذهبي کتاب .

Vedic, adj. ویدی ، هغه څه چه ویدا ته
منسوب وي .

vedette, n: سپور څارن ، سپور څوکیدار :
په سمندرونو کې هغه بېړۍ چه د جنگي
بېړیو د بېړۍ (ابېړ) تر مخه روانه او
د خطر څارنه کوي .

veer, v.i.t. مخه اړول ، د لوری گرځول ،
له یوې مخې یا بازی له بلې ته اړول .
n. د چلند یا لاری بدلون .

veery, n. په ختیځه امریکا کې یو ډول
ځنگلوله

vegetable, n. adj. سابه ، سبزي : د سبو ،
سابه ورمه .

vegetable marrow, n. ځنگی ورمه تنکی
کدو ، هیندوه کدو .

vegetal, adj. د وجود ، د شنلي ، نباتي .

vegetarian, n. هغه څوک چه د عقيدې له مخې بې له سبو او نباتي پيداوارو څخه بل څه نه خوري: يوازې د نباتي موادو د خوړلو عقيده لرونکی.

vegetarianism, n. هغه عقيده چه بې له نباتي موادو د نورو شيانو خوړل گناه گڼي.

vegetate, v.i. زرغونېدل، ټوکېدل: د نبات په څېر وده کول، د بوټي غوندې پاتېدل: بېکاره او خته ژوند کول، د نباتاتو په شان بې ارادې ژوند کول.

vegetation, n. زرغونوالی، وده (د نبات): بې حسه ژوند، غير فعال ژوند: نباتي ژوند. نبات، شنيلی.

vegetative, adj. ټوکېدونکی، زرغونېدونکی: بې جوړې (غير زوجي): بې حسه، غير فعال، بې ثمره (شنډه والی).

vehemence, n. توندي، زور، سختيا، جوش: جم او جوش: تاو، تودوالی.

vehemency, n. توندي، زور، جم او جوش، تاو.

vehement, n. توند، زورور، تاوند، پلنه، سوځند: تود، لېوال، سخت، کلک.

vehemently, adv. په توندۍ، په تاو، په سختۍ، په لېوالتيا.

vehicle, n. گاډی، د وړلو راوړلو وسيله: وسيله، ذريعه.

vehicular, adj. گاډيز، اړه په اړيز.

veil, n. پرده (حجاب)، پلو، مخ پټونی، پوکره، چادری، پټولی: پوښ، پټوونکی (ايرا پستونکی).

n. : پټول، پوښل، په پټولي پټول، څېره اچول.

veiling, n. مخ پټونه، پلو اچونه: مخ پټوونی، پوکره، پلو، څېره.

vein, n. رده، کرښه، رگ، ليکه، اېنکه، چوت، شين رگ (وريد): د ونو د پاڼو رگ.

v.t. ليکي کول، رده کول، رگ رگ کول، کرښې کرښې کول، په کرښو انځورل.

veined, adj. ليکي ليکي شوی، رده شوی، کرښې کرښې شوی.

veining, n. کرښې کرښې، ليکې ليکې.

velar, adj. تالويز، په نرم تالو پورې مربوط، کومه يز.

veld, n. ورشو، وښيابه (په جنوبي افريقا کې).

vellum, n. پسه لري څرمن د ليکلو او صحافت لپاره: هغه نسخه چه په نري څرمن ليکل شوې وي، څرمن ورمه کاغذ.

velocipede, n. يو ډول دوړو کې جولا گاډی، لمر پسا بايسکل، وړوکی دري اراييز جولا گاډی، پخواني بايسکل.

velocity, n. گړندیتوب، چابکتيا، چټکتيا (سرعت).

velours, n. مخمل چوله ټوکر، مخمل ورمه ټوکر.

velum, n. پوست تالو، د تالو پسته برخه، کومی.

velure, n. مخمل، مخملي ټوکر (ټوټه).

velvet, n. : بخمل ، بخمل وزمه ډوکی : دهوسۍ دسر نرم پوستکی ، پالتوه زپاتی : گڼلی پېسی (په جواری کی) .

adj. بخملی .

velvety, adj. بخملین ، بخملی وزمه

velveteen, n. بخملی کالی ، بخملی جامې .

venal, adj. بډی خور ، رشوت اخستونکی

venality, n. فساد ، عقیده خرڅول

venation, n. درگو او پېوندون (جوړښت) ، د رگو او نظم او ترتیب (په پاڼو او وزرونو کی) .

vend, v.t. پلورل ، خرڅول .

v.i. خرڅېدل .

vendee, n. پېرودونکی ، اخستونکی .

vender, n. پلورونکی ، خرڅوونکی .

vendetta, n. کسات (دقتل) ، انتقام ، غچ

vendible, adj دخرڅلاو وړ ، دخرڅون .

n. دخرڅون مال ، دخرڅلاو وړ شی .

vendor, n. پلورونکی ، خرڅوونکی .

veneer, n. نری مخ ، مهینه پرده ، نری پرده ، مخ پوښ (لکه دخراب لرگی د پاسه داعلی لرگی پوښ) : ظاهری بڼه ، ښلا.

v.t. نری مخ ورکول ، په نری پرده پوښل : ښاوول ، سینگارول ، په ډېر پسته پوش ښکلی کول .

venerable, adj د درنښت وړ ، داحترام وړ : پیر ، مقتدا ، پوهیا : سپېڅلی ، مقدس ، پاک.

venerate, v.t. لمانځل ، احترام کول ، په درنه سترگه کتل

veneration, n. لمانځنه ، درناوی ، احترام : عبادت ، لمونځ .

venereal, adj. د جنسی نژدېوالی ، د کوروالی ، (طب) جنسی ناروغی ، په جنسی نژدېوالی پوری مربوطې ناروغی .

venery, n. کوروالی (جماع) ، جنسی نژدېوالی .

venery, n. دښکار مشغله ، ښکار

Venetian blind, n. پره پره لرگیني یا پلاستیکی پردې چه د مری په کښولو پرانستل او تړل کېږی .

vengeance, n. کسات ، بدل ، غچ ، انتقام

vengeful, adj. کساتی ، انتقامی ، غچ اخېستونکی ، بدل اخیستونکی .

venial, adj. د بښنی وړ ، د بښلو ، جوگی

venison, n. دهوسی غوښه .

venom, n. زهر (دمار او لړم او نورو خزندو) ، وښ : زهرناکی ، وژناکی ، کینه ، غچ ، رخه ، ترېخوالی ، بدنیتی.

venomous, adj. زهرناک ، زهرلرونکی ، وژناک : کینه کښ ، رخن : چیچونکی.

venous, adj. رگیز ، درگه ، وریدی : تورو بڼه ، خرابه وینه .

vent, n. سوری ، لوړی ، دت ، منفذ : خرگندونه ، دتوب ښودنه ، دزړه دغوټو پرانیستنه ، خلاصون (لکه د جوړېدو نه) : د توپک یا د توپ د پېلی او دوستی سوری ، (دو پېرو نده) سوری (دمقعد) .

v.t. سوری کول : ترسوری ایستل : ترگندول ، ښکاره کول ، ویل : ږغ کول : خپرول .

ventilate, v.t. ، هوا بدلول (په کوټه ، معدن او نورو کې)، د يو بوخې لرې کول ، د تازه هوا جاري کول: صاف خپرېدل، صفا کول (په اکسيجن): ژر بشول ، څرګندول، په ډاګه ويل.

ventilator, n. هغه آله چه له خوا به هوا باسي او تازه هوا راولي

ventilation, n. ، د هوا بدلون ، تصفيه ، د يو بوخې لېرې کونه :د هوا د بدلون دستګاه .

ventral, adj ، خېټه ايز ، د ګېډې ، د نس، بطني: مخکينۍ برخه.

ventricle, n. ، تش ، کوټ (جوف) ، تش ځای (په څېر هسو کې لکه د زړه کوټۍ).

ventriloquism or ventriloquy, n. د رېښا هغه هنر چه او ر په د ر نکي ګمان کوي چه خبرې د ر بو نکي له خولې څخه نه راوځي بلکه له بل ځايه راځي .

ventriloquist. n. هغه هنرمن چه په باسني ډول خبرې کوي

venture. n. ، دخطر سره او بېړ ، زړه ورتوب ، ماجرا جويي .

v.t. ، خطر ته ځان ټېل ، د خطر منل ، زړه ښه کول ، جرئت کول ، زړه کول : سختۍ ته ملا ټېل : په بحث او مبارزه کې ورګډېدل .

v.n. زړه کول ، د خطر ګالل .

venturesome, adj. ، زړه ور ، متهور ، بلا پروټ ، د جرئت خاوند: خطرناک.

venturous. adj. ، زړه ور ، بلا پروټ ، سرتېري : خطرناک .

venue, n. د پېښې ځای : محکمه : د کتنو ليد نو ځای (د منصفه هيأت) .

Venus. n. ، زهره (ستوري) ، د ښکلا او مينې الهه ، د ژ هري څېره ، اومجسمه: ډېره ښکلې ښځه .

veracious, adj. ، رېښتوني ، صادق ، سم ، ټيک ، رېښتياني ، روغ .

veracity. n. ، رېښتيا والی ، صداقت : سموالی ، روغوالی : کټ مټوالی .

veranda, n. برنډه ، سېات .

verb, n. (ګرامر) فعل .

verbal, adj. ، وېناييز ، د ويلو ، د ژبې ، دخولې ، لفظي ، شفاهي : ټکي په ټکي ، (ګرامر) فعلي .

n. د فعل نوم .

verbal noun, n. فعلي نوم ، هغه نوم نه چه له فعل څخه جوړ شوي وي .

verbatim, n. ، ټکي په ټکي ، توري په توري ، کټ مټ ويل .

verbena, n. يو ډول بوټی دی چه په امريکا کې زرغو نېږي او سره ، سپين او ګلابي رنګه ګلان لري او د ښکلا او سينګار له پاره ورته کار اخلي .

verbiage, n. ، افاظي ، لنډ مفهوم په اوږدو خبرو کې څرګندول ، خبره اوږدول

verbose, adj. ، افاظ ، لنډ مفهوم په اوږدو جملو کې څرګند وونکی ، خبره اوږدوونکی .

verbosity, n. لفاظي ، خبرې اوږدونه .

verdant, adj. سمسور ، شين ، زرغون ، خوراز ، طبيعي .

verdict, n. په محاکمه کي د منصفه جرګه کي حکم اورانه ؛ پريکون ، فتوي ، قضاوت .

verdigris, n. د مسو شين (ابلي) زنګ .

verdure, n. شين والي ، زرغونوالي ؛ شينلي ، مرغه .

verdurous, adj. شين زرغون .

Verein, n. ټولنه (انجمن)

verge, n. هغه لکړه چه د يو رسمي شخصيت له مخه د صلاحيت يا عزت د سمبول په حيث وړل کيږي ؛ پوله ، بريد ، څنډه ، غاړه ، مورګه ؛ ولکه ، کړۍ ؛ بريد (حد) .

v.i. په غاړه بريو تله ، نږدې کيدل ، لګيدل .

verger, n. هغه څوک چه د يو رسمي يا مذهبي شخصيت تر مخه د بيرغ په توګه مخصوصه لکړه وړي ؛ د کليسا خادم .

verify, v.t. رښتيا کول ، باور دي کول ، تصديقول ؛ ازمايل ، امتحانول . سم او ناسم معلومول ؛ مستند کول .

verification, n. رښتيا کيدنه ، باوري کيدنه ، ازمايښه ، تصديق .

verily, adv. په رښتيا ، په رښتيانو ، په حقيقت کي ؛

verisimilitude, n. رښتيا ښکاريدنه ، رښتيا ورته ؛ احتمال

veritable, adj. اصلي ، حقيقي ، واقعي ، رښتياني ، دروغ ، سم .

verity, n. رښتيا ، حقيقت ، واقعيت .

verjuice, n. تروبي (د اومو ميوو) ؛ له تروبي څخه جوړ شوی څښاک (مشروب) ؛ تريووالي ، تونډوالي .

vermeil, n. شنګرف ، سندور ؛ تك سور .

vermicelli, n. اوماچ ، سيميان ، ماچي ، ميږي ، مانچي .

vermiform, adj. چينجي ورمه ، چينجي څوندي .

vermiform appendix, دموډي کولمه ، اپنډيسي کولمه

vermifuge, n. د ګيډې د چينجو دارو .

vermilion, n. شنګرف ، سندور ، تك سور .

vermin, n. ضررناك خزنده ، حشرات اووابه ژوي ؛ ضررناك وګړي .

verminous, adj. خزنده لرونکي .

vermouth, n. ورموت (يو ډول سپين خوندور شراب چه ښه بوي لري) .

vernacular, adj. ځايي ، بومي ، سيمه ايز ، وطني ، اصلي .

n. سيمه ايزه ژبه ، وطني ژبه ، سيمه ايزه ژبه ، وراشه ، لهجه ، عاميانه ژبه .

vernal, adj. پسرلني ، د پسرلي ؛ تازه ، ځنګي .

vernation, n. په زخه (بوټي) کي د پاڼو ترتيب او نظم .

vernier, n. ورنیر ، یو ډول خوځنده میچه چه په هندسه کې ورنه کار اخستل کېږي

vernier scale, ورنیر میچه .

veronica, n. یو ډول ډېر وکی بوټی چه واړه رنګه ګلان لري

versatile, adj. په آسانۍ بدلېدونکی ، اوښتونکی ، ګرځېدونکی ؛ هر کاره (سړی) ، د ډېرو استعدادونو خاوند : څو اړخیز ، هراړخیز ، اوږ دانده .

versatility, n. د بدلېدلو استعداد ، اوړېدنه ، ګرځېدنه .

verse, n. نظم ، شعر ، بیت : بند ، مصرع ، عروضي جوړښت : د شعر تول ، جوك : آیت .

versed, adj. ماهر ، په کار ، تجربه کار ، آزمایلی ، متبحر .

versicle, n. منظومه دعا .

versification, n. په شعر اړونه ، نظم جوړونه ، شاعري : عروضي جوړښت ، عروض ، تقطیع .

versify, v.i. شعر لیکل .

v.t. نظم کول .

versifier, n. ناظم ، شاعر .

version, n. تعبیر ، ژباړه ، ترجمه : معنا : په بل عبارت .

verst, n. روسي ګز .

versus, prep. ضد ، مقابل .

vertebra, n. د ملا تاپی (فقره) ، د ملا مړی ، د ملا بند .

vertebral, adj. د ملا د شمزۍ ، د ملا تیر ، د ستون فقرات : د ملا تاپي اړونکی ، د ملا بند اړونکی

vertebral column. شمزۍ ، د ملا تیر ، ستون فقرات .

vertebrate, adj. د ملا تیر اړونکی ، شمزۍ وال .

n. (ژوی پوهنه) ملا تیر اړونکی ژوی لکه تی اړونکی ، الوتونکی ، ښویېدونکی او ذوحیاتین ژوی .

vertex, n. (ستوري پوهنه) د آسمان هغه لوړه برخه چه عموداً د لیدونکي په سر واقع وي ، د څوکې په سر د آسمان ټکی ، کېږي : راس (هندسه)

vertical, adj. عمودي ، په سر ، د څوکې ، په څوکه ، نېغ په سر : نېغ ، سيخ ، الك عمودي کرښه ، ایښه لیکه :

n. ستن ، سیخ .

vertically, adv. په ایښه توګه ، عموداً .

vertices, n. د vertex جمع

verticil, n. غونچه ، څېرو سکه (پاڼي یا ګلونه) .

verticillate, adj. څېرو سکن ، غونچه ایز .

vertiginous, adj. چورلېدونکي ، څرخېدونکی ، سرګردان ، ګنګس : سر ګرځوونکی ، ګنګسوونکی .

vertigo, n. سرګرداني ، ګنګستیا ، د سر چکر .

vervain, n. یو ډېروکی بوټی چه شنه یا سپین ګلان لري

verve, n. ذوق ، شوق ، جوش ، سپت ، قوت .

very, adj. حقیقی، کټ مټ، همغه، ښه دی: ورته، ځولدی، پهشان: ان تر، تر دې چه.
adv. زښت ډېر، خورا زیات.

vesicant, adj., n. تڼاکی کېدونکی، اوبجن زخم، پاڅه، پقی (د تڼاکې).

vesicatory, adj. تڼاکی کېدونکی.
n. پاڅه، پقی.

vesicle, n. پوکنۍ، کوبی.

vesicular, adj. پوکنۍ، کوبی وزمه، د پوکنۍ.

vesiculate, adj. پوکنۍ، کوبی وزمه، د پوکنۍ.

vesper, n. د ماښام ستوری، زهره: ماښام مهال: دماښام لمونځ، ماښامی دعا، دماښام بانګ، د ماښام زنګ.
adj. دماښام، ماښامی: د ماښام لمونځ.

vespers, n. pl. دعبادتی شپږو ساعتو نو وروستی ګړی، عبادتی شپږمه ګړی: دماز دیګر او ماښام لمونځ.

vespertine, adj. ماښامی، د ماښام: په ماښام کې غوړېدونکی (ګلونه): ماښامی الوتونکی، هغه مرغان چه په ماښام کی الوزی.

vessel, n. لوښی، مجمه، تال، تبښی: بېړی، هوائی بېړی، الوتکه: منرلکی دظرفیت خاوند، دژغم لښتن: رګ، مجرا، ناوب

vest, n. واسکټ، صدری.

Vesta, n. د لغری او دهغه داور الهه: خلی، سوالی، تېلی، اورلګیت.

vestal, adj. د لغری او دهغه داور الهه: داور په پېغلی، په اور په پېغلی پوری مربوط.
n. پاک لمنه، سپېڅلی پېغله: اور په (اورساتونکې) پېغله: پېغله، هغه پېغله چه مېړه نه کوی او ځان ئی مذهبی چارو ته بخښلی وی.

vestal vergin, داور دبا لنوع ته بخښل شوی پېغله. اور په پېغله، پاک لمنی پېغله، داور الهی ته بخښل شوی پېغله.

vested, adj. په کالیو پټ، په اغوستن پټ، اغوستونکی: قانونی، ټاکلی، مقرر.

vestee, n. یوه وړه سینګاری ټوټه چه دښځو دجاکټ ومخکښی برخی ددووړ یو ترمینځه ځی پوری.

vestibule, n. ډیوړی، د هلېز.

vestige, n. نښه، پل، خاپی، نښه، اثر: پاتی شوی.

vestigial, adj. منځ لرونکی، نښه لرونکی، پاتی شوې.

vestment, n. اغوستن، پوشاک: کالی، جامه: رسمی کالی، دستوری (دمراسمو) جامه: د کشیشانو دمذهبی مراسمو کالی.

vestry, n. د کلیسا د سامان کوټه: دعبادت او لوړ ر—مذهبی مراسمو کوټه: یوه ډله چه د کلیسا مالی مسایل اداره کوی.

vestryman, n. د پورتنۍ جرګې غړی

vesture, n. پوښاك ، كالي .

vet, n. veterinary. veterinarian veteran د مخفف په توګه

vetch, n. کټی ، غوږو او اوږدو پلي لرونکو بوټو واښه : مې .

veteran, n. پوخ ، تجربه کار ، زوړ پوځی ، چا چه سړې او تودې لیدلي دي .

adj. په تجربو کي پوخ شوی .

veterinarian, n. بیطار ، د څارویو طبیب .

veterinary. n. بیطار : د بیطارۍ ، د څارویو طبیب .

veterinary medicine د څارویو طب ،

veto, n. ویټو ، ګرځونه ، رد ، منع : د منع کولو واك ، د ردولو حق .

v.t. له منځل ، ردول ، د قانون لایحې ردول .

veto power, د منع کولو واك ، د ردولو حق .

veto message, هغه پیغام چه د یوه پیشنهاد د نه تصویبولو دلیلونه وایي .

vex, v.t : ځورول ، خوځول ، ناراموول : اپریښانول ، ناندرۍ وهل ، مباحثه کول ، ځورول ، ربړول ، بې وسول ، پښه وول ، تر سول ، خواشینی کول .

vexation, n. ځورونه ، خوځونه ، نارامي : ناندرۍ ، ربړونه ، ځورونه ، بې وسونه ، پښه ونه : خواشیني : د خواشینۍ سبب ، د نارامۍ علت .

vexatious, adj. ربړوونکی ، ځوروونکی ، خواشینوونکی ، خپه کوونکی .

via, prep. له لاری ، له ـ څخه : په ذریعه

viable, adj. د ژوندي پاتې کیدوونکی ، د ژوندوون ، د ژوند اوږدیدونکی ، ودې وال

viaduct, n د درې پل ، د تنګی پل .

vial, n. بوتلګی ، وړوکی بوتل (د درملو) .

viand, n. خواړه ، خوراکی مواد : توښه

viaticum, n. ، توښه ، خوری : د سفر توښه ، د لارې خرڅې : هغه ډوډۍ او شراب چه د مذهبي عقیدې له مخې مړ کیدونکي ته ور کول کیږي .

vibrant, adj. خوځنده ، رپنده ، ښورېدونکی ، لړزنده : غږنده ، انګازه ور .

vibrate, v.t. زانګول ، ښورول ، خوځول ، اهتزاز کول ، رپول ، لړزول : د خوځولو او زانګولو په ذریعه میچول .

v.i. زنګېدل ، خوځېدل ، ښورېدل ، رپېدل : دوه زړی کېدل ، شکمن کېدل .

vibrator, n. لړزوونکی ، رپوونکی ، ښوروونکی

vibration, n. اهتزاز ، ښورېدنه ، زانګېدنه ، خوځېدنه ، رپېدنه ، لړزېدنه (فزیکي) د میخانیکي ، برقي ، مقناطیسي . او لوړو څپو د لړزېدو سبب او ال .

vibratory, adj. خوځنده ، رپنده ، ښورنده ، لړزنده : خوځوونکی ، د خوځولو ور .

viburnum, n. یو ډول بوټی یا ونه ده چه د ژړ انګاني یا څرخ په شان واړه سپین ګلان لري .

vicar, n. کلیل ، نائب ، مرستیال ، معین ، خلیفه ، د پاپ مرستیال ، کشیش .

vicarage, n. د کشیش معاش، د پادری معاش: د کشیش هستوګنځی؛ د کشیش وظیفه، نیابت او خلافت.

vicar-general, n. د سر اسقف استازی، د اسقف نائب.

vicarious, adj. د نیابت، وکیل، کفیل، وصی، استازی.

vicariously, adv. د نیابت په توګه، په کفالت.

vice, n. بدي، بد چلندي، ناوړتیا، شر: بدخویي، عیب، اېمکړتیا، جنایت.

vice, n. شکنجه، ګیره، لوسی.

vice, prep. په ځای، په عوض.

vice — ځای نیوونکی، قایم مقام، نائب، مرستیال.

vice-chancellor د صدر اعظم یا د پوهنتون د رییس مرستیال.

vice-president د جمهور رییس مرستیال، د رییس مرستیال.

vice-regent. نائب السلطنه.

vicegerent, n. نائب، کفیل، سرپرست **adj.** نیابت کوونکی، کفیل، وکالت کوونکی.

vicennial, adj. شل کلنی، په شلو کلونو کې یو ځل پېښېدونکی.

vice-presidency, n. د ریاست مرستیالي: د ریاست د مرستیال دفتر.

viceregal, adj. د نائب الحکومه، په نائب الحکومه پورې اړه لرونکی.

viceroy, n. نائب السلطنه (په مستعمره کې)، نائب الحکومه، والي.

viceroyalty, n. د سلطنت نیابت، نائب الحکومګي

vice versa, adv. په عکس، په خلاف، بالعکس، په اړولي ډول.

Vichy water, n. په فرانسه کې د (ویشي) سیمې معدني اوبه: د همغې لوري طبیعي، یا مصنوعي اوبه.

Vichy, n. ویشي اوبه (عامیانه اصطلاح).

vicinage, n. ګاونډیتوب، ګاونډ: ګاونډي سیمه

vicinity, n. نږدېوالی: ګاونډیتوب، شاوخوا سیمه.

vicious, adj. بد، ناوړه، شریر: بدروږدی: اېمکړتیا لرونکی: بې لارې، خوشي، کوږ، غلط: ناوړې، ناپاک: زخن: شډول، شاړ، بې ډبه.

viciously, adv. په بدۍ، په ناوړتیا، په اېمکړې توګه، په بې لارې.

viciousness, adj. بدي، شرارت: ناوړتیا، رخه، شډول توب.

vicissitude, n. بې دوني تیا، ګډوډي، بې نظمي: ناڅاپي او پېښه، ناڅېره بدلون.

victim, n. ښندل، جار، قرباني، ښکار، قرباني کېدونکی: په کومه پېښه کې ژوبل یا مړ یا ښندل شوی.

victimize, v.t. جارول، ښندل، قرباني کول، قربانول، ښکارول: اخته کول.

victor, n. بریالی، ود، فاتح سوبمن.

victoria, n. دوکسیزه څلور ارابیزه بګی، دوه لاربوه څلور څرخیزه ګاډی: یو ډول سپین ګلاب وزمه ګلچه داربو په سر ګرځی: یو ډول کوترلی کوتره.

Victorian, adj دانګلستان دوېکټوریا ملکی د وخت (۱۸۳۷-۱۹۰۱): زوړ خیاله، تنګک نظره، دوېکټوریا دوخت سړی یا لیکوال.

victorious بریالی، سوبمن، فاتح؛ دبری، په بریالیتوب، دفتحی.

victory, n. بری، سوبه، فتح.

victual, n. خواړه، روزی.

v.t. خواړه تیارول، روزی پاسره کول.

victualer, victualler, n. خواړه رسوونکی، خرڅاو خوراك تیاروونکی دخوړو قراردادی، خواړه پلوروونکی.

vicuna, n. دجنوبی امریکی تی لرونکی ژوی.

vicuna cloth. له (ویکونه) څخه جوړ شوی ورېښمین ټوکر

vide, v. وګوری، وګسی (دپاملرنی دراګرځولو له پاره استعمالیږی.)

videlicet لکه، په دی ډول، داسی، (viz) دی مخففشکل ئې

vido, adj. (په ټلویزیون کی) د تصویر خپرول او اخستل.

vidette, n. د vedette کلمه وګوری.

vie, v.i. سیالی کول، رقابت کول.

view, n. کتنه، کاته، لیدنه، جاج اخیستنه: جاج، فکر، اند، سوچ: د نظر ټکی، د نظر برید: منظر، منظره،

ښکاریدونی، ښکارنده: څیره، شکل: نظریه، قضاوت: غرض، مقصد، مطلب.

v.t. لیدل، کتل: په څیر کتل، ازمایل، پلټل

viewless, adj. نا ښکارنده، نه لیدل کیدونکی.

viewpoint, n. د نظر ټکی، دمطلب ټکی، لید کوټ.

vigesimal, adj. شلم، په شلو ویشلی، له شلو برخو جوړ.

vigil, n. داختر شپه، داختر د شپی روژه: شوګیره، څوکی، لوکربوالی: ویښتیا، بیخوبی: څارنه، پاملرنه، څوکیداری.

vigilance, n. ویښتیا، بیداری: څوکی، پیره، څارنه، پاملرنه.

vigilant, adj. څوکیدار، څوکیوال، پیره وال.

vigilante, n. (د امریکا په لولیه کی) دامنیت دجرګنګی غړی.

vigilance committee, امنیت جرګنګی.

vignette. n. د کتاب د پښتی انځور، د کتاب دفصل انځور: چاپیریال وزمه څیره: قلمی څیره، لیکلی ترسیم.

v.t. ترسیمول، انځورول

vigor, vigour, n. سیك، قوت، زور، مجال، وس: وس کېدنه، زور اچونه، تونددوالی.

vigorous, adj. زورور، سیکمن، ځښتلی، قوی: سخت، توند.

vigorously, adv. په زور، په سختی.

viking, n. د سکانډیناوي هېوادونو سمندري غلو او ځوکماران (له اتمې پېړۍ څخه تر لسمې پېړۍ پورې).

vilayet, n. ولايت، دولتي اداري واحد.

vile, adj. بې ارزښته، ټيټ: بد، بدچلنده: ناپاک، ناوړه: رذيل، د کرکې وړ، منفور.

vileness, n. ټيټوالي، بدوالي، ناوړتوب.

vilify, v.t. تورول، بدنامول، داغي کول، شرمول، دروغ پورې تړل.

villa, n. باڼه (صيفيه)، له ښاره وتلې تفريحي کور.

village, n. کلی: کليوال، د کلي خلک.

villager, n. کليوال.

villain, n. بدي، بدرګه، ټيټ، کچه، درانکاري.

villainous, adj. بدو، بدرګه، ټيټ، کچه، ورانکاري توان، تهمتي: منفور.

villainy, n. بدوالي، شرارت، جرم، ډېره بدخويي.

villein, n. په منځنيو پېړيو کې نيم خپلواک کروندګر، د ځمکوال بکاروز (دهقان).

villenage, villeinage, n. بکاروزي (دهقاني)، بزګري.

villous, adj. پرزړيو وېښتانو پټ:

villus, n. پرزړو کولمو کې د خوړو د جذبولو زخې: دېرڅو د پاڼو په نهرو او نورو برخو د پاسه نري وېښتان.

vim, n. سېک، زور، قوت.

vinaigrette, n. د خوشبوېه سرکې يا دمالګې ډبې يا بوتل

vincible, adj. ماتې خوړونکي، فتح کېدونکي.

vindicate, v.t. ځان سپېنول، برى الذمه کېدل: ملاتړ ل، حق ګڼل: د يرغل څخه ساتل، دفاع کول.

vindication, n. سپيناوی، سپېڅوالی، ريښتينوالی، ملاتړ، ساتنه، دفاع.

vindictive, adj. انتقامي، کسابي.

vine, n. دانګور وتاک، دميوې تاک، کور، څېلی: تاک ارونکي بوټي، څېلي وال نباتات.

vinegar, n. سرکه.

vinegar eel, n. د تخمېر اري چينجي چه په سرکه کې ليدل کېږي.

vinegary, adj. دسرکې، سرکه ورته، دسرکې په شان، تريو، تونده.

vineyard, n. دکورو باغ، دانګورو باغ، دميوې باغ.

vinous, adj. د شرابو، په شرابو پورې مربوط، دشرابو په شان.

vintage, n. دانګورو حاصل، دميوې حاصل: دانګورو دټولو لو وخت، دانګورو دپوډولې موسم، دشرابو د جوړولو موسم، شراب جوړونه: شراب.

vintage wine, پخه شراب.

vintner, n. شراب پلورونکي، شراب خرڅوونکي.

viol, n. د منځنيو پېړيو د موسيقۍ يو سرنده. پاوپلون ورته آله.

viola, n. د موسیقۍ څلور تاریزه له ویلون څخه غټه آله .

violable, adj. د غاړې غړې ایدو وړ ، د ماتیدو ، د تیري .

violate, v.t. تیری کول ، ماتول ، بې پروا نه کول ، غاړه غړول : لاس وراچول ، بې پته کول ، تورول : ربړول ، ګډوډ کول ، ورګډیدل .

violator, n. غاړه غړوونکی ، تیری کوونکی ، لاس اچوونکی ، سپکوونکی .

violation, n. تیری ، تجاوز ، بې پروایي ، غاړه غړونه : لاس وراچونه ، سپکاوی : ګډوډي : څورونه .

violence, n. زور ، قوت ، تشدد ، اجبار : تیری ، سپکاوی : سختي ، توندي ، پارېدنه : تاو .

violent, adj. زورور ، سخت : له پرېده وتلی ، پارېدلی : غیر طبیعي (لکه مړینه) : تاوند ، توند .

violently, n. په زور ، په زیاتی ، په توندی ، په جبر ، په تاو .

violet, n. چونیا ، بنفشه (ګل) ، بنفشه (رنګ) .

adj. چونیایي ، بنفشه یي .

violin, n. سرینده ، سارینګه ، غچکه ، وایلون : سارینده چي ، سارینګه غږوونکی

violinist, n. سرینده غږوونکی .

violoncellist, n. لویه سارینده وهونکی ، دلویې غچکې غږوونکی .

violoncello, n. لویه سرینده ، وایلن سلو (لویه غچکه چه بم غږ ولري) .

viper, n. یو ډول وښی اروونکی منګور ، یو ډول ډېر زهرجن مار : ټګ ، دغل ، دوکه‌باز ، خائن ، بدی ، بدو .

pit viper, یو ډول وښی اروونکی منګور ، یو ډول زهر اروونکی مار .

virago, n. جنګره که ، جګړه‌ماره ، ناندري وهونکې : نرګټه (نرصفته ښځه) .

vireo, n. یو ډول امریکایي مرغه چه ډول ډول رنګونه لري .

vires, n. د vis جمع .

virgin, n. بي بي مریم : پېغله ، نه وهل شوې (باکره) ، هغه ښځه چه لاس پرې نه وي لګېدلی .

adj پاک لمنې ، پاکه : د پېغلې : پاک ، سپېره : تازه ، نوی ، نه استعمال شوي .

virginal, n. د موسیقۍ یوه آله چه په څلورسمه او اوولسمه پېړۍ کې استعمالیده .

virgin birth, n. د مذهبي عقیدې له مخه د عیسی (ع) بې پلاره زیږیدنه .

Virginia creeper, ځنګلي کور (انګور) ، ځنګلي میلوه .

Virginia reel . یو ډول کلیوالي نڅا .

virginity, n. بکارت ، پېغلتوب .

Virgin Mary پېغله مریم ، د عیسی (ع) مور .

viridescent, adj. شین بخن ، شین وزمه .

virile, adj. نرینه، د نر څرګندوي: قابو لرونکی، پیاوړی، مېړنی: نر، مېړه.

virility, n. مېړانه، ناریتوب.

virtu, n. د ښکلا خوښوونی ذوق، د هنر سرمینه، هنري آثار.

virtual, adj. اصلي، رښتیانو، واقعي، حقیقي، معنوي.

virtually, adv. په رښتیانو، په حقیقت کې

virtue, n. فضیلت، ښېګڼه، ښه والی، تقوی، غوره والی، ښه چلند، پاك لمنی: سپېڅلتیا: اغېزه: مېړانه، زړه ورتوب

virtousity, n. هنري مهارت، هنري ذوق، هنري پوهنه.

virtuoso, n. هنرمن، هنر خوښوونکی: استاد (د موسیقۍ): د هنر ذوق، هنري پوهنه.

virtuous, adj. سپېڅلی، پرهېزګار، ښه، نیك، پاك.

virulent, adj. زهرناك، وښ لرونکی، وژونکی: د سر دښمن، کینه کښ: زړسرایت کوونکی.

virulence, n. زهرناکي، وښ لرنه، سرایت، شرارت.

virulency, n. زهرناکي، وښ لرنه، سرایت، شرارت.

virus, n. وښ، زهر، وښ لرونکی ماده، زهر لرونکی ماده: ویروس، د ناروغۍ عامل: ورانوونکی، زیان رسوونکی، هغه څه چه د انسان ذهن فاسد وي او مسموموي.

vis. n. سېك، زور، وس، قوت.

visa, vise, n. اجازه، ویزه، ویسا لیك، لیك: تصدیق.

visage. n. مخ (د انسان او حیوان) څېره، بڼه، رنګه.

vis-a-vis, n. مقابل، مخامخ.

viscera, n. د بدن د داخلي غړي لکه زړه، کولمې، انې مون، معده، او نور.

visceral, adj. د بدن د داخلي غړو، د بدن د داخلي غړو پورې مربوط

viscid, adj. سرېښناك، چسپناك.

viscose, n. نارنجي سرېښناك کیمیاوي محلول چه د ریون، شفاف کاغذ، او نورو شیانو د جوړولو د پاره په کار یږي.

viscosity, n. ټینګوالی (د مایع)، غلظت: سرېښناکوالی.

viscount, n. وایکونت (اشرافي لقب)

viscountess, وایکونټس (د ښځې د پاره اشرافي لقب)

viscous, adj. سرېښناك، چسپناك، ټینګ.

vise, vice, n. شکنجه، ګیره: لوسی

vise, n.&.v. ویزه، ویسا لیك، اجازه لیك

visibility, n. څرګندتیا، د لیدل کیدو درجه او کیفیت: د هوا د صافوالي درجه او څرګندوالی.

visible, adj. د لیدو وړ (مرئي)، ښکاره، څرګند.

visibly, adv.

vision, n. لید (د لیدلو قوه): خوب لیدنه، رویا: خیالي منظره: خیال: بصیرت: باصره، منظره: د باصرې حس.

v.t. لیدل، په خیال کې راوستل: تصور کول.

v.i. په خیال کې راتلل.

visionary, adj. خیالي، تصوري، وهمي، غیر عملي.

n. چورتي، هغه څوک چه نه عملي کېدونکي چورتونه وهي، خیال پلو جوړوونکي.

visit, v.t.i. پوښتنې ته تلل، ملاقات کول، کتنې ته تلل: پلټل: سره کتل: مېلمه کول، د مېلمه په توګه له چا سره اوسول: پېښول.

n. پوښتنه، ملاقات، کتنه: پلټنه: مېلمستیا: پېښه

visitant, n. visitor وګورئ.

visitation, n. رسمي کتنه، رسمي ملاقات: اخته کېدنه، بوښکله (مصیبت)، پېښه، اسماني پېښه.

visitor, n. مېلمه، زیارت کوونکی: پلټونکی، کتونکی.

visor, vizor, n. خولپوزی (پېڅک)، د خولۍ هغه وتلې برخه چه په تندي سیوری کوي.

vista, n. منظره، ننداره، له ورايه ښکاره پدولی (دورنما): خاطرات، یادونه.

visual, adj. د لیدني، د لید (پولي)، په لیدو پورې مربوط، لیدونکی: لیدل کېدونکی، لید لی، په سترګو راتلونکی.

visualize, v.t ښکاره کول، مجسم کول، ښوول: تصویرول، تصور کول، ښکاره کېدل، سترګو ته راتلل.

v.i. ښکاره کېدل، سترګو ته راتلل: تصویرېدل، تصور کېدل

vital. adj. د ژوند، په ژوند پورې تړلی: ضروري (د ژوند اپاره)، حیاتي: ژوندی، سېکمن: وژونکی، مهلک: مونږیز، اساسي: خورا مهم، زیات ارزښت لرونکی: د سرشمېرنې (احصائیوي).

n.pl. حیاتي غړي لکه زړه او ماغزه: د بوټي ضروري توکي (اجزاء).

vitally, adv. په ژوندي توګه، په ضروري ډول.

vitality, n. ژوند: د ژوند استعداد: د ژوند لاراو اصول: د ژوند سېک او قوت: ژوندون: سېک او قوت.

vitalize, v.t. ژوندی کول، ژوند ورکول، ساه ورکې اچول: سېک ورکول.

vitamin, n. ویټامین، په خوړو کې هغه مواد چه د ژوند د پاره ضروري دي.

vitiate, v.t. چټلول، ناولی کول، خوسا کول: بې اغېزې کول، باطلول: خرابول.

vitreous, adj. ښیښه یي، د ښیښې: ښیښه ورمه: په سترګو کې په ځلیځلي زجاجي رولي مادې پورې مربوط.

vitrify, v.t. په ښیښې اړول، ښیښه ورته جوړول: په ښیښه اوښتل، ښیښه کېدل.

vitriol, n. د فلزاتو مالګه (سلفیت): د ګوګړو تېزاب: سوزوونکی او نیش اروونکی شی.

blue vitriol, د مسو مالګه.

green vitriol, د اوسپنې مالګه.

white vitriol, د جستو مالګه.

vitriolic, adj. د فلزاتو د مالګې: تند، سخت، سوزوونکی، تریخ.

vituperate, v.t. کنځلې کول، بسکنځل، ښېرې کول، سپکې سپورې ویل، بدرد ویل: رټل، ډکل.

vituperation, n. کنځا، بسکنځا، سپکې سپورې، رټنه، سپکاوی.

vituperative, adj. د کنځلو، د سپکاوي، د رټنې.

viva, interj. ژوندی دې وي، تل دې وي. n. د (تل دې وي) ناره، د (ژوندی دې وي) غږ، د نمانځنې شعار.

vivace, n. (موس) خورا ژوندی.

vivacious, adj. ژوندی، خوشال، تازه (په مزاج کې)، اوږد عمری.

vivacity, n. ژوندون، خوشحالي، تازه والی، د عمر اوږد والی.

vivarium, n. شپول، ژوبڼون، هغه ځای چه ژوندي بوټي یا ژوي ورکې د ننداري د پاره ساتل کېږي.

vivavoce, n. ژبنی، دوینا، د خولې (شفاهي)، تقریري، ژبنۍ ازمایښه

vivid, adj. تازه، ژوندی: روڼ، روښان: تونده، تېز: ښکاره، څرګند، عام فهم، آسان.

vividly, adv. په تازه ډول، په روښانه توګه، په توندي، په څرګند ډول، په آسانۍ.

vividness, n. تازه والی، روښنایي، توندي، څرګندتیا، آسانی.

vivify, v.t. ژوندی کول، ساه ورکې اچول، ساه ور څوړول.

viviparous, adj. زېږوونکی، هغه ژوي چه د هګۍ په ځای بچي زېږوي: هغه ژوي یا بوټي چه چېره زېږانده لري.

vivisection, n. د علمي پلټنو په غرض په ژوندي د عملیاتو اجراء.

vixen, n. ګیدړه، لومبړه: بدخلقه او ناندرۍ وهونکې ښځه.

viz, artic. د videlicet لنډ شکل چه د (یعنې) معنی ورکوي.

vizard, n. مخ پټونی، خولپوزی.

vizier, vizir, n. وزیر.

vizor, د visor لغت وګورئ.

vocable, n. ویی (لفظ).

vocabulary, n. قاموس، د کلمو ذخیره چه د الفبا په ترتیب ترول شوي وي: د ژبې د لغاتو مجموعه.

vocal, adj. غږیز (صوتي)، د غږ وال: ژبنی، تقریري: ویانده، خبرلوڅ، اظهاروونکی، ژبور، فصیح، ږغېږی، د اوږده غږ لرونکی، چیغه ګړی: (موسیقي) د سندرې په سم تال

vocalist, n. سندرغاړی : د موسیقۍ دالي غږوونکی .

vocalize, v.t. غږول ، غږ ورکول ، ویستل ، ترانګول : ویل ، څرګندول .

v.i. غږېدل ، ږغ ورکول ، ترانګېدل

vocation, n. مسلک : بلنه ، راغوښتنه ، تخصص ، وظیفه ، د یوه کار له پاره وړتیا .

vocational, adj. مسلکي ، تخصصي

vocative, n. (ګرامر) ندايي حالت .

vociferate, v.i. چغېدل ، رمباړې وهل ، چغې وهل .

v.t. چغول ، په رمباړو کول ، چغې ترې ایستل .

vociferous, adj. چغند ، رمباړو ، غوږند .

vodka, n. ودکا ، هغه روسي الکولي څښاک چې له توروغنمو (جودرو) څخه لاس ته راځي .

vogue, n. دود ، موډ ، رسم ، رواج : نامتووالی ، شهرت : منښه ، ګرانښت .

voice, n. غږ ، ږغ ، اواز : څوږ ، شور ، د زړه د خوالي د څرګندولو وسیله ، د اظهار ذریعه ، څرګند شوی خوښه ، د ویل شوی نظریه : (ګرامر) د فعل ډول (معلوم او مجهول) : موسیقي (غاړه) : په غاړه لرنه ، خوږ غږ درلودنه : تال ، سور غږېدنه ، تلفظ .

v.t. ویل ، څرګندول (په خبرو) ناري وهل ، (موسیقي) سورول ، په تال برابرول .

voiced, adj. غږیز ، ږغیز ، ږبني .

voiceless, adj. بې غږه ، ګونګی ، بې نظرېي ، بې خوښي : (غږېدنه) بې غږه (صامت) .

void, adj. تش ، وزګار ، خالي : کم ، اېسکېږي ، بې ګټې ، بې اغېزې ، بېکاره : ناچل ، کوټه ، باطل .

n. تشیا (خلاء) ، وزګارتیا .

v.t. تشول ، خالي کول ، وزګارول ، پرېښودل : خوشې کول ، پرانستل ، ایله کول ، کوټه کول ، ناچله کول ، باطلول : ایستل .

voidable, adj. د تشولو وړ ، د وزګارتیا وړ ، د پرېښودلو جوګه .

voile, n. وایل ، د ململ په شان نری ټوکر

volant, adj. الوتونکی ، د الوتلو جوګه ، ورتونکی .

volatile, adj. (کیمیا) بړاس کېدونکی ، الوتونکی : اوښتونکی ، بدلېدونکی (په بڼه ار) ، بې ثباته .

volatility, n. (کیمیا) بړاس کېدنه ، الوتنه : اوښتنه ، بدلېدنه (په بڼه ار) .

volatilize, v.t. بړاسول ، الوزول

v.i. بړاسېدل ، الوتل .

volcano, n. اور غورځوونکی ، اور شیندی (آتشفشان) غر یا غونډۍ .

volcanic, adj. اورغورځوونکی ، اورشیندونکی .

vole, n. یو ډول مږه .

volition, n. داعیه ، اختیار ، تکل ، خوښه ، اراده : پرېکړه ، فیصله

volitional, adj. واکوال (مختار) ، ارادي ، د خوښې ، د تکل .

volley, n. د ډزو د ګولیو ورونه ، د ګولیو باران ؛ شیبه : پرله پسې په هوا کې د پنډوسکې ستنول (لکه د ټینس په لوبه کې).

v.t. باد چلول ، د ګولیو باران ورول : په هوا کې د پنډوس ستنول .

v.i. باد چلېدل ، د ګولیو باران ورېدل : په هوا کې د پنډوسکې ستنېدل .

volplane, v.i. د الوتکې په ګراره کښېناستل .

n. د الوتکې ګراره کښېناستنه .

volt, n. ولټ ، د برېښنا د اندازه کولو یو کې (واحد) .

voltage., n. والټیج (د برېښنا قوه چه په ولټونو اندازه شوی وی) .

voltaic, adj. د برېښنا د جریان ، په برقی جریان پورې مربوط .

voltaicbattery بټری ، د برېښنا مساله .

voltaic cell, بټری ، د برېښنا مساله .

voltaioelectricity د اېښنا سېکی برېښنا .

voltaic pile, برېښنا پیر پېل .

voltameter, n. برېښنا مېچوی ، د برق د جریان د اندازه کولو اله ، مېټر .

volte-face, n. د جبهې بدلون ، مخه ګرځونه : بدلون ، اوښتنه ، ګرځېدنه (په سیاست ، نظامی چارو او نظر یې اوښتون کې) .

voltameter, n. برېښنا مېچوی ، د برق د جریان اندازه کولو آله ، مېټر ، ولټمېټر .

voluble, adj. ژبور ، ژبغړ اند ، ویاند فصیح .

volubly. adv. په روانی ، په ژبورتوب ، په فصاحت .

volume, n. لوی . جلد (د کتاب) حجم : ډېری ، ډلی ، انبار ، کوټ ، د غږ د کوالی یا جګوالی .

volumetric. adj. د حجم ، د حجم په اندازه کولو پورې مربوط .

voluminous, adj. ډېر کاڼېز ، ډېر ، پراخ ، لوی : غټ ، ډېرېدونکی ، ډېر لیکونکی .

voluntary, adj. اختیاری ، داو طلب ، انتخاری : ارادی ، خپل اندی ، قصدی .

n. خپل خو ښېز ، د خپلې خوښې (کار ، عمل) ارګان غږونه (په مذهبی عبادت کی) .

voluntarily, adv. په خپله خوښه ، رضا کارانه ، په اختیاری ډول ، په قصدی توګه .

volunteer, n. خپل خوښی (رضا کار) ، داو طلب ؛ اېله جاری ، سرتېری .

adj خپل خوښېز ، دخوښی : د رضا کارو ، د سرتېرو ، د اېله جارو .

v.t. په خپله خوښه ور کول :

v.i. په خپله خوښه وړاندې کېدل

voluptuary, n. عیش ، عیاش ، عیاشی

voluptuous, adj. عیش ، عیاش . د مزو ، نفسانی ، شهوانی : لمسونکی ، شهوت پارونکی

voluptuousness, n. عیش ، عیش ، شهوت

volute, n. کوږی، کوږی انځور، تاو راتاو انځور: (د ودانۍ پوهنه) گوجی.

vomit, n. کانگې (گرځول)، خوا گرځېدنه، قی: د کانگو دا روغی.

v.i. کانگې وهل، قی کېدل: په زوره گرځېدل، په زوره ارتاوېدل، چاروتل.

v.t. گرځول، کانگې کول، چارول ایستل: په زوره گرځول، په زوره ارتول.

von, prep. له، د: په جرمنۍ او اتریشی ژبه کې د شخصي نوم او تر منځ داشرافیت نښه ده.

voodoo, n. په افریقایي تور پوستو کې د ټوټکه مارۍ او کوډو مذهبي عقیده؛ تور پوستی ټوټکه مار، کوډگر: جادو، ټوټکه ماري، کوډگري.

voodooism, n. په افریقایي تور پوستو کې د کوډگرۍ او ټوټکه مارۍ عقیده: کوډې، جادو، ټوټکه ماري.

voracious, adj. خېټور، سرابی، حریص، لېوال.

voracity, n. سرابی، لالچ، حرص: لېوالتیا.

vortex, n. غولی، څرومبی، گرداب، پېچ بوکی.

votary, n. د مذهب یا عقیدې فدا او ځان بښونکی: مرید، شاگرد.

votarist, n. د مذهب یا مذهبي عقیدې فداکار او ځان بښونکی سړی: مرید، شاگرد.

votaress, د مذهب یا عقیدې فداکاره او ځان بښونکې ښځه: مریده، شاگرده.

vote, n. رایه، ووټ، خوښه، نظریه، خوښونه، میرانه، اظهار، انتخاب: د خوښونې لوډانۍ، د اظهار اختیار، د رایې ورکولو حق: انتخابات، د رایو اخستنه، رایه ورکونکی، د خوښې څرگندېدل، د رایې ښکاره کېدل.

v.i. ټاکل، رایه ورکول، اظهارول، غوره کول، خوښول: ټېنگ کول، په عامه توگه څرگندول.

voter, n. خوښوونکی، انتخابوونکی، رایه ورکوونکی.

votive, adj. د منتې، د نذر، په نذر کې ورکړ شوی.

vouch, v.t. په شاهده اخستل، ضمانت ورکول، ثابتول، لوړول.

v.i. لوړی کېدل، شاهد کېدل.

voucher, n. په شاهده اخستونکی، ضامن؛ لوړی، شاهد: سند، ضمانت لیک.

vouchsafe, v.t. مهرباني کول، لطف کول، په مهربانۍ ورکول.

voussoir, n. په ودانۍ کې یا ډبره چه محراب ورنه اواره جوړوي.

vow, n. منښته، نذر: لوړه، لوز، قسم، وعده، ژمنه:

v.t. منښته کول، نذر منل: لوړه کول، سوگند کول، ژمنه کول.

v.i. منښته کول، نذر کېدل.

vowel, n. غږیز، پرغږیز، د علت توری؛ غږوال توری.

voyage, n. سفر (سمندری یا هوایی)

v.t.,v.i. : سفر کول (په سمندر کې) : سفر کول (په الوتکه کې).

voyager, n. مسافر (سمندري).

voyageur, n. په کاناډا کې ښکاري ماڼوکی چه په باره د پوستکو له پاره حیوانات نیسی او یا دغه پوستکی وړی او راوړی.

Vulcan, n (افسانه) په لرغونی روم کې د اور او فلزکارۍ رب النوع.

vulcanite, n. پوډول کلك ربړ.

vulcanize, v.t. په کیمیاوي لاره د ربړ کلکول.

vulcanization, n. په کیمیاوي لاره د ربړ کلکوالی، ټینګوالی او د زغم د قوت سمون.

vulcanizer, n. په کیمیاوي لاره د ربړ سموونکی.

vulgar, adj. ټیټ، شاړ، بې ډبه، مبتذل، ولسی، عامیانه: ولس: ولسی، سپکنی، ناروزلی، بې ډبه: بې ذوقه.

vulgar fraction. n. عام کسر.

vulgarian, adj. سپك پوهای، بې ډبه شتمن.

vulgarism, n. ټیټوالیا، بې ډبیا، لوده والی، ناروزلتوب، عامیانه والی، بازاریتوب: د وینا ټیټوالیا، د خبرو بې ډبیا، د ژبې لوده والی.

vulgarity, n. ټیټوالیا، بې ډبیا، لوده والی، ناروزلتوب، عامیانه والی، بازاریتوب: د وینا ټیټوالیا، د ژبې لوده والی.

vulgarize, v.t. ټیټول. لوده ول. عامیانه کول، مبتذل کول.

Vulgate, n. په لاتینی کې د انجیل لوی ترجمه چه په څلورمه مسیحی پیړۍ کې د سن ژروم له خوا شوی او وخت په وخت نوی شوېده.

vulnerable, adj. د ټپی کېدو وړ، زخمی کېدونکی: برید له چوړ، هغه څه چه حمله پرې کېدای شی، حساس: د (برج) په لوبه کې د ګټونکی صراره

vulpine, adj. د ګیدړی، د لومبړ په څان، ګیدړییز: ټګ، چالاك، مکرجن، چلی، چلوالی.

vulture, n. ګجیر، کنجی، ټپوس.

vulva, n. د ښځی تناسلی آله، فرج.

vying, adj. سیالی کوونکی، د لوړتیا لېوال، تفوق غوښتونکی: مسابقه کوونکی.

W

wabble, v.i. ښنګېدل ، ښوېدل ، کوږوږ تلل : دوه زړه کېدل ، بې ثباته کېدل : رېږدېدل ، لړزېدل.

wad, n. ګېډۍ ، ستري (لکه د وړیو) : بوجه (کاغذ) ، خولیوګۍ : کېڅلی (د کارتوس د دارو خولیوګۍ) : د بالښت او اورو د ډکولو مواد .

v.t. ګېډۍ کېدل ، ډکول : په بوجه بندول ، په خولیوګۍ بندول : د کارتوس بندول (لکه په ګولۍ) : په پستو موادو ډکول (لکه په مالوچو) :

wadding, n. ګېډۍ ، ستري (جمع) : د ډکولو پاسته مواد (لکه وړۍ ، مالوچ) : وهل شوی ، ډکول شوی مالوچ.

waddle. v.i. ښنګېدل ، پړانګېدو تلل ، اڼتی کېدل ، کوږ ووږ تلل .

n. کوږ ووږ تګ .

wade, v.i. په اوبو ، خټو ، واورو تلل او پورې وتل : په سختۍ تلل : په سختۍ بریالی کېدل ، په سختۍ سره کول : پوختېدل ، اوږم کېدل .

v.t. په اوبو ، خټو ، واورو پورې ایستل : په سختۍ پورې ایستل.

wader. n. تلونکی او پورې وتونکی (په اوبو ، خټو ، واورو) : ډېنګک (مرغه) ؛ (جمع) موزې ، څکه رېږي بوټونه .

wadi, wady, n. خوړ ، لګن ، ښېله (په شمالي افریقا او نورو ځایونو کې) .

wafer, n. کرېنده ، کولچه ، پاپړه ، کولچه : سرېښناک (سلېښناک) نری کاغذ ، ټاپې لاک .

waffle, n. کرېنده کولچه ، پاپړه کولچه .

waffle iron. کرېنده ، کولچو پخولو تنور.

waft, v.t. (د اوبو په سر یا هوا کې) بېول ، چلول ، بېول ، لاهو کول ، الوزول .

v.i. تلل ، چلېدل ، بېېدل ، لاهو کېدل ، الوتل (په اوبو یا هوا کښې) .

n. څپه ، بوی ، وږم : د باد الوتنه وږمه

wag, v.t.i.n. خوځول ، ښورول ، ښوروول ، ځانګول : ټوکمار ، مسخره ، ساعت تېری ، ګپو.

wage, v.t. پرمخ بېول ، پرمخ وړل ، مرسته اجراءول .

n. باړه ، مزدوري ، اجرت ؛ تنخوا ، معاش .

wager, n داو ، شرط : داووهنه ، شرط تړنه .

v.t. داووهل ، شرط تړل ، جواري کول .

wages, n. اجوره ، مزدوري .

wageworker, n. باړه چي (اجير) ، مزدور .

waggery, n. ملنډه ، ټوکه .

waggish, adj. ټوکي ، ټوکمار ، مسخره ؛ ساعت تېري ، ګپ .

waggle, v.i&.t. زر زر خوځېدل ، ښورېدل ، خوځېدل ، زنګېدل .

v.t. خوزول ، ښورول ، زنګول .

waggle, n. خوځېدنه ، ښورېدنه ، زنګا .

waggon, wagon, n. واګون ، څلور ارابيز ګاډي : څلور ارابه ربړه . په بېر تاڼيه کښې د اور ګاډي د بار وړلو واګون

waggoner, n. ګاډيوان ، ګاډي والا

wagonette, waggonette, n. يو ډول ګاډي چه د ناستې ځايونه يې سره مخامخ وي .

wagon train, n. داوړ ګاډي د کوټو اوواګونو لړۍ .

wagtail, n. د چنچنوړ کورنۍ يو ډول وړوکی مارغه چه اوږده لکۍ لري او داوبو په غاړه ژوند کوي او لکۍ ښکته پورته خوزوي .

wahoo, n. يو ډول بوټی .

wahoo, n. په شمالي امريکا کښې يو ډول ونه .

waif, n. بې خاونده ، بې څښتنه شی ، ورک شوی ژوی يا انسان ، بې درکه ، ورک : بې کوره ، بې ځوکه ، بې کسه .

wail, v.t.&.i. وير کول ، ساندې ويل ، ژړا انګولا کول .

n. وير ، ساندې ، ژړا ، انګولا .

wain, n. ګاډی ، ګاډي ، واګون ، ربړه .

wainscot, n. د کوټې د ديوال لرګين استر : د کوټې د ديوال د بېخ رنګ شوی څنډه .

v.t. د کوټې ديوال ته لرګين استر ورکول .

wainsooting, wainscotting, n. د کوټې د ديوال د استر مواد ، د کوټې د ديوال لرګين استر : د کوټې د ديوال د بېخ رنګ شوی څنډه .

wainwright, n. ګاډي جوړوونکی .

waist, n. نري ملا : ملا : چاکټ ، اندرکۍ (پالاتنه) .

waistband, n. ملا بند ، ملاوستنی ، پټاره .

waistcoat, n. واسکټ ، صدري .

waistline, n. د نري ملا کرښه ، د نري ملا منځ .

wait, v.i. انتظار ايستل ، صبر کول ، څنډېدل : چمتو پاتې کېدل : کار ته (پېشخدمت) کېدل (لکه په هوټلونو او رستورانونو کې) .

v.t. انتظار کول، چا یا څه ته کتل
کار ته کول، چوپړوال کول: انګالول،
ټالول.
n. ناڅاپي برخل: کمین کوکي،
تلکه، لټ: کتون (انتظار)، ځنډ.

waiter, n. چوپړوال (پیشخدمت)،
خدمتګار: پتنوس.

waiting, n. کتون ۲ انتظار.
adj. کتونکی، وارکوونکی، منتظر.

waiting room, n. دانتظار خونه.

waitress, n. هغه ښځه چه په رستورانونو
کې خلکو ته چای او ډوډۍ راوړي.

waive, v.t. لاس اخیستل، تېرېدل
(له یو شي څخه)، پرېږده کول، ځان
ژغورل، ځان ګوښه کول: ځنډول، ټالول،
وروسته کول.

waiver, n. تېرېدنه، لاس اخیستنه،
ابراء: تېرېدن لیک، ابراء لیک.

wake, n. لیکه، کرښه (چه په اوبو کې
د بېړۍ د تېرېدو په اثر پیدا کېږي)،
منشاء، اثر.

wake, v.i. ویښ پاتې کېدل، راویښېدل،
کېدل، بې خوبه کېدل، شپه ډېرول،
شپه تېرول، ویښېدل، له خوبه پاڅېدل:
بیدارېدل، چمتو کېدل: پارېدل.
v.t. ویښول، له خوبه پاڅول:
بیدارول، کار ته چمتو کول، پارول:
ساتل، څارنه کول.
n. ویښوالی، بیداري، بې خوبي،
شپه تېرونه: ساتنه، څارنه، څوکۍ،
پېره.

wakeful, adj. ویښ، بې خوبه:
څارونکی: چمتو، تیار، بیدار.

wakefulness, n. ویښوالی، بې خوبي،
بیداري، څارنه.

waken, v.i. ویښېدل، پارېدل.
v.t. ویښول: پارول.

wale, n. لیکه، رده، تغمه (چه
د متروکي د وهلو په اثر پیدا کېږي)،
پوله: پټه، کرښه، لیکه (د ټوکر).
v.t. پټې پټې کول، کرښې کرښې
کول (ټوکر).

walk, v.i. قدم وهل: پلی تلل،
چکر وهل، ګرځېدل.
v.t. پلی ګرځول، بېول، تېرول:
کشول، راکښل په راکښلو بېول:
په آسانۍ ګټل (د بېسبال په لوبه کښې)
قدم وهل، چکر، تګ، تلنه، د تګ
توګه: لاروهنه، مزل، د لاروهنې واټن:
n. سلوک، چلند: پلی لار، رو،
نرۍ لار: په اسانۍ ګټنه (د بېسبال په
لوبه کې).

walker, n. تلونکی، لاروی).

walking stick, n. امسا، لکړه:
یو ډول حشره چه لښتي ته ورته وي.

walkout, n. اعتصاب (په تېره د
کارګرانو)، ورځنی تګ.

walkover, n. اسان بری، اسانه سوبه
(فتح).

wall, n. دېوال، منډو: دېوال ورمه،
چوبی، حصار، کوټ: دننه مخ (جدار).

په دیوال بندول : په دیوال v.t.
ساتل : په دیواله وهل : په دیواله
بېلول .

wallaby, n. وړوکی کانګرو (یو ډول ژوی).

wallboard, n. د دیوال مصنوعي لرګین پوښ .

wallet, n. بټوه ، کیڅۍ ، کڅوړه .

walleye, n. هغه سترګه چه سپین یې داس د سترګې په شان زیات وي : بوقه سترګه : قاغه سترګه .

walleyed, adj. بوټ سترګی ، قاغ سترګی ، قاغی .

wallflower, n. د دیوال ګل (یو ډول بوټی) : هغه څوک چه په نڅا کښې ملګری و نه مومي او دیوال ته ولاړ وي .

wallop, v.t. ډبول ، په شړک وهل : بشپړه ماته ورکول : په زوره وهل ، کلك وهل .

n. ډب ، شړك .

wallow, v.i. رغړېدل ، (لکه خوګ په خټو کې) ، رغښتل ، اوښتل ، لوټ په لوټ اوښتل : ښپې را کښل ، په سختۍ تلل (لکه په خټو کښې) : دعیاشۍ ژوند کول : ډنډوکی ، جوغی کی ، ډوغلکی (لکه میښه چه یکی رغړی) .

wallpaper, n. دیوالی کاغذ (هغه کاغذ چه د دیوال باچت برې پوښل کیږي) .

wallpaper, v.t.i. دیوال په خاص کاغذ پوښل ، په دیوال کاغذ لګول (لګېدل) .

walnut, n (چارمغز) غوز ، مټاك (اکوړ : د غوزونه ، دغوز لرګی : دغوز د کورنۍ ونې .

black walnut, English walnut. تور غوز چه لرګی یې په ترکاڼۍ کې لګیږي ، ایرانی غوز .

walrus, n. سمندری نولی ، په شمالي سمندرکی تی لرونکی بریتور ژوی چه اوږدې داړې لري او زیاته اندازه وازده دخوراك له پاره ورته اخیستل کیږي .

waltz, n. والس ، د والس نڅا ، د والس موسیقي .

v.t. په والس نڅول .

v.i. په والس نڅېدل .

wampum, n. کونجکی چه د شمالي امریکا هندیانو کی دښکلا او ګاڼې له پاره او د پیسو په ځای استعمالیږي : پیسې .

wan زیړ ، زېښلی ، رنځور ، غاړی ، زېړ پېړ .

wanly, adv. په زېړ رنګ ، په رنځورتیا .

wand, n. دمدار یانو د لاس لکړه . دمنصب لوړه (سوټی) .

wander, v.t.i. لالهانده او سرګردانه ګرځېدل : بې هدفه او چټی ګرځېدل : چکر وهل : لار ورکول : له لارې اوښتل ، بې لارې کېدل : اېلتی ویل ، پرتې ویل ، چکر وهل ، په چکر تلل .

wanderer, n. در په در ګرځېدونکی ، چکر وهونکی .

Wandering Jew. (افسانه) لا اړا ته ، یهودی : د عیسی (ع) پیغمبر وهلی یهودی : یو ډول ځیلی اړونکی بوټی چه په ځوړیدنه و ټوکو یو کی کړل کیږي .

wanderlust د ځکر تلوسه ، د گرځیدلو شوق .

wane, v.i. وړوکی کیدل ، وړیدل ، ورو ورو کمیدل (لکه د سپوږمۍ) کمزوری کیدل ، له لاسه ورکول : مخ په ځوړی کیدل، پای ته نږدی کیدل : تتیدل .

n. لږوالی ، کمښت، کمی: زوال: زیان، تاوان .

wangle, v.i. له گټی کولی وتل ، له سختی خلاصیدل: په چل ول خلاصیدل.

v.t. په چل او هنر ځان خلاصول ، په چل ول لاس ته راوړل .

want, v.t. نه لرل ، لږول : نه لرل ، غوښتل . درلودل: کمول ، لږول : اړه لرل ، په کارول .

v.i. خوښیدل ، اړکیدل، په کاریدل: خواریدل ، اړه لرل : سختیدل .

n. نشتوالی ، نیستگی تیا : کمی : نیستمنی : اړتیا ، احتیاج : غوښتنه.

wanting, adj. ناسوب ، نشت، غیرحاضر، ناموجود، لاس ته نه راتللونکی : له حیلی کم ، له اسری لږ، له غوښتلی اندازی کم : کم ، لږ .

wanton, adj. خپل سری ، بی ادادی: بی ولیله ، بی حسه ، بی رحمه : بی کچه خوښی ، زیات ډیر خوشال : بدچلند، بداخلاق : ناولی ، کرغیړن ، پلیت، بدکاری : بی پروا : خپل اندی، خپل چاری .

n. بدلاری ، بدچلند .

v.i. : بی سره کیدل ، بی ډیره کیدل ، ډیر خوشالیدل: ناولی کیدل، بدچلنده کیدل .

wantonly, adv. په بی سری ، په بی ډیری ، په بد چلندی .

wantonness, n. بی لاری، بدچلندی، خپل سری ، بداخلاقی .

wapiti, n. امریکایی گوزن .

war, n. جگړه ، جنگ ، شخړه : دښمنی ، بدی ، لانجه : د جنگ هنر او پوهه ، د جگړه ماری چل او فن : د جنگ وزارت.

v.i. جنگیدل ، جگړه کول: لانجه کول .

warble, v.i.t. سندری ویل : چغیدل ، غاړی وهل .

n. سندره ، چغیدنه ، غاړه وهنه .

warbler, n. چغیدونکی ، سندرغاړی : سندرغاړی مرغه (د چغیدونکو مرغیو له کورنۍ) .

wood warbler, n. روښان رنگی وړه خړنده خوږه مرغۍ .

war cry, n. د جنگ ناره، د جگړې شعار: شعار .

ward, v.t. ساتل، څارنه کول، تښول ، پیره وهل .

n. ساتنه ، څارنه : ساتندوی (ګارډ) : ترڅارنې لاندې ، تر پالنې لاندې : زندان ، جېل ، د بندي خانې څانګه : د دولتون څانګه : ښاري څانګه : کندې : تر پالنې لاندې (لکه يتيم ماشوم) : د ساتنې وسيله (دفاع) : دفاعي حرکت ، دفاعي وضعيت : دکونجي (کلي) يا کلپ ځانې .

war dance, n. د جنګ اتڼ ، جګړې ته د تللو نڅا (په بدوي قبايلو کې) .

warden, n. ساتندوی (د جېل خانې) ، څارونکی ، څوکيوال ګارډ : د ښوونځيو کليساوو او نورو سمبالګر .

warder, n. ساتندوی ، څوکيوال .

wardrobe, n. د کاليو الماری : توښې ، بوخچه : کالي ، جامې .

wardroom, n. په نظامي بېړيو کې د افسرانو کوټې .

wardship, n. پالنه (سرپرستي) ، ساتنه (قيوميت) .

ware, n. لوښي ، کالي ، سامان : د سوداګرۍ لوښي ، د خرڅون سامان .

warehouse, n. ګدام ، د سامان د ساتلو ځای .

warfare, n. جګړه ، وسله وال نښته ، مبارزه ، جنګ .

war horse, n. د جنګ اس ، د جګړې تېلی : ازمايلی عسکر ، په جګړه کې بوخ ، له اوږدې دوره تلی .

warily, adv. په پاملرنې ، په احتياط ، په ځور .

wariness, n. پاملرنه ، احتياط ، ځور .

warlike, adj. د جګړې ، جنګي : جګړه ييز ، نظامي ، جګړه مار ، جنګيالی : د جنګ تهديد .

warlock, n. کوډګر ، جادوګر .

warm, adj. تږم ، تود : تږموونکی ، تودوونکی : ګرموونکی ، خولې کوونکی : تود ، له مينې ډک ، د زړه له کومې ، ګرم ، صميمي : پاروونکی ، توند : په غصه کوونکی ، غصه ورووستونکی : ټينګ (ملاتړی) : تازه ، نوی ، نوچك : هرګند يدو ته نږدې : تنکی ، نازك .

v.t. تږمول ، تودول : پارول ، په جوش راوستل .

v.i. تږمېدل ، تودېدل : پارېدل ، په جوش را تلل .

warmly, adv. په تودښت ، په ګرمۍ ، په جوش ، په مينه .

warm-blooded .adj تود وينه لرونکی ، ګرم مزاجی : هغه ژوي چه د بدن تودوخه يې په هرموسم کې يو شان وي لکه تي لرونکي او الوتونکي .

warmhearted, adj. د زړه سواندی ، د خواخوږۍ ، د مرسته لرونکيا : زړه سواندی ، خواخوږی ، صميمي .

warmth, n. تږموالی ، تودوخه : ګرمي ، جوش : خواخوږي ، زړه سواندی : مينه .

warn, v.t. احتياط ته را بلل ، بېدارول : خبرول ، ګواښول ، ويرول ، خبرداری ورکول ، اخطار ورکول ، له خطره خبرول ، پام اړول ، په خطر پوهول .

warning, n. اخطار، خبر تیا، خبرداری، پام اړونه .

adj. خبرو ونکی ، اخطار ورکوونکی، ویرو ونکی، چاروونکی .

warningly, adv. د اخطار په توګه

warp, n. تنسته (او کر) ؛ کږلیچ ، کږېدنه ، پېچ : پړی ، رسی ، پیاسته : کږ حونه ، بې لاری کول .

warp, v.t. کږول ، اړول ، له لاری ایستل ، کږ حول : کشول ، حکول (د کښتی) .

v.i. کږېدل، پېچېدل، بڼه بدلول .

war paint, n. هغه رنګ چه بدوی قومونه یې د برخل او جګړې له ترمخه په ځان پوری موږی او د برخل نښه ده .

warpath, n. د بدوی قومونو د جګړې لار : د دښمنی چلند .

warrant, n : فرمان ، حکم ، امر : فرمان لیك : په غاړه اخیستنه، تضمین، ذمه وهنه ؛ ژمنه، وعده ، لوز .

v.t. ربښتونی ګڼل : په غاړه اخیستل تضمینول ؛ اختیار ورکول ، واك ورکول ؛ لوز کول.

warrant officer, n. وارانټ افسر (نظامی) د بریدمن او افسر ترمنځ د منځنی رتبې لرونکی : د نظامی سمندری عملې له خوا ټاکل شوی مشر .

warranty, n. تضمین ، ضمانت چه اخیستونکی ته ورکول کېږی : جواز ، وعده ، تضمین

warren, n د سویو او ورورو ور ژوو د تو کم اخیستلو ځای : سوی ځالی : د ژوو د ساتلو ګولی سیمه (لکه سوی ځالی) .

warrior, n. جنګیالی، توریالی ، پوځی.

warship, war vessel, n. جنګی بېړی

wart, n. غوټه ، زخه ، داڼه .

wart hog., n. د ځنګلی افریقی یو ډول سرکوزی، خوګ، خرپشوی، سوږر .

war whoop, n. د جګړې ناره، د جنګ چیغه

wary, adj. احتیاط کوونکی ، پام کوونکی ، د احتیاط خاوند، محتاط ، احتیاطی .

was. و ، وه (ماضی کومکی فعل) .

wash, v.t. مینځل ، پرېمینځل ، وِلل : لمبول ، څیشتول : پاکول ، سوتره کول : په څپو د سیند یا خوړ غاړه وِړل : په او بولاهو کول: او ورکول : په او بو چنول .

v.i. ځان مینځل، لمبل: سوتره کېدل، پاکېدل : بې له موږلو پاکېدل ، له منځه تلل . په او بو خوړل کېدل .

n. مینځنه، پرېمینځنه ، وِلنه: لمبا: د مینځلو او کر او کالی : د پخلی ځای ناپاکی او به : د مینځلو مایع : داو بو شرهار : د څپو وړانی : په هوا کی د الوتکی الوتلو څخه پیداشوی څپه.

washable. adj. د مینځلو وړ .

washbasin, n. د مینځلو تشناره ، د مینځلو ښاك .

washboard, n د مینځلو تخته، د پرېمینځلو تخته ، هغه زیږه تخته چه کالی پری وِلل کېږی .

washbowl, n. لګن (لاس وینځو لوښی) چیلمچی (ځاینت) .

washcloth, n. کڅوړه (کیسه) ، هغه زیږه کڅوړه چه د وینځلو په وخت کی ځان یا مخ پرې موږل کیږی

washer, n. دوبی ، وینځونکی : وینځونکی ، د کالیو وینځلو ماشین : د کالیو د وینځلو مېنځونکې پرزه .

washer woman, n. دوبی ، دوبنه ، کالی وینځونکې (ښځه) .

washing, n. وینځنه ، ولنه : د وینځلو کالی ، وللو ته ورکړه شوی کالی .

adj. د وینځلو ، وینځل کیدونکی (کالی) : پاکوونکی ، وینځونکی (لکه صابون ، پوډر) .

washing soda, n د وینځلو سوډا .

Washington pie, n. یو ډول امریکایی کیک دی چه پېروی او مربا ورکی ځای شوي وی .

washout, n. او بوړوړی (لکه لار ، سړک ، څنګه) : ناکامی ، له بریالیتوب .

washroom, n. چی جوبی ، ابا ځی (تشناب) : د وینځلو کوټه .

washstand, n. ګړوانج ، پټځل ، ګړوچی : د مخ او لاس وینځلو او بو لوښی (د ستشوی) ،

washwoman, n. دوبی ، دوبنه

washy, adj. اوبلن ، نری (رقیق) : ډنګر ، کمزوری : زیړ زبېښلی ، بېنه الوتی تت ، پیکه .

wasp, n. غومبسه ، ځالبوزه

waspish, adj. د ځالبوزې په شان :

پاڅیدونکی ، لنډ پاری : ونجن ، زهرناك .

wassail, n. د جام په روغتیا او سلامتی څښاك : د شرابو د څښاك پنډاره ، د څښاك میله : د شرابو څښاك : د شرابو په څښاك کی سیالی او مسابقه ، د څښاك پنډاره کول .

v.i. : جې جو څوتله جوړول .

wassailer. n. پنډارچی .

wastage, n. توی تلنه (هدر) ، ضیاع

waste, adj. شاړه ، بیدیا ، وچ ډاګ خاره : نه کرل کیدونکی (لامزرع) بېکاره ، له کاره لویدلی : د فضله موادو یستونکی (لکه نل) فضله مواد ، خلپل ، خپه کوونکی ځای ، تې بوخی .

v.t. توی یول ، ضایع کول : بې ځایه لګول : کمزوری کول ، بې سوکه کول ، ورکول ، له لاسه ورکول .

v.i. بې سوکه کیدل ، کمزوری کیدل : ورك کیدل ، ضایع کیدل .

n. بیدیا ، شاړه ، خاره : زیان کمزوری : ولګروالی : فضله مواد خځلی ، ځنول .

wasteful, adj. بې ځایه لګوونکی ضایع کوونکی ، لګاوو ، بدخرڅه (مسرف) : افراطی .

wastefully, adv. په بدخرڅی ، په بد لګښت .

wastefulness, n. بدخرڅی ، اسراف

wastrel, n. لګاوو ، بدخرڅه ، ضایع کوونکی .

watch, v.i. څارل ، کتل : پام لرل ، پېره کېدل .

v.t. په څېر کتل : پام کول ، ساتل : انتظار ایستل .

n. : څارنه ، څو ، پېره : څوکی ، څارو ، څوکېوال : ساتندوی : دڅوکی وخت ، د پېری وار ، پار : گزمه : گړی ، ساعت .

watcher, n. څارو ، څوگر

watchdog. n. ساتونکی سپی ، ساتونکی ، څارونکی .

watchful, adj. ویښ ، بیدار : څارو ، پام لرونکی ، څیر .

watchfulness, n. ویښوالی ، بیداری : پام ، څیر کیدنه .

watchmaker, n. ساعت جوړوونکی ، گړیگر ، ساعت سمونکی .

watchmaking, n. ساعت جوړونه ، ساعت سمونه .

watchman, n. څوکیوال ، ساتندوی ، پېره دار .

watchtower, n. تانه ، دڅارنې برج .

watchword, n. دشپې نوم : شعار .

water, n. اوبه : باران ، ورښت : شیگره : نیز ، سیلاو : او بلن ، هرمایع چه اوبو ته ورته وی (لکه متیازې ، لاړې) : ځلا (لکه د الماس ، قیمتی ډبرو) . آب ، بت : ښکلا ، نفاست ، بېك بېوك . v.t. لندول ، خیشتول : او به برابرول : بت ورکول : نری کول (په اوبو) : ډکول (له اوبو) : اوبه اوبه کیدل : خړوبول ، اوبه کول : څښل .

adj. داوبو : په اوبو کی ، اوبو ته ، څیرمه : براوبو .

waterbuck, n. داوبو وزه ، دافریقی بوډول خروزه چه سیند ونو کی پیدا کیږی او به اسانی لامبو وهی .

water buffalo, n. میښه ، میښ ، سنډا .

water clock, n. اوبگړی ، داوبو ساعت ، هغه آله چه داوبو په څڅیدو او تو ئیدو وخت وښیی .

water closet, n. چپ چوبی ، چپ چبوه ، ققی ، تشناب .

water color, n. اوبیزرنگ (هغه رنگ چه په ترکیب کی یی د غوړو په ځای اوبه گډې شوې وی) . هغه انځور چه په اوبیز رنگ جوړ شوی وی : هغه څیره چه په اوبیز رنگ جوړه شوی وی .

watercourse, n. واله ، ویاله ، داوبو رو ، بهیدل ځای .

water cress, n. ترمیره (بوډول سابه چه په سلاته کی استعمالیږی) .

water cure, n. داوبو په ذریعه معالجه (لکه په تودوبی اومعدنی اوبو) .

waterfall, n. جړوبی (آبشار) ، شرشره ، ځوړوبی .

water flea, n. بوډول چنگاښ .

waterfowl, n. داوبو مرغان .

water front, n. داوبو غاړه ، محکه یا ښار : بندر : غاړه (ساحل) : کڅ ، کڅه .

water gas, n. د اوبو غاز ، دسکرو د تاو او د اوبو د بړاس نه جوړ شوی غاز چه بلولو او د پاره په کار یږی .

water glass, n. ګیلاس: د سوډیم یا پوتاشیم یاد دواړو څخه جوړ شوی سپین پوډر کله چه په اوبو کی حل شی نو د ساتنی د پاره څنی هګیو او نورو شیانو ته لیوور کول کیږی .

water ice. n. د میوو یخ شوی شربت .

watering place, n. کانی (معدنی) چینه : د لمباو او د تفریحی بیړیو چلولو ، او د څاروو د اوبو څښلو ځای .

watering pot, watering can اوبشیندی ، اوپاش

water jacket, n. په ماشین کی د اوبو یخوبی (تخنیکی) .

waterless, adj. وچه ، بی وښو (سیمه) ، سوداړه .

water lily, n. د اوبو ګلی (نیلو فر) ، د برسندوی ګل .

water line. n. د بیړی د اوبو د لګیدو لیکه .

waterlogged, adj. د اوبو ډک ، په اوبو کی لوند خیشت ؛ په اوبو دروند شوی چه په اوبو کی چه نه شی لاهو کیدلای .

Waterloo, n. پښیمانی ، د بلجیم هغه کلی چه ناپلیون په ۱۸۱۵ عیسوی کال کی پښیمانی پکښی خوړلی وه .

waterman, n. چاله وان ، د ماکو یا چالی چلوونکی .

wate:mark, n. د اوبو د لوړیدو نښه ، د اوبو د سطحی څرګندوونکی علامه : په کاغذ کی پټه نښه چه رڼا ته مقابل کولو سره لیدل کیږی .
v.t. په کاغذ کی نا څرګند انځور جوړول .

watermelon, n. هندوانه .

water polo, n. په اوبو کی د توپ لوبه

water power, n. د اوبو قوت چه ماشین ګرځوی او یا دروی .

waterproof, adj. اوبه نه چښوونکی ، واټرپروف (لکه بارانی ، برساتی او ساعت) نه چښوونکی : بارانی ، برساتی .
v.t. زیم ډغوړولی کول ، اوبه نه منوونکی کول .

water rat, n. د اوبو مږه ، د اوبو موږک چه اسواری پوستکی لری .

watershed, n. اوبه بیلوونکی لوړی .

waterside, n. غاړه (لکه د سیند ، ولاړو اوبو ، او سمندر) .

water snake, n. د اوبو مار ، د اوبو منګور .

waterspout, n. د اوبو د ال چوښکه (څڅکوری ، نچو څتی) سمندری بوډبو کی (بوډ بوډ کی ، دوړ دوړ که) .

water table n. په ځمکه کی د اوبو سطح ، د ځمکی د اوبو سرمیځ (سطح) .

watertinght, adj. سرپټلی ، د اوبو د ننوتلو وتلو نه (مانع) : د وچان کوټلی ، هومره څرګنده چه تعریف نه منی .

waterway, n د اوبو لار: د بیړیو د چلېدو لار.

water wheel, n. د اوبو څرخ، ټوربین.

water wings, n. ژی، خېښکې.

water works, n. د اوبو د رسولو دستګاه، د اوبو د رسولو شبکه او بېودون.

watery, adj. داوبو، په اوبو پوری تړلی: اوبلن، لوند: لواند، لوجن، خیشت: له‌اوښکو ډک (سترګه) او په وزمه، داوبو په‌شان: کمزوری، نری.

watt, n. وات (د برېښنا د میچ کولو یوه کی او واحد).

wattage, n. د برېښنا قوه چه د واټو او په ذریعه څرګنول کېږی.

wattle, n لښته، کړېدونکی میله: د لښتو (یا سیخونو) چپه: د کاسی یا کیکر (ونه)، د چرګ ګېوڅکی.

v.t. د لښتو او بدل، د لښتو چپه جوړول، دلښتو پېړل.

wattled, adj. چپه شوی، پېړلی.

wattmeter, وات میچ، هغه آله چه د برېښنا قوه په‌وات څرګندوی.

wave, v.i. رپېدل، څور ېدل (لکه د جنډی): ښورېدل، خوځېدل (د اشاری له‌پاره): ځوړ وښی ځوړ وښی کېدل، او چپان او څپان کېدل (لکه د څپو).

v.t. رپول، تاو ور کول: ښورول خوځول (د اشارې له‌پاره): څپالمه کول. په‌څپورا وستل: لاس ښورول (د اشاری په‌توګه)، ځوړ وښی ځوړ وښی کول، او څپان او څپان کول، څپه (موج) څوره‌غنګې: سمندر، سین (شاعرانه): د وېښتانو موړه، د وېښتانو اوږدې زورې چه څپو ته ورته‌وی: رپ، رپا، ښورېدنه: بوک وزمه، کوپان پوله: ګډوډی، پاڅېدنه: څپه (د وړانګو د څپې).

wavelet, n. یی څپی، بی ربه څپه‌ګی، وړه څپه.

wave length, n. د څپو اوږدوالی، د څپو د موږو تر منځه د اوږدوالی واټن.

waver, v.i : رپېدل، رچېدل، لړزېدل: په‌زړه‌کېدو تلل، کاږی واږی تلل: متزلزل کېدل، دوه‌زړه کېدل.

waverer, n. رپېدونکی، رپند، رچند.

wavy, adj. : رپند، رپېدونکی، رپند: څپاند: دوه زړی، زړه‌ځی، متزدد: دوچاله.

wax, v.i. غټېدل، لویېدل، زیاتېدل (لکه په‌زور، علم، شهرت، سپوږمۍ): کېدل.

wax, n. موم: ژاوله: د غوږ خیری: لاک.

v.t. مومیایی کول، موم مښل: په مومو ککړول، په مومو ځلول.

waxen, adj. د موم‌و، مومی: موم ډوله، موم وزمه، نرم.

wax myrtle, n. یو ډول ونې او بوټی چه دوړه کلکی دانې لری چه په سپینو ژاولو پوښلی دی او د هغو د کنډو څخه د شمعو په جوړولو کی کار اخیستل کېږی.

waxwing, n. اسیایی او امریکایی وړوکی مرغۍ ده چه نسواری رنګه ښکلی کږکره او پښملی رنګه پښکی لری او د وزرو څوکې یی مومی مواد لری.

waxwork, n. له موم جوړه شوې مجسمه ، د مومو د مجسمو انداز تون .

waxworks، موم ولرمه، موم ډوله ، له مومو جوړ، په مومو پوښلی .

waxy, adj. موم ولرمه، موم ډوله: له مومو جوړ، په موم پوښلی سو پښنایی: نرم،

way, n. لار، سړک، واټ ، لوری ، خوا، سمت: موقع، وار، چانس (لکه د کار کولو): واټن، فاصله: دره، لارکی: ډول، طرز، جرنګوالی ، دود، ټیره ، رسم : لار، طریقه: مقصد، لحاظ ، د نظر ټکی: دود شوی، مرسوم ، معمول : جرنګوالی، سبک، خصوصیت: ارزو ، غوښتنه ، پرمختګ ، د پرمختګ لار : (د جمع صیغه) د بېړی د جوړولو او ښکته کولو د پاره مایله ځایونه .

waybill, n. بارلیک، د بارد جرنګوالی لیک

wayfarer, n. لاروی، پلی: بردیس،

wayfaring, adj. پلی سفر، پلی بردیسی

waylay, v.t. جرکول، ځارل، لار نیول .

wayside, n. د سړک غاړه

way station, n د اورګاډی ووړوکی تم ځای .

wayward, adj. خپل خوښی ، خپل سری : لجوج، نامنوایی، بی لقوړه: او چتوالی پچلپڅولی، بی ثباته : مخالف (لکه د هیلو او غوښتنو) .

waywardness, n. خپل خوښی ، خپل سری: بدمنتنه: اوښتنه .

wayworn, adj. ستړی، ستومان، (له سفره) .

we, pro موږ (د متکلم د ضمیر جمع) .

weak, adj. کمزوری، بی سیکه ، ضعیف ، بی لښکره ، بی زوره : بی ارادې ، د کمزوري ارادې خاوند ، بی هوډه، بی همتی .

weakprained بېغ مغزی، بېړا .

weak-kneed, بی هوډه، بی ټکله، بی ثباته .

weak-minded, بېغ مغزی .

waek-willed, بی هوډه ، بی ارادې .

weakly, adv. په کمزوری، په سستی

weakness, n. کمزورتیا ، سستی، بی سیکی ، زموالتیا .

weaken, v.t.i. کمزوری کول ، بی سیکه کول: کمزوری کېدل، بی سیکه کېدل: پښېدل.

weakfish, n. یو ډول کب دی چه د اتلانتیک په شګلنو غاړو کی موندل کېږی

weakling, n. کمزوری (د جسم، ارادې او اخلاقو له مخې)

weakly, adj. کمزوری ، رنځورغاړی، ناتوان .

weal, n. نیکمرغی، برکت، ښېرازتیا.

weal, n. رګ ، ده (د معدن) تغمه ، پوړه (د وهلو): موړه، مغزی پارچه .

weald, n. لوړه سطحه چه ونی او بوټی ونه لری، ځنګلی دښته.

wealth, n. شتمنی (ثروت) ، بډایی، پانګه، شته (دارایی)، جایداد، دولت، پریمانی .

wealthy, adj. بډای، شتمن، غنی.

wean, v.t. له تی بریکول ، له تی څخه بېلول (ماشوم): له آموخته اړول ، له عادت نه ګرځول .

weapon, n. وسله ، درسته (اسلحه) ، حربه .

wear, v.t. اغوستل، په پښو کول، په سرول، په سترګو کول (لکه د عینکو) : لاس ته راوړل (دوپاړه، برم) : ښکاره کول، څرګندول (لکه د خوښۍ، عادت): زړول، استعمالول (لکه د کالي، څپلي): سولول، موښل، تویول (لکه د تیږي): ستومانول، ستړی کول، بې توانه کول: د باد د جریان د سمت نه د بېړۍ مخ اړول (سمندر) .

v.i. پایېدل، دوام لرل، زړ نه زړېدل (لکه د کالي): سولېدل، موښلي کېدل، پای ته رسېدل، شوکېدل: د باد د جریان د سمت نه د بېړۍ اوښتل .

n. اغوستنه ، اغوستن ، کالي ، جامه، پوښاک: شوکېدنه، موښلتیا : پایېدنه، دوام: زړښت.

wearer, n. اغوستونی، هغه څوک چه کالي یې په غاړه وي.

wearisome, adj. ستړی کوونکی ، ستومانوونکی ، زړه تنګوونکی، خپه کوونکی ، خوا توروونکی.

weary, adj. ستړی، ستومان: بې مجاله، سست پست: تنګ شوی، بې حوصلې شوی.

v.t., v.i. ستړی کېدل، ستړی کول، ستومانېدل، ستومانول، تنګېدل، تنګول، بې حوصلې کېدل، بې حوصلې کول.

wearily, adv. په ستړیا، په ستومانۍ

weariness, n. ستونزه، ستومانی، ستړیا .

weasand, n. وچه غاړه، مری

weasel, n. د سمور (نورامی) د کورنۍ یو وړوکی تی لرونکی حیوان.

weather, n. هوا، د هوا حالت : سیلۍ، توفان، جکړ.

v.t. هوا ته ایښودل: رنګ الوزول (په هوا): بری موندل.

v.i. د هوا د اغېزې لاندې راتلل.

weather-btaten, adj. هوا څپلی، هوا وهلی: په هوا سخت شوی، په هوا خړ شوی .

weatherboard, n. څپره، چپه، هغه چپه چه دوه ایو تر منځه جوړه شوی او د باران مخه نیسي .

v.t. چپه جوړول.

weathercock, n. بادنمود، هغه آله چه د باد د جریان خوا ښیي: هردم خیاله.

weatherglass, n. یوه آله ده چه جوی اوضاع ښیي (لکه اورد بخت میچی).

weathering, n. د جوي حالاتو په واسطه د شیانو په خصوصیاتو کښې بدلون.

weathtrproof, adj. هغه شی چه هوا پری اغېزه نه کوي.

weather strip, weather stripping, n. د کړکیو او دروازو هغه پټۍ چه د هوا او باران د ننوتلو مخه نیسي ، چوکاټی

weather strip, v.t. د چوکاټی په واسطه د هوا بندول :

weather vane, n بادنمود .

weave, v.t. اوبدل، اودل: جوړول (لکه قصه): ګړ څېدل (جړی خوارته).

weaver, n. جولا، اودونکی، اوبدونکی.

weaverbird, n. یو ډول چوغک وزمه مرغۍ ده چه له ډېرو زرو څخه د ځان دپاره ځاله جوړوي.

web, n. ټوکر، ټوکی، رخت: دغوی ځاله: جال، جالګی، شبکه: جلۍ، پرده، د څو پرندګانو او حیواناتو د پښو پردې چه د ګوتو ترمنځه واقع وي: قلم ی تخته: پېو دون، نسج، پرده: په پښکه دو پښتالو لري یې.

wtb-footed, هغه ژوی چه د پښو ګوتې یې پردې لري (لکه هیلۍ او چونګښه)

web-toed, adj.

webbed, adj. د پښو پرده لرونکی (مرغان). د پردې په شان، پرده ایز.

webbing, n تاری پټۍ، تسمه، پتاره

wed v.t.i. واده کول، واده کېدل، په نکاح کول، په نکاح کېدل: نکاح تړل: یوځای کول، یوځای کېدل.

wedded, adj. واده شوي: یوځای شوی.

wedding, n. واده، دواده، چاودی، دوا ده دود: دواده کلین.

wedge, n. پانه: سېپځه: پاڼه ورسه، هغه څه چه د پانې په شان وي: لار جوړونه، بدلون راوړونکی چاره، لاره پرانېستونکی اقدام.

v.t. پانه ورکول: سېپځه چول: په سېپځه ټینګول، په پانه کلکول: ورګډېدل، ځان ننه ایستل.

wedlock, n. واده، نکاح، دواده مراسم او دود.

Wednesday, n. چهارشنبه، لاس پوری ورځ، شورو، پنځم.

wee, adj. ووړکی، وړکوټی، پوټی، لوړکی، زره، لنډ.

n. لنډه فاصله، لنډ وخت

weed, n. زیان رسوونکی واښه، هرزه بوټی، تماکو.

v.i. للو لول، ګوډ ول: پاکول: لېری کول، بوټي کول.

v.t. ګوډ ېدل: پاکېدل: دربې کېدل

weeder, n. للون کوونکی، للونکر، ګوډ مار، بوټي کوونکی.

weeds, n. دوېر جامې (چه معمولا کونډې وي)

weedy, adj. له ناکاره واښو ډک: دناکاره واښو په شان: ډنګر (نری چنګ)

week, n. اونۍ، هفته: د کار (شپږ) ورځې د کار ورځ، د هفتې هغه ورځ چه رخصتي نه وي.

week end, week-end, n. د اونۍ وروستۍ ورځې چه رخصتي وي، د اونۍ پای (د پنجشنبې د ماسپښین څخه د شنبې تر سهاره)

week-end, adj. د جمعې د شپې پنځوار.

weekly, adj. n. هفته وار، اونیز: دهفتې، په هره هفته کې.

ween, v.t.ii. ګڼل، تصور کول (فرض کول)

weep, v.i. ژړل، چیغې وهل: ویر کول: اوښکې څڅول.

v.t. ویر کول ، توېول (اوښکې) .

weeper, n. ژړاند ، ژړېدونکی

weeping, adj. : ژړاند ، ژړېدونکی : له اوښکو ډک ، اوښېدونکی

weeping willow. ځړا لګو (مجنون بېد) .

weevil, n. یو ډول ګکو انګوتی (خوږدګه) چه د چینجي توب په مرحله کی مېوې ژړی او دانې خوری .

weft, n. پوده (د ټوکر) : ځاله (لکه د غوی) : ټوکر (اوبدلی)

weigh, v.t. تلل، وزن کول : پورته کول (لنګر) : اټکلول ، سنجول

v.i. درنېدل : ارزښت من کېدل : ارزښت لرل ، اهمیت لرل : لنګر اچول ژور پر اچول : لنګر پورته کول (سمندری) .

weigh, د way غلط او بدل شکل

weight, n. تول ، وزن : درنښت ، د تول سیستم ، د تللو کاڼی ، بار ، دروی : د تول انداز : اهمیت : اثر : د جاذبې قوه

v.i. بارول ، درنول .

weighty, adj. : درونده ، ستوماتوونکی : ارزښتمن ، مهم ، اغېزناک ، جدی .

weir, n. د ویالې بند ، ډب ، ډم ، خوړ بند (خړ بنده) .

weird, adj. عجیب ، غیر معمولی : د بخت ، د برخې ، د پېښو وړاندی ، ازلی ، تقدیری ، اسمانی ، خدایی : له اندازه وتلی .

welch, د welsh بله بڼه د ویلز (په برتانیه کی یو ټاټوبی دی) ژبه ، د ویلز اوسېدونکی .

welcome, adj. : خوشالوونکی (زړه ری) : اجازه ورکړې شوې : هرکلی شوی ، ښه استقبال شوی .

n. تود هرکلی ، تود مستقبل ، ښه راغلی .

v.t. تود هرکلی کول : په ورین تندی منل

weld, v.t. کوشیر ول : پتری کول ، ویلې نګی کول ، پیوندول .

v.i. پتری کېدل ، پیوندېدل .

n. کوشیر ، پیوند ، کوشیر شوی ځای .

welfare, n. : روغتیا ، خوښی ، هوسایینه : نېکی ، خیر ، ښېګڼه

welfare work, خیریه چارې .

welkin, n. اسمان ، فلک : هوا ، فضا .

well, n. ځا : چینګ : کوهی : سرچینه ، ذخیره ، منبع : لوښی (مشوا لی) : په بېړی کی داوبو ټولېدلو پوړ ورځای .

v.t.i. رټل (لکه داوبو ، ګاز ، تېلو) .

well, adv : په سینه (په اطمینانی ډول) : په نېکمرغی : په ښه ډول ، په اعلی ډول ، په روغتیا : په برېالی ، په کافی ډول ، په دلیل ، په سنجښت ، په پوره ډول ، پېښی ، له تودې ، ښه ډېر .

well, adj. : نېکمرغه : جوړ ، روغ ، قناعت بخښونکی ، مناسب ، وړ .

welladay, interj. wellaway. وګوری

well-appointed, adj. مجهز ، سمبال شوی

wellaway, interj. وی ، ویش ، اوف ، ځیرا سوبلی .

well-balanced, adj. معقول ، موزون .

well-behaved, adj. مهذب ، بااداب ، منونکی .

well-being, روغتیا، خیر، ښه والی؛ هوساینه، خوښی.

well-born, adj. اصیل، سپین دوبی.

well-bred, adj. اصیل.

well-built, adj. ښه جوړ شوی، خوش اندام؛ ټینګه کلک، پوخ.

well-defined, adj. روڼ، جوت، ښکاره، واضح، روښان، مشخص.

well-developed, adj. ښه جوړ شوی، پوره رسېدلی.

well-disposed, adj. مهربان، لوروونکی، پېرزوونکی.

well-established, adj. ښه ټینګ شوی، ښه مدلل، ثابت شوی.

well-favared, well-favoured, adj. ښایسته، ښکلی، ښېښی.

well-fed, adj. په نس ښه ساتل شوی؛ څوړب، تیار.

well-founded, adj. ټینګه بنسټی؛ معقول، پوخ.

well-groomed, adj. ښه سینګار شوی، پاک، سپین سپېڅلی؛ ښه ساتل شوی.

well-informed, adj. د معلومات څښتن.

well-intentioned, adj. ښه نیتی، روغ نیتی، ښه اندی.

well-kept, adj. ښه ساتلی، ښه روزلی، ښه پاللی؛ ښه ساتلی، خوندی (محفوظ)

well-made, adj. ښه جوړ شوی، ښکلی جوړ شوی، پوخ جوړ شوی.

well-mannered, adj. نیک چلنده، مؤدب، نیک خویه

well-meant, adj. څرګند، ښکاره، آ او ښکار، په ګوته شوی.

well-meaning, adj. ښه نیتی، روغ نیتی، نیک اندی

well-marked, adj. په ښه نښت شوی، په روغ نښت ویل شوی.

well-nigh, adv. نږدې، نږدو، تقریباً

well off, well-off, adj. هوسا، موړ، ښېراز، آرام، سمبال، نیکمرغه.

well-ordered, adj. ښه سمبال شوی، منظم، ښه پېیلی، ښه سم شوی.

well-regulated, adj. ښه سمبال شوی، منظم، ښه سم شوی.

well-rounded, adj. بشپړلی، څو اړخ مخی؛ ځلولی: زور (لکه خبره).

well-seasoned, adj. ښه خوند ور شوی؛ پوخ، تیار (د استعمال د پاره).

well-shaped, adj. ښکولی، ښایسته.

wellspring, n. سرچینه، چینه، منبع

well-stocked, adj. ښه ډک، پر چاو، پورچک.

well-timed, adj. په خپل وخت، پر ځای، په خپله موقع.

well-to-do, adj. شته من، هوسا.

well-trained, adj. ښه روزلی، ښه پوهولی

well-worn, adj. موچلی، لګېدلی (مستعمل)، زوړ.

welsh, v.t., v.t د شرط له ور کړې څخه، د غولولو په واسطه ځان ژغورل: له ګټوون څخه په بې پتی ځان ژغورل.

Welsh, adj. دویلز (ژبه، وګړی، څي)

Welsh rabbit, n. دماېع بو ځنی ،مشر ډب اوډوډۍ پا ېيسکيټ څخه جوړ شوی يو خوراک .

Welsh rabbit د **Welsh rarebit,** اوښتی شکل دی .

welt, n. حاشيه ،مغزی ، پټی (د بوټ) ، ټلمه ، موږه (د وهلو) کت ، کاڼ .

v.t. مغزی (حاشيه) وروپوري کول ؛ پټی وروپوري گنډل ، ټلمه کول ، موږي کول ، وهل .

welter, v.i. لوټ په لوټ او ښتل (لکه په خټو کی) ، لوټ خوړل ؛ هکته پک کېدل ، ځپځپېدل ، حيرانېدل .

n. هلک پکټيا ، حيرانتيا .

welterweight, n. سوکمار (بوکسر) و هونکی) پاڅپي باله چه وزن يې تر ۱۴۷ پونډو څخه زيات نه وی .)

wen. n. بوځمه ، پڅو تی چه تر پوست لاندې وی .

wench, n. ښځه ، خوارله مزدوره ، خوارې ښځه ، کلیوالی نجلی .

wend, v.i. تلل ، رهی کېدل ، لاروهل ، خپله مخه نيول .

went. د go ماضی ، ولاړ ، ولاړه .

wept. د weep ماضی او د ديم حالت .

were, د (be) او (was) جمعی ماضی صيغه ، وو ، وې .

werewolf, n. هغه سړی چه لېوه شوی وی او په تيره بيا دلېوه اشتها ولری (په افسانو کی)

west, n. لويديځ : د لويديځ خوا ته پرته سيمه ، اروپا او امريکا : د لويديځ لوری .

adj. د لويديځ له خوا ، د لويديځ له خوا باد (سمندری)

adv. لويديځ ته ، په لويديځ کی ، له لويديځ څخه .

westerly, n. د لويديځ د لوري سباد

adj. د لويديځ خوا ته .

adv. د لويديځ څخه .

western, adj. د لويديځ غربی ، د لويديځ اوسېدونکی په شمال (W) د لويديځ (اروپا امريکا) کاو باپی (غو به) فلم ، کاوباپی ډرامه (امريکا ئی اصطلاح) .

Western Church, n. د روم کاتوليک کليسا يو برخه چه لاتيني کليسا په نامه هم يادېږی .

westerner, n. د لويديځ اوسېدونکی ، د لويديځ بومی (په ځانگړي (w) د لويديځ يعنی امريکی) .

westernmost, adj. د لويديځ ورستنی برخه .

westward, adj. لويديځ ته ، د لويديځ پرخوا (روان ، پروت او مخامخ) .

westwards, adv. لويديځ ته ، د لويديځ په خوا (رهی ، پروت او مخامخ) .

westwardly, adv لويديځ ته ، د لويديځ لوري ته .

wet, adj. لوند ، خيشت : باراني : هغه سيمه چه شراب پکی منع نه وی : د شرابو د بندېز مخالف .

n. اوبه ، لندوالی ، لوندوالی ، باران ، باراني : د شرابو د جواز پلوی .

v.t. لندول ، خیشتول .

v.i. لندېدل ، خیشتېدل .

wetness, n. لوندوالی ، خیشتوالی .

wet blanket, n. د ساعت تېرۍ او شوق رذوق بې خونده کوونکی

wether, n. خصي کړ ، خسی پسه .

wet nurse, n. دایی ، د شودو مور .

whack, v.t. دربول ؛ ډبول :

v.i. دربېدل ، ډبېدل .

n. درب ، ډب .

whacking, adj. ډېر لوی ، خورا غټ ، ستر .

whale, n. نهنګ ، یو ډول سمندری ډېر غټ کېوزمه تی رودونکی ژوی : پر تمېن ، پر مېالی ، دد به بېږ .

v.i. د نهنګ ښکار کول او نیول

whale v.t. وهل ، ډبول (سیمه ایزه اصطلاح) .

whaleback, n. یو ډول چملا یې نهنګ ته ورته وی په تېره بیا باروړونکې بېړۍ چه پورتنی برخه (چت) یې کږه وی .

whaleboat, n. د نهنګ د ښکار کولو بېړۍ ، ګرندۍ تېره سروبه لرونکی بېړۍ چه د نهنګانو د ښکار له پاره تري کار اخیستل کېږی .

whalebone, n. د نهنګ په پورتنی ژامه پوری وصل یو ډول سخته او ارتجاعی ماده ، ددی مادې څخه جوړ شوی شی .

whaler, n. د نهنګ ښکار کوونکی (بېړۍ ، سړی)

wharf, n. ډکه ، ګودر ، د بېړیو اډه ، بندر ، پټن ، د سمندر یا سین غاړه چه بېړۍ مالونه یا سپرلی پکی پورته یا کښته کوی .

wharfage, n. د بندر یا ګودر څخه استفاده ، د بندر یا ګودر محصول ؛ بندروالی .

wharfinger, n. د بندر څښتن یا منتظم .

what, pron. څه ، څه شی ، څومره ؛ کوم یو

adj. هغه چه ، هر هغه شی چه . څومره چه ، هر څومره چه .

whatever, indef. relat. pron. هر څه چه .... هر یو چه ... کوم یو چه .

adj. هر څه چه ، څنګه چه ، هر رنګه چه .

whatnot, n. یو څه ، بل څه ؛ د وړو کالو او لوښو تاخچه (وړه الماری) .

whatsoever. و ګوری whatever.

wheal, n. اېښکی ، تڼاکه ، دانه ، زخه .

wheal, n. د ټو کره رده ؛ تفمه .

wheat, n. غنم (هم یې بوټی هم یې دانه) .

wheaten, adj. د غنمو ، غنمین .

wheedle, v.t., v.i. په خوشامندو تېرایستل ، په خوږو ژبه تېرایستل ، تېرول ؛ په خوږو مالی ترلاسه کول .

wheel, n. ارابه ، څرخ ، ګېډۍ ؛ جولاګاډی ، بایسکل ؛ دربېدلو څرخ ؛ دوره ؛ د ماشین یا ژرندې څرخ ؛ د دولتی یا صنعتی ادا[illegible] څرخ ؛ داور لوبی څرخ (ولکه) .

د کښتی څرخ (شتر ينګ) .

ځرخول ، ګرځول ، v.t.&v.i.
چورلول ، ځرخېدل ، ګرزېدل ،
چورلېدل ، چلول ، چلېدل .

wheeled, adj. ځرخ ، ځرخوال
اروونکی .

wheelbarrow, n. ځرخ ، د لاس ګاډی
لروونکی لاسی کراچی چه بوبار ،
خښتی او خټی او نور مواد پکی وړی .

wheeler, n. ځرخوونکی : ځرخ اروونکی ،
اداپه لاره تلونکی ، اداپه کشوونکی آس .

wheel horse, n. اداپه کشوونکی آس
(چه ادا بی نه نږدې وي) : منظم او
مؤثر کارکوونکی .

wheelhouse, n. د بېړۍ د ځرخ کوټه .

wheelwright, n. د ځرخو یا ادابو
جوړوونکی یا ترمیموونکی ، د ګاډي جوړوونکی .

wheeze, v.i. په سختۍ سره ساه ایستل چه
غږ یې واورېدل شي : د ساه ایستلو غږ
ملتول ، ټوکه ، وشنه : n.
تېره ایستنه ، غړلوږه .

wheezy, adj.

whelk, n. سمندري ګوجي (حلزون) .

whelk, n.v.t.&v.i. ځوانکه ، ټینکی ،
ګرمکه .

whelm, v.t.i. زوروړ کول ، زوروړ
کېدل ، غالب کېدل ، غالب کول .

whelp, n. کوکری ، کوتری ، د بېړ
پیانګ ، زمری او نورو بچی : هلکی
کچه هلک ، نادوزلی او بی ادبه هلکی
(د سپکاوي له پاره) .

v.t.,v.i. کوکری زېږول ، د ځناورو
انګیدل .

when, adv... کله ، ځه وخت ، کله چه ...
هر کله چه ... هغه وخت چه ... په هغه
وخت کی چه ... که څه هم ... سره
له دې چه ... له کومه ... چه ... څه
وخت ... کوم وخت چه

n. وخت ، مهال ، درانګ .

whence, adv. له کومه (ځایه ، منبع ،
سببه) ، ځرانګه چه .

whencesoever, adv. له هر (ځایه ، منبع
سببه) چه ، له هری خوا چه .

whenever, adv. ... کله چه ، هر کله چه ،
کله نو چه

whensoever, adv. ..... هر کله چه
هر وخت چه .

where, adv. کوم ، چېرې ، چېرته ،
ځای : له کومه ، کوم ځای ته : په
کوم ... کی ، کوم ... ته .

conj. چېرته : ، چېرې کی
هر ځای چه ، هر خوا کی چه ، په هره
باره کی چه ، .

pron. کوم ، کی ، په څه ، کی .

n. د ځای ، د پېښی ځای .

whereabouts, adv. چېرې ، کوم ځای ته
نږدې ، کوم ځای ته څېرمه :

whereabout, n. ځای ، پته ، درک .

whereas, conj. حال دا چه ، په داسی
حال کی چه ، کله چه ، هر کله چه ،
څنګه چه : په پلمه ، په بل عبارت ،
له بلی خوا : په رښتیا او چه ، له دې
کبله چه .

whereat, adv. چه په دې سبب ، چه په هغه کی ، له څه سببه ، په کوم دلیل :

whereby, adv. په څه چه ، په کومه ذریعه چه ، په کوم سره چه ...

wherefore, adc. ولی ، څله ، په کوم سبب ، د څه دپاره : او .

n. سبب ، علت ، وجه .

wherein, adv. په څه کی ، له څه جهته : په کوم وخت کی چه .

whereof, adv. له څه شی ، د کوم شی ، د کوم چه ، د چا چه ..

whereon, adv. پر څه شی باندې ، پر کوم (شی) باندې .

wheresoever, conj.adv. هر چیرې چه ، په کوم ځای کی چه ، هر ځای ته چه .

whereto, adv. په څه ، وڅه ته ، کوم ځای ته ، په څه مقصد ، د څه دپاره ... کوم ته .

whereupon, adv. پر کوم باندې چه ... په نتیجه کی د ...

wherever, adv. چیرې : په کوم ځای کی : په هره توګه چه .. په هر حال چه . . هر چیرې چه ... و هر ځای ته ور ځېږمه چه .. په هر ځای کی چه . . . . و هر ځای ته چه . .

wherewith, adv. په کوم سره چه : په کوم چه . . په څه چه . ..

wherewithal, adv په کوم سره چه : په کوم چه . . . په څه چه ..

n. ذریعه ، وسیله ، پیسې ، چاره .

wherry, n. کښتۍ (کوچنۍ) ، ماکو ، وړه بېړۍ .

whet, v.t. : تېره کول ، باڼ ور کول : توسول ، پارول (اشتها) .

whetstone, باڼ ، برجو ، د چړو او چاقو کاڼو د تېره کولو ډبره (کالی)

whether, conj. یا ، که ، نه ، ایا که نه ... په هغه صورت کی ، په هغه ډول ، په هغه حال کی ، په هر حال کی ، په هر حال کی چه .. په هر صورت ..

whey, n. د پو څی اوبه ، د پنیر اوبه .

which, interrogative pron. کوم ، کوم یو

whichever, indefinite pron کوم یو ، چه ... هر یو چه ...

whichsoever. pron& adj. کوم یو چه .. . هر یو چه ...

whidah, n یو افریقایی مرغه چه د چوچ ایښلو په وخت کی یی د اوږدې بڼی بو فت اوږدې دې .

whida bird مکمله کلمه یی ده .

whiff, n. لنډ او تو له باد ، بوی : دود (لکه د چلم) .

v.t.,v.i. دود ایستل ، او ګی کیدل .

whiffle tree. تانګه ، خرک (د اس) .

Whig, n. په اولسمه پېړۍ کی په انګلستان کی د هغه سیاسی ګوند غړی چه د پاچا د اختیار اتو په مقابل کی یی د پارلمان د زیاتو اختیاراتو غوښتنه کوله بیا وروسته د هغه ګوند د لیبرال په نامه واوښت . (امریکایی اصطلاح) د انګلستان په ستمرو کی د انقلاب پلوی : د شاه دوست او محافظه کار ګوند مخالف د دیمو کراتانو سره هغه مخالف سیاسی ګوند چه په ۱۸۳٤ کال کی جوړ شوی و .

Whiggery, n . د ویګ (Whig) دسیاسی
ګوند اصول .

while, n. شیبه ، درنګ ، مهال ، وخت ،
دکار وخت : هاند ، تکل ، هڅه ، زیار ،
کړاو ، دربی .

conj په هغه وخت کې ... په هغه شیبه
کې ... تر هغه چه ... تر څو چه ...
سره له دې چه ....

v.t. ساعت تېرول وخت تېرول (خصوصاً
په خوښی) .

whilom. adv. پخوا ، مخکې .

adj. پخوانی .

whilst, د while کلمه وګوری .

whim, n. دخیال پدلون ، هوس ،
بوالهوسی .

whimper, v.i. سو لګېدل ، ر پنګه کول
(لری ږدا) .

n. سو لګېدا ، ر پنګه .

whimsey, whimsy, n. بوالهوسی ،
دخیال پدلون : الله پښنه .

whimsical, adj. بوالهوسی ، هر دم
خیاله ، سودایی ، وسواسی .

whin, n. یو تل شین خېلی لرونکی بوټی
چه ژیړ ګلونه او پلی لری .

whinchat, n. یو وړه سندر غاړی
اروپائی مرغۍ چه سواری رنګه
او سپین خالونه لری .

whine, v.i&t. زګیروی کول ، سو لګېدل :
ګیله کول ، فریاد کول .

n. زګیروی ، فریاد .

whinny, v.i. هڼېدل ، شڼل ، شڼېدل
(داس)

n. شڼهار ، شڼا .

whip, v.t. (څمڅېدنه) شړی کول ، په متروکه
وهل ، چی کول : شړک ورکول ، په شړک
وهل (په لېښته په متروکه) : ناوول :
پېرول ، مانی ورکول : په چټکتیک د کس
ایول ، شار بل (د هګی) : ګېنده کول .

v.i. په یوه ټوپ تلل : ر ټېدل .

n. متروکه ، چوکه ، دمتروکی
شړک : متروکه وهونکی : په متروکه
وهنه : دهګی او پېروی ګډوله خوراک :
په پارلمان کې دګوند د غړی یو
څارونکی .

whipcord, n. (دلېښتې یار باب) ،
دځارو یو دکولمو تری ، پېړی .

whip hand, n. متروکه لرونکی لاس ،
دواکی خاوند ، واکمن .

whiplash, n. دمتروکی تسمه .

whippersnapper, n. سپکی (سړی
کسکی) ، بې اهمیته شخص : کاشوازی
(کلا لکار) .

whippet, n. تازی وزمه ، د څغاستی سپی :
(مجازاً) هر وړوکی ګړندی شی .

whippet tank, n. وړوکی ګړندی
ټانک .

whippletree, n. تانګه ، خرڼه .

whippoorwill, n. یوه برګه امریکایی
مرغۍ ده چه دشپا وون په وخت کې چغېږی .

whipsaw, n. لاسی اره او یوه اره .

v.t. اره کول ، په اره غوڅول :
بی تو له تجارت کول چه په یوه وخت کې
دوه تاوانه کوی لکه ګران اخستل
او ارزانه خرڅول .

whip scorpion, n. لړم ورته ډولی چه اته پښې او اوږده لکۍ لري، خو لښته نه لري.

whir, v.i. شړېدل، بړبېدل (لکه د مرغك او غشي آواز).

n. تلوار، بېړه: شور، ځوږ: اله ګوله، الفاو تلفاو: شړهار، بړهار.

whirl, v.i. چورلېدل، څرخېدل: په تلوار تلل، په ګړندي توب تلل: سر ګرځېدل، ګنګس کېدل

v.t. چورلول، څرخول، ګرځول: په تلوار وړل.

n. څرخېدنه، چورلېدنه، څرخ: تلوار، بېړه: اله ګوله، الفاو تلفاو: ګنګستیا، سر ګرځېدنه.

whirligig, n. څرخندوکی، ګډوونی، چمچلانه، لاټو.

whirlpool, n. داوبو ګرځنې، ګرداو، څرخاو، غولی.

whirlwind, n. دوړ دوړکه، بګړوکی، د بېړ باد چولی: تونډ باد، توفان.

whirr, د whir بل شکل دی

whish, v.i بړبېدل، شنګېدل، ایش ایش کول.

n. بړهار، شنګهار، ایشهار.

whisk, n. په تندۍ سره د پاکولو عمل (لکه په جارو یا برس سره): فلزي منډلو، د پېز، وړوکی برس.

v.i. په تلوار حرکت کول.

v.t. په تلوار بېول، په بېړه وړل.

شاربل، برس کول، ځنډول، ټاك وهل.

whisk broom. وړوکی برس.

whisker, n. برېت، دبار خو وېښتان: د برېت يو وېښته: دژو و بو بتو (لکه د پیشو، موږك، دزې، او نورو).

whiskered, adj. برېت لرونکی، برېتور (حیوان).

whisky, whiskery, n. وسکی، یو قوي الکولي څښاك دی چه د داسې دانو لکه جو درو، غنمو او جوارو څخه جوړېږي.

whisper, v.t&.i. پس پسېدل، پس پسی کول: پټې خبرې کول، په غوږ کې ويل، ګونګوسې کول.

n. پس پسی، ګونګوسې، پس پسکی.

whist, interj. چوپ! غلی شه! ارام شه!

adj. غلی، ارام، کراره.

n. د پتو یوه لوبه، د برو یوه لوبه چه (برېج) ته ورته ده.

whistle, v.t. شپېلکی کول، شپېلی کول، شپېلك وهل، شپېلی وهل، شغول: د بېړا سې بهار، ماشین شپېلی (توله وهل)

v.i. په شپېلي تال پرېدل.

n. شپېلی، شپېلکی: شپېلی (توله)، برغو، بګر، ترم: د شپېلي غږ، د برغو آواز: خوله او مری: په شپېلي اشاره: شپېلي وهمه آواز، شغهار

whistler, n. شپېلي کوونکی، شپېلکی کوونکی

whit, n. پوټی، لوکی، خشوزی، بخری، ذره، بڅه.

white, adj. سپین، بې رنګه، روڼ، رنګ تښتېدلی، تش (خالي)، واورين: سپین (سپېڅلی)، پاك لمنی، بې ګناه: سپین بوټی: سپین زړی: بې ضرره (دروغ): سپین پوستی (توکم): د سپین پوستو تر لاس لاندې: (اروپا يې سياست کې) د بنيادي او پښتنی (راديکاليزم) مخالف: سپين (بې وينو).

n. سپينوالی، روڼ: سپين (لکه د هګيو، سترګو): سپين رنګی (لکه توکم، جامه، ښار): (د سطرنج په لوبه کې) سپينې ګوټې (دانې): په سپينو ګوټو لوبه کوونکی: د سپين ډلې محافظه کاره ګوندېړی (سياسي).

v.t. سپينول، روڼول.

white ant, n. وينه (چنجی)، لرګي خوړونکې حشره.

whitebait, n. کبوړی، د هګۍ نه وتلي د کب تنکي بچي

white birch, n. سپين برچ، په شمالي امريکا کې يوه ونه چه سپين پوټکی لري او ډول ډول د توکري، شکرې او د ښکلا سامانونه يې له پوټکي څخه جوړېږي.

whitecap, n. هغه څپه چه په ځګ اوړي.

white cedar, n. د لمنځي (ارچې) د کورنۍ يو ډول ونه چه د اتلانتيك په څېڅه ايزو غاړو کې شنه کېږي: د دې ونې پوست لرګی.

white-collar, n. مامورين (لکه د دفتر او هغه چه لاسي کارونه نه کوي)

white elephant, n. سپين پيل: هغه کالچه ګټه يې لږ او زيان يې زيات وي: دروند پېټی، بې‌راوړو بار.

white-faced, adj. زېړ زبېښلی، زېړ خولی

white feather. د بې زړه توب نښه.

whitefish, n. سپين کب.

white flag, n. سپينه جنډه، سپين بيرغ چه د اوربند يا تسليم په وخت کې پورته کېږي.

whitehall, n. هوايټ هال، په لندن کې د يوې کوڅې نوم دی چه په دواړو غاړو کې يې دولتي اداري دي: (مجازي) د برتانيې شاهي دولت.

white heat, n. سپين تاو، د تودوخې هغه زياته درجه چه مثلاً پولاد له سوروالي څخه سپينوالي ته اړوي

white-hot, adj. له زښته تاوه سپين

White House, n. سپينه ماڼۍ، په واشنګټن کې د اتازونې د جمهور رئيس رسمي استوګنځی: (مجازاً) د جمهور رئيس دفتر، جمهور رئيس.

white lead, n. سر په سره سپين رنګ (يا پوډر)

whiten, v.t.&v.i. سپينول، سپينېدل.

whiteness, n. سپينوالی، سپين رنګ: د کوالي ژېړوالی: سوتره والی سپېڅلتوب.

white plague, n. اسري رنځ، سل (په تېره بيا د سږو) توبرکلوزيس.

white slave, n. هغه ښځه چه فحشا ته په زور او جبر اړه شوې وي، اوچی.

white slavery لوڅي گري ، فحاشي ته دهڅې په زور اړ ګول .

whitewash, v.t سپینول په چونه (اهاکو) سره سپین رنگ ورکول : (په لو به کی) بې گول ، ماتی ورکول ، ورل ، دچونې (اهاکو) او بلن رنگ . n.

whitewood, n. یو شمیر ونې چه د لرگي رنګ یې سپین بخن دی ، د دې ونې لرگي .

whither, adv : ته ، کوم ځای ته چیرې ، د پاره ، د کوم (مقصد، هدف، انداز) او لوړو) .

whithersoever, adv. هر چیرې . . هر ځای ته چه . . .

whiting, n. : یو ډول ارو پائی سپین کب : سپین ژر رنګی کب : دشمالي امریکې بلن یوزی کب .

whiting, n. (تباشیر) سته سپینه خاوره چه د ملونو د رنګولو د پاره کار ځنی اخیستل کیږی .

whitish, adj. سپین بخن .

whitlow, n. گر لې ، او په ا خپستنه ، پا لېسوب ، التهاب . .

Whitsun, adj. د مسیحي اختر ، هیسوی اختر ته منسوب .

Whitsunday, n. تر هیسوی اختر وروسته اوومه یکشنبه .

Whitsuntide, n. د هیسوی اختر اوومه یکشنبه او وروسته دوې ورځی (چه په لاندې توګه یا دیږی) .

whitsunady (اوومه سپینه یک شنبه (اوومه یک شنبه) .

Whtmonday سپینه دوشنبه .

Whit-Tuesday. سپینه سه شنبه

whittle, v.t.n. : تو یول (په چاکو) خوځول لږول ، کمول ، تو یول خوځېدل (په چاکو) ، لو یه چاړه .

whiz, whizz, v.i. ، شنګېدل ، ښنګېدل ، پې پېدل .

n. شنګهار ، ښنګهار ، پې هار .

who. (وګړی) . څوک ، چا : کوم یو

relat, pron. ، څوک چه ، چا چه ، کوم چه :

whoa, interj. . داس د ودرېدو د پاره ږغ .

whodunit, n. د چا سو سی کیسه یا فلم یا درامه .

whoever, . . څوک چه . . . . چا چه . . کوم چه . . کوم یو چه . . .

whole, adj. : ټول ، پوره ، سمت ، ټول روغ ، جوړ (له ویشل شوی ، لاس نه خوړلی) : د هری خوا پوره ، له هره پلوه بشپړ : ټول کال : سکنی ، سکه .

n. پوره بشپړ ، ټول ټا ل .

wholeness, n. بشپړ توب ، پوره والی

whole-hearted, adj. ، زړه ورتو لی ، د زړه له کومې .

whole number, n. صحیح عدد ، روغ عدد (د کسر ضد) .

wholesale, n. په غونډه ډول خر څو ل (خرڅېدل : غونډ پلورل نه (عمده فروشي ، : غونډ خرڅولی : پراخ ، عام .

wholesome, sdj. روغتیا بخښونکی ، گټور : روغ ، جوړ ، روغ رمټ .

wholesomeness, n. روغتیا ، صحت .

whole step, n. دموسیقۍ د ټاټوټو ترمنځه شپږه اوږدنګ .

wholly, adv. په پوره ډول ، په بشپړه توګه ، بېخي : یوازې ، تنها .

whom, pron. د who, مفعولي حالت چاته ، کوم ته ، کومو ته ، چا ته چه ....

whomsoever, pron. د whosoever مفعولي حالت : چاته چه ... کوم ته چه ....

whoop, interj. شاباسی ، شا باش .

v.i. چغه کول ، کړیکه کول : ټوخل (په توره یاشنه غاړه) .

v.t. چغه کول : شاباسی ورکول .

n. چغه ، کړیکـه (د خوښی) شاباسی : د توری غاړی دټوخی آواز .

whooping cough, n. توره غاړه ، شنه ټوخلی ، ټوخلی .

whopper, n. : خورا لوی ، ډیر ستر : غټ دروغ ، ښکره وردروغ .

whore, n. کاسیره ، بدلمنی ښځه ، کنچنی ، فاحشه .

whorl, n. : کړیه ، ولکه ، ول ، ماشوره : غړوسکه یا غړ شکه ، گونجه ، کات ، گونځه .

whortleberry, n. و گوری huckleberry

whose, د چا .

whoso. و گوری whoever, whosoever.

why, adv. ولی ، څله : په کومه توگه له څه کبله ، دڅه دپاره .

n. سبب ، وجه ، توگه .

wick, n. باتی ، پلته ، پلیته .

wicked, adj. بدکاری ، بدچلند ، ناوړه ، گناه کار : بد ، ناوړه : زلند ، خطرناک : بېخونده : ناوړه (لکه بدبوی) .

wickedly, adv. په بدی ، په بدکاری .

wickedness, n. بدی ، ناوړتیا .

wicker, n. شکری ، ټوکری ، سوده (سبد) : همه د روزه (لوخه) چه ټوکری څخنی او بدل کیږی .

wickerwork, n. او بد نه (د شکری ، ټوکری ، چوکی) .

wicket, n. کړکی ، دریچه ، باری (په لوی ورکی وړوکی ور) دورخ تمبه : (د کرکیټ په لوبه کی همغه دوه لرگی چه په منځ کـی یی توپ تیریږی) : کرکټ (یوه لوبه ده) : د کرکټ (لوبی) : ویکټ : د کرکټ ډگر .

wickiup, wikiup, n. جونگړه ، کوډلی ، څپری .

wide, adj. : ارت ، پراخ : پلن ، پسور ور : ازاد ، له مقصده لیری ، له نخښی لیری .

adv. ډیر لیری .

widely, adv. : په پراختیا : لیری : لوی واټن : له نخښی ، مقصد ربښتیانه خطاء .

wide-awake, adj. ویښ ، بیدار ، چمتو ، تیار : څارو .

widen, v.t.&v.i. ارتول ، ارتیدل ، پراخول ، پراخیدل ، پلنول ، پلنیدل .

widespread, adj. خپور، وپلی، غځېدلی، رواج: تیت، متداول.

widgeon, wigeon, n. یو ډول هیلۍ ده چه د سیندو نو او جهیلونو په غاړو کی موندل کېږی او سربې سپین وی.

widow, n. کونډه.

widowhood, n. کونډتوب.

widower, n. کونډ.

width, n. پلنوالی، سپور: ارتوالی، پراخوالی.

wield, v.t. په مهارت سره استعمالول: چلول: په واک کی لرل.

wielder, n. واکمن، لرونکی.

wiener, n. د غوایه د غوښو یا د غوایه او خوګ د غوښو نری ساسېج، نری کلبسه.

wienerwurst, n. د غوایه د غوښو یا د غوایه او خوګ د غوښو نری ساسېج، نری.

wife, n. مایېنه، ښځه، مېرمن.

wifehood, n. مایېنه توب، مېرمنتوب.

wifely, adj. د مایېنې په شان، د مایېنې د شان وړ.

wig, n. جوړ شوی وېښتان، مصنوعی وېښتان.

wigged, adj. د مصنوعی وېښتانو لرونکی.

wiggle, v.t.&v.i. خوځېدل (د چونچې په شان)، کوږوږ تلل.

n. کوږوږ تګ (لکه د چونچې).

wiggly, adj. کوږوږ.

wight, n. شخص، سړی (زوړ اصطلاح).

wigwag, v.t&v.i. مخکښې وروسته کېدل یا کول: د جنډو یا رڼا په خوځولو اشاره کول، د جنډو یا رڼا په خوځولو مخابره کول (شفری مخابره):

n. د جنډو یا رڼا په ذریعه مخابره (شفری مخابره).

wigwam, n. (د امریکایی هندیانو) جونګړه چه په لرګو، پوزېو او څرمنو سره پوښلې شوې وی.

wikiup, د wickiup بل شکل دی. د امریکایی هندیانو جونګړه چه له وښو، لوخو او لرګو څخه جوړه وی.

wild, adj. بېدیانی، ځنګلی، وحشی، نااېل، ترند: بې واکی، نادرزلی، خودرویه: شړول: وېجاړه: له واکه وتلی، یاغی: په غوسه، په قهر، له عقله وتلی سودایی: لېوال (سخت ډېر): بدچلنده، سرایله، خوشی: تلوسه ناک، بې ځنډی: غوسه ناک: هردم خیاله.

adv. په خپل سری، په بې کابو توب.

n. بېدیا، دښته (دښت)، صحرا، شاړه.

wildly, په وحشیانه توګه.

wildness, n. بېدیا، شاړه، دښت، ځنګل.

wildcat, adj. بی اعتباره، ناوېسا: بې اساسه.

wild cated, v.t. د تېلو یا ګاز پلټل.

wild cat, n. لېوچی، وحشی پېشو: جنګړه سړی، تندخویه (سړی): قاچاق

wilder, v.t. بې لارې کول، بې سره کول.

wilderness, n. چول، دښت، بېديا، بيابان .

wildfire, n. تباه کوونکی اور: لمبوني اور: هغه شيان چه ژر اور اخلي او په اسانه نه مړ ي: (مجازاً) ژر خپرېدونکی

wild ofwl, wildfowl, n. داوبو نا اهل مرغان لکه هيلۍ: بتې او نور .

wildwood, n. ګوښه، بېديا ځنګل چه ټنګ را ټنګ نه پکښې کېږي .

wile, n. چل ول، پلمه، دوکه، غولونه، ټګي، چم .

wilful, adj. ځېلی، خپل خوښی، خپل سري، هوډي: عمدي، قصدي

will, n. مېل، خواهش، اراده: عزم، ټينګه اراده: خوښه: رضا: واک: اختيار: هيله: د ارادې قوت، د ارادې آزادي، خپلواکي: وصيت: وصيت ليك:

v.t., v.i. په خپله خوښه ټاکل: په واک کی داوړل، اختيارول: په خپله خوښه پرېښودل: وصيت کول .

will, v. به (د مخاطب او غايب د مستقبل د صيغو د جوړولو کومکی فعل) د فعل د اجراء خواته د فاعل خوښه او تمايل څرګندوي، په فعل کی ټاکېدنه پيدا کوي، د فعل د اجراء ټاکنه کوي: د مستقبل د صيغې جوړوونکی کومکی فعل: د يو شي څومره والی او توان څرګندوي .

willet, n. د چوغکی په شان يو مرغه دی چه د سمندرونو په غاړو کی موندل کېږي او اوږده مښوکه لري .

v.t. د دغه مرغه ښکار کول .

willful, wilful, adj. ارادي، قصدي، عمدي: ځېلی، هوډي .

willing, adj. راضي، خوښ، مايل، چمتو، تيار: رضاکار .

willingly, adv. په خوښه، په رضا .

willingness, n. خوښه، رضا، چمتووالی، تياري

will the wisp, n. هغه رڼا چه په شپه کی د بوختو او زيمناکو زمکو له پاسه ليدل کېږي او د هغې په باره کی اټکل کېږي چه د ګاز د بخار څخه پيدا کېږي: هغه غولوونکی شی چه د سړي لاس ته نه ورځي .

willow, n. وله: د ولی ارګی: د ولی نه جوړ شوی شی لکه د يامه لاستی (عاميانه)

willow herb, n. د ژړو ګلابو د کورنی يو بوټی دی چه اوږوانی ژوله ګلان لري .

willowy, adj. د ولو، په ولو پوښلی، لوړ دروند باوقاره سړی: نرم او نری .

willy-nilly, adv&adj. په خپله خوښه، په خپل سر، خپل خوښی، بی پروا: خامخا، بی له خوښی .

wilt v.i. ضعف کول: مړاوی کېدل: مړژوانده کېدل: بی زړه کېدل، زړه اچول: کمزوری کېدل .

v.t. مړاوی کول: مړژوانده کول، کمزوری کول .

n. دوتو تاروتی .

Wilton, n. يو ډول غالی چه مخ يې پښمل وزمه دی .

Wilton carpet or rug. پښمل وزمه قالی .

wily, adj. چالاک، چلک باز، دوکمار، غولوونکی .

wimble, n. برمه (دسوری کولو آله)

wimple, n. څپولی (دښځو دسر دسمال (پخوانیو دوروو کې چه اوس یې هم راهبې ښځې استعمالوی)

v.t. څپولی پرسر کول : کټول، کت په کت کول: رپیدل .

win, v.i. گټل، وړل: بریالی کیدل، مفکیری کیدل .

v.t. پیدا کول (لکه روزی) لاس ته راوړل، تر لاسه کول: مونډل (لکه لار) پسی تلل، اخیره کول : د جازېږه یا میډه گټل .

n. سوبه، بری، گټنه

wince, v.i. ټکان خوړل، شو اچیدل، ترهېدل (تورېدل) په شا تلل .

n. ټکان .

winch, n. یو ماشین دی چه څیان په پورته کیږي یا کش کیږي، جر ثقیل.

wind, v.t. تاوول، کوږ ورږ کول، پیچل: کږول : پېرل، اوډل، گرځول : سمبالول، په تاوولو کمانی کلکول: ځکول، کشول، پورته کول .

کوږ وږ تلل (لکه دسوی زخاسته): په غیر مستقیم ډول مقصد ته رسېدل: تاوېدل، څیر کیدل .

n. حلقه، پیچ .

wind, n. باد : سپلی، توفان : وږمه، شموم، لمبه، غلاوه : ساه، تنفس: چغلی خبره : ځان خولول: دموسیقی آلی چه دپوکلو په ذریعه غږ ییږي (لکه شپیلی ترومپ)، دکو لمو باد .

v.t تو س و هل، بوی وهل : ساه پسیل: سپلېدل، سپاره جگېدل، دمه کول، په سا کیدل، سپاله کول .

windless, adj. بی باده .

wind, v.t پوکول، بوق وهل (لکه شپیلی) .

windage, n. دهوا اخیره (چه د گولی دلارې دادولو سبب شي): کږېدنه، انحراف .

wind-blown, adj. باد الوزولی : دسر چوڼ ولو یو طرز دی

windbreak, n. دونو چنگی، دونو شپول، خصوصاً دو نولیکه چه دسخت باد د فشار مخه نیسی .

wind-broken, adj. هغه حالت دی چه د سږو د هوا یی سلولونو دچاودلو په اثر په سا کښلو کی تکلیف پیدا کوی.

wind cone, n. بادجور(مخروطی کڅوړه) چه د باد سمت ښیی لکه په هوا یی ډگر ولو کښی) .

windfall, n. باد توی کړی (لکه میوه)، باد غورځولی (لکه ونه) بادراوړی، غیر متوقعه گټه یا مال

windflower, n. یو بوټی دی چه ښایسته وزمه گلان لری .

winding, n: کوږووږ، کږ لیچ، ورسله: حلقه، پیچ، پېچومی، د پیرگه .

adj. تاوېدونکی، گرځیدونکی، هرخپدونکی

winding sheet, n. کفن

wind instrument, n. دمو سېڅي آلات چه په پو کلو غږېږي (شپېلۍ ، تروم) دپو کلو دساز آلات .

wood_wind instruments دلرګو دپو کلو آلات .

wood winds . دلرګوپوکلوآلات

brass-wind instruments دژېړ دپو کلو آلات .

brass winds.

windjammer, n. بادوان لرونکې بېړۍ دعملې يو ټن (عاميانه سمندري اصطلاح)

windlass, n. او چتوونکې څرخ ياماشين

windmill, n. بادي ژرنده .

window, n. کړکۍ ، پرياله .

windowpane, n. دکړکۍ ښيښه ، دکړکۍ هنداره .

window seat, n. هغه کړکۍچه دناستې ځای ولري.

window sill, n. هغه تخته (دلرګي کاڼي) چه دکړکۍ چوکاټ پرې ايښودل شوی دی

windpipe, n. سره غاړه : وچه مرۍ ، قصبته الريه .

windrow. n. دريبل شو يورو بوکتار (سترګه) چه دوچو لودپاره اچول شوی وي ، لاين : واښه ، پاڼي يا خکوچه دباد په زور يوه سره ټول شوی دی .

windshield. n . دموټر دمخ ښيښه

wind sleeve, wind sock. wind cone وګوري (بادپوډ) .

Windsor, House of n. له ۱۹۱۷ کال راهيسې دې خوا دبرتانيې دشاهي کورنۍ لقب .

windup, n. نتيجه ، پای .

windward, n. دباد دراتلو تلو پلو (سمندري اصطلاح) .

adv. دباد خوا ته .

adj. دبادپه لوري تلونکې: دبادخوا .

windy, adj. باد پور ، بادي : باد وهلی : دسېلۍ ، توفاني : په کولمو يا ګېډه کې دباد پيدا ښت : لاپو .

wine, n. دانګورو شراب : دميوو تخمر شوې شيره : نشه .

v.t,v.i. دشرابو : شراب څښل (دشرابو) دڅښلو بلنه ورکول ، دشرابو سره کول .

wine cellar, . دشرابو دساتلو ځای .

wine colored or coloured, adj شراب رنګی ، سور رنګی .

wine glass, n. . دشرابو دڅښلو ګيلاس

wine press, دانګورو هغه دشيرې ايستلو ماشين يا خم (چالی) .

Winesap, n. دژمي دموسم يو ډول تکه سره مڼه چه دژمې دپاره ساتل کيداي شي .

wing, n. وزر : ځانګه : (په ماشيو) لاس ، ورتګ ، الوتنه ، وزر وزمه : ډله ، څنګه ، اړخ ، پره ، جنبه : دودانۍ جناح ، شراره (کلا) : (نظامي) داچکر کينې يا ښي اړخ ، دالوتنې په وخت کې دالوتکو پهلپهلوانو : په لوبو کې دمرکز دکينې يا ښي اړخ لوبغاړی ، (تياتر) لوړ (جناح) .

v.t. وزر ور کول : تېرول (په الوتنه) ؛ الوزول : لار وهل : په وزرکې زخمي کول ، دښمن ټپي کول الوتل .

v.i. الوتل .

winged, adj. وزروال .

wingless, adj. بې وزرو .

wink, v.i. سترګک وهل ، چشمک وهل ، اشاره کول (په سترګو) : رپېدل (دستوري ، سترګي) .

v.t. سترګک وهل ، سترګه رپول ، رپول : د سترګو په رپولو څوک متاثر کول .

n. خوب : د خوب څوکه : څوټه : په سترګه اشاره ، سترګک ، چشمک .

winker, n. سترګک وهونکی ، سترګي رپوونکی : باڼه ، سترګې پړوانی (داسې د سترګو د پټولو شی چه د څه په سبب آس نه شي کولای یو خوا یا بلې خوا ته وګوري) .

winkle, n. یو ډول سمندري څټ حلزون .

winner, n. ګټونکی ، وړونکی : سوبمن ، بریالی : د لوبې اتل .

winning, n. سوبه ، بری .

adj. ګټونکی ، بریالی ، وړونکی : زړه راښکونکی ، ښکلی .

winnow, v.i.&v.t. بادول (درشی) ، بېولی وهل : چاڼول ، اړول ، تحلیلول ، بېلول ، کمول : څوره کول ، خوځول : خپرول ، تېتول (د باد په واسطه) .

winsome, adj. زړه راښکونکی ، په زړه پوري ، خوشالوونکی : خوشال ، خوښ

winter, n. ژمی ، ژمنی .

v.i ژمی تېرول .

v.t. په ژمي کې ساتل (لکه د څاروي) .

wintertide. ژمی .

wintertime, n. د ژمي موسم .

wintergreen, n. هغه نباتات چه په ژمي کې شنه دي او له پاڼو څخه يې خوشبويه غوړ استحصالېږي .

oil of wintergreen د اوموړي نبات غوړي .

witerize, v.t د ژمي د تېرولو د پاره وړ ګرځول ، د ژمي د حالاتو د پاره چمتو کول .

winterkill, v.t.&v.i. د ژمي د سړو په ذريعه وژل کېدل .

winter wheat, rye, etc. غنم جودر یا نور چه په ژمي کرل شوي او په راتلونکي پسرلي یا دوبي کې ریبل کېږي .

wintry, adj. ژمني ، د ژمي ، سوړ ، یخ : د پرسوړ ، سخت ساړه ، بې خونده ، بې مزې

wipe, v.t. پاکول ، وچول : ورک کول ، له منځه وړل ، وژل : د دوه ملو لو کو شپږ ول (په تل غږولو کې) .

n. وار ، ګوزار : پاکونه .

wiper, n. پاکوونی ، د پاکولو دسمال یا ټوکر : د موټر کلینر .

wire. n. سیم ، فلزي مزی : د مزي غزونه : د پنجرې پوټار ، جالی : تلګ ، ګېر کومی ، الحرن مزی : ټیلیګراف ، ټیلګرام : سیمه پېږ (هغه اوبا د جمع په صیغه) تر پټو څارنې لاندې ساتنه ، د ټیلګراف شبکه : سیمه پېز ، ټیلیګرافي مخابره : (د آس د ځغلولو په لوبه کې) د ځغاستې فرضي وروستۍ حد .

v.t. په مزی تړل ، په تار تینګول ،
سیم کشول یا غزول (لکه د برق) : په
تلګرافی لیږل : (سپه یز) د مزی
په ذریعه خبر ورکول .

v.t.

wiredraw, adj. سیم غځی جوړول ؛ اوږد
دول (لکه خبره) ، اوږده داینه او ویل .

wireless, adj. بې تاره .

wireless telegraph, n. بې تاره تیلیګراف

wireless telegraphy بې تاره تیلیګرافی
مخابره .

wireless telephone, n. بې سیمه تیلفون

wireless telephony, n. د بې سیمه
تیلفون چارې .

wirepulling, n. د تار په راکشولو
د ناوکیو (نا ښکارو) د ښخا او په ، په
سیاست کې د لاس ګوډاګی (ناوکی)
ګرځوله .

wireworm, n. (د خردکی (کو لکټ)
ورمه چیچونو لاروا .

wiring, n. (د بریښنا د مزیو (خصوصاً
د کور د بریښنا د مزیو غزوونه .

wiry, adj. د تاره جوړ شوی یا تار وزمه ،
نسیم وزمه : د تار په شان .

wisdom, n. هوښیاری ، حکمت ، عقل کتیا :
عقل .

Wisdom, n. د تورات هغه برخه چه
د سلیمان د هوښیاری په باب ده .

Wisdom of Solomon. د سلیمان (ع)
هوښیارتیا او عقل کتیا .

wisdom tooth, n. د عقل غاښ (هغه غاښ
چه د ژامی په پای کی د (۱۷– ۲۲) کلو
په عمر پیدا کیږی)

wise, n. بڼه ، ډول ، طرز ، وجه

wise, adj. پوه ، هوښیار ، عقیل ؛ په
چه او په پوه ، د تمیز خاوند ، خبر ،
خبر او رولکی ، خبر شوی .

wisely, adv. په هوښیارتیا ، په
عقل کتیا .

wiseacre, n. په ځان ویسا احمق ، هغه
څوک چه په هغه لری او ځان پوه ګڼی ،
ناپوه .

wisecrack, n. مسخره ، په رمز او که .

wisecrack, v.i. په رمز او که کول

wish, v.t. غوښتل ، ارزو کول ،
هوښتل : پیر لو ښه لرل : هوښتل (سوال
کول) : دعا کول .

v.i. هیله لرل ، هوښتل کول : د هیلی
[illegible] کیدل

wishbone, n. [illegible] ګړوه ، هوانګی .

wishful, adj. هیله من ، ارمانجن .

wishy—washy, adj. [illegible] بې خونده (سړی) .

wisp, n. وړه ، دوه ، (دوښو ، پالنو) :
[illegible] چه په غونډه (د وښو یا لو) مجازاً
وړوکی ، تنکی : لی ، خاشه ، بوټی .

wist. [illegible]

wistaria, wisteria, n. [illegible] بوټی
[illegible] چه له کورنی بوټی دی .

wistful, adj. [illegible] ارمانجن ، هیله

wistfully, adv په لېوالتيا، په ارمان، په هيله

wistfulness, n. لېوالتيا، ارمان، هيله.

wit, v.t.&v.i. پوهېدل to wit يعني

wit, n. (معمولا د جمعې صيغه) پوهه، عقل، دماغي قوت: تمييز: ځيرکي، ذکاوت: ادراك، رسېدنه، ظرافت، ټوکمارۍ، ټکاله: ټوکمار

witch, n. کوډګره (ښځه)، جادوګره، ښېشکه، بلا: (سپينه اېره) ډېر ښکلی وګړی.

v.t. کوډې کول، جادو کول.

witchcraft, n. کوډې، جادو.

witchery, n. جادوګري، کوډګري: ښکلا: زړه وړنه.

witch hazel, n. د شمالي امريکې يو ډول بوټی دی چه د پاڼو او پوټکو يې د دوو وسڅه وادوه، له ګلو له اېستل: د دې بوټي د پوټکو څخه ايستل سوی الکولي محلول چه د دارو په توګه کار څني اخيستل کېږي.

witching, adj. کوډګر، د کوډو، مسحور کوونکی.

witenagemot, witenagemote, n. د (انګلو ساکسون په تاريخ کې) سلطنتي شورا ګڼله کېده.

with, prep. سره (لکه د ده سره)، په مقابله کې، برابر.

withal, adj. (لرغونی اصطلاح) سربېره پردې: پرته، بې له ...، سره د دې، له بلې خوا

prep. (لرغونی اصطلاح) سره، بې له، په.

withdraw, v.t. بېرته اخيستل، راکښل، ترشا تلل، راايستل، بېرته ټولول: تلل، ستنېدل، لاس اخيستل.

withdrawal, n. بېرته اخيستنه، لاس اخيستنه، ترشا تلنه.

withe, n. لښته، نرۍ تنکۍ لښته.

wither, v.t.i. مړاوی کول (کېدل)، کمزوری کول (کېدل): ګونځې کول (کېدل): وچول، وچېدل.

withers, n. (معمولا د جمعې په صيغه) د آس د شټو بيخ، د آس د اوږو منځ.

withhold, v.t. منعه کول، بندول، درول، ټم کول: ځنډه کول، ټينګول، ځان ژغورل.

within, adv. دننه، پکښې، په ساحه کې، په حدودو کې، تر اغېزې لاندې.

without, adv. بې له، پرته: دزجنۍ، بهر، دباندې: بوازی، ګوښی، ځانله، جلا، بېل، خالي (عاري).

withstand, v.t.&v.ii. په مقابل کې درېدل، ټينګار کول، مقاومت کول: ټينګېدل، په مقابل کې درول، ټينګول.

withy, n. نرۍ لښته، تنکۍ لښته.

witless, adj. بې مغزه، بېړا (بوده)، شوده، بې عقله.

witness, n. لووله، شاهد، شاهدي.

witticism, n. مسخره، ټوکه، ټکاله، لطیفه.

witting, aj. په اوی لاس، قصدی، عمدی، ارادی.

wittingly, adv. په اوی لاس، عمدی، قصدا.

witty, adj. هوښیار، ځیرك، ټوکمار.

wive, v.t.i. واده کول (کېدل).

wives, n. ماینې، د wife جمعه ده.

wizard, n. کوډګر، جادوګر، ساحر: مداری: چالاك.

wizardry, n. جادوګری، سحر، طلسم.

wizened, adj. وچ، ګونجلك، مړاوی، چینګی.

woad, n. داوری دکورنی یو اروپایی بوټی دی چه د پانو څخه یې یو ډول شین رنګ جوړېږی: هغه رنګ چه د دې بوټی څخه لاس ته راځی.

woadwaxen, n. و ګوری woodwaxtn.

wobble, wabble, v.i. کوږ وږ تلل، ټالی خوړل: ډېر ډېدل، په زړګېدو تلل متردد کېدل.

wobbly, wabbly, adv. په زړګېدو.

woe, wo, n. (لرغونې اصطلاح) ډېر غم، وېر.

woebegonewobegone, adj. غم ځپلی، خپه، غمجن، خواشینی.

woeful, woful, adj. غمجن، بې وزلی، دزړه سوی: بدمرغه: بې ارزښته.

woefully, wofully, adv. په غم، په خواشینی، په بدمرغی.

woke. د wake. ماضی ده.

wold, n. دښت، شاړه، میره.

wolf, n. لېوه، شرمښ: سراښ، وېږ سترګی، دارونکی: چالاك: ناترس، بې رحمه، سخت زړی.

v.t. سراښنده خوړل، نغرل.

wolfberry, n. په لویدیځه امریکا کی د ځېچپلی دکورنی یو بوټی دی چه سپینه توت ورزمه میوه نیسی.

wolfhound, n. یو ډول لوی تازی ته ورته سپی چه یو وخت دلېوانو دښکار دپاره روزل کېده.

wolfish, adj. لېوه ورزمه، شرمښ ورزمه، دارونکی، ماتوونکی.

wolfram, n. ټنګستن (د فلزاتو د ډلی یو کیمیاوی عنصر).

wolfsbane, n. یو ډول وښناك (زهرجن) بوټی.

wolverine. wolverene, n. د تورلمی (خوپك) له کورنی یو ډول چاغ ژوی دی: په څېره (W) دمشیګن اوسېدونکی.

wolves, n. wolf. جمعه.

woman, n. ښځه، ښځینه جنس: ښځنوکی: ښځیتوب: خدمتګاره.

womanhood, n. ښځیتوب: ښځینه صفات: ښځی.

womanish, adj. ښځنوکی، ښځی ورزمه، ښځینه، ښځینی.

womankind, n. ښځی.

womanlike, adj. ښځینه.

womanly, adj. ښځینه، ښځینه صفات لرونکی.

woman suffrage, د ښځو د رايې ورکولو حق.

womb, n. زېلانځ (رحم)، د رحم څونډې ساختمان.

wombat, n. ومبات (يو ډول ني لرونکی استراليايي يو زمه ژوی).

women, n. د (woman) جمعه.

womenfolk, n. ښځينه جنس، ښځې

won. د win. ماضي

wonder, n. حيراني، هك پك‌تيا، تعجب، اريانتيا: معجزه.

v.i. اريانېدل، هك پك کېدل، هېښ کېدل.

v.t. اريانول، هك پك کول، هېښ کول.

wonderful, adj. هېښوونکی، هك پك کوونکی،

wonderfully, adv. په تعجب، په اريانتيا.

wonderland, n. د عجايبو ملکه.

wonderment, n. اريانی، تعجب، هك پكتيا، هېښتيا: اعجاز، معجزه.

wondrous, adj. هېښوونکی، هك پك کوونکی، اريانوونکی.

adv. په اريانتيا، په تعجب، په هېښتيا.

wondrously, adv. په اريانتيا، په تعجب، په هېښتيا.

wont, adj. روږدی (روږد)، آموخته.

n. روږدتوب، عادت، دود، رواج.

wonted, adj. معمولي، روږدی، عادي، د عادت له مخې.

woo, v.t.i. مينه ښکاره کول، رضا کول (د معاشقې دپاره): بلنل، لټول: ټينګار کول.

wood, n. لرګی: (معمولاً د جمعې په صيغه کې) ځنګل: بش (چار تراش): له لرګي جوړ شوی.

adj. له لرګي جوړ شوی، د لرګي (د لرګي د پرې کولو او نيولو د): ځنګلي (بوټي، ژوي او نور).

v.t. د ونو کرل: لرګي ورته برابرول.

wood alcohol, n. ميتانول (سپيرټ)، ميتايل الکول (هغه الکول چه د لرګيو څخه اخيستل کېږي).

woodbine, n. يو ډول زېنتی پېرووت وزمه بوټی چه پرديوالو پورته کېږي او ښه خوشبويه ګلان لري: پېچك، پېرووته.

wood block, n. د لرګي برغنډی، د لرګي ټوټه، ټپکی: د لرګي ټوټه چه کومه څېره يا کوم انځور پکښې توږلی شوی وي: خاپ (مهر) چه په دغه ټوټه جوړ شوی وي.

woodchuck, n. په شمالي امريکا کې د موږد کورنۍ يو ځمکنی ژوی دی چه زېړي وېښته لري او ټول ژمی په ځمکه کې دننه بېده وي.

woodcock, n. يو ډول مرغه دی چه لنډې پښې او اوږده مښوکه لري او ښکار يې کېږي.

woodcraft, n. ځنګل پېژندنه، ځنګل پوهنه، خصوصاً د ځنګله د ښکار د چارو پوهنه: د لرګو صنعت.

woodcut, n. په لرګي کې انځور، منبت کاري، د لرګي چاپه.

woodcutter, n. لرګي ماتوونکی، لرګي څېروونکی.

wooded, adj. په ونو پټ، له ونو ډک.

wooden, adj. د لرګي، لرګين: کلک، لرګين: بې ساه، بې ژوندونه: ناپوه.

woodland, n. ځنګل، ځنګله سيمه.

wood louse, n. يو ډول کوچنی بنډوری شکله ژوی دی چه سخت پوست لري او [illegible] ګرد لاټه ژوندی لاړ شي.

wood nymph, n. د ځنګله ښاپېرۍ (يو افسانوي موجود دی چه د ونو سره يو ځای زېږي، د ونو په پاڼو کې ژوند کوي او د ونو سره يو ځای مري): تارو ګی، پتنګ، پرپوکسی: ځړی (يو ډول ونه ده کې مرغۍ ده).

woodpecker, n. ترکاڼ، ګکټکی، ونټکوړی دی چه کلکه مښوکه لري. د ونو په سوړو پورې نښلي او د ونو د پوستکو څخه چنجي را باسي او خوري يې.

wood pigeon, n. يو ډول اروپايي کوتره ده چه په غاړه کې سپين ښکلي نښه لري: د امريکا په شمال او بدايع کې يو ډول سارايي کوتره ده چه په لکۍ کې توره پټه لري.

woodruff, n. د اوشکګک (اوځکرۍ) د کورنۍ يو خوشبويه بوټی دی چه د شرابو د خوشبويه کولو د پاره په کار يږي.

woodshed, n د لرګو د ساتلو کوټه يا کوډله.

woodsman, n. ځنګلی: د لرګو د صنعت ماهر: لرګي ماتوونکی.

woodsy, adj. ځنګلي، د ځنګله. (امريکايي اصطلاح).

wood tar, n. رنځره، لنځره (د لرګي قير).

wood turning, n. خرادي (خراتي)

wood turner خراد.

woodwaxen, n. د اوپيادکورنۍ يو بوټی چه ژېړ ګلونه لري.

woood winds, n. د موسيقۍ لرګينه آله چه په يو کلو يا غول کېږي لکه شپېلۍ او نور.

woodwork, n. د لرګي څخه جوړ شوي شيان (جوړ بکاري).

woody, adj په ونو پټ، له ونو ډک: لرګين: لرګي وزمه.

wooer, n. ميني ته راپلوونکی، معاشق ته راضي کوونکی.

woof, n. پوده (پود)، ډلېتن: اوږدنه، اوبدنه، ټارکر

wool, n. وړۍ، وړين ټوکر: لنډ پنډ وېښتان، ګوډ ګوتی (ګوڅي ګوتې) وېښتان: وړۍ وزمه.

woolen, woollen, adj. وړين، پشمی

n. وړين توکر.

woolgathering, n. د وړيو ټولونه (د پرګو او واو او خاشو څخه).

adj. سودايي، وسواسي، اندېښمن، او تور.

woolgrower, n. د وړيو د لاسته راوړلو دپاره د څارويو روزونکی

woolly, adj. وړيين ، د وړيو ، وړيی وزمه : په وړيو کالو پټ ، وړيی لرونکی : شخل (غير مهذب): د وړيين کالی : صيږ .

woolpack, n. انډۍ ، سنډۍ (غنډۍ) : غټ شکه (غټ وسکه) او ډيږ ، کنډو کی وډيږ.

woolsack, n. جوال ، غونډۍ ، له وړيو ډکه بالی (بالی) چه دلارډانو رئيس پرې کښېني.

word, n. لفظ ، خبره ، کلمه ، لغت : وعده ، ژمنه ، لوز: څرګندونه ، اعلان ، خبر ، اطلاع ، دشپې نوم :امر ، حکم ، ناندری ، جګړه : وينا ، خبرې ، اترې : صحيفه (وحی) ، مسيح (ع).

v.t. ويل ، په الفاظو څرګندول ، وينا کول ، محاوره کول چوپ (چپ).

wordless, adj. بې خوله ، غلی.

wording, n. وينا ، خبره ، د خبرو جوړونه

wordy, adj. وياند ، الفاظ : لفظی .

wore. د wear ماضی

work, n. کار ، زيار ، رنځ ، کالنه ، چار: دنده ، وظيفه : د کار محصول : کړنه ، اثر : شاهکار ، پوخ کار : د دماغ محصول (لکه تأليفات) : انځور ، کښېده ، د انجنيری د فن په اساس جوړه شوی (لکه ، ساعت ماشين) ، ناپرېکه ، چار ځای ، (جمع) د ميخانيکی شيانو متحرکی برخی : کار کړی ، د کار استعداد : هڅکې:(ميخانيک) دارجی او څټنه (لکه د برېښنا) قوه په يولو يولو ووللو تو .

adj. د کار ، د زيار .

v.i. کېدل ، کول ، زيار کښل ، زحمت ګالل: بوختېدل ، لګيا کېدل : اغېز کول ، اثر کول ، پای ته رسېدل ، په تکليف اجرا کول: اېشول ، خمير کول:

v.t. په زيار رغول ، په زحمت جوړول ، بشپړول ، پوره کول: ايستل (لکه کوچ ايستل): کول ، اجرا کول: لګيا کول ، بوختول ، په کار اچول ، تر پښو ايستل ، په پښو غوځول (لکه د کار د پاره په يوه سيمه کښې ګرځېدل) په زيار ادول ، په زحمت پيدا کول: ورو ورو يوه ځانګړی حالت ته راوستل ، اړول ، اوښتل (په سيخو لکه د بڼيا ن) ګنډل : خلاصول ، پرانيستل ، حل کول : د ځېل غرض د پاره (له هوشی څخه) کار اخيستل: اوياړول ، ياړول ، خټه کول.

workpeople, n. زيار کښان ، کارګران .

workroom, n. د کارخونه ، د کار کوټه .

workshop, n. کار ځای ، ورکشاپ

worktable, n. د کار مېز .

workable, adj. د کار وړ ، کېدونکی .

workaday, adj. د کار دورځو ، د کار ورځو: عادی ورځ ، معمولی ورځ

workbag, n. د کارګرو د سامان بکس .

workbench, n. دکار کرد کار کولو چوکۍ (لکه د ترکاڼ).

workday, n. دکار ورځ: د ورځې کار وخت.

worker, n. کارګر، زیار کښ، مزدور: (ژوپوهنه) کارګر (مچۍ او میږی)، د شاتو د مچیو او میږیانو هغه ډله چه کار کوي.

workhouse, n. (انګریزی اصطلاح) مرستون، دارالمساکین، (هغه موسسه چه د کار وړ سوالګر په کار اچوي). (امریکایی اصطلاح) دارالتأدیب، د معمولی مجرمانو د اصلاح کولو ځای.

working, adj. دکار، کار کوونکی، زیار ایستونکی: بوخت، په کار ګومارلی: د کار وړ، د کار پیل: خپور شوی: د کار کومکی.

n. کار، زیار، عمل: چلول، سمول، رغول: سپړل، حل: (د جمع په صیغه) کیندل، خپرول: ریښه (د معدن، سمڅې، یا بل ځای عملی ریښه).

workingman, n. کارګر، مزدور، زیار کښ.

workman, n. مزدور، اجیر، اکثراً ماهر کارګر.

workmanlike, adj. ماهرانه، استادانه.

workmanship, n. مهارت، استادی، هنر، کاریګری.

workout, n. د استعداد ازمایښت: تمرین مشق، مسابقه.

world, n. نړۍ، کاینات: نړیوال، عالم، خلک: ژوند یا عمل صحنه: ژوند: توجه، زېرمه: انسانی چارې او هڅوونه: موسسه، ټولنه: کوټه، اېبار، زښت ډېر: نړۍ، دنیا (لکه د ژوبو، موسیقی، اسلامی او نورو دنیا): مملکت قلمرو (لکه د شهرت، نفوذ او نورو).

worldling, n. دنیوی، د دنیا د چارو سړی.

worldly, adj. دنیوی، د دنیا، مادی، غیر روحانی: پر دنیا مین: د دنیا د چارو پوه، هوښیار، فانی.

worldliness, n. د دنیاوی چارې، د دنیا خوښونه.

worldly-wise, adj. د دنیا په چارو پوه.

world-wide, adj. جهان شمول، په ټوله نړۍ کښې خپور.

worm, n. چینجی، پېچ، متواضع سړی: چینجی وزمه، کوږ و وږ: اوږده، پیاوړ: د نس چینجی.

v.i. په ټګۍ سره مطلب ته رسېدل.

v.t. په ټګۍ سره مطلب ته رسول: له چینجیو نه پاکول

wormy, adj. چینجن.

worm-eaten, adj. چینجن، چینجو خوړلی: وروست.

worm gear, n. څرخه، د ټبار څرخه: د څرخی ګراری او څرخ یې.

worm wheel, n. ګراری، چکلی.

wormwood, n. زوبل، ستیاره او د هغې له کورنۍ نور بوټی، تریخ، خپه کوونکی تریخوالی (لکه د مزاج).

worn. ماضی wear.

worn-out, adj. موښلی، وروست، زوړ، ستومان، ستړی .

worry, v.t. ځورول، تڼاول، ربړول، کړول .

v.i. تشویش کول : چیچل : ټولیدل .

n. ناآرامی، تشویش، ربړ : سودا، بې فایدې چورت .

worse, adj (د bad مقایسوي صفت) ډېر بد، زیات ناجوړ : ډېر خپه کوونکی، خورا خوابدوونکی .

n. ډېر بد، خورا بد .

adv. ډېر بد، خورا ناوړه، ډېر خراب .

worsen, v.t.&v.i. ډېر خرابول، بدترول، لاخرابېدل، بدتره کېدل .

worship, n. لمانځنه، درناوی : لمونځ، عبادت، بندګی .

v.t. لمانځل، ستایل، درناوی کول : بت ګرځول، معبود ګرځول .

v.i. لمانځل کېدل، معبود ګرځېدل .

worshiper, worshippr, n. لمونځ کوونکی، لمانځونکی .

worshipful, adj. د درناوي وړ، محترم : لمانځلی .

worst, adj. د bad د مبالغې صفت : تر ټولو بد .

adv. خورا زیات بد .

n. تر هر څه بد، تر هر چا ناوړه، تر ټولو خراب : ماته ورکول، بري موندل .

worsted, n. پشمي، وړین تار، وړین ورېشل شوی تار .

wort, n. نبات، بوټی، واښه .

wort, n د اوربشو اوبه چه تخمر شوي نه وي یا تخمر شوي وي (د بیرو د جوړولو دپاره) : هغه ماده چه د بیرو د تخمر دپاره استعمالیږي .

worth, adj. ارزښت : بیه، ښه‌والی، خاصه، وړتیا، سپېڅلتیا، پرځای، اهمیت : ثروت .

worthless, adj. بې ارزښته، بې کاره، بې فایدې، بې قیمته .

worthlessness, n. بې ارزښتی، بې قیمتی .

worth-while, adj. ارزښتناکه، پرځای .

worthy, adj. وړ، ارزښتناک، جوګه، مستحق .

n. وړ سړی، جوګه سړی، وتلی سړی .

worthily, adv. په ارزښتناک ډول .

worthiness, n. وړتیا، ارزښت، قیمت .

wot. د wit ماضي

would. د will ماضي . د مستقبل او ماضي د جوړولو د پاره کومکي فعل دی چه د دغو توکو افاده کوي : د خوښې او ارادې، د نیت او قصد : د ټاکنې او تعیین : د غوښتنې او هیلې : د دود او وضعیت څرګندونه کوي .

would-be, adj. غوښتونکی، په راتلونکي وخت کې ... کېدونکی .

wound, n. ټپ، زخم، پرهار : توهین : صدمه .

v.t.&v.i. زخمي کول، زخمي کېدل .

wound, د (wind.) ماضي او دریم حالت

wove. د weave. ماضی

woven, n. د weave. دریم حالت .

wrack, n. ورانی ، ړنګېدنه ، تباهی : تباتات چه داوبو دڅپو په اثر دسیند غاړې ته راوړل شوی وي .

wraith, n. روح ، خیال .

wrangle, v.i.t. نانندرې و هل ، جګړه کول : مناقشه کول : جنجال کول .

n. جګړه ، جنګ ، نانندرې ، مناقشه ، نزاع .

wrangler, n. مناقشه کوونکی .

wrap, v.t. پېچل ، تاوول ، پټول ، نغښتل .

v.i. تاوېدل ، خپر ګېدل .

n. څړې ، کمپله ، شال : هغه جامې چه پراووږو سرپوره اغوستلې کېږي .

wrapper, n. پېچوونکی ، شوغه ، چوغه ، چپنه ، د کاغذ پوش ، اوږه پاسنۍ جامه : لفافه .

wrapping, n. د کاغذ کڅوړه ، لفافه ، پاکټ .

wrasse, n. یوډول کب دی .

wrath, n. خشم ، غوسه ، قهر ، غضب

wrathful, adj. غضبناک ، په غصه ، په قهر

wrathfully. adv. په غصه ، په قهر ، په غضب .

wreak, v.t ورته شول (پرچا) ، وزړه تنګی چول ، وزړه تاوا یستل ، تلافی کول

wreath, n. غوړشکه (لکه ولوګی) : کیډۍ (د ګلو ان) .

wreathe, v.t.&v.i. تاوول ، تا وېدل ، نغښتل کېدل ، ګونجی کول ، ګونجی

کېدل (لکه په موسکا کی مخ) : کتول ، کت کېدل ، خپر ګېدل ، غبرګول .

wreck, n. کښتۍ ، مالی یاموټراو نور چه د توبان ، حادثې یا داسې نورو عواملو په واسطه ړنګ شوی وي : پېښې ړنګر سړی : د پېړۍ ټکر : ړنګوالی ، تباهي .

v.t ټکرور کول ، ړنګول ، په خطر کی اچول (د ټکر په ذریعه) ، ماتول ، ویجاړول

wreckage, n. ماتې ، کنډ کپر ، ړنګ : دماتې شي ټوټې .

wrecker, n. ورانوونکی ، ویجاړوونکی : سړی یا بېړۍ (لکه موټر) چه وران شوی شیان ټولوی ، هغه سړی چه زاړه ځایونه نړوي .

wren, n. د بلبل یوډول چڼچکی ، چڼی ، دجنس غټه وړوکی سندرغاړي مرغۍ ده .

wrench, n. ټکان ، جټکه ، رېنج ، پانه : تأثر : په زور سره تاوونه : خوږ ، درد ، غځنه (د بندو نو ، د لاس ګوتو او نورو)

v.t. کش کول ، خوږول ، ایستل (له بنده) : اړول (حقیقت د خبرې)

wrest, v.t. تاوول : په شدت سره کشول ، په زحمت سره نیول یالاس ته راوړل .

n. رېنج ، پېچ تاو ، د ساعت د کوك کلی .

wrestle, v.i. پهلوانی کول ، غېږ نیول ، په غېږ ورتلل : زیار ایستل ، مسابقه کول .

v.t. په مسابقه اچول ، په غېږ ورو ستل .

n. غېږ نیونه ، هاند ، مسابقه .

wrestler, n. پهلوان ، غېږ نیوونکی .

wrestling, n. غېږ ، پالوانی .

wretch, n. بې وزلی ، بدمرغه ، سپېره ، بد بخته : ټېټ ، کم اصل .

wretched, adj. خوا شینی ، بې وزلی ، غم زبلی ، غم لړلی ، خواشینوونکی ، غمناك دکرکې وړ : ټېټ .

wretchedness, n. خوا شینی ، بې وزلی ، غم ، پسخاك .

wriggle, v.i.&v.t. رغښتل ، تاوېدل ، رغړېدل ، کوږووږ تلل ، په چل ول ځان خلاصول .

n. رغښتنه ، تاو ، پېچ ، رغړېدنه .

wriggler, n. رغښتونکی ، رغړېدونکی ، تاوونکی : دغماشی چینجی (شفیره یا بطیطه) .

wright, n. جوړوونکی ، استاد .

wring, v.t. نیښتېځل ، پېچل ، تاوول : پهزور لاس تهراوړل .

wringer, n. نیښتېځوونکی (سړی ، ماشین)

wrinkle, n. گونجه ، گونځه ، گنډور تجویز یا چل .

v.i. گونجی کېدل .

v.t. گونجې کول .

wrist, n. دلاس بند ، مړوند .

wristband, n. دلستوڼی خوله ، لستوڼ خوله ، دمړوند بند (لکه دساعت) .

wristlet, n. بنګړی ، وښی : دساعت بند ، لاسوندی ، لاس بندی .

writ, n. لیکنه ، صحیفه : لیکلی حکم ، فرمان یا امریه ، ابلاغیه ، دجلب رقعه .

write, v.t. لیکل : انشأ کول ، تالیف کول .

writer, n. لیکوال ، مؤلف : لیکوونکی

writhe, v.t&v.i. لهدرده تاوېدل . راتاوېدل (تاوول ، راتاوول) تاوېدل

writing, n. لیکنه : لیك : دلاس لیك ، مشق : لیکوالی ، تالیف : لیکلی سند .

written, n. د write ماضی او دریم حالت

wrong, adj. غلط : گرم ، ملامت : وران : ناوړه ، نامناسبه : زړه تهمنوونکی : اړولی .

adv. په غلط ډول .

n. غلطی ، ورانی ، درواغ ، دروهه ، گرمتیا : گناه ، تیری ، ظلم .

v.t. تیری کول (پهچا) ، بې نیاوی کول .

wrongdoer, n. خطاکار ، گناهکار : بداخلاقه .

wrongdoing, n. خطا ، گناه ، بداخلاقی : بې قانونی .

wrongful, adj. غلط ، بې انصافه .

wrongfully, adv. په بې انصافی . غیرعادلانه .

wrongheaded, adj. سرتمبه ، ځیلی ، چېلی ، سرزوری .

wrote. د write. ماضی

wroth, adj. له قاره ډك ، قارېدلی ، پارېدلی .

wrought. د work. ماضی او دریم حالت

adj. ډول ، سینگاری : پسوللی : په ټکولو سمشوی ، دسټك په وهلو جوړ شوی (لکه اوسپنه ، پولاد) .

wrought iron, n. خوړه اوسپنه، چون (چودن) یو ډول اوسپنه چه په سلو کې تر ۳ر. لږ کاربون لري ، پښخه غزېدونکې اوسپنه .

wrought-up, adj. ډېر پارېدلی، تحریک شوی .

wrung. د **wring.** دوهم او دریم حالت

wry, adj. کوږ، تاو شوی.

wryneck, n. کوږ (نارونځی) یو ډول نارونځی ده چه د نارونځه ځاړه او سر یو بڅوا ته کږوي: کوږ غټی (مرغی) د ښکتګکانی د کورنۍ یوه مرغۍ چه ځاړه یې کږه وي .

wych-elm, n. یو ډول ونه چه پڅوی پوست لري او د پشه خالي له کورنۍ څخه ده .

X

xebec, n. دمدیترانې (دروم د بحیرې) یو ډول درې بادوان لرونکې بېړۍ.

xenon, n زینون (یو درونده عاطل گازی عنصردی چه په هوا کی په ډېره لږه اندازه پیدا کېږی).

xeric, adj. وچ شاړه

xerophilous, adj. د وچو ځایو زغمونکی (لکه د دښت بوټی).

xerophyte, adj. د وچې بوټی، هغه بوټی چه لږ او به غواړی (لکه د دښت بوټی).

xerophytic, adj. په وچه کی وده کوونکی (نبات).

X ray, n. ایکسرې، مجهوله وړانگه: د بدن د داخلی برخو عکس چه د دغو وړانگو په ذریعه اخیستل شوی وی.

X-ray, v t. د ایکسرې په وړانگو کتل، معالجه کول او عکس اخیستل

xylem, n. زایلم، د ونی د لرگینې برخې هغه ریښې (انساج) چه په ننه کی او به پاڅو نو ته تېروی،

xylo-, prefix. (پریفکس) یو مختاړی دی چه د لرگی معنا ورکوی

xylography. د لرگی انځور ونه، د لرگی حکاکی.

xylophone, n. زایلوفون (د موسیقی یو ډول آله)

Y

yacht, n. د تفریح وړه بېړۍ .

v.i. په دغه بېړۍ مسابقه کول

yachting. n. په وړه تفریحي بېړۍ کې تفریح او مسابقه کول .

yachtsman, n. د تفریحي بېړۍ خاوند یا چلوونکی .

Yahoo, n. انسان ورته ځنګلي مخلوق (افسانه): ناترس او سخت زړی ، حیوان صفته سړی ، د کرکې وړ .

Yahweh, Yahwe, n. یهوا (په عبراني کې د خدای نوم دی) .

yak, n. غوګاو (خشګاو) .

yam, n. د کچالو د کورنۍ یو بوټی چه په تودو سیمو کې پیدا کېږي او خوړل کېږي ، خواږه کچالو (جنوبي امریکا)

yank, n. جټکه ، ټکان ، راکشونه .

v.t.i. جټك ورکول: جټکه خوړل: ټکان ورکول: ټکان خوړل

Yank, n. د Yankee لنډ شکل .

Yankee, n. د امریکا د نیوانګلنډ او شمالي امریکا اوسېدونکی: د اتازوني استوګن .

adj. امریکایي

yap, n. غپا: کپ تي ، اوتي بوتي: ناروزلی ، شپېل ، شاړ .

v.i. غپل: زوږ کول ، په زوږ خبرې کول ، غوغا کول .

yard, n. یارډ (واړ) یا (لمبر) ، (۳ فوټه یا ۳۶ انچه): د بادوان د ټینګولو تیر چه افقي پروت وي (سمندري) .

yard, n. انګړ ، غولی: د کار غولی: د یو هنتون یا د یو هنځي سیمه: د اور ګاړي د چوړولو او درولو ځای .

yardage, n. ګزانه (په ګز اندازه کول) .

yardarm, n. د بادوان د ټینګولو د افقي تیر سر او پای .

yardstick, n. یارډ (لرګی یا فلز چه یو ګز اوږد وي): معیار .

yarn, n. ورته ، تار ، سپنسی ، وریشلی: قصه ، حکایت .

v.i. قصه کول ، حکایت ویل: د تار تاوول .

yarrow, n. زول (یو تریخ تند بوټی بوټی دی چه په منځنۍ کې غوړېږي او سپین یا ګلابي ګلان لري او په درملو کې کار ځني اخلي) .

yataghan, n. توره .

yaw, n. د لاری څخه گرځېدل (لکه کښتی چه د موجونه وا سطه له خپله سمته څخه منحرفه شی) .

n. گرځېدنه (انحراف) .

yawl, n. بادوانی وړه بېړۍ .

yawn, v.i. ار ږمی ایستل ، باسی اخیستل .

yawn, n. ار ږمی ، باسی ، خولوازی .

yaws, n. په تودوسیمو کی د بدن د پوست یوه ناروغی .

y-clept, y-cleped, adj. یاد شوی (موسوم) ، نومړی (ار خوانی اصطلاح ده) .

ye, pron. نه (د you زوړ شکل) .

ye, artic. د the ارخوانی ډول .

yea, adv. هو ، هه : رښتیا ، بې شکه ، (دا یجاب کلمه ده) .

yean, v.i.t. ورغومی یاوری زېږېدل یازېږول .

year, n. کال : عمر (د جمع په حالت کی) .

astronomical, natural, or solar year. نجومی کال ، طبیعی کال یا لمریز کال

common year. عمومی کال .

calendar or legal year, رسمی کال ، قانونی کال .

yearbook, n. کالنی (داسی کتاب چه د تول کال پېښی او احصا ییه پکښی وی او کال په کال خپرېږی) .

yearling, n. یو کلن (حیوانات) .

yearly, adj. هر کالیز ، کلنی ، کا ل په کال .

adv. کال په کال ، هر کال .

yearn, v.i. زړه پېدل (په چا ، څه پسی) : خواخوږی کول ، زړه نرمېدل (په چا ، په څه) : ارزو ، یا اشتیاق ارل .

yearning, adj.n. هیله من ، آرزو من : هیله ، آرزو ، اشتیاق .

yeast, n. خمیره ، تومنه ، موره : خمیره کوونکی بوټی : یو ډول بخونه ماده چه د خمیره کولو د پاره په کاریږی : ځگ : خمیره ، سر بوکی : بې سپېدله ، یاوه .

yeastcake, تیاره شوی تومنه .

yeasty, adj. ځگن ، د تومنی ، خوځند ، ایشند ، ځگ کوونکی .

yell, v.i.v.t. چیغی وهل ، کړیکه ایستل : په کړیکو کول .

n. چیغه ، کړیکه : په تال اوسند زیږه غاړه شاپسی و یل (خصوصاً د پوهنځی د شاگردانو له خوا) .

yellow, adj. زېړ ، ژړ : زېړ رنگی ، ژړ غونی (ژیړ تو کمی ، ژیړ پوستی لکه مغولی نژاد) : ډارن ، بې زړه : ورخطا : لمسوونکی ، بېساروونکی (د احساساتو) .

n. ژیړ والی ، ژیړ رنگ : زیړ رنگ ورکوونکې ماده : ژیړ (د هگی) : ژړی (ناروغی) : د نباتاتو یو ډول ویروسی ناروغی ده چه پاڼی یې ژیړ یږی .

v.i., v.t. ژېړول : ژیړېدل .

yellowbird, n. ژیړ که ، وړه ژیړه سندرغاړې مرغۍ ده .

yellow fever, n. ژیړه تبه، یو ډول ساري تبه ده چې ژیړي ته ورته او د کولمو خفه‌دوینی تلل او قی ورسره ملګري وي .

yellowhammer, n. اروپايي ژیړ که : په شمالي امریکا کې د ګکوکانی له کورنۍ یو ډول مرغۍ ده .

yellowish, adj. ژیړ بخن ، ژیړ بخن .

yellwojack, n. د yellowfever کلمه وګورئ : د بېړۍ یو له پاسه د قرنطین ژیړ بیرغ .

yellow jacket, n. ژیړه غالبوزه ، ژیړه غومبسه .

yellowlegs, n د چوڅکی له کورنۍ یوه مرغۍ ده چه د امریکې په ساحلي برخو کې اوږده ګوی او ژیړې پښې لري .

yellow peril, n. د ژیړ پوستو والې او تسلط خطره د سپین پوستو وړاندې او تر هغه .

yellow tail, n. یو ډول کب دی چه د کالیفورنیا په سواحلو کې موندل کېږي او ژیړه لکۍ لري .

yellowthroat, n. یو ډول امریکايي سندرغاړې مرغۍ ده چه غاړه او سینه یې ژیړه ده .

yellowwood, n. یو ډول ونه چه سپین ګلان او کلک ژیړ لرګي لري

yelp v.i.&.v.t. غپل ، انګولل ، غپول .

yelp, n غپ، غپا، انګولا .

yen, n. د جاپان پولي واحد .

yeoman, n. شاهي یا اشرافي چوپړوال : اصیل: د شاهي ګارډ غړی: د برتانیې دایله چارو (رضا کارو) یو غړی : میرزا ، لیکوالکی (په بحریه کې) : کوچنی زمیندار .

yeomanry, n. دوړو کروندګرو ډله (طبقه) : دایله چارو سپرو ډله .

yes, adv. هو .

yester, adj. پرونی ، د تیرې ورځې ، د پرون

yester- صفت دی چه د مستقبل تیر شوی معنا افاده کوي او د نورو لغاتو سره د مختاړی په ډول استعمالیږي .

yestereve. بېګاه ، تیر ماښام

yestermorn. تیر ګهیځ ، تیر سهار .

yester morning. تر ګهیځ ، تیر سهار

yesternoon. تیره غرمه ، تیر چاښت

yesteryear, تیر کال ، پروسږ کال

yesterday, n. پرون ، تیره ورځ : نژدې تیر وخت .

adv. پرون .

yesternight, n. بېګاه، تیره شپه، بیګا

yet, adv. تر اوسه ، لا تر دې ، تر دې : سربېره پر دې ، علاوه پر دې ، لا تر : په پای کې ، بالاخره : سره له دې ټولو بیا هم : که څه هم .

yew, n. یو مل شنه ونه یا بوټی چه اکثره په پارکونو کې د ښکلا د پاره ایښودل کېږي (یو) .

Yiddish, n. يديش ، د ژيدي جرمني ژبې يوه لهجه ده چې د عبراني او سلاوي ژبو تاثير لاندې يې انکشاف کړی ، په روسيه ، منځنۍ اروپا او نورو هيوادو کې يهوديان خبرې پکې کوي او په عبراني الفباء ليکل کيږي .

yield, v.t.i. : (ميوه) حاصل ورکول ؛ گټه ورکول : پرېښودل ، تسليميدل ، لاس اخيستل : لاس ته ور تلل ، حاصليدل : ځای ته ايښودل ، منل ، تيريدل : ځای ورکول ، مجبوريدل ، د چا ځای نيول .

n. گټه ، حاصل .

yielding, adj. تسليميدونکی ، تيريدونکی .

yodel, yodle, v.t.&v.i. په غير طبيعي غږ سندره ويل .

yodle, n. د غير طبيعي غږ سندره .

yoga, n. جوگ د هندوانو ذهني رياضت .

yogi, yogin, n. جوگي ، مرتاض هندو .

yoke. n. : ژغ ، جغ ، ژغ ، جغ : مريتوب ، غلامي : پالنکی ، د اوږو پټی : جوړه (د يوې غوبيان) : غوټه ، گنډه ، د وصل کړۍ ، تنې ، تړون .

v.t. په جغ تړل ، سره تړل ، يو ځای کول ، واده کول ، تړل ، سره جوړه کول .

yokefellow, n. ملگری ، همکار .

yokel, n. کليوال : جټل (سړی) ..

yolk, n. ژېړ (د هگۍ) : د پسه د وړيو غوړ .

Yom Kippur, n. د يهودو د روژې ورځ چې رخصتي وي .

yon, yond, adv.&adj. yonder ، گوری .

yonder, adv.&adj. هلته ، هولته ، دورا په ښکاره (مگر ليري) .

yore, adv, n. پخوا ، پخوانی ، لرغونی

you, ته ، تا ، تاته ، تاسې ، تاسې ته .

young, adj. ځوان ، ځلمی ، ژلی ، وړوکی ، بې تجربې ، نابوه ، کمزوری ، نوی ، تازه ، اوسنی .

n. ځلميان ، ځوانان : بچي ، چوچيان .

youngish, adj. ځلموټی ، ځوانکی .

youngling, adj. ځلموټی ، ځوان ، ژلی .

youngster, n. هلک ، وړوکی .

younker, هلک ، وړوکی ، ځوانکی .

your, pron. poss. ستا ، ستاسې .

yours, pron.poss. ستا ، ستاسې .

yourself, pron. ته پخپله ، تاسې پخپله

youth, n. ځواني ، ځلميتوب ، ژلیتوب : ځلميان ، ځوانان .

youthful, adj. ژلی ، ځلمی ، ځوان : د ځوانۍ ، د ځلميتوب : نوی تازه : تکړه ..

youthfully, adv. په ځلميتوب ، په ځوانۍ .

youthfulness, n. ځلميتوب ، ځواني ، ژلیتوب .

yowl, n. انگولا ، غږ انگه

v.t.i. انگولل ، غږ انگې وهل .

ytterbium, n. ايټربيم ، يو ناياب درې ويلانسه کيمياوي فلزي عنصر

yttrium, n. ايټريم ، يو ناياب درې ويلانسه کيمياوي فلزي عنصر .

yucca, n. د سوسن له کورنۍ یو سپين ګل اروانکی بوټی دی.

Yugoslav, n. یوګوسلاوی، د یوګوسلاویا اوسیدونکی.

Yugoslav, adj. د یوګوسلاویا، یوګوسلاوی.

Yugoslavian, adj. یوګوسلاویایی، د یوګوسلاوی.

yule, yuletide, n. کرسمس، د مسیح د زیږیدنی اختر.

yult, n. د مسیح د زیږیدلی اختر.

yule log, n. لویه ګرګه د ونې د مسیح د زیږیدلی داختر په ماښام یې په مقدس اوری کی سوځی

Z

zany, n. مسخره ، بې عقل ، احمق.

zeal, n. شوق ، ذوق : غيرت : لېوالتيا.

zealot, n. متعصب ، افراطي : لېوال.

zealous, adj. لېوال ، شوقمن ، وغيرت ، دشوق.

zebec. د (xebec) بله بڼه.

zebra, n. گوره خر.

zebu, n. يو ډول غوايي لرونکی آسيايي غويی.

Zeitgeist, n. د وخت عمومي ميلان ، د کلتور او ذوق ميلان چې يوې خاصې زمانې ته منسوب وي.

zemstvo, n. د ځينو ولايتونو د ولسوالۍ يو انتخابي محلي جرگه چې د (۱۹۱۷) کال ورورسته د شوروي نظام له خوا له منځه تللې ده.

zenana, n. حرمسرای.

zenith, n. سمت الراس ، اوج ، تر ټولو لوړه څوکه ، ورووستۍ نقطه.

zephyr, n. : ورمه ، لوېديځ باد ، نري شمال : نار ، تار وغوړي نري مر غلين تار.

zeppelin, n. يو ډول غټه هوايي ... ری چې کوتلو ذبلين جوړه کړې وه.

zero, n. صفر ، هيڅ

zero hour, د کار د پيل کولو ټاکلی وخت : بحراني شېبه

zest; n.v.t. خونده ، حظ ، مزه : ذوق : خوندور کول ، مزه داره کول

zestful, adj. خوندور ؛ ذوقمن.

Zeus, n. زيوس (د يونانيانو ربُ الارباب)

zigzag, n, adv. کوږ وږ ، منکسر ، مات.

v.t.i. کږول ، کوږ وږ تلل.

zinc, n. کوټ (جست).

zincography, n. زنکوگرافي.

zinc ointment, n. د کوټ ملهم (يو ډول ملهم دی چې ۲۰ فيصده د کوټ او کسايډ او د پترو لېټم يا يو ډول غوړو څخه جوړه شوی).

zinc oxide, n. د کوټ (جست) او کسايډ (زنگ).

zinnia, n. د رعنا او زيبا د گور ... يو ډول گل.

Zion, n. صيون ، صهيون (په بيت المقدس کې يو غونډۍ ده چې د سليمان عليه السلام معبد او د داؤد عليه السلام ماڼۍ پکښې جوړه شوې دی) : يهوديان : آسمان او آسماني ښار :

Zionism, n. صهیونیت (د متعصبو یهودیانو یو نهضت دی چه غواړی د فلسطینیانو خاوره غصب کړی).

zip, n.v.i. بوږهار: په چټکۍ سره حرکت کول.

Zipper, n. غنځیر (لکه د پتلون).

zippy, adj. چټك، چالاك.

zircon, n. یو ډول شفاف منرال (کانی) دی چه مختلف رنګونه لری او دغمی په ډول استعمالیږی.

zirconium, n. یو فلزی عنصر دی.

zither, n. سنتور (د موسیقۍ یوه آله ده چه د(۳۰-۴۰) یوری تارونه لری).

zloty, n. د پولینډ پولی واحد.

zodiac, n. (نجوم) منطقة البروج.

zoic, adj. د ژوو، د ژوو ژوند یا عمل ته منسوب.

zoism, n. د ژوو ژوند ته احترام، د ژوو قدرت یا اغیزې ته عقیده. (لکه په ځینو ابتدایی اقوامو کی).

Zollverein, n. د ګمرکی تعرفو د محصول د مقررولو د پاره د ملتو یا ایالتو ترمنځ اتحادیه (د ۱۸۳٤-۱۸٦۷ کلو ترمنځ په جرمنی کی).

zombi, zombie, یو ډول سحری قدرت دی چه د غربی افریقې ځینی خلك عقیده لری چه دهغه په واسطه مړی حرکت کولای شی: مړجسم چه داسی قدرت ولری.

zonal, adj. سیمه ییزه، منطقوی.

zonar, zonnar, n. یو ډول ملاوستنی (کمربند) دی چه یهودیانو او عیسویانو په ددې د پاره تړلا تاړه چه د مسلمانانو سره یې توپیر وشی.

zone, n. سیمه: ملاوستنی (کمربند): جغرافیوی سیمه (لکه توده، معتدله او سړه): ناحیه: طبقه.

zoo, n. ژوبڼ (باغ وحش).

zoo— یو مختاړی دی چه د ژوی معنا افاده کوی.

zooculture, n. د ژوو روزنه او روزنه.

zoogeography, n. ژویزه جغرافیه، د ژوو جغرافیه.

zoography, n. ژوپوهنه.

zooid, n. یو ژوندی موجود چه ژوی ته ورته دی خود ژوی ټول خواص نه لری (لکه د سپرم حجره)، ژووزمه.

zoological garden, ژوبڼ.

zoologist, n. ژوپوهاند، ژوپېژندونکی.

zoology, n. ژوپوهنه.

zoom, v.i.n. په چټکۍ سره او په لوړ ږغ پورته کېدل یا تلل (لکه الوتکه): ددې حرکت ږغ یا عمل.

zoomorphism, n. د ژوو په شکل دارباب انواع تمثیل.

zoophyte, n. واښه وزمه ژوی (لکه مرجان، سپنج).

zooplasty, n. د ژوو د انساجو پیوند په انسان کی.

zoot suit, په امریکا کی یو ډول خاصه دریشی.

Zoroastrian, adj. زردشتی.

Zoroastrianism, n. د زردشت مذهب.

Zouave, n. د الجزاير هغه اوسېدنکي چه د فرانسې په اردو کې يې خدمت کاوه او په مېړانه کې يې شهرت درلود.

zounds, interj. اوږه (قسم) چه د تعجب يا قهر په وخت کې ويل کېږي.

zucchetto, n. د رومن کاتوليکانو د مذهبي مشرانو خولۍ (رخچپنه) چه د مقام په لحاظ يې رنګونه توپير سره لري.

Zulu, n. د جنوبي افريقا د تور پوستو يوه قبيله او د هغوی ژبه.

Zuni, n. د لويديځې مکسيکو سور پوستي

zwieback, n. يو ډول بسکويټ.

zygote, n. نطفه (القاح شوې حجره).

zymase, n. يو ډول کيمياوي ماده (انزايم).

zyme, n. يوه کيمياوي ماده ده چه د ساري ناروغيو د خپرېدو سبب ګرځي.

Abbreviations لنډونې

A, argon ارګون (یو نجیبه ګاز)

A., America, American امریکا، امریکایي

A.A.A., Amateur Athletic Association شوقي ورزشي ټولنه

American Automobile Association دامریکا د ګډندیو موټرو اتحادیه

A.A.A.S., American Association for the Advancement of Science د ساینس
د پرمختګ دپاره امریکایي ټولنه .

A.B., Artium Baccalaureus (L., Bachelor of Arts) د بشري او اجتماعي
علومو لیسانسه

Abbr., abbr., abbrev., abbreviated; abbreviation لنډ شوی، لنډونه (مخفف)

ABC, American Broadcasting Corporation دامریکا (راډیویي او تلویزیوني)
خپرونو شرکت .

Abp., abp., archbishop سراسقف .

AC, Air Corps هوایي لښکر .

A.C., ante Christum (L., before Christ) تر میلاد دمخه (ق، م)

A.C., a.c., alternating current د برق متناوب جریان

A/C, a/c, account current جاري حساب .

A/C, a/c, ac., account حساب (بانک) .

acad., academy اکادمي .

acous., acoustics اواز پوهنه (د اواز د تولید او انتقال په شمول) .

act., active. فعال، (ګرامر) متعدي .

A.D., anno Domini (L., the year of our Lord.) میلادي .

ad., advertisement.

a.d., after date اعلان، خبرګندونه .

adap., adapted توافق ورکړه شوی .

A.D.C., Aide-de-camp. د جنرال مرستیال.
ad. int., ad interim (L., in the meantime) په دغه حال کې.
adj., adjective. صفت.
Adj., Adjt., Adjutant. پوځي مرستیال
ad lib., ad libitum (L., at one's pleasure). د سړي په خپله خوښه، په خپل زړه.
Adm., Admiral امیر البحر.
adv., adverb; adverbial; advertisement قید، قیدي؛ اعلان، څرګندونه.
ad. val., ad valorem (L., according to value.) د ارزښت له مخې.
advt., advertisement اعلان، څرګندونه.
A.F., a.f., audio frequency آډیو فریکوینسي.
AFL, A.F. of L., American Federation of Labor. د امریکا د کارګرو اتحادیه.
Afr. Africa, African. افریقا، افریقایي.
Ag., argentum (L., silver) سپین زر.
A.G., Adjutant General; Attorney General. پوځي لوی مرستیال: لوی څارنوال.
agr., agric., agriculture; agricultural کرنه: د کرنې، زراعتي.
agt., agent. نماینده: عامل: مخبر
Al., aluminum. الومینیم.
Ald., Aldm. Alderman نایب السلطنه: د ښاري جرګې غړی.
Alex., Alexander سکندر.
alg., algebra الجبر
alt., alternate, altitude: متناوب: ارتفاع.
A.M., Artium Magister (L., Master of Arts) ماستري په بشري او اجتماعي علومو کې.
A.M., anno mundi (L., in the year of the world) د دنیا د پیدا ښت کال.
A.M., a.m., ante meridiem (L., before noon) قبل الظهر، تر غرمې د مخه.
Amb., Ambassador سفیر.
amp., ampere. امپیر.
amt., amount مقدار، اندازه.
anal., analytic; analysis. تحلیلي: تحلیل.
Anat., Anatomy. علم تشریح، اناتومي.
anon., anonymous. بې نومه، مجهول.

ans., answer. ځواب .

Ant., Antonym (s). متضاد (کلمه)

Ap., Apl., April اپریل .

A.P., AP, Associated Press اسوشیتید پرس .

Apoc., Apocrypha. نوښتې چه لیکوونکی یې معلوم نه وی .

app., appendix ملحق ، ضمیمه .

approx., approximately. تقریباً ، نږدې .

Apr., April. اپریل .

Apt., apartment; Pl. Apts. اپارتمان

Aq, aq, aqua (L., water) اوبه .

ar., arrive; arrives. رسیدل ، رسیږی .

Ar., Arab., Arabic عرب ، عربی .

ARA, Agricultural Research Administration, دامریکا د کرنی تحقیقاتو اداره .

ARC, A.R.C., American (National) Red Cross. دامریکا (ملی) سور صلیب

Arch., Archbishop. سراسقف ، مشر پادری .

arch., archipelago; architect, architecture; archaic : مجمع الجزایر ؛ مهندس ؛ مهندسی . لرغونی .

arith., arithmetic حساب ، شمیر .

art., article; artillery; artist; artificial. ، مقاله ؛ ماده (شی) ، د تخصص توری ، پیاده پوځ : هنرمن : مصنوعی

As, arsenic. یو ډول زهر ناکه کیمیاوی ماده (سنکیا) .

AS., A.S., Anglo-Saxon انګلوساکسون .

A.S.C.E., American Society of Civil Engineers. دامریکا د ملکی مهندسانو (انجینرانو) ټولنه .

assn., association. ټولنه

Asst., assistant مرستیال ، اسستانت

Atl., Atlantic. داتلس سمندر .

att., attorney. څارنوال : ددعوی وکیل .

at. wt., atomic weight اټومی وزن .

Au, aurum (L., gold) سره زر .

Aug., August. آګسټ.

AUS, A.U.S., Army of the United States د امریکا د متحده ایالاتو پوځ.

Aus., Australia استرالیا.

Aust., Austria, Austrian. اسټریا (اتریش): اسټریایی.

auto., automatic; automotive خپل کار: پخپله خوځېدونکی:

aux., auxil, auxiliary. کومکی.

av., average. اوسط.

av., avenue واټ:

A.W.O.L., a.w.o.l., absent without leave (عسکری) غیر حاضر
ناسوب، هغه چه بې له اجازې یې وظیفه پرې ایښې وي

B.A., Baccalaureus Artium (L., Bachelor of Arts). د اجتماعی او بشری
علومو لیسانسه.

Bab., Babylonian. بابلی، د بابل.

Bact (eriol)., Bacteriology, باکتریولوژی.

B. Ag., B. Agr., Baccalaureus Agricultura e(L. Bachelor of Agriculture) کرنی
لیسانسه.

bal., balance موازنه، بلانس

bar., barometer; barrel. فشار سنج: بېرل.

bat., batt. battalion; battery د لښکری پرزیات شمېر: بېټری.

B.B.C., British Broadcasting Corporation د انګلستان د (راډیو او تلویزیون)
خپرولو حرکت.

bbl., barrel. بېرل.

bbls., barrels بېرلونه.

B.C., British Columbia د کلمبیا هغه برخه چه د انګلستان تر لاس لاندی ده.

B.C., before Christ تر عیسی (ع) دمخه، تر میلاد دمخه.

bdl., bundle بنډل، بسته.

b.e., bill of exchange د بیا دوې سند.

b.f., bold faced (type) جلی حروف یا تورې.

Bibliog., Bibliography ببلیوګرافی.

biog., biographical; biography. د سوانح: سوانح

Biol., Biology بیالوجی

bitum., bituminous. بیټومینی

bkg., banking. بانکداری

B.L., Baccalaureus Legum (L., Bachelor of Laws). دحقوق لیسانسه .

b.l., B/L, bill of lading. بارنامه

bl., bale; barrel بنډل ..

bldg., building ماڼۍ .

B. Litt., Baccalaureus Litterarum (L., Bachelor of Literature). دادبیاتو لیسانسه .

BLS, Bureau of Labor Statistics. دکارگرو داحصائیې اداره .

blvd., boulevard. لوی واټ

B. Mus., Baccalaureus Musicae (L., Bachelor of Music) . دموسیقی لیسانسه

bor., borough. ناحیه، سیمه (دښار)

Bot., Botany. نبات پوهنه .

bp., birthplace; bishop. دزیږیدو ځای، پادری .

BPI, Bureau of Public Inquiries. دعامه تحقیقاتو اداره

br, bromine برومین .

Br., British. برتانوی .

Brig., Brigade; Brigadier, لیوا؛ دگروال .

Brit., Britain; British; Britannica (Ency.) . برتانیه؛ برتانوی؛ دبریتانیکا (دائرة المعارف).

bro., brother; pl. bros. ورور .

B.S. Bachelor of Science دساینس لیسانسه .

b.s., balance sheet دبیلانس پاڼه .

b.s., B/S, Bill of Sale دپلورلو سند .

B. Sc., Baccalaureus Scientiae (L., Bachelor of Science) . دساینس لیسانسه

B.T.U., British Thermal Unit دتودوخې واحد (انگلیسی) .

bu., bushel (s). بوشل (۳۲ کوارټره) (دوزن واحد)

bul., bull., bulletin اخبار .

bx., box; pl. bxs. بکس .

C, carbon. کاربن .

C. Catholic; centigrade کاتولیک ؛ سانتی گراد .

C., c., cape; carton; case;cent; center; centime; centimeter; century; chapter; circa (L., about); copper; cost; court; cubic; current.

یو ډول چپنه څوندی لباس؛ کارټن: صندوق: سنټ: مرکز: سانتیم (د پیسې واحد)؛ سانتی متر؛ پیړی: فصل؛ تقریباً: مس: قیمت: محکمه، مکعب: جریان

Ca, calcium.

کلسیم .

ca., circa (L. about)

تقریباً .

CAA, Civil Aeronautics Administration

د ملکی هوا بازۍ اداره .

cal., calendar; caliber.

کلیبر؛ اندازه (د ټوپك د ګولۍ).

Cam., Camb., Cambridge

کیمبرج (پوهنتون) .

canc., canceled; cancellation.

باطل شوی؛ بطلان .

cap., capitulum (L., chapter)

فصل .

cap (s)., capital (s).

لوی توری (لکه د انګلیسی) .

Capt., Captain.

کپتان .

car., carat (s)

کرات (د جواهراتو یا طلا د اندازې واحد)

cav., cavalry.

سپاره لښکر .

C.B.C., Canadian Broadcasting Corporation

د کاناډا د (راډیویی او تلویزیونی) نشراتو شرکت .

CBS., Columbia Broadcasting System.

د کلمبیا شرکت د نشراتو سلسله (یا شبکه)

cc., chapters

فصلونه .

cc., c.c., cubic centimeters

سانتی متر مکعب (سی سی): د کاربن کاپی

CCS., Combined Chiefs of Staff.

(د امریکا) دوډې ګوندو قواوو (عسکری) لوی درستیزران .

C.E., Chemical Engineer; Chief Engineer; Civil Engineer.

د کیمیا انجنیر: لوی انجنیر (سرمهندس)؛ ملکی انجنیر (د تعمیراتو) .

cen., central; century.

مرکزی : پیړۍ .

cent., centigrade; central; century.

سانتی ګرېډ (درجه): مرکزی: پیړی

cert., certif., certificate.

تصدیق .

cf., confer (L. compare)

مقایسه کول .

C.F.I., c.f.i., cost, freight, and insurance.

قیمت ، کرایه او بیمه (د مال)

C.G., Coast Guard; Consul General.

ساحلی ساتونکی جنرال: قونسل .

cg, centigram; centigrams

سانتی ګرام : سانتی ګرامونه .

C.G.S., c.g.s., centimeter-gram—second (system). د سانتي متر - گرام ثانيې سيسټم

Chem., chemistry. کيميا .

C.I.A., Central Intelligence Agency (دامريکا) د استخباراتو مرکزي اداره چه په خارج کې د مملکت فعاليت کوي .

C.I.F. c.i.f. cost, insurance, and freight. قيمت ، بيمه او کرايه (د تجارتي مال)

circum., circumference. محيط (هندسه)

civ., civil; civilian. ملکي : ملکي (سړی)

C.J., Chief J··stice. قاضي القضات ، ستر قاضي

Cl, chlorine. کلورين

cm., centimeter(s) سانتي متر

cml., commercial تجارتي .

Co, cobalt. کوبالت .

C.O., Colonial Office; Commanding Officer. د مستعمراتو وزارت (انگلستان) : قوماندان .

Co., co., company, county. شرکت : ناحيه .

c.o., c/o, care of. په واسطه د .

C.O.D., c.o.d., cash on delivery; collect on delivery. د پوستې د استولو داسې ترتيب چه محصول يې د مال د رسيدو په وخت کې د اخيستونکي د خوا تاديه کيږي .

coll., collect; collection; coll ector; college. ټولول : مجموعه ، ټولوونکی : کالج ، پوهنځی .

Com., com., comedy; commander; commerce; comme cial; commission; commissioner; committee; commodore: common; community. کوميډي : قوماندان ، تجارت : تجارتي : کميسيون : کمشنر : کميټه : قوماندان ، مشترک ، عام : ټولنه .

comb., combination اتحاد ، يوځای والی : اتحاديه .

comm., commander; commerce; commission; committee. قوماندان : تجارت : کميسيون : کميټه

comp., comparative; comparison; composition; compound; comprising. مقايسوي ، مقايسه : ترکيب ، مقاله : مرکب : متشکل ، مرکب .

con., connection; consolidated; consul; contra (L., ag ainst) رابطه : مستحکم : قونسل : ضد ، مخالف

conf, conference. کنفرانس ، غونډه ،

Cong., Congregational; Congress; Congressional. غونډیز : شورا : شوراته منسوب ، پارلماني .

conj., conjunction. دعطف توری .

cons., consolidated; consonant; consul. مستحکم ، سره غونډشوی : صحیح توری (گرامر) : قونسل .

Const., const., constable; constitution. د پولیسو مامور : اساسي قانون .

Cont., Continental. داروپا لویې وچې ته منسوب برته له انگلستانه ؛ قاره یي .

contr., contracted, contraction; contrary. قرارداد شوی : انقباض ، مخالف ، ضد ، برعکس .

co-op., co-operative. کوپراتیف .

cop., copper. مس .

cor; corner; corrected; correction; correspondent; corresponding. کونج ، گوټ : اصلاح شوی : اصلاح : خبریال : متقابله .

corol, coroll., corollary. نتیجه .

corp., corporal; corporation. (عسکری) دلکی مشر : شرکت (چه قانوني حیثیت ولري) .

cp., compare. مقایسه کول ، پرتله کول .

c.p., candle power, as of alamp. د برېښنا د څراغ طاقت د شمعو د شمېر په اساس (مثلاً ۱۰۰ شمعه) .

C.P.A., Certified Public Accountant دعامه حسابونو صلاحیت لرونکی اسب

CPA, Civilian Production Administration دملکي تولیداتو اداره .

Cr., chromium کروم .

Cr., cr.. credit; creditor; crown. کریډیټ (اعتبار) : کریډیټ ورکوونکی ؛ تاج ، چوکه .

C.S., c.s., capital stock; civil service سرمایه : ملکي خدمات .

C/s, cs., cases صندوقونه .

C.S.T., Central standardtime مرکزي (دامریکا) معیاري وخت .

cts., centimes, cents. سانتیمونه ، سنټونه .

Cu, cuprum (L., copper) مس .

cu., cubic; in compound terms, as cu. cm., cu. ft., cu. in مکعب : په مرکبو اصطلاحاتو کې ، لکه مکعب سانتي متر ، مکعب فټ ، مکعب انچ

cur., currency; current. پیسه: جاري، جریان

CWA, Civil Works Administration. د ملکي کارو اداره.

cwt., hundredweight. ۱۱۲ پونډه یا امریکا (۱۰۰) پونډه.

cyc., cyclopedia دایرة المعارف.

cyl., cylinder; cylindrical. استوانه، استوانه یي.

D. A., District Attorney د سیمې څارنوال

Dan., Daniel; Danish. دانیل (نوم): ډنمارکي.

D.C., d.c., direct current مستقیم جریان (برق)

D.C.L., Doctor of Civil Law. د مدني حقوقو ډاکټر.

D.D., Divinitatis Doctor(L.;Doctor of Divinity) د دیني علومو ډاکټر.

D.D.S., Doctor of Dental Surgery. د غاښو د جراحۍ ډاکټر.

DDT, Dichloro-biphenyl-trichloro-ethane. یوه کیمیاوي ماده چه د حشراتو
د وژلو د پاره استعمالیږي (ډي ډي ټي).

Dec., December ډیسمبر.

def., defendant; definite; definition(s). مدعی علیه (تورن): مشخص تعریف
(تعریفونه).

deg.; degree; degrees. درجه: درجې.

del., delegate. د هیأت غړی.

Dem., Democrat; Democratic. دیموکرات: دیموکراتیک.

Den., Denmark. ډنمارک.

Dent., Dentistry د غاښو طبابت: غاښ جوړونه.

dep., departure; deponent; deputy. تلنه (الوتنه)، خوځېدونه: شاهد: مرستیال

dept., department; deputy. څانګه: مرستیال.

Dial., dial., dialect; dialectal لهجه: لهجوي.

diam., diameter. قطر.

dict., dictator; dictionary دیکته کوونکی: قاموس، ډکشنري.

diff., difference; different. توپیر: مختلف.

disc., discount; discovered. تخفیف: کشف شوی.

div., divide; dividend; division. وېشل: ګټه، مقسوم: وېش.

D. Lit (t)., Doctor Lit(t)erarum (L., Doctor of Literature.) د ادبیاتو ډاکټر

D.L.O., Dead Letter Office. د هغو لیکونو دفترچه مرسل الیه یې نه وي پیدا شوي .

D. Mus., Doctor of Music. د موسیقۍ ډاکټر .

D.O., Doctor of Osteopathy. د آسټیوپتۍ ډاکټر

do., ditto (lt., the same). ایضاً .

doc., document. سند .

dol., dollar; dollars ډالر : ډالرونه .

doz., dozen; dozens. درجن : درجنونه .

Dr., dr., debtor پوروړی .

Dr., Doctor. ډاکټر (د طب) .

D.S., D. Sc., Doctor of Science. د علومو ډاکټر .

D.S.M., Distinguished Service Medal د ځرتیا مډال ، د فوق العاده خدمت مډال .

dup., duplicate. مثنی ، نقل ، کاپي .

DX, D.X., distance (radio) فاصله (راډیو) .

dz., dozen. درجن .

E., e., East; eastern. شرق : شرقي

E., English. انګلیسي :

ea., each. هر یو .

Econ., Economics د اقتصاد علم .

econ., economics; economy. د اقتصاد علم : اقتصاد .

ed., edited; edition; editor. اصلاح شوی (اډیټ شوی) : چاپ : اډیټر (سموونکی ، چلوونکی ، مدیر د ورځپاڼې ، مجلې او نورو) .

educ., education; educational. ښوونه او روزنه (پوهنه) : ت[illegible]ي .

E.E., Electrical Engineer, د برېښنا انجنیر .

Eg., Egypt; Egyptian. مصر ، مصري

e.g., exempli gratia (L., for example) د مثال په توګه ، مثلاً

Elec., elec., electric; electrical; electricity. برقي : برقي : برېښنا

elem., elementary. لومړنی .

E. Long., east longitude. لویدیځ طول البلد .

E. M.F., e.m.f., electromotive force د برقي جریان تولیدوونکې قوه .

Emp., Emperor; Empress. امپراتور: امپراتوره .

enc., encl., enclosure. ضميمه، مل .

ency., encyclopedia دايرة المعارف .

ENE, east-northeast, لوېديځ - شمال لوېديځ .

Eng., England; English انګلستان : انګليسي .

eng(r), engineer; engraver; engraving. انجنير : حکاک : حکاکي .

entom., entomology حشرات پېژندنه .

env., envelope. پاکټ .

eq., equal; equivalent. مساوي : معادل

ERA, E.R.A., Emergency Relief Administration. د عاجلو مرستو اداره .

لوېديځ - جنوب لوېديځ .

esp., espec., especially په تېره بيا

E.S.T., Eastern standard time. لوېديځ معياري وخت (په امريکا کې)

est., established; estimated. تاسيس شوی : اټکل شوی .

ETA, estimated time of arrival د رارسېدو اټکل شوی وخت (لکه د الوتکې)

et al, et alibi (L., and elsewhere); et alii (L., and others).

او په نورو ځايو کې: او نور .

etc., et cetera. (L., and so forth). او نور .

et seq., et sequense (L., and the following) et sequentes
or sequentia (L., and those that frllow).

او راتلونکي (دالاندې)؛ او هغه چه وروسته راځي .

etym., etymol, etymological; etymology. د اشتقاق د علم : د اشتقاق علم.

Eur., Europe; European. اروپا : اروپايي .

ex., examined; example; exchange; extract. کتل شوی ، مثال : مبادله ؛
عصاره، خلاصه، منتخب .

exam., examination آزموينه .

exch., exchange; exchequer مبادله، د خزانې وزير .

ex. div., without dividend بې ګټې .

exec., executive; executor. اجرائيوي، اجرا کوونکی .

ex. lib., ex libris (L., from the books of) د ... کتابو څخه .

exp., expenses; export; express. مصارف: صادرات، ګړندی (لکه اورګاډی)

ext., extension; extinct; extra; extract. توسعه ، تمدید : له منځه تللی : فوق‌العاده، زیاتی: منتخب، عصاره .

F, flourine. فلورین (کیمیاوی عنصر) .

F., Fahrenheit; February; France; French. فارنهایټ (د تودوخې د مقیاس یوسیستم): فبروری: فرانسه: فرانسوی .

F., f., farthing; fathom; feminine; fine; fluid (ounce); folio; following; forte; franc. د پنس څلورمه: دڅوړوالی مقیاس: مؤنث : نازك، نری ، مایع (اونس): دوسیه: راتلونکی: په لوړ آواز (په موسیقی کی لکه پوآهنګ): فرانك (پیسه) .

f.a.s., free alongside ship. ترکښتۍ پوری مفت (دمال رسول) .

FBI, Federal Bureau of Investigation. په امریکا کی د تحقیقاتو اداره (چه په مرکزی حکومت پوری اړه لری)

F.C.C., First Class Certificate لومړی درجه تصدیق .

FDA, Food and Drug Administration. د خوړو او (مخدره) د واوو اداره (په امریکا کی) .

Fe, ferrum (L. iron) اوسپنه .

Feb., February فبروری .

Fed., Federal فیډرالی .

fem., feminine. مؤنث .

ff., folios, following (pages); fortissimo. دوسیې، راتلونکی (مخونه): په ډیر لوړ اواز (په موسیقی او خبرو کی) .

fict., fiction. خیالی (لکه کیسې) .

fig., figurative; figuratively, figure: مجازی: په مجازی توګه: شکل .

Fin., Finland; Finnish. فنلنډ : فنلنډی .

fin.. financial. مالی .

Fl, fluorine فلورین (کیمیا) .

fl, florin; floruit (L., he flourished); fluid. دوه شلنګی سکه: په ژوند کی برمغ تللی: مایع .

fn, footnote. لمن لیك (پاورقی) .

F.O., Field Officer; Foreign Office. د ساحې مامور (کار کوونکی) سر مشر : د باندنیو چارو وزارت .

F.O.B., f.o.b., free on board . مال (تجارتي) چه کښتۍ ته بې مفت ورسوي . را تلونکی، ور پسې .

foll, following.

for., foreign; forestry. خارجي: ځنګلداري .

F.O.R., f.o.r., free on rail. تر اورګاډي پورې مفت (د تجارتي مال رسونه)

fort., fortification; fortified. تحکیم: محکم یا تقویه شوی .

F.P., f.p., footpound; freezing point. فټ – پونډ: د انجماد نقطه .

f. p.m., fpm, feet per min ute. ... فټه په یوه دقیقه کی .

FPO, Fleet Post Office د بحري پوسته خانه .

F.P.S., Fellow of the Philharmonic Society (Brit); Fellow of the Philological Society; Fellow of the Philosophical Society. د فلهارمونیک ټولنی غړی (په انګلستان کی)؛ د فلالوجی د ټولنی غړی: د فلسفې د ټولنی غړی .

f.p.s., fps, feet per second ... فټه په یوه ثانیه کی .

Fr, francium. فرانسیم (کیمیا) .

Fr., Father; Frater; France; (L. brother); Friar; FridayFrench; (د کلیسا په اصطلاح) پادری : فرانسه: ورور: فرانسوی: د راهبانو د څلورو مسلکو څخه یوه مسلک ته منسوب راهب: جمعه .

fr., fragment; franc; from. ټوټه، جزء: فرانک: د ... څخه

freq., frequent. frequently. د بېر پېښېدونکی، معمول: په مکرر ډول

Fri., Friday. جمعه .

frt., freight. کرایه .

FSA, Federal Security Agency. (د امریکا) د مرکزي حکومت د مصئونیت اداره .

FSH, follicle—stimulating hormone.. د حجراتو د تحریک کوونکو هارمون .

FSR, F.S.R., Field Service Regulations. د ساحې د خدمت مقررات .

ft., teet; foot; fort; fortification. فټ (جمع): فټ: قلا: استحکام، قلا.

ft—lb, foot pound فټ پونډ .

f.v. folio verso (L., on the back of the page) د صفحې پرشا، د صفحې پر بل مخ

fwd., forward. استول، پاډول، د مخه، مخکښی

G., German; specific gravity جرمنی: مخصوص وزن .

g., gram ګرام .

Ga, gallium. کیمیاوي عنصر (ګالیم) .

G.A., GA, General Agent; General Assembly. عمومي نماينده : عمومي مجلس .
عمومي اسامبله .
G A., g.a., general average. عمومي اوسط .
gal. gall, gallon; gallons. pl. gals ګېلن، ګېلنونه .
GAO, General Accounting Office. دمحاسبې عمومي دفتر .
gaz., gazette; gazetteer. مجله: مجله ليکوالکې، جغرافيوي قاموس .
G.B., Great Britain لويه برتانيه .
gcd, g.c.d., G.C.D., greatest common divisor. ترټولو لوی مشترک مقسوم عليه
G.C.F., greatest common factor. ترټولو لوی مشترک فکتور (عامل) .
g.c.m., greatest common measure ترټولو لويه مشترکه اندازه .
gds., goods. مال
Gen., General; Genesis. جنرال : تکوين .
gen., gender; general; genitive; genus. جنس: عمومي: ملکي (ګرامر)؛
نوع، جنس طبقه، ډله .
Gent., gent., Gentleman. ښاغلی .
geog., geographer; geographic; geography. جغرافيه پوه: جغرافيوي: جغرافيه.
Geol., Geology. ځمکه پوهنه .
Geom., Geometry. هندسه .
Ger., German; Germany جرمني، المان .
ger., gerund. مصدرچه په (ing) ختميږي .
G.H.Q., General Headquarters عمومي مقر .
Gk., Greek يوناني .
gloss., glossary دلغاتو فهرست چه دکتاب په پای کې راځي .
gm., gram; grams. ګرام: ګرامونه .
G.O.P. Grand Old Party (a rhetorical name for the Republican Party)
دامريکادجمهوري غوښتونکې پارټۍ دپاره يو نوم .
Gov., gov., governor نائب الحکومه .
Govt., govt., government. حکومت .
G.P.O., Government Printing Office. حکومتي طباعتي اداره .
Gr., Grecian; Greece; Greek يوناني: يونان، يوناني .
grad., graduate; graduated. فارغ التحصيل: فارغ شوی، درجه اروونکې .

Gram., Grammar. گرامر .

G.T.C., g.t.c., good till cancelled or countermanded. داعتبار وړ ترهغو چه فسخ یا بېرته اخیستل شوی نه وی .

H, hydrogen. هایدروجن .

H.C., House of Commons دعوامو مجلس (انګلستان) .

h.c.f., highest common factor ترټولو لوی مشترک فکتور (عامل) .

hdqrs. headquarters. مقر .

He, helium. هیلیم .

H.E., His Eminence; His Excellency جناب : جلالتماب

Heb., Hebr., Hebrew عبری .

Hg, hydragyrum (L., mercury). پاره ، سیماب .

H. H., His, or Her, Highness; His Holiness. والاحضرت یاعلیاحضرت: جناب عالی (دپاپ لقب) .

H.I.H., His, or Her, Imperial Highness. شاهنشاه : شاهنشاه ښځه .

Hind., Hindu; Hindustan; Hindustani. هندو: هندوستان : هندوستانی .

Hist., History. تاریخ .

H.J., hic jacet (L., here lies), used in epitaphs. دلته پروت دی ، دا کلمات د مړو پر ښخځو لیکل کیږی

H.M., His, or Her Majesty اعلیحضرت یاعلیاحضرت .

Ho, holmium هولمیم

H. of L., House of Lords دمشرانو جرګه ، سنا .

Homer., Homeric. هومری (دیونان مشهور شاعر ته منسوب) .

Hon., Honorable. محترم .

hon., honorary. افتخاری ، اعزازی .

Horol, Horology دوخت دسنجولو پوهه .

Hort., Horticulture باغوانی :

hosp., hospital روغتون .

H.P., HP, h.p., hp, high pressure; سخت فشار ، لوړ فشار

horse power. دآس قوه (هارس پاور) .

H.Q., headquarter. مقر .

H. R., House of Representatives. ولسی جرګه .

hr., hour; hours; pl. hrs. ساعت : ساعتونه .

H.R.H., His or Her, Royal Highness والاحضرت .

ht., height. اوږدوالی ، ارتفاع .

Hymnol., Hymnology ساز پېژندنه ، سازپوهنه .

hyp., hypoth., hypothesis فرضیه .

I, iodine آیودین .

I., Island(s), Isle(s). ټاپو ، ټاپوګان ، جزیرې .

i., intransitive. لازمي (فعل) .

ib., ibid., ibidem (L., in the same place). په همدغه ځای (یا منبع) کې .

I.C., Iesus Christus (L., Jesus Christ). حضرت عیسی (ع) .

I.C.C., Interstate Commerce Commission (په امریکا کې) بین الایالتي تجارتي کمیسیون .

id., idem (L., the same) هغه ، دغه ، همدغه .

I. D., Intelligence Department. داستخباراتو اداره

i.e., id est (L., that is). یعنې .

i.h.p. indicated horsepower څرګند شوې د آس قوه (دماشین) .

ill., illus., illust., illustrated; illustration. مصور : تصویر ، شکل .

illit., illiterate. نالوستی ، بېسواد .

I.L.O., International Labor Organisation. دکار او کارګرو بین المللي سازمان

imp., imperative; imperfect;imperial; import امر (ګرامر) : ناقص: امپیریل (اوزان) : واردات

imper., imperative. امر (ګرامر) .

imp. gal., imperial gallon امپیریل ګیلن .

in., inch; inches. انچ ، انچونه .

inc., incorporated دقانوني حیثیت لرونکی (شرکت) .

inc., incl., inclosure; including; inclusive. ملحق ، ضمیمه : په شمول د ، هغه څه چې ټول پکښې شامل دي .

incog., incognito نه پېژندل کېدونکی شخص ، په بل نوم

Ind., India, Indian هند ، هندي .

ind., independent; index; indicative; industrial. آزاد : فهرست ، شاخص : څرګندوی : صنعتي .

indef., indefinite — نامعین ، نامحدود .

Inf., inf., infantry — پلی لښکر .

inf., infin., infinitive — مصدر ، مصدری .

Ins., ins., Insurance — بیمه .

insp., inspector. — مفتش .

Inst., Institute; Institution. — موسسه .

inst., instant (the present month) — روانه میاشت ، جاري میاشت

instr., instructor; instrument. — استاد، مدرس: آله .

int., interest, interior; internal; international. — گټه : داخلی : داخلی : بین المللی .

interj., interjection — ندائیه (گرامر): معترضه جمله .

interrog., interrogative. — استفهامی، سوالیه .

intr., intrans., intransitive — لازمي (فعل) .

inv., inventor; invoice. — مخترع : بیجک .

IOU, I owe you—a signed paper showing amount as evidence of debt. — د پور سند .

I.Q. or IQ, Intelligence quotient. — دذکا خارج قسمت .

i.q., idem quod (L., the same as). — لکه ، عیناً لکه .

irreg., irregular; irregularly. — غیر منظم : په غیر منظمه توگه

I.R., Internal Revenue — داخلی مالیات یا عواید .

It., Ital., Italian; Italy. — ایټالوی ، ایټالیه .

ital., italic (type) — دټایپ یا انگلیسی پوړول مات (شکست)خط یاحروف .

I.W.W., Industrial Workers of the World. — د نړۍ صنعتی کارگران

Jan., January. — جنوري .

Jap., Japan; Japanese. — جاپان : جاپاني

jc., jct., junction — جنکشن (داورگاډی دخطو دیو ځای کېدو ځای)

J.C., Jesus Christ — حضرت عیسی .

J.C.D., Juris Civilis Doctor (L., Doctor of Civil Law). — دحقوقو ډاکټر (مدنی) .

J.D., [illegible] Doctor (L., Doctor of Laws) — دحقوقو ډاکټر .

jour., journal. — مجله، ژورنل

J.P., justice of the peace. — قاضی .

Jr., jr., junior. کوچنی : دپوهنځی ددریم ټولګی محصل .

Jul., July. جولای .

Junc., junction. جنکشن .

Jup., Jupiter. مشتری (سیاره) .

juv., juvenile دځوانی ددوری.

K., k., Kilogram; king; knight. کیلو ګرام : پاچا : نایټ ، (په سطرنج کی آس) .

Kg., Kilogram. کیلو ګرام .

K.K.K., Ku Klux Klan. په امریکا کی یوه ټولنه یا ډله چه د تبعیض طرفداره او د مساواتو سخت مخالف دی او غړی یې یوازی سپین پوستی امریکایان دی .

Kl., kiloliter. کیلو لیټر .

km., kilometer; kingdom. کیلو متر : پاچهی .

k.o., knockout (in boxing, a blow that knocks the opponent down so that he cannot rise before the referee counts ten). ناک اوټ (په سوک وهلو کی داسی ضربه (سوک) چه حریف دښکته واچوی او ونشی کولای چه د ریفری دخوا تر لسو پوری تر شمېر لو دمخه را پورته شی)

KW., kilowatt, کیلو واټ .

K.W.H., kw-hr, kilowat-hour کیلو واټ په ساعت کی .

L. l., libra (L., pound) پونډ .

L., Latin; Late. لاتینی : مرحوم .

L., l, lake; latitude; leaf; league; left; length; liber (L., book); lira (pl., lire); liter; low. جهیل : عرض البلد : پاڼه : لیګ : چپه : اوږدوالی ، کتاب ، لیره : لیټر : کښته : لږ .

lab., laboratory. لابراتوار .

lang., language ژبه .

Lat., Latin لاتینی

lat., latitude عرض البلد .

lb., libra (L., pound); librae (L., pounds) pl., lbs. پونډ ، پونډونه .

lb. ap., pound (apothecaries' weight) پونډ (دعطارانو داوزانو په سلسله کی) .

lb. av., pound (avoirdupois weight) پونډ (دعادی شیانو داوزانو په سلسله کی) .

lb. t. pound (troy weight) پونډ (دطلا او نورو قیمتی شیانو داوزانو په سلسله کی)

L.C., Letter of Credit; Library of Congress. اعتبار لیک : د کانگرس کتابخانه (په امریکا کې) .

l.c., loco citato, (L. in the place cited); lower case (that is, small letter or letters used—in printing). په ذکر شوی ځای کې : کوچنی توری یا توری چه په طباعت کې استعمالیږی .

L.C.M., l.c.m.. lowest or least common multiple. ذواضعاف اقل ، ترټولو کوچنی مشترک ضریب .

lea., league. یوه فاصله چه د ۳،۹ څخه تر ۷،٤ کیلو مترو پوری اټکل کیدای شی .

leg., legal; legate; legislative; legislature. قانونی ، حقوقی : په میراث پرېښودل : مقننه : مقننه هیأت .

Lett., Lettish. لټوانیایی .

L.H.D., Litterarum Humaniorum, or In Letters Humanioribus, Doctor (L., Doctor of Humanities) . د بشری علومو ډاکټر .

Lib., Liberal; Liberia: لیبرال (آزادی غوښتونکی) . لایبیریا .

lib., liber (L., book); librarian; library. کتاب : کتابدار : کتابخانه

lin., lineal; linear. خطی : خطی .

liq., liquid; liquor. مایع : الکولی مایع .

lit., liter; literal; literally; literary; literature. لیټر : لفظی : تحت اللفظی : ادبی : ادبیات .

Litt. D., Litterarum Doctor (L., Doctor of Letters) د ادبیاتو ډاکټر .

LL.D., Legum Doctor (L., Doctor of Laws) د حقوقو ډاکټر .

loc.,cit., loco citato (L., in the place cited). په یادشوی ځای کې ، لومړی اثر .

log.,logarithm. لوگاریتم .

lon., long., longitude طول البلد .

L.S. locus sigilli (L., the place of the seal) د مهر ځای .

L.S.D., l.s.d., librae, solidi, denarii (L., pounds, shillings, pence). پوندونه ، شلنګونه ، پنسونه .

l.t., long ton. اوږد ټن (۲۲٤۰ پونډه) .

Ltd., ltd. limited لمتید (محدود) .

lv . leave; leaves. حرکت کول : حرکت کوی .

M, thousand	۱۰۰۰ (په رومي حساب کې)
M., Monday; Monsieur	دوشنبه؛ ښاغلی (فرانسوي) .
M.A., Magister Artium (P., Master of Arts)	د ادبیاتو او بشري علومو ماسټر.
Mad., Madam .	مادام (د ښځې لقب) .
mag., magazine; magnitude (of a star)	مجله: ځلوالی (د ستوري).
Mar., March	مارچ.
mar., maritime.	سمندري یا بحري .
mas., masc., masculine	مذکر .
Math., Mathematics	ریاضي .
max., maximum.	اعظمي حد .
M.C., Master of Ceremonies; Member of Congress.	د تشریفاتو مشر: د شورا غړی
M.D., Medicinae Doctor (L., Doctor of Medicine).	د طب ډاکټر .
M.D.S., Master of Dental Surgery.	د غاښو د جراحۍ ماسټر .
mdse., merchandise	د تجارت مال .
M.E., Mining, or Mechanical, Engineer	د کانو یا میخانیک انجنیر .
Med., Medicine	دوا .
med., medical; medieval,	طبي: د منځنیو پېړیو .
Medit., Mediterranean	مدیترانه ، د مدیترانې .
mem. member; memento; memorandum; memorial;	غړی؛ د یادګار: یادداښت: یادګاري، یادګار ..
Mer., Mercury	عطارد .
mer., meridian	نصف النهار ، غرمه (ټکنده) .
Messrs., Messieur	ښاغلي (جمع) .
met., metropolitan	ښاري .
Metal., Metallurgy.	د فلزاتو صنعت .
Meteor., Meteorology	د هوا پېژندنې علم .
mfg., manufacturing; manufacturer.	صنعت، جوړونه: صنعتګر، جوړوونکی.
Mg., magnesium.	مګنېشیم .
Mgr., manager; Monseigneur; Monsignor.	منتظم : یو فرانسوي لقب
M.H.R., Member of the House of Representatives.	د ولسي جرګې غړی
mi., mile(s); mill.	میل : ژرنده .

Mic., Micah ابرک .

mid., middle; midshipman. منځنی، وسطی : د بحری قوارو بوکښته رتبه مامور .

Mil., mil., military; militia پوځی : ملیشا .

min., mineralogy; minimum; mining; minor; minute(s). د کانو علم : اصغری حد : کان ایستنه : کوچنی : دقیقه .

misc., miscellaneous. متفرقه .

Mlle., Mademoiselle; pl. Mlles. مادموازل.

MM., Their Majesties; Messieurs (F., Sirs) اعلیحضرتین : ښاغلو، ښاغلی .

mm., millimeter(s). ملی متر .

Mm., Madame; pl. Mmes مادام (د ښځی لقب) .

Mn., manganese. منګنیز .

M.O., Medical Officer طبی افسر یا مامور .

M.O., m.o., money order. حواله (د پیسو) .

Mon., Monday. دوشنبه .

mon., monastery; monetary. خانقاه : پولی .

Mons., Monsieur. ښاغلی (فرانسوی) .

mos., months. میاشتی .

MP, M.P., Military Police عسکری پولیس .

M.P., Member of Parliament د شورا غړی .

mph, m.p.h., miles per hour. ... میله په یوه ساعت کی .

Mr., Mister ښاغلی .

Mrs., Mistress میرمن .

MS., ms., manuscript اصلی نسخه (د یوه اثر)

M.S., Msc., Master of Science. د ساینس ماستر

m.s.l., mean sea level د بحر منځنی سطح

MSS., mss., manuscripts اصلی نسخی .

M.S.T., Mountain Standard Time د غرنی سیمی معیاری وخت (په امریکا کی) .

M.T., metric ton متریک ټن (۱۰۰۰ کیلو ګرامه) .

Mt. mt., mount; mountain غر .

mun., municipal. ښاری (د ښاروالی) .

mus., museum; music — موزیم : موسیقي ، ساز .

Mus. D., Mus. Doc., Musicae Doctor (L., Doctor of Music) — دموسیقي ډاکټر .

Myth., Mythology — دارباب انواع تاریخ، داساطیر تاریخ

N, nitrogen — نایټروجن .

N, N., n., north; northern — شمال : شمالي .

n., natus (L., born); neuter; new; noun; number. — زیږېدلی: خنثی : نوی: اسم: عدد ،

Na, natrium (L., sodium) — سوډیم .

N.A.A., National Automobile Association. — دموټرسازۍ ملي اتحادیه

NACA, National Advisory Committee for Aeronautics — دملکي هوا بازۍ ملي مشورتي کمیټه .

N.A.S., National Academy of Sciences — دعلومو ملي اکاډمي.

nat., national; native; natural. — ملي: بومي، اصلي (اوسېدونکی): طبیعي

Naut., naut., nautical. — بحري، کښتۍ چلولو ته منسوب .

Nav., nav., naval; navigation. — بحري: کښتۍ چلونه، بحري سفر .

N.B., n. b., nota bene (L., note well). — ښه په یاد واره .

NBC, National Broadcasting Company — د(راډیو او تلویزیون) خپرونو ملي شرکت .

N.C.O., noncommissioned officer. — هغه عسکري صاحب منصب چه ټاکلې وظیفه یاماموریت نه لري.

N.D., n.d., no date — بې تاریخه، بې نېټې .

NE, N.E., n.e., northeast — شمال شرق، ختیځ .

Ne. neon. — نیون (کیمیاوي عنصر) .

N.E.A., National Education Association. — دښوونې اوروزنې ملي ټولنه .

neg., negative; negatively. — منفي، په منفي توګه .

Nep., Neptune. — نیپتون (سیاره)

N.F., n/f., no funds (Banking) — دارایي نشته (بانکداري) .

N.G., National Guard — ملي ګارډ .

Ni, nickel. — نکل (عنصر) .

NIA, National Intelligence Authority — داستخباراتو ملي اداره .

n.l., non liquet (L., it is not clear). — هرګنده نه ده، واضح نه دی .

N. Lat., north latitude شمالی عرض البلد .

NNE, north-northeast شمال- شمال ختیځ .

NNW, north-northwest شمال- شمال لویدیځ

No., north; northern. شمال: شمالی .

No., no., numero (L., by number); number. په نمره: نمره، شماره .

nol. pros., nolle prosequi (L., to be unwilling to prosecute) چه نه غواړی محاکمه یې کړی .

nom., nominative فاعلی (حالت)

noncom., noncommissioned officer (N.C.O.) و ګوړ ړی

non seq., non sequitur (L., it does not follow). نتیجه یې ۰ انه ده .

Nos., nos., numbers. نمرې .

Nov., November نومبر

N.P., no protest (Banking). اعتراض نشته (بانکداری)

N.S., n.s., not specified نامشخص شوی .

nt. wt., net weight. خالص وزن.

NW, N.W., n.w., northwest شمال لویدیځ .

N. Y., New York نیو یارک .

N.Z., New Zealand نوی زیلانډ .

O, oxygen. آکسیجن

O/a, o/a, on account of د سببه څخه .

ob., obiit (L., he, or she, died) مړ شو (دی یا دا)

obj., object; objection; objective. شی، مفعول: اعتراض: مفعولی (حالت) .

obl., oblique; oblong. مایل: مستطیل .

Obs., obs., observatory; obsolete. رصدخانه: منسوخ .

O.C., Officer Commanding قوماندان.

Oct., October اکتوبر.

off., offered; officer; official وړاندی شوی: مامور (افسر): رسمی

O.K., all right صحیح دی، درست دی.

op. cit., opere citato (L., in the work cited). په نوموړی اثر کی
په یاد شوی اثر کی

opp., opposed; opposite. مخالف: مقابل

opt., optative; optics. دعایي: نورپوهنه.

o.r., owner's risk خساره د مال په خاوند پورې اړه لري.

org., organic, organized. عضوي: منظم، سمبال.

orig., original; originality. اصلي: اصلا.

OSS, Office of Strategic services دستراتیژیکي خدمتونو اداره.

O.T.C., Officers, TrainingCamp or Corps. د صاحب منصبانو د روزنې کمپ

OWI, Office of War Information. د جنګ د اطلاعاتو اداره.

oz., ounce; ounces; pl. ozs. اونس، اونسه.

P, phosphorus. فاسفورس.

P, page; participle; past; penny; Peso; pint; pole;population. وصفي وجه

ماضي: پنس پاسنټ: پیسو (د هسپانوي هیوادو پولي واحد) : پاینټ (دوزن واحد):
قطب، نفوس

P.A., Purchasing Agent. دخریدارۍ نماینده.

P.A., P/A, power of attorney. دوکالت سند.

p.a.,participial adjective; per annum. فعلي صفت: په یوه کال کې، د کاله.

pam., pamph., pamphlet. پامفلټ.

par., paragraph; parallel. پاراګراف: موازي.

paren., parenthesis; pl. parens. قوسونه، لینډۍ.

parl., parliament; parliamentary. پارلمان: پارلماني

part., participle. وصفي وجه.

pass., passenger; passive. مسافر: مجهول.

pat., patent; patented. دامتیاز حق: ثبت شوی

Pat. Off. Patent Office د ثبت اداره.

payt. payment. تادیه، اجرت.

Pb, plumbum (L., lead) سرب.

pc., piece دانه.

p.c., per cent; post card فیصد: پست کارډ.

P.D., Police Department. د پولیس اداره

P.D., p.d., per diem (L., by the day). ورځنی، د یوې ورځې.

pd., paid. تادیه شوی.

pen., pen. peninsula ټاپو وزمه.

pf., pfd. preferred. مرجح

phar., pharm., pharmaceutical; pharmacopeia; pharmacy.
ددوا جوړولی، د درملتون: ددوا او دوا جوړونې رسمي کتاب: درملتون، دوا جوړونه.

Ph.B., Philosophiae Baccalaureus (L., Bachelor of Philosophy).
دفلسفې ليسانسه

ph.D., philosophiae Doctor(L., Doctor of philosophy). دفلسفې ډاکټر

Ph. G., Graduate in Pharmacy. ددوا سازۍ ليسانسه

Philol., Philology. فيلالوجي.

Philos., Philosophy فلسفه.

Phonet., Phonetics. ږغ پوهنه.

Phonog., Phonography. دانسان دآوازونو تشريح او ثبتونه

Photog., Photography. عکاسي

PHS., Public Health Service د عامې روغتيا خدمتونه.

phys., physical; physician; physics بدني: طبيب: فزيک.

pkg., package; packages. بسته، بستې.

Pkt., packet پاکټ.

pl., place; plural. ځای: جمع (گرامر).

P.M., Past Master; Paymaster; Police Magistrate; Postmaster. پخوانی مشر
(دينې): د معاش آمر: د پوليسو قاضي: دپستې آمر (د مخابراتو مدير).

P.M., p.m., post meridiem (L., after noon). د غرمې وروسته.

p.m., post-mortem. ترمرګ وروسته (معاينه)

pmk, postmark. دپوستې خانې مهر

P/N, p.n., promissory note. د پور سند.

P.O., p.o., post office. پوسته خانه

Pol. Econ., political economy. سياسي اقتصاد.

P.O.O., post-office order. حواله (چه دپوستې خانې څخه اخيستل شوی وي).

pop., popularly; population. د عوامو په ژبه، د عوامو خوښې: نفوس

P.P., p.p., parcel post; past participle; postpaid. پوستې پارسل: مجهول فعلي
صفت: د پوستې محصول تاديه شوی.

pp., pages. مخونه .

pph., pamphlet. پامفلټ .

p. pr., present participle. معلوم فعلی صفت .

pr., pair; pairs; price. جوړه : جوړې : بیه

pred., predicate. خبر (گرامر) .

pref., preface; preferred; prefix. سریزه : مرجح : مختاړی .

prep., preparatory; preposition. مقدماتی : د جر توری ، ادات

Pres., President رئیس .

pres., present; presidency. حاضر : ریاست .

prob., probably; problem. شاید . پرابلم : مسأله .

proc., proceedings. جریانات ، پېښې .

Prof., prof. professor پوهاند ، پروفیسر .

pron., pronoun; pronounced; pronunciation. ضمیر : څرگند : تلفظ .

prop., properly; proposition. په مناسبه توگه : پیشنهاد : مسأله .

pros. prosody عروض .

pro tem., pro tempore (L.,temporarily). په موقتی توگه .

prov., province; provincial;provisional. ولایت : ایالتی ، ولایتی : موقتی .

prs., pairs. جوړې .

P.S., p.s., post scriptum (L., postscript). پو مطلب چه د لیک په پای کی اضافه کیږی (مکرر داچه) .

Pt, platinum. سپینه طلا ، پلاټینم (پلاټین)

P.T.A., Parent—Teacher Association. د والدینو او ښوونکو ټولنه ،

pts., parts; pints. برخی : پاینټونه (پیمانه) .

pub,. public; published; publisher. عام ()خلک : چاپ شوی : خپرونکی .

punc., punctuation. د تنقیط اصول ، لیکنښی (ټکي) .

PWA, Public Works Administration فواید عامه .

P.W.D., Public Works Department د فواید عامې وزارت .

Q.E.D., quod erat demonstrandum (L., which was to be demonstrated).
څه چه باید ثبوت شوی وای، څه چه باید ثابت شوی وای (په هندسی قضایاو کې).

Q.E.F., quod erat faciendum (L., which was to be done). څه چه باید شوی وای

Q.M.,Quartermaster. د کښتۍ د کښتۍ د درجې مامور.

Q.M.G., Quartermaster General د کښتۍ مشر.

Q.P., q. pl., quantum placet(L., as much as you please). څومره چه ستا خوښه وي.

qr., quarter; quire; pl. qrs. ربع : ۲٤ تختې کاغذ.

q.s., quantum sufficit (L., as much as suffices). څومره چه کفایت کوي.

qt., quantity; quart(s). مقدار : کوارټ.

pu., quar., quart., quarter; quarterly. کوارټ؛ علامه : دری میاشتنی خپرونه.

ques., question. سوال

q.v., quod vide (L., which see). هغه چه وینئ.

qy., query. پوښتنه.

R., Republican. جمهوري.

R., r., railroad; railway; re gina (L., queen); rex (L., king); ruble.
داور ګاډي سړك : داور ګاډي پټلی : ملکه : پاچا؛ روبل.

Ra, radium. راډیوم (فلز).

R/A., Rear Admiral; Royal Academy; Royal Artillery.
امیرالبحر : شاه. اکاډمي : شاهي توپخانه (قوه).

rad., radical. راډیکل ؛

R.A.F., Royal Air Force شاهي هوائي قوه.

P.C., Red Cross; Reserve Corps; Roman Catholic. سور صلیب : احتیاط (قوه) : رومن کاتولیك.

Rd., rd., road. سړك

rec., receipt; recipe; record; recorded; recorder. رسید : نسخه (مثلا د غذا) : ثبت کول : ثبت شوی : ثبت کوونکی.

recd., received. رسیدلی.

ref., referee; reference; referred; reformation; reformed. ریفري (حکم) : ماخذ، مراجعه : راجع شوی : اصلاح : اصلاح شوی.

reg., region; register; registered; registrar; registry; regular; regularly;
regulation. سیمه ؛ ثبت کول : ثبت شوی : د پوهنتون د محصلینو د چارو آمر: د ثبت دفتر : منظم ؛ په منظمه یا مرتبه توګه : قاعده، مقرره.

rel., relating; relative; relatively; religion. رابطه لرل : نسبي ؛ په نسبي توګه ؛ دين .

Rep., Republican جمهوري غوښتونکی .

rep., report; representative; republic. رپوټ ؛ نماینده ؛ جمهوريت .

res., reserve; residence; resides ذخيره ؛ داستوګنې ځای ؛ استوګنه کوي .

ret., retired; returned. متقاعد ، ذکاره وتلی ؛ راستون شوی .

rev., revenue; reverse; review; revise; revised; revision; revolution. عايدات ؛ چپه (معکوس) ؛ نوی کتنه ، دقت ؛ نوی نظر براچول ؛ تجديد نظر شوی ؛ نوی نظر ؛ انقلاب .

R.F., r.f. radio frequency. دراديو فريکوينسی .

R.F.A., Roya' Field Artillery دساحې شاهي توپخانه

R.F.C., Royal Flying Corps دهوابازۍ شاهي قوه

rm., ream. ريم (ګډه) .

rms., rooms. اتاقونه .

R.N., registered nurse; Royal Navy. مسلکي نرس ؛ شاهي بحريه .

R.O.T.C., Reserve Officers' Training Corps, or Camp. داحتياط دصاحب منصبانو دروزلو کمپ یا هيأت .

r.p.m, revolutions per minute. ... دورانه په يوه دقيقه کی .

R.P.O., Railway Post Office. داورګاډي دپوستې اداره .

R.R., railroad. داورګاډي سړک .

R.S.F.S.R.. Russian Socialist Federated Soviet Republic. دروسيې سوشيالستي فدرالي شوروي جمهوريت .

R.S.V.P, r.s.v.p., Respondez.s.il vous plait (F., please reply) لطفا جواب ووایاست .

rt., right. راسته ، ښی .

Rus., Russ., Russia; Russian روسيه ؛ روسی

Ry., railway. اورګاډی .

s, sulpnur سلفر .

S., s., school; senate· socialist; society, soprano. ښوونځی ؛ سنا ؛ سوشياليسټ ؛ ټولنه ؛ بم (بوغ) .

s., second; section; series; shilling; silver; singular;son; steamer. دقيقه ؛ برخه ، ځانګه ؛ سلسله ؛ شلنګ ؛ سپین زر ؛ مفرد ، زوی ؛ کښتی .

Sans., Sanskrit. سانسکرېټ .

Sat., Saturday; Saturn شنبه: سېټرن (زحل) .

Sax., Saxon; Saxony. ساکسون: ساکسوني .

Sb, stibium (L., antimony) يو عنصر چه د فلز شکل لري

S.B., Scientiae Baccalaureus (L., Bachelor of Science). د ساینس (علومو) لیسانسه .

S.C., Sanitory Corps; Supreme Court. روغتیا پال هیات: ستره محکمه

sc., scene; science; scilicet (L., that is to say). صحنه: ساینس: یعنې

sci., science; scientific. ساینس: علمي .

Sculp., Sculpture. مجسمه جوړونه .

S.D., Scientiae Doctor (L., Doctor of Science) د علومو ډاکټر، د ساینس ډاکټر.

s.d., sine die (L., without day). بې له ورځې .

SE, S.E., s.e., southeast جنوب او یدیځ

sec., secant; second; seconds; secretary; section; section. سېکنټ (مثلثات) ثانیه: سکرتري: برخه، څانګه : څانګې.

sect., section. برخه، څانګه .

secy., secretary. سکرتر، منشي

Sem., Seminary; Semitic. دیني مدرسې موسسه: سامي .

Sen., sen., senate; senator; senior. سنا، د مشرانو جرګه: سناتور: مشر

sep., separate جلا، بېل .

Sept., Sept., September; Septuagint. سپتمبر: د بطلیموس وخت کې د (۷۰) تنو د خوا د تورات ترجمه.

seq., seqq., sequentia (L., the following). راتلونکي

ser., series سلسله .

serv., servant. نوکر، مزدور .

s.g., specific gravity مخصوص وزن .

sh., shilling. شلنګ .

Shak., Shakespeare. شېکسپیر

shil., shilling. شلنګ .

shr., share; shares برخه، سهم: سهمونه.

Si, silicon. سلیکون .

sic., sicilian; sicily د سیسلي، سیسلي.

Sig., sig., signature; Signor (It., Sir or Mr.) — لاسليك : ښاغلی .

sil., silver. — سپين زر

sing., singular — مفرد .

Skr., Skt., Sanskrit — سانسكريت .

S. Lat., south latitude — جنوبي عرض البلد

Slav., Slavic; Slavonic — سلاوي ؛ سلاوي ژبه .

sld., sailed. — (بحري) سفر وكړ

S. M., Scientiae Magister (L., Master of Science). — دعلومو ماستر .

Sn., Stannum (L., tin) — حلبي ، قلعي .

So., south., soutnern. — جنوب : جنوبي .

Soc., soc., society. — ټولنه .

sociol., sociology. — سوسيولوجي .

sol., soluble; solution. — دحل وړ : محلول .

sop., soprano. — زيروږ .

S.O.S., wireless signal of ships in distress. — بېسيم اشاره دهغو كښتيو . دپاره چه دمشكلاتو سره مخامخ وي .

sp., species; specimen; spelling; spirit — انواع : نمونه : املا : روح .

S.P.C.A., Society for Prevention of Cruelty to Animals. — پرحيوانانو باندې دظلم دمخنيوي ټولنه .

S.P.C.C., Society for Prevention or Cruelty to Children. — پر كوچنيانو باندې دظلم دمخنيوي ټولنه

spec., special — خاص .

specif., specifically. — خاصتاً ، په ټوره بيا

sp. gr., specific gravity — مخصوص وزن

spt., seaport. — بحري بندر

sq., sequens (L., the following (one)); square (also in compound terms, as sq. ft. sq. in., sq. yd., etc) — راتلونكي : مربع (همدارنگه په مركبو اشكالوكي لكه مربع فټ، مربع انچ، مربع يارډ او نور).

sqq., sequentes, sequentia (L., the following (ones)). — راتلونكي .

Sr., Senior; Senor (Spanish, Sir or Mr.); Sir. — مشر : ښاغلی : صاحب

Sra., Senora (Spanish, Madam or Mrs.). — دښځي لقب (مېرمن) .

S.R.O., standing room only. — يوازې ددرېدو ځای شته .

Srta., Senorita (Spanish, Miss). پېغله .

SSB, Social Security Board. د ملي مصؤنيت اداره .

SSE, south-southeast جنوب، جنوب ختيځ .

S.S.R., SSR, Soviet Socialist Republic. شوروي سوشياليستي جمهوريت .

SSW, south-southwest. جنوب، جنوب لويديځ.

St., Street; Saint; Strait. کوڅه: ولي (بزرگ): آبنا.

s.t., short ton. کوچنی ټن (۲۰۰۰ پونډه).

Sta., Santa (Spanish, Saint); States; Station. ولي: ايالتونه: سټېشن .

stat., statue; statute(s). مجسمه : قانون .

Ste., Sainte (F., fem. of Saint). ولي (مؤنث) .

ster., stg., sterling. سترلنګ (پونډ) .

str., steamer. کښتۍ .

sub., substitute; suburb. عوض : ښارته نږدې سيمه .

subj., subject; subjective; موضوع ؛ فاعلي ، ذهني ؛

suff., suffix. وروستاړی .

Sun., Sunday. يکشنبه .

sup., superior; superlative; supplement; supplementary; پورته ، لوړ ، رئيس: supply; supra (L., above) د صفت عالي درجه ، عالي : ضميمه : متمم : تهيه : لوړ

supp., suppl., supplement. ضميمه.

Supt., supt., superintendant. آمر ، رئيس

surg., surgeon; surgery. جراح ؛ جراحي .

surv., surveying; surveyor. سروې کول ، سروې کوونکی .

s.v., sub verbo, or sub voce (L., under the word...used in dictionaries, etc). تر کلمه لاندې (د اصطلاح په قاموسونو او نورو کې استعماليږي).

SW, S.W., s.w., southwest. جنوب لويديځ

symbol., symbolic. سمبول اېز

Syn., syn., synonym(s); synonymy. مترادف (کلمې): ترادف .

synop., synopsis. لنډيز .

t., temperature; tempore (L., in the time (of)), tenor; tense (Grammar, territory; time; ton(s); town; transitive; troy (weight). تودوخې درجه ؛ وخت کې (د) : مفاد ، زمانه (گرامر) : سيمه : وخت : ټن : ښار ، متعدي ؛ ... : ټراي (د وزن سلسله) .

tan., tangent. — تانجنټ .

t.b., tuberculosis. — نری رنځ

tbs., tablespoon; tablespoons — کاچوغه (غټه): کاچوغې .

tel., telephone. — ټلفون .

tel., teleg., telegram: telegraph. — ټلګرام : ټلګراف.

temp., temperature; temporary. — د تودوخې درجه : مؤقتي .

ter., terr., terrace; territory. — ټيراس ، پوړيز : سيمه

term., terminal; termination; terminus. — وروستی ، ټرمينل (د بس يا الوتکې ستېشن)، ختم ، ختمېدنه : وروستی تم ځای

theol., theological, theology — دينی : د ينيات .

therm., thermometer. — ترمامېټر (ميزان الحرارة)

Thur., Thurs., Thursday — پنجشنبه .

TNT, T.N.T., trinitrotoluene — د ينمايټ

tr., transitive; translation; translator; transpose; treasurer; trustee — متعدي (حالت) : ترجمه ، ترجمان : وړاندې وروسته کول : خزانه دار ، ولي، معتمد .

trans., transactions; transferred; transitive; translated; translation; translator; transportation. — خرڅونه را اېونه : تبديل شوی : متعدي (حالت) : ترجمه شوی : ترجمه : ترجمان : نقل او انتقل .

treas., treasurer; treasury. — خزانه دار : خزانه .

trig., trignometric; trignometrical; trignometry. — مثلثاتي ، مثلثاتي ، مثلثات .

Tu, Tues., Tuesday. — سه شنبه .

U, uranium. — يورانيم

U., University. — پوهنتون

U., u., union; unionist; upper. — اتحاديه ، د اتحاد پلوی : لوړ ، پاس ، پاسنی

U.K., United Kingdom. — متحده پاچهي

ult., ultimate; ultimately; ultimo (mense). (L., in the last month). — وروستی : په پای کی : په تېره (مياشت کی) .

UN, United Nations. — ملګري ملتونه.

Univ., Universalist; University. — د هغی (دينی) عقيدې پلوی چه وايي بالاخره په ټول خلك نجات مومي : پوهنتون .

univ., universal; universally, university. جهانشمول : په عمومي توگه : پوهنتون

U.P., United Press. يونايټډ پرس .

Uran., Uranus. اورانوس (سیاره)

U.S., United States د امریکا متحده ایالتونه.

U.S.A., Union of South Africa; United States Army; United States of America. د جنوبي افريقا اتحاديه ؛ د امريكا متحده ايالتونو پوځي قوه ؛ د امريكا متحده ايالتونه .

U.S.M.A., United States Military Academy. د امريكا د متحده ايالتونو عسكري اكاډمي .

U.S.N., United States Navy. د امريكا د متحده ايالتونو بحري قوه .

USSR, U.S.S.R., Union of Soviet Socialist Republics. د شوروي سوسياليستي جمهوريتونو اتحاديه ، شوروي اتحاد

V, vanadium. د فاسفورس د گروپ يو عنصر .

V, v, volt., voltage ولټ (د بريښنا د قوت اندازه) د ولټ اندازه .

v., verb; verse; version; versus; vice; vide (L., see); village, voice; volume. فعل : بيت : نسخه : په مقابل كي : بدي : وگوره : كلي : غږ : ټوك

vb., verb; vb. n., verbal noun. فعل : فعلي اسم .

V.C., Vice-Chancellor; Victoria Cross (British medal) د پوهنتون مرستيال ، د ولكټوريا صليب (يو انگليسي ميډال دى) .

vet., veteran; veterinary با تجربه عسكر : بيطاري : د حيواناتو طبابت .

v.i., verb intransitive. لازمي فعل .

vil., village. كلي .

viz., videlicet (L., namely) يعني .

V.M.D., Doctor of Veterinary Medicine. د حيواناتو د طب ډاكټر .

vocab., vocabulary لغوي پانگه ، لغات .

vol., volcano; volume; volunteer. اورغورځوونكى (غر) (آتشفشان) : ټوك : رضاكار .

V.P., Vice-President د رئيس مرستيال .

vs., versus. په مقابل كي .

v.s., vide supra (L., see above) پورته وگوري .

v.t., verb transitive. متعدي فعل .

vv., verses. بيتونه .

v.v., vice versa — برعکس .

W, w, watt(s) — واټ (د برق) .

W, W., w., west — لویدیځ .

W; w; weight; western; width. — وزن: د لویدیځ : پسور .

WAAC, Women's Army Auxiliary Corp. — د ښځو چه په عسکری کی کومکی چاری سرته رسوی (په امریکا کی) .

WAC, Women's Army Corps. — ښځینه پوځی قوه .

watt—hr., watt hour. — واټ په ساعت کی .

W.B., W/B waybill. — بارنامه .

w.c., water closet; without charge. — تشناب : مفت .

Wed., Wednesday. — چارشنبې .

w.f., wrong font (printing) — غلط پونت (په چاپ کی)

w.g., wire gauge — د سیم مېچ (پېنه والی) .

w.l. wave length — د څپې اوږدوالی .

W. Long., west longitude. — لویدیځ طول البلد .

wmk., watermark. — د کاغذ نښه : داوبو د سطحې نښه .

WNW, west-northwest — لویدیځ، شمالی لویدیځ .

W.O., War Office — د دفاع (جنګ) وزارت .

WPB, War Production Board. — د جنګ (په وخت کی) د تولیداتو اداره .

WSW, west-southwest. — لویدیځ - جنوب لویدیځ .

wt., weight. — وزن .

X, Christ; Christian — حضرت عیسی : عیسوی

Xmas., Christmas — د عیسویانو اختر .

y., yard; yards; year; years. — یارډ : یارډونه : کال : کلونه .

yd., yard; yards; pl. yds. — یارډ : یارډونه (وار) .

Y.M.C.A., Young Men's Christian Association. — د عیسوی ځوانانو (نارینو) ټولنه .

yr., year, years; younger; your. — کال : کلونه : کوچنی (تر) : ستا .

Y.W.C.A., Young Women's Christian Association. — د عیسوی ځوانانو (ښځو) ټولنه

Z., z., zone — سیمه .

Zn., zinc. — جست .

Zool., Zoology. — ژوپوهنه (زوولوجی)

The End

Printed in the United Kingdom
by Lightning Source UK Ltd.
127985UK00001B/1/A